白美清粮食论集

上卷

（1990～1999年）

白美清　著

经济科学出版社

图书在版编目（CIP）数据

白美清粮食论集：全2册／白美清著．—北京：经济科学出版社，2014.2

ISBN 978－7－5141－4263－1

Ⅰ．①白…　Ⅱ．①白…　Ⅲ．①粮食问题－中国－文集　Ⅳ．①F326.11－53

中国版本图书馆CIP数据核字（2014）第015426号

责任编辑：侯晓霞
责任校对：郑淑艳
责任印制：李　鹏

白美清粮食论集

白美清　著

经济科学出版社出版、发行　新华书店经销

社址：北京市海淀区阜成路甲28号　邮编：100142

教材分社电话：010－88191345　发行部电话：010－88191522

网址：www.esp.com.cn

电子邮件：houxiaoxia@esp.com.cn

天猫网店：经济科学出版社旗舰店

网址：http：//jjkxcbs.tmall.com

北京季蜂印刷有限公司印装

787×1092　16开　62印张　1030000字

2014年7月第1版　2014年7月第1次印刷

ISBN 978－7－5141－4263－1　定价：158.00元

（图书出现印装问题，本社负责调换。电话：010－88191502）

为构建可持续、抗风险、能自主的国家粮食安全保障体系而努力探索

（前　言）

白美清

这本论集是1990年至2013年我在国家商业部、国内贸易部、国家粮食储备局和中谷粮油集团、北良公司担任负责人以及任中国粮食行业协会、中国粮食经济学会、中国粮油学会会长期间所做的报告、讲话、起草的文稿、函电中选出一部分汇集而成的，前后涵盖20多年。这正是我国粮食系统结束统购统销，向社会主义市场经济迈进的具有里程碑意义的时期。我非常有幸和全国粮食战线的同志一道，在党中央、国务院的正确领导，国家有关部门的大力配合，农商各界的共同努力下，在我们这样一个有十几亿人口的发展大国中，在覆盖面最宽、涉及面最大、价格最为复杂的、最典型的计划经济的第一大商品——粮食行业推进改革，终于顺利实现了从统购统销到社会主义市场经济的过渡，结束了多年来短缺经济、凭票证供应而跨入了市场选择、商品丰富的小康生活新时期，走出了一条具有中国特色的粮食发展之路，用实践回答了“谁来养活中国”这个长期争论不休的世界性难题，为世界粮食事业作出了难能可贵的历史性贡献。

我国粮食的改革与发展，经历了不断探索、战胜困难、稳步发展、顺利过渡的难忘征程。在20世纪80年代中期，国家决定取消粮食和农产品的统购派购制度的重大改革启动之后，到90年代初由于种种原因而处于改革停滞、经济下滑的局面，粮食改革作为当时改革启动的重点之一如何进行，就成为世人关注的一个热点。在邓小平理论的指引、党和政府的领导下，中国粮食行业作了重大抉择——坚定不移地走社会主义市场化改革之路，全力保障国家的粮食安全，自力更生地解决人民吃饭问题，共享改革成果。沿着这一大方向，当时

从理顺和调整粮价入手，进一步解决取消粮食统购的遗留问题，推行取消统销工作，进而在1993年进行放开粮食市场、放开粮食经营的改革探索。经过一段实践，在我国2001年加入世贸组织后，终于在2004年全面放开粮食市场与粮食价格，发挥市场在优化配置粮食资源中的基础性作用，使21世纪十多年中粮食行业的发展跟上全国前进的步伐，支持经济建设的发展。这一时期围绕增强国家粮食安全实力而展开一系列的改革与建设，诸如：兴办粮食批发市场与期货交易所；建立以中央储备为核心的多层次、全方位粮食储备制度；新建以粮食仓库建设为重点的粮食物流设施工程；建立从田间到餐桌的全过程粮食供应链，并与从源头到终端的全过程食品安全监管链二者相结合的“两链”工程；改进完善粮食宏观调控体系；形成多元化、多渠道、少环节、高效率的粮食流通服务体系；整合重组，发挥国有企业的主导作用，民营企业的积极作用，中外合资企业的有益作用，等等。所有这些，奠定了在粮食流通领域的巩固基础，起到了良好的保证作用。

在粮食改革进程中，我们走过了曲折发展、不断前进的极不平坦的道路，有过成功的实践经验，也有过不少失误和极为沉痛的教训，付出了代价，经受了多次冲击和考验。诸如：在1993年和1994年，我们经历了改革开放以来最大一次通胀的袭击，当时实施全国性的抛售中央储备粮的坚决措施以平抑通胀、控制粮价、稳定市场；在上世纪末和本世纪初，经历了“长江大水”、“非典”、“5.12”汶川大地震等重大灾害的侵袭，组织全力救灾抢险，确保粮食供应；21世纪初承受了国有粮油企业职工下岗分流220万人的改革阵痛和极大困难；顶住了两次世界粮食危机和国际金融危机对我们的巨大冲击，使我国粮食安全“稳坐钓鱼台”，渡过险滩急流；既注重解决卖粮难的困境，又着力应对抢粮风波，克服通货膨胀的风险等等。所有这些经验教训集中到一点，就是要从中国的基本国情、基本粮情出发，进一步建设起保障我国粮食安全的钢铁长城——可持续、抗风险、能自主的粮食安全保障体系，做到万无一失，长治久安。

近二三十年，我们过了一段共享改革开放成果丰衣足食的太平日子，有的人对粮食重要性的观念有些淡漠了，对粮食安全的意识淡化了。最近以来，习近平同志多次强调：“保障粮食安全是一个永恒的课题，任何时候都不能放松。”“自力更生任何时候都不能少，我们自己的饭碗主要装自己生产的粮食。”李克强总理也多次指出：要守住管好天下粮仓，做好“广积粮、积好粮、好积粮”三篇文章。他在黑龙江粮库调查时站在粮食堆上说：“这是金山，站在上面心里踏实，手中有粮，心里不慌。”虽然2013年粮食总产迈过六亿吨的大关，取得了重大成就。当前种种迹象表明：粮食总供给的增长，还赶不上总需求的增长，粮食供求紧平衡的状况将继续下去。要解决这个重大问题，难度大、周期长、风险多，需要认真总结经验，采取坚决而有力的措施，进一步充实、加强、完善我国的粮食安全保障体系。这是一个社会系统工程，包括以下四部分：一是建立稳定增长的粮食综合生产能力体系，在现有生产基数较高的基础上，使产量有新的突破；二是建立高效运转、全面覆盖、调得动、用得上的粮食流通体系，把放心粮油供应到千家万户；三是建设好以中央储备为核心、地方储备为支柱、社会储备（农民储备、企业储备）为基础的多层次、全方位的粮食储备体系和相应的仓储物流体系，同时把粮食应急机制建设好，这是搞好粮食宏观调控的物质基础；四是建设完善国家对粮食的宏观调控体系，特别要总结经验，改进工作，深化粮食价格体系改革，并要充分利用国际国内两个粮食市场、两种粮食资源，做好协调配合，掌握主动，为我所用。在全国粮食系统认真学习贯彻党的十八大和十八届三中全会精神的时候，希望论集的出版能引起大家对粮食安全的关注和重视，在总结经验中起一点参考作用，为“实现谷物基本自给、确保口粮基本安全”的战略构想略尽绵薄之力，这就是作者的一点心愿。这些文章均保持发表时的原貌，难免有不妥和错误之处，敬请大家批评指正。

在本书编辑过程中，宋廷明、宋丹丕、尚强民、邹振东、严涛等同志多次参加研究讨论，邹振东、严涛同志具体负责初编、复审；宋廷明同志总纂其成，详加审改；再由我终审定编。张瑞琪、宋进军等同志参加了录入工作。正是由于大家的共同努力才得以成书，谨此向他们表示衷心感谢！

2014年5月8日

目 录

上 卷
(1990~1999 年)

一九九〇年

关于当前粮食政策和体制改革问题的思考 ……………(1990 年 4 月 3 日) 1
关于试办郑州粮食批发市场的报告 ……………………(1990 年 7 月 27 日) 3
建立国家专项粮食储备制度 ……………………………(1990 年 9 月 16 日) 5
为建立国家粮食专项储备制度开好头　起好步 ……(1990 年 9 月 23 日) 7
以改革精神办好郑州粮食批发市场 ……………………(1990 年 7 月 8 日) 12
修仓储粮　利国利民 ……………………………………(1990 年 11 月 26 日) 14
关于建立适合国情的粮食流通新体制的改革设想
……………………………………………………………(1990 年 12 月 24 日) 20

一九九一年

加强领导　坚决完成“八五”时期粮库建设任务
……………………………………………………………(1991 年 3 月 26 日) 30
争取提前完成“八五”期间粮库建设任务 ……………(1991 年 3 月 28 日) 40
发扬艰苦创业精神　让优良作风代代相传 …………(1991 年 4 月 24 日) 44
深化改革　开拓经营　努力增强粮食企业的活力
……………………………………………………………(1991 年 4 月 3 日) 48
建立国家粮食储备制度要加强思想建设和业务建设
……………………………………………………………(1991 年 5 月 14 日) 56

关于美国小麦生产、储存和期货市场的考察报告
……………………………………………………（1991 年 6 月 26 日） 62
在国家机械化骨干粮库建设方案论证会上的讲话
……………………………………………………（1991 年 7 月 18 日） 67
发展多种经营　搞活粮食流通 ……………………（1991 年 9 月 23 日） 74
发扬光荣传统　爱惜节约粮食 ……………………（1991 年 10 月 8 日） 85
郑州粮食批发市场在改革中开拓前进 ……………（1991 年 10 月 8 日） 88
深化改革　建设有中国特色的社会主义粮食市场体系
……………………………………………………（1991 年 10 月 27 日） 91
在新形势下迈开粮食部门改革发展的新步伐 ……………（1991 年 11 月）100
加强职工培训是新形势下振兴粮食工作的根本
……………………………………………………（1991 年 12 月 23 日）108

一九九二年

近期我国粮食流通体制改革的基本思路、战略构思与对策
……………………………………………………（1992 年 1 月 13 日）112
关于中央专储粮内外结合、串换增值的情况报告
……………………………………………………（1992 年 1 月 20 日）122
上海粮食新形势与加快粮食流通三大工程建设
……………………………………………………（1992 年 2 月 18 日）124
科技兴粮　任重道远 ………………………………（1992 年 3 月 24 日）136
搞好世行贷款粮食流通项目　加快粮食物流体系建设步伐
……………………………………………………（1992 年 4 月 9 日）143
深化改革　扭亏增盈　遏制挂账　提高效益
……………………………………………………（1992 年 4 月 11 日）148
粮食工作要适应粮价改革的新形势 ………………（1992 年 4 月 15 日）155
扶持粮食主产区稳定发展是粮食工作的基础
……………………………………………………（1992 年 6 月 6 日）159
国有粮食业在新时期的发展战略 …………………（1992 年 8 月 15 日）162
深化改革　转换机制　强化管理　确保安全
……………………………………………………（1992 年 9 月 28 日）171

马来西亚棕榈油贸易和新加坡粮食供应考察报告
……………………………………………………（1992 年 9 月 29 日）183
建设有中国特色的社会主义粮食市场经济新体制
……………………………………………………（1992 年 10 月 12 日）188
积极稳步搞好放开粮食价格和粮食经营 ……………（1992 年 12 月 9 日）202

一 九 九 三 年

关于建立郑州、上海粮油商品交易所和试办期货交易的两个请示
……………………………………………………（1993 年 1 月 6 日）210
澳大利亚和泰国粮食宏观调控考察报告 ……………（1993 年 2 月 4 日）214
用好世行贷款　加快粮食流通现代化建设 …………（1993 年 2 月 7 日）220
加快粮食流通体制改革 ……………………………（1993 年 2 月 15 日）230
以改革创新精神解决好粮食放开后的新问题
……………………………………………………（1993 年 4 月 10 日）235
加快改革　战胜困难　扭亏增盈　提高效益 ………（1993 年 8 月 10 日）252
中国粮食业向市场经济迈进的历史性转变 …………（1993 年 8 月 28 日）257
匈牙利和乌克兰粮食工作考察报告 …………………（1993 年 10 月 13 日）272
奋力开拓　走出新路 ………………………………（1993 年 10 月 5 日）277
办好新型期货经纪公司　发挥中国期货交易的作用
……………………………………………………（1993 年 11 月 26 日）291
关于粮食体制改革的设想 …………………………（1993 年 12 月 3 日）293
在亚太地区粮食流通改革国际研讨会上的致辞 ……（1993 年 12 月 7 日）295
深化粮食流通体制改革　加快实现向现代粮食流通产业转变
……………………………………………………（1993 年 12 月 16 日）298

一 九 九 四 年

稳定粮价　稳定市场　搞活企业　促进发展 ………（1994 年 1 月 29 日）313
关于甘黔桂三省区建立粮食风险基金的调查汇报
……………………………………………………（1994 年 2 月 7 日）324
在世行贷款粮食流通项目第二次设计工作会议上的讲话
……………………………………………………（1994 年 2 月 23 日）328

做好粮食购销工作　确保粮食市场稳定 ……………（1994 年 3 月 11 日）335
全力以赴确保粮食供应　稳定粮食市场和价格 ……（1994 年 5 月 24 日）341
办好有中国特点的粮油期货市场　为社会主义市场经济服务
……………………………………………………………（1994 年 6 月 4 日）344
粮食系统实行“两条线运行”的初步设想 …………（1994 年 6 月 28 日）347
必须顾全大局　完成调粮任务 ………………………（1994 年 7 月 21 日）352
稳定粮价　控制通胀　确保粮食市场供应 …………（1994 年 9 月 2 日）359
夯实基础　做好县级粮食部门的工作 ………………（1994 年 9 月 12 日）364
粮食改革实践的启示和今后改革的设想 ……………（1994 年 9 月 15 日）376
中国保持粮食总量平衡的政策措施 …………………（1994 年 10 月 20 日）389
关于访问法国、瑞士和出席小麦国际研讨会的情况报告
……………………………………………………………（1994 年 11 月 15 日）392
中国粮食流通与加工业在改革中前进 ………………（1994 年 11 月 16 日）398
加强国家粮食宏观调控　深化粮食流通体制改革
……………………………………………………………（1994 年 12 月 26 日）401

一 九 九 五 年

因势利导　推动粮油企业向集团化和现代化方向发展
……………………………………………………………（1995 年 4 月 22 日）416
中国粮食形势展望和对策 ……………………………（1995 年 6 月 5 日）423
关于日本粮食进口体制和菲律宾粮食管理体制的考察报告
……………………………………………………………（1995 年 7 月 8 日）429
“九五”期间粮食流通体制改革的战略设想…………（1995 年 6 月 30 日）434

一 九 九 六 年

进一步认识新时期我国粮情的特殊性和重要性 ……………（1996 年 2 月）440
充分发挥粮食行业协会在市场经济中的职能与作用
……………………………………………………………（1996 年 4 月 2 日）445
总结粮食工作历史经验　探索粮食改革的战略与方针
……………………………………………………………（1996 年 6 月 9 日）454
依靠科学技术搞好“两个转变” ……………………（1996 年 7 月 18 日）468

在阿夫玛中国研讨会和第七届全体大会开幕式上的致辞
……………………………………………………（1996 年 9 月 12 日）471

一九九七年

促进贸工农一体化经营　提高粮食企业效益…………（1997 年 3 月 5 日）474
走向新世纪的中国粮食市场体系……………………（1997 年 3 月 24 日）482
粮食经济研究十年的回顾与体会……………………（1997 年 6 月 17 日）485
中国粮食业世纪之交的根本出路与改革………………（1997 年 8 月 3 日）492

一九九八年

以深化改革和战略调整的新步伐迎接粮食工作的新世纪
……………………………………………………（1998 年 4 月 21 日）500
中国粮食市场展望与国际合作前景…………………（1998 年 11 月 18 日）508
在“21 世纪中国谷物与油脂科学技术发展中青年论坛”
开幕式上的讲话……………………………………（1998 年 12 月 21 日）512

一九九九年

主食厨房工程是粮食行业新的经济增长点…………（1999 年 8 月 31 日）515
在粮油行业战略重组中发挥行业协会的积极作用
……………………………………………………（1999 年 9 月 1 日）518
实行优质优价　促进结构调整……………………………（1999 年 9 月）523
以深化改革和战略重组的新步伐迈向粮食工作的新世纪
……………………………………………………（1999 年 12 月 10 日）527

一九九〇年

关于当前粮食政策和体制改革问题的思考*

（1990年4月3日）

粮食是关系国计民生的重要商品，我们要用战略眼光来看粮食问题。根据目前粮食问题的现状，应着重从以下几个方面去研究解决粮食问题：

第一，在粮食计划管理体制方面，粮权必须控制在中央，包括平价、议转平①和储备粮；议价粮食经营方面，商业部中国粮食贸易公司要逐步增强实力，发挥中央粮食批发企业对粮食市场的调节作用。这是具有全局性和战略意义的大事，这件事情办好了，对国家的长治久安很有好处。

第二，必须加强粮食的宏观调控能力，中央必须掌握一定的调控手段，主要是粮食货源和储备、财政补贴、仓储运输设施等。国家粮食储备，平价和议价，要分别建立，地方也要建立省级储备。

第三，要进一步搞活粮食企业，改变吃“大锅饭”的现状。在研究制定政策时，要注意照顾地方和企业的积极性，特别是企业的积极性。要把粮食企业的积极性调动起来，提高其经济效益。

第四，粮食计划管理，总的来看，实行分级管理是可行的，但从目前看，要加大商业部和省一级的权限，不宜下放过多过散，太散了形不成力量。

第五，在粮食流通“双轨制”② 的情况下，要研究在国家统一管理下，如

---

* 这是白美清同志（时任国务院副秘书长、国务院调粮领导小组组长）在国务院调粮小组召集的一次会议上的讲话。

① 议转平，指当时国家将国有粮食企业按市场价格收购和销售的粮食（即议购议销）转为按国家规定的固定价格（即平价）销售。

② 双轨制，指当时在粮食流通中计划收购和销售与市场调节并存的局面。

何发挥粮食市场调节作用。目前看，主要有粮食集贸市场、省间调剂、省内地（市）县之间的调剂几种情况。这方面我们还没有经验，需要进一步探讨研究。

第六，要研究粮食购销政策和价格政策。要逐步向有利于与粮食的生产、供应相适应的方向发展，满足市场不同需要，减少或稳定国家财政补贴。

第七，关于粮食财务问题。粮食业务和财务收支分离的体制要逐步改进；挂账的情况不能再继续下去了。

中央的调节手段要逐步增加粮食储备。为适应粮食储备的需要，仓储建设要提到重要的议事日程。同时，可考虑再适当上收一些粮食转运站。“八五”期间，拟新建粮油仓库容量 2500 万吨，请商业部研究提出具体实施计划和方案。

关于试办郑州粮食批发市场的报告*

（1990年7月27日）

根据国务院《关于加强粮食管理稳定粮食市场的决定》（国发〔1988〕67号）中关于“逐步建立粮食批发市场，有秩序地组织市场调节”，“省间调剂必须进场成交，价格由供求双方议定”的要求，我们同国内一些专家就在河南省郑州市试办粮食批发市场问题进行的座谈，征求了有关部门的意见，并在全国夏粮会议上作了专门讨论。现将情况和意见报告如下：

目前，国家合同定购以外的商品粮，每年约600亿公斤（贸易粮）①。但是，议价粮食的购销既无有组织、有限制、规范化的批发市场，又缺乏计划指导和宏观调控，粮食市场时常处于混乱状态。囤积居奇、封锁垄断、哄抬价格和转手倒卖的情况较为严重。治乱的办法是把议价粮食纳入规范化的批发市场，整顿粮食交易，规范企业行为，建立市场秩序，做到“管而不死，活而不乱”。因此，通过试点，尽快建立我国的粮食批发市场已显得十分迫切和必要。在郑州试办小麦粮食批发市场，就是要有计划有步骤地把省间议价小麦纳入批发市场进行交易。第一步是河南调出省外的议价小麦全部进场交易，江苏、安徽、湖北调出省外的议价小麦部分进场交易。第二步是所有省间调剂的议价小麦全部进场交易。试验期暂定为三年。试办郑州粮食批发市场的具体意见如下：

一、郑州粮食批发市场的市场管理机构是非营利性的服务性事业单位，列入河南省事业编制。市场机构服务费收入归省财政。市场建设要因陋就简。开办费和市场的日常收支差额由河南省人民政府负担，试办初期商业部给予一定补助。

二、进入郑州粮食批发市场交易的小麦价格（包括收购价、批发价、零售

---

* 这是白美清同志就试办郑州粮食批发市场主持协调商业部等八部委起草形成的文件和国务院发文批语代撰稿，经国务院同意于1990年7月27日以国发〔1990〕46号文件批转执行。

① 贸易粮，是粮食流通中计算粮食收购、销售、调拨、储存时统一使用的粮食品类统称，分为小麦、大米、大豆、玉米和其他品类五种（含豆类和薯类）。在计算中，稻谷、谷子折合成大米、小米计算，面粉、玉米粉折合成小麦、玉米计算，甘薯和马铃薯按每5公斤鲜薯折合成1公斤贸易粮计算，其余品类按原粮计算。

价），由商业部和国家物价局根据粮食供求状况、国家有关政策规定，制定上限价格和下限价格。具体交易价格通过市场公开竞争形成。郑州批发市场可以通过价幅和购额限制、配额指导、吞吐小麦等调节价格，当市场小麦价格超过上限或低于下限时，其成交无效。

三、进入郑州粮食批发市场成交的小麦，由市场管理机构签发准运证，交通运输部门要给予支持。对有准运证的小麦出境，各级地方政府一律不得封锁。

四、进入郑州粮食批发市场的粮食批发企业，禁止在郑州进行场外批发交易。违者按郑州粮食批发市场管理办法予以处罚。

五、在郑州粮食批发市场现货批发的基础上，根据市场交易章程，允许远期合同在场内转让，但必须同现货交易严格区分。

六、对进入郑州粮食批发市场购粮的各省、自治区、直辖市，商业部要有配额指导，以免影响全国市场安排。

七、进入郑州粮食批发市场的粮食批发企业，须由县级以上粮食行政部门同意，工商行政管理机关核准登记，并经商业部批准。今后向农民收购粮食，只允许经过批准登记的粮食批发企业，在本省、自治区、直辖市区域内，按照当地人民政府的有关规定进行。种子粮的收购仍按国务院现行有关规定办理。

八、建立一定数量的中央市场调节粮（小麦），用于郑州粮食批发市场抛售。粮源可由商业部委托中国粮食贸易公司收购一部分议价粮。同时，逐步修建一些必要的仓储运输设施。

以上报告和意见，如无不妥，请批转各地区、各部门执行。

建立国家专项粮食储备制度*

（1990 年 9 月 16 日）

今年以来，各地认真贯彻执行党中央、国务院关于加强农业的一系列指示，粮食生产形势很好，夏粮和早稻产量都超过去年，秋粮也丰收在望。为了解决主产区农民卖粮难问题，保护农民种粮积极性，当前必须加强粮食收购，把农民需要出售的余粮收购起来，以促进粮食生产持续稳定发展；建立国家专项粮食储备，增强宏观调控能力，搞好丰歉调剂，保证粮食市场供应和粮价的基本稳定。为此，特作如下决定：

一、各级政府和有关部门要认真贯彻落实国务院关于加强粮食购销工作的决定，把粮食收购当做一件大事来抓。国家粮食定购任务必须保证完成，同时，要敞开收购议价粮，满足农民出售余粮的要求。各地要采取措施，让农民留足口粮、种籽和饲料，不要购过头粮，以保证农民生产和生活的需要。要切实组织好收购资金，及时保证资金供应，决不允许截留挪用。

二、各地向农民收购议价粮，不得低于国家规定的保护价格，避免谷贱伤农。各省、自治区、直辖市要向农民宣布分品种的保护价格，出安民告示，农民早出售或晚出售，国家都按不低于宣布的保护价格收购，以稳定农民情绪，避免卖粮一拥而上。必须强调，这是一项重要政策，各地必须坚决执行。

三、建立国家专项粮食储备制度，重点照顾粮食调出省和地区。国务院确定，本年度专项粮食储备计划为×××亿公斤～×××亿公斤。这部分粮食的统购价与结算价之间的差价贷款，由中央财政贴息。具体计划和办法，由商业部、财政部制定下达。各地转作专项储备的粮食，必须是今年从农民手里收购的新粮，坚决禁止从库存陈粮中划转。

各省、自治区、直辖市各级政府也要根据实际情况，建立本地区的粮食储

---

* 白美清同志于 1990 年 7 月调任商业部副部长，分管粮食工作。根据当时粮食生产丰收的大好形势，为保护农民种粮积极性和增强国家宏观调控能力，经商计划、财政等有关部门同意，报国务院批准，决定建立国家专项粮食储备制度。这是白美清同志主持起草的国务院决定，经国务院同意于 1990 年 9 月 16 日以国发〔1990〕55 号文件批准执行。

备，并将计划报国家专项粮食储备领导小组和商业部。

四、认真解决好粮食储存问题。各地要通过建、修、租、买等多种途径解决粮食仓容不足的困难。当前要大力抓好粮食仓库建设。今年已经安排的建仓计划，各地要保证按期完成，尽快投入使用。为了解决秋粮收购紧急需要，国务院决定再增拨2亿元，用于修建粮食仓库。各地也要挤出一部分资金，用于粮食仓库建设。凡是粮食仓库被占用的地方，要迅速清理收回，用于存粮。粮食部门临时租用仓库和场地，有关部门要予以支持。建仓和露天储存所需的物资器材，物资、商业部门要保证供应。各地露天存放的粮食，一定要严格责任制，加强检查，防止发生坏粮事故。

五、加强专项粮食储备工作的领导和管理。国务院决定成立国家专项粮食储备领导小组，负责领导和统筹解决国家专项粮食储备的有关问题。由国务委员陈俊生同志任组长，刘仲藜①、郭振乾②、白美清同志任副组长，国家计委陈光健③、财政部张佑才④、农业部陈耀邦⑤、商业部何济海⑥、经贸部谷永江⑦、工商银行刘廷焕⑧、农业银行林中杰⑨、物价局马凯⑩同志为领导小组成员。日常工作由白美清同志负责，领导小组办公室设在商业部。

六、国务院决定成立国家粮食储备局，负责国家粮食储备的管理工作。国家粮食储备局是国务院直属机构，由商业部代管。

---

① 刘仲藜，时任国务院副秘书长。
② 郭振乾，时任中国人民银行副行长。
③ 陈光健，时任国家计委副主任。
④ 张佑才，时任财政部副部长。
⑤ 陈耀邦，时任农业部副部长。
⑥ 何济海，时任商业部副部长。
⑦ 谷永江，时任外经贸部副部长。
⑧ 刘廷焕，时任中国工商银行副行长。
⑨ 林中杰，时任中国农业银行副行长。
⑩ 马　凯，时任国家物价局副局长。

为建立国家粮食专项储备制度开好头　起好步*

（1990 年 9 月 23 日）

这次会议开得很好，达到了预期的目的。第一，明确了党中央、国务院关于建立国家粮食储备制度这一重大决策的战略意义，统一了思想认识。第二，初步安排了国家专项粮食储备计划，以便于各地积极放手搞好收购。第三，落实了增加的 2 亿元贷款的建仓计划，以部分缓解仓容不足的困难。到会同志反映，这是粮食战线在关键时刻召开的一次重要会议，它对于扭转粮食工作的被动局面，推动粮食生产的发展，将起到应有的作用。这次会议给大家带来希望，带来信心，大家表示一定要贯彻落实好国务院的决定和这次会议的精神，千方百计、竭尽全力把今年的粮食工作做好。

根据这次会议反映的问题和国家专项粮食储备领导小组讨论的意见，现在就如何贯彻落实好国务院决定，讲几点意见。

贯彻国务院决定的中心环节是坚持保护价，敞开收购，保护农民的种粮积极性

当前，我国粮食战线正面临一个新的、重要的时期。在新的形势下，我们的对策和工作是否得当，不仅影响到今年，而且影响到 20 世纪 90 年代粮食工作的发展。1984 年以后粮食一年减产，三年徘徊的教训，我们一定要认真记取。保护农民的积极性，促进农业持续稳定地向前发展，避免再出现大的起伏，这是关系全局的大事。党中央国务院作出的这一决定，正是在新的形势下解决粮食问题、促进粮食生产及流通向前发展的一项重大决策。它有利于改进

* 这是白美清同志在国家专项粮食储备工作会议上的讲话，时任商业部副部长、国家专项粮食储备领导小组副组长兼国家粮食储备局局长。

党、政府和农民的关系，保持社会的安定；有利于稳定粮食市场和农业，推动国民经济的进一步发展；有利于增强粮食宏观调控能力，深化粮食流通体制的改革。所以，这不是权宜之计，而是保持国家长治久安的、具有深远意义的战略决策。

当前，要保护好农民积极性，必须认真解决主产区出现的“卖粮难”的问题。关键是要坚持保护价，敞开收购。这两者是相互联系的，缺一不可。坚持保护价，而不敞开收购，不能从根本上解决农民卖余粮的问题，反而会给农民带来错误的信息；敞开收购，而不坚持保护价，也会产生谷贱伤农的现象，挫伤农民的种粮积极性。这两条要联系起来，坚决贯彻执行，不打折扣。这里重申，国家不是怕粮食多了，国务院领导同志都讲过余粮有多少，就按保护价收多少。这次确定的储备粮收购计划，只作为领导掌握，不下达基层，允许超过，敞开收购，商业部、财政部最后与各地结算。

在工作中要注意：一是不准划转陈粮；二是不准购过头粮，这两条必须遵守。各地要从实际出发，搞好粮食收支的综合平衡，不要攀比，不要刮风。

坚持保护价，敞开收购，建立粮食专项储备，以保护农民积极性，是大局之所在，符合国家和人民的根本利益，各地区、各部门、各级干部都要服从这个大局，要有全局观点，决不要打小算盘，因小失大。这也是对我们的一次考验。我们一定要从大局出发，齐心协力，克服困难，把工作做好。要求做到“三保”：保收购，保保护价，保资金。

——**粮食部门要保收购**。不准阳奉阴违，把卖粮农民拒之于门外。要看到，这也是发挥国营粮食部门主渠道、蓄水池作用的好时机，要发扬粮食部门为农民分忧解难、为农民服务的好传统，把收购工作做好。各地要注意调动各级粮站职工的积极性，核定合理的费用，使他们保本或者微利。

——**物价部门要保保护价**。各省市自治区政府根据国家物价局、商业部、农业部通知确定的最低保护价，是“底线”，谁也不准再降低。以水稻来说，国家规定的指导价是每公斤籼稻0.74元，保护价最低不能低过0.70元，谁降低了，在结算时国家要算账，要扣回，还要追究责任。

——**各级银行要保收购资金**。领导小组确定，收购资金专项下达，专款专用，资金要充分保证，不准截留挪用。

要实现“三个保证”，不仅是各部门的事，也是各级政府应负的责任，要靠各级政府抓紧落实。

以上“三个保证”、“三个不准”，要作为纪律，大家一起遵守。各级政府要组织检查，国家专项粮食储备领导小组也要派工作组检查，抓它几次，发现有违犯的，一律严肃处理，决不姑息宽恕。

加快粮食仓库建设，是贯彻国务院决定的必要物质保证

粮食收了要有仓库装。当前，仓容严重不足已成为又一个影响粮食收购的突出问题。我们的粮仓，从清朝到新中国建造的、从土圆仓到现代化的钢板仓，应有尽有，大多破旧不堪，现在露天存放的粮食达2650万吨之多，而且还有上升的趋势。露天堆垛，费用既高，浪费又大，且极不安全，如不采取坚决有力的措施，在几年内加以解决，必将带来严重问题。

要加快粮食仓库的建设，有几点需要注意：

第一，要多方筹集资金。中央和地方（省、市、地、县），各级计委、财政、银行、粮食等部门都要挤一点钱，用于修建仓库。

第二，要采取建、修、租、买、存等多种方式。各地动员现有力量要因地制宜，哪种方式经济、合理就采取哪一种。

第三，要抓缩短建设周期，尽快投入使用。最重要的经验是摊子不可铺得太宽，战线不可拉得太长，把资金拨足，把材料备齐。明年的建仓计划，争取及早下达。

建立各级粮食储备体系，是实现国务院决定的基本要求

要调控市场，要以丰补歉，必须要有手段。国务院决定抓住当前的粮食大好时机，建立粮食储备体系，就是为了增强宏观的调控能力。解决这个问题，这也是粮食战线深化改革的一项重要措施。

这次国务院下了大决心，建立几千万吨的专项储备，各省、市、区也要储粮备荒。领导小组要求趁当前这个好的时机起步，各省、市、区都要储一部分粮食。销区的市政府，也要储备。据了解，现在山西、浙江、云南、黑龙江、四川等省都建立了本地的储备，有12个省计划1990年储粮175万吨。这次要

求各省、市、区都建立起本地的粮食储备。储备数量请报告领导小组和商业部、国家粮食储备局。对一些集体经济比较好的乡、镇、村庄，也提倡自己存一些粮食。争取在几年之内，从上到下建立和形成各级的粮食储备体系，这是有深远意义的一件大事，对各级政府要作为一项政绩来考核。

促进产区提高商品率和销区提高自给率，立足于国内，自力更生解决粮食问题，是粮食工作的根本方针

中国是个11亿人口的大国，吃饭问题必须立足于国内，自力更生。不论从国内的形势看，还是从国际的形势看，都必须如此。进口粮食，只能作一些品种的调剂和余缺的补充，主要不能靠这个。从国家的兴旺，民族的振兴着想，都必须抓紧粮食生产，做好粮食工作。对粮食问题，必须审慎从事，不可疏忽大意。

当前粮食工作面临的困难，仍然必须靠发展生产，深化改革，提高效益来解决，现在全国能大量调出粮食的，只有八九个省。这些主产省是调出任务的主要承担者，过去作了重大贡献。目前主产省遇到了很多困难。谁多生产，多调出，谁就吃亏，形成“高产穷县”的怪现象，这种状况必须加以改变。要解决粮食问题，需要进一步调整政策，向主产区倾斜，使他们的种粮积极性能充分调动起来。国家这两年开始做了一些工作，今后还必须这样坚持下去。要从农业资源的开发利用上，从农业商品设施的建设上继续给主产区以扶持，使他们不断提高粮食的商品率。这是从全局考虑的，不是偏心。只有如此，才能使全国粮食供不应求的矛盾缓解。事实上，主产区丰收了，全国会得到好处，销区也会得到好处。“湖广熟，天下足”，“东北玉米好，关内饲料足”，“兴河西之利，济陇中之贫”，“天府粮丰，巴蜀安乐”等等，这些流传的说法，形象地说明了主产区的重要作用。当然，对主产区的倾斜，对主产区的困难，也不可能一下就解决好，多年遗留下来的问题，只能逐步解决。

对销区，国务院领导同志讲，要给他们压力，鼓励他们提高粮食的自给水平，即使是沿海商品经济发达的地方，也绝不可忽视粮食生产，在这方面，政策上也需作一些调整。当前，产区、销区都遇到困难，但销区应支持产区。对于粮食的调入计划，要坚决执行。不能“现吃现买”，要有眼光，有长远打

算。产区也要吸取粮食供应紧张时就翘尾巴的教训，也要讲信用，守合同，调出的粮食要把住质量关。粮紧时可能产区有翘尾巴，粮多时可能销区又摆架子，这种现象一定要改变。产区、销区是互相依存的关系，要互相支持，互相谅解，共同发展。这样，粮食问题的根本解决，就有了可靠的基础。

在新的形势下，全国粮食工作的任务是："搞好购销，修仓储粮，理顺关系，保护农民，稳定大局"。这个任务很光荣，也很艰巨，全体粮食职工和广大干部，要振奋精神，努力工作，克服困难，不断前进，千方百计完成党中央、国务院交给的任务，为国家、为人民作出新的贡献。

以改革精神办好郑州粮食批发市场*

（1990 年 7 月 8 日）

今天我们召开中国郑州粮食批发市场协调领导小组会议，下面我就郑州粮食批发市场建设发展问题讲四点意见：

第一，郑州粮食批发市场的成立是粮食流通体制改革的重要措施。当前粮食流通体制存在的最大问题是缺少搞批发市场的经验。粮食工作上同样存在着如何启动市场，搞活市场的问题。建立郑州粮食批发市场是为了进一步深化改革，摸索建立批发市场的经验，然后在全国推广。这一措施是同国务院最近采取的一系列措施，特别是同建立国家粮食储备制度是相辅相成的，是一致的。只有建立了国家粮食储备制度，国家掌握了大量的储备，批发市场才有进行调控市场、吞吐商品的能力，才有物质基础，才能发挥它应有的作用。将来国家粮食储备局和商业部准备将一部分粮食在郑州批发市场进行吞吐，所以，郑州粮食批发市场以国家储备作后盾，国家储备将通过批发市场进行调控。不建立国家粮食储备制度，加强宏观调控，要掌握市场、调节市场、调节丰歉，调节进出口就是一句空话。批发市场也是用来探索如何运用市场机制搞活粮食流通的，这两者都是改革的重要措施，是相辅相成的。

第二，对郑州粮食批发市场要采取积极支持，逐步发展，逐步完善的态度。因为办粮食批发市场在我们中国来说还缺乏经验，我们现在缺乏的就是市场机制。计划经济和市场调节相结合，在粮食工作中如何体现，这是我们正在探索的重大课题。我们有搞计划经济的经验，统购统销的经验，但是缺乏在计划经济指导下把市场搞活的经验，办郑州粮食批发市场就是要向这方面探索。党中央、国务院十分重视粮食工作，李鹏①同志在郑州也讲了话，中外记者都有些报道，最近《参考消息》有一篇郑州批发市场开业报道，评价是很高的，外国舆论是非常重视的。我们要采取积极的态度。同时也不要幻想市场一下子就完善起来了，市场是逐步发展，不断完善的，不要一下子就想搞得轰轰烈

---

* 这是白美清同志在中国郑州粮食批发市场协调领导小组会议上的讲话。

① 李鹏（1928— ），原籍四川成都，生于上海。时任中共中央政治局常委、国务院总理。

烈，我们要逐步让它规范化、制度化、经常化，要向这个方面努力。当前要从实际出发，能够让它动作起来，积累经验。当前要解决开业后如何开展活动和启动市场问题，不断发展，不断完善。过去定的章程，包括开始搞的那些，通过实践，是有所变化的。从批发市场本身来说，要把工作搞得扎实一点。

第三，要采取灵活多样的形式，开展业务，启动市场。不能完全仿照芝加哥期货市场来搞，我认为拍卖一锤定音也是一种方式，批发市场的同志要欢迎协调领导小组同志去参观指导，给他们演示一下，这种形式是国外通行的一种拍卖方式。思路要开阔一点，要从中国的实际出发，可以多种方式，批发市场也可以发挥市场的作用、媒介的作用、经纪人的作用。另外，开展活动，高级形式要搞，初级形式也要搞。总而言之，不拘一格，从实际出发，现在的批发市场有点类似期货，但也不完全是期货，是远期合同，也可以搞现货，也可以通过批发市场媒介作用，把产销搞在一起，也可以考虑把初级形式的“骡马大会”进行改造，或叫交易会、调节会、订货会，通过市场提高它的知名度，为买方和卖方提供方便，提供服务。将来也可把粮食春交会、秋交会都集中在郑州。我的意见是从中国的实际出发，采取多种灵活多样的形式开展业务，我们不去单纯模仿哪一种形式。批发市场是事业单位，本质上要服务，不要以营利为目的。

第四，批发市场开业后面临着很多问题。各方面都要帮助一下，商业部义不容辞，也请各部委高抬贵手，多多关照，粮食产区和销区大家都来支持。

修仓储粮　利国利民*

（1990 年 11 月 26 日）

我同意邹家华同志所做的重要报告。现在，就国家粮食收购和粮库建设问题作一汇报，以便引起各级领导和计委的重视，使建库工作计划落到实处。我国的粮食生产突破了几年的徘徊，1990 年的粮食生产，在 1989 年丰收的基础上登上了一个新台阶，总产量可望达到 4.2 亿吨以上。这确实是令人欢欣鼓舞的大事，是与各级政府的重视和各行各业的支持分不开的。从粮食部门来说，感到又喜又忧，欣慰与困难并存。由于收购量大幅度增加，购销不畅，给本来就严重不足而且十分落后的粮食流通设施带来了巨大的压力，令人担忧，我国的粮食流通设施已到了难以承受的地步。1990 年夏粮入库以来，各地纷纷出现的农民“卖粮难”、粮站“储粮难”现象，充分说明了这个问题的严重程度。为了加深领导和同志们对这个问题的了解，下面我汇报三个问题。

国家粮库的基本状况

新中国成立 40 多年来，随着国民经济的发展，国家粮库的建设取得了很大进步。从接收国民党政府留下的 500 多万吨仓容的破旧仓库，发展到今天，全国已有完好仓容 1.2 亿多吨，按 70% 利用率计算，实际储存能力在 ×××× 万吨左右。然而，随着粮食生产的发展和人口的增长，近几年，国家每年从农民手中收购的余粮都占总产量的 1/4，已经超过了国家粮库的仓容量。加上国家储备、周转库存和进口粮，国家粮库每年不得不把几千万吨的粮食置于露天存放，不仅加大了费用开支（露天保管费用高于仓内保管一倍以上），而且不利于储粮安全，每年都有不同程度的坏粮事故发生。1990 年的大丰收更加剧了国家粮库现有的仓储条件与粮食生产需要极不相适应的矛盾。这是从仓容数量上看，总量不足是显而易见的。

---

* 这是白美清同志代表商业部和国家粮食储备局在 1990 年全国计划会议上的发言。

从质量上看，（1）仓型繁杂，结构简陋。现有的存粮仓房中，有清朝乾隆年间修建的土木结构平房仓；有解放前的祠堂庙宇仓、木板仓、民房仓；还有六七十年代用“一把草、一把泥”盖的土圆仓和不少窑洞仓。仅这部分仓容就有2250多万吨，占总仓容量的16%。而现代的钢混立筒仓和钢板仓仅有200多万吨容量，占总量的1.5%。其余大部分是普通或简易房式仓。（2）仓房年久老化，破损失修严重。据1989年全国粮库设施普查统计，现有仓房中有5370万吨仓容是1970年以前建造的，占总量的37%。其中大部分都已超过了折旧年限，破损失修，目前还在超期服役。食油库的情况也是如此，占现有容量30%的油罐是五六十年代建造的，老化锈蚀严重。据检测报告，有的油罐原来12毫米厚的钢板已经锈蚀到1.4毫米，随时都有崩溃的危险。近两年，因危仓存粮造成仓房崩塌、人员伤亡的恶性事故和油罐锈蚀渗漏油事件时有发生。一些地方粮食部门不愿报废仓房，是由于粮库建设资金不足，保留它们一方面可以提取折旧资金；另一方面修修补补可以勉强装粮，以缓解仓容不足的困难。目前，全国待大修的仓容1650多万吨，待报废的仓容450万吨。预计今后几年内，每年还将有400多万吨仓容陆续进入报废期。（3）库点分布不平衡。农业生产结构的调整，使粮食产区有了很大的变化。一些新产区有粮缺仓，而少数地区的粮仓又相对有余。六七十年代根据备战的原则，靠山隐蔽修建的一些仓库，因交通不便，进出粮十分困难，无法利用，形成长年无粮可存的“死角仓”，原容量有50多万吨。由于仓库不足，大量露天堆存，不仅费用高、损耗大，而且“储粮难”又直接影响了对农民的余粮收购，挫伤农民种粮的积极性，影响党、政府和农民的亲密关系。

当前粮食的收购和库存情况

1990年粮食工作形势很好，出现了两个超历史最好水平，即收购超历史最好水平，库存超历史最好水平。到11月20日为止，国家定购任务已完成4060万吨，占计划的81.2%，有9个省（区）已经完成计划。议购完成17780万吨。国家专项储备粮完成××××万吨，占计划的一半。据10月底的统计，全国粮食总库存达到10990万吨，比上年同期增加2565万吨。超过了1984年的最好水平，相当于一年零二个月的供应量。上面库存数是指贸易粮，而实际库存的混合粮将达到1.2亿吨以上。除租借了一批社会和军队的空闲库房存粮外，露天存粮仍达3000多万吨，比去年同期增长了80%以上。尽管国家粮库目前已处于超饱和状态，大丰收的秋粮至少还有4000万～5000万吨的粮食等待国家收购入库。扣除3个月的销量，预计年底全国粮食库存量将达到1.4亿吨，那时估计将有3500万～4000万吨粮食露天存放。虽然各地粮食部门采取了种种措施，动员机关、团体、部队的仓库、房屋代储粮食，库容仍然严重不足。现在“卖粮难”的问题已逐步转化为“储粮难”。还应看到，问题的严重性不仅在于当前困难，而明年困难更大。明年夏收之前，销售和调运都不会有大的变化，库存不会大量减少，不仅要解决雨季高温保管难的问题，而且还要准备仓库收购夏粮。如果不及早采取坚决有力的措施，将可能出现露天存放粮食大量霉变的现象，造成不可弥补的损失。毫无疑问，这将使各级政府和粮食部门面临前所未有的压力和困难。而如何对待和处理目前粮食流通设施与粮食生产需要极不适应的矛盾，关系到粮食生产的发展，乃至整个国民经济的持续、稳定、协调增长，这已成为各级政府和社会各界共同关注的一个问题。

我们认为，在大丰收的形势下，对我国的粮食生产和供求形势应有一个清醒的认识。从总量来说，我国目前的粮食不是多了，而是不足，在相当长的时期内，也难以改变这个状况。虽然连续两年丰收，1990年粮食总产量达到4.2亿吨以上，但由于人口增长的抵消，使全国人均占有量只有370公斤，比1984年还少20多公斤。就是到1995年，粮食总产量即使达到4.5亿吨，人均占有量也不过375公斤，仍达不到1984年水平。且不说我国的农业生产主要是靠天吃饭，每年要增产500多万吨将是十分艰巨的任务。农业总有个丰歉，在丰年的时候，一定要汲取过去的教训，坚决把粮食收购、储存起来，国家要储备，地方要储备，农民也要储备，建立多层次的粮食储备体系，储粮备荒，以应对突然事变和自然灾害。国务院1990年连续发出了〔1990〕44号、55号文件，做出了按保护价敞开收购、建立国家专项粮食储备的重大决策，不仅有利于保护农民种粮积极性，避免谷贱伤农，而且也增强了国家对粮食的宏观调控能力。这是关系社会稳定、国家长治久安的大计。要储粮，就必须建仓。我们应当总结经验，正确理解生产与流通的辩证关系，加快粮库建设，保持粮食流通设施建设与粮食生产协调发展。仓库等储运设施属于基础设施的范畴，应予以重视，纳入建设规划。过去粮食产量低，粮食只够吃一年再接下年，仓库建设欠账很多，遇到一个丰年就装不下。这个问题一定要下决心解决。我们今天强调加快粮食流通设施建设，不仅仅是为了解决眼前的“卖粮难”、“储粮难”，而是要着眼于为粮食生产再上一个新的台阶准备条件来考虑。从现在起，我们各级政府和粮食部门就要立足于这一点，把加强粮食流通设施建设提高到保证国家经济建设持续、稳定、协调发展、保证到本世纪末基本实现小康水平的目标高度来认识，才不至于拖农业生产发展的后腿。

“八五”期间的粮库建设规划和1991年建库安排

鉴于目前国家粮库的现实条件和收购任务，考虑到粮食生产发展的需要，国务院决定，在“八五”期间新建粮库容量2500万吨，油罐100万吨。其中储备和周转粮库容量500万吨，储备和周转油罐容量各20万吨，中央和地方各投资一半。简易粮库容量1500万吨，油罐容量60万吨，资金由人民银行拨专项贷款解决，利息由中央和地方承担各半。分年度看，每年新建库容为储备库、周转库容量200万吨，永久性简易仓库容量300万吨，合计容量500万吨，油罐容量合计20万吨。这一规划的实现，将在一定程度上缓解粮食流通设施与粮食生产发展不相适应的矛盾。对此，各级政府和粮食部门要切实加强领导，认真搞好本地区的建设规划，协调各有关部门，落实好资金、物资和工程施工等问题，保证按质、按量、不折不扣地予以完成。建议由各级计委牵头，组织财政、银行、物资、粮食等部门参加，协调处理建设过程中的各种问题。

这批粮库建设的重点，应放在产粮区和主要销区，并适当照顾边远民族地区。要把粮库建在粮源充足，交通方便，调转灵活的地方；规模要集中，储备库容量要在5万吨以上，周转库容量2.5万吨以上；要尽可能加快建设进度，缩短建设周期，要保证建设规模。中央投资建设的储备粮库和储备油罐，已经列入国家计委基本建设计划，由商业部和国家粮食储备局负责组织实施。周转粮库及周转油罐的建设，请各省、自治区、直辖市同时列入地方的基本建设计划，由地方粮食部门负责组织实施。储备和周转粮库及油罐的建设计划，拟中央和地方对应安排，省内平衡，保证资金对等；周转库部分未能列入地方基本建设计划或安排不足的地方，中央将相应取消或调减储备库部分的建设计划。

明年是“八五”计划第一年。把明年的建库工作安排好，争取有个好的开端是很重要的。特别是要在夏收和秋收之前抢建一批仓库投入使用，以应急需。现在建仓库的有利条件很多，大家积极性也很高，关键是个资金问题。根据国务院的指示，要多方筹集资金，采取大家抬的办法共同分担困难。国家下决心加快粮库建设，增加了一部分投资。地方也必须下决心从各方面挤出一些投资，用于粮库建设。这是能否搞好的关键。今年以来，辽宁、吉林、黑龙江、湖南、湖北、江西、安徽、江苏、河南、河北、山东、四川、广东、广西等许多省区都这样做了，采取各种优惠办法，支持粮库建设，取得了很好的效果，这些都是有远见卓识之举，值得提倡。只要各地政府重视，多方设法，狠抓几年，就能大见成效。

1991 年计划安排，国家基本建设投资新建粮库容量 200 万吨，油罐容量 8 万吨，其中储备、周转各半；银行专项贷款新建简易粮库容量 300 万吨，油罐 12 万吨。现在，由中央投资建设的 100 万吨容量储备库和 4 万吨容量油罐，所需资金 3.36 亿元已经作了安排。其中国家计委的 3 亿元，为了便于各地及早下达计划，安排施工，将于 1990 年预拨 2 亿元，地方承担建设周转库及油罐所需的资金落实后，也要纳入地方基建计划盘子。

建简易库和油罐所需的 6.48 亿元资金，由人民银行总行安排专项资金贷款解决。1990 年已预拨 2 亿元贷款给部分主产区，以便于及早动工。其余 4.28 亿元，1991 年初陆续安排。为了便于贷款的集中使用以及核算贴息金额，由省级粮食主管部门统一向同级分行办理贷款手续，统一还贷，不要层层下放贷款指标。贷款限期为两年，周转使用。贷款实行粮油商品贷款优惠利率，即年息 8.28%。还贷资金来源按国发〔1990〕第 44 号文中有关规定办理。

加强粮库建设，除新建以外，抓紧现有待大修仓房的维修改造也是一个十分重要的方面。全国现有待大修仓房容量 1650 万吨。其中，绝大部分是 50 年代建的苏式仓。这部分仓库如不抓紧维修改造，不用多长时间将相继转为报废仓而无法使用，相当于“八五”建仓计划的 2/3。而及时进行维修和适当的技术改造，不仅投资少，见效快，延长使用寿命，而且，一些地方成熟的经验表明，还可以扩大仓容 30% 以上，投资尚不足新建的一半。按此计算，全部完成后可使这部分仓的容量变为 2150 万～2250 万吨，几乎相当于又多出一个“八五”投资建库计划。这样，我们才能在“八五”结束时保持粮库仓储能力与粮食生产发展的基本协调。这是一个革新挖潜、多快好省的路子，各级政府和粮食部门务要给予充分重视。要对所属粮库待大修的仓房、油罐，视其具体情况，定出详细的维修改造规划，分年实施，争取全国在三年内完成。所需资金从提取的固定资产折旧费、大修理基金和简易建筑费中解决。为了加快进度，省级粮食部门可以根据所拟订的规划集中资金统一安排。要严禁把上述三项费用挪作他用。如有困难，各地粮食部门要及时向各地政府和计委、财政、银行汇报，及时解决发生的问题。

1990 年，为了缓解各地粮食部门的储粮困难，国务院分几次共批准建设简易仓容量 725 万吨，简易储备库容量 20 万吨，扩建储备库容量 50 万吨。这项工作在各地政府和计委、财政、银行的重视与支持下，抓得紧，进度快。预计到年底，前两批下达到的 525 万吨容量简易仓建设任务可以完成，现在一部分已开始装粮；储备库 50 万吨容量建设规模，年内可以基本完成；在武汉召开的储备粮工作会议新增贷款安排建 200 万吨容量简易仓和 20 万吨容量简易储备库的计划，各地正在抓紧落实。希望各地争取在 1990 年底或明年初投入使用。

当前粮食工作困难很多，请各省、区、市负责同志和计委主任对粮食收购、保管工作，加强领导，大力支持。对议价粮收购和专项储备粮的收购工作，要督促各地粮食部门积极进行，狠抓落实。对库存粮食保管安全度夏工作，要及早采取有力措施，帮助粮食部门，防止发生大的霉坏事故，这是各级粮食部门义不容辞的责任，也是各级政府的责任。

关于建立适合国情的粮食流通新体制的改革设想*

（1990 年 12 月 24 日）

粮食流通体制改革的必要性和艰巨性

粮食问题事关国计民生，粮食流通体制的改革在整个经济体制改革中占有重要的战略地位，是关系到经济全局，牵动整个经济体制改革的一个重要问题，同时也是经济体制改革当中的一大难点。粮食是农业的基础，粮食流通体制不改革，势必影响到整个经济体制改革的进程。我们应当从国家的经济发展战略，从经济体制改革的总体战略的高度来认识粮食流通体制改革的问题。党的十一届三中全会以来，在党中央、国务院的领导下，粮食流通体制改革迈出了重要的步伐，取得了许多显著的成就，例如，取消了统购、派购；在粮食价格上实行“双轨制”，也就是稳一块，活一块；发展了多种形式的粮食市场；发挥了国营粮食的主渠道作用，同时提倡多渠道经营等。这些方面都取得了突破性的进展，但是仍有很多根本的问题没有解决，改革的任务仍然相当艰巨。

（一）粮食价格严重扭曲，“两个倒挂”的问题没有解决，造成了平价粮收支缺口逐渐扩大，财政补贴大幅度上升。粮食是目前价格背离价值最严重的一种商品，长期以来平价粮收支倒挂，购销价格倒挂，财政补贴日趋严重。1989 年财政在粮食上的补贴加上进口粮补贴，加上挂账，再加上费用上升等等因素，粮食补贴占每年财政收入的 18% ~20%，这种情况无论如何不能继续下去了。

（二）国营粮食企业亏损日趋严重，吃老本的现象日益加剧，补贴挂账大幅度上升。现在不少粮食企业包括粮站、店、库实际上已成为“空壳库”、“空壳店”。黑龙江全省粮食部门固定资产现值 18 亿元，光挂账一项就占了

---

* 这是白美清同志在商业部机关学习会议上的发言。

14.6亿元，这就是说只剩下30%的资产。我们现在存的一些粮食，绝大部分是占用银行贷款买的，如果照破产法，有相当多的粮店要关门，宣告破产。从全国看，1990年1~10月补贴总额是369.5亿元，比上年同期增加63亿元，其中平价和平价亏损185亿元，议价出现了全行业亏损局面。粮食系统“三角债”1990年11月底达到210亿元，比上年同期多出52亿元。不少粮店、站、库资不抵债，根本缺乏再生产能力，实际上处于破产或半破产的边缘。这种情况如果不加以改革，再过几年，空壳库还要增加，粮食系统的国有资产将逐渐被消耗掉。

（三）粮食流通运行机制不合理，没有形成灵活多样的、规范化的市场机制。粮食紧缺时，各方面插手经营，打“大米大战”、“玉米大战”。粮食稍多一点的时候，又都撒手不管，多渠道变成了单渠道。这种不合理的循环，再加上行政干预，地方封锁，人为地制造了很多假象和障碍，造成了流通领域的梗阻。粮食紧缺时产区要价高，销区求产区；现在倒过来了，销区比较神气了，产区去求销区多调粮食，粮食调不动，“卖粮难”变成“调粮难”、“储粮难”。这种运行机制极不合理，如果不加以改革，势必影响粮食的正常流通，影响粮食市场的稳定。

（四）现行的粮食流通体制和粮食流通政策在对生产的促进作用和对消费的引导作用上，由于种种原因受到削弱。在正常情况下，流通应该对生产起促进作用，对消费起引导作用，给以正确的信息反馈。但由于现行粮食流通体制不合理，粮食流通政策某些方面需要调整，使这两个方面的作用受到削弱。例如我们现在的补贴办法是补到消费环节，生产者感到负担很重，积极性不高；而在消费的引导上，由于粮价不合理，形成了在食物构成上过早地超前地追求高、精品种，不仅不利于粮食的节约，而且从长远来看对人民的体质也有所影响。我们现行的体制和现行的粮食流通政策，缺乏必要的机制来引导消费向有利于我国国情的方向发展，相反却脱离了中国的国情，助长了食物构成的不合理，造成了粮食的大量浪费。据统计，餐桌上的浪费每年达250万~300万吨；口粮标准每人每月15公斤，现在全国实际销售量沿海省市和大城市人均11.5公斤，一般省13公斤，少数省14公斤。在不少地方，粮票转化成有价证券，换鸡蛋、塑料制品等比比皆是。这个问题要避免苏联、东欧的教训，它们由于缺乏引导，把粮食消费一下搞得很高，搞高了就很难降下来。

从以上四个方面可以看出，不论是从生产方面还是从流通、消费方面来看，现行的粮食流通体制是非改不可，否则粮食工作没有出路。现在很多地方因为吃饭问题，也就是粮食补贴问题已经不堪重负。另一方面，我们不仅要看到粮食流通体制改革的重要性和迫切性，而且还必须看到粮食流通体制改革的艰巨性和复杂性。粮食在我国是第一大商品，也是改革难度最大的商品，因为它涉及面广，直接影响到千家万户，影响到中央和地方的关系，生产者、经营者和消费者之间的关系，产区和销区的关系，影响到城乡关系。这个商品又很复杂，牵涉面广，本身体制又不顺，价格扭曲的情况非常突出，欠账太多，积累的问题很多。因此，粮食问题的改革在我国具有特殊的重要地位。特别是我们这个具有11亿人口的大国，它不仅对于社会的稳定具有重要作用，而且对于经济的持续发展，对于中华民族将来立于世界强国之林都具有重要影响。我们必须根据党的十三届七中全会决议精神，以坚韧不拔的毅力抓好这项改革，坚持不懈地把改革推向前进。

粮食流通体制改革的方向是建立适合我国国情的粮食流通体制

建设具有中国特色的社会主义，是我们的根本道路和根本方向。在粮食工作中，我们要结合我国的国情，建立适合我国实际情况的社会主义的粮食流通体制。这种体制既不是统购统销的模式，也不是完全的市场经济的模式，而是要根据我国人口多、吃饭第一的实际情况，探索一个社会主义的新模式，在宏观计划指导下形成粮食的社会主义统一市场，形成社会主义的粮食流通机制。在指导思想上要注意以下几点：

（一）贯彻立足国内、自力更生解决粮食问题的方针。中国是一个人口众多的大国，吃粮只能靠自己，绝不可能靠国外来解决中国的吃粮问题。我们每年进口一点粮食，只能作一些调剂和补充。完全靠吃进口粮，谁也供不起我们；大部分靠进口粮，对我国的独立自主也极为不利。因此，我们必须要立足国内，自力更生来解决粮食问题。据此，在粮食的产区要进一步提高商品率，在销区要进一步提高自给率。在粮食流通体制改革和制定粮食政策时，要注意向产区倾斜，逐步改变产粮越多亏损越大，包袱越重的情况，改变高产穷县的情况。

（二）必须贯彻计划经济与市场调节相结合的原则。计划经济与市场调节相结合的原则，在我们的粮食工作中要结合实际加以研究。我认为，我国的粮食工作不能完全靠市场，而是要有计划地进行，在计划指导下搞好市场调节。要根据粮食的不同品种、不同时期、不同地区来加以分析，落实这个根本原则。因此，在实际工作中，我们要处理好以下几个关系：（1）要处理好平价粮、议价粮、储备粮这三者之间的关系。平价粮即合同定购粮，是指令性计划，必须完成。最近又改为国家定购，这就更加体现了它的指令性，这部分粮权必须牢固拿到国家手上。国家储备粮也是指令性计划，粮权归中央，由中央调拨。这两部分有××××亿斤，是中央的调控手段，必须掌握在中央手里。搞活的这一块，着重是在议价粮上，这部分应该注意发挥市场机制的作用，尽量搞活。这部分粮食国家实行指导性计划，特别是要通过我们的国营粮食公司进行调控，实际上国家通过议价粮公司也要掌握一部分粮源。中央把这三块抓住了，其余的尽量放开，通过各种各样的市场机制来起作用。（2）贯彻计划经济与市场调节的原则，要根据粮食品种的不同情况来确定。抓主要的粮食品种，小品种放开。粮食管理主要抓水稻、小麦、玉米三大品种，其他品种放开；油料也要抓主要品种，小油料放开。主要的农作物要强调计划指导，其余的在加强管理的情况下尽量搞活。这是我们多年的经验，搞好了是不会出问题的。（3）从市场类型、市场机制来分析，贯彻计划经济与市场调节相结合的原则，国家要着重抓批发市场，使它得到逐步发展，而把大量的、零星的、余缺调剂的农贸市场、集贸市场尽可能放开搞活。我们要通过粮食工作的实际，逐步摸索计划和市场调剂相结合的具体途径、具体形式和主要措施。

（三）把宏观调控和微观搞活结合起来。建立宏观调控体系是搞活的前提。宏观调控最重要的是掌握价格、税收、信贷的杠杆，计划的杠杆，其次是建立各级粮食储备体系。我们要逐步建立中央和省、地、市加上农民的三级储备体系，以此作为吞吐市场、调剂余缺、平抑粮价的重要的经济手段。如果国家有了几千万吨粮食作为调剂手段，就可以保持粮价的稳定，应对粮食的波动。粮食的生产是有周期的，过去小平、陈云同志都讲过“两丰两歉一平”，这是正常观象，我们要尽量减少粮食上下波动的幅度，使它不要大起大落。现在来看，平常的波幅在1000万~1500万吨，如果我们每年有1000万~1500万吨粮食作为市场的调节，就可以保持市场的稳定。如果我们掌握2500万~3000万吨粮食，即使是遇到特大自然灾害，我们也可以应对。最后是建立调节基金或风险基金。粮食本身关系到国计民生，是一个微利的商品，这是我们社会主义制度决定的。因此，在宏观调控上必须要建立风险基金，没有风险基金就很难搞下去。

我们还要在微观搞活上下工夫。粮食企业现在缺乏简单再生产的能力，有一点利润都拿去补亏了。议价粮是二八开，80%补亏，赚100元钱，粮食企业落下10多元钱。另外，我们的折旧、大修理基金等不少也拿去抵亏、顶费用，这样大修理就无法正常进行，造成粮食企业设施破烂不堪。粮食稍微有点丰收，各个方面的设施就很不适应。下一步改革，必须要解决宏观调控与微观进一步搞活的问题，把两者结合起来。

（四）建立计划指导下的国家管理的市场体系和市场网络，发挥国营粮食企业的主渠道作用。我们必须要在国家计划指导下，逐步建立适合我国国情的市场体系和市场网络，不能是粮食紧张时多渠道，粮食宽松时单渠道。要改变这种状况，就要把市场机制培育起来。我国虽然在建立批发市场方面作了一些探索，但是总的来说还缺乏这方面经验，因为我们是商品经济不发达的国家，还需要这方面改革的经验，还需要不断试点，不断完善。郑州粮食批发市场现在已经有了一个开端。我和他们讲过一个观点：不要完全按国外那一套来搞，要从中国的实际情况出发，能搞期货、拍卖那种形式就搞，不能搞的还可以搞其他多种多样的形式，对市场起媒介作用、服务作用，创造有中国特色的市场。

我认为，社会主义的粮食流通体制概括起来就是：粮权主要归中央，经营主要在国营。这是社会主义粮食流通体制的两大特点。粮食问题上中央一定要掌大权，这点不要含糊；经营权特别是批发权主要在国营，这个不要放松。这两点是决定我们社会主义粮食流通体制的根本特征，把这两个问题抓住，其余放开。我们改革的思路和改革的政策要朝这个方面来考虑，这对于形成我国机制灵活、渠道畅通的粮食流通体制具有很重要的作用。把握这两点就可以保证我们稳定粮价、稳定市场，促进粮食生产的发展，满足广大人民群众日益增加的粮食需求。

在粮食流通体制改革的内容上，要处理好以下几个方面的关系：一是国家和地方的关系；二是产区和销区的关系；三是生产者、经营者和消费者之间的关系。这几个方面的关系要统筹兼顾、合理安排。第一要保护生产者即保护农民的积极性；第二要保护产区的积极性；第三要保护粮食经营企业的积极性。在处理诸种关系中，这三者关系尤为重要。在粮食流通体制改革的内容上，不要限于解决我们过去历年讲的“两个倒挂”的问题。从大的方面来说，有四个方面的问题要解决：

（一）要解决粮食购销倒挂的问题。这实际上是粮食价格体系的改革问题。由于我们过去对这个问题有所忽视，倒挂的现象比较严重，背离了价值规律。我们要根据各个时期不同的情况，采取坚决而又稳妥的步骤，逐步解决这个问题。这是改革中的一个重要问题，牵涉粮食流通体制的核心问题。

（二）要解决宏观缺乏调控手段，微观缺乏活力的问题。宏观调控手段，如建立储备手段，建立风险基金手段等等，都有一个财务的问题；微观搞活也有一个对企业放水养鱼，使企业有自我发展、自我约束能力的问题。因此，实质的问题，是要解决粮食财务体制改革问题。这个问题不解决，粮食企业活不了。我们要总结出一套经验来，研究出一些配套措施来，使企业真正有活力、有自我发展和自我约束的能力。

（三）要解决与农民的关系的问题。现在对农民既有合同定购任务，又有农业税。每年农业税1000多万吨，还有缴代金的。余下的4000万吨是国家定购，既是义务，又是任务。这部分说是税，不像税；说是购，又不完全是购，实际上带有一部分税的性质。因为农民负担了统购价与议购价的差价，这实际上是农民对国家所缴的贡税。我认为，要通过改革，逐步把税购分开。税收任务明确，皇粮国税必须搞，其余的就按合理的、最低保护价来收购，不能把收购价压得很低。目前差价达50%～60%，农民负担太重，而且还有个畸轻畸重的问题，有的地区之间、县与县之间合同定购任务相当悬殊。这些问题要通过粮食收购体制和粮食税收体制的改革来解决。

（四）要解决粮食流通管理体制的问题，实行中央集中管理和分级管理相结合。主要的粮权集中在中央，对于巩固祖国的统一、国家的稳定，保证我们事业的兴旺发达，具有历史性的意义。在这一前提下，实行分级管理，调动各级粮食部门、企业的积极性，不能管得过多，统得过死。重要的必须集中管，其他要放，形成能调动各级积极性的、机动灵活的体制。在管理体制中，还有一个国内外市场如何结合、进出口的统一管理的问题。应发挥国内粮食品种的优势，利用国际市场调剂余缺，进行串换。这中间大有文章可做。现在这两块是分开的，粮食部门只提供货源，粮财脱节，进出口与国内市场也是脱节的，这种体制必须改。例如，我们进口外国小麦每吨75～80美元，而玉米出口价每吨80～90美元，出口玉米换小麦，何乐而不为呢？玉米是我国高产作物，多出口一些玉米串换一下，对国家是有利的。食油利用国际市场串换也非常有利，出口一吨花生油，可以换回两吨棕榈油。利用国际市场来弥补国内市场不足，必须进出口统一管理，这个体制不解决，困难重重。

粮食流通体制改革，大的方面是要解决这四个方面的问题。如果把这几个问题解决了，就会形成一个粮财结合、内外结合、购销同价、渠道通畅、机制灵活的新的社会主义粮食流通体制，就能在经济改革中改变滞后的现象，保证粮食市场的基本稳定和人民生活的基本安定，促进国民经济持续、稳定地发展。

采取积极稳妥的方针　不失时机地把粮食流通体制改革推向前进

粮食流通体制的改革是一项系统工程，必须与整个经济体制改革配套进行，不能急于求成，毕其功于一役，但必须采取积极的态度，利用有利时机，有计划、有步骤地把改革推向前进。我认为，粮食流通体制改革迈出步子的大小，受以下几个条件制约：一是社会承受能力的制约；二是财政、信贷等大的宏观经济环境的制约；三是粮食的物质基础的制约；四是粮食经营人才和经营能力的制约。

粮食流通体制改革，有近期目标和远期目标。近期目标总结为八个字“稳购、压销、包干、微调”。稳购，定购任务5000万吨近期维持不变；压销是近期的主要目标，除口粮外，平价粮销售尽量压缩减少；继续进行包干，略微作些减少；价格也要作些微调，销价实行新账不欠、老账逐步还的方针。

远期目标，就是要建立购销同价，粮财结合，宏观调控与微观搞活结合，国内外市场结合的机动、灵活的机制。由于粮食流通体制改革的复杂性，“八五”期间要打好几个战役，经过较长时期的努力，才能逐步达到目标。

在进行改革中，要强调两个问题：

（一）要统一部署、分散决策。改革可以上下结合，逐步试验，统一步骤，全面展开。现在有些地方形成了粮财结合的新体制，吉林省决定把粮权和财权由粮食厅来管，不少省也准备试验。过去搞的粮食财务体制下放到县，现在看有很多问题，表面上包袱甩下去了，实际上下面又把包袱甩到银行，挂账越来越多。我认为“挂账”就是对粮食财务体制下放到县的“对策”。在改革的统一部署下，下面要进行各种形式的试点，上下结合，由下而上推进，可能会快一点。例如粮食批发市场，我们还没有经验，这需要各省去探索。各地要根据自己的情况，经过一段时间试验，形成按品种、按时间、按产地的各种不同类型的批发市场。这样可以调动地方积极性，分散矛盾，缓解风险。还有粮食议价经营问题。平价这一块我们有经验，管理得比较好，议价这一块缺乏经验，没有系统化、规范化。

（二）要在改革实践中，注意尊重客观经济规律，特别是要研究价值规律。发展社会主义商品经济必须遵守价值规律。发展社会主义商品经济，有商品就有交换，就有等价交换、价值规律起作用的问题。计划经济与市场调节相结合，计划不反映价值规律，也坚持不下去。毛泽东同志讲过："价值规律是个大学校"。我们要很好研究价值规律的作用。在改革中还要注意发挥我们的政治优势，既要放开搞活，又要使我们的队伍经得起改革开放的考验。管粮食，要谨防弄虚作假，不要你去看储备粮，就说粮仓里都是储备粮；你去检查委托代购粮，又说这就是委托代购粮；你去检查专项储备，又说这就是专项储备粮。这个问题要引起我们注意。因此，粮食管理要建设两个文明，不要护短，发现问题要及时解决。

总之，改革要不失时机，采取积极稳妥的步骤，逐步推进，由点到面，上下结合，由量变到质变，由部分质变到整个质的变化，最后实现我们的总体方案。

把改革与发展结合起来　加快粮食仓储设施和网点建设

当前，全国商品设施建设落后，仓库设施不全，网点缺乏，是粮食流通体制改革中遇到的一个大问题，现在已经不能再拖下去了。我去东北搞调查，有两个出乎意料；一是粮食增产出乎意料；二是仓储和基础设施落后出乎意料。有的粮站，用席子圈来放粮食，有的下面垫些东西，上千百万斤粮食就堆在露天里。有些仓库，除了几间办公房子，什么也没有，叫"光腚库"。目前，只有上海有一个现代化的仓库。不少地方清朝的、民国的仓库，现在还在使用。如果不解决仓库严重落后的情况，必然会拖粮食生产发展的后腿。基础设施同样很差，全国48300个粮站，有32800个需要改造，占68%。设施严重落后的状况如果不解决，就会严重影响粮食事业的发展，拖改革的后腿。解决这些问题，要抓四点：

（一）观念上要改革。要像抓生产那样抓流通，要像抓能源、交通等基础设施那样抓仓储基础设施建设。马列主义关于社会再生产原理讲生产、流通、分配、消费的统一，我们恰恰忽视了流通这一环节。流通设施的建设应与生产的规模、生产力的布局相适应。多年来，在安排计划、进行基建时，流通被摆在非重要的地位。长期下来，制约了生产的发展。因此，搞建设，要把流通设施的建设考虑在内。不能什么都搞产销一体化。国外商品流通发达的国家，商品流通网络是作为很宝贵的财富来运用的。随着社会的发展，商品流通设施还要向社会化、专业化方面发展，哪能都搞小而全、大而全呢？要像抓能源、交通基础设施那样来重视仓储等粮食基础设施的建设。在国家现代化、工业化过程中，仓储设施必须要起集聚性的效应，例如农业种子粮，东北搞机械化耕作，种子粮都集中在县里保管，这就与以前不同了。

（二）要调动各方面的积极性，多方、多渠道筹集资金。现在建筑市场疲软，搞仓库基础设施建设是好时机。要多方挤钱，光靠中央不够。“八五”期间，国家将每年拨一部分资金建仓储设施。除中央外，地方、企业都要挤一点钱出来。新建的设施，不能吃老本，要把折旧、大修理费用集中起来，集中使用。

（三）要统盘规划，逐年建设，持之以恒，争取三五年间能见效。1990 年开建了 500 多万吨仓容的规模，开了好头；1991 年还有几亿元拨款、几亿元贷款，还可搞 500 多万吨仓容的规模。

（四）因地制宜，选定仓型，确定经济规模，加快建设进度，缩短建设周期。仓型要规范化，建设要缩短周期、加快进度，争取好的经济效益。这样抓几年，粮食基础设施的建设，网点设施的建设，就能够跟上改革的步伐。

发扬改革务实精神　把深化粮食体制改革工作搞好

商业粮食系统处在流通领域中，比较敏感，对经济中的一些问题反映比较快。比如说抢购，首先从市场反映出来，生产一时还感受不到。疲软、旺销、转旺，也先在流通领域很快反映出来，生产还看不出。速度、效益到底怎样，从产品销售情况、库存情况也就反映出来了。因此，流通领域的工作与国民经济息息相关，与人民的经济生活联系密切。粮食系统要发扬改革中的敏感性，发挥重视改革的传统，发扬务实精神，进一步把改革推向前进。对于好的传统，要继承；对一些问题和缺点，不能习以为常，见惯不惊。改革是没有先例的，要提倡解放思想，大胆探索，在实践中出一点问题是难免的。我们现在的困难，一是缺乏资金，二是缺乏人才，其中更为重要的是缺乏人才。要有坚持改革开放，敢闯、敢干，具有坚定的事业心的人才。要提倡创新的精神，创业的精神。要有危机感，不跟上改革，我们就要落伍。要提倡务实的精神，小平同志多次讲过，要多干实事，这是马列主义实事求是的基本原理。粮食系统老一辈是实实在在干工作的，这个好传统不要把它丢掉。要在粮食工作中认真抓好四句话："搞好购销，修仓储粮，理顺关系，建设队伍"。把这四句话作为工作任务来抓，争取每年都有所前进。

一九九一年

加强领导　坚决完成"八五"时期粮库建设任务*

（1991 年 3 月 26 日）

刚才，郝建秀同志代表国家计委作了重要讲话，我完全赞同。现在，我就"八五"期间的粮库建设任务、方针和安排讲几点意见。

加快粮库建设的重要性和紧迫性

当前的粮食工作，可以概括为两句话：形势空前好，困难空前大。去年粮食生产在前年增产的基础上又获得大丰收，总产量达到 4350 亿公斤。截至 1991 年二月底，全国总收购量达 1150 多亿公斤，比上年同期增加 200 多亿公斤，超过 1984 年度全年收购 1116. 5 亿公斤的历史最高水平。粮食收购的大好形势，为做好粮食工作提供了物质基础，同时也给粮食仓储保管带来了巨大的压力和困难，农民"卖粮难"已经转化为国家"储粮难"。

"卖粮难"、"储粮难"，难就难在粮食流通基础设施严重不足。我国的粮食流通设施，尤其是仓储设施，基本上是在过去粮油商品率较低的情况下逐步形成的，多年来发展缓慢。目前，大部分仓房、油罐老化失修，无论从总量上，还是从质量的完好状况看，都远不能适应已经进入社会主义商品经济新阶

---

* 这是白美清同志在国家计委和商业部在江苏省常州市召开的全国粮食仓库建设工作会议上的讲话。

段的粮食生产与流通的需要，加快粮食仓库建设已成为各级政府和粮食部门的当务之急，其重要性和紧迫性可以从几个方面认识。

首先，粮食仓储设施属于基础设施的范畴，是扩大粮食再生产的必要条件，必须与社会主义商品经济的发展相适应，与粮油商品的生产、流通、消费需要相适应。仓储设施建设如果落后，就必然影响流通的正常进行，从而影响生产，也影响正常的供应。这是多年来的经验总结，是商品经济发展的客观规律所决定的，粮食流通领域出现的“卖粮难”、“储粮难”现象，突出地反映了粮食仓储设施建设与粮食生产发展的极不平衡性，如不及时采取措施，再拖下去势必导致粮食生产滑坡。粮食生产的稳定发展，对于我国这样一个人口众多、耕地资源不足的农业大国的经济稳定，是至关重要的。因此，对待粮食流通基础设施的建设，要像交通、能源一样认真给予重视，要像抓生产那样抓仓储设施的建设。否则，不仅起不到保证、促进作用，还会拖粮食生产乃至整个国民经济健康发展的后腿。

其次，粮食仓储设施是国家实现宏观调控的重要手段。这些年，卖难、买难交替出现，对粮食生产的发展起了不良的影响，一个重要原因就是仓储设施能力不足，储备缺乏必要的设施，国家宏观调控也难以落实。加强粮库建设，创造储备条件，就可以保证既能应对粮多的困难，也能应对粮少的困难，粮食工作就有了主动权。

最后，粮食仓储设施是国营商业发挥主渠道、蓄水池作用的基础条件。没有仓储设施的发展，发挥作用就是一句空话，蓄水池也无从做起，主渠道作用也难以发挥。

前不久召开的党的十三届七中全会，把大力加强和发展农业作为今后十年和“八五”时期国民经济的重点，并明确指出：“解决十一亿人口的吃饭问题是头等大事，是经济发展、社会安定、国家自主的基础。”粮食生产要在本世纪内登上两个台阶，即总产量先后达到4500亿公斤和5000亿公斤。要保持粮食生产的稳定增长，就必须相应加强粮食仓储设施建设。国务院领导同志最近多次指出：“我们必须从思想上把流通摆在与生产同等重要的地位”，“今后要把增加流通基础设施，列入各级政府基本建设计划。”各级政府和粮食部门，要深刻领会国务院领导讲话精神，把握好生产与流通的辩证关系，从长远、从国民经济发展的全局来认识加快粮食仓储设施建设的重大意义和紧迫性，统一思想，立即行动，把这项工作抓紧做好。

去年，全国计划工作会议上，我曾作了专题发言，介绍了国家粮库的现状和各地粮食部门面临农民“卖粮难”、粮食部门“储粮难”所承受的巨大压力，提请各级政府和有关部门关心、支持粮库建设。目前全因粮油储存的困难情况比当时估计的要严重得多。截止到二月底，全国平、议价粮食和专项储备粮食总库存量已达1300多亿公斤，比去年同期增加300多亿公斤，折合成原粮库存已超过1500亿公斤，露天存粮也达450亿公斤，比去年同期几乎翻了一番。基层储粮单位普遍陷于严重超负荷状态。由于调销不畅，国家粮库爆满的紧张状况在一定时期内将难有大的缓解。而即将到来的夏粮收购入库，使“储粮难”矛盾更加尖锐。目前全国粮库基本上是粮满仓，囤满场。据夏粮主产省的初步匡算，夏粮收购时将有几十亿斤粮食难以入库，因为很多粮库连打露天囤的地方也没有。这个问题必须引起足够重视，要及早采取措施。当前，在大力抓好粮食调运工作的同时，要抓好两件大事：一是抓好安全保管；二是抓紧粮仓建设，争取早日投入使用。各级粮食部门必须把加快粮仓建设作为一项紧迫的重要任务，凡是有建仓任务的地方，各级领导要亲自上阵，到第一线现场办公，及时解决问题，以最快的速度，最好的质量，保证建仓任务的完成，为缓解“卖粮难”、“储粮难”，支援粮食生产，努力作出贡献。

对粮食仓库建设，国务院领导同志十分关心和重视，各级政府摆上了议事日程，加强了领导，计委、财政、银行、物资、税务等部门给了大力支持与协助。全国粮食干部、职工，发扬艰苦奋斗、拼搏进取的精神，经过一年的辛勤努力，克服重重困难，粮仓建设取得了很大成绩。截至去年年底，中央计划安排的建仓任务共完成74.5亿公斤仓容，还有一些在建粮库工程可望在今年夏粮入库前全部投入使用。虽然计划下达的是简易仓棚建设标准，但各地都从长远出发，自筹资金，绝大部分都建成了标准基建仓。据不完全统计，四川、辽宁、湖南、湖北、山西、河北、浙江、江苏等省自筹资金建仓40多亿公斤。总之，去年一年各地建仓积极性之高，施工进度之快，工程质量之好，完成仓容规模之大，都是前所未有的，可以说，在90年代第一年里我们打了一场漂亮的粮仓建设仗，为缓解农民“卖粮难”和国家“储粮难”，促进粮食生产稳定发展做出了应有的贡献，也为今后加快粮食仓库建设积累了很多好经验。

“八五”期间粮库建设的任务和方针

党的十三届七中全会指出，“八五”期间，国民经济要有一个新飞跃。为了适应粮食生产发展和人民生活消费的需要，粮食仓储设施必须加快发展，改变目前的落后状况。经过五年的努力，要把全国的粮库建设向前推进一大步，初步建立起一个符合我国国情、基本适应粮食生产稳定发展、储存安全、运输合理、调动灵活、效益好、全国性的粮食储运体系和储运网络，为促进粮食商品流通，增强国家宏观调控能力，保证工农业生产的顺利进行和城乡人民的生活需要，进而保证国民经济的持续、稳定、协调发展服务。为此，在“八五”期间要注重解决五个问题：

（一）粮食生产到1995年要上新台阶，达到4500亿公斤，粮食仓储能力的发展建设要与之相适应。现在测算、规划粮库建设就要以此为近期目标考虑。根据粮食流通发展的需要，要在主产区和主销区相应建一批现代化的骨干仓库，为全局服务。

（二）偿还一部分粮库建设多年遗留的欠账，补建那些只有院墙而无仓房的“空场库”、已经不能继续使用需淘汰报废的土圆仓和危险仓，适当配置简单实用的机械设备，以减轻劳动强度，改善储粮条件。

（三）完成待大修仓房的维修和苏式仓的技术改造，扩大储存能力，尽快投入使用。

（四）改进进出口粮食港口码头仓库的装卸输送设施，尽量减少损失，提高效益。

（五）深化体制改革，下决心推行粮油仓储企业的栈租制和其他形式的经营责任制，争取经过几年的努力，使之恢复经营和自我发展的活力，从而彻底改变仓储企业政策性亏损、设施落后、无偿还能力的状况。

当前，由于粮食仓储设施远远不能适应商品粮生产发展的需要，严重影响粮食正常流通和企业经营，而且矛盾越来越突出，因此加快粮食仓库建设已经成为紧迫的任务。国务院决定“八五”期间，建设粮食仓库250亿公斤。最近，商业部、国家粮食储备局联合向国务院写了报告，请求将“八五”期间粮仓建设五年计划四年完成，已得到国务院的批准。国务委员陈俊生同志明确批示："现在粮食仓储问题十分紧迫，到去年底露天存放已达435亿公斤以上。现在气候日渐转暖，粮食霉变事故有可能发生。而且夏粮收购也为期不远了。为了解决这个问题，只能抓紧仓库建设，这件事迫在眉睫，而且目前建仓材料、劳力都不成问题，建筑工期可以缩短。目前正是建库的极好时期，也是启动建材、劳务市场的好时机。因此建议国务院批准这个报告，以便及早抓紧工作。"在第二天李鹏总理、田纪云副总理、邹家华国务委员圈阅批准后，陈俊生同志又批示："请各有关部门按此精神抓紧落实。由办公厅督办。"国务院领导同志们这样重视粮仓建设，对我们是极大的教育、鼓舞和鞭策，粮食部门的广大干部职工，要振奋精神，雷厉风行，扎扎实实地认真落实国务院领导同志的指示精神，切实加强领导，抓紧搞好本地区的粮库建设。

根据当前的实际情况，吸取"三库"建设和"六五"、"七五"期间粮库建设的经验，"八五"期间在粮库建设方针上要注意以下几个问题：

（一）要坚持多方筹集资金建仓的方针，多渠道、多种形式集资，解决当前资金不足、仓储企业没有活力的问题，快建仓、多建仓。经验证明，国家出一部分，省、地、县财政出一部分，企业出一部分，几家凑起来就可以解决相当一部分资金问题。此外，解决资金要立足于自力更生为主、争取外援为辅的原则，有条件的地方可以适当利用外资，引进先进技术，加快粮仓建设，如世界银行贷款和政府间的优惠贷款等。

（二）要尽量在原有仓库基础上改造扩建，同时要下力量建设一批具有现代化水平，又符合我国国情的骨干粮库，使之成为全国储运网络的中心和枢纽，使全国能够调动灵活，满足多方需要。

（三）要贯彻集中兵力打歼灭战的原则，要加强工程管理，尽量缩短建设周期，这是很大的节约。

（四）从全局出发，选点布局，使之符合经济流向和经济发展区域的需要。同时因地制宜确定仓型和经济规模，做到经济合理，效益好，投资省。在北方建仓库和烘干设施、晒坪建设要配套。储备库、周转库、网点的临时仓库要统筹安排。

（五）要贯彻深化改革的精神，引入竞争机制，推行建筑工程招标等各种形式的承包责任制，力求做到工期短，投资少，质量好。

努力完成1991年建库计划

“八五”期间国家计划建设粮库250亿公斤，油罐10亿公斤。其中，储备库、周转库各50亿公斤，储备、周转油罐各2亿公斤，由中央和地方各半投资；其余150亿公斤简易库和6亿公斤简易油罐，由人民银行专项贷款建设，由中央和地方各半贴息。1991年安排计划，储备库新立项25亿公斤仓容续建1990年未完工程12.5亿公斤仓容；新建简易库仓容40亿公斤：新建油罐容量2.67亿公斤。为了贯彻落实国务院〔1990〕44号文件精神，更好地完成粮库建设任务，考虑到绝大部分省、区、市的粮食财务已下放到县的实际情况，并吸取“三库”建设的经验教训，以避免扯皮，提高工作效率，准备确定几条原则：

（一）投资计划。储备库和周转库分别投资建设，对等列入中央和地方基本建设计划，规模以省平衡，产权谁建归谁所有。储备粮库、油罐建设的投资由中央拨款，征地及铁路专用线费用由地方安排；周转库建设计划根据实际需要确定，但是必须同中央安排储备库规模相等，只能多不能少，投资统由地方安排。凡是没有列入地方基本建设计划或规模不足（周转库规模小于储备库规模）的省、区、市，中央将相应调减或取消其储备库建设计划。

简易粮库和简易油罐贷款，由省级粮食部门统贷统还，周转使用。

（二）任务安排。为了加快建设进度，及早发挥投资效益，“八五”期间的建仓任务，中央对地方一次安排确定，分年实施，五年计划四年完成。即，按仓容算，每年建设储备库、周转库共25亿公斤；简易库前三年每年40亿公斤，第四年30亿公斤；油罐每年2.5亿公斤。对施工条件好、工程进度快的项目，要优先安排投资拨款，以保证工程需要。各地要注意贯彻主体工程投资优先的原则，先生产后生活。在确保扩大安全储粮能力的基础上，可以适当改善办公和生活条件，但决不允许未建仓库就先把办公楼、宿舍搞起来。更不允许把建库资金挪作他用。如发现这种情况，不管是哪一级，都要追究主管领导的责任。

（三）选点布局。要以粮源充足、交通方便为原则，要突破行政区划限制，按经济区域组织粮油商品流通的需要定点建库。要以主要产、销区为重点，同时兼顾民族地区和有战略意义的地方。要从全局出发，把储备库和周转库结合起来统筹规划，注重发挥经济效益。储备库规模一般在亿斤以上，要根据各地的储备任务、战略布局的需要和调动灵活、运输方便的原则选点，由国家粮食储备局审定。周转库的选点、布局、规模、投资，由省级粮食部门规划，因地制宜确定，一般要建在县以上地方，保证适当规模，不宜小而分散。各地确定的周转库选点布局，要报商业部和国家粮食储备局备案，以免重复设点。

（四）仓型选择。储备库因粮食储存周期相对较长，可以考虑以房式仓为主，但要贯彻少占地多储粮的原则，要多采用高大仓型；周转库要适应粮食周转的要求，尽量建搬倒效率高的机械化筒仓；简易库仓型可以根据实际需要选定。无论建设哪一种类型粮库，都要在设计、投资中考虑适当的机械设备配置，以提高工作效率，减轻职工劳动强度，方便农民交粮，保证储粮安全。

1991 年的建库计划，在国家计委和人民银行的大力支持下，已经于去年年底提前预拨了储备库基建投资 2 亿元，简易库贷款指标 2 亿元，商业部和国家粮食储备局及时作了安排。基建投资全部用于已立项开工的 68 个储备库点，保证工程进度的需要，要求年底前全部竣工；预拨贷款指标已于年底前集中安排到南方 6 个稻谷主产区，要求利用冬季可以施工的条件，抢时间赶在夏粮入库前完成，以应急需；今年的储备库建设投资，除用于上年未完工程外，主要用于新布库点。为了保证五年计划四年完成，计划新布 100 个储备库点。批准立项后，请各地抓紧前期准备工作，以保证主体工程明年建成投入使用；增拨的贷款到位以后，各地要立即行动，组织施工，力争赶在秋粮入库前建成使用。从去年各地建仓的经验看，只要领导重视，抓紧抓实，简易仓库建设，完全可以做到当年投资，当年完成，当年使用。

按照五年计划四年完成的要求，今年国家计委将增拨储备库基建投资 2 亿元，银行增拨简易库贷款指标 2 亿元。储备库基建投资，要全部用于开辟新立项工程。库点一经选定，各地要抓紧办理立项手续，做好前期准备工作，争取年内破土动工。简易库贷款指标分配下达后，各地要立足早安排、早开工、抢时间、抢进度，力争早日竣工投产使用。

地方周转库的建设，各地要根据“分别投资，对等安排，按省平衡”的原则，抓紧落实地方投资计划，有条件的地方要争取尽可能多安排一些，但决不能少于中央安排的储备库建设规模。

为完成好“八五”建库任务，各地要加强领导，建议在政府领导下，请计委牵头，组织财政、银行、物资、税务、粮食等部门联合办公，具体落实任务规模、建设资金、施工力量及其准备（水、电等施工条件）、建筑材料及物资等，并负责及时协调处理建设过程中的各种问题，以保证工程顺利进行。要认真做好设计和工程前期准备工作，这是加快工程进度的保证。各地上报的计划任务书和编制的扩初设计，要实事求是，留有余地。但资金安排不得留有缺口，出现超支，当减少子项附属工程。这里重申，建仓资金一律不准挪用，违者首先要追究领导责任，倘若延误工期，造成损失，要视情况追究当事人和有关领导的经济或刑事责任。

认真抓紧旧仓维修改造

加强粮食流通基础设施建设，扩大粮食储存能力，必须坚持新建与维修相结合的原则，只建不修是极大的浪费。从长远发展来看，如不立即抓紧旧仓维修改造，就无法保持“八五”、“九五”期间结束时国家粮库仓储能力与粮食生产发展的基本协调。1984 年大丰收之后搞了三年“三库”建设，完成新建仓房容量 285 多亿公斤，而仓容绝对增长只有 150 亿公斤，因为，三年内仅报废的旧仓就达 135 亿公斤，平均每年报废仓容 45 亿公斤。由于粮库建设多年欠账，大批仓库老化失修，报废速度加快。去年全国各地统计申报的待报废仓容已达 51 亿公斤。即使按照“七五”期间平均每年报废旧仓容 35 亿 ~ 40 亿公斤匡算，“八五”任务完成时（四年），全国净增仓容只有 100 亿公斤左右。对此，粮食部门的同志，一定要头脑清醒，冷静地分析形势，切不可以为“八五”期间增建几百亿斤仓容就基本解决问题了。

各地在努力完成“八五”新建粮库任务的同时，要把旧仓房的维修改造工作列上重要议事日程。全国现有各种类型急待大修仓容 165 亿公斤，占总仓容的 1. 5% 以上，其中绝大部分是 20 世纪 70 年代以前建造的苏式仓。如不抓紧维修改造，将会相继报废，是一个很大的损失，几乎相当于“八五”计划新建粮库的 2/3！对旧仓及时进行维修和适当的技术改造，是一项刻不容缓的重要任务。维修改造旧仓，不仅延长使用寿命，而且可以在原有基础上扩仓容 30% 以上，投资节省（比新建节省一半以上），见效又快。常州是改造苏式仓的发源地，他们的经验在许多地方推广都获得了成功。我希望通过这次会议能把旧仓的维修改造工作，更向前推进一步。因为，这确实是一条革新挖潜、又快又省地改善目前储粮条件的路子。各级粮食部门一定要高度重视，认真研究、制定规划，把旧仓维修改造作为当前粮食仓库建设中的一件大事抓紧抓好。

为了加快维修、改造计划的实施进度，要把待大修的粮仓分类排队，定出详细的维修改造计划和实施方案，省级粮食部门可以从实际需要出发，根据所拟订规划，集中使用维修、改造资金，统筹安排，有计划、有重点、有步骤地组织实施，争取在两三年内完成。所需资金从提取的固定资产折旧费、大修理基金和简易建筑费中解决。这里要强调一点，上述三项费用，除简易建筑费的60%用于简易库建设还贷外，要全部用于现有仓储设施的维修改造，严禁挪作他用。据反映，一些地方在财务体制下放后，原核定的简易建筑费不能如数拨给粮食部门使用，个别地方甚至给得很少。对这个问题，国务院去年发的〔1990〕44号文件已明确规定："各地财政部门安排的粮食简易建筑费预算至少要保持1980年的水平，财政状况较好的地方，应适当增加。"在今年发的3号文件《关于调整粮食购销政策有关问题的通知》中又明确规定："省、地间的调拨经营费、运费、简易建筑费，应由省、自治区、直辖市粮食部门统一管理，不要下放到地、市、县"，请各级政府和财政部门给予大力支持。

还要特别指出，据国家专项粮食储备领导小组、商业部、国家粮食储备局派到七省检查储粮安全的工作组调查，一些地方为了接收农民交粮入库，不得已利用待大修仓冒险储粮，去年以来已发生多起仓房倒塌、人员伤亡事故，给人民生命和国家财产造成重大损失，必须引起各级粮食部门的高度重视，采取措施予以解决。

同志们，连续两年的粮食大丰收使粮食形势大为缓和，也使粮食仓库大为紧张。虽然面临很多困难，但是也有很多有利条件。国务院决定在"八五"期间新建大批粮库，是对粮食互作的巨大支持。各级政府十分重视解决"卖粮难"和"储粮难"问题，把粮库建设摆上了议事日程，许多地方由市长、县长挂帅，组成领导小组指挥粮库建设，工程进度非常顺利，还有些地方对粮库建设减免各种税费，给了很多优惠政策。广大农民群众对修仓储粮也非常支持。同时粮食部门在前几年"三库"建设，特别是去年建仓工作中积累了很多好的经验。当前建筑市场不旺，施工力量富裕，建筑材料较多，这些都是加快粮库建设十分有利的条件，各级粮食部门一定要增强责任感和紧迫感，抓住有利时机，以只争朝夕的精神，发扬连续作战的作风，在去年取得成绩的基础上，再接再厉，更上一层楼，把这件利国利民的大事办好，务求在四年内保质保量地完成“八五”期间粮仓建设任务。

今年是国务院提出的“质量、品种、效益”年，粮食部门的广大干部、职工，要积极响应国务院的号召，把这一精神落实到建库工作中去，出色地完成任务，以高速度、高质量、高效益的粮仓工程迎接建党七十周年。

争取提前完成“八五”期间粮库建设任务*

（1991 年 3 月 28 日）

经国务院批准，由国家计委、商业部、国家粮食储备局联合召开的全国粮食仓库建设工作会议，历时三天，今天就要闭幕了。这次会议是继 1985 年 4 月南京“三库”建设会议之后的又一次重要会议。会议采取虚实结合的方式，讨论和安排了 1991 年的粮库和油罐建设计划，明确了“八五”期间粮库建设的任务方针，总结交流了“三库”建设和去年粮库建设的经验。大家认为这次会议开得适时，措施比较实在，是打好“八五”期间粮库建设这场硬仗的战前动员会和部署会。这对今后加快粮库建设和油罐建设，确保五年计划四年完成，将起到极大的推动作用。

关于会议中反映的几个问题

这次会议的中心议题，是要认真落实国务院的指示，加快粮库和油罐的建设，确保五年计划四年完成，以适应形势发展的需要。为此，必须千方百计、群策群力，更好地完成这一光荣而艰巨的任务。要做到这一点，光抓一次还不够，要年年抓，集中力量抓，做扎实、细致的工作。这次会议有了一个良好的开端，今后我们还要抓进度，抓落实，抓检查，做好各方面的工作。各省、市、区要从本地的实际情况出发，作出安排。这个指导思想一定要明确，不要因为忙于争项目，争投资而忽略了这一点。由于这次只安排了 1991 年的计划，地方同志问五年计划怎么办？我们和计委研究，由于情况还了解得不够，五年的分省安排任务，目前还做不到，各地可参照 1991 年中央的资金分配数，并结合各省的实际情况考虑，我们打算在今年年底或明年年初，把今后四年的安排数分配下去。

这次会议反映最多的问题是：大家认为中央安排的指标太少，不能满足各

---

* 这是白美清同志在全国粮食仓库建设工作会议结束时的讲话。

省市、区的需要。有的地方意见很大，感到回去不好向省、市、区领导交代。这个问题需要说明一下。应该看到，这次大规模进行粮库建设，是在国家经济刚刚回升，走出低谷，而效益下降，国家财政困难的情况下进行的。第一，我们承认，与欠账比，与需要比，国家投资确实不多，粥少僧多，难以满足需要。第二，也必须看到，这是在经济困难的情况下，国务院领导十分重视，计委、财政、银行等各部门尽了最大的努力筹集起来的资金，比起过去一年几千万元的投资，确实是大幅度增加的。我们统计了一下：1990 年粮库建设投资共 9.11 亿元，其中允许进成本费用 4.3 亿元，贷款搞简易仓库 3 亿元，储备库和基建库拨款 1.8 亿元。1991 年计划投资（包括去年底预拨的）共 11.68 亿元，其中储备库基建投资 5.2 亿元，贷款建简易仓棚 6.48 亿元。这比过去有成倍的增加。这些钱，都是从中央各种渠道筹集的，是非常不容易的事。我们希望各省、市、区的同志从全局出发，来认识和解决这个问题。对于同志们提出的要求，我们很理解，也很同情，但解决多年来的欠账，也需要有一个过程。对大家反映的问题，经过研究提出以下意见：

（一）对 1991 年度计划安排的数字，我们作了一些小的调整。就按调整后的任务背回去，向省计委，向省政府汇报，努力完成任务。我们去争取 2 亿元贷款建设的简易仓棚，这项贷款待手续办好后，分配到各地，在下次分配时，照顾到一些困难省、市、区的情况，大概 4 月中旬以前可以分下去。

（二）各地要求调换一下建库的地址，我们原则同意，但必须坚持符合建储备库的条件，不能降低标准。

（三）各地要求这次建粮库和油罐免征税、费问题，我们与中央各部门多次磋商，感到由上面统一解决，问题较多，连锁反应太大，最好由各省、市、区因地制宜，采取措施解决。据我们了解，不少省、市、区都这样做了。各方都出把力，给建仓以优惠条件。

（四）各地要求提高折旧率和大修理基金问题，我们还在和财政部研究，有了结果再向各地通报。还是要多方挤一点钱出来，把仓库的维修搞好，每年搞一部分，几年之后就会见到成效。

总之，我们希望各地粮食部门多向政府、计委、经委、财政、银行等综合部门反映情况，争取得到更多的支持。我看还是要少埋怨，多争取；少扯皮，多协商。这样做，很多问题，可以迎刃而解。

最后，还要强调一下，这次大规模地建库，一定要树立百年大计、质量第一的思想，要注意保质、保量、按期完成任务。不要因为任务重、赶时间，搞得质量很差。我们要以对人民负责的精神，抓好质量，抓好缩短建设周期，努力做到投资省、见效快、效益好。这方面的典型是很多的，关键在于我们的工作。

关于今年的粮食流通体制改革

当前粮食工作形势很好，不论收购、库存都超过历史最好水平。可以说是粮食工作形势空前好，但困难也空前大。粮食部门很多根本矛盾不但没有解决，而且日益严重。突出表现是：亏损大幅度增加，挂账大幅度增加，国营粮食企业面临破产和半破产的危险境地，不少粮店、粮库、粮管所已经资不抵债，成为“空壳店”、“空壳库”。国营粮食企业是全民所有制经济的一根重要支柱，如果它发生大的问题，将影响整个国民经济的持续、稳定、协调发展，影响社会的稳定和国家的安定。我认为搞活大中型全民所有制企业，应包括国营粮食企业在内。

面对这些严重困难，出路何在？必须深化改革，走改革开放、搞活之路。舍此没有出路。只有：第一，抓“活”。通过深化改革，在宏观指导下，把粮食企业搞活。第二，抓“实”，做实实在在的工作。“八五”期间，根据七中全会精神，要加大改革的力度。今年在粮食体制改革上，要落实国务院3号文件，抓以下五件事：

（一）做好调整粮、油价格的工作。这里要注意做好各项准备工作，防止抢购。

（二）做好粮油压销的工作。李鹏同志最近在一份压缩平价粮油销售报告上批示，压销效果是好的，应继续坚持进行。因此，这项工作没有停，各地要从有利于价格的理顺，有利于社会的稳定，拟订方案，报国务院批准后实施。

（三）在粮油企业改革上下工夫，搞活粮油企业。搞活粮油企业，一是抓深化改革，推行和完善多种形式的承包制和经营责任制。二是抓经营，以粮油本业为主，积极发展多种经营。三是抓管理，特别要抓好基本功、基础工作。通过这三方面的工作，扭亏增盈，提高效益。这不仅对克服当前困难有利，而且有长远的意义。

（四）搞活议价经营，搞好批发市场，培育市场机制。逐步形成社会主义的统一的粮食市场体系。

（五）在粮食财务体制改革上，推广天津、哈尔滨等地的经验，在粮、财结合上迈进一步。

同志们：

当前粮食工作困难很多，我认为我们有政治优势，有传家宝，这就是改革创业、实干苦干的优良传统。人是要有一点精神的，要最大限度地发挥主观能动性，发挥粮食部门的整体优势，调动各方面的积极性，就能战胜困难，开拓市场，发展壮大。我们的价值观，不应当追逐名利、享受，我们应当提倡为社会主义建功立业，为人民创下事业，名利等那些都是转瞬即逝的东西，而我们干的事业是永存的。江苏南通清代有个状元张謇①，历代千百个状元都被遗忘，但人民至今记得他，主要不是因为他当了状元，而是因为他首先在中国办了实业，种棉办厂，发展起来近代中国的纺织业。我们粮食系统的干部职工，都要为社会主义事业，做力所能及的贡献。有这种精神，就可以勇往直前，战胜困难，开拓事业，永远前进。

---

① 张謇（1853～1926），祖籍江苏常熟，生于江苏海门，清末状元。中国棉纺织业早期开拓者，曾创办全国第一所纺织专业学校，建立棉花生产基地，推广棉花品种改良和扩大种植，为发展民族纺织工业做出了重要贡献。

发扬艰苦创业精神 让优良作风代代相传*

（1991 年 4 月 24 日）

玉田粮库是全国粮食战线的先进单位，在仓库保管方面是一面红旗，在推动我国粮食保管和粮仓建设方面，包括物质文明和精神文明建设方面，都起到了很好的作用。特别可贵的是，这个先进单位从建库以来，一直到现在，粮库主任换了五任，好的传统、好的作风一代一代相传，能够经久不衰，永葆青春，这是非常难能可贵的。经过几十年的锻炼和考验，证明玉田粮库是过硬的，在全国起到了很好的推动作用，是名副其实的模范单位。当前，我们粮食工作面临着新的形势。我们的先进单位必须要认识这种新的形势，跟上这种新的形势。这点与过去就不同了。随着粮食生产的发展和粮食流通体制改革的进一步深化，面临着很多新的问题。玉田粮库作为全国的一个模范、先进单位，应该在今后的粮食生产和粮食流通上起到应有的示范作用。要继续努力，保持先进，更上一层楼。

我看今后需要从几个方面进一步做好工作。

第一，在粮库的科学保管上要上一个新水平。你们粮库过去是在 72 间旧当铺的基础上发展起来的。在 20 世纪 50 年代的条件下，这个粮库实际上是靠你们的老站长、靠粮库老职工发扬艰苦奋斗的作风创造出来的，靠大家不计报酬、不辞辛苦、勤俭创业的精神发展起来的。40 多年来，客观形势和条件发生了很大变化，许多新的科学技术成果运用到粮库建设和保管上。随着我们整个社会的进步和科学的发展，到现在我们必须要在科学管理上进一步下工夫，在科学保粮上要前进一步。这和 50 年代不同了，那时，我们的保管技术还比较落后。在科学技术日新月异发展的今天，我们必须跟上这一新形势，必须在科学管理方面要上个新的水平。从内容上来讲，一个是要吸收国内的、国际的先进管理方法和先进技术。比如说，我们看你们的几个仓库，仓库里头粮面上边的铺垫，到底是你们这个办法好，还是现在推广的裸露式除尘的办法好，你们要研究一下。要学习现在仓库保管方面比较先进的经验，使好的经验能够在

---

* 这是白美清同志在河北省玉田粮库调研时的讲话。

你们这里生根开花。你们要博采各家之长，创造一套适用的、先进的科学管理方法。我觉得你们的土圆仓的保管水平确实是全国的高水平，我佩服。我特别爬上去看了一下。土圆仓改造成砖圆仓，能够保持到二十几年，达到现在这个保管水平，可以说是全国的先进水平了。但是，其他方面还有人家超过你们的地方。你们要吸取各家之长，要向别的地方学习。就是说你们不要认为我的过去的办法都对，一定要虚心地学习各家特点，博采各家之长。当然要因地制宜，要实行科学管理。现在电子技术广泛运用到各个方面，你们也要逐步搞一些电子设备，运用电子技术测温测水，逐步提高到能够实行电子化管理。作为全国的模范粮库，这方面应该走到全国的前列。这就需要和新的科学技术、和科研单位相结合。将来省市粮食局要帮助一下，部里也要帮助一下。因为你们是全国的先进单位，应该在这方面下点工夫，上点设备，也不是花很多钱，逐步起步。现在如果不搞，将来是会被动的。将来我们的粮库也要实行现代化科学管理，必须跟上去，现在就要打一些基础。科学管理的内容，我强调两点：一个是博采各家之长，学习国内外的先进管理方法；一个是把电子化的成果运用到仓库保管上来。你们要起步，要积累一些经验，这是管理上的一个内容。另一个方面，在管理的要求上要制度化、标准化、系列化，逐步摸索出一套科学化、现代化的管理办法。职工一上岗就培训，就严格管理，合格后才能上岗，没有经过这个阶段就不能上岗。经过 40 年的积累，你们已经有了一套经验。我听了你们的发言，看过你们的材料，希望再经过几年，形成一整套先进的科学管理办法。这样，我们就可以进一步在全国面上推广。就是说，在科学管理上你们要上一个新水平，包括内容和要求上，你们都要再进一步，要不断前进。

第二，在粮库的经营管理要上一个新水平。首先，要提高仓库的利用率，提高我们仓库的经济效益。仓库工作以经济效益为中心，搞好经营管理，充分发挥国营粮食仓库职能作用。玉田粮库是全国的模范仓库，仓库的利用率在全国应该居于前列的地位。周转库要看它周转的效益怎么样，储备库就要看它保管的水平怎么样。经济效益首先是看这个。还有一条就是要节省费用，减少消耗，降低成本，提高效益。你们保管费用应该在全国领先，这个方面你们还要下工夫，首先在仓库本身做文章。要以本业为主，积极开展多种经营。你们现在搞议价、搞粮油大众化食品，将来还可以逐步拓宽一些。要注意本业为主，仓库的利用率高、费用很低、周转很快，经济效益就能提高。现有的仓房我们一定要把它充分利用起来，不让它空起来，要先在这个方面下工夫，在降低成本上下工夫。在多种经营上要开阔一些思路，进一步把经营搞活。采取以粮换粮这个办法来周转，也是搞活议价的方式。另外，在粮油食品上，还可以搞一点名、优、特产品，包括县里也可以搞一些名、优、特产品。现在，我们面临多种经济成分、多条流通渠道的竞争，我们必须要加强自己的力量，积极搞好经营管理，降低成本，提高经济效益，增强我们的竞争能力。这个方面要以仓库利用为主，然后再逐步把副业搞开，使副业也能上一个新水平，将来你们就能立于不败之地。

第三，在粮库的优质服务上上一个新水平。我们粮食部门是党和政府联系群众的纽带之一。我们必须要搞好服务，特别是作为全国的一个先进单位，希望你们总结这方面的经验，再继续推广。你们深入到农户服务，传授科学保粮知识，还有其他方面的服务，这些做法都是好的。另外，还担负着四乡一镇的购销任务，这方面一定要把它搞好，采取种种措施，方便群众。我们粮食部门是全民所有制的企业，是流通的一个重要环节，工作搞好了，可以促进生产，引导消费。在这方面，希望你们多下些功夫，多动脑筋，多想一些办法，改进服务方式，搞好优质服务。不管是在购销上，还是在传播仓库保管知识、科学保粮上都要下功夫。

要使以上这三个方面每年都能有所前进，就必须加强政治思想工作，坚持和发扬粮食部门的优良传统。玉田粮库的传家宝，“宁流千滴汗，不坏一粒粮”这种艰苦奋斗精神绝不能丢掉，在新形势下，还要发扬光大。过去你们那种老的作风——从严治库、艰苦奋斗的好作风，一定要代代相传，发扬光大。在新形势下，这一点不能丢掉，丢掉了，我们这个先进单位就失去了灵魂。特别是领导班子一定要带好头，事事要做好榜样，如果没有一个好的领导班子，你说的别人就不相信，就没有说服力，仓库工作就做不好。

我还要讲一下，我们仓库在政治思想工作当中，在日常工作当中，一定要树立改革、创新的思想。只有改革、革新，你们才能进一步提高水平，才能发展仓库事业。否则的话，我们老一辈的老主任、老职工给我们创下的业，我们守都守不住。要不断改革，不断创新，要树立这个思想。粮食部门干部职工有个很大的优点，都比较忠厚老实，实实在在，多年来都是这个传统，不搞虚假的事。特别是许多农民把粮站的行为看成是政府行为的体现，党和政府也把粮站看做联系群众的一个桥梁。所以，我们的工作搞得好不好，影响很大。我们粮食部门也有不足之处，例如思想不够解放，思路不够开阔。这一点要注意改进。今后必须进一步解放思想，改革创新，把粮库搞得更活、更好。我们不仅要守业，而且要创业，不仅是要守住老站长带领老职工创下的这个摊子，而且要让它发展壮大。在这一点上，希望我们库里的同志思路要开阔一些，对改革、开放，对一些新鲜事物要有敏感性。要不断地博采各家、各国之长，形成符合我国国情的一套管理办法，这样就可以加快我们粮食事业的发展。

看了玉田粮库以后，感到有许多值得学习的东西，希望你们继续坚持下去。一个先进单位开始创业时都经过了一番困难，但是要让先进单位永远保持下去，进一步发扬光大，我认为花费的功夫还要更大，比当初创业还要艰巨。希望你们玉田粮库把前辈开拓的事业发扬光大，进一步提高到一个新的水平，在全国保持领先地位。现在竞争是很厉害的，各家都在比呀，粮库的保管上，先进单位不少，你们省里也不少，大家都在比呀。希望作为老典型，能够经久不衰。希望你们把玉田粮库这杆红旗永远高举下去，把它搞得更好。

深化改革　开拓经营
努力增强粮食企业的活力*

（1991 年 4 月 3 日）

在这次会议上，商业部胡平部长、国家体改委高尚全副主任分别从国民经济体制改革与发展、商业改革的宏观角度，联系粮食流通体制改革作了很好的发言。财政部副部长张佑才同志对深化粮食购销体制改革，加强财务管理，扭亏增盈发表了重要讲话。这对我们是很大的启发和鼓舞。在会上，天津、上海、哈尔滨、黑龙江、辽宁等省市体改、财政、粮食部门分别介绍了他们改革粮食经营体制、加强财务管理、增强企业效益等方面的经验，给我们提出了改革的具体路子，带来了信息和信心。我们几个部门的同志共同在一起交流和探讨深化粮食流通体制改革问题，在党的十一届三中全会以后还是第一次。这次会议开得紧凑热烈，开得很好，达到了预期的目的。

天津、上海等地改革经验给我们的启示

天津、上海、黑龙江、辽宁等地改革的实践说明，粮食企业蕴藏着极为丰富的经济潜力，粮食部门的广大干部职工也有着强烈的工作热情和愿望，能否使这些良好的热情和愿望充分发挥出来，使蕴藏在企业中的巨大潜力充分地挖掘出来，关键在于我们是否能够坚定不移地贯彻改革开放的方针，逐步把改革引向深入。天津等地抓住时机，坚持改革，取得了较好的效果，为全国粮食企业改革探索出了一条新的路子，初步积累了一些可贵的经验。他们的做法给我们许多启示：

第一，深化改革必须紧紧抓住搞活企业，增强企业活力这个中心环节，把加强宏观调控和微观搞活结合起来。企业是粮食系统的基层细胞，企业搞活

* 这是白美清在全国粮食流通体制改革经验交流会结束时的发言摘要。

了，效益才能发挥出来。而搞活企业的关键措施在于打破吃“大锅饭”的旧体制，建立企业独立核算、自负盈亏、自我发展、自我约束、自我经营机制，调动企业和职工的积极性。天津市粮食系统通过实行“平价粮油统一经营，亏损集中反映”的办法，“划清盈亏两条线，亏损帽子一家戴，解放企业一大片”，使全市几百个企业摘掉了政策性亏损的帽子，划清了国家粮油政策性补贴和企业经营性亏损的界限，理顺了国家同企业的关系。这样就为粮食基层企业深化企业内部改革，完善内部责任制创造了很好的条件，解决了长期以来困扰国营粮食企业吃国家“大锅饭”和职工吃企业“大锅饭”的弊端，促使企业眼睛向内，挖掘潜力，搞活经营，提高效益。天津市实行一年多的结果，使大批企业逐步活起来，企业和职工都以主人翁的姿态，当家理财，精打细算，增收节支，从而减少亏损6000多万元，国家、企业、职工都得到好处。

第二，深化改革必须着眼于转换经营机制，坚持责、权、利相结合，粮食和财务相结合。通过实行多种形式的经营责任制，认真处理好责权利的关系，使广大企业职工真正关心企业的经营情况和经济效益，关心企业的生存和发展。也使企业改变了过去一讲改革就眼睛向外，讲条件，要求吃“小灶”的现象。上海市财政部门通过对市粮食储运公司实行“亏损包干、超亏不补、减亏分成、利益挂钩”的办法，调动了企业积极性，取得了较好的效益。

第三，深化改革必须着重于增强企业的后劲，把克服企业当前困难和企业今后的改革结合起来，形成企业自我发展的机制，以避免只顾眼前，搞短期行为的弊端。这是关系粮食企业今后生存和发展的大问题。哈尔滨市粮食系统实行粮食财务指标承包和企业技术改造相结合，改革四年来，通过内部挖潜及多方筹资，共投资3.7亿元，改造和更新生产项目22个，使粮油及饲料生产能力提高了75%，新增仓容42.8万吨，提高储存能力1.67倍，新建和改建粮店76个，方便了人民生活。此外，辽宁等地积极筹措资金，加快粮仓建设的经验，把改革和建设结合起来，也值得我们很好地研究借鉴。

从这次会议交流的经验以及其他地方的经验看，做好粮食流通体制改革这篇大文章，单靠粮食部门一家是不行的，必须在当地政府的领导下，在计划、体改、财政、银行等有关部门的密切配合和积极支持下，才能取得较好的成效，这也是一条重要的经验。

通过座谈讨论，我们可以看出，尽管天津等地的经验还有这样那样的不足之处，但他们改革的方向是正确的。我们学习、推广他们的经验，要抓住实质，抓住主要之点。在深化改革中，着眼于搞活粮油基层企业，着眼于转换经营机制，着眼于把企业的当前发展和后劲结合起来，真正能够提高经济效益和社会效益。而不要硬套某一个模式，照搬某些具体比例和做法。总之，要从本地的实际情况出发，运用他们的经验，形成适合本地情况的改革方案和措施，不断实践，不断完善。

解决粮食工作困难的根本出路在于深化改革

粮食是关系国计民生的最重要、牵涉面最广、改革难度最大的一种商品。粮食流通体制的改革，是整个经济体制改革的重要组成部分。党的十一届三中全会以来，我国的改革是从农村开始的，即从解决吃饭问题开始的。我国新的经济体制和运行机制的形成和建立，必须包括新的粮食流通体制的形成和建立。近两年全国粮食形势很好。去年粮食生产获得全面丰收，收购大量增加，销售基本平稳，集贸市场粮食价格稳中有降，库存量大幅度增加，是近年来少有的好形势，为今后深化改革提供了可靠的物质基础。但是粮食工作也面临着空前的困难，面临严峻的挑战。概括起来，主要有以下两个方面：

一是由于体制不顺，购销价格倒挂等方面的问题，粮食政策性亏损补贴大幅度上升，粮食企业挂账大量增加，盈利企业经济效益大幅度下降，国家和企业都达到难以承受的地步。1990年粮油政策性亏损补贴总额达400多亿元，比上年增加60多亿元；粮食部门挂账，1989年为118亿元，1990年突破200亿元，增长1倍多；去年粮食部门盈利企业实现利润5.41亿元，比上年减少59.7亿元，其中粮食议价企业出现全行业亏损，亏损额达19.9亿元，比上年减少利润51.3亿元。现在很多企业处于破产半破产的边缘，资不抵债的情况在一些地区相当严重。很多地方粮油亏损补贴占了当地财政收入的1/4到1/2，使粮食问题成为左右财政收支平衡的一大难题。如果我们看不到这个问题的严重性，将来就会更加被动。

二是外部经营面临着多种经营渠道、多种经济成分的激烈竞争，国营粮食企业的经营范围存在着逐步缩小的危险。随着平价粮食收购和销售的不断减少，议价和市场调节的比重在不断扩大，这个趋势会日益发展。现在社会上经营粮食的渠道很多，就是国营企业经营粮食的也不少，甚至粮食部门内部也是多渠道，大家互相竞争。粮食少了的时候就多渠道，打“粮食大战”；粮食多了的时候，就单渠道，靠国营粮食企业一家经营。还有多种经济成分，私营的、个体的包括三资企业的竞争也是很激烈的。在这样激烈的竞争中，如果我们搞得不好，粮食部门的经营范围不会扩大，必然会缩小，国营粮食企业将会出现萎缩。这个问题在一些放开较早的地区，已经露出了苗头。据了解，现在深圳粮食部门的经营量只占30%，最少时只占25%，多渠道超过了主渠道。这一问题必须引起我们高度重视。一方面外部竞争日益激烈；另一方面我们内部机制又极不相适应，我们粮食企业正处在由过去吃大锅饭的分配管理型向责权利结合的经营效益型转变的重要时期，粮食战线的广大干部职工还不完全适应这种市场竞争状况。我们粮食系统的干部职工应该有敏感性，见小知大，察微知著，看到问题的严重性，否则我们的生存都会成问题。当前的确处于转折的关头，是前进，还是后退，是扩展阵地，还是逐步萎缩，是当机立断克服困难、战胜困难，还是拖下去，得过且过，坐失良机，这是对我们粮食系统各级领导和350万名干部职工的严峻考验，需要我们作出重要的战略选择。对此，我们一定要有清醒的认识，要有危机感、紧迫感。

我认为，搞活全民所有制大中型企业，不仅要搞活大中型工业企业，而且要搞活流通领域中的大中型企业，包括国营粮食企业。我们国营粮食企业如果搞不活，效益上不去，全民所有制经济就会受到削弱，就会拖整个国民经济的后腿，就会影响市场的稳定和社会的安定。我们一定要从这个高度来认识这个问题，要认真贯彻落实十一届三中全会以来的有关改革的一系列方针政策，要下决心通过改革增强粮食企业的活力，充实粮食系统公司的经济实力，增强整个粮食行业的生命力和竞争力，以巩固和发展全民所有制粮食企业，发挥主渠道作用，这是具有重大现实意义和深远历史意义的一项重大改革事业。

在下一步的改革中，要以提高经济效益为中心，以搞活国营粮油企业为出发点，采取有效措施，积极把粮食流通体制改革引向深入。当前粮食形势很好，对深化改革比较有利。一是今年的调整粮油统销价格方面迈出了一大步，这是粮食流通体制改革的一项重大措施，是20多年来价格改革的一次大的行动。从这一段的情况看，出台比较顺利，群众情绪比较稳定，社会秩序安定，没有出现大的震动，取得了很大的成功。二是在建立市场机制方面初步积累了经验。三是国家为搞活企业制定了一系列政策，粮食部门在企业改革方面也积累了一些好的典型和经验。四是在河南新乡、广西玉林、内蒙古卓资、四川广汉等地市县进行了农村粮食体制改革的试点，取得了一定的经验。五是国营粮食部门这几年经历了粮食紧缺和粮食缓和的时期，经受了市场粮价上下起伏波动较大的考验，具有应对非常情况的能力。这些好的条件都为深化粮食企业改革奠定了基础。只要我们牢牢把握方向，不失时机地把改革引向深入，就可以使粮食企业尽快摆脱困境，走出一条振兴的路子来。

深化粮食经营体制改革　把粮油企业进一步搞活

根据党的十三届七中全会决定，粮食流通体制近期的改革目标是稳购、压销、包干、调价。这方面今年以来我们已经进行了不少工作，特别是在价格改革上迈出了重要的一步，取得了很大的成绩。下半年除了进行压销等工作外，我们要逐步把工作的重点转到搞活企业、加强管理、综合经营、开拓市场上来，在这方面也要迈出步伐。要根据这次会议精神，坚持深化改革、搞活企业、加强管理、密切协作、提高效益、扭亏增盈的方针，努力争取改善粮食企业的外部环境，但重要的是要“练内功”，从企业内部抓起，强化企业内部改革和管理。这项工作如果做不好，企业的改革就没有前途。从当前来讲，应着重抓好以下几项工作：

（一）深化粮食企业管理体制的改革，调动干部职工的积极性。要结合粮油企业的特点，积极推行和完善各种形式的承包经营责任制。目前各地行之有效的粮食工商企业之间实行价拨加工办法、农村粮管所（站）实行政策性亏损定额补贴、城镇粮店实行批零差经营、粮库实行栈租制和定额包干等，要继续坚持和不断完善。在企业内部要贯彻物质利益原则，建立健全岗位责任制等各项管理制度，使职工个人收入同企业经营成果联系起来，打破干多干少一个样，吃“大锅饭”和平均主义的分配方式。

（二）在企业经营发展战略上，要改变单一经营的局面，坚持立足本业、综合发展、突出特点、服务社会的方针。随着经济的发展，人民生活水平逐步提高，家务劳动日趋社会化，客观要求担负粮油商品流通任务的粮食部门改变单纯经营米、面、油“老三样”的传统服务方式，提供丰富多彩的粮油食品和多方面、多功能的服务，以满足广大群众多层次、多方面的需要。同时，随着改革的不断深化，计划购销部分逐步缩小，市场调节日益扩大，粮食部门只有突破单一的封闭式的分配职能，多层次、多形式、多领域地开展多种经营，才能不断增强企业活力，在激烈竞争中求得生存和发展，坚持本业为主，搞好多种经营。首先，领导要重视，积极扶持，围绕市场需求，全面规划，协调发展，占领和巩固粮食食品市场，开拓和发展跨行业、跨部门、跨地区的不同产业，特别是第三产业。其次，及时调整产品结构，搞好产品深加工，积极采用新技术、新工艺，提高生产效率，提高产品质量，狠抓名、优、特产品的生产，不断研制和开发质优价廉、适销对路、品种多样的新产品，形成拳头产品，增强竞争力，扩大国内外市场。再者，从实际出发，因地制宜，突出特点。根据不同地区、行业、环节的不同条件，宜工则工，宜商则商，宜种则种，宜养则养，形成不同的经营特色和发展项目。农村粮食企业还要搞好种植、养殖，开展代农加工，品种互换，生熟互换业务。

（三）面向市场，增强市场意识，培育市场机制。商品经济是同市场密切相联的，可以说没有市场，就不会有商品经济的发展。市场调节并不等于资本主义。产品销售，特别是议价粮油的经营，首先要研究市场，及时掌握市场动态；研究价值规律和产品供求规律，研究群众的消费结构和消费心理，不断开拓创新，拓宽经营领域，才能在市场上立于不败之地，充分发挥国营粮食商业的主渠道作用。同时，要进一步办好各种形式的批发市场，培育和完善机制，建立市场体系，为企业创造平等、公开的竞争环境，以搞活流通，促进生产，引导消费。

（四）财务承包要与企业技术进步结合起来，增强企业发展后劲。企业要着力于内涵式扩大再生产，不断追求技术进步，提高经济效益，以求得发展。企业之间的竞争，说到底是技术水平、经营水平和经济实力的竞争，是知识和人才的竞争。在承包中，在核定企业财务指标时，必须充分考虑企业技术进步、更新改造、网点扩建等因素，使企业今后的发展有可靠的物质基础。企业在经营活动中，不能只顾完成利润或减亏指标，要防止拼设备、拼消耗、分光用尽等短期行为，主动地在企业发展后劲方面下工夫，搞好技术改造、技术开发、技术推广和技术引进，使产品不断更新换代，适应市场变化的需要。

（五）在企业组织形式上，要加强纵向和横向联合，发挥粮食行业的整体优势。目前，粮食企业在经营上还是各自为战，内耗严重，没有形成整体优势。从现在起，有条件的企业要逐步向集团化方向发展。粮油企业可以发展农贸结合、工贸结合、内外结合、产销结合的经济联合公司，实行生产—收购—

加工—销售一条龙的经营方式。有条件的企业，如植物油公司、饲料公司等可以由同类行业或生产、加工同类产品的工厂联合组织集团公司，实行原料采购、加工、养殖、销售、科研配套经营，形成人、财、物、产、供、销等集中统一决策，分级管理，高效灵活的经济组织。有的可以试办多种经营企业集团。通过经济联合，不断扩大企业规模，发挥整体优势，增强企业在市场上的竞争能力，促进生产的发展，加速社会主义现代化建设。

（六）强化企业管理，多方挖掘潜力，深入开展双增双节。首先，要以强化各项基础管理为重点，推行企业规范化、标准化管理。各地要选择有一定代表性的企业进行规范化、标准化的管理试点，抓好基层粮食企业基本功。从基础工作抓起，从班组抓起，比如粮库、粮店从原始记录、原始凭证等方面抓起，要少说空话，少摆花架子，扎扎实实地把基础工作做好，推动企业的达标升级。其次，要认真恢复和发扬粮食部门的优良传统，大力开展节约一粒粮、一滴油、一度电、一滴水的群众活动。要注意人力的节约。凡是企业职工能干的事情，就一定要自己干，不用或少雇用临时工，企业干部要有坚持参加劳动的制度。要坚持合理运输，采用运筹法和图上作业法，合理安排运输路线，避免对流、相向和迂回运输。要加强粮油装具管理，节约用费开支。最后，要加强企业财务管理，建立财务指标管理责任制。要科学使用和管理资金。有条件的地方，可以建立内部结算中心，实行集中贷款，统一使用。严格财务手续，加强成本核算和内审监督，做到账明物实，合法经营，并健全企业内部约束机制，纠正行业不正之风。

（七）搞活粮油企业，关键是政策。粮油食品行业，特点是劳务多，利润少，目前处于起步阶段，需要在政策上予以支持。要根据“放水养鱼”的精神，在贷款、税收、利率和留利水平等方面给予优惠。凡是中央有明确规定的，就按规定办；没有规定的，由各级粮食部门主动同财政、银行、税收部门商定。这里的关键是要把企业留利的政策定得合情合理，使企业和职工能有积极性。粮食流通体制改革，起步晚，基础差，政策性强，涉及面广，是一项十分复杂的工作。特别是当前粮食工作面临着严重困难的情况下，更需要各有关部门的理解和支持。

加强思想政治工作是深化改革的重要保证。我们要认真贯彻党中央、国务院关于深化经济体制改革的方针政策，教育广大干部职工解放思想，勇于进取，树立改革意识、商品意识、竞争意识，破除那种遇到问题就想“统”，就寄希望上边给创造条件，或者是习以为常，见怪不惊，得过且过，缺乏主动性、创造性的思想作风和工作作风。“主渠道”的地位，要靠我们的工作去争取，去保持，光靠上面来“保”，是保不住的。我们在粮食系统要大力表扬先进，鞭策后进。粮食部门广大干部职工表现是好的。在过去一年里，在收粮工作和粮食保管工作中，许多干部和职工不怕苦、不怕累，顶风雨、斗烈日，战严寒，热心为农民服务，积极为改革出谋划策，涌现出了一批先进单位和先进个人。在这次调整粮油销售价格中，很多干部职工连续几天坚持在工作第一线，昼夜苦干，热心为群众服务，确保粮油供应。有的粮店职工遭到打骂时，做到打不还手，骂不还口，受到了群众的欢迎和鼓励。我们要宣传他们的事迹，奖励他们的行为，号召广大职工向他们的学习，弘扬正气。当然，对个别粮店暴露出来的问题，对违法违纪行为，也必须进行整顿和严肃处理。要重视人才培养，搞好职工业务培训，提高企业职工的政治和业务素质，造就一支懂技术、会管理、善经营、职业道德作风好、有艰苦创业精神的好队伍。

这次会议之后，我们各级粮食部门要和体改、财政部门要密切配合，借鉴一些地区的改革经验，结合本地区实际情况，研究制定本地区的改革方案，有计划、有步骤地把这项改革引向深入，取得经验，取得成效。

建立国家粮食储备制度要加强思想建设和业务建设*

（1991 年 5 月 14 日）

这次会议，是国家粮食储备局成立后召开的第一次全国粮食储备工作会议。会议的主要内容是贯彻落实国务院《关于建立国家专项粮食储备制度的决定》，检查国家专项储备粮食计划执行情况；部署 1991 年的粮食储备工作，研究专项储备粮食的划转结算和加强管理问题。现在，我代表国家粮食储备局就粮食储备工作谈几点意见。

搞好粮食储备是一项光荣而艰巨的任务

建立专项粮食储备制度和成立国家粮食储备局，是国家在新的历史形势下采取的具有战略意义的一项重要决策。对此，我们一定要深刻理解，充分认识。

（一）国家专项粮食储备制度的建立，是新中国成立 40 多年粮食工作的经验总结。回顾过去的 40 年，粮食工作大体可以分为两个阶段：一是统购统销阶段，二是改革开放阶段。粮食统购统销，我们有一整套完整的制度、办法，有丰富的工作经验。在统购统销阶段，为备战备荒，1962 年、1965 年建立了储备粮，为战胜当时的困难，保障人民的生活和国家经济建设发挥了积极作用。党的十一届三中全会以后，粮食工作进入改革开放的新阶段，农业生产全面发展，粮食生产跨上了新的台阶。新中国成立以来，有 5 个粮食年产量比上年增加 2500 万吨以上的年份，即 1970 年、1979 年、1982 年、1983 年、1990 年，其中 4 个年度是在党的十一届三中全会以后。1982 年粮食增产 2945 万吨，1983 年又比 1982 年增产 32.75 万吨，1984 年我国粮食总产首次突破 4 亿吨，

* 这是白美清同志在第一次全国粮食储备工作会议上的讲话。

创历史最高水平。在粮食大丰收的形势下，由于经验不足，当时调整农业生产结构步子大了一些，粮食播种面积减少过多；同时又过分强调了粮食转化，挖用库存过多，这是应当汲取的教训。

1990年，我国农业生产又获丰收，粮食总产再创历史最高纪录。这次认真汲取了历史的教训，在党中央、国务院的领导下，采取建立国家专项粮食储备制度的办法，解决农民“卖粮难”；同时还安排了几批专项拨款和银行贷款，开展粮仓建设。即用修仓储粮的办法，来缓解“卖粮难”的矛盾。

所以，粮食专项储备制度的建立，是我们国家认真总结粮食工作历史经验教训后采取的正确措施，是经历了诸多曲折、付出了很大代价后探索出来的，是我国粮食工作不断进步、发展的标志，它表明，我国的粮食政策和粮食制度正日趋完善。

（二）建立国家专项粮食储备制度，成立国家粮食储备局，是深化改革我国粮食流通体制的产物。党的十一届三中全会以来，我国的粮食流通体制经历了不断深化、改革的过程。现在发展社会主义的有计划的商品经济，要加强宏观调控，仅仅靠行政手段和法律手段是不够的，应主要靠经济手段，就是说国家要正确运用税收、价格、利率、汇率等经济杠杆，同时还要有一定的物资储备，拥有较雄厚的经济实力。比如要调控好粮食市场，除正常的商品流通之外，国家要掌握一定数量的用于调控的粮食，这样才能达到预期的目的，否则宏观调控就无从谈起。

去年以来，国家专项粮食储备制度正是在改革的过程中应运而生的。专项粮食储备制度的建立，国家掌握了几千万吨储备粮，使国家对粮食流通进行宏观调控有了比较雄厚的经济实力；使粮食流通体制的改革有了物质保证。国家粮食储备局对国家储备粮油统一管理，国家就可以根据粮食形势和市场情况变化，运用储备的粮食适时调节市场和进出口，应对国内外的各种突发事件及自然灾害。这对一个有11亿人口的大国来说是十分重要的。

（三）国家专项粮食储备是综合国力的积累。看一个国家的强弱，经济实力是一个重要指标。我们经过多年努力，各方配合积累的××××万吨的国家储备粮，是来之不易的，是一笔可观的经济力量，但是还不够，还要逐步积累。今后，要继续落实国务院关于建立国家专项粮食储备制度的决定，逐步形成粮食储备体系，国家建立了专项粮食储备，地方政府也在搞储备，集体经济条件好的乡村也要搞储备，农户也要多储一些粮食。这是国力的积累，是一项治国安邦的事业，是保证我们国家长治久安的一项战略措施。随着时间的推移，这项决策的重大意义将更加显示出来。我们一定要看得远一些，想得深一些，以积极的态度，把这件事办好。

认真做好1991年的粮食储备工作

1991年的粮食储备工作，要根据党的十三届七中全会决议的精神，贯彻落实国务院国发〔1990〕55号文件，以改革、创新的精神，建立国家储备粮油管理制度，重点抓好储备粮的划转、结算和安全保管工作，为逐步建立完整的、多层次的粮油储备体系打好基础。

（一）搞好1990年度国家专项储备粮油的划转结算。国务院第130次总理办公会决定，国家专项粮食储备和原有的国家粮油储备，从1990年4月1日起，全部划归国家粮食储备局管理。对1990年度收购的国家专项储备粮，要进行划转、结算。划转以后，粮权即属买断，贷款贴息、费用补贴，由中央财政负担。

专项储备粮划转结算工作任务相当艰巨，要加强领导，要讲纪律，不准弄虚作假。划转结算以后，要加强管理，严格各项保管制度，做到“三专”、“四落实”。即：专门建账立卡、专仓（专垛）存放、专人负责保管，做到储存数量、品种、质量和存放地点落实。要确保国家专项储备粮库存实物量与统计保管账实相统一，统计账与会计账、保管账、库存卡片账账统一。

（二）切实加强保管工作，确保储粮安全度夏。

（三）多方集资，加快粮仓建设步伐。粮食流通设施建设滞后于粮食流通的需要，问题由来已久。粮食丰收后，矛盾更加尖锐，已经引起国务院领导同志和地方各级政府的高度重视。国务院决定“八五”期间建设粮库仓容2500万吨，油罐容量100万吨，并批准五年计划四年完成。最近，国务院第138次总理办公会议决定，为加快粮仓建设进度，再增加贷款4亿元，由财政贴息。各地要立即安排下去，争取在秋粮入库时投入使用。中央对粮仓建设是重视的，地方也是支持的，所以，粮食部门要充分利用这个好时机、好条件，积极主动地反映情况，千方百计，多方集资，做好工作，加快粮仓建设的步伐。

（四）研究探索国家储备粮油的经营管理机制，充分发挥储备粮油的宏观

调控作用。在治理整顿、深化改革期间，国家在财政十分困难的情况下，拿出几十亿元，收购几千万吨国家专项储备粮，这是一项重大的战略决策。全国粮食部门的责任，首先是要把这几千万吨国家储备粮管住、管好，发挥国家储备粮的调节功能。粮食丰收了，把农民丰收后的余粮收上来，保护农民的种粮积极性；粮食减产了，把储备粮用于平衡收支，保障人民生活的稳定，这是很重要的。但做到这些，是不是就算完成任务了呢？这还不够，我们还要研究探索国家储备粮油的经营机制。有几千万吨粮食储备，是很了不起的物质力量，要让它活起来，动起来，要管好，管活。要根据国内外的市场情况，搞好国内市场调节和进出口调节，做好储备粮食的增值工作。专项储备粮的经营管理是一项新的工作，同商品粮要有所区别，要开拓创新，走出一条新的路子，建立起一套新的运行机制。当然，改革是不会一帆风顺的，建立一套新的运行机制，目前困难也是很大的，在诸多经济关系不顺的条件下，要勇于改革，允许探索，经过实践，逐步建立起来。

（五）加强对地方储备粮食和农民储存粮食的指导和服务，逐步建立以国家储备粮为中心的、多层次的储备体系。在丰收以后，当前正是储粮的极好时机。不仅中央要搞储备，地方各级也要搞储备。国家粮食储备局要下达计划，指导、督促各地完成储粮任务。在一些乡镇企业较发达、集体经济较好的乡村，也要提倡修仓储粮。要认真贯彻国务院领导同志关于藏粮于民的指示，动员农民多储两三个月口粮。中国有 8 亿农民，每人多储几十公斤，就是一个了不起的数字。要走出一条解决“卖粮难”的路子。省、地、县粮食局要抓规划，抓服务，组织粮站，指导、帮助农民掌握保管技术，推广建立“小粮库”等经验，尽量减少损失和抛撒。

加强粮食储备系统的思想建设和业务建设

1991 年是“八五”计划的第一年，也是国家粮食储备局开展工作的第一年。国家粮食储备制度的建立和完善，具有中国特色的社会主义粮食储备体系的形成，要靠大家共同努力，任重道远。要在全系统提倡和树立“团结协作、改革创新、实干苦干、廉洁奉公”的工作作风。我们国家粮食储备局的领导愿意与全系统的干部职工一起，以身作则，共同奋斗，开创储备工作的新局面。

——**要注意搞好粮食储备系统内部各部门各企业之间的团结；特别要注意加强同计划、财政、银行、税务、铁路等各有关部门的团结、协作**。做到：少埋怨、多争取；少扯皮、多协商。由于粮食储备制度是个新生事物，目前人们对它的认识还不尽一致，对它的重要性还未充分理解，体制还没有理顺，加上粮食储备体系还没有形成，管理工作还很分散，因此，要想真正保管和运用好专项储备粮难度是很大的，工作起来不会一帆风顺。我们要有足够的思想准备，战胜困难，开拓前进。

——**要提倡改革创新，开拓进取的精神**。要动员广大粮食干部职工献计献策，群策群力，搞好粮食流通体制的各项改革，这是摆脱粮食部门目前所遇困难的根本出路。要克服习以为常、见怪不惊，一遇到困难就想走老路的思想情绪，勇于在改革的道路上去实践，去开拓，去创业。改革中的问题，要通过改革来解决，使之不断完善，不断发展。

——**要恢复和发扬我们粮食系统实干苦干、艰苦创业的优良传统**。粮食储备工作，是一项开拓性的新事业，目前正处于创业阶段，我们广大粮食干部职工一定要以艰苦奋斗、勇于拼搏的精神，学习推广河北玉田粮库"宁流千滴汗，不坏一粒粮"的好作风，精打细算，勤俭节约，少说空话，多干实事，少搞花架子，多练硬功夫，立足于本职，建功立业，为建立我国的粮食储备体系作出贡献。

——**要大力提倡调查研究、实事求是的工作方法**。粮食系统的各级领导都要注意多抓典型，重点分析和解剖有代表性的例子。同时要注意听取各方面的意见，特别是多听基层同志的意见。要在全系统内提倡勇挑重担、认真负责的精神，以工作实绩考核干部。

国家粮食储备局刚成立，一切都得从零开始。今年的粮食储备工作，很重要的一项任务，就是建立储备粮油管理的各项规章制度。在建立制度中，一是要借鉴，二是要改革。即在继承、借鉴和完善以往储备粮油管理制度的基础上，逐步建立起符合我国国情、适应社会主义粮食商品流通需要的储备粮油管理制度。

国家粮食储备局经过半年多的筹备，对有关储备粮管理的制度、规章，进行了广泛的调查、研究，草拟了一些管理办法，如《国家储备粮油统计制度》，已经会同国家统计局联合下达执行；《国家储备粮油管理暂行办法》要在这次会上提交大家讨论，请大家发表意见，提出建议，使规章制度尽可能制定得完善一些。

由于目前国家储备粮收购、保管工作都是与周转粮混同管理的，所以，在工作中要强调互相配合、互相支持。能分开管理的要立即着手分开。有些难以立即分开的业务，暂时还与商业部有关司局和地方粮食厅局共管过渡。分工不分家，搞好协作。粮食系统各个单位都是一家人，要互相支持，互相帮助。在这里特别要强调的是，国家储备粮油的粮权在中央，保管责任在地方，各级粮食部门要切实负起责任来，统筹兼顾，合理安排，无论如何不能坏粮。

国家粮食储备局已经正式成立了。在储备粮油管理工作上，国家粮食储备局在地方目前没有另设机构，委托各省粮食厅、局负责管理当地的国家储备粮、油，请各地多支持。

关于美国小麦生产、储存和期货市场的考察报告*

（1991 年 6 月 26 日）

应美国小麦协会的邀请，商业部副部长白美清等一行 5 人于 5 月底至 6 月初赴美访问，先后去波特兰、芝加哥、华盛顿、新奥尔良、洛杉矶等地考察了小麦的生产、流通、储存和期货交易的有关情况，访问了农场、小麦研究中心、粮食仓库码头和期货交易所，现将考察的几个问题报告如下。

关于美国小麦的生产和储备情况

美国是世界小麦的主产国之一，这几年小麦年产 6000 万 ~ 7000 万吨，年出口 3000 多万吨，是世界小麦的最大出口国。据我们在美国西部和中部的产麦区了解，今年由于麦区久旱少雨，长势普遍不好，加之政府调减了种植面积，小麦是减产的趋势。1990 ~ 1991 年度，美国小麦产量为 7000 多万吨，预计 1991 ~ 1992 年度将减为 5600 万吨，减少 20%。美国农业部专家估计，小麦价格将上扬，1990 ~ 1991 年度每蒲式耳（26.7 公斤）平均价格为 2.72 美元，1991 ~ 1992 年度将上升到 2.8 ~ 3.2 美元。

美国多年来对粮食都有一定的储备制度，由农业部所属的商品信贷公司负责收购和管理。商品信贷公司根据政府确定的目标价格同农场主发放粮食贷款，还款的差额部分可用小麦、玉米等谷物偿还，政府即将这部分粮食转作储备。随着粮食的丰歉和出口的增减，储备量有增有减，全社会储备量大体占总产量的 25% ~ 30%。最多的一年为 1986 年，储备了 2500 万吨。1990 ~ 1991 年度，社会储备小麦为 1900 万吨，其中政府储备占 20%（约 400 万吨），私

---

* 这是白美清同志率商业部粮食工作赴美访问组写的报告。此文曾由国务院办公厅参阅文件〔1991〕10 号转发，并加编者按：“根据国务院领导同志的批示，现将商业部粮食工作赴美访问组去美国考察情况的报告摘要刊登，供各地参阅。”

营粮食公司储备占45%，农场主储存占35%。政府的储备粮由在各州的商品信贷公司办事处或分公司管理，主要用于调节出口。政府购买的储备粮，全部存放在私营公司粮仓里。据农业部官员讲，政府所购的储备粮以前也曾存放在农场主仓库里，但扯皮的事较多，效果不好，现已全部租用私营公司仓库，付给一定的费用。美国政府的粮食储备，管得比较活，周转比较快，只要国际市场需要，即予以出售。

关于美国粮食期货市场的情况

这次我们重点考察了芝加哥期货交易所、商品交易所的运营情况，并在华盛顿同美政府设置的“商品期货交易管理委员会”交换了意见。据这个管理委员会介绍，美国全国有14个期货交易所，各具特色。其中，以芝加哥期货交易所交易量最大，具有代表性。期货交易的作用，第一是分担风险；第二是提供价格信息。随着商品经济的发展特别是金融事业的发展，各种形式、各种商品的期货市场近20年来迅速发展起来，作用日益明显。

芝加哥交易所自1948年开业以来，已由一个农产品批发市场逐步发展为规模庞大的商品期货交易市场，拥有3600家会员。据交易所介绍，占美国市场90%、占全球市场40%的商品期货交易在这里进行。从我们了解的情况看，期货交易所的运营发展有以下几个特点：

（一）由农产品的现货批发向远期合同交易进而向期货交易发展。芝加哥交易所1848年创建后，1851年签订了最早的一份玉米远期合同。为避免商人和农场主之间经常发生违约现象，使谷物交易不断趋于正规化，1865年该所推出了一种被称为期货合约的标准化协议，以取代原先没用的远期合约，使所交易商品的质量、数量、交货地点和交货时间都标准化。但期货交易的大发展，是在1970年以后的20多年。凡是价格风险比较大的商品都可以搞期货，以套期保值，避免风险。从现货批发到远期合同到期货，这是一个发展趋势，芝加哥交易所如此，其他交易所也大体如此。

（二）从单一的农产品期货，发展为非农产品期货，进而发展为金融期货。芝加哥交易所过去一直从事农产品的期货贸易，以后又扩大为包括金、银等贵重金属在内的几十种商品期货。70年代以后，世界金融市场发生结构性变化，多种金融期货交易应运而生，迅猛发展，政府发行的债券、股市指数、存贷利率等均进入期货的市场，从而成了期货市场的主流。现在芝加哥交易所的成交量，每天约60万张期货合约，其中农产品为15万张，只占25%，其余75%为金融期货。另一家芝加哥商品交易所过去以畜产品、奶制品为主，而现在这部分期货的成交量只占9%，其余91%均为金融期货，这个演变过程也带有普遍性。

（三）期货交易与金融结算紧密结合。在芝加哥交易所有一个与之平行的结算公司。这个公司的董事会是独立于交易所的，交易商所进行的所有交易，均须在财政上向结算公司负责。结算公司则保证所有交易及结算合约得以履行。结算公司有155个会员，是从交易所会员中遴选的，这些会员必须在芝加哥的四大银行有账户存款，有经济实力和良好的信誉，才有资格充任。每个会员都要交保证金。结算公司实行严格的会计核算和结算制度，基本上没有发生透支现象，如违约要追究经济责任和法律责任。在另一家芝加哥商品交易所，也专设有权力很大的结算部，其职责大体相同。期货交易是和金融改革相关联的。没有金融上的这一系列措施相配套，期货市场就寸步难行。

在考察中，我们还了解到，美国对期货市场的管理是相当严格的，交易是规范化的。每个市场、每个交易所都有一整套规章制度。除此以外，美国政府的商品期货贸易管理委员会在统一管理上发挥着很大的作用。1974年，美国国会考虑要监督各个期货市场，通过了“期货贸易法”。次年成立了这个委员会。这一委员会具有很大的权威，委员会主席、副主席五人，均由总统提名，国会任命。这个委员会对市场、交易所不直接管理，而是通过制定法律来约束期货市场的运行，实施间接管理。期货市场的成立要经过多方审查后由委员会批准。当期货发生不正常现象，如垄断、暴涨暴跌时，即采取措施干预。如80年代初，白银期货市场一度波动很大，后来发现是得克萨斯州的两兄弟在操纵，于是通过合法手续每人罚款1000万美元，平息了这一风波。不仅期货市场开业要审查，而且每个期货新品种上市前的合约也要事先审查；合约签订后要监督实施。此外，还要定期审计各个期货市场的财务能力和货源。对每个市场都规定了最低的财务指标界限。委员会还派出500多人分别到各个交易所现场监督。如对芝加哥期货交易所就委派125名工作人员，每个交易池都有人现场掌握第一手情况。

借鉴美国和国际上期货市场的经验，对于我国搞活流通，促进市场的发育是有益的。现在我国已开办了国家级的郑州小麦批发市场和省级的五个大米、玉米、大豆批发市场。如何从我国国情出发，逐步建立和发展中国式的期货市场，是我们在流通、金融领域里面临的一个重要课题。我们认为，我国期货市场的发展，需要经历两个阶段：一是由现货批发向中远期合同发展；二是再由无期合同向期货合同发展。目前我们还处于第一阶段，要着重发展中期或无期的批发交易，提高履约率，使无期合同标准化、规范化，增加期货交易的因素，逐步向期货交易过渡。我们具有各种有利条件，参照国外的经验，可以少走弯路，不用花资本主义市场发育那么长的时间，就可能进入期货为主的阶段。目前已开办的粮食批发市场，要坚持标准，向规范化、标准化方向前进，提高履约率，增强吸引力，不断完善，不断发展。既不要降低标准，使批发市场演变为初级市场（集市贸易），也不要急于求成，拔苗助长。要因势利导，同金融、运输方面的改革结合起来，闯出一条新路，形成中国式的期货市场。

关于美国粮食仓库和储运装卸设施情况

这次我们考察了俄勒冈州哥伦比亚河畔的港口仓库、农家仓库和新奥尔良密西西比河畔的出口粮食码头，给我们印象深的是三点：（1）组合式的钢筋混凝土立筒仓、钢板仓，机械化、自动化水平较高，效益较好。（2）粮食全部散装运输，陆路用重载列车运输，水路用标准化的拖驳运输。（3）港口装卸采用机械化的传送带，效率高，浪费少。

美国的粮食仓库有三种所有制形式：农场主建的简易粮库；少数地方农民组建的合作社建的周转库；私营粮食公司建的周转库和储备库。后者是粮仓的主要部分，起吞吐调节的骨干库作用。从库型看，除农场主就地取材所建的简易库外（如木质结构仓库等），私营公司所建的绝大部分为组合式的钢筋混凝土结构的立筒库，还有一些圆形钢板仓。装卸的机械化、自动化水平很高，效率也很高。我们参观的波特兰大陆公司阿林顿中转粮库，有 6 个水泥立筒仓，3 个圆形钢板仓，容量 3 万吨，由三个工作人员管理，用微机操作，年周转量 8 万多吨。这三个人担负着周围一万多户农场主生产的谷物的收购、储运、保管、结算等一系列工作，效率很高，投资和费用也很省。

美国粮食全部是散装运输，火车采用重载车，每节车皮载 90 吨，全列车可拉100节。在新奥尔良港口卸一节车皮只需6分钟。嘉吉公司在密西西比河畔的出口码头，谷物大部分用船运，一艘驳船装1300吨粮食，卸一驳船需50分钟，通过宽1.8米的传送带，输送到出口货船上，抛撒粮食少，效益也高。在港口，基本是组合立筒仓加大型皮带运输，看来这是粮食进出口港口建设的方向。

目前我国粮食仓储设施既不足，又较为落后。各地就地取材，因地制宜兴建一些土木结构的房式仓是正确的，但必须吸取国外的先进经验，结合我国的实际情况，修建一批现代化的骨干仓库，最近国务院已就此作出决定，这是关系今后粮食工作发展的基础设施建设，意义重大。现代化立筒库配合电子计算机管理网络的应用，将温控储粮与气控储粮相结合，是现代储粮技术发展的必然趋势。引进一些国外的设计和技术，引进少量的关键设备，广采各国粮库建设的经验，才能把这件大事抓好。我们既要有星罗棋布的中小库，也要有一批机械化、现代化水平较高的大型库，逐渐形成布局合理、保管安全、调动灵活的粮食仓储体系。

在国家机械化骨干粮库建设方案论证会上的讲话

（1991 年 7 月 18 日）

首先，我代表商业部、国家粮食储备局，向提供机械化粮库建设方案的商科院、郑州所、无锡所、郑州粮食学院等单位及参加方案设计的全体技术人员表示感谢！这次会议，对提出的方案广泛交换了意见，统一了思想，明确了原则，形成了《纪要》，这对加快机械化粮库的建设将会起到积极的推动作用。《纪要》修改后发给各地，作为机械化粮库建设的设计依据。希望大家进一步研究，把下一步工作做好，借此机会讲四个问题。

建设这批机械化骨干粮库的重要性

建设这批机械化骨干粮库是国务院作出的重要决定，李鹏总理，田纪云、邹家华副总理和陈俊生国务委员都作了重要批示。他们都非常关心机械化粮库的建设，要求把这项建设作为粮食战线的一项重要工作，指示商业部、国家粮食储备局一定要抓好。我相信，在国家计委、财政部、中国人民银行、物资部等部门的支持下，一定能把这批机械化粮库建设好。

当前，粮食仓储基础设施与粮食生产的发展、市场的发展极不适应。不仅仓容不足，而且在仓型、机械设备、管理等方面都很落后，造成大批粮食露天存放，损耗大、管理费用高，制约了粮食生产的发展，对粮食市场的流通也起了阻碍作用。因此，我们要抓紧粮库建设。“八五”、“九五”的奋斗目标，是要建设布局合理、调动灵活、保管安全、效益良好的储运体系，我们现在所做的工作就是要为此奠定基础。建设一批现代化程度较高的粮库，作为骨干，起示范作用，积累建设经验，为今后的设计、施工及经营管理打下良好的基础。这批粮库的建设将载入新中国的粮库建设史册，成为粮食发展史上重要的一页。

我们的目标是要建设一批适合我国国情的机械化骨干粮库，形成合理的、较为先进的储运体系

通过这批机械化粮库的建设，要摸索出符合我国国情的机械化粮库建设途径和建设模式，跟上世界先进水平。把国外的先进技术应用到粮库建设中来是一个新的尝试。这次会议总结的几个建设原则是符合我国粮仓储设施发展方向的。第一，这批粮库的建设以筒库为主，把仓储设施的机械化和微机管理结合起来。第二，今后的发展方向以散装、散卸、散运、散存为主，结合国情，考虑必要的配套设施，使“四散”逐步推广。第三，逐步使储运设施系列化、标准化、规范化。第四，把储备和周转结合起来，提高仓库的利用率，增加经济效益。这都是关系到我国粮库建设发展方向的重要问题。总之，在机械化粮库建设中，要吸收国外的先进经验，结合我国国情，考虑每个库点的实际情况，使其能够发挥最好的经济效益，尽可能做到投资少、见效快、效益好，加快我国机械化粮库的进程，摸索经验，找出自己的建设方向。

要精心设计、精心施工、精心经营，使这批机械化骨干粮库在设计、施工、经营等方面都起到示范作用

搞好机械化骨干粮库的建设，设计是关键。要认真对待，精心设计。要以这次论证意见为基础，结合库点条件，进行对象设计，使之完善；施工上要保证质量，运用改革的办法，引入竞争机制，尽量克服过去基本建设中的弊病，缩短建设周期，降低成本；经营管理要改革，科室要精简，人员素质要提高，粮库建成后推行栈租制等经营管理责任制。为做好这项工作，既要发挥集体的智慧，又要发挥个人的创造精神和聪明才智。建议这次机械化粮库的建设，从开始就立碑树牌，注明设计单位、设计、施工单位负责人、仓库负责人，待这批粮库建成后，组织评比，评出最优，予以奖励和表彰。

选点定型　摸索经验

国务院决定，这批国家机械化骨干粮库建设在北京、天津、河北、辽宁、吉林、黑龙江、上海、江苏、安徽、江西、山东、河南、湖北、湖南、广东、四川、陕西等17省、市选点，每个库点仓容规模5万吨，投资2500万元。请各地按照会议提出的建设原则，认真做好前期准备工作。同时先搞一两个试点，通过改革，加快建设速度，提高经济效益，争取明年底建成投入使用。这次建设可以扩建为主，但不搞一刀切。仓型以筒仓为主，考虑少量的房式仓或楼房仓。各地要尽快上报项目建议书，由商业部、国家粮食储备局共同审批。

搞好机械化粮库建设需要调动各方面的力量和积极性，包括科研、设计、教学、施工、经营管理以及粮食系统350万广大干部职工的积极性。“八五”期间的粮库建设任务分为四个层次：一是国家机械化骨干粮库；二是国家粮食储备库；三是地方粮食周转库；四是简易库建设。这四个层次经济技术指标的要求不同，机械化的水平不同，构成符合我国国情的粮食仓储体系。目前，四个层次的建设工作正在逐步展开。另外，还在多方筹集资金，除了国内多方面挤出一点资金外，还可以在“八五”期间争取利用条件优惠的外资。我们的粮库建设任务是很重的，一定要下功夫抓好，特别是一、二层次的建设必须抓好。希望我们的科研设计单位、院校及在座的专家贡献出自己的聪明才智，帮助我们把工作做好，把这批粮库建成既符合国情又符合现代化要求、经济效益好、经得起检验的一流工程。

附件：

国家机械化骨干粮库建设方案论证会纪要

为了保证国家机械化骨干粮库的建设质量，商业部、国家粮食储备局于1991年7月16日至18日在北京市大兴县召开了《国家机械化骨干粮库建设方案论证会》。粮食系统部分科研、生产、教学单位和十一个省、市粮食储运、基建管理部门的专家、学者，有实践经验的专业技术人员与管理人员40余人参加了会议。商业部副部长、国家粮食储备局局长白美清同志到会作了重要讲话；国家粮食储备局副局长郑志勋、商业部基建储运司司长赵祖德和国家计委副处长吴振平在会议开始时，也就建设国家机械化骨干粮库的重要意义、目的和要求讲了话。

与会代表一致认为，在当前财政十分困难的情况下，国家决定投资兴建一批机械化较高的粮库，充分说明国务院领导高瞻远瞩，重视粮食流通基础设施的现代化建设。我们一定要用好这笔投资，把这批为国家宏观调控直接服务的机械化骨干粮库规划好，建设好，以促进全国粮食储运技术与管理水平的提高，为建设具有中国特色的现代化粮食储运体系和网络奠定良好的基础。经过大家共同努力，会议达到了预期的目的。

与会代表对商科院、郑州粮食科研设计所、无锡粮食科研设计所和郑州粮食学院提供的9个设计方案给予了高度评价。一致认为，9个方案都比较好地体现了6月初讨论会确定的设计原则。总平面的安排合理，工艺设计先进，在仓型、储粮技术、计算机管理等方面，大胆采取了一些新结构、新技术和新工艺。大家认为，有关设计单位在短短的20天时间里能拿出这样比较完整的方案，付出了辛勤的劳动，表示要学习他们这种认真负责、只争朝夕的精神，以实际行动把机械化骨干库建设好。

与会代表在对方案进行全方位论证的基础上，博采众家之长，吸收各方面的意见，共同讨论、通过了《国家机械化骨干粮库建设方案》，要点如下：

一、总体要求

1. 建设要体现技术先进、符合国情、着眼发展的原则。设计要立足国内，尽量采用国内现有的先进技术和科研成果，注重其技术成熟性和经济可行性。可适当引进国外先进技术和设备。

2. “四散”是粮食今后储运发展的方向，也是提高工作效率和管理水平的基础，没有机械化，“四散”就没有开展的条件，不开展“四散”，机械化的发展也受到限制。因此，机械化骨干粮库的设计要以发展“四散”为前提。

3. 机械化的程度主要体现在工艺设备的装备水平，该部分的投资应占项目总投资的25%以上。

4. 仓容规模5万吨。周转与储备相结合，年周转次数应在5次以上。

5. 为节省投资，缩短建设周期，凡有条件的地方，尽量考虑扩建。

二、布局和选址

1. 按照粮食商品流通的需要，在粮食主产区和重点销区以及具有战略意义、粮源充足、交通方便、粮食周转量大的地方建设。

2. 产区要注重考虑粮食调出和实现“四散”流通的需要，库址周围要有一批储运设施条件较好（或拟有计划配备、改造）的“卫星库”，保证为其输送散粮。

3. 销区要注重考虑一次调入到位，避免二次搬倒，有条件的地方要与加工厂配套建设或靠近建设。

4. 粮食收、发方式，产区以汽车接收，火车发运为主，销区以火车接收，汽车发运为主。有水运条件的地方，要同时考虑船只的接收与发运。

三、仓型

1. 根据周转与储备相结合的要求，同时要适应库内灵活作业的需要，建设以筒仓为主，两种以上仓型组合为宜，配备比例可因地制宜。

2. 要选择适合大规模机械化作业的高大仓型。如钢筋混凝土立筒库，钢板筒仓，高堆粮线、大跨度的房式仓和少量的楼房仓等，同时可考虑大型铁路罩棚仓。

3. 仓型结构设计要符合安全储粮的要求。钢筋混凝土筒仓要考虑除尘、防爆、检测、熏蒸的要求，钢板仓可建设平底、大直径并配有通风系统的筒仓。

4. 根据国家土地法，粮库建设要尽量减少占地，向高空发展。同时要考虑未来发展的需要，库内总体规划要合理，适当留有余地。

四、设备

1. 主要选择技术先进，质量可靠的国内设备，国内技术解决不了的关键设备，可小批量引进。

2. 从粮食检斤入库到装车（船）发运出库，各个搬倒作业环节，即计量、清理、烘干、装卸、输送等，要全部实现机械作业。

3. 设备的操作采用自控与手动相结合的方式。

4. 主要工艺设备的单机处理能力要在200吨/小时以上，以保证作业效率。

五、储粮技术

机械化骨干粮库要全面推广采用科学储粮技术，建立完备的粮情安全检测与保障系统。要在电子测温、测水和机械通风、“三低”（低温、低氧、低药剂量）储粮，以及采用保护剂与熏蒸相结合的方法，在防治储粮害虫等方面，努力达到国际先进水平。

六、计算机管理

要在粮情检测、机械设备控制和粮食收购，调运、结算业务等方面应用电子计算机管理。粮情检测系统采用专家智能系统，为管理决策提供迅速、可靠的依据，提高工作效率和管理水平。

七、安全生产

建设不仅要保证机械化骨干库技术先进，还要确保在消防、环保、安全生产等方面达到有关国家标准，符合文明生产的要求。

八、附属设施

办公、生活等附属设施，要打破常规，按照机械化骨干库高效率的特点，从紧安排。

此外，为了规划、建设好这批机械化骨干粮库，使之充分发挥效益，与会代表还提出了许多积极的建议：

1. 选择条件好的地方，先行建设一两个试点，保证投资，争取明年底提前投产，为大批建设取得经验。

2. 设备质量是机械化工艺性能的保证，为保证技术的先进性，应组织粮仓机械设备统一选定，推荐给各建设单位采用。系统内生产厂家不能满足设计要求的设备，不能迁就凑合，应面向社会进行招标，促进系统内厂家改进技术，提高质量。国内解决不了的个别关键设备，可以考虑适量引进，以解决机械化库建设之需，促进国内粮仓机械技术水平的提高。

3. 机械化要求粮食“四散”化。发展“四散”与现实储运形式、设施等条件的矛盾要逐步过渡解决。一方面，各地粮食部门要以积极的态度，利用现有条件，采取简便易行的方法推动“四散”开展，70 年代末，我们有过这方面成功的实践；另一方面，各级政府、主管和有关部门要给予必要的政策、资金上的支持。

4. 机械化骨干库不仅要在技术上创国内一流水平，在经营管理和经济效益上也应是高水平，代表发展的方向。这批库从一开始投入使用就要实行栈租制管理，谁储粮谁花钱，保证企业的经营活力。机构设置要从简，人员配备要精干，要保证有相应的技术水平和业务素质。

5. 在会议论证的设计方案中，涉及一些未经鉴定的新技术、新结构，理论上是可行的，有些在简单的试验中还取得了成功。但考虑到有的技术尚不成熟，机械化骨干库建设不宜采用。建议业务主管部门纳入正常渠道，安排试验、考核、鉴定，在取得经验后推广使用。

会议认为，论证所通过的《国家机械化骨干粮库建设方案》是一般指导性原则。各建设项目的地理、交通、来粮方式等不尽相同，但必须遵守这些原则，并以此为依据，结合各自的特点进行对象设计，不能降低《方案》提出的总体要求和工艺水平，以确保技术先进、符合发展方向、切实起到骨干示范作用。

发展多种经营 搞活粮食流通*

（1991年9月23日）

我们这次会议是在国民经济持续发展，粮食流通体制改革进一步深化的新形势下召开的。这次会议的中心议题是：进一步搞活企业，发展多种经营，提高经济效益，增强粮食行业的发展后劲，更好地为工农业生产服务和为消费者服务。会上，山东、江苏、广东省粮食局和一些粮食企业介绍了搞活粮食流通，拓宽服务领域，扭亏增盈，提高效益，逐步建立新的粮食流通体系等方面的经验。商业部有关粮食的司局、公司在会上也发了言。在讨论中，各地互相交流了一些好的做法，提出了一些措施和建议。这次会议，是继天津会议之后的又一次重要会议。会议开得很顺利，取得了预期的效果。现在，我根据国务院的指示精神和各地的经验，讲几点意见。

在新形势下保持和发挥国营粮食企业的主渠道作用

随着经济体制改革的不断深化，国营粮食部门在粮食流通领域中独家经营的局面已经打破，多种经济成分、多条流通渠道、多种经营方式的新格局逐步形成，竞争日趋激烈。粮食是关系国计民生的战略物资，是保持市场稳定的必不可少的重要商品，任何时候、任何情况下都必须保证供应。如此重大的责任，历史地落到国营粮食部门的肩上。国营粮食企业必须是粮食流通中的主体，发挥主渠道作用。这是社会主义公有制性质所决定的，是我国的国情和粮情所决定的。这是保持社会稳定和国民经济持续稳定发展的必要条件。在去年农业大丰收的基础上，粮食收购、库存超过历史最高水平。同时还建立了××××万吨的国家专项储备粮，增强了国家对粮食的宏观调控手段。今年虽然遭受了严重的水灾，粮食生产不如去年，收购、库存会有减少，但预计总收购量仍在1亿吨以上。国营粮食部门仍然掌握着90%以上的商品粮源，有着发

* 这是白美清同志在全国粮食系统发展多种经营工作会议结束时的讲话。

挥主渠道作用的较为雄厚的物质基础。在受灾地区，目前市场稳定，粮价稳定，灾区人民生活安排基本落实。之所以能做到这一点，就是因为国营粮食部门在各级政府的领导下，发挥了主渠道的重要作用。没有主渠道不稳，没有多渠道不活，多年的实践一再证明了这一点。

但是，现在粮食部门也存在许多问题，与承担的重要任务很不适应。许多国营粮食企业已陷入前所未有的困难，遇到了严重的挑战，面临着是前进还是萎缩、是继续发展还是丢失阵地的重大抉择。一是体制不顺，粮食部门背着沉重的包袱，举步维艰；粮食基层企业经营机制不适应，缺乏活力和动力，发展后劲严重不足。由于购销价格倒挂等原因，粮食政策性亏损不断增加。1990年达到477亿元，今年1～7月亏损239亿元，比去年同期增加17亿元。同时，盈利企业的创利仍在下降。今年1～7月实现利润7亿元，比去年同期减少6.27亿元。其中议价企业自去年以来，一直是全行业亏损，今年到7月底又亏损7.58亿元。粮食企业大量挂账，去年共挂账200多亿元，今年又有增加，到了难以承受的地步。二是随着粮食压销、提高销价等改革措施出台，有些地区的粮食企业由于经营机制、经营方式、经营结构等方面都没有进行改革和调整，因而极不适应变化了的流通形势，在激烈的市场竞争中处于被动地位，业务萎缩，效益下降。有些企业已经难以为继。不少地方粮食销售平价粮退出后议价粮进不去，经营量锐减而人员大增。这几年平价粮约压销500多万吨，去年议价粮反而比前几年少销100多万吨，而粮食系统职工人数三年增加60多万人，这些情况在一些改革开放较早较快的地方更加明显。四川省广汉市粮价放开后，国营粮店比以往日销量下降75%。山东省长岛县的粮食价格放开以后，国营经营量只占一半。广东顺德粮食部门同个体户在经营网点上的比例已达1∶8，经营量的比例为1∶2.26。这种情况很值得粮食部门深思。三是粮食经营设施建设欠账多，跟不上商品生产和流通发展的需要，不适应拓宽业务、搞活经营的要求。多数企业生产设备和技术落后，生产资金严重短缺。粮油商业网点破旧，多在背街小巷，经营设施极为简陋。四是思想观念不适应商品经济的发展。部分干部的思想还停留在统购统销、吃政策饭、补贴饭的阶段，对国营粮食企业面临的和即将到来的困难认识不足，估计不够，因而缺乏紧迫感和危机感，缺少进行市场竞争的素质和能力。这一切都表明，粮食系统必须深化改革，扩大开放，才能摆脱困境，走向振兴，舍此没有别的出路。

国营粮食企业是全民所有制经济的重要组成部分，是国民经济重要支柱之一。粮食流通体制改革是我国经济体制改革的重要内容之一，粮食流通体制改革搞得好不好，将影响整个国家经济体制改革的进程。粮食流通体制的改革搞成功，就能搞活流通，进一步繁荣和稳定市场，保证供应，促进工农业生产的发展，所以粮食流通体制的改革应该也必须深化，继续迈出新的步伐。粮食流通越开放搞活，国营粮食部门越要发挥主渠道作用。这不仅是粮食部门本身的问题，而且关系到社会主义公有制的发展和巩固。所以我们一定要居安思危，察微知著，采取有力措施，坚定不移地、积极稳妥地把这一改革不断推向前进，以保持国营粮食部门在流通中的主体地位。

这次会上典型单位介绍的经验中最突出的一条，就是要有紧迫感，有责任心，主动进取，不等不靠，在改革中求生存，在竞争中求发展。他们的实践证明，只要认清形势，转变观念，坚持改革，明确方向，加快建设，注意发挥粮食部门的整体优势，就能走出困境，发展壮大，就能在竞争中立于不败之地。在激烈的竞争中，有无思想准备是大不一样的。如果事前有清醒的认识和充分的思想准备，并及早研究对策，采取措施，放开后情况就会好一些，主动一些，就不至于措手不及。可以说，这些典型单位的经验，使粮食系统的各行各业明确了奋斗方向，看到了光明前景。我们粮食部门一定要有这样一种正视困难的勇气，这样一种开拓进取的精神。这样，任何困难也难不倒我们，任何挑战也能应对，今后就大有希望。

在新的形势下，怎样才能保持国营粮食企业的主渠道地位，这是全国粮食部门面临的重大课题。总结历史的经验和现实的经验，我认为应主要抓住三点：

一是通过不断改革，使粮食系统逐步形成一个富有生机活力的经营机制。关键是要把粮油基层企业搞活，把规范化的市场体系建立起来，使企业能够独立核算，自负盈亏，自我制约，自我发展；使市场具备公平竞争的条件，在流通中发挥多种功能，为生产者和消费者服务。

二是通过不断的改造和建设，逐步形成一个拥有经济实力的粮油及其制成品收储、加工、销售服务体系。这个体系包括以中心粮库为骨干的储运网络、以中心加工厂为骨干的粮油及粮油食品加工网络、以中心粮店为骨干的销售网络三个方面。这个体系的各类网点应当机制灵活，遍布全国城乡，布局合理，既为农民种粮的产后服务，又为城乡的亿万消费者服务。

三是通过不断培育和实践的锻炼，建设一支好的队伍，培养一大批政治素质好、懂经营、会管理、专业技术水准较高的人才。这是一个长久发展的战略问题，必须高度重视。

上述三方面的工作做好了，国营粮食部门就能够在多种经济成分、多条流通渠道的竞争中立于不败之地，就能够继续为稳定社会、繁荣市场、促进国民经济发展做出应有的贡献。在这些方面，各地已经做了一些工作，有一定的基础，但应该说我们思想上还不够自觉，目标还不够明确。希望各地采取切实措施，认真抓好这三方面的建设，这是粮食系统的根本大计。

积极开展“本业为主、多种经营”

这几年来，粮油食品生产经营发展较快，并开办了一些其他多种经营项目。粮油工业的产品已有十三大类，上千个品种。1990 年粮办工业产值350 亿元（其中粮油工业 294. 2 亿元，饲料工业 56. 4 亿元），实现利税 29. 6 亿元。当年粮油食品产量 298 万吨，产值 26. 2 亿元。以米糠油、玉米胚榨油为开端的粮油副产品综合利用迅速发展，目前已涉及医药、化工、食品等多个领域。全国城乡粮店（站）1990 年粮油食品经营量为 670 万吨，利润 6 亿元，加上其他多种经营，共创利 10. 2 亿元。去年向每个居民提供粮油食品占口粮实际消费量的 16. 8%。一些起步较早，发展较快，主食面粉的北方城市，供应粮油食品占口粮的 30% ~ 50%。农村粮站有半数开展了多种经营。粮贸、仓储、植物油、饲料等行业也都拓宽了经营领域，兴办了一些饮食服务、食品加工、养殖等多种经营项目。

粮食部门开展“本业为主，多种经营”，是经济和社会发展的客观要求，是人民生活水平不断提高的需要，是商品生产不断进步、家务劳动社会化的需要，也是粮食部门促进城乡市场繁荣，更好地为人民生活服务的义不容辞的责任。粮食部门的本业和多种经营大都是第三产业的重要内容，要认真落实党中央、国务院关于大力发展第三产业的指示，力争今后有一个较大的发展。实践证明，开发粮油食品及多种经营，既有社会效益，又有经济效益；既适应了经济发展和社会进步的趋势，又增强了粮食企业的活力，是一项益国利民、前途广阔的事业，是粮食工作一项很有成效的改革。今后，粮食部门各行各业都要坚持“本业为主，多种经营”的方针，开拓市场，扩大经营，提高效益，搞活企业。

首先要保证搞好本业，这是开展多种经营的基础。但本业已不是过去单纯的平价粮油购、销、调、存、加，而是在产品结构、经营范围和服务领域方面有所延伸，有所扩展。从广义上讲，为一日三餐服务的粮油及制成品的生产经营项目，都可以说是粮食部门的任务和本业。粮油企业除了增加各类粮油食品产量和花色品种外，要根据各地粮源和市场需求情况，继续发展精米、精面、精油生产，开发各种等级粉、食品专用粉、精制米、清洁米、营养米、高级烹调油、色拉油、调和油以及玉米制品、荞麦制品等产品。还应大力开发和生产出口创汇产品，搞一些精包装、小包装食品。城市粮店要逐步由供应成品粮为主改为供应制成品为主，不断提高粮油食品在定量口粮中的比重，努力增加大众化粮油食品的产量和经营量。对“两白一黄”① 老三样的供应要继续做好，对馒头、大饼、油条等大众化食品，也不能小看，更不能放弃。要进一步开拓经营，积极发展中高档食品，包括方便食品、营养食品、老年和儿童食品、民族风味食品等，努力增加花色品种，满足各方面的需求。要像烟台市粮油供应公司那样，以大众化食品占领主市场，以多样化食品丰富群众生活。我国农村有9亿多农民，一定要注意开发这个潜力巨大的市场，千方百计供应农民所需要的各种食品，占领这个市场。实践证明，用粮食兑换的方式适合商品经济不发达的广大农村，应大力推广。粮食部门各行各业都要特别重视开发新产品。企业推不出竞争力强的新产品，就有可能在竞争中被淘汰。一个新产品往往能使一个企业迅速走向兴旺发达，如“太阳”锅巴、“娃哈哈”营养液莫不如此。广东饼干和饮料在全国市场上知名度很高，覆盖面很大，靠的也是不断推出新产品。今后各地在引进新技术、开发新产品方面要增加投入，多下功夫。

多种经营的范围十分广阔。粮食部门要利用自己的优势，突出重点，扬长避短，打破行业界限，宜工则工，宜商则商，宜养则养。只要市场有需求，粮食企业有条件，在工商管理部门登记后就可以搞。可以是综合利用、饮食服务、综合商店、养殖、酿造、种植、“三来一补”，也可以是其他生产、经营、服务项目，在本业为主的基础上，面向两个市场，从实际出发，根据需要和可能，能搞什么就搞什么。

开展“本业为主，多种经营”，要有统一规划。各地粮食部门各行各业都要制定包括总体目标、生产经营指标、质量、品种、效益、管理、技术改造和技术进步等内容在内的中长期规划。山东省粮食局通过几年探索，总结了多种

---

① “两白一黄”，指国有粮食企业当时凭证凭票应给居民的大米、面粉和玉米粉三种成品口粮。

经营的发展路子，即今后粮油食品产销走前店后厂和工厂化生产相结合的路子；饲料工业走技术延伸服务、逐步发展“一条龙”的路子；粮油工业走技术改造与重点引进相结合，计划加工与开展自营相结合的路子；粮油贸易走延伸购销网点与建设大中型贸易场所相结合、集中经营与分散经营相结合的路子；外向型经济走计划内出口与计划外出口并存、粮油商品出口与深加工产品出口并存的路子。这些经验，各地区各部门在制订规划时可以借鉴。

开展“本业为主，多种经营”，要注意争取和落实优惠政策，创造一个比较宽松的外部环境。江苏、山东、福建、广东等省发展多种经营成效较好的一个重要因素，是当地政府和计划、财政、税务、信贷、物价、工商管理等部门给予大力支持，“以业养业、放水养鱼”，结果是国家、地方、企业、生产者、消费者都得到好处。首先，要注意用足用好用活现有的优惠政策。如国家对商办工业、饲料工业和食品工业在税收、信贷等方面有一些扶持措施，集中体现在“国发〔1984〕140 号”和“经食〔1985〕96 号”等文件中。希望大家今后注意做好工作，凡国家已经作出规定的，要主动争取有关部门的支持，尽快落实。现在不少地方政府在利润留成、资金、税收、价格、分配等方面都规定了一些符合本地实际情况的优惠政策，要认真执行。大家希望与其他渠道一视同仁，平等竞争，这个要求是合理的。但应当看到，平等是相对的，不平等是绝对的。要敢于在不平等的条件下竞争取胜。粮食企业同其他渠道相比，有一些不利方面，但也有布点广、货源足、信誉好、有一定实力等有利方面，特别是还有政府在一定条件下的支持。优惠政策不是光靠伸手要，而是要靠艰苦奋斗干出成绩，干出影响，取得消费者的信赖，取得有关部门的理解和支持。坐在那里等政策是等不来的。同时，各地情况不同，有些问题也难以规定统一的政策，主要靠我们自己争取。这些年来，一些地区在落实和争取优惠政策方面做了不少工作，今后要继续努力去争取。事在人为，每年前进几步，积以时日，就会起大的变化，外部环境就会不断改善。

改革经营机制　搞活粮油企业

今年，在粮食流通体制改革中提出的“稳购、压销、调价、包干”的部署，现在正进一步落实。下一步要以提高经济效益为中心，以搞活国营粮食企业为重点，通过建立富有活力的经营机制，充分调动全体粮食职工的积极性。要大力推广天津经验。天津经验的主要精神是“盈亏两条线，亏损帽子一家戴”，把众多企业解脱出来，它的最大好处是划清了国家粮油政策性补贴和企业经营性盈亏的界限，理顺了国家同企业的关系。这是在现行体制下找到了一条改革基层企业经营机制的路子，为基层企业深化内部改革，完善各种责任制创造了较好的条件，促使企业眼睛向内，挖掘潜力，搞活经营，提高效益。如果继续维持企业吃国家“大锅饭”、职工吃企业“大锅饭”的现状，长期拖下去，我们就会站不住脚，就难以生存下去。因此，各级粮食部门领导要抓住时机，结合当地实际情况，以积极的态度学习推广天津经验。要从大局出发，账不要算得过细，也不要想去挖财政，双方能够达成协议，就可以试点，尽力把基层粮油企业的经营机制改革推进一步。

粮办工业要全面推行承包经营责任制，并完善企业内部各项配套改革。要按照宏观管住、微观搞活的原则，放手让企业进行内部组织结构和生产经营结构的调整，充分调动企业和职工的积极性、责任感，使粮办企业的经营机制更好地适应粮食流通体制改革的新形势。城镇粮店继续实行并完善批零差经营办法，差率的制定要保证粮店正常经营，并有合理利润，具体差率水平由各地粮食部门与财政、物价部门商定。烟台市粮油供应公司是实体性公司，自负盈亏、自主经营的机制使企业有了充足的活力。他们向现代化科学管理要效益，以扎扎实实的管理来促进和保证经营的发展；把经营自主权真正下放到基层企业，充分调动了企业和职工的积极性。去年43个承包企业在抵顶平价亏损81万元后，实现利润427万元，占全公司利润总额的89.7%。地处大巴山区的四川省巴中县茶坝粮站抓住改革契机，发扬艰苦创业精神，打破条条框框，勇于探索，大力发展多种经营，依靠自身努力，壮大了经济实力，为今后的竞争打下了较好的基础。他们的经验值得各地学习推广。独立核算的粮油仓库要推行“栈租制”和定额包干等，各项补贴标准按经营费用加合理利润核定，有条件的地方可以试验搞一些实体性仓储公司。

在积极推行各种形式的经营承包责任制中，根据各地的实践经验，企业内部分配要注意克服平均主义倾向，并增强核算观念。现在有些企业的重活累活都靠临时工干，正式职工大量闲置，这种做法是不正常的。今后凡是职工能干的事，一定要自己干，不用或少用临时工。有些地方实行工资总额包干，对控制职工人数增长有一定作用，可以参考。财务承包要与企业技术进步结合起来，防止拼设备、拼消耗、分尽用光等短期行为。总之，各地要在企业经营机制改革方面继续探索路子，通过改革，创造一个团结一致，同心同德，人人当家理财，个个关心企业兴衰，与企业同呼吸、共命运的局面。

经营机制改革要和强化企业管理相结合。向管理要效益，已逐渐被粮食企业所认识。不少企业引进和推行现代化科学管理方法，出现了一批国家二级企业和全面质量管理先进单位，效果是好的。强化企业管理要以抓好各项基础管理为重点，全面提高企业整体素质。要推行规范化、标准化管理，建立和完善规范和标准体系及考核制度，并狠抓落实。各地都要选择一些企业进行规范化、标准化管理和全面质量管理试点，不断总结经验，并与企业上等级工作密切结合起来。企业现场管理状况是企业管理水平的综合反映，同时也是各项基础管理在生产、经营现场的有机结合和落脚点，也是企业管理的最起码要求。因此，要从治理脏、乱、差入手，加强生产和经营现场管理，全面开展文明生产和科学经营。要练好企业基本功，从原始记录、原始凭据抓起，少说空话，少摆花架子，扎扎实实地推进企业管理上一个新台阶。要认真恢复和发扬粮食部门勤俭节约的优良传统，大力开展节约一粒粮、一滴油、一度电、一滴水的群众活动，降低费用，提高效益。

科学技术是第一生产力。企业之间的竞争实际上是知识和人才的竞争，是技术水平、经营策略和经济实力的竞争。一个企业一定要有强烈的技术进步意识，具备不断追求技术进步和扩大再生产能力的机制。要尊重知识，重视人才、积极培养和大胆使用人才，企业才能不断发展，才能在竞争中取胜。要利用改革开放的有利条件，积极引进先进技术和设备，改造落后的设备和工艺，大幅度提高经济效益。各级粮食部门都要注意改造好一批骨干企业，使之成为技术先进、设备好、产品新、效益高的先进企业。要注意把引进和消化吸收结合起来，使先进技术在粮食部门扎下根来。

加强横向经济联合，创造条件，逐步组建企业集团，发挥粮油企业的群体优势和规模经营效益，增强竞争实力。各省、市、区都要搞一两个试点，要搞成真正的经济实体。可以先搞地区性的集团企业，再搞全国性的企业集团。现在粮食部门内部存在条块分割、地区分割的现象，造成工业、储运、批发、零售互相脱节，互相交叉，各自为战，内耗严重，缺乏竞争能力和应变能力。因此，粮食部门内部各行各业如何密切合作，互惠互利，发挥整体优势，是一个亟须研究解决的问题。可以考虑首先在内部联合起来，发展各种形式的经济联合，试办粮食系统多种经营企业集团，在生产、销售、资金、技术、信息等方面形成合力，以适应社会化大流通的趋势，还可以发展农贸结合、工贸结合、内外结合、产销结合的经济联合公司，实行生产—收购—加工—销售的系列化服务或一条龙的经营方式。有条件的企业，如饲料公司、植物油公司等可由同类行业或由生产加工同类商品的工厂联合组织集团公司实行原料采购、加工、养殖、销售、科研等配套经营，形成人、财、物、产、供、销等集中统一决策，分级管理，高效灵活的经济组织，不断增强公司实力。不论在组建集团公司中，还是在组织“一条龙”工作中，都要从实际出发，讲求效益，循序而进，切忌刮风，一哄而起；切忌搞重复引进，避免盲目性。

建立粮油及制成品收储、加工、销售服务体系

随着生产迅速发展，经济日趋繁荣，人民生活水平提高，粮食部门要更好地为生产者服务，为消费者服务，就必须改变旧的经营方式和供应办法，逐步建立一个粮油及其制成品的收储、加工、销售服务体系。这个体系的特点是：多层次多方面，面向市场并为市场服务，产销结合，有所侧重、特点突出，体现以国营粮食企业为主渠道、多种经济成分并存的社会主义粮食流通格局。建立这个体系是国营粮食部门发展战略的重要组成部分。要按经济区域建立，全面规划，突出重点，有利于发挥整体优势，符合商品经济的要求，不搞“小而全”。要以积极态度，在已有的基础上制定政策措施，逐步前进。这个体系包括以下三个网络：

一是以中心粮库为骨干的储运网络。本着按经济区域组织商品流通的原则，对现有仓库网点进行分类排队，搞好仓库网点规划。今后重点发展那些粮源充足、流向合理、交通便利的库点。国家储备库和大中型周转库，要选择处于交通枢纽地带的现有库点进行扩建或新建。要适当配备技术比较先进，效率比较高的装卸、输送、清理、计量等设备，使之成为储存量较大、吞吐能力较强的骨干库。在骨干库辐射范围内，星罗棋布地配置中小型收购库或供应库。要选择好仓型。根据接收、周转、储备、供应等不同用途，设计不同仓型，形成经济规模，以适应粮食流转和安全储存的需要。大中城市还应新建或改造一些低温或准低温仓，储存那些难以度夏的成品粮。要加强运输设施和粮油进出

口港口的建设，发展散装运输，减少损失浪费。通过若干年努力，逐步形成布局合理、调度灵活、功能齐全、储粮安全的仓储网络。

二是以中心加工厂为骨干的粮油及粮油食品加工网络。大中型的加工厂要通过技术改造，积极采用新工艺、新技术、新设备，提高产品质量，增加花色品种，降低产品消耗，提高经济效益。以这些技术设备先进、管理科学的大中型粮办工业企业来带动其他中小型企业。对现有的粮办加工企业，要根据国家产业政策的规定，抓好产业结构和产品结构的调整。在继续搞好粮油的精加工、深加工和配混合饲料生产的基础上，做到四个延伸：（1）粮油工业企业向食品加工延伸；（2）油脂工业企业要向油脂化工和植物蛋白生产延伸；(3) 饲料工业向饲养业延伸，建立不同形式的饲料生产—饲养—屠宰—加工—销售系列化服务体系；（4）粮机企业要向方便人民生活的家用器皿、炊事机具、饮食用具等方面延伸，要为粮办企业服务，为粮油加工生产服务，为前三个延伸服务。特别要注意发展食品、包装、计量等设备的生产，组织成套设备的供应。有条件的还可以组织粮机出口。通过上述努力，逐步增强企业的发展后劲。

三是以中心粮店为骨干的销售服务网络。要建设和改造一批经营量大、功能较全的经营性中心粮店，或以粮油食品为主的综合商场和自选商场，使之成为核心，辐射一个地区，一个城镇。通过这个中心粮店来带动周围一批中小粮店的经营。中心粮店要建在城区繁华地带、商业区和主要街道上，要进行可行性研究和论证，规模和格局要适当，适应商品经济发展的需要，充分考虑到经济效益。偏僻小巷里的粮店逐步向综合性食品杂货店过渡，成品粮油售货方式逐步向多样化、小包装方向发展。广东省城市粮店实行敞开售货的经验，各地也可以试验。在农村粮管所（站）兴建一批食品和多种经营门点，大力开拓农村市场。通过一个多功能、多层次的新型的粮食购销、食品经营和综合服务网络的形成，实现粮食购销门点布局和功能的调整，增强粮食商业企业的竞争力和经济实力，更好地发挥主渠道作用。

建立上述体系和网络，要加强领导。在指导思想上一要积极，二要稳妥。搞体系是为了更好地组织商品流通，增强粮油企业生产经营网点设施的辐射能力，提高经济效益和社会效益。所以要因地制宜，量力而行，不要一哄而起，贪大求洋，到处搞中心，建大厦。要科学规划，按经济区域选点布局。省以上的投资，要考虑用在经济区域的中心位置上。要着眼于修建后的经济效益。新上大项目一定要慎重，要充分进行可行性研究，不要轻易拍板。这方面已经有了教训。有的项目贷款上千万元，开业后市场无销路，亏损严重，现在利息都还不起。所以，各省（区）市粮食厅局今后一个很重要的任务，就是对投资额较大的项目严格把关，同时注意协调粮食部门内部的关系。目前，许多店、站、库、厂自然条件差，开展多种经营很困难。要想办法改善一下，但应做到有规划有重点、分期分批实施，分类指导、不搞一刀切、一窝蜂。关于资金来源，主要靠地方自力更生解决。国务院国发〔1981〕103号通知中规定，在城市新建居民住宅（含各类商品房住宅）中，要拨出7%的商业网点建设费。这里说的商业网点，包括粮食网点。最近胡平部长也多次强调这个问题。因此，要像山东威海市那样，把粮食网点改造纳入商业网点建设总体规划。也可以每年从简易建筑费中拿出部分资金用于网点改造。国家只能给予少量的支持。前段时间财政部下拨2500万元业务周转金，用于改造粮店，一部分地方正在落实。商业部还在与银行协商，争取一部分专项贷款指标。

粮食部门在进行以上工作时，应牢牢掌握方向，更好地为农民服务，为消费者服务，绝不能见利忘义，丢掉粮食部门多年来保持下来的为群众办实事的良好信誉和优良传统。一切都应遵循为人民服务的根本宗旨，改善与群众的关系，把精神文明建设抓好。

同志们，面对当前的新形势，我们要在党的十三届七中全会的精神指引下，振奋精神，开拓进取，把解决当前困难与研究长远发展战略相结合，加强宏观调控与微观搞活相结合，深化粮食流通体制改革与建设粮食经营服务体系相结合，加强精神文明建设与物质文明建设相结合，为增强粮食企业活力，搞活粮食流通，发展多种经营，促进国民经济持续稳定协调发展做出新的贡献！

发扬光荣传统　爱惜节约粮食*

（1991年10月8日）

最近，中共中央、国务院发出通知，决定在全国范围内开展爱惜粮食节约粮食活动，并确定每年把“世界粮食日”所在周作为“爱惜粮食、节约粮食宣传周”。这个决定具有重大的现实意义和历史意义，对各级粮食部门和广大职工是极大的支持和鼓舞。今年我国部分地区虽然遭受严重的灾害，但我国粮食库存充裕，完全能够保证供应。党中央、国务院在这种形势下，作出这一决定是瞻前顾后、居安思危、处丰虑歉、着眼于长治久安而采取的一项重大决策。各级粮食部门和广大干部职工要认真学习贯彻国务院通知精神，迅速投入到爱惜粮食、节约粮食活动中来。

爱惜粮食、节约粮食是粮食部门的光荣传统。几十年来，广大粮食职工在当地党委和政府的领导下，在努力完成粮食收购、保管、运输、加工，销售任务的同时，始终把计划用粮、节约用粮作为自已义不容辞的责任。一方面宣传群众、动员群众，为树立“节约粮食光荣、浪费粮食可耻”的社会风尚进行了许多扎扎实实的工作；一方面又发扬“宁流千滴汗，不坏一粒粮”的精神，通过努力工作，辛勤劳动，为节约粮食做出了贡献。但是在农业连年丰收的情况下，有些同志对我国基本粮情有所忽视，对节约用粮有些松懈。去年，李鹏总理给山西临汾铁路二小少先队的复信公布后，不少地方根据李鹏总理的指示，又开展起爱惜粮食节约粮食的活动。北京市粮食局和宣传部门一起搞了节粮展览，并在去年“世界粮食日”组织干部职工上街宣传。河南、山东等省粮食局搞了巡回展览，还有的地方采取了一些节粮措施，取得了一定的效果。但是各地开展得还不平衡，不少地方还没有开展起来。

应该看到，节约粮食不仅必要，而且大有潜力。在粮食储藏、运输、加工、供应等环节浪费、损耗都不少，节约大有可为。在储存环节上，目前全国露天存粮仍高达3500万吨以上，而露天存粮损耗大大高于仓库存粮损耗。东北地区每年收购入库的高水分粮约1500万吨，由于烘干能力不足，在人工翻晒过程中，也损失了

---

* 这是白美清同志在全国“爱惜粮食、节约粮食”电话会议上的讲话。

不少粮食。如果能改善储粮设施，增加烘干设备，就可以减少大量的粮食损耗。在运输环节上，全国年粮食平均运量达1.5亿吨，在运输过程中，因雨湿、撒漏、霉变等造成损失数万吨。如进一步改进装卸技术和设施，加强运输管理，还可能节省大量的粮食。在加工环节上，我国许多中小型粮油加工厂技术设备落后，如果全国粮油加工系统普遍采用先进加工技术和设备，可使粮食出品率提高0.3%，一年可增加大米、面粉20万吨。总之，粮食系统开展爱惜粮食、节约粮食活动是大有文章可做的。下面我根据中共中央和国务院的指示精神，就粮食系统开展爱粮节粮工作提出几点具体要求：

一、认真抓好爱惜粮食、节约粮食的宣传教育。各级粮食部门要采取各种形式，向广大群众和粮食干部、职工深入进行国情、粮情和爱惜粮食、节约粮食的宣传教育，使他们深刻地认识到，节约粮食对于缓解粮食供求矛盾、减轻国家财政负担、支援“四化”建设，对于加强粮食管理、提高经济效益，对于储粮备荒、安排好群众生活，对于加强社会主义精神文明建设，都具有十分重要的意义，我们要为树立爱惜粮食、节约粮食的新风尚而共同努力。全国粮食干部、职工都要树立节粮观念，自觉在工作和生活中珍惜节约每一粒粮食，以实际行动响应党中央和国务院的号召。

二、自上而下地制定节粮规划。对粮食保管、运输、加工、供应等环节，都要制定节约粮食的具体规划，并采取有效措施，最大限度地节约粮食。

保管部门要不断改善储藏设施，推广气控储藏、低氧、低药储藏、机械通风储藏等科学保粮技术，广泛开展“四无粮仓”活动，减少储粮损耗。

运输部门要加强运输管理，提倡文明装卸、文明运输，推广粮袋机械缝口技术和“两靠两不靠”装车法（即装火车的袋粮靠前后车帮，不靠左右车帮，便于起脊，避免雨湿、污染），积极开展散装粮食运输，减少运输过程中的粮食损耗。

加工部门要推广先进工艺，采用先进技术，提高粮油出品率，积极开展增收节支、增产节约活动，减少粮油加工过程中的损耗，更好地开展粮油副产品的综合利用，做到物尽其用、变废为宝，大力开发饲料资源，继续推广配合饲料，提高饲料转化率。

供应部门要加强粮食供应管理，坚持开展整顿粮食销售工作，堵塞漏洞，减少不合理销量。

三、搞好系列化服务。各级粮食部门在抓好自身节粮的同时，要积极开展社会服务。在城市要主动配合居委会搞好宣传，使爱惜粮食、节约粮食家喻户晓，人人皆知。在农村要帮助农民把占总产量70%的农户留粮保管好，使用好。由于农户储粮设施、技术简陋，虫鼠害及霉烂损失严重。据调查，农户储粮平均损失在6% ~8%，而粮食部门储粮平均损失只有1%。如果把农户储粮损失降低一半，全国就可减少粮食损失1000万吨以上。因此各地粮食部门要高度重视社会服务工作，下大力气认真抓好。积极向农民传授保粮技术和保粮知识，提供简便安全的保粮设备和保粮药剂，帮助农民搞好安全储粮；利用粮办工业和先进工艺和设备，积极开展以兑换为主要形式的代农加工、代农存储和品种串换，以减少损失，提高粮油产品的出品率。

四、开展爱惜粮食、节约粮食活动要经常化、制度化。开展爱惜粮食、节约粮食活动是一项长期的任务，必须长抓不懈，形成制度。各地粮食部门都要建立节粮责任制，并指定专人负责日常工作，做到层层有人抓，时时有人管，使爱惜粮食、节约粮食活动真正收到实效。

五、组织好“爱惜粮食、节约粮食宣传周”活动。各级粮食部门要配合当地政府开展好“爱惜粮食、节约粮食宣传周”活动。“世界粮食日”当天要利用广播、横幅、标语、板报、传单、文艺演出等多种形式，宣传国家和当地的粮食形势；宣传爱惜粮食、节约粮食的意义和作用；宣传节约代用和科学保粮知识；宣传节约粮食先进典型，批评浪费粮食的现象。同时要开展粮食知识咨询、粮食政策解答。有条件的地方还可以结合宣传活动开展学雷锋便民活动。

希望粮食系统广大干部职工积极行动起来，发扬光荣传统，动员群众爱惜节约每一粒粮食！

谢谢大家！

郑州粮食批发市场在改革中开拓前进*

（1991 年 10 月 8 日）

郑州粮食批发市场自去年 10 月 12 日开业以来即将一年了。一年来，国际舆论对我国粮食批发市场的建立给予了积极的评价和极大的关注，把它作为中国继续坚持改革开放的一个重要标志，是贯彻计划经济与市场调节相结合原则的具体措施之一。国内各级领导和社会各界也给予了充分肯定并寄予厚望，认为这是符合我国有计划商品经济发展规律的，为粮食流通体制改革开创出一条新路，必将在活跃流通、调剂供求、稳定市场、促进生产等方面发挥积极作用。

一年来的实践证明，国务院关于试办郑州粮食批发市场的决策是正确的。开业以来，在党中央和国务院的亲切关怀下，在国务院有关部委及河南省委、省政府的领导和支持下，在郑州粮食批发市场全体职工的努力下，已有了良好开端。市场辐射范围不断扩大，进场交易的省份，由开始的几个发展到 20 多个；成交量累计达到 60 万吨；会员发展到近 300 家；合同履约率达 90% 以上；市场建立了比较完善的规章制度，交易功能不断完善；服务水平不断提高，吸引力不断增强，“郑州价格”开始对全国粮食交易价格起到指导的作用。郑州粮食批发市场作为一个全新的运行机制，对粮食流通体制改革已经和正在产生积极的推动作用。可以说，郑州粮食批发市场不但站住了脚，而且有了可喜的进展，取得了初步成效，情况比预想的要好。这充分说明，在中国举办粮食批发市场是有基础的，这枝植根于改革深厚土壤中的新花，是具有强大生命力和广阔发展前途的。

回顾郑州粮食批发市场开业一年来的实践，有不少宝贵的东西值得我们去总结并加以坚持：

一、必须有明确的发展方向。建立粮食批发市场，在我国是一项开创性事业，究竟应该怎样去发展，没有现成的道路可循，必须靠我们自己摸索。我国粮食批发市场的建立和发展，不能照搬国外现成的做法，完全按国外的模式去

* 这是白美清同志在郑州粮食批发市场开业一周年新闻发布会上的讲话。

套，而应当从我国实际出发，借鉴世界上各类市场的成功经验，办成具有中国特色的粮食批发市场，使之成为计划经济与市场调节的结合点。这个市场既要遵循国内外市场发展的普遍准则，又应有自己的特点。在具体发展步骤上，先从一个或几个品种开始，逐步发展成为包含多品种在内的综合性市场。现阶段以现货批发交易为主，逐步达到以中、远期合同为主，进而向期货市场发展。为向这个目标迈进，当前主要应抓两个关键：一是抓服务，提高市场的吸引力和辐射力；二是抓提高合同履约率，以打下比较扎实的基础。郑州粮食批发市场通过实践和总结，坚持了这个方向，避免了急于求成的倾向，减少了盲目性，步子迈得是比较稳妥的。

二、必须坚持标准。郑州粮食批发市场开业以来之所以影响日益扩大，信誉度日益提高，已经或正准备开业的粮食批发市场以郑州为示范，就是因为坚持标准。由于郑州粮食批发市场是在我国粮食市场发育晚、起点低而又面临疲软的情况下建立的，为了便于批发市场的启动，在交易中采取了灵活多样的方式，但始终做到了坚持标准，坚持有组织、有限制、规范化的基本要求不走样。做到会员宁可少发展，也不能降低要求；交易方式可以多样，也要保证合同履约的基本条件。实践证明，坚持标准，市场就能避免一哄而起降低质量的教训，更好地起到应有的推动作用，不但为其他粮食批发市场的建立提供了经验，而且培训了人才，还为其他商品流通部门的市场建设提供了有益的借鉴。

三、必须抓好配套改革。粮食批发市场建设是个系统工程，在运行中涉及财政、金融、铁路、税收、物价、工商等诸多部门。一年来，国务院有关部委都很重视市场建设，予以大力支持，先后确定了多项优惠政策，如放宽价幅限制、优先安排铁路运输、税收上适当给予优惠等，使市场得到了较快启动，并进入正常运行。实践说明，批发市场的发展必须配套改革，单方面的改革是难以奏效的，需要各部门密切配合。

四、必须搞好市场自身建设。这是关键。没有一大批懂交易、善经营的市场管理人才，没有现代化的市场设施，就不会有快速高效的市场运行。这方面，郑州粮食批发市场注意从抓基础建设、制度建设和人才培养入手，抓出了初步成效。我国粮食市场基础设施建设要从实际出发，既要积极，又要量力而行，不可脱离实际，贪大求全。要把市场本身作为试验机制和培训人才的学校，郑州粮食批发市场不仅要培养自己的人才，而且要为其他市场培养人才。

在我们肯定郑州粮食批发市场一年来所取得成绩的同时，也必须指出，问题还是不少的。主要是如何结合中国实际，进一步发展的问题，这里涉及到如何创造更好的外部环境，坚持规范化标准，完善运行机制，优化服务功能，增强吸引力，解决场外交易以及加强市场自身建设等，所有这些问题，都要从实际出发，按照党的十三届七中全会决议精神，更好地研究探索，认真加以解决。

郑州粮食批发市场的建立，已经有了一个良好的开端，迈出了重要的一步，但毕竟刚刚起步，面临的任务还很重，路很长。随着我国粮食流通体制的深入改革，一个新的粮食市场体系的建立任务正摆在面前。目前除郑州外，连同 1989 年成立的黑龙江粮食批发交易市场，已有九江、芜湖、湖北、吉林六家粮食批发市场和山东威海花生批发市场，并相继建立了一批地、县（市）级粮食批发交易市场。郑州粮食批发市场作为中国第一家国家级粮食批发市场应当对市场体系的建立和发展，起积极推动作用。我们要加倍努力，积极开拓，尽管面前的道路会遇到各种问题，但我们满怀信心。同时也希望理论和舆论界支持我们工作，广泛宣传、努力探索，使郑州粮食批发市场这一新兴而又充满希望的事业健康发展，越办越好。

深化改革　建设有中国特色的社会主义粮食市场体系*

（1991年10月27日）

这次会议是国务院批准召开的。召集这样一个会议专门研究粮油批发市场问题，在粮食工作史上还是第一次。虽然时间短、规模小，但收获却比较大，它将推动粮食批发市场和零售市场的发展和完善，在粮食流通体制改革中发挥积极的作用。国务院最近指示："要抓紧研究和探索发育、完善粮食市场问题，有计划地逐步探索建设有中国特色的社会主义粮食市场体系。"遵照这一指示，这次会议总结交流了粮食市场的经验，研究了办好粮食市场体系的措施。这是一次经验交流会，也是一次学习会。各单位介绍的经验和姜习①同志的发言给我以很大启发。根据会议讨论的情况，我作一次学习体会的发言，供同志们参考，有不当之处，请大家指正。

在改革实践中加深对粮食市场地位和作用的认识

我国正在发展社会主义有计划的商品经济。商品生产、商品交换，离不开市场。正如列宁所说："哪里有社会分工和商品生产，哪里就有市场，社会分工和商品生产发展到什么程度，市场就发展到什么程度。"最近召开的中央工作会议又进一步明确要把企业推向市场。试办粮食批发市场是深化我国粮食流通体制改革的重要试验，对于培育市场机制，整顿流通秩序，规范交易行为，加强宏观调控，在粮食战线探索计划经济与市场调节相结合的具体形式，都具有极其重要的意义。

近年来，在党中央、国务院的领导下，在有关部门的积极支持下，我国粮

---

* 这是白美清同志在湖南长沙召开的全国粮食批发市场座谈会上的讲话。

① 姜习（1926—　），上海市人，曾任粮食部副部长、商业部副部长、国务院经济调节办公室副主任。

食批发市场试点工作逐步展开，全国已经开办了1个国家级批发市场和7个省级区域性的批发市场。以郑州批发市场为代表的这八大市场，开业以来，积极工作，开拓进取，结合各地实际，进行了市场机制的有益试验和探索，开创了我国粮食市场发育的新阶段。在试验初期，各市场的成交粮油总量就达到430万吨。尽管数量还比较小，所占的比例还不大，但在调节供求，提供信息，搞活流通，稳定市场方面起了良好的作用，在向规范化市场前进中迈出了可喜的一步，为今后市场的发育打下了基础，在国内外也产生了较好的影响。与此同时，全国8万多个粮油初级市场和集市贸易，在调剂余缺、保证供应方面也起了不可忽视的作用，年成交量在1000万吨以上，尤其是以湖北国家粮油交易所为代表的初级市场，积极提高服务水平，改善基础设施，提供了有益的经验。

前一段各级粮食市场改革的实践证明，培育市场、建设市场是搞活流通的关键，是改革粮食流通体制的重要组成部分。规范化的粮油市场体系的建立，正在起到重要的作用，显示了市场机制的活力。

第一，通过市场，使商品交换得以完成，生产的目的得以实现，从而起到促进和引导生产，满足和引导消费的作用。培育市场机制，拓宽流通渠道，不仅可以在粮油宽松时缓解“卖难”的矛盾，也有利于在粮油紧缺时缓解“买难”的矛盾，既保护农民生产者的利益，也保护消费者的利益。各个市场，包括初级市场都在不同程度上起到这一作用。

第二，通过市场，提供正确的价格信息，反馈于生产，作用于消费，使资金的配置，生产要素的组合，消费结构的变化，符合价值规律的要求，贯彻经济合理的原则，避免价格扭曲和主观调价而带来的种种弊端。在这方面，“郑州价格”及其他市场的价格，起到了有益的指导性的作用。

第三，通过市场，特别是通过逐渐形成的中远期合同和期货交易，形成规避价格风险机制，分担风险，从而避免价格上的大涨大跌，影响生产上的大起大落，以保持粮食生产和供应的持续、稳定发展。这一作用，随着市场体系的发展将逐步展现出来。

第四，通过规范化的市场，不仅有利于提高流通领域的经济效益，改变采购员满天飞、推销员八方跑的现象，而且更要看到，它利于克服、纠正场外交易、私自交易中的种种不正之风，加强对交易行为的管理、监督，促进廉政建设。这一具有深远意义的作用已日益显现出来，为人们所认识。

在不久前召开的中央工作会议上，江泽民同志指出，我们要善于从政治上观察问题。应当看到，当前在多种经济成分、多条流通渠道的激烈竞争中，培育市场、掌握市场，具有更深层的意义。在20世纪50年代初，刘少奇同志在总结我们同私营粮商做斗争的经验时曾深刻地指出："谁掌握了市场，谁就在实际上掌握了经济上的领导权"。粮食是关系国计民生的特殊商品，它不同于小商品；粮食市场是关系国家经济命脉的重要市场，不同于一般市场。领导权决不能旁落，主渠道决不能让位，必须牢牢掌握在国家手里，这是由社会主义制度本质决定的，是建设具有中国特色的粮食流通体制和市场体系的基本要求。如果搞得不好将会影响全民所有制经济的巩固，影响整个国民经济的健康发展。

由此可见，我国在国家宏观管理下的粮食市场，是建筑在公有制为主体的基础上的市场，它不是资本主义性质的，而是为社会主义经济服务的，为社会主义商品的生产、消费搭桥的。正如群众称赞它是"连接城乡的纽带，沟通产销的桥梁，价格信息的窗口，调节余缺的红娘"。对于这一点，在认识上不应有任何的犹豫和动摇。现在，我们经济生活中的许多不正常现象，都与我国市场发育不全、流通渠道梗阻有密切的关系。发育社会主义的有计划的商品生产，必须深化改革，建立、健全社会主义的市场体系。粮食这个特殊商品是这样，其他商品也是这样，这是由实践得出的正确结论。在这个问题上，谁早认识，早采取措施，在经济工作上就会赢得主动权。

由于我国长期以来商品经济不发达，市场发育极不健全，前一段的市场机制改革试点工作，仅仅有了一个好的开端，初步站稳了脚跟，今后的任务更艰巨，道路更漫长。市场开业容易，巩固难，发展更难。粮食批发市场面临着许多困难和问题，主要是市场发育不健全，运行不规范，管理缺少经验，设施很薄弱；市场行为比较混乱，场外交易普遍存在，市场波动比较剧烈，疲软和各种"大战"交替发生，宏观调控不能适应市场发育的客观要求等。这些困难和问题有待于我们去解决。但是重要的是：步伐已经迈开，道路已经指明，方向已经看清，只要我们迎着困难上，坚定不移地把改革推向前进，就大有希望。

我们改革的目标是要建立国家调控下的三级粮食市场体系

建立和发展我国社会主义粮食市场体系的指导思想和基本框架是：根据计划经济与市场调节相结合的原则，按照经济规律和经济区域，逐步建立一个网络齐全、功能完备、交易灵活、高效统一的运行机制，以适应粮食商品生产的发展和深化粮油流通体制改革的需要。这个市场体系，以星罗棋布的粮食初级市场为基础，以区域性的批发市场为骨干，以国家级粮食批发和期货市场为龙头，构成互相联系、互为补充的完整体系。这是有计划商品经济发展的必然要求，是计划经济与市场调节相结合的最佳结合点，也是解决我国粮食生产和通流不良循环的一条有效途径。

根据我国市场发展的实际情况，我们要巩固提高中央批发市场，逐步完善各具特色的区域性市场，发展、规范广大的初级市场和集市贸易。

1. 中央粮食批发市场和期货市场：它是面向全国的重要交易场所，是国家进行宏观调控的一个重要工具，一定要搞好，发挥它的示范作用。郑州粮食批发市场要在现货批发的基础上，重点发展中期（3~6个月）、远期（半年以上）合同交易业务，研究探索符合我国实际情况的分担风险的机制和办法，并着手制定规范化、标准化的合约，逐步向能转移风险、转让合约为特征的期货市场过渡。在结算上也要积极改革，争取明年有新的突破。与此同时，还要考虑经过周密筹备之后，再开办一个档次较高的国家级粮食批发市场。

2. 区域性的粮食批发市场：这是以面向地区为主而在某些品种上又面向全国的市场。在运行上以现货批发为主，并有步骤地发展中远期合同交易。还有一批地、市办的地区市场，规范化程度更低一些。所有区域性市场都要注意突出本地特点，成为本地区的粮油集散中心。要努力创造条件，向有组织、有管理、规范化的市场前进，提高市场组织程度和经营水平。

3. 城乡粮油集市贸易：其特点是产需见面，直接成交，随行就市，零售为主，调剂余缺，满足消费者需要。要推广湖北省兴办国家粮食交易所的经验，在有关部门的配合下，进行合理布局，调整设点，建设必要的基础设施，普遍做到有场地、有交易棚、有简易仓库及其他服务设施，为产需双方服务，提供种种方便。

现在不少地方都有一些自发性的市场。有的还相当大，有批发、有零售。对这些市场，粮食部门务必要参加进去，绝不能放任不管。要同有关部门配合，进入市场，加以改进、引导，使之向规范化的市场发展。各地要摸索、创造一些改造自发市场的经验。

三级市场互相依存，互相联系，组成一个在国家领导下的统一的市场体系。三级市场之间要密切合作，发挥统一市场体系的整体优势，更好地为搞活粮食流通服务。三级市场之间，在业务上可以互相委托代办，调剂余缺；在信息上，要逐步组建沟通各个市场的信息网络；在人才交流和培训上，要相互支持，提高整体素质。也就是说，在三级市场之间要形成新型的合作关系，开展社会主义的竞争，使市场不断前进，不断完善，成为商流、物流、信息流的中心，并在有条件的市场，开展国际合作和业务交流，吸取各国市场的成功经验，把国内、国际两个市场结合起来，郑州批发市场等8个大市场，要在这方面起示范、导向、服务的作用。

培育市场　建设市场

随着改革的深入和粮食生产的发展，我国议价粮的比重日益上升，粮食市场经营量不断扩大，连续两年议价粮的收购量（包括专项储备粮）超过定购粮数量。“平退议进”，扩大市场调节部分是不可逆转的趋势。但是，目前我国粮食市场的发展，远远不能适应客观形势的需要，粮食市场发育程度低，市场建设工作比较薄弱。几千万吨的粮食流通基本上是在缺乏正常秩序、无稳定渠道、无固定场所的分散、封闭的情况下进行的。发育市场、建设市场，形成粮食市场体系是粮食战线迫切需要研究解决的重要课题，是深化粮食流通体制改革的重要内容。各级粮食部门在当地党政领导下，在有关部门的配合下，要作为一件大事来抓。各级粮食局长要重视市场，研究市场，建设市场，开拓市场，一句话：要学习市场理论，参加市场实践，切实把这项工作抓细抓落实。当前要突出解决深化改革，进一步完善市场经营机制，向规范化市场发展的问题。

第一，要贯彻“明确方向，坚持标准，打好基础，稳步前进”的方针。我们要建立的粮食市场，是社会主义的、规范化的市场，它担负着极为重要的任务。任何时候，任何情况下，都要明确方向，坚持标准，既不能急于求成，揠苗助长；又不断降格以求，滥竽充数，把市场搞得不伦不类。要看到我国的粮食市场还没有经过一个长期的、充分的发育过程，要改变传统的交易方式，形成新的市场运行机制，需要有一个较长的过程。这是一项涉及面广、难度较大的系统工程。所以，目前各类市场，特别是批发市场都要注意打好基础，站稳脚跟，稳步前进。要估计到，这一改革的特殊性、复杂性和长期性，采取统一规划，分步实施，逐渐推进的发展战略。各省、市、区对发育市场要进行统一规划，要按照经济区划、商品流向来组建市场。对批发市场的建立，要采取慎重态度，加以控制；对初级市场可以放手一些。这里重申，建立中央批发市场，要报商业部审查后呈国务院批准；省级区域性市场，要经商业部批准；地市区域性市场要经省、市、区粮食厅（局）批准并报商业部备案。县以下初级市场，由县粮食局批准。不要急于求成，不搞一哄而起，形成“市场热”。未经批准，市场不得加“中国”的头衔，不得滥用“面向全国”的提法。为了让已开办的各级市场能集中精力办好，今冬到明年上半年一律不再批准开办新的省级和地市级区域性批发市场。各级粮食部门一定要把关、努力做到开办一个，搞好一个。

市场的建设和发展，要规范化、标准化。各个层次的粮食市场建设，都要因地制宜，确定标准，讲究质量。特别是对批发市场，要求更高一些，要有一套完整的交易规划和管理制度，不能各行其是，降低标准，使批发市场徒有其名。在市场建立和发展的初期，人们对规范化交易需要有一个适应和习惯的过程，只要从实际出发，晓之以理，绳之以法，持之以恒，就会逐渐走上轨道。目前重点要抓制止场外交易，在场内实行“公开、平等、公正”的竞争。合同签订以后，要追踪监督合同的履行情况。

第二，必须坚持服务为宗旨。各类市场是为沟通产销服务、为农民和消费者服务的事业单位，不以营利为目的，这是粮食市场的根本宗旨和最高原则，是社会主义市场的本质特征。市场能否兴旺发达，有没有信誉和吸引力，取决于市场的服务质量的好坏。各类粮食市场，一律不搞经营，全心全意搞好服务，以优质服务赢得交易双方的信赖。各级市场都要改善服务，增强吸引力。每一笔交易都要负责到底。黑龙江绥化地区粮油批发市场提出：“在组织交易上对粮食系统内外一视同仁；在提供竞争机会上对各种所有制企业一律平等；在提供服务上对大小客户一样周到热情；在保护正当经营的合法权益上对本地、外地客户一样公正负责”。这个意见是好的，各地市场可以仿行。衡量一个市场办得好不好，不是以收多少费、盈多少利为标准，而是要以服务功能发挥得如何、辐射力和影响力如何来判定。如果市场背离了服务这一根本宗旨，就会走偏方向。在初创阶段，要强调这一点，在市场发展以后也要自始至终强调这一点，要靠优质服务取胜。

第三，各个市场要突出特点，发挥优势，扩展服务功能，拓宽经营领域，

提高履约率，扩大辐射面。要开展灵活多样的贸易方式，如协商成交、拍卖、组合成交、预约成交等。要推行代理业务，把代理成交、代办结算、代办运输等业务搞好。这实际上是一种经纪业务，将有很大的发展前途。要扩大会员范围，增加交易品种。市场是开放型的，发展会员要有广泛性、代表性，除粮食部门外，还要以从商业、供销、农业、农垦、轻工、医药、外贸等行业的企业中去发展会员，参与市场竞争。市场交易的品种可以由单一逐步向综合发展，原粮、成品粮、油料、油脂、粮油副产品、饲料以及粮油制品，都可以参加成交。各个市场，都要注意发挥优势，保持自己的特点。有的以大米、小麦交易为主；有的以大豆、玉米为主；有的以经营优质产品见长，有的以购销出口产品取胜；经营方式上各具特色，服务功能上各有千秋，构成多功能、多品种、多层次、优势互补的市场网络。有条件的地方，还可以内外贸易结合，开辟出口物资的购销业务，与外贸部门密切合作，扩大对外贸易，广泛提供货源，在开发市场的广度和深度上做文章。各级各类市场都要注意千方百计提高履约率，树立良好的信誉，增强市场的吸引力和凝聚力。各级粮食、油料和饲料的贸易公司，要带头参与市场，支持市场，运用市场，促进市场的发育。

第四，要认真研究运用价值规律，分析市场发展趋势和供求规律，提高市场特别是主要批发市场机构的经营水平和整体素质。发展商品交换，搞活流通，必须掌握和运用价值规律，加快价格改革的步伐。如果价格规定很死，流通就搞不活，市场就发展不起来，这是市场搞得活不活的中心环节。对于粮食价格政策，国务院已经确定，在完成国家定购任务和按保护价收购专项储备粮后，放开经营，价格随行就市。我们要认真执行这一政策，尤其要注意解决品种、质量、地区、时间上的差价，拉开距离，以刺激和促进农业结构的调整、品种的改良。同时要研究稳定价格，防止暴涨暴跌的问题。

全国性和区域性批发市场，要学会从整体上、宏观上分析市场的供求情况、发展态势，从总量上、从品种上、从购销双方等方面进行一些历史的和现实的调查研究，做到心中有数，从贸易战略上采取一些措施，进一步开拓市场，以应对可能出现的“买难”、“卖难”局面，提高自觉性，克服盲目性，把工作提高到一个新的水平。

掌握市场，管理市场，要尽可能采取经济手段，法律手段。要严格制止地区封锁、画地为牢等封闭式的不良做法，这不利于市场的发育，只能形成经济上的恶性循环。

第五，搞好配套改革，争取优惠政策支持。建立和发展粮食市场是综合性的改革，是一项系统工程，因此必须搞好配套改革。办好市场，需要流通、融通、交通三者互相配合，这“三通”缺一不可，配套的改革，最重要的就是这三者。交通目前受“瓶颈口”的限制，不少市场实际上是以运定销。要尽量争取一些优惠条件，让市场成交粮油商品多装快运。交割仓库的设立，要及早研究办法，以缓解运力不足的矛盾，保证成交兑现，这项工作明年要起步。金融与市场的发展密不可分。从一定意义上讲，期货市场实质上也是金融市场的一种形态。因此，有条件的市场要提供方便，吸收银行金融部门进入市场，设立办事机构，和市场的结算部门配合，开展代办结算、托收承付、抵押货款等金融业务。这件事各个市场都要努力争取。

在市场起步时期面临的困难很多，为了启动市场，吸引交易者进场，应积极争取有关部门给予优惠政策的支持。商业部要争取，各地也要积极在当地争取。国家专项粮食储备制度与粮食批发市场是相辅相成的，专储粮食是批发市场运行的物质基础和后盾，批发市场是专储吞吐调控的重要渠道，两者并不矛盾，要把市场价格形成机制和专储粮调控机制结合起来，作一些新的探索。要根据市场形势的变化情况，建立专储与批发市场相结合的现实可行的操作办法。

以改革精神加强市场自身建设

办好市场，要靠市场机构运转和市场人员工作。粮食市场，是改革的产物，市场本身一定要以改革的精神来进行建设。市场在机构设置、人员配备、内部管理、福利待遇等各个方面，都要探索一套改革的办法，以崭新的姿态出现。这样才有竞争力和生命力。各级市场要按照精简、效能的原则，设置机构，配备干部，防止市场“机关化”，防止机构臃肿，人浮于事。机构多、人员多，并不能搞好市场，而只能起反作用。培养选拔全心全意为人民服务、能经营、会管理的人才，是办好市场的决定性因素。市场的竞争，是知识的竞争、经营能力的竞争、信息的竞争，归根到底是人才的竞争。各个市场，都要极端重视人才的培养、选拔，提高政治素质和业务素质。要坚决执行党的德才兼备的干部政策，对于富有开拓精神、做出实绩、全心全意为人民的干部，要破格提拔、使用。创造条件，使他们脱颖而出，施展才能，成为市场专家。对市场工作人员，要组织培训，更新知识，广泛学习国内、国际有关市场的知识和经验，把现代化管理应用于市场。

各级市场要因地制宜加强市场基础设施建设，特别是要改造经营场所和信息管理系统，提供条件搞好各种服务。要做好规划，多方筹集资金，逐年建设。有的地方对市场、交易所采取“以场养场”、“以所养所”的优惠政策，我看可以推广。每年搞一些建设，坚持搞几年，就会见效。

请各级政府、各级粮食局加强对市场的领导，及时听取他们的汇报，协调解决工作中的矛盾，关心市场工作人员的成长，帮助他们解决具体困难。实践证明，各级市场管理委员会是加强市场领导、协调工作的有效组织形式，所有的区域性市场都应当成立，由省、市、区负责同志挂帅。未建立的要赶快建立，已建立的要充实加强。

要大力加强市场管理队伍的思想建设。市场建设，是前所未有的崭新的改革事业，从事这一事业，任务很艰巨，也很光荣。人总是要有一点精神的，我们市场工作人员一定要树立事业心。创造出具有中国特色的社会主义粮食市场体系，这一任务历史地落到我们肩上。要造就一大批市场经营专家，具有坚韧不拔的毅力、改革创新的精神、苦干实干的作风、广博的科学知识。完成历史赋予我们粮食市场工作者的使命，是一件很不容易的事，要经历一个艰苦奋斗的过程。古人说：“天将降大任于是人也，必先苦其心志，劳其筋骨，饿其体肤，空乏其身，行拂乱其所为，所以动心忍性，曾益其所不能。”① 各级市场工作人员，要经得起这样的磨炼和考验，才能成就事业。这次会上有的同志说得好：“事在人为，路在人走，业在人创”。让我们在党的基本路线指引下，在党中央、国务院的领导下，奋发努力，开拓未来，去闯新路，创新业！

---

① 见《孟子·告子下第十二》，中华书局1979年6月第1版。

在新形势下迈开粮食部门改革发展的新步伐*

（1991 年 11 月）

根据大会同志的建议，我先传达最近召开的全国粮食工作和粮食储备工作会议精神及最近国务院领导同志对粮食工作的指示。

1991 年 11 月 11 ~16 日，召开了全国粮食工作和全国专项粮食储备工作会议，两个会议是一起开的。这次会议国务院领导十分重视。11 月 12 日国务院总理办公会议，由李鹏同志主持，4 位副总理参加，还有几位国务委员参加，听取了商业部和国家粮食储备局的汇报，对会议要解决的问题作了重要指示。14 日，国务委员、国家专项粮食储备领导小组组长陈俊生同志到会作了重要报告。15 日下午，李鹏总理、田纪云副总理在中南海与到会代表座谈，参加的还有国务委员王丙乾同志、陈俊生同志及国务院秘书长罗干同志、几位副秘书长和有关单位的负责同志，李总理就这次会议反映的问题和明年的改革作了重要的指示。这次会议经过讨论，安排了明年的工作，特别是对明年如何迎接粮食深化改革的新形势做了研究和部署。根据会议讨论的内容，我把它归纳成以下五个问题来传达。

关于粮食工作面临的新形势

一年多以来，在党中央、国务院的领导下，在各部门的支持下，全国 350 万粮食职工团结拼搏，艰苦奋斗，取得了很大的成绩。这一年多来，我们打了四个硬仗：一是粮食的收购仗。去年粮食收购创历史最高水平，收购量达到 12000 多万吨，超过了 1984 年的水平；其中，专项储备粮××××多万吨。比上个年度整个收购量超过了 2000 多万吨。二是调整粮食销售价格和实行食油

---

* 这是白美清同志在中国粮食经济学会第二届理事会第一次全体会议上的讲话。

购销同价，也打了一个硬仗。今年4月下旬到5月，全国上上下下12万个网点的350多万职工，日夜苦战，保证了调整粮油销价的顺利出台，得到了国务院和各省市充分肯定的评价。在4月，全国多销了粮食495万吨，即多销了一个月的销量，但1～10月平价粮累计销量反而少销了100多万吨，全国粮食市场非常平衡。食油购销同价后，食油销量也下降，并出现了食油市场价低于购价的新情况。三是抗灾保粮仗，取得了重大胜利。去年由于收购量增加，露天储粮增多，到12月底全国露天食粮最高达4650多万吨。保粮、度汛成为粮食部门非常迫切的问题。经过全体职工的努力，在当地党委、政府领导下，在各地有关部门和群众的大力支持下，我们存粮顺利地度过了夏天，粮食损失降到正常的损耗界限之内。特别是水灾地区，有8000多个粮库被水围，其中4000多个已部分进水，被围困的粮食达750多万吨，但损耗只有8.5万吨。同时，保证了灾区粮食供应，被水围困的灾民高达1000万～2000万人，粮食部门尽了最大的努力，保证了供应，保持了市场稳定，没有出现大的问题。四是仓储建设，也是历史最好水平。1990年建了500多万吨仓容，1991年将达700万～750万吨。去年仓储投资9亿多元，1991年将突破12亿元。烘干设施建设和网点改造也开始起步，网点建设1991年搞了5000万元贴息贷款，1992年还有1亿元。仓储建设的最大收获是在“八五”期间国家已确定的2500万吨粮库外，新增加了100万吨的现代化仓库，投资5亿元；还有李鹏总理视察东北时确定的在铁路沿线建仓1500万吨，这样，建仓规模共计4100万吨已列入计划，其中1500万吨的简易仓，2600万吨的永久性和半永久性仓库。粮食仓库建设是历史上空前好的一年，以上是一年来粮食战线打的四个硬仗。

李鹏总理这次在接见全国粮食会议代表时讲粮食部门创了几个奇迹：一是做好了灾区的生活安排，大灾之年保证了粮食供应，粮价没有上涨，极大地安定了人心，这在中国可以说是个奇迹。二是粮食储存安全度汛、度夏，粮食损失减少到最低界限，这也是个奇迹。三是粮价改革措施顺利出台，没有出现脱销断档情况，得到了广大消费者的称赞。四是出色地完成了艰巨的粮食收储任务。李总理认为从以上四个方面看，1991年粮食部门工作是做得好的，是有成绩的，粮食职工对国家有贡献，对人民有贡献。

这一年来除了以上四个方面外，我们在改革上也迈出了新的步伐，在加强宏观调控、微观搞活两个方面都有了新的进展。在加强宏观调控能力方面，现在看来，专项粮食储备制度不仅在国内调控，而且对于粮食进出口的调控都发挥着积极的作用。改革的进展还表现在初步建立了以郑州国家粮食批发市场为龙头的三级粮食市场体系。以中央市场为龙头，以区域性市场为骨干，以星罗棋布的初级市场为基础的三级市场体系，其效果正逐步显现。1991 年全国郑州等八大市场的年成交量可达 450 万～500 万吨，这对于贯彻计划经济与市场调节相结合原则，搞活粮食流通，稳定粮食供应，搞好市场调剂起了很大作用。这一年来，在微观改革方面，还推广了天津经验和烟台经验，即搞活企业、开展多种经营的经验。商业部、国家粮食储备局和有关部委为此曾召开了一系列的会议，即今年 3 月在常州市召开的建仓会；5 月召开的天津会议，推广了天津市政策性亏损与经营性盈亏分别核算，搞活企业的经验；9 月召开的烟台会议，即开展多种经营经验交流会；10 月召开的长沙批发市场座谈会。这几次会议的经验都得到国务院领导的肯定。在价格改革方面，进行了多种形式的试点，大范围的有广东、福建、海南省；县、市范围的，有四川广汉市、内蒙古卓资县、山东长岛县和福建石狮市粮价放开的试点。这些试验都取得了一定经验，方向是正确的，做法也是稳妥的。这几种形式的试验为下一步深化粮食流通体制改革打下了基础。

当前，整个粮食行业还存在着许多问题和困难，最主要的是：体制不顺，价格扭曲，亏损增加，效益下降。

粮食流通体制和管理体制的改革还远远没有完成；粮食购销价格倒挂，定购价格偏低，影响了农民的种粮积极性，议价粮价格下跌，搞不好将造成“谷贱伤农”；全国议价粮经营继续全行业亏损，9 月底亏损总额突破 9 亿元，粮办工业和饲料工业利润下降；企业挂账上升，到年底可能突破 300 亿元大关。现在，粮食职工人均挂账 9000～10000 元，人均负担挂账利息 700～800 元。粮食企业挂账的主要原因是 85%～95% 的财政补贴不到位。这是个非常大的问题。所以，我们要在大好形势下，清醒地看到这些问题所在，积极采取措施解决，要进一步深化改革，把粮食行业的建设继续推向前进。

今年受到了严重的洪涝灾害，但秋粮情况比较好，东北早霜推迟了 10～20 天，南方晚稻获得丰收，相对缓解了因水灾造成的损失。因而，今年将一方面出现因受灾减产而要大幅度增加平价粮销售情况，另一方面可能出现“卖粮难”问题。所以，粮食部门面临着两方面的困扰。现在粮产区流传几句顺口溜：“挨骂受气地（收）购，提心吊胆地（保）管，磕头作揖地（推）销，低三下四地收（收欠款）”，粮食工作的难度可见一斑。

但我们有利条件也很多，在党的领导下，我们齐心协力，深化改革，困难是可以克服的。

在竞争中保持和发挥国营粮食企业的主渠道作用

经过10年多的改革、开放，粮食系统已经前进了一大步。当前，粮食流通领域内发生了根本性变化，形成了多种经济成分、多条流通渠道、多种经营方式的新的流通格局，这个格局主要有三个特点：

一是经营多元化。除了粮食部门外，其他部门也可以经营粮食，包括国营企业、集体企业、个体户和三资企业。如何在保持国营粮食企业主体地位前提下，发挥多元化的作用，是迫切要研究解决的问题。

二是流通多渠道。粮食流通渠道有多条，在粮食部门内部也是多渠道的。如何在发挥国营粮食企业主渠道的前提下，充分发挥多渠道流通的积极性，又是一个难点。

三是交易市场化。不规则的场外交易不利于商品经济的发展。全国8大市场实验结果证明，场内交易的优点十分明显，公开平等竞争基础上的规范化交易，不仅有利于商品经济的发展，而且有利于廉政建设。但是交易的市场化又必须在国家的宏观调控之下，既要搞市场交易，又要加强国家的宏观调控，这又是一个难点。

根据党中央，国务院的决定，明年治理整顿将告一段落，要进一步扩大改革开放，加快步伐，加大改革力度。从粮食系统讲，明年要实现粮食购销同价，放开食油价格。这一步对粮食工作者来讲，思想准备是不足的，因为改革的时间提前了。如果不能做好充分的思想准备，不及早研究对策，措手不及，必然出现国营阵地萎缩，市场比重下降的局面。四川广汉市今年4月粮价放开后，国营粮店的销售只占总销售量的25%～30%；山东长岛县放开后，国营粮食部门的销量降低50%，卓资县粮价放开后，国营企业销量占70%～80%，县城中心粮店在放开前一天卖2500公斤面粉，现在一天只卖900公斤。对这种形势，全粮食行业要充分认识到深化改革的好处和面临的困难。现在正处于一个关键时期，处于转折时期，从产品分配型向经营管理型转变，搞得好可以继续前进，搞不好就易出现平价退出，议价进不去，阵地丧失，市场缩小，影响下降的局面。对这种形势，早认识，早主动，要早做好思想准备，早采取对策。这样，国营粮食企业的主渠道作用就能够发挥。因此，在新形势下，在多种经济成分、多条流通渠道、多种经营方式的激烈竞争中，粮食部门如何保持主体地位，发挥主渠道作用，这不仅关系到粮食行业的发展，而且关系到社会主义经济的稳定增长，关系到社会的稳定和社会主义制度的巩固。我们要从这样的高度认识这一问题，提高我们的紧迫感和责任感。在与改革试点地区和部分省领导同志座谈后，我们认为，只要我们总结经验，继续探讨，就可以找出解决这一问题的途径。我们有许多有利条件，粮食战线经过40多年的建设，从上到下，整个系统有一定的经济实力。在群众中有一定威信，加上12年来不断的改革试点，粮食系统干部和职工的经营能力不断提高，特别是现在粮源充足，储备量超过历史最好水平，这都是有利条件。为了在激烈的竞争中发挥国营企业的主渠道作用，保证全国的粮食供应和粮价稳定，我们总结了四句话，即："总量平衡，适量储备，掌握批发，管好市场。"

对全国的粮食总量要做科学的分析，要谨慎、小心，不要说大话、空话。根据十几年来粮食的收支状况，我认为每年掌握1亿吨左右粮食，市场安排大体过得去；专项储备有重大作用，是宏观调控的重要手段，但专项储备搞多少为适量，是一项重大的课题；粮食的批发权绝不能放，无论如何要掌握在国营粮食部门手里。我在长沙市场座谈会上讲了一句话："粮权不能旁落，主渠道不能退让"；另外，粮食部门一定要参加市场管理，将来粮食交易纳入市场，必须管好市场。

根据以上四句话的指导思想，我们还要抓三条：第一，通过不断改革，形成一个有生机活力的运行机制。主要着眼于企业，通过改革形成有活力的运行机制和流通体制，包括流通体制、管理体制等。企业必须实行独立核算，自负盈亏，自我发展，自我约束。目前粮食企业不仅没有自我发展能力，而且连简单再生产能力都没有，必须改变这种情况。

第二，通过不断建设形成一个有经济实力的服务体系，即粮油及其制成品收储、加工、销售服务体系。这个服务体系遍布城乡，它既为农民服务，又为城市消费者服务。这个服务体系包括三个网络：一是收储网络，要有以现代化中心粮库为骨干的储运网络；二是以中心加工厂为骨干包括米面加工厂、饲料厂、植物油厂、食品厂、粮机厂的加工网络；三是以中心粮店为骨干的销售服务网络。对这个问题，我们过去重视不够，过去80%的网点建在僻街小巷，有的面积不足100平方米。必须加强这方面的建设，我考虑要有中国特色的粮油及制品的综合商场和超级市场。

第三，通过不断培训和改革实践，建设一支政治、业务素质好，能经营、会管理的职工队伍，这是至关重要的一条。

具备了以上三条，我们就可以在激烈的竞争中立于不败之地。

转换机制　转变战略　迎接挑战

粮食企业要适应新形势，要在社会主义商品经济中担负稳定市场、保障供应的任务，必须要转换机制，转变战略，要注意以下几点：

（一）自始至终注意搞活企业，增强企业活力，要改变吃“大锅饭”、“二锅饭”的情况。大锅饭锻炼不出来人才，会给企业带来极大的被动。目前一是要抓企业的自负盈亏、独立核算；二是要改变企业的内部分配制度。要推行各种形式的经营责任制，把企业搞活。

（二）转变发展战略。要注意三个方面的转变：一是由单一经营向多种经营方向发展，这是大势所趋；二是从粗放式经营向科技与经济相结合的方向发展。要把粮食企业搞上去，提高企业效益，必须把科技与经济结合起来，粮食系统的科研、技术部门、大中专院校要面向生产，为生产服务；三是向内外贸、国内外市场相结合方向发展。要充分发挥两个市场的优势，利用国内、外市场价差进行串换增值。

（三）要培育市场，建设和开拓市场，搞好企业的市场导向。多年来我们粮食市场不发达，交易不规范，习惯于场外交易，这与商品经济的发展不相适应。粮食由产品分配型转换到商品经营型后，必须要研究市场，建设市场，开拓市场，培育市场。要求各位粮食局长、各级粮经学会领导同志学习市场理论，参加市场实践。三级粮食市场体系的建设将是中国流通体制改革的重要组成部分。

（四）发挥粮食部门的整体优势，逐步地从经济联合发展到各种形式的企业集团公司。我们粮食部门是有一定经济实力的，只要协调各环节的经济利益，发挥整体优势，我们就有实力通过市场与其他部门竞争。

建设粮油及制成品收储、加工、销售的服务体系

粮食部门职责是双肩挑，一方面要为农民服务，另一方面要为城市消费者服务，因此，必须要建立粮油及其制成品的服务体系。建设好这个体系要求能够按照经济区划设置，覆盖面要广，辐射力要大，要方便灵活。要经过几年努力，逐步把它建设好。这个体系要遍布城乡，既有大型的加工厂，又有前店后厂的小型加工厂；既有骨干销售中心店，又有广大的销售点；既有骨干的现代化粮库，又有星罗棋布的收储库。商业部要重点抓骨干厂库、抓大中城市中心粮店的建设。

在这个体系的建设中，应注意以下几个方面：

（一）要全面规划，抓住重点。不能一哄而上，特别是抓好选点布局，不一定按行政区划设置，要从商品合理流向、经济区域考虑，要经济合理。要注意抓重点仓库、加工厂和中心店，以重点做骨干，增加辐射力，扩大服务面。

（二）注意争取有关政策，也就是优惠政策。商业部和各地都要主动争取。

（三）要有领导、有计划、有步骤地进行。不能一哄而起，要一步步下棋，积极稳妥，统盘规划，逐步建设，每年前进一步，抓几年后就可见成效。

抓基层建设　抓基本功

粮食系统350万职工总的来说是好的，是经得起考验的，是有战斗力的，这是主流。但也应看到近年由于人员增加过快，基层队伍基本功不过关，职工素质有所下降，有些基层企业存在着管理混乱、财务制度不健全等一系列问题。要在肯定主流的同时，认识到问题的严重性。从今年冬天开始，要下决心抓基层。要抓两头，一方面推广先进企业经验；另一方面要抓后进的企业，促进这些后进单位转化。特别是要把基层领导班子配好。同时要下大力气抓培训工作，既要进行政治教育，同时又要进行业务知识培训。由商业部教育司制定规划，各级学会选派老师参加编教材，今冬明春要特别注意改善粮食部门与农

民和居民的关系，要抓优质服务。城市要扩大服务领域，改变服务方式。要通过扎扎实实抓基层，开拓粮食工作新局面。《人民日报》今年国庆社论强调“实干兴邦，空谈误国”。这句话对粮食系统非常合适，粮食工作是务实的，唯有实干，才能适应新形势下赋予粮食部门艰巨而光荣的任务。

加强职工培训是新形势下振兴粮食工作的根本*

（1991 年 12 月 23 日）

这次会议是全国粮食工作会议后的第一次全国性的会议。它是我们在改革的新形势下动员粮食系统加强职工培训的一次重要会议，动员和部署全国粮食系统从 1992 年开始大力加强职工的培训工作，提高职工的政治素质和业务素质，以适应新形势的需要。应该把这次会议作为我们新时期粮食教育的新起点，把全系统的教育工作推进一步。为了做好今后的培训工作，我讲三点意见。

在新形势下加强干部职工的培训是振兴粮食工作的根本

部里反复研究提出了在今后工作中，把干部、职工的培训作为一项根本性的战略性的措施来抓。这是从以下两个方面来考虑的。

第一，从粮食工作面临新形势的需要来看。当前粮食工作形势很好，购销、调、存、加都上了一个新台阶，超过历史最好水平，粮价平稳，粮食库存爆满。但面临的困难也相当大，可以说是前所未有的困难。根据党的十三届八中全会的决定，1992 年要加快改革的步伐。特别是要积极创造条件，逐步理顺粮食购销价格，在国家宏观调控下要稳妥地放开粮食经营。在改革和开放迈出新的步伐的情况下，给粮食工作提出了新的要求。过去靠平价经营为主，吃政策饭、补贴饭的局面即将结束。粮食部门要从过去的产品分配型向商品经营型转变，从观念、经营方式到组织结构、经营机制都将发生一系列重大变化。从全国粮价放开的试点单位来看，购销同价后已经面临一些困难。如果粮价进一步放开，那么困难更大。全国有四个放开粮食经营的试点县、市放开后出现的问题是：“三多一少”。一是人员多。全国粮食系统 350 万职工，这两年年增

---

* 这是白美清同志在全国粮食系统教育处长座谈会上的讲话。

长20万人。有些地方人员增加了2/3，有些地方约增1/2。二是陈粮多。过去粮食部门“推陈储新”，库存里有相当一部分陈粮，销售困难，像福建、广东、海南都遇到极大困难。三是亏损挂账多。平均每个粮食职工负债8000～10000元。“一少”是销售量减少，一般下降50%左右。上述问题反映了粮食系统在改革开放后，思想、机制不适应。归根到底，是人才不适应。

在这样的情况下粮食部门工作难度很大。粮食是商品，不能当产品经营，而且是特殊商品，不能当一般商品经营。粮食经营关系到社会稳定，关系到经济持续稳定发展。从整个国民经济来看，全民所有制粮食企业是国民经济的一根重要支柱，必须掌握在国家手里。如果国家不掌握粮权，那么粮价不稳，就将影响整个市场物价稳定，影响经济稳定，影响国家安宁。我认为搞活国营大中型企业应该包括国营商业特别是国营粮食部门在内。如果粮食部门都瓦解了，必将影响社会主义制度的巩固。在改革开放新形势下，如何保持国营粮食企业主渠道地位，发挥主体作用，是一个新问题。改革粮价，搞活企业，这是大趋势。既要加强宏观调控，又要搞活企业；既要多渠道经营，又要保持主渠道地位；既要安排好粮食市场，又要搞好多种经营；既要搞计划指导，又要搞好市场调节，这确实很难。这些问题说明粮食行业面临新形势、新课题，需要采用新办法解决。要完成新的使命，就有一个重新学习的问题。要从教育着手，通过教育，在政治业务素质上提高一步，适应开放搞活的需要。早采取措施早主动，忽视这个问题，等放开后就会措手不及。这是百年大计，是保证粮食在国民经济中支柱作用的问题。

第二，从粮食队伍现状来看。粮食职工队伍总体是好的，是经得起考验的。1991年自然灾害的严重考验粮食部门已经受住了。但在新形势下也要看到我们的弱点，职工的政治素质、业务素质还亟待提高。粮食部门的宗旨是为人民服务，这是几十年的老传统，现在有的人连这都忘了。在业务上，有些粮店经理、仓库主任甚至一些粮食局长也不熟悉业务。粮食系统的文化水平、管理水平、专业技术水平仍较低。全系统员工大专以上占2.69%，中专占6.06%，高中占27.37%，有65%是初中以下文化水平。队伍素质跟不上形势发展需要，这是一个很大的问题。做生意，办实业，我们缺乏经验，缺乏人才。粮食流通体制改革，是前无古人的伟大事业，无现成的道路可走，没有固定模式可遵循，需要不断探索、创造。重要的是博采世界各国所长，结合实际，形成有中国特色的社会主义粮食流通体制。当今世界在经济领域的竞争，归根到底是人才的竞争。有了人才可以把粮食部门振兴起来。所以粮食部门350万职工要重新学习，勇于探索，沿着党中央、国务院指引目标前进。我们抓得紧，可以缩短这个进程；抓不紧会贻误时机。

认真贯彻党的教育方针，从实际出发，讲求实效

干部、职工的教育轮训，要认真贯彻党的教育方针。教学安排、教学组织要从实际出发，讲求实效，真正把教育方针融合在粮食工作里；教学内容要为社会主义流通体制改革和建设粮油及其制成品的收储、加工、销售体系服务。粮食部门要在竞争中立于不败之地，主要抓三条：（1）通过不断改革，形成有生机活力的运行机制；（2）通过不断建设，形成一个有经济实力的服务体系；（3）通过不断教育和实践，形成一支政治素质好、善经营、会管理的队伍。上述三点是互相联系的，最根本的是人才。在教学内容上，首先要加强思想教育。教育干部、职工热爱社会主义祖国，热爱粮食事业，要有事业心。粮食行业是光荣而艰巨的事业，需要经过几代人的努力把它建设好。要把现代化的教育内容与传统美德结合起来。我们粮食系统有一个很好的传统，就是为人民服务的宗旨和“改革、务实、团结、奋斗”八字传统作风。改革开放更要加强思想教育，发扬传统美德，不搞假冒伪劣商品。干部、职工要给自己提一个问题：给后任、后人留下什么？生活享受、物质享受是有限的，而事业是无限的。功名利禄不能传之后代，但事业却能流芳百世。在专业教育方面要适应新形势，增添新内容。现有教材像《社会主义粮食经济学》还需改进，要在实践中丰富、发展。另外，要拓宽知识面，学习现代化管理知识，要有金融、财政、税收方面的知识，还要有外贸包括海关、商检方面的知识，当然还包括专业知识。在办学方式上，要多种形式，灵活多样。教学和实地考察结合是个好方式，但不要千篇一律，都到广东、深圳去办班。在培训上还应开展一些专业培训，综合培训与专业培训结合，大专院校要积极参与和配合职工教育。

关键在于领导重视，亲自抓好

要把培训、教育搞好，重要的是领导重视，各厅局一把手要亲自抓，分管

局长要具体抓。我建议省粮食局的主要领导都到轮训班去讲一课。局长要把制订本地区的培训计划列入议事日程。各地粮食协会、学会要协助行政领导，做好培训教育工作。还要帮助教育部门解决一些具体的困难，主要是提供一些有利条件，在经费上尽量多挤一点，力所能及地增加教育经费。部里先带个头，准备再挤出些钱来，着重用于厅局长师资的培训。从部开始，大家都增加一点投入就好办了。在教育问题上，一定不要说空话，要办实事。

粮食教育战线的干部、教师是很辛苦的。各级领导对他们应多加关心和支持。要利用假期组织他们疗养，同时安排一些讨论、研讨，更新知识。前不久电视台播放了一部反映粮食职工艰苦企业的电视片《这里没有丰碑》。我看粮食教育工作者也是如此，实际上是有丰碑的。虽无实权，生活清苦，待遇低微，很多实际问题尚未很好解决，但教育工作者们甘当老黄牛的精神，是没有丰碑的丰碑。新中国粮食发展史上将为教育工作者写下光辉的一页，希望教育战线的全体同志继续为粮食事业作出新的贡献。

粮食部门欠账很多，而粮食教育战线的欠账更多，连部属院校的图书数量都未达标，作为粮食战线的负责人之一，我深感内疚。教育上的困难很多，要通盘规划，逐步解决，只要积极想办法，每年总是要前进一两步的。同志们要求一把手抓教育是合情事理的。请各位处长带个口信，我拜托各厅局一把手把粮食职工培训工作亲自抓一下，抓出成效来。

一九九二年

近期我国粮食流通体制改革的基本思路、战略构思与对策*

（1992 年 1 月 13 日）

这次全国粮食厅（局）长高级研修班，第一期开学已十来天了。在粮食行业处于转折的关键时刻，举办这次研修班，并作为今年全行业培训的一个开端，具有重要意义。今天我以学员的身份就粮食工作今后发展战略、体制改革总体设想、需要采取的对策作学习体会发言，以引起全系统职工注意，大家共同探讨，逐步形成新中国社会主义粮食经济学，在实践中丰富发展，在理论上探索总结。我们希望通过学习、研究、总结历史经验教训，进一步解放思想，提高认识，改革创新，开拓前进，从而使粮食工作在新的历史时期大大前进一步。

关于新时期粮食工作的指导思想和方针

我国是一个拥有 11 亿人口的社会主义大国，基本国情是人口多、耕地少、灾害多、底子薄、农业和粮食生产不稳定。这也是中国的基本“粮情”。如何解决 11 亿人口的吃饭问题，是一件根本大事，党和政府一贯把解决人民吃饭问题作为首要任务来抓，制定了“吃饭第一，建设第二”的方针。40 多年来，

* 这是白美清同志在全国粮食厅（局）长高级研修班上的讲话。

采取了一系列方针、政策、措施，促进了农业生产的发展，解决了中国的吃饭问题。不论平年、丰年还是灾年，不论在平时或遇突发事件，都能保证粮食供应，使人民能够安居乐业。中国在世界上以占7%的耕地养活22%的人口，这的确是一个奇迹，这是社会主义制度优越性的体现，为第三世界国家解决粮食问题树立了范例。

回顾新中国成立以来，粮食工作经过了三个历史时期。

第一阶段，1949年10月到1953年4月，粮食工作恢复和稳定时期，其特点是解决粮食的稳定供应问题，当时五种经济成分并存，粮食供应基本靠市场调节，国营粮食企业正处于初步发展时期。为了稳定粮食供应，保持粮价稳定，曾进行过几次大的斗争，特别是新中国成立初期针对不法资本家囤积粮食、抬高粮价的阴谋，采取措施，取得了稳定粮价的历史性胜利。

第二阶段，1953年4月到1985年1月，这段的特点是实行粮食统购统销，基本形式是国营粮食部门独家经营，实行计划收购、计划供应，基本保证了人民吃饭问题，但也发生过关于市场问题的曲折，集贸市场几度取消，几度恢复。

第三阶段，1985年1月到现在，这一段的特点是：进行了粮食流通体制改革和粮食管理体制改革，变统购为合同定购，实行多渠道经营，计划和市场相结合，市场调节部分逐步扩大，价格改革有了重大的发展。

回顾这三个阶段，总的看是符合中国历史发展情况的，党和政府采取的政策、措施起到了保证粮食供应的积极作用，在如何处理计划和市场问题的经验和教训上，对今后粮食工作发展有重要借鉴作用。这三个阶段是逐步前进，是螺旋式上升的，不是简单的重复。当前面临多种经济成分、多条流通渠道、多种经营方式激烈竞争，而且这个竞争随着粮食流通体制改革和价格改革更加激烈，如何在竞争中站稳脚跟，开拓前进，这是粮食行业面临的重要课题。粮食战线全体同志要认真总结历史经验，在新时期根据党中央、国务院的指示，制定中国粮食工作的方针、政策、措施、办法，具有重要意义，这不仅关系粮食行业本身的生存问题，而且关系社会主义制度能否巩固，全民所有制经济能否发展的问题。

粮食行业在激烈竞争中，国营粮食部门既担负保证市场供应的任务，又要自身搞活，实行独立核算，自负盈亏，自我发展，自我约束；既保持多渠道搞活，又要保护主渠道地位；既做好本业，又要发展多种经营，难度也在这里。

在面临新任务情况下，粮食工作处于重要转折关头，根据历史经验，今后应坚持以下指导思想和正确方针。

第一，立足于国内，坚持自力更生为主，解决粮食问题，并利用国际市场资源作为补充，进行串换调剂。中国是11亿人口的一个大国，解决粮食问题应立足于国内。这一点任何时期任何情况都不能动摇。靠进口粮食养活中国人，是不切实际的，绝对行不通的。但也不能认为中国是粮食的出口大国。各省、区要根据实际情况出发，制定自己的方针、政策发展粮食生产，主产区应提高粮食的商品率，销区应适当提高粮食的自给率。

第二，坚持“发展生产，保障供给”的方针。粮食行业是流通行业，是联系生产和消费的纽带和桥梁。我们既要为生产服务，促进生产发展，又要为消费者服务，引导正确消费。40年来，坚持发展粮食生产，使粮食产量上了新台阶，解决了中国的粮食问题。这是粮食工作的根本。但粮食行业又处于流通领域，必须保障城乡居民供应，为消费者服务。为生产服务是基础，为消费者服务是目的。因此贯彻这个方针，必须处理好生产者、经营者、消费者三者关系，处理好国家、地方、个人的关系，坚持为生产者服务，为消费者服务，这是根本宗旨。任何一方受到损害，都会使粮食工作受到损害。当前存在一些矛盾需要解决。如国家和农民关系，农民负担过重。在主产区，高产穷县，谁多产粮食，谁负担重，亏损多；粮食行业议价经营，销区开始由亏转盈，产区却继续处于亏损状态。长此下去，对农业生产，对粮食工作基础，极为不利。对消费者还有明补暗补，价格扭曲问题；经营者本身负担也很重，缺乏积极性。我们要根据坚持发展生产，保障供给的方针处理好这几方面的物质利益关系。

第三，正确认识和处理粮食总供给与总需求的矛盾，搞好总量平衡。这是非常重要的一条指导思想，也是一条历史经验。中国人口不断上升，始终存在着总供给与总需求的矛盾。我国粮食生产虽然上了一个新台阶，但粮食消费水平上升很快。据测算，京津沪三大直辖市消费量（包括转化）人均525～550公斤，中等城市400～450公斤，表面看粮食似乎多一点，出现“卖粮难”，实际城市还是温饱型为主，农村还是低水平。不要为一时一个品种或少数地方出现“卖粮难”就忽视对总量平衡的掌握。总量平衡包括品种上的平衡、地区上的平衡和时间上的平衡，县以上粮食局（厅）都要研究本地区的总量平衡问题，不仅要进行定性分析，而且要进行定量分析，要研究自己的平衡量。为了保持总量平衡，必须坚持以丰补歉，储粮备荒。只要总量平衡大体解决了，粮食全局就稳定了。

第四，正确认识粮食的商品属性，按照商品生产和价值规律指导粮食工作。这几年，对粮食有了新的认识，一是粮食不仅是产品，而且是商品，是消费品，是为人民需要而生产。二是粮食是特殊商品，是关系国计民生的第一重要商品，是有计划商品经济的重要组成部分。既是商品，必须按经济规律办事。在处理粮食工作时，必须学会掌握运用价值规律和商品供求规律。过去是按产品分配去设计、制定政策措施。要看到，粮食系统现存一套制度、办法、组织形式，网点布局等都带有产品分配型的烙印。现在要从商品经济的角度来考虑政策、措施、制度、办法和组织形式。如零售销售网点设计布局，过去按8000～10000人设一个点，大多数设在背街小巷。在粮店布局上，全国一个模式，营业面积，店堂面积利用率极低，这就需要改造。因为粮食具有商品属性，而且又是特殊的商品，关系到国计民生的最重要的商品，所以既要讲经济效益，又要讲社会效益，要把两者结合起来。

第五，面向市场，面向消费，根据计划经济与市场调节相结合原则，正确制定购销政策。粮食是为消费而生产，必须面向市场，面向消费。过去缺粮食，采取生产什么，供应什么的办法。现在粮食稍微宽松一点，就要随着经济发展和人民生活水平的提高，相应进行调整，包括粮食品种结构，需要什么，生产什么。购销政策也要相应地进行调整，一方面定量供应，保证城市、农村、灾区人民的基本生活需要；另一方面议价要逐步扩大，扩大市场调节，满足人民多元化生活需要。要研究消费，研究市场，研究消费结构变化，要起到服务消费、引导消费的作用。

第六，要建立粮食的宏观调控体系。根据40年经验，除运用行政手段和立法手段外，要着重运用经济手段建立粮食的宏观调控体系。粮食宏观调控体系着重抓以下三个方面：一是经济杠杆体系，包括金融、贷款、利率、汇率和税收等。粮食系统要逐步建立专项储备粮，搞专项基金。二是三级粮食储备体系。调控有效的杠杆之一是实物手段。经验证明，以专项储备为中心的三级（中央、地方、农民）储备体系，在调控粮食市场，进行吞吐，保证粮食供需方面，发挥了重要作用。三是建立三级粮食市场体系。以中央批发市场为龙头，以地区性批发市场为骨干，以初级市场和集贸市场为基础，这也是调控的一种重要手段。要在总结过去经验的基础上，把市场体系建立健全起来。

第七，任何时候、任何情况下，国营粮食企业必须保持主体地位，发挥主渠道作用。经验证明，没有多渠道不活，没有主渠道不稳。主渠道要有活力，有一定的经济实力，有竞争力。丢掉了主渠道地位，将影响整个粮食市场，影响国民经济的稳定发展。

这七条不仅指导现在，而且在指导粮食行业完成新时期光荣而艰巨的任务上也将继续发挥作用。

关于粮食行业发展战略的构想

粮食行业在党和政府的领导下，坚持了为人民服务的根本宗旨，是联系人民群众的纽带和桥梁。现在粮食行业担负着解决 11 亿人口吃饭的繁重任务。在新的形势下，粮食行业正在进行根本性的转变。即由产品分配型向商品经营型的重大转变。为此，在行业的发展战略上也必须进行根本转变。总的设想是：要从经营和供应原粮向经营粮食制成品转变；从单一经营向多种经营转变；从粗放式经营向科技与经济相结合的方向转变。提高经济效益和社会效益，提供丰富多样的粮油及其制成品，更好地满足不同民族、不同层次人民群众对食品的多样需要，以适应人民生活由温饱向小康型过渡的需要。这是一个粮食行业发展的重大转变，是经营战略的转变。

要从经营和供应原粮向经营粮食制成品转变。过去我们经营原粮“两白一黄”，把其他当成附营。随着生产的发展，人民生活水平的提高，食品结构的变化，以及家务劳动社会化，粮食制成品、半成品的销售逐步上升。只供应“两白一黄”及简单制成品已不能适应需要了。现在从以供应原粮为主向两个方向转化，转化为食品，转化为饲料。由于人民从温饱型向小康型逐步过渡，向食品转化是一个发展趋势。发达国家饲料行业比重上升，美国年产量 1 亿吨，成为第八大产业，苏联年产量 6000 万吨。目前我国年产量 3000 万吨，按人口比，不成比例。从发展看，食品行业和饲料行业将成为新兴产业，要预见到这种趋势。中国经济要发展，下一步要达到“小康”的水平，所以，粮食行业必须立足当前，展望未来，积极采取措施，从经营原粮为主向经营食品、饲料转化。要适应市场发展和人民生活水平的提高，积极加以引导。要把我们传统食品与现代食品结合起来，发展成为新兴产业。

从单一经营向多种经营转化，要多经营一些商品。凡是社会需要的，有经济效益和社会效益，又有条件的就可以搞。粮食部门要因地制宜，发挥自己的优势。有同志讲这是跨行业。其实人家早就跨了行业，我们为什么不可以跨出去。

从粗放经营向科技与经济结合方向转化。粮食行业包括粮食制成品行业是一个有生命力的新兴产业，既然是新兴行业，就必须与科技紧密结合。要适应食品、饲料行业科技发展新形势。科技的突破，会带来整个效益的提高。考虑问题要有经济头脑，要和科技结合，效益才能有更大的提高。

要实现这个转变，就必须加快建设粮油及其制成品的收储、加工、销售的服务体系。这是粮食行业发展的物质基础。粮食服务体系，概括讲，要有三个网络：一是收储运输网络；二是加工网络；三是销售网络。

要扎扎实实把三个网络建设好，就必须：

第一，注意按经济区域，按经济自然流向来建立。这样投资少，见效快，不会搞重复建设。

第二，注意根据“技术先进，经济实用，符合国情，着眼未来”考虑骨干项目的建设，要尽量采用世界先进技术，提高效率，提高效益。同时又要符合国情，不盲目照搬。要注重经济规模，少搞小而全。

第三，建立服务体系，注意和科技结合，尽量开发新产品，把传统食品与现代食品结合起来考虑。要创名牌，要有商标观念，利用广告，开拓市场，占领市场。当前建立服务体系，最大问题是缺乏资金，只能量力而行，多方筹集，不急于求成，不盲目贪大，要全面规划，逐步建设。

发展战略，各省、地、市、县，都应有所不同，要因地制宜。

关于粮食流通体制和管理体制改革的轮廓设想

根据党的十三届七中全会、八中全会和中央工作会议精神，现在三年治理整顿基本结束，从1992年开始，要逐步加大改革分量，加快改革步伐，所以，粮食行业正面临着一个新的改革时期。粮食行业当前存在着种种困难：体制不顺，价格扭曲，效益下降，挂账上升。

体制不顺。各个方面牵制较多，办事很困难。

价格扭曲。购销价格倒挂未解决，包括食品价格也不合理，连微利都没有。

效益下降。费用不断上升，整个粮食行业都很困难，粮油加工行业稍好一些，议价粮全行业亏损，加工行业中部分油厂、米厂也比较困难，有些粮食部门工资都发不出去。

挂账上升。1990 年挂账二百零几亿元，1991 年达到 300 亿元。粮食部门职工，人均挂账负担 9000 ~ 10000 元，利息负担人均 700 ~ 800 元。

解决这些问题没有别的出路，只能靠进一步深化改革。深化改革的目标是什么？方向是什么？经商业部和粮食储备局研究，提出一个意见，供大家讨论。

粮食流通体制和管理体制改革的轮廓设想是：根据计划经济与市场调节相结合的原则，形成一个富有生机活力、高效灵活、调动各方面积极性的运行机制。这个运行机制的特点是：调价并轨，税购分流，粮财结合，进出结合，宏观调控与微观搞活结合的新体制。

调价并轨。逐步解决价格扭曲和倒挂问题。要通过提高收购价使定购价格逐步接近市场价，并把价格的双轨制变成单轨。今后不断根据粮源情况和时机，确定调价步骤。粮价改革，第一步是实行购销同价，第二步再价格放开。根据江泽民同志在党的十三届八中全会上的讲话精神，当前农副产品供应比较丰富，“八五”期间要抓住有利时机，在流通领域改革方面，迈出较大步伐。最重要的是要积极创造条件，逐步理顺粮食购销价格，在国家宏观调控下，稳妥地放开粮食经营，相应地要调整粮食制成品价格。今年各省市的调价，按国务院的统一部署进行。各地方可搞价格放开试点，全省性的价格放开要经过国务院批准。全国有四川广汉、福建石狮、内蒙古卓资和山东长岛 4 个试点单位，试点经验仅供参考，不要照套。李鹏总理讲，试点要大胆一些，面上推广要稳。实行购销同价，对粮食部门是一次大的改革，将带来想象不到的困难，为此要做好思想准备、组织准备和物质准备。我们应及早采取对策，研究落实。

税购分流。农业税和定购没有完全分开。全国合同定购 5000 万吨，其中农业税 1000 万吨，税购应逐步分开。税就是税，购就是购，不要混在一起。有人建议，农业税交实物，定购部分按市价，大家可以研究，有些地方也搞了试点，要总结实验。

粮财结合。现在粮食和财务分离，管粮不管钱，物流与资金流分离，不能有效利用，容易产生许多弊端，特别是挂账大幅度上升。经验证明，还是应坚持钱随粮走的原则。

进出口结合。要利用我们优势，在国际市场进行串换，特别是有了储备粮，可在国际市场上做文章，进行串换增值。东北玉米带和华北玉米带，还有东北大豆，有相当优势，质量好。要进一步利用国际期货，套期保值，有进有出，大有文章可做。

宏观调控与微观搞活相结合。宏观调控最有力的手段是经济手段，物质手段，加上总体平衡和管理。在宏观调控下，进一步搞活企业。

我们认为，在改革中粮食部门要注意建立以上几个结合的新运行机制，要发挥主渠道作用，保持国营粮食部门的主体地位。改革，涉及各个方面，是系统工程，必须采取积极稳妥步骤，妥善调整各方面的利益关系。整个改革步骤，要积极稳妥，不失时机，由点到面，逐步推进。粮食是最重要的商品，也是联系面最广的，粮食一调价，牵涉千家万户，直接涉及几万个商品，所以，在改革步骤上必须积极稳妥，必须掌握时机，通过试点，由点到面，逐步推进。采取渐进性地逐步变革和发展，这样才是有效的。

当前在多渠道竞争中面临的改革，要考虑如何发挥主渠道作用。我们认为改革中要保持粮食稳定供应和粮价平稳，能把粮食部门主体作用发挥好，不至于造成不必要的混乱，要掌握这样一个原则："总量平衡，适量储备，掌握批发，管好市场，搞活企业，综合经营。"

总量平衡。这是综合平衡的重要工作。粮食收支全国要平衡，地区也要平衡，品种也要平衡。

适量储备。特别是价格放开后，必须有储备。国家要有储备，地方也要有储备，要建立储备基金。

掌握批发。粮食是关系国计民生的重要战略物资，批发权必须控制在国家手中。

管好市场。管好市场是粮食行业一门大学问。各级粮食局长、经理要注意学习市场理论，参加市场实践，有领导、有组织地建设和培育市场，开拓市场。粮食部门不能对市场放任不管，国务院赋予我们的职能，就有这个责任。要会同有关部门，把粮食市场管理好，逐步规范化、制度化。

搞活企业。要看到粮食行业处于困境，要在微观上搞活。要着重在内部机制的转换上下工夫，在用工、分配等方面深化改革，调动各方面的积极性，把企业搞好。同时，争取一点优惠政策，放一点水，养一点鱼。

综合经营。要坚持本业为主、多种经营的方针。根据条件积极地搞，才能在竞争中立于不败之地。

关于粮价放开后粮食部门怎样采取对策？粮价放开是一项重大改革，这一关是要过的，我们采取何种对策将影响粮食部门今后发展。要搞清楚粮价放开是指价格放开，粮食部门经营放开，不等于粮权放开，不等于粮食部门可以撒手不管。在多种经济成分、多条流通渠道、多种经营形式激烈竞争中，国家必须掌握粮权，国有粮食部门主渠道作用不能丢，否则将影响整个国民经济的发展，影响社会主义制度的巩固。粮价放开后，在经营阵地上要作一些调整，特别是零售环节，让出部分阵地给多渠道、多种成分，但是批发阵地，必须以国有粮食部门为主。零售主要网点阵地也要占相当的比重，至少应占 50% ~ 60%，甚至更多一些。至于调整多少出去，要根据各地实际情况确定。最近了解改革试点单位情况，放开后粮食部门遇到很大困难，主要是“三多一降”：一是人员多，负担重，福建石狮市粮食局认为多了 2/3，有的地方多了 1/2；二是陈粮多，卖不出去，特别是早籼米，过去粮食部门“推陈储新”，现在要改为“推新处陈”，处理陈粮；三是亏损挂账多，不少单位负债累累，已经成为“空壳店”、“空壳库”。“一降”是指销售量大幅度下降，一度下降 50% 左右，有的下降更多一些。

在改革试点中，为把价格放开搞好，要注意几点：

第一，价格放开后要采取措施，巩固价格放开的成果。避免再走放了又补的恶性循环的道路。这次放开，要把价格算好，价格要灵活一点，不要控制得太死。总的还是国家、企业、个人分别负担一点。

第二，价格放开必须与粮油企业搞活相结合。放开后，企业不搞活，难以生存下去。放开后经营要符合产业调整方向，门市网点不要轻易放弃。企业要搞活，一定提出几条政策，给企业生存余地。

第三，价格放开必须要有储备。要有储备粮，有储备基金，这是粮价放开后的重要保证。一般储备十个月到一年粮食销量为好。

第四，价格放开必须和管好市场结合起来。建设市场，开拓市场，管理市场，逐步向规范化方向发展。放开后，交易必须在市场内进行。

第五，注意处理好经济关系，处理好旧账。制订方案过程中，要注意对账面进行清理，存粮要盘点核实，挂账要制订解决的方案。

再强调一下，粮价放开后，粮食部门任务不但没有减少，而且还有加重。因此粮食部门体制机构不要轻易变动，变动要经过国家批准。

总之，粮食部门要谨慎，要抓落实，不可说大话、假话、空话、套话，要多干实事，才能在竞争中立于不败之地。有困难，也并不那么可怕，靠我们的工作。概括起来，粮食部门要发展，要振兴，要在竞争中立于不败之地，完成党和政府交给我们的任务，既要调控好市场，又要把企业搞活，提高经济效益和社会效益，一定要有一个正确的发展战略，有一个有生机活力的运行机制，有一个有经济实力的服务体系，有一支能经营、会管理、敢开拓的粮食队伍。而队伍、人才是决定性因素，是最根本的。有了人才，一个企业，一个地区的粮食工作，就可以搞活，开创出新局面，担负起党和政府交给的任务。广东和一些地方粮食工作搞得很活，就是有经营人才。吃“大锅饭”、坐“铁交椅”、搞平均主义的后果就埋没了人才。长此下去，对国家、对民族不利。在深化改革中，要突破这一点。重要的是加强培训，加强在实践中锻炼。通过实践培训，培育一支忠于党忠于人民，能经营会管理的粮食队伍。这是振兴粮食行业的根本，是百年大计。

我们粮食行业所有同志都要学会做生意，办实业，这是新形势下面临的一个重要课题。要重新学习，勤奋攻读，刻苦钻研，积累经验，培育人才。全行业要注意加强队伍的思想建设和组织建设，要使我们这支队伍有为人民服务的满腔热忱，有为粮食事业献身的奋斗精神。每一位粮食厅（局）长、经理、主任都要考虑这一任我做什么事，为后一代留下什么。人还是要有一点事业心，有一点精神，物质享受是有限的，名利、地位、物质享受都是转瞬即逝的，而事业是无穷无尽的，传之后世的。希望各级粮食部门在 1992 年开始之际，从学习开始，振奋精神，树立事业心，认真贯彻八中全会精神，改革创新，勇于开拓，进一步搞好粮食工作。

这次研修班，是全行业轮训的起点，希望通过大家探索和实地考察，辅之以讲课，明确今后前进方向，更好地完成我们肩负的任务。

关于中央专储粮内外结合、串换增值的情况报告*

（1992 年 1 月 20 日）

送李鹏同志，纪云、家华同志审阅。

1991 年遵照国务院的指示，用专项储备玉米 100 万吨，按 1.15：1 的比例，出口串换小麦 87 万吨，经中国粮油食品进出口总公司多方努力，已经完成。不仅改善了储备粮的结构，而且增值几千万元。实践证明，内外贸结合、搞活储备粮的方针是正确的。现将报告送上，请指示。①

附：中国粮油食品进出口总公司关于出口玉米串换小麦的工作报告

白美清

1992 年 1 月 20 日

附件：

关于出口玉米串换小麦的工作报告

商业部白美清副部长：

现将出口玉米串换小麦工作情况报告如下：

一、1991 年年初，国际粮食市场小麦价格与玉米价格较为接近，经分析这种反常价格情况将会持续一段时间，由于国内玉米库存多，国际玉米价格偏

---

* 这是白美清同志报送李鹏总理，田纪云、邹家华副总理的报告。

① 李鹏总理 1992 年 1 月 24 日对该报告作了批示："此次串换工作，采取内外贸相结合，取得较好效果，希不断总结经验，坚持做下去。"田纪云副总理 1992 年 1 月 21 日批示："这次工作做得好，今后要把握时机，继续开展此业务。"邹家华副总理 1992 年 1 月 21 日批示："国家粮食储备局和中国粮油食品进出口总公司这样的结合，显示了很好的效果。似应该继续发展下去，可以有更多的合作内容。请纪云同志阅示。"陈俊生国务委员 1992 年 1 月 21 日批示："请纪云同志审阅。"

高，小麦价格偏低，为及时把握这一难得的有利时机，我们提出了以出口玉米串换小麦的建议。国家粮食储备局领导对此特别重视，经报国务院领导批准，决定以1.15∶1的比例出口玉米串换进口小麦。

二、根据国务院领导的决定，到1991年年底，国家粮食储备局提供了100万吨玉米出口，其中辽宁46万吨，吉林37万吨，山东17万吨。同时，接收了87万吨进口小麦，实现了串换。

初步结算情况，出口玉米100万吨，平均离岸价每吨为115美元。共计收汇11500万美元；进口小麦87万吨，平均到岸价每吨110美元，共计用汇9570万美元，收支相抵后外汇节余1900万美元，按现行汇率每美元5.45元计算，折合人民币10518万元，偿付玉米出口费用共计10205万元（尚未计算利息），节余外汇偿付玉米出口费用后略有盈余。

中国粮油食品进出口总公司
1992年2月18日

上海粮食新形势与加快粮食流通三大工程[①]建设[*]

（1992 年 2 月 18 日）

这次我和商业部几位同志到上海来了解一些情况，看了一些基层单位，我总的印象是，这几年上海的粮食工作取得了很大成绩，有了显著进步，无论是在改革方面，还是在建设方面，都有了新的进展，特别突出的有四点：

第一，上海粮食库存达到 300 万吨以上，超过历史最好水平。除了国家专项储备粮以外，地方专项储备也建立起来了，这个成绩对稳定上海的经济，稳定上海的市场粮价，保证上海粮食市场供应和粮价平稳将起到决定性的作用。要从宏观上、从全局来看粮食储备增加的重要意义。

第二，突出的是上海市粮食行业没有挂账，这在全国是绝无仅有的。上海的粮食工作，抓好两条线运行，把议价、平价分开，把工业、商业分开，因而基本没有挂账，在全国居于领先地位。

第三，仓储设施管理和建设，有了很大进步。我这次看了几个粮库和供应站，给我的印象是上海仓库建设是抓得好的，仓库建设速度之快，规模之大，超过了历史最好水平。而且仓库管理基本上都按部颁标准执行，管理水平在全国来说也是较高的。这个好的制度，好的作风，要保持下去。

第四，多种经营开始起步。特别是贯彻了去年烟台会议精神后，上海市各级粮食部门都有了紧迫感、危机感，大家都认识到应该把多种经营搞上去，把基础建设搞好，转变我们的发展战略，以适应新的形势需要。另外，在粮食安全保管、安全度夏，还有去年的粮价改革，供应收购工作等方面，上海都和全国一样做出了明显成绩。

所以，我这次来比较高兴，上海的粮食工作在全国是处于领先地位的，希望上海粮食系统的同志要继续保持在全国粮食系统中的这种好的势头，多创造

---

* 这是白美清同志在上海市粮食系统召开的干部会上的讲话。

① 粮食流通三大工程：系指建设以上海为口岸的长江粮食流通体系，建设上海粮油商品交易所开展粮油期货交易，建设和改造上海粮油销售服务网络。

一些经验，在我们粮食系统起更大更好的促进作用。当然还有一些问题，在思想建设，在基层企业搞活上还有些不足之处，在今后工作中还要继续努力，不骄不躁，尽快解决这些问题。下面就当前粮食工作和我们到上海来调查的几个问题，谈一些意见，供同志们参考。

粮食工作面临的新形势和我们的对策

当前粮食工作形势大好，购、销、调、存、加工等方面都取得了重大进展，粮食流通体制改革和粮食基础设施建设也以前所未有的规模继续前进。形势是空前的好。但是，面临的困难也是空前的大。随着党的八中全会精神的贯彻，将进一步扩大改革开放，形势给粮食工作提出了新的任务、新的问题。

粮食工作是国民经济的一个重要组成部分，粮食是国民经济第一位的重要商品，不仅影响到人民生活，影响到国民经济发展，而且影响到社会的稳定和社会主义制度的巩固，我们必须从政治上看这一问题。粮食工作搞得好不好，这是至关重要的。粮食是最重要、涉及面最广、改革难度最大的商品，因为它涉及千家万户，历史遗留的问题也较多。在改革的新形势下，我们粮食工作如何完成党和国家交给我们的任务，既要保证粮食市场稳定，又要进一步搞活；既要发挥多渠道的作用，又必须保持主渠道的地位，难度就在这里。粮食不同于其他商品，放开搞活后，不能够把粮权丢掉，主渠道不能丢掉，国有粮食部门所占的主体地位也不能放弃，放弃了将影响整个国民经济。我们坚持社会主义制度，巩固全民所有制经济，就必须要保持我们国有粮食部门主渠道的地位。这个主体、主导的作用，是社会主义制度本质决定的，我们要从政治上，从宏观上，看到这一问题的重要性和实质所在。

但是在改革开放进一步扩大后，粮食行业将面临许多新的问题，特别是我们要看到四个方面问题：第一，随着改革开放的深入和扩大，粮食价格改革的步伐将进一步加快，粮食系统过去吃平价饭的这个条件将会丧失。粮食价格长期扭曲，这对国民经济发展是相当不利的。价格越调整越接近市价，粮食部门受到的影响和冲击就越大。第二，随着改革开放的发展和深入，粮食市场调节的比重逐步上升，计划调节部分逐步减少，这又给我们粮食部门提出了新的任务。平价粮食这部分，我们全国平价粮食收购是5000万吨，去年我们议价收了4000万吨，专项储备收了上千万吨。议价这部分实际上已是5000万吨，而平价这部分也只有5000万吨，市场调节量越来越大。省间计划调拨也很少，随着改革的深入，今后指令性计划要逐步减少。现在平价那部分还是指令性的，另外储备收购虽然是保护价，但还是指令性的，将来会逐步减少，将来可能储备粮也从议价粮中去收。这种形势又给我们粮食部门提出新的课题，就是我们过去习惯于计划收购、计划调拨，这种形势将要逐步改变，而必须要靠市场调节、市场竞争这种机制发挥作用，特别表现在粮油加工、粮油产品、粮油食品方面。第三，随着改革开放的深入，多元化、多渠道的流通格局进一步发展。这就把粮食部门推到了要参与市场竞争的局面，尤其是粮食部门既要担负保证市场供应的首要任务，又要参加到多元化流通格局中去竞争，这又是一个难点之所在。第四，随着改革开放的扩大和深入，人民生活水平的提高，过去那种有什么就供应什么的局面将逐步改变，人民生活从温饱型向小康过渡，食物结构也会发生变化。我讲以上四点就是新的变化，给粮食工作提出新的任务，新的课题，也增加了我们粮食工作的难度。

粮食部门本身改革开放是大势所趋，当前粮食部门正处于从产品分配型向商品经营型过渡的转折时期，客观形势对粮食工作提出了更多更高的要求。要完全从产品分配型转变到商品经营型需要一个过程，而我们正处于这一过程当中。我们机构的设置也是这样，购、销、调、存、加过去都是按环节分的，从粮食部到商业部都是这样，都管平价，议价由议价公司、议价局去管。就是粮店，也都是按分配型格局设置的，半边开票，半边封闭式售粮，它不是充分利用店面，利用店堂。我去看了静安六店，它把形式改变了，其他一些店就没改变，还是老样子。要看到在改革的新形势下，我们是背着一个较为沉重的包袱前进的。首先是财务上，全国1991年粮食亏损挂账超过300亿元，全国300多万粮食职工人均负债9000~10000元。你们这里例外。这主要是政策性亏损补贴没有到位，当然，也有我们经营性的问题，也有我们粮食部门本身的问题。还有我们的基础设施落后，这也是一个包袱，商业、供销系统的商业网点设施都比我们好，我们的网点有的是一间店铺10多平方米，而且大多在背街小巷，全国在背街小巷的粮店占80%，基础设施也跟不上。再说仓库，露天储存去年最高的时候，达到4650万吨，也就是说1/3的粮食是在露天。东北几个省还有200多个粮库叫做“光腚”库，我叫它摆地摊。“光腚”库就是什么也没有，就是一个过磅棚，几间房子，其他就是地皮，收了粮就倒在地上。

要看到我们有这么些弱点，再加上思想跟不上，机制跟不上，设施跟不上等，就加大了我们工作的难度。所以我们从上到下各个部门都要有危机感、紧迫感，来抓紧我们本身的建设和机制的转换，来迎接这种新的形势。

当前粮食部门面临的很大困难，是卖粮的人也遇到要解决吃饭的问题了。我们本来是卖粮食的，一方面我们首先要解决群众吃饭问题，但是另一方面又要解决本身的吃饭问题，搞得不好我们有可能丧失阵地，可能使我们粮食系统萎缩，主渠道作用可能发挥不出来。如果搞得好我们可以巩固和发展现有的阵地，继续在国民经济中起到国有粮食部门应该起的主渠道作用和主导作用，我认为这两种可能都要看到。我们必须努力工作，争取粮食行业能够振兴，能够在改革大潮中巩固和发展阵地，为国民经济的发展、为社会的稳定作出贡献，继续解决好中国11亿人口的吃饭问题，同时也解决我们350万职工的吃饭问题，这个任务需要上上下下齐心协力，发挥我们的政治优势和粮食行业整体优势，努力埋头苦干，奋斗几年来实现这个转换，按照党中央、国务院指示来做好工作。

我们提出在新形势下，粮食部门要坚持六句话的方针或者六句话的战略决策。这六句话就是："总量平衡，适量储备，掌握批发，管好市场，搞活企业，综合经营。"

第一句话是要坚持粮食总量平衡。全国有一个总量平衡，各省市粮食部门也要研究总量平衡规律，不仅要进行定性的分析，而且要进行定量的分析，要研究粮食供需矛盾和供需规律的发展趋势。这两年粮食供需矛盾稍微缓和一点，但是并没有根本解决，总量的平衡把握住了就把战略大局把握住了。除了分地区平衡以外，还要注意研究分品种的平衡。现在我国玉米有余，每年还出口一些进行品种调换，但是小麦不够。水稻是丰年有余，平年基本上能保证，灾年略有不足。从品种上来讲，籼米有余而粳米不足，优质米更缺。所以我们要根据市场的变化，人民的需求，研究总量平衡原则，采取措施促进品种结构的变化。在研究总量平衡中，既要坚持自力更生的原则，又必须利用国际国内两个市场，进一步把进出口结合起来考虑，利用两个市场尽量搞活，提高经济效益和社会效益。与此同时，还要注意时间上的平衡和季节的衔接，在总量平衡中，不要发生脱销断档的情况。粮食工作是非常细致的，综合平衡必须抓紧。粮食品种、时间具体到一个地方、一个城市都要注意总量上能够掌握综合平衡。这是我们粮食工作掌握大局的首要一条。

第二句话就是适量储备。根据这几年的经验，建立储备制度，以丰补歉，是我们国家平抑市场粮价最重要的调控手段之一，这比下道命令灵得多。1988年、1989年我们搞过议价粮的指导价，最高限价，但是不一定很灵。那个时候粮价控制不住，主要是没有足够的储备。自从1990年党中央、国务院确定建立粮食专项储备制度以来，我们加强了三级储备体系的建设工作，以国家储备为核心，加上地方和农民的三级储备这样最为有效。国家一级专项储备，去年是××××万吨，今年虽然受灾用了一部分，但是我们又收购了一部分，还可以高于这水平。1992年中央要掌握××××万～××××万吨储备，加上地方储备和各种库存，从量上来看有10个月至1年的供应量比较稳妥。除了总量以外，储备当中也有一个品种结构调整的问题。真正宏观调控市场，除了财政手段、银行手段、利率手段、税率手段以及汇率手段以外，非常重要的一个手段就是储备粮，这是物资调控手段。所以这几年我们汲取了经验教训，总结了历史经验，必须要建立适量储备，这样才便于实现宏观调控。

第三句话叫掌握批发。随着改革开放的深入，多元化多渠道流通格局的发展，粮食的零售是要放一部分的，这是不以人们意志为转移的。但是批发这一头必须牢牢掌握在国有粮食部门手里。经验证明，发生了问题还是国有粮食部门掌握批发有效，没有多渠道不活，没有主渠道不稳。主渠道突出表现在批发上，零售我们可以有计划地让一部分，这不叫放弃阵地，这叫有计划地调整。历史经验证明，在多种经济成分竞争中，批发权掌握在国有粮食部门手里最为有效。去年就是一个证明，灾区粮价上涨之后，根据国务院指示，我给苏、皖、鄂三省粮食厅厅长打了电话，我说你先把议价粮抛售，保本服务，敞开供应。另外，又请示国务院同意准备拿50万吨专项储备抛售，结果专项储备一斤也没抛，粮价就下去了。所以说还是国有粮食部门掌握批发最重要。我们要掌握宏观调控，就必须要掌握批发。上海市政府办公厅转发了你们整顿粮食批发的条例，这是符合国务院精神的。最近李鹏总理、邹家华副总理在批示中说，对一些战略物资批发权不能放，我们粮食就是第一战略物资。总结历史经验，我们必须把批发权掌握在手里。

第四句话就是管好市场。商品经济的发展，就离不开市场，市场是我们一个重要的阵地，也是一个重要的工具。我们要实现计划与市场相结合，要保证粮食市场的稳定，必须要管好市场。粮食部门不能靠自发市场，必须建设国家统一领导下的市场。有领导的、自上而下、上下结合这样搞起来。市场就是一个交易阵地。我们一方面要抓好销售网点，一方面要管好市场。否则总量就不能平衡，掌握批发就落不到实处。网点和店堂是粮食商业的阵地，所以我们一要把它管好，这是责无旁贷的。粮食行业管理，特别要把市场管好，这是国务院赋予商业部的一个重要任务，赋予各级粮食部门的一个任务。对于市场，我们要有新的认识。最近，江泽民同志根据小平同志指示讲了很重要的几段话，过去我们把市场看成是和资本主义相联系的东西，这个看法是不确切的、片面的。小平同志就讲，计划经济并不等于社会主义，市场调节、市场经济也并不等于资本主义，社会主义可以用市场，资本主义也可以用计划。所以，江泽民同志讲，在经济上区分社会主义还是资本主义的标志不是说搞不搞计划，搞不搞市场。我们现在还没有像样的批发市场以及高层次的期货市场，我们还缺乏经验。所以，我们要培育市场，建设市场，管好市场，将来把市场作为宏观调控的一个重要阵地。

第五句话叫搞活企业。宏观上一些要求要得到落实，就必须把微观搞活，把粮油基层企业搞活。搞活企业，上海市提了国营和合作商业的“六自主”。粮食行业可根据自己的实际情况去进一步落实。根据这一精神，重点抓转换机制，抓用工制度改革，分配制度改革，搞活粮油的基层单位。这方面，我们有些公司实行资产经营一体化，还实行了各种经营承包责任制。但是我觉得有一点要注意，公司也好，各级粮食局也好，要注意放权给基层，要调动基层的积极性，要把基层搞活。基层活了，我们粮食行业才有活力。

第六句话就是综合经营。也就是本业为主，多种经营。我们粮油行业在新形势下，要从过去单一经营，转化为多种经营，从过去单纯经营原粮、成品粮转化为开发粮油食品以及其他多种产品。随着人民生活水平的提高，经济的发展，家务劳动的社会化，原粮供应比重逐渐减少。所以，我们粮食行业要从过去的经营原粮、成品粮为主转变为经营粮油制成品为主，还有其他有条件的一些产品我们都可以搞，不要受什么跨行业的影响。如果说要跨行业的话，别的部门早就跨进粮食行业来了，我们为什么不可以跨出去呢？要注意因地制宜，有经济效益，有社会效益，有条件就可以办。在多种经营当中，还要注意两个市场的问题，区域内外的市场、国内外的市场，能够积极参与进去的都要去参与，有条件的可以搞一点外向型的。我认为上海就有很多产品应该打出去，可以搞些名牌，去占领全国市场，进入到国际市场。应该把综合经营两个市场联系起来发挥自己的优势，上海这方面是有优势的。过去我们主要是改革体制还没有跟上去，没有把人的积极性调动起来。粮食行业要搞多种经营，当然要坚持本业为主，你即使摆一个柜台，摆一点粮食在卖，它可以保证供应，起稳定人心的作用，具有重大的影响。

以上这六句话，概括起来就是说，既有宏观调控、又有微观搞活，体现了计划经济和市场调节相结合。计划不是下一个指令性计划，而是通过储备，通过收购，通过转换，通过市场，来体现计划性，体现计划经济的作用，这也就把我们当前的发展和今后的后劲结合起来了。如果我们采取措施逐步实现，就能够在多种经济成分，多条流通渠道，多种经营方式的竞争中，立于不败之地，保持国有粮食部门的主渠道的作用和主体的地位。当然，这六句话是一个指导思想、指导方针，还要我们不断去实践，不断去创造。我希望上海的同志和各省（区）市一道在粮食行业面临改革高潮的形势下，研究一下战略方针、战略决策，使我们粮食行业能够振兴，能够完成党中央、国务院交给我们的任务。

加快筹建上海市粮油商品交易所

建立粮食市场体系，是我们改革的一个重要内容，是搞活粮食流通的一个重要措施。我们确定了要建立以国家级的批发市场和期货市场为龙头，以区域性的批发市场为骨干，以星罗棋布的初级市场为基础的三级市场体系。现在有7个区域性市场。加上郑州批发市场这个国家级市场，共有八大市场。八大市场去年成交的粮油数量，超过500万吨了，已经取得初步的成效。另外，我们还要建立星罗棋布的初级市场，去年有1000多万吨成交量是在初级市场成交的。这三级批发市场，我们要进一步巩固和完善。

随着改革开放深入，商业部和国家粮食储备局同上海市政府、市财办、市粮食局商议，准备把筹建的上海粮油商品交易所作为国家级的市场，这是个以粮油及其他商品为主的、从批发逐步向期货市场过渡的较为高级的市场。我们应当看到上海的粮油商品交易所具有深远意义，因为上海是全国的一个经济中心、金融中心、商业中心。为了贯彻党中央、国务院开发浦东的精神，我们觉得在上海市兴建一个粮油商品交易所，来适应我们粮油事业发展的需要，这是很有必要的。现在上海市的进出口粮食很多，每年进口大概有200万~300万吨，从其他渠道调进五六十万吨，加起来就是三四百万吨。到本世纪末，粮油的流通会更加活跃，需要量会进一步增长。所以，建立上海粮油商品交易所是适应我们粮食行业商品经济发展的需要，也是粮食流通体制改革深入的一个标志。这不仅对上海的粮食流通和贸易活动有重要的作用，而且将影响到全国，将成为我们中国推行进一步扩大改革开放的象征之一。所以我们下决心把它办好，要加快筹建工作，在筹建中我们要注意以下几点：

（一）起点要高，工作要细，积极筹备，打好基础。上海市试办粮油交易所不同一般交易所，不同于一般的批发市场，不能降格以求，不能滥竽充数，应该成为具有中国特色的粮油批发和期货商品市场，成为现代化的、多功能、高层次、多品种的交易中心，要按照这个目标，坚持这个指导思想去设计。我们考虑在这个交易所的交易上，要以合同交易或合约交易为主，进而向期货发展。合同交易就是以近期合同和远期合同交易为主。交易所要坚持服务的宗旨，服务于上海，也服务于全国，成为全国粮油流通交易的一个中心。要以粮油为主，进而向多品种、多商品的综合市场发展，使它在全国粮食流通的调控中发挥中心的作用、带头的作用。根据这个要求，要积极筹备，工作要细，要着重于打好基础。我认为上海市过去有办交易所的历史，它的一些做法是可以为我们所用的，取其精华、去其糟粕。不仅要注意汲取国内的经验，还要汲取国外的经验，特别是美国、加拿大，还有西欧、日本的一些经验可以汲取，使我们的市场能够博采众家之长，同时又结合中国的实际。

（二）要注意配套建设。市场建设不是孤立的，它和整个国民经济的发展相联系，也和其他方面的工作相关联。这个交易所的联系面是相当广的，我讲“三通”，就是粮食流通，资金融通，还和交通是紧密结合的。所以一定要和银行，和交通部门、通信部门、税务部门等结合起来搞。要注意配套建设，这样使交易所能够成为一个多功能的，现代化的层次较高的一个粮食市场。

（三）既要重视交易所硬件的建设，更要注意软件的建设。软件，特别是人才的培训和规章制度的建设，这两个方面要抓紧。在筹备当中，要把人才摆在突出的地位，人才的培养现在就要着手，还有管理、制度、办法、规章等。我到芝加哥交易所去考察，问他们规章制度有多少，他们说厚度有几尺厚。我访问美国国家期货交易管理委员会，也问了该委员会主席，他说他那里的管理是相当复杂的，也是相当细的。期货市场是社会主义也可以用，资本主义也可以用的东西，我们可以汲取它管理上好的方面，存利除弊。要筹建好上海粮油商品交易所，要从组织上落实，要尽快地把筹建组，甚至于高一级的筹建组建立起来。与此同时要建立咨询小组，请一些专家、学者，还有各部委来咨询。1992 年要形成一个文件报国务院，经批准后 1993 年适当的时候正式营业。当然这中间有一个良友商厦的建设同步、配套的问题，要加快建设的步伐，争取早日正式开业。

加快建设以上海为口岸的长江粮食流通体系

这是我们规划了全国的仓储运输体系以后，所确定的一个重要的工程、重要的目标。全国的粮食流通、储运、服务体系，集中来说有两个大体系，两个小体系。一个大体系就是东北的储运体系，主要是解决北粮南运的问题、北粮出口的问题。大概每年有 1000 多万吨吞吐量，主要是出口玉米，另外进口一部分小麦。今后的发展，可能要到 1500 万吨。第二大体系就是长江粮食流通体系，这个体系从上游四川开始，一直到上海。也就是解决中粮东进南下的问题。现在全国粮食能调出的一个是东北、一个就是中部地区，就是湖南、湖北、安徽、江西、四川能够调出一部分，江苏可以稍微调一点。这是第二个体系。还有两个小体系，就是京津、内蒙古的粮食流通体系，也叫京津走廊。就是解决从天津港运到北京、内蒙古的几百万吨粮食，这是一个体系。再一个就是华南的以广西的防城港为口岸，连接云南、贵州以及广东部分地区的粮食运输体系，这是两个小体系。这几个体系就构成了我们全国粮食仓储体系的一个战略布局。

建设以上海为口岸、为进出口、为龙头的长江粮食流通体系，具有重要意义。因为这个地区物流量比较大，人口稠密，而且是服务产地，服务销区的一个重要的通道。特别重要的是这个地区是处于中国的腹心地区。所以它不仅对上海而且对长江流域 7 个省，对全国的粮食都起着举足轻重的作用，这个布局完成以后，我们的粮食部门就具有经济实力了。粮食部门要有经济实力，一是要用粮食这个物质基础来保证。二是储运体系，把这“两大两小”储运体系建设好。三是仓库建设，“八五”期间建设 4100 万吨的仓容，再加上流通领域的配套建设。再一个物质基础就是要搞一些骨干加工厂，进行网点的改造。有了这三大网络、三个体系或者叫三个系统，就可以奠定我们粮食系统今后的物质基础。

建设以上海为龙头的长江通道、长江走廊，对全国的经济有着很重要的意义，而且对浦东开发、上海振兴、整个华东地区和长江流域地区的繁荣都有它的意义。这个体系建设内容包括了这三个方面：第一，粮食港口码头粮仓的建设，包括了上海港以及长江沿岸的重要港口的建设。第二，包括沿长江的运输走廊的仓储设施建设，着重是中转站。我们运输系统将来要进行一个大的改革，就是以袋装、袋运、袋卸、袋存为主逐步转化到以散装、散运、散卸、散存为主，这是个大的改革。第三，包括一些运输设施、机械装备的建设。运输设施和机械装备都准备配一点现代化的设施。资金我们着重是想使用世行的贷款，国内配套，如果世界银行的贷款搞不成，我们国内集资解决，先把规划搞好。

上海粮食部门我们认为重点要抓两项工程：第一是粮食港口、码头的建设；第二是机械化骨干库的建设，使它成为一个具有现代化水平的、经济效益和社会效益高的，调动灵活、经济合理的码头和仓库，着重抓这两项工程来带动整个粮食物流体系的建设。港口的码头建设，现在正在起步，有个意向，再积极努力。将来沿海的大的粮食码头一个就是以大连港为主、营口鲅鱼圈为辅的格局，这是东北走廊的。长江走廊就是以上海港为主，该早动手，该早抓。经济效益和社会效益都是很好的，宏观效益也是很好的。上海这个码头既是长江口的咽喉、通道，将来成为长江流域进出口的主要码头，又是北粮南运的一个中心点，战略地位十分重要。机械化库的建设在上粮七库，希望它成为华东的一个示范库，在设计、建设、管理、经济效益这四方面在华东起骨干作用，甚至影响全国。搞一个现代化的仓库，要把前期工作做好，把仓库建设搞好。将来示范库不搞多了，北京搞一个，上海搞一个，着重抓这两个。

为了做好以上海为龙头的长江粮食流通系统建设，要注意以下几个问题：

（一）项目布局、选点、定型、定位一定要搞好。布局选点非常重要，是经济效益和社会效益好与不好的第一个条件，选什么仓型、定到哪里，对今后的影响都是很大的。要从今后的发展出发，从战略布局考虑，经过反复论证，选定最合理的方案来进行建设。

（二）要注意根据“技术先进、经济实用、符合国情、着眼未来”的原则来搞好粮食流通体系的建设。特别是骨干库，重点设备一定要根据这个来考虑。

（三）要认真细致地做好前期准备工作和方案的论证工作。可以提出不同的方案，经过专家反复论证，按照投资省、见效快、周期短这个要求来搞。既要考虑宏观效益，又要考虑微观效益；既要考虑经济效益，又要考虑社会效益。这是一个重要的任务，将这几项大的建设搞好了，不仅对上海，对我们全国粮食系统必将产生深远的影响。我们希望把这个体系的建设抓好。

改造和建设好上海粮油销售服务网络

从现在全国的情况来看，粮食销售网点建设落后于形势的发展，落后于改革的需要。从粮价已放开地区来看，粮食销量的下降，一方面是和粮食品种单调有关；另一方面和网点配备不足有关。粮价放开后，首当其冲的是网点，所以要抓紧网点的改造。

全国80%的网点，是在背街小巷，设备非常简陋。而且所有权大部分不在粮食部门手里，上海尤为突出，起码是百分之九十几都是房管局的。这是历史上形成的，过去我们因为是分配型的，吃补贴，不管这些，也不注意，但是随着改革的深入，这就给粮店带来了极大的困难。全国是统一规定，网点改造后就加租。因此，网点的改造和建设就成为当前的每个突出的问题网点。搞不好，网点一萎缩就影响加工厂，加工厂一萎缩就影响到仓库，就会形成恶性循环。网点如果能够占领阵地，扩大销售就可以促进加工的发展，就可以促进粮食的周转，就可以逐步形成良性循环，所以网点建设必须引起我们的注意，采取措施来加强这项工作。要适应商品经济进一步发展的需要。我们粮食系统这几年把仓库建设列上了议事日程，加工企业和粮办工业的建设也是逐年在搞。但是，粮店的改造和建设，成为我们一个薄弱环节，所以我们各级粮食部门一定要看清这种形势，把这种情况向政府反映，向计委反映，向财政反映，争取采取措施能够用几年的时间，来解决这个薄弱环节的问题。改造和建设好网点，构成一个粮油的销售服务网，是商品经济的极大的财富，将来产品可以通过粮食部门各个网点销售。我们搞有计划的商品经济是离不开销售网的。

为了搞好网点的改造和建设，我看要注意这么几个问题：

第一，要按照商品经济的观点来进行改造和建设，要改造老点，开拓新点，把我们的粮店逐步改造建设成为一个综合性的粮油食品店。其中要有一些骨干，成为中心粮店，甚至可以成为中国式的自选商场，或者是超级市场，特别是像上海这样的城市，每个区要有一些骨干网点，能够形成经济规模。

第二，要充分发挥粮食系统的整体优势网点，挖掘潜力。我们粮食部门在

40多年来有一定的优势，除了我们政治上的优势以外，我们的固定资产、技术、销售网络、人才都有一定的优势。我们要把这些优势发挥出来，组织起来。我们有一个优势和商业不一样，商业就是商业，我们是工商结合的，原材料在我们手里，粮食收购在我们手里，加工也在我们手里。所以我们适宜于工贸结合。除了这些优势，还要发挥我们网点的级差地租的优势，也就是说凡是在黄金地段的那些店堂，要首先改造，发挥它的作用，把它的级差地租体现出来。这样我们就可以提高经济效益。

第三，注意坚持本业为主、多种经营的方针，广辟门路，放开经营。搞了网点以后，粮油这一头不要丢了。我们还是要讲企业效益和社会效益两个效益。粮食部门本身决定了它是微利的行业，包括我们加工厂，因为社会主义制度决定了粮油不可能赚大钱。但要尽量创收增收，提高效益。

第四，就是要解决资金问题，资金问题还是采取多方筹集的方法，通盘规划，逐年建设。去年我们在工商银行争取到了5000万元贷款，1992年是要了1亿元，用于网点建设，将来我们准备还要再争取一点。财政、银行凑一点，部里拿一点，地方要一点，多方筹集来解决资金的困难。这样，经过几年，能够实现网点改变面貌。

我们粮食系统正处在一个改革的关键时刻，处于一个历史性的转折时期，整个粮食部门当前都要发生一系列的变化。从产品分配型转到商品经营型的一系列的变化，从思想意识、经营观念、机构设施、制度办法这些都会发生一系列的变化。我们担负着光荣艰巨的任务，既要看到困难，又要看到优势，要总结历史经验，把我们的工作搞好。

我认为要完成以上任务，最重要的就是思想要解放，工作要扎实。工作要抓落实，不要搞形式主义，不要喊那些空口号，要扎扎实实地搞。在工作抓落实当中，今年我们着重要抓基层、抓基本功。我们的基层活了，整个粮食系统才活得了。今年在抓基层当中要抓两头，一个是好的库，好的单位，我们要总结经验加以推广，要搞一些改革试点。另外抓一下后进单位，有什么问题解决什么问题，首先从他们领导班子里找问题，把它解决一下。与此同时，1992年要抓基本功、抓干部培训、抓工人培训，希望上海市和各个区局都抓好这件事，经过二三年，把干部、职工轮训一遍。政治教育着重是要解决树立热爱粮食的事业心，增强责任感，同时抓好业务学习。这样，我们就能够在进一步深化改革当中，克服困难，不断开拓前进，把粮食工作搞得更好。

科技兴粮　任重道远*

（1992 年 3 月 24 日）

这次会议有一院七所的领导参加，主要为了研究落实小平同志的指示和全国科技工作会议的精神，动员全国粮食系统科研人员积极投入到流通体制改革和粮食经济建设洪流中去，发挥科技作为第一生产力的作用，为粮食事业的发展作出更大的贡献。

加强科技工作是振兴粮食工作的战略措施

当前我国的政治经济形势很好，粮食系统的形势也是空前好，购销调存加各环节的改革都有进展。但是，粮食系统正处在转折的关键时期，面临的困难也是空前大，遇到很多新的问题和挑战，主要表现在以下三个方面：

（一）随着粮食价格改革和配套改革的深入，粮食部门吃政策饭的局面即将结束。过去吃平议差价，靠差价的优势来养活粮食系统。今年粮价改革后实现购销同价，下一步要向市价接近，放开价格也为期不远了。卖平价粮的时期就要结束，吃差价的局面即将改变，今后要靠我们的优势来解决吃饭问题和自我发展问题。已经改革的地区已出现这种局面：粮食价格放开后，粮食销量大幅度下降，如四川的广汉、山东的长岛、福建的石狮等地，都出现了这种情况，靠卖平价粮的收入来生活已很困难。

（二）随着流通搞活，多元化、多渠道流通格局的形成，粮食独家经营的局面已经结束。流通多渠道、经营多元化、交易市场化的进展，使市场调节部分扩大，竞争将更加激烈。目前议价经营数量超过了平价部分，今后还要不断扩大，不仅有多渠道的竞争，而且有多种经济成分的情况。今后的经营不仅要考虑国内，还要考虑国际市场的情况。国内小麦、大米的价格都比国际市场高，这给粮食流通带来了新的问题和困难。

---

* 这是白美清同志在商业部部属粮食科研院所长座谈会上的讲话。

（三）随着经济发展和人民生活水平的提高，我们已由温饱型逐步向小康型过渡，沿海地区已是小康初期，人们的食物结构将发生变化。粮食部门以经营原粮的“老三样”① 为主的局面将要改变。要适应这种新形势，要供应食品包括成品、半制成品，适应不同的消费层次的需要。

这三方面变化都对粮食系统提出了新的要求。由于客观形势的发展，粮食部门本身也正处于从产品分配型向商品经营型转变的过程中，产品分配型的烙印深深存在于粮食收购、调运、销售各个环节，包括制度、办法、组织机构和设施等多个方面，如粮店从南到北、从东到西都是一个模式，柜台戳几个洞，半边开票半边卖粮。粮食部门本身观念、机制和发展战略的转变正在进行，改革步伐落后于商业、供销部门。粮食部门现在正处于一个关键时期，是前进还是萎缩，是保持主渠道地位还是丢掉，这二三年的工作极为重要。

粮食行业作为社会主义经济的一个重要支柱，必须继续发挥主渠道作用。粮食经营阵地放弃过多，将使社会稳定受到威胁，影响国家的长治久安。在当前转折时期，如果采取的政策、措施得当，就能抓住机会，不断增强粮食行业的生命力，发展壮大阵地。如果搞得不好，就会萎缩。粮食部门担负着保障粮食供应的重任，一方面要稳定市场和价格；另一方面又要自身搞活、自负盈亏，是很困难的。我在国务院汇报时曾说：现在该要解决卖粮人的吃饭问题了。搞得不好，粮食流通服务体系将受损害、被打乱。

粮食部门如何摆脱困境、求得发展、走向振兴？我认为一要靠改革，二要靠科技。要深入改革、要把科技抓上去，这一点在思想上必须明确，舍此没有别的出路。粮食部门要振兴、要出效益，就得靠改革调动大家的积极性，靠科技来发展生产力。这里我着重谈谈科技发展问题。

粮食经济要发展必须依靠科技的力量。粮食系统正面临新形势。粮食行业适应人民生活需要，正进行两方面转化工作：一是向食物的制成品、半制成品转化，向食品转化，以满足不同层次消费者的需要，不仅要满足城市的需要，而且要满足广大农村的需要，开辟市场。二是向饲料转化。生活水平提高后，动物蛋白质的消费将要增加，这是发展趋势。两个转化都离不开科技。食品工业尤其是饲料工业是与科技紧密结合的新兴产业，通过科技可以发挥更大效益，从收、储、运、加、销到摆到老百姓饭桌上，科技都会发挥极大作用，既可以开发无形粮田，又可以增效增值，开发新的食品资源。科技的作用在今后

① 注：“老三样”指国营粮食部门当时凭票证供应的大米、面粉和玉米粉。

发展中将日益显著。采用新技术往往产生新效益，开发一个新产品往往可以带动一大片。可以说没有科技的发展，就没有粮食行业的起飞和振兴。粮食工作五个环节购销调存加都离不开科技，还有教育。因此，我看还要加上两个字，那就是“科”、“教”，而且排列顺序要改变一下，应为“科教购销调存加”，地位要这样摆。科技上去了，粮食的发展才有基础。粮食行业未来希望在于科技与粮食经济的结合，全行业的科技人员肩负着光荣而艰巨的任务。各级行政、业务部门都要着眼于发展科技。要使粮食行业保持活力和生命力，必须狠抓科技。不只是在口头上，而是扎扎实实一步一个脚印地抓下去，这是粮食经济振兴的根本要求。

科技要更好地为粮食经济的发展服务

我这里说的是大粮食（包括饲料、油脂油料）。根据“经济建设必须依靠科学技术，科学技术必须面向经济建设”的方针，根据这次小平同志的指示和科学技术工作会议精神，在粮食系统要将科技和经济更好结合，使科技更好地为粮食经济服务，这点要明确。全国的粮食科研院所、高等院校、工厂、仓库、公司的科研人员要统一组织起来，为粮食的振兴服务，想粮食行业之所想，急粮食行业之所急，把粮食行业带有根本性的问题通过科学技术研究加以解决。要跟上世界新技术革命的步伐，不仅要把11亿人的吃饭问题继续解决好，还要力所能及地使人民吃得更好一点。中国的粮情决定了我们不能走耗费很多粮食的高消费道路。到了2000年，还是只有人均400公斤粮，又不可能大量进口。要在这400公斤粮上做文章，不能走西方高消费的道路，要走节粮型消费道路，达到小康水平，这点与国外根本不同。既是节粮型消费又要进入小康，结合这个特点，如何搞好？我认为根据粮食部门的急需和发展的要求，粮食科技今后应当着重研究以下几个方面。

（一）粮食流通的经济技术。这方面潜力很大，问题也很多。首先要注意仓库的布局选点、定型定位如何科学化、标准化，提高两个效益。既要有现代化的立筒仓，又要有中国特点的房式仓，适应不同地区需要，要结合国情搞研究。

要研究露天堆垛存粮的技术。目前有1/3的粮食仍露天存放，短期内不可能解决大部分，“八五”期间可能解决大部分，但还有1000多万吨要露天存放。我对世界银行的官员讲中国的露天存粮技术世界第一。将来要着重推广一些仓型，淘汰一些仓型，像蓑衣草帽式的库非常容易着火，应当淘汰。

粮食的袋装运输是否也可以改一下？千百年来就是那样，现在还是那样。麻袋本身也可以改一下。现在推广用集装箱袋大包装运水泥，粮食运输是否可以参照？成都所提出的陈化粮的研究也很重要，如果有突破是不得了的事。从农村调成品粮进城不好保管，调糙米进城就很好。这些方面要加强经济技术研究，有很多文章可做。

（二）粮油食品加工技术。这方面要深化研究。我国有很丰富的传统菜肴和各种传统食品，要与冷冻、保鲜、包装等现代技术结合起来。我认为中国的面条比意大利的要好吃，哪个研究所能把它搞一下，打到国外去？担担面也不错，能否工业化生产？

早籼稻的利用是个很大很头疼的问题，现在库存还有几百亿公斤，其中三年以上的有500万吨，没有好的出路，大家都动点脑筋，把它用起来。你们说的配合米究竟有没有前途？要加强研究开发。不深入研究，不加强新产品开发，就容易走下坡路。

（三）饲料的开发技术。这方面我们也有许多优势，要加强研究。我就不信我们竞争不过三资企业，植物油方面不信我们的“绿宝牌”就竞争不过人家的“顶好牌”，在饲料配方上要结合中国特点进行研究。去年进口了63万吨鱼粉，还有添加剂，但是鸡场养出来的鸡越来越没有老母鸡的味道。如何使它恢复鸡香味？如果搞成了也是一项大发明。

（四）粮油加工销售服务体系。这方面要作些技术经济研究。在战略布局上进行分析，比如在加工厂的布局上，可否把几个大的骨干面粉厂好好武装一下，参与市场竞争。粮油运输方面也要注意技术经济研究。粮店的经营品种在向小包装发展，经营方式也要向小超级市场、连锁店转变，技术经济研究要先行。

在研究过程中，既要注意开发新产品，又要注意改造传统产品；既要抓一些新的质量好的食品，又要抓一些效益好的机械；既要立足于国内市场，又要努力开辟国际市场。注意应用环节，尽快把科技成果转化为生产力。

为了开展好研究工作，在宏观上科技工作要抓三个方面：

（一）制定规划，逐年检查。要逐年落实，并根据新情况加以补充。

（二）组织力量，开展协作。当前要组织各方面的科研力量围绕关键项目，进行攻关。

（三）多方筹集科技经费。现在科技投入很紧，所长们来诉苦，我表示理解。去年我们节余了一点儿钱，准备拿出25万元，用于科技。聊胜于无吧。希望各位所长要“巧妇善为少米之炊”，把钱用好。现在部里正与世界银行谈判进行粮食流通体系建设，初步方案是投资5亿美元。建成以后将对粮食经济发挥极大的促进作用。目前我们正以极大的耐心、极细致的工作进行落实，谈判已进入第三轮。这个项目的重点是解决粮食流通体系中带关键性的问题，具体就是“两大两小”。“两大”：一个是建立东北北粮南运的流通体系，即东北运输走廊（运输能力为1600万吨/年），包括码头、铁路、专用车辆、仓库、集运站等。另一个是建立中部粮食东进南下的流通体系，即长江运输走廊（运输能力500万吨左右/年），利用长江黄金水道将南方七个产粮大省的粮食运出来，建立包括码头、立筒库、房式仓的流通体系。在东北以大连港、中部以上海港作为进出口渠道。“两小”：一是建立京津内蒙古走廊的粮食流通渠道，由天津新港进出口；二是建立两广云贵的粮食流通渠道，由防城港进出口。

通过引进世界银行资金，并配套国内资金进行建设，可以把粮食流通体系的战略布局搞好。参加这一工作，既为粮食振兴打下基础，也可以锻炼我们的队伍，各院、校、所要积极配合，不要讲价钱。你们几个所可以派人参加专家论证工作领导小组，对项目办公室下达的任务，请你们积极支持。通过参加项目论证、考察，还可以为你们将来参与项目设计招标等工作做好准备。

深化科技体制改革　努力建设好我国粮食科研服务体系

要更好地完成党中央、国务院交给我们的任务，发展、振兴粮食经济，必须要有一支政治、业务素质高的队伍，建立健全科研服务体系。这个体系要有现代化水平、学科比较完备、购销调存加都有一批专家、与经济紧密结合，并能进行多功能、全方位的高效率服务。我的看法是现在已经有了较好的基础，但离要求还比较远。要经过一段时间的努力，建立一批有权威性的粮油研究、检测、设计中心，培养一批第一流的专家学者，要向这个目标奋斗。现在粮食科研院所有近100个，人员4000人；直属所8个，人员1200人。这是我们粮食科研的重要力量，要进一步发展、壮大。现有的科研人员比重，与350万人的行业队伍不相适应，要逐步加大，建立起以直属院、校、所为骨干，以地方、企业科研力量为基础的科研服务体系，提高他们的政治、业务水平，为我们粮食行业的发展奠定基础。在体系建设过程中，要注意以下几点：

（一）坚持改革方向，走技工贸一体、科研生产经营结合的道路。这一点要明确。经过几年的改革实践，粮食科技工作已迈出了步伐。但方式还可以再灵活一些，要走出去，要与行业、部公司的发展结合起来，科研成果要尽量在系统内应用，系统内各单位也要以积极态度配合科研单位的各项试验。要搞好技术市场和科技开发工作，使成果尽快转化为生产力。

（二）注意突出特点，发挥整体优势。各科研院所要注意发展自己的专业特色，逐步在全国形成一个各具特点、优势互补的科研设计服务体系。科技质量司要加强宏观调整，各所在专业方向上有点重复是难免的，但不能重复太多。目前粮食系统还没有被打乱，系统内部还有比较紧密的联系，要利用和发挥这个优势，对科研单位扶持让利，给优惠政策，使之产生整体效益。

（三）要把当前研究和今后发展结合起来，把基础研究、应用研究、开发研究结合起来。在科技质量司的计划中，对那些有根本性意义的基础研究不要丢掉。粮食行业虽然困难，但仍然处在发展时期，每年的基建费就有10亿元以上，怎样把这些钱用好，把粮食行业的发展规划好，研究工作要先行。

（四）坚持科研院所内部改革。最重要的是积极创造条件，为人才脱颖而出鸣锣开道、铺路搭桥。特别是院所长，要慧眼识金刚，要当伯乐。要在用人制度、工资奖金分配上深化改革，把竞争机制引入人才管理。我认为出人才与出成果是统一的。没有人才，就没有成果。从国家来讲，并不靠科研所赚钱，科研所本身能赚多少钱呢？你们的效益，主要应当体现在宏观效益上，要看你们的成果，能为社会带来多少的经济效益和多大的社会效益，这点与工厂企业是不同的。

（五）注意科技知识更新，吸取、掌握国际上的先进技术，并结合中国实际情况加以发展。必要时可以多出国交流，遇到困难可以报上来，我们给帮助解决一下。通过交流把世界新技术革命的信息和发展趋势带回来。世界新技术革命发展很快，搞不好就要落伍。要广采各国之所长，形成自己的风格。

关于今年的科技工作，科技质量司会另作布置，我就不多说了。

对你们反映的具体问题我表个态。我非常理解你们在科研第一线的困难，特别是当前正处于转折时期，财政也比较困难，部里也是心有余而力不足。我们争取每年前进一两步，逐步解决问题，达到目标。会上提的意见，主要是经费、基建、仪器设备等方面，还有几个所希望成为甲级设计单位。这些问题有的可以解决，有的要今后慢慢解决，总的我已经有了印象，记在心上，逐步解决吧，争取每年都有所前进。

搞好世行贷款粮食流通项目 加快粮食物流体系建设步伐*

（1992 年 4 月 9 日）

这次长江走廊可行性研究报告工作会议，是继东北走廊工作会议之后又一次重要会议。鉴于这次会议重要，所以请六省一市和武汉市的粮食局局长也来参加会议。会议的任务是落实商业部、国家粮食储备局关于世行粮食流通贷款项目的要求，布置编制长江走廊立项报告和可行性研究报告，为下一步与世界银行的谈判做好准备。经过大家几天来夜以继日的工作，已完成了预期的任务，取得了圆满的成功。下面，我讲几点意见：

迎接改革开放的新形势　加快粮食物流设施建设的步伐

当前，我国正处在一个关键时期，我们粮食行业也处在一个关键的转折时期。最近部党组学习了小平同志南巡谈话，深受鼓舞，感到责任重大，认为从现在起到本世纪末这个阶段是极为关键的时期，我们工作的如何关系到国家兴衰、商粮部门的生存和商粮企业的成败。正是在这样一个关键时期，邓小平同志以无产阶级革命家的战略眼光，南巡各地，发表了具有深远意义的重要谈话，系统阐述了建设有中国特色的社会主义的理论、路线、方针、政策，特别是强调基本路线一百年不变等重要指示，为我们前进指明了方向。可以预期，邓小平同志的谈话，将转化为巨大的物质力量，在全国掀起一个改革建设的新高潮，促进国民经济上一个新台阶，发展到一个新阶段。

在改革开放新高潮到来的形势下，粮食部门怎么办？这是我们面临的重大课题。当前是一个非常有利的形势：进一步深化改革和扩大开放的大气候已逐

---

* 这是白美清同志在江西九江举行的商业部、国家粮食储备局召开的世界银行贷款粮食流通项目长江走廊第二次工作会议上的讲话。

步形成，而且正在向好的方向发展，这对粮食企业的改革和发展是一个有力的推动，这是一个很好的机遇。但也要看到，随着改革的深入，粮食行业的深层次矛盾逐步暴露，将必不可少地遇到一些困难，面临激烈的竞争和严重挑战，有以下三个方面的问题应当引起我们充分注意：

第一，随着粮价改革的深入和配套改革的发展，粮食部门吃政策饭的局面即将结束，购销同价后，政府只补贴经营费用，粮食企业要实现自我生存、自我发展；

第二，随着多元化、多渠道流通格局的形成，粮食部门独家经营的局面已经结束，将要到市场中去竞争；

第三，随着经济的发展和人民生活水平的提高，由温饱型逐步向小康型过渡，粮食行业以卖原料为主、卖“老三样”为主的局面即将结束，发展以粮油食品为主的多种经营的任务摆在了我们面前。

中国的基本粮情是人口多，粮食人均占有水平不高，即使到2000年，我国人均占有粮食还是400公斤左右，仍低于世界平均水平。因此，我国不能走高消费、高蛋白为主的路，只能走节粮消费的路，以粮食、植物油消费为主，加点动物蛋白和脂肪。粮食部门既要担负保证粮食市场平稳的任务，又要自负盈亏，自我发展；既要发展多渠道经营，又要保持主渠道的地位，这就是难点之所在。加上粮食部门本身的体制不顺等深层次原因，又处于由产品分配型向商品经营型过渡之中，亏损挂账严重，可以说，粮食部门要背着包袱前进。

我在向国务院总理、副总理、国务委员汇报粮食部门的情况时谈到，现在面临的最大困难，是要解决卖粮人即粮食企业职工的吃饭问题。现在，有的粮站发不了工资，就发几袋大米。出路何在？就在于认真贯彻落实小平同志谈话，把它变成粮食部门的实际行动。要深刻领会小平同志谈话的精神实质，抓住机遇，解放思想，加快步伐，壮大实力。机不可失，时不再来。谁错过了机遇谁就会被动。就我们粮食部门来说，“左”的倾向是主要的。要警惕右，但主要是防止“左”。我们有的同志在思想观念上受“左”的影响很深，总认为“‘左’是方法问题，右是立场问题”。因此，要进一步肃清“左”的影响，大胆解放思想，加快改革的步伐，加大改革的份量，壮大实力，克服困难，以实际行动胜利完成党中央、国务院交给我们粮食部门的光荣而艰巨的任务，逐步建立一个充满生机与活力的粮食流通体制和运行机制。

当前要抓粮食企业转换经营机制，同时，要抓粮食基础设施建设和粮食市场建设，逐步形成全国性的粮食流通服务体系。这一体系包括三个方面：一是仓储运输网络和系列；二是粮油及食品加工系列；三是销售服务网络。这是加快改革的物质基础，是保持粮食行业主渠道地位的物质保证。从各地试点的情况看，凡是服务体系、物质基础建设好的地方，有了强大的实力，就能在多种经济成分、多条流通渠道、多种经营方式的竞争中立于不败之地。如四川广汉市，粮食部门原来只发70%的工资，销售量最少时只占20%，他们通过大胆改革，现在缓过来了，工资照发，还发奖金。所以，要通过深化改革，加快基础设施建设，加强培训工作，培训出一大批又红又专的粮食经营管理队伍。

加快粮食基础设施建设，要从三个方面综合考虑：

（一）统盘考虑，逐年建设，锲而不舍。建设规划要以经济效益为中心，从战略考虑做好布局，抓住一些关键性的项目，建设一批具有辐射能力的骨干设施，不要搞小而全和重复建设。

（二）要善于多方筹资。粮食部门过去那种靠拨款、无偿投资搞建设的时代已结束，我们要学会用贷款搞建设的本领，包括国外贷款，不要靠和等。在运用资金过程中，要注意发挥各个方面的积极性。过去“肥水不流外人田”的思想要解放一下，不能有利益一家独占，独吞汤圆，要学会调整各种利益关系，做到“肥水分流众人田”，逐步形成共同利益。

（三）加强协作，发挥整体优势。平等竞争的要求是合理的，但从来也没有过绝对的平等竞争，坐等优惠条件会丧失时机，关键在于自己去争取，学会滚雪球，充分利用自己的力量，跟上改革步伐。

加快建设“两大三小”的全国粮食流通体系的初步设想

根据我国粮食产需分布和我国粮流的特点，商业部和国家粮食储备局反复进行了研究，认为全国粮食储运网络建设，从战略上考虑要抓好“两大三小”：

（一）东北走廊。主要是解决北粮南运，以建设大连港粮食码头为主，营口鲅鱼圈码头为辅，在黑龙江、吉林、辽宁省和内蒙古自治区东部以及几个计划单列市建设一批骨干粮食中转库，增加一些运输工具和装卸设施。

（二）长江走廊。这是我国中部产粮区的一个流通体系，包括江苏、安徽、江西、湖北、湖南、四川省和上海市及几个单列市，目的是解决中部粮食东进南下问题。

以上是两个大走廊，把主产区和主销区连接起来。此外，还有三个小走廊：

（三）京津走廊。包括北京、天津市和内蒙古中、西部地区。

（四）西南走廊。包括广西壮族自治区和云南、贵州省。

（五）西北走廊。包括陕西、甘肃、青海省和宁夏回族自治区、新疆维吾尔自治区。

这“两大三小”运输体系建成以后，全国粮食流通体系就可以进一步得到完善，从而形成全国粮食流通的大动脉、大通道，也就能够实现全国粮食调动灵活，货畅其流。这是一个庞大的社会系统工程。其中，长江走廊是一个大项目，连接六省一市。长江中下游地区是全国粮食主产区和主销区，其产量占全国的38%左右，也是中国的经济繁华地区。在这里，要逐步建成一个江海联运、公铁联运、陆水联运的体系，以大大降低流通费用。预计到2000年，这个走廊的粮食吞吐量可以达到“出六进七”，即1300万吨左右。建设长江走廊具有以下重要意义：

一是长江走廊的建成将有利于长江流域的粮食流通，为我国中部粮食东进南下和北粮南运提供服务，促进这些地区产销两旺，经济繁荣。

二是有利于粮食行业机制的转换，促进改革的深化，缓解粮食部门的困难。

三是有利于锻炼培养粮食系统的人才，对粮食行业的发展具有深远影响，同时能积累经验，向现代化的管理迈进。

世行贷款的条件比较优惠，我们本着积极争取、坚持原则的方针做了一年多的工作，目前，此项目已经国务院批准，并经国家计委和财政部协调，已进行了三轮谈判，今年还有三次谈判，如果进展顺利，预计明年上半年即可签字实施。但要告诉大家，我们也要做两手准备，有无意外，还很难说，但即使搞不成，也没关系，我们还有其他途径，也争取了每年4亿元的配套资金。总之，我们要以极大的耐心和极细的工作争取搞好这个项目，不要急躁，不要怕麻烦。

以高度负责的态度和扎实的工作作风做好世行贷款项目准备工作

这次粮食流通贷款项目规模大，投资多，而且要按世行的基本建设程序进行，因此，工作量大，要求高。这项工程，总投资10亿美元，按现行汇率折算约合54亿元人民币，在粮食部门是空前的，在我们国家也是一个大项目，用5年或多一点的时间完成这一项目后，将极大地改变我国粮食系统的面貌，所以，这是一项历史性的工程，是百年大计。为此，提出以下要求：

（一）要从宏观全局和提高效益出发，提项目、搞设计都要着眼全局，服从全局。不要像国内争项目那样，要服从调整，按部里领导小组和项目办的要求做好工作，一致对外，不要把矛盾暴露在外国人面前。这个项目一定要抓经济效益，只准搞好，不准搞坏。资金是世行贷款一半，国内配套一半。关于国内配套资金，按中央和地方各负责一半的原则进行。数字要核实，不能虚报，向外提供关键数字，要经过审查，注意保密，做到内外有别，上下口径一致。整个项目的决策要做到正规化、科学化、民主化，不要像过去国内搞项目那样“头戴三尺帽，准备砍一刀”。

（二）要根据“技术先进、经济适用、符合国情、着眼未来”的原则进行布局选点，定型定位。要从实际出发，根据物流量进行设计，仓容要宁肯打得紧一点，充分发挥现有仓容的潜力，绝不能出现建好仓库后装空气和晒太阳的局面。

（三）整个项目要严格按照基建程序进行，决策和工程施工要科学化，要精心设计、施工、管理，争取成为全优工程。各级、各有关部门要确立责任制，要以对人民负责、对历史负责的态度进行目标责任管理，要建立一套符合粮食部门实际情况的基本建设制度和项目管理制度。

（四）要以改革的精神，研究制定项目管理办法，落实各种经营责任制、经济责任制，使我们的项目按新办法管理。仓库要推行栈租制，运输企业要建立目标管理责任制，资金运用要建立正常的经济核算制度，项目建成后一开始就要建立还贷基金制度。

（五）要加强组织领导，成立领导机构和项目办公室。各项目区粮食部门第一把手要亲自过问，主管局长亲自抓，项目办要有组长负责。同时，要积极争取当地党政领导同志的重视和支持，争取当地计划、财政、银行、交通、铁道、市政建设和地质、水文、气象等有关部门的大力支持。

关于具体工作，部世行项目办和专家组已提出了具体要求，希望大家按照要求做好工作。

深化改革　扭亏增盈
遏制挂账　提高效益*

（1992 年 4 月 11 日）

这次会议的中心议题，就是动员全国粮食系统的广大职工，深化改革，扭亏增盈，遏制挂账，提高效益。

改革新时期粮食工作面临的新形势

当前我国正处于一个非常关键的时期，粮食工作也正处于一个非常关键的时期。今后几年工作得如何，既关系到我国经济的兴衰，也关系到粮食工作的成败和粮食企业的生存。正是在这样一个关键时期，邓小平同志在南方发表了一系列重要讲话，深刻总结了我国社会主义建设特别是改革开放十三年来的经验，系统阐述了建设有中国特色的社会主义的理论、路线、方针、政策，丰富和发展了马克思列宁主义、毛泽东思想，具有极其重大的现实意义和深远的历史意义。邓小平同志的重要讲话，事实上也回答了我们国内及国际共产主义运动今后怎么办的问题，提出了基本路线要坚持一百年等重要观点。同时也总结了国际社会主义运动的教训，在苏联解体、东欧剧变，社会主义运动出现了低潮的情况下，坚定了全国人民走社会主义道路的信念。在国际风云变幻，国内处于改革的关键时刻，小平同志以无产阶级革命家的宏图大略和高瞻远瞩，再次为我们把舵、导航、排除干扰，使我国沿着具有中国特色的社会主义道路继续前进，加快改革开放的步伐，并为走向小康，走向振兴指明了方向。可以预期，小平同志的讲话一定会转化成巨大的物质力量，在全国掀起一个改革、建设的新高潮，促进国民经济建设再上新台阶，发展到一个新水平。

改革高潮的形势为粮食工作提供了很好的机遇，创造了很好的大环境，对

---

* 这是白美清同志在江西九江举行的全国粮食财会工作会议上的讲话。

粮食流通体制改革起到非常有力的推动和促进作用，有利于我们加快改革步伐。这两次调整粮价，幅度是很大的。今年调价之所以能顺利出台，与邓小平同志讲话以后形成的大环境有着密切关系。改革开放大气候的形成，我国综合国力的增强，也大大增强了人民群众的改革意识和承受能力，这是保证粮价改革顺利进行的一个重要条件。因此，今后几年，既是我国加快改革和经济建设步伐的有利时机，也是粮食部门走出困境，加速发展的良好机遇。粮食部门只要正视困难，掌握时机，一定能够把工作做好，走上振兴之路。另一方面，也要看到，随着改革的不断深入，粮食经营中一些深层的矛盾也会逐步暴露出来，粮食工作面临着许多新的问题，粮食企业也面临着严峻的挑战和激烈的竞争。主要表现在四个方面：

第一，随着粮食价格改革的深入和配套改革的发展，粮食企业吃“政策饭”、“补贴饭”的局面即将结束。今年粮食购销同价，下一步还要进一步深化改革，国家粮油补贴会逐步减少，企业不可能再长期吃“补贴饭”，必须学会在商品经济的海洋中求得自我生存、自我发展，不断增强活力。

第二，随着粮食流通体制改革的深入，多元化、多渠道的格局已经形成，粮食独家经营的局面已经结束，粮食企业将面临激烈的市场竞争。竞争对手将是多元化的，不仅有同行之间，各部门之间的竞争，而且也有其他经济成分的竞争，粮食部门必须在竞争中考虑自己如何取胜。

第三，随着经济发展和人民生活水平的提高，从温饱型向小康型的逐步过渡，粮食部门以卖原粮，经营“老三样”为主的局面正在结束，这已不能适应市场的需要，面临着如何向“本业为主，多种经营”转变的严峻形势。

第四，随着商品经济的发展和财务体制的改革，粮食系统统收统支的“大锅饭”局面即将或已经结束。粮食行业必须向独立核算、自负盈亏方向转化。过去是统收统支的粗放式经营，不大讲究成本、效益。今后必须向讲究核算、讲求效益方向转变，由粗放式经营向集约化、科学化经营方向转变。

对于以上四个方面的新情况所带来的新变化，粮食部门要有足够的估计和清醒的认识。当前是个非常关键的时期，如果我们的政策得当，措施有力，粮食经营就会沿着社会主义方向健康发展。如果措施不力，不采取相应的对策，就会处于被动，就会丢失阵地，经营萎缩。我们要力争实现前一种可能，避免后一种情况。当前粮食工作的形势很好。经过十多年来一系列改革，粮食工作购、销、调、存、加等方面都取得了很好的成绩。到 1992 年 3 月底，粮食库存相当于去年历史最高水平；企业经济实力有所增强，去年又增加固定资产80多亿元；1991年初步扭转了粮油补贴大幅度上升的局面，抵补储备粮油利息、费用的支出以后，减少补贴2亿多元。粮油工业、议价、饲料、运输以及其他盈利企业的效益有所回升，去年实现利润比1990年上升27.8%，多种经营利润上升8.9%，这些成绩的取得是和粮食职工，特别是粮食财会职工的努力分不开的。

但是，也要清醒地看到，随着体制不顺等深层次矛盾的暴露，粮食部门遇到了极大的困难，在财务上突出反映为以下三个方面：一是挂账大幅度上升。1987年粮食财务挂账31.3亿元，到1991年突破400亿元，有近20个省市的挂账超过或接近20亿元，最多的达30多亿元。全国粮食职工，包括离退休人员人均挂账1.1万元，负担年利息800~900元，这是粮食企业、职工的一个沉重的负担。形成挂账的原因，既有客观的，也有主观的。据调查分析，由于补贴不到位，执行保护价而造成的挂账占80%以上。但也应该看到，个别企业乱挤、乱摊成本、用流动资金搞基建、违反财经纪律等现象仍时有发生。二是“三角债”大幅度上升。1987年基本没有“三角债”，到1991年也突破400亿元，占压了大量银行贷款，加重了企业负担。三是费用大幅度上升，盈利下降。1987年经营每吨粮油的费用为37.07元，1991年达到80.09元，上升了一倍多。1991年盈利企业利润虽然有所回升，但也只有7.5亿元，远没有达到1989年的65亿元的水平。这些问题，如解决不好，不但经济上是沉重的包袱，而且会在思想上起消极作用。在一些地区和企业中已经形成了“挂账攀比，欠债有利，亏损无妨”的观念，粮食部门过去一直倡导的精打细算，艰苦创业的观念被冲淡了，这对于发展经济是十分有害的。在当前改革不断发展的情况下，可以说，粮食企业是在背着一个沉重的包袱前进。所以，必须正视眼前的困难，采取果断措施解决问题，走出困境。

要切实领会邓小平同志讲话的精神实质，认真贯彻党的基本路线，抓住机遇，解放思想，集中精力，把经济建设搞上去。概括地说，粮食部门要重点抓好“两个加快、一个提高”：一是加快改革步伐，逐步形成一个具有生机活力的粮食流通体制和运行机制。前一段的改革重点放在粮价调整方面，今后要进一步抓企业机制的转换和粮食市场体系的建设；二是加快粮食基础设施建设，逐步形成一个具有经济实力的粮油及其制成品的收、储、加工、销售服务体系，既服务于农民，也服务于城市消费者，成为整个城乡综合服务体系的一个组成部分；改革和建设的根本目的还是为了提高效益，因此要围绕提高效益这个中心来抓好各项工作。只有这样，我们才能在竞争中巩固主渠道的地位，在保证市场供应的同时，搞活流动；在保证宏观调控的基础上搞活企业。

我这里强调一下，在粮食流通体制及价格改革的过程中，几十年来建立起来的粮食购销服务体系不能打乱，不能随便下放。粮食流通中出现的问题不在于下不下放，而是体制的问题，如果体制的问题不解决，即使下放到乡、村，也不能解决问题。在改革过程中，始终要注意粮权不能旁落，服务体系不能打乱。根据这一精神，经过部里反复研究，提出了六句话："总量平衡，适量储备，掌握批发，管好市场，搞活企业，综合经营"。我希望通过全体粮食职工的共同努力，今年走出"谷底"，经过两三年的奋斗，克服困难，走出困境，使粮食行业在国民经济中发挥应有的作用。

深化改革　扭亏增盈　遏制挂账　提高效益

这四句话概括了今后一个时期粮食工作的重要任务，贯彻这四句话也可以说是一场攻坚战。这一仗打好了，粮食行业就能在改革新形势下大踏步前进，摆脱困境，走向振兴。在政治上，有利于维护粮价和市场稳定，保证社会安定；经济上，可增强企业实力，巩固和提高国营粮食企业的主渠道地位；思想上，可以增强企业的商品观念和改革意识，有利于从分配管理型向商品经营型转变。如果这一仗打不好，粮食部门可能陷入更大的困境，不仅不能保住主渠道，而且有逐步萎缩的危险。各级粮食部门一定要高度重视，把这一问题作为贯彻小平同志的讲话和七届人大五次会议精神的重要任务来抓。具体要求是：

第一，今年要遏制住财务挂账上升的趋势。按照国务院要求，今年不能再增加粮食上新的挂账。对于各项补贴，各级政府要列入预算，及时补足。在全国清理三角债会议上，国务院及财政部的领导同志都反复强调，要在今后3～5年，逐步消化"三欠"和挂账的问题，要分清责任，按照"分灶吃饭"的财政体制，坚持谁欠谁补的原则，不要寄希望于中央解决挂账。粮食系统要严格分开经营性亏损和政策性亏损，坚决杜绝经营性亏损挤入挂账。对于各级财政欠拨的补贴，要单独列账，并及时向当地政府和财政部门反映，抓紧解决。

第二，议价经营要扭转全行业亏损的局面，今年要争取扭亏为盈。对因执行国家保护价而形成的老包袱，要实行新老账划断，单独计算。

第三，粮办工业和饲料工业要进一步扭亏增盈，缩小亏损面，有条件的地方要争取今年的利润水平恢复到1989年的最高水平。

第四，粮库、粮店、经营网点，要进一步发展多种经营，增收创收。各个单位都要制定扭亏增盈的目标，落实到基层企业。加强领导，督促检查，促其实现，务必要使扭亏增盈工作在今年有较明显的进步。为实现上述目标，各地要认真抓深化改革，抓加强管理，抓科技开发。向改革要效益，向管理要效益，向科技进步要效益。具体来说：

一是要进一步深化改革，转换企业经营机制。要结合推广天津经验，把政策性的经营同正常经营分开，实现两条线运行。目前有些地方已采取了盈亏分开、平议分设管理等办法，我们认为这是可取的。要从县一级就开始实现盈亏分开，在县一级设立经营平价粮油的购销公司，负责政策性经营的亏损，从而解放和搞活基层企业。这个问题请大家认真考虑，有条件的地方应积极试验推广。还要结合各地情况，继续搞好经营承包，大中型粮食企业要搞集体承包或全员抵押承包，一些比较小的门市部、网点可以采取个人承包或租赁制。

二是要面向市场，因地制宜，发展多种经营，扩大转化增值能力，增强服务功能。要坚持本业为主，多种经营，积极开拓经营范围，增加企业收入。需要注意的是，即使多种经营开展起来了，也还要留一个柜台搞平价粮油经营，不要小看这个柜台，它是一种安全、稳定的象征。粮油工业、饲料企业，要特别注意引进新技术，开发新产品。有条件的还可以搞“三资”企业，积极吸收、引进外资，增强企业实力。

三是加强财会管理，开源节流，挖掘潜力，堵塞漏洞。粮食财会工作总的来说是好的，但一些企业的问题也很多，增收节支潜力很大。吉林省去年搞了“五清查”，查出了不少问题，挽回了一些损失，同时加强了内部管理，取得了较好的效果。这个经验可以推广。

四是加强资金的管理，管好用活资金。过去几年，不少单位推行“内部银行”和“结算中心”，有效地融通、调剂了资金，提高了资金的使用效益，取得了明显的效果。要进一步做好工作，继续加以推广，并注意加强和完善内部管理，使之能够健康发展。要牢固树立资金使用的效益观念，今后无偿拨款没有了，要学会使用信贷资金，敢于并善于使用贷款，真正做到“借鸡生蛋”，越滚越多，越发越大。

五是严肃财经纪律，要认真执行党和国家以及各级政府制定的有关财经法规，坚持财会制度，提倡“一支笔”审批制度。当前，粮食系统要注意开展反盗窃斗争，要加强管理，完善内部手续制度，堵塞漏洞。

六是加强领导。各级粮食部门的负责同志特别是一把手，要亲自抓财会工作，健全财会机构，充实财会队伍。部里已决定在财会司增设扭亏增盈办公室，以便对全系统的企业改革及扭亏增盈工作进行指导。各级领导干部要讲究经济核算，要像老部长陈国栋①讲的粮食系统“人人头上要顶把算盘”，讲求生财、聚财、用财之道，切实加强财务管理。

当前粮食部门的任务非常艰巨，但粮价调整以后，企业经营中的一些困难已经引起了国务院及有关部门的高度重视。粮食部门也已具备了一定的经济基础和物质条件。特别是粮食部门是集科工贸于一身，这就更有利于我们发挥整体优势，搞好一体化服务，我们要充分发挥这些有利条件，克服困难，完成各项扭亏增盈任务。

切实加强粮食财会工作　充分发挥财会人员的作用

粮食财会工作在整个粮食工作中占有重要地位，财会工作担负着经济核算、会计、财务管理、财务检查、监督等方面的重要任务。财会指标是整个粮食经济的综合反映，也是企业经营情况的晴雨表，财会管理是企业管理的一个中心环节。实践证明，凡是经营比较好的企业，财会工作一般来说也是做得比较好的；与此相反，如果财会工作做得不好，企业经营就不可能搞好。无论在统购统销时期，还是在改革开放以后，财会部门在搞活经营、加强企业管理、提高效益等方面都发挥了应有的作用。而且，随着改革的深入，经济的发展，财会工作更显得重要。财会工作绝不是可有可无的，而是发展粮食经济、搞活企业经营的重要手段。去年以来，财会部门在配合好粮食价格改革方案顺利出台、推动企业改革、开展双增双节、推广和完善企业内部结算中心、筹措资金、加快基础设施改造等方面，做了大量工作，取得

① 陈国栋（1911～2005），原籍江西婺源，1931年参加革命，1932年入党。曾任粮食部党组书记、副部长、部长，中共上海市委第一书记。

了很大成绩。广大财会人员为粮食事业的发展不辞辛苦，埋头苦干，不计名利，呕心沥血，是值得学习的。为此，去年商业部表彰了一批财会工作先进集体和先进个人，在此，我代表商业部、国家粮食储备局再次向广大粮食财会人员致以亲切的慰问和崇高的敬意。粮食财会部门在扭亏增盈、提高效益中肩负着光荣而艰巨的任务，财会人员一定要发扬成绩，再接再厉，在今后的工作中发挥更大的作用。

第一，进一步解放思想，积极参与粮食部门的各项改革。财会工作不仅仅记账算账，改革越深入，企业越发展，财会工作就越重要，财会部门要进一步解放思想，支持并促进改革。要坚持实事求是，一切从实际出发，对于那些不适应改革需要的财务制度规定，要认真调查研究，积极向上反映，进行必要调整，使之更加符合改革开放的总要求，为改革开绿灯。

第二，要做到理财有方，生财有道，管好用活资金。一方面要拓宽经营，广开生财门路，积极动脑筋想办法，挖掘企业潜力，堵塞跑、冒、滴、漏，努力提高经济效益。另一方面要严格遵守财经纪律，严格把关，敢于抵制违法乱纪行为，维护财经纪律。

第三，搞好协作配合，理顺各项关系。财务管理是一项综合性的工作，涉及系统内外各方面的关系。要认真做好协调工作，多向各方面反映情况，争取各级政府、财政、银行、税务等方面的理解和支持。同时还要及时向系统、企业内部的各部门通报情况，集思广益，动员大家理财，调动各方面的积极性，搞好财务管理和企业经营。

第四，加强培训，更新知识，提高财会人员的政治和业务素质。近年来，粮油业务发生了很大变化，财会队伍正处于新老交替时期，要加强财会人员培训，努力适应新时期的需要。财会人员都要进行岗前培训，对于已经上岗的，也要分期分批地进行轮训。各地都要制订出培训计划，分层次地培训财会人员，努力提高财会人员政治和业务素质，造就一大批懂经营、会管理的经济专门人才。粮食工作要发展，要壮大，需要大批的经营人才、需要大批企业家、营销专家、财会专家、会计师、经济师、工程师等等，这是我们事业振兴的希望所在。各级领导要关心和爱护广大财会人员，要充分信任和支持他们的工作，要按规定搞好财会人员的职称评定并帮助他们解决工作和生活中的困难，解除他们的后顾之忧，使广大财会人员全力投入到粮食改革的大潮当中去，更好地发挥财会部门的职能作用。

粮食工作要适应粮价改革的新形势

（1992年4月15日）

根据党的十三届八中全会通过的“加快粮食购销体制改革，有计划地解决粮食收购价格偏低和购销价格倒挂的问题”的决定，从4月1日起提高了粮食统销价格。

粮价改革是粮食流通体制改革的一项重要内容，它不仅是广大农民强烈要求解决的紧迫问题，也是进一步发展农村商品经济、搞活农村商品流通的关键。尽管农村改革以来农产品收购价格总水平大幅度提高，平均每年递增8.8%，在同期各类物价指数中居首位，但由于农村工业品零售价格不断上涨，特别是计划外农业生产资料价格上涨较快，近两年工农业产品价格的“剪刀差”又有所扩大，粮食的定购价格仍显偏低，影响了农民种粮的积极性。这对于我们这样一个有11亿人口的大国来说，是一个必须加以重视的大问题。另一方面，为了稳定人民生活，保持社会安定，我们在农产品收购价格有较大幅度提高的情况下，粮食销价长期保持稳定，为此国家进行了大量的财政补贴，给本来就非常紧张的国家财政增添了巨大的困难。1991年国家较大幅度地提高了居民定量粮油销售价格，使粮食购销价格倒挂的状况有所缓解，但随着今年粮食定购价格的提高，购销价格倒挂问题又显突出。如果我们在目前经济环境相对比较宽松、粮食库存充裕的情况下，不去解决这些长期难于解决的问题，将会给90年代的改革和发展带来严重障碍。党中央、国务院决定解决粮食购销价格倒挂问题，是完全必要、非常及时的正确决策。

在粮食购销价格改革的新形势下，特别是在这项改革的初期，将给粮食企业带来极大的困难。这种困难主要是两个方面：一是国营粮食部门将面临多种经济成分、多条流通渠道、多种经营方式的激烈竞争；二是粮食部门本身的经营思想、经营机制和发展战略同形势不适应，尚未从产品经济、单一经营中脱离出来。

目前，全国已有少数县市实行了粮食购销同价，还有的地区从本地实际情况出发，放开了粮价。这些方面的改革时间虽短，但方向是正确的，步子是比较稳妥的，为整个粮价改革提供了一些可资借鉴的经验。他们的共同特点是：(1）建立了较好的粮食储备制度和风险基金制度。(2）对于企业的富余人员采取了消化措施。这是粮价改革中最困难的一个问题，在这方面已经摸索了一些经验。(3）政府重视，及时处理了陈粮，减轻了粮食企业的负担，促进了粮食的正常流通。(4）采取了一些搞活企业、发展多种经营的措施。根据这些单位的经验，在进行粮食购销价格改革的新形势下，当前重点要加强以下几方面的工作。

粮价改革要与搞活基层粮油企业相结合

从目前情况看，基层粮油企业普遍活力不够，店堂的门面都是过去产品分配型的结构，利用率很低，不适应市场需求，全国各地都有这个问题。粮店经营的品种也很单调，除了米、面、油“老三样”外，也只有米粉、方便面等少数几个品种，没有别的更新的品种。从总体上看还缺乏危机感，有的企业甚至还觉得过得不错。对此，必须认真研究，调动粮食企业的积极性，提高店堂利用率，同时改变等客上门的经营作风，主动搞好推销和服务，尽量扩大销售。还要研究转换企业内部机制，搞好内部分配和用工制度等同题，进一步搞活企业。目前基层粮店的内部机制问题还没有解决好，落后于形势的发展，需要尽快加以改革和完善。我相信，只要经过努力，粮食部门是能够有所作为的。

粮价改革要与市场管理相结合

购销同价，粮价放开，不等于对市场撒手不管，放任自流。各地粮食主管部门是政府的职能部门，管理粮食市场责无旁贷，要主动参与市场管理，不能退让。特别是粮食集散地，以及一些自发形成的市场，粮食部门要积极主动参与进行管理。特别是对批发、加工要加强管理，必须经粮食部门审查同意后，工商部门才可办理营业执照；对那些非法经营的私营粮商，要按照国务院的文件精神进行清理整顿。总之，要通过行政、立法、经济等手段进行必要的管理和斗争。要掌握市场，建设市场，管理市场，开拓市场。各级负责同志要学习市场理论，参加市场实践，开展调查研究，把市场认真管理起来，做到活而不乱，放而有序。

粮价改革要与转变粮食行业的发展战略相结合

粮食企业的单一经营要向多种经营转变，原粮经营要向粮油及其制成品经营转变。要适应改善人民生活、家务劳动社会化的要求，发展粮油食品（包括半制成品和成品）。要抓好粮油食品的开发，扩大门面，搞小包装，搞优质米，在主业产品上下功夫，搞得丰富多彩一些。通过精加工、深加工，在粮油食品上搞出我们自己的名牌。不少地方进口大米很受欢迎，可是东北的大米质量比进口米好，而且又便宜，粮食部门可以进一些，搞小包装，肯定受欢迎。要利用各地的特色，动脑筋，想办法，打进市场，创出自己的名牌，扩大市场。

粮价改革要与不断总结经验和改进工作相结合

粮食价格改革开放后，会遇到种种困难，要及时进行调整，但要注意千万不能再把价格搞死。质量差、批零差、季节差、地区差等要灵活多样，灵活经营，既要防止粮价暴涨、暴跌，波动太大，又不能把粮价管死。要避免暗补改明补，明补又变暗补的恶性循环，重新背上包袱。企业内部分配办法也要灵活，克服平均主义，调动起职工的积极性。总之要做到既搞活企业，又不背新的包袱，这方面的经验要及时总结。

粮价改革要与加强职工队伍建设和领导班子建设相结合

在改革中要注意加强职业道德教育，坚持全心全意为人民服务的宗旨，绝不能坑骗农民，坑骗消费者。粮食部门多年的信誉很好，在粮价改革的新形势下，这个信誉要保持，绝不能经营假冒伪劣商品，损害群众利益。现在我们许多产品货真价实，但缺乏宣传，群众不了解，销路也不理想。我曾对粮店的同志说粮店卖油可以贴个广告，告诉消费者我们的油是经过检验的，质量可靠。现在我们许多地方的粮油商品连个商标都没有，更不要说广告宣传了。在新形势下加强职工队伍建设，一方面要深入进行全心全意为人民服务的宗旨教育，树立为粮食工作奋斗的事业心，提高政治素质；另一方面要广泛开展商品经济观念教育，增强在商品经济条件下搞好粮食经营的本领，提高业务素质。在当前进一步深化改革的繁重任务面前，各级粮食部门的领导干部要先天下之忧而忧，后天下之乐而乐，在工作上奋勇争先，在利益上后退谦让，做好表率。各级领导还必须注意培养人才。市场竞争是知识的竞争、信息的竞争，实质上是人才的竞争。要创造一个使人才脱颖而出的环境，培养一大批又红又专，能经营、会管理的人才。

现在整个经济形势和粮食形势很好，粮食库存超过了历史最好水平，粮食供应充足，市场稳定。但粮食工作的一些深层次的问题尚未解决，体制不顺，价格扭曲，需要我们不失时机地积极慎重地推进粮食流通体制和管理体制的改革。我们有许多有利的条件把这一改革搞好，继续保持我国粮食的充分供应和粮食市场的稳定。对此我们充满信心。

当前粮食行业正处于一个重要的转折时期，既有机遇，也有困难。我们要有高度的紧迫感和责任感，转变思想，转变机制，转变战略，不断改革创新，踏实工作，为建设符合国情的社会主义粮食流通体制做出应有的贡献。

扶持粮食主产区稳定发展是粮食工作的基础*

（1992 年 6 月 6 日）

我国的粮食主产区，在全国的粮食工作中具有举足轻重的作用，在历史上做过重大贡献，在今后四化建设进程中，在向第二、第三个战略目标前进的过程中，也将发挥积极的作用。应当看到主产区的历史功绩和贡献。中国的主产区主要集中在“三带”上，即东北的玉米带、黄淮海流域的小麦带、长江中下游的水稻带。特点是，三个地带适合种植的粮食品种是他们的优势所在，是自然形成的格局。从全国看，原粮收购在 5 万吨以上的共有 818 个县，占全国总县数的 34%，平议价收购的原粮为 10635 万吨，占全国收购量的 78%；产量占全国的 66.1%，为 30063 万吨。在粮食商品量占全国 78% 中，平价占 80.6%，议价占 72.2%，专储占 84.6%。从现在看，当前粮食主产区最大的困难是：贡献大，包袱重，或者说是贡献的大县、财政的穷县，或叫高产穷县。当然，高产不一定是穷县。但不少主产区财政负债累累，人均负担粮食挂账超过全国平均水平，有的省、市、县人均超过 2 万元。造成高产穷县的原因是多方面的，是一个复杂的社会经济问题，在特定的历史条件下形成的综合性问题，不单是价格问题，还包括产业政策、财务体制和金融政策等。主要是体制不顺，政策不落实。解决这些问题，必须采取综合性的改革措施。对这个问题，首先必须引起全党、全社会的重视。不解决主产区的问题，将影响全国的粮食形势。因此，在工业上要把大中型国营企业搞好，在农业上也必须搞活主产区，调动他们的积极性。因为他们是商品粮的主要承担者。否则，整个经济的发展，粮食的供应都会受到影响。要提到这个高度来认识。解决了主产区的问题，80% 的商品粮就拿到手了。现在自给的地区虽然增多，但调出粮食主要还是靠主产区，因此必须采取重大措施，把粮食主产区搞好，这是做好今后粮食工作、保持粮食市场稳定的决定性因素。从措施上讲，当前要抓好以下三点：

---

* 这是白美清同志在中国粮食经济学会和江西省粮食局于鹰潭市联合召开的粮食主产区经济研讨会上的讲话。

第一点，政策上要向主产区倾斜，并保持稳定。粮食作为国民经济的重要产业，在产业政策上应考虑向主产区倾斜，地区倾斜、产业倾斜并举。从产业上讲，把粮食摆在首位，无粮不稳，在统购统销时如此，粮价放开后如此，即使达到小康水平以后也如此。农业是国民经济的基础，粮食是基础的基础，这是真理，不会改变。首先要解决好价格政策问题，价格应逐步理顺，趋于合理。一般说，在供需矛盾紧张时放开价格，可能会上涨，消费者可能有意见，但对生产者有利。在供需矛盾比较缓和的情况下，特别是某些品种出现卖难时放开价格，农民利益受到影响，消费者可以得到一定好处。所以，放开价格，取消定购要持审慎态度，国家定购价要逐步接近市场价，农业税和定购应分离。如何解决，要看经济大环境，也要看具体情况。在粮食工作中始终要注意理顺价格，使定购价与市场价接近或基本一致，要向这个方向走。另外，价格一定要搞活，现在的价格，全国一年四季一个样，产区销区一个样是不行的。要拉开品种、地区和季节差价，放开价格试点地区更要注意这个问题。粮食没有补贴不可能，我赞成补贴逐步转向生产者，粮食部门要尽量把补贴减到最小程度。除价格外，很重要的一条是：生产上的优惠政策要落实到主产区和农户。专储办法要改进，要重点支持主产区，现在是84%扶持产区，16%给了非产区。再一个是粮食基础设施要作为重点给主产区以支持，包括储存、运输、加工、销售等设施。当然销区也要支持一部分。储备粮的储存也要向销区适当转移。网点建设政策也要向主产区倾斜。在粮食出口上应多安排主产区。农业上扶持粮食商品粮基地县的措施，我们赞成。

第二点，切实帮助主产区转化增值。发展粮办工业和乡镇企业，这是非常重要的措施。在农村，光靠种粮食，价格再提，即使不久提到一斤一元，也富不了。要搞深度加工和综合利用。在社会主义条件下，粮食行业不是高盈利行业，搞粮食赚不了大钱。主产区要摆脱困境，重要的一条是要发展粮办工业，加工增值。有的县搞得不错，第一步年产值搞到5000万元，第二步超亿元，为县财政做出贡献，全国已有几十个县达到了这个水平。发展乡镇企业也是非常重要的，利国利民。要因地制宜，面向市场，突出特点，积极发展。

第三点，要建设市场，开拓市场，扩大内销，增加出口。当前最困难的是市场发育不全，没有形成市场机制，缺少公开、平等的竞争场所，同时受资金、交通的限制，市场发展不起来。本来，主产区粮食还是有竞争力的，现在，价格扭曲的问题没有解决，积压最多的是早稻，要大力宣传，积极推销。例如，调早稻到北方销，还是可以销一些。

总之，各级政府、综合部门以及其他部门，都要支持粮食主产区，逐步解决他们的困难，把主产区搞好。

国有粮食业在新时期的发展战略*

（1992 年 8 月 15 日）

邓小平同志南方谈话的春风吹遍了神州大地，以解放思想为先导，加快改革开放步伐，促进国民经济更快更好地上一个新台阶的热潮，正在全国城乡兴起。思想解放的新浪潮，实质上也是重新学习的新高潮。在这样的时候，商业部和中央广播电视大学联合举办“流通改革系列讲座”，学习、研讨商业流通领域的理论和战略，加快流通体制改革的步伐，是十分必要的。今天，我就国有粮食业在新时期的发展战略讲一些意见，供大家学习参考，以期起到抛砖引玉的作用。

国有粮食业面临历史性的重大转变

党的十一届三中全会以来，在农村经济体制改革的推动下，我国粮食生产跃上新台阶，总产突破 42500 万吨。粮食购销工作也取得了举世瞩目的成就。不论发生什么意外情况，我国粮食部门都坚持不懈地进行工作，千方百计保证军需民食，维护了社会安定，推动了国民经济的持续增长。进入 90 年代以后，粮食工作发展到一个新阶段。随着改革的逐步深入，在粮食领域形成了多元化的流通新格局，国有粮食业面临着多种经济成分、多条流通渠道、多种经营方式的激烈竞争。现在，国有粮食业靠吃政策补贴饭的局面即将结束，靠以销售成品粮为主的经营方式已不适应形势的需要，粮食部门现面临着极大的困难。体制不顺，机制不灵，挂账多、负担重，已经成为粮食业前进的主要障碍。如果这些深层次的矛盾不解决，机制不转变，战略不改变，势必使国有粮食业经营萎缩、阵地丢失，将逐步丧失主渠道的作用。这不仅关系到粮食部门的生存与发展，而且将影响社会的安定和经济的繁荣。

在新的形势下，国有粮食业必须实现两个转变：一是从产品分配型向商品

---

* 这是白美清同志在商业部和中央广播电视大学联合举办的“流通改革系列讲座”上的讲话。

经营型转变；二是从传统粮食业向现代粮食业转变。这是历史性的重大转变，从思想观念、经营方式，到组织结构、运行机制等都将发生一系列深刻的变化，其意义是深远的。

长期以来，国有粮食业担负着粮食的统购统销任务，即计划收购、计划分配任务，以进行粮食分配、安排群众生活为己任。因而在各个方面无不留下产品分配型的烙印，不善于面向市场搞活经营。在农产品商品化的改革浪潮中，特别是随着社会主义市场经济的发展，国有粮食业必须迅速转轨变型，把粮食作为商品来经营，把粮食供销转变到市场经济、商品经济的机制上来，从而搞活粮食流通，提高经济效益和社会效益，为生产者服务，为消费者服务，这是出路之所在。

国有粮食过去以经营大米、白面、玉米面“老三样”为主，品种单调，设备陈旧，经营手段落后，技术装备很差。有一种说法形容它是：“经营‘老三样’，检测靠口尝，仓库干打垒，堆垛靠肩扛”。在现代化建设飞跃发展的今天，人民的生活正由温饱型向小康型过渡。形势的发展，要求对传统的粮食业进行根本的改革，用现代化经营方式、现代化技术去装备粮食业，改革粮食业。这一转变内容是极其广泛而深刻的，它要求国有粮食业从经营成品粮为主向经营粮食制成品转变，从单一经营向多种经营转变，从粗放式经营向科技与经济相结合的方向转变。应当结合我国的实际，广泛采用世界各国的先进经营方式、先进技术和装备，发展我国的粮油食品业，使我国的粮食业现代化，以适应人民群众对食品的多种需要。这是粮食部门经营发展战略的重大转变。

要实现以上两个历史性的转变，全国粮食系统在努力改革现行粮食流通体制的进程中，必须转变思想，转变机制。

国有粮食业必须进一步解放思想，转换脑筋。粮食系统统购统销、独家经营的观念是很深的，要进一步总结历史的经验教训，克服这些思想影响，树立商品经济、市场经济的观念，提高执行党的基本路线的自觉性，在改革中求生存，在竞争中求发展。思想上的新飞跃，必然会促进工作上的新转变，使粮食系统的全体职工从自发到自觉，充分发挥主观能动性，抓住时机，迅速实现转轨变型。

国有粮食业必须进一步转变机制。粮食系统有 12 万多个基层单位，要着重抓转换企业机制的工作，这是能否实现两个转变的关键。所有的国有粮油企业都要继续推广天津会议总结的两条线运行的经验和烟台会议总结的发展多种经营经验，并与各单位的实际情况相结合，制订和落实本单位深化改革、转换机制的方案，建立适应社会主义条件下市场经济的新机制，要把企业推向市场，实现自主经营，自我发展，把企业搞活。各级粮食行政部门也必须转变职能，精兵简政，更好地为基层粮食企业服务。

改革是千百万群众的切身事业。要迅速实现以上转变，必须调动国有粮食业350多万职工的积极性。长期以来我国粮食系统有着优良的传统，这就是改革、务实、团结、苦干的传统。在史无前例的改革浪潮中，我们要把现代化建设和这些优良传统结合起来，动员全系统的广大职工，焕发精神，艰苦奋斗，走出低谷，迎来振兴，使国有粮食业在新形势下增强经济实力和竞争能力，把工作提高到一个新水平。

建立社会主义市场经济新机制

在邓小平同志南方谈话的推动下，全国改革、开放出现了一个崭新的局面，我们国家正在经历从高度集中的计划经济向社会主义市场经济的重大转变。市场机制是实现国民经济的良性循环、资源的合理配置的有效手段。建立社会主义市场经济新机制，是一个涉及深层次的、全方位的改革，是深化改革的一个新阶段。它将使我们的经济体制、发展战略、经济结构、经营方式、经营思想以至价值观念等许多方面都会发生深刻的变化。这是理论上的新发展，认识上的新飞跃，对推动我国走向小康并进一步发展到中等发达国家水平的进程中起着不可估量的指导作用。

党的十一届三中全会以来，粮食流通体制不断进行改革。我们取消了统购任务，缩小了计划管理的范围，进入市场调节的部分日益扩大，已占了粮食商品量的一半以上，逐步转向了以市场经济为主，除大米、小麦、玉米和主产区的大豆以外，其余的品种都已经放开，进行市场调节，价格随行就市。但是要在粮食系统建立社会主义市场经济的体系和机制，要实现粮食经营市场化，还有大量的、艰巨的工作要做，还要经过较长时期的努力。我们认为，除了重点抓好企业机制转换外，还必须做好以下工作：

第一，积极稳妥地进行粮食价格改革，逐步放开粮油价格，解决粮食价格双轨制的问题，在此基础上，建立反映生产成本和市场供求规律的、机动灵活

的粮食价格体系。对于粮食价格的改革，今后将采取统一政策，分省决策，逐步推进的办法，特别是沿海经济发达地区将先行一步，放开价格，放开经营。粮价的改革，将带动粮食流通一系列的改革，对国有粮食业的冲击是相当大的。因此要从思想上、工作上、组织上做好放开经营的准备，早准备、早主动。现在全国已经有200多个县（市）进行放开的试点，需要认真进行研究探索，积累经验，及时总结，不断完善，以便于面上推广。价格改革是个关键，只有价格理顺了，市场经济体系才能真正形成和发展。

第二，加快粮食市场建设的步伐，逐步建立粮食的三级市场体系。这既是宏观调控的有力手段，也是企业搞活，发挥作用的有效措施。我们的目标是要建立宏观指导下的统一的社会主义粮食市场体系，即建立一个城乡结合、网络齐全、功能完备、高效统一的市场体系。这一体系是以国家级批发市场为龙头，以区域性批发市场为骨干，以星罗棋布的初级市场为基础的。它符合经济流向和经济区域发展的需要，成为地区的或全国的粮食物流、商流和信息流的中心，使各种经济成分在市场上进行公开、平等、公正的竞争，各得其所。今后要逐步改变场外交易的不良现象，一切交易活动应纳入市场。当前，要巩固提高国家级批发市场，稳步发展区域性市场，放手建设和发展初级市场和集市贸易。各地可以以集镇粮管所、粮库为依托，建立初级零售市场，并不断使之规范化、制度化。要坚决制止地区封锁、部门分割、行业垄断的现象，取消人为的障碍，使货畅其流，使市场活而有序。

第三，要发挥多种经济成分参与市场的积极作用。当前参加粮食市场经营的，既有国有企业，也有非国有企业；既有粮食部门，也有其他部门，多种经济成分各施其能。要处理好国有主渠道和其他经济成分的关系、主渠道本身各单位的关系。我们的方针是壮大国有粮食行业的经济实力，发展集体所有制粮食企业，允许个体、私营以及三资企业参加粮食市场经营，使各种经济成分发挥所长，各得其所，在市场经济中起到应有的积极作用。在指导思想上，既要看到主渠道和多渠道、国有和非国有成分有互相竞争、争夺的一面，也应看到两者有互相联系、互相渗透的一面。作为主渠道的国有粮食企业，要加强同其他经济成分的经济联系，可以渗透进去，采取投资参股、委托代购代销，包销经销等多种经营形式，影响、推动各种经济成分的企业沿着国家宏观调控和计划指导的方向前进，以利于粮食的流通。在发展社会主义市场经济中，还必须加强国有粮食系统的内部联系，适当分工，加强协作，发挥粮食系统的整体优势。国有粮食业也要认真吸取其他经济成分企业的经营管理经验，使本企业富有生机和活力。

第四，在开拓市场上采取新措施。粮食系统要注意开拓三个方面的市场：城市市场和农村市场，区域内市场和区域外市场，国内市场和国际市场。根据粮食经营逐步放开的形势，我们要巩固、稳定城市粮食（含粮食制成品、半制成品）市场，发展开拓农村市场，有条件的逐步开发国际市场。针对粮食购销同价或放开后城市粮食销量大幅度下降的趋势，要采取有力措施，改善服务，扩大销售，继续占领城市粮食销售阵地。对于广大农村市场，粮食部门不是收缩的问题，而是要发展、延伸。国有粮食部门不仅要为城市两亿多人口的吃饭服务，而且要为农村九亿多人口的吃饭服务。农村粮食及其制成品的市场是非常广阔的，是粮食部门的希望之所在，一定要采取平价退出议价进、原粮退出成品进、人退我进的策略，向广大农村市场进军。这不是权宜之计，而是关系到今后粮食部门发展的重大决策。有条件的地方，特别是沿海地区，粮食部门可以适当发展外向型经济，开拓国外市场。

第五，以市场为导向，组织发展以流通为重点的贸工农一体化服务体系。我们要以市场为导向，来组织生产，满足人民的需要。要改变过去生产什么就收购什么、销售什么的状况。应当采取市场需要什么，就组织生产什么，收购什么。也就是说，不应是“产、供、销”，而是“销、供、产”。为此，有条件的地方，粮食部门要建立以流通为重点的贸工农一体化服务体系，既为生产者服务，又为消费者服务。如饲料行业的“一条龙”，就是一种很好的组织形式，要因地制宜地推广。粮食系统要注意根据市场需求，向生产延伸，向科技延伸，使科、工、贸结合，不断改进和完善这一服务体系。

第六，要加强和逐步完善有关市场的法规、制度的建设，这是建设社会主义条件下的市场经济不可缺少的重要环节。如粮食交易市场管理条例、经纪人和经纪公司管理条例、市场法等，要从简单到复杂，从不完善到逐步完善，在实践中不断丰富和完善，并要注意吸收发达国家管理市场，尤其是管理期货交易等高级市场的经验，研究他们的有关法规，与我国粮食市场体系建设的实际结合，消化吸收，为我所用，形成我国一整套的市场法规，使市场经济的健康发展有章可循，依法办事。

在新形势下发挥国有粮食业的主渠道作用

党的十三届八中全会决定指出："'八五'期间要在稳妥地做到购销同价的基础上，力争基本理顺价格关系，在国家宏观调控下，逐步放开经营"。粮食放开经营，是指价格放开，经营放开。这是一项涉及各方面的重大改革，是系统工程。粮食作为关系国计民生的重要的特殊商品，放开以后，不是撒手不管，不是不要主渠道。在多种经济成分、多条流通渠道、多种经营形式的激烈竞争中，粮权不能丢，粮食服务体系不能乱，主渠道的作用不能削弱。从全局、从总体上讲，任何时候国有粮食业在宏观调控中都必须保持主导作用。这是关系到社会的稳定、国民经济全面发展的重大问题。40多年来的历史经验证明：没有主渠道不稳，没有多渠道不活。这是我们付出了不少代价得出的正确结论。粮价放开以后，在粮食经营阵地上将会有必要的调整和分工，特别是零售环节，要让出一部分给其他渠道，其他成分，国有只占适当的比重，并且各地有所不同。但批发阵地必须以国有粮食业为主，大量的批发由国有粮食业掌握，小量的批发，其他经营成分也可以依法经营。当然，这不是简单地采取行政办法去实现，而是靠国家的宏观调控，靠国有粮食业增强自身的竞争力去争取。

"宏观管住，微观放活"，是改革进程中必须自始至终坚持、不可动摇的指导方针。在社会主义条件下的市场经济中，粮食的宏观调控是必不可少的。国家对粮食的宏观调控系统，除了信贷、税收、利率、汇率等经济杠杆外，主要有三个方面：一是粮食的储备体系；二是粮食的市场体系；三是粮食的收、储、加工到销售的服务体系。这是有力的物质基础和经济手段。在宏观调控下，必须进一步把微观搞活，使组成全国统一粮食市场的各个经济细胞活跃起来，才能实现经济的良性循环，以促进我国经济的发展和综合国力的增强。这样，国有粮食业的主渠道作用也才能得到巩固。从粮食系统改革的实践看，为了实现这一目标、必须掌握以下原则："总量平衡，适量储备，掌握批发，管好市场，搞活企业，综合经营"。

总量平衡。这是粮食综合平衡首先要考虑的，粮食供需总量基本平衡了，粮食工作的大局就稳定了。粮食的收购与销售，需求量与供应量，全国要平衡，地区也要平衡，粮食品种也要平衡。从全国来讲，目前玉米有余，小麦不足，大米丰年有余，歉年不足，早籼稻有余而优质稻不足。各地近年来出现的卖粮难，也主要在大米主产区。因此，农业需要调整作物结构，向高产优质高效农业发展。掌握供求平衡，应立足于国内市场，同时要尽可能利用国际市场的有利时机，进行品种串换，调剂余缺。只要把握时机，善于运筹，对粮食的总量平衡是有利的。

适量储备。要建立以国家储备为中心的国家、地方、农民的三级储备体系，多年的经验证明：储备粮体系是最重要的调控手段。特别是粮价放开的地方，必须建立储备粮制度，这应作为粮价放开的一个重要条件予以坚持。中国人口多、灾害多，“储粮备荒”是上策。国家的专项储备粮，应当控制总量，调整结构，改善布局，适当集中。储备粮一种是战略储备；另一种是调节储备，主要用于调控市场，并轮换更新。要及时做好储备粮的串换增值，通过国内粮食批发市场进行吞吐调节，并可利用国际粮食市场组织品种进出调剂。要结合做好粮食储备库和机械化粮库的建设工作，组成国家粮食储存网络，把粮食储备制度落实到基层，做到存得进，调得出，调动灵活，指挥自如。

掌握批发。粮食是关系国计民生的重要战略物资，批发权必须主要由国有粮食部门控制。其他企业，包括个体户、私商，在具备必要条件的情况下，经过注册登记，也可从事批发。国有粮食业掌握批发的关键在于掌握粮源，要通过订购合同、经济合同、经济联合体等形式，积极收购，大力促销，把流通搞活。

管好市场。各级粮食部门的同志要注意学习市场理论，参加市场实践，有计划地建设市场，培育市场，开拓市场。国务院赋予各级粮食行政部门参加管理市场的职能，我们要会同有关部门，互相配合，强化管理，使之逐步规范化，法制化。粮食企业要积极参加各类粮油市场，按市场规律办事，学会在市场中发挥应有作用。

搞活企业。搞活国有大中型企业，应当包括粮油企业在内。基层细胞不活，完善的粮食市场体系就发育不起来。要着重在企业内部机制的转换上下功夫。要继续推广天津经验，实行政策性经营、商业性经营分开，两条线运行，平价粮油统一经营，盈亏单独反映。在企业内部狠抓各项改革，特别是要在用工、分配等方面，采取有力措施，克服平均主义、吃大锅饭等弊病，把广大干部和职工的积极性调动起来。要总结、改进经济承包、目标管理等制度，使各种经济承包责任制和其他形式，既能有利于解决当前企业面临的困难，又有利于增强今后的发展后劲，在资产增值、技术改造等方面增加承包的新内容。对一些大中型粮食企业可以搞集体承包或目标管理责任制。对小型企业，也可以采取租赁、个人承包等多种灵活的方式。

综合经营。粮食部门实行“本业为主，多种经营”的方针是正确的，应当继续坚持。粮食行业，一是要发展食品。二是要发展饲料业，由粮食转化为肉类、蛋类。食品业和饲料业，是适应经济发展和人民生活水平提高的两个新兴产业，粮食要向这两方面转化。生产品种多样、营养卫生的多种风味食品，丰富市场，满足人民需要。大众化食品，是粮食部门的优势，决不可忽视，要作为主要阵地占领住。同时，要运用现代食品技术，开发一些新产品。饲料工业大有可为。我国的饲料工业要汲取世界的先进技术，提高质量，增加品种，以配方科学、优质高效、价格合理的饲料供应市场。三是各地可以根据自己的实际情况，发展有市场、有条件生产的各种产品。不仅可以经营本业，而且可以跨行业经营。但必须注意突出特点，发挥优势，讲求效益，产销对路，切忌一哄而起，搞低水平的重复生产、重复引进，造成损失浪费。

以上几条，体现了宏观调控和微观放活结合，计划与市场结合。认真做好这些工作，将有助于我们摸索出一条既能放开，又能保持国有粮食部门主体地位的新路子。

国有粮食部门要走向振兴，发挥主渠道作用，归根到底要靠人才。市场的竞争是知识的竞争，人才的竞争。我们要培养一支坚持执行党的基本路线，能经营、善管理的粮食职工队伍，这支队伍包括企业经营家、营销专家、经纪专家、技术专家、财会专家、法律专家等各方面的专门人才。各级领导要善于发现人才，培养人才，知人善任，任人唯贤。要打破论资排辈等旧观念的束缚，创造使人才脱颖而出的环境，使各类建设人才能充分发挥专长，为发展粮食事业献计出力。各级粮食系统要抓职工的培训，积极进行智力投资，提高职工队伍的政治素质和业务素质，以适应新时期的要求。

同志们：当前粮食工作面临的是新形势、新任务、新困难、新问题。国有粮食部门既要担负安排好粮食市场，做好城乡人民粮食供应的任务，又要自主经营，自负盈亏，的确是任重而道远。而粮食部门本身又处在新旧体制交替之中，包袱不轻，可以说是背着包袱前进，困难的确很大。同时我们也要看到，当前的确是一次极好的新机遇。机不可失，时不再来。如果错过了时机就不好办。当前我们国家改革的大气候很好，坚持党的基本路线，扩大改革开放已成为全民的呼声，不可逆转的洪流。国有粮食部门本身已积累一定的物质基础，锻炼出一批人才，只要我们抓住机遇，就能大踏步前进。从历史上看，在这个问题上我们国有粮食业是有经验教训的。在20世纪80年代，我们抓住时机，取消统购派购制度，实行了多渠道、少环节的流通体制改革，恢复和发展了粮食市场等，使粮食工作取得了重大进展，当然有些机遇我们也没有抓住，造成失误。在90年代中，只要我们不放过机遇，持积极的态度，争取上级和有关部门的支持，发动本系统的职工，进一步深化改革，扩大开放，加快建设，我们就能在建立社会主义市场经济体系的进程中取得重大突破，从而发展壮大国有粮食部门，为国家、为人民作出更大的贡献！

深化改革　转换机制
强化管理　确保安全*

（1992 年 9 月 28 日）

这次会议的中心内容是贯彻邓小平同志南巡谈话和中央政治局会议精神，总结交流前一段粮食流通体制改革的经验，进一步解放思想，加快改革的步伐，推动全国粮食行业面向市场，为在粮食系统建立社会主义市场经济的新体制，顺利实现从统购统销体制向市场经济体制的转变。这是继去年天津会议、烟台会议之后的又一次重要会议。会议开始时，商业部胡平部长、国家体改委高尚全副主任作了重要讲话，这是会议的两个主题报告，希望各地粮食局认真贯彻落实。四天来，会议围绕在全国粮食系统建立社会主义市场经济新体制这一主题，交流了关于粮价改革、放开经营、培育市场、转变机制、搞活企业等方面的经验，上海市和一些省、市、县粮食局以及企业的同志作了很好的发言，还有一些单位作了书面发言。这些经验是从改革的实践中总结出来的，对粮食流通体制和管理体制的改革作了有益的探索。尽管经验中还有许多不足之处，一些做法也需要完善，但对今后粮食系统建立市场经济新体制将具有十分重要的借鉴和推动作用。这次会议开得比较活跃，会议讨论的气氛很好，达到了预期的目的。现在，我根据国务院的精神和会议反映的问题讲几点意见。

在全国粮食系统建立社会主义市场经济的运行机制

目前，我国的经济建设和体制改革已经进入了关键时期。在邓小平同志南巡谈话和中央政治局决议的指引下，我国正在逐步由传统的高度集中的计划经济体制向有中国特色的社会主义市场经济体制转变，一个改革开放的新浪潮已在全国兴起。关于社会主义市场经济的理论和决策，是经过新中国成立以来实

* 这是白美清同志在上海召开的全国粮食流通体制改革经验交流会上的发言。

践、认识、再实践、再认识的过程而得出的科学结论，是理论上的新发展，认识上的新飞跃，为今后的改革开放指明了方向，将使我国的经济体制、经济结构、发展战略，政策法规和价值观念等方面发生一系列深刻变化，对社会的各个领域将产生重大影响。市场机制是实现国民经济良性循环和资源合理配置的有力手段。这一理论的提出，将促进国民经济更快更好地上一个新台阶，尽早使全国人民达到小康小平，进一步向实现中等发达国家水平迈进。它的重要作用将随着经济建设的发展而日益显示出来。

粮食流通是国民经济的重要组成部分。粮食流通体制改革，始终是围绕着整个经济体制的改革进行的。过去长期实行高度集中的统购统销体制，即统一征购、统一销售、统一调拨、统一库存的“四统一”管理体制。党的十一届三中全会以来，打破国营粮食部门独家经营的局面，改变粮油统购制度，实行粮油购销和价格双轨运行的机制，实现计划经济和市场调节的结合。近两年先后两次提高粮油统销价格，累计提价幅度在1.5倍左右，实现了购销同价，改变了25年来粮油购销价格倒挂的局面，取得了举世瞩目的重大成就。

随着全国改革的深入和经济建设的发展，目前粮食战线进入深化改革的新阶段。这一阶段的主要内容是：以价格改革为突破口，以转换企业机制为重点，以在粮食系统建立社会主义市场经济新机制为目标。这一阶段的改革，不论广度、深度、速度方面都是史无前例的，可以说是深层次的、全方位的改革。

粮食价格体系的改革，事关大局，它牵涉一系列物质利益关系的变化，势必带动整个粮食流通体制和管理体制的配套改革。深化企业的改革，促使企业面向市场，转换机制，进一步放开搞活，则是改革的重点。粮食企业机制转变了，运营搞活了，粮食经济才能实现良性循环。而建立社会主义条件下的市场体系和机制，是我们的改革方向和目标。实现这一阶段的改革任务，粮食系统才能适应全国改革和建设的新形势，才能跟上整个经济体制改革总体方案的要求，而不至于拖后腿。因此，对粮食工作来说，当前是一个转折关头和关键时期，面临着新形势、新任务、新困难、新机遇。

目前全国各地粮食流通体制改革的形势很好，改革的步伐在加快，力度在加大。但是对中国的粮情我们一定要有清醒的认识，对粮食改革的难度一定要有充分估计，对国有粮食业的处境一定要有紧迫感、危机感，对粮食行业的发展一定要有坚定的信心。现在最重要的是进一步解放思想，换脑筋，清除

“左”的思想影响和陈旧观念的束缚，树立大粮食、大市场、大流通的新观念，抓住时机，奋力拼搏，加快改革、开放步伐，增强整个粮食行业的经济实力和竞争能力，这样才能摆脱困境，走向振兴。

粮食流通体制改革的不断深化，也带来了新的困难、新的机遇。当前遇到的主要困难是挂账多、陈粮多、人员多、设施差。去年全国粮食财务挂账已达419亿元，利息负担沉重。粮食部门背着包袱搞改革，举步维艰。目前不少地方特别是南方，经营的陈粮多，质量差，成本高，销量下降。粮价放开的试点地区，市场占有份额由80%下降到50%，有的只有30%，在市场竞争中处于劣势。粮食部门人浮于事的情况比较普遍，加上销量减少，人员富余1/3到1/2，需要拓宽业务来消化。再加上经营设施陈旧，不能适应搞活经营的需要。这已危及粮食企业的生存和发展。这是多年来积累的问题，是粮食系统深层次矛盾的反映。但是也要看到，改革的大潮为我们带来新的机遇。一是目前整个经济形势很好。特别是邓小平同志的南巡谈话和中央政治局的决议，为我们放开手脚、排除干扰、争取优惠政策、改善发展环境创造了良好条件。二是目前全国粮食形势也很好，市场稳定，粮价平稳，仓满粮足，为我们推进改革，调整发展战略，壮大自身实力奠定了较好的基础。三是整个粮食部门已经具有一定的实力，我们有一些较完备、较先进的加工、仓储设备和星罗棋布的购销网点，有几百亿元的固定资产，有一支具有战斗力的队伍。历史的经验告诉我们，抓住了机遇就发展，就前进；抓不住机遇，失去良机，就有可能丢失阵地，削弱主渠道的地位。

面临粮食改革开放的新形势，国有粮食业的主要任务是：既要参与市场竞争，不断壮大自己，又要安排好全国的粮食市场和粮食供应，在粮食流通中继续发挥主渠道的作用。国务院领导同志明确指出：粮价放开，不是不要主渠道，不是撒手不管；粮食部门要放得开，守得住，粮食是关系国计民生的重要商品，是重要的战略物资。在我国这样一个人口众多、人均粮食占有水平不高的大国里，粮食的生产、流通、消费直接影响国家的政治安定和经济发展。粮食工作任务艰巨，工作难度很大。在全国粮食系统建立社会主义市场经济机制，当前要做好四个方面的改革：第一，积极稳妥地推进粮食价格改革，这是粮食流通体制改革的核心，是建立粮食市场经济的关键。粮价改革将带来一系列的变化。第二，千方百计搞活粮食企业，这是建立市场机制的基础。粮食行业要摆脱目前的困难，适应市场经济的发展，就必须想办法增强企业自我发展的能力。十几万个基层粮食企业有了生机，整个粮食部门就有了希望。第三，增强国家宏观调控粮食市场的能力。这是发展社会主义粮食市场经济的保证。具体说来，就是要建设好三个体系：粮食储备体系、粮食市场体系以及粮食收储、加工和销售服务体系。第四，建立以国有经济为主体、多种经济成分并存的经济结构，是社会主义粮食市场经济的主要格局。总结多年来的经验，没有主渠道不稳，没有多渠道不活，应当发挥多种经济成分参加市场的积极作用。对于国有与非国有的关系，既要看到互相竞争，互相争夺的一面，又要看到互相依存，互相渗透的一面，通过参股、联营、代购、代销等形式，逐步发展不同形式的经济联合和合作，适应市场经济的需要。建立市场经济机制，是一个逐步推进的过程，需要相当长时间的努力。搞好了以上几个方面的改革，就向市场经济新机制过渡，迈出了重要步伐。

积极稳妥地推进粮价改革

在全国改革大潮的推动下，今年以来在粮食实现购销同价基础上，放开粮价，放开经营的试点陆续铺开。据统计全国有 300 多个县、1.8 亿人口的地区进行了放开试点，涉及 16 个省（区）。看来粮价放开，经营放开是大势所趋。粮食系统必须做好充分的准备，迎接这一改革，搞好这一改革。我们的态度是积极参与支持这一改革，同时如实地反映粮食部门的困难，争取优惠政策，顺利实现过渡。

最近国务院常务会议指出："要抓紧当前有利时机，加快粮食购销体制改革，进一步向粮食商品化、经营市场化的方向推进。根据各地不同情况，因地制宜，分散决策，在考虑各方面承受能力和各项保证措施配套的前提下，凡是有条件放开的省、自治区、直辖市，可以提出实施方案报国务院批准。"根据这一部署，预计在两三年内，除少数贫困地区外，全国各地都将陆续放开。首先在沿海经济发达地区放开，然后向内地扩展。鉴于这一改革牵涉面广，连锁反应较大，因此需要采取积极而又稳妥的步骤，事前搞好方案设计，周密研究，做过细的工作，经批准后出台。切不可草率从事，自发进行，留下许多遗留问题，造成不良影响。粮价改革，一定要有利于促进粮食生产，有利于搞活流通，引导消费，不能简单地理解为丢包袱。要瞻前顾后，处丰虑歉，使这一改革能经受各种意外情况的冲击而不致发生大的问题。

根据会上介绍的经验和各地实践，在进行这一改革时要注意以下问题：

第一，要根据本地的经济状况和承受能力，因地制宜选择适合本地实际情况的改革方案和模式。全国各地差别很大，在统一政策的原则下，改革的方案和模式可以多样化，不拘一格。从会上介绍的情况，大体有三种模式：一是购销两头都放开，如广东、浙江。二是稳住定购，放开销价。定购任务和价格按国家的规定收购，销价放开。如陕西汉中地区。三是保留部分定购和农业税征实，定购价格随行就市，销价放开。这介于以上两种模式之间，如四川广汉市等地。从各地的实践看，保留定购，保留粮本，对于稳住城乡两方面的人心有好处。国务院文件指出，放开的地区，一般是继续保留定购数量，放开购销价格，实行随行就市。即使取消定购的地方，也应同农民签订经济合同，收购一部分粮食。这不仅对保证城市粮食供应有好处，而且也给种粮农民以实惠，保护种粮积极性。现在我们的改革试验还没有经过重大灾害粮食大幅度减产的考验，这种做法作为过渡，较为稳妥。

第二，处理好各方利益关系，调动各方积极性。粮价放开，将涉及各方利益关系的调整。在出台之前，就要统筹兼顾，制订切实可行的方案，促其实现。对生产者、经营者、消费者的关系尤其要处理好。粮价放开后，要继续扶持农民发展粮食生产，促进调整粮食品种结构，因地制宜向高产、优质、高效农业发展。粮食主产区是全国商品粮的主要提供者，一定要采取切实有效措施，向这些地区倾斜。对消费者，特别是低收入者，也要采取必要的办法，保证其基本生活。对粮食经营单位，一定要帮助他们解决好陈粮、挂账等问题，给予启动的条件，使他们能丢掉包袱，平等地参加竞争，顺利实现转变。这方面福建石狮市等地的经验可以借鉴。放开后，中央财政和地方财政，省、地（市）、县三级财政和粮食部门的财务关系，也要有明确的规定，使各个方面都有章可循，权、责、利结合，这样才能达到预期的目的。

第三，放开后必须建立保障机制。最重要的是建立储备制度和价格风险基金制度，这是调控市场的有力手段，也是放开的必要条件。一般应有半年以上社会销量的储备，才有可能保证粮价的稳定。广东、浙江等地放开后，都建立了几十亿斤粮食储备。省、地（市）、县各级都应建立。放开以后，财政省下来的一部分钱，应用于建立储备基金和风险基金。放开地区的事实说明，这是能够做到的。此外，有少数贫困县和贫困乡、村，财政很困难，放开后粮食部门也很困难，请各地研究有效的解决办法，帮助他们渡过难关。这里还要强调一点，国家的专项储备粮、战备粮、国务院市场调节粮以及平价库存，粮权属于国务院，未经批准，各地不得随意动用，轮换要按规定办。平价粮库存地方可以周转使用，但总量不得减少。

第四，要搞好配套改革。粮价放开要同企业改革相结合，同培育市场机制，搞好市场建设相结合，促进企业转变机制，拓宽市场，扩展业务，在多元化流通格局竞争中发展壮大。粮价放开后并不等于新的价格体系的形成，要注意进一步完善粮食价格机制，形成合理的价格体系。今后，要按价值规律、市场供求规律办事，使价格反映生产成本、供求关系，并注意拉开质量、品种、季节、地区差价，以利于搞活粮食流通，促进生产，引导消费。同时要注意与国际市场粮价相衔接。我国如参加关贸总协定以后，国际粮油价格对我国价格会有什么影响和变化，要及早研究对策。

第五，放开以后，宏观调控和行业管理工作，必须加强。在中央编委的机构改革方案没有确定以前，各级粮食行政部门不要轻易宣布撤销，行政职能不能丢掉。对国有粮食业的所有制性质和隶属关系不得改变。粮管所、粮管站是国有资产，不能下放。粮食企业的国有资产不得平调和转移。

凡是已经放开的地区，要根据这次会议精神，总结前一阶段的工作。检查各项政策和配套改革的落实情况，采取措施，使之不断完善。没有放开的地区，要及早从各方面做好准备。粮价改革这一关是早晚都要过的，早准备，早主动，不应消极等待，应该把握机遇，把工作做在前面。我们的方针是：在发展中迎接深化改革，在深化改革中求得进一步发展。

转换企业机制　搞活粮食企业

企业是市场运行的基本单位，是商品经济的细胞。搞活粮油企业，是建立市场经济的基础。这项工作要下决心抓好，尽快使企业成为自主经营、自负盈亏、自我约束、自我发展的经济实体。搞活企业，要做好以下几方面的工作：

第一，要把天津经验和烟台经验结合起来，认真贯彻推行。天津经验的意义不是简单地把多家亏损集中为一家，而是通过这一措施，实现政企职责分开，政策性经营与正常性经营分开，解放基层企业，为进一步改革奠定基础。

经过一年来的实践，各地对天津经验有所发展。如山东省济宁市、湖南省等地，他们把推广天津经验与烟台经验结合起来，与调整战略、转换机制、提高经济效益结合起来。看来天津“两条线运行”的经验不仅适用于销区，也适用于产区；不仅财务在省、地、市的地区是可行的，财务下放到县的，同样可以推行；不仅适用于尚未放开的地区，而且适用于已放开地区。所以，推广天津经验要坚定不移。同时要继续推广烟台经验，坚持本业为主，多种经营。这不是权宜之计，而是长远战略。

第二，要着眼于企业内部机制的转换。在改革开放步伐加快的新形势下，要解决企业生存和发展的问题，必须转换企业内部机制，克服平均主义和吃大锅饭的弊病，调动企业和职工的积极性，使企业真正成为自主经营的经济实体。转换企业内部机制，要推行各种形式的经营承包责任制和资产经营承包责任制，坚决改革分配、用工制度，正确处理国家、企业、职工三者利益关系，大胆地把企业所有权和经营权分离开来，把企业兴衰与职工利益密切结合起来，为企业开辟一条依靠自己力量，多创多留，逐步搞活的路子。企业承包的各项指标，要逐级落实到班组和职工。大中型企业提倡集体承包，小型门点可以个人承包或者实行租赁经营。不管采取哪种办法，都要保证国有资产的保值和增值，避免短期行为，防止把固定资产、流动资金用光吃光。粮食经营和价格放开后，粮食企业之间的差距将会迅速拉大，要允许兼并，带动落后企业复苏。实力大、有条件的企业，可以到外地、外国投资，进一步壮大企业。各地要采取必要措施，支持部分骨干企业发展壮大，不断滚雪球，发展成为具有较强实力的综合性的集团公司。

第三，要调整经营战略。总的思路是实行两个根本性转变，即从粮食产品分配型向商品经营型转变，从传统粮食业向现代粮食业转变。这是国有粮食企业生存和发展的出路所在。从各地经验看，要实现两个转变，就要坚持“本业为主，多种经营”，面向两个市场，向生产、科技延伸。

烟台会议一年来，多种经营有了较大的进展，各地出现了抓经营、上项目、增效益、求发展的新局面。国有粮食企业对繁荣市场、安排人民生活仍然负有重要责任。我们的优势就是既有经营粮油的物质基础，又有经营粮油的经验。因此，不能丢掉粮食这个本业，否则就丧失了立足之地。我们一定要抓住粮食不放，抓住大众化主食品不放。“本业为主”是从全系统的角度讲的，至于具体到一个企业，可以有所侧重，有的可以跨出粮油行业。这不仅不会影响粮油多种经营的发展，而且会互相推动，互相促进。

面向两个市场，就是既要面向城市市场，又要面向农村市场；既要面向国内市场，又要面向国际市场。从当前情况看，要巩固、稳定城市市场，发展、延伸农村市场，有条件的也要进入国际市场。要树立营销观念，改革经营方式，改变门市陈列，扩大营业面积，推广开架经营，改进包装装潢，努力促销，以销促购，以销促产。要坚持不懈地搞好口粮转化，发展大众化主食品生产经营，发展多种风味食品、保健食品、营养食品。目前城镇居民一日三餐需要大量的馒头、大饼、切面、馄饨皮等主食，基本上是靠城镇粮店供应。这块阵地关系到人民日常生活，也关系到粮店的前途，无论如何不能丢。农村市场很有潜力，大有作为。要坚持“平退议进、生退熟进、人退我进”的原则，继续发展和延伸农村粮食网点，千方百计占领市场。河北省提出，一乡一站，一村一店，发动多余的职工深入到村，搞夫妻店，搞个人购销承包，搞品种兑换。四川广元市粮食部门让职工回村代购代销，在业务上保持联系，形成了一个有效的购销网络。这些做法，各地可以参考。在农村搞兑换，与“粮食储蓄所”、代农加工、为农业服务结合起来，是很有发展潜力的一项业务。要普遍推广湖南华容县东山乡及山东广饶县等地的经验，搞好产后服务，把粮站的兴旺发达与促进农村经济的发展结合起来。

粮食工作要向生产延伸，向科技延伸。向生产延伸，就是与农业相结合。过去粮食是紧缺商品，农业生产什么，我们就购销什么；现在要以市场为导向，引导生产，引导消费。为了加强与生产者、消费者的联系，不少地方，特别是南方一些省份，都在建立优质粮油商品生产基地和小杂粮生产基地，逐步向贸工农一体化发展。向科技延伸，就是走粮油经济与科技相结合的路子，以科技为先导，开发新产品。这是我们向现代化粮食业迈进的关键。要主动同科研单位、大专院校密切联系，加强合作，利用、吸收、引进、消化先进的技术、设备和专利，使其尽快转化为生产力。山西省临汾地区粮食局搞多种经营与科技相结合，创造了很好的效益；江苏省如东县凯亨集团公司由几万元的小厂发展到一亿多元产值的集团，靠的就是“找市场，请财神”（科技人员）。这些事例说明，把科技成果迅速转变为生产力，就会迅速提高企业的经济效益和社会效益。

第四，粮食行政部门要转变职能。目前，一些地区粮食部门的职能正在转变，机构正在进行调整。多数是在保留粮食局的基础上成立粮食公司或粮油集团总公司，在继续施行部分行政职能的同时，主要精力转向办实业，搞经营。转变职能和改革机构要按照“小行政，大实业，大服务”的总体思路进行调整。这次会议上，山东昌邑县、四川邛崃县介绍了他们改革机构、转换职能的经验，各地可以参考。行政科室要精简，人员要精干，该下放的权力一定要放给企业。粮食行政部门要树立为公司、为基层企业服务的思想，把服务寓于协调、管理、监督之中。

总的看来，转换经营机制，增强企业实力，都要以经济效益为中心。特别是我们正处于转折时期，面临严重困难，更要强调经济效益，树立效益观念。要把经济效益作为衡量企业经营成果、考核部门和企业领导的主要依据，使效益观念渗透到粮食工作的每个环节之中。经济效益不是简单扭亏增盈，而是企业经营管理水平的综合反映。要开源节流，讲求生财之道，扩大经营门路，增加服务项目，适应市场需求，广开财源。要加强内部管理，向管理要效益，节省人力，节约物资，合理利用资金。在社会主义初级阶段，需要有一种原始积累的劲头。粮食部门艰苦创业、勤俭持家的好传统不能丢。经营管理中有许多潜力可挖，例如粮食调拨，合理调整一下流向，就能节约许多运费。资金运用大有学问，凡是粮油公司，都要逐步成立内部结算中心，加速资金周转。要搞好公共关系，与各种资金渠道建立联系，利用利率差等创造效益。这次会议的典型单位在这些方面有许多好的做法，各地可以互相借鉴。要避免低水平的重复建设和引进。现在各地都有一批较大的新建和改造项目，资金来之不易，必须考虑到投资效益。特别是省市一级粮食局，要注意全行业统筹规划，长远打算，打破行政区划，合理布局，科学设计，保证这些较大项目建成后能形成规模经济，能适应不断变化的市场形势。

不断增强粮食的宏观控制能力

社会主义市场经济是建立在公有制为主的基础上，处于国家宏观调控之下的市场经济。建立粮食市场机制，不能脱离中国的实际情况，要在保证11亿人口吃饭、在粮食供需低水平平衡的基点上考虑问题。在粮油放开经营的情况下，国家既要加强宏观调控，又要促使微观搞活。既要放得开，又要守得住，主要运用经济手段来调节市场供求关系，创造适宜的经济和社会环境，引导企业作出正确的经营决策。因此，粮食流通体制改革要遵循“总量平衡，适量储备，掌握批发，管好市场，搞活企业，综合经营”的原则。总的要求是在武汉会议上提出的三句话，即粮食放开以后，“粮权不能丢，粮食服务体系不能乱，国有粮食业主渠道地位不能削弱”。这三者有密切的联系，是互相依存的。粮权是前提，没有粮权，不掌握足够的粮源，不控制大的批发，就谈不上市场主动权。服务体系是基础，搞活粮食经济，安排好粮食市场，没有一个健全有效的体系，就无法落实。有了以上两点，主渠道地位也就有了保障。所以，在加快改革的同时，要始终保持清醒的头脑，不断增强宏观调控的能力。除了正确运用税收、价格、利率、汇率等经济杠杆外，还要加快三个体系的建设。

一是建立以国家粮食储备为核心的国家、地方和农民的三级储备体系。经过两年的努力，国家粮食储备已经达到了既定规模。国家粮食储备的规模要保持适量，调整结构，适当集中，管好用活。今后的重点是健全体系，完善制度，强化管理，把粮食储备各项工作真正落实到基层，切实做到严格管理，安全储存，调度灵活，轮换方便。最近，为了在战略要地和交通枢纽统一管理一批大中型粮食储备库，直接控制一批储备粮，以便于及时调度，应对各种紧急需要，国家粮食储备局对主要储存国家储备粮的粮库进行了明确产权、命名挂牌的工作。这是加强国家粮食储备管理的基础工作，是对国家粮食储备库实行统一领导、分级管理的重要步骤。凡是粮价和经营放开的地区必须建立地方储备，以应对灾荒和市场波动。集体经济条件好的乡村，也要提倡修仓储粮。还要动员农户多储一些粮食，藏粮于民，逐步形成粮食储备的完整体系。

二是建设三级市场体系。为了适应社会主义市场经济的发展，要加快建设以国家批发市场为龙头，区域性批发市场为骨干，农村初级市场为基础的市场体系。要按照经济流向和经济区域建设能够沟通城乡粮食交流的市场网络。这既是宏观调控的有力手段，也是搞活企业的一个有效措施。国家级的郑州粮食批发市场，在近期内要坚持以发展中远期合同为主的交易方向，提高中远期合同所占的比重，提高合同履约率。商业部和上海市人民政府已批准成立上海粮油商品交易所筹建处，在做好交易所场地建设的同时，要制定一套符合中国国情的期货交易规则，选择现货交易数量多、价格波动大、交割运输条件好的粮食品种，进行期货交易试验，待报国务院批准后，争取明年上半年适当时候开业，办成既有现货又有期货、高层次的交易所。区域性粮食批发市场现有七个，要巩固提高，适量发展。可在西北、西南地区逐步发展大一点的区域性市场；此外，各地还可建设一些小的区域性市场，如江苏海安县建立的跨县市区域性市场。要完善市场的服务功能，提高市场的吸引力；建立和健全市场管理的各种法律、法规，建立市场秩序，搞好配套改革，使市场交易活动公开化、规范化、正常化。粮食初级市场是产销双方直接见面、互通有无的一种市场，现在全国已有几万个。要以农村乡镇粮食集散地为中心，以粮站、粮库为依托，放手发展。对一些自发形成的或其他部门主办的粮食市场，粮食部门也要积极地参与进去，以良好的服务、优质的商品、灵活的经营方式，逐步扩大影响，满足农民余缺调剂、品种调剂的需要，促进农村商品经济的发展。

三是建设粮油及其制成品的收储、加工和销售服务体系。这几年仓库等储运设施建设有很大发展，要继续毫不松懈地抓紧建设，争取完成“八五”建仓计划。粮食仓储业要迅速改变只能计划收储、调拨的模式，充分利用我们设施设备比较完善、保管技术比较先进的优势，大力发展全方位经营和社会化服务，不断拓宽多种经营的路子。以中心加工厂为骨干的粮油及粮油食品加工网络，要适应粮食部门两个历史性转变的要求，以大型骨干企业或拳头产品为龙头，注重发挥整体优势和规模效益，走联合道路。一些大型的粮油工业企业要建立原料基地，努力掌握粮源油源，逐步向贸工农一体化发展。要加速技术改造步伐，引进国外先进技术和装备。现在全国已有粮油工业产值超5000万元的县市200多个，其中产值过亿元的64个。这是粮食行业的重要支柱。各地要下工夫，争取有较快的发展。要逐步建设以中心粮店为骨干的购销服务体系。城市粮店不仅要扩大经营范围，调整商品结构，还要对组织体制、经营机制、网点布局等方面进行较大改革和调整。组建“连锁店”可以增强整体实力、改善企业形象、争创名牌、扩大销售；开办“配送中心”可以有效地改进服务方式，适应买方市场的要求。会上介绍的经验，各地可以试行。为了尽快改善粮店粮站的经营条件，要继续多渠道筹集资金，进行网点改造。新建的大型中心粮店或综合商场，可以进行股份制试点。销售网点是我们的财富，要充分利用。在保证群众买粮的前提下，可以对现有网点进行适当调整，腾出一部分粮店，从事食品生产或多种经营。对地理位置好、级差地租高的网点，一定要充分利用，把优势发挥出来。

会上反映，粮食部门的一些同志担心，放开后，“粮权不能丢，服务体系不能乱，主渠道作用不能削弱”能否落实？我认为只要抓好了宏观调控体系的建设，就有了可靠的基础。这几年来，可以说我们的工作都是围绕这个难点来进行的。特别是两年来，为了实现上述的三个要求，我们采取一系列措施，并得到国务院的批准。（1）强调国家要掌握粮源，统购任务不要轻易取消，农业税征实继续执行，粮食企业要向生产延伸，以掌握优质品种，把好总量综合平衡关。（2）扶持产粮主产区，政策向主产区倾斜。（3）建立专储粮制度。把专储粮制度落实到基层，掌握物资和储存手段。（4）加紧进行基础设施建设，在放开中保存服务体系的基本框架。（5）在企业搞活的基础上，加强经济联合，组建联合体或集团，并建立结算中心、内部银行，增加粮食业内部的经济联系，发挥整体优势。（6）主动地、逐步地建设市场体系。（7）加强进出口的统一管理和内外贸的结合。（8）强调保住粮食的行政职能，保住必要的精干的机构。以上几个方面都是围绕一个目标：加强粮食的宏观调控能力，增强粮食行业内部的凝聚力。我认为只要我们沿着改革的方向，努力工作，粮食行业不仅冲不垮，散不了，而且会走出低谷，振兴有望。

在新形势下，粮食战线的领导要抓人才，抓战略。国有粮食业要在竞争中取胜，发挥主渠道作用，归根到底要靠人才。有了正确的经营战略，还必须有人才去实现。市场的竞争，实质上是知识的竞争，人才的竞争。要培养一支坚决执行党的基本路线，能经营，善管理的队伍。各级领导要善于发现人才，培养人才，知人善任，任人唯贤。要打破论资排辈等旧观念的束缚，创造使人才脱颖而出的环境，使各类建设人才，充分发挥特长，为发展社会主义粮食事业献计出力。对各类粮食院校、对干部和职工的轮训工作，要自始至终抓紧进行，不断提高队伍的业务素质和政治素质。这是发展粮食行业的根本大计。

马来西亚棕榈油贸易和新加坡粮食供应考察报告*

（1992年9月29日）

中国商业部代表团白美清等一行五人于1992年9月上旬应邀访问了马来西亚和新加坡，签署了中国植物油公司与马来西亚沙巴州土地发展局、郭氏兄弟集团公司三方参股沙巴州拉哈达杜炼油有限公司和厦门中鹭植物油有限公司的协议，并考察了马来西亚的棕榈油生产、加工、销售、市场情况，访问了新加坡职工总会所属平价合作社，重点调查了在市场经济中如何稳定粮价的经验。现将有关情况报告如下。

合作开发东南亚棕榈油可补我油源之不足

棕榈油具有产量高、成本低、用途广泛等特点，特别是用作煎炸食品和配合烹调油有特殊的作用。因此近年来世界棕榈油生产发展很快。尤其是马来西亚、印度尼西亚具有热带雨林的优势，后来居上，居于世界的领先地位。据统计，20世纪90年代世界17种油脂的总生产量为7730万吨，而棕榈油的产量为1030万吨。马来西亚近年来调整种植结构，改种可可、橡胶为种油棕榈树，产量直线上升，从1970年的43万吨上升到1991年的641万吨，出口500多万吨，创汇20多亿美元，占世界生产量的54%、出口量的70%，成为世界最大的棕榈油生产国和出口国。油棕榈树适合在赤道两边5°的地区种植，每公顷油棕榈果产量高达22～25吨，产毛棕榈油4～5吨，比大豆同面积产油高9倍多，比花生高5倍多，比油菜籽高7倍多。而且是木本油料，常年收采，可保持20～25年商品化生产。

近20年来马来西亚棕榈油发展快的原因，除政府采取一些扶植措施和优惠

---

* 这是白美清同志率商业部代表团访问马来西亚和新加坡的考察报告。国务委员陈俊生同志1992年10月25日批示："请秘书局将此报告中第二部分印发国阅件，供给领导同志参阅。"

政策外，突出的特点是“三个结合”：一是联邦和各州政府建立了土地发展局，把扶贫和开发结合起来，取得明显成效。马来西亚土地发展局成片种植油棕榈树，分给无地和少地的农民，集中成片种植分户管理，每户分10英亩，农民有永久性的土地使用权，优惠贷款分15年还清。现在土地发展局开发的油棕树面积已达200万公顷，产量占全国总产的54%。二是建立了马来西亚棕榈油研究院为核心、由州的科研中心和公司的科研部门组成的科研体系，与生产紧密结合，开展良种选育、加工工艺、营养分析、综合利用等一系列研究推广，并根据市场变化，提供超前服务和将成果直接提供给生产应用。如产油从每公顷2吨提高到4吨。种植园和炼油厂有技术方面的问题，可以打电话由研究院派专家帮助解决。马来西亚政府规定，每加工1吨棕榈油，收马币5元作为科研费用，保证了科研经费的需要。三是建立了面向市场的贸、工、农相结合的服务体系。以出口为目标，建立了种植园、榨油厂、精炼油厂的直接出口体系。政府、土地发展局、经营公司都大力促销。政府原料矿产部部长林敬益亲自到各国推销、宣传，政府专门建立棕榈油推销促进委员会从事这一工作，开拓市场。我们认为，马来西亚投资环境是好的，他们的棕榈油生产有一整套经验，可以和他们合作。

我国目前食油的年产量在500万吨左右，人均消费4.5公斤，远低于世界人均消费14公斤的水平。从今后消费的趋势看，动物油的消费量减少，植物油的消费增加；单一油脂的消费减少，以营养型为特征的精炼油、配合油的消费增加。因此近几年每年均进口100万吨左右棕榈油作为补充。为了补充国内油源之不足，建议：

一、利用开放的有利时机，与东南亚的马来西亚、印度尼西亚等国进行棕榈油生产的合作。可以现有中国植物油公司与马来西亚合作的厦门中鹭植物油公司（炼油能力15万吨）、沙巴拉哈达杜有限公司（炼油能力10万吨）为基础，向生产延伸，在东马或印度尼西亚合资兴建棕榈油树种植园，以掌握油源。特别是在马来西亚原产部准备采取鼓励原油出口减免税的措施后更为有利。这样，我们掌握25万~30万吨棕榈油资源，对稳定国内所缺乏的棕榈油的供应有重要作用。

二、我国油料资源丰富，花生、大豆、芝麻为传统出口商品，而棕榈油又是我国所需的食品工业的原料，应当大力开展以出换进、品种兑换的业务，以达到增值和增加油源的目的，也有利于外汇平衡。为此，需要把国内、国际两个市场紧密结合起来，由商业部和国家粮食储备局每年按计划组织一批油料进出口兑换。

三、鉴于目前我国沿海各地独资或合资的精炼棕榈油厂大量增加，估计生产能力已达100万吨以上，在产业政策上应加以引导和控制，特别是对建大型炼油厂，必须严格控制，银行不予贷款，计委不予立项。

四、马来西亚政府提供1亿美元商品贷款用以购买马30万吨棕油问题。这次与马来西亚原产部长林敬益会谈时，我方提出：（1）棕榈油价格要合理，目前棕榈油价格高过大豆油价格是不正常的；（2）贷款利率要优惠；（3）与我国在马来西亚投标的工程联系起来。马来西亚方面表示愿意考虑我方意见。建议此事仍由经贸办协调，组织研究提出方案。

五、加强同马来西亚方面在棕榈油研究方面的合作，解决棕榈油熔点低，在北方易凝固，以及调和油生产的配方问题，使棕榈油和花生油、菜籽油相配合，进入家庭。

新加坡调控粮食价格的有效组织形式——平价合作社

新加坡是实行市场经济的国家，粮食、油料等基本生活资料的价格都由市场供求决定，随行就市。新加坡有200多万人口，粮食、副食品、蔬菜全靠进口。新加坡独立以来，经济发展很快，人均国民生产总值达到1万美元以上。但是，新加坡政府仍十分重视稳定粮食等基本生活资料的价格。政府不是采取行政手段，而是通过职工总会的平价合作社进行调控的。

新加坡的平价合作社成立于1983年，有团体会员80个，个人会员27万人。平价合作社的领导机构是信托部，由内政部长任主任，每年开一次年会决定经营方向，审查一年来的经营情况。下有11人所组成的董事部，每月举行一次会议。日常业务工作由总经理负责。事实上是政府决定平价合作社的大政方针。

平价合作社在全国建有42个超级市场，出售日常用品和其他商品，基本上是每个社区1个。另外还有45家私营的杂货店经审查同意后作为平价合作社的特许商店。平价合作社以低于市价5%～10%出售米、油、肉等消费品，以帮助社员降低生活费用。合作社还在《星岛日报》上每周四公布一次特价商品的价格，有40～50种，大部分为日常生活用品，以稳定物价，促进销售。合作社的社员和非社员都可以在合作社购物，但会员可享受8%的回扣和年终10%的分红。合作社有进口权。以大米为例，新加坡进口商约30家，从泰国进口大米。平价合作社占进口数的20%，实行微利销售。一般都是提前几个月订货或购进，使价格比较低。顾客中有40%是社员，60%为非社员。年销售额为4亿新币，影响很大。大米等基本生活资料的价格，事实上是平价合作社起决定作用。1991年海湾战争期间，新加坡因处于伊斯兰国家的包围之中，居民有些紧张，争购粮食等日用品囤积起来，粮价上涨。平价合作社所属超级市场，摆摊设点，增加销售，很快就平抑了粮价，稳定了人心。其他公司和粮商的价格，都唯平价合作社马首是瞻，起到了指导性的作用。

为什么新加坡平价合作社能够以较低价格出售基本生活用品，是否政府有补贴？据我们了解，政府没有给补贴，但有一条优惠政策——给平价合作社免税。利润只上缴中央合作基金和劳动基金，其余税收全部免缴（其他公司要上缴31%的税）。同时，平价合作社有较充裕的流动资金，很少贷款，不支付或少支付利息。所以有能力保持低价出售。

我国当前正在陆续放开粮食购销价格。放开以后如何加强对市场的调控能力，继续保持粮价的稳定，是我国粮食工作面临的新课题。从新加坡以及一些国外的经验看，在市场经济运行中，要调控粮食市场，应着重运用经济手段，走出一条既减少国家补贴，又能保证粮食等基本生活资料稳定供应的路子。一是建立粮食储备体系，通过市场吞吐，调节丰歉。二是给国营大型粮食贸易公司和植物油公司以进出口权，并在税收上予以优惠，使之在市场上起主导作用。可先在中国粮食贸易公司和中国植物油公司进行试点。三是为了保证低收入者的生活水平不致降低，在城市可以试办消费合作社，以粮油食品店为基础组建，通过试点，逐步推开。50年代我们有这方面的经验，应加以研究，根据新形势加以充实，在实践中完善。

吉隆坡商品交易所的棕榈油期货交易的启示

资本主义发达国家的农产品交易市场，经过了相当长时间才进入期货交易阶段。如芝加哥商品交易所发展到期货经过了100多年。发展中国家在较短的时间内能否进行期货交易，马来西亚吉隆坡商品交易所的经验作了肯定回答。

吉隆坡商品交易所成立于1980年，开始从事原棕榈油的期货交易。以后，马来西亚的几种主要产品如天然橡胶、可可、锡都进入期货市场。交易所现有会员100多个，为90家公司所拥有。每个公司会员必须拥有50万元马币的资产。原棕榈油的期货合同每宗为25吨，指定柔佛的巴西古当、槟城北海等为交割地点，任凭选择。每天成交1200宗左右，但现货交割较少，仅占1%。

交易所在1984年由于棕榈油价格猛涨，发生期货交易违约事故，于是休整了一年，于1985年对交易所进行重组，主要是加强会员与结算所的财务联系，提高市场的信誉。交易所会员在场内进行的所有交易，都必须通过期货结算所结算，结算所为每宗交易合约的当事人，并负责承担财务上的责任。结算所拥有注册资本5000万马元，交易所和结算所会员拥有股权的70%，其余30%为银行拥有。

交易所的会员分为三种：（1）注册经纪商，可以替公众交易，有33家；（2）非经纪商会员，主要为本身交易，不替大众交易，有70家；（3）个人会员共25家，也是为本身交易，由结算所会员担保。吉隆坡交易所允许个人会员参加交易活动，是从1987年开始的。他们认为，个人会员的交易费用很低，更容易在少许的价格波动中获利，使市场更有吸引力，使交易所更加活跃。

马来西亚对期货交易有严格的管理办法。政府设有商品交易委员会，有财政部、原产部、电信局、中央银行的代表和交易所的负责人参加，负责管制与监督全马来西亚商品期货交易。对交易所每日期货交易的价格都有限价规定。最低价格波动幅度每吨不超过1元马币，最高每吨不得超过马币50元。场内每次交易额不得超过20宗（即500吨）。政府还制定了商品交易法等法规。

为了搞活我国的粮食流通，适应市场经济发展的需要，我们意见：

一、在我国试办粮油商品期货交易所是必要的和可行的。这对于转移粮油价格风险，提供正确的价格信息，保护生产，引导消费是有益的。但是现在这样按条块分割的办法，一种商品办一个市场是不能适应发展需要的。建议先从粮油商品的期货着手，再向多元期货市场发展。商业部正在筹建的上海粮油商品交易所和郑州粮食批发市场应积极准备，争取明年上半年期货交易开业。

二、发展各种形式的经纪公司、经纪商对搞活市场有重要作用，在现货批发市场、期货交易所中均应加强这方面的工作。目前中国粮贸公司已经着手组建经纪公司。要加强培训工作，培养经纪人才。

三、建议国家成立交易所和市场管理委员会。现在世界上不少国家都有这种机构。特别是我国市场经济新体制建立后，设置专门机构管理这件事更为必要。今后还要陆续负责制定相应的法规，使市场规范化、法律化。

建设有中国特色的社会主义粮食市场经济新体制*

（1992年10月12日）

这次研修班是在举国上下欢庆党的十四大召开的日子里举办的。今年全国省级粮食厅局长高级研修班共举办两期，第一期是在广东佛山市举办的，这是第二期，在大连市举办。我们是想借助广东和辽宁的经验，借助珠江三角洲佛山市和辽东半岛大连市改革开放搞得最快、最活这一南一北，来推动全国粮食系统的改革和建设。这次研修班又恰恰是在党的十四大召开时举办的，这个巧合预示着我们粮食行业有着光明的前途，预示着今后粮食行业将有良好的机遇。

正确认识我国粮情是做好粮食工作的基本出发点和立脚点

43年来，我国粮食工作经历了光辉的历程。在党和政府的领导下，我们成功地解决了11亿人口的吃饭问题。广大粮食职工不论在什么时候，什么情况下，都坚持不懈地进行工作，克服了种种困难，保证了军需民食，保证了粮食供应和粮食市场的稳定，使我们新中国粮食工作取得了举世瞩目的成就，得到广大人民群众的信赖。对粮食部门40多年来的成就，刚才辽宁省张副省长已给予了高度评价。需要指出的是，40多来不论在什么情况下，我们都保证了粮食供应。不论是在“文化大革命”那样动乱的年代，也不论发生多大自然灾害，我们都照常供应。例如去年江苏、安徽水灾，我们用种种办法，如“水上粮站”等，及时把粮油食品送到群众家里，因此我们受到群众的信赖。粮库、粮站在群众心目中有比较好的评价和比较高的信誉，这是非常不容易的，这是几代粮食干部、职工艰苦奋斗才得到这样评价的。43年来，粮食工作有很多经验教训，我认为最重要的一条是正确认识中国的粮情。中国的粮食

---

* 这是白美清同志在大连举办的全国第二期粮食厅局长研修班上的讲话。

情况，是中国基本国情的组成部分，是粮食工作的基本出发点，也是制定粮食工作的战略、方针政策、措施的根据。在这个重要问题上，我们一定要有实事求是的估计和冷静的分析。往往出问题就出在对基本粮情的估价上。中国的粮情是什么呢？

中国的基本粮情，或者说中国粮食的基本特点是人口多，耕地少，粮食总水平较高而人均占有水平不高。当前，在正确认识中国粮情上有三点值得我们注意。

第一，我们是在人均粮食占有不到400公斤水平的情况下奔向小康，即使到2000年，人均也不过400公斤。我国的粮食生产从1980年的32000万吨上升到1984年的40730万吨，库存粮食从1980年的5200万吨上升到1984年的8750万吨，这也是个飞跃，上了个新台阶。但是，在1984年，人均还不到400公斤，1984年以后粮食生产进入4年徘徊期，总产在39000万~40000万吨之间徘徊。1989年恢复到××××万吨，1990年粮食空前丰收，总产达×××××万吨，但人均也只有385公斤多。库存到1990年超过历史水平，达到12050万吨。即使到2000年，按农业规划，我们粮食总产达到5亿吨，人均也达不到400公斤。这就是说我国人民生活从温饱型向小康型过渡就是在400公斤左右这个水平上做文章。从世界看，这是个比较低的水平。全世界共有耕地面积209亿亩，人均3.96亩；发达国家是人均7.87亩，发展中国家人均2.73亩，澳大利亚43.46亩，加拿大26.22亩，阿根廷12.2亩，苏联11.8亩，美国11.36亩，印度2.97亩，中国是人均1.27亩。从人均产量看，1990年世界平均为369.2公斤，发展中国家人均产量252公斤，发达国家748公斤，加拿大2189.5公斤，澳大利亚1000公斤，法国700公斤，印度231公斤，中国人均产量390公斤。虽然中国粮食单位产量在世界处于领先地位，但人均占有水平是比较低的。对这种情况，我们要心中有数。

第二，当前“卖粮难”是结构性的、区域性的，是多种因素造成的。从全局看，我国粮食不是总量过剩、供过于求，粮食问题并没有过关。当前卖粮难是农业生产结构不合理造成的，过去单纯追求产量指标，但注意品质不够，这是农业生产结构存在的一个大问题。现在不少省区还缺粮，全国能调出粮食的只有十几个省，但平价调出的一个省也没有，粮食调出集中在三个地带：

一是东北玉米带。这是粮食调出最多的地区，特别是吉林省一般每年可调出500万吨。这个地带包括内蒙古东部的几个盟。

二是黄淮海小麦带。包括苏北、皖北、鄂北以及河北、河南、山东一带。是我国小麦主产区，能调出一部分小麦。

三是长江中下游的稻米生产带。主要是湖南、湖北、江西、安徽4省为主，江苏丰年也可调出些大米和小麦。

此外，西北地区有发展潜力的地方是新疆，近年来已成为调出省份，但受运输等限制较大。宁夏丰年可以调出，歉年也只能自给。

出现卖粮难也多出现在这些主产区，但大都集中在大米带的湖南、湖北、安徽、江西、四川等省。所以分析粮情，要看到这是区域性、局部性的。

出现这个问题，有生产结构方面的原因，有基础设施不够，有金融方面的原因，如打白条成为困扰粮食流通的一个重大问题，搞不好，将影响党、政府与农民关系。这些原因，加上过去价格扭曲，促进了卖粮难。所以说是多种因素造成的。局部地方出现卖粮难不能说是总量过剩了、中国粮食过关了，绝不能得出这样的结论。有的同志之所以说粮食过关，不外乎说现在库存多了。我不赞成这个看法，现在库存增加从品种看主要是大米。1991年与1988年相比，大米收购量由3185万吨上升到4315万吨，增加了1130万吨。销售反而减少，年销量由3035万吨减少到2770万吨，减少265万吨。大米销售减少，面粉销售增加，早籼米销售减少，吃优质米增加。说明人民生活向吃精、吃细方面发展。大米库存由1988年为1790万吨，1990年4120万吨，比1988年增加了2330万吨。问题主要出在这里。

为什么当前库存增加这么大？有以下几个原因：一是粮食连年丰收。1980年粮食库存才5200万吨，1984年增至8750万吨，1985年、1986年减至7000万吨，供应便紧张起来了。1989年恢复到××××万吨，1990年上升到×××××万吨。这是连年丰收的结果。二是进口量增加。进口量最多有三年，1988年进口1625万吨，1987年是1535万吨，1982年是1510万吨。从1980年到1991年每年平均净进口725万吨，其中主要是小麦，也有一些大麦、大豆。有同志说是否可以不进口？全国是粮食总量大体平衡，但小麦不足。不进口小麦，供需还不能做到平衡。我们去年进口少一些，玉米出口增加。库存这样多，是否意味着供过于求？刚才分析，供过于求的是大米，是早籼稻，不进口小麦就不能平衡，面粉质量就将下降，如四川不调入进口小麦或北方小麦，面粉的质量就不行。所以对这个问题应有正确认识。

对于粮食库存，要用辩证的眼光、历史的眼光来看。库存是否过量？现在也只有可供应一年多一点的库存，中国这么大，这么不平衡，1 亿多吨库存不能说过量。主要是粮食品种结构上不合理，可以说大米多了点。其实像小麦、玉米并不过量，大豆库存还很薄弱。对于粮食库存，我认为应该看成是国家综合国力增强的一种表现，不应看成是“包袱”。如果没有这些库存做后盾，去年的大水灾就没有办法应对。1976 年我在四川省委、省政府工作时，四川大减产，中央决定调 60 万吨粮食进四川救灾，结果全省总动员只调进 45 万吨，而且把其他进川物资都挤了。去年江苏、安徽、湖北、湖南遭灾，整个动用专项储备 450 万吨，没有增加火车运输压力，只动用当地专项储备就解决了。这与 1976 年、1988 年完全不同。1988 年我在国务院负责调粮工作，从东北包括大连都建立了调粮指挥部，一个季度调 100 万吨玉米南下救灾，水陆并进，日夜兼程。当时口号是多调 50 公斤粮救一条人命，把海军的力量都动用了。而去年灾害更重，但没有像过去那样兴师动众，就是因为有充裕的粮食做后盾，老百姓心里也不慌了。美国前一段开了 39 亿美元货单，要限制中国货进口，制裁我们。我们怎么办？我国农业部发言人建议不要再进口美国小麦。如果没有专项储备和这么多库存，就根本不能应对这种复杂的形势。当然，也不是说库存越多越好，粮食库存要适当。我们要看到粮食库存占用资金、增加费用的一方面；另一方面要从战略上、宏观上看，应该把它看成是财富，是综合国力的一种表现，是地方经济实力的一种表现。储粮备荒，储粮应对突发事件，是上策。

第三，对粮食生产和粮食供应潜在的、不利的因素要有清醒的认识。我国面临的是粮食需求量不断增加的新形势。我国人民的生活水平不断提高，人口压力加大，而耕地减少，特别是粮食种植面积近两年连续减少。这是很值得注意的信号。我国人口一年大致增加 1300 万 ~ 1400 万人；耕地减少 500 万亩，粮田面积减少得更多。1991 年粮食种植面积减少 1700 万亩，1992 年粮田面积减少 2700 万亩。粮田面积减少，产量会那么高吗？农民收入增加得不多，农民积极性会那么高吗？据 1991 年统计前三年农民人均收入扣除物价因素后只增加 1.7%。还要看到，农业生产是有周期的，这是自然规律，特别是粮食生产也是有周期的。过去说是五年中“两丰两平一歉”。上一个新水平后，可能会徘徊几年。现在情况恰恰处在刚上新台阶的波动期内，中国粮食综合生产能力大体是 42500 万吨左右。到 2000 年能否上 5 亿吨，还不能说有很大的把握。

我们粮食部门一定要清醒地看到这些不利因素。

经验教训之一是绝不能将粮食生产能力和库存估计得过高。从40多年粮食工作的经验教训来看，粮食工作出问题，不是出在对粮食生产能力和库存估计过低，而是出在对粮食生产能力和库存估计过高。这个教训有两次：第一次是1958年以后，当时搞大跃进，造成20世纪60年代粮食生产大幅度下降，人口大量地非正常死亡。第二次是“文化大革命”，当时在“宁要社会主义的草，不要资本主义的苗”的口号下，造成生产大量下降，供应紧张。党的十一届三中全会后，中央提出在农村实行休养生息的政策，一年进口1500多万吨粮食，减轻农民负担。1980年以后又在农村实行联产承包责任制，才使农业生产力得到又一次解放，粮食上了一个新台阶。但在1984年大丰收后对粮食情况估计过高，调整政策过猛，造成1985年粮食减产2500万吨。所以我们必须牢记购过头粮的教训。

回顾一下43年的粮食工作，经验教训之一是绝不可对粮情估计过高，要留有余地。中国还有3000多万人的贫困地区，温饱问题都没有解决，而且中国幅员很大，很不平衡，任何时候都要想到这一点。

经验教训之二是绝不可否定市场的作用。一定要在宏观指导下发挥市场调剂余缺的作用。几十年来对粮食自由市场是关了又放、割资本主义尾巴把它给割掉了，批判“三自一包”把它给批掉了，造成了很大损失。党的十一届三中全会以来之所以粮食情况逐步好一点，就是市场经济起作用，把粮食推向了市场。

经验教训之三是绝不能没有粮食储备。一定要立足于以丰补歉，居安思危。中国有储粮的传统。历代凡是太平盛世都有“常平仓”的制度，但兵荒马乱时又把它冲掉了。我们现在是太平盛世，要居安思危，对粮食一定要有必要的储备。

经验教训之四是绝不可没有主渠道。一定要发挥国有粮食企业在多渠道竞争当中主渠道的作用。粮食系统40多年什么情况都经历过，动乱也好，灾害也好，中印、中越边境的自卫反击战也好，粮食部门都保证了军需民食，保证了供应。实践证明，这支队伍、这个体系是有战斗力的，是能够发挥主导作用的，党和政府交给它的任务可以信赖，指到哪里它就干到哪里，这一点我们一定不要忘掉。

所以对中国的粮情，我们一定要有实事求是的估量，要有清醒的认识，要瞻前顾后，不仅考虑到当前，还要考虑到今后；不仅考虑到本地区，而且要考虑到全国；不仅考虑到平时，而且要考虑到应对突发事变：当今世界是多极化竞争的世界，突发事件是很难说的。只有这样，我们才能够立于不败之地，才能完成党和政府交给我们的任务。

从统购统销体制向市场经济体制的历史性转变

新中国成立以来，我们粮食工作经历了不同的历史时期，走过了曲折的路。党的十一届三中全会以后，党和政府总结了我国的历史经验，为我们粮食工作从统购统销体制向市场经济的过渡，指出了明确的方向。我国的粮食工作经历了三个历史阶段。

第一阶段，从1949年10月新中国成立到1953年11月（就是统购统销之前）。这一段粮食工作是以市场调节为主，或者以市场经济为主。当时处在国民经济恢复和发展的时期，五种经济成分并存，粮食基本上是掌握在私人手里和农民手里。国家只有少量的调控手段，就是国家征粮的那一部分。国有粮食业是处于起步阶段。1952年新中国建立国营粮食公司。这个时候国家宏观调控能力很有限，我们曾经和不法资本家掀起的粮食涨价的风潮作过斗争。

第二阶段，就是从1953年12月统购统销开始，到1985年1月中央一号文件宣布取消统购、派购任务。这一段达30多年，其特点是实行高度集中的“四统一”管理体制，即“统一征购、统一销售、统一调拨、统一库存”，就是统购统销为主，在当时的历史条件下是必要的，起到了积极的作用。这个时期有过沉痛的教训，中间就是反反复复，恢复自由市场，以后又取消，至于中、高级市场完全没有，农业生产也受到影响和制约。

第三阶段，就是从1985年1月中央一号文件开始，到现在向市场经济过渡的时期。这一段分成两个小段：第一小段，1985年一直到1991年，这一段实行计划经济和市场调节相结合，粮食系统进行了重大改革，改独家经营为多渠道的经营，改统购为定购，实行价格双轨制，近两年我们又在改革上迈出了重大步伐，概括说就是三件大事：调粮价，建市场，搞储备，包括建储备库在内。这样就加强了宏观调控的能力，为市场经济的发展开辟了道路。第二小段，从1992年开始，以邓小平同志南巡谈话为标志，通过党的十四大决议，进入全面向市场经济过渡这样一个历史时期。粮食工作也是这样，今年开始面临着经营放开，价格放开的新形势。这三个历史时期都有它的历史必然性，在历史上起过积极作用。实践是检验真理的唯一标准。在这三个历史时期我们都基本上安排好了人民的生活，而且在改革上作了可贵的探索，积累了经验。这三个阶段是继承和发展的关系，不能用这一段去否定前一段。中国的历史是复杂的，要用历史唯物主义的观点来观察认识这个问题。这三个阶段我认为是一个继承和发展的关系，是螺旋式的上升，不是简单的重复，现在市场经济不是50年代那样的市场经济。根据小平同志南巡重要谈话和十四大精神，粮食系统要为建设具有中国特色的社会主义粮食市场经济新体制而努力。我们是社会主义国家，粮食系统担负重要任务：既要能够保证粮食市场稳定，确保粮食供应；又要把粮食企业推向市场，建立市场运行的新机制。粮食部门是国民经济的重要支柱，粮食部门的改革将影响整个经济体制的改革，是整个经济体制改革的一个重要部分。可以说，中国的农村改革是从解决粮食问题开始的。中国经济体制改革的完成，也有赖于粮食体制改革的完成。粮食体制改了之后，就为经济体制其他方面的改革提供了有利的条件。国有粮食企业是全民所有制经济的重要组成部分。粮食体制将影响整个社会主义经济的性质和社会主义社会的性质。粮食体制的改革，不仅要解决粮食行业本身的活力问题，解决“卖粮人”的吃饭问题，而且是和整个社会主义经济的发展、同社会主义经济体制改革的总体部署相联系的。搞不好就会拖整个体制改革的后腿，也会拖国民经济发展的后腿。在实行市场经济过程中流通的作用将更加显著。流通是由生产力发展水平决定的，但流通也有反作用，也可以促进生产力的发展，在某种程度上，在一定范围内，流通甚至可以起主导作用。这也是符合辩证法的。粮食系统担负着光荣而艰巨的任务，在促进生产，引导消费，促进国民经济更快更好上一个新台阶，将起到重要的作用。

根据市场经济的要求，粮食部门今后改革的方向是什么呢？概括说来就是三句话：粮食商品化、经营市场化、管理企业化。粮食是商品，但是它又是一个特殊商品。粮食的经营，要通过市场，要市场导向。粮食的管理不能完全靠行政，不能把它搞成一个社会福利性质的单位，而是要向企业化发展。

当前粮食经济体制改革是以粮食价格改革为突破口，以转换企业机制为重点，以建立市场经济机制为方向和目标。粮价是带动其他的，粮价一改，其他方面必须相应地进行改革。长期以来，我国的粮食价格是非常扭曲的。经过几次调价后，价格扭曲问题，双轨制的问题解决了一部分，还没完全解决。粮价放开后，应按市场要求，市场规律去办事。这几年是从粮价改革着手来带动其他改革的。一些省市放开了粮价而且比我们预料的步子要大，时间要快得多。原来预计“八五”期间粮价是“购销同价”，“九五”才放开粮价的。现在来看“八五”期间就可实现。所以，改革是以粮价为突破口。第二句话是以转换企业机制，搞活企业为重点，着眼点还是要放在企业上，放在粮食系统的基层细胞上。基层搞不活，市场经济就没有基础。第三句话就是以建立市场经济机制为改革的方向和目标。就是按照市场经济规律办事，建立市场经济机制。我们采取了积极稳妥的改革步骤，由点到面，逐步推进。我们的粮价改革是经过试点，由点到面展开的。1990 年，全国先是 5 个县市搞试点，1991 年发展到 100 个县左右，1992 年现在已达 300 多个县，估计到今年年底 400 个县以上。我们没有采取“休克疗法”等办法，而且采取积极稳妥，逐步推进的方针从量变到质变，从部分质变到整个质变，因势利导，把握时机，从而使改革在面上推开，达到预期的效果。

回顾一下前几年的工作，都是向市场经济新体制前进打基础。如我们改革粮价，强调发展多种经营，推广天津会议、烟台会议、上海会议经验等，这些都为粮价的放开，经营的放开创造了条件，也就是为建立市场运行机制打下了基础。粮食系统要从统购统销的体制向市场经济的体制转变，这是具有重大历史意义的、战略意义的转变，也是粮食系统的一个根本的转变，是深层次的，全方位的改革。这个变化涉及方方面面，不论改革的深度、广度和速度都是空前的，我们对这个特点要有足够估计。粮食是国家的经济命脉，是关系到国计民生的重要商品，一定要把改革搞好，使我们从统购统销体制向市场经济体制过渡好。

我们要充分肯定前一段改革所做的工作，同时要冷静地看到我们的不足之处和困难，采取措施，积极地向粮食商品化、市场经营化这个方向迈进。根据当前的情况，我认为，建立社会主义粮食市场经济要注意以下几个问题：

第一，要积极稳妥地进行粮价的改革，逐步放开粮油的价格，解决粮食价格双轨制问题，在此基础上，建立反映生产成本和市场供求规律，机动灵活的价格体系。价格放开并不等于正常的、合理的价格体系形成，还需要做很多工作。国务院确定采取统一政策，分类指导，分省决策，逐步推进的方针。分类指导大体有三种形式：鞍山市是购销两头都放开，这是一种形式；还有一些县市是稳购放销或减购放销，保留调拨任务；还有一种形式是购、销、调全放。

购销两头放这一步是要走的，可以先稳一点，作为过渡。放开地区的经验证明，先保留两项，即稳定定购，稳定粮食关系，这两头不忙宣布取消，这样可以稳定人心。各地可以因地制宜，积极稳妥地推进价格改革。要允许有不同的形式，将来逐步过渡，最终都走向放开。粮价放开后要注意，价格不要搞死了，要建立起反映生产成本和市场供求规律的机动灵活的价格体系。放开就要拉开几个差价（地区、品种、质量、季节差价），搞活一点，按价值规律办事。不要重复过去的教训，提了价后搞死了，一涨价又提补贴，然后暗补变明补，明补后再提价。这次要避免这种不良循环的出现，为此需要摸索。

第二，搞活企业是实现市场经济的基础。我们一定要下决心帮助粮油企业迅速实现转变，改革内部机制，尽量搞活。粮食基层细胞活了，整个市场才有活力，而且粮食基层企业必须坚持本业为主、多种经营的方针。每个企业可有所侧重，但全行业必须本业为主，多种经营，不能不要本业。一个粮店，一个工厂可跨行业经营，但从一个地区看还是要有粮食业，要坚持这一经营战略。企业内部要搞各种形式的经营承包责任制或资产经营责任制，大的网点要以集体承包为主，小的可以搞个人租赁承包，可以搞和国营相联系的个体户。实行各种责任制都要注意瞻前顾后，汲取有的行业包给个人后“挖空国家、肥了自己”的教训，不要重蹈覆辙。承包要着眼于今后的发展，着眼于国有资产的保值、增值，着眼于企业的后劲。

第三，要建立公开、平等、公正竞争的市场机制。这个机制是以竞争为特点，以效益为中心的。市场经济必然有竞争，竞争的实质是效益竞争，效率的竞争。通过市场建立竞争和激励机制。行业内部的竞争机制和社会竞争机制要结合起来考虑。企业不能吃国家的大锅饭，企业内部也不能吃大锅饭，这是竞争最大的障碍。要和企业内部用工制度、分配制度、人事制度改革结合起来。在建立竞争机制、激励机制以后，粮食行业一部分企业可能先富起来，部分职工也可能先富起来，由此而影响带动全行业的兴旺和职工的共同富裕。

第四，发挥多种经济成分参与市场的积极作用。要建立以国有为主体，多种经济成分并存的经济结构，这是粮食市场经济的主要格局。对国有和非国有的关系，主渠道和非主渠道的关系，要有正确的认识。没有主渠道不稳，没有多渠道不活，没有国有，就不能发挥主导作用；没有非国有，粮食流通就是死水一潭。国有粮食系统也不要怕别人竞争，要克服独家经营的思想。主要的批发，国家要控制。在零售方面，改革步子可以再大一点，再放手一点。对国营与非国营经济成分要两方面看，既要看到互相竞争、互相争夺的一面，又要看到相互合作、互相渗透、互相联系的一面。将来股份制经济互相渗透，参股的形式会大量发展起来。国有粮食业要学习其他经济成分和国外经营管理的先进经验，不要故步自封。

第五，不断增强宏观调控能力，这是市场经济的保证。我们现在的市场经济已不是资本主义初期自由竞争时那样了。20 世纪 90 年代的今天，应当吸取各国的先进经验为我所用，尽量避免市场经济初期自由竞争弊病。重要的就是要加强宏观调控。宏观调控能力在放开后决不能削弱，而是要加强。

第六，加快市场体系建设，使市场经济实现法制化，规范化。要及早制定市场交易法、反垄断法等法规，使粮食市场做到有章可循，有法可依，把市场交易活动纳入法制的轨道。

加强粮食宏观调控能力

我们的市场经济是建立在公有制为主体基础上，在国家宏观调控下的市场经济。从粮食系统来说，既要做到微观搞活，又要做到宏观调控；既要放得开，又要守得住。根据我们多年的实践，要坚持“总量平衡，适量储备，掌握批发，管好市场，搞活企业，综合经营”的原则。加强粮食宏观调控能力，必须抓好以下三个体系的建设。

第一，加强粮食储备体系的建设。这是宏观调控的最有效的物质手段。要建立中央、地方、农民三级储备制度，推广地方和农民储粮经验。各地要积极推行代农储存、代农加工、代农兑换。国家将采取措施为地方粮食储备创造条件。去年江苏、安徽等地大水灾，对粮食专项储备制度是个考验，实践证明是有效的。即使今后机构改革，粮食储备局也不会有大的变化，它的职能还会加强，一方面要搞战略储备；另一方面也要搞调节储备，调控粮食市场，平抑粮价。

第二，加强粮食市场体系建设。就是以国家批发市场和期货市场为龙头，以区域性市场为骨干，以初级市场为基础的三级市场体系。国家期货市场我们正在筹办。区域性市场有省市一级的，也有跨县区一级的。例如大连，省市粮食部门准备搞个交易中心，将来为大窑湾粮食专用码头配套，成为一个北方区域性的粮油交易中心。再一个层次是初级市场和集市贸易。提倡以粮食集散地的粮库为基础组建。初级市场建设要因陋就简，不要搞得那么洋气，要符合当地的交易习惯，符合经济流向和经济区划，不要勉强每个乡都建，形式可以灵活一些。建设市场体系步伐要加快，以便为公开、平等的交易提供一个法定的场所。

第三，加强粮食的服务体系的建设。就是收购、储存、加工、销售的服务体系。这个体系是多年建设积累下来的，一定要保留并加以充实，使之成为粮食领域起宏观调控作用的支柱。粮食行业有个优点，就是购、销、调、存、加结合一起，这是我们的优势所在。从中国粮食公司成立一开始就是这样的。决不要把这个行之有效的体系搞乱了。仓储运输网络是这个服务体系的重要一环，现在我们仓库容量已达1亿多吨，是粮食系统的宝贵财富。仓储建设的整个战略设想是全国建立两大体系、四小体系。两大体系，第一个是东北粮食流通走廊或流通通道，这是一大体系，我们正在跟世界银行谈判，作为重点建设。从收购接纳库开始，一直到进出口码头，搞个系统工程。这是我们粮食进出口最多的一个地区，而且是很有希望开发的一个地区。第二个大体系是长江粮食流通走廊或通道。东北流通通道解决北粮南运问题，长江流通通道解决粮食东进南下的问题。从四川开始，湖北、湖南、江西、安徽、江苏、一直到上海出海。建设成为沟通长江流域粮食油料运输的大动脉。另外，还有四个小体系：一是京津粮食运输走廊，从天津出海口一直延伸到北京、山西、内蒙古部分地区。二是以连云港为出海口的陇海粮食流通通道。连云港粮食码头已经建设了，需要在周围再搞一点配套，还有一个出海口是山东日照港。三是华南粮食流通通道，就是以防城港为主、以湛江港、北海港为辅的出海口，连接广东、广西、云南、贵州。四是西北兰新线粮食流通通道。从兰州到新疆的大陆桥，与独联体国家连接。我们设想再用几年时间，把这“两大”“四小”体系建设起来，使它初具规模，控制全国的粮食物流，加强全国的粮食物流宏观调控。在运输方式上也要改革，从袋装袋运向散装散运发展。再一个是粮食加工网络。我们要建立一批骨干的面粉厂、大米厂、榨油厂、饲料厂、食品厂，要形成一批粮油工业生产总值上5000万元的县，上亿元的县。现在粮食油料工业产值超过5000万元的有201个县，占全国县市数的10%左右。超亿元的有64个县，最高的是广东新会县3.99亿元。在全国要形成若干个大的加工集团或综合企业集团，使它成为粮食行业的支柱。各地在发展粮食多种经营和粮办工业中，要注意把抓短、平、快和抓重点项目结合起来，特别是省市粮食局要考虑搞一些规模经营、效益良好的重点项目。在开发项目、引进外资中，不要眼花缭乱，饥不择食，要头脑冷静，讲求经济效益，搞好经济核算，一切以经济效益为中心。对一些重点企业，要争取地方政府支持，给它一定特殊政策，让它滚雪球，使它发展起来。将来全国粮食企业要通过滚雪球方式发展一批骨干企业，或者向综合商社方面发展，成为有影响的企业集团。再一个是抓销售网络的建设，这是一个薄弱环节。要搞一点骨干粮油综合商店，搞一点中国式的自选商场，开架销售。改造粮店要抓紧。要尽快改变粮店规模小、地处偏街小巷、设备简陋的局面，形成有中心粮店、分布合理的销售网络。除了城区外，在农村要发展网点，扩大粮站、粮库的辐射范围，更好地为农民的吃饭服务。

我们经过努力，把上述三个体系建设好，加上国家运用税收、信贷等经济杠杆和必要的行政措施，就可以控制市场，左右市场。粮食系统已经有一定的经济实力，全国粮油固定资产总值 1991 年达到 500 多亿元，去年一年就增加 83 亿元，这些都是其他经济成分的企业难于达到的。只要我们发挥优势，沿着正确的道路走下去，是能够实现既放得开，又守得住的目标的。

发挥国有粮食企业的主渠道作用

在粮价放开、经营放开过程中，如何保持国有粮食企业的主渠道地位和主导作用，是关系粮食行业今后发展的关键问题，关系到粮食市场的稳定问题。处在大改革、大发展的时期，粮食部门必然要进行调整，以适应这种形势。保持住主渠道的地位和作用，主要应靠粮食部门的整体经济实力。上级只能帮助，关键在自身。我在上海会议上说过，粮食行业要在发展中迎接深化改革，在深化改革中求得进一步发展。我们保持主渠道地位不是消极等待，而是积极地靠壮大经济实力去争取，在上级和各部门的支持下改善外部环境，发展壮大自己。保持主渠道是国家、人民利益之所在，必须加强，不能削弱。

要保持主渠道作用，当前必须在三个方面加强。

第一，要从体制上加强。我们进行改革，要有利于粮食行业发展，有利于粮食市场和供应的稳定。鉴于粮食的重要性和特殊性，粮食管理的行政职能不能取消，机构可以精简，行政职能不能取消，着重在转变职能上下功夫。这段时间，我们正采取向中央编委、国务院报告在改革中把粮食机构稳定下来，予以加强。粮食系统必须坚持统一领导、分级负责、放开搞活的原则。粮食系统不能是一盘散沙，要统筹兼顾，全国一盘棋。粮食企业的国有资产，在改革中，未经省以上粮食部门的批准，不得随意更改转移下放。粮管所不能随便下放。因为粮管所的资产是国有资产，而且它担负着行政职能，粮管所存在的问题不是下放到乡镇所能解决的。至于有些县市采取县成立总公司（保留县行政机构职能），粮管所改为分公司的办法，这也是可行的。

第二，要从粮食企业本身来加强。要靠转变经营机制、保持优良作风来保持主渠道的影响力、辐射力。粮食企业要本业为主，多种经营，面向两个市场。要巩固稳定城市市场，发展延伸农村市场，有条件的要开拓国际市场。各地粮食部门都要面向城市市场和农村市场。大众化食品，馒头、大饼、油条、面包等不能放松，要继续搞好。以粮油为原料的食品业，都是我们可开发的产业。粮店要转变为粮油食品店、综合食品店。对大众化食品、风味食品、营养食品、老年食品、婴儿食品都可以开发，特别要注意和科技结合起来，不断开发一些新产品。农村市场，不是收缩的问题，而是要发展。粮食工作的希望在农村。粮食销售网点在农村要下伸，要搞活一点，代购代销，代储代存，品种兑换，这三者结合起来，大有前途。山东昌邑县石埠镇，农民把粮食存到粮管所，领了一个存粮本，随时可以取，可以兑换其他品种。农民很高兴，说："过去城市居民吃粮凭本，现在我们农民也凭本了"。他们有安全感，起到了保障作用。还有一些面粉厂也搞了代农储存，昌邑县面粉厂先后搞了10万吨代农储存，实际是用来作周转，把兑换、加工、代储结合起来。湖南华容县东山乡叫"粮食银行"，或称粮食储蓄兑换所，成为农村服务体系一个组成部分。在放开搞活，转换经营机制的同时，保持粮食部门的优良作风十分重要。多年来，粮食部门形成的两个服务的优良作风，既为农民服务，又为消费者服务的优良传统要代代相传。群众信任粮店，就是因为粮店、粮站为他们服务。"全心全意为人民服务"，不能因放开搞活而随意丢掉，在新形势下要保持和发扬。信誉就是财富，就是金字招牌，这是老干部、老职工辛辛苦苦几十年留下的宝贵财富。我们要继承下来，发扬光大。这也就是把物质文明建设和精神文明建设结合起来。这样我们就能逐步壮大经济实力，保持优良作风，赢得群众的信赖和支持，在市场竞争中站住脚，发挥应有的作用。

第三，加强粮食部门的基础设施建设，扩展服务功能。粮食流通的基础设施的几个方面，如仓储的建设，加工厂的改造，网点的扩大，都要继续坚持不懈地进行。有了设施，开展多功能服务，才能担负起国有粮食业的重任。今后粮食系统要加快从产品分配型向商品经营型转变，从传统粮食业向现代粮食业转变，才能适应新形势需要，发挥主渠道作用。

最后我强调一下，要做好以上工作，把粮食系统建设好，适应市场经济发展的需要，关键在于解放思想，重新学习。党的十一届三中全会以后，我们经历了两次的思想解放高潮。批判两个“凡是”，拨乱反正，恢复“实践是检验真理的唯一标准”科学论断，解决思想僵化问题，是思想解放的第一个高潮，推动了十多年来经济建设事业的发展和改革开放的扩大。当前我们面临着第二个思想解放的高潮。其特点是突出解决和市场经济相联系的种种思想认识问题，主要解决“左”的问题。这个高潮必将推动我国经济走向小康，并向进入中等发达国家水平的奋斗目标前进。粮食系统要团结一致，解放思想，从“左”的思想和旧的传统观念中解放出来，适应市场经济新形势，跟上时代前进的步伐。一切按“三个有利于”去衡量，去行动，解放思想新高潮也是重新学习的新高潮，我们过去熟悉的东西已经闲起来了，我们不熟悉的东西正在强迫我们去做，所以要我们重新学习，要认真学习小平同志的讲话，认真学习党的十四大文件。请教育司作出安排。要联系实际，认真领会精神，并在工作中贯彻落实。现在国外有许多经营粮食的先进的东西，粮食的销售、加工、收购、储存都有一整套办法，我们要注意学习，广泛吸收国外的先进管理经验和先进技术，消化吸收，为我所用。我们举办两次研修班，一次到佛山，一次到大连，就是请大家到沿海经济发达地区看一看，内地和沿海可以互相交流经验。思路要打开，眼界要放宽，脑子不要僵化。粮食系统搞市场经济转得比较晚，我们面临的学习任务、工作任务更重。邓小平同志在首钢讲话叫我们换脑筋，要深刻了解含义。要加强学习，解放思想，迎接改革的高潮，建设的高潮。我相信，解放思想的热潮和重新学习的高潮一定会推动粮食系统改革的高潮和建设的高潮。

我们粮食行业担负着光荣而艰巨的任务，现在处在困难时期，估计要二到三年才能从低谷中摆脱出来。我相信只要全国粮食系统把我们的好传统保持下来，特别是把为人民服务传统、把上上下下团结一致，“天下姓粮的是一家”这个传统保持下来，在改革的大潮中，同舟共济，努力拼搏，我们粮食行业就一定能够走向振兴。

积极稳步搞好放开粮食价格和粮食经营*

（1992 年 12 月 9 日）

这次全国粮食工作会议的中心议题是：深入贯彻落实党的十四大精神，研究加快粮食流通体制改革的措施，部署 1993 年的粮食工作。现根据国务院领导的指示精神，讲几点意见。

1992 年是粮食工作大步前进的一年

——**粮食价格改革迈出重大步伐**。在 1991 年调整粮价的基础上，1992 年又提高粮油销售价格，累计提价幅度分别达 140% 和 170%，实现了粮油购销同价。市场稳定，民心稳定，社会安定。在此基础上，粮价和经营放开试点正由点向面迅速展开。据不完全统计，现在全国已有 400 多个县（市）放开了粮价，接近总县数的 20%，涉及 2 亿多人口。粮价改革步伐之大，影响面之广，是前所未有的，对整个国民经济体制改革起了一定的推动作用。

——**转换企业经营机制开始起步**。各地积极贯彻“本业为主、多种经营”的方针，迅速转变经营战略，出现了抓经营、上项目、增效益、求发展的新局面。承包经营、风险抵押承包、股份制、租赁制、跨行业经营、企业集团化经营都在积极试行和不断完善。粮食行政管理部门按照“宏观管好、微观放活”的原则，转变职能，搞好协调、服务，努力提高办事效率，进一步落实企业经营自主权，为企业进入市场、成为市场竞争的主体创造了条件。

——**加快了粮食市场体系的培育和建设**。以国家级批发市场为龙头、区域性批发市场为骨干、农村初级市场为基础的三级市场体系正在逐步形成。郑州粮食批发市场以现货、中期和远期大宗交易为主，并积极为期货交易准备条件。上海粮油商品交易所试办期货交易的各项准备工作正在抓紧进行，力争 1993 年上半年开业。省级区域性批发市场已有 11 家，地、市、县粮食部门主

---

* 这是白美清同志在全国粮食厅局长会议上的讲话。

办的批发市场有好几十家，对促进粮油商品流通发挥着日益重要的作用。农村粮油集贸市场和初级市场目前已有 8 万多个，实现了产销直接见面，满足了群众之间品种串换和余缺调剂的需要，促进了经济的发展。

——**粮食储备制度已经确立，并逐步完善**。经过几年的工作实践，以国家粮食储备为中心的国家、地方和农民的三级储备体系已经初步形成。国家专项储备粮已经达到预定的总规模。从 1992 年起，在保持总量的前提下，改善品种结构，增加小麦等短缺品种的储量。

——**粮油基础设施建设全面展开**。这几年安排粮食储备库建设库容 550 万吨。1992 年又建设简易仓库仓容 300 万吨。目前全国粮食系统固定资产总值达 500 多亿元，比 1978 年增加三、四倍，仅 1991 年一年就新增固定资产 80 多亿元，为搞活粮食流通增强了实力。

——**扭亏增盈，提高经济效益，取得初步成效**。随着粮油购销价格改革的不断深入，价格补贴大幅度减少。1～10 月粮油购销差价补贴比 1991 年同期减少 138.4 亿元，抵补国家储备粮油费用利息增长因素后，仍比 1991 年同期减少补贴 95 亿元，为减少国家财政补贴做出了贡献。议价粮油经营也有较大幅度回升，亏损大幅度下降，粮油工业企业利润继续保持稳定增长。粮食企业多种经营出现可喜局面，仅粮食商业企业多种经营利润就比 1991 年同期增长近 20%。

——**科技教育和业务培训迅速展开**。目前，全国粮食部门已有科研设计单位 100 多个，科研人员 5200 多人，在解决粮食流通各个环节的科技问题以及开发新产品方面起到了重大作用。粮食教育也加快了改革步伐。

在肯定成绩的同时，还必须保持清醒的头脑，看到问题和困难。主要是：思想认识跟不上形势，历史欠账多，包袱沉重。部分干部职工对放开粮价和经营准备不足，有的等待观望，束手无策，有的甚至悲观失望。包袱沉重主要是挂账多、陈次粮多、富余人员多，这是制约粮食企业转换经营机制、尽快进入市场的大问题。不少地方，尤其是大米主产区，经营的粮食品质差，费用高，销量呈下降趋势，在大部分粮价放开的地区，下降较多。这些困难有待于我们在改革中去解决，去消化。放开较早的地区的实践证明，在经过一段艰苦努力后，也会走出低谷，踏上坦途，向市场经济正常发展的方向迈进。

加快改革步伐，顺利实现向社会主义市场经济体制的转变

粮食流通体制改革总的目标是由高度集中的统购统销体制向社会主义市场经济体制转变。粮食行业必须跳出原来的小天地，向参与大流通、大粮食、大服务的现代粮食业迈进，从思想观念、产业结构、经营方式、发展战略、组织机构、制度法规等一系列方面进行深刻的变革，并要做长期的努力。鉴于粮食这一商品的特殊重要性，我们采取的方针是积极稳妥，逐步推进。通过改革试点，取得突破，点面结合，上下结合，分类指导，逐步铺开。

“八五”期间，粮食流通体制改革的主要内容是：以价格改革为突破口，以转换企业经营机制为重点，以强化国家宏观调控机制为保证，以形成市场经济机制为目标，逐步实现粮食商品化、经营市场化，促进粮食业的现代化。按照上述改革思路，商业部和国家粮食储备局代国务院起草了一个《关于加快粮食流通体制改革的通知》，中心是要解决粮价放开、经营放开的一系列问题。这个文件经这次会议讨论修改后，将上报国务院正式批准下达。在贯彻这个文件时，需要注意以下几点：

第一，积极稳妥地放开粮食价格和经营。粮食价格改革是粮食流通体制改革的核心，它牵涉一系列物质利益关系的变化，牵动着整个粮食流通体制和管理体制的配套改革。应该强调的是，粮价放开不是撒手不管，不是不要主渠道，各级政府一定要加强宏观调控和管理，绝不能放松。改革过程中一定要有领导有步骤地、积极稳妥地进行，总的原则是：统一政策，分类指导，分省决策，逐步推进。少数已放开的市县，匆忙出台，遗留了不少问题，现在工作就很被动。对贫困地区、少数民族地区不一定照套内地的模式，可以根据本地情况，采取灵活的措施和稳妥的步骤。

第二，必须注意处理好各方面的关系，调动各方面的积极性。粮价改革涉及面广，一定要注意处理好粮食与财政的关系，处理好中央与地方、省区与县市以及国家、生产者、消费者、经营者等各方面的关系。国家对各省、自治区、直辖市的现行粮食购销调拨包干办法原则上不做大的变动，但对包干方法做一些改进。今后国家对各省只管粮食收支差额、购销数量，品种及各项开

支，由地方自行调整和安排。省、地、市三级财政和粮食部门的财务关系要解决妥善。财务挂账、陈粮处理和离退休人员的安排，要有明确的解决办法。改革实践已经证明，配套政策和措施落实得好的地方，改革实施得也就比较顺利，效果就好。因此，这一点务必请各地注意。

第三，着眼点要放在继续扶持农民发展粮食生产上。为了使国家能掌握一定的粮源，需要采取种种优惠办法和倾斜政策，支持主产区粮食生产稳定发展。对定购任务，一般采取保量不保价，价格随行就市的办法，较为稳妥。即使取消了定购任务的地方，也必须和农民签订收购合同，以利于掌握稳定的粮源和保护农民的利益，给农民提供正确的信息。

第四，要注意加强市场的培育和发展。要继续完善以国家粮食批发市场为中心的三级粮食市场体系。国家级粮食批发市场，要努力增强服务功能，提高服务质量，不仅要成为粮油交易中心，也要成为财务结算中心、信息服务和交通运输服务中心。要在重点发展中远期合同交易的基础上，研究探索分散价格风险的机制，建立标准合约，逐步向期货贸易发展。区域性批发市场，要继续按照经济区域和商流、物流的要求，有步骤地建立，在重点进行粮油现货交易的基础上，开展中远期合同交易业务，办成该区域粮油流转中心。农村粮油初级市场，是三级粮食市场体系的基础，要以农村乡镇集散地为中心，以粮站、粮库为依托，放手发展，做到产需直接见面，互通有无，批零兼营。

要加强市场制度建设和法制建设，强化宏观调控的法律手段。目前，这项工作还比较薄弱，制定《粮食市场管理条例》、《粮食法》等法规势在必行。

第五，要为企业创造适应市场经济发展的宽松环境。促进企业尽快转换经营机制，全面走向市场，这是改革的重点，也是企业改革的一个核心问题。当前要贯彻落实好《全民所有制工业企业转换经营机制条例》和《全民所有制商业企业转换经营机制实施办法》，尽快培育和形成企业的三种机制，即激励机制、竞争机制和约束机制，使企业真正成为自主经营、自负盈亏、自我约束、自我发展的商品生产者和经营者。大中型企业提倡搞集体承包或全员抵押承包，小型企业要灵活一些，可以租赁、个人承包，也可以采取其他形式。各地还要积极进行股份制的试点。承包经营要注意合理确定企业的承包利润，承包指标要和企业职工劳动所得、企业经济效益与发展后劲联系起来，分解落实到班组和个人。不能包盈不包亏，发个人财，挖国有资产。要瞻前顾后，为企业的发展留后劲，增积累。靠小恩小惠、分光吃尽带不出好的队伍，也带不来长久的经济效益。

要发展经济联合，办好粮油企业集团。在激烈的市场竞争中，要取得胜利，必须靠发挥粮油行业的整体力量，靠提高全行业的组织化程度，各顾各，搞内耗，势必削弱自己的力量，问题可能出在这方面。

第六，必须建立保障制度。为了实现宏观调控市场，一定要建立储备粮制度和风险基金制度，尤其是贫困地区和缺粮地区，更要注意有足够的储备粮和价格风险基金，以保证市场粮价的稳定。关于平价粮油周转库存，国务院已经同意下放给地方管理，其中60%转作地方储备，其余部分可以周转使用，但要注意加强管理，不允许卖光用光，不留后路。要看到，粮价放开，经营放开，还没有经过重大灾害和突发事件的考验，因此，需要留有余地，以防不测，这样才能保证改革的顺利进行。

正确认识粮食形势　努力做好粮食工作

为了把粮食工作做好，需要对粮情进行冷静的、客观的分析，做出实事求是、全面的估量。

我国人口多，耕地少，人均粮食占有水平低，这是我国的基本粮情。在农村改革推动下，1984年粮食产量达到40730万吨，以后经过几年徘徊，直到1989年才有了转机。1990年、1991年粮食产量都超过43500万吨，创历史最高水平，但人均占有量反而由1984年的398公斤降到不足380公斤。即使到本世纪末，粮食总产达到5亿吨的目标，大约人均占有量也难以达到400公斤。目前粮食的综合生产能力，大体在42500万～43500万吨之间，要上到5亿吨的水平还相当艰难。从当前的迹象看，人口逐年不断增加，消费水平日益提高，耕地面积还在不断减少。尤其是不少地方出现的开发区热和房地产热，引起了占地、圈地热。据统计，1991年全国粮田面积减少1700万亩，1992年又减少2000多万亩。一些地方反映，1993年还要减少，这是一个值得严重关注的信号。还应看到，尽管近年来几次提高了购价，但目前早籼稻和油菜籽的市价仍很低，出现了自1985年以来第一次市场价低于定购价的情况，再加上农用生产资料价格上涨、农民负担沉重、收入增加缓慢，农民种粮积极性下降。因此，要正确分析我国的粮情，决不能因为一些地区由于多种原因造成的一时的“卖粮难”而放松粮食工作。特别是在粮价放开的情况下，必须坚持国有粮食企业的主渠道地位，以适应新形势的需要。在新形势下粮食生产需要大力加强，粮食购销加工服务体系需要不断完善，粮食基本队伍需要稳定提高，这些方面决不能有任何的松懈。否则将影响经济全局和社会的稳定。

1992 年冬和 1993 年要做好以下工作：

第一，抓紧秋季粮油收购工作。粮油收购是搞活粮食流通的起点，是国家进行宏观调控、满足城乡人民生活需要的物质基础，对调动农民种粮积极性，促进农业稳定增产起积极作用。特别是 1992 年抓好粮食的收购，满足农民售粮的要求更具有重要意义。因此，各地仍要一如既往，采取措施，抓紧收购。1992 年仍要坚持包干计划和定购任务。同时要积极收购议价粮，注意多收购一些优质粮，满足市场的需要。议购价格随行就市。

第二，进一步完善粮食储备制度。国家专项粮食储备，要在保持总量的前提下，合理调整布局，要结合粮食进出口，有计划地向主要销区和缺粮地区转移，结合平价粮的调销和议价粮的经营，尽量把分散在各地的储备粮调往已命名的国家粮食储备库或交通沿线集中。要改善优化品种结构，拉开品质差价，以鼓励农民生产优质、高效的粮食品种。

要加强储备管理，严格储备纪律。国家储备粮油所有权、动用权属于国务院，未经批准，不准擅自动用。

第三，做好粮食保管和清仓查库工作。粮食保管工作面临十分艰巨的任务，各级粮食部门的领导要亲自抓，具体负责，层层建立安全保粮责任制，做到人员、器材、场地三落实，绝不允许大批坏粮事故的发生。

第四，搞好粮油加工转化，发展多种经营。各地粮食部门，要拓宽服务领域，开拓城乡市场，积极进行粮食和油料的加工转化工作，特别是要抓紧粮油食品和饲料。这样既可以加工增值，占领市场；又可以解决粮食部门的多余劳动力出路问题。当前，要提倡早籼米的加工转化，打开销路。在城市，除了生产经营大众化食品以外，要和科技结合起来，不断开发新产品，给企业注入新的活力。要争取出现一大批粮办工业产值超亿元、利润超千万元的重点县（市）。城市零售网点尽量缩小库房面积，增加营业面积；改进门市陈列模式，提倡开架售货，扩大经营规模；大中城市要试建“连锁店”，开办“配送中心”，增强整体实力，发挥规模效益。农村市场潜力很大，应该尽快占领。要充分发挥粮站点多面广的优势，与农业相结合，实行贸工农一体化，种养加“一条龙”，建立优质米、小杂粮、小油料等基地。要大力推广“两代一换”做法，即开展代农储存、代农加工和各种兑换业务。要采取各种措施，发展为城乡人民生活服务的粮食服务体系，使之成为社会化服务体系的一个重要组成部分。

要大力发展外向型经济，这是社会主义市场经济发展的必然趋势。各级粮食部门要根据自身的优势和特点，积极创造条件，参与对外贸易和边境贸易；或到国外投资办企业、开商店、承包工程和输出劳务等，发展多种形式的经济技术合作。

积极争取优惠政策，改善经营环境。在放开粮价和经营的过程中，希望各级粮食部门要用足用好优惠政策，并及时向政府有关部门汇报，争取更多的支持。

第五，加强粮食仓储企业的基础设施建设。1993 年是粮食基础建设施工的高峰期，各方面的工作一定要跟上，力争取得良好的效益。

第六，继续抓好灾区生活安排，切实保证灾民口粮供应。不允许因粮食问题而发生大批断炊、逃荒等非正常情况。在转换经营机制的过程中，粮食部门负责安排灾区人民生活用粮的观念不能动摇。灾区作为一个粮食销售服务的市场，永远不能丢掉。

第七，狠抓扭亏增盈，提高经济效益。今后，粮食部门的一切工作都应围绕提高经济效益这个中心。每个地区、每个企业都要在完成国家任务的同时，努力减少亏损，增加盈利，搞好经济核算，提高经济效益。要抓紧解决财务挂账问题，减轻企业负担。目前，粮食企业各项潜亏因素较大，一些待处理的损失损耗、死账呆账没有按规定列入盈亏。各地要严格按照国务院规定，认真进行清理。并根据国家体改委和财政部的具体规定，逐项进行处理，该列入盈亏的，一定要列入盈亏，不得因完成扭亏增盈任务或达到承包指标，而人为地压缩成本，搞虚盈实亏，增大今后企业的困难。

第八，加强思想政治工作，发扬粮食系统的优良传统。40 多年来，全国粮食职工为稳定市场、稳定社会和保证军需民食做出了重要贡献。今后在放开经营、转换经营机制时，仍要保持优良的传统。不论任何时候，我们粮食职工队伍都是为工农业生产服务、为城乡人民生活服务的粮食流通领域的主力军。要组织广大干部职工，认真学习贯彻党的十四大精神，要换脑筋，解放思想，锐意改革，开创新业。要抓好业务技术培训，开展多种形式的业务技术轮训、岗位练兵和技术竞赛，提高粮食职工队伍的整体素质。要完善自我约束、自我监督机制，加强监察和审计工作，加强法制宣传和普法教育。

现在，一些地区粮食部门的职能正在转变，机构也在调整。多数是在保留粮食局的基础上，成立粮食公司或粮油集团总公司，在继续行使部分行政职能的同时，主要精力转向办实业，搞经营。我们的方针仍然是：按照“小行政，大实业，大事业”的总体思路，在发展中迎接深化改革，在深化改革中求得进一步发展。但在机构的改革中，方法要稳妥，步子要慎重。在粮食行政管理工作上，还要注意保留一支精干的队伍，保证粮食服务体系不乱。在中央编委的机构改革方案没有确定以前，各级粮食行政部门不要轻易宣布撤销，行政职能不要丢掉。这里再次强调，各地对国有粮食业的所有制性质和隶属关系不得改变，粮站、粮管所不能下放，粮食企业的国有资产不得平调和转移，以达到国务院提出的粮食系统要放得开、守得住的要求。任何削弱粮食工作的做法都将会带来不良后果，这在历史上是有过深刻的经验教训的。

要保证国有粮食业能在竞争中取胜，保证做到三个“不”字，即粮权不能丢、服务体系不能乱、主渠道地位不能削弱，各级粮食部门必须在改革中加强领导。

一九九三年

关于建立郑州、上海粮油商品交易所和试办期货交易的两个请示*

（1993年1月6日）

关于建立郑州粮油商品交易所并试办期货交易的请示

郑州粮食批发市场（下称郑州市场）成立以来，在探索有中国特色社会主义市场建设的道路上，已走过了两年的历程，对新型批发市场的运行机制进行了有益探索和实践。郑州市场作为我国第一个规范化市场，在粮食流通体制改革中起到了很好的示范作用，以郑州市场为基本模式的粮食批发市场全国已有几十家，其中省级市场已发展到十几家，对促进粮食流通，推动社会主义市场经济的发展，起了很好的作用。国务院试办郑州粮食批发市场的预期功能已初步发挥。

根据党的十四大确定的建立社会主义市场经济体制的目标要求，粮食生产、经营要走商品化、市场化的道路，企业经营机制转轨的步伐必须加快，分散价格风险、获得预期价格指导的要求也日益迫切。郑州市场不失时机地实现由现货交易起步，向期货交易发展的既定目标，推出期货交易，完善市场机制，既是社会主义市场经济的客观要求，也是郑州市场发展的必由之路。同

* 这是白美清同志主持起草和协调有关部门形成的向国务院请示的两个文件，分别由商业部、国家体改委、河南省人民政府和上海市人民政府联合行文，于1993年1月6日上报国务院。经国务院批准后，郑州和上海两个粮油商品交易所相继分别建立，开展粮油期货交易。

时，郑州市场经过两年的实践，积累了一定经验，1992 年以来又集中力量对试办期货交易进行了认真研究和反复论证，在期货交易理论和专门技术的研究上取得了很大进展，培养了一批基本适合从事期货交易的专业人才，并派人到国外交易所进行专业培训。在征询国内外专家意见的基础上，拟订了《郑州粮油商品交易所期货交易规则》。试办期货交易的条件基本具备。为此，现就建立郑州粮油商品交易所并试办期货交易问题请示如下：

一、郑州市场在进一步巩固、完善和发展远期现货交易的同时，研究探索分散价格风险的机制，建立标准化合约，积极稳妥地试办期货交易，在此基础上，建立“郑州粮油商品交易所”，以实现内容和形式的统一。实行一套机构，两种运作机制。

二、准许国内登记注册的企业参加郑州粮油商品交易所的期货交易活动，承认风险投资损益的合法性。期货交易不受原经营范围限制。

三、准许郑州粮油商品交易所会员开展经纪业务。

四、准许我国公民通过经纪行在交易所进行风险投资活动。

关于开办上海粮油商品交易所并试办期货交易的请示

根据党的十四大精神和国务院国发〔1991〕60 号《关于进一步搞活农产品流通的通知》中关于“要在现货交易的基础上逐步向远期合同和期货贸易发展”的要求，我们经过调查和反复论证，现特申请开办上海粮油商品交易所，试办期货交易。有关情况和我们的意见请示如下：

近几年来，我国粮油商品市场建设有了很大的发展，市场的影响力越来越大，功能和作用正在充分发挥，市场机制不断完善。起基础作用的粮油交易所和农副产品初级市场已发展到 8 万多个，在粮油余缺和品种调剂方面起了很重要的作用。粮食批发市场的建设和发展引人注目。1990 年郑州粮食批发市场开业后，又有由各级粮食部门主办的几十个批发市场相继成立，其中省级市场已有 11 家，对促进粮油商品流通发挥着日益显著的作用，在市场建设方面走出了一条路子，获得了批发市场建设的基本经验，开创了粮食市场发育的新阶段。各个批发市场特别是郑州粮食批发市场引入期货市场机制，提高规范化水平，开展远期合同交易，为开展期货交易进行了有益的探索，被国内外普遍认为是我国改革开放的重要标志之一。粮食批发市场确立并实践了规范化市场的基本原则和运行机制，在规范化市场机制下形成的价格已成为全国粮食交易的指导价格，对粮食生产和消费的影响不断扩大。在粮食现货市场建设和运行取得经验的基础上，试办期货交易的条件已基本具备。随着改革的深化，粮食等农产品价格将进一步放开，建立以市场形成价格为主的价格机制。如无有力的措施和手段，限制市场的消极方面，价格的波动可能加剧，对国民经济将产生不利影响。因此，抓住当前有利时机，积极进行期货交易的试验，发挥期货市场价格导向和分散、转移价格风险的功能，进一步完善市场体系已成为稳定粮食市场，推进社会主义市场经济健康发展的紧迫任务。

期货交易在发达国家的经济中起着重要作用。目前，我国每年粮油进出口总量达 2500 万吨左右，在世界粮油贸易中具有举足轻重的影响。随着改革开放的深入和今后恢复我国关贸总协定缔约国地位，国内、国际市场粮价的相互影响势必加大，内外贸严重分割的局面将发生变化。在世界市场上进行现货贸易的同时，在期货市场进行套期保值，以减少风险损失，参照期货价格开展现货贸易，这是国际上通行的有效做法。因此，在我国试办期货交易是促进我国企业积极参与国际竞争，促进国内市场与国际市场相衔接的一个十分重要的步骤。

我们的意见：试办期货交易要采取既积极又稳妥的态度，积累经验，逐步推进，不宜贸然铺开。已建的郑州粮食批发市场与筹建中的上海粮油商品交易所在发展方向上各有侧重。其他粮食批发市场一律不再发展期货交易。

在上海浦东开办上海粮油商品交易所，试办期货交易，是贯彻中央关于开发开放浦东战略的需要，这对充分利用上海的综合优势，带动长江三角洲和整个长江流域地区经济的发展，把上海尽快建成国际经济、金融和贸易中心，推进国内市场与国际市场接轨将发挥重要作用。此外，上海已开办证券和金属两个交易所，其经验教训对上海粮油商品交易所期货交易的试办成功将有很大帮助。因此，在上海浦东试办期货交易的条件比较成熟。

上海粮油商品交易所试办期货交易先从交易量大又适合开展期货交易的少数粮油商品入手，在积累经验、不断完善的基础上，逐步扩大其他农产品的上市品种。在试办过程中，借鉴国际期货交易的通行规则，结合我国的实际情况，吸收以国有企业，特别是大中型企业为主体的多种经济成分参加，充分发挥经纪公司的作用，允许风险投资（即合法投机），实行会员制、保证金制、统一结算制和价格大幅度涨跌停板制等严格的保障制度，采用先进的规范的电脑集中公开竞价交易方式，尽快把上海粮油商品交易所建设成为既符合国际惯例又有中国特色的商品期货市场，力争在本世纪末使之成为远东的期货交易中心。

为加强对上海粮油商品交易所试办期货交易的管理和领导，规范交易行为，维护交易者权益，使市场活而有序，由商业部、国家体改委、国家粮食储备局和上海市人民政府组成上海粮油商品交易所管理委员会和监督委员会，行使政府的管理和监督职能，同时由上海市人民政府批准有关交易所和期货交易管理的规定，确保期货交易试验的稳妥进行。上海粮油商品交易所试办期货交易的各项准备工作正在抓紧进行，为适应浦东开发、改革开放和社会主义市场经济发展的要求，交易所力争在 1993 年上半年尽早开业。

澳大利亚和泰国粮食宏观调控考察报告*

（1993年2月4日）

澳大利亚和泰国都是粮食出口国。澳平均年产小麦1400万吨左右，约80%出口，从20世纪60年代开始，每年平均向中国出口小麦、大麦150万吨左右。泰国年产稻谷2000万吨以上，折合大米1400万吨，每年约有400万吨出口，其中闻名于世的香米约占20%。澳、泰都是实行市场经济的国家，但有一个共同特点：都很重视粮食工作，在市场经济中，粮食的生产、收购、储运和销售都有一套实行宏观调控的较为完整的体系。1993年1月上中旬，商业部粮食代表团白美清等一行五人应邀访问了两国，专门就此进行了考察。现将情况报告如下：

澳通过小麦局掌握小麦的购销系统

澳大利亚政府是通过专设的小麦局统管全国小麦的收购和销售的。澳小麦局成立于1939年。国家明确规定小麦的经营由小麦局负责。澳对粮食的主要品种实行统一管理，小品种放开经营。如规定小麦，由小麦局独家经营；大麦，只由主产区的州政府设立大麦局统一经营；绿豆、豌豆等小品种，由私营公司各自经营。

澳大利亚小麦局由11名董事组成董事会，主席由初级产品部任命，实际为政府所控制。该局经营的特点是：内外贸结合，国内放开，对外垄断，价格分次结算，利益返还给农民。长期以来，小麦的国内外经营统由小麦局独家垄断。1989年以后，国家通过法令，放开国内粮食经营，允许农场向加工厂出售。但几十年来小麦局形成了一整套经营服务系统，深得农民的信任，国内销售仍占70%的比重。小麦局向农民购麦可以订合同收购，也可以

---

* 这是白美清同志于1993年1月上中旬率商业部粮食代表团赴澳、泰考察后，主持起草报给国务院和有关部门的考察报告。

现货收购。直到现在，小麦局对农民交售小麦仍实行有多少，收多少，不得拒收。小麦局对出口小麦是垄断经营的，但价格与国际市场衔接，在每年 11 月、12 月收获季节之前，参照国际市场价格和产销情况，确定一个预计价格，在麦收前公布。农民交售小麦后，3 周内先按预订价格付 80% 的货款；第二年 3 月前，再付 10%；其余的 10%，待小麦出口后按实际出口价格结算，返利给农民。小麦局尽量为农民服务，争取卖个好价钱。农民也习惯于这个办法，通过董事会反映意见，监督小麦局的工作。

联邦政府对小麦局的工作也大力支持：一是在立法中，小麦局享有专有出口权；二是政府对小麦局向银行贷款提供担保，使小麦局能及时得到资金向农民兑现，而且利息较为优惠；三是由于小麦局是非营利机构，政府给小麦局免税待遇。小麦局可从销售收入中提取 2% 作为小麦加工业的发展基金，用于国外投资，并同推销产品结合起来。这些措施保证了澳大利亚小麦局在全国小麦的对内对外经营中占主导地位。小麦局通过参与市场活动，向小麦种植者提供多种售麦选择，最大限度向农民返还利润，有力地促进了小麦生产。

澳由政府与合作社掌握的粮食散装储运系统

澳大利亚不仅对小麦有一整套购销服务系统，而且对粮食的储藏、装卸、运输、港口设施，也有一套设备先进、效率较高的服务体系，成为宏观调控的另一个有力载体。

从 20 世纪 50 年代开始，澳大利亚用了 8 ~ 10 年时间将粮食的传统袋装袋运方式改为散装、散卸、散存、散运，组成了以立筒仓（包括钢板仓）为主，以房式仓、土堤仓、矮圆仓为辅的仓储网络和标准化装卸车辆、船只、专用码头相配套的粮食散装储运系统。农民一般从联合收割机收获后就直接送到附近的谷物散装公司的仓库中，再转送到出口码头。这套储运系统，容量大，机械化程度高，从收纳库到港口经营一体化。澳的粮食总产量为 2000 多万吨，而仓库容量也为 2000 多万吨，基本上是 1∶1（我国粮食产量与仓库容量的比例是 1∶0.3）。这些仓储设施，用电脑操纵，用人很少。如我们参观的南澳州的一个合作社收纳库，仓容 26000 吨，农忙时只有 7 人，农闲时只有 1 人。维多利亚州谷物散装委员会（公司）每年收购和出口 400 万 ~ 450 万吨小麦，固定工只有327人，机械化、自动化的程度很高。

澳的仓储运输系统有三种所有制形式：一是以维多利亚州为代表，由州政府设立散装谷物仓储委员会（公司），统管全州的谷物储藏运输，拥有250个接收站和两个专用港口。二是以西澳州为代表的西澳合作散装储运公司，拥有1000万吨仓容和昆纳纳专用粮食出口码头（澳西海岸最大粮食出口港，有仓容100万吨，专用码头可泊10万吨大粮船）等几个港口设施。这种形式在该国占多数。三是私营公司的仓储设施，只占很小的比例。澳农场主极少建大型仓库，只有小型仓储设施用于储存种子、饲料。以上一、二两种形式占了澳大利亚仓储体系的主要部分，起决定作用。它们受小麦局的委托收购、运输、储存谷物，和小麦局是经济关系，构成了全国的小麦购销、储运网络。这是澳大利亚的又一个特点。

澳农村调整计划——调整农业结构的手段

澳大利亚为了帮助农民调整农业结构，克服自然灾害带来的不利影响，增加国际市场所需要的品种，1971年就制订了“农村调整计划”，由初级产品部组织实施。以前每年拨出3000万～4000万澳元，采取贴息的办法，资助农民从商业银行取得贷款，用于生产适销对路、效益较高的农产品，提高产业的效率和在国际市场的竞争力。最近，政府已将这项拨款增加到1.6亿澳元。20世纪90年代初，已有25000农户得到过这项计划的帮助。澳的小麦品种已有很大改良，成为与美、加等出口国竞争的强劲对手。调整结构后，大麦出口增加到一二百万吨。当歉收时这项计划的资金，提供特别利息补贴，用于帮助农民减轻债务负担。政府还用这笔资金培训农民，以掌握新技术、新品种、提高农民的科学技术水平。今年1月实施新的调整计划，更加强调提高农业的劳动生产率、盈利水平和保持务农的连续性，而不是像原计划那样帮助和减轻债务负担。

为了支持农民调整结构，增加粮食出口，政府还制定了鼓励农民投资的政策，如购买新农业机械，投入再生产可以减免税；农民丰收后可以将一笔钱存入“收入平衡基金”，予以免税，以便以丰补歉，避免大的波动，使粮食生产稳定发展。

泰国大米的保护价收购和宏观调节

泰国的谷物贸易实行市场经济，和澳大利亚不同的是泰基本上都是私人公司经营。如大米出口，经政府注册批准的私营公司有97家，其中顺和成公司一家年经营量100万吨以上。但是政府仍然采取许多经济和行政的手段，进行调控。政府规定每个大米出口公司必须有500吨大米的库存储备；每个大米加工厂也要按月向泰商业部报告大米库存量，使大米保持一定的储备。政府还利用关税来调节出口，当国内大米不足，就适当增加出口税进行控制。大米多的时候，就减税推销。

我们这次访泰，正逢泰国稻谷丰收。但粮价下跌，谷贱伤农，农民意见很大，反对党乘机发难，抨击政府。泰政府召开紧急会议，决定以每吨高于目前市价100铢的保护价，再收购50万~100万吨稻谷，差额由政府补贴，以缓解农民卖大米难的问题，刺激粮价，促进生产。

泰国对大米生产和贸易在宏观上还采取以下调控措施：一是通过农业信贷银行发放抵押贷款，农民用稻谷作抵押，以3%左右的低利率贷给农民，帮助农民解决资金困难，发展稻米生产。农民收获稻谷卖出后还贷，也可以抵押给银行。二是经商业部批准，在全国建立9个中央大米市场，并和初级市场相结合，使粮食贸易渠道畅通。三是通过商业部直属的堆栈组织进行调节。堆栈组织是自负盈亏的经济实体，但也承担政府交给的任务（给予相应的政策性补贴）。堆栈组织在曼谷有4个大仓库，在一些府里也建有仓库和货栈，可以代政府收购大米等农产品。堆栈组织享有进出口权，国内哪种商品缺乏，有权组织进口调节，也可以收购国内商品组织出口。政府通过以上调节手段，在粮食市场经济中进行调控，发挥了重要作用。

澳、泰都有健全有力的粮食管理系统

澳、泰两国都有较为健全的、比较得力的粮食管理系统，这是政府进行宏观调控的组织保证。澳大利亚除了有初级产品部管理外，政府还通过小麦局、谷物散装公司实施宏观管理。小麦局运用电脑掌握全国小麦的产销储存信息，并与国际市场密切联系，在瞬息万变的市场经济中研究确定对策。小麦局在各主产州设有精干的办事处，直接受总部领导，不受地方干预。小麦局总部和各州的办事处不过400多人，管理现代化的水平很高，工作效率也很高。谷物散装储运公司或储运合作有限公司从收购到出口专用码头也是一体化管理，运用电脑联系，统一指挥，及时调度，使这一系统工程能发挥整体效益。

泰国的情况与澳大利亚有所不同，稻谷等商品的国内外贸易都由商业部统管，兼有内贸、外贸、工商行政管理等多种职能。泰商业部在各府的机构，也是直接管理和直接委派的，人员也不多。我们访问的清迈府，商业部在该府设立的机构（包括国内贸易厅、国外贸易厅、注册厅等派出的）人员也才10多人。这样能较为有力地贯彻内阁和商业部的意图，实施宏观管理。

当务之急是在发展市场经济中建立起适合我国国情的宏观调控体系

考察澳、泰两国的粮食工作后，给我们留下一个深刻印象：即使像这样盛产粮食的出口国，而且是多年一直实行市场经济的国家，都十分重视粮食的宏观调控，保持国家的干预。当前，我国的粮食工作正在由过去高度集中的计划收购、计划供应体制向市场经济体制转变。国内外的实践都说明，实行市场经济后，绝不意味着政府没有干预，没有宏观调控手段。要看到我们是个11亿人口的大国，人均粮食占有水平很低。发展极不平衡，抗灾能力又弱，加上放开后，地方、部门、企业由于自身利益的驱使，分散化的倾向将增强。稍有不慎就可能出问题，从而影响全局。当务之急是要建立起中央和省市两级在粮食上的宏观调控体系，特别是在中央建立、健全这一体系，具有战略意义。这是粮食体制改革的重大任务，也是保证粮食生产稳定、市场稳定的长治久安的安邦之策。

为此，需要把握时机，深化改革，积极采取措施，强化宏观调控手段，逐步形成一个适合我国国情的宏观调控系统。

第一，鉴于粮食问题在我国的特殊重要性，粮权应主要由中央掌握，不能

丢掉。我们的粮食体制应该是宏观调控下放开搞活，中央统一领导下分级负责。国家一定要掌握主要的粮源，中央一定要掌握主要粮权，这点不仅对粮食工作，对国家经济上的集中统一也有至关重要的影响。

第二，加强粮食行业四个调控系统的建设：一是不断完善粮食的多层次储备体系；二是积极发展以国家级批发市场为中心、区域性市场为骨干、初级市场为基础的三级市场体系；三是加快粮食仓储、加工、销售服务体系的建设；四是下决心在近期内建立起粮食风险基金和调节基金。这是粮食系统走向市场经济的迫切需要，也是深化粮食体制改革，加强粮食基础设施建设的战略性措施。

第三，当前各地正在进行机构改革，粮食系统职工思想波动较大。我们认为保住 40 多年来经受各种考验而形成的这支粮食队伍和这一服务体系，保留精干有力的粮食管理机构，对于贯彻国家的意图，安排好城市人民生活，应对突发事件十分必要。适应市场经济的发展，粮食机构需进行改革，中央和地方都可以成立各种类型实体性的公司。粮食行业要转变机制，逼上自负盈亏、自我发展的道路。但粮食行政机构不能轻易撤掉，行政管理职能不能取消，粮食服务体系不要打乱，以利于发挥粮食系统的整体优势，更好地为城乡人民生活服务。

用好世行贷款 加快粮食流通现代化建设*

（1993 年 2 月 7 日）

新年伊始，就把各单位的同志特别是科研和设计单位的同志以及有关省市负责世行项目的同志请来，召开这次世行项目设计工作会议。我认为，这次会议开得很好。

部世行办、基建司和储备局的同志向我介绍了会议进行的情况，我同意他们的意见，请按照宋主任①的意见进行布置。

下面我再强调三个问题：

第一，要深刻认识搞好利用世行贷款改善粮食流通项目的重大意义。关于粮食流通项目的贷款问题，商业部、国家计委、财政部等单位和世行多次接触，经历了近两年时间，由于我国设计单位的配合，加上地方各单位的支持，特别是国家计委、财政部、银行、交通、铁道等部门的支持，项目准备得充分，达到了世行评估的要求，正式评估已经顺利完成，基本达成了一致意见，现在进入了初步设计和谈判阶段。如果顺利的话，将于今年 4 月份谈判贷款协议的法律文本，6 月份提交世行执董会通过；如果不顺利，就可以有变化。所以，本项目现在已进入了决定性阶段，我们还要加倍努力，为下一步项目的可行性研究报告审批和初步设计工作做准备。

召开这次会议，对于如何发挥粮食系统的整体优势，搞好设计工作，对今后的谈判和施工都有重要的作用。我认为，今年粮食系统有三个关要攻，要打三个硬仗：

（一）要加快粮价改革步伐，深化流通体制改革。要打好这一仗，要精心指导，确保不出问题。

（二）要搞好粮食系统本身的机构改革。今年恰恰遇到政府换届，从中央到省市都是要换届。我们要搞好粮食本身的机构改革，这也是一个关，也是一个硬仗，搞得好，我们粮食系统可以发挥整体优势，可以在市场经济激烈竞争

---

* 这是白美清同志在商业部利用世界银行贷款改善中国粮食流通项目设计工作座谈会上的讲话。

① 宋廷明，时任商业部世界银行贷款项目管理办公室主任。

中站住脚；搞不好可能出点问题，甚至我们这个体系会受到削弱。我们要在党中央、国务院领导下，精心安排，把工作做好。

（三）要在粮油基础设施建设上迈出新步伐。这也是个关，是一个硬仗，特别是今年储备库的建设进入高峰期，机械化粮库的建设进入了全面施工阶段，简易库的建设还要继续进行。如果世行贷款项目谈判成功，这将是今年粮食系统的重点工程，也可以说是关系到粮食系统今后发展的重要工程，因为它投资大，现代化程度高，而且组织管理程度也高，这也是一个硬仗，是一关。

所以，今年粮食工作面临三关，三个硬仗，要把它做好。而我们这一次会议就是要解决世行贷款粮食流通项目的设计问题，为谈判和施工做好准备，这项工程是关系到粮食系统今后发展的重点工程。从国家来讲，这项工程是加强国家对粮食宏观调控能力的重要工程，是保吃饭的，也可以说是“吃饭工程”、“米袋子工程”，是关系到 11 亿人民吃饭的问题和粮食系统今后搞活的问题，也关系到在走向市场经济的情况下，国家如何掌握粮食主动权的问题。这一工程的建设，将大大加强国家对粮食的宏观调控能力。一月初我到了澳大利亚和泰国进行访问，我看到它们有个突出的特点，就是从收纳库到港口库是个系统工程，是按照现代化系统方式建设的。它的仓储设施和美国不大一样，美国的基本上是私营公司掌握，而澳大利亚是和我国相似。粮食散装运输设施有州政府办的，也有合作社办的，在港口都有粮食专用码头。从发达国家来看，政府也掌握有相当规模的仓储设施作为宏观调控的手段。所以我们加强粮食流通体系的建设，建立以港口为龙头的整个粮食仓储运输体系，关系着我们粮食系统今后发展，这是本世纪粮食系统的最大工程，总投资按现行汇率估算 57 亿元，是空前的。因此，粮食系统必须要充分认识到这项工程的重大意义，从全局出发，从整体出发，齐心协力，把这项工程搞好。

这样大的投资，时间要求紧，现代化程度和组织化程度这样高，这是我国由粮食袋装袋运向散装散运的改革的过渡。澳大利亚从包到散的改革用了 8 ~ 10 年的时间才基本搞成，所以本项目是我国粮食运输方式的一场革命，特别是通过这个项目把东北走廊、长江走廊和四个小走廊联系起来，从储运上完成战略布局，仓储业的现代化就初具规模。这项工程要集中粮食系统全部力量，从全局出发，从宏观出发，上上下下拧成一股绳把它搞好。这不仅是粮食行业本身发展起着决定性作用，而且影响到我国对粮食的宏观调控能力，所以对这一项工程，一定要站得高一些，想得远一些，眼光远一点，一定要抛开地区部门之见。这一事业是前所未有的，是非常光荣的，要从全局出发，从宏观出发，从长远着眼，把这个工程搞好。

第二，对设计工作的要求。我们在研究机械化骨干粮库建设时，提出要“技术先进、符合国情、经济适用、着眼发展”的方针，我认为这对于世行贷款项目也同样重要，同样适用，我们要求按照国际先进水平，又要适合我国国情，去设计、去施工、去建设。这个工程要求做到：现代化、标准化、系统化。现代化就是要采用先进技术，特别是对一些重点项目、关键设施，比如港口中转设施和中转库的设施要达到现代化的水平，又要符合国情；其次要标准化，不要搞得乱七八糟，整个工程有300多个项目点，从外观到技术设施都要标准化，让人一看就知道是世行贷款项目工程；再一个就是系统化，不能地区分割、条块分割，这次也是一个尝试。我们中国的经济如果搞地区分割、条块分割，就阻碍了生产力的发展，就不能形成系统优势，这是绝对干不得的。所以我们要搞系统化，搞系统工程，特别是东北、长江、华南都是系统化的工程。从“三化”来要求，我们的设计、施工、建设都要达到一个新水平，通过本项目的建设，把中国的粮食仓储运输体系从技术上、管理上、组织上要达到一个新水平，要赶上世界先进国家，同时又要因地制宜，适合国情，不要一味地去追求洋的东西。比如澳大利亚的粮库中转次数，除个别港口达到10次以上外，其他的都达不到，并不是像世行专家要求的那样高。其仓型是以立筒库为骨干，房式仓、土堤仓等多种仓型并举的，也是因地制宜。澳大利亚粮食的产量和仓容基本上1：1，而我们的只有1：0.3。人家有本钱，我们没有大的本钱。

我们既要技术先进，又要结合国情，经济适用，按照“三化”的要求，把本项目建成一个投资省、经济效益好的样板工程。首先要搞好设计，然后组织施工，加快建设步伐，加强管理，这样才能达到预期的目标。所以要求各个部门要按照国家项目领导小组和商业部、国家粮食储备局的具体部署，群策群力、上下一心把它搞好，我们不要把钱拿回来搞得乱七八糟，让码头晒太阳，不能说争取到这个项目就行了，不能这样搞，而是要有经济效益。搞好世界银行项目不能讲照顾，要对国家负责，对粮食系统的后代负责，一定要精打细算，精心设计，搞标准化的设计，锻炼我们的队伍。现在大家争设计，但不要拿到之后，抱了一堆苞谷（玉米），不知怎样吃。我认为，部世行办提出的为保证设计质量，港口库和中转库以部属单位负责进行设计，收纳库可以由省级单位设计，部属单位在技术上把关，这个要求是符合实际情况的，我们各地都要坚决执行。

我们要认识到我们过去设计上的不足之处，要发奋努力，精益求精，按照国家的有关要求，按照部里的部署，完成这个艰巨的任务，绝不能在设计上出现漏洞。我相信我们粮食系统设计人员是有这个能力的。各个设计单位要密切和建设单位、施工单位配合，广泛听取意见，改善服务态度。我们粮食系统的设计单位也有服务态度不好的，这次要做个检验，刻石记功，把项目负责人和设计、施工人员的名字都刻上去，搞得好是个流芳千古的工程，搞不好就要挨骂。

我们不要墨守成规，一定要有所前进，有所创新，按照改革的精神，精益求精，讲科学性，讲经济适用性，把设计搞好。设计是个创造性的工作，我们商业部、国家粮食储备局准备从设计、施工、管理等方面评奖，调动全行业科研和设计人员的积极性，要齐心协力，按“三化”要求，按照粮食系统样板工程的要求，调动一切积极因素。有些老专家、中青年同志是很有见地的，要把这些同志的积极性调动起来，让他们的聪明才智表现出来，设计和建设的项目，都应该成为一个独具匠心、公众满意、又有经济效益的建筑艺术品。我看到有些储备库，因地制宜，花钱不多就搞成了。这些经验我们都要认真加以总结提高。

这个工程是粮食部门关键时候的关键工程。关键时候是指统购统销体制向市场经济过渡：关键工程是本项目的建设加强了国家对粮食的宏观调控能力，加强了粮食系统的整体优势和凝聚力，这个工程搞好了，是对国家、对人民做出了贡献，所以，要严格按照国家的有关规定和部世行办的具体部署，把它做好。

第三，要大力协作，加强领导。此工程时间紧，投资大，涉及面宽，涉及10个省（区）市、5个计划单列市的300多个项目点。不仅涉及粮食部门，而且还涉及其他部门，如财政、计划、交通、铁道等；不仅涉及国内，而且涉及国外。下一步要请外国专家来咨询，当顾问，因此这一工程是相当复杂的。而这一项目本身又是一个系统工程，是一环扣一环的，不是单个的，即使是长江流域的6个港口也是互相联系的，所以这绝不只是一个单位的力量所能搞得了的，一定要加强协作。

国务院领导同志对这项工程非常重视，国家计委专门成立了由8个部委组成的项目领导小组，计委郝建秀①副主任任组长，我任副组长，负责日常工

① 郝建秀（1935～　），山东青岛人，全国著名劳动模范，时任国家计委副主任。曾任纺织工业部部长，中央书记处书记，全国政协副主席。

作。郝建秀同志抓得很紧，亲自到大连、营口、张家港及南通港调查研究。这就是说，本项目是个系统工程，是跨行业跨地区的，而且还要涉外，所以必须通力协作，首先是粮食系统内部要通力协作。如果内部要打内战，打乱仗，那是无法搞好这一工程的，也无法和其他部门协作，所以我这次特别强调粮食部门一定要加强协作，从全局出发，从关系到本系统发展这个高度来认识，全力以赴把本系统搞好。加强协作，对粮食系统内部来说，有中央和地方的协作关系；有设计、施工和建设单位协作关系；设计方面有部属设计单位和地方设计单位协作问题等。我看有一条原则是，一切要围绕着把这个系统工程搞好，使之产生较好的经济效益，用这个原则来协调和解决各种矛盾。

前不久我到陕北看了一些粮库，提出建粮库是个“吃饭工程”，任何人都不要想在粮库建设项目上捞一点，刮一点。因为这是个“吃饭工程”，吃饭第一，要把这个口号响亮地提出来，引起各级领导的重视。我们建粮库、建储运设施、建加工厂，是什么？是“吃饭工程”！大家一定要同心协力，搞好协作，开展竞赛，各个设计单位比一下，进行友谊竞赛，市场机制的核心内容就是竞争、竞赛，看谁设计得好，效益更好，要有这样一种精神，这样一个目标。首先，粮食系统内部要加强协作，开展竞赛，然后要主动地和其他部门协作，要积极主动地去开展工作，解决矛盾，不要去等，要主动向当地政府、计委、财政等部门反映情况，争取支持。老实说，这个项目进展到现在是非常不容易的，搞不好会前功尽弃。“行百里者半九十”，粮食部门各单位、设计单位、施工单位、省市粮食局之间要加强协作，主动开展工作，取得相互支持和谅解，扯皮的事不要闹到世行项目上来。

除此之外，还要主动和外国专家配合。要争取他们的支持，争取他们对中国实际情况的理解，设计出比较适合中国情况的方案，要把中国的实际情况、中国的经验、中国的行之有效的做法，向他们介绍，耐心细致地做工作，以取得谅解和共识，道理讲通了，他们会信的。

要做好以上工作，关键在于加强领导。首先粮食部门各个单位要加强领导，要由主管厅局长挂帅，计划、基建、储运、储备和财务等方面负责人参加。项目重点省要成立一个领导小组，可参照由国家计委牵头的项目协调领导小组的办法搞，首先省粮食厅（局）内部要成立领导小组或办公室，项目重点省要成立一个世行办公室，以原来的计划、基建等为基础，充实力量，统一筹划。辽宁省、北京市和武汉市在这方面做得很好。

这次参加会议的科研设计院、所和院校，任务如此集中，必须一把手亲自抓。可以建立一个小班子，集中力量抓一抓。因为时间很紧，有很多具体问题如果没有粮食厅（局）领导同志、没有科研院校的领导同志亲自出马，只凭下面报简报、画圈圈，是搞不好这件事的。

我们要贯彻“十四大”精神，就是要真抓实干，改进工作作风，不能只喊口号，贴标语。今年的工作非常繁重，粮食部门上下要加强领导，部党组很重视，讨论过几次，胡平部长亲自批示，请各省粮食厅局长无论如何要抓一下。

还有一些问题没有解决。如配套资金问题，国家拿一部分，地方拿一部分。北京市和武汉市的配套资金已经落实了。我相信，这些问题随着协议正式签订和世行执董会的通过，是可以解决的。我、宋主任、薛副主任①是乐观的，“山重水复疑无路”，签字后就“柳暗花明又一村”。部里也正在做工作，准备向国务院、向总理、副总理汇报，我也准备到项目重点省游说。我们大家分工合作，努力完成任务，反映上来的问题我们争取及时解决，不当官僚主义。

总的来说，请你们按照部世行办讲的意见去具体落实，有什么问题再研究。按计划本项目争取五年建成，六年扫尾。相信有一天我们会开个庆功会，庆祝胜利，表彰做出贡献的有功人员。

附录：

关于利用世界银行贷款改善我国粮食流通项目有关问题的请示*

国务院：

去年11月，国务院批准了国家计委“关于商业部利用世行贷款改善我国粮食流通项目的立项请示”。根据国务院领导同志的指示，由国家计委、财政部、国内贸易部、交通部、铁道部、外经贸部、中国人民银行、国家税务总局

① 薛凤翊，时任商业部世界银行贷款项目管理办公室副主任。

* 这是由国家计委副主任郝建秀同志和内贸部副部长兼国家粮食储备局局长白美清同志牵头的利用世行贷款改善我国粮食流通项目协调领导小组，就该项目实施的有关问题通过国家计委向国务院上报的请示。国务院总理李鹏，副总理朱镕基、邹家华、李岚清，国务委员李贵鲜、陈俊生等领导同志分别圈阅同意，由国家计委印发执行。

等部门组成项目协调领导小组，经有关部门和地方密切配合，加快了工作进程。世行于去年12月对该项目进行了正式评估。今年4月下旬，中国代表团与世行就项目贷款协议进行谈判，并达成一致意见。6月17日，世行执行董事会已讨论通过该项目贷款协议。为了进一步加快这个项目的建设进程，现将有关事项请示如下：

一、项目目标与项目内容

经国务院批准，利用世界银行贷款改善我国粮食流通项目，旨在加快粮食流通设施建设，稳定粮食生产，推动粮食购销体制改革，加强国家对粮食的宏观调控，形成较为完整的粮食流通网络。项目建成后，将大大缓解当前粮食流通设施严重不足的状况，实现我国粮食运输由袋装为主向散装为主的转变，提高粮食质量，减少粮食损失，降低流通费用，增强我国出口粮食在国际市场上的竞争能力，促进我国粮食流通现代化，使粮食管理水平跃上一个新台阶。

项目建设内容主要由以下5部分组成：(1) 东北粮食走廊：主要解决东北三省和内蒙古东部地区的粮食仓储、烘干、运输和港口吞吐问题，以大连大窑湾港区为主要出海口，营口鲅鱼园港适当分流，总运量1290万吨（其中运出玉米910万吨，大豆80万吨，接收进口小麦300万吨），投资45.27亿元，是粮食流通项目的重点。(2) 长江粮食走廊：以江苏张家港散装、南通港袋装为龙头，主要解决长江中下游各省大米储存、外运和玉米、小麦输入问题，总运量380万吨（其中外运大米107万吨，输入玉米、小麦238万吨），投资7.2亿元。(3) 西南粮食走廊：主要建设广西防城港，解决向云南、贵州、广西三省区输入小麦、玉米问题，总运量160万吨，投资3.22亿元。(4) 北京粮食项目：主要建设北京中心供应库，通过秦皇岛、天津港经铁路运入小麦、玉米，解决首都的粮食储存和供应问题，总运量68万吨，投资1.5亿元。(5) 配套项目：主要包括市场信息、培训和研究中心及上海、大连两个粮食远期合同交易市场并逐步向期货过渡，投资0.5亿元。

项目建设期6年，1993年下半年开始建设，1998年建成并投入运营。

二、投资规模

项目总投资为57.79亿元（立项报告时人民币对美元汇率按照1∶5.4的比例折算，总投资为54亿元，这次总评估世行按照1∶5.8的比例折算），其中利用世界银行贷款4.9亿美元，折合人民币28.42亿元，主要用于采购设备和物资，支付国内劳务、人员培训和技术援助。国内配套资金为29.37亿元，包括因汇率变动增加3.79亿元。由中央承担60%的部分，配套资金为17.2亿元。其中，预算内拨款从1995年开始，每年安排3亿元，主要用于偿还能力较弱的后方收纳库建设。其余40%配套资金由有关地方承担。属于国家拨款的资金，将结合投资体制改革进一步明确国有资产的代表权问题。

为了节省投资，参照国外的经验，港口粮食商检设施建在筒仓设施之内，不另建粮食商检楼。

由于受资金总规模的限制，经评估论证，尚有大连、营口港必要配套设施和西南走廊220辆铁路火车皮等，未能列入世行粮食流通项目，从而直接影响到项目建成后形成综合能力和保证流通畅通。因此，经与有关部门、地方和企业协商，对确有必要的配套项目，经国家计委审核同意，其资金由地方、企业自筹，中央帮助解决基建规模。

三、有关归还贷款的政策

关于世行贷款归还问题，应坚持谁用、谁还的原则，以明确还款责任，使责、权、利相统一。据此财政部可同项目所在地人民政府，大连、营口两个粮食中转公司（包括港口部分）以及国内贸易部（软件部分）签订转贷协议，落实还本付息付费责任，保证项目还款。

这个项目建成后，每年的社会经济效益约为12亿元，其中每年节约流通费用5.3亿多元、减少粮食损失42万吨（折合资金2.5亿元）、减少压船、压港和节省进口流通费用4.2亿元。由于流通费用节约和运输条件改善，使东北玉米的出口竞争能力增强，每年约可多创汇2亿美元（折合人民币12亿元）。

从企业经济效益分析，按项目建设期6年、项目建成转入正常运行后10年还清贷款测算，每年需还本付息8.5亿元，如包括汇率风险约为11.1亿元。而项目建成后，每年仓库栈租、粮食烘干和中转服务等，可收入约12.88亿元。扣除成本9.34亿元、上缴各种税费1.56亿元，每年可用于偿还本息（包括折旧）约5.7亿元，缺口为2.8亿元，10年缺口合计约28亿元。

考虑到粮食流通行业过去一直得到国家财政补贴，现在既要偿还世行贷款，又要偿还国内贷款，尤其是后方粮库还款能力低等特殊情况，经商财政部、国内贸易部、交通部、铁道部、外经贸部、中国人民银行、国家税务总局同意，国家需在政策上给予扶持。

（一）免除国家能源交通重点建设资金和预算内调节基金。国家在项目服务收入营业税和建筑安装营业税等方面予以优惠，具体办法由国家税务总局另行规定。

（二）项目投产后，每年提取企业经营收入3%，作为还贷基金。

（三）解决建设期贷款贴息，可按照中央和地方共同承担的原则。贷款贴息总共6.2亿元，其中中央2.9亿元，地方3.3亿元。中央贴息从基建贷款贴息基金8亿元中安排。

（四）为了平衡外汇支出，建议从项目运营开始，根据每年偿还外债的需要，在保证国家年度出口计划任务完成的前提下，核定安排出口一部分玉米、大豆、大米列入还贷出口商品计划，专项出口，专项还贷。

四、加强组织领导，管好用好资金

世行贷款粮食流通项目是一个非常严密的系统工程，点多、面广、工程量大，各项设施应按照系统工程的要求，统一技术规范，统一建设标准。收纳库、中转库、港口库、铁路车皮、烘干设施等必须相应配套。各个环节，包括铁路运输、储存、烘干、质量标准、商检和装卸等工艺流程应系统化、规范化、标准化，使项目建成后流通通畅，形成综合能力。

根据国务院批准的粮食流通项目立项报告精神，实施这个项目，要以改革的精神，打破部门、地方、行业界限，实行利益共享，风险共担，走股份制的路子。前一阶段项目协调领导小组主要围绕获得世行贷款进行协调，工作是有成效的。今后，随着工作越来越具体，需要由经济实体负责项目的组织实施。

由于这个项目规模大，关系复杂，为了保证项目尽快由建设转入运营，并考虑粮食是特殊商品这一基本特点，从一开始就应以经济和行政相结合的办法进行管理。例如，可在大连、营口建立股份制粮食中转贸易公司的基础上，组建从收购、储存到中转、出口、深加工为一体的东北粮食联营集团公司，以统一指挥、调度东北粮食的全面业务。长江走廊各粮库码头可在组织各自经济实体的基础上，按经济办法把沿长江各点组成一个半紧密的集团联营公司。西南和北京则可以项目本身为主，逐步扩大，形成整个粮食流通项目系统，待条件成熟时，再逐步组建全国性经济实体。

为了加强项目的领导，有利于这个项目的总体建设，建议以国内贸易部为主，吸收交通、铁道、外经贸等部门有关人员参加，成立项目建设班子，由白美清同志负责。由国家计委牵头的项目协调领导小组，今后将主要就项目的重大问题进行协调、研究和处理，不代替项目的具体操作。各省、区、市成立的项目协调领导小组要确实加强对项目的具体领导，各省、区、市粮食局

(厅)、港口粮食中转公司以及国内贸易部（软件部分）是项目的具体运行单位，对项目要一抓到底。同时，要实行项目业主负责制，充分调动项目业主的积极性和责任感。

为实施这个项目，国家和地方拿出几十亿元资金进行建设，说明国家对粮食流通项目极为重视。各有关部门和地方都应以对国家和人民高度负责的精神，把管好、用好资金作为重大问题来抓。从设计、招标、物资采购、施工、质量检验，定期进行检查，监督执行，以杜绝浪费，确保本项目高效、优质、低消耗、低成本目标的实现。

五、其他有关问题

粮食流通项目是个大的系统工程，需要有关各方密切配合，才能发挥综合效益，为此，提出如下建议：

（一）要求国家将哈大铁路的电气化改造、金州铁路编组站和金州至大窑湾铁路支线列入建设计划，同步完成。

（二）由于本项目东北走廊投资中尚缺1000辆铁路散粮专用车皮的购置费，建议由有关部门、地方在“八五”、“九五”期间多方筹集资金解决。

（三）粮食流通项目建成后，近海和远洋粮食专用运输船舶的配合问题，请交通部、国内贸易部着手研究，并提出解决办法。

以上妥否，请批示。

国家计委

1993年6月18日

加快粮食流通体制改革*

（1993年2月15日）

近几年来，我国粮食流通体制改革迈出了很大步伐，取得了明显成效，促进了粮食生产持续发展，保证了城乡人民生活和国民经济发展的需要。按照党的十四大提出的建立社会主义市场经济体制的总目标，必须稳定增产粮食，促进高产优质高效农业的发展，加快全国粮食市场体系建设。粮食流通体制改革要把握有利时机，在国家宏观调控下放开价格，放开经营，增强粮食企业活力，减轻国家财政负担，进一步向粮食商品化、经营市场化方向推进。为此，特作如下通知。

积极稳步地放开粮食价格和经营

粮食价格改革是粮食流通体制改革的核心。目前我国粮食市场发育程度还比较低，地区之间经济发展水平很不平衡。因此，粮食价格改革既要积极又要稳妥，总的原则是：统一政策，分散决策，分类指导，逐步推进。争取在二三年内全部放开粮食价格。各省、自治区、直辖市人民政府在放开粮食价格和经营之前，应研究制订具体实施方案，并报国务院及其有关部门备案。

粮食价格放开，要兼顾生产者、经营者和消费者的利益，注意保护粮食生产，稳定粮食市场。为此，需要采取以下措施：（一）保留粮食定购数量，价格随行就市。（二）继续实行和改进粮食定购“三挂钩”① 政策，将化肥、柴油由实物奖售改为平议差价补贴，付给出售定购粮食的农民。（三）为防止“谷贱伤农”或粮价暴涨，保护生产者和消费者利益，各地在必要时应制定粮

---

* 这是白美清同志主持协调有关部门共同代国务院起草的关于加快粮食流通体制改革、放开粮食价格和经营的文件，经国务院批准，以国发〔1993〕9号文件下达执行。

① “三挂钩”，指农民给国家交售定购粮食的数量与国家奖售给农民的平价化肥、柴油和预付给农民的粮食预购订金挂钩。

食收购的最低保护价或销售的最高限价，并相应承担财政责任。具体办法由国家物价局会同有关部门另行制定下达。（四）销售价格放开后，要继续保留城镇定量人口的粮食供应关系，对城镇定量人口是否给予补偿，由地方政府自行确定。切实做好受灾地区、贫困地区和水库移民的粮食供应。（五）要支持粮食主产区发展粮食生产，在政策上予以倾斜和扶持。（六）省间、地区间粮食贸易，要产销见面签订供销合同并严格履行，或通过批发市场交易。大中城市要切实加强粮食储存、调运和供应工作。

为了支持粮价改革，中央财政对各省、自治区、直辖市的粮食补贴保留三年，逐年减少。每年减少的财政补贴，转作中央粮食风险基金，不准挪作他用。各省、自治区、直辖市减少的财政补贴，也要转作地方粮食风险基金。具体办法由财政部会同有关部门制定下达。

暂缓放开粮价的地方，继续执行现行粮食购销政策和国家规定的中等标准品购销价格，品种等级差价、进销差率改由地方政府或物价部门商粮食主管部门确定。

全面放开食油购销价格和经营。从 1993 年度（系指粮食年度①，下同）起，除军供用油外，取消国家食油收购计划和食油定量供应政策，取消食油指令性调拨计划，产销由各省、自治区、直辖市根据当地实际情况自行安排。

继续实行粮食包干方法

现行国家对各省、自治区、直辖市粮食购销调拨包干办法到 1992 年度末（1993 年 3 月底）结束。为了支持粮价改革，保证粮食计划管理体制向社会主义市场经济体制的顺利过渡，原包干指标原则上不作变动，继续延长执行到 1995 年度，中央财政拨付的粮食加价款、差价款补贴，与粮食包干方案脱钩。各省、自治区、直辖市人民政府要切实加强粮食管理，搞好本地区粮食数量、品种平衡，确保城乡市场粮食供应。今后除中央认定的特大自然灾害外，国务院不再核批粮食指标。

军供粮油和大豆暂按现行办法供应，计划一年一订。各级政府和粮食企业要从全局出发，在品种、质量、数量上保证供应。

---

① 粮食年度：中国的粮食年度指从当年的 4 月 1 日起到来年的 3 月 31 日止，为 1 个粮食年度。

要切实加强国家粮油库存的管理，确保账实相符，安全储存。一些行之有效的保管制度和办法要继续执行。国家专项储备粮、特种储备粮、国务院市场调节粮和国家储备食油，所有权属中央，未经国务院批准，任何地方和部门不准动用。为帮助地方尽快建立粮食储备，国家平价粮食周转库存下放地方管理，其中60%转作地方储备，其余部分，地方可以周转使用。国家平价食油周转库存也要划一部分作地方储备。具体办法由商业部下达。

继续加强和完善国家对粮食的宏观调控

粮食是关系国计民生和社会安定的重要商品，在放开粮价、搞活经营的同时，必须进一步加强宏观调控，做到放得开，守得住。

（一）以国家储备为中心，中央和省、自治区、直辖市两级为主的多层次粮食储备体系，是加强宏观调控的重要物质基础。国家粮食储备在坚持适度规模、总量平衡的前提下，要优化品种结构和储存布局。要通过储备粮的吞吐，平衡供求，稳定市场，并积极探索搞活国内外经营，串换品种，保量增值的途径。

要抓紧建立地方粮油储备，以确保本地区粮油市场的基本稳定。地方粮食储备资金和费用补贴参考国家储备粮的办法，由同级政府确定。积极推行农村集体储粮和农户储粮，防备灾荒。

（二）加快以全国性大型批发市场为中心的三级粮油市场体系的建设。全国性大型粮食批发市场，在重点发展中远期合同交易的基础上，选择有条件的市场，研究探索分散价格风险的机制和办法，建立标准合约，逐步向期货贸易方向发展。区域性批发市场，要逐步办成该区域粮油流转中心和集散地。农村初级粮油市场，要以历史形成的集散地为中心，放手发展，做到产需直接见面，互通有无，批零兼营。要打破地区封锁和贸易壁垒，形成高效、畅通、灵活的全国粮油市场体系。

允许和支持多种经济成分、多流通渠道参与市场粮油经营。国有粮油企业要通过参与市场竞争，努力掌握粮食和食油的主要批发业务。符合条件的企业、单位、个人，经工商行政管理机关核准登记，领取营业执照后，可以从事粮食和食油批发、零售业务。坚决取缔无证经营。

（三）加快粮食收储、加工、销售服务体系建设，提高粮食企业的组织化和技术设施现代化程度，充分发挥国有粮食企业的整体优势和主渠道作用。要大力推进企业组织结构的调整，以现有服务体系为依托，以大型企业为骨干，积极组建粮食企业集团，建立起设施先进、功能完善的粮食流通服务体系。

（四）实行粮食进出口内外贸易结合，统一管理。国家对粮食的进出口实行总量控制。对小麦、大米、玉米、大豆等主要品种的进出口，根据国内余缺和国际市场情况，由国家粮食主管部门提出年度进出口总量计划，商经贸部后由国家计划部门综合平衡，报国务院批准实施。根据《中共中央、国务院关于加快发展第三产业的决定》（中发〔1992〕5号）精神和国务院有关规定，对出口实行计划配额管理的大米、玉米、大豆，可实行内外贸联合经营；其他非计划配额管理的粮油品种，也鼓励内外贸联合经营；可赋予有条件的大中型国有粮油企业一定的进出口权。凡取得进出口经营权的粮油企业，要积极参与国际市场，执行国家有关政策和计划，接受价格指导，并在获得配额和许可证方面享有与外贸企业同等的待遇。

（五）随着粮油价格和经营逐步放开，各级粮食行政管理部门要注意粮食总量和分品种、分地区综合平衡情况，努力使粮食的总供给与总需求大体适应。这是加强宏观指导的重要环节，绝不能放松。要制订年度粮油（包括议价粮油）购销指导性计划，指导粮油企业的经营活动。各级银行要合理安排国有粮食企业经营资金，建立良性的收购资金机制，以利于粮食生产、收购和市场的供应，具体办法由中国人民银行会同商业部等有关部门制定下达。

大力促进企业转换经营机制，进一步增强国有粮油企业的活力

转换企业经营机制，是粮食流通体制改革的中心环节。要继续推行和完善各种形式的经营承包责任制。大中型粮油企业要实行集体承包或全员承包，有条件的要积极进行股份制试点。小型企业可以灵活采用转、改、租等多种改革形式。企业内部要积极进行人事、用工、分配制度等方面的改革，克服平均主义、吃“大锅饭”等弊病，调动干部职工的积极性和主动性。承包过程中，要保障国家对企业财产的所有权，实现国有资产的保值和增值。基层粮管所（站）的隶属关系，仍由粮食部门统一管理。其资产属国家所有，禁止任何部门、单位平调和挪用。

在深化改革放开经营的过程中，各级政府和各有关部门要积极支持国有粮油企业转换经营机制，开展多种经营。（一）对放开粮价的地区，原来地方财政对粮油企业的亏损补贴和有关专项补贴，原则上三年内不取消。（二）价格放开后，粮食企业开展多种经营所需资金，各级银行要继续支持，并与收购资金贷款分户管理。要在试点的基础上，积极推行粮油企业“内部结算中心”，做好系统内部的资金结算工作。（三）要多方筹集资金，加快国有粮油工商企业的技术改造和网点建设。除“八五”期间粮油加工企业继续享受国家有关减免税收等优惠政策外，各级政府可因地制宜地制定一些政策予以支持。（四）放开价格和经营的地区，国有粮油商业企业过去享受的减免税办法，在“八五”期间要继续执行。国有粮食企业新开办的多种经营，在开办初期确有困难的，可按税收管理体制的规定申请减税、免税优惠。（五）国家有关部门和各级人民政府对国有粮油企业现行的各项优惠政策不变。国有粮油企业要进一步加强企业管理，完善各项规章制度，堵塞各种漏洞，努力降低费用开支，挖掘潜力，扭亏增盈，提高经济效益。

绝不放松粮食工作

长期以来，国有粮食企业的广大干部、职工在各级党委和人民政府的领导下，为安排好人民生活、保证国民经济发展做出了重大贡献。粮食是国民经济基础的基础，涉及面广，影响大。目前我国粮食总量并不宽裕，品种矛盾还相当突出。在粮食流通体制转换过程中，各级人民政府要切实加强领导，周密计划，精心组织，认真研究解决出现的问题。粮食服务体系不要打乱，粮食工作不能削弱。粮食行政管理机构要按照“小机构，大服务”的原则，精减人员，转变职能，把工作重点转向研究政策、制定规划、加强行业管理、搞好协调、监督和信息咨询服务。要抓紧粮食法规建设，使粮油经营逐步走上制度化、法制化的轨道。在多渠道、多种经济成分的竞争中，要加强和改进国有粮食企业的工作，继续保持和发挥主渠道作用。粮食行业的干部、职工要继续发扬优良传统，积极发挥在调节市场、搞活流通等方面的主导作用。财政、银行、税务、工商、铁道、交通等有关部门要密切配合，积极给予帮助和支持，确保粮食流通体制改革的顺利进行。

以改革创新精神解决好粮食放开后的新问题*

（1993 年 4 月 10 日）

这次全国粮油交易会开了三天半，完成了预定的日程，将在今天下午结束。根据党的十四大和八届全国人大一次会议精神，在 20 世纪 90 年代我国将为初步建立新的经济机制而奋斗。按照党中央和国务院的要求，全国粮食系统面临的任务，就是要从过去高度集中的计划经济体制，即统购统销体制，向社会主义市场经济体制转变。“八五”的前三年是个关键时期，今年又是很重要的一年。“八五”前三年要为实现向市场经济过渡奠定初步的基础，再经过下一个五年的努力，初步建立起粮食系统的社会主义市场经济机制，以适应国民经济发展和人民生活水平改善的需要。为实现这一目标，从现在起，必须把握机遇，抓紧工作，向这一方向前进。这次交易会是向社会主义市场经济迈进的一次重要会议，也是粮食系统从统购统销即计划经济体制向市场经济发展的一个重要标志。根据国务院的指示，结合粮食系统的情况，我今天就深化改革，顺利实现粮食系统从计划经济体制向社会主义市场经济过渡的问题，讲以下六点意见，供同志们参考。

认真落实交易会签订的购销合同和经济合约 探索向市场经济过渡的形式和办法

这次交易会的重要特点是，实行规范化市场交易，确立正常的粮食市场交易秩序，在这方面作出了可喜的探索和试验。按照国际上进行市场交易的惯例和市场经济的规律，结合粮油这一特殊商品的特点，探索如何在中国建立具有我国特色的社会主义粮油市场经济机制，需要经过若干年的努力，由点到面，

* 这是白美清同志在江苏南京市举行的全国粮油交易会闭幕式上的讲话。

逐步推进，达到目标。这次交易会经过大家的努力，取得了圆满的结果。会议所形成的合同和拍卖所签订的合约比原来的预想要好。这次会议是落实国务院全国粮食政策发布和订货会的一次重要的商务活动，是粮食行业走向市场经济改革的一次实践。这次会议方向比较明确，方式比较灵活，行为比较规范，因此达到了原定的目标。具体来说，它的作用和意义有以下三点：

（一）落实了省间购销合同。年初总共签订了数量达 780 万吨的省间粮油购销合同。据各省汇报，这次落实的数量都在 80% 以上，而且落实到县、基层企业。对今年全年的粮食平衡、供需衔接、产销衔接将起重要作用。

（二）交易会通过协商成交、委托成交和拍卖等多种形式的交易活动，形成了粮油多品种的市场价格和供需余缺的信息。这次拍卖按照规范化程序，搞得比较成功。一共成交了 33 笔，101720 吨。通过交易形成了粮油的市场价格。我认为所形成的市场价格比较真实，因为这次拍卖不是表演性、象征性的，而是按照市场规律进行的，形成了比较真实、准确的市场价格和供需余缺的信息。例如玉米和大豆，需求比较旺，这就向农民提供了这样一些信息和价格引导。对引导和促进农村调整产业结构，按照宏观要求搞好种植有一定的作用。特别是，这次有 10 户种粮专业大户（安徽省 5 户，江苏省 5 户）参加了交易活动。10 户专业大户参加的交易活动一共签订购销合同 1520 吨，其中小麦 380 吨，稻谷 1020 吨，大豆 115 吨。而且签订合同时，由买方按照国家的规定，付给 20% 的定金，当场兑现。这就告诉广大农民一个信息：粮食生产是市场需要的，是有出路的，党和国家是重视农村、重视粮食工作的。而且也表示这样一个决心：各级党政部门要坚决落实党中央、国务院关于农村工作的精神，要真抓实干，要动真格的。这样有利于推动今年的春耕，搞好粮食生产。

（三）交易会吸收了多种经济成分，运用多种灵活方式成交。既有国有粮食部门参加，也有集体所有制的供销合作系统的公司参加；既有粮食系统的企业，也有农垦等其他部门参加；既有粮食企业参加，特别是粮食加工企业和一些公司参加，又有“三资”企业、农户参加；既有近期交易，也有中远期交易，方式比较灵活。这就形成了粮油的多元化、多渠道的交易市场格局。在市场中，进行公开、平等、公正的竞争，这对于粮油系统实行市场经济，克服场外交易的种种弊端，将起到一定的促进作用。

这次交易会是粮食系统从计划经济体制走向市场经济体制的一个标志，参加交易人员之多，范围之广，特别是按照规范化进行交易，40 多年来还是首次。这次会议的意义不仅表现在签订的合同上，重要的是，方向已经指明，路子已经闯开，这将对今后粮油行业走向市场经济产生深远的影响。尽管有些合同的购销量不是很多，成果也是初步的，组织2000多人参加的大型交易活动，存在的缺点和问题也不少，但是，沿着这个方向前进，将促进粮油系统加速走向市场经济，粮油系统将出现一个加快改革、讲求实效的新局面。

当前最重要的是要认真落实上次国务院会议签订的和这次会议签订的购销合同。由于签订的合同近期的少，中远期的多，今后的工作量比较大，要下决心继续抓好。为了落实好这次会议的成果，要注意以下几点：

第一，要重信誉，守合同，努力提高履约率。粮食系统过去也有开交易会、订意向性合同的习惯，但是往往落实得很差，履约率非常低。从这次开始，一定要树立信誉，按时、按质、按量交货和接货。希望产区、销区今后加强协商，尽快落实所签订的经济合同。

第二，要抓好运输和资金两个环节。这是影响合同履约的两个主要问题。这次签订的合同统统纳入国务院召开的订货会所确定的优先保证运输计划之内，对此，国内贸易部、粮食储备局、交通部、铁道部等有关部门将优先安排运输，各省市要及时安排调拨运输计划，和部里的储运局、储运公司联系，按月安排，特别是五六月份应及早安排，各省市也要争取当地交通部门、铁道部门的支持。资金问题，准备向中央银行、工行、农行反映，争取他们的支持。这次会议工行、农行和国务院办公厅也派了人来，了解情况，帮助解决问题。

第三，在交易会后，粮油的经常交易要尽量在各地的批发市场进行，要发挥各级批发市场的服务功能和桥梁作用。交易会后，大量的交易活动要转到各级批发市场，包括省级的批发市场，还有区域性批发市场。各级批发市场要发挥自己的服务功能和桥梁作用，认真搞好服务，广泛地吸收客户，尽量沟通产销之间的联系，把购销双方联系起来，解决粮食的流通问题。

精心指导　放开粮食价格

在邓小平同志南巡谈话和党的十四大精神的鼓舞下，在国务院九号文件的指引下，今年以来各地放开粮价、放开经营的步伐大大加快。目前放开的范围已经从沿海向边远地区发展，从中小城市向大城市发展（就三大市来说，上海、天津已于4月1日放开)，从内地向民族地区发展。改革的速度之快，范围之广是前所未有的。也就是说，在去年实现购销同价的基础上，绝大部分地区将实现粮价放开。到4月1日为止，全国21个省、市、自治区已经放开，放开的县市数已近1800个，占80%。所以说范围之广，速度之快是前所未有的。但是，我们必须看到，这次粮价放开，并不等于粮食的价格机制就形成了，就完善了，大量的工作还尚待进行。现在只形成了初步的放开的形势，为形成正确价格机制，为形成合理的比价关系开辟了路子，创造了条件。要进一步解决粮食价格机制问题，路程还比较远，还要进行大量的工作，并不是放开了就了了。我们要抓紧工作，巩固放开的成果，争取不走回头路。放开后，粮价一波动，又补贴，又把价格搞死，不能走这样的回头路。要力争放开后能顺利实现改革，我们过去一些产品也放开过，放了又收，收了又放，放了又补贴，明补变暗补，暗补变明补。走向新的机制，不要再沿用过去的那些办法。所以当前要巩固放开的成果，集中力量解决遗留的问题，努力探索粮油合理价格机制的形成。

这次粮油价格放开成绩很大，但还存在不少问题，特别是有两个问题还没解决好：一是在改革过程中配套的措施、配套的改革没落实，政策文件上的规定相当一部分没有落实，特别是涉及财务方面的。配套改革中涉及两个方面的问题解决得还不够好：一头是生产者这方面，即农民这一头，一头就是经营者即企业这方面，有些关系问题还处理得不够好。消费者方面补了几块钱，还解决得比较好一点。但对农民、对经营者，还有很多政策没有落实。第二个问题是，这次粮价的改革是抓住了时机，在去年、前年粮食积累的基础上，在顺利的情况下出台的，还没有经过粮食徘徊的考验，没有经过粮价波动的考验，还隐藏着一些潜在的问题。对这两点要有足够的认识，要有清醒的头脑，并不是放开了就万事大吉，这一关就过了，问题还在后面。

为了解决好粮价放开的问题，当前要着重抓几件事：

第一，要把粮价改革推向深入，要形成以粮价为中心的合理的比价关系，要通过市场形成合理价格的机制。粮价放开后，一般还是搞得比较死的，粮价有些是定死的，并不是真正的随行就市，并不是真正的通过市场形成价格，搞不好有可能搞死。我们一定要继续努力，向合理的粮油比价关系这个目标发展，这样才能巩固。粮价改革中还要注意逐步地拉开差价，形成正常的、合理的品种差价、季节差价、质量差价、批零差价和地区差价，差价问题一定要处理好。对这些问题我们还没有经验，要进一步探索，不断地完善价格改革，精心指导价格改革，粮食部门要配合物价、财政、工商等部门，一起把价格关系理顺。

第二，要继续抓紧配套改革的落实，这是当前的一个关键问题。配套改革最困难的是一部分贫困地区和经济不发达的主产区，把财政负担一下就转到企业头上。这个问题如果不解决，将影响粮价改革的深入，影响粮食系统的发展和巩固。我们将从部里向国务院反映，也请各省市向省政府反映，要按照国务院九号文件和各省放开粮价的文件的规定去落实，中心是要解决财务的问题，把配套改革跟上，这是当务之急。如果配套改革跟不上，下半年可能要出一点问题，所以要大家上上下下一起做工作。

第三，要注意解决粮源问题和地方储备问题。价格改革最重要的，一是掌握粮源，一是把地方储备抓紧建立起来。掌握粮源最主要的是落实已签订的合同定购。我现在有些担心，根据各省试验的结果，凡是放开定购的地方，签订经济合同都不够理想。最近我了解了一下，签订的合同一般都没有达到原来的定购数量要求，有的省少1/3或1/5。还要看到，下半年如果粮食生产发生波动，农民有可能不交粮食给国家了。现在由于粮价在上涨，与去年疲软不一样，与前年也不一样，前年专项储备粮是略高于市价收购的。所以如不改变将会发生问题，我们现在合同订得很少，而且改成经济合同了。国务院文件也讲，一般不要取消定购合同，但是下边放开的省份比较多，只有9个省全部是收购，保量放价，其余的都是全部放开，两头放开，9个省没有放开，这样主动些，还有两个省是减购放销，但这个办法有危险，再可能就是秋后粮食收不起来，将影响粮改的效果，影响粮食的总量平衡。还有地方的储备以及地方的调拨，现在省内的地方计划调拨也不灵了，如果这一问题不解决，将影响粮食供应。这种倾向要看到，这些问题要有清醒的估计，积极加以解决，这样粮食价格的改革才能稳定和发展，才能更好地向市场经济过渡。因为粮价改革是向市场过渡的关键问题，这个问题解决好了，就为市场经济的顺利过渡创造了条件。

在放开经营中求发展

粮食价格的改革，经营方式的改革，走向市场经济，关键是要把基层粮食企业搞活。基层粮食企业是最基础的经济细胞，基层搞活了，整个粮食系统才能搞活。现在我们面临的形势是粮价放开、经营放开，走向多元化、多渠道、多种方式竞争的新局面。粮食行业特别是国有粮食企业面临着极大的困难。放开以后，要经过这样一个过程：销售量也就是经营量，开始一般要降一半，最多降70%，然后经过努力，慢慢回升，有的回升到50%～60%，搞得好回升到70%～80%，对此各级粮食部门要有充分的思想准备。困难从销售波及加工部门，到仓储部门。门市部都很冷清，过去是产品分配式的临时网点，进粮店去一看就知道，可以说不像个商店，而是一个分配单位，半边是开票，开票是封闭式的，半边是售粮，售粮也是一个封闭式的。这种格局是不能适应市场经济需要的。粮价放开后，多种渠道经商，包括其他部门经商、个体经商、农民进城，各级国有粮食部门会受到极大的冲击，这一点要有思想准备。国有粮食部门在冲击面前是背着包袱前进的，包袱主要是四句话：挂账多，陈粮多，人员多，设施差。去年全国挂账接近500亿元；富余的人员比较多，加上退离休的干部也比较多，全国粮食系统500多万人，退离休的好几十万，有的地方是2∶1、1∶1；陈粮比较多，特别是籼稻，滞销的品种比较多，全国约有1500万吨，有的存了3年以上，不过今年情况有所好转。这些就是我们的困难所在，我们的问题所在。放开以后，突出表现为两种地方比较困难：一是山区、边远偏僻地区经济不发达；二是粮食比较多的主产区。在山区，在贫困地区，山高路远，一个乡也就几千人，经济又很不发达，粮站建在那里，难以生存。有相当一部分县，退离休职工发不起工资，在职职工发70%。有的地方过年的时候就给在职职工发米发面，发两袋米背回去，这还不只是个别地方。前两天安徽省有两个基层县的粮食局局长，四川省一个地区粮食局局长，还有陕西的几个粮食局局长向我反映基层非常困难，听了之后很受触动。现在我们粮食系统正处在非常困难的时期。但在困难的情况下，我们粮食系统从上到下还在坚持工作。我说过，去年可能是粮价的最低谷；今年是我们粮食行业困难的最低谷。能不能走出最低谷，今年是非常关键的一年。听了困难大的单位的介绍，非常令人心情不安。这不是个别的，大概有30%是这样。放开以后，国有粮食企业经过一段时间，30%收入会上升，40%可以勉强维持，30%极其困难。面对这么多困难，我们怎么办呢？我认为还是要从改革上找出路，通过深化改革，在放开经营过程中去解决。重点要抓企业的转换经营机制，转变经营战略和发展战略。要从这两个方面着手，增强粮食行业的活力和经济实力，增强粮食行业的造血功能，去自我发展。我们不能寄希望于财政多给多少补贴，现在是财政补贴能够到位就算是好事了。当然一些优惠政策还是要争取，特别是国务院九号文件和各省放开粮价中确定的优惠政策要争取落实。由于种种困难，当前财政不可能拿出更多的钱，而且我们靠吃财政饭也是吃不好的，也只能勉强度日，不能发展起来，所以一定要下定决心从转变经营机制、转变经营发展战略上找出路。转变经营机制，最重要的是按市场经济规律的要求，全面地改革粮食企业，从机构设置、经营方式、用人制度、分配办法、组织结构和规章制度等方面进行一系列的改革，从过去分配型的、统购统销的办法过渡到市场经济的整套办法，中心是要抓住适应市场经济的需要这一点，对此我们还需要创造一些经验。现在有的省转得快一点，已经做出了成效，创利在100万元以上的粮管所有一批，50万元以上的粮管所也不少了。关键一条是明确产权和经营权的关系，实行多种形式的责任制。有的可以承包，有的不一定承包，小的也可以搞一点出租，也可以搞一点国有民营的试点。也就是说按照市场经济的规律来搞，调动大家的积极性，把粮食企业内部搞活。当然，目前要搞活，还必须给一些支持。转变经营战略，要坚持以本业为主、多种经营的方针，这个不能动摇，实践证明这是正确的。必须本业为主。即使放开了粮价，粮食部门还离不开“粮”字。粮食业本身始终是要存在的。但现代粮食业与过去传统粮食业不一样，包括的范围是广的，以粮油为原料的食品业、饲料业等都是粮食行业的本业。当前搞多种经营，要因地制宜，发挥优势，抓住重点。开发生产经营新路子不能丢掉自己的长处，跟在别人后面跑，等你搞好了，别人已经前进了，你就落后了，这种办法是不行的。各省市县要注意抓一点重点项目，把重点项目与短平快项目结合起来，重点项目抓上去了，很快就发展起来了，而且会带动一大片。在发展多种经营中需要一些启动资金。有条件的地方要建立一点扶持贫困地区的基金、多种经营的基金。我们部里准备采取一些措施，希望省里也采取措施。另外我们要提倡一下，凡是搞得好的地区来扶持搞得差的地区，先富起来的地区要扶持贫困地区，例如珠江三角洲的佛山、中山、顺德、番禺等都搞得很好，让它去带一两个山区县、贫困县的粮食部门。关键还是一个人才的问题，经营路子的问题。富裕地区要从人才、技术、资金、经营门路、客户等方面帮助一下贫困地区，可以用结成对子的办法。在转变经营机制过程中，一是要扶持先进地区，尽量鼓励。二是要带动后进地区，切实采取措施帮助这些后进地区。一些内地省困难面比较大，怎么办？部里和省里最近要研究一些办法，每年搞一点资金扶持一下这些部门，从人才上、从各方面给予帮助，争取使30%的困难企业尽快摆脱困境。在这方面各地要积累一些经验，在改革中找出路，在放开中求发展，增强粮食行业的经济实力，增强竞争力。思想上要做两种准备，也可能有些地方经营范围缩小，经营阵地被占，但我们要立足于扩展阵地，特别是要强调，除了城市的大众化食品、营养食品、保健食品、专用食品等阵地要去占领外，在农村要大力推广湖南华容县东山乡的经验和山东昌邑县、广饶县的经验，农村粮管所、粮管站的销售网点要下伸，要搞"三代"业务，即代农储存、代农加工、代农兑换等业务。农村的食品阵地要去占领，这方面搞好了，是大有可为的。这方面多做工作，粮食系统可以求得发展，可以经过二三年的奋斗摆脱困境。当然，有些地方要做些小的调整，例如，一个乡粮站十几个人才销售十几万斤粮，合同粮收购量也不大，有些人员可以调整到靠县城的、比较发达的地方去。总之，各地要重视这件事，要鼓励先进，同时要扶持贫困地区，尽量使全行业发展比较协调。

在放开的同时必须加强宏观调控

国务院多次指出，粮价放开不等于放手不管。江泽民总书记在湖北讲话指出，在建立社会主义市场经济的同时，宏观调控要完善和加强。这次政府工作报告也讲了这个问题，粮食是关系国计民生的、具有战略意义的商品，因此在粮食市场经济中，一定要有宏观调控，要逐步地加强和完善粮食宏观调控体系，这是保证粮食不出大的问题的根本措施。在加强宏观方面，国务院指出，要有两级调控体系：一级是中央级的，一级是省级的，这两级要逐步建立。只有加强宏观调控，才能在粮食市场经济中保持稳定的发展，才能在遇到突然事件的时候、遇到粮食生产波动的时候有抗御灾害的能力，有应对突然事件的能力，确保粮食的供应和市场的稳定。世界上绝大部分国家都有宏观调控的手段，包括主产粮食的国家，如美国、加拿大、澳大利亚、泰国等，都有较为健全的调控系统。所以我们要吸取国际的经验，结合我国的情况，形成一套中国粮油宏观调控体系。

在粮油调控体系上，要抓住总量平衡和四个体系建设。粮食放开后，宏观上最主要的是要把握粮油社会总需求和总供给的基本平衡。总量平衡包括品种平衡和地区平衡。这次粮油交易会就是为各省、为全国的总量平衡创造条件，通过调剂余缺、通过市场交易，使各省区达到总量平衡。掌握了总量平衡就掌握了粮食工作的主动权，丢掉了它将使粮食工作发生混乱。这是关系粮食工作全局的大事，各级粮食部门一定要认真加以研究。每年、每个季度都要注意观察动向，及时采取措施，来保持总量的基本平衡。总量平衡中，首先要掌握粮源，特别是把粮食的定购掌握起来，这是基础，不能放松，各地回去一定要做工作。总量平衡中另一个重要方面就是进出口平衡。部里正在采取措施，通过各种形式，如联营等，来争取进出口符合国内总量平衡的需要。各地区要注意地区不平衡的情况。广西检查后发现百色地区、河池地区库存极其薄弱，自治区粮食局采取了紧急调运措施。有些沿海的市县只有不到一个月的库存量，即使是经济发达地区，这种做法也是危险的，会发生问题的。粮食部门有责任向当地政府提出报告，各地要采取措施，时刻注意总量平衡，解决其中存在的问题，从区内外进行调剂，将来还有一个进出口的调剂，使粮食大局得到稳定，这是掌握宏观调控最重要的方面，也是计划和市场两种手段都要运用的一个极其重要的方面。

除了总量平衡外，要抓四个体系和机制的建设。

第一是抓紧储备粮体系的建设。要逐步研究储备数量的界限，要研究一个全国储备的安全线，地方也要研究安全线。要把战略储备和调节储备逐步分开、搞活，特别是调节储备要搞活。战略储备是摆在那里不轻易动的，财政要贴一部分钱的；调节储备财政也要贴一部分钱，但可以进一步搞活。要按照这一思想不断地完善三级储备制度。这次下放给地方的平价粮中有60%作为地方储备粮，最近要下文件加以落实，这部分粮食不能随意卖掉。我们讲的24字方针是，“总量平衡，适量储备，掌握批发，管好市场，搞活企业，综合经营”。如果没有适量储备，总量平衡就必然会发生问题。总量平衡和适量储备是相互联系的。因此各地要提高认识，把地方储备建立起来。地方储备和国家储备实际上是花小钱，稳大局。这不是包袱，而是地方和国家经济实力、综合国力增强的一种表现。综合国力就包括了粮食的储备。一个地方搞得好，有经济实力，就包括了粮食库存。如果粮食库存太少，说明经济实力不强。

第二是加强粮油的三级市场体系的建设。今后重大的交易活动、商务活动要通过市场进行。要逐步巩固提高国家级批发市场，一个是郑州批发市场，还有上海粮油商品交易所。要进一步完善区域性的批发市场，现在有十几个，要让它们向规范化的市场交易方式前进，在一个地区、一个范围内起到规范化市场的作用。另外要大力发展以粮管所、粮库为依托的初级市场。这几年湖北省抓得比较好，基本上形成了粮食的市场体系。各省市要加强粮食市场的建设和市场机制的培育。

第三是要建立粮油的价格风险的保障机制和监督机制。市场经济不是没有风险的，也不是没有监督管理的。市场保障机制最重要的是建立市场风险基金制度。国务院九号文件和李鹏总理的讲话已明确宣布，要把今后省下来的粮油价差补贴用于建立粮食的风险基金制度。从今年就要开始建立，否则最低保护价和最高限价就无法执行。这个事情请各地向政府汇报，一定要抓紧。最近李鹏同志的讲话，陈俊生同志在年初的粮食政策会议上讲话，都肯定了这一点。我们要坚决按中央和国务院的文件办，我们也正在与财政部研究，把办法搞出来。这是今年非常重要的一项改革措施。这也是粮食部门多年来追求的，既然国务院文件写上了，我们就要争取实现。再一个就是社会监督机制。市场经济是有监督机制的。各地注意一下，要发挥会计、审计的监督作用，有条件的要建立会计、审计事务所。上海已建立了，北京也已建立。要发挥会计、审计的监督作用，还有社会监督作用。这样市场经济就是完整的，不是零零碎碎的，不是“市场经济就是自由经济，就是想干什么就干什么”。要保障国有资产不被流失、不被吞没，要确保国有资产的增值。

第四是粮油服务体系的建立。粮油服务体系既是为城市服务的，也是为农村服务的，是农村社会化服务体系的一个组成部分，是生活上的服务，也是间接促进生产的。这个服务体系从收购、储存、运输、加工到销售，这样一个服务网络体系要坚持不懈地建设和完善。不是讲市场经济，别的什么就都不要了，各奔前程了，仓库也不修了，个别地方仓库也卖了，拿去搞服装厂，搞合资企业，生产玩具，挣大钱，这是不行的。仓储设施属于基础设施的一部分。到经济比较发达的国家去看，别人的仓储设施比我们现代化得多，就是去不发达国家或中等发达国家，有些也比我们搞得好。我们现在的仓库，还有清朝时候的，民国初年的，日伪统治时期的，国民党统治时期的，解放初期的。解放初期的苏式库，矮胖子仓，相当一部分还没改造，加上土圆仓，等等，各种花样都有。我们要建设一批现代化骨干仓库、现代化的运输系统。目前的运输还是以袋装袋运为主，将来要向散装散运发展。这是世界上的一个趋势，我们将来还要进行这样一个重大的改革。各地要挤一点钱，从网点建设改造基金中、其他基金中挤些钱来搞建设，搞仓库、网点、运输，还有加工厂的改造。各地要有点骨干厂，骨干的面粉厂、骨干的大米厂、骨干的油厂、骨干的饲料厂、骨干的食品厂这五个骨干厂，这样才有实力。各地粮食的省局、市局、县局不要成为“空军司令”，必须搞点经济实力，所以这方面今年要加强建设。如果把这四个方面抓好，再加上信贷杠杆、经济杠杆的作用，就能够发挥有效的调控作用。在放开过程中，一定要加强这方面的建设。

在改革中加强粮食队伍的建设

我们要搞好粮食流通体制改革，要搞好市场供应，最根本的是要有人去执行，也就是说要培养一支适应市场经济的粮食队伍，这是组织保证。当前正处于机构改革和粮价改革的关键时刻，如果搞得不好，粮食系统可能散掉。我原来讲过：粮权不能丢，粮食服务体系不能乱，主渠道的地位和作用不能削弱。这三句话现在来看还是正确的，必须这样办。这三句话最重要的就是要有一支队伍，要保持粮食基本队伍的稳定。当前要稳定队伍，安定情绪，特别是在机构改革中。现在大家困难很多，思想比较活跃、比较波动。有的地方讲，现在粮食部门是既“断奶”又“断血”，难以为生了。“断奶”就是财政补贴卡死了，“断血”就是信贷资金卡死了。有的地方又讲，“亲娘死了，后娘改嫁了，儿子不听话了”。这是粮食系统的心情。亲娘是指粮食部，已经寿终正寝了；后娘是商业部，商业部现在改嫁了，去姓“国内贸易部”了，姓“国”去了；儿子也不听话了，对下面有的粮管所指挥不动了，一些公司开始有点经济实力后，尾巴就有点翘起来了，过去发点话，也还听，现在不大听话了，这是说儿子不听话了。还有的讲，要把粮食行业置之死地而后生，先把你搞死了，你才活得了。这些都说明粮食系统现在有点思想波动。我的看法是，党中央国务院种种措施要有一个队伍去执行，要有基本队伍、基本骨干。如果基本队伍不稳，思想波动，就会影响到改革的深入，影响党中央国务院政策、措施的落实，特别是今年。粮食系统一定要认清这样的形势，在改革开放中，加强粮食系统本身的建设，要稳住这个队伍，要安定情绪，集中力量，渡过难关。应该看到我们这几百万人的大军是有战斗力的，经过多年的考验，是听从党和政府的指挥的，哪里有困难，哪里就有粮食部门出现，这是实践证明了的。这样一支队伍是可贵的。不论是灾荒年代，还是丰收的时候，不论发生什么突然事件，粮食部门都是走到解决人民吃饭问题的第一线。像动乱的时候，我们粮站照样营业；安徽、江苏、河南、湖北、湖南发生大水灾，粮食部门照常供应，送货上门；中越、中印边境自卫反击作战，粮食部门支前也是走在前边的。我们这支队伍是经得起考验的，是可以信赖的。在统购统销的年代发挥了重要的作用，在市场经济年代尽管遇到一些困难，我们粮食系统也经受得住困难，也必将发挥重要的作用。

粮食系统今年是三大任务：一是粮价改革。放开的步伐这么快，我们都没有预料到。去年刚刚是购销同价，今年又是全面放开。二是机构改革。机构改革过去是上动下不动。上面粮食部与供销总社、商业部合并了，下边还是粮食局。这次是上下一起动，上边已经动了，下边可能有大的变动。三是今年的购、销、调、存、加工和建设的任务都非常重。我们一定要认清这样的形势，把全系统的职工团结起来，克服当前的困难，在改革中加强和发展我们的粮食队伍，加强粮食队伍的思想建设和组织建设。这是我们面临的重大任务。能不能把队伍巩固住，这是我们做好工作的组织保证。现在从上到下要克服困难，团结一致，把基本队伍稳定。要搞好这项工作，应注意以下几点：

第一，在机构改革中要保持精干的队伍。国务院确定保留国家粮食储备局，由过去商业部归口管理变成国内贸易部管理的国家局，它的天安门印章照盖，国家粮食储备局的牌子照挂，内部机构照设，而且不能放松。另外，国内贸易部的粮食管理局和国家粮食储备局合署办公，一套人马。粮食系统上面是这样一个改革思路，向国务院领导同志也汇报过，我们党组也讨论过。下边怎么搞，各地可以根据自己的实际情况，可以参照上海、江西、四川保留粮食局的模式，也可以参照浙江、山东的模式。总之，粮食必须有部分行政职能，必须有部分人去搞；行政职能不能丢掉，行政机构不能撤，因为很多都靠行政职能。至于组织形式各地可以因地制宜。从粮食部门本身来说，要有点思想准备，对于各种形式的变化都要有点思想准备。我们部里也准备采取各种办法为各地做点工作。我们上下一起努力，把基本队伍保住。按照“精简、效能、统一”的原则去搞。过去我们吃行政饭，今后行政编制那么多已不可能了，你们要有点儿思想准备，因为财政有困难，行政编制肯定是要缩小的。行政编制小一点，能争取到保留一个精干的行政机构，有的可以作为过渡，有的事情看不准，缓一下，过两年再说。这里要打一下招呼，在机构中几大员你们不要弄掉了：一个是计划统计，市场经济的时候也有计划，计划统计值得研究。计统员、保管员，还有粮站那个农管员，这些骨干要保留。当然经理、局长这些要尽量保留，没有你们也不行，也指挥不灵。大家在制定承包指标时高抬贵手，不要把他们压得太重，还是弄几个人搞这些事情，有的人员可以分流一下，分工负责。在机构改革中，组织上要保留必要的骨干，在大的改革变动过程中，在全面开放过程中，我们要注意保持国有粮食部门的骨干，行政职能不能丢。这里讲这么一点意见，具体的我们将来再争取。

第二，在组织建设上要设置精干有力。不要太分散，要适应市场经济的需要。现在省地县粮食局每个处室都在搞公司，每一个科都搞公司，有些一个处搞两个公司、三个公司，我认为这种做法值得研究。我还是倾向于把行政和企业分开，行政那一头下一步就是要实行公务员制度，剩下的人就是到企业，不要又搞行政又搞公司，利用自己的那点权利，从下边抽头，这个办法有问题，请大家研究一下。在组织建设上，我们还是要搞得集中一点，精干一点。组织建设上还有一个问题，特别要注意培养人才，发现人才、重用人才。粮食行业要度过困难，我认为关键是在人才。如果我们能够发现人才，培养人才，善于使用人才，我们很快会度过困难。我现在就有点体会，如果一个公司把班子配好了，有几个人才，很快它就发展起来了。配得不好就会鬼扯皮，你去告我，我去告你，搞内耗，就是“内战内行，外战外行”，这样就很难整，要下决心把这样的班子做一些调整。现在粮食系统主要的倾向是人才外流。有些有经验的、比较能干的青年想拉出去搞自己的公司。从领导来说要爱惜人才，发挥这些人才的作用，让他在市场经济这个大海中发挥所长。我希望我们这些青年同志有志于中国国有粮食系统的振兴，为此贡献自己的青春和年华。领导要善于知人善任，善于跟干部交心。我们中国知识分子有一个好处，古代讲“士为知己者死”，只要你用得好，即使待遇低一点，他还是努力工作，中国知识分子有这个特点。要爱惜人才，重用人才，发挥他们的作用，知人善任，这一点非常重要，我最担心就是这个问题。一定要注意这方面的经验，要克服任人唯亲、提拔干部走后门、塞红包的腐败行为，这种办法是和党的干部路线相违背的。粮食系统要凭干部的政绩，在公司搞就要凭他的经济实绩来看一个干部。在放开过程中，干部工作不能乱来，将来接班，要具备条件才行，所以在组织建设上要注意。

第三，在思想建设上要用具有中国特色的社会主义理论来武装干部的头

脑。粮食系统最为迫切的就是要把我们粮食系统的干部的思想水平提高到十四大要求的高度，边学习，边实践。中心的问题是要把社会主义市场经济的理论研究好，来武装我们的头脑。现在我们向社会主义市场经济过渡，有很多新的问题需要研究，要汲取国际的经验，加上我们国内一些好的，结合我们的实际来搞。我希望形成一个全系统都来学习、研究、实践、创造、探索社会主义市场经济的新气象，把粮食系统的社会主义市场经济搞得丰富多彩，方法我们可以创造。在加强思想建设、学习社会主义现代化理论特别是社会主义市场经济理论的同时，我一再强调要发扬粮食系统的优良传统。我是经常把两句话连起来讲的，就是要转变企业的经营机制，要发扬我们的优良传统，把二者结合起来。粮食系统有很多优良传统，我认为核心问题就是“服务”这个传统，“服务”这个宗旨，千万不能丢。我们既要为农民服务，又要为消费者服务；既要为城市里各行各业的粮食需要服务，又要为农村的农民服务，促进粮食生产。我们“为人民服务”这个信誉是几十年包括老解放区粮食工作者积累下来留给我们的宝贵财富，我们的金字招牌——“货真价实，童叟无欺”，绝不能在我们手里丢掉，我们一定要发挥这样一个优势，去开拓我们的业务。我还要强调上级要为基层服务，全系统要为生产者、消费者服务。现在我们有些上级部门就想抽点头，利用手里的权让下面进些贡，这种行为必须纠正，我们还是要着眼于把基层搞活。当然基层要尊重上级，有的该上交的要上交，不能够让粮食局局长、总经理都当“空军司令”。当前我要强调一下，要让基层，特别一些困难的基层活起来，一定要咬紧牙关，把这两年的困难渡过，要着眼于扶持基层。

粮食系统还要注意一个问题，绝不能把“天下粮食是一家”，互相帮助，互相支持，互相谅解这个好传统丢掉了。搞市场经济，也不能各奔前程，各顾各的，粮食系统绝不能分割开，各自为战，那样就会在竞争当中处于劣势，甚至在竞争当中被别人打垮。粮食系统还是要团结起来，注意走发挥整体优势的路子。因此必须加强经济联合，要提倡各种形式的经济联合。要想粮食行业发展，绝不可能一个企业、一个局就搞起来了，它有全国的一盘棋，有全国的整体优势。整体优势可以形成粮食系统的合力，合力是大于简单的机械相加，这是非常明显的一个真理。所以各级粮食部门要善于处理利益关系，要搞好经济联合，也就是说“利益分享，风险共担”，要按这样一个思想去发展壮大。现在国际上发展比较快的公司、商社成为有影响的跨国公司、商社，都是走这样一个路子。我希望粮食部门能够出一些大的集团，包括进出口结合、内外贸结合、产销结合的大的集团公司、大的集团、大的经济联合体。全粮食行业要上下互相支持，克服困难。

认真做好当前的几项工作

对粮食行业来说，今年是一个关键。今年工作的好坏不仅影响到今年，而且影响到今后。所以我们粮食行业全体职工要在当地党政的领导下，按照党的十四大和八届全国一次会议的精神，抓好工作落实，更好地为农业服务，为城市生活服务。今年特别是农业是一个关键，搞得好不好，可能要影响好几年，农业和农村工作决不能松懈。我们粮食部门是为农业服务的一个重要部门，我们工作的好坏直接影响到粮食生产和农村的繁荣。今年的工作按照党中央、国务院的要求，着眼于扶持农业生产，安排好城市生活这两个方面来考虑。当前有以下几项工作：

第一件是千方百计做好粮食的定购和夏粮收购的准备工作。这是今年的第一仗，一定要打好。要按照党中央国务院的要求，坚决不打白条，预购订金要兑现，按照这个要求去克服困难。有些人觉得预购订金发放麻烦，怕收不回来，我看还是要从大局出发。老实说，今年农业是个关键。如果我们再忽视农业，再喊些空口号，再使农民失望，将使我们农业发生一个较大曲折，所以今年非常关键。我们一定要从全局出发，粮食系统有这个好传统。要坚决不打白条，预购订金要及时落实，预购订金的发放方式可以采取多种形式。这一次为什么选10个重点户来，就是想示范一下，就是起一个推动作用。今年收夏粮不打白条相当艰巨。因为今年资金十分紧张。我们一定要和银行配合，共同努力，把预购订金的工作和夏粮收购工作做好，尽量为农民服务，以实际行动和党中央、国务院保持一致。

第二件是做好春荒的生活安排，确保不出问题。今年缺粮的面是不小的，我们一定不要麻痹，不要掉以轻心。老灾区，还有粮食产量浮夸的那些地方，问题比较多。要发扬粮食系统优良传统，建立健全救灾负责制，以对人民高度负责的精神做好这一工作。个别救灾款一时拨不到那些灾区，可以经过省里批准，采取借粮的方式先行安排生活，开一个口子。但是手续要完备，哪一级借的，哪一级开一个条子，因为怕今年救灾出问题。我们要及时把粮食供应好，灾区的生活安排一定不要疏忽。由于粮价放开后军粮供应问题各地反映比较多，我们先按照过去的办法供应，并且尽快制定新办法。在此办法没有出来之前，省市地县还是要尽量保证供应，决不允许出问题。即使你欠点钱，把账挂一边再说，不能误了军供这件大事。我们很快要跟总后研究，要向国务院写报告，下半年开一次军粮工作会议，认真解决军粮供应问题。

第三件是确保粮油的安全度夏，做好粮食清仓查库的工作。今年要水火并防。今年东北高水分粮的水分相当高，达百分之三十几的水分，要烘干两次，困难相当大。东北三省加上内蒙古的东四盟都非常努力，现在有很大的进展，但是也有困难，也有少量的粮食发生了变质的现象，他们都做了及时的处理。还要提醒一下预防火灾。一定回去检查一下，特别是戴草帽的粮囤，一定要改变。唐山那个百货公司一场火灾，死了 79 个人。我在 1990 年讲过，粮食行业不要出现“火烧连营八百里”。现在要提醒大家注意，搞不好也可能要“火烧连营”，因为一个一个粮堆粮垛是连在一起的，消防车都进不去。安全检查要搞好，争取安全度夏。保管员不要都分配去搞贸易，做生意去了，保管员还是要留下来。水患地区、泄洪地区粮食的转移及早做好准备。

第四件是及时搞好粮食的调运。对于粮食库存薄弱的地方，要采取措施，充实库存。省间的调拨和省内的调拨任务都相当繁重，今年一定要把它做好。国家专储粮今年计划调拨 120 万吨到沿海和主销区。这个计划要坚决完成。另外进口粮的调拨和订货，我们准备五月份开一个会议，做出部署。结合收购粮食，改进储备市场。今年我们对于收购和储存要采取些新办法，各地要注意抓一下这件事。

第五件是做好粮油基础设施和网点设施的建设工作。包括仓库建设，今年要进入新的高潮。如果世界银行粮食流通项目贷款谈判成功，还有一个配套资金的问题，还有个还款的问题。听说有些粮库一说还款，不干了，这是比较近视的，缺乏市场经济观念的反映。今后没有什么拨款了，要发展，就要善于使用贷款，而且这个世行贷款，我给大家讲，是最后一班车。这班车错过之后，很难有大规模的仓库建设，运输建设。这是解决东北和长江走廊以及华南走廊一个重大措施。部里搞到现在这个地步，费了九牛二虎之力。这个会完了，我还要马不停蹄跑大连，就是想把这个事情落实。整个投资五十几亿元，是新中国成立以来粮食系统最大一次投资，你们还不想要？你们不要别人还争着要。

当然有个效益问题。是 15 年以后还款，变化是相当大的。所以要看远一点。我们一定要把这个工作做好。世行贷款都不敢要，还搞其他什么贷款？哪里找拨款？今后银行要逐步地按照经济效益去搞投资，甚至于要抵押贷款。所以要眼光远一点，要采取积极的态度，把它搞好。这件事涉及十来个省，这是粮食行业兴家立业、打基础的事，一定把它搞好。还有网点改造、网点建设，还有加工厂的建设和布局，还有市场建设，这些都要认真考虑，要把这些工作搞好。

第六件是深化改革，扭亏增盈，遏制挂账，提高效益。各级粮食部门一定要把它作为一件大事来抓。去年我们总的情况是好的，在扭亏增盈、减少挂账上，做了大量的工作，但是很不够。今年要动真功夫，从扭亏上，减少费用上，开创新的局面，提高效益，不要做假账，把粮食的平价库存弄去卖议价，这是不行的。一把手要抓财务，抓核算。各级粮食局局长、公司总经理都要抓财务，抓核算，把工作搞上去。我们准备再开一次财务处长会，专门部署一下，来解决这个问题，夏粮也准备开一个小会，看来今年任务还相当艰巨。

同志们，今年是我们粮食工作进入市场经济的关键一年。我们面临着很多困难，我认为也面临着机遇。特别是在转变的关头，我们可以争取政府的支持和社会的同情，能够争取到一些优惠的政策，去发展壮大国有粮食业。当前落实九号文件和各地放开价格的文件，争取一点优惠政策还是可能的。我们靠改革，靠共同努力，去克服困难。我在开幕的时候说，这次借助南京这块宝地，借助江苏南京的经验，来推动我们粮食行业走向市场经济。毛泽东同志在当年人民解放军占领南京时写下了著名诗句："虎踞龙盘今胜昔，天翻地覆慨而慷。"毛主席写这首诗词的时候是解放战争进入关键的时刻——天翻地覆的时刻；现在我们改革同样进入关键时刻，就是天翻地覆的大改革的时刻。面临这样一个形势，我们一定要团结起来，以"慨而慷"的激情和"今胜昔"的雄心去开创我们的局面，度过困难，我愿意和大家共勉。我作为全国几百万粮食职工的一员，对粮食工作，对粮食战线是有感情的，我愿把我这毕生的精力贡献给粮食事业，和大家同甘苦，共患难，克服当前的困难，抓住机遇，发展粮食事业，争取顺利实现这一转变。

加快改革　战胜困难
扭亏增盈　提高效益*

（1993 年 8 月 10 日）

这次会议的中心内容是贯彻中共中央 6 号文件精神，动员粮食系统全体干部职工抓住机遇，深化改革，转变机制，扭亏增盈，提高效益，尽快使粮食工作走出低谷，取得新的成绩。

去年，全国粮食系统在邓小平同志南巡谈话精神鼓舞下，进一步解放思想，狠抓深化改革，各项工作取得了显著的成绩。粮食流通体制改革取得了突破性的进展，目前全国 95% 的县（市）已经放开了粮油购销价格；国家粮食宏观调控能力进一步增强，粮食储备体系进一步建立和完善，保证了粮价改革的顺利实施；随着粮价改革的深入，国家财政补贴大幅度减少，去年平价粮油价格补贴比上年减少 109 亿元，为减轻财政负担、搞活流通做出了贡献；企业经营也明显改善，粮油工业、议价经营等盈利企业实现利润 19 亿元，比上年增加 12 亿元，增长 1.6 倍。其中议价经营减少亏损 15 亿元，初步抑制了利润大幅度下降的局面；粮食基础设施建设取得了新的进展，全系统全年共投入 66 亿元用于仓储、运输、加工、经营等设施建设和改造。截至 1992 年年底，国有粮食企业固定资产达到 610 多亿元。在完成上述各项工作中，各地粮食部门解放思想，开拓创新，团结拼搏，涌现出了一批锐意改革、扭亏增盈的先进单位。为了表彰他们所取得的优异成绩，部党组决定对去年扭亏增盈成绩突出的单位给予表彰奖励。这些先进单位和企业在深化改革、搞活经营、提高效益等方面做出了突出的贡献，其经济效益在全国粮食系统也名列前茅。希望全国粮食部门认真学习他们的优秀事迹和先进经验，继续深入开展扭亏增盈工作，取得新的更大的成绩。

在向市场经济机制转变的过程中，当前粮食企业面临十分严重的困难。一方面，企业历史包袱很重，截至 1992 年年末，粮食财务挂账达 538 亿元，每

---

* 这是白美清同志在全国粮食系统扭亏增盈电话会议上的讲话。

年需增加利息支出50多亿元，企业背着包袱迎接改革。另一方面，由于基础设施差，历史包袱重，粮价放开以后，企业一时还难以适应激烈的市场竞争，出现了销售大幅度减少，经营滑坡，效益下降的局面。今年上半年，国营粮食企业商品销售额比上年减少298亿元，企业利润有较大幅度降低，亏损有较大幅度上升。上半年与去年同期比较，粮油议价经营亏损11亿元，增亏13亿元；粮油工业利润减少7亿元，下降53%；多种经营利润减少2亿元，下降30%；饲料和运输企业均出现全行业亏损；财务挂账仍有继续增长的势头，6月末，财政欠拨各项补贴比上年增加47亿元；由于亏损增长，企业挂账也有所上升。出现上述情况，有国家政策调整及经济环境变化等客观原因。但就我们行业内部来讲，确实存在经营机制转换缓慢，企业经营管理不善等问题。一些地区的粮食企业和单位甚至违反国家规定，挪用收购资金搞基本建设或购买进口轿车等高档消费品，一些企业盲目投资房地产和炒股票；也有一些企业为了逃避银行监督，回笼资金没有进入专户，形成资金体外循环；还有一些企业经营管理薄弱，损失浪费比较严重等。这些问题，影响了国家对资金的宏观管理，干扰了正常的经济秩序，加剧了粮食收购资金的紧张状况，给企业改革和发展造成了极大的困难，如不及时解决，企业很难完成经营机制的转换，粮食工作也难以尽快走出低谷，摆脱困境，实现振兴。对此，粮食部门，特别是各级领导干部要有清醒的认识。当前，要结合贯彻中央六号文件，进一步深化改革，扭亏增盈，认真清理和纠正各种违反财经纪律的问题，尽快扭转企业经营及效益下降的局面。下半年，粮食部门的任务是“搞活粮食经营，加强财务管理，刹住新的挂账，制止效益滑坡”。现根据国务院有关指示，结合粮食企业的情况，提出如下要求：

一、落实新老挂账划断，坚决不挂新账。粮食部门要采取果断措施，切实遏止企业经营性挂账增长的势头。当前，要重点做好以下几项工作：一是对上半年的企业经营情况进行一次全面检查考核，对已经出现经营性亏损，形成挂账的企业，要尽快制订扭亏增盈的计划和弥补措施，并狠抓落实，做到上半年损失下半年补，全年不挂新账。各地基建和技术改造项目要按照积极稳妥，量力而行的原则，合理安排，不要超过资金供给的可能性，任意扩大开支，造成新的挂账。二是继续贯彻“盈亏两条线运行”的原则，把国家补贴同企业经营盈亏严格划分开来。粮价放开以后，要按照有关规定，管理使用好国家对储备粮、定购粮以及对粮食保护价的各项补贴，防止企业经营亏损挤入国家补贴，增加财政负担。同时，凡企业执行国家政策形成的亏损，要报请财政和上级主管部门及时拨补，拨补不足的，要如实反映。三是认真落实去年扭亏增盈的各项奖罚措施，对于经过核实，去年确实没有新增经营性挂账的企业，要给予必要的物质和精神奖励；凡由于企业自身原因增加挂账的，要分析原因，提出对策，落实解决办法，并严格按照规定，进行奖罚。对于新增的企业经营性挂账，要按照财务规定，限期从以后年度利润中归还，到期不能归还的，要从企业税后留利中解决。

二、抓好粮食收购，坚决不打“白条”。要认真抓好当前的粮食收购工作，努力完成粮食定购任务。对于定购以外的议价粮也要积极组织收购，当市场粮价低于国家规定的保护价时，粮食部门要按保护价收购，保护农民利益。要多方筹集资金，保证收购资金需要，坚决不给农民打“白条”。今年，国务院已决定，银行对农副产品收购资金实行“先贷后报，先垫后补”等管理办法，保证资金供应。粮食部门要提前做好资金需求的预测工作，配合银行落实好收购资金，出现问题要及时反映，绝不能因为我们工作上的问题而给农民打“白条”。同时，要努力做好粮食调销工作，加速资金回笼，支持粮食收购。粮食调入地区要根据调入计划，提前向银行报送贷款计划，保证及时支付粮款，大力压缩“三角债”。企业要努力挖掘内部资金潜力，下大力气清理和压缩不合理的资金占用，加速资金周转，在收购旺季，要尽可能压缩其他经营性资金，保证粮食收购。对于财政欠拨的各项补贴也要积极向当地政府和财政部门反映，争取尽快拨补。为了切实保护农民的利益，防止克扣截留农民的售粮款，售粮款结算要废止“户交村结”的办法，实行“户交户结”，把好处留给农民。在结算中，除收回预购订金和代征的农业税外，不得代扣其他任何的款项。违反上述规定的，一经查出，要严肃处理。

三、加强资金管理，严肃财经纪律。粮食部门要结合贯彻中央6号文件，切实加强和改善资金管理，认真清理整顿企业资金管理中的问题。一是严禁挤占挪用粮食收购资金，企业不得违章向外拆借资金和对外担保借款，不得动用收购资金投资房地产或炒股票。已经借出或投入房地产及股票经营的，要立即组织清理收回，暂时不能收回的，也要在清理后提出处理意见。在当前粮食经营异常困难的情况下，各级粮食主管部门和基层企业都要大力发扬勤俭节约，艰苦奋斗的优良传统，自觉遵守财经纪律。严格控制其他非生产性开支，把有限的资金用在粮食收购和企业生产经营上。二是严格执行国家关于农副产品收购资金专项管理的规定，各粮食收购企业只能在一个银行开立收购资金账户，不准多头开户，逃避专项管理。粮食调销回笼的款项，一律要进入银行专户，实行专项管理，不得转移资金，搞体外循环。三是严禁弄虚作假，要真实反映盈亏。目前，一些企业为了逃税避税，故意少报瞒报收入，造成财务数字不实，加剧了财政困难。粮食企业一定要严守纪律，顾全大局，真实准确地反映盈亏，及时足额地上缴税利。同时要加强企业预算外资金管理，按照国家产业政策的导向，合理使用资金，提高资金效益。

四、抓好议价粮食销售，盘活用好资金。要抓住粮价改革以后的有利时机，积极组织议价粮食促销工作。销售搞活了，才能腾出资金和场地来进一步组织收购，也才能够占领市场，稳定阵地。要在经济上采取多种方法促销，鼓励多劳多得。在粮食销售方面，城市和乡村，产区和销区，工业和商业要密切配合，协同作战。产区要密切注意市场变化，及时引导农民生产适销产品，并积极组织收购和销售。要保证发运粮食的等级质量及装车数量等，维护信誉，减少扯皮；销区要从大局和长远利益出发，主动向产区提供粮食需求信息，积极接受议价粮，及时承付粮款，支持产区进一步做好收购工作。在新的形势下，应更好地发挥粮食系统的经营优势，工商企业、城乡企业之间要继续开展代购代销、联购联销等多种形式的合作，并逐步向集团化经营过渡，发挥整体优势，创出粮食名牌商品，打开销路，占领市场。在粮食经营中要信守合同，维护信誉。凡已经签订合同或购销协议的，双方要共同遵守，不要随意毁约。今年年初在粮食产销订货会上签订的购销合同，还有一部分没有落实，各地要抓紧落实这项工作，不得随意撕毁协议，撤销合同。粮价放开以后，国家在粮食销售总量以及储备粮、平价粮、议价粮的销售结构上，都要进行必要的宏观调控。前一时期，一些地区大量抛售平价库存，既削弱了国家的调控能力，又抑制了粮价的正常回升，不利于企业开展议价经营。今后各地不准再擅自处理平价库存，需要处理的，要报经批准。

五、转换经营机制，搞活企业经营。要充分利用粮食部门资金、技术和粮食资源的优势，继续大力开展多种经营。要加快转换企业经营机制，城市粮食网点要按照“保证重点，适当调整，合理布局，保持体系”的原则规划发展战略，搞好布局。既要适应市场需要，有利于搞活经营，又要保持基本的体系，一旦出现紧张的情况，要能够保证供应。可以中心粮店为龙头，向多功能的连锁店方向发展，形成体系，参与竞争。农村粮站要向下延伸，为农民提供生产、收购、加工、销售等系列化服务，成为农村的粮油食品服务中心和粮油交易中心。要通过优质的服务和较强经济实力，把农民吸引在企业周围，逐步形成新的农村经济合作体。粮油工业、饲料和食品加工企业要以市场为导向，努力开发适销产品，积极开展精加工和深加工。要有计划地对一些重点企业进行技术改造，开发一批优质名牌产品，占领市场。农村粮站要积极开展代农加工，代农储存，代农兑换业务，城镇小型加工企业可以推广“粮食银行”等便民措施，既服务群众，又增加企业收入。在企业改革方面，要进一步解放思想，对一些小型的粮食企业可以实行国有民营及租赁、承包等方式，搞活经营。有条件的大中型企业要积极进行股份制试点改革，提高竞争能力。

六、加强领导，狠抓落实。粮食企业扭亏增盈工作能否取得实效，关键看领导是否有力。去年，湖北、吉林、黑龙江等地扭亏增盈工作之所以取得了比较好的成绩，很重要的一条经验就是领导重视。今年下半年，粮食企业增收节支的任务很重，各地要把扭亏增盈作为一项重要工作抓紧抓好。要尽快制定扭亏增盈目标，层层落实责任制，把工作抓到实处。要改变领导方式，积极深入基层，抓重点企业，包盈亏大户，发现问题，立即采取措施，帮助企业解决实际问题。为了加强对这项工作的领导，各级粮食部门要充实经营管理办事机构，负责指导协调粮食企业深化改革和扭亏增盈工作。在扭亏增盈工作中，财会人员要积极协助企业领导管好用好资金，加强经济核算，如实反映盈亏，坚决抵制不正之风和各种违法乱纪行为，切实发挥好财会部门的职能作用。

中国粮食业向市场经济迈进的历史性转变*

（1993 年 8 月 28 日）

全国粮食厅局长、总经理第三期高级研讨班今天开始了。这次研讨班是在粮食系统处在关键时刻，面临着极大困难的形势下举办的。国务院副总理李岚清同志亲自到会作了指示。这次研讨班的主题是：根据十四大的精神和八届人大一次会议的决议，研究全国粮食系统在新形势下如何深化改革，克服困难，顺利实现向社会主义市场经济转变的问题。这是关系到今后粮食行业发展的重大问题。

这次研讨班，也是在我们国家实行统购统销 40 周年的前夕举办的。通过这次研讨，将有助于全国粮食系统总结过去，面对现实，展望未来，采取正确的对策，渡过暂时困难，走出低谷，在粮食系统建立起社会主义市场经济的新机制，实现粮食行业的振兴。

我国粮食行业正面临着两大转变，即从计划经济体制向市场经济体制转变；从传统的粮食业向现代粮食业转变。也就是说，我们要同时进行机制的改革和技术的改造，因为二者是互相联系，互相促进的。我们完成了这两大改造，粮食业就有了生机和活力，就有了雄厚的物质基础，就可以在多种经济成分、多元化市场格局的激烈竞争中立于不败之地。实现了两大改造，中国的粮油食品业将成为国民经济的支柱产业之一，前景是非常光明的。

这次高级研讨班将本着理论与实践相结合的原则，认真总结经验，研讨当前的对策。希望以这次研讨班为契机和起点，促进全国粮食系统进一步解放思想，做好工作，从而使粮食行业在各个方面出现一个崭新的面貌，适应市场经济的需要。现在，我先就中国粮食业向市场经济过渡中的几个问题，讲一些看法，以期起到抛砖引玉的作用。

---

* 这是白美清同志在全国粮食厅局长和总经理第三期高级研讨班上的发言。

在粮食系统建立社会主义市场经济的新机制

党的十四大确定在中国建立社会主义市场经济体制以后，形势发展很快。社会主义市场经济是社会化、现代化、信息化、开放型的经济。中国粮食业从过去的自给自足转变为面向国际国内两个市场，经历了长期的过程。走向市场经济，是历史必然，有它内在的规律性。40 多年来，粮食系统经历了三个阶段：一是解放初期五种经济成分并存的粮食自由市场阶段；二是 1953 年以后的粮食统购统销阶段，也就是实行高度集中的计划经济模式的阶段；三是党的十一届三中全会以后向市场经济过渡的阶段。中国粮食业的发展是一个逐步的、渐进的过程，不是简单的重复，可以说是螺旋式的上升。

40 多年来，粮食行业走向市场经济，经历了曲折的道路，付出了沉重的代价，有过深刻的教训。走去走来，还是市场经济这条道路比较适合中国的情况。过去的经验教训是很深刻的，需要很好地回顾和总结。

党的十一届三中全会以来，粮食改革按照党中央、国务院的指示，向市场经济有目标地逐步前进，几年来走过了放开市场、放开价格、放开经营的路子。新中国成立以来曾经放开过市场，但那时候市场很小。党的十一届三中全会以后，特别是 1985 年取消了统购派购制度，实行粮价双轨制以后，粮食市场逐步发展起来，放开的深度和广度越来越大。开始有些集市贸易，以后形成了一些初级市场，逐步扩大为区域性市场。1990 年建立了全国性的市场，即郑州粮食批发市场。由初级市场发展到区域性市场，再发展为全国性批发市场，今年又出现了粮油期货交易所。市场放开以后，必然要求放开粮价，按照价值规律办事，按照市场供求形成正确价格。否则市场是搞不起来的。我们三年走了三大步：1991 年调整粮食销售价格。1992 年实现购销同价，再到 1993 年，以放开粮食销售价格为主要标志。放开价格后，必然要求粮食企业放开经营。放开市场、放开价格、放开经营是互相交错，互相促进的。我们这几年正是按照以市场经济为导向，以粮价改革为突破口，以转变企业经营机制为关键这样一个改革思路走过来的。这条路子符合客观经济发展规律，符合我国国民经济向市场化发展的进程。在向市场经济迈进的过程中，我们从不那么自觉走向自觉。开始我们并没有充分认识到市场的作用，放开市场时也没有准备这样快地放开价格，价格放开时也没有想到经营放开这样快。通过改革的实践，逐步加深了认识。所以说我们是从不那么自觉到逐步自觉地适应经济改革。改革发展到今天，要求我们按照建设有中国特色社会主义的理论，来分析观察粮食改革中的问题，总结经验，从而找出正确的对策，克服目前的困难。

今后改革的任务仍然十分繁重。从市场来看，发育还不健全；从价格来看，合理的比价关系还没有形成，没有理顺；从经营来看，相当一部分粮食企业还没有搞活。于是形成了新旧体制的交错，这就是我们面临的情况。我们的工作正处于这样一个转折时期。过去遗留的问题和潜在的矛盾都表现出来了。这一段时期的困难不是现在形成的，是过去遗留的问题，多年积累的问题，例如挂账。当然，也有企业经营机制不适应，吃大锅饭、经营不善的问题。市场放开、价格放开、经营放开以后，都暴露出来了。这就是我们当前困难的主要原因。粮食部门作为经营者，主要承担了这些问题和矛盾造成的后果。这是因为，第一，过去遗留的问题，历史的旧账，特别是政策性亏损，大部分压在粮食部门身上，我们背着沉重的包袱搞改革，难度很大；第二，我们过去依靠的平、议价差优势已经丧失，在多元化的市场竞争中处于不利地位；第三，粮食企业经营机制的转变跟不上，增加了经营上的困难；第四，是遇到了国家在宏观经济上采取的一些整顿金融、整顿财税等措施，一些地方财政过早“断奶”，银行断贷限贷，更大大加重了粮食企业的困难。粮食上的困难主要是经营单位承担了。当然农民也承担了一部分。例如粮价始终处于较低水平，工农业剪刀差扩大，农民负担加重。所以不仅粮食企业经营困难很大，农民生产的积极性也在下降。

在新旧体制转换时期，在我们走向市场经济的过程中，粮食行业遇到这些困难不是偶然的，有其内在的深层次的原因。粮食商品具有特殊的重要性，因为中国是一个具有 11 亿人口的大国，民以食为天，粮食一天安排不好，就一天不会安宁，社会就不会安定。我国人口众多，经济发展又十分不平衡，东部、西部、中部地区的差别很大，经济发展水平相差很远。走向社会主义市场经济后，这种不平衡将有所发展，差别还会拉大。这就使粮食工作的难度更大，责任更重了。粮食的特殊性要求我们在走向市场经济的过程中，放开市场而又不至于丢失市场，放开价格又不至于价格失控，放开经营又不能导致经营萎缩，市场混乱。这就是我们工作难点之所在。我对上海粮油交易所和郑州商品交易所的同志谈过，粮油的价格不能像金属交易所的价格那样，出现大的波动，国有粮食企业的经营也不能萎缩。有些地方国有粮食业占市场份额仅为20%～30%，这应当引起高度重视。即使是深圳，国有粮食部门的零售占30%，但批发占到60%的比例，在一定程度上掌握了主动权。我们建立社会主义市场经济，必须考虑到粮食是一种特殊商品，具有重要地位，关系国计民生。放开是宏观调控下的放开，搞活是在统一领导下的搞活。

我认为，粮食的商品化，经营的市场化，调控的系统化，才是配套的、完善的改革。在宏观上必须要有一个完整、有力的调控系统。这是我国粮食改革的内容。根据这样一个指导思想，在我国粮食系统建立市场经济体系，有广泛深刻的内涵，有它自身的特点。按照中央的部署，在2000年前要建立起社会主义市场经济的框架。粮食走向市场经济，大致包括以下几项重要改革：

——要进行经营机制的改革，使企业成为自主经营、自负盈亏、自我约束、自我发展的经济实体，成为活跃的经济细胞。这是粮食改革的关键，要建立市场经济框架，首先要搞活企业。

——要进行流通体制的改革，建立多渠道、少环节、开放型的公开、公平竞争的流通格局。

——要进行宏观调控体系的改革。宏观要由直接管理为主转向间接管理为主，以经济手段为主。

——要对粮油的管理体制进行改革，根据实际情况，实行政企分开。

通过以上四个方面的改革，形成一个企业有活力、调控有手段、流通渠道畅通、服务体系完善、促进生产、确保供应的新机制。有了这样一个机制，就能够保证我们在走向市场经济的过程中，避免市场经济初期的种种弊端，如泡沫经济、假冒伪劣、不讲信誉、回扣、贿赂、投机操纵等不良现象。特别是粮食，关系经济发展和人民健康，必须是既要放开搞活，又要放而有度，活而有序，建立起正常的市场秩序。

这几年来，我们采取了以市场为导向，以价格改革为突破口，以转换机制为契机，以强化宏观调控为保证，全面向市场经济推进的方针。在实施的方法上又采取了通过试点，由点到面，逐步推广的办法，因而在较短的时间里取得了显著的成就。今后我们仍然要按照这样一个指导思想，采取积极而稳妥的步骤，逐步推进。放开粮价，开始是在内蒙古卓资、四川广汉、山东长岛、福建石狮，还有深圳等几个县市试点，以后慢慢扩展，1992年发展到100个县左右，现在除少数边远地区和贫困地区外，都已放开。放开的形式也是因地制宜，从实际出发，多种多样。有的稳购放销，有的减购放销，也有的购销两头放。由于采取了与当地实际情况相结合的灵活多样的改革方式，因而比较稳妥，负效应减少到了最低程度，改革是成功的。粮食行业今后要坚定不移地沿着党中央指出的方向，经过几年艰苦努力，逐步建立起粮食市场经济机制的新框架。这是今后几年的奋斗目标。我相信，只要我们认真总结经验，积极稳妥地推进改革，一定能够达到这个目标。

这里还要强调一点，我国粮价改革过去几年进行得比较顺利，但还没有经过粮食生产的起落和粮价波动的考验。现在的价格体系还不合理，调控体系还不完善，许多地方只是走出了第一步，有些地方的销价和购价还是死的，还没有完全按照市场经济规律办事，所以我们考虑改革、考虑工作一定要基于目前的实际情况，正确决策，保证在走向市场经济过程中不发生大的问题。现在我们还有些担心，粮食生产是不是又开始了一个新的周期，会不会走过去那种不良循环的路子。那就是粮价上涨，补贴，暗补变明补，粮价再上涨。这是值得好好注意的，绝不能重复这条路子。我们现在要提出这样一个问题：粮价改革后，如果出现了大的波动怎么办？粮食大幅度减产怎么办？为了使我们向市场经济过渡的改革不遭受大的挫折，经得住各种情况的考验，工作一定要做在前面，眼光要看得远一点。总结历史的经验，在工作上需要抓住四条。

第一，务必要注意粮食的总量平衡。这是粮食市场稳定、价格稳定的基础，不能掉以轻心。当前我国粮食总量不足的矛盾和结构性矛盾是交叉在一起的，有时候结构性矛盾会在某个地区、某个时期占主导地位。比如前两年南方的早稻，表面上看是多了，但从粮食总量上看并不多，我们还不能说粮食的总量已经过关。因为耕地在减少，人口在增长，人民消费水平在提高，几大制约因素同时存在。根据农业部的统计，这几年每年减少耕地1500万~2000万亩，人口每年增加1000多万人。消费方面，转化为肉食所需的粮食在增加，所以还不能说粮食过关了。我们要注意分析，粮食问题是总量平衡的矛盾还是结构性矛盾，根据实际情况，寻求解决办法。总量平衡和适量储备是相联系的。要做到总量平衡，必须要有适量储备。这是我国多少年来的经验教训。中国自古以来就有储粮的习惯，我们要继承和发扬储粮备荒的优良传统，以适量储备作为我们这个大国总量平衡的补充，作为宏观调控的物质基础。适量储备在任何时候都不能放弃。即使花一点钱也是花小钱，稳大局，保平安。

第二，务必要注意调动主产区的积极性。主产区是商品粮的主要提供者，这些地区的生产不能萎缩。我们的着眼点要放在支持主产区生产上。全国有10多个省能够调出粮食，提供商品粮在5万吨以上的县有700多个，占全国商品粮食总量的69%左右。要逐步地改变面上扶持、撒胡椒面的办法，重点扶持主产县、主产地区。主产区的生产搞好了，即使有些地方出现灾荒也不怕。

第三，务必要注意低收入者和贫困地区群众的粮食安排。将来出问题可能就出在这些方面：一是城市的低收入者；二是农村贫困地区。要采取一些新办法、新措施来解决他们的困难。我们不可能再采取过去那种全社会吃粮都包下来的办法，要重点解决城市低收入群众和农村贫困地区人民吃粮问题。据总工会调查，城市1.4亿职工中，有5%的人均月收入只有62元，低于各地政府规定的困难标准，月支出是67.5元，入不敷出。加上停产半停产企业的职工，比例会更大。粮食部门要做好工作，保证城市粮食供应，还要注意不同层次的需要，安排好低收入群众的口粮。农村约有9.4%的农户年人均收入不到300元，还有2000多万人不到150元，仍然处于贫困状态，没有达到温饱水平。从全国的情况看，专家认为，基本上是处于温饱型社会，只有沿海和部分地区开始过渡到小康水平。我们特别要注意仍然处于贫困状态的群众，帮助他们解决吃粮问题。联合国粮农组织按照恩格尔系数计算，温饱型社会的人们吃的支出占整个生活费用的比例为50%～59%，中国就是这样一个水平。所以我们要基于中国的国情来考虑粮食安排的问题。

第四，务必要注意保持国有粮食业的主渠道地位，特别是要掌握住批发。多年的经验一再证明，没有主渠道不稳。解放初上海的涨价风潮，大米、棉纱价格暴涨，国家从四川等地调了几百万石粮食，才平息了涨价风潮。1991年安徽、江苏一些受灾地区有涨价的苗头，我们通知这些地方抛售一些储备粮和议价粮。很快就稳住了。这两年，各地都有一些小的抢购，只要国有粮食部门采取措施，都很快能平息。所以我们一定要保持主渠道地位，特别是批发一定要掌握在国有粮食部门手中。要积极收购，掌握住粮源。在向市场经济过渡中，粮食部门处于特殊的地位，负有重要使命，要认真考虑这些问题。

关于粮食企业的改革

目前全国有十几万个国有粮食基层单位，包括粮店、粮站、仓库、加工厂、车队、学校科研单位等，分布在全国城乡各地。这是粮食部门通过多年的建设和发展积累起来的。目前面临的任务就是进行企业改革，转变经营机制，搞活基层企业。这是粮食改革的基础工作。各级粮食行政管理机关，要用很大的精力来抓企业改革，帮助企业搞活经营。只有众多基层企业搞活了，粮食系统才能走出困境。当前要着重解决四个方面的问题，即“转换机制，丢掉包袱，多种经营，走向联合”。

一是转换机制。要着重抓理顺企业产权关系，使产权明晰化。不解决产权问题，没有办法改造粮食经济。不抓产权关系的改革，也就不能使粮食企业的行为适合市场经济的要求，就不能调动企业生产经营的积极性。根据所有权和经营权分离的原则，根据最近国务院关于转换国有企业经营机制条例的精神，我认为粮油企业的改革还是要解决理顺产权关系、权责利相结合的问题。要采取一些新的方法和措施。根据企业的不同情况，吸收各方面的经验，加快企业经营机制的转换。大型粮油企业要引入三资企业、股份制和股份合作制的机制，使企业的经营者和职工同心协力，为企业的长远发展着想，把职工的命运与企业兴衰成败联系起来。我们要开拓思路，进行一些试验。要强调一点，就是国有大型企业是我们的骨干，一定要掌握在国家手里。盈利的大型国有企业不一定都去搞合资，因为大型面粉厂、大米加工厂、油脂厂、饲料厂是今后粮食的经济命脉之所在，要考虑得远一点。我们应该着重引进国外的企业机制和管理方式。中小型企业应该引进乡镇企业的机制，进一步搞活。小型零售企业，小型的加工企业也可以采取国有民营方式，实行个人租赁承包。小型企业国有民营，要有制约的办法。国有资产不能流失，国有财产不能被蛀空。要吸取个人承包把企业挖空，肥了私人坑了国家、坑了集体的教训。在新形势下，国有企业要进一步发挥资产多、资金雄厚、设施比较完善的优势，渗透到粮食行业的各种所有制成分经济中去。也就是说，对一些企业可以采取一点混合所有制、混合经济办法，有的粮库把个体粮贩子组织起来，为粮站代收、代销，这是国有企业个体联营的一种形式。还可以采取参股、控股的形式，来加强国有经济成分的地位。理顺产权关系，转变企业机制还有一个重要问题是既要抓激励机制，又要抓监督机制。我们比较注意激励机制，但监督机制还没有建立起来。国外一些公司的监督机制是比较健全的。包括我们的部属公司，在国外和港澳办的公司，都要建立监督机制。现在来看，我们投资的一些项目，在国外开办的项目，承包出去的企业，有些我们控制不住，有的资金转到私人名下去了，不姓“国”，而姓“私”了。我们要注意加强监督，总结经验教训，采取措施。

二是丢掉包袱。粮食行业的包袱太重。特别是挂账的包袱压得我们喘不过气来。全国挂账500多亿元，每年利息近50亿元。这是粮食行业难以承担的。我们多次呼吁，要求解决这个问题。如果挂账问题不解决，许多问题难以解决。我们建议限期清理，分清责任，区别情况，逐年解决。最近我们在有关会议上提出，这个事情不松绑，粮食企业不可能活起来。我们要求新老账划断，经营性和政策性挂账分开，各负其责，政策性挂账由出政策的部门承担，经营性亏损由粮食企业承担。我们建议从明年开始限期清理，清理以后要订计划，分几年偿还。第一步做到新账不欠，老账逐年偿还。去年有好几个省都减少了亏损。如果不采取坚决措施，包袱会越背越重。我们还建议在消化挂账时照顾主产区和贫困地区的困难。粮食系统下决心，经营性的新账不添，政策性的划开，抓紧解决这个问题。

三是多种经营。要坚持本业为主、多种经营的方针。粮食行业首先要把粮油食品工业、粮油食品商业作为主业来抓，这是大有前途的。最近我们查了资料，中国的粮油食品工业在全部工业总产值中的比重，1989年占5.5%，1990年占5.3%；1991年占5.2%，呈下降趋势，这是不正常的。发达国家食品业占全部工业的比重，英国11%左右，意大利9.6%，苏联14.6%，即使印度也占12%。我们占的比例还很小，粮油粗加工、深加工、半成品加工潜力非常大。我们粮油工业的比重比发达国家低4~9个百分点。经过加工的粮油食品在居民消费中，我们只占三分之一，而发达国家占80%~90%。据联合国的统计，食品工业在工业中一直占第二、第三位，仅次于机械工业、化学工业。美国食品工业前几年是第一位，日本是第三位，西德、法国都是第一位。食品工业固定资产的投资占工业总投资的第二位、第三位。食品工业是大有可为的，我们的差距还很大，需要进一步拓宽路子。我们要面向两个市场，既要面向城市市场，又要面向农村市场；既要面向区域内的市场，又要面向区域外的市场；既要面向国内市场，有条件的也要面向国际市场。城市粮食网点要注意保住重点，适当调整，合理布局，形成体系。有影响的、辐射力比较大的门点一定要保留，即使是设一个柜台卖粮也行。城市粮食网点要通过调整和改造，保留一个完整的粮油食品销售服务体系。要创办连锁店，发展快餐业，以名牌产品为龙头，提倡工商联合。我们很不注意利用城市销售网点，一搞就是小而全。名牌产品，大型加工厂可以指定一些粮店作为特约粮店，或搞联营，挂牌销售。天津市就这样做，效果比较好，不要什么都是自己搞小而全，要充分利用我们多年来建立起来的销售网。工业和商业也要联合起来。有些地方也可试行城市粮食零售商业划归加工厂领导，也可以建立中央厨房、中心加工厂，把产品分送到零售店。要突破过去按原有行政区划组织粮油商品流通的旧格局。农村粮管所、粮站，要成为农村粮油食品的服务中心，这方面大有潜力，大有可为。要继续推广“两代一兑换”、“粮食银行”等办法，山东广饶、昌邑创造了很好的经验，许多地区已开始推广。山西运城也在积极推广这种方法。我看了河北廊坊地区几个县，粮食部门大力发展粮油食品，成了农村食品的服务中心。眼睛不要光看城市，如果占领了农村这个市场，粮食系统就站住了脚跟，就会发展壮大，这是一个战略性的问题。农村市场不仅不能丢，还要扩大、下伸、发展。有条件的集镇粮管所也可以成为当地粮食的零售交易中心。粮食加工厂、仓库也要搞多种经营，仓库也要搞活，除了储备粮食以外，也可以面向社会搞一些经营活动。多种经营要注意因地制宜，发挥优势，要注意以效益为中心，不要盲目上项目。特别是大项目一定要慎重，一定要按规定进行评估，三思而后行。要及时总结多种经营抓得好的地区的经验，要注意和科技开发相结合，着重搞一些粮油食品新产品。不论是零售企业、加工企业、运输企业、仓储企业，都要在坚持本业为主的前提下，腾出人力精力把多种经营搞起来。

四是走向联合。在市场竞争中要发挥粮油行业的整体优势。粮食系统多年来都是生产企业、流通企业、科技单位结合在一起的，这是我们的一个优势。社会化生产的发展，现代经济的发展必然要求企业走联合之路、协作之路，必然要求企业提高组织化程度，向集团化发展，这是大势所趋。有远见的领导者和企业家，要善于处理协调利益关系。发展企业集团，一个核心的问题是要处理好各方利益关系，克服小而全、小商小贩的思想，走大商业、大流通的路子。国外的企业是小而专而不是小而全。生产经营的分工要专业化，然后走经济联合之路，这样才能在竞争中取得胜利。现在的问题是都想当龙头，怕当龙尾，怕肥水外流，这是不行的。将来谁当龙头，凭经济实力，不一定是我们粮食部门，也可能是别的部门；可以相信，今后将出现一些跨地区、跨行业的综合商社和集团公司，甚至跨国公司，这是有可能的。现在我们条件还不成熟，只能逐步搞，五到七年后随着机构改革，随着行政职能的转变，许多企业会横向发展，向一条龙、一体化方面发展，向贸工农、产供销一体化方面发展。也可能是以一个科研单位为龙头，也可能以一个销售单位为龙头，也可能以一个生产单位为龙头，组成影响力很大的集团。这样才能够达到规模经济、规模效益。我看粮食系统各个公司的实力，比商业系统、物资系统的公司差得多，我们如果不走联合之路是没有竞争力的。这一点一定要有远见，一定要学会处理利益关系，在互惠互利中共同前进。

关于加强宏观调控体系

粮食放开以后，加强宏观调控体系是必不可少的。越是放开搞活，越要加强宏观调控，纯粹的自由市场经济是没有的，发达国家的粮食宏观调控体系都比较完备，我们去美国、加拿大、日本等国家考察，发现人家的宏观调控比我们管得多，管得严，实力更雄厚。中国粮食放开以后，不加强宏观调控，遇到一些大的自然灾害，遇到一些不测的问题，就会束手无策，将会影响市场稳定和社会安定。所以这是关系到粮食改革的大事，关系到经济发展的大事。在放开市场、放开经营、搞活企业的同时，必须要加强宏观调控，这是构筑粮食市场经济框架的一个重要方面。粮食宏观调控体系，要结合我国的实际情况，吸收国际上的有益经验，采取多种形式，逐步地由以行政办法为主向以经济手段为主过渡，从直接管理逐步向间接管理为主过渡，加强宏观调控，过去我们做了一些工作，今后还必须采取更有力的措施。主要是建立对市场调控的经济手段、物质手段、组织手段，还要有法律的手段。从当前来说，建立、完善宏观调控体制建设要重点抓好以下几个方面：

一是经济杠杆体系建设。包括财税的、价格的、金融的杠杆，还包括汇率等。当前要继续推进粮食价格的改革，形成合理的价格体系。粮价要逐步形成一个合理的比例关系，要注意和国际市场的价格对接。合同定购还不能轻易取消。我们倾向于保量放价，价格随行就市，一般来说还是要定一个价，不定不好收，每年参照市场价格定价，和市场价基本接近。明年我们想按这个设想再走一步。福建、浙江的同志告诉我，取消定购后再去订经济合同麻烦极了，找人都找不到，近期的改革，不要轻易宣布取消定购。这不仅是为了掌握粮源保供应，也是保护农民利益。收购粮食一定要有保护价。市场价低于保护价时，就由国家收购作为储备。销价的改革任务更重，现在大部分地区的销价还是搞得不活，还是定一个价格。销价一定要随行就市，不能再背差价的包袱了。各地要搞得活一点，要适当拉开地区差价、质量差价和季节差价。销价改革我们还缺乏经验，当前市场价格比较平稳，如果不动的话，就给老百姓造成一个死价格的印象。各地要研究一下，可以根据市场供需情况和管理权限采取小步微调办法，避免社会震动。总之，价格体系的改革远远没有完成。当然要防止价格暴涨，防止粮价太低，使农民利益和消费者利益受到损害。遇到这两种情况我们都要注意采取措施。比如粮价过高了，我们可以抛售一部分储备粮。采取这样的办法去控制，比硬性规定限价还好一些。要摸索这方面的经验。经济办法中还有一条是利用金融杠杆。我们建议成立政策性的农业开发银行，以保证农用资金和政策性贷款，有关方面正在研究这个意见。政策性贷款利率低，商业性银行不愿贷。如果这个问题不解决，年年都可能出现打“白条”。所以应当推进农村金融体制改革，成立政策性的中国农业开发银行，承担政府赋予的农村政策性金融业务。鉴于粮食是微利保本的商品，应该采取低利轻税的政策，我们准备建议有关部门采取一些措施。

二是建立健全储备粮调节体系和保障体系。这几年我们一个重要的成绩，就是把国家的专项储备粮制度建立起来了。实践证明，这是符合中国的情况，有利于稳定大局，增强政府对粮食的宏观调控能力的。储备粮制度要进一步完善，中央要建立储备，地方也要建立储备。完善专储制度，我的意见是要“总量适度、结构调整、分布合理、调度灵活、费用直拨、资金划断、进出结合、增值搞活”。总量要适度，到底几百亿斤合适，可以研究。国外是占社会总消费量的18%左右。过少不行，过多也加重财政负担。结构调整，就是要调整一些品种，不急需的品种要把它调整出去，还有一个更新的问题。分布合理，现在储备粮的分布太散，放在15000多个库点里，实际上成了垫底粮，这种情况要改变，要集中到储备库。收购办法也要改进。我给大家打个招呼，国家的专储粮绝不能随便动用，各级粮食部门还是要讲纪律。好多同志都给我讲，你们的专储粮实在不实在？人家反映有的地方已卖了不少。我们一定要对党负责，专储粮一定要搞实，未经批准不能动用。违反纪律的要坚决查处。我们准备建立信息网络，建立交接制度来保证。仓库主任离任的时候要交接，账实是否相符；保管员、会计、出纳调任时要交接。将来要建立县局局长调任交接的制度。储存要逐步电脑化，在一些骨干储备库，把储备信息体系建立起来，保证调度灵活，调粮有粮。费用直拨，现在是转拨的，费用由财政部拨给省财政转到县。我说的直拨是直拨给粮食部门，这个问题难度较大，我们正在争取。资金划断，即储备粮的资金跟地方划断，这样也少一些矛盾。我们到中央银行去，都说是给了资金的；但是到了地方，又说地方的资金都给专储粮占用了。储备粮资金是国家的，由国家粮食储备局贷的，跟地方无关，储备粮没有占用当地的资金。进出结合，就是储备粮搞点进出口，增值搞活。今年也搞了一些尝试，拍卖了一点，取得了效益，要继续进行。

储备粮制度的改革要和建立粮食的保障机制结合起来。特别是和建立粮食风险基金结合起来。没有粮食的风险基金，就难以执行保护价，就难以收购储备粮。我们正在做工作，争取今年把中央的粮食风险基金建立起来，然后地方也建立起来，这样形成一个保障体系。

三是加强三级粮食市场体系的建设。社会主义市场经济要求有一个公平、公正、平等竞争的市场体系。这几年，我们新建了一批粮食市场，初步形成了以国家批发市场和期货交易所为龙头，以区域性市场为骨干，以星罗棋布的初级市场为基础的三级市场体系。郑州粮食批发市场和上海粮油交易所目前已在试办期货，我们要求期货市场和国家级市场要标准化、规范化、高起点、严管理，逐步摸索经验，真正发挥批发市场和期货市场的功能。要以服务为宗旨，按照国家的各项规定搞好期货市场的试点，积累经验。部里的意见是粮油期货市场这一两年着重试点，不要铺很多摊子。粮食市场的建设这几年之所以比较成功，没有搞乱，就是由于我们是有领导、有步骤进行的。现在已经办的期货市场要着重在发现价格、转移风险这两个方面下功夫，摸索经验。经过一段时间的运转，期货市场和国家级批发市场，包括有的区域性批发市场在发现价格方面有了很大的进步，形成了一些正确的价格机制，如郑州批发市场的价格已开始影响全国，还有几个大米市场也都有一定的影响。期货市场在发现价格和规避风险过程中，需要一定的合法投机。我们在发现价格方面做了些工作，但是在规避风险方面还没有经验。期货市场是市场的高级形态，我认为是一个高智能的市场，因此需要一定的条件，绝不能搞乱，也不能搞滥。目前有一股“期货热”，有的地方把中期合同、远期交货和期货混同起来，所以这次我们请了中国国际期货公司的专家给大家介绍这方面的知识。

区域性的批发市场着重向规范化、制度化的方向发展。通过灵活多样的交易形式和优质服务，扩大市场的辐射力和吸引力。现在看来，解决省间粮食供求的问题主要通过批发市场，期货市场一时还起不了这个作用。要突破行政区划的设置，按照经济区域、按照商流物流来形成区域性的粮油交易中心。交易形式要从实际出发，灵活多样。今后解决省间产销合同兑现的问题困难还是比较多的，现货交易的形式、拍卖的形式将会发展。拍卖这种形式，各地还可以试验，这可能也是解决问题的方式之一。要使批发市场真正起到粮油交易中心、信息中心、物流中心、商流中心的作用。

三级市场体系要同建立和发展市场信息网络结合起来。现在我们市场信息网络的影响面还不够大，将来市场价格信息要起到对生产和消费的导向作用。现在市场信息发布的渠道还比较简单，将来要尽量扩大市场价格信息的影响力，要在全国逐步形成市场信息的网络。这个网络也是调控体系的一个方面，必须由国家来掌握。

四是进一步健全和完善粮油食品的服务体系。粮油食品的服务体系也是宏观调控的物质手段之一。通过这几年的建设，粮油食品的服务体系已经初具规模，它包括了粮食的收购、储存、加工、销售和运输等方面。我们要在现有网络的基础上加以改进和提高，使之适应社会主义市场经济的需要。前几年在粮油服务体系的建设方面，每年都有几十亿元的投资，其中中央投资连续几年都在10亿元以上，这对加强粮油服务体系的建设起到了一定的作用。这一次争取到世界银行粮食流通项目贷款4.9亿美元，这样五年时间总投资是58亿元人民币，不仅为“八五”，而且为“九五”争取到了一笔投资，这在中国的粮食建设上还是空前的。全国将通过“八五”和“九五”期间的建设，形成以骨干加工厂、骨干粮库、中心粮店及一部分骨干公司为主的服务体系，构成全国四通八达、遍及城乡的粮油服务网络。“八五”和“九五”期间要结合运用各种投资进行粮油服务体系的技术改造，改变传统的运输方式。把袋装、袋卸、袋存、袋运改为散装、散卸、散运、散存，这是粮食系统一次重大技术革命。“八五”起步，“九五”发展。要逐步疏通东北粮食流通走廊和长江粮食流通走廊及四个小走廊（以天津新港为出海口的京津粮食流通走廊，以连云港和日照港为出海口、以陇海线为主通道的陇海粮食流通走廊，以防城港及湛江港为出海口的华南走廊和以兰新路为主的西北粮食流通走廊）。除此以外，还有一些内地和贫困地区，我们将在投资上加以考虑，使之构成全国储存、运输、加工、销售的一个系统工程。下一步就是要集中粮食部门的全力来建设这“两大四小”走廊及骨干项目，把全国粮油系统的服务体系在现有的基础上进行技术改造，大大前进一步。这样就可以增强我们粮食系统的宏观调控能力，以应对种种情况，使我们在竞争中拥有较强大的经济实力。

关于粮食管理体制的改革

我们过去的管理体制是适应统购统销的模式而设置的。现在向市场经济过渡，必然要进行改革，进行调整充实，使之适应新形势的需要。粮食管理体制也经历了一个漫长的过程，统购统销体制完成了它在历史上的使命，对保证供应发挥了很大作用，为满足军需民食做了历史性贡献。但是在新形势下必然要进行改革，特别是在向市场经济、商品经济过渡的今天，存在不少问题，需要进行改革。

适应市场经济发展的要求，改革粮食管理体制，要做好以下几方面的工作。

（一）实行中央统一领导下的地方分级负责的体制。过去是“四统一”体制，粮食工作全部由中央负责。现在要适应新形势的需要，实行中央统一领导下的地方分级负责制。中央着重管理全国粮食的总量平衡，掌握战备粮、专储粮。在走向市场经济之后，粮食的构成发生了一些变化。中央掌握的战备粮、专储粮占总库存的比重上升，而周转粮的库存大幅度下降，已降到最低点。各地方管本地的总量平衡，掌握地方储备粮、周转粮，合同定购粮列入地方总量平衡；企业主要经营议价粮。大的自然灾害由中央负责安排救济，区域性救灾由地方管。省间的计划调拨，逐步改为产销合同。进口改为代理。因此，地方政府和粮食主管部门的责任加重，要在思想上做准备、工作上早安排。

（二）根据政企分开的原则，实行政策性经营与企业性经营分开。主要是解决公司和行政逐步脱钩的问题，在新的体制下，探索和完善两条线运行的经验。把国家储备粮和地方管理的粮食分开，形成独立的储备粮管理体系，不受各方面的制约，以便更好地担负起调节职能。

目前，粮食部门有集中过多问题，也有过于分散的问题。有的省粮食部门指挥不动地区粮食部门，市指挥不了区，给粮食工作的宏观调控造成困难。今后要逐步理顺，逐步改革。

（三）逐步建立粮财结合、内外结合的体制。过去改革的重点是解决价格的

"两个倒挂"，现在由于粮财分离、内外贸分离，仍然不适应市场经济的发展，束缚了整体优势的发挥，已经到了非改革不可的地步了。特别是粮食的内外贸不能结合，在"入关"以后，形不成大的力量。现在价格改革已经摸出了一些路子，但内外贸结合方面问题还远未解决，粮财结合上可以说还未起步。我们还要继续耐心地做工作，创造一些新的方式来解决粮财结合、内外结合的问题，这是一个攻坚的问题，老大难问题。经过几年努力，有希望取得进展。

（四）在粮食管理体制方面，要把政府的管理、民间半民间中介组织的联系、企业的经营活动这三条结合起来。这是一个新课题，过去粮食行政部门只管国营企业，今后要面向社会，覆盖全社会，管理全社会。粮食部门负责全社会的粮食总平衡，将来的粮食流通，国有粮食部门只占其中的大部分，有相当一部分是其他经济成分来承担的。粮食行政部门要通过各种方式来分析、研究全社会的粮食购销活动，加强对全社会粮食行业的管理。请大家探索一下这方面的经验。去年我到陕西，发现有些县的粮食局把粮油商贩组织起来，成立了协会。今后，除了政府的粮食行政管理要发生变化外，一些民间半民间的中介组织将会应运而生，逐步发展起来。进入市场经济后，这类组织的活动将会渐趋活跃。在发达国家，他们在经济活动中起着重要作用。如美国的小麦协会、饲料协会以及民间的一些进出口商会，都发挥了一定作用。还有粮食经纪人协会等，受政府委托，对粮食市场进行考察和分析，反映粮食产销政策方面的意见。将来我国也要形成政府行政管理机关—中介组织—企业这样一种组织格局。现在民间组织处于萌芽状态，各级粮食部门要注意研究和了解中介组织的情况，帮助形成一些行业协会，同业公会和其他一些形式。协会不能只是安排老干部，要真正发挥作用。企业的经营活动要强调自我管理、自我制约，向自立、自律、自强的方向前进。将来政府主要进行宏观调控，企业专心从事经营活动，中介组织发挥桥梁作用，这样有利于宏观调控的落实，有利于企业的发展。

对粮食管理体制的改革，提出以上四个课题，供大家研讨。通过改革和探索，逐步建立起适应市场经济的粮食管理新体制，既有中央的统一领导，又有地方分级管理的积极性；既有政府管理的权威性，又有企业活动的自主性，中介组织的桥梁作用也能得到充分发挥。市场经济也就是法制经济，是有秩序的经济，所以我们还要积累经验，注意法律、法规的建设，特别是起草市场管理方面的制度办法。至今我们还没有一部粮食法。因为各方面尚未定型，正在变化过程中。我们准备先搞一些单项的、专业的法规，进而制定综合性法规。

匈牙利和乌克兰粮食工作考察报告*

（1993 年 10 月 13 日）

应匈牙利、乌克兰农业食品部的邀请，国内贸易部代表团白美清等一行 5 人于 9 月 16～25 日访问了两国，参观了一些粮食加工厂、粮食仓库、食品联合企业研究所和农业合作社、私人农庄，对粮食的收购、储存、加工、销售等工作进行了考察，着重了解在放开粮食市场后的变化，并就双方在粮食贸易、粮库和粮食加工机械的贸易合作问题交换了意见。

匈、乌放开粮食市场后政府采取的调控措施

匈牙利是东欧的产粮国，年产粮食在 1300 万～1500 万吨，1993 年由于受旱灾及其他原因的影响严重减产，估计粮食产量仍在 1000 万吨以上，人均 1 吨粮。乌克兰原是苏联的“粮仓”，年产粮食 4500 万吨左右，人均也在 1 吨粮左右。两国每年都有一定数量的粮食出口。匈、乌两国近年来都是按照市场经济的方向改革的，实行粮食的全方位放开，通过市场进行调节供需。匈牙利的私有化步子迈得快一些，有 73 家小磨坊、38 家搅拌饲料厂、136 个小仓库实行了私有化或股份合作制，但大型企业的私有化则进展缓慢。乌克兰这方面基本上没有大的动作，下面集体农庄、粮食加工厂、仓库照常运行，少数企业刚开始酝酿设计私有化方案。尽管两国都是产粮国，而且都宣称实行私有化和市场经济，对粮食工作都较为重视。乌克兰 1993 年 9 月 14 日仍在举行悼念活动，纪念 1933 年大饥荒事件 60 周年，提醒人们不要忘记这个沉痛教训。匈政府也很重视今年的粮食减产问题，正采取措施，恢复生产，稳定农村。匈牙利的通货膨胀连续几年在 20% 上下，比较平稳。乌克兰通货膨胀率高，在 200% 左右。两国在食品方面，特别是在面包等基本食品上供应充足，价格也相对地较为便宜。两国一个共同的特点是，在粮食的宏观调控和市场管理上，它们都

* 这是白美清同志率国内贸易部粮食代表团对匈牙利和乌克兰粮食工作的考察报告。

采取了一些措施：

（一）放开粮食购销价格或实行收购的定量放价。匈牙利的粮食购销价格全部放开，实行市场价格。乌克兰则保留合同定购，但价格随行就市。乌克兰的商品粮每年约2000万吨，其中1400万吨为国家定购，乌农业食品部官员宣称今年按市场价格收购。其余的几百万吨，则为加工厂和农庄自由交易，价格双方议定。定购粮食的保管费用由政府拨付。

（二）制定粮食保护价。两国官员向我们介绍时反复强调，放开粮食市场后，必须有保护价，否则会损害农民的利益。匈牙利目前对小麦、玉米、奶、牛肉、猪肉等5个品种规定有最低保护价。如小麦，现在市场价约为每吨10500福林，明年的最低保护价订为8500福林，略低于市价但高于生产成本，已于播种前公布。如出现低于保护价的情况时，统由国家收购。

（三）通过批发市场和期货交易所指导全国粮价。乌克兰有6个较大的批发市场，与乌农工联合体办的基辅期货交易所和批发市场在一起，期货、现货批发结合进行。这个交易所自1991年建立以来，每周二、周五营业，交易所由农业食品部管理，市场形成的粮价在报上公布，为各地提供粮价信息。乌克兰的粮食市场发育不健全，还处在起步的阶段。匈的布达佩斯商品期货交易所创办4年来不断发展，上市的品种有小麦、大麦、玉米等6种，全国已有20%的粮食通过期货交易所成交，影响日益扩大，其成交价格向全国公布，起到指导价的作用。交易所为责任有限公司形式，他们仿照芝加哥商品交易所的模式进行改建，准备办成仅次于伦敦的欧洲第二大交易所。

（四）加强对粮食进出口的管理。匈牙利是东欧建立农业“保护网”的第一个国家。1992年政府公布了农产品进口规定，以防止欧共体农产品的大量进入。匈是粮食的传统出口国，支持粮食出口，给出口以补贴，均占价格的5%~8%，正常年景，出口约50万吨，最多出口上百万吨。乌克兰对粮食进出口，也由国家管理。

（五）在私有化过程中，中心粮库和大型粮食加工企业由国家控股，使之为稳定市场服务。匈牙利规定各州的中心粮库（周转库），由国家控股51%，起支配作用。如我们参观的杰尔州中心粮库，有10000吨仓容的钢板仓，5000吨仓容的房式仓，装备比较现代化，有专用铁路线，机械化操作，平时只有一两个人管理。私有化后仍由国家控股，由州粮食公司管理。乌克兰对大型粮食加工企业和粮库采取组成联合企业的办法，来控制市场。如基辅面粉加工联合企业有4座面粉厂，日处理小麦1500吨，仓库容量为8万吨，厂库合一，由联合公司统一领导。这个企业的产品基本上满足了基辅全市300万人口的需要。

（六）国家在财政上采取支持农业的措施。匈牙利为了减少今年大旱减产的损失，政府采取了减少税收，增加补贴的措施，加强农业，加强粮食，决心使1994年成为“农业开始稳定的一年”。其中最重要的一条是政府规定：“减少农业的负担，增加农业的补贴，至少使对农业补贴的实际价值保持过去的水平。”按照这一原则，政府颁布命令，农业生产者1994年不缴纳土地税；对生产者的年收入免税限额由75万福林，提高到85万福林；对受旱减产的生产者，除给予贴息贷款外，每公顷还补助1500～2000福林，以帮助合作社和私人农场尽快恢复生产。

匈、乌两国的情况再次说明，粮价放开、市场放开后，政府不是可以撒手不管，而是必须采取宏观调控措施，否则就会影响社会的安定、经济的发展和政权的巩固。

匈利用世界银行贷款修建粮库的经验

匈牙利是传统农业国，十分重视粮食基础设施建设。从1983年2月开始，与世界银行谈判，通过几个月的考察和洽谈，达成了从世界银行贷款建设容量为50万吨粮仓的协议。1984年2月经世行同意进行竞争性招标，当年10月开始建设。50万吨容量的粮库分布在47个点，共分两期建设，每期均为25万吨左右。从1984年10月到1986年9月26日两年时间全部竣工。共建成容量44万吨的钢板立筒库，另有一部分房式仓。总投资为25亿福林，当时约折合1亿美元。其中，世界银行贷款占55%，匈牙利政府出资金占15%，地方和企业配套资金占30%，由国家银行承贷。从我们考察的粮库看，建设进度是快的，质量是合格的，效益也是好的。经营情况较好，绝大多数没有亏损，到现在已经基本还清了贷款。

匈牙利粮食产量才1000多万吨，在80年代中期政府能花这样大的力量，利用世行贷款建设粮仓，确实是下了很大决心，是有远见的决策，效果是显著的。匈利用世行贷款建设这一大批粮库后，基本上解决了全国的粮仓不足问题，其经验值得我们重视。据匈有关部门介绍，他们在利用世行贷款建设粮仓中，有以下几条经验：

——有坚强有力的工程指挥系统。中央政府设有10~12人的领导管理机构，吸收各部门和有关专家参加，组织指挥工程的实施。每个州都有项目的执行机构，负责本项目建设的日常工作。

——统一标准，搞好设计。政府组织有关专家制定粮库的建设规模和标准，统一图纸，既要达到现代化的要求，又要符合各地的实际情况，确保工程质量。

——按照国际标准公开招标。规定有承建10万吨粮库经验的公司才能参加投标。组成专家委员会进行评估，按照公平、合理的原则，确定中标者。

——处处精打细算，讲求经济效益。着重抓布局选点，抓选择标准仓型，抓缩短建设周期。如在选仓型时，总结经验，测算出直径为11米的钢板仓最为经济。仓库地址选择在物流中心、交通要道，周转次数平均2.2次，最高达到9~10次。按投资估算，约7年即可还清债务，收回成本。

——注意配套建设。机械、设备、仪器及相应的配套工程，零配件的供应要系统解决，配套进行，和工期衔接，避免脱节，影响工程进度。

——在还款上，政府采了一些扶持政策，并通过国家银行进行存贷结算，保证了还款计划的实现。

目前，我国利用世界银行贷款进行粮食流通项目建设的工作正在逐步展开。我们要借鉴匈牙利和其他国家建设同一项目的经验，确保我国这一重点项目的顺利建成并投入使用。我们拟邀请匈专家和有关几个国家的专家参加咨询工作，博采各家之长，以达到技术先进，符合国情，经济实用的目的。

继续发展与匈、乌的双边经济贸易合作和交流

我部及所属公司、企业，与匈、乌两国有关部门、企业长期有着较好的经贸关系。我方进口过匈牙利的钢板粮仓、食品机械、载重汽车等；从乌克兰进口过钢材、化肥、汽车等。匈、乌两国也进口过我方的轻纺产品、大米等。苏东国家发生剧变后，原来的记账贸易方式取消，新办法一时还跟不上，目前正处于一个转变的时期。匈、乌都是中欧有影响的国家，在商品上有一些可以互相补充，发展经济贸易和技术交流还是有潜力的。还要看到，目前台湾当局正

在加紧在中欧活动，利用“银弹外交”，发展经贸关系，企图拉拢一些国家，力图在中欧打开缺口。面对这一形势，我们需要调整政策，采取措施，组织有经济实力的国有骨干公司，发展与匈、乌等国的贸易关系。这在经济上、外交上都是有利的。这次我们在访问期间同两国的有关部门、企业进行了商谈。比如，乌克兰需要易货进口我国几万吨大米，我们已邀请农业食品部副部长来华进一步商谈。乌的农工联合体希望和我部公司发展贸易关系，拟进一步洽谈。匈牙利的机械成套公司对我世行粮食流通项目很感兴趣，我方表示欢迎该公司参加投标，他们将于今冬来华会商。匈牙利开放步子大，政策比较优惠，投资环境也较好，拟由部属重点公司去考察，在商业上设窗口推销我国的产品。以上我们正组织落实。

奋力开拓　走出新路*

（1993 年 10 月 5 日）

当前粮食工作的新形势

1993 年以来，我们按照党中央和国务院的部署，从推进改革，稳定队伍，促进发展的指导思想出发，积极开展工作，取得了显著的成就。

从推进改革来说，1993 年是粮食改革跨大步的一年。现在除了个别贫困地区和少数民族地区以外，都实现了粮价放开、粮食经营放开。这在中国粮食史上是前所未有的一件大事。对于世界发展中国家，可以说是提供了一个成功的经验。国外的评价比我们自己的估价高得多，认为在一个具有 11 亿人口的国家，在最重要、最敏感的粮食商品上，推进了粮价改革，是个了不起的大事。最近，我见到世界银行的专家，他们都讲，在粮价改革问题上，他们没有什么可说的。这对于我们获得世界银行粮食流通项目的贷款，产生了积极的影响。事实上，近三年来，我们根据积极稳妥的方针，粮食流通体制改革走了三大步。1991 年粮食提价，1992 年实现粮食购销同价，1993 年实现了粮食放开价格，放开经营。这样，我们就完成了从放开市场，放开价格，到放开经营的发展过程。先从放开市场开始，特别是结束统购统销制度以后，进一步放开了市场，发展了多渠道经营。放开市场必然要求放开价格。我们采取积极而稳妥的步骤，由点到面，逐步推广。特别是放开粮价而没有大的震荡，在 11 亿人口的大国，对粮食这个最重要、最敏感的商品，进行如此大幅度的改革，没有大的震荡，这是很不容易的，是全体粮食职工共同努力的结果。这说明，我们粮食职工不仅能够在统购统销时期保证完成军需民食的供应任务，而且能够在走向市场经济的过程中，认真贯彻落实党中央、国务院的指示，把粮食工作做好。我们原来预计“八五”期末放开粮食价格和经营，结果提前两年实现。我们原来认为到“九五”期间放开较为稳妥。近年来由于种种情况的变化，

---

* 这是白美清同志在中国粮食经济学会第二届二次常务理事会上的讲话。

特别是小平同志南巡谈话的推动，提前实现了粮价放开，经营放开，受到了国内外的好评。

从抓机构改革、稳定队伍来看，1993年以来我们做了大量工作。年初我讲过，1993年的任务非常繁重，三项任务：一是价格放开；二是机构改革；三是基础设施建设交织在一起，我非常担心如果机构改革搞得不好，队伍会散了，服务体系会乱了，粮权会丢了。现在，机构改革大体有了眉目。首先，我们部里机构改革已经定型。国家粮食储备局担负着粮食储备和粮食流通管理双重职能。国内贸易部内管理的粮食司局和国家粮食储备局融为一体。国家粮食储备局作为国家局的地位没有改变，编制定为140人。另外内贸部还给10个编制，共150人。原来的7个司局基本上保留下来，再加上一个党委，也就是说国家粮食储备局和内贸部的粮食管理司局，二者融为一体，得到加强。

从各省机构改革来看，大体有四种情况。第一种是作为政府序列的粮食厅（局），没有改变。如三大市、黑龙江、吉林、四川、湖南、湖北，有相当大一部分省市是这种情况。第二种是保留了粮食局，但没有进入政府序列，这是采取变通办法保留了粮食机构。事实上，粮食工作从来是由政府讨论决定的。第三种类型是一个机构两块牌子，保留了粮食厅（局）的小机构，另成立粮油总公司或者集团公司。第四种情况，是模仿内贸部的模式，省内贸厅内或是省财办内设有管粮食的机构。在机构改革中，国务院发出了《关于做好粮食工作稳定粮食职工队伍》的电报，引起了各地领导同志的重视。这是国务院关心粮食系统，在机构改革中批准下发的唯一的电报。机构改革大体有了眉目，但机构改革还没有完成。因此，我在威海粮食干部高级研修班上讲，机构尚未定型，同志仍需努力。我们上上下下一起做工作，把机构稳定下来。部里领导同志也做了不少工作，分别找了二十几个省的省长、省委书记，向他们通报情况，请他们支持，希望粮食机构不要受到削弱。从现在的情况看，还要继续努力。

从流通设施建设看，今年进行粮食流通设施建设的任务相当繁重。在国家财力、金融十分紧的情况下，已经连续四年投资10亿元以上，支持粮食系统进行仓储、流通设施建设。今年有重大进展的是，世界银行关于粮食流通设施项目的贷款，已经谈判成功，正式签约。这个项目涉及15个省市。经过两年多的艰苦谈判、细致考察、周密设计，确定了方案，在世界银行董事会获得通过。这是粮食系统的大事。也就是说，我们今年所做的工作，不仅争取到了当年的贷款，而且为“九五”争取到了贷款。因为世行的贷款加上配套项目共58亿元，将从明年开始，五年完成，第六年扫尾。这样，从1994年开始的仓储设施等建设，在“八五”、“九五”期间将继续进行。“八五”和“九五”累计用在粮食系统的各项投资在100亿元以上。

这是我们根据推进改革、稳定队伍、促进发展的方针所做的三件大事，工作量是相当大的。各地粮食系统的广大职工在当地党政领导下做了大量工作，功不可没。1993年是粮食史上重要的一年。但是，当前粮食部门也遇到了巨大困难，特别是挂账多，亏损增加，富余人员多，经营设施落后的矛盾，在市场放开、经营放开以后更加显示出来，多渠道竞争也异常激烈。因此，粮食队伍受到巨大的冲击，今年粮油收购进度慢于往年，除了有其他因素外，重要因素就是遇到了十多年所未曾有过的多渠道激烈竞争。估计今年秋粮收购可能出现大战，南方大米大战，北方玉米、大豆大战。粮食系统本身的困难和粮食生产的困难交织在一起，历史上遗留的问题和转向新体制后遇到的困难交织在一起，加剧了困难的程度。如粮食播种面积减少，农民种粮积极性下降，工农产品剪刀差扩大等，生产领域的矛盾在流通领域反映出来。又如历史上遗留的挂账，到1992年年底达500多亿元，是1987年以来积累下来的。还有队伍不断壮大，正式职工380万人，退离休60万人，加上临时工共500万人，每年还在“滚雪球”，调进来。这些历史遗留的问题，又和转变体制过程中遇到困难交织在一起，这就使粮食部门从上到下都感到包袱很重，压力很大，今年突出的是经济效益下降。由于粮食行业是社会效益高而经济效益低的行业，在走向市场经济过程中以经济效益为标准来衡量，就显得矛盾格外突出，特别困难。其他行业可通过涨价提高经济效益，而粮食是微利的商品，要注重社会效益。所以，粮食行业要比其他行业困难大。商、粮、供、物四家都遇到困难，但粮食是全行业困难。特别是不发达地区、偏僻小店和设备陈旧、产品很差的企业特别困难。放开粮价和经营后，全国粮食企业有30%左右搞得比较活，收入增加。40%在原来收入水平上浮动。有30%的企业发工资都困难，甚至打折扣，有的发200斤米、10斤油顶工资。有的说：“统购统销40年，结果领了70元（生活费）。”如何看待当前的困难，我认为这是改革中的困难，是新旧体制转变中的阵痛，是不可避免的。改革的广度和深度，超过历史上任何一个时期，所以我们上上下下都感到困难，加上现在财政收入减少，赤字增加，又在整顿金融秩序，有的地方财政“断奶”、银行断贷，有的粮食部门同志讲：

“没有学会吃饭就断奶，没有学会游泳就下海”，一下海就喝了几口海水。有的粮食局局长讲，现在是酸、甜、苦、辣、麻，五味俱全。现在不少粮食局局长在县里、市里、专区里说不上话，因为是亏损大户，把资金占用了，得不到支持。甚至有的县局长要求辞职。我们从计划经济模式走向市场经济，是个非常大的变动，也可以说是个大调整的过程。我们过去是按照计划经济模式、统购统销分配型模式设计的组织制度、办法、网点、销售方式等，现在要适应市场经济，要向经营型转变，从传统粮食业向现代粮食业转变，从统购统销体制向市场经济体制转变，这就必然有一个重新组合的过程，有一部分要重新改组，必然产生这样那样的困难。这些困难，经过今年前10个月的工作，有所缓解，但矛盾还没有根本解决。所以，我们在看到粮食工作的大好形势时，还要看到这些困难，正视这些困难。走向市场经济以后，我们怎样看待粮食工作呢？粮食工作是前进了，还是后退了？工作是更加扎实了，还是削弱了？队伍是更加健壮了，还是涣散了？这是值得我们思考的问题。从部里、从国家粮食储备局来说，是想竭尽全力要把粮权掌握住，把队伍稳定住，把主渠道作用保持下去，不至于出现大问题。因为我们的改革还没有经过粮食生产大幅度下滑和粮价大幅度波动的考验。我认为，虽然当前粮食库存比较充裕，特别是专项储备保持合理的水平，但是不能掉以轻心。因为整个社会消费量在逐步上升，库存数也多少有点虚假，特别是地方周转库存有虚假，有些地方为减少平价经营费用把一部分库存粮卖了。这和市场粮价偏低有关。全国算账，平价周转库存已下降到最低水平。这是蜻蜓吃尾巴自己吃掉自己的办法，这就是问题所在。一方面，我们没有经过粮食生产和价格大幅度波动的考验；另一方面，到9月底虽然总库存还有××亿斤，仍处在安全线，但有些是虚数，不可掉以轻心。我的看法，粮食工作出问题，不是出在对粮食情况估计过低的时候，而是往往出在对粮食情况估计过高、认为“粮食过关了”的时候，这是多年来历史经验证明了的。有的同志反映产量有虚假，我们的库存也不实。还要看到，农民的粮食存量并不像有的材料说的达到历史最高水平。所以，我们对粮食形势的估计，既要看到形势是好的，我们的库存在安全线以上，不至于出现大的波折，也还要看到存在的问题。不要因为我们有一些储备粮，就认为天下太平了，可以“烧包”了。粮食问题，从生产到流通，还要坚定不移地下决心抓。在最近党中央召开的农村工作会议上就特别强调了这个问题。粮食问题、农业问题，还要摆在国民经济的首位，全党全民继续抓，在市场经济的条件下也必须这样抓。1992 年年末，我国总人口已经达到 11.7 亿人，粮食消费水平不断提高，粮食问题始终不能掉以轻心，不能过于乐观，一定要谨慎从事，把好关。要少唱高调，扎实工作。我最担心把粮食形势看得过于乐观，放松粮食工作，将来出问题就被动。越是形势好，越要谨慎，这是历史的经验，不要因此而忽视了粮食工作。

深化改革，争取尽快走出低谷转向回升

当前粮食工作形势很好，也存在许多困难。对下一步的工作，我们在四川召集 16 个省市的粮食局局长进行了讨论，在部里也专门进行了研究。明年的工作，要进一步深化改革，加大改革力度，争取粮食行业尽快走出低谷转向回升。各地情况不同，走向市场经济后，经济上的不平衡性和粮食行业内部的不平衡性加大，向市场经济转得快的，情况就比较好；转得慢的，情况就比较差，甚至有的在原地不动，困难更大。沿海同内陆和边远地区的差别拉大，大城市同中小城市和乡镇的差别也在拉大。即使同一个地区，有的企业搞得很好，有的较差。计划经济条件下，大家吃大锅饭，分配差别不大；现在搞市场经济，差别拉大了。面对这些问题和困难，我们必须按照党的十四大和八届全国人大一次会议确定的方针，坚定不移地进行改革。对于进入市场经济以后遇到的困难和问题，一定要明确改革方向，坚定改革步伐。要避免两种倾向：一种是走老路，粮食一紧，有的地方就搞封锁、关闭市场，不是针对新的形势采取新的办法，而是单纯采取简单的行政办法；另一种倾向是放任不管，认为市场经济就是自由经济、自由竞争，就是各搞各的，各奔前程，撒手不管。这两种倾向都应避免。对待这些问题和困难，必须坚持改革的方向，适应市场经济的新情况，以经济手段为主，结合运用行政的和法律的手段进行管理。不能遇到困难，就采取过去的老办法或是放任不管，必须研究新措施、新办法；必须根据邓小平同志关于建设具有中国特色社会主义的理论，结合粮食工作的实际，探索改革之路，对内转换经营机制，对外改善经济环境，以经济手段为主，加上法律手段、行政手段来处理矛盾，解决问题。粮食行业逐步地、尽快地走出低谷转向回升是可能的，并不是办不到的。当然，时间有长有短，有快有慢。但是，就整个粮食行业来说，要走出低谷，大体需 2 ~ 3 年时间，也可

能缩短，主要看我们的工作。克服当前的困难，也有有利条件，主要有三点：

（一）这几年粮食的宏观调控能力增强。特别是我们始终注意加强专项储备粮制度，建立了中央、地方和农民的多级储备体系，从1993年开始还要建立粮食风险基金制度，这对于加强粮食的宏观调控将起重要作用。专项储备是有效的调控手段，1991年，安徽、江苏、湖北、湖南、河南南部发生大水灾，我们请求国务院批准动用专项储备500万吨，基本上把灾区生活安排下来了，把粮价稳定了。当时，我们没有采取行政办法，也没有采取限价或不准私人经营的老办法，我还给各地粮食局打电话，让他们在粮价过高时可抛售议价粮，由部里作后盾，结果把粮价稳住了。另外，这几年市场体系也起了很大作用。郑州批发市场和区域性市场的价格影响着全国，使粮食市场的价格没有出现大的波动。

（二）粮食收储、销售、加工服务体系和经济实力有所增强。我们的改革是在粮食生产发展、粮食供求缓和的情况下进行的。粮食行业的固定资产，前二年每年都增加60亿元以上，最高年增加了80亿元。过去，商、粮、供三家，粮食行业的固定资产排在末尾，现在已经上升。粮食仓储设施经过这几年的建设，虽然还不够，还有不少粮食存放在露天，但是仓储设施已居各行业之首。粮油服务体系经济实力也有所增强。

（三）粮食队伍经过改革、消肿以后，更加具有战斗力，竞争力也有所加强。国外3万~5万吨的粮库，只几个人管，最多10个人。我们相同容量的仓库起码要上百人，有的大库要上千人。经过改革，精减了人员，转移了一部分劳动力到其他产业，这样，粮食行业的战斗力也增强了。这几年竞争激烈，也锻炼了一批人才。有的粮站、粮店在市场竞争风浪中站住了脚。值得提出的是，还涌现了一批适应市场经济发展的、有开拓精神的人才和一批先进企业、先进县。老部长们在1985年就让大家搞多种经营，1991年我们在烟台开了多种经营会议，大部分企业接受了，但有一部分企业仍然未动。他们认为这只是领导在喊狼来了，狼未必来了。经过去年以来的改革，认识到必须下海了，在实践中涌现了不少人才。前些时候我表扬了顺义县粮食局。这次到四川看，乐山的嘉粮集团，也是粮食局搞的，它有上亿元的固定资产，在海南和国外都有它的企业。还有雅安地区的名山县，是个山区小县，20万人，在粮食局局长的带领下，搞了种植业、养殖业、第三产业。他们养甲鱼，还卖种苗，效益很好。他们的粮站和农学院、农民相结合，搞香米的生产经营。农学院负责育种，农民生产后粮食局负责收购，搞成小包装出售，很赚钱，搞得很活。各地都有一批典型，他们代表着粮食系统的发展方向，说明我们粮食系统只要转变职能，转变机制，调动大家的积极性，完全可以闯出天下，开辟新局面。只要我们沿着这条路子走下去，就能积累经验，就能涌现人才。人才是我们走出低谷、转向回升的重要组织保证。

有了以上三个有利条件，再加上党中央、国务院不断采取一些政策措施，支持粮食行业的发展，当前的困难是可以克服的。

走出低谷，转向回升，要抓三个方面：

第一，继续抓企业转换经营机制。抓好企业转换经营机制，把企业进一步搞活，是我们工作的基础。我们这几年的改革是这样前进的：以价格改革为突破口，以搞活企业为重点，以加强宏观调控为保证，以市场经济为目标。按照这个思路进行改革，首先必须搞活企业。企业必须转变经营机制，一定要解决吃“大锅饭”和平均主义的问题，把大家的积极性调动起来。在转变机制中，要从各地不同情况出发，按照大中小型企业的不同情况，采取不同的方针。总的来说，要从明晰产权入手进行改革。产权问题是回避不了的。大型企业可以搞股份制、股份合作制，搞集体承包。中型企业可以搞集体承包、目标责任制，搞各种形式的承包责任制。当然，明年利改税以后还会有变化。小型企业可放得更开一点，个人租赁承包，夫妻店、家庭粮店、“国有民营”等，都可以搞。但是粮站、粮管所不要搞国有民营，下边的分销店可以搞，个别的小店可以搞。内部分配制度要改革，收入分配要拉开档次。新办企业要坚持改革的办法，要按新思路管理，机构设置和人事安排不要再形成包袱。机构要精简，管理人员要实行聘任制。不能设很多科室，主任、副主任人数也不要过多。新企业一定要按新办法办，包括加工厂、仓库、零售店。分配上要拉开差距。这样，企业才能真正搞活。我们中国人素质并不低。中国人是聪明的、有才干的。问题是吃大锅饭的体制不行，限制了聪明才智的发挥。所以分配一定要拉大差距，人少一点，工资高一点，积极性就调动起来了。劳动制度、人事制度、分配制度等一系列制度要按照新办法搞。可以借鉴外资企业的先进管理办法，来管理我们的大中型企业；借鉴乡镇企业的先进的管理办法来管理我们的小型企业；借鉴私营企业的好的管理办法，来管理“国有民营”、夫妻店、家庭粮店。成都市荷花池商场，是每天人流上 10 万人的小批发市场。但是我们国有企业却因不能采取私营那套手段而不敢进去。其实，“国有民营”企业也可以采用私营企业的经营管理办法。但由于机制问题没有解决，就不敢去参与竞争。要探索新路，对零售小企业搞得再活一点。再一条搞活企业的办法，就是要注意横向联合，搞集团化，搞贸工农一体化，产加销一条龙。粮食部门要有远见。有些粮食部门，只愿意搞小而全，守自己的小摊摊，心安理得地当小掌柜，不愿意联合起来办大事。这种情况在粮食部门非常严重。我们准备搞几个联营公司，接触了这方面的问题，阻力大得很，花样多得很，想尽各种办法不搞联合，愿意自己守个小摊摊，搞小而全。要学会互相让利，调节利益，不要“独吞汤圆”。会干的不是独吞，而是把蛋糕切成几块，大家分食，大家都有利。只有这样，才能办大企业。要提倡发展横向经济联系，搞各种形式的经济联合，探索开创新路。要研究一下城市里的连锁店、便民粮店。这是现代化的零售方式，各省都可以搞这方面的试点，搞一些开架售货，小超级市场。加工厂和零售企业也可以搞联合。零售店定点销售加工厂的名牌产品，挂牌销售。我们粮食部门有信誉优势，要利用这块金字招牌。有些县市粮食局把一批粮店划拨给加工厂领导，组成一个核算单位，采取经济联合的办法，这是可行的。如果各搞各的，加工厂不要粮站的粮食，直接向农民或其他渠道采购，零售店不从粮食部门的加工厂进货，直接到乡镇企业加工厂买进低质高水分的米面，系统内部，你整我，我整你，内耗严重，结果是自己整自己，自己把粮食队伍整垮。外部竞争我们不怕，怕就怕内耗。实际上，如果我们不搞内耗，从总体上讲，多渠道是竞争不过我们的。现在，不用说搞全省联合，就是在一个专区内搞联合，也很费劲，难度很大。搞世行贷款项目有个体会，一个省搞的项目较顺利，跨省的就很困难，你怕我，我怕你，缺乏大企业家的胸襟和气魄。要真正成为大企业家，就要有博大的胸襟和气魄。走向联合，各种形式的联合都可搞。我们有粮食企业 10 多万个，大型厂不少、实力不小。如果我们联合起来，力量相当大。可以左右整个粮食行业。

第二，加强宏观调控，增强行业凝聚力。社会主义市场经济，不是无秩序的经济，不是自由经济，而是宏观指导下的市场经济。要走出困境，必须加强宏观调控和管理，不断增强粮食行业的凝聚力。加强宏观调控，应着重抓总量平衡，抓储备体系建设、市场体系建设、粮油服务体系建设和保障制度的建立。

加强宏观调控，必须抓总量平衡。全国各省、各个地区都有总量平衡问题。我们提出的“总量平衡，适量储备，掌握批发，管好市场，搞活企业，综合经营”24 个字的原则，实践证明是正确的，必须坚持。掌握了总量平衡，就掌握了全局。掌握总量平衡必须以适量储备作后盾，没有适量储备，总量难以平衡，这是相关联的。各地都要注意总量平衡，在总量平衡的条件下，去调整结构，去生产有效益的产品。如果丢掉总量平衡，是很危险的。中央领导同志讲过，中国吃粮绝不能依靠外国。近三年我国粮食进出口基本平衡，去年出口略大于进口，今年也可能出口大于进口。总的来说我国粮食总量是基本平衡的，吃粮不能靠外国。还有一些大省，几千万人口，吃粮也不能靠省外，我对四川省说，四川吃粮不能靠外省，1.1 亿人谁也背不起。正是由于我们有粮食储备，国外才把粮食卖给我国。

要抓三个体系和保障制度的建立。目前粮食储备体系还不完善，很多问题有待解决，1993 年如能争取到资金划断，费用直拨，就有了经济手段，轮换、集运等问题就好解决了。完善储备管理制度有大学问，最近准备起草个文件，包括收一部分库作为直属库，实行双重领导。实行市场经济，如果不把储备库抓在手里，粮食有可能很快就会被卖光了。储备库分成三个层次：第一层次是直属库，由内贸部和国家粮食储备局直接管理，现在有两个，都是上亿斤的大库。将来准备在有战略意义的交通沿线再搞一批，我们向李鹏总理汇报，他也赞成。第二层次，是以内贸部和国家粮食储备局为主双重领导的粮库。第三层次，是双重领导，以地方管理为主的粮库。现在有 900 个国家粮食储备库已经挂牌，轮换、调运和费用问题，也正在研究解决，建立地方储备粮管理机构，也正在研究方案。还要建立粮食储备库的交接制度。粮库主任、会计、保管员离任前要与新来的同志办妥交接手续。将来要发展到县局长、省局长，也要办交接手续，不能一走了事。此项制度，争取明年实行。此外，要建立储备库间的粮油信息网络，应用微机管理粮食库存，及时传递库存变化的信息，以利于宏观调控。省、市、区也可以试行微机管理。关于市场体系建设，现在要着重搞现货批发市场，期货市场不要遍地开花，现在重点是搞好试点，先在上海、郑州试点，有了经验再逐步推开。建市场就要发挥市场的作用。现在有的市场是有场无市，要研究解决。不能建了市场，成为空壳闲置起来。要把市场建设成为商流中心、物流中心、信息中心。过去的几大米市，并不是一天就形成的，也不是用行政命令搞起来的。而是根据经济流向、经济区域逐步形成的。现在建市场有盲目性，不能一说建市场，就盖大厦。更不要搞有场无市的市场。关于保障制度，就是粮食风险调节基金制度，要抓紧建立。国务院已有文件规定，主要是落实，我们正在争取。

掌握总量平衡、建好三个体系和保障制度，在市场经济条件下就不至于发生混乱。强化宏观调控和增强行业的凝聚力是有内在联系的。有了宏观调控体系，把调控手段掌握在手上，行业就有了凝聚力。去年我就在考虑，放开粮价和经营后，行业还有没有凝聚力、向心力。经过这段实践，我认为只要抓好以上几个方面，粮食行业就有凝聚力，就不会垮。

要使行业有凝聚力，我认为要做到决策恰当，政策支持，传统不丢，组织落实四句话。

一是决策要正确。国内贸易部和国家粮食储备局是带路的，决策要正确，改革方向要明确，步子要稳妥。这样，决策不会发生大的失误，大家就会越干越有劲。如果决策不正确，就不会有凝聚力。要积极带领全系统职工，按照党的十一届三中全会的路线前进，方向要明确，步子要稳妥，工作要细致，才会有凝聚力。

二是政策要支持。就是要争取一些优惠政策。今年以来尤其是在农村工作会议上，已争取到了一些政策：一是要提高粮食保护价。二是对粮食挂账先清后停息。这条政策争取到这个程度也不容易，大家不满意，最好是全停，或是注销挂账。但这样做不可能，挂账数额太大，谁也不好拍板。三是改进三挂钩政策，三挂钩物资的平议差价和预购订金贴息都折成现钱，以价外加价的形式付给农民。预购订金不再搞了。四是特别强调建立储备体系和风险调节基金制度。

三是传统不能丢。我多次强调，粮食系统既要转变经营机制，又必须保持优良传统。我们的优良传统有：艰苦奋斗的传统，埋头实干、无私奉献的传统，天下姓粮是一家、团结互助的优良传统。这些好传统是传家宝，是粮食系统的精神财富，绝不能丢。要一代一代地传下去，并在新形势下加以丰富和发展。搞现代化建设，必须要同优良传统结合起来，和东方文明的精华结合起来。这就是小平同志讲的两手抓，两个文明建设一起抓。粮食系统的精神文明集中体现为优良传统。如果优良传统丢了，经济发展了，队伍也会涣散、瓦解。因此，即使个别企业、个别地方富起来了，也要想到全系统。要想到还有1/3的企业很困难，要想到全国还有8000万人没解决温饱。

四是组织要落实。机构要精简，职能要转变，人员要减少。但是机构不能撤，粮管所不能搞“国有民营”，应成为行政管理的基础单位。大型骨干厂不能让国有资产流失、瓦解。一定要有粮食机构，组织落实，稳住队伍，保留骨干力量。只有这样，才有希望，才能在多种经济成分、多条流通渠道、多种经营方式的竞争中立住脚打胜仗。

第三，培养能经营、善管理、懂科学、忠于粮食事业的人才。这是最重要的。现在，粮食系统人才断档。要下决心选拔、培养大批的人才，让有才干的人到各种领导岗位上去。有了一批人才，就可以带动搞好一大片企业。有些企业搞得较好，就是由于一把手能够团结一班人。企业、公司要搞得好，就要靠它的核心好，有人才。粮食系统是有人才的，要去发现、培养，让他们有用武之地。这是老同志的责任，不要怕别人超过自己。我们老同志的优良传统，就是愿意让青年同志超过我们。粮食部门应是人才荟萃的地方。你们老局长们回去做点工作，支持能干的中青年上岗。我们在座的基本上是搞统购统销培养起来的人才，但统购统销那一套已基本上不能适应市场经济的新形势。现在要培养适应市场经济的人才，使粮食系统人才辈出，尽快走出低谷，转向振兴。将来不仅要出现跨省市、跨行业的公司，还要出现跨国的公司、商社。我们寄希望于中青年。按照深化改革的要求，真正抓好企业转换经营机制和宏观调控体系建设，特别是抓好人才培养，我们就有希望。我对粮食工作形势的看法是，困难即将过去，曙光就在前面，关键在于工作，根本在于人才。如果我们按这个路子走，粮食工作一定会后继有人，越搞越好。我认为，中国社会主义粮食市场经济学还没有写成，教科书不够完善，要谱写出社会主义粮食经济学的新篇章。到本世纪末，还有七年，要总结经验，从理论上概括、提炼一些带规律性的东西。现在，对市场经济，我们还处在小学阶段，还有许多工作要做，希望大家在这方面多作些探讨。

改进和加强学会工作

在新时期，粮经学会要按照改革的精神做好工作。当前粮食工作正处在两个转变的新时期，即粮食行业从计划经济体制向市场经济体制转变，从传统粮食业向现代粮食业转变。现代粮食业包括食品业，是新型的大有发展前途的行业。粮油食品工业在国民经济中占的比重，发达国家已占到第二位、第三位，个别时候还占第一位。我讲曙光就在前面，就包括现代的、新型的、有发展前途的粮食业的含义。我们现在正面临两个转变，很多新情况，新问题需要研究、探讨、解决。在新形势下，各级粮经学会的工作任务不是减轻了，而是加重了；研究的领域不是缩小了，而是拓宽了；服务的对象不是减少了，而是扩大了。形势和任务要求学会改进工作。从粮经学会本身来说，也面临着许多新的困难，不适应形势的发展。我们过去所熟悉的那一套东西，有些是好的，要继承下来，但是相当大的一部分已不适用了。在市场经济条件下，要搞好粮食流通体制的改革，很多东西需要我们重新学习。客观形势发展变化很快，粮食行业面临的新任务、新课题很多。学会的工作必须适应形势变化，进一步加强研究。我们粮经学会是群众性的学术团体，具有学术性、群众性、民主性、服务性的特点。要把研究粮食体制改革以及建立社会主义市场经济条件下的粮食流通新体制作为自己的任务，发挥应有的作用。在新形势下，学会的地位和作用有三个不变：一是服务于粮食和经济建设中心工作，当行政领导参谋和助手的地位和作用，不会改变；二是学会团结各方面的力量，是行政机关密切联系群众补充渠道的地位和作用不会改变；三是学会是粮食经济学术研究活动重要力量的地位和作用不会改变。我曾经说过，现在也仍然认为，各级粮经学会（不只是全国学会）不应受机构改革和其他客观形势变化的影响，应该继续存在下去，肩负的任务比过去更重，应该把工作做得比过去更多，更有成效。

为了做好新时期的学会工作，肖振乾①同志所作的工作报告中，明确提出了要加强学会自身建设，这是经过会长办公会讨论的，也是经过这次常务理事会同意的。为了发挥学会的作用，我再强调以下三点：

一是要坚定信心，发挥学会的优势。我们学会有许多优势。第一，有组织优势。经过6年来的建设，学会已经建立一个比较健全的网络，全国除西藏、台湾外，28个省、区、市都有了粮经学会，而且在274个地市和一些粮食大专院校也成立了学会组织。这不仅成了行政机构联系群众的一个桥梁，也成了信息反馈的补充渠道。第二，有人才优势。学会集聚了大量的从事粮食工作的同志，有相当一部分专家、学者，有大批有才华的中青年参加。尤其有相当一部分老同志，他们实践经验丰富，又有较扎实的理论基础和较高的政策水平，而且有较好的政治素质，能够团结系统内外的研究人员，形成了一支研究队伍，有能力配合行政承担一些研究课题，发挥集体智慧，为行政决策服务。第三，有工作优势，几年来，学会通过自己的工作，很好地起到了参谋、助手和咨询

① 肖振乾，时任中国粮食经济学会副会长。

作用，这是我到部里三年来的感受。我们的学会同行政的关系是很密切的，我们召开重要会议都请学会参加，重大决策要听取学会的意见。内贸部、国家粮食储备局都很重视与支持中国粮食经济学会的工作。各地粮经学会的研究工作，有的也搞得很出色，有的研究成果受到表彰，有的还反映到部里，反映到中央、国务院。我们要发挥这个优势，继续做好研究工作。要团结更多的粮食工作者到我们学会周围，及时研究一些重要问题和一些带规律性、理论性的问题，更好地为粮食行业的改革和建设服务。

二是要加强学习，更新知识。这是所有的粮经学会会员在新形势下的共同任务。学会中有的同志在第一线工作，有的虽然不在第一线，但他们非常关心粮食工作，经常下去了解情况。要完成新的任务，就必须学习。社会主义市场经济，对于我们来说，知之甚少，有些规律我们还没有认识，还没有掌握。特别是我们中国粮食工作的经验很丰富，历史很悠久，像储备制度，战国时代就有了。我们要认真总结历史经验，并借鉴外国的先进经验，我现在每出访一个国家，都要看看他们的粮食工作，各国都有它的特点，我们要博采各国之所长，形成中国式的、社会主义市场经济条件下的粮食流通体制。要完成这个任务，必须学习，更新知识。作为学会的成员，我们应积极地学习。我深深感到需要学习的新东西很多，如股份制，期货贸易、现代管理等都要从头学起。希望同志们积极学习，联系实际，总结经验，探索规律，更好地提出一些有针对性的正确的建议和对策，努力完成党和政府交给我们的任务。

顺便说一下，《中国粮食经济》这个刊物，从 1994 年 1 月 1 日起，由国家粮食储备局和学会合办，既是学会的会刊，又是国家粮食储备局的机关刊物，是承上启下，传达上情，指导业务，交流经验，学习政策的一个基础学习资料。希望各级粮食部门，各个粮食企业，各个粮库粮站粮所要积极订阅、学习。对中国粮经学会今年出版发行的《世界粮食经济与管理》和《企业走向市场的途径》两本书，对学习也很有帮助，也希望积极订阅。《中国粮食经济》刊物，以宋文仲①同志领导的编辑部充实了力量，要进一步提高刊物质量，把它办得更好、更活、更有特色。我们只要少搞些高消费支出，少搞些高标准的宴请，就有足够的钱多订些书刊。

三是要抓住重点，积极开展有效活动。学会的生命力在于有效的学术活动。我们各级学会必须积极开展各项有效的活动来树立形象，扩大影响，争取

① 宋文仲，时任中国粮食经济学会副会长。

各方面的重视与支持。

学会的各项工作要围绕中心工作，以学术活动为重点。

学术活动要以在社会主义市场经济条件下粮食流通新体制的建立和运行为重点。不仅要研究政策性、实际性的问题，而且要逐步概括上升成为带规律性的理论。学会在 1994 年提出了三个重点课题，供大家参考，你们还可根据尽快走出低谷转向回升的实际需要去补充。为了配合行政抓好人才培训，学会要进一步把培训、会刊、丛书等工作做好。

今后学会应该朝着粮油、饲料、食品大粮食、大流通的方向发展，拓宽自己的研究领域和工作范围。

要搞好学会的工作，离不开行政的支持和帮助。各级粮食行政部门都要重视学会工作、支持学会工作，发挥学会的积极作用。要把学会工作摆上议事日程，加强领导，出题目，交任务，检查成果。行政要帮助学会解决工作中的困难，解决学会工作人员生活上的问题，在传达文件、经费开支、办公条件及人员配备等方面给予支持。我还将在 12 月的全国粮食厅局长会议上强调这个问题，你们可先回去说一下。这是件好事。我到部里三年多，和学会相处，感到得益甚多，学会中的一些老同志、老干部，有时提意见尖锐一点，但他们确实是忠心耿耿，一心想帮助行政把工作搞好，正如范仲淹的名句所说："居庙堂之高则忧其民，处江湖之远则忧其君"，就是各位在位的时候，当四、五、六、七品官的时候，则忧其君，就是忧国。不在位的时候，你们还想到老百姓的吃饭问题。所以，虽然话说得直一点，尖锐一点，但我认为很有好处，因为大家都是为了一个共同目标，把粮食事业搞好。我一直在想，如何把大家团结在一起工作，为粮食事业办点实事。杜甫在《茅屋为秋风所破歌》中写道："安得广厦千万间，大庇天下寒士俱欢颜。"我把这句诗改了几个字，与大家共勉："安得仓廪（粮仓）千万栋，大庇天下黎民尽果腹"，这也是粮食系统老同志的愿望。所以行政要支持学会的工作，要倾听学会老同志的意见，支持老同志开展一些研究活动，把工作做好。

在当前形势下学会工作确实面临不少困难，有的地方经费也没有了，听说 28 个省、区、市做法也不一样，有的地方行政也不重视，有很多困难。从部里来说我们行政在做工作，国家粮食储备局在做工作。我希望通过我们学会的工作，通过我们大家的努力，振作精神，团结一致，继续努力，改革创新，一定能够开创出一个学会工作的新局面，把新时期的学会工作提高到一个新水平。

办好新型期货经纪公司
发挥中国期货交易的作用*

（1993 年 11 月 26 日）

一、中国国防期货公司成立以来所做的各项工作是好的，可以说比较圆满，站稳了脚跟，树立了良好的形象，但是对成绩不要估计过高，还需要扎实地做好工作。下一步要向与国际期货市场接轨的规范化期货公司发展，任务还很重，不要满足了已取得的成绩，要以创业的精神，继续开拓。

二、同意你们向集团化、国际化、股份化的目标发展，要逐步实施。实现这三化最重要的是人才，要培养优秀的人才，同时注意吸取国外成熟的经验，也要吸取国内其他搞得好的期货公司的经验，不要唯我独尊，要博采众长，形成自己的风格。

三、要加快开拓业务，金融期货是关键。将来商品期货的比重会逐渐减少，金融期货的比重日益增加。

四、加速国际化的进程。利用国际各方面友好关系，尽快取得席位，加入到国际市场上去锻炼。

五、加强对分支机构的管理。一个集团公司搞得好不好，关键是高层的决策能否在分支机构不折不扣地执行，要加强对分支机构人员的培训，可采取轮训、交流、上下对派等多种方式，除业务培训外，还要政治素质、事业心和职业道德的培养。要加强制度建设，健全各种规章、制度、法规。

六、要向员工进行事业心、职业道德的教育。钱这个东西是可爱的也是可怕的，要教育员工有创业精神，在中期公司工作是开创一个事业，要把中期公司办好，办成金字招牌，要学习革命先烈和改革先驱，他们为了把国家搞强盛，把改革搞成功，不惜牺牲自己的一切。

中国的期货事业一定能发展起来，我看将来世界上会形成两个期货中心，

---

* 这是白美清同志听取中国国际期货公司汇报时的讲话要点。

一个在美国，一个在中国，或者是上海，或者是北京，或者是郑州，看哪里发展得更快，你们要鼓励员工献身中期的事业。在你们公司成立一周年前我去给中层以上的干部讲讲话，要讲事业心，给你们鼓鼓劲。

关于粮食体制改革的设想*

（1993 年 12 月 3 日）

第一，粮食体制改革的指导思想问题。

现在，中国粮食系统正在进行着两个重大转变：一是统购统销向市场经济的转变。粮食系统的机构、运营方式、经营机制等要全面向符合市场经济要求的方向转变。二是传统粮食企业要向现代粮食企业转变。由传统的单一经营“二白一黄”（白面、大米、玉米面）原粮向购销调加存综合性的、以粮油为主的食品产业发展。

为适应这两个转变，粮食体制改革的指导思想是：国家宏观调控下的放开搞活，中央统一领导下的分级负责。

粮食是关系国计民生的战略性、资源性的物资，中国的粮食体制统死了不行，完全自由放任也不行。中国粮食必须以自力更生为主，充分利用国内、国外两个市场，加强宏观调控。

过去那样的中央大包大揽不行，要分级负责。但中央粮权太少了也不行。现在中央是否少了些？粮食挂账的实质是中央财政把粮食补贴甩给地方，但地方不承认，他就给挂账了。中央有了粮权，就有凝聚力。各省都种够自己吃的，自己管自己，中央怎么办？中央集中粮权的度，我倾向中央多一点，这是长治久安之策。地方起码缺粮要靠中央。

中央掌握粮权，主要有三项：粮食的储备权、定购权和进出口权。中央只管军粮和重大灾情还不行，还有贫困地区。粮食放开的步子快，说到底是财政促的。财政要减补贴，层层甩包袱，地方很快就放开了。粮食问题要积极稳妥解决，不能说都让地方负责，中央只管我自己这一块。

第二，粮食总量平衡问题。

要保持一定的粮食储备、收购和进出口数量。

现在有人认为粮食生产已经过关了，还有人认为现在粮食储备是不是多了？对此要有清醒认识。我国粮食生产几次大起大落，突出的是 1958 年和

* 这是白美清同志与国家体改委粮食改革专题组的谈话摘要。

1985年，都是浮夸、过于乐观造成的。我国现在综合产粮能力在4.25亿吨以上，但人口现在是11.7亿人，每年还要增加1000多万人。“九五”期间，粮食生产不上新台阶，日子可能就不好过。我计算了几个数字：一是社会粮食销售量中，粮食部门1986～1992年平均每年9320万吨，1991年最高，达到10310万吨，因此，收购量要达到9000万吨才行。二是世界粮农组织的数字，要保障社会消费。库存量应为全社会消费量的17%～18%，以我国消费42500万～43000万吨计算，18%就是7650万吨，加上豆薯类（西方不算在内，我国算在内），需要8000多万吨。三是库存结构变化，在总库存中，平价库存下降，议价储备也下降，专项储备也不多。我认为，在粮食问题上，宁可谨慎一些。一是产量要保持在4.25亿吨以上，二是国有粮食购销企业收购量要9000多万吨，三是总库存量要有9500万～10000万吨，四是中央专项储备几千万吨。这几个数量界限，基本上是粮食“安全线”。如今年储备多一点，明年粮价高时售出，还可给国家赚点钱。

第三，加强宏观调控体系。

一是加快建设粮食储备库体系。分三个层次：（1）国家粮食储备局直属库；（2）双重领导，以中央为主的国家粮食储备库；（3）双重领导，以地方为主的国家粮食储备库。储备库要逐渐实现现代化管理，计算机联网，有中心控制室。二是加快建设粮食仓储运输物流体系。准备搞两个大系统（东北地区和长江中下游地区）和四个小系统（京津蒙、陇海、华南、西北）。

第四，建立健全粮食市场体系。

重点抓中央批发市场和区域批发市场。期货市场现在投机的多，套期保值的少，要创造条件改善。粮食企业销售方面还要发展连锁店、便民店。大型粮食企业不搞股份制不行。小型企业要放活，实行租、包、卖、国有民营，但粮食网点要有重点、成体系。

第五，粮食购销体制改革。

购销体制改革总的方向是向市场经济过渡，应建立什么样的新购销体制，现在还没有定型，还要探索。合同定购，先稳一下，再看看。有些地方主张搞农业税征实，也要先稳一下，看看如何，总的粮食合同定购数量，要保持5000万吨。

总之，我的意见是24个字：总量平衡，适量储备，掌握批发，管住市场，搞活企业，综合经营。粮食改革要把握几点：一是市场放开中央粮权不能丢；二是价格放开政府不能不管；三是经营放开国有粮食企业不能萎缩。

在亚太地区粮食流通改革国际研讨会上的致辞

（1993年12月7日）

各位来宾和与会朋友们：

联合国粮农组织在北京召开这次亚太地区粮食流通改革国际研讨会，我们作为东道主，感到非常高兴。我代表国内贸易部和国家粮食储备局，同时也以阿芙玛（AFMA）执行主席的身份，代表阿芙玛向来自各国的朋友以及国内各位代表致以最真挚的欢迎！借此机会，我向大家简要介绍一下阿芙玛的基本情况，中国目前的粮食形势、改革情况和国家粮食储备局的基本职能。

阿芙玛即亚太地区粮食流通委员会，是一个自治团体，1983年在泰国曼谷成立，负责推进联合国粮食组织（FAO）的粮食流通项目和粮食安全项目的执行，受执行委员会和联合国大会的领导。阿芙玛自成立以来，成员国由9个发展到了12个，会员由15个发展到28个。在过去的11年中，阿芙玛与FAO和12个成员国共同组织了28个培训班，12次高级研讨会，10项考察和20个人员交流项目，共有1350位各成员国的高级官员参加。通过这些活动，大大促进了各国情况的交流以及粮食流通体制改革进程。这次在中国召开研讨会，参加者有中国、柬埔寨、老挝、蒙古国、缅甸和越南，阿芙玛也是参加者之一。这6个国家中，中国、缅甸已是阿芙玛成员。我很愿意邀请其他亚太国家参加阿芙玛，这是我们互相学习、交流经验的良好途径。同时阿芙玛也欢迎亚太地区各国的食品流通行业的国家级部门、研究机构和其他组织成为阿芙玛成员。在此，我还要代表阿芙玛向FAO保证，将尽最大努力办好每个项目。

作为东道主，我很高兴向各位介绍一下中国的情况。中国是一个人口大国，有近12亿人口，因此吃饭问题至关重要。从1978年推行经济体制改革与扩大开放起，我国政府就把解决粮食短缺、保持粮食总量平衡摆在了关系全国改革、发展和稳定的地位，制定了综合运用政策、科技和投入刺激粮食生产的战略，采取了一系列措施，极大地调动了农民的生产积极性。粮食总产量由改革初的3亿吨，先后登上了3.5亿吨、4亿吨和4.5亿吨三个台阶，人均占有粮食由改革前的300公斤左右增加到目前接近400公斤的水平。广大人民在解决温饱的基础上，正在向小康水平迈进。正是由于产量的不断增长，保证了改革以来粮食供求的基本平衡。1986年以来，国有粮食部门平均每年收购粮食1亿吨左右，最多的是1990年，收购了1.2亿吨，供需基本平衡。在注意发展总量的同时，我们也重视通过价格等手段，引导农民合理调整生产结构、发展优质品种，较好地满足了人民群众由温饱转向吃精、吃细和营养化的要求。粮食的发展，也直接促进了肉、蛋、奶、水产品的增长。总的来看，我们国内目前粮源充足，市场稳定，人心安定，人民生活逐步改善。但是，我们也看到，粮食问题还没有根本解决，近10年的总量平衡还是紧张状态下的平衡，制约因素还很多，例如人口每年要增加1000多万人，因此要增加粮食消费250多万吨；耕地每年要减少几百万亩；饲料用粮和工业用粮由1984年占产量的10%上升到目前的15%。还有市场风险和自然因素的制约。所以，从长远看，保持粮食总量平衡的任务还很艰巨、需要继续努力。

在发展生产的同时，我们对粮食流通体制进行了改革。从1979年算起，已经搞了14年。总的来看，由于改革抓住了主要矛盾，改革方案的出台选择了恰当的时机，改革注意保护了绝大部分人特别是广大农民的切身利益，所以进展比较顺利，没有出现失控的情况。粮食流通体制方面发生的深刻变化，可以概括为这么几点：一是实现流通多元化，即国有、集体、个体、私营和外资经济等多种经济成分并存；二是国有粮食企业逐步成为自负盈亏的经济实体和竞争实体，通过全面转换经营机制，走向市场，参与竞争，并正在进行建立现代企业制度的探索；三是基本确立了依据市场供求状况来形成粮食购销价格的机制；四是粮食市场体系、粮食储备体系和粮食收储加工服务体系逐步完善，为市场机制的作用和宏观调控提供了基础和手段；五是国家的宏观调控由过去的以行政手段为主，转向了以经济手段特别是以粮食储备为主。以市场化为取向的粮食流通改革，促进了粮食生产的稳步发展，保证了社会各方面对粮食的需求，为国民经济的快速发展做出了贡献。从1994年起，按照发展社会主义市场经济的要求，粮食流通体制改革进入进一步深化的时期，我们正在积极研究和采取措施，加速新体制的建立。

我再向大家简单介绍一下粮食管理机构情况。1994年我国政府对国家粮食行政管理机构作了调整，明确了国家粮食储备局是负责国家粮油储备和粮油流通工作的行政管理机关，主要职能是：负责拟定粮油流通体制及储备体制方面的方针、政策、法规和改革方案等；负责管理国家粮油储备，组织实施对社会粮油流通的宏观调控；组织和协调全国粮食定购和省际大宗粮食调剂；协助有关部门加强对粮食市场体系建设的管理和指导；实施社会粮油行业管理等。国家粮食储备局按照国务院的统一部署，组织粮食系统的广大干部职工，辛勤工作，圆满完成了任务，为稳定粮价、稳定市场、稳定社会做出了贡献。由于地方目前正在进行机构改革，所以省、市、县级粮食机构设置还没有最后确定。在这方面，国务院的指示精神是，粮食行政管理机构不仅不能撤，而且要强化宏观管理和调控的职能，但人员要精减，职能要转变，各地正在按照这一精神进行机构调整。

参加这次研讨会的各国朋友都是粮食问题的专家，很多朋友不止一次来过中国，这次会议为我们相互之间的了解和交流，为我们今后更好地合作提供了一个很好的机会。会议结束后，欢迎大家实地考察一下我们的改革情况，并给予指导，我们愿意给各位提供便利。

祝各位在中国过得愉快，祝会议圆满成功！

谢谢！

深化粮食流通体制改革
加快实现向现代粮食流通产业转变*

（1993 年 12 月 16 日）

1993 年是粮食行业加快改革和发展的一年

几年来，在党中央、国务院的直接领导下，粮食流通体制改革按照以市场经济为导向，以粮价改革为突破口，以转换企业经营机制为关键，以加强宏观调控为保证这样一个改革思想，沿着放开市场、放开价格、放开经营的路子，向建立有中国特色社会主义粮食市场经济目标前进。1993 年粮食流通体制改革发展很快。改革步伐之大、影响之深、进展之快超过了以往任何一年。一年来，我们重点抓了以下几项工作：

（一）全面放开粮食价格，实现粮食商品市场化经营。在粮价改革连续两年迈出两大步的基础上，今年又进一步放开粮食购销价格。在我们这样一个 11 亿人口的大国，做到粮价放开，市场平稳，人心安定是很不容易的。在党中央、国务院的正确决策和领导下，各级政府和有关部门积极支持，粮食系统的同志做了大量工作，确保粮食价格改革顺利出台。目前全国 95% 以上的县（市）放开了粮食价格。全面放开粮食价格，标志着我国粮食行业由社会主义计划经济向市场经济过渡迈出了关键性的一步，结束了我国粮食统购统销 40 年历史。这是一件在中国粮食史上前所未有的大事，国内外对粮价改革的评价都很高。

（二）集中力量，狠抓粮油收购。从年初起，就认真落实国务院制定的一系列有关政策。各地粮食部门坚持做好落实国家定购合同，发放预购订金等项工作。在当地政府和财政、银行等部门支持下，积极筹措收购资金，保证收购不打白条。从早稻收购开始，粮油收购就出现了部分地方对粮食工作认识有所

---

* 这是白美清同志在全国商品流通工作会议上的讲话。

放松、买粮难和卖粮难同时并存以及多渠道竞争空前激烈等新情况，粮油收购进度一度比较迟缓。各地粮食部门集中力量，“倾巢出动”，分户包干，深入基层，积极开展工作。在收购中认真贯彻落实价格、价外加价等项政策，改进收购方式，开展优质服务，深入到村，把收购点设到田间地头。国内贸易部、国家粮食储备局在夏秋收购季节派出20多个工作组分赴各地督促检查工作。经过大家的努力，夏粮国家定购任务已经完成，还积极收购了一部分议价粮。目前秋粮收购入库缓慢的局面有所好转。到11月初，全国粮食收购入库5570万吨，完成计划的60%以上，定购任务已完成72%，最近收购日进度已超过上年同期。从全年收购进度看，定购实际入库超过去年，议购稍慢于去年，专储小麦收购任务已圆满完成。

（三）确保粮食安全储存。东北地区去年秋季入库粮食水分之高、险情之大是多年来罕见的。据统计，东北及内蒙古东部地区有2000万吨高水分粮，平均水分在30%～37%，普遍比往年高5～10个百分点。在这种严峻形势下，各级粮食部门在当地党政领导的高度重视和领导下，经过广大职工的日夜奋战，到5月底，基本完成了高水分粮的烘晒整理任务。1993年南方稻产区由于收获季节受连续阴雨天气的影响，稻谷水分也高于往年，早稻水分平均在15.5%～17%，晚稻水分在20%左右。为了保证入库粮食安全，各地组织粮食部门职工对收购的粮食进行整理晾晒，为确保粮食安全储存打下了好的基础。

（四）粮食流通基础设施建设有了较大的进展。1993年的粮食基础设施、粮库建设已到高峰期。“八五”期间和“九五”前两年，国家共计划建粮库容量4100万吨。到目前为止已安排计划2740万吨。全国18个机械化骨干储备粮库，全部进入建设施工阶段。各地克服建材紧缺、价格上涨和资金不能及时到位等困难，抓紧建设，工程进展情况较好。其中，长沙、大连、哈尔滨、沈阳等6个项目，主体工程可在年底竣工。北京、天津、长春等8个项目的主体工程正处于全面施工期间。粮食储备库的建设也有较大进展，部分新建库房已投入使用，在今年粮食收购入库中发挥了作用。特别是经过近两年的准备，利用世界银行贷款改善粮食基础设施项目谈判成功。10月国务院批准了这项协定。世行贷款规模为4.9亿美元，主要投资在粮食仓储设施、烘干设施、运输工具、专用码头及市场信息和培训服务机构。这是迄今为止我们争取到的国外最大一笔较为优惠的贷款，为粮食系统“九五”期间的投资奠定了基础，对今后粮食系统在市场经济体制下的发展具有重大意义。

（五）在全国范围开展清查国家粮食库存工作。据不完全统计，全国有近20万人参加清查工作，对8万个储粮单位进行了全面清查，直接查验粮食12396万吨。为了做好这项工作，许多省、区、市粮食局由一把手亲自挂帅，分管领导具体负责，抽调骨干力量，统一部署，统一行动。对参加清查工作人员进行了动员、培训，制订具体的实施方案，整个清查工作严肃认真，进行比较顺利。国内贸易部和国家粮食储备局先后派出26个试点工作组和抽查复核工作组，分赴各地帮助工作。从清查结果看，国家储备粮、地方储备粮账实基本相符，平价周转库存与市场调节粮库存账实差率稍高；内地省份库存粮食普遍管理较好，沿海开放和经济发达地区的少数粮库管理差一些。清查中发现个别地方账实不符、管理不严、仓储机构削弱、保管人员素质和粮食保管水平下降等问题。对存在的问题各地正在抓紧处理解决。这次会上，国内贸易部、国家粮食储备局要对查库工作比较好的100个单位进行表彰。

在放开粮价、放开经营的新形势下，粮食部门改革与发展之所以取得了比较好的成绩，主要有以下几个原因。

——党中央、国务院领导十分重视粮食工作，出台了一系列政策，为粮食企业走向市场创造了较好的外部环境。今年年初国务院连续下发了一系列农业问题和粮食工作有关的文件，如《关于加快粮食流通体制改革的通知》、《关于改进粮棉“三挂钩”兑现办法的通知》和《关于建立粮食收购保护价制度的通知》等。10月中央农村工作会议制定的《中共中央、国务院关于当前农业和农村经济发展的若干政策措施》的文件中，把深化粮食购销体制改革列为促进农业生产发展的第二条措施。当前粮食工作的一些迫切需要解决重大问题，如定购问题、保护价与价外加价问题、风险基金、企业财务挂账、进出口管理体制、粮食储备体系、粮食市场建设和信息网络建设、建立农业政策性银行等问题，文件都作了明确的规定。特别是解决粮食财务挂账问题有了突破，这是很不容易的。这些都充分体现了党中央、国务院对粮食流通体制改革和发展的支持。对指导我们当前和今后的工作起到非常重要的作用。

——在粮食改革机构，转变行政职能中，粮食机构和粮食骨干队伍初步稳定下来。在发展市场经济的大环境下，放开粮价、放开经营与机构改革同时进行，大部分粮食部门都本着“小行政，大实业”的思路，减少行政科室，精减行政人员，充实到经营第一线。留下的行政机构，简政放权，千方百计为企业服务，把服务寓于协调、管理和监督之中。这件事得到国务院、地方人民政府与有关部门的理解和支持，国务院及时发出了关于稳定粮食机构与队伍的电报。在机构改革期间，国务院对部门的机构问题专门做出明确指示，粮食行业是唯一的一个，这是很难得的。说明中央对粮食工作是高度重视的，对我们寄予了很大的期望。现在看，多数省份的粮食机构有了眉目，但机构改革还没有完成，大家还应继续努力做好争取工作。

——**促进国有粮食企业转换经营机制，增强了行业发展的实力**。全国十几万个国有基层粮食企业，是粮食系统的核心力量，在很大程度上决定着整个粮食工作的地位和前途。今年以来，我们继续用很大的精力抓了企业改革。在大中城市，主要抓理顺企业产权关系，进行了一些新的探索，大中型粮油企业，引入三资企业、股份制、股份合作制和集团化经营的机制，引入了比较先进的企业管理方式，取得初步成效。小型零售企业、加工企业进一步完善承包经营责任制、租赁制，少数小型企业还搞了国有民营的试点。企业经营方式更趋灵活。除了积极占领成品粮、粮油食品市场外，创造条件，新建和改建了一批大型综合商场，试办连锁店和配送中心。对于农村基层企业，继续重点抓了多种经营工作。各地还积极引进外资，开展外向型生产经营。这些都为粮食行业克服困难，增强自身实力，逐步走向全行业回升提供了经验，积蓄了力量。

——**狠抓人才培训和制度建设**。近年来部里和国家粮食储备局非常重视人员的培训和选拔。今年 8 月，在威海举办了全国粮食厅局长、总经理第三期高级研讨班，研究探讨了市场经济条件下，粮食行业进一步发展的重大问题，国务院副总理李岚清同志亲自到会作了指示。此外还举办了全国和地区性的各类专业培训班。其中，粮食购销管理人员培训 800 多人次；企业会计准则、财务通则、流通行业会计制度培训 4000 多人次。全国大型粮食储备库管理研讨班将在近期举办。搞好这项基础性工作，对提高粮食部门干部职工的整体素质，适应新形势的需要起到重要作用。

总之，在新旧体制转换期间，我们所取得的成绩是令人振奋的，国有粮食行业多年来在党的培养下成长起来的队伍，是一支思想觉悟比较高，有战斗力，能打硬仗的队伍。在面临着严重困难的情况下，粮食队伍没有散，各项业务工作没有丢，仍然起着主渠道的作用，为搞活粮食流通做出了新贡献。在此，我代表国内贸易部、国家粮食储备局向全国粮食系统广大干部职工表示感谢和慰问！

在粮食价格改革取得突破性进展的同时，粮食部门面临许多新的、前所未有的困难，工作难度比以往任何时期都大。主要是原有的价差优势在放开粮价后迅速消失；历史上沉淀下来的巨额财务挂账包袱更加沉重；一些地方财政过早“断奶”，金融部门限贷、断贷等，使粮食企业举步维艰。从市场看，市场体系发展还不健全；从价格看，合理的比价关系还没有形成；从经营看，有30%的企业经营十分艰难，有的连续几个月也发不出工资。1～9月，国有粮食企业商品零售总额比上年同期减少近360亿元。盈利企业经济效益严重滑坡。议价粮油经营竞争激烈，经营处于亏损，1～9月，共亏损20.37亿元，比上年同期增亏10.28亿元；粮油工业开工不足，利润大幅度下降。1～9月，实现利润6.43亿元，比上年同期下降了65%，饲料工业亏损0.12亿元，比上年同期减盈增亏2.7亿元。这些问题的出现，有外部原因，但从内因看，主要是我们思想转变不快，机制转变缓慢。这些问题和工作中的难点，就是我们深化粮食流通体制改革中必须解决的重点。解决这些矛盾的根本出路仍然在于深化改革。我们有充分的信心，在党的十四届三中全会精神的指引下，经过全行业的几年共同努力，逐步走出低谷，转向回升。

切实安排好粮食市场　确保粮食供应和市场稳定

今年的粮食形势是好的。虽然粮田面积减少，局部受灾，但由于党中央、国务院高度重视农村工作，各级政府对发展农业采取有效措施，加上后期气候条件较好，粮食生产仍然取得好收成。粮食收购，经过前段时间全力以赴，抓紧工作，入库进度缓慢的情况有所扭转，现在估计全年粮油收购计划可能完成。这就为安排市场奠定了坚实的物质基础。同时，国家对粮食市场的宏观调控能力进一步加强，国家专项储备粮连续几年增加，达到历史最好水平，地方储备了一定数量的粮食。从总量上看，粮食库存比较充裕，保持在安全线以上。因此，国家完全有能力应对可能发生的粮食市场波动。近几年来，粮食生产成本不断提高，粮价一直偏低，工农产品价格剪刀差扩大，种粮的比较效益下降，影响了农民的生产积极性。合理的粮价上浮是正常的，有利于促进粮食生产的发展。但同时也不能麻痹大意，要密切注意市场动向，对一些地方出现的粮价暴涨，要及时采取措施，平抑粮价，绝不能因为放开粮价而撒手不管，放任自流。要汲取1988年的教训，不要“刮风”，人为地制造紧张空气，造成粮食紧张的假象。对容易引起群众恐慌的传闻要及时澄清，以安定民心。对此，我们要贯彻执行朱镕基副总理最近对稳定市场的重要指示，正确分析形势，牢牢把握粮食市场的主动权，做好保证粮食供应和保持市场稳定的工作。

要集中力量继续抓好粮油收购。粮油收购是安排市场的基础工作。今年是粮食放开的第一年，能否完成收购计划，不仅影响到粮食市场的稳定和生活安排，还关系到今后粮食事业的前途。粮食部门不掌握粮源，不掌握批发，就不能发挥主渠道作用，实施有效的宏观调控。没有充足的粮源，国有粮食企业就会进一步陷入阵地萎缩、经营困难的境地。所以今年的粮食收购事关重大，我们一定要继续集中力量，下大力气克服困难，抓紧收购，力争在1993年年底或1994年年初完成定购任务。同时积极开展议购，尽量多购议价粮油。从现在到春节前，正是秋粮收购入库高潮期，凡收购价低于市场价较多的，要采取措施，合理调整收购价格，调动农民卖粮积极性，加快收购进度。要继续把收购当作当前主要任务一抓到底。各级粮食局的领导同志要深入基层，到收购第一线了解情况，发现问题，及时解决，特别是收购难度大、进度慢的地方，要派工作组蹲下去，帮助基层解决难题，千方百计把粮源抓到手。

明年国家要进一步提高粮食收购价格。初步意见是：粮食每公斤平均提高0.2元，作为国家粮食支持性收购价格。提价方案在夏粮上市后出台。这次提价是稳定粮食生产的重要措施，我们要按照国务院的部署，做好粮食分品种、分等级价格测算等提价出台前的准备和出台后的落实工作。

要及时组织粮食吞吐调节，稳定粮食市场。粮价放开后，在市场经营情况下出现的价格波动，不能简单地照搬过去在计划经济体制下依靠行政命令“管死”的老办法，而要行政、经济、法律等多种手段综合运用，以运用经济手段为主调控市场。各级粮食部门要在当地政府的领导下，同有关部门密切配合，对局部地区出现粮价暴涨时，及时运用宏观调控手段和经济手段平抑价格。可先抛售议价粮和动用地方储备。国家粮食储备局决定先抛售市场调节粮，并以国家专项储备粮作为调控市场的可靠后盾，准备根据市场情况，适时适量抛售，以稳定全国粮食市场的大局。各省粮食局的负责同志要亲自掌握，精心组织，认真安排。抛售的方式有两种：一种是通过粮食批发市场抛售，平抑批发价格；另一种是通过国有粮店挂牌销售，平抑零售价格。各地要总结这方面的成功经验。要严肃纪律，防止抛售粮食出现卖大份、卖转圈粮等徇私舞弊现象，确保粮食抛售对市场产生积极影响，把粮价控制在合理水平。

抛售粮食的价格要根据市场价格水平和消费者承受能力来确定，并与明年提价后的收购价衔接。抛售粮食主要是稳定标米标面的价格，以保证消费者对大众化粮油及其制成品的需求不受大的影响。要适当拉开地区差价、品种差价和质量差价。精米精面的价格可以随行就市。这项工作要在各级政府的直接领导下进行。

努力做好粮食供应，安排好城乡人民生活。重点要做好大中城市、贫困缺粮地区和部队的口粮口油供应。在城市特别要安排好重要厂矿、大专院校及低收入居民的粮油供应，绝不能发生脱销断档等情况。元旦、春节即将来临，要增加粮油品种和数量，丰富节日市场。今年插花灾情较重，估计明年春荒发生面较大。粮价放开后，各方面关系尚未理顺，救灾工作面临较多困难，我们一定要高度重视这项工作，要在当地政府的领导下，与民政部门密切配合，继续采取过去行之有效的办法，在摸清底数的基础上，切实安排好今冬明春的灾区和贫困地区群众生活。对水库移民的口粮，也一定要安排落实好，绝不能出现断炊缺粮和大批逃荒等现象。要结合军粮供应体制的改革，继续做好军粮供应工作，部队调到哪里，粮食就供应到哪里；部队需要什么品种，就供应什么品种。这是政治任务，我们国有粮食企业责无旁贷。要切实做好粮食加工和调拨工作，成品粮粮源不足的地方，要组织力量突击加工。库存薄弱的地方，粮食部门要抓紧组织粮食调入，特别是灾区和主销区，一定要及早充实粮食库存。由于粮食调拨的任务很重，希望铁路、交通、财政、金融等有关部门大力支持，保证运输车皮和调粮资金的供应。春节期间，要充分利用运输空隙，优先抢运粮食。各级粮食部门要注意观察市场动向，发现问题要向当地政府和上级粮食局汇报，及时、准确地传递信息，为调控粮食市场提供可靠依据。

要加强粮食市场建设和管理，发挥粮食市场体系对调剂余缺、搞活流通的作用。在粮食市场容易波动的情况下，三级市场体系要成为稳定市场的重要场所。近几年来，我们新建了一些粮食市场，初步形成了以国家批发市场和期货交易所为龙头，以区域性批发市场为骨干，以初级市场为基础的三级市场体系。由于全国统一的市场还没有形成，市场的辐射力不大，履约率较低，对整个粮食市场的影响力还十分有限。所以要继续下大力气，完善粮食市场体系。粮食期货交易是市场发育的高级形态，其风险性和投机性很大，管理要求很高，要按照国务院通知精神，现阶段只在上海粮油交易所和郑州粮油商品交易所试点，不能盲目发展。当前重点是加强期货市场交易行为的规范化管理，发挥期货市场形成正确价格信号、为企业经营活动规避风险的功能。根据我国国情，当前要重点发展粮油批发市场。实践证明，用现货拍卖代替过去的计划调拨，比较可靠，容易操作，可以作为批发市场交易活动的一种重要形式。要把适时拍卖与日常交易结合起来，衔接省间供需，逐步积累经验。有条件的批发市场还可以设立分市场。批发市场要通过公平竞争和良好的服务吸引交易者进场交易，不断扩大市场的辐射力和吸引力。粮食初级市场比较方便、灵活，交易辐射范围伸缩性大。要积极参与初级市场的建设，利用粮食部门的库房、场地、铁路专用线和专用码头的优势，营造市场环境，逐步办成一批交易设施较为完备、仓储库房化、管理规范化的初级市场。要扩大市场的影响和透明度，增加粮食场内交易的数量。要以优质服务和规范化管理来吸引更多的客商进场交易。要加强粮食市场管理，对无照经营、欺行霸市、哄抬粮价、偷税漏税的不法行为，应坚决予以惩处，以维护良好的粮食市场秩序。

深化粮食企业改革　逐步建立现代企业制度

粮食系统如何经受住市场的冲击，在激烈的市场竞争中生存下去并求得发展，仍是许多企业面临的严峻问题。我们要按照党的十四届三中全会有关精神，结合粮食部门的实际情况，加快企业经营机制的转换，逐步在国有粮食系统建立现代企业制度。这是国有粮食企业改革的方向，是明年粮食工作的一项重要任务。

（一）加快企业机制转换和企业组织结构调整的步伐。要从明晰产权入手，在产权明晰、权责明确、政企分开、科学管理等方面进行改革。有条件的大中型粮油企业可以根据投资主体现状和发展情况，改造为国家独资公司或多个投资主体的股份制公司。股份制改造要先进行试点，取得经验后再逐步推开。大中型粮油储运、加工企业是国有粮食行业的基本力量，在吸引外资时要注意保持国有资产的主导地位。中小型粮油企业的改革要进一步开拓思路，勇于探索，善于总结经验，创造和实行各种责任制形式，成为自主经营、自负盈亏、照章纳税、对国家承担资产保值增值责任的经济实体。小型加工厂、食品厂、饲料厂、门店等基层企业可以更放开一些，实行租赁、承包、国有民营，或拍卖给集体、个人。通过多种形式的改革，使粮食企业的产权明晰化，理顺投资者与经营者的责任、权限和利益关系，使一些深层次矛盾得以解决。随着市场经济和社会化生产的发展，必然要求企业提高组织化程度，向集团化和规模经营迈进，这是大势所趋。将来主导粮食市场的是一些跨地区、跨行业的综合商社或集团公司，是一些形成规模效益的企业群体。批发集团化、零售连锁化是现代化粮食企业发展的一种趋势。提倡以实力雄厚的大型企业为核心，以高、新、优质产品和拳头产品为龙头，以产权联结为纽带的联合，向规模经营，向集团化方向发展。粮食部门内部购销调存各环节要改变各自为战的状况，工商联手，库厂结合，实现优势互补，发挥粮食部门整体优势。粮食部门的企业家一定要有远见，尽早冲破行政区域、行业划分的限制、摒弃行政级别的门第观念，以参股、控股、联营、委托代购代销等形式，渗透到粮食行业各种所有制中去，组成混合所有制经济单位，携手联合，互惠互利，“小船扎成排，奋力闯大海”。广州市粮食局组建“八字连锁店”、上海市虹口区粮油店改建便民连锁店，北京市崇文区粮食局开办“良苑”连锁店，取得了一些初步经验，这是粮食零售业发展的一种新形式，应当积极组织推广。同时也要发挥国有粮店点多面广的优势，把粮店、粮站改造成为综合商场、自选粮油商场、便民连锁店和集经营服务于一身的粮食合作社。要继续深化企业内部分配制度的改革，克服平均主义，收入拉开档次。新企业要按新的思路进行管理，机构设置和人事安排要少而精，不要形成新的包袱。

（二）积极开展多种经营。要坚持本业为主的方针，以粮油及其制成品为基础产业，广开经营门路，提高经济效益。我国粮油食品工业在工业总产值中的比重仅为5%多，比发达国家低4~9个百分点；经加工的粮油食品在居民消费中只占1/3，而发达国家占到80%~90%。这说明差距是很大的，潜力也是巨大的，以粮油食品生产经营为主业，前景广阔，大有可为。我们要面向国际国内、城市农村两个市场，在搞好粮油购销的基础上，大力发展粮油半成品加工、深加工精加工和综合利用，多创一些名牌产品，增强竞争力。农村粮管所、粮站要成为农村粮油服务中心，立足于为农业生产服务，为农民生活服务，大力开展“两代一换”，这不仅能密切粮食部门与农民的联系，搞活了经营，还减少了农户储粮的损失，具有很好的社会效益。城市粮店要继续根据市场经济的要求调整网点布局和经营结构，总的要求是保留骨干，适当调整，合理摆布，方便群众。粮办工业要以市场为导向，积极进行产业结构和产品结构的调整，搞好“三个延伸”，开发技术含量较高、附加值较高的产品，努力增加适销对路的产品。粮库也要拓宽经营路子，充分利用设施设备，面向社会，开展代储、代运、代中转业务。多种经营要注意与科技开发相结合，开发畅销产品，带动一批企业走向振兴。

（三）以经济效益为中心，做好扭亏增盈工作。粮食系统有些企业跑冒滴漏、浪费人力物力财力的现象是严重的，要充分挖掘内部潜力，完善各项管理制度，大力压缩非生产性开支，严格执行成本核算原则，制止乱摊成本的现象。明年要在全行业开展企业清产核资工作，摸清家底，改进经营，强化核算。今后不仅要在企业完善激励机制，还要建立监督机制和约束机制，在大的公司、库厂设立监事会，对国有资产保值增值实行监管，以有效地制止化公为私、损公肥私的现象。要不断提高领导水平，避免因决策失误造成大的损失浪费。要在职工中广泛进行艰苦创业、勤俭节约的教育、健全制度，抓好各项基础性管理工作。各地一定要结合实行新的会计制度，结合反腐倡廉，通过严格管理和监督，严肃财经纪律，进一步做好扭亏增盈工作。根据中央农村工作会议精神，各地粮食部门明年上半年要按照国家审计署审商发〔1993〕55 号文件规定，对粮食财务挂账进行全面清理，在清理核实的基础上，以 1991 年粮食年度为界，实行新老划断，并分清政策性挂账与企业经营挂账，限期解决。明年坚决不开挂账的口子。由于政策性原因，谁出主意谁落实钱，不能让企业承担行政干预带来的挂账包袱；经营性的挂账，谁挂谁背。这是一项关系粮食企业发展的重要工作，要领导动手，组织力量抓好。

（四）加快基础设施建设。今后粮食系统的固定资产投资要抓重点建设，逐步从新建转向技改，挖潜改造，扩大内涵，提高功能。各省的粮食建设资金要适当集中，重点建设和改造一批骨干粮库油库和中心粮店、骨干加工厂，逐步完善粮油及其制成品服务体系。鉴于明年的资金环境，基建项目要慎重决策，切实做好可行性研究。准备上马的基建和技改项目一定要筹足资金，不能贸然动工。已开工项目要集中力量，缩短建设工期，抓紧完成。世行粮食流通贷款项目建设涉及 15 个省市，是新中国成立以来粮食系统最大的投资项目，是面向下世纪解决吃饭问题的重点工程。我们要从大局出发，集中力量，高质量、高速度、高效益地建好这个项目。要抓好三件事：一是认真做好开工准备，包括设计、招标及各项组织、协调工作；二是研究如何用好用活用足国务院批准的优惠政策，研究如何抓住一切有利契机，做好工作，积蓄力量，建立还贷基金；三是采取边建设边运营的方针，建成一个投产使用一个，最大限度地提高经济效益。对没有世行项目的省区，在国内投资中将适当支持，同时也可以争取国内外其他优惠贷款，引进资金和先进的技术设备，逐步提高粮食行业的技术装备水平。粮食流通的“两大四小”走廊及配套项目建成后，将会大大提高国有粮食系统宏观调控的能力，增强参与市场竞争的经济实力。

继续加强和完善粮食储备调节体系

在建立粮食储备体系方面，过去几年我们做了不少工作，初步积累了一些经验，经济效益与社会效益都是比较好的。但也还存在一些问题，主要是储备粮的管理体制不顺，钱粮脱节；储备粮布局不尽合理，储存点分散，销区和缺粮地区储备数量偏少；内部管理也存在一些漏洞，储备粮调度不灵的问题也已经突出起来。这些问题，严重影响国家储备粮的正常管理和经营，影响储备粮的搞活增值。江泽民总书记、李鹏总理、朱镕基副总理多次对储备体系的建设作了重要指示，要求我们做到放得开，守得住，调得动，用得好。中央农村工作会议也对这个问题提出了明确要求。解决目前储备工作中存在的问题。尽快完善粮食储备制度，不能再靠小修小补，必须从组织机构、管理体制、内部管理制度等多方面进行改革。国家粮食储备局经过反复研究，已提出具体落实措施，并征求了有关部门的意见。下一步，我们要重点抓好以下几个方面开展工作：

——**逐步建立国家储备粮的垂直管理系统**。国家粮食储备在多级粮食储备体系中起着决定作用，从我们这几年的实践看，要保证国家储备粮能够管得好，调得动，必须建立国家储备粮基地库与独立管理系统。这是储备粮管理的组织、制度保证。根据统一领导、分级负责的原则，国家粮食储备局对已经命名挂牌的国家粮食储备库要强化管理。对于建立在主产区、主销区、交通枢纽、沿海港口和具有战略意义地方的大型国家粮食储备库，作为国家粮食储备局直属库，由储备局直接领导。建在铁路沿线或江海港口仓库容量在5万吨以上的国家粮食储备库，实施中央、地方双重领导，以中央领导为主的体制。其他的国家粮食储备库，实行中央、地方双重领导，以地方领导为主的体制。此外，随着国家金融体制的改革，国家储备粮的贷款管理将做到专款专用，专项管理，与地方划开。专储粮的费用、贷款利息补贴争取改进拨付方式，确保兑现。

——**调整储备布局，优化品种结构**。目前国家储备粮分布在全国30个省份的近两万个库点，在不少地方成了铺底粮，这种情况必须改变。要保证至少有一半以上的储备粮存放在国家储备库中。为了便于调度和有效调控市场，国家储备粮要有计划地由主产区向主销区、边远贫困地区和多灾地区转移。把分散储存在一般仓库中的储备粮向国家粮食储备库集并，将少数地处海岛、山区和边远地区失去战略价值和实用价值的库点撤销。专储粮的品种结构也要根据市场供求的变化，结合储备粮购销、集并和轮换适时调整。

——**改革和完善内部管理制度**。今后要严格按照储备粮管理条例办事，切实做到"一符、三专、四落实"①。今天我再次强调，专储粮粮权属于中央，未经国家粮食储备局批准，任何人不得擅自动用，凡是自行架空轮换、先用后报、用而不报或做了其他手脚的，要立即纠正，尽快补齐。食油商品储备也要参照储备粮管理办法加强管理，以应急需。粮食局、储备库的干部和有关人员调动时，要经过严格的交接手续，形成制度。仓库主任、保管员、会计、统计、出纳调动时都要有交接。县局局长调任时也要有交接。要严格执行国家财经纪律和核算制度，如发现挪用、盗卖、舞弊等情况，一定要依法严惩，决不姑息。国内贸易部、国家粮食储备局和各省粮食局将对国家储备粮库存组织突击抽查。这件事，领导一定要坚决，工作要落实，决不能含糊。

——**建立健全国家粮食储备信息管理系统**。储备粮的管理，要逐步实现电脑化，把分布在全国的储备库连接起来，加快储备粮管理、经营等信息的传递速度和准确性，为储备粮食的统一管理和调度提供有效服务。各储备分局设立信息站，在国家粮食储备库、粮油批发市场和期货市场要建立信息点，逐步实现计算机联网。粮食储备信息管理系统的规划和建设要分年度、分步骤完成。

——**充实地方粮食储备，继续推广农村集体与农户家庭储粮**。根据历史的经验，地方储备规模应相当于本地3个月以上的销量，才可以应对局部灾荒等情况。目前粮源趋紧，对此要有清醒的认识，不能一再迟疑。地方储备要在地方政府领导下抓紧建立，资金、费用标准要参照国家专储粮的费用标准逐步落实。中央将平价周转库存划拨地方作为地方储备的，应保管好，不要随意卖掉。对于农村集体经济组织和农户家庭，粮食部门要积极宣传，指导和帮助他

---

① "一符、三专、四落实"，指国家储备粮油的储存保管必须做到：账实相符，专仓储存、专人保管、专账记载，数量落实、质量落实、品种落实、地点落实。

们适当储粮，防备灾荒。

此外，要抓紧研究国家粮食储备法规，尽快成文，实现国家储备粮的依法管理。上下要多加强联系，共同做好这方面的工作。

加强粮食宏观调控　增强国有粮食行业的凝聚力

党的十四届三中全会《关于建立社会主义市场经济体制若干问题的决定》中，再次强调了建立重要农产品，特别是粮食和棉花储备的重要性。在我们这样一个人口众多、农业综合生产能力还比较低、地区间经济发展水平很不平衡的国家，今后较长一段时期内，粮食问题将仍然不仅是一个经济问题，也是一个重大的政治问题，是关系到经济发展、国家自主和社会稳定的大事。没有粮食的宏观调控，稍遇不测，就会影响经济发展和社会稳定的大局。1991 年，我国南方发生特大洪涝灾害。国家动用了将近 500 万吨的储备粮，灾区市场稳了，民心稳了，社会稳了。许多国家的粮食宏观调控体系比我们要管得多、管得细、管得严。我国古代政治家都懂得治国平天下要依靠粟盈民安这个道理。汉代以后历朝历代的昌盛时期，都设有粮食“常平仓”制度，调节丰歉，应对灾害。这一点对我们是很有启发的。要保证粮食市场的稳定，必须注意保持粮食的总量平衡。根据我国目前的粮情，总量平衡要抓三点：一是确保完成 5000 万吨国家粮食定购；二是保持合理规模的国家专项粮食储备；三是掌握粮食的进出口管理权。要保持总量平衡，必须要建立有经济实力的粮食宏观调控体系。这个体系包括粮食储备调节体系、粮食市场体系和国有粮食业的购储、加工、销售服务体系。建立健全粮食储备体系，有一个直接领导的国家储备粮管理系统，就能保证国家宏观调控措施的顺利运作和实现；有一个公开、平等、竞争、统一的市场体系，我们就可以充分发挥市场对粮食资源的基础配置作用，进一步搞活粮食流通；有一个健全的粮食购储、加工、销售服务体系，国有粮食企业就能在激烈的市场竞争中处于有利地位，履行国家赋予国有粮食企业的职责，确保市场供应，发挥主渠道作用。粮食风险基金制度是储备调节体系的重要组成部分，没有风险基金，宏观调控就难以保证。国务院决定，从 1993 年起，中央和各省、自治区、直辖市都要建立粮食风险基金。各地要按照国务院的统一部署，尽快把中央和省两级粮食风险基金建立起来。

强化宏观调控和增强行业的凝聚力是有内在联系的。国有粮食行业应当具有战斗力和凝聚力，这是实施宏观调控的强有力的组织基础。增强行业的凝聚力，我认为要靠决策正确，政策支持，传统不丢，组织落实。

——**决策要正确**。下一步深化改革的任务很重，各级领导要保持清醒的头脑，对出台政策要做好深入的调查研究，进行认真细致的论证，改革方向要明确，步子要稳妥。任何情况下，国有粮食部门都要掌握粮权，都要在粮食流通中发挥主渠道作用。这是我们决策的出发点和落脚点。

——**政策要支持**。就是要争取一些优惠政策。中央农村工作会议已经确定了明年的粮食政策，包括提高国家定购粮食收购支持价格；对粮食挂账先清理，分别情况予以停息；改进三挂钩政策，实行价外加价；建立储备体系和风险调节基金制度等，这些都为我们做好工作创造了良好条件。

——**传统要发扬**。我多次强调，粮食系统既要转变经营机制，又必须保持优良传统。粮食行业的优良传统，概括起来有三点：一是“宁流千滴汗，不坏一粒粮”的实干作风；二是“天下粮食是一家”的团结协作精神；三是“以为人民服务为己任，以艰苦创业为光荣”的思想境界。这些好传统是传家宝，是粮食系统的精神财富，要代代相传，并在新形势下加以丰富和发展。搞现代化建设，必须要同优良传统结合起来，和东方文明的精华结合起来。这就是小平同志讲的两个文明建设一起抓。

——**组织要落实**。粮食行业担负的任务繁重，国务院电报指出，粮食机构不能撤，队伍不能散。机构要精简，职能要转变，人员要减少。粮管所是基层粮食行政管理职能部门，不能搞“国有民营”，应成为行政管理的基层组织。粮食企业的国有资产不能流失，不能平调和转移。粮食基本队伍要稳定，要保留骨干力量。只有这样，才能肩负起新时期粮食工作的重任，才能在多种经济成分、多条流通渠道、多种经营方式的竞争中发展壮大，更好地发挥主渠道作用。今后粮食行业组织机构大体包括：一是行政管理机构。就是各级粮食厅、局；二是经营单位。就是粮食企业集团和各种经济成分、各类粮食流通、加工企业；三是中介组织。就是粮食流通行业协会；四是学术团体，就是粮食经济学会等组织。粮食流通协会和学会是我们做好粮食行政管理工作的助手，粮食行政部门的同志要重视和关心协会、学会的建设，帮助他们解决实际困难，为更好地发挥他们的作用创造有利的条件。以上四种组织机构正常运作，就能保证粮食系统走上正轨。

我们要完成面临的艰巨任务，关键是要培育出一批合格的人才，建设一支适应市场经济要求的粮食职工队伍。市场竞争归根结底是人才的竞争，各级粮食部门都要抓好发现人才、培养人才的工作，广开门路招纳人才，下大本钱。培养人才，不拘一格使用人才。特别要注意选好各单位各企业的一、二把手，为开创新局面打下基础。市场经济需要一批具有远见卓识、善于用人的粮食领导干部，需一大批懂管理、会经营、忠于粮食事业的优秀企业家，需要一大批知识丰富、训练有素的专业技术人员和经纪人、推销员，所以各级都要抓人才，搞培训，尽快改变粮食部门市场经济人才的短缺状况。这是百年大计，这项工作做好了，我们的事业就大有希望。

发展粮食事业，既要努力把粮食经济建设搞上去，搞活经营，提高效益，又要抵制腐败，发扬优良传统，保持良好的行业风气。改革开放中，粮食部门不是真空，也出现了一些腐败现象，出现了一些贪污腐化、收受贿赂、侵吞公款、走私贩私、偷卖国家粮油的案件，应当引起我们高度警惕。要警钟长鸣，把反腐倡廉贯穿到整个粮食工作中去。在困难时期，在转折关头，尤其需要讲团结，讲协作，讲奉献精神，讲顾全大局，清正廉洁，讲领导干部的表率作用。

同志们：粮食工作面临着很大困难，也孕育着新的契机。当前，我们要认真学习邓小平同志关于建设有中国特色社会主义理论，坚定不移地沿着改革的路子前进，要注意克服两种倾向：一种是遇到困难，就想走老路，如搞垄断、搞封锁等；另一种是撒手不管，放任自流。我们要全面地分析形势，坚定信心，继续开拓进取。我相信，在党的十四届三中全会精神的指引下，经过全系统广大干部职工的努力，再用两三年时间，一定能渡过难关，跨出低谷，走向回升，逐步在市场经济中掌握主动权，闯出一条有中国特色的粮食市场经济之路。

一九九四年

稳定粮价　稳定市场
搞活企业　促进发展*

（1994 年 1 月 29 日）

这次工作会议非常重要。李鹏总理和朱镕基副总理的重要讲话，给我们今后做好粮食工作和深化粮食流通体制改革指出了明确方向。两位领导都充分肯定了粮食部门在平抑粮价、稳定市场工作中所发挥的作用。朱镕基副总理特别讲到粮食部门是听党中央、国务院话的，听从指挥的。这次平抑粮价、稳定粮食市场工作在国有粮食部门的带动下，取得了比较显著的成效。去年 12 月 25 日我曾在会议上讲过，我们粮食部门要全系统总动员，全力以赴做好平抑粮价的工作，接受考验。我们希望粮食系统能交一份合格的答卷。一个月以来，经过全系统 500 万名职工的共同努力，可以说我们向党中央、国务院和全国人民交了及格的答卷。有的省区、有的地方工作做得更细，是良好，从全国看是及格的。这是党和政府以及社会各界的关心、支持、理解和帮助的结果。同时，也证明了我们粮食系统还是有战斗力的，国有粮食部门在关键时刻仍然能发挥主渠道的主导作用。这段平抑粮价工作非常重要，国内贸易部和国家粮食储备局各司局昼夜苦战，各省、地、县粮食局全力以赴，基层单位，包括仓库、加工厂、零售点、运输队都动员起来，做了大量工作，才取得这样的成绩。这是粮食行业在关键一仗中取得的初步胜利。我们应很好地总结经验教训，为下一步平抑物价工作打好基础。这次平抑粮价工作非常重要，为我们粮食系统发展

---

* 这是白美清同志在全国“菜篮子”和粮棉油工作会议粮食口分组会上的讲话（摘要）。

打下了良好基础，为粮食工作深化改革提供了较为有利的条件。当然我们在平抑粮价当中还有一些缺点和问题。只要我们认真总结经验教训，定会把工作做得更好。

1994 年的工作在去年厅局长会议上已经作了部署。这次结合会议反映和调查了解的情况，讲以下几点意见。

要毫不松懈地继续做好稳定粮价、安排粮食市场的工作

今年稳定粮食价格和稳定粮食市场的工作非常艰巨，现在我们的平抑粮价工作只是良好的开端。由于通货膨胀的压力，今后粮食价格上涨的可能性仍然存在，甚至可能发生一些突发性上涨。对此，我们要有充分的估计和深刻的认识，及早采取措施，从思想上、物资上、工作上做好各种准备。从这次平抑粮价工作我们可以看出，国有粮食部门担负着促进生产、保障供应、稳定市场、稳定粮价的重要职责。过去我们对稳定粮价、稳定市场做了不少工作，但是我们对进入市场经济后如何搞好宏观调控、如何稳定粮价还缺乏经验。尽管我们经历了 1988 年、1989 年的粮价波动，经历了 1991 年水灾后粮价的小波动，但那时还没有完全放开。这次，是我们进入市场经济后第一次遇到的粮价波动。从粮价波动和平抑粮价过程中可以看出，要做好市场安排，保持粮价的基本平稳，必须发挥国有粮食企业的主渠道作用，必须要做好专储粮食的工作。有物质基础才能稳定市场。一定要把中央专储和地方储备粮食抓紧建立起来。国有粮食部门不是可有可无，而是平抑粮价、稳定市场的主要依靠力量，这个观点要明确。1994 年，我们要继续做好稳定粮价，稳定市场工作。李鹏总理和朱镕基副总理都讲了，1994 年要保证改革措施的顺利出台和国民经济持续、快速、健康发展，必须有一个安定的社会环境。特别是不能让通货膨胀冲击我们的经济工作，冲击社会的安定。粮价是影响整个物价的基础价格。如果把粮价控制住了，就为稳定市场，发展经济以及为改革创造了条件。粮食部门一定要担负起促进生产、保障供应、稳定市场、稳定粮价的重要任务。

1994 年，稳定粮价的工作还要继续进行。不要因为一过春节就有所松懈。春节过后仍然要坚持稳定粮价的方针，继续把粮油市场搞好，不要发生脱销、断档现象，确保整个社会的粮食供应。春节前这一段看来不会出问题，节后的

任务仍然艰巨。各级粮食部门要密切注视市场动向，如果粮价发生异常情况，发现苗头要及时向当地党政领导汇报，及时采取措施加以解决。动作要快、要有力，不要拖延。同时，要向内贸部和国家粮食储备局反映。现在存在一个问题，就是反映情况、沟通信息的工作削弱了，希望各地注意解决这个问题。今年4～6月是一个关键时期。我讲过4～6月见分晓。因为到时正值粮食春荒和蔬菜淡季，搞不好可能要出问题。为了把灾区春荒期间生活安排好，内贸部和国家粮食储备局在长沙召开了十几个省、市的灾区粮食安排会议，决定再增拨100万吨专储粮食用于春荒期间的生活安排。各地在安排落实中有困难可再向上反映。国家粮食储备局还准备再研究一次。总之，到夏收前务必要把粮食市场稳定住。

还要注意一个问题。今年新粮上市时，国家提高粮食收购价格的方案要出台。提高购价后相应提高销价发生的冲击波如何解决，是面临的又一个难题。各地要早做准备，认真做好测算，准备应急措施，把由于提价而产生的冲击波造成的影响控制到最低限度。我们的工作要从两种可能性考虑。一种是比较顺利；一种是出现问题怎么办。整个经济形势是好的，农业生产也是好的，总的看是增产。但我们对可能出现的问题要考虑得周到些，尤其是要考虑出现最困难的情况怎么办？各级粮食部门要认真总结这次平抑粮价工作的经验，继续把稳定粮价作为头等大事抓紧抓好，不得乱涨价。目前粮价波动控制住了，但还有可能发生新的波动，食油供应也可能个别地方会有脱销。因此，我们的工作不能松懈。粮食库存薄弱的地方要及时做好粮食的调运接收工作。部里已成立调粮小组，有问题要及时向他们反映。据了解，前一段安排的255万吨抛售粮指标现在还没有用完，指标还可以用。加上增拨的100万吨救灾粮，粮源是有保证的，关键是要把工作做细、做好。对基层粮食企业要进行教育，一天两个价甚至三个价是不允许的。基层粮食企业要改进工作，在粮食商品进入市场的形势下，发挥好国有粮食部门的主渠道作用。

要认真把全国各地的粮食总量平衡工作抓好

这是进入市场经济后我们遇到的新工作、新课题。把握粮食总供给与总需求的基本平衡，是稳定粮价的一个基础。也是这几年来实践经验证明的。这次平抑粮价如果没有总供给和总需求平衡是不容易把涨势控制住的。有了基本平衡后，价格波动自然会控制到最低程度。市场经济条件下，价格不是静止的，是动态的，是会有波动的。我们的任务是控制波幅不要太大，越小越好。农业生产有一个周期问题，大体上是“两丰两歉一平”。粮食流通、粮食市场也会有波动。市场经济不是静止的经济，而是动态的，我们要动态的平衡。因此，就需要我们发挥宏观经济的调控作用，把握总量平衡，使波动幅度减少到最低限度。今后粮价不波动是不可能的，恢复到1992年粮价也是不可能的，但必须使粮价波动幅度保持在一定范围内。这就需要把握粮食的总量平衡，除全国总量平衡外，各地也要认真研究粮食放开后本地区粮食综合平衡问题。省的综合平衡要包括这样三个部分：①自产自用的。包括口粮、种子、饲料、工业用粮。要明确这部分粮需要多少，自己能解决多少，缺口有多少。②考虑省间、地区间调剂部分。③进出口部分。有的省要进，有的省要出，有的进出兼而有之，还有品种调换。要根据以上几部分，分品种、分地区进行测算，研究实现总量平衡的办法和意见，把本地区粮食总供给与总需求保持在一个比较适当的水平。

要达到粮食总量平衡，必须建立两个制度：第一，建立粮食储备制度。逐步完善国家专储粮、地方粮食储备和农民储粮的三级粮食储备体系。今年重点是把地方粮食储备建立起来，这是应对粮食市场波动的重要手段。我们总结的“总量平衡、适量储备、掌握批发、管好市场”的原则是正确的。实践证明必须如此，必须把适量储备作为总量平衡的必要条件。所以，今年必须要把地方粮食储备建立起来。第二，建立粮食风险基金制度。建立中央和地方两级粮食风险基金保障体系。这次国务院下了最大决心，把原来用于差价款的补贴用作帮助各地建立风险基金：大约有30多亿元，加上地方配套，总共有60亿元以上。

做好粮食总量平衡，关键在于掌握粮源。朱镕基副总理指出，国有粮食部门要掌握70%~80%的粮源，要掌握粮食批发和加工，这是从宏观全局出发的重大决策，我们要认真贯彻落实。在国务院没有作出新规定之前，5000万吨的定购任务不能放松，不要等，要落实到户，为全年粮食收购工作打好基础。至于对定购这部分怎么说法，我们将来在文件上再定，但定购要照常进行。国务院1993年9号文件第一条就讲了要保留定购，价格随行就市。不论是确定9000万吨还是7500万吨的收购任务，都包括这5000万吨的定购。至于收购到什么程度放开市场，再由国务院定。春耕生产就要到了，在没有新规定之前，仍然要按5000万吨定购任务去落实。去年有些省搞了合同定购，仍要坚持。只要价格调到合理水平，和市价接近，农民愿意接受，社会各方面舆论也会接受。农民是有传统观念的。农业税征实要坚持，不能动摇。搞好定购和农业税征实，就为今后的收购和掌握粮源打下了基础。下一步我们再研究如何衔接。这次会议后，各省要马上落实。

各地要把去年国家下放到地方的平价粮转为地方储备的粮食管好。去年周转粮管理有所放松，问题比较多。1993年7月27日内贸部《关于平价粮周转库存转作地方储备的通知》第5条明确指出，国家现有平价粮的周转库存，除转为地方储备外，所剩部分粮食所有权归中央，其管理权下放给地方，地方可周转使用。未经批准不准挪用。库存数不能低于上年，低于上年的要查明原因，限期补足，以确保这部分粮食的正常周转。关于大家谈的周转粮费用问题，实际上这部分粮食平价进，销价高，周转增值都归了地方，而且地方包干时就有费用，费用就不要再向中央要了。进出口问题也要抓紧进行。今年地方进出口全部实行代理，没有补贴，各省要事先做好准备，及时向当地政府汇报。今年中央进口部分是400万吨，每公斤有0.084元的补贴；地方进口部分700万吨，各省自定，计划很快要下达。进口食油的计划已作了初步安排，各地要抓紧进口。

今年的粮食收购还有一点尾数未完成。截止到1月20日，全国收购定购粮4365万吨，完成计划的87%。希望大家继续努力。朱镕基副总理讲，不要抬价收购，定购不应当存在抬价问题的。议购收购了2500万吨，收购总量达到7300万吨。各地收购数可能有点虚数，要赶快补齐。1994年的工作要严格要求。对有的地方存在弄虚作假、挪用储备粮的问题要严肃处理，包括给予行政的和经济上的处分。市场经济必须加强监督和管理。

深化粮食流通体制改革　进一步搞活粮油基层企业

关于深化整个粮食流通体制改革问题，部里经过调查后，准备在2月拿出方案，再征求各省意见。今天就不讲了。

这里着重强调搞活粮食基层企业。要按照建立现代企业制度的方向，改革现有的粮油加工、仓储和销售企业。重点是抓明确产权问题，使基层单位能够适应市场经济的发展，做到权责利相结合，具有生机和活力。各省市粮食局要研究试办股份制和股份合作制企业。对小型企业可采取灵活多样的形式，可以租赁、承包，也可以国有民营，但必须保留一定的骨干。农村粮管所不要搞国有民营，因为它是基层单位，兼有行政管理职能。要探索适应市场经济要求的现代化的零售方式。大中城市可搞连锁店经营，搞中心厨房或配送中心，与连锁店的建立结合起来。部里将要搞连锁店的试点，各地也可以搞。要在一些低收入地区或贫困地区搞平价粮店的试点，以保证低收入人口的生活需要。最近我在兰州市看了一下。他们利用过去的粮本搞了信誉卡。领到信誉卡在粮店买粮每公斤低 2 分钱，买油低 2 角钱，差价的钱来自过去低价购进的平价粮。信誉卡发行面在发展，占了 1/3 的户，完全自愿，只要是原本市供应的居民都可领取。信誉卡买粮，一是价格低一点；二是货真价实，并可以包退。如果在此基础上搞平价连锁店，享受优惠政策，既能保证低收入者的需要，也对社会安定起到一定的作用，又扩大了粮食流通企业的阵地，各地都可试验一下。内贸部在四川凉山州的扶贫点，也采取平价粮店的做法，具体做法是拨 5000 万斤平价粮转为饲料粮，再用饲料赚的利润补助销售企业。湖南省有水库移民 150 万人，都是低价供应，甚至是每公斤 0.3 元的粮价。这样的地方可以搞平价粮店形式，让粮店名正言顺地享受优惠政策，保证水库移民的供应。在新形势下，大家可以大胆探索，创造多种新形式。在农村要继续推广“两代一换”，推广山东昌邑的“粮食合作社”、推广湖南华容东山乡的“两代一换”加“二次结算”，建立农商之间的经济共同体。各地都要搞些试点，创造新形式，新的销售方式，如“公司加农户”、“粮库加农户”等。不要粮食一放开，就束手无策了。

我们是有经济实力的，要把它充分运用出来。这里我要强调，搞市场经济一定要打破行政封锁、地区限制。连锁店超过一个区的范围就搞不起来是不行的。一定要想办法突破它。要先行试点，逐步推广。市场经济条件下人们的收入分配拉开了，我们对低收入者要有社会保障措施，搞平价粮店可把这层人稳住。希望大家在今年创造出一些好的经验。

国有粮食企业要在搞活经营、开拓市场方面下工夫。要提倡搞工厂和商业联合。天津搞了加工厂名牌产品挂牌销售这种初级形式，还可搞代销、总经销，组建联营公司，逐步发展为工商之间紧密的经济联合体。基层粮店、粮库要搞联购分销，不要采购员满天飞。国营粮食系统要从提高规模效益的角度考虑问题。目前我们系统的销售网络运用得不好。我们有遍布全国的十几万个销售单位，可将这些网点联合起来，推销本系统的名、优、特、新产品。现在有的地方习惯于各自为战，整体优势未发挥出来。我们要发挥整体优势，闯出一条新路子。在发展市场经济中，企业要搞多种经营，开辟新的经营门路，增加新的经营网点。一般网点改造，可通过争取政策，逐步进行。但大楼要少盖，未开工的要慎重。办什么事要量力而行，我们要把工作做踏实一些。今年基本建设的重点是搞技术改造、新技术开发，尽快完成在建工程，不要多铺新摊子。要着重增强宏观调控能力。各公司和集团公司要抓紧工作，增强自身经济实力。各个公司要注意建立激励机制、监督机制和约束机制。同时，要加强财会工作和审计工作。越是放开搞活，越应加强管理。总之，今年全系统要把深化粮食企业改革作为重要问题抓好。

认真做好清仓查库工作　核实库存

进入市场经济、放开搞活后，必须要把仓库管理工作搞好。目前仓库管理工作有所放松，制度有些松弛。库存不实的现象虽然是少数，但值得引起重视。据去年普查的结果，大概有2%的差率。部里派出的23个工作组抽查的结果，差率接近2%。但我认为这只是初步的，库存不实的问题需要引起高度重视。如果库存不实，把国家的粮食搞空了，我们将无法向党、向政府、向全国人民交代。粮食关系国计民生，粮食库存不实，将影响大局。所以，库存不实是粮食局长、仓库主任最大的失职。各级粮食部门的一个重要任务就是核实库存。我们要下最大的决心狠抓几年，从制度上和现代化手段上采取措施。今后评选先进粮库的第一条件或者否决条件就是库存账实是否相符。今年我们要花大力量清仓查库。要采取以下措施：第一，建立粮库的交接责任制。各粮食局一定要建立规章制度，粮库主任、保管、会计离任时要办交接。今年把基础打好，从明年起县粮食局局长上任和离任也要交接。第二，今年要突击抽查仓库。各级粮食部门要组织工作组，对一些粮库进行突击抽查，特别是南方五六月，北方七八月是粮食少的时候，部里准备进行抽查。这次国务院组织了3个联合组到黑龙江、河南、湖北等省抽查，下步还要继续抓。抽查不打招呼，指哪个县就查哪个县。各省、市、县粮食局长也要下去抽查，在1994年内查几个库，了解情况。各省粮食局长要把去年收购的情况汇报一下，以便我们总结收购的经验，做好下一步工作。将来对清仓查库工作也要总结经验。第三，加快仓储信息管理系统的建设。部里已确定利用世行贷款建立国家粮油信息中心。计划第一步和大库联网，第二步和900个储备库联网，准备用二三年时间完成。对粮库实行电子化控制，在中央控制室里就可以对库存、周转情况一目了然，能够及时、准确地了解粮食库存情况。将来我们调粮或在紧急情况下粮食的调动，都可通过粮油中心的中心控制室编好程序，下达指令，与此同时，要建立市场信息系统，同区域性以上的规模较大的批发市场和期货市场联网，下一步再和初级市场联网。这样，我们就能迅速掌握信息，作出反应。

在这里我强调一下，各省粮食厅局要和基层粮库打个招呼。部里将给各基层粮库起草一封信，对他们几年来辛勤工作，特别是这次平抑粮价工作表示慰问。同时提出要求，务必要把库存搞实，动用的要补上，如补不上，查出来要严加惩处。粮食库存关系到粮食部门的生存，也是党中央、国务院对粮食企业的最基本要求，是粮库的基本功，一定要抓实。要用3年时间抓好。各省粮食局长要心中有数，不能当空头局长。请大家把这些情况传达到基层。最近我到基层了解情况，发现内贸部和储备局的一些文件、精神有些地方并未传达下去，有的是忙起来忘了；有的是当时听着感动，事后不动。要纠正这种情况。对下边挪用粮食的行为，绝不能宽容，不要有菩萨心肠，认为这么做还有什么道理，要严加处理。对经得起检查的仓库，要表扬，干部要提拔、重用；对查出的问题，要严惩不贷。我们守住了粮食，就可以有效地调控市场，应对突发事件。如果库存不实，总量平衡出现了大窟窿，将影响整个国民经济的正常运转，特别是用于救灾的粮食，是人命关天的大事。粮库首先要做到“一符”（库存账实相符），然后才是“四无”①。清仓查库工作一定要下大力量抓出成效。

做好清理挂账的准备工作和测算工作

今年上半年我们一定要抓紧这项工作，为企业放下包袱，为搞活企业创造条件。各省，市、县都要把账目搞清楚。要以省局分管副局长挂帅，组织财

① “四无”：这里指粮食仓库“无虫害、无霉变、无鼠害、无事故”。

会、审计等有关部门成立专门班子，把账算好，做好基础工作。部里正在和财政部一起搞方案和办法，争取上半年拿出来。清理挂账工作最重要的是将政策性亏损和企业经营性亏损划分清楚，从县一直到省都要划分开。我们将建议采取措施，把政策性挂账集中挂到县一级，把基层粮食企业解放出来。同时，结合粮食流通体制改革，把这方面工作做好。对两条线运行的具体意见，国家粮食储备局财会司还要专门布置，请大家回去后先把班子成立起来，算好账，对遗留问题提出处理意见。对清理挂账工作，财会司已经调查了几个地区，今年3月将召开全国财会处长会议部署清理挂账工作。通过这次平抑粮价，粮食部门的挂账和其他一些问题已引起各级领导的重视。我们要把握这个机会，积极采取行动，通过深化改革，尽快解决这些问题。

加强领导，反腐倡廉，发扬优良传统

我认为，粮食战线总的情况是好的，绝大部分干部和职工是经得起考验的。同时也要看到，在市场经济条件下，粮食战线也出现了不少问题，甚至有极少数人贪污腐化、行贿受贿、倒卖粮食储存器材、侵吞国家财产，成为罪犯。在粮食系统已经发生好几起案件，有的非常严重。最近印发了一个材料，反映辽宁省昌图县粮食局倒卖粮食仓储器材、贪污受贿、腐化堕落的情况，令人触目惊心。这是新中国成立以来粮食系统从未发生过的事情。说明我们的粮食队伍确实还有个别人经不起市场经济的冲击。我们部属二三级公司有两起判死缓的案件，贪污万元左右的案子还有一批。粮食系统一定要注意反腐倡廉、防微杜渐，把队伍的思想建设抓好。当然光靠思想建设还不行，还要靠法制和制度。粮食部门还存在一些过去想象不到的事，县粮食局长带头虚报定购，骗取国家补贴，虚报的数量还很大。在市场经济条件下，我们必须下力量把队伍建设好，建设一支政治上、业务上过得硬的队伍。在粮食统购统销时期，我们粮食部门保持和发扬了优良传统；在市场经济时期，我们仍然要保持和发扬优良传统，经得起考验。我们不能原谅自己，认为我们很困难，强调别的系统问题比我们还多。1994 年，全系统在思想建设上要坚决反对贪污腐化，坚决反对浮夸风。对贪污腐化问题大家有所认识，对浮夸虚假问题大家认识还不深刻，这里我要重点讲一下。浮夸虚假是腐败的开始，一害自己，二害国家。粮食部门是实打实的，虚假浮夸将会贻误大事。搞浮夸虚假是有个人目的的，这就是腐败的开始，想搞歪门邪道的开始。对这个问题要有充分的认识。做粮食工作一是一、二是二，绝不能说假话。要采取措施防微杜渐、堵塞漏洞，使我们的队伍保持好的作风，有战斗力。如果贪污腐败、浮夸虚假之风盛行，粮食队伍就要垮掉。我们一定要从全局出发，按照党和国家的要求，把我们这支队伍建设好。

在保持优良传统工作中，我强调两点：一是要加强组织纪律性；二是要树立整体观念。现在有的粮食部门组织纪律松弛，管理工作相当混乱，基层企业不听省局招呼、指挥不动。有的人认为放开经营、实行市场经济就绝对自由了，这是错误的。粮食部门是不可分割的整体，从收购、加工、批发到零售，存在密切联系，要有高度的组织纪律性，还有树立整体观念问题。现在一些地方粮食企业各顾各的，单兵作战，搞小而全，没有从整体利益出发，不能发挥出整体优势。这次平抑粮价调运粮食中，把劣质粮调给别人，有的地方用化肥袋装专储粮，这是非常错误的。国家的专储粮是有标准的，不能将劣质粮调给外省。社会主义市场经济要讲信誉、讲互相支持，顾全大局。粮食部门如果没有整体观念，各自为战，就会在多渠道竞争中失败。希望大家对基层粮库进行教育。最近也听说有些省做得比较好，及时调出粮油，帮助一些省解决粮油供应出现的困难。这种作风应予表扬。

要做好粮食工作，关键在于各级领导班子要按照党中央和国务院的要求进一步把工作搞好。现在县以上粮食局领导班子有一个值得注意的问题，就是放松了对粮食的宏观调控和粮食管理工作，而着重花大力气搞自身的经营，解决局机关自身的吃饭问题。这是值得注意的带有倾向性的问题。用相当精力搞项目、搞合资企业、搞经营，客观上的原因是我们的机构未稳定，存在三怕：一怕“撤庙”；二怕“断奶”；三怕安排市场。为应对这些事，就用精力去研究经营、研究项目，为自己找后路。现在我们有些基层单位管理相当差，包括较大的厂、库。最近，我们突击看了一些基层单位，管理存在很多问题。我认为，搞多种经营，发展经济实力，开辟生产门路安排剩余人员，这些都是必要的，但领导要有分工。各级粮食部门一把手、党组书记一定要抓宏观调控、抓管理。一个处室都搞几个公司是不行的。将来也应实行两条线运行，即行政就是行政，要承担管理职能，政企分开。所需经费通过正常渠道解决。要把职能、机构、人员定下来。搞经营的就到公司，不要将行政和经营混在一起。各级粮食部门一把手要抓管理，要抓基层，为基层服务。各地要把基层企业排一下队，总结出好的经验，并花大力气整顿一下落后企业。要及时发现问题，及时解决。对粮库还要注意，要加强管理，不搞国有民营，防止国有资产的流失。

同志们，1994 年我国经济体制改革处在关键时期，粮食系统也处于关键时刻。今年的工作十分重要，今年这一关度过后，对我们提出的粮食系统二三年走出困境将起决定性作用。全体粮食职工一定要按照党的十四届三中全会精神，抓住机遇，深化改革，扩大开放，促进发展，保持稳定，向市场经济目标迈进，把各项工作做好。

关于甘黔桂三省区建立粮食风险基金的调查汇报*

（1994 年 2 月 7 日）

根据朱镕基副总理的指示，由国家计委、国家经贸委、财政部、国内贸易部、农业部、国家粮食储备局组成的国务院调查组，在前两次调查的基础上，于1月19日~23日，1月27日~2月6日对甘肃、贵州、广西三省区建立粮食风险基金问题进行了专题调查。在三省区期间，我们除听取有关部门汇报，邀请不同类型的地（市）县进行座谈外，还深入到县、乡、村和农户家中，就农村自产自食的粮食补助问题作了进一步的调查和研究，现将调查情况汇报如下：

缺粮贫困地区建立粮食风险基金更为必要

甘肃、贵州、广西均属边远贫困的多民族聚居地区，其基本特点是人多地少，缺粮缺钱。因此在建立粮食风险基金问题上有三个明显不同于产区的特点：一是粮食生产水平低，供需缺口大，运距远、费用高、市场粮价波动较大，风险很突出。贵州省正常年景收购13亿斤，销售30亿斤，需从省外调入17亿斤。广西收购30亿斤，销售48亿斤，需调入18亿斤，一有风吹草动，风险随时就会发生，特别是广西在历史上有过缺粮饿死人的问题，各级领导至今仍心有余悸。甘肃省历来靠调进，每年包干调入7亿斤。党的十一届三中全会以来粮食生产发展较快，近两年总量虽基本能够平衡，但西余东缺，运距长，费用大，到陇中、陇南铁路运输平均850公里，公路300公里，调运十分困难，加上品种串换的任务也较大，粮食上风险问题也很突出。二是粮食风险

* 这是白美清同志根据朱镕基副总理的指示，带领由国家6部委组成的国务院粮食风险基金调查组赴贫困缺粮的甘、黔、桂三省区调查后给国务院的报告。

基金中用于扶贫的比例大。由于贫困地区人均占有粮食少，粮食商品率低，粮食提价后农民所得较少，而需要国家给予返销和自产自食农民的补贴较多。甘肃省正常年景人均占有粮食约600斤，商品率19%；广西人均占有650斤，商品率15%；贵州省人均占有量刚过500斤，商品率仅10%。农业生产资料和粮食收购调高价格后，增收增支相抵，农民基本没有得到什么好处。据测算，这次调价后贵州人均增收0.3元，广西人均增收0.6元，而甘肃人均要增支2.5元。甘肃86个县，需返销的和自产自食的县有64个，占74%；贵州占92%；广西占81%。缺粮人口分别为540万人、800万人、900万人。由于缺粮面大，在粮食风险基金中，扶贫资金占的比例很大，甘肃为46%、贵州56%、广西50%。三是地方财力有限，中央补贴较少，资金缺口大。据测算，三省区的粮食风险基金规模，甘肃为2.2亿元，贵州为2.72亿元，广西为3.82亿元，除中央补助给甘肃1890万元、贵州850万元、广西8551万元和地方自筹外，缺口分别为1.2亿元、2.05亿元、2.16亿元。

对贫困地区来说，尽管建立粮食风险基金有较大的难度，但三省区的党政主要领导和有关部门领导一致认为，建立粮食风险基金是促进粮食生产、保证粮食供应、稳定市场、稳定粮价的重大决策，在粮食走向市场经济后有极为重要的作用，它和建立粮食储备制度，是“双保险”，意义深远。广西壮族自治区主要负责同志反映：建立起这两项制度，我们才放得下心，睡得着觉，一再表示，难度再大，也要想办法争取再挤出一点资金，把粮食风险基金先建立起来。同时也要求中央对贫困地区给予倾斜政策，帮助贫困地区解决资金缺口的问题。

对建立粮食风险基金几个问题的意见

（一）中央帮助地方建立的风险基金返还问题。从三省区调查的情况看，贫困缺粮地区建立粮食风险基金的缺口较大。考虑到贫困地区原来国家定购任务小，中央按1/2给贫困缺粮地区的加价款（基数部分）较少，建议将中央返还给各地的10.25亿元应重点照顾缺粮较多、中央给的基数又小、地方财政又很困难的省区。据我们测算，广西壮族自治区如全额返还加价款，缺口即可解决。甘、黔两省返还得太少，需从机动数中增加一部分。我们认为，只要做好调剂，重点突出，这些省的困难是可以解决的。

（二）自产自食粮农的补助问题。对自产自食的农民如何进行补贴，我们这次作了专门调查研究，在三个省区都分别召开了不同类型地、县、乡、村干部座谈会，访问了缺粮户，并去甘肃景泰县五佛乡和广西邕宁县那马乡作了专题调查。基层干部认为党中央、国务院在制定政策时充分考虑到多方面群众的利益，体现了对人民群众生活的关怀。但普遍感到既是好事，又是难事。关于操作的办法，较普遍的意见是，由省确定自产自食的县，把补贴由县分配到乡，乡里张榜公布，落实到户，由乡人大主席团和村民代表监督，使补贴真正发到农民手里。分配到户有三种方式：按耕地面积、按人口或按产量。调查中，大家认为，按人口补贴不利于计划生育，按产量补不易核实，而按田亩补较合理，易操作。讨论中，大家倾向于将补贴款买成化肥等农用生产资料补贴到农户好一些，有利于增产。调查中，一部分同志也反映：自产自食标准不易划分，容易产生平均分配的倾向，而且此例一开，以后难搞，主张只解决缺粮户的补助问题，对自产自食的部分，可自行消化。我们意见，这个问题各省差异很大，情况较复杂，可由各省、市、区自行确定。

（三）缺粮地区的返销补贴问题。对缺粮户的返销是一个政策性很强的问题，从贫困缺粮的省区看，几乎县县都有返销，而且返销的对象也是多种多样的，有经济作物地区的缺粮返销；有正常年景的缺粮返销；有民政救济的返销，也有因灾减产的返销。为发挥粮食风险基金的作用，使农民真正感到粮食调价后不受大的影响，从粮食风险基金中开支的返销粮差价补贴，应从严掌握和控制，开支范围仅限于缺粮地区、贫困山区的粮农口粮返销。调查中，大家认为，可将补贴拨给粮食部门，粮食部门按补贴后的价格供应给农民，属于民政部门用于救灾和救济返销而增加的开支，请民政部、财政部统盘考虑。贵州、甘肃两省要求相应调增救灾款的包干基数，广西壮族自治区要求增加部分救灾款。

（四）吞吐调节和地方储备的问题。粮食放开经营后，多数地区按照中央建立多级储备体系的精神，先后建立了一定数量的地方储备，甘肃有 15 亿斤、广西有 10 亿斤（包括省、地、县），为吞吐调节奠定了基础。目前有的省将地方粮食储备费金纳入了地方预算，有的纳入了一部分，有的未纳入。粮食风险基金建立后，如何将用于市场调节的吞吐粮与地方储备粮有机地结合起来，更好地发挥其调节市场的作用，我们建议地方用于储备的费用补贴必须保持列入地方预算，不能减少，待风险基金建立到一定的规模后，可逐步将用于地方储备的资金纳入风险基金，既作储备，也作吞吐。

（五）适当调整国家专项储备粮布局，减轻销区的风险压力。为增加缺粮地区的储备能力和调控手段，缓解风险基金不足的矛盾，国内贸易部、国家粮食储备局已研究决定转移一部分国家专项储备粮到这些贫困缺粮省区。请银行、铁路在资金划拨、运输上给予支持，力争在较短的时期内集中向销区调入一部分国家专项储备粮。

对下一步工作安排的建议

为了尽快把这项工作铺开，建议在春节后召开一次粮食风险基金工作会议，向调查组尚未去过的省市区统一规定粮食风险基金的使用范围和测算口径。会后，请各省市区在二月底以前向计委、财政部、内贸部、国家粮食储备局报送风险基金的测算方案。同时，抓紧修改粮食风险基金实施暂行办法，在征求各省意见后随各省的方案一起发出。争取在三月中旬经国务院批准后下达。

通过这次调查，我们体会到国务院建立粮食风险基金的决策，是完全必要和切实可行的，只要抓紧工作，今年把拥有60多亿元以上的（其中中央32亿元）地方粮食风险基金建立起来，在实践中不断发展、充实，将会对粮食宏观调控能力的加强，发挥重大的作用。

在世行贷款粮食流通项目第二次设计工作会议上的讲话

（1994 年 2 月 23 日）

我国世行贷款粮食流通项目从去年 6 月世行通过到现在将近 8 个月了，各级粮食部门、科研设计单位在各级党政的领导下，在各个单位的配合下，特别是在各级计委和交通、铁道等部门的大力支持帮助下，首批 28 个项目的初步设计已经完成，一些重点项目的初步设计取得了比较显著的成绩。这是大家团结协作、辛勤努力的结果，是科研设计单位和项目业主单位相结合的一个成果，也是我们跨地区、跨部门、跨行业通力合作和深化改革的结果。这 8 个月来，工作成绩很大，这和在座各位的努力是分不开的，我代表国内贸易部和国家粮食储备局，代表项目协调领导小组对大家表示衷心的感谢！对各位代表在欢度新春佳节期间就到北京来开会表示敬意并向大家拜年！

现在世行贷款粮食流通项目的建设进入了关键的时期，今年即将启动和开工，召开这次会议来研究如何加快项目的设计和招标的进度，争取尽快地开工，胜利完成粮食流通项目第一阶段建设的任务。经过大家这几天来的努力，本着顾全大局、互相支持、团结协作的精神，解决了一些具体问题，所以我认为这次会议开得很好，在粮食流通项目的建设上将发挥重要的作用。

下面，我主要讲四个问题。

充分认识粮食流通项目的重要性

我认为世界银行在中国投资的这个粮食流通项目是一个在全国解决吃饭问题的重要工程，我们正在争取使它成为国家重点工程，虽然单个的项目投资不是很大，但是总体来说，它是一个系统工程。这个工程实际上是为了解决下一个世纪粮食的流通、供应和储存的系统工程，是为子孙后代造福的一个工程。大家知道，对中国来说粮食问题至关重要，具有特殊的重要性。因为我们是一个人多地少的国家，粮食人均占有量只达到世界上的中等水平，随着国民经济的发展，对粮食的需求量也将日益增加。一方面我们国家的人口在以每年1000多万人的速度不断增长，而耕地面积特别是粮田面积在逐渐减少，人们的消费水平又在逐步提高。过去曾是糠菜半年粮，吃饱肚子就行了，现在是在吃饱的前提下，要求吃一些精米精面等高质量的食物，要求增加动物蛋白的数量，这些都对粮食的需求提出了更高、更多的要求。党中央和国务院一贯重视粮食工作。到下一个世纪粮食产量要从现在的4.5亿吨增至5亿吨，这增加的5000万吨粮食我们摆到哪里，怎么样运输，怎么样储存，怎么样加工，是我们必须要考虑的问题。所以根据国务院的指示成立了九个部委参加的项目协调领导小组。我们是在想下一个世纪如何解决中国的吃粮问题，不能临时抱佛脚，现在不着手抓，要到2000年以后再动手就晚了，就会措手不及，况且粮食的仓储、运输设施还有一个不断更新的问题。中国的粮食问题如果解决不好将会影响改革的进程，影响国民经济的发展，影响社会的稳定，特别是到下一个世纪问题就会更突出。而粮食流通项目正是基于这样的考虑，是一项对保证国家的稳定，促进改革的进行，促进经济的发展具有重大意义的工作。我认为，从事这项工作是光荣而艰巨的。

从粮食行业来说，这也是我们从传统粮食业向现代粮食业转变的一个重大的系统工程。我们要把传统粮食业转变成为现代粮食业，就需要在仓储、运输、加工、销售等一系列方面学习先进国家一些好的经验，结合中国的实际，对我们的粮食业进行一个总体的改造，才能进入现代的粮食业。粮食行业是会发展的，在所有的发达国家，粮油食品业占国民生产总值的第二位，投资占第二位或第三位，我们必须吸取各国之所长，经过一二十年的努力来完成从传统粮食业向现代粮食业的转变。所以这个项目从总体上来看，是一个非常重要的、系统的重点工程，对国民经济的发展将起极大的推动作用。参加这个项目并搞好这个项目，我认为是有功于国，有功于民的，为解决我们下个世纪的粮食问题作出了不可磨灭的贡献。虽然我们待遇菲薄一点，但这个项目将在新中国的粮食发展史上写上光辉的一页。我主张，凡是我们这次世界银行粮食流通项目都应该立碑或做一个铜牌，注明设计者、建造者和业主负责人，让后人知道我们是在怎么样的艰难困苦的条件下进行建设的，工程搞得如何，也可让后人去鉴别、去评说。

鉴于这个项目的重要性，我认为粮食部门更应当重视，更应当积极主动地配合，各个项目建设单位要有长期的远见，积极从事这项工作，任劳任怨，艰苦奋斗，把这项工作完成。搞一项事业是会遇到困难的，但我有这样一个信念，什么事情只要抓住机遇、锲而不舍就可以搞成。

加快设计招标进度，高标准、高质量、高效益地完成建设任务

现在，我认为项目建设进入了关键时期，设计招标进入了关键阶段。根据党的十四届三中全会的精神，我们必须加快项目的建设进度。目前项目的建设进度比计划落后了三个月到半年，我们要尽量想办法克服困难，齐心协力加快设计和招标的进度，成熟一批，行动一批，不要等，力争今年下半年能够有一些项目开工。粮食流通项目是中国现在在世界银行单项贷款最大的一个项目，也是粮食流通行业最大的项目，因此我们必须用最大的力量来抓这件事情。

由于我们缺乏经验，建设进度和设计上的一些问题我们还解决得不够及时，我们必须要想办法抓上去。但要抓上去，我认为要注意不是单纯地抢时间，而是要注意质量和效益，不能马马虎虎、草草率率，而是按照世界银行规定的标准和程序完成这个项目的设计和招标。既要抢时间，又必须重质量、重效益，这就是我们的要求，不能够因为抢时间就忽视质量，忽视效益。在加快进度的时候，要特别注意把质量和效益摆在第一位，因为这个工程是一个百年大计。如果草率从事，必然会造成很大的后遗症，所以一定要注意质量，注意效益，缩短建设周期，尽量节省投资，做到投资省，见效快。

我搞过一些项目，我认为设计阶段是非常重要的，一个好的设计可以创造上百万、上千万甚至上亿元的效益，而设计中出现一个问题就会造成上百万、上千万元的损失。招标阶段也是这样。招标招得好，可以节省投资。所以这个阶段是至关重要的，是决定我们工程成败的第一关，我们要求尽量加快设计招标进度，又要注意高标准、高质量、高效益，把设计搞好，达到我们原来的要求，即技术先进、符合国情、经济适用、着眼发展。

要达到上述要求，我认为最重要的是要调动各方面的积极性，特别是调动设计人员的积极性。我们的设计人员是在党和政府关心培养下成长起来的，是一支既能吃苦耐劳，技术水平又好的设计队伍，当然也包括铁路、交通部门和其他部门的设计队伍。所以我们各级粮食部门和各级项目单位要注意调动设计单位的积极性，为设计人员创造一个好的条件，让他们发挥所长，必要时也可

以采取一些以精神鼓励为主、物质鼓励为辅的办法来调动大家的积极性。为了搞好设计，还要吸取外国咨询专家的长处，补充我们之不足，使我们的设计更科学合理，达到高标准、高质量、高效益的要求。

初步设计完成之后，施工图设计和招标标书编制要抓紧进行。项目之间我认为也可以开展一些比赛，将来也可以评选一些优秀设计和优秀项目。搞得好的，国内贸易部和国家粮食储备局准备发奖。我认为要搞好，首先要调动设计人员的积极性，其次是做好项目的组织管理工作。要加快设计进度，加快施工图设计和招标书的编制，必须要做好协调工作和组织工作。有些项目的设计是几个设计院一起搞的，我们希望创造一个团结协作、联合设计的先例。中间产生一些矛盾是自然的。问题不在于发生一些矛盾和问题，而在于我们如何去协调，从工程大局和项目效益出发来考虑这些问题，把这些问题处理好。因此各级领导小组和粮食部门及其他部门要在当地党政领导下做好协调工作，这样才能加快项目的进度。

我认为，只要我们政策对头，方法得当，加快建设进度是可以做到的，中国的设计人员有一个优点就是团结协作、艰苦奋斗、夜以继日地工作，只要把人的积极性调动起来，建设的时间是可以解决得好一些的。例如，设计的时间可以缩短，建设的时间可以提前。希望各单位制定一个时间的进度表，尽量争取保证提前完成，为此而采取一些必要的措施。

做好施工前各项准备工作　解决好施工中的具体问题

施工前除了设计以外，一个很重要的问题就是组织好招标工作，要列上议事日程。我们还缺乏经验，我主张各省、区、市研究一下，一批一批地招标，标书编好后可先行搞它一二个单位。例如北京可以先走一步，取得一些经验，以推动全面；还有我们沿江的6个港口项目，有的是有条件走在前面的；3个沿海港口大连、营口和防城也可以因地制宜地研究一下，采取措施。招标这个问题我们一定要取得一些经验，一定要争取国内一些施工单位和机械设备厂家多中标，为此必须要采取一系列的具体措施把各项工作做好。

施工前的另外一个最重要的准备工作就是资金的落实。这成为我们项目的关键。现在有的省（区、市）落实得比较好，像北京、广西、黑龙江、内蒙古、江西、武汉、沈阳基本上全部落实了，特别是落实了1994年的资金；有的省（区、市）落实了一部分；还有一些省（区、市）没有落实，我们希望能尽快地落实，可先把1994年资金落实下来。配套资金中央是60%，我们正在争取建行的支持。地方配套的资金请各地采取多方筹措的办法积极落实。资金问题分散到一个项目，一个地区，它就比较少一点了，容易办到；而且分散到每年，今年的资金务必要落实下来。

这里特别强调一下，今年是一个机会，对粮食行业来说，这次是最后一班车了，这一班车不搭上，今后就别想再建仓库。有个省的一个县是粮食主产县，过去大规模露天存粮也不积极去建库，因为建仓库在眼前并不很有利。露天存粮要去买器材，出现了贪污受贿，从县粮食局长到办事员抓了二十几人判刑进监。这是一个深刻的教训。我们应把其他地方的钱挤一点来建仓。

我原来讲过建仓储粮是利国利民，我建议一些地方宁愿停搞一些花花草草的项目，挤一点资金，也得把粮食流通项目的配套资金解决好。

我在这里明确宣布，部里也准备采取坚决措施。哪个地方如果对粮食流通项目不积极，以后部里的一切投资都要重新考虑，部里对那个地方的一些优惠政策也要重新考虑。请各位回去给主管粮食厅（局）长和主管省、市长带个信儿。如果我们这个项目搞得好，下面还有一些项目可以拿到手。如现在我们正在谈判棉花、物资流通、植物油和饲料等项目。世行贷款确实是优惠一点，利率低，而且还款的时间也比较长。我认为只要下决心，从各方面挤一点，首先可把1994年的资金落实下来。

施工队伍的组织要及早研究，力争下半年能够有一些项目开工，否则我们的承诺费就得多付。我们还得讲求经济效益，要算账。另外，项目完成得好，承诺费是可以返还的。今年是第一步，第一炮一定要打响，初战必胜。各个项目省（区、市）要集中力量打歼灭战。根据这样一个指导思想部署我们的工作，争取今年取得比较好的成效，有条件开工和有条件招标的单位要及时地报，不要齐步走。

切实加强对粮食流通项目的组织领导

各项目单位一定要有一把手挂帅，专人领导，加强项目单位和项目办公室的力量。我这次到广西就和广西粮食局的几位领导商量了，他们准备调一些有经验的同志加强项目办公室的力量。今年是设计和施工的头一年，各项目省（区、市）一定要把力量配备得强一点。一些有困难和问题的省（区、市）要及时向当地政府、计委、经委、财政、建行主动反映，争取他们的支持和帮助。各项目省（区、市）都要有自己的领导小组和办公室。工作要按计划进行，业主要精心研究设计和施工中的问题。部外贷办要准备组织业主单位到国内外的一些港口、仓库参观学习，这个项目一定要按项目领导小组和世行的要求把它搞好。部外贷办也要考虑粮食流通项目搞一个统一的标志和徽号，把它搞成一个标准化的、示范性质的建设项目。

在加强组织领导当中，还有一个问题就是要发挥建设单位和企业的作用，让他们边建设，边运转，尽量地利用我们粮食系统的整体优势，发挥粮食系统的主导作用，创造更好的效益。有些公司去年已取得了较好的效益，今年还要取得好的效益。我认为，创造效益当中今年就应当实施国务院批准给我们的优惠政策，特别是还贷基金的政策就把它建立起来，只要我们精打细算，讲求效益，把工程搞好，我就不相信我们还不起账。加强项目单位领导班子的配备，采取边建设，边运营的方针，既要把项目搞好，又要开展经营，使我们的企业真正有活力，我相信有些公司将成为影响当地经济发展的骨干力量，将来逐步地走向联合，发挥整体优势，这方面部里正在做组织工作。

今年是我们粮食行业转折的一年，粮食系统遇到了很多新的问题。去年平抑粮价的成功经验证明，我们之所以能迅速稳定粮价，就是因为国家有储备粮，建立了专项粮食储备制度；就是因为我们这几年还建了点仓，有一个粮食的服务体系，这个体系没有乱。如果国家没有储备粮，没有储备体系、仓储体系和销售体系，平抑粮价就谈不上，就不可能在几天之内把全国的粮价稳定下来。去年是 12 月 25 日国务院开会部署平抑粮价，不到一个星期，在 12 月底全国粮店都统一挂牌销售，很快就把市场粮价压下来了。原因何在？一个是我们有粮，一个就是我们有粮食收购、加工、销售、储存这样一个服务体系。也就是说这些东西是掌握在国家手里的。如果粮价不稳定，将造成整个社会的不稳定，从去年平抑粮价就再次证明我们抓粮食储备制度的必要性和抓粮食流通设施建设的必要性。所以我希望在座的各位虽然项目遇到了一些困难，是可以克服的，我们对这个项目的建设是充满信心的。

我们希望全国的粮食系统重视这个项目，集中力量把这个项目搞好，希望从事这个项目的科研设计人员发挥你们的聪明才智，在中国的这块大地上谱写出新的篇章，修建出一些标准化的、高质量的、高水平的、高效益的粮食流通设施，使它成为对今后国民经济发展起巨大影响作用的建设项目。精心设计、精心施工、精心组织，全力以赴把它搞好。会议当中的一些具体问题，部外贷办的领导已进行了安排，希望大家继续努力。

做好粮食购销工作　确保粮食市场稳定*

(1994 年 3 月 11 日)

粮食是关系国计民生的特殊重要商品。搞好粮食购销工作，对于促进我国粮食稳步增长，保持粮食市场稳定，安排好人民生活关系重大。为适应发展社会主义市场经济的需要，加强国家对粮食的宏观调控，做好今年粮食购销工作，保持市场稳定，特作如下通知：

积极做好粮食收购工作　确保国家掌握足够的粮源

国家掌握足够的粮源是稳定粮食市场的重要物质基础。根据近年来我国粮食市场供求情况，国有粮食企业需掌握商品粮的 70% ~80%。(1) 1000 亿斤为国家定购（含农业税征实），这是国家交给的任务，各级政府和乡村干部的责任，农民应尽的义务。各地要落实到生产单位和农户，必须保证完成。(2) 500 亿斤粮食收购计划，主要下达到粮食主产县，或在商品粮基地县优先收购，由县政府组织国有粮食等部门具体落实。上述粮食，执行国家规定的粮食收购价格及有关政策，不准抬级抬价或压级压价。

国有粮食部门在完成上述粮食收购任务后，还要在多渠道经营中，从粮食市场上再收购 300 亿斤粮食，达到国家掌握粮源 1800 亿斤，以满足安排市场的需要。

油脂的购销数量及其政策，由各省、自治区、直辖市政府根据本地实际情况自行决定。

---

* 这是时任内贸部副部长兼国家粮食储备局局长的白美清同志和国家体改委副主任马凯[①]同志牵头的粮食购销体制改革工作小组，根据国务院领导同志的指示，在充分征求国家有关部门和地方意见的基础上，又分南北两片征求了 14 个省（区）市体改和粮食部门及省、地、县负责人的意见后，为国务院起草的代拟稿。经国务院批准，此件以国发〔1994〕32 号文件印发执行。

① 马凯（1946 ~　），上海市人，时任国家体改委副主任。曾任国家计委副主任、主任，国务委员兼国务院秘书长。现任中央政治局委员，国务院副总理。

保证城乡人民口粮供应　安排好人民生活

各级政府要安排好城市和农村缺粮人民所需粮食的供应，并保持价格的稳定，繁荣市场，稳定人心，促进生产。特别要保证军粮、工矿区职工、大专院校、低收入居民的口粮和灾区、常年缺粮的贫困区、水库移民区人民的口粮供应。销售价格应以进货价为基础，加上必要的费用和合理利润制定。当地政府要采取必要措施，保证大路粮食品种的供应和价格的基本稳定。同时，适当拉开地区差价、品种差价、季节差价和质量差价。产区、销区、内地、沿海的销售价可以有所区别。对精米、精面及各种优质品种，实行优质优价。

平抑粮价　稳定市场

建立健全灵活的粮食吞吐调节机制，适时平抑粮价，保持粮食市场的稳定是今年粮食购销工作的重要内容。国有粮食部门担负着稳定粮价，稳定市场，促进生产，保证供应的重要任务，要利用网点和设施的优势，充分发挥平抑粮价的主导作用。要注意在提高粮食收购价格后对粮食销价的影响，防止乱涨价。要建立市场信息网络，密切注视市场动向，及时采取措施稳定市场。当市场粮价低于国家规定的收购价时，各地政府要组织国有粮食部门按国家规定的收购价积极收购，并将一部分粮食转为国家专项储备，以保护农民的利益。当市场价格过高时，要及时组织抛售粮食，平抑价格。在需要抛售时，首先动用地方储备粮，必要时再动用国家专储粮。抛售方法：一是通过国有粮店公开挂牌销售；二是探索通过粮食批发市场抛售，平抑粮油批发价格。抛售粮油发生的费用与差价，按照中央和地方的管理权限，分别从中央和地方的风险基金中解决。为此，要按国家有关规定，抓紧建立和落实粮食风险基金。

搞好产销区衔接工作　疏通粮食流通渠道

做好产销区粮食购销衔接工作，对安排好当地粮油的总量平衡，稳定粮食生产，保证粮食供应，具有重要作用。一是继续鼓励产销区直接挂钩衔接，并逐步建立产销区之间长期稳定的购销关系。今年由国内贸易部、国家粮食储备局组织国家和省区域性批发市场举办一至两次产销订货会或交易会，签订购销合同，调剂产销间的余缺。对北京、天津、上海、广东、福建、海南等粮食主销区，在订货等方面，重点予以帮助。为保证购销合同兑现，要按合同成交额交付一定比例的保证金。二是通过粮食批发市场，实行产销企业直接见面，以现货交易和拍卖为主，也可协商签订购销合同。银行和铁道部门要在资金、运输等方面给以优先安排。三是各级粮食部门要组织好企业外出采购，一般应以县（市）为单位采取联购分销、分购联销的办法，防止采购员满天飞，维护市场粮价的稳定。

加强粮食市场管理　培育发展市场体系

为维护粮食市场秩序，各级政府要组织工商、粮食、物价、公安、税务部门加强对粮食市场的监督管理和执法工作，坚决取缔无证经营，对囤积居奇、欺行霸市、哄抬粮价等扰乱粮食市场的行为要严加惩处。为保证国家掌握粮源，以县为单位，在国有粮食部门按季节、分品种完成粮食收购任务后，允许多种经济成分的粮食经营者直接向农民收购。要加快制定粮食市场法规，逐步使市场行为规范化、法制化。

要掌握粮食批发，加强市场管理。今年上半年对粮食批发企业进行清理，对符合条件的企业予以重新登记。粮食批发企业应具备以下主要条件：有一定的资信；有必要的经营设施，包括固定场地、仓容和检验设备；有一定的库存量（应保持在年销量的20%以上），并承担社会责任。具体办法由工商、粮食、税务等部门制定。在粮食收购季节，对多渠道的粮食批发企业还应在资金和运输上加以管理，在宏观上进行调控，做到放而不乱。

要加强市场体系建设。总的原则是积极发展粮油初级市场，巩固发展批发市场，有重点地试办期货市场，逐步建立健全统一、开放、竞争、有序的粮油市场体系。要以农村乡镇集散地为中心，以粮站、粮库为依托，发展农村粮油初级市场，允许农民之间、农民与城镇居民之间在集贸市场上常年进行粮食零星交易，互通有无，调剂余缺。要巩固和规范粮食批发市场，在铁路中转站、水运码头等粮食集散地发展一批现货批发市场，以便粮食由主产区向销区流动。进一步发展中远期批发交易。期货市场目前只许试办，不再发展。

积极筹措资金　确保收购不打“白条”

从今年开始，粮油收购所需银行贷款，由县粮食局委托粮油总公司或具备条件的粮食企业统一到农业发展银行办理，并实行规定的优惠利率。各级政府在粮食收购旺季到来之前，要组织有关部门积极筹措资金，实行分级分部门责任制，保证不给农民打“白条”。财政部门要把应拨的资金及时足额拨补到位，不得以任何借口缓拨、欠拨；粮食部门要做好粮油的调销工作，千方百计催收货款，确保销货款及时回笼，认真清理、压缩不合理资金占用，不得发生新的挪用。各级农业发展银行要集中资金保证粮油收购。销区采购粮食，是当地粮食总量平衡的重要组成部分，对省间调剂、调运所需资金必须保证供应。对粮油加工、批发、采购、储备、进出口、多种经营等所需资金，也由农业发展银行和其他商业银行提供。

建立健全粮食储备调节体系　增强国家宏观调控能力

完善国家粮食储备制度，建立粮食风险基金是今年粮食购销体制改革的重点。为保证国家粮食储备管得好，调得动，用得上，对一些重点的大型粮油仓库和港口转运站，逐步转为国家粮食储备局和省（自治区、直辖市）粮食局的直属库（站），部分转为国家粮食储备局和省粮食局双重领导的储备库。要有计划地由主产区向主销区和多灾地区转移一部分国家储备粮。同时将分散储存的国家储备粮适当向国家储备库和交通便利的大型库集并。要充分利用国际、国内两个市场，适时进行品种调剂串换，增值搞活。

各地要掌握本地区的粮食产销平衡，在稳定粮田面积、粮食产量的同时，稳定粮食库存，保持必需的周转粮和储备粮。其规模相当于三至六个月的正常销售量，以确保当地的供应，防止发生脱销现象。所需费用补贴按不低于国家专项储备粮标准制定。

从1994年度起建立国家油脂储备制度，今年起步，包括甲字油及506油，逐步达到10亿斤的储备规模。

要加强储备粮油管理。国家储备粮油权属中央，未经国务院批准，各级政府、任何单位和个人都不准动用。要尽快建立定期清查、离任交接等各项制度，切实做到账实相符。加强监督检查，发现动用、短少等情况，要立即追究，严肃处理。在一两年内，实行国家储备库计算机管理，并逐步联网，实现储备粮油管理的现代化。

建立两条线运行机制　深化粮食企业改革

国有粮食系统要政企分开，实行政策性业务和商业性经营两条线运行机制。国家专项储备粮油的保管费用和贷款利息，由财政部根据国家粮食储备局提供的数据，通过省级财政部门拨给省级粮食部门（对国家粮食储备局直属单位，由财政部拨给国家粮食储备局转拨），以利于共同管理，加强监督。对储备粮油的轮换和损耗，要给予一定的费用补贴，并集中在中央统一使用，以保持储备粮油的“推陈储新”。粮食收购、加工、批发、仓储企业承担政府赋予的吞吐调节、稳定市场、救灾等政策性经营所需的费用，应按规定分别由中央和地方财政补贴中解决。对历史挂账要尽快清理，落实停息措施，具体办法由财政部牵头尽快制定，另行下达。

各种国有粮食企业、公司、经营联合体是商业性经营的主干，其自营业务要继续放开搞活，一律独立核算，自主经营，自负盈亏，照章纳税。要抓紧组建多层次的商工农、商贸集团。大、中城市和县的粮食行政管理部门要引导国有粮食企业，改变目前收购、储运、加工、销售各自为政、小而散的情况，使其有机地结合起来，实现工商、批零、购销的联合，充分发挥群体优势，提高规模效益。要加强经营管理，减少环节，降低费用，提高经济效益。要加强粮油加工的行业管理，掌握住加工环节。国有粮食加工企业应主要承担城镇和农村缺粮人口的口粮加工任务，中外合资的粮油加工企业要执行国家产业政策，避免重复引进和重复建设。仓储企业要发挥仓储设施的优势，实行栈租制。零售网点实行合理的批零差，进一步放开、搞活。要合理调整经营布局和经营结构，保留骨干，方便群众。

国有粮食企业在搞好本业的基础上，要大力开展多种经营。要探索新的经营形式，试办快餐店、连锁店，发展粮食的小包装和高档次品种，建立配送中心，利用各大商场销售粮油及制成品。农村粮站要继续推广“两代一换”（代农储存、代农加工、品种兑换）的经验，办成农村粮油服务中心；并要试办与农民联合的粮油合作组织，更好地为农业生产和农民生活服务。

进一步加强领导和管理　充分发挥国有粮食部门主渠道作用

为了适应建立社会主义市场经济新形势，各级政府必须进一步加强对粮食工作的领导，决不能撒手不管，放任自流。要贯彻中央统一领导、分级负责的粮食管理原则。中央主要负责全国粮食的总量平衡，实施对全国粮油的宏观调控和行业管理，并管理好国家的粮油储备，同时，实行进出口结合，根据市场需要，组织好主要粮油品种的进出口。地方政府建立省（市）政府领导负责制，负责本地区粮食总量平衡，并灵活运用地方粮食储备进行调节，稳定粮田面积，稳定粮食产量，稳定粮食库存，保证粮食供应和粮价稳定。今后大的自然灾害和大面积的市场波动，由中央负责调节；区域性的自然灾害和本地区范围内的市场波动，由地方负责调节。

国有粮食系统在安排市场，稳定粮价中担负着重要职责。国务院重申，在机构改革中，县和县以上粮食行政管理机构必须保留，不能撤销。但要精简机构，政企分开，转变职能，提高效率。要充实和完善粮油收购、储存、批发、加工和零售网络式的服务体系。基层粮食企业的财产属国家所有，农村粮管所（站、店、库、厂）的隶属关系要保持稳定，并采取切实措施，防止国有资产的流失，使之更好地发挥主渠道作用。

全力以赴确保粮食供应　稳定粮食市场和价格*

（1994 年 5 月 24 日）

党中央、国务院这次关于粮食购销价格改革方案出台所采取的一系列措施，是充分注意发挥市场作用，运用价格杠杆等经济手段，对粮食市场实施宏观调控的一次重大尝试和具体运用。为了保证这次改革方案的平稳出台，国务院决定对标准米、标准面两种大众化品种继续由国有粮店挂牌供应，以确保城乡人民特别是城市低收入者和农村贫困人口的需要，稳定市场，维护社会安定。现在我根据国务院决定，代表国内贸易部、国家粮食储备局，就进一步做好标准米、标准面两种大众化品种的供应工作，作以下几点说明。

一、关于供应范围。在 35 个大中城市和农村重灾区、贫困地区，国有粮店对标二早籼米和标准面粉两个品种继续实行挂牌销售，由国家安排 500 万吨专项储备粮解决（动用专储粮的计划，另行下达）；其余中小城镇，由地方自行解决。对一些敏感地区特别要注意安排好。目前先安排 3 个月，以后视情况报国务院决定。

二、关于国家专项储备粮安排问题。国家粮食储备局对专项储备粮的调拨和抛售计划，分地区实行分月安排，逐月结算的办法。各地动用国家专项储备粮，要根据先进先出的原则，先动用以前收购的粮食。南方地区主要安排早籼米，挂牌供应标二米；北方地区主要安排小麦，挂牌供应标准面粉。三大直辖市和大中专院校比较集中的省会城市，必须保证上述两个品种的挂牌供应。必须做到有价有货，绝不允许有价无货，脱销断档。

三、关于省间粮食调运问题。各地要抓紧做好省间粮食调运工作，严格执行国家调拨计划。铁道部已经把专项储备粮运输作为压倒一切的重要任务，粮食部门调拨双方要积极配合，调出方要顾全大局，认真落实好粮源，保证按时保质保量调出；调入方要主动与调出方加强联系，做好调粮的各项组织工作，组织好粮食接卸，及时摆布到位，保证供应。国家专项储备粮调拨计划是指令性计划，必须保证完成，对拒不执行计划的，取消其专储资格，并相应扣回贷

* 这是白美清同志在国务院召开的粮食价格改革会议上代表国内贸易部、国家粮食储备局所作的说明。

款贴息和费用补贴。对调出粮食完成任务好的予以表彰。

四、关于粮源和加工的组织问题。各地粮食部门在组织好粮源的同时，要积极做好粮食特别是标准米、面的加工。粮食加工企业要及时组织生产，保质保量，及时运送到零售网点，保证零售企业有充足货源，保证市场的正常供应。

五、关于挂牌销售专项储备粮的价格等问题。用于挂牌销售、平抑粮价的国家专项储备粮和地方储备粮，其销售价格低于成本价格，差价部分和运费，根据国务院批准的《粮食风险基金实施意见》解决。动用国家专项储备粮的价格，本着零售企业不亏本的原则，由国家粮食储备局另行下达。

六、关于专项储备粮的供应办法问题。各级粮食部门要努力做好市场供应工作，继续发扬优良传统，改进经营作风，提高服务质量。要采取有力措施，避免抢购现象的发生，把提高粮价对市场物价的冲击减少到最低限度。各地对居民具体供应办法，可根据当地实际情况自定，也可采取分片供应、造册供应等办法予以控制。机关团体食堂购买数量，不得超过过去平均供应水平，对大中专院校的食堂坚持按优惠价供应。要采取措施防止卖大号，内外勾结套购粮食的现象，如发生问题，要严肃处理。

七、关于加强粮食市场的管理问题。请各级人民政府加强对粮价改革的领导，要有一名省（市、区）长（主席）具体负责。要密切注意市场动向，发现问题及时解决，把问题解决在萌芽状态，尽量缓解矛盾，保持市场和粮价的稳定。要积极组织工商、物价、粮食等部门加强对集市贸易和多渠道经营粮食价格的管理，严格实行价格监督，对囤积居奇、哄抬粮价的行为，要严肃处理，维护正常的市场秩序。

这里还要再强调一点，就是在 6 月 10 日粮价改革方案出台之前，各地现行粮食销售价格一律不要变动。宁肯地方赔一点钱，也要把粮价稳住，把市场稳住。从现在到提价后的一段时间，粮食部门要全力以赴，集中一切力量，千方百计做好粮食的调运、加工和供应工作。内贸部、国家粮食储备局和各省粮食局要派大批干部到各地帮助工作，坚决把这一仗打好，把粮油市场价格稳住，做到万无一失，确保粮价改革的顺利出台。

最后，请各地加强领导，重视夏粮收购工作，这是落实农村工作会议精神的重要措施。现在粮食购销价格已经确定，关键是要抓落实资金，加强管理，并细致地做好收购服务工作，确保粮食部门掌握 70% ~80% 的粮源。对油料的收购，要本着“保证供应、增加库存”的原则，积极收购。粮食部门要会同有关部门加强市场管理，防止出现稻米大战、油脂大战。今年粮食收购难度很大，务必请地方各级政府、各有关部门继续给粮食部门以支持和帮助，把这项工作搞好。

办好有中国特点的粮油期货市场为社会主义市场经济服务*

（1994 年 6 月 4 日）

粮油期货交易在国内已运行一年了，要总结一下经验。总的讲运行是健康的，在套期保值、发现价格方面初步摸索了经验，有个较好的开端。如何稳定价格，是关系国家大局的问题，也是粮食部门发展、交易所发展面临的问题。对交易所如何前进、运行，提以下几点意见。

一、要充分认识中国粮油期货市场的特点。社会主义市场经济确立后，各种形式的市场应运而生，期货市场作为社会主义市场经济的组成部分，也有一定的发展。我们要考虑中国粮油期货市场是以公有制为基础、各种经济成分参与的社会主义市场这个特点，投资及其参与者实质上是以国有企业为主加上非国有成分。要充分发挥其在市场经济中的作用，为社会主义建设服务。

二、粮油商品是有战略意义的特殊商品，是万物之首，百价之基，是关系国民经济全局的商品。其特殊性在于关系国计民生，国家调控力度比其他商品力度大。这也是粮油期货市场与其他期货市场的不同之处。不认识这个特点，就会进入误区，迷失方向。要看到中国的粮食经济状况不同于西方国家，西方国家粮油供求比较宽松，在政策导向上是控制粮食生产，防止粮价下降，而我们是通过刺激粮食生产，保持供求稳定，实现总量平衡。要认真总结历史经验，正确借鉴西方各国的经验，避免背离国情进入误区，使我国粮油期货贸易起到促进生产、指导消费、稳定市场的作用。因此，粮油期货交易必须严格遵循以下几点：

第一，中国粮油期货不是单纯的投机市场，不是投机者的乐园，不要进行“四两拨千斤”的宣传。衡量一个期货市场的优劣，不能仅仅依据成交数量的多少。粮油期货市场不是为投机服务的，更不能以此来吸引客户，这一点要十分明确。像做股票那样做期货，搞不好是具有破坏性的。

---

* 这是白美清同志在部分粮油期货交易所总裁座谈会上的讲话。

第二，服务于生产者、消费者，要正确发现价格，规避风险，增加套期保值的比重，防止由于投机过度造成价格扭曲。

第三，必须接受国家宏观调控的政策导向，为大市场、大流通、大商业服务。期货市场是高级形态市场，注意不要让它畸形化、变形化，要对投机资本采取正确的政策和策略，避免它的消极破坏作用。

三、粮油期货市场要服从政府的政策导向，为稳定粮油市场服务，要在稳定市场中发挥作用。今年1～6月各方面的情况是好的，但是否能抑制通货膨胀继续上升，要看是否能控制住货币发行、基建规模、消费基金的增长，特别是要保证菜篮子、米袋子，这是改革、发展、稳定的关键。在关键时期，一定要把粮价稳住，包括期货、现货价格，否则会影响全局和交易所的发展，粮油期货市场绝不要成为涨价带头羊，小麦价格能稳住，主要是大米价格能否稳住。交易所不要因小利而误大局，不要给粮油系统抹黑，影响大局自掘坟墓。我还是要重复多次讲过的话：期货市场一定要注意，价格不要大起大落，交易数量不要大上大下，资金不要大赔大赚。为此必须采取以下措施：

（一）加强管理，控制价格、手数、保证金、交割比重，增加交割库，取消保函，减小价幅。

（二）加强对经纪公司和客户的管理，特别是要加强对大户的管理，防止投机资本过分介入。

（三）建立监督机制和风险保障机制。经纪公司应建立风险基金、交易所可建立交割库，仓库管理要规范化。必要时要采取坚决措施，如价格疯涨时，停止几天交易，在所不惜。市场的发展，应着重于质的提高，而不在于量的扩大。还要实行责任制，确保不要出问题。

四、积极搞好粮食现货批发交易。现货批发要进一步发挥国家宏观调控的作用，增加其辐射力，通过各种方式扩大影响，如组织集中交易周及大型的粮油拍卖会等；也可设想给现货批发市场一定的调控能力，积极解决问题，不断巩固和发展规范化的现货批发市场，使之成为真正的交易中心、信息中心。要积极探索现货与期货市场结合的路子，吸引粮食企业开展套期保值。现货、期货结合是适合国情的好办法。

五、进一步搞好交易所本身改革和建设。坚持以服务为宗旨，交易所工作人员绝不能参与经营，谁参与就开除谁，这要作为铁的纪律；经纪公司自营和受委托经营要区分开来，考核交易所要看为消费者、经营者的服务、辐射情况、稳定价格及功能发挥等情况，不要沽名钓誉。交易所作为特殊行业，劳动人事制度要改革，实行聘任制，吸引人才，奖惩一定要分明。要严格控制机构人员，防止滥竽充数和超编。要形成自己的风格，办出具有特色的市场，成为商流、物流、信息流中心；坚持规范化管理，广泛吸收国内外经验，培养人才，扎实工作，不断开拓创新，使期货市场更好地为社会主义市场经济建设服务。

粮食系统实行“两条线运行”的初步设想*

（1994年6月28日）

根据国务院领导同志的指示和国务院国发〔1994〕32号《关于深化粮食购销体制改革的通知》精神，粮食系统必须抓紧自身改革，实行政企分开，“两条线运行”。国内贸易部和国家粮食储备局已多次派人到基层，调查研究这项工作。在此基础上，我最近又到江苏、安徽调查，听取各级粮食部门的意见。现将有关“两条线运行”的初步想法讲一下，供这次座谈会讨论参考。

“两条线运行”的宗旨和原则

根据国务院文件（国发〔1994〕32号）的精神，国有粮食企业要积极进行自身改革，这是形势发展的需要，是由计划经济向市场经济过渡的需要。改革的宗旨，就是通过两条线运行，更好地掌握粮源，促进生产，确保供应，稳定市场，为国家宏观调控服务，为经济体制改革的深入、国民经济的发展和社会的稳定打下基础。国有粮食企业在不同的历史阶段发挥了主渠道的重要作用，做出了重要贡献。针对粮食行业人员臃肿、包袱沉重的特点，国有粮食企业在社会主义市场经济的竞争中要保持主渠道地位和作用，必须进行自身改革，理顺关系，才能轻装前进。按照“掌握收购、批发，控制仓储、加工，放活零售，提高效益”的精神，粮食部门要着重控制两个基础，一个是基层粮管理所、粮管站，一个是国家粮食储备库。城市零售网点，要合理调整经营布局和经营结构，保留骨干，形成合理的服务体系，方便群众。

两条线运行的原则是：“统一领导，两线运行，分别核算，搞活经营”。粮食流通，必须坚持粮食行政管理部门的统一领导。在机构改革中，县以上粮

---

* 这是白美清同志在国内贸易部、国家粮食储备局召开的讨论粮食系统两条线运行座谈会上的讲话。

食局不能撤。县粮食局是基层粮食行政管理部门，要组织和领导基层所、站、库、厂，搞好政策性业务和商业性经营，坚持分别核算，自负盈亏，调动广大干部职工的积极性，提高效益，搞活经营，为保证粮食市场和粮价的稳定服务。

政策性经营和商业性经营的轮廓设想

省、地、县粮食局是粮食行政管理部门，机构要保留，人员要精减，效率要提高。执行政策性业务的基层单位有：一是基层粮管所（站）；二是国家和省、市、区的粮食储备库、中转站；三是定点加工厂，主要是委托加工；四是重点零售门点，即城镇骨干粮店，负责粮食的市场供应。

基层粮管所、粮管站是收购的基层单位，其财产属国家所有，担负着政策性经营业务，接受国家购销计划的指导，不得下放，不得搞国有民营，不得实行个人承包，租赁，但人员要精减，管理要加强，在县粮食局的统一领导下，负责收购和供应储存等任务。

国家粮食储备库是国家粮食储备调节体系的基层单位。遵照江泽民总书记、李鹏总理、朱镕基副总理关于加强国家粮食储备调节体系建设的一系列指示精神，为了保证国家粮食储备管得好、调得动、用得上，必须逐步实行国家粮食储备的垂直管理。可以考虑国家粮食储备局在各大区设办事处，作为派出办事机构。对储备库分三类进行管理：第一类是少数重点的大型粮油仓库和港口转运站，逐步由国家粮食储备局直接管理。今年先进行试点。第二类是大型储备粮库、油库，作为由国家粮食储备局委托各省市粮食局代管，一部分作为省、市直属库，在业务上受国家粮食储备局指导。第三类是一般的储备库，由地、县粮食局管理。收购库由县、市管理，但也可委托接受政策性经营业务。

在加工企业中，选择一部分大型企业作为定点加工厂，进行委托加工和代加工，其余的自行经营。

零售网点，要按社区分布，保留定点粮店，即骨干粮店。定点粮店可逐步实现连锁经营。对执行政策性供应所发生的亏损，地方政府要给予适当补贴。

非定点的粮食零售企业、加工企业、运输企业和各式各类零售门点，以及各级粮食局所属公司，都属商业性经营单位，纳入商业化经营。要转换经营机制，改善经营管理，提高经济效益，并帮助他们解决经营中的各种困难，以便在市场竞争中进一步发展壮大。

掌握批发　掌握粮权

关键在于要掌握粮源。要充分发挥粮食部门在粮源、场地、仓容和检验等方面的优势。定购部分的粮食，粮权掌握在县以上粮食部门。省内的粮权划分由省粮食局在自求平衡的基础上确定。省内平衡有余的，由国内贸易部、国家粮食储备局负责组织调节。对基层粮管所，实行分购联销，对城市粮店实行联购分销，防止基层擅自动用储备和其他库存。

县以上各级粮食部门都要搞好总量平衡。全国的粮油总量平衡由国内贸易部和国家粮食储备局承担，负责国家储备粮油、进出口粮油的管理和省间粮食的调剂。每年春播以前下达购销计划和库存控制数，并帮助组织定购粮的省间调剂。

要掌握批发，整顿批发企业。要保证批发权主要掌握在国有粮食部门的手中，但要尽可能减少中间环节，努力做到产销直接见面。既要搞活，又要加强管理，做到管而不死，放而不乱。

强化宏观调控　发挥粮食储备体系的调节作用

进一步健全国家的粮食专储制度，逐步建立垂直的管理体系。各级粮食储备体系要担负起吞吐调节、稳定市场的重要职责。专储粮食要调整结构，改善布局，逐步向主销区和大中城市转移。从 1994 年起，收购专储粮食，一律集纳在国家粮食储备库。国家粮食储备库的人员，实行统一管理，分级负责。

建立调控粮价、稳定市场的机制。平抑粮价主要通过两种方式进行：一是在国有粮店公开挂牌销售；二是通过粮食现货批发市场进行。粮食的交易一律通过市场进行，禁止场外交易。

不断完善粮食风险基金制度，使之更好地为吞吐调节，稳定市场服务。

转换经营机制　发展多种经营

实行两条线运行必须要和转换经营机制、发展多种经营相结合。对政策性经营企业实行“四代一包干”。“四代”就是粮管所实行代收，粮库实行代储，加工厂实行代加工，零售实行代售，“一包干”就是费用实行定额包干。

所有企业都要强化管理，进一步深化劳动、人事和用工制度改革，实行各种形式的责任制，尽快建立起激励机制和约束机制，彻底改变“吃大锅饭”的弊病，调动企业和职工的积极性。

充分发挥国有企业的整体优势和规模效益。以国有大中型粮食企业为核心，组建工商联合、厂库合一，有影响、有实力的企业集团。用经济纽带，将粮食系统的购、销、调、存、加工各环节紧密联系起来，形成整体优势，才能在竞争中立于不败之地。

开辟市场，大力发展多种经营，妥善安排好分流人员。农村粮站要继续推广两代一换（代农储存、代农加工、品种兑换）的经验，办成农村粮油服务中心，并要试办与农民联合的贸工农经济联合组织，更好地为农业生产和农民生活服务。小型粮食零售商店走连锁化经营的道路，提高组织化程度和经营管理水平。可以大型加工厂和配送中心为龙头，组织一批零售网点，建立便民连锁店，也可以中央厨房为中心，建立快餐连锁店。但要注意因地制宜，量力而行，不要一哄而起。

帮助解决粮食企业转轨中的具体困难

各地要实行一些优惠政策，帮助粮食企业启动。主要是：（1）政策性经营的必要费用；（2）离退休人员的安置；（3）粮食企业挂账利息问题；（4）大众化食品和粮油加工企业、批发企业减免增值税的问题；（5）转轨的启动资金——贴息贷款；（6）城镇粮店的产权和租用问题，等等。请与有关部门协商，报各级政府批准。

企业要认真搞好经济核算，建立、健全各项管理制度，克服“吃大锅饭”等弊病。

加强领导　搞好规划　精心组织　狠抓落实

全国粮食系统共计 388 万人，其中：行政机关人员 12. 2 万人，粮食商业企业 220 万人，加工企业 86. 3 万人，运输企业 6. 8 万人，其他独立核算单位 7. 9 万人。此外还有集体所有制企业 35 万人。全系统退休人员 69 万人。因此，实行两条线运行后分流的任务十分繁重。分流的重点是粮食商业（包括粮食仓库）。各级粮食局要在当地政府领导下，做好规划，分步实施。

实行两条线运行，分流人员，应采取积极稳定的方针，关键是要搞好多余人员的安排、就业工作，向其他产业发展。凡有市场、有效益、可以分流人员的项目，应积极组织进行，并防止发生混乱。

县以上粮食局担负着重要任务，要在当地党政领导下，专人负责，精心组织，精心实施，做过细的工作。

今年收购、救灾、稳定市场等工作任务很繁重。粮食系统自身改革要结合这些工作进行，做到两不误。

必须顾全大局　完成调粮任务*

（1994 年 7 月 21 日）

今天是国内贸易部和国家粮食储备局召开的第一次全国调粮工作特派员会议。国家粮食储备局聘请大家做特派员，是适应新形势的需要，是进入市场经济和当前改革形势的需要。国内贸易部和国家粮食储备局请大家来研究一下特派员的职责和今后的任务，以及 9 月份的国家专项储备粮省间调拨计划。这个会议虽然时间很短，但它是进入市场经济以后，为适应新形势下粮食调运工作的需要而召开的，对于探索今后如何搞好粮食调运工作，具有重要的意义。

同志们都是在第一线工作的，而且都是在各省（自治区、直辖市）从事调粮工作的。调运工作是粮食部门的一项非常重要的工作，也是非常辛苦的工作，都是默默奉献的无名英雄，为确保市场供应和满足人民生活需要而到处奔波，是难能可贵的。

今年以来粮食调运工作取得了很大的成绩，一季比一季好，特别是当前的大环境很好，党中央和国务院领导同志非常重视，李鹏同志、朱镕基同志都作了很多重要指示，亲自抓。李岚清同志、邹家华同志、陈俊生同志对粮食调运工作也作了很多重要指示。所以就整个大环境来说是很好的。另外，各有关领导机关，国家经贸委、国家计委、财政部、银行、铁道部、交通部，对调粮工作都给了很大的支持和帮助，提供了很多有利的条件。这样，使今年粮食调运工作一季比一季好，而且今年又好于往年，这是党中央、国务院高度重视的结果，是各有关兄弟部门大力支持的结果，也是全体调运工作者齐心努力的结果。在这里，我代表国内贸易部党组和国家粮食储备局党组向大家表示感谢。希望今后我们的粮食调运工作能够按照党中央和国务院的部署，以及经贸委和铁道部的具体安排，进一步把工作抓好。这次会议，一方面我们正式聘请大家做国家粮食储备局驻各省（区、市）的特派员，担负重要的任务，同时部署一下今后的工作和 9 月份的调运任务。有关会议的具体问题，有关负责同志还要讲，我着重就有关问题讲几点意见。

---

* 这是白美清同志在全国调粮工作特派员会议上的讲话。

粮食工作的新形势和粮食调运工作的新任务

今年以来粮食工作的形势很好，在党中央、国务院的直接领导下，在计委、经贸委、财政、银行、铁路、交通等部门配合和支持下，粮食工作向市场经济过渡，进展比较顺利。今年的第一件大事，就是平抑粮价。去年12月25日国务院召开了平抑粮价会议，粮食部门全行业总动员，采取各种有力措施，迅速平抑了市场粮价，稳定了粮食市场。第二是今年上半年调整了粮食价格，调价幅度是相当大的，特别是6月10日粮价改革方案出台前后，整个市场粮价比较平稳，没有发生什么问题，国务院领导同志给予了较好的评价。第三是今年夏季粮油收购工作。从目前情况看，小麦收购工作好于往年，表现在进度快，质量也有提高。到7月10日国家定购任务已经完成95%，议购也开始进行。比去年多收购了40多亿斤。全国定购和随行就市收购已突破了300亿斤大关。也就是说，稳定市场有了较好的物质基础。专项储备51亿斤的收购计划已经下达，而且今年通过改进专储粮收购办法，着重收到国家粮食储备库，以便今后调运。夏季油菜籽的收购虽然不够理想，但比去年还是稍快，已经收购了140多万吨，接近50%。同时，增加进口油数量，把油价压了下来。第四是进行了查库工作，大部分地区已经完成了清仓查库任务。从清仓查库的情况来看，有的省工作做得比较好，一、二把手亲自抓，如山东、河北、河南、湖北都是这样做的。从上半年看，粮食购销调存工作都取得了新的进展，粮库、油库的建设以及网点的改造都取得了新的进展。所以，今年上半年整个粮食工作形势是好的，基本上满足了人民的需要。

粮食调运是整个粮食工作的重要环节，是国家对粮食实现宏观调控目标的有效手段。在进入市场经济以后，粮食调运也是关系到稳定粮价和稳定市场的一项重要工作。我们粮食工作从计划经济向市场经济过渡，从传统粮食业向现代粮食业过渡，调运是一个重要环节。粮食调运工作也必须向市场经济迈进，向现代粮食业迈进。进入市场经济后，粮食调运任务不是减轻了，而是更重了；粮食调运的难度不是更小了，而是更大了。所以，粮食调运工作在进入市场经济以后，更具有特别重要的意义。粮食调运的任务加重，难度加大，主要是由以下几个方面决定的：

第一，进入市场经济以后，粮食商品量逐步扩大，大粮食、大贸易、大流通的格局已经形成。这与过去的计划经济不一样，人们对粮食的需求量增加，省与省、地区与地区、县与县之间的调运量增加，从最近二三年的情况来看，调运量都在6000万吨以上，商品量增加，调运量扩大。还要看到进入市场经济以后，我们和国际市场的联系更加紧密，国内、国外调节的比重逐步加大。所以，调运的任务比过去大大加重。

第二，进入市场经济以后，由于地区之间不平衡性加剧，粮食调出、调入发生了很大的变化。不少省由调出省变为调入省，特别是沿海地区，已由调出地区变为调入地区，由自求平衡的省变为调入省。过去是南粮北运，现在是北粮南运。中部就是湖南、湖北、江西、安徽等省的粮食，东进南下，江苏现在是自己保自己，浙江是大量调入，福建、广东、广西加上一些贫困省，都发生了很大变化。山东省过去是东部粮食调西部，现在是西部粮食调东部，我估计下一阶段山东省要步入江苏省的行列，江苏省也要步入浙江、福建的行列。即使是能平衡的省，粮食品种调剂也发生了很大变化，算总账，粮食平衡，但品种之间的调剂量增大。例如，内蒙古这几年农村改革取得了成功，农业增产，粮食总量平衡，但要调出玉米，调入小麦、大米。吉林需要调出玉米，但必须调入小麦。所以，进入市场经济以后不平衡性越来越大，调运量必然加大。省内也是这样。

第三，我国还是多灾的国家，这几年灾害的频率增加，而且还有8000万人口尚未脱贫。受灾区常与贫困区交叉，更加重了调粮的任务。这几年灾害不断，受灾人口少则几千万人，多则一二亿人，救灾任务在中国特别突出，也就加大了粮食调运量，有时会突破原来安排的计划面临时追加任务。

这几个因素在不断地发挥作用。我举个例子：广东的民工潮。广东省除自己的人口外，外地来打工的就有1200多万人，一年要消费40多亿斤粮食，需求量大了，调运量也就增大，难度也更大。我国粮食的总供给和总需求之间的矛盾始终是存在的，而且在粮食产量没有上新的台阶以前，总是处于较为紧张的状态。因此，调运任务更加繁重，调运量大幅度增加，调运难度更大。计划经济的时候，统购统销，调拨比较简单，算账就这一个价。现在各自算账，都有各自的利益关系，调运工作牵涉面广，问题很多，业务的复杂程度也超过以前。我走过一些地方，看到汽车要收过路费、过桥费，甚至路还没有修好，先收过路费。所以，现在调运工作难度加大了，任务加重了。粮食调运是粮食工作的重要环节。在购、销、调、存、加工粮食流通的全过程中，调运是流通中的中间环节，联结粮食生产者和消费者之间的桥梁。它关系到粮食工作的成果，关系到粮食系统的稳定。粮食调运也是对粮食专项储备制度的考验，有没有那么多粮，能不能达到国务院的要求。国家对专储制度的要求是："存得进、调得动、用得上"。所以说，粮食调运任务完成与否，不仅是对储运工作的考验，也是对专项储备制度的考验、对整个粮食工作的考验，它是关系到全局的事。

新时期粮食调运的任务是：要确保粮油调运渠道的正常流通，稳定市场供应和稳定粮油价格。调运是非常重要的环节，我们必须认识到在新时期进入市场经济以后这样一个重大的任务，努力完成国家粮食调运计划。最近，国务院32号文件和国办发76号文件就是为适应这个新形势而作出的重要规定。任务很繁重，必须要加强统一领导，调动各方面的积极性来确保新时期粮食调运任务的完成。粮食调运的工作任务非常艰巨。今年上半年，我们安排的调运计划，据反映，6月份有很大的进步。我算了一个账，今年每季度调运量都在150万~180万吨。也就是说，调运量相当大，调运任务非常繁重，而且，中央领导同志也十分关心粮食调运工作，朱镕基副总理视察东北，决定从黑龙江调出30亿斤小麦；到广东、广西视察又追加了调入任务。任务异常繁重，我们一定要克服各种困难，把今年的调运工作搞好，全面完成粮食调运任务。

对下一步调运工作的要求

在已经取得成绩的基础上，下半年调运工作要努力完成追加后的调运任务，包括计划内、计划外和专储计划、省间调节粮以及救灾粮的调运。要求做到："保质、保量、保时间、保资金、按计划完成"。今天提出来"四保"，我强调一下保质。现在质量有些好转，但仍有地区把质量很差的粮食调给别人，这样是不行的。进入市场经济以后更要讲信誉，要认真执行国家规定，国家规定专储粮调出，要中等以上的粮食。当然，多数是好的。最近，我听说安徽、河北、江西等省发的粮食质量就较好；保时间，调运上有个时间的要求；保资金，资金必须兑现，不要再发生新的拖欠。总欠账，就没有信誉了。今后新调的粮一定要保资金，不能拖欠；按计划，总的要求是：下半年，努力完成这次新布置的和上次国家粮食储备局下达的调拨计划。执行这个计划，7月份68万吨，8月份也不会少，9月份还会更多，任务相当繁重。但也有好的方面，最主要是宏观经济环境好，国务院政策好。我们的调运靠什么，还是要靠国家的支持和各部门的帮助，特别是国务院领导同志经常给我们作指示，国家经贸委的协调会议、调度会议等，还有铁道部、交通部，都给了很多支持，还有各银行的支持。今年调拨资金解决得比较好，还有专储粮转移的资金，都已基本上解决。所以，大环境整个来说是好的，关键在于我们自己，最主要的是组织好货源，把各项工作跟上去。现在国务院开会，别的部门都在领导面前表态，我们还不敢说硬话，毛病就在于我们的货源不够扎实，这中间既有本位主义思想作怪，也有库存不实问题。去年年初有不少地方的粮食局、粮管所、粮食公司错误估计了粮食形势，把那点周转库存统统给销掉了，这次你让他调粮，他就跟你打太极拳，兑现不了，下次你再调不出，就取消你的专储资格，进一步还要取消国家粮食储备库的资格。不敢讲硬话问题就在于我们自己，工作还不落实，思想还不明确，主要还是这个问题。为了做好下半年的专储粮调运工作，提出以下几点要求：

第一，粮食系统要从全局出发，加强对计划严肃性的认识，克服困难，努力完成计划。产区要着重组织好货源，组织好装运。销区要从大局出发，着重组织好资金和接卸工作。产销双方团结合作，协商解决调运中的具体问题。

第二，抓协调落实。一个是外部的协调，要依靠各级政府，依靠经贸委、计委、财政、银行、铁道、交通等部门的支持。粮食部门要多向这些部门去汇报、去交流情况、请示工作、请求支持，多去商量，各级领导机关对粮食工作是非常重视的。内部协调是粮食部门本身的，希望各省要狠抓一下。要提倡用现场办公的形式解决问题，领导同志要亲自抓。

第三，认真执行调粮的有关规定，特别是有关财务方面的规定。对困难地区的调入，更要执行调粮的有关规定，有困难协商解决。进入市场经济，做生意要讲究有来有往，更要讲信誉。调粮不是一次买卖，一次搞完就算了，不能这样搞。

第四，要注意抓重点。当前着重抓南北两边的调运。北边重点要放在黑龙江30亿斤小麦的调出，南边重点抓灾区的生活安排，保广东、广西、贵州、福建，重点解决灾区的问题。三大直辖市是重中之重，必须保证。季度调拨计划已经下达，必须严格按照计划执行。粮食工作还要讲点友谊和互相支持，特别是给南方各省、区追加的计划，要努力完成，确保这些灾区不出问题。

第五，建立责任制，层层组织落实。各级粮食部门，特别是省级粮食厅局要成立调运办公室，厅局长要亲自挂帅，把调运工作抓好。各省（区、市）的特派员要加强和国家粮食储备局的联系，及时沟通情况，以便储备局向有关部门反映，帮助解决问题。我希望各省负责调运的同志要负起责任来，年底要评比，好的表扬，差的批评。现在有一部分地区主管调运的部门改成了储运公司，这一段时间要把调粮工作，作为重要的政治任务来抓，特别是救灾粮。储运公司的领导要从宏观调控，从全局利益角度考虑问题，具体安排工作，不要仅仅考虑本地区、本企业的局部经济效益，而要看到当前的形势。今年我们采取这些措施，目的就是为了把调运工作搞好，全面完成调粮任务。各级粮食局、粮食储运公司和从事调运工作的同志，要继续发扬粮食系统的优良传统，艰苦奋斗，为人民服务，加强相互间的协作和配合，加强产区和销区之间的相互支持，把工作落实做好，确保任务完成。国内贸易部和国家粮食储备局希望各位特派员在今年和今后的调运工作中积极发挥重要的纽带作用，认真执行国家粮食储备局关于特派员职责的规定和“三大纪律、八项注意”，在工作中创造出新的成绩。

探索新时期粮食调运工作的新路子

现在我们粮食工作正在向市场经济过渡，我们面临着空前复杂和艰巨的任务。粮食储运部门担负着极其重要的任务，要开创粮食调运工作的新局面，要摸索出粮食调运工作的新路子。粮食调运要从救急、追加逐步转向正规化、制度化；从突击调运转为经常性的、有秩序的安排；从临时性的转为固定性的协作关系。也就是说，我们要深入探索新时期粮食调运的规律和特点，逐步建立起一整套适合我国国情的、进入市场经济以后的调运新体系以及必要的规章制度和法规，沟通产销渠道，处理好产销及各方的利益关系。粮食调运要求做到经济合理，要考虑到经济效益和社会效益，要以提高经济效益为中心来考虑粮食调运和各项工作，沿着这个方向作必要的改革，不能总搞突击和救急，这也不是办法。例如，有秩序的均衡运输问题，合理流向问题，图上作业问题，还有水陆、公铁、江海联运问题，都要深入研究，开拓创新。今后要抓好三个方面的改革：

第一，要探索粮食储运管理体制的改革。我们要逐步建立一个既有统一领导又有分工负责，调动各方积极性的储运管理体系。为了能够满足国计民生对粮食的需要，要积极探索建立这一体系。

第二，要探索粮食储运方式的改革，包括储存和运输方式的改革。要逐步由袋装袋运为主转向散装散运为主、机械装卸作业的运输体系，这是一项重大的改革。国外已经这样做了，国内和国外的差距还很大，现在我们已经开始搞试点，任重道远，希望同志们多思考一下这方面的问题。

第三，储运企业的改革。随着向市场经济过渡，现在储运企业的管理比过去有所放松，希望各级粮食部门的领导同志认真抓一下储运企业的管理，深化储运企业本身的改革。

这几个改革构成了粮食储运体系改革的内容。我们的目标不仅要完成当前的任务，还要通过不断地实践，再认识，再实践，再提高，经历反复实践，反复认识的过程，逐步形成一整套符合中国国情的粮食储运体系，要进行这方面的改革和建设。同时还要把国外先进经验吸收进来，取各家所长。新建的仓库要采用新办法管理。对整个调运体系的要求就是：调度灵活、指挥合理。达到这样的要求，流通渠道搞好了，粮食调运的速度就加快了，整个社会效益就会更好。

希望大家除了完成今年的调运任务以外，还要多思考一些逐步改革和完善粮食储运体系方面的问题，希望多出一些人才，将来能产生一些储运方面的专家。总之，会议着重把下半年的专储粮省间调拨计划，下半年的工作任务以及特派员的职责明确下来。国内贸易部和国家粮食储备局对特派员和主管调运的处（科）长寄予很大的希望，希望你们能创造出新的经验，加强和国家粮食储备局的联系，同时，思考下一步的问题。今年粮食工作的难度相当大，希望大家进一步发扬粮食系统好的传统，努力把工作做好。

稳定粮价　控制通胀　确保粮食市场供应*

（1994年9月2日）

这次电话会议是由国家计委、国家经贸委、国家工商局、国内贸易部和国家粮食储备局联合召开的，主要内容是贯彻落实国务院关于抑制通货膨胀的指示精神，部署继续稳定粮食市场、平抑粮油价格的工作。下面我讲几点意见。

稳定市场粮价是当前粮食部门的中心任务

国务院已经决定，下半年宏观调控的首要任务是抑制通货膨胀。粮食是关系国计民生的特殊商品，粮价是百价之基，保持粮价的合理水平事关大局，切实安排好粮油市场、保持粮价稳定是粮食部门义不容辞的责任。今年6月10日，在国务院和各级政府的领导下，在有关部门的支持和配合下，调整粮食购销价格的方案顺利出台。调价前后至今的三个月来，粮食部门广大干部、职工认真执行党中央、国务院有关指示精神，全力以赴，辛勤工作，千方百计保证了粮油供应。总的来看，新旧价格的过渡比较顺利，主要粮油品种的购销价格保持在合理水平上，各地粮油市场比较稳定，供应正常。

下半年，根据国务院关于抑制通货膨胀的指示精神，全国粮食系统要全力以赴，继续稳定市场，稳定粮价。做好这项工作是完全可能的。首先，我们有良好的物质条件，有能力做到供需平衡。今年夏季粮油和早稻的生产情况和收购情况较好，目前冬小麦定购任务已经完成，正在积极进行市场收购，同时抓紧收购专项储备小麦。春麦产区已进入入库高潮，收购进度和质量都好于去年。预计全年冬春小麦的总收购量在3000万吨以上，多于去年。早稻收购情况比原来预想的要好。到8月25日收购早稻652万吨，已完成计划的93.2%，比去年多收330.5万吨，其中定购562万吨，占计划的93.7%。江西、湖南、湖北、浙江、安徽等省进度快，基本完成国家定购任

* 这是白美清同志在继续稳定粮油市场价格电话会议上的讲话。

务。油菜籽收购快于上年，上海市已完成国家下达的计划，湖北、安徽、湖南、河南、陕西等省进度较快，收购量比上年增加。目前，花生等秋油作物长势良好，可望丰收，如抓好收购，全年油脂收购量将相当或稍高于去年。全国粮食库存是充裕的，国家专项储备粮库存仍保持了较高的水平，进口粮油正源源到货。还应看到，中央召开的两次农村工作会议和国务院关于粮食购销体制改革文件精神传达以后，加强宏观调控、做好粮食工作引起了各级党政和各界人士的重视。只要在各级党委和政府的领导下，认真对待，努力工作，是可以继续保持粮油市场稳定的。

目前，个别地方大米、玉米等品种价格上涨过高，这是很不正常的，应引起各地重视。粮食部门对这种涨价现象绝不能坐视不理，掉以轻心。养兵千日，用兵一时。全国粮食系统下半年要采取有力措施，充分发挥主渠道作用，坚持不懈地掌握粮源，保证供应，稳定市场，平抑粮油价格，继续为全国的改革、发展和稳定做出应有的贡献。

严格执行国家规定的价格政策

今年粮价改革时，国家已规定了明确的粮食购销价格政策，各级粮食部门必须认真执行。定购必须严格执行国家定价，不得随意提价。凡搞价外加价的，由地方财政补贴，不能进入成本，不能转嫁给消费者和企业。随行就市收购的价格，由省政府根据国家计委的通知精神确定，不得抬价抢购。必须看到，购价抬高就会直接影响销价，不仅对今年而且对明年调控物价都会产生不利影响。

国有粮食部门要带头遵守国家的价格规定，加强内部管理，严格控制企业经营费用率，降低销售成本，认真执行国家计委规定的购销价格。要制定管理办法，采取对策，坚决制止中间环节层层加价。对省内调拨的粮油实行一级批发、一级零售；对省外调拨的粮油，实行两级批发、一级零售。进口粮油将继续实行由国内贸易部、国家粮食储备局计划分配的办法，落实到缺粮地区销售，由国有粮食部门直接加工，统一经营，按规定的价格销售，严禁转手倒卖。如发现有倒卖批件、高价出售、牟取暴利等情况，要取消其承担进口销售的资格，并予以惩处。

加强粮食市场管理和粮价管理

在当地政府领导下，粮食、工商、公安、税务、物价部门要互相配合，共同行动，管好粮油市场和价格。粮食收购，要坚决落实国务院关于掌握社会商品量70%～80%的粮源要求，不仅要完成定购任务，还要完成总量收购计划，为宏观调控粮食市场提供坚实的物质基础。稳定粮油市场，关键在于加强粮油市场管理，严格按照国务院办公厅76号文件和国家工商行政管理局与国家粮食储备局联合下发的通知精神，除国家规定的单位外，其他单位和个人，都不允许到农村直接采购粮食。要抓紧完成对粮食批发企业的清理工作，不符合规定条件的，坚决取消营业执照。不仅对国有粮店要加强价格管理，而且对多渠道、对城乡集贸市场、对批发市场和粮油交易所的粮价都要加强指导和管理，不能允许囤积居奇，欺行霸市，哄抬粮价，一经发现，严肃查处。

加强监督检查工作，是保证稳定市场粮价政策落实的重要环节。各地粮食部门要配合工商、物价等部门对政策执行、质量、供应等情况进行检查，对不执行国家规定的政策，抬价购销、非法牟取暴利、掺杂使假等行为，要严加追究，没收其非法收入；情节严重的，要绳之以法。内贸部和国家粮食储备局近期内将派出工作组，对前段时间抛售专储粮的情况进行检查，发现问题，将严加追究。

重点抓好稳定大中城市和灾区粮油市场价格的工作

要采取有力措施，继续稳定大中城市粮油价格。今年6月粮价改革出台后，35个大中城市国有粮店一直坚持按国家规定的限价挂牌销售标准粉和标二早籼米，对平稳过渡和安定人心起了重要作用。年内要继续对这两个品种实行挂牌销售，执行规定的价格。经国务院批准将动用一部分专项储备粮继续抛售。专储粮抛售不准转手倒卖，不准卖高价。各省、市、区粮食厅局要对专储粮的销售进行检查，堵塞漏洞，改进工作，防止舞弊。

城市的粮油供应要保证主要品种不脱销断档，坚持粮油质量标准，不得卖大号。对大中专院校继续按优惠价供应，并要保证城镇低收入居民、停产半停产企业的粮油供应。要继续做好军粮供应工作，军队调到哪里、粮食就供应到哪里；军队需要什么品种，就供应什么品种。要在挂牌品种有价有货的基础上，努力增加花色品种，满足各种需求，丰富中秋节和国庆节期间的粮油及其制成品的供应。对食油供应也要安排好。目前进口油已经陆续到货，要把过高的价格压下来。有的地方把粮价油价哄抬得很高，要严加追究。

要切实安排好灾区人民生活。今年灾害频繁，一些地区的灾情目前还在发展，各地粮食部门要在当地党政领导下，与有关部门紧密配合，继续做好灾区人民的口粮供应工作。要深入灾区了解受灾人数、缺粮数量等，摸清底数，及时向当地政府反映。要主动与民政等部门协商，可按过去行之有效的办法，钱粮结合，分户造册，张榜公布，分段供应。要积极筹措粮源，满足灾民、贫民和水库移民的购粮需要。根据今年部分地区灾情较重的实际情况，经国务院批准，国内贸易部和国家粮食储备局准备再安排50万吨专储粮用于救灾，安排灾区供应。地方也要拿出一部分粮食解决灾民的口粮，使灾民能够得到较多的优惠价粮食，保证不发生非正常情况。

进一步加强领导

各地粮食部门要在当地政府的领导下，汲取去年年底以来粮油价格波动的教训，总结平抑粮价的经验，全力抓好稳定粮油市场价格的工作，绝不能因粮价波动而影响国民经济发展的全局。国有粮食部门是平抑粮价的依靠力量，我们绝不能辜负党和国家的信赖，绝不能带头涨价。所有粮食行政部门都要一方面抓好收购，掌握粮源，一方面抓安排市场，稳定粮价。这是关系到粮食系统的信誉、关系到全行业前途的重大原则问题。各地要密切注意市场动向，如果粮油价格发生不正常波动，要及时向政府和有关部门汇报，立即采取坚决有力的调控措施，平抑粮价，稳定市场，绝不允许听之任之。各级粮食局局长要切实负起责任来。城市零售网点是稳定粮油市场的前沿阵地，各地要本着方便群众、保证供应的原则，保留骨干粮店，并合理布局，撤销或转业过多的要恢复过来，确保粮油销售服务体系的正常运行，把国家调控措施落到实处。

最后，我还要强调一下，要努力抓好今年粮油的收购工作。目前，早稻的市场收购进入最后阶段，中稻即将上市，随后是秋粮秋油的收购，任务十分繁重。秋粮是收购的大头，我们要继续采取有力措施，打好秋季粮油收购关键一仗。粮食收购一定要收实物，不允许收差价顶抵收购任务。要有计划地安排粮源，在搞好总量平衡的基础上，充实粮食库存，不准基层收购单位即购即销。要发扬连续作战的优良传统，坚持不懈地抓好收购，力争全面完成国家收购任务，掌握更多的粮源，为国家宏观调控粮食市场打下坚实的物质基础。

同志们：国有粮食部门具有顾全大局、听从指挥的优良传统，是一支能打硬仗的队伍。我们要在党中央、国务院和各级政府的领导下，在有关部门的支持下，再接再厉，切实安排好粮油市场，全力保持粮价稳定，为国民经济的健康发展做出新的贡献。

夯实基础　做好县级粮食部门的工作*

（1994 年 9 月 12 日）

全国地、县粮食局长培训班，是在我们粮食流通领域处在一个关键时刻举办的。办好这次学习班，将对全国粮食系统由计划经济的模式向市场经济体制的转变；由传统粮食业向现代粮食业转变起到重要作用。

举办这个学习班，大家坐下来冷静地分析一下形势，总结一下过去的经验教训，研讨一下下一步如何搞好粮食工作，我认为，是很有意义的，也是必要的。全国粮食系统面临的困难很多：资金不足、包袱沉重、设施简陋等，但最主要的困难还是人才不足，不能适应社会主义市场经济需要。而人才要靠我们从粮食系统 500 万名职工里面产生、选拔，来解决人才不足的问题，以推动我们事业的前进。这里讲的人才，包括经营、管理等各方面的人才。我们需要一批企业家，需要一批精明能干的厂长、粮管所所长、粮库主任以及监察方面的人才。这样我们整个粮食事业才能够兴旺。

我到商业部工作的时候，说我的任务就是修仓储粮，理顺关系，建设队伍，做好铺路工作。修仓储粮就是把仓库修起来，把粮食储备好；理顺关系就是深化改革的意思，理顺粮食系统上、下、左、右的关系，就是要靠深化改革；建设队伍，我认为更为重要，是百年大计，是基础工作。因此，我对于粮食管理干部学院（粮食管理干部培训中心）、中国粮食经济学会以及其他单位举办的学习班，轮训班，各种形式的短期在职学习都是赞成的，支持的。我希望同志们在北京这个短暂的学习时间抓紧学习，去迎接新时期的新任务。

稳定市场、稳定价格、控制通货膨胀是当前商品流通领域的主要任务

今年以来国家总的经济形势是好的。今年可以说是改革之年，国家出台了

* 这是白美清同志在全国地、县粮食局长培训班上的讲话。

各种重大改革措施。出台的这些改革，无论深度或广度都是空前的。今年年初陆续出台了财税体制的改革，金融体制的改革，投资体制的改革，外汇体制的改革，外贸体制的改革，还有重要商品的价格和流通体制的改革。最近《人民日报》、《经济日报》都发表文章，讲一年来加强宏观调控取得的成绩。他们是把这些改革概括为三大战役：第一大战役财税体制的改革，就是分税制；第二大战役是金融体制的改革；第三大战役就是重要产品的价格体制的改革。概括为三大战役我认为是有道理的。今年是党的十一届三中全会后15年来改革跨的步子最大的一年。从8个月的实践来看，总的来说，宏观经济形势比去年大有好转。现在工业增长的速度持续在17%～18%；财政收入完成了预定的计划；银行储蓄大幅度增加；货币投放量比去年同期大为减少。去年上半年整个货币是投放的，今年上半年货币是回笼的，一上一下差了400亿～500亿元，而且今年的国库券1050亿元超额完成了计划；外汇体制改革后，人民币兑美元从去年以来一直稳定在8.6元～8.7元的水平，外汇储备增加到300多亿美元，8月比年初增加了100多亿美元。从我们商品流通的形势看也是好的，今年社会商品零售额一直维持在25%左右的增长速度，扣除了物价等因素外还增长了5%～6%。城乡市场购销两旺，绝大多数产品供应还是充裕的，所以市场比较平稳。

从粮食战线来说，今年的情况也是好的。今年的粮食工作前8个月的特点是宏观调控力度加大，各项业务工作进展加快。针对放开以后的新形势，国家采取了坚决有力的措施来深化粮食流通体制改革，解决去年放开以后出现的种种不正常现象，集中体现在国务院制定了32号文件《关于深化粮食购销体制改革的通知》。还有国务院办公厅下发的76号文件，都是针对走向市场经济以后粮食工作出现的新情况、新问题所采取的坚决有力的措施。32号文件是前一段经验的总结，它的特点就是要加强对粮食的宏观调控，对于统一全国全党上上下下的思想认识，解决粮食工作存在的问题，是一个带有指导性的文件。在粮食工作上，宏观调控力度加强表现在32号文件当中的，就是强调国有粮食部门要掌握70%～80%的粮源，要充分发挥主渠道的作用，要建立储备制度。我们原来曾经讲过的总量平衡，适量储备，掌握批发，管好市场，体现了这样一个精神。所以这个文件对于巩固、发展粮食工作的大好形势，解决放开过后存在的一些混乱思想都起到了极为重要的作用，为今后的粮食工作打下基础。今年宏观调控力度加强，除了文件上所讲的以外，还有就是价格改革出台了。粮食的购销价格进行了改革，6 月 10 日出台后，全国比较平稳；专项储备制度不断完善，中央和地方两级的储备，逐步地建立起来了。粮食风险基金制度，多年来没有建立，今年建立起来了。中央粮食风险基金是 100 亿元左右，地方粮食风险基金，中央拨下去 32 亿元，现在已经到了省，加上地方的，在 60 亿元以上。这就为今后我们的粮食事业的发展打下了基础。所以今年的一个特点就是宏观调控加强了，力度也加大了。再一个特点是各项业务工作进展较快。粮食工作就是购、销、调、存、加工。首先是收购，全国小麦的收购进度快，收购数量超过去年同期。定购完成了计划，议购正在进行。全年收购将突破 2500 万吨。因为春小麦有河西走廊的、黑龙江的、内蒙古的，还有新疆北部阿勒泰的，春小麦正在收购。另外，专储小麦我们下达了 255 万吨的计划，已经完成了 215 万吨，现在正在扫尾。整个小麦的收购，由于政策好，政策比较明确，各地抓得比较早，立足于早抓、抓紧，抓到底，加强了市场管理。粮食部门也动手早，这样把小麦收购起来了，也就是说明年全国吃馒头大概问题不大了，而且价格不至于很高。早稻的收购，原来我们还估计困难比较大，由于上上下下的努力，特别是各地政府的重视，改变了放开后有些省“放羊”的情况，加强了市场管理。这样粮食系统全行业总动员，分工负责深入到田间，深入到农村进行收购，到 9 月 5 日止已经完成了 750 万吨的贸易粮。其中江西、湖南完成了 150 万吨以上。这是一个很好的形势，已经超过了去年总的收购量，去年才收了 650 多万吨，今年已经收了 750 多万吨，进度比去年快得多。既为解决水稻的收购摸索了经验，也为今后市场的供应打下了较好的基础。小麦收购这一仗打得比较漂亮，早稻收购这一仗也打得比较漂亮。

进出口的工作今年抓得比较紧。油的进口上半年就突破了 80 万吨，下半年还在继续进。粮食的进出口工作也进展得比较顺利。

另外，我们各地的仓储建设和粮食流通体系的建设进度也加快了，仓储建设到 1994 年年底预计可以完成储备库、周转库和简易库库容将近 2000 万吨。我们原来定的 2500 万吨库容计划，明年就可以完成。这是继“三库”[①] 建设之后又一次建库高潮。每年国家投资在 10 亿元以上。今年，我国世行贷款粮食流通项目已经开始扩初设计，下半年可以陆续招标和开工。这就为“九五”期间仓储建设，流通体系建设争取到了一个份额。8 月份国务院开会确定了世

① “三库”指 80 年代初期经国务院批准，由商业部组织建设的粮食仓库、水产副食品冷藏库和棉花仓库。

界银行粮食流通项目作为今年开工的国家大中型重点项目之一。争取到这样一个地位，争取到“九五”期间我们仓储项目有一定的规模，列入了国家的计划，这不仅是为当前，而且也是为“九五”做了一些工作。

各地改造服务设施的建设，改造门店也大规模地展开。特别是一些批发市场，综合大楼，省里在搞，市、县也在搞，大家都在搞。这中间就有搞得过多了一点的情况。过去我们这方面设施比较差，这两年建一点也是必要的，但不能过多。

今年的特点是宏观调控力度加大，各项业务工作进展加快。与此同时，流通领域其他改革也出台了，如棉花的改革、化肥的改革等。这些改革的共同点就是强调国合商业要发挥主渠道作用，要掌握货源，从而能够控制局面，稳定市场。

当前虽然整个形势很好，但是也面临很多问题，突出的是通货膨胀压力加大，物价指数居高不下，1～7 月，物价指数全国平均上升到20%左右，超过两位数。由于蔬菜、肉、蛋都在涨价，加上部分地方粮食涨价，这样就使35个大中城市的零售物价指数上升到20%多，个别城市超过30%。

通货膨胀的原因是多方面的，是有深刻的经济原因的，最根本的是基本建设战线太长，规模过大，投资过多，特别是地方项目，乡镇项目投资过热，再加上消费基金的膨胀，前两年票子投放过多，形成了今天这样一个局面。今年农副产品价格上升的幅度比较大。而且灾害比较多，既有旱灾，又有水灾，又有风灾，几灾并发，南北遭灾，旱灾华东有一片，西北有一片，西南有一片；风灾是今年台风登陆最多的一年；还有北方也受灾，像辽宁辽河发大水，又来一个风灾，玉米受的损失相当大。所以说几灾并发，南北遭灾，造成蔬菜、肉、蛋、禽比较紧张。粮食方面粳米比较紧张，面粉还没那么紧张。大家都要吃好米，又要大量出口，怎么能承受得了？农副产品方面价格上涨太多，供需偏紧。猪肉上涨得更多，鸡蛋每斤 3 元多，猪肉每斤 5 元左右，菜油也涨价，本来菜油不应涨那么多，个别地方炒到每斤 5 元、6 元，这都是不正常的。豆油也在炒，炒到每斤 5 元多。蔬菜遇到风灾、旱灾。以上诸种原因，再加上鸡蛋、蔬菜一减，就形成了今年物价上涨得较多。

物价不稳，将会影响全局。因为现在非常不平衡。虽然承受力比过去增强了，但仍然有一部分低收入的职工，农村还有一部分需要返销的，还有 8000 万贫困地区的群众，再加上每年受灾，有 1 亿多需要供应的人口。如果物价过高，就会造成人心不稳，就会影响整个宏观经济的大好形势，就会影响到全局。所以党中央、国务院开了一次电视电话会议，请县长都参加，就是要遏止通货膨胀，控制物价上涨的趋势。稳定市场，稳定价格要作为下半年宏观调控的首要任务来抓。全党、全国人民、各级干部，各条战线一齐努力来控制通货膨胀，否则会影响全局。这是从大的方面来说，从我们粮食行业来说，如果通货膨胀过高对我们行业也是不利的。我们行业也是很不平衡，目前流通行业正处在困难的时期，今年上半年就出现了大幅度亏损的局面。粮食是全行业亏损；物资也是全行业亏损；供销社基层的困难加剧，亏损的面在扩大，有的地方40%～50%，有的地方60%；商业大百货公司好过一点，小商业也困难，食品行业困难，蔬菜行业困难，批发业非常困难。控制通货膨胀最中心的是控制米袋子、菜篮子。粮食系统、商业系统、供销社系统、内贸系统都担负着责任。所以说平抑粮价，平抑整个物价、副食品价、菜篮子价，责任就落到内贸系统身上。我们是做贸易工作的，是做商品流通工作的，我们工作的好坏直接影响到今年能否完成国务院提出的要求。国务院提出三个月就要把物价降下来，要初见成效。关键是米袋子、菜篮子，要使物价明显地降下来。我们本身遇到困难，但任务又加重了，处在这样的形势之下，国内流通系统、粮食系统担负了重要任务。内贸部党组、储备局党组开了会，作了讨论，下半年要把控制通货膨胀，保证米袋子、菜篮子的供应，降低过高的涨价幅度，作为中心工作来抓，要动员全系统来抓。因为我们处在第一线，我们的工作好坏直接影响到国家的宏观决策，影响到大局。所以说粮食部门任务是繁重的。我们的工作搞得好会发展壮大，得到领导的重视和社会的同情；如果搞不好，我认为可能会萎缩，要垮掉一大批，主渠道将成为纸上空谈。

为了做好控制通货膨胀的工作，下半年直到明年春天，我们要集中抓好几件事：

第一，要抓紧做好秋粮收购工作，这是稳定市场的基础。秋粮是全国收购的大头，占60%。秋粮收购到手就有条件去稳定今冬明春的市场，秋粮收不到手，市场就很难稳定。当然在抓好秋粮收购的同时还有一个秋季农产品收购，对内贸系统来说，有棉花、有糖、有猪、有油、有茶等。但是秋粮收购是关键，特别是今年丰歉非常不平衡，江西丰收、湖南丰收、湖北丰收，但江苏、安徽、四川、陕西等省受灾减产。在一个地区凡是有水源的就大丰收，凡是受旱的就减产，还有受水淹的减产，没有淹的好得很。因为今年气温比较高，我到东北去看了一下，吉林的玉米是好的，丰收在望。黑龙江的玉米也很好，水稻也好，大豆也好。但我们要看到收购的难度，我们一定要把这一仗打好。粮食系统上上下下要把秋粮收购看作一个中心任务，全力以赴，把这一仗打好。

做好秋粮收购，一个是价格，一个是管理。价格现在不能哄抬，粮食部门不要带头去哄抬价格，一定要执行国家价格。粮食价格我们也曾考虑提不提，你提几分，市场就长一角，总是有差距的。在价格上一定要汲取1989年的教训。不要随意抬高价格，要加强市场管理。

第二，国有粮食部门还有内贸部门一定要严格执行国家规定的价格政策。不得任意抬价，不能一天几个价。粮食部门不要成为激化矛盾的导火线。我们部里下了文件，油菜籽每市斤超过1元4角的一概不收。

第三，要配合有关部门管好粮食市场。除国家指定的单位外，不能随便到农村收购。到农村买青苗的，一定要坚决制止。不准多渠道到农村去插手粮食收购，这是国务院文件明确规定的。一定要把收购市场管好，不能哄抬物价，一定要按国家价格和浮动范围去做。如果市场管好了，今年收购就好办了，物质基础就好了。对灾区是另外一回事，今年还是减、免、缓的做法。

第四，建立健全粮食和其他重要商品的储备制度及风险基金制度。要稳定市场，稳定粮价，没有储备不行。总量平衡必须要有储备去作保证，所以总量平衡和适量储备是相互联系的。粮食必须要有储备，重要商品必须要有储备。国家要有储备，地方也要有。要改进一下储备制度，我们将来粮食储备要逐步向销区转移一部分，向国家粮食储备库集中。

第五，粮食系统和内贸系统要把扭亏增盈，减少环节，降低费用，作为稳定市场，稳定价格的重要工作来抓。粮食部门不能从涨价中求效益，而要从改善经营管理中增效益，这一观点必须明确。不能从涨价中挖一块，不要靠涨价发小财。大财你也发不起来，发了要查你牟取暴利。我们要从改善经营管理、降低流通费用方面想办法。各级粮食部门的领导要为基层着想。我下去看了一下，现在相当一部分城市对基层粮店重视不够，出现了萎缩状态。我们要帮助这些零售门店克服困难，要让利给他们，让他们有一定的进销差和批零差，不至于萎缩。这一点请大家注意一下。

深化粮食流通体制改革　搞好粮食行业的机制转变

进入市场经济以后，粮食行业任务空前加重，粮食行业要适应新的形势，要确保供应，稳定市场，一手抓收购、销售，一手抓粮价管理。粮食行业担负着重要任务，又处在转折时期，新旧体制并存。所以，困难特别多。概括一下，就是：体制不顺，人员过多，包袱沉重，设施落后。四大困难，再加上人才缺乏。人才缺乏是最根本的。体制不顺，如你们刚才讲的，今年的储备费用，现在9月12日有的还没有到手，可能要拖到10月份，有的还可能拖到年底。体制不顺，粮财分离，挂账有很多是政策性的，这次限价也出了些新挂账。人员过多，不改革不行了。东北一个亿把斤的粮库有1000多人。库主任一级的16个，主任、副主任，书记、副书记还有工会主席。有的地方花样更多，还有库级待遇的。我到一个省，有的县粮食局局长12人，有的是安排进来的。当然我们还是要妥善处理，不能一下推出去。包袱沉重，挂账×××亿元，利息每年××亿元，我们正在争取停息。设施落后，我们的很多门店真是可怜，在偏僻之处。而且是一个模式，都是分配型的。从大城市到小城市，从沿海到边疆，从东北到西南，都是一个模式。很多粮店在背街小巷，过去是按居民点设置的，有的还租人家的房子，一改造就要加租金。好多大中城市都有这个问题，工矿区、学校、居民区当中设置的粮店也都有这个问题。在门口摆个摊，也要这个费、那个费，收费很多，不摆居民还不答应。总之，困难非常多。这些困难怎么解决？必须从深化粮食流通体制和粮食企业本身的改革两个方面解决。全国粮食行业有330多万名全民所有制职工，20多万名集体所有制职工，69万离退休人员，加上几十万临时工。现在，我们有些库扛麻袋的人很少了，有些是甩手掌柜。这么多的问题要解决，所以必须要深化改革，必须要认真贯彻32号文件。当前改革怎么改？我认为32号文件已经给我们指出了方向。也就是按社会主义市场经济的方向去改革。粮食系统两条线运行正在起草文件。32号文件要好好学习，它既是总结与概括，也是今后改革的方向。

第一，充分认识粮食这个具有战略意义的特殊商品。粮食商品的性质，经过这几年的反反复复，我们认识清楚了。首先，粮食是商品但不是一般的产品。既然是商品它就具有商品的属性，就不能脱离价值规律，不能脱离经济规律去考虑粮食问题。如果不掌握这点，就会导致政策上的失误，进入误区。其次，最重要的是粮食是特殊商品，要看到它的特殊性。江泽民总书记讲，粮食是具有战略意义的特殊商品。朱镕基同志讲，粮食是万物之首，粮价是百价之基。我体会，粮食是全国的第一商品，它有特殊性，尤其是在中国更具有特殊性。中国有12亿人，天天要吃饭，忽视了它的特殊性，政策上也会导致失误，也会进入误区。粮食不同于其他小商品；粮食市场不同于其他小商品市场；粮食进入市场经济不同于其他商品进入市场经济，忽视了这些就要出问题。要运用矛盾的普遍性与特殊性这一论断分析粮食问题，分析粮食这个商品。粮食的特殊性就在于它关系到千家万户。特别是中国，自然条件、经济发展非常不平衡。粮食问题就更加重要。我到西欧一些国家看看，人家是粮食有余。我们是基本平衡，灾年还差一点。西欧、美国的政策是控制粮食生产，我们的政策是刺激粮食生产，缓和供需矛盾，达到基本平衡。粮食本身在中国就有特殊性。由于粮食商品的特点，而引申的对它的调控力度比其他任何商品都强。也就是说国家必须把粮食掌握在手里。这是由中国的粮情决定的。我在商业部当过副部长，在内贸部也是副部长。小商品管它干什么？皮尔·卡丹服装，上万元的，你可以买大众化的，十几块钱一件也可买。皮鞋，意大利的，几千元一双，小摊上的，几十元一双你都可以买，谁管它呢！粮食你敢不敢这样呢？其他商品涨价好像没有多大反应，粮食一涨价，反应就大了。我算了一下，涨一分就是2%，这就是粮食的特殊性。国务院今年32号文件就是强调了粮食商品是特殊商品，因此，必须由国家掌握粮源，调控市场，这也是中国粮情决定的。如果不掌握粮源，不加大调控力度，就稳定不住，民以食为天，我们要充分认识粮食商品的特殊性，加大宏观调控的力度。过去有些政策、做法不太恰当的，要根据这个精神改进。

第二，进入市场经济后要注重经济规律。进入市场经济，体现经济规律，核心问题是价格问题。价值规律在粮食商品上必然会起作用。忽视价值规律就会挫伤农民生产积极性。所以，我们的粮价不能像统购统销时期控制得那么死，而要根据市场等方面的情况，使国家收购价格逐步合理，和市场价格接近，既能调动农民积极性，又要考虑消费者的利益。既要考虑到供需矛盾，又要考虑到粮价基本稳定，这也是基于粮食商品的特殊性决定的。国家收购粮食要有个定价，否则大家各自为政就乱了，当然也不能全国一个价格，要有差别。但总的来说必须体现价值规律，又要保持价格的基本稳定。进入市场经济在市场的管理上也要考虑它的特点。一级市场要严加管理，二级以上市场要规范化。或者说一级市场就是要集中统一管理，照领导同志的思想就是一级市场除农民自产自销的外，必须国有粮食部门掌握，你说独家掌握也好，什么也好。二级市场大家可以进来。我看某些品种，特别是紧缺品种，某些时候也要集中统一管理。要审时度势，不要怕，这对稳定全局有好处。中国从粮食品种看，大米是偏紧的，必须采取集中管理的措施，都去插手买青苗就搞乱了，国家就难以调控了。批发市场要规范化、法制化，不要搞场外交易、袖筒子交易。总之，在改革中要发展市场，培育市场，但一级市场要管严，二级市场要规范化、制度化、搞活，体现市场经济规律，沟通产区与销区之间的联系，解决余缺调剂问题。至于集市贸易要常年开放，不影响大局。

第三，粮食工作上必须坚持统一领导、分级负责的原则。这也是32号文件的主要精神。要调动地方各级关心粮食生产，做好粮食供应，确保粮食市场稳定。今后可能还要采取措施，把中央和地方粮食事权划分清楚。吃饭要由当地政府首长负责，按照李鹏总理讲话，菜篮子找市长，米袋子找省长，实行地方首长负责制，不要什么都到部里来，找国务院领导同志。今后吃饭问题地方领导首先要考虑到。某些地方调整农业结构过猛，粮田减少过快，要坚决采取制止的措施，否则没有饭吃。中国必须要自力更生解决粮食问题，没有那个背得起我们。我们这几年进出口基本平衡，主要是出口一部分玉米换一部分小麦。去年有点不正常因素，日本大米减产，国际市场价格提高。我们也出了一百七八十万吨大米，今年上半年又继续出了百把万吨，这样就把大米弄紧张了。从消费者情况看，现在国内大米消费还上升了；要求也高了，要吃好的粳米、吃“小站米”、吃东北圆粒米。这些都要由政府负责。你不能自己不种粮，光种赚钱的、价格高的经济作物，都这样全国怎么办？全世界大米市场贸易量只有2000多万吨，中国如果敞开进口大米，世界上吃得消吗？所以，必须要采取统一领导，分级负责，调动大家的积极性。要按照江总书记讲的三个稳定两个平衡去落实，再不落实就难办了。江苏、浙江都喊缺粮了，山东过去是胶东地区调粮到鲁西北，现在是西部地区调粮到东部，东部要吃西部的粮，有很大变化。沿海省向广东看齐，江苏有的地方也向广东看齐，挖鱼塘，把粮田弄来养鱼、种桑赚钱。所以一定要中央和地方分级负责，特别是省、地、县各级负责自己的粮食平衡。调出的省当然要做贡献。要探索一下，怎么照顾一下主产省、主产县的利益，调出地区也要做些贡献，不能说我也自求平衡。如果江西、安徽、湖南、湖北还有吉林、黑龙江都自求平衡，全国粮食就没有来源了。过去调出的地区多一点，现在就靠这10多个省调出，而且越来越少。

第四，粮食系统改革必须要体现既是主渠道，本身又必须改革。粮食没有主渠道不行。没有主渠道就要乱，这是多年的经验证明了的，还有救灾的经验也证明这点。为什么1991年安徽和江苏受灾，今年广东、广西受灾，还有其他地区受灾，还比较稳定，就是靠国有粮食部门，灾区才比较稳定。今年全国粮食系统救灾牺牲了5个人，包括辽宁阜新市的粮食局局长。这说明粮食系统还有点战斗力，有优良传统。主渠道不能动摇，没有主渠道不稳，没有多渠道不活，这是正确的。现在已经形成多元化的流通格局，也就是说各种经济成分都有，但是国有粮食系统必须发挥主渠道作用。多元化流通格局大家要注意一个问题，除乡镇企业外，还有私营企业。现在私营企业有的已经羽翼丰满了，有的已是腰缠万贯了，不是过去的小贩了，这是新的课题，要研究如何应对。还加上外资进来了，搞合资企业，他们专找赚钱的搞。油厂赚钱，搞了很多合资的。还有面粉厂也在搞，下一步还有米厂。我们的饲料行业已经感到不行了，威胁很大。粮油合资有什么好处？除了资金外，设备、技术与我们差不多，我看他们就是在管理上认真。如果下一步粮油都合资了，都给控制住了，你怎么去稳定粮价，怎么去稳定市场？这些事情要考虑长远一点。有些合资企业我们要掌握管理权，要汲取经验。我们要从长远考虑问题，把包袱都丢给我们，把好的企业都合资，这样今后粮食部门还行吗？所以，必须坚持主渠道。但是主渠道又必须改革，不改革就发挥不了主渠道的作用，就会萎缩。我们要有危机感。放开后自身不改革，一二年就完了。商业部门的食品站，过去每个乡都有，还很红火，现在猪收不上来，起什么主渠道作用？所以要汲取教训，既要发挥主渠道作用，本身又必须改革，要克服“吃大锅饭”的毛病。我们总结了多年的经验，粮食系统必须转换经营机制，不转换机制你就承担不了任务。粮食部门转换机制，就遇到两条线运行问题。两条线运行，到底怎么搞，怎么分？是否把粮管所、粮管站、加工厂都搞个一分为二，一家分半边？不是这个简单分法。两条线运行是个概括。两条线运行总的指导思想是：统一领导，两线运行，分别核算，搞活经营。统一领导，就是统一在各级粮食部门领导下，也就是在县以上粮食部门的领导下进行。所以我不赞成把县粮食局撤销，你挂个牌子也得挂，它有行政职能。在统一领导下分成两条线，一条政策性业务，一条商业性经营，分别核算，分别列账，搞活经营。这里重点是分别核算，搞活经营。政策性业务与商业性经营要分开，不要绞起来，政策性业务的钱就是政策性的，商业性经营的钱就是商业性的，不要互相挤占。要抓几个环节，关键环节是基层粮管所、粮管站，是政策性经营单位，不能乱。粮食部门之所以没有乱，稳住了，就是把握住了收购这一头，粮管所、粮管站是我们掌握粮权、掌握批发和收购的粮食系统的基层细胞，一定不能搞乱。在粮管所、粮管站，不要搞国有民营，不要搞个人租赁、承包，不能下放，部里早有态度，下放了的要收回来，这是国有资产。至于个别分销店是另一回事。否则，怎么掌握粮权，怎么掌握批发？粮管所、粮管站实行分购联销，就是分别收购，联合销售，由县以上统一组织销售。定购粮的粮权不能在粮管所，应该在省，由省确定省里掌握多少，地市掌握多少，县里掌握多少，这样基层就不会乱了。粮管所人多的要分流，一部分出去搞多种经营，单独列账，但还是统一领导，不是把粮管所切成两块。粮店不能丢。粮店都改行转成商业性经营不行，执行政策性经营为主的骨干粮店必须保留。我们考虑 1 万到 2 万人保留一个骨干粮店，即使政府给点补贴也要保留。将来可搞点平价粮店。我看辽宁锦州市搞政策性粮店，定点粮店还有便民粮店，连锁店这种形式可以研究。总之要保留一部分，已经转了的在国家需要的时候，也必须执行政策性经营的任务。粮食储备库要专管，要逐步分开，实行专账、专人、专库管理。储备库准备实行三级管理。一级是由国家粮食储备局直属的。第二级是委托省里粮食储备管理机构代管的，是否设机构再研究。第三级是双方共管的，即中央和地方共同管理，但人权统统收到国家粮食储备局。人权中央要管，计划权中央也要管。至于收纳库，你们自己管，县里管，专区管。国家粮食储局直属库是少量的，委托地方粮食储备机构管的是相当一部分，还有一部分是共同管理、双重领导的，但中央必须管人权、管计划权。将来储备粮要逐步向国家专储粮储备库集中。储备粮的库存一定要查实，没有经过国家批准一律不准动用。库存不实、盗卖粮食的要依法查处，请监察局抓点典型，抓出来看看。库存不实是各级粮食局长的最大失职。库存都守不住，还不是最大失职吗？要建立粮库的离任交接审计制度。粮食局长离任要交接，保管员离任也要交接。粮食局连库存都没有守住还称其为粮食局吗？一把手要抓、分管的副局长也要抓。我对一些老局长说，粮食守不住，晚节不忠，要提到这个高度来认识。现在有些省在抓了，不然我们都交不了账。现在中央常委、国务院总理、副总理都关心我们库存实不实在，我们压力很大。领导都在问，你们粮食库存实不实在呀？你们是不是倒卖了？我说国家专储粮我相信是实在的，至于周转粮就不一定敢打保票了。大家一定要把库存抓实。这是对基层的三种单位，即仓库、粮管所，粮店的政策。多余的人员要分流，但还是统一领导，把人划出来，成立公司、经营部。各级的粮食储备机构和管理机构，以及它直属的库点是政策性经营的骨干。政策性经营采取四代一包干办法（代购、代销、代储、代加工，费用包干）。国家委托粮食企业代购、代销、代储、代加工，费用采取包干的办法。包干费用标准根据必要费用，加合理利润原则确定，按量拨补。因管理不善而超出包干水平的亏损企业自行消化。收购企业接受国家委托代购粮食，给予相应的代购费；批发零售企业实行进销差、批零差；仓储企业实行栈租制，收取定额储存费；企业加工国家储备粮油给予代加工费。加工企业除了政策性经营外，都是商业性经营，自负盈亏。中央政策性经营费用中央出，地方政策性经营的费用由地方出。各地粮食部门还要注意建立灵活的调控机制，遇到市场有波动时，及时调控市场，不要等待。还要注意热点问题，发现问题及早解决。这样使粮食企业在改革中有活力。两条线运行的关键和难度是分流人员，我们大概算了一下账，各地不同，有的要分流1/2，有的可能更多一点。政策性经营部分只能养活一部分人，其他的要靠发展多种经营解决。人的分流要采取积极稳妥办法。搞多种经营，发展一、二、三产业，有条件有市场的现在就要搞，不要等待。1991 年召开了烟台会议，就是着重总结交流搞多种经营的经验，推动多种经营的发展。离退休人员问题，我们正在做调查研究。挂账等几个包袱也正在研究解决办法，正在搞一个文件。我这里先打个招呼，大家要积极稳妥负责把富余人员安排好，不许推向社会。

粮食改革实践的启示和今后改革的设想*

（1994年9月15日）

粮食工作走上市场经济的回顾与改革实践的启示

以1992年邓小平同志南巡谈话和党的十四大为标志，全国加快了向市场经济发展的步伐，粮食行业也加快了改革的步伐。这两年多来，全国粮食系统到底搞得如何？粮食改革发展的趋势怎么样？一直是粮食业面临和考虑的问题，也是社会各界所关心的问题。我个人的看法，应该说这两年粮食部门经受了严峻的考验和巨大的冲击，基本上完成了党中央、国务院交给的任务。总的看，我们保证了城乡人民的供应，保持了粮食市场和粮价的基本稳定。在改革中，也解决了一些多年来没有解决的问题，如购销价格倒挂、250多亿公斤粮票怎么处理等难题。又如，粮食系统如何转向多种经营，也是一个老大难问题。粮食系统号称500万职工（包括临时工），这几年由于多种经营蓬勃开展起来，大约已分流了1/3的人。粮食队伍基本上保持了稳定，粮食行政管理机构也基本上保留了。特别重要的是，通过粮食流通体制的改革，初步起到了促进农业生产稳定发展的作用，同时在城乡市场保障了军需民食需要，满足了人民生活从温饱水平向小康水平过渡的不同层次的多方面需要。救灾工作，这两年也是比较突出的，社会公认是做得比较好的。所以，在这两年改革中尽管有一些老大难的问题，例如挂账等，还没有解决，但是应该说，这几年我们按照市场取向进行的这样重大的改革，方向是正确的，现在采取的宏观调控措施也是必要的。当前，在粮食工作上有这样那样的议论，比如采取宏观调控，是不是在走老路，又回到过去统购统销的办法上来了，是不是改革走得太快了，等等。为了统一思想，提高认识，有必要回顾一下十几年来我们走过的路，从实践中得出正确的结论，以便于全系统明确方向，克服困难，奋勇前进，把中国的现代粮食业的建设和改革的任务担当起来。

---

* 这是白美清同志在全国粮食厅局长和总经理高级研讨班上的讲话。

党的十一届三中全会以来，同国家改革的总体部署相配套，粮食系统也进行了一系列根本性改革，走上了市场经济发展的道路。这是与粮食生产的发展相适应的，同农业生产力水平的提高相适应的。粮食生产上了三个新的台阶：即从3亿吨上升到3.5亿吨、4亿吨、4.5亿吨这个水平。在5年时间内，粮食的商品率也从过去的刚过10%上升到20%多，直到35%左右这样一个新水平。粮食总的收购量稳定在9000万吨到1亿吨左右，商品粮大大增加。统购统销的办法在历史上发挥过很大的作用，但在新形势下，“四统一”不能适应农业生产的发展和商品经济发展的需要，必须加以改革。粮食流通体制、粮食管理体制的改革是与全国的综合改革措施相配套而进行的，是与生产力发展水平相适应的，同时也和人民生活从温饱型向小康型发展的需求多样化相适应。过去统购统销是计划分配，就是“两白一黄”，不管你买不买，数量也就那么多。党的十一届三中全会以后，对粮食流通进行了全方位的深刻改革，走上了大市场、大流通、大贸易、多元化、开放式这样一个流通格局。粮食系统进行的走向市场经济的改革是历史的必然，顺应了形势的发展和人民的要求。

回顾一下党的十一届三中全会以来粮食体制的改革，可以分为三个发展阶段。

一是1978年年底到1985年取消统购，这是向市场经济过渡的阶段，也可以说是准备阶段。这段时间，农村改革的成功推动了流通领域的改革进程，粮食生产的发展为粮食流通体制的改革奠定了基础。

二是从1985年到1992年，邓小平同志南巡谈话和党的十四大的召开，这是粮食体制进入市场经济的启动阶段。

三是从1992年党的十四大以后到现在，这是加快步伐向市场经济全面发展的阶段。

这三个阶段是各有特色的，是经历了一些曲折和小小反复的，在有的问题上也走过“之”字形的路。我们从以下几个主要问题就可以看出来：

（一）关于粮食定购问题。我们走过了强化定购、取消定购又恢复定购的曲折的路，长期以来，我们强调定购一定要完成。到1984年粮食上了一个新的台阶以后，1985年1月宣布取消统购。随后，粮食生产又经过了几年的徘徊，到1988年、1989年粮食趋于紧张，国务院发了文件，强调大米统一经营，其他任何行业和个人不得插手。接着在1991年又改合同定购为国家定购。1992年供需矛盾开始缓和了，又取消大米统一经营，各系统、各部门都可以经营，到去年农村工作会议又提出保量放价，一直到1993年国务院9号文件，还是主张粮食保留定购。1994年国务院32号文件又恢复了1991年的提法，强调保留定购任务，作为国家的任务下达，是农民应尽的义务，各级政府要落实到农业生产单位和农户，确保完成，从中可以看出历史的脉络。总的看，定购我们一直是坚持的，中间也有细微的变化。

（二）关于“双轨制”问题。也就是定购一块，议购一块。这也经历了一个发展过程。党的十一届三中全会以后，在完成定购任务前提下，允许部分议购。1985年又再次提出，从我国粮食供应和发展趋势看，必须执行合同定购与市场收购并行的“双轨制”，也就是原来说的死一块，活一块。今年32号文件又肯定保留定购一块，随行就市收购一块。这一过程，就是开始是单轨（统购），慢慢转向“双轨制”。实行“双轨制”中，不同时间，程度又不一样，方向是要向单轨市场发展。

（三）关于放开经营和市场开放的问题。过去“四统一”是没有多渠道经营的，1979年以后先规定不允许多渠道经营，只有国营粮食系统才能经营议价粮，以后逐步放开，允许多渠道经营。到1983年，国务院文件提出撤销议价粮油由国家粮食部门统一经营的规定，提出以粮食为原料的工商行业、农村饮食业都可以自行采购。1984年又明确提出：在国家征购的同时，放开市场，实行多渠道经营，允许供销社、农村合作商业及农民个人收购和运销，可以进城，可以出省、出县，这一段又放开了。可见经营放开和市场开放，也是逐步进行的，中间也有一段，即1987年、1988年、1989年粮食偏紧的时候，强调私人不能搞粮食批发业务，私营粮食业要登记，大米要由粮食部门统一收购。1990年以后，国务院又提出要建立各级批发市场，还批转八个部委关于建立郑州粮食批发市场的通知。直到1991年，中央和国务院在进一步搞活农产品流通的通知中提出，粮食在完成国家定购任务的前提下，常年放开经营，集体和个体工商户都可以经营，可以长途贩运，也可以从事批发业务，其中粮油等关系国计民生的商品批发经营必须经过批准。1991年11月，国务院在关于进一步加强农业生产和农村工作的决定中提到，“八五”期间要在稳妥地做到购销同价的基础上，力争基本理顺价格关系，在国家宏观调控下，逐步放开经营。1992年9月，中央关于发展“一优两高”农业的决定中又提出抓紧当前有利时机，加快粮食购销体制改革，进一步向粮食商品化、经营市场化方向迈进。根据各地不同情况，因地制宜，分散决策，在考虑各方面承受能力和各项保证措施配套的前提下，凡有条件放开的地区，可以放开粮食经营，一般可以继续保留定购，放开购销价格，即随行就市。1993 年在粮食购销改革的通知中提出：放开要“统一政策，分散决策，分类指导，逐步前进”，争取在两三年内全部放开粮食价格。结果当年就放开了。

（四）关于粮食价格问题。也经过了反反复复发展的过程。开始全国粮食购销一个价，后来采取了调价的办法，1992 年以后又采取了放价的办法，去年底和今年又采取了限价的办法，围绕这几个办法，交替进行。

从以上几个问题可以看出，现在的改革办法是过去的继承和发展，是经过不断前进、不断扬弃的过程，是螺旋式上升的过程，是否定之否定的过程，是经过量的积累到质的变化的过程。粮食流通体制改革是由生产发展决定的，一是受粮食生产周期的影响，二是受宏观经济发展的影响。在生产好的时候就放松一点，在生产不好的时候，就管得紧一点；某个时候强调宏观调控，某个时候又强调微观搞活；某个时候强调集中的一面，某个时候又强调分散的一面，因地制宜，因时制宜。现在的问题，是要在前进中不断探索，在实践中不断完善。粮食工作走社会主义市场经济的路子必须坚持，不能有任何动摇，具体政策因为粮食生产的起伏而有所调整。

前一阶段改革的负面效应是什么呢？我看是部分地区忽视了中国粮情的特殊性和粮食宏观调控的必要性，以致思想上放松了，如认为“有钱就可以买到粮食，用不着管”。还有一个说法就是：“什么赚钱就种什么，什么地方高价就朝那里卖”。这些问题，严重地影响粮食工作发展和粮食大局的稳定，也影响了粮食宏观调控的加强。这些年粮食经历了“卖也难，买也难”的过程，经历了粮价在低水平上徘徊和粮价上涨，经历了 1991 年和今年的灾害考验。粮食部门也经历了顺利和挫折，尝到了苦头，从这几年实践中，我认为应该得出以下几点共识。

第一，要充分认识中国粮情的特殊性、重要性。任何时候都不能够轻易说“粮食多了”，任何时候不能说大话。中国粮食生产达到了一个新的水平，但是作为基础产业来说，还是脆弱的。有两个问题值得我们注意。

（1）粮食生产发展的周期性。我们往往在粮食生产发展到高峰时就盲目乐观，采取一些不恰当的措施；粮食一紧又不得不调整，当然有些是难免的，但应该尽量避免。中国粮食生产是有周期性的，历史上是“两丰两歉一平”，这是陈云同志讲的。最近有些专家认为，中国粮食生产受自然因素制约是很大的，有扩张期，有收缩期，结论是：如不采取有力措施，我国粮食生产在较短时期内可能滑坡，由上升到下降。他们指出，我国粮食生产滑坡具有隐蔽性和突发性。谁知道今年浙江会遭到这么大的台风影响，又有谁知道今年安徽会遇上百年不遇的大旱。专家们还说，中国粮食生产的波峰与波谷落差大，波幅大，波幅最高为41.5%，平均为19.04%，如1984～1985年，粮食产量一下子降了2500多万吨。所以，我们一是要保持谨慎态度，不要轻易地认为粮食供大于求，绝不能说有钱就能买到粮食。

（2）中国粮食流通和世界的粮食市场是联系在一起的，有人说“有钱可以到世界粮食市场上去买”。这看看世界粮食趋势就会清楚。最近世界粮食的安全线在下降，库存在下降。据有关材料介绍，世界粮食的储备是：1986年4.26亿吨，1987年4.5亿吨，1988年是4.01亿吨，1989年是3.09亿吨，1991年是3.43亿吨，1992年是3.4亿吨。总的趋势是下降，1989年以后都在4亿吨以下。世界粮食主产国的出口也呈下降趋势，最多的是1986年，出口2.6亿吨，1987年2.7亿吨，到了顶峰，1988年下降到1.41亿吨，1993年是1.55亿吨。全世界小麦贸易量大约是6000万～7000万吨，大米贸易量1300万～1400万吨，总共就是这么多。即使说有票子、有外汇到世界市场去买，也是受制约的。所以，我们对中国的粮情要有充分的认识。我们的一个失误是1991年、1992年的早稻，没有照计划全部收上来。中国几种粮食，大米是不稳定的，而且主产地在南方，随着经济开发，沿海各省都在学广东，走广东的道路。但是，如不抓粮食这个基础，继续使粮食生产下滑，结果会吃大亏。

第二，要充分认识到中国社会主义市场经济的特点。我们讲市场经济，是指现代的市场经济，而且是具有中国特色的市场经济。而我们有的同志却把西方早就丢弃了的糟粕捡来，搞掺杂使假，搞什么猪肉注水，还有搞一锤子买卖，有的想干什么就干什么，不受管理，放任自流，这些都是不行的。放开和管理不能对立起来，微观搞活和宏观调控不能对立起来，这是相辅相成的，这是构成法制化的市场经济不可缺少的，中国的市场经济应向现代市场经济、向规范化市场经济前进，不能一讲宏观调控，就当作“管卡压”、“走老路”。所谓具有中国特点，就是以公有制为主体，而且要始终考虑市场稳定发展，起到在宏观调控下市场合理配置资源的作用。

第三，要充分认识粮食商品的特殊性。粮食，照江总书记的说法，是具有战略意义的特殊商品，是战略物资。李鹏总理多次提到粮食是关系国家安全、社会稳定的特殊的重要商品。朱镕基同志最近讲：“粮食是万物之首，粮价是百价之基”。我认为，这些论断都是正确的，我们要很好领会和学习。首先要认识粮食商品属性，粮食是商品，它就要受价值规律等经济规律的制约。如果不认识粮食是商品，将在政策上进入误区。历史上一段时期刮“共产风”，就是忽视了粮食的商品属性。现在我们也要注意不要忽视粮食商品的特殊性，忽视这一点，政策上也会进入误区。粮食，特殊在是关系国计民生的重要商品，是关系中国12亿人民吃饭的第一商品，特殊在宏观调控的力度比其他商品都大。因此，在粮食商品的管理上要考虑它的特殊性，不能用管理小商品的方法来管理粮食，也不能够用管理小商品市场的方法来管理粮食市场。小商品可以完全放开，如服装，你要买高档的可去买皮尔卡丹，低档的可到地摊去买。但粮食每次都是省长管、市长管，而且是总书记、总理亲自过问，这就是它的特殊之处。

第四，要充分认识粮食宏观调控的必要性，粮食必须全国一盘棋，在宏观上一定要防止失控。一是收购、销售不要失控，当然生产也不能失控；二是市场管理不能失控，不能让多渠道和私商抬价抢购，与国有粮食商业抢粮源，也不能让他们高价销售，坑害消费者；三是要防止粮食进出口失控。去年吃亏大了，就是当进不进，不该出口还出，形成出口量大于进口量，实际是挖了库存出口。中国的粮源怎么能承受得了？这些问题一定要防止。

第五，充分认识在多元化、开放式、竞争型的流通格局中，粮食主渠道地位的重要性。在各种经济成分参与经营的情况下，如果没有国有粮食部门的主渠道作用，市场很难稳定，调控措施很难落实。“没有粮食找市场”的观点是不全面的，把主渠道撇开，找市场，市场都没有粮食，你还找什么？这两年我们在遭受自然灾害中平抑粮价就证明了这点；粮食涨价波动平息下来，也证明了这点。江总书记1992年在武汉会议上总结说：“没有主渠道不稳，没有多渠道不活”，这是科学的结论。多渠道只能作为补充。国有粮食系统尽管有许多缺点和困难，但必须存在和发展，必须改革。现在我们继续巩固和发展国有粮食企业的阵地，是一个迫切的问题，要巩固和发展阵地，要防止萎缩，防止队伍涣散，否则会造成不良的影响，对稳定全局不利。

今后粮食流通体制深化改革的重点和方向

当前粮食系统存在这样那样的问题，粮食体制改革也有不配套的地方，粮食系统处在低谷的状态没有根本改变。这些困难和问题，只有通过改革来解决，对此，我们不能有任何动摇。根据党中央、国务院最近的指示，我认为下一步的改革，重点要放在加强对粮食的宏观调控和深化粮食系统自身的改革上。

（一）强化粮食的宏观调控是今后改革要继续狠抓的关键性问题。

粮食宏观调控的目标是保证粮食总供给与总需求的基本平衡，保持粮价的基本稳定。为了搞好粮食宏观调控，除国家在金融、财政、税收、价格等方面运用经济手段、行政手段以外，根据粮食系统实际，要注意以下几个问题。

1. 增加有效供给，掌握粮源。这是总量平衡的必要条件，也是稳定市场，稳定粮价的物质基础。从改革以来的实践看，我认为这样几条应该掌握：

——完成国务院规定的定购任务不能动摇。这是总量平衡的重要组成部分，是掌握粮源的基础，任何时候不能动摇。关键是定购价格要合理，要尊重市场形成价格的机制，定购粮食的粮权不能分散，必须掌握在各级政府手里，省、市、县这三级必须掌握。不能把定购粮随收随卖，即收即卖。

——掌握粮源的70% ~80%不能动摇。除定购以外，国有粮食部门要积极收购，各级政府要积极帮助，不掌握70% ~80%粮源，中国粮食市场就要出问题，就要影响全国的粮食供需平衡。

——进出口大体平衡不能动摇。不能出现失控的现象，中国绝对不能成为粮食出口大国。进口原则是丰年可以少进一点，歉年多进一点。长期来看，进出要基本平衡，但要多进一点，发展趋势是进口要增加，因为消费水平提高了。要善于利用国际市场，在粮价比较低的时候，多进一点。

2. 必须建立粮食的储备制度。“总量平衡，适量储备，掌握批发，管好市场，搞活企业，综合经营”的24字方针是正确的。经过这几次灾害，特别是今年的灾害，大家认识到必须建立中央、地方两级储备以及提倡农民储粮备荒。这样，可以对付灾害和意外事件，立于不败之地。要把战略储备与调节储备区分开来，要注意建立市场调节机制，及时运用储备粮，吞吐调节，平抑粮价，稳定市场。专储粮要根据国家规定，实行独立的垂直的管理，与地方逐步分开，各级粮食部门一定要把储备粮保管好，专项储备粮粮权属于中央，严禁挪用。要采取措施，把库存搞实。这里告诉大家，党中央、国务院领导同志不止一次查询我们库存实不实。我们就怕下面把粮卖了，向国家交不了账，按现在库存统计的数字，如果实在，即使明年再遇灾害，也能顶得过去。对粮食局长来说，如果粮食库存不实就是最大失职，就是对不起人民，对不起党。

3. 量入为出，适当控制销售，减少浪费。要吸取过去的经验教训，在销售上不要头脑发热。我们有两次吃过亏。1985 年是“泻肚子”地销售粮食，过分强调转化，出了大窟窿，这是个教训。1990 年建立专储粮制度，就是吸取 1985 年的教训。再一次是 1992 年、1993 年食油的教训，库存多一点就冲昏头脑，原来说是存油过多，可以吃两三年。结果到 1993 年下半年就紧张起来。在粮食问题上，转化不要强调过分，中国的事还是填饱肚子第一。过分强调转化，将来是会有后遗症的。还有大的植物油厂、大的米厂、大的面粉厂、大的饲料厂合资要注意。由外国人控股，有可能会使我们没有办法调控。万一引起宏观失控，怎么办？合资有条件的可以搞一些，但是要注意不要宏观失控。

4. 要培育市场机制，加强对市场的调控，以利于地区之间余缺调剂和品种调剂。对粮食市场的管理一定要掌握在各级政府和粮食部门手中；对国内市场要采取不同的方针。一级市场管理要更严；批发市场和其他市场管理要规范。一级市场是指向农民采购，这一层次要统一管好。批发市场要提供公开、平等、公平竞争的场所。我们要重温 50 年代刘少奇同志总结的同私营粮商作斗争的经验，他提出：“谁掌握了市场，谁就在事实上掌握了领导权”。市场绝不能搞乱，不能让投机者去兴风作浪，在粮价上推波助澜。

5. 要建立调控粮食的机制和风险基金制度。粮价要合理，过低了会谷贱伤农；过高了会影响城乡人民生活。现在，还缺乏调控市场的机制，要注意同在粮价上兴风作浪、投机牟利的资本和不法行为作斗争。有的私商已经羽翼丰满，不少投资资本转向粮食投机，要同它的不法行为作斗争。为此，要研究一些新办法、新措施。粮食风险基金制度，今年已经起步，有了良好的开端，要很好地加以落实。

6. 粮食行政领导要把主要精力转到宏观调控上来，转到稳定粮价、稳定市场上来。今后一把手必须抓宏观调控，稳定粮价，各级粮食局、储备局的主要职能是：一手抓收购，确保供应；一手抓粮价，稳定市场。粮价的问题，我们要敏感，要管。朱镕基同志多次强调：粮食部门要把粮价控制住，把市场稳定住，领导同志批评有的地方国有粮食企业带头抬价，在稳定粮食市场中越来越起不到主渠道作用，我们一定要注意这件事。粮食部门的主要精力，要摆到宏观调控上。当然多种经营要分工去抓，加强宏观调控是个系统工程，有个渐进的过程，目前还在不断的实践中，要在改革实践中摸索前进。

（二）抓紧粮食系统的自身改革。

进入市场经济以后，粮食系统自身必须改革，才能发挥主渠道的作用。全国粮食系统存在的问题主要是：体制不顺，人员过多，包袱沉重，设施落后。体制不顺，粮食的现有体制，内部和外部都不顺；人员过多，我们现在全民加集体共有350多万职工，还有离退休职工近70万人，另外，还有几十万名临时工，无论是内地还是关外东北，都是人员过多，而关外人员更多。我到内地一个县去看，粮食局的局级干部，包括正副局长、正副书记、工会主席、纪检组长，共12个。东北一个亿斤左右的粮库，1000多名职工，领导干部有16个；包袱沉重，1992年我们光是挂账就有540亿元，利息每年几十亿元。费用每年上升，也不得了。调一斤粮食从东北到广东、广西，水运每斤二角几，陆运要一角几，有些更多；设施落后，今年1月，我和财政部、计委、经贸委、物价局几个同志坐汽车从贵阳一直到南宁，途经贵州都匀，那里的设施相当落后，粮店职工非常困难，看了令人掉泪。有的同志讲“粮食购销体制是一个难解的结。各种利益关系交叉在一起，弄不清楚”。跨入市场经济，实践证明必须两条线运行，要把宏观调节机制和企业的经营机制分开来，不能混在一起。现在我们粮食行业的难点就是调节机制和经营机制混在一起。改革是国家的要求，也是粮食系统自身的要求。这一关是要过的，早过早主动，经营性业务、政策性业务要逐步分开，当然分工不是分家。国务院已有指示，我们正在搞方案，在粮食上，涉及中央和地方的责权也要分开。李鹏总理指出，地方的粮食问题由省长负责，蔬菜由市长负责。中央要把专储粮管好，把全国性的调节平衡、粮价、救灾、35个大中城市的粮食供应等工作做好。各省要自己负责，粮食问题不是地方党政动手抓是抓不好的。而且粮食流通要与生产问题一起抓。在粮食问题上要划分中央和地方责权，划分政府和企业的责权，分清政策性业务和经营性业务，统一领导，两条线运行，分别核算，搞活经营，是我们应当实行的原则。两线运行不是简单地把粮食局到粮管所从上到下一刀切开，主要是抓三个环节：一是粮管所（粮管站）不能乱，粮管所是粮食部门执行政策性业务的基层单位，它受政府委托，从事收购等业务，不能层层下放，不能搞国有民营，人员要固定下来，从事政策性业务和从事商业性经营的要分开，由粮管所统一领导。二是粮店不能丢，不能全散了改行干其他事业。要适当调整，合理布局，骨干粮店必须保留。三是储备库要管住。将来两条线运行以后，国家的储备库，地方的储备库，一定要管住，至于零星的收购仓库，由县里去管。两线运行的重点是，职能的转变，机制的转换，人员的分流。中央要建立粮食储备管理体系，这是另一回事，它和地方的管理是相辅相成的，具体办法也要研究。今后政策性经营这一块怎么办？用“四代一包干”的办法，“四代”就是粮管所代购，粮库代储，加工厂代加工，粮店代销；“一包干”就是经费包干。这些办法我们将征求大家意见，争取早日出台。

改革的关键和难点在什么地方？在于人员分流，在于转变职能，粮食部门人多，但不能推向社会，我们还是要按照前一阶段行之有效的办法，安排出路，发展多种经营。为此要采取一些优惠政策。粮食系统各个公司要克服过去那种吃政策饭的缺陷，自力更生，克服困难，开拓业务，增强实力。当前的工作，着重放在分流人员上，要广开生产门路，因地制宜，搞好一、二、三产业。

加快建设收储、加工、销售服务体系

从传统的粮食业向现代粮食业发展，既要有生机活力的经营机制，就是现代企业的管理体制；又要有经济实力的粮食服务体系，二者是联系的，互相促进的。粮食行业必须现代化，经营机制必须现代化，服务体系也要逐步走向现代化，这样才能在竞争中具有优势，不致被淘汰。根据这个指导思想，我们要抓改革、促建设，力争在几个五年计划之后，使我们粮食行业的面貌发生根本性的变化，同国民经济的发展相适应。今年各级政府和计委正在制订“九五”计划，这是一个很好的时机。各省（区）市粮食局要很好地考虑并及早动手，向各级政府、各级计委汇报，争取在“九五”计划当中，使粮食流通的建设能够得到应有的一席之地。这是涉及粮食行业的现代化的重大课题，一定要组织力量，精心研究，提出方案。从全国来看，进行粮食服务体系的建设和改造，要着重抓以下四个方面。

第一，粮食仓储流通体系的改造和建设。这方面的技术改造的重要内容之一，是逐步从袋装、袋运、袋卸、袋存为主的形式，向以散装、散运、散卸、散存为主的方向发展，要进行这样的技术革命，以此来考虑我们仓储运输和港口建设。

第二，要改造粮食加工设施。向现代食品工业、现代饲料工业发展，这也是我们粮食现代化的重要内容。通过深加工、精加工，以丰富多样的具有营养的各类食品，满足不同层次的需要。这具有非常广阔的前景。一般发达国家的食品工业产值都占国民经济中的第二位、第三位，投资也占第二位、第三位。要在全国形成大米加工，面粉加工、油料加工、食品加工、饲料加工的五大骨干产业，成为粮食行业的经济支柱，去占领城乡市场，特别是农村市场。将来粮食食品行业要成为调控市场、满足人民需要的重要的经济力量。

第三，要运用现代零售商业的技术和经营方式，逐步改造粮食零售业和批发业。批、零两头都要有新的思路。建设现代化的批发业、零售业，我们不仅要注意硬件，而且要注意软件；不仅要注意物质方面的改造，而且要注意经营方面的改造。比如说连锁店，这是一种零售业的好形式，需要吸取国外的一些先进经验。但要结合我国的特点，到底怎么搞，要研究。首先从现代零售业开始，从现代批发业开始。既要稳定市场，又要有经济效益。既要满足多样的需要，群众又能接受。今后是否可以有平价粮油店、政策性粮油店，都可以考虑，总之要不断探索。

第四，用现代化电子信息技术，装备和改造粮食企业。重点是储备库管理的信息化和粮油市场的管理信息化，今年先搞50个储备粮库，全国联网，从现在开始就起步，“九五”期间继续搞。把全国900多个国家粮食储备库和几十个大的批发市场都联系起来。

关于粮食流通体系的建设，从全国考虑要摆在“二线、三区、四大走廊”上。“二线”一条是京广线，一条是京九线，我们要利用铁路，将来形成粮食流通的走廊。“三区”就是主销区、贫困区和民族地区，现在主产区的仓库运输设施建设要继续完成，但是重点要转向主销区、贫困区和民族地区。“四大走廊”就是东西纵横的两个走廊，一水路一旱路。水路就是长江粮食流通走廊，借用世界银行的贷款，经湖南的城陵矶，武汉的青山粮库，江西九江的乌石矶，安徽芜湖的秃矶山，江苏的南通港和张家港入海。将来浙江北仓港会成为上海港的补充，这是一个大的系统工程。另一条大的旱路走廊，就是陇海路、兰新路这条走廊，将来要系列化，搞成一个仓储物流的系统工程，就是以连云港为出海口，以石臼所港为辅助港这样一个粮食流通体系。当然，还有南北的两条走廊。一条是东北走廊，就是以大连的大窑湾或者是其他地方作为出海口，从中转库、收纳库一直到港口，形成一个完整的流通体系。东北玉米、大豆的出口以及北粮南运都通过这个大的通道，最近已列入世界银行贷款项目。再一个就是华南走廊，就是以防城港、湛江港为出海口，将来防城港通过南昆路连接西南几个省，粮食进口就走这条路。除此以外，还有一些小的，如京津走廊，广东的粤南走廊等。这样粮食流通体系将有自己的专用码头、专用船队、专用仓库、专用车队。建设粮食仓库要逐步地向这些走廊转移，构成纵横交错、四通八达、高度灵活的现代化粮食储运网络和系统工程。

大中城市的便民店、连锁店、八字店等零售网络，要逐步建设。粮油加工企业要逐步建成一些骨干大厂，我们应该拥有自己的骨干大厂和一些大的集团，要把我们各个粮食市场通过电子信息系统联系起来，把全国的储备库联系起来。解决这些问题，要用现代技术来改造传统的粮食业，运用现代技术要注意技术先进，经济实用，符合国情，以经济效益为中心，切忌一哄而起，当前要做好几方面的工作：

第一，资金问题。要多方筹集，部里已争取了一部分资金，其中世界银行粮食流通项目贷款及配套总投资 82 亿元，已经列入国家今年大中型项目的开工计划，“九五”期间继续兴建。再一条就是计委每年储备库的投资也有几亿元，但中间有些交叉，也正在争取。此外还要再争取一部分销区粮库和油库的投资。再一个部分就是地方的投资和企业的投资。这几年我们也争取到一些国外的优惠贷款，像吉林四平北山粮库，就争取到 800 万澳元的援助，历经两年把它建成了。最近我们还争取到了德国 400 万马克的烘干设施的赠款，南方一个，北方一个，总之窍门还是很多的。要为粮食事业发展着想，多方筹集。也要请地方政府支持一下。我认为下决心搞一点粮食和农业基础设施项目是值得的，有利于当代和后世。

第二，规划问题。“九五”规划要抓紧搞，要统筹规划，分步实施。

第三，技术和人才问题。老实说，粮食系统对现代化一套非常不熟悉。所以我们要爱惜人才，培养人才，广揽人才，加强培训，包括基层粮库主任的培训。这样，经过几年就把我们粮食队伍带起来了。另外，要引进一些先进技术，包括国外的先进技术和设备。像这次世行粮食流通项目建设就吸取了很多国外的经验。在参加这个项目的设计、建设中，也锻炼了我们的专家。我们要尽早规划，在实践中培养锻炼提高我们的人才。

从20世纪末到21世纪初，如果我们完成这几大技术改造，可以说是粮食行业的一场现代化的革命。这样，我们才能在激烈的竞争中站得住脚，才不至于垮掉，才能在宏观调控中发挥主导作用。粮食系统还没有形成大的公司集团，我们要有点自知之明。要下决心苦干、实干，进行社会主义的积累，滚雪球似地不断发展壮大。要通过改革，通过建设，增强我们系统的凝聚力，发挥我们系统的整体优势。我们一定要拧成一股绳，发扬"天下姓粮是一家"的优良传统，发挥优势，不要各自为政。现在已经有了各顾各的倾向，粮店进货不找粮库，不找加工厂，自己到乡镇企业去弄一点。粮库呢，不把粮食卖给自己的粮店，宁愿卖给其他部门。加工厂也不到自己的仓库买粮，不把自己产品卖给粮店销售。跨系统去做粮食买卖，不管什么牌子，结果受骗上当的很多。所以一定要注意克服各自为政，单兵作战的现象。我们一定要深化改革，发挥整体优势，尽量提倡经济联合，形式可以灵活多样。联合最重要的是处理好经济利益关系。你们不要去利益独占，而是要建立起利益共享、风险共担那样一种机制。我主张，收购要渗透到生产中去。把一个简单的买卖关系发展成为经济联合体。有的人提出粮食银行、粮食商社，或者是粮食合作社这种设想，都是可以探索的。这样我们经过一段时间，把粮、工、贸结合起来，组成一体化、共同体，就可以逐步地得到发展壮大。

中国保持粮食总量平衡的政策措施*

（1994年10月20日）

尊敬的主席先生、女士们、先生们：

我非常高兴有机会参加这次小麦挑战国际研讨会，并向诸位介绍中国的粮食形势和保持粮食总量平衡的措施。我代表中国国内贸易部、国家粮食储备局向会议的召开表示衷心的祝贺！向法国小麦协会表示感谢！

1978年，中国开始了举世瞩目的经济改革与对外开放，国民经济进入了一个全新的发展时期，1979～1992年，国民生产总值年均增长速度达到9%，近两年的经济增长速度超过了13%。中国成为世界上经济发展速度最快的国家之一。其中，粮食生产的稳步增长，全国粮食总量的基本平衡为支撑国民经济的全面发展起了极其重要的作用。在解决粮食这一重大问题方面，中国政府始终坚持以自力更生为主的方针，把粮食问题摆在关系全国改革、发展和稳定的地位，一手抓农业生产力的提高，一手抓粮食流通领域的改革，取得了显著的成就，粮食生产连续十几年呈增长趋势，结束了粮食长期短缺的历史。目前国内粮源充足，市场繁荣，人心稳定，人民生活正在向小康水平迈进。下面，我着重介绍在经济快速发展的同时，中国政府是如何解决粮食总量平衡问题的。

——制定切实可行的、促进粮食生产发展的战略与具体措施，确保粮食稳定增长。这是保持粮食总量平衡的基础。改革以来，中国政府确立了综合运用政策、科技和投入刺激粮食生产发展的战略，并采取了相应措施，如推行农村家庭联产承包经营责任制，大力推广农业科学技术，大幅度提高粮食收购价格，调整国民收入分配格局，增加对粮食生产的投入等，特别是对承担提供大部分商品粮任务的主产区给予了重点扶持，粮食综合生产能力不断提高。在粮食种植面积有所减少的情况下，粮食总产量由1979年的3亿吨先后登上3.5亿吨、4亿吨和4.5亿吨三个台阶。人均粮食占有量由改革前长期徘徊在300公斤左右上升到接近400公斤，目前中国粮食综合生产能力稳定在4.5亿吨左

---

* 这是白美清同志在法国巴黎“小麦挑战国际研讨会”上的发言。

右。粮食生产持续、稳定的增长，为保持全国粮食总量平衡奠定了物质基础。

——**掌握粮源，管住批发，是做好粮食总量平衡的重要手段**。总量平衡不仅包括总供给与总需求的平衡，也包括地区平衡和品种平衡。像中国这样一个大国，靠市场的自发作用，不可能保证粮食市场的稳定和社会秩序安定。在粮食流通改革中，中国实行了多种经济成分并存的大流通格局，逐步放开了粮食零售以及小品种的批发，但坚持国家必须掌握足够的粮源，主要粮食品种的批发要由国有粮食部门承担。实践证明，这样做是符合中国国情的，是稳定粮价、稳定市场、做好总量平衡的重要手段。在管理上，中国政府实行了总量平衡分级负责制度，全国粮食总量平衡由中央负责，地方总量平衡由地方各级政府负责，这样，调动了地方各级管理粮食的积极性，减少了总量平衡的难度。

——**建立粮食储备调节体系，作为全国总量平衡的重要补充**。这是中国政府采取的又一项符合中国国情、适应市场经济发展的重大战略措施，也是多年实践得出的经验教训。1990 年，中国开始建立国家专项粮食储备，1991 年，南方遭遇特大洪涝灾害，粮食减产，国家及时安排一批专项储备粮供应市场，稳住了市场粮价，灾区人人有饭吃，这在旧中国是不可想象的。经过几年努力，目前国家专项粮食储备保持合理规模，品种结构和区域布局不断优化，地方也建立了一定规模的储备，粮食储备调节体系日趋完善。今年，中国南、北部一些地区再次遭受百年不遇的水旱灾害，国家又通过动用一部分储备粮，保障了灾区人民的正常生活以及工农业生产的恢复和发展。在建立粮食储备制度的同时，从今年开始又建立了中央和地方的两级粮食风险基金制度。可见，总量平衡和适量储备是相互联系的，适量储备在任何时候都不能放弃。

——**在坚持以自力更生为主解决粮食问题的同时，中国政府注意把粮食进出口作为全国总量平衡的重要补充手段**。特别是近几年，国有粮食部门和外贸部门配合，利用运输、仓储等方面的优势，积极开拓国际市场，参与国际粮食贸易，出口一部分玉米，进口一部分小麦。中国进出口的主要目的还是利用国际市场，调剂国内品种，弥补总量的不足，所以近年来粮食进出口总量基本上是均衡的。

——**为了缓解粮食总量平衡的压力，中国政府还十分重视粮食的节约问题**。通过多种手段引导粮食科学消费，抑制粮食浪费，减少粮食的产后损失。主要措施包括：改进粮食播种和收获手段；广泛应用新技术和新材料，实行科学储粮和合理运输；通过拉开品种、品质差价，引导城镇居民口粮消费；大力开发饲料资源，发展饲料生产；在公民中广泛开展节约粮食、爱惜粮食的教育等。

中国政府在保持粮食总量平衡方面所做的努力与所取得的成就，保障了十几亿人口的吃饭问题，保证了国家的安定和经济、社会的发展，这是中国改革开放成功的标志之一。同时，我们也看到，80 年代以来，中国粮食的需求量增加，粮食问题还没有真正过关。粮食生产还受到自然因素和市场风险的制约，因此，粮食总量平衡的任务仍然十分艰巨。中国政府将继续重视对粮食总量平衡的掌握，采取一切有效措施，确保粮食生产稳步增长，并充分利用国际市场的有利条件，开展粮食的贸易与技术交流，以保障和促进国民经济持续、快速、健康地发展。

谢谢主席先生，谢谢各位！

关于访问法国、瑞士和出席小麦国际研讨会的情况报告*

（1994 年 11 月 15 日）

应法国、瑞士农业部和小麦谷物协会的邀请，郝建秀、白美清同志率粮食工作代表团于 1994 年 10 月 18 日至 30 日出访法、瑞两国，出席了在巴黎召开的“小麦挑战国际研讨会”，访问了粮食仓库、专用码头、收购站、粮油食品加工厂、饲料厂和农场、贸易公司、粮食合作社，现将有关情况汇报如下。

关于世界小麦与谷物的供求形势和价格趋势

这次巴黎小麦与国际研讨会有上千名官方、商业界、学术界的人士参加，除欧共体国家外，世界上一些主要产粮国的专家、商人也都与会，美农业部原副部长、阿根廷农业部长等到会，有较广泛的代表性。这次会议的主题是研讨从现在到 21 世纪初全球小麦产销的形势和面临的挑战，以及相应采取的对策，我方在会上作了发言，着重介绍我国改革开放以来，通过深化农村改革，促进粮食生产，保持粮食总量平衡，确保 11 亿多人口粮食供应的情况和经验，受到与会者的重视和好评。会上反映的情况有几点值得重视：

（一）会议预测今后全球小麦和谷物的供需矛盾趋紧，价格将上扬。1994 年以来，加拿大受灾小麦减产，澳大利亚严重干旱将导致 20 多年来最大一次减产。加上欧共体和美国等主要出口国采取休耕限产、减少补贴、转嫁负担的政策，导致谷物产量下降。据粮农组织和小麦董事局的统计，世界谷物的产量，由 1992/1993 年度的 19.65 亿吨，下降到 1993/1994 年度的 18.9 亿吨，其

---

* 这是白美清同志率中国粮食代表团访问法国、瑞士和出席小麦国际研讨会后给国务院领导同志的报告。

中小麦由1992/1993年度的5.66亿吨，降为1993/1994年的5.28亿吨；稻谷由1992年的5.29亿吨，减少到1993/1994年的5.27亿吨。世界谷物的库存量已由1987年的4.56亿吨，下降到1993年的3.7亿吨，到1994年预计将下降到3.25亿吨。世界谷物的储存量占消费量的比例，已由过去的22%左右，下降到1994年的18%，已到了联合国粮农组织确定的安全线（18%）的临界点。美国农业部估计小麦库存量将降到近13年来的最低点。专家们认为，世界谷物周期性的过剩现象已转化为周期性不足为主的趋势。对此，我们需加强对国际粮食形势的研究，以有利于我国在国际贸易中掌握主动权。

会议认为，今后世界谷物的需求将大幅上升，贸易量将不断增加。世界小麦理事会估计，1994年小麦的贸易量将达到1亿吨。到20世纪末21世纪初，小麦的年消费量将增长8%，粗粮（玉米等）的年消费量将增长7%。他们预测到2000年，小麦的贸易量将达1.2亿吨，增长20%；粗粮的贸易量将达到9000万吨，增长10%以上。而且进口增加最多的地区是亚洲和非洲，二者将占小麦进口量的75%。由于供需矛盾紧张，欧共体和美国削减补贴，出口谷物的价格将不断上涨，达到新的高峰。目前美国小麦价格比1990年上升20%，泰国大米价格比上年上升10%。联合国粮农组织的官员还认为，关贸总协定乌拉圭回合贸易谈判减少出口补贴后，小麦价格将上涨5%~8%，与会代表惊呼，今后第三世界国家进口粮食的开支将大幅度上升。

（二）会上普遍认为中国今后将大量进口粮食。国外专家分析，由于中国人口增长，耕地的减少，城市化的发展，消费水平的提高，中国将大量进口粮食弥补不足。按人均占有粮食400公斤计算，他们认为，到2000年，中国的粮食进口将比现在增加一倍，即达到年进口2000万~2500万吨，到2010年将达到3000万~3500万吨。美国专家宣称，“中国粮食的短缺，将成为世界性的短缺”，“中国的需求给有限的粮食出口带来的竞争，将会使世界粮价远远高于我们熟知的水平”。

（三）关于我国购买法国小麦一事，法方在价格上仍没有松动的表示。在我方同法官方和出口公司接触中，他们都表示愿同中国做生意，但在价格方面认为不能再低，欧共体也不可能增加补贴。欧共体官员公开宣称：“欧盟根本不可能抛售廉价小麦，等的时间越长，价格上涨的风险越大。”似有与美国遥相呼应，在价格上有默契的迹象，值得我们重视。

（四）面对世界粮食市场的严峻情况，我们深深体会到党中央、国务院确

定的自力更生为主解决粮食问题的决策无比正确。这一战略方针必须长期坚持。我们需要在增加粮食的有效供给，适当控制消费这两方面着手，采取有效措施，保持总量的平衡。根据各国的经验和专家的建议，需注意以下几点：

——首先必须把粮食生产抓好。专家们建议不发达国家要加大农业的投入，大力发展粮食生产。从我国实际情况来看，农业调整结构不能过猛，粮食转化不能过快，粮食消费水平不能过高。

——国内粮食收购必须加强统一管理，掌握粮源。外国专家认为，中国政府强调掌握粮食商品量的70% ~80% 和建立专项粮食储备制度是很有远见的。这是稳定粮价、稳定市场的“双保险”。

——进出口必须加强统一管理和综合平衡。当前要加强对出口粮食的控制和进口粮食的管理，防止再发生出口大于进口的现象。要采取有效措施，增加库存。在国际市场购买粮食，要相机而行，利用矛盾，力争以便宜的价格买到质量合格的粮食。

——必须改进和加强专项粮食储备制度。法国正常储粮达 1000 多万吨；瑞士这样一个中立的小国，储存粮 46 万吨，相当于一年的销量，而且号召居民每户存 3 个月的粮食和糖等生活必需品。看来我国的粮食专项储备制度必须长期坚持，注意改善结构，调整布局，逐步向销区转移，强化管理，建立储备调节机制，在市场经济中发挥调控作用。

关于法国粮食工作的宏观管理

法国是实行市场经济的国家，在粮食工作中，名为自由贸易，实则控制严格。我们访问以后得出的印象是：“生产有组织，市场有管理，价格有控制，进出口有调节”。这和加拿大、澳大利亚等国对小麦的统一管理有异曲同工之效。法国是欧共体成员国，农业上财政补贴集中于欧共体。所以，政策统一，管理集中，比我们对各省粮食的管理还严格、还有效。在生产上，实行休耕计划和相应的补贴，实际上是有计划的生产。在价格上，有“干预价”作为保护价收购农产品；出口补贴实行招标，进口有“门槛价”，以调节进出口；经营粮食必须经政府有关部门批准；市场交易有一整套法规管理和监督。可以说是相当有序的市场经济。其中不少问题可供我们在走向市场经济中借鉴。

法国在粮食行政管理中很有特点，有三根支柱（三个组织系统）即：跨行业粮食管理局的行政管理；小麦谷物协会的行业协调；以粮食合作社为主渠道的收购体系。

——**跨行业的粮食管理局（ONIC）**：这是一个公共管理机构，隶属农业部，在经费上受财政部指导。其任务是：①按照欧共体的规定，按干预价对粮食进行收购，代管储备粮食。②实施和执行欧共体、法政府对农民的补贴。③审查登记粮食批发商。条件是：必须认可国家的管理；必须遵守国家规定的价格；必须有足够的储存设施和手段；有支付能力。法国在全国登记的有240个粮食收购合作社和约1000个收购商。④在生产者、收购者、出口商、加工厂之间进行协调。粮食管理局设有董事会，由47人组成，有生产者、公司、合作社、经纪人等参加，其中生产者占一半。主席、副主席选出后经农业部认可后在官方公报中任命，局长由农业部任免。在各地设有17个分局，主要设在大区。分局由总局直接管理。是一个管理集中，效率很高的机构。

——**法国小麦及其他谷物生产者协会**：这是代表粮农利益而组建的民间机构。主要职责是协调全国各地生产者的利益关系，代表和反映他们的呼声，并同法国谷物、饲料技术研究所、“联合粮食金融公司”结成一体，为谷物的生产、贸易提供金融保险方面的服务。这是一个民间中介组织，起了与政府的桥梁作用，并和国际小麦和谷物机构有密切的联系，向粮农提供信息和咨询服务。

——**以合作社为主渠道的收购体系**：法国的农业组织结构是“合作社+农户”的模式，合作社及合作社联盟的经济实力很大。他们既收购农民的粮食和农产品，又供应农民所需的化肥、农药、种子等农用生产资料，并修建加工厂、仓库等为农业生产服务。法国所产粮食70%~80%由合作社收购，私商和私营公司只占20%~30%，法国合作社联盟（C. G. M），既在国内经营，又经营出口。法国收购农户的谷物有两种形式：一是价格一次买断；二是二次结算。先给价格的85%~90%，卖出后再结算向农户补差。两种办法任农户挑选，法国二次结算的占大多数，有利于农商结合，产销之间矛盾较少。这种方式我们可以研究、借鉴。

法国政府正是通过以上三种组织形式，相辅相成，发挥作用，以实施对粮食的宏观调整和市场管理，克服无序混乱的现象。

法、瑞两国加强粮食流通体系建设的经验和启示

从这次考察中我们了解到，法、瑞两国在粮食流通体系和服务设施建设上是下了很大功夫的，从20世纪60年代以来，他们就把它作为基础设施的内容来抓，致力于改造旧的设施，采用现代化、自动化程度高的设施。从粮仓来看，法国政府每年拨出经费，给建仓库以20%～30%的补贴，经过二三十年的努力，使仓库库容达到6000万吨，与粮食产量相当，比例为1∶1.1，而我国的粮仓库容与粮食总产的比例为0.25∶1。法国从收纳库、中转库到港口库，从粮油加工到销售网络，已经形成了一个现代化的、效率高的、方便灵活的完整的粮油服务体系。目前法、瑞等发达国家已经完成了粮食从袋装袋运为主到散装散运为主的技术革命，整个粮食业完成了技术改造，走上机械化、自动化的道路。这次我们参观的企业，特别是瑞士东部德语区的粮油食品厂、饲料厂可以说是高水平的技术和科学化的管理相结合，管理之好，效率之高，为国内所未见。通过这次访问，看到了差距，增强了我们加强粮食服务体系建设的决心。我国粮食系统在深化改革的同时，必须抓好粮油基础设施和服务体系的建设，引进国际的先进技术和装备，使我国旧的粮油食品业走上现代化道路，建设符合我国国情的、现代化的吃饭工程，以迎接21世纪的到来，更好地为解决中国人民的吃饭问题服务。为此，必须从现在着手，抓紧时机，搞好建设。

（一）以利用世界银行粮食流通项目贷款为契机，加快建设现代化的粮食流通体系的进程。国务院批准这一项目，是一个重大决策，它有利于缓解我国粮食仓容不足、运输不畅、技术落后的矛盾，而且是实行袋装、袋运、袋卸、袋存为主改为散装、散卸、散运、散存为主的开端，在“九五”期间建成后，将发挥重大的作用。从法国鲁昂粮食出口运输码头及仓库群的建设经验看，最主要的经验有两条：一是作为系统工程来建设；二是进行一体化的统一管理。从收纳库到中转库，到港口专用码头和专用仓库，统一规划，统一管理，使之充分发挥效益。为了确保进行粮食流通项目及时建成投产，适应宏观调控的需要，要根据项目的规划，按照现代企业制度，尽快理顺项目的管理体制。与此同时，要抓紧规划和建设全国仓储运输体系，统一规划，逐年建设，着重抓好主销区、穷困区粮仓和重点加工厂的建设，经过几个五年计划的努力，在全国

形成一个布局合理、调节灵活、便利群众的粮油服务体系。

（二）粮油食品工业、饲料工业和食品包装在我国发展潜力很大，要尽快制定有利于这些行业发展的产业政策和规划纲要。近期内重点抓紧进行粮油食品工业、饲料工业的技术改造，有步骤地建设和改造一批骨干厂，对低水平重复建设的现象要制止。在引进必要设备的同时，必须着重引进技术，并加快消化吸收的步伐。我国建设面粉厂已引进瑞士布勒公司的设备80套。这种现象要迅速改变。要下力量把瑞士和我国合资的无锡粮机厂办好，立足于在国内制造面粉设备。要学习国外企业的先进管理经验，在碾米、面粉、饲料、榨油等几个方面搞几个管理水平高、设备技术现代化的重点厂，摸索经验。

要进一步发展粮油食品工业。我国的现代化粮油食品业刚刚起步，应加快步伐，向深加工、精加工、综合利用方面发展，生产丰富多彩的、满足不同消费层次需要的食品，如营养、保健、风味、少儿、民族食品、快餐食品等。要讲究节粮与营养，加工一些营养丰富的玉米粉、全麦粉等，从而改变追求吃精米精面、高消费的不良现象。国外普遍在米、面、食品、饲料上采取纸袋包装和小包装，我们应当吸收这一技术，改进我国的食品包装业，并有利于节约用粮。

（三）有步骤地改造旧粮店，在试点的基础上，使之逐步向便民连锁店方面发展。要增加成品、半制成品和大众化食品的供应。同时使小包装的粮油食品进入超级市场、高档市场，扩大销售网络。

以上几项建议列入“九五”规划，作为跨世纪工程来抓，坚持不懈地抓下去，就可计日程功。

（四）粮食工作不论改革任务，建设任务都十分繁重，粮食机构亟须加强，粮食服务体系建设亟须抓紧，以切实加强对粮食工作的领导。

中国粮食流通与加工业在改革中前进*

（1994 年 11 月 16 日）

“1994 食品及粮油中间产品生产新方法国际研讨会暨展览会”今天在北京开幕了。由国际谷物科技协会、美国谷物化学师协会和中国粮油学会联合举办的这一国际性高层次理论学术研讨和展览活动，受到世界许多粮油食品专家、学者和企业家的支持。我代表中国国内贸易部、国家粮食储备局向会议的召开表示热烈祝贺！向与会的各国专家和代表表示最真挚的欢迎！同时，我也十分愿意借此机会，向大家介绍中国在建立社会主义市场经济体制过程中，粮食流通与加工业的改革和发展情况。

1978 年以来，中国政府制定并组织实施了改革开放政策，给中国经济注入了巨大活力，使中国成为世界上经济发展最快的国家之一。十多年来，国民经济平均增长速度接近 10%，在经历了前两年经济持续 13% 的高速增长后，我国政府从去年 7 月起，加强国家宏观调控，使整个经济发展态势趋于好转。预计 1994 年国内生产总值将比上年增长 11% 左右。随着经济的发展，人民生活得到不断改善，整体生活消费已达到温饱水平，正在向“小康”水平迈进。

在实行改革开放的过程中，中国政府把农业视为经济发展、社会稳定、国家自主的基础，十分重视发展粮食生产。由于政策、科技、投入的综合作用，粮食年产量由改革初期的 3 亿吨提高到目前 4.5 亿吨的水平，人均粮食占有量由改革前的 300 公斤提高到目前的近 400 公斤，成功地利用仅占世界 7% 的耕地解决了占世界近 1/4 人口的吃饭问题。今年我国农业生产虽然遇到局部地区严重的自然灾害，但由于主产区增产，全年仍可望有一个较好的收成，粮、棉、油等主要农产品保持稳定发展的势头，商品粮的收购进度好于去年。

在发展粮食生产的基础上，粮食流通改革紧紧抓住价格改革、国有粮食企业改革、粮食市场体系这几个要点，强化粮食的宏观调控，向着企业有活力、调控有手段、流通渠道畅通，加工、服务体系完善的现代粮食业目标推进，粮

---

* 这是白美清同志在北京召开的“1994 食品及粮油中间产品生产新方法国际研讨会暨展览会”开幕时的致辞。

食流通初步形成多渠道、少环节、开放型的公开、平等竞争的新格局。

在粮食流通改革不断深化的同时，粮油加工业取得了长足的进步。经过基本建设、技术改造和积极引进国外先进的粮油食品加工技术和设备，目前，国有粮办工业系统拥有固定资产原值达到224亿多元，是1978年的近10倍，年加工大米2000多万吨，加工面粉2600多万吨，生产食用植物油320多万吨，饲料年产量也超过2200万吨，包括面粉加工、稻谷加工、食用植物油脂加工、粮油食品加工和饲料加工在内的门类齐全、技术水平较为先进、较为完整独立的粮油食品工业体系已初步形成，为保证市场的有效供应，满足城镇居民生活需要，发挥着越来越重要的作用。

为不断改善全体人民的生活水平，提高人民生活质量，中国政府制定并颁布了《九十年代中国食物结构改革与发展纲要》。根据纲要确定的方向和主要内容，到本世纪末粮油食品工业的发展目标是，在以自力更生为主的基础上，积极引进国外先进技术和资金，大幅度提高粮油加工业的现代化水平，加快建设以国有粮办工业企业为主，包括多种经济成分在内的大米加工、面粉加工、植物油加工、食品加工、饲料加工等五大骨干行业，构建以较为先进的食品及粮食产品加工方式为主导，以遍布城乡粮油食品流通网络为基础的现代化粮油食品加工服务体系，逐步把粮油加工业发展成为国民经济的重要支柱产业。为实现这一目标，我们将采取如下措施：

一、中国人民长期以来形成了以粮食为主，蔬菜为辅和搭配一定数量动物蛋白的膳食结构。这种基本的食物结构，将在今后较长时期存在下去。粮食在食物结构中的基础地位不会发生根本改变。从这个特点出发，粮油工业企业除了搞好传统的米、面、油等产品的生产外，要大力开发粮油的半成品、制成品和粮油产品的精加工、深加工，提供以适口、方便、营养为主要特点的丰富多样的各种食品，努力发展适销对路的工厂化食品生产，充分利用我国门类众多的资源，开发传统食品、营养食品、功能食品和保健食品，满足城乡不同层次的消费者的需求，国家在有关政策上将继续给予必要的扶持。

二、为适应广大人民生活水平不断提高的形势，根据《纲要》提出的“重点提高动物性食物的消费水平”的要求，饲料工业今后要充分利用饲料资源，开发具有国际先进水平的饲料配方，不断提高饲料转化率和饲料报酬率，积极向饲料加工、畜禽饲养、屠宰加工联合企业方向发展。

三、大力推广先进适用的粮油加工、饲料加工技术。继续推广和引进国外先进技术。以现有大中型国有粮办工业企业为骨干，把科技与生产结合起来，加快现代化的大米加工、面粉加工、植物油加工、食品加工、饲料加工企业的建设和技术改造，构成现代粮食业发展的经济支柱。在骨干厂、重点厂建设中继续注意合理布局，兼顾各地不同的消费特点和需求，在继续发展沿海企业的同时，加快内地省份骨干企业的建设。同时，允许符合条件的多种经济成分进入粮油加工业，在市场中平等竞争。

四、以国有大中型粮办工业企业、大的科研单位或大专院校为龙头，利用其在设施、技术、资金等方面的优势，推进企业间的联合，逐步向集团化方向发展，走集约化生产、规模经济的发展道路。同时，进一步改进企业经营机制，强化企业内部管理，建立现代企业制度。

五、积极开拓国内外粮油食品市场，重点是国内市场。配合国民生活进入小康，用丰富的粮油食品占领消费市场。中国有9亿农民，农村的市场潜力巨大。1978年以来，农村居民人均生活消费支出实际的年均增长速度达到7%，目前已有90%左右的农村居民家庭达到温饱水平，有的开始向小康型过渡，粮油加工业要适应农村居民消费水平与结构的变化，努力开发和生产农民喜欢消费的传统、营养、方便食品，促进广大农民向小康生活水平迈进。同时，还要以名、特、优产品以及先进的粮食加工技术、设备和工艺开拓国际市场，参与国际市场竞争，不断提高本国企业经济实力和竞争能力。

女士们，先生们，我们有充分的理由和信心，把中国的粮油加工业提高到一个新的发展水平。中国政治稳定，经济持续增长，具有与其他国家不同特征的巨大食品及粮油中间产品的消费市场和优良的投资环境。我们欢迎各国朋友在以粮油成品为原料的食品加工、粮油副产品的综合利用、粮油加工的装备机械等行业进行广泛的资金、技术合作，共同促进中国粮油工业的发展。最后，预祝会议圆满成功。

谢谢各位！

加强国家粮食宏观调控 深化粮食流通体制改革*

（1994 年 12 月 26 日）

我们这次会议的中心内容，是在总结一年来粮食流通体制改革和各项业务工作的基础上，深入贯彻落实中央经济工作会议精神，研究部署明年深化粮食购销体制改革，强化国家粮食宏观调控，掌握粮源、确保供应、稳定粮价、稳定市场的具体措施。下面，我讲三个问题。

加强粮食宏观调控和管理是今年粮食工作的突出特点

1994 年，我国的经济体制改革迈出了重要步伐，国民经济的发展继续保持好的发展势头。从粮食行业来看，全年工作的突出特点是，国家粮食宏观调控力度加大，各项业务工作在十分困难的条件下仍取得很大的进展。前几年粮价放开后，粮食工作出现了许多新的情况和问题，特别是那种忽视粮食商品的战略意义，忽视中国的基本粮情，忽视中国粮食市场的特殊性，认为放开就可以撒手不管、主渠道就可以不要的思想，给粮食工作带来许多不利影响。一些地方把国家定购任务取消了，把国有粮食企业承担稳定市场供应的责任淡化了，粮食行业的管理放松，粮食市场放任自流。这些问题，严重影响了粮食工作发展，也影响了国家对粮食的宏观调控能力，影响了大局的稳定。事实告诉我们，在现阶段，我国粮食种植业结构调整不能过猛，粮食转化不能搞得过快，粮食消费水平不能提得过高，粮食管理权不能下放过多。针对新的情况，党中央、国务院审时度势，采取了坚决有力的措施，积极推进粮食购销体制改革，集中体现在国务院制定的《关于深化粮食购销体制改革的通知》（〔1994〕32 号文件）中。32 号文件是在国务院领导同志亲自主持调查研究，有关部门

* 这是白美清同志在全国商品流通工作会议上的讲话。

和各地密切配合的基础上形成的，是经国务院总理办公会议通过，中央政治局常委开会批准的，是全面指导粮食工作的纲领性文件。文件的中心思想就是在进入社会主义市场经济以后，必须加强国家对粮食的宏观调控，强调国有粮食部门必须掌握70%～80%的商品粮源，建立和完善中央、地方粮食储备制度，在安排市场、稳定粮价、保障有效供给方面充分发挥主渠道的作用。32号文件对于统一各级党政领导和粮食系统职工队伍的思想认识，扭转放开后放而不管的思想混乱起到极为重要的作用，提出和解决了在向社会主义市场经济过渡中逐步建立新的粮食购销体制迫切需要解决的一些重大问题。实践证明，32号文件确定的改革方针、原则是完全正确的和十分必要的。今年粮食工作所取得的成就，就是在32号文件指导下取得的。

国家对粮食加强宏观调控还表现在国务院批准的六部委局提出的《粮食风险基金实施意见》。文件明确指出，粮食专项储备制度和粮食风险基金制度是政府对粮食进行宏观调控的最重要经济手段。建立粮食风险基金制度，是我国粮食工作和经济生活中的一件大事，是党和政府加强社会宏观调控的一项重大政策。粮食风险基金是我国针对关系国计民生的重要商品而建立的第一个专项宏观调控基金。它的建立，对于促进粮食生产稳定增长，维护粮食正常流通秩序，实施经济调控，平抑粮食市场价格具有重要作用。最近，国务院又批转财政部等五部局提出的《关于粮食政策性财务挂账停息的报告》。这是根据党中央、国务院关于妥善解决粮食财务挂账问题的指示精神，经过几年来的大量调查、清理、核实、协调工作，实事求是处理历史遗留问题取得的重大成果，也是国家针对国有粮食企业担负政府行为的特殊性业务工作制定的第一个政策性挂账给予停息的优惠政策。这项政策决定从1994年10月1日起，对主产区和贫困地区1991年粮食年度前的政策性挂账实行全额停息，对非主产区和非贫困地区的政策性挂账停息50%。据此测算，粮食系统有450多亿元的财务挂账享受停息照顾，每年可减少利息支出45多亿元。对减轻企业负担，推动企业改革和发展将起到重要作用。这是对全国粮食系统的特别关怀和极大的鼓舞。

根据粮食供求发生的变化和粮食改革中出现的新情况，今年6月，国家对粮食购销价格进行了重大调整。与往年相比，这次价格改革的特点是充分兼顾粮食生产者的利益，购价与当时市场价基本持平，体现了价值规律的要求。粮食部门按照国务院的统一部署，以稳定全国粮食市场大局为重，对调价的各项工作进行了详细的测算和周到的安排，保证了粮价改革的顺利出台。全国市场比较平稳，人心安定。粮价改革使农民得到很大的实惠，调动了农民交售商品粮的积极性，对引导粮食消费、促进粮食节约，逐步完善市场经济条件下的粮食价格形成机制起了很重要的作用。

今年以来，遵照国务院的指示和内贸部党组的部署，围绕加强国家粮食宏观调控、掌握粮源、稳定粮价和确保供应，粮食部门做了大量的工作：

——**抓紧粮食收购，确保国家掌握必要粮源**。1994 年粮食生产因灾和播种面积下降较上年有所减产，完成粮食收购任务的难度大于往年。按照国务院 32 号文件精神，在各级党政领导和有关部门的积极配合下，粮食部门把收购作为一段时间的中心工作来抓，及早布置，及早动手，开展优质服务，力争多掌握粮源。广大干部职工付出加倍的艰苦努力，粮食收购工作进展比较顺利。小麦、早稻，收购这两仗打得都比较漂亮，收购进度快，质量好，收购总量超过了上年。秋季粮油收购的进度也大大快于上年。到 12 月 20 日，全国粮食收购总量达 6968. 3 万吨，完成收购计划的 78. 3%，同比增加 280. 6 万吨，其中国家定购 4289. 1 万吨，完成定购计划的 85. 8%，同比增加 188. 3 万吨。粮食收购的顺利进行，为稳定今冬明春粮食市场供应提供了好的物质基础。

——**千方百计稳定粮价，保证供应**。近一年来，各级粮食部门努力筹措粮源，克服种种困难，为平抑粮价、确保供应做了大量工作。经国务院批准，国家粮食储备局先后两次安排国家专项储备粮共 940 万吨，其中绝大多数作为 35 个大中城市挂牌销售的粮源。各地也抛售了一定数量的地方储备粮。国有粮食企业积极执行国有粮店挂牌销售的政策，从而确保了市场供应。

——切实安排好灾区口粮供应。1994 年不少地区遭受了严重的自然灾害，受灾面积和成灾人口均超过去年。全国受灾面积近 9 亿亩，其中成灾面积 4 亿多亩，绝收面积 1 亿亩；成灾人口 1. 7 亿人，其中重灾民 4000 万人，特重灾民 2100 万人。党中央、国务院对此十分重视，各地政府和各级粮食部门紧急行动起来，组织大量人员深入灾区第一线，了解情况，安排救灾粮。经国务院批准，国家粮食储备局先后分六批对灾情较重的省区下达国家专储粮 300 多万吨用于救灾，在大灾之年保证了灾区人民口粮供应，稳定了灾区人心，没有发生逃荒和饿死人的现象。

——**切实做好粮食储存、调运工作**。1994 年以来，在做好粮油库存管理特别是国家储备粮油的管理方面，重点抓了“一符、三专、四落实”工作，推广了河南、四川等省的储备粮管理经验。在去年清查库存粮油基础上，今年又清查了3月底的粮油库存，全国共清查粮食11292万吨，差率为2.37%。最近，国家粮食储备局又抽查了部分省市的粮食库存情况。从总体看，国家储备粮油账实相符情况好于其他性质的粮食，基本符合要求。

为了保证国家重点粮食调运任务，粮食部门全体调运职工做了大量艰苦细致的工作，打了几场硬仗。一是6月份粮价改革出台之前，保证了重点地区粮食及时运送到位；二是按国务院指示，圆满完成了从吉林省紧急调运15万吨专储玉米用于南方救灾的任务。在一个多月的时间内，救灾粮以每天一个专列、五天一条船的速度源源不断运往灾区，保证了灾区人民的口粮供应；三是根据国务院指示，黑龙江省150万吨专储小麦外调任务完成情况较好，10月份创造了日运专储小麦一万吨的纪录，截至11月底，共调出专储粮85万吨，其中专储小麦73万吨；四是根据国务院的部署，在时间紧、要求高、环节多的情况下，圆满完成了我国政府援助朝鲜10万吨粮食的任务。与此同时，还做好了进出口粮油的接卸工作。

——**粮食仓储设施建设进度加快**。据初步统计，从1990年以来已建成各类仓库的总库容为1975万吨，其中国家储备库375万吨，机械化库50万吨，简易库1200万吨，地方周转库350万吨。原定“八五”期间建设2500万吨库容计划可望明年全部完成。世行贷款安排的项目，也有28个项目完成了初步设计，并得到了我国政府的批准，其中22个项目已取得了世行的最终确认。世行粮食流通项目还被国务院确定为今年开工的大中型项目之一。最后一批简易建仓计划，各地区正在安排落实之中。“八五”期间安排的国家粮食储备库和机械化骨干粮库建设资金缺口问题，在国务院办公厅的协调和有关部门的支持和帮助下，大部分已经得到初步解决。此外，各地服务设施的改造与建设步伐也很快。各地政府支持和关心粮食零售网点的恢复、改造建设，上海、广州、沈阳等地政府在财力紧缺的情况下，拨出专款帮助改造城市粮店，组建连锁店、便民店，方便群众，发挥国有粮食企业的主渠道作用。可以说，“八五”期间是粮食流通设施建设取得成绩最大的时期之一。

根据国务院领导同志的指示，我们积极组织在粮食企业实行政策性业务和商业性经营分开两条线运行方案的起草和试点工作。两线运行是解决粮食工作中体制不顺、政企不分、人员过多等问题的重大举措。目前，已在河南、湖南、河北、浙江、黑龙江、天津等六省市进行了两线运行的测算和试点，实际上这项工作我们已经有一定的基础。1991年烟台粮食系统多种经营会议以后，各地粮食部门就行动起来，积极开展多种经营，分流了一部分人员。我们粮食系统包括临时工在内，有 500 万职工，这几年大约已分流了 1/3，也就是 100 多万人搞多种经营。这为两线运行提供了较好的条件。

去年年底，粮食供求矛盾就暴露出来，出现了粮食价格过快上涨的问题。党中央、国务院及时制定平抑粮价的措施，今年上半年粮价大体是稳定的。由于夏粮、早稻减产，秋季粮食作物又遇大面积干旱和部分地区的洪涝、台风灾害，加上国际市场粮价上扬的拉动，和粮食供求矛盾加剧交织在一起，进入 8 月后，国内市场粮价出现上涨。我们采取了一些措施，比如抛售国家专储粮、安排救灾粮、建议停止粮食大量出口等，但由于国内粮食市场供求矛盾加剧，市场秩序混乱，我们又缺乏对粮食市场统一调控的有效手段，加上国有粮食部门自身的改革和工作跟不上，主渠道作用难以有效发挥，不能很好地实现国家控制粮油价格的客观要求。这是我们工作中的严重缺点，暴露了在走向市场经济过程中，粮食缺乏调控和管理能力、改革跟不上的问题。粮价是百价之基，增加粮食的有效供给，稳定粮价，对于减缓通货膨胀的压力，降低零售物价指数影响甚大。目前，35 个大中城市的零售物价指数上升到 20% 以上，一些城市超过了 30% 。从总体上看，人民收入水平、生活水平提高了不少，承受力比过去增强了。但发展很不平衡，城市仍然有相当一部分职工收入较低，农村还有一部分人需要返销，还有 8000 万名贫困地区的群众，再加上每年 1 亿多受灾人口需要供应。如果粮价偏高，就会造成人心不稳，影响改革发展的大局。所以，中央经济工作会议要求把抑制通货膨胀作为明年全党全国的一件大事、宏观调控的首要任务，作为改革、发展、稳定的关键来抓。控制通货膨胀要保持米袋子、菜篮子的价格稳定。我们要正视缺点，认真对待我们工作中存在的问题，在粮食部门还很困难的情况下，坚决贯彻党中央、国务院的决定，努力做好平抑粮价、稳定市场的工作。这是明年粮食工作的核心问题。

进一步深化粮食流通体制改革　在全系统实行两条线运行

1995 年，粮食购销体制改革要全面贯彻中央经济工作会议精神，继续落实 32 号文件精神，强化宏观调控，增加有效供给，合理引导消费，掌握总量平衡，稳定市场价格。同时，积极进行粮食部门自身改革，实施政策性业务和商业性经营两条线运行。

继续深化粮食购销体制改革

1. 强化宏观调控，明确划分中央和地方对粮食的事权和责任，建立分级管理负责制。从中国的国情出发，解决中国的吃饭问题，靠中央包下来不行，全部放下去也不行。要调动中央和地方两个积极性，搞好全国和区域两个总量平衡。为此，必须明确中央和地方在粮食问题上的事权，实行统一领导，分级负责。

中央管理粮食的责任是：负责全国粮食总量平衡，实施对全国粮食生产、粮食市场和粮食价格的宏观调控。中央掌握的粮源是国家储备粮和进口粮食。

地方管理粮食的责任是：负责本地区粮食总量平衡，稳定粮食面积，稳定粮食产量，稳定粮食库存，保证粮食供应和粮价稳定。地方粮源主要是定购粮、市场收购粮和其他渠道补充的粮源。定购粮的粮权要由省以上掌握，不允许基层企业即收即卖。各省粮食总量平衡要服从全国总量平衡的需要，粮食主产区不能仅满足本地区粮食平衡的需要，而且要有一定的粮食调出。当然销区尤其是沿海一些地区要保证基本粮田面积和粮食产量，逐步提高自给率。

2. 确保国家掌握必要的粮源。在我国粮食偏紧、粮食市场不规范的情况下，国家掌握必要的粮源，是关系到我国粮食市场稳定、价格稳定的大局。粮食是关系国计民生的特殊商品，它有商品属性的一面，要体现价值规律的作用；在我国，粮食商品又有特殊性一面。它特殊在是关系到12亿人民吃饭的第一商品，特殊在国家对粮食的宏观调控力度比其他商品都大。中国的吃饭问题靠外国不行，缺粮时有票子也买不到，要受制于人。我国粮食流通总的格局是，粮食商品量要靠主产区，粮食流通要靠主渠道，粮食余缺调剂要靠批发市场。因此，我们在制定粮食商品的政策时绝对不能忽视它的特殊性，不能出现失控的局面。只有掌握了足够的粮源，才能保证我国的市场不出大的问题。从近几年我国的粮食供求状况来看，粮食部门必须掌握社会商品粮的70%～80%（9000万吨左右），这一点坚决不能放松。其中5000万吨还是作为国家下达的定购任务（包括农业税征实），由各级政府落实到生产单位和农户。另外4000万吨粮食由国有粮食部门从市场组织收购，各地也要按照国家下达的收购计划，逐级落实到县。具体收购方式各地可因地制宜，自行制定。如在今年的收购季节，有的地方采取了将定购和议购两块粮食同时收购，分别结算的办法，加快了收购速度，效果也是很好的。对食油问题也不能忽视，放任自流，也要加强宏观调控，确保国有粮食部门掌握主要油源。食油收购在主产区要作为国家定购任务下达，层层负责，落实到户。

3. 稳妥进行粮食价格改革和调整。粮食购销价格关系到生产和流通领域两个“千家万户”，是关系经济发展和国家安定的大事，必须由国家统一安排、决策。在国务院粮食价格改革政策未出台之前，各省今冬明春不准擅自出台新的粮价改革措施，不能抢在中央政策出台之前提高粮食价格。在这里必须强调：粮食的定价权必须集中由国家统一管理。定购粮的价格要由国务院统一制定，各地不准擅自实行价外加价；从市场议购部分的粮食价格，也要执行国家规定，不是越高越好。稳定粮食市场和粮食价格，控制通货膨胀，是明年粮食工作的头等大事，粮食价格必须管理，必须控制。否则，不利于明年我国治理通货膨胀的目标的实现。至于个别品种确实偏低，国家会作适当调整。粮食销售价格确定的原则，应继续按 32 号文件的精神，以经营成本加合理利润来确定。对标准米、面等因执行政府限价措施造成的企业亏损，应动用粮食风险基金给予补偿。

4. 加强市场管理，控制粮食批发。为维护正常的粮食市场秩序，确保国家收到 9000 万吨粮食，对粮食市场必须加强管理。我们的意见是：（1）在粮食收购季节，对一级市场要实行严格管理，由主渠道经营，在国家确定的粮油收购任务未完成以前，除国有粮食部门外，其他任何单位和个人不准直接到农村从农民手中购粮。（2）粮食批发市场要搞活，实行多渠道经营。可以采取协商成交、拍卖、抛售等多种方式。（3）城乡粮油集市贸易市场坚持常年开放。但要加强市场管理，使市场逐步走向规范化、法制化。（4）对期货市场要严格控制，只进行个别试点，不再增加。明年我们重点要抓批发市场建设，加快建立县以上主产区粮食批发市场。各类批发市场都要通过加强管理、规范运作、优质服务来提高市场的吸引力和辐射力，使批发市场发挥出应有的作用。同时，我们要加快制定粮食市场管理法规，逐步使市场行为规范化和法制化。

搞好粮食系统自身改革　全面推行两条线运行机制

明年粮食部门深化改革的一项重要任务是实行两条线运行。要在试点的基础上，全面展开。两条线运行改革重点抓好以下几方面工作：

1. 明确两条线运行的目的和原则。国有粮食部门实行两条线运行的目的是要加强国家对粮食市场的宏观调控和管理，在粮食市场出现波动时，及时调控市场，保持粮价稳定。同时，加强国有粮食企业经营管理，转换企业经营机制，更好地发挥主渠道作用。两条线运行怎样搞？我们提出的原则是："统一领导，两线运行，分别核算，搞活经营"。粮食工作必须坚持粮食行政管理部门的统一领导。两条线运行，不是切西瓜那样，把粮管所、粮管站、粮库一分为二，关键是区分两种不同性质的经营，分别核算，搞活经营。要在统一领导下分成两条线，一条政策性业务，一条商业性经营。县以上粮食局要加强这方面的领导，组织好国有粮食企业的所、站、店、库、厂，认真做好划分政策性业务和商业性经营的工作。农村粮管所（站）是我们掌握粮权、掌握批发和收购的基层单位，城市城镇骨干粮店，即政策性粮店或连锁店，承担着城镇居民基本口粮的供应任务，这两块基石绝对不能动摇。今后，我们要充分发挥农村粮管所和城市骨干粮店的基础作用。

2. 两线运行的具体做法。在国有粮食企业明确划分政策性业务和商业性经营的同时，对政策性业务要实行"四代一定"的办法，即政府委托企业代购、代储、代销、代加工，给予定额代理费用。包干费用标准根据必要费用加合理利润原则确定，按量拨补，企业不承担政策性亏损。企业因经营管理不善发生亏损由企业自行消化，不允许出现新的财务挂账。中央政策性经营所需费用，由中央财政开支。地方政策性粮食经营的费用，由地方财政拨付。对政策性和商业性经营要实行财务分开，单独核算，通过分开核算，严格划分中央或地方的政策性经营费用和商业性经营费用，避免互相挤占。

3. 采取积极稳妥的方针，做好人员分流工作。两条线运行的关键和难点是分流人员，据测算，实行两条线运行后，有的部门人员要分流40%～50%，任务非常艰巨，我们要认真细致地做好人员分流的工作。要动员广大干部职工积极投身改革，适应市场经济要求，开展多种经营，提高经济效益。同时，我们也要积极争取一些优惠政策，创造好的外部条件，帮助粮食企业渡过难关，走向市场。

4. 加强企业内部管理，转换企业经营机制。党中央、国务院决定，明年的经济体制改革要以深化国有大中型企业改革为重点。下一步我们必须抓企业改革，搞活国有粮食企业。建立现代企业制度的关键是实行政企分开，搞好企业内部经营管理，逐步建立社会保障体系。目前我们进行的两条线运行的改革，就是解决政企分开的问题。在做好这项工作的同时，我们还要完善企业内部经营机制。要科学合理地调整企业组织结构和经营结构，深化劳动、人事、用工和分配制度等方面的改革，要通过全员劳动合同制、聘任制等多种形式，尽快建立起激励机制、约束机制，彻底改变“吃大锅饭”的弊端，充分调动企业和职工的积极性，增强国有大、中型粮食企业的经营活力，提高企业经营管理水平。要减少粮食流通环节，降低流通费用和经营成本，提高经济效益，使企业真正走向市场，在竞争中增强实力。同时，要坚持本业为主、多种经营，搞活国有粮食企业。要积极调整企业组织结构，充分发挥国有粮食企业的整体优势和规模效益。要发展连锁经营，组建以国有大中型粮食企业为核心、有实力的企业集团，提高组织化程度和管理水平，增强企业竞争能力。

不断完善国家储备粮调控体系

为了增强国家对粮食的调控能力，保证国家储备粮购得进、管得好、调得动、用得上，中央储备粮必须实行垂直管理。对储备库我们准备实行三种管理形式：一是国家粮食储备局直接管理少量港口转运站和大型储备库；二是委托省里代管的储备库；三是其他储备库，实行国家粮食储备局和地方双重领导，但人权和计划权要由中央管。国家储备粮的集并、轮换等问题也要制定一系列办法，加以改进。

在建立国家专储的同时，地方储备粮油必须加强。为实现地区粮食平衡、调节地方粮食市场，地方储备粮要达到一定的规模。要在主销区和大中城市建立起地方储备，这是花小钱保平安的大事，各地政府应当给予高度重视。国家每年要下达指令性计划，第一步先建相当 3 ~ 6 个月销售量的规模；第二步扩大到 6 ~ 8 个月销售量的规模。35 个大中城市和主销区要抓紧修建一批粮库，所需建设资金列入计划，多方筹集，中央也要支持一部分。

最近朱镕基副总理在考察江苏时讲，管理也是改革。目前，有的地方粮食局局长一心去抓局机关本身的经营，把粮食管理摆放到次要位置上。国家的粮食，是国家对粮食市场进行宏观调控的一个重要手段，无论情况发生什么样的变化，都要管理好。我们曾多次强调，管不好储备粮，账实不符，挖空库存，就是粮食局长的最大失职，老干部是晚年不忠，新干部是政绩不佳，不能重用。前一段时间，山东粮食局局长曹允江同志和主管储备粮的副局长丁宗山同志下去跑了 600 多个粮库，亲自检查库存，对基层粮库加强储备粮的管理是一个很大的促进，我们提倡这种做法。

强化宏观调控　控制通货膨胀　做好明年各项粮食工作

我们粮食部门从事的是关系国计民生的米袋子、油瓶子的工作，是各方关注的敏感的工作，处在政治稳定、经济发展的第一线。我们工作的好坏关系极大。我们要坚决贯彻党中央、国务院的指示，下决心把米袋子、油瓶子的价格稳定住，把供应搞好，绝不能让米袋子、油瓶子成为通货膨胀的突破口。这既是经济发展的要求，也是政治稳定的任务。党中央、国务院对我们寄予厚望，就是希望我们能够在关键时刻发挥主渠道作用。在新的一年中，要重点抓好以下工作：

继续把秋粮收购的后期工作做好

今年的粮食收购进度快于上年。最近一段时间，由于市场粮价上扬，国家定购价与市场价差距拉大，增加了粮食收购的难度，粮食收购进度有所减慢，个别省收购总量还不及去年。到粮食年度末没有多少时间了，而我们的任务还很重，各级粮食部门要继续重视和抓紧粮食收购工作，发扬连续作战的精神，抓紧春节前和春节后的一段有利时机，再次掀起一个秋粮入库的高潮，力争掌握社会商品粮的70%～80%。在收购中要注意以下几点，一是要严格执行国家价格政策。定购粮要坚持按国家规定的价格收购。今年已经出台加价措施的地区，要落实加价部分的资金来源，不得将价外加价打入成本，也不得将负担转嫁给企业。在完成定购任务的基础上，要继续抓好市场收购。议购不是可有可无，是国家粮食总量平衡的一部分，特别是今年粮食丰歉很不平衡，不掌握足够的粮源，以后就要相当被动。粮食部门的同志必须认识到这一个问题。要改进收购办法，发动职工，责任到人，收粮到户。市场收购粮食的价格要合理确定，不要过高，严禁粮食部门抬价抢购。特别要注意个别粮食品种已经接近或超过国际市场价格，这种经营活动是有很大风险的。明年，我们要对全国完成国家粮食收购任务好的十个售粮大县进行评比表彰。二是继续加强市场管理。要严格按照国务院的规定，在未完成国家收购任务前，除承担国家收购任务的单位外，其他任何单位和个人均不得直接到农村插手收购。企事业用粮单位可从本地粮食部门进货，或从批发市场购买，外地批量购买必须到主产县以上粮食批发市场。集贸市场、县以上粮食批发市场、粮油初级市场要长年开放，国有粮食企业应当主动在粮食市场上设点，提供合理价格和优质服务。地区间不要设立壁垒、封闭市场，要保证正常流通渠道的畅通。为维护正常的市场流通秩序，各地可以组建国营、集体和个体不同经济类型粮食企业参加的粮食行业协会，承担协商价格、提供正确的市场信息、共同维护粮食市场的责任和义务。

继续做好城市粮油供应工作

在传统节日元旦和春节即将到来之前，不少地区市场粮油价格仍然偏高，有些品种的供求矛盾加剧。国有粮食部门要从大局出发，千方百计做好粮油供应工作。粮食供应要实行地方政府负责制，粮源由省（区）市政府负责筹措。省内定购粮和随行就市收购的粮食，要首先考虑大中城市的需要，中央酌情予以帮助。各地要对市场粮价进行严密监控，一经发现粮价有大的波动苗头时，立即报告当地党政领导，果断采取措施，抛售地方储备粮平抑粮价。做好大中城市粮油供应，要区分不同情况，重点保证军供用粮和收入在贫困线以下的居民、大专院校学生、停产半停产的大型厂矿职工的口粮。对城市居民口粮，市场平稳时由居民自由购买，当某种主要品种价格波动较大或粮源暂时紧张时，按照政府规定的价格挂牌销售。为了稳定民心，经当地政府批准，可以对挂牌粮油和个别紧俏的主要粮油品种实行一些临时性的供应管理措施，具体办法由地方政府确定。要根据大众消费水平和当地粮源结构确定一两个挂牌品种，但供应标准不宜过高，数量不宜过大，指标过月作废。粮食供求关系越紧，国有粮店的销量就越大，要注意探索一些既能控制销量，又简便易行、方便居民购粮的行之有效的新办法，不得全面恢复过去的定量办法，不得启用已经停止流通的票券，不得硬性搭配。要宣传节粮与营养是一致的道理，搞一些玉米面、高粱米调剂供应品种，居民是欢迎的。国有粮店是国家调控粮食市场的依靠力量，要保留骨干，合理布局，网点撤并和转营过多的要尽快恢复过来，凡是承包给个人或国有民营的骨干粮店要利用年终结算的时机收回来，健全粮食销售服务体系。要把政策性粮店和连锁粮店结合起来，以经营粮油为主业，承担保障城市粮油供应、平抑粮价的政策性任务。要推广厂店结合、库店结合、配送中心与连锁店结合的做法和经验。两节期间，各地要千方百计组织安排好节日市场，组织各种粮食名优商品展销活动，把节日市场安排得丰富多彩。要继续发挥粮食产品科技优势，开发新的节粮型、营养型、保健型食品，满足人们的多种消费需求。

扎扎实实安排好灾区人民生活

今年缺粮面较大，缺粮数量较多，特别是明年的春荒、夏荒是两个关键时期。各级粮食部门要一如既往，继续做好灾区、贫困地区、水库移民区的口粮供应工作。一要在各级政府的领导下，落实救灾责任制。粮食部门要与民政、财政、农业等部门密切合作，在核实灾情和缺粮情况的基础上，根据受灾程度，缺粮情况，灾民自救能力和民政救济款的安排等不同情况，分类安排。发现问题及时解决，绝不允许出现脱销断供现象。特别是一季作物地区，救灾粮安排要及早动手，长计划短安排相结合。二要积极组织粮源，切实安排口粮供应。这次会上，国家又专项安排一部分救灾粮。对国家已安排的救灾专储粮调拨计划，调出地区要以大局为重，优先安排运输；调入地区要在当地党政的领导下，争取有关部门的支持，妥善解决调粮资金，主动与调出地区联系，尽快落实；省内救灾粮调拨也要尽快落实。三要采取有效的办法，改进灾民口粮供应，如明确供应数量和时间，分户造册，张榜公布，一次安排，分段供应等要继续坚持，争取将供应计划安排到明年接新，使灾民心中有数。对“三缺户”的粮食供应，采取钱粮挂钩的办法，和民政部门发放的粮食救济款结合起来。供应灾民的口粮标准，以补足基本口粮为原则，供应品种根据各地情况进行安排，尽量多安排一些价格较低的小麦、玉米。对已经下达的救灾粮指标，没有安排到位的要尽快落实到户，没有调运到位的可先用其他性质的粮食垫用安排，调进时再补上。因安排灾区人民生活发生的差价和亏损，从粮食风险基金或其他专项资金中解决。救灾粮指标要专粮专用，抓紧安排落实，一经发现倒卖、挪用，要追究责任，严肃处理。

积极抓好粮食调运、储存工作

根据对粮食的产需形势分析，明年的救灾、安排春荒、平抑粮价、储备粮转移、轮换集并等任务都很繁重，在粮食调运安排上要及早安排，突出重点，集中运力，全面落实。粮食调运要从救急、追加逐步转向正规化、制度化，从突击调粮转为经常性、有秩序的安排，从临时性的转为固定性的协作关系。明年还将有相当数量的专储粮转移、调运任务，这是国家实现对粮食市场进行宏观调控的重要手段，为了确保专储粮调得动、用得上，各地一定要树立全国一盘棋的思想，抓好归口管理，保证重点粮食运输任务的完成。国家粮食储备局授予的调粮特派员要认真履行职责，及时了解、反映和协调调运工作中存在的问题，做好工作。

要继续加强对储备粮油库存的管理，要保证做到国家储备粮油“一符、三专、四落实”。明年，国家粮食储备局还将定期或不定期地对各省、市、区的国家粮油库存进行检查，清查库存还将把检查粮食质量作为一项重要内容。党中央、国务院领导同志不止一次查问我们库存实不实。在粮食库存问题上来不得半点含糊。否则，我们就无法向党和人民交账。鞍山市第一粮库虚报储备粮库存的问题性质严重，主要责任人已撤职，绝不留情面。各级粮食储备库要强化内部管理，严格执行储备粮出入库审批制度，建立储备库领导离任交接制度，对擅自动用国家储备粮油的要撤职查办，严肃处理。要继续抓紧储备库计算机联网的工作。明年，对储备粮调出和管理工作搞得好的单位，我们要进行表彰和奖励。

搞好明年粮食进出口工作

粮食进出口工作的好坏，直接影响国内粮食市场的供求平衡和价格水平。1995 年粮油进口任务相当繁重，一定要做好。明年粮食进出口各项工作的开展，都要紧紧围绕国内粮食总量平衡这个中心任务。首先要保证国内市场需要，减少出口，把出口数量严格控制在国务院限定的计划之内。国务院已决定明年大米不出口，玉米大幅度减少出口，大豆少量出口。各地要按国家计划执行，不得超过。其次要在中央统一领导下，做好粮食进口工作，充实国内库存，力争总量平衡，兼顾品种平衡。地方粮食部门要配合外贸部门的工作，积极筹措好资金，努力完成明年的粮食进口计划。同时，在粮食进口中要严格执行国家政策，进口粮食要真正用于调控市场，不得擅自加价倒卖、囤积居奇，人为加剧粮食紧张状况。如发现有转手倒卖许可证等行为，要取消其经营资格，给予处罚。

抓紧“八五”期间粮食仓储设施工程扫尾工作，并新建一批销区库

明年粮食基本建设的任务：一是要继续抓紧在建的粮食仓储工程进度，避免延误工期，增加工程造价，加重国家和企业负担。除世行项目外，其他粮库建设工程要力争竣工。二是抓好工程质量。在建工程要严把质量关，保证工程质量合格，对已建成的要进行质量复查，发现问题，及时解决。已经竣工尚未验收的，要抓紧组织验收。三是解决好 1992 年立项的和机械化骨干粮库工程建设资金超支问题。各地要主动向当地政府和有关部门汇报，请求帮助解决一部分资金，以确保完成“八五”建设计划。

为了加快国家粮油储备体系建设，经内贸部同意，国务院和国家计委批准，国家粮食储备局粮油储备库专项建设资金从 1995 年 1 月 1 日起在国家计委正式单列户头，请各省市就有关建库工作与国家粮食储备局做好衔接。

根据国务院领导同志指示精神，“九五”期间，国家还将建设一批粮油储备库，建设的重点是在销区。国家粮食储备局已正式提出了“九五”建设的报告，各地要按照本地区的实际情况，提出当地建设规划。并要列出需中央投资建设和地方投资建设的总盘子和具体地点、规模、资金计划，尽快报给我们和地方政府及有关部门，力争工作的主动。希望通过“九五”期间的建设，使我国粮食流通基础设施建设迈向一个新的台阶。

以扭亏增盈为中心，改进企业经营管理

要从改善企业经营管理中要效益，防止跑、冒、滴、漏，狠抓扭亏增盈。要把政策性挂账停息节省下来的资金安排使用好，增强粮食行业发展的后劲。要充分发挥审计监督的作用。要继续配合财政等部门做好粮食风险基金的落实和使用工作。要积极开展企业清产核资，为加强国有资金管理打下好的基础。

粮食系统是一支有着优良传统和作风的队伍，经受住了各种困难的考验。在向社会主义市场经济体制转变的过程中，粮食企业管理体制、内部经营机制等都需要改革和完善，特别是粮食队伍的政治素质和业务素质也必须提高。近几年，受各种思潮的影响，粮食行业已经有人经不起腐蚀了，违法乱纪的事件时有发生，也出现了一些触目惊心的大案要案，有的厅局级干部也出了问题。当事者本人受到法律严惩是玩火自焚，却给我们整个粮食系统抹了黑。本来我们粮食系统正处于困难时期，承担着繁重的任务，需要各级政府和各有关部门的帮助和支持，需要得到社会各方面的理解，如果我们自己把名声搞坏了，就会难上加难。所有这些都说明我们粮食系统反腐倡廉的工作并不轻松，干部职工的素质亟须进一步提高。按照邓小平同志“两手抓，两手都要硬”的战略思想，粮食系统不仅要注意抓好粮食经济工作，抓好改革，同时要加强政治思想教育和反腐倡廉教育，抓好精神文明建设。各级粮食部门的主要领导同志要带头支持纪检、监察、审计部门的工作。全系统都要牢固树立为社会服务、为人民服务的思想，坚持原则，站稳脚跟。要重点防止以商品谋私、以权谋私和挖空国有资产的行为。各级领导干部必须从自身做起，要认真学习、深入领会《邓小平文选》，学习《邓小平论新时期党风廉政建设》一书。江泽民同志多次指出“上梁不正下梁歪，中梁不正倒下来”，形象地说明了反腐倡廉要从领导干部抓起的重要意义。只要我们带头人免疫力增强，保持清醒的头脑，自觉依照党和国家的方针、政策和法律法规办事，自觉抵制拜金主义、享乐主义以及其他腐朽思想的侵蚀，就一定能带出一支好的队伍。要加强对职工队伍的建设。随着粮食流通体制改革的不断深入，国有粮食企业不仅要继续为社会各行各业服务，为广大人民群众服务，同时还要解决自我生存的问题，也就是既要搞好服务，又要接受挑战，参与竞争。要组织广大职工学习邓小平同志关于建设有中国特色社会主义理论，让他们了解我国的政治经济形势，认识到粮食事业的重要地位。要教育职工继续发扬艰苦奋斗、无私奉献的精神，树立和维护粮食系统爱国爱厂（店）、敬业守法的良好形象。

在发展社会主义市场经济的新形势下，粮食问题已经引起人们的重视。因此，各级党政领导要加强对粮食工作的领导，把粮食工作摆到经济工作的重要议事日程，支持和帮助粮食部门完成好政府赋予的各项任务。

国有粮食部门是保证城乡粮食供应、实施国家对粮食宏观调控的骨干力量，必须保留机构，精减人员，转变职能，提高效率，国务院对此多次作了明确指示。最近，李岚清副总理在召集七省市粮食局长座谈时，再次强调：粮食机构不能撤，凡撤销粮食局的地方必须尽快恢复。各地要向当地政府汇报，取得政府的理解和支持。

一九九五年

因势利导　推动粮油企业向集团化和现代化方向发展*

（1995 年 4 月 22 日）

这次会议是在粮食企业向集团化、大公司方向发展的新阶段，在粮食流通体制深化改革，实行省长负责制，推行两条线运行的关键时刻召开的。

这次会议主要是研究与交流办好集团和总公司的情况和经验，商讨在深化粮食流通体制改革的新形势下，如何发挥粮油集团的作用，搞好商业性经营，特别是议价粮油购销，调剂余缺，更好地为国家宏观调控服务。这是全国粮油集团和总公司的第一次聚会，对于粮食企业深化改革，推行两条线运行，搞好议价粮油经营，更好地稳定市场、稳定粮价，实现政府的宏观决策，将起到积极的作用。

粮油企业向集团化、大公司方向发展是深化改革和形势发展的需要

党的十四届三中全会关于建立社会主义市场经济的决定提出，要“发展一批以公有制为主体，以产权联结为主要纽带的跨地区、跨行业的大型企业集

---

* 这是白美清同志担任中谷粮油集团董事长后在全国省市粮油集团（总公司）第一次业务联系会议上的讲话。

团，发挥其在促进结构调整，提高规模效益，加快新技术、新产品开发，增强国际竞争能力等方面的重要作用”，粮食行业也不例外。最近，国家经贸委、体改委、计委联合召开了大集团、大公司试点工作会议，指出需要发展一批大集团、大公司，把它们作为发展国民经济的主要依靠加以扶持。我们这次会议要根据三中全会的决定和集团试点工作会议的精神，认真研究粮食企业如何贯彻落实的问题。

从我国的实际情况来看，粮食行业抓住机遇向集团化、大公司方向发展是必要的。

（一）发展粮食系统的大集团、大公司，是经济发展的迫切需要和强化宏观调控的客观要求。我国国民经济现在已发展到一个新阶段，经济的迅速发展，说明我们向市场经济迈进的步伐更快、更大。从粮食行业来看，全国已初步形成大粮食、大市场、大流通的新格局，改革触及粮食系统的各个方面，并且继续在深入，粮食调度之频繁、数额之大、市场交易量之大，超过以往任何时期。改革的深度和广度也超过以前。这种大市场、大流通的格局，提出了客观的经济要求，就必须有大集团、大公司去适应这种新的格局，分散的小企业、小公司很难适应这种大市场、大流通的需要。去年的工作就是证明，想要搞好宏观调控，小而分散的公司，没有办法去搞。只有抓住大的集团、大的支柱才能有效地解决这个问题。国外发达国家的经济中就是一些大的集团在起主导作用，没有形成大的集团很难实现宏观调控任务。因此，组建粮食集团首先是强化宏观调控的需要。

（二）发展现代化、规模化的大集团、大公司也是粮食行业生存和发展的客观需要。党的十一届三中全会以来，粮食行业有了很大发展，国有资产逐年上升，每年增长几十亿元。但最大的问题是小而散，全国粮食系统 10 万多个企业形不成合力，都是各搞各的。粮食行业的大问题是没有很好地和生产相结合，国外是农户加大公司，我们没有大公司，实现不了这种格局。如果没有每年国家定购的 500 亿公斤定购粮和几百亿公斤国家专储粮，我看粮食部门会散，经不住大的风浪。现在竞争非常激烈，乡镇企业、农、工、商一体化、供销社系统、外贸系统、三资企业，都在与国有粮食企业竞争，再不奋起直追，组建大的集团，用不了几年粮食系统要散，竞争不过人家，要看到问题的严重性。只有我们把粮食系统本身组织起来，才能够在市场经济中成为一支有竞争力的、有实力的、起主导作用的经济力量，发挥出主导和支柱的作用。如果都像现在一些公司那样，做一些小买卖，没有明确的分工，经营规模很小，这样是不行的，过几年就会看到问题的严重性。看看食品站放开后的情况，就是没有形成合力，没有形成一个横向联系的或自上而下的大集团，处境非常困难。所以从粮食系统看，走集团化、大公司的道路是生存与发展的重要途径。

（三）从和国际市场相对接看，走集团化、大公司的道路也是必须采取的重大步骤。中国的粮食，必须充分利用两个市场，以国内市场为主、坚持自力更生为主这一点要坚定不移。但是国际市场的货源也必须充分利用，特别是在改革开放到了这样的程度，必须充分利用国际粮食市场，否则将来要陷入被动。我们的粮食进出口要和国际市场对接，没有几个大的集团，根本没有办法与国外竞争。内外结合的体制不解决，长期下去，要出大问题。

当前怎样把现有的集团搞好，向现代化集团迈进呢？我的看法是现在各个集团，包括中谷集团在内，同现代化企业集团的差距是很大的，我们基本上是以行政为主改建而形成的，要看到自己的弱点。现代集团是跨地区、跨行业的大型企业集团，大市场必然要冲破行政区划，这是不以人的意志为转移的。我们要针对粮食行业集团正在起步，正在初创阶段的现实，采取积极稳妥的措施，把现有集团搞好，向现代化大集团、大公司方向发展。在指导思想上要明确一个“高”字、一个“新”字——“高效率、创新路”。不能完全按行政性公司办法办集团，不能完全按行政命令，集团是以产权为纽带，以经济利益为基础的。要向现代企业发展，闯出一条新路，无论制度、办法、人事、经营方式都要闯出一条新路。开始宁可小一点，要求严格一点，起步高一点。我们的集团将来有的要跨行业，有的向横向发展，或者成为大米集团、大豆集团、玉米集团，占领全国市场，有的形成连锁店集团，发展成为几十个城市连锁店，形式多样，不拘一格。

在具体操作中，我看应该明确这样三点：

第一，明确集团宗旨及发展特点和发展方向。

办粮食集团不能单纯想赚钱，必须明确粮油集团的特点。粮食是关系国计民生的，在中国有其特殊的重要性，要为社会的稳定服务，这点必须自始至终明确。还有一个特点是流通企业集团，经营的又是关系国计民生的第一重要商品，这和生产企业不一样。因此，决定了粮食集团必须为宏观调控服务，在服务中求效益，求发展，注意经济效益与社会效益并重，不能赚黑心钱。粮食行业大集团发展方向是综合性的现代化集团，所谓综合性的，就是贸、工、农相结合，和科技相结合，和金融相结合，内外贸相结合。要把根扎到农村去。现在粮食系统悬在半空，如果定购出问题了，粮食就收得很少，所以要扎在“农”字上，我甚至设想二次结算，设想试办粮食合作社这种组织形式，就是这个道理。西欧和美国实际上是两种形式和农民相联系，第一种是大公司加农户，第二种是合作社加农户，加拿大和澳大利亚是小麦局加农户，都是大集团、大公司，跟农民相结合。我们一头必须把粮食收购抓住，把农村这头抓住，另一头就是把城市连锁店抓住，批发要通过零售。和科技相结合，有时一个新产品，可以占领大部分市场，科技就是第一生产力。和金融相结合，这个非常重要，对集团来说必须有金融的实力，我们曾想成立财务公司，要有资产融通，集团才能发展起来，才有凝聚力，才有活力。再有是内贸和外贸结合，内贸部和国家粮食储备局尽了最大的努力，还要继续争取。

第二，集团要在增强功能，理顺关系上下工夫。

增强功能有内部功能和外部功能。内部功能就是要建立激励与约束相结合的竞争机制，既能调动各企业、广大员工积极性，又要有约束的机制，不要把国有资产挖空了，像个人承包等要非常慎重，不要尾大不掉。既要发挥二级企业的作用，又要有约束，有监督，不能像放羊一样不管，把国有资产挖空，将来要出问题，这方面我们要吸取教训。激励机制就是内部分配，人事、工资等，要有利于调动经营者、生产者的积极性，发挥他们的聪明才智，为办好集团尽力。内部机制就是要向现代化管理看齐，集团公司不仅要表现在“大”上，而且还要表现在“高”上——“高水平管理，高效率运行”。我们集团公司用人要打破部门之见，各方面的人才都可以容纳吸收。

再就是理顺关系，首先是和行政的关系，行政就是统一领导两条线运行。你这个集团是大型一类企业，省粮食局、粮食厅当然可以领导你。再有，是和集团内部公司的关系，公司内部产权关系的理顺要按照国务院规定的步骤进行，有的省有条件，步子可以快一点。内贸部部内公司可以慢慢来，待条件成熟了，部党组决定后再干，可以试点。

第三，根据改革的思路和创业的精神，搞好集团建设。

机构设置、运作方式、内部管理制度都要参照现代企业制度要求，逐步达到。人员的设置一定要少而精，宁可少些，但要好些，不要滥竽充数。另外，要提倡创业精神，艰苦奋斗的精神，要有爱企业如家，视公司如家的精神。

大家讨论时讲要有“信”有“义”，要重“义”不要重“利”，过去讲

“商人重利轻离别”，我看应该是“商人重义轻离别”，这是新时代新商人的新风格。

搞好服务，加强联系，发挥整体优势和规模效益，更好地为国家粮油宏观调控服务

这是中谷集团的努力目标，也是全国各粮油集团的奋斗目标。中谷集团和各个省、市粮油集团都是处在起步阶段，要采取积极、稳妥的发展方针。当前要在搞好服务、增强服务功能上做文章。对中谷集团来说，首先要搞好服务，“服务、协调、监督”这三句话，加上对集团内企业的管理，但首先是搞好服务。

首先是为行政服务，起到粮油宏观调控的助手作用。政府委托我们从事政策性经营，我们要做好服务工作；商业性经营这一块要积极搞好，发挥宏观调控的助手作用。这是中国式粮食体制改革决定了的，必须这样办。

其次，中谷集团要为各省粮油集团服务，当好各省、市联系的桥梁，发挥调控市场、调剂余缺的桥梁和中介的作用。特别是要为主产区，为缺粮区服务好。

最后，中谷集团还要为部属企业服务，要通过我们的服务对部属企业、直属公司的发展起到促进作用。我们不收权，不挖下面的东西，对省集团公司也不挖他们的东西。大家都是业务联系，互利互惠。

归根结底，这几项服务是为消费者服务，为农民服务，为经营者服务。服务之中，有偿无偿都要干，社会效益与经济效益并重。服务的方向是着重提高全行业组织化程度，形成合力，增强竞争力，形成整体优势和规模效益。

当然还有增强中谷集团本身实力的问题，要在服务中求发展，在服务之中求效益，加上国家的扶持，我们就会逐步发展起来。经过艰苦奋斗，我想经过5~7年时间，会见到显著效果，形成起龙头作用的企业集团。

加强各粮食集团之间的联系，提高粮食行业组织化程度

各粮油集团公司，包括中谷集团公司要着重从组织上、加强联系上、强化经济联系上做文章，中心是要处理好服务的问题，处理好利益关系。例如交流

信息、咨询服务、资金融通、项目合作、掌握货源、调剂余缺、内外贸结合等方面都可以联系和合作。今后中谷集团可以牵头，逐步地加以充实发展。

在加强联系上，对行业内部要讲传统、行优惠；对行业外部要讲信誉、守合同。天下姓“粮”是一家，这个好传统，任何时候都不要丢掉，系统内可以互相让利，同等优先也是优惠。过去产区和销区有好传统，缺粮时产区支持北京、上海、天津等销区；卖粮难时，上海、北京、天津等销区又支援产区。行业内部要互相支持。当然整个来说还要遵循价值规律，不能有损互利互惠的原则，对行业外要讲信誉，按经济合同法办事，不能说了不算。确定了的事不要变，掺杂使假的事不能干，做买卖这样整就把信誉整没了，做生意要讲商业道德，签合同要依法办事。

国内各个粮食集团如何具体联系，这次会议通过了一个联系办法，中谷集团当个联系服务中心。具体有以下几条：

（一）每年开1～2次业务联系会，轮流坐庄，由中谷集团和承办单位协商召开。

（二）沟通信息。准备和国家粮食储备局信息中心合作，搞个“粮油信息”，或“中谷信息”。

（三）配合行政在议价粮油市场调剂方面做组织工作，使之能定向有序的流通。（1）今年夏天在东北几个省集团公司开业时，组织一次区域订货会或小交会，南方也可以再召开一次。产销直接见面，不搞骡马大会，但签订的合同，定了就要执行。（2）临时性需要调节的，通过中谷集团公司联系。例如你那里有几万吨玉米还没有找到买主，我们可以帮助联系。贫困地区临时急需调粮，行政审批手续很复杂，一下调不过来，可以通过议价渠道和中谷集团挂个钩。三大市的紧急需要，有些也可以同中谷集团挂钩。通过议价渠道，拾遗补阙，防止出问题。大家摸索经验，如果小交会成功，就可以固定下来，春交会、秋交会，轮流转，进一步把流通搞活，实现规范运作。着重搞现货，再搞一点近期交货的。但是这些必须和各地的批发市场结合搞，市场可以简化些手续，调运上行政给予支持。登广告我们中谷集团可以牵头，大家出点钱，一起办。（3）提倡产、销区之间签订产、销合同，联合收购，有钱的省可以与主产区合作集中资金联合干。有些省准备拿点物资，如云南的烟、广西的糖，中谷集团和各省集团可以联系牵线，帮助办理。

（四）在国家规定的范围内对粮食进出口实行联手操作。我们优先考虑各省，你们有什么也可以共同操作，这方面大有文章可做。

（五）名牌产品联合销售。可以搞全国粮油集团名优产品订货会，由各省轮流承办，大家组织货源，批发后在连锁店销售这些东西。

（六）联合开发实业项目。广东的新沙港就是联合开发的，还有个精炼植物油厂也在联合开发。大连北良港粮油码头也是联合开发的，将来东北、华北这片进口粮油可以利用这个码头。

融通资金也有很多办法，山东的办法凑了 1000 万元，全国一凑就多了。另外，内外贸、金融、外汇上都可以做文章。河北这次向德国订货就没有用马克结算，用的是美元，就占便宜了，少花了 100 多万元。

这是首次全国省市粮油集团的业务联系会议，是一个良好的开端。我们希望通过不断加强业务联系，进一步把中谷粮油集团和各省市粮油集团做大做强，以更好地发挥国有粮食企业流通主渠道和国家宏观调控重要载体的作用。

中国粮食形势展望和对策*

（1995年6月5日）

坚持改革，探索解决中国粮食问题的新路子

新中国成立以来，特别是党的十一届三中全会以来，中国成功地推进了农村改革，发展了农业生产。粮食生产迈上一个新台阶，综合生产能力达4.5亿吨左右，以占世界7%的土地养活了占世界22%的人口。这是举世瞩目的伟大成就。在下一个五年，即“九五”期间，甚至下一世纪的前半叶，中国能否做到自力更生解决十几亿人口的吃饭问题，这是我们面临的重大课题，也是面临的新考验。

对今后的粮食发展趋势，正如大家所说的，悲观的观点是不对的，盲目乐观也是不对的。我们必须采取积极而谨慎的态度，坚持改革的方向，扎扎实实地工作。这样就完全有可能解决中国的吃饭问题。中国的吃饭问题只有靠自己解决，以自力更生为主，这个方针任何时候都是不能动摇的。中国的粮食问题也必须靠继续深化改革来解决。当前虽然面临不少困难，比如说，从国内来看，供求矛盾是偏紧的。这几年粮食总产在徘徊，播种面积接近警戒线16.5亿亩，粮食收购减少，全国收购从1990年、1991年最高的12000万吨下降到去年的9000万吨，粮食库存接近安全线，粮食消费迅速上升，粮食供求趋紧。从国际市场看，国际粮食生产也呈周期性的徘徊不前的趋势，粮食的商品量减少，粮食库存减少。发达国家，有些国家采取休耕限产，减少补贴，提高粮价转嫁负担，转嫁到第三世界。不发达国家，有些国家粮食产量呈逐年下降的趋势。世界粮农组织有一个材料说，世界粮食和农业总产增长速度放慢，1960～1970年平均增长为3%，1970～1980年平均增长为2.3%，1980～1990年为2.1%，1990～1995年上下波动，徘徊不前。发展中国家人均谷物产量下降的

---

* 这是中国粮食经济学会会长白美清同志在中国粮食经济学会召开的“第二次粮食形势展望和对策研讨会”上的讲话，原载《经济学动态》1995年第12期。

国家逐步增加。20 世纪 60 年代人均谷物产量下降的有 49 个，70 年代有 73 个，80 年代有 84 个。大体上有 1/3 的发展中国家，人均谷物供应量在 80 年代是下降的。世界谷物库存量，1991～1994 年占消费量的比例为 17%～21%，其中 1994 年为 17%。据粮农组织最近预计，1995 年世界谷物总产量将减少 1%，谷物库存量将降到 2.7 亿吨，只占消费量的 15%，突破了全球粮食安全线。世界粮食总产量预计，1995 年不到 20 亿吨，其中粗粮 8 亿多吨，小麦 5 亿多吨，稻米 5 亿多吨。贸易量，小麦在 1 亿吨左右。大米 1200 万～1500 万吨。

从世界粮食形势和国内情况看，解决粮食问题都具有特殊的重要性和紧迫性，回旋余地是不大的。我们需要未雨绸缪，察微知著，及早采取措施，加强我们粮食的基础产业。既要看到当前面临的困难，又要看到各种有利条件；既要看到现实的因素，又要看到发展前景；既要看到现在问题严峻，又必须看到这是一个机遇。只要我们坚定不移地按照邓小平同志建设有中国特色的社会主义理论和党的十一届三中全会确定的基本路线，结合我国实际情况，博采各国的所长，我们就完全能够在中国解决自己的吃饭问题。

解决这个问题，必须坚持社会主义市场经济的改革方向，这是坚定不移的。当然，还要看到事物发展总是曲折的。社会主义市场经济，也要经过若干年积累经验，实践、认识，再实践、再认识，不断修改，不断完善。粮食这样重大的改革，也必然会经过曲折的道路。

我认为，坚持社会主义市场经济的改革方向，要走粮食商品化、经营市场化，调控系统化的道路。粮食是特殊商品，既要看到其商品属性，又要看到其特殊属性。这两方面都要重视，忽视商品属性是不对的，忽视特殊属性也会出问题。要通过市场来合理配置资源，不能再沿用行政调拨、地区封锁等办法。粮食是特殊商品，国家的宏观调控是十分必要的。宏观调控要系统化，针对在本世纪末粮食供求还是紧张的低水平的综合平衡，鉴于耕地有限、财力有限、资源有限，宏观环境不好，通货膨胀，在指导思想上，要“增加有效供给，适当控制消费，强化宏观调控，确保粮食稳定”。根据当前实际情况，要注意四个方面的问题：（1）调整农业结构不能过猛。在实施高产优质高效方针过程中，如果农业结构调整过猛，挤了粮食，供求矛盾就会更加突出。所以，在调整结构中，必须保持粮食的稳步增长，这是前提。我主张农村迈小康的目标中应包括粮食这一重要的指标。（2）粮食转化不能过快。不能片面地为了赚钱，过多地搞粮食转化，将粮食产品大量出口是受不了的。发展畜牧业也要适当控制，中国吃肉水平已接近中等发达国家。人均吃肉水平，目前美国是一年28～29公斤，我国是21公斤。1公斤肉要4公斤粮，需要大量饲料粮。粮食转化的产品有些外销，就是出口资源，有些粮食主产区，如不加控制地大搞粮食转化，今后就有可能无粮可调了。（3）粮食消费不能过高。现在人均占有粮食产量只有350多公斤，如果高消费，产销缺口会更大。（4）粮食外贸不能出超。近几年粮食偏紧，一个较大问题出在出口偏多，出口大于进口，全国近3年出大于进1500万吨。这是一个教训，我们绝不能成为粮食出口大国。食油很可以说明问题。去年食油市场很紧，价格上涨，今年5月价格下来，是因为国内油菜籽增产20%。两年进口300多万吨，有效供给多了，价格也平稳了。

中国的粮食问题，在汲取过去的经验教训的基础上，可逐步走出一条新路，并不是那么悲观，不像有人说的中国粮食短缺影响全球，中国完全可以自己养活自己。今后也有可能出现一时期某个品种局部地区的卖粮难，但总的趋势是偏紧的平衡。在可能的条件下，当然还要利用外国市场。所以，我们要积极谨慎地做好工作，沿着改革方向，解决当前存在的问题，不断前进。

根本问题是发展粮食生产

解决粮食问题，根本的是把生产搞上去。生产是基础，流通起桥梁作用。对生产起反作用。回顾一下，凡是生产上去的年份，日子比较好过，供应比较充裕，粮价稳定，矛盾也少些。生产下降，流通很难好起来。这种观点要宣传。必须明确，立足自力更生，发展粮食生产，摆在重要位置，采取有力措施，狠抓落实。

在发展生产中，中央提出，一靠政策、二靠科学、三靠投入是完全正确的，应该坚持，关键是落实。要三者结合起来形成新的生产能力，现在粮食的综合生产能力只有4.5亿吨，2000年务必完成5亿吨的生产目标，以后还要增产。目标很明确，关键是措施要落实。我和一些产粮大县的同志谈，既要看单产上千公斤的粮田，更要看总产是否上去了。

在发展粮食生产一靠政策、二靠科技、三靠投入的“三靠”中，要强调以下指导思想：（1）关键要调动种粮农民、粮食主产区的积极性。采取坚决有力的措施，扶持种粮农民和粮食主产区发展商品粮生产，做到增产增收。“高产穷县”的状况，不能再继续下去了。否则，调出的地区还要不断减少。(2) 要增加投入。特别注意投资，增加科技含量，搞战略性开发。特别是在水利、肥料、种子上要下力量，增加投入，搞些重点工程和配套工程。这方面增产的潜力是很大的。(3) 保持政策的稳定性和连续性。要下大力扭转粮食生产徘徊不前的情况。日本学者提出忠告说，根据日本的经验教训，工业发展了，农业牺牲了，即工业高速发展，农业严重滞后，此路不通。

进一步探索深化粮食流通体制改革

“九五”期间是粮食流通和管理体制改革深入发展逐步推进的一个关键时期，有很多问题需要探索和实践，不断总结，不断完善。我认为，需要探索以下几个方面的问题。

(一) 探索建立粮食及主要农产品合理的价格体系，深化粮食价格改革。 粮食流通体制改革的核心是价格改革。这是遵循价值规律的重大问题。不建立合理的价格形成机制，很难促进生产，引导消费。在粮价问题上，定购价过低、购销价格倒挂、多价并存这种局面，需要从根本上研究解决。要建立起调动生产者积极性、保证经营者有微利、消费者能够承受的价格管理体制和办法。还有，粮食同其他农产品的合理比价以及工农产品剪刀差问题，也要反复研究、核算，逐步形成以粮食为中心、比价合理的农产品价格体系。

(二) 要探索改革粮食经营方式和管理体制的新措施，发挥国有粮食企业的主渠道作用。 现在国营粮食企业面临很多困难，我们要用改革的思路来研究探索粮食改革的新问题。(1) 探索粮食商业与生产相结合。现在粮食部门面临收购的困难，要明确粮食收购是为生产者服务，要和农民结成利益共同体，可以搞产购销一体化、粮食合作社的试点，还有“两代一换”、“二次结算”等形式，可以同重点村、种粮大户订经济合同，互利互惠，在实践中不断探索，取得新鲜经验。(2) 粮食内外贸结合，还要研究，加以解决。(3) 粮食和财务相结合，要理顺各种财务关系。还有“两个分开”的问题：一是两条线运行。粮食部门分为政策性业务与商业性经营是正确的，具体措施再去创造与完善。建议各省搞快点，大有好处。二是保障性供应与救济性供应分开。供应上大包大揽不行。要搞定向补贴，只补困难户、贫困户保证基本生活需要，要向这方面努力。上海已经作了探索，对困难户每月救济10公斤大米和0.5公斤油，价款由粮食部门与民政部门结算，其他供应放开。这个办法可以研究。

这“三个结合”、“两个分开”，需要与建立现代企业集团和现代化企业、现代化零售连锁店联系起来。连锁店是现代化的零售方式，它的经营内容，主要是价格、标志、管理等几个统一，首先卖平价粮油，有条件的还可以前店后厂，卖熟食品；其次卖小百货，开架出售。将来单纯的粮油零售店很难存在。探索粮食经营方式、管理方式，并把它办好，才能发挥国有粮食企业的主渠道作用。

（三）探索强化和完善宏观调控的措施，坚定不移地掌握粮权。粮食宏观调控主要运用经济手段，除了财政、信贷、价格等杠杆外，主要抓以下几项：一个是国家专项储备粮，一个是风险基金制度。以国家储备粮为中心的储备体系要进一步完善，目前的粮食储备，主流是好的，但也有些问题，调拨、价格、费用、损耗等问题都有待研究解决。粮食储备制度，加上财政、信贷、法制、市场管理相配套，就能保持市场的基本稳定和粮价的基本稳定。

国家掌握粮权是宏观调控的一个重要条件。关键是三个：一是国家粮食定购，从我国国情来看，定购要存在相当长的时间，重要的是价格要合理，定购价格权国家不能放，还是保量定价的办法好一些；二是储备粮，各级储备粮权不能丢；三是粮食的进出口权。把这三方面抓住，掌握粮源粮权，其他可以放开。我觉得，“死一块、活一块”的提法不大确切，是否叫“定一块、活一块”，“管一块、活一块”，或“控一块、活一块”，可以研究一下。

（四）探索发挥市场机制的作用，形成统一的社会主义的粮食市场。在宏观调控下发挥市场机制的作用，逐步形成社会主义统一的粮食市场，就是粮食流通要通过市场，定向有序地流通。通过市场的方式要多种多样，并取得法律保障，开展公开、平等、公正的竞争。

“八五”期间粮食市场有发展，有四种市场形式：（1）产销直接见面的集贸市场。有些地方以粮管所（站）的仓库为基地，设立粮食交易的小型市场，进行零星的小额的交易。这一类市场要逐步规范化，起到沟通产销余缺的作用。推广南京市的经验，国营企业要参加进去，设点挂牌销售。（2）粮油小批发市场。现正在逐步形成过程中，在浙、苏、皖、川可以看到，以小量批发为主，现货交易，有的批零兼营。它是自然形成，符合商品流向，要重视，国有粮食企业参加进去，行政部门帮助，支持其发展、完善。（3）省以上的粮食批发市场。这种形式现在遇到了困难，受粮食情况、地区封锁等影响，有些市场成交量下降，比较冷清。这类市场要坚持办下去，着重增强服务功能，增加辐射能力，开展多种灵活成交方式，提高市场知名度。（4）期货交易所。它本来是市场的高级形态，但现在出现了过度投机的情况，对套期保值、稳定价格方面抓得较差，为生产、消费服务的作用削弱了。应加强管理，控制消极方面，发挥积极作用。要提倡现货和期货相结合，增加套期保值和实物交割比重。国有粮食企业参与期货交易，一定要慎重，吸取教训，重要的一条是小打小闹，积累经验，不要想赚大钱；领导要亲自过问，不要被交易员所左右。总结经验，锻炼队伍，打好基础，向规范的同国际接轨的期货交易所方向发展。

5. 探索增产与节约并重，下大力气控制粮食浪费和损失的办法。现在粮食的损失浪费相当严重，必须提到议事日程来研究。例如针对产后的粮食损失，要搞技术改造，搞现代化建设，改变过去落后的运输方式。散装、散运是方向。现在袋装、袋运，什么袋子都装粮食，没有标准，途中偷盗、抛撒、丢失很多。储存、加工也有严重的浪费损失现象。要向社会疾呼，节约粮食，要把西餐的节约与中餐的美味结合起来，不宜“食不厌精”，提倡粗细搭配的饮食习惯。

廉洁从政，文明经商，提高素质，建设一支符合现代化要求的粮食队伍

这是粮食行业的根本大计。进入社会主义市场经济以后，粮食职工在商海中一定要提倡廉洁从政、文明经商。要牢固树立为人民服务的思想，艰苦创业的事业心，把粮食现代化建设与优良传统结合起来。共产党领导的粮食部门的好传统，中华民族从事粮食工作的优良传统，都要保留下来，加以发展。要讲职业道德，合法经营，救困扶贫，为老百姓办事。企业经营利润，要取之合理，用之有德。切忌搞那些诈骗倒卖，掺杂使假，违背职业道德的恶劣行径。为此，必须加强学习、培训、管理，提高职工的政治素质和业务素质，把粮食工作搞得更好。

关于日本粮食进口体制和菲律宾粮食管理体制的考察报告*

（1995年7月8日）

应日本和菲律宾有关方面的邀请，国内贸易部中谷集团白美清、王瑞元等同志于6月上中旬访问了两国，对日本的粮食进口体制和菲律宾的粮食管理体制作了考察。访问期间，与政府官员、工商界人士、市场管理人员、农户、科研单位进行了广泛的接触和交谈，现将情况报告如下：

日本对大米、小麦进口的统一管理体制

日本的大米、小麦等主要粮食品种的综合平衡，由农林省食粮厅统一管理。国内粮食政策和从国外进口，均由该厅负责。日本年产大米1000万吨左右，可大部分满足国内需求，按关贸总协定的要求，每年进口40万吨并逐步递增。1993年由于水稻受灾减产，1994年紧急进口大米240万吨，其中从中国进口100多万吨。日本的小麦产量只有60多万吨，90%靠进口，每年进口约600万吨。

日本虽是实行市场经济的国家，但对粮食作为特殊商品来管理。进口的大米、小麦两大主粮均由农林省食粮厅统一负责，国内国外两种资源统一安排。具体做法是：选择具备资格的商社，通过招标竞争，委托进口。其余小品种放开经营，由商社和厂家自由从国际市场采购。

食粮厅根据每年的供求情况，事前征求各个厂家和商社的意见，由他们提出申请，食粮厅汇总，制订进口计划，并考虑到供求状况、库存情况和国际市场的动向，分月安排购买计划，包括品种、规格、质量、装运期、到货港等，然后向有资格的商社招标。政府（由食粮厅代表）作为大米、小麦的

* 这是白美清同志率团访日、菲后给国家粮食主管部门和有关领导同志的考察报告。

进口委托者，以稳定市场为目标，对具有一定资产、信誉、经验等必要条件，有履行合同能力的进口商社，作为竞争的有资格者，进行优选，中标者即获委托进口的资格。根据日本政府的规定，参加竞争投标的商社应具备以下条件：

1. 申请者必须有从事米、麦进口的业务知识，具有最近3年平均年进口1万吨以上大米或2万吨以上小麦的业绩。

2. 具有日本法人资格，自有资本10亿日元以上或能够出具等额以上的外国外汇银行的融资证明。

3. 申请者在本店或主要分店配备1名以上具有从事进出口业务3年以上经验的职员，使之从事该项业务。

4. 从事该项业务的职员不得是违反进口法规而受到处分未满二年的人。

在米、麦的进口招标中，参加投标的具有资格的商社，符合买入委托条件（种类、品种、装船期等），在指名投标的当日，向食粮厅提出标书。食粮厅在确定的价格范围内，根据投标情况，选定中标者，和进口商社签订买入委托合同，按合同的要求，商社自负盈亏，履行合同，在指定的期限内将现货商品装船运到指定的港口，经检验合格后交货。

除了通过商社招标采购以外，为了保证稳定供应，特别是为了应对因灾减产等紧急需要，日本食粮厅也采取政府间协议采购的办法。如与加拿大、澳大利亚的小麦局达成每年交易目标数量，以保持稳定进口货源。同美国之间，自从安倍——巴茨协议到期以后（1978年5月止），双方没有特别交易数量协议。但1979年大平——卡特会谈达成意向，在农产品定期会晤中，就小麦贸易等进行信息、意见交流，为稳定的交易作出双方同意的安排。

据了解，日本进口商社参加投标的有20多家，但真正起主导作用的，只有几家大商社，如三井、三菱、伊藤忠等。

实践证明，日本政府采取米麦进口由食粮厅统一管理，几大商社通过招标竞争的办法，效果是好的。它有利于实施政府的宏观调控目标，按时按量完成进口计划，确保国内的市场需要；有利于调动进口商社的主动性、积极性，避免独家垄断的弊端，以便买到价格合理，质量合格的产品，同时也符合关贸总协定的要求；有利于抓住国际市场的机遇，利用矛盾，在贸易上实行多元化，做到管而不死，活而有序。这些经验对于我国的粮食进出口体制来说，也是有借鉴作用的。随着我国国内需求的不断上升，在坚持自力更生方针的前提下，进口数量也会相应增加，急需吸取各国的经验，遵循国际惯例和我国的粮食工作的实际情况，形成我们具有特点的粮食进出口统一管理的体制。

菲律宾的粮食一体化管理体制

菲律宾是个千岛之国，有大小岛屿7000多个，国土面积30多万平方公里，人口7000万人，有390多万农户，居民主食以大米为主，占85%，余为玉米、小麦等。稻谷播种面积为340万公顷，大米总产1000万吨，基本上自给，遇到灾年，还需少量进口。小麦，则主要靠进口。菲地处热带，属火山区，土地肥沃，雨量充沛，农民每户平均有耕地2公顷。但耕作比较粗放，单产较低，每公顷产稻谷2.5~3吨，增产的潜力较大。

菲是实行市场经济的国家，粮食供求大体平衡，市场供应基本平稳，但政府仍保持着较为有力的宏观调控体系，以稳定粮食生产和市场，确保全国的粮食供应。

菲的全国粮食平衡和市场管理，统由国家粮食总署负责。其任务是：负责全国粮食的供应保障和市场稳定，保持一定的储备，确保紧急时的急需。菲粮食总署实行垂直管理。在全国17个行政区、58个省都有粮食署的直属办事处和派出机构。而且，经过几十年的努力，全国建设了400多个骨干粮仓，大部分储量在万吨以上，也都由粮食署直接管理，人员任命、财务管理统归粮食署，构成了中央粮食署——大区办事处——省经理处——仓库的垂直管理体系。仓库除了存储备粮外，也帮农民和私商储存粮食，收取一定费用。菲粮食署有工作人员1000多人，地区和省有3000多人。这支队伍担负着加强宏观调控，稳定市场，保证供应的政策性业务的任务。菲的粮食买卖实行市场经济，粮食加工厂、零售店基本上是股份制公司或私人经营，但接受粮食署的监督和管理。此外，为平抑粮价，粮食署还指定定点粮店（挂牌），销售价格较低、质量较次的政府米，以平抑全国的粮价，使低收入者能买到廉价大米。

菲粮食署在宏观管理上还有以下特点：

（一）实行粮财结合。菲政府每年用于粮食的补贴约45亿~60亿比索（1.8亿~2.4亿美元），主要用于按保护价收购储备粮的费用及销售政府米的补贴，每年预算确定以后，由财政部拨给粮食总署组织实施。如1994年、

1995 年收购保护价为大米每公斤 6 比索，玉米每公斤 4.5 比索，均高于国际市场的价格。政府为扶植农业生产，还设立农机基金，每年约 6 亿比索（0.24 亿美元），用于帮助农民更新农业机械。按每公斤大米给予 0.93 比索的标准，拨给农民合作组织，在购买农业机械时专项使用。

（二）实行大米进出口的统一管理。作为主粮的大米，由粮食署按计划负责进口，进行政府间的贸易，或委托给全国的几个大公司进行。如今年菲计划进口 40 万吨大米，以安排好国内市场。

（三）统一管理全国的粮食市场。粮食署负责管理全国的粮食市场，做好市场（包括粮价）的监督、管理。全国有 66000 家零售商，其中，有一部分作为指定销售政府米的专营粮店。全国有 70 多家大的米厂，他们也是大米的批发商，加工后的大米批发给零售商。无论加工厂和零售店，统由粮食署进行工商登记和行政管理。

为了协调好粮食部门与其他部门的关系，菲政府设置了跨部门的全国粮食管理委员会，决定粮食工作的大政方针，协调处理有关事项。委员会由总统办公室、农业部、财政部、中央银行、粮食总署等有关部门参加，由农业部长任主席，粮食署长任副主席，主持工作，每月召开一次会议，商议粮食工作的重大事项，并通报情况。决定的大事直报总统批准后实施。如今年因受旱灾，需要进口几十万吨粮食，就由委员会讨论决定，经批准后由粮食署执行。委员会的运行，是有效率、有权威的。

菲律宾还有一个突出之处是重视农业科研。闻名于世的国际水稻研究中心就设在菲律宾。菲农业部和粮食署也有直属的水稻研究所和食品研究开发中心，农村有农业科研网，对推进菲的粮油食品的生产、加工起了重要作用。

从我们了解的情况看，菲在粮食上实行市场经济，十分重视粮食的宏观调控，因此能在市场经济中较为有序地组织生产、流通和消费，解决面临的新问题。据了解，菲的这套管理模式，对印尼等东南亚国家也是有影响的，在联合国粮农组织支持下的亚太粮食流通机构联合会，曾介绍过菲的经验。

在访问中，我们还就粮油食品的贸易和技术交流与日本和菲律宾工商界进行洽谈。(1) 日方提出，希望中方稳定供应一部分东北圆粒米和玉米给日方。(2) 日方需要东北大豆作食品，他们建议可以用美国大豆（含油率高）与中国大豆（含蛋白质高）进行换货交易或其他交易方式，以发挥中国食用大豆的优势，经济上也有效益。（3）日本佐竹制作所的大米加工设备，在世界上处于领先地位，愿意与我方合作。（4）菲方提出希望我出售一部分好大米给他们。也可用次大米与我交换。今后中谷粮油集团将同他们继续磋商，以期求得实质性的成果。

“九五”期间粮食流通体制改革的战略设想*

（1995 年 6 月 30 日）

目前，全国粮食系统正在着手制定“九五”规划，粮食行业正进入一个新的发展阶段，粮食生产又处于一个新的周期，在这样的重要时刻，中国粮食经济学会与湖南省粮食经济科技学会联合召开粮食形势展望和对策研讨会，是非常必要和具有重要意义的。这次会议，提出并研究粮食形势和对策这个问题，将会引起社会各界和有关领导的重视，对今后的粮食工作将起一定的促进作用。会后，可以把会议的观点综述，送请国内贸易部和国家粮食储备局领导参考。下面作为个人发言，讲三个问题。

走出一条在社会主义现代化进程中解决我国粮食问题的新路子

在邓小平同志建设具有中国特色的社会主义理论和党的十四大方针的指引下，当前我国形势很好，国民经济持续发展，中国已成为世界上发展速度最快的国家之一。我们在社会主义现代化进程中，基本解决了 12 亿人口的吃饭问题，世界上评价很高。目前正在向小康水平前进，进而向中等发达国家水平前进，这是一个十分艰巨的任务。难度更大的仍然是农业问题，特别是粮食问题。世界上所有国家在工业化进程中，都遇到农业滞后的问题，这也是我国当前面临的突出问题，亟须研究解决。这次会议，研究的虽是对 2000 年粮食形势的前景展望问题，实质上是涉及在社会主义现代化进程中如何解决农业和粮食滞后的问题，涉及国民经济持续、快速、健康发展，保持社会稳定的问题。这是一个带有根本性、全局性的战略问题。对于这样重要的问题，一次会议不可能讨论得很深，今后还要继续探索研究。

我国解决农业滞后的问题，解决粮食问题，更具有迫切性，而且任务更艰巨，难度更大。这是因为：我国人口众多，农业人口占总人口的 80% 以上；

---

* 这是白美清同志在湖南召开的中国粮食经济学会全国粮食形势展望和对策研讨会上的发言。

人均土地资源在世界平均水平以下，而且地区之间，经济发展不平衡性非常大；消费增长速度又很快，而且是刚性的，增长容易压低难。现在东部地区有的已经达到小康水平，中部地区正向小康水平过渡，西部地区有的还处于温饱水平线上。所有这些，更增加了我国解决农业和粮食滞后问题的难度。

解决我国社会主义现代化进程中的粮食问题，一定要走出一条符合我国国情的发展道路。我们既不能走欧美式的道路，也不能走日本、韩国的道路。欧美人均占有土地比较多，采取家庭农场规模经营，提高粮食商品率，国家对粮食生产采取的政策是休耕限产，大量补贴，鼓励出口。日、韩等国农田面积大幅度下降，日本下降52%、韩国下降42%，粮食自给率低，小麦、玉米等依赖大量进口。1990年进口粮食占国内消费量的比重，日本是77%、韩国是64%。这两个国家都是采取高补贴的政策，刺激粮食生产，国内粮价比国际市场粮价水平高得多。所以我国在社会主义现代化进程中解决粮食问题，必须走自己的路。需要考虑以下特点：（1）以自力更生为主，满足全国人民的粮食需求。因为世界上其他国家谁也养不活我们。所谓自力更生为主，就是国内粮食自给率必须保持在95%左右。进口是少量的。（2）我国还是发展中国家，不可能对粮食采取高补贴的政策，而且历来粮价都比较低，也不可能一下就提得很高，国家财力还负担不起。（3）发展粮食生产要着重在集约化、增加科技含量上做文章，发挥我们的人力优势，精耕细作。（4）在流通领域里，要在国家宏观调控下走社会主义市场经济的道路，保持国有粮食企业为主的多渠道经营。根据这些想法，解决我国粮食问题难度虽然很大，只要上下同心协力、努力工作，还是有希望的。我们在对粮食形势估计上，不能持悲观态度，悲观是没有根据的，像美国的布朗对我国粮食形势的分析，由于引用的数据不全面，而且是以日本、韩国的消费状况来衡量中国，忽视了中国发展粮食生产的潜力，地区间发展的不平衡性和科技在生产中的作用，所以得出了悲观的结论。当然，我们也不能盲目乐观，把前几年一时、一地、一个品种的卖粮难作为全局性的供过于求，甚至认为粮食问题已经解决了，有钱就能买到粮，这当然也是不对的。

在这次会议上，大家还是取得共识，认为到本世纪，全国粮食在供求偏紧中是能够做到供需平衡的。总之，我们既要看到解决中国粮食问题有难度，又要看到有希望；既要看到任务艰巨，又要看到潜力很大。到2000年粮食产量达到5亿吨，是有条件的。政策、资源、科技三方面都有潜力可挖，只要措施得力，就可以登上新台阶。比如土地资源，全国可开发利用的约有10.3亿亩，其中可有效种植粮棉的约有1.4亿亩。在未来10～20年内，相信科技在粮食生产方面将会有新的突破。当然，就是达到5亿吨粮食产量，到那时人均占有量仍不到400公斤，并不宽松，供需平衡还是偏紧的。因为：（1）人口城市化倾向还在继续发展；（2）人民生活水平提高后，粮食消费量也是继续增加的趋势，预计口粮可以稳定在一定水平上，而饲料用粮、工业用粮将会大幅度上升。目前，我国的肉食消费已经达到中等发达国家水平，而且肉食中又以耗粮较多的猪肉为主，其他转化用粮也增长较快；（3）农业结构调整过猛，粮食转化增长过快，能够调出粮食的省、县在逐年减少，而且也是发展的趋势；（4）还要看到国有粮食企业经营量在下降，特别是收购数量下降很多，国家粮食库存减少并已经接近警戒线。除此之外，产销区、丰歉年、品种间的不平衡，也会使矛盾加剧。对于这些问题，我们都要有清醒的估计，及早采取措施，促使粮食产量稳步上升，并使粮食产量的增长速度大于人口增长的速度，以确保军需民食、社会稳定和经济增长。

从多方面采取强化措施，保持粮食供求平衡

根据当前的粮食形势，我认为在今后一段时间内，应以“增加有效供给，适当控制消费，强化宏观调控，确保粮食稳定”四句话为指导思想，从生产、流通、消费各方面采取措施，加大力度，综合治理。

（一）根本问题是要发展粮食生产，改变全国粮食产量在4.5亿吨以下徘徊的局面。到2000年努力争上5亿吨的新台阶。要在自觉尊重价值规律，制定合理的粮食价格上下功夫；要在增加科技含量上下功夫；要在改善土、水、肥等粮食生产基本条件上下功夫，全国要确保16.5亿亩粮田，并有所增加，还要提高复种指数。

（二）利用国际市场有利时机，进行粮食品种串换。在最近一段时间，要坚持进大于出的方针，改变连续三年出大于进的局面。在近3年内，最好能净进口2500万吨粮食，增加库存，积蓄力量。

（三）建立分级储备体系，增加中央和省两级储备粮。要切实贯彻吃饭第一、建设第二的方针。

（四）调整食物结构，把节约用粮当成持久的基本国策来抓。根据我国的国情与粮情，必须改变群众的膳食结构，坚持以植物蛋白为主，动物蛋白不能增长过快。在饮食上还要改变“食不厌精”的习惯，过去吃早稻米的，现在要吃优质稻米、圆粒米，面粉要吃特一粉、精制粉。我们目前还没有条件这样干。一些讲排场的饮食习惯，也是落后的，浪费很大。我们要把西餐的节约与中餐的味美结合起来。要想到全国还有8000万人口没有解决温饱问题，不能容许浪费粮食。同时，要配合运用一些经济手段制止浪费。不要把群众消费肉、蛋、奶的胃口吊得太高。粮经学会要在这些方面多做一些宣传工作。

（五）适当控制人口城市化的趋势。现在进城务工、经商的农民，全国大约有8000万人（其中有3000万人在省内的城市），他们在家吃自产粮，进城后就要吃商品粮，劳动量大，吃粮也较多，如果不加控制，再增加1亿人，我国的城市和整个经济都将难以承受。要改变现在这种无计划、无序流动的状态，特别是不能卖城市户口。要着重在农村发展小城镇，发展乡镇企业，从根本上研究措施，解决农民工进城问题。

（六）对工业用粮要加强调控。如对饮料用粮、粮食转化用粮（酿酒、制淀粉、酒精等）都要采取措施，加强引导，适当控制。不然，将来粮食缺口会越来越大。涉及粮油的合资企业也不能敞开口干，现在有的地方办得过多，如果让他们把粮油控制起来，将来怎么办？另一方面，我们自己办的工厂和引进的设备，却又开工不足，有的连本都无法还。

还有一些以粮食为主要原料的出口产品和经营企业，也要通盘研究，适当控制。

（七）在国家的宏观调控和管理下，发挥市场机制的作用，合理配置资源。首先是要健全全国的市场体系，特别是要建设好各级批发市场。现在有些市场不是根据商流、物流、信息流的要求来设置的，行政色彩较浓，这不能真正搞活粮食商品流通。没有市场不行，不能合理配置资源；但如果光靠行政控制，也难起到合理配置资源的作用。要逐步改变搞场外交易的做法，应通过市场公平交易，合法竞争。这也可以避免产生一些消极腐败现象。

（八）进一步改革粮食流通体制。对于这方面的问题，今后要进一步研究。当前，要根据党中央、国务院决定的一系列决策、措施，认真贯彻执行，不断配套、完善。同时，各级粮食部门，国有粮食企业也要看到自身的弱点和弊病，在深化改革中需要克服和纠正。

（九）抓好两个建设。一是要建设好收购、加工、储存、销售的服务体系，逐步走向市场，更好地为农民、为消费者服务，并充分发挥蓄水池与主渠道的作用。二是要建设一支政治素质、业务素质都高的职工队伍。我们粮食职工队伍是好的，但也要看到，在进入市场经济以后，国有粮食企业的任务更加艰巨，现在职工的政治素质和业务素质都与市场经济的要求不相适应。我们一定要加强职工培训，加强行业管理，建设好政治素质与业务素质都高的职工队伍。社会主义制度的优越性之一，就表现在保证供应、保证军需民食，使人人都有饭吃上。这当然要有专门的机构来抓。从这个意义上来说，粮食系统基本上是一个做善事性质的公共福利性单位。所以，我们在思想上，始终要明确：为搞好宏观调控服务，为农民、为消费者服务。不要想发大财。要为事业献身，不要为票子卖命。抓好两个建设就是要把粮食系统的优良传统保留下来，不断发展壮大。

进一步改进粮经学会的工作

粮食经济学会（包括粮油科技学会等）是群众性的学术团体，过去做了不少工作，对行政领导决策起了很好的参谋助手作用，对事业是有帮助的。我在职的时候，就深深体会到这一点。进入市场经济和改革行政机构以后，学会需要研究、探讨的问题不是减少了，而是更多了。所以，学会的工作不能停顿、削弱，只能前进、加强。特别是学会是老、中、青三结合的组织，可以联系更多的专家、学者和实际工作者，充分发挥桥梁、纽带作用。当然，学会自身也要努力改进工作，为行政服务，为企业（包括事业）服务，争取行政、企业和社会上对学会的理解和支持。从目前情况看，我认为学会工作要注意以下四点：

（一）结合粮食改革和粮食工作实际，重点研究一些重要课题。视野要开阔，要吸取世界各国的成功做法和各地、各行业的改革经验，为行政和企业献计献策。

（二）敞开大门，吸收社会各界的学者和有关单位参加粮经学会的研究活动，以便集思广益，更好地为粮食工作服务。过去全国学会在这方面做得不错，收到了较好的效果。今后还应进一步加强。

（三）注意培养中青年粮食经济、科技方面的研究人才。要采取一些措施，加强这方面的工作。评选优秀论文，要注意多选拔中青年作者的文章。同时，还可以专门召开一些中青年同志参加的专业座谈会、研讨会，为他们提供发挥才能的机会。

（四）办好会刊。《中国粮食经济》杂志是中国粮经学会的会刊，在宣传党和国家的粮食方针政策，介绍粮食系统改革和发展的经验，做好政策调研和进行理论探索等方面，取得了可喜的进展，得到了业内的好评，希望继续努力，把它办得更好。现在各地学会的会刊也办了不少，要进一步提高质量，争取办得更好一些，为粮食改革和粮食事业的发展起促进作用。要把一些好文章向其他刊物推荐发表，扩大宣传和影响。同时要配合有关部门，搞好干部培训。

干学会工作是很清苦的。为了粮食事业和粮食经济研究工作的发展，我们要继续努力把学会办好。一届一届地传下去，发扬光大。我过去讲过，粮食部门的组织结构有四个方面：一是行政单位；二是企业单位；三是事业单位；四是学会、协会等中介组织。学会、协会是粮食行业的组成部分。我们要做好学会、协会工作，继续发挥它的积极作用。

一九九六年

进一步认识新时期我国粮情的特殊性和重要性*

（1996 年 2 月）

“九五”期间乃至 2010 年是我国经济发展的关键时期，也是我国粮食工作发展的关键时期。我们要联系国民经济的全局来考虑我国的粮食工作，进一步认识我国粮情的特殊性和基本特点。展望今后十五年，整个国民经济的发展和粮食工作有以下四个特点：

第一，作为亚太经济圈最有活力的东亚地区的一部分——我国的经济（包括香港、澳门、台湾）将继续保持较快发展的好势头。中国地处东亚，属环太平洋地区，也是亚太经济圈的一个最有活力的地区。从人力资源、市场状况、开发条件、投资环境等方面来看，环太平洋地区，特别是东亚是最活跃的地区，而我国又是其中最重要的部分。今年我国保持改革开放这个大的势头，发展速度是会继续保持较高水平，预计今后五到十五年，国民经济将继续以 8% 左右的速度发展，这个趋势已经很明显。我国经济在未来的五年，将继续以比较高的速度发展，这是一个大的趋势和特点。

第二，在第二、第三产业继续以较快速度发展的同时，作为第一产业的农业特别是粮食生产，发展滞后的状况将会更加突出，有可能成为国民经济当中的“瓶颈”产业之一，制约着国民经济的发展。这几年我国第二、第三产业增长速度快于第一产业，第一产业增长是百分之三四，第二、第三产业是以百

* 这是白美清同志在中国粮食经济学会召开的会议上的讲话摘要。

分之十几、百分之二十几的速度上升。展望今后十五年，第二、第三产业还会以较快的速度发展，第一产业滞后的情况，特别是粮食发展的滞后情况可能更加突出，如果解决不好，就可能成为瓶颈产业。工业化进程当中农业发展滞后这个问题是带有世界性的问题，在我国更具有特殊性。因为我国人口多，耕地少，农业人口占的比重特别大，所以这个问题就更为突出，如果解决不好就会严重影响国民经济的发展。

从世界粮食产量来看，1990～1995 年都在 19 亿吨到 20 亿吨之间徘徊。据联合国粮农组织的材料，1960～1970 年粮食和农业的年平均增长率为 3%；1970～1980 年为 2.3%；1980～1990 年为 2.1%；1991～1995 年上下波动徘徊不前，总的产量在 19 亿～20 亿吨之间徘徊。从全世界来看，谷物的供应量在下降，库存量也在下降。世界谷物库存降到了占消费量的 15%，突破了全球粮食的安全线（17%～18%）。我国近几年也出现了徘徊的局面，1990 年粮食产量是 44500 多万吨，连续出现五年徘徊，1995 年达到 45500 万吨。五年实际上升 1000 万吨左右。到 2000 年的目标是实现 49000 万吨到 5 亿吨，就要增加 3500 万～4500 万吨，每年平均要增产 700 万～900 万吨。粮食生产是有周期的，要每年持续增产是相当困难的，而且我国的人均占有量是低于世界平均水平的。即使达到 49000 万吨，人均粮食产量也仍然是现在的水平。

第三，随着人口的增加和人民生活水平的提高，粮食消费量上升，因此粮食供需的矛盾将长期存在，而且还较为紧张。这几年人均口粮消费呈下降趋势。城市人均口粮 110～115 公斤；农村人均情况，据河北省典型调查，大约 203 公斤。但转化为肉类、酒类和饲料的粮食大幅度上升。我国人均占有肉类的水平已超过发展中国家的水平，接近一些发达国家。1994 年我国人均占有肉类 36 公斤，比世界人均占有 33.4 公斤的水平超过 2.6 公斤。发展中国家是 19 公斤，我们多了 17 公斤。现在，酒的消费也发展很快，过去是喝几杯白酒，现在是喝啤酒，有的一次就喝几瓶，而且由城市发展到农村。目前看来口粮消费是下降了，问题是肉类、酒类消费增长太快，1 公斤肉要 4 公斤粮，1 公斤酒要 5 公斤粮，这些用粮上得太快。另外，从 1990 年开始农村人口城市化的趋势大大加快，全国城市人口 1985 年是 11800 万，1994 年是 19100 万，加上临时户口有 2 亿多到 3 亿人，此外流动人口还有 8000 万～9000 万人，北京有 320 万人，上海有 330 万人，厦门市也有 40 万人，这些人过去都是在农村吃自产粮的，现在转为吃商品粮。现在城市口粮不仅数量增加，而且质量要求也越来越高，口味也越来越高。过去搞统购统销，吃定量，不管玉米、红薯凑够数供应就行了，现在不行了。北方要吃东北的圆粒米、天津的小站米。上海要吃粳米，广东、福建的要吃洋米。杂交米和籼米，只有少数人吃。我们在1960～1962年三年困难时期是“一口吃三国”：加拿大的小麦、古巴的糖、伊拉克的蜜枣。现在是一口吃几国：大米有泰国的、越南的，还有印度的，小麦在全世界采购。消费水平提高是个刚性系数，只上不下，谁也不敢下，一下群众就会有意见，可以说粮食消费量是不断上升的，是很难控制的。

第四，随着我国进入国际市场以及国内市场的发展，多种经济成分在粮食行业的竞争将日益加剧。我国加入世界贸易组织以后，与国际市场的联系会更加紧密。现在不仅是五种经济成分了，而是有六种、七种参加粮食流通的竞争。一是国营的主渠道；二是合作社的集体经济；三是有些粮商已经不是小商小贩，而是粮食私人资本，是大的私人公司；四是贩运粮食的个体户；五是正在兴起的、形成很大势力的中外合资企业；六是外资的独资企业，包括港、澳、台的独资企业；七是混合型的经济，多种成分联合的。目前以国有粮食部门为主的多元化的流通格局已经形成，竞争非常激烈，而且国有的占有份额在缩小，多渠道的市场占有率在扩大。从收购来说，1990年、1991年最高，在全国国有粮食系统收购12000万吨，以后逐年下降，1994年全国收购已降到9000万吨左右，1995年估计也是9000万或9500万吨。销售，北方的面粉国有企业还是占主导地位。大米，现在城市定量供应的那部分，国有企业还是占主导地位，但市场占有率在下降。从全国来说，国有企业占有率在下降，多种经济成分是在扩大，竞争十分激烈。

以上得出这样一个结论：在经济快速发展的新历史时期，我国粮食的基本情况仍然不会有显著的变化。粮食的基本情况是：我国人口多、耕地少、人均占有粮食的水平很低，而且地区间很不平衡。这种情况不会有大的变化。在新时期即使粮食产量到了5亿吨，人均占有只有300多公斤，仍然是低水平的。粮食工作仍然是在紧张中求平衡。这种趋势不会有显著的改变。

在绿色革命以后会不会出现大的变化，关键要看科技的发展。科技成果的转化要有一个过程，一般要经过十年到几十年的努力。国际水稻研究所培育的超级水稻，单产可提高15%，但是推广还要在十年到十五年以后。我国粮食的品种矛盾也是相当尖锐的，特别是南方的大米更为紧张，全世界稻谷产量是5亿多吨，贸易量是1200万～1500万吨。我国南方经济发达地区，粮食面积减少主要也在稻谷上，将来的供需矛盾大米更突出一点。所以我们分析粮食形势，要把握总的趋势，根据基本的粮情，在生产、流通、消费各个环节采取一系列政策措施。

——**粮食结构调整不能过猛**。现在粮田面积已经降到安全线16.5亿亩以下，1995年恢复了一点也是14.45亿亩，还差很多，一些地方大片大片的粮田改种经济作物，有的一个县拿50%的土地种苹果，有的种桃子；而且不只是几个县，有些已发展成了苹果带、香蕉带，等等。这样粮田面积稳不住，产量也就上不去。

——**粮食转化不能过快**。这个问题要引起重视。各地都搞转化增值，如把仅有的那点玉米搞了淀粉、药品，搞了味精、饲料养殖，有的还大量出口，国内供给量就必然减少。

——**粮食消费水平不能提得过高**。我国要走节粮型的消费路子，不要把消费的胃口吊得太高。我国粮食就这么点“本钱”，消费既不能和西方发达国家攀比，也不能同韩国等小国比。

——**粮食进出口不能出超，也就是出口不能大于进口**。我国不能成为粮食出口大国。1991年、1992年、1993年三年出口大于进口，多出了1500多万吨粮食，是造成1994年粮食紧张的一个重要原因。1995年稍好一点，一是增产了，二是限制了出口，增加了进口。要充实粮食储备，这是关系到今后国民经济发展的关键问题。

从以上可以得出一个结论：在新的历史时期不管国民经济怎样快速发展，农业是国民经济基础的观点不能动摇，粮食是“基础的基础”这个观点也不能动摇。动摇了就会要吃亏的。我们不仅要想到当前12亿人口的吃饭问题，而且还要想到将来13亿、14亿、15亿人口的吃饭问题。任何时候不能忘记我国的基本粮情，我们是在偏紧当中求平衡这样一个基本事实。

我们走的是社会主义市场经济的路子，粮食在我国是具有战略意义的特殊重要商品，必须坚持两个为主：

第一，我国粮食必须而且只有靠自力更生为主来解决，世界上谁也养活不了中国。我们利用国际市场进口一部分粮食是作为品种调剂和补充。按照国际流通标准，粮食进口占总消费量的5%就算自给了，我国进口5%就是2500万吨，这也不得了。进口多了，一是外汇问题，二是别人要卡你，外国的粮食不是那么好吃的，这涉及国家的安全问题，所以我国粮食必须而且只有靠自力更生为主来解决。这是第一个为主。

第二，我国粮食的供应必须靠国有粮食骨干企业为主渠道，其他多渠道只能起补充作用。如果丢掉这一点就会影响社会的稳定，影响国家的宏观调控，影响整个社会的发展。我们要坚定地走社会主义道路，对粮食这个商品绝不能再退到以私营为主。现在农产品中国家真正能占绝对优势，进行控制的商品就剩下粮、棉等几个，对粮食这样一个敏感的商品，阵地再丢掉就不行了。在粮食问题上一定要坚持两个为主，即：要坚持自力更生为主的方针来解决中国的粮食问题；要坚持依靠国有粮食骨干企业为主渠道的方针来解决粮食的供应问题。就说抢险救灾吧，还是国有粮食骨干企业每次都走在前边，这是事实证明了的。

因此，在新时期、新形势下要十分重视我国粮情，要看到它的特殊性，看到我国粮食的基础是脆弱的，是不稳定的，受自然条件制约很大，要采取措施千方百计地把粮食生产搞上去。同时要通过改革，加强国有粮食骨干企业的工作，使之担负宏观调控的任务，这个供应系统不能散，不能乱，否则对稳定不利，对全局不利。

充分发挥粮食行业协会在市场经济中的职能与作用*

（1996年4月2日）

中国粮食行业协会第一次会员代表大会开幕了！它标志着酝酿已久的我国粮食系统的一个全国性、综合性的行业组织即将正式成立。中国粮食行业协会的成立是和国内贸易部、民政部、国家粮食储备局等有关单位以及全国粮食行业各级领导同志的关心、支持分不开的。对此，我们表示衷心的感谢！

我们这次大会是在我国进入“九五”计划的重要时刻、在我国粮食行业深化改革取得重大进展的形势下召开的。大会的主要任务是：讨论通过《中国粮食行业协会章程》，选举产生协会的领导机构，研究和确定协会的工作任务，更好地为振兴粮食事业、确保粮食市场的稳定服务。

组建中国粮食行业协会的筹备工作，是从1993年11月开始的。当时国内贸易部党组为了贯彻落实党的十四大和八届全国人大一次会议的精神，适应政府机构改革和职能的转变，决定组建商业、粮食、物资三个流通行业协会。随后组成筹备小组，开始各项筹备工作。经过两年多的努力，现在筹备工作已经胜利结束，因此召开这次大会，以完成协会的组建工作。在此，我就协会的有关问题和今后工作，讲一些意见，请代表们予以审议。

中国粮食行业协会的成立是我国经济体制改革的产物，是建立中国粮食市场经济体制的重要举措

中国粮食行业协会是在我国经济发展和体制改革进入关键时期、在粮食行业由计划经济体制向市场经济体制转变的重要时刻诞生的。为什么要成立中国粮食行业协会？这是深化改革的需要，是形势发展的必然，是粮食行业的共同

* 这是白美清同志在中国粮食行业协会第一次会员代表大会上的报告。

愿望。

第一，适应我国经济体制改革的总目标的需要。党的十四大在总结十多年改革开放实践经验的基础上，确定了我国经济体制改革的目标，就是要建立具有中国特色的社会主义市场经济体制。为了实现这一伟大的历史任务，党的十四届三中全会做出了《关于建立社会主义市场经济体制若干问题的决定》，勾画了社会主义市场经济体制的基本框架。党的十四届五中全会又明确建立社会主义市场经济的两个步骤：在“九五”期间，初步建立社会主义市场经济体制；到2010年形成比较完善的社会主义市场经济体制，并明确“建立和完善社会主义市场经济体制是今后15年的战略任务”。作为培育和发展社会主义市场经济体制的一个重要配套措施，就是三中全会《决定》中提出的：“要发展市场中介组织，发挥其服务、沟通、公正、监督作用。……发挥行业协会、商会等组织的作用。中介组织要依法通过资格认定，依据市场规则，建立自律性运行机制，承担相应的法律和经济责任，并接受政府有关部门的管理和监督。”在刚闭幕的八届全国人大四次会议批准的“中华人民共和国国民经济和社会发展‘九五’规划和2010年远景目标纲要”中又提出明确的要求：“要发挥政策的引导作用，尽快建立市场中介组织的自律机制。”这些指示为我国粮食行业协会等中介组织指出了明确的方向，规定了正确的方针。在我国这样一个大国，建立社会主义市场经济体制，需要通过各种组织形式去调动各方面的积极因素，为实现伟大的目标而奋斗。其中就包括行业协会这类中介组织。它是市场经济的必然产物，是改革深入发展的结果。建立和完善社会主义市场经济，需要中介组织去发挥它应有的作用。中介组织是社会主义市场经济的一个组成部分，也是促进企业改革和推进政府职能顺利转变的一项重要举措。

第二，政府职能转变、政企分开的需要。人大四次会议通过的“纲要”指出：“按照政企分开的原则，转变政府职能。政府的经济管理职能，要真正转变到制定和执行宏观调控政策、搞好基础设施建设，创造良好的经济发展环境上来。把不应由政府行使的职能逐步转给企业、市场和社会中介组织。”这是由传统的计划经济体制向社会主义市场经济体制转变的需要。改革开放以来，从中央各部到地方，政府职能正在逐步地有效地转变中。按照政企分开、精简、统一、效能和加强宏观调控的原则，政府主管部门工作的重点，已逐步转到宏观调控、规划、协调、监督、服务的轨道上来，以做到宏观要管住管好，微观要放开搞活。根据这一原则，政府主管部门将不再直接管理企业经营活动，不再承担微观管理的工作。正如李鹏总理在八届全国人大四次会议的报告中所指出的："把应由市场解决的问题交给市场，充分发挥行业协会、商会等中介组织的作用。"从政府部门管理走向社会行业管理，这是一个带根本性的转变。按照党的十四届五中全会和八届全国人大四次会议的精神，还要"进一步改革和调整政府机构的职能，把综合经济部门逐步调整和建设成为职能统一，具有权威的宏观调控部门；把专业经济管理部门逐步改组为不具有政府职能的经济实体，或改为国家授权经营国有资产的单位和自律性行业管理组织；对其他政府部门也要进行合理调整。"总之，政府部门对企业的管理，要转变为以间接管理为主，以宏观管理为主。当前正处于经济体制转轨时期，政府部门转变职能还需要一个过程。在我们常说的"小政府、大社会"的形成过程中，行业协会是介于政府部门与企业经营实体之间的一种社会组织形式。政府职能转变分离出来的不少社会事务，需要有中介组织去做；而中介组织的健全与发展，又会推动政府职能的转变，加速社会主义市场经济体制的发展。没有这个转变，社会主义市场经济就不可能建立。随着时间的推进和改革的深入，行业协会等中介组织对于我国社会主义市场经济的形成和发展所起的促进作用，将会越来越明显，各种中介组织将会显示它的生命力。

第三，中国粮食进入社会主义市场经济的需要。粮食是关系国计民生的具有战略性的特殊商品，粮食行业是我国国民经济的重要组成部分之一。它涉及的范围很广，有粮食、油脂、饲料、粮油食品的购、销、调、储及加工；有粮油、饲料及粮油食品的加工机械设备的制造与销售；还有一大批科研、教育机构，担当着科教兴粮的重任。现在全国共有大、中、小型粮食企业 17 万多个（在国务院公布首批大型工业企业 500 家名单中有粮油加工企业 30 家）、正式职工约 350 万人。粮食行业是一个与人民生活和国家建设密切相关的重要行业。党的十一届三中全会以来，我国粮食业同整个国民经济一样，按照党中央确定的经济体制改革的总目标，不断地推进改革和建设。特别是在党的十四大和 1992 年邓小平同志南巡谈话精神指引下，改革不断深化，建设快速前进，粮食统购统销的局面已经改变。在坚持国有粮食企业经营主渠道的原则下，多种经济成分、多条经营渠道参与粮食市场购销，其经营的数量已占社会粮食经营总量的 1/3 左右。目前全国已初步形成大粮食、大流通、大市场的新格局，粮食市场日益繁荣，充分保证了粮食供应，人民生活显著改善。改革已触及粮食系统的各个方面并且继续在深入。这是大的趋势，是主流。但是也要看到，由于我国粮食行业正处在经济体制转轨的关键时期，市场经济发展还不够完善，各项粮食经济法规还不健全，深化改革的配套措施还不够落实。同时，在体制转变过程中，企业与政府之间，企业与企业之间，生产者、经营者、消费者之间，主渠道与多渠道之间也会产生这样或那样的矛盾。在粮食走向市场经济后，也会出现一定程度的价格不稳定、流通秩序的混乱等问题。所有这些都说明，需要政府采取措施，加大力度，强化宏观调控，使改革逐步深化，逐步配套，以克服流通秩序的某些混乱现象，确保粮食市场稳定、粮价稳定。其中一项重要措施，就是要加强行业管理、组织和协调工作，尽快建立在政府指导下的中介组织来疏通和加强纵横联系，现在这个任务已经提到议事日程。这几年一些省、市粮食部门在当地政府领导和支持下，已建立了一些地方性的粮食行业协会组织，如上海、北京、天津、河南等，他们已在协助政府落实政策、传递信息、开展咨询服务、组织商品展销、推动商品优质服务、加强市场管理等方面发挥了积极作用。1994 年 12 月全国流通工作会议也提出："为推动建立正常的市场流通秩序，各地可以组建国营、集体和个体不同经济类型的粮食企业参加的粮食行业协会，承担协商价格、提供正确的市场信息、共同维护粮食市场秩序的责任和义务。"

粮食行业协会的建立，也是从粮食行业的同行们的迫切要求。粮食是关系国计民生的特殊商品，经营粮食既要担负社会责任，又要讲求经济效益，在转轨时期，遇到了不少困难，需要有一个自己的行业组织，反映意见，交流经验，协调监督，搞好服务。去年以来党中央、国务院决定实行"米袋子"省长负责制，国务院又下达了《关于粮食部门深化改革实行两条线运行的通知》，这是粮食管理体制的重大改革。粮食部门除一部分人员承担政策性经营业务外，其他大部分人员要从事商业性经营和多种经营。今后，系统内的粮食经营企业会有新的发展，而且其他各种成分的粮食企业也会有新的发展，这就增加了全社会性的行业管理的任务。同时粮食企业跨地区、跨行业、跨部门的多种经营也将有更广泛的开发。从粮食行业本身的发展看，也迫切需要建立粮食行业协会这样的中介组织。所以说，中国粮食行业协会的成立，是应运而生，是健全和发展粮食市场经济体制的急需。

中国粮食行业协会的职能与作用

成立中国粮食行业协会的目的，就是在政府主管部门——国内贸易部、国家粮食储备局以及其他有关政府部门的领导、支持、帮助下，通过行业协会发挥服务、沟通、公正、监督的作用，团结一切力量，发挥整体的优势，推动和促进我国粮食行业深化改革和协调发展，提高企业的经济效益和社会效益，更好地为国家宏观调控服务，为农业生产者、粮食经营者和城乡消费者服务，为加快建立社会主义市场经济体制、实现国民经济持续、快速、健康发展和社会进步服务。

中国粮食行业协会的性质是社会公益性的自律型中介组织，也是同行业根据自身发展的需要，组织起来的自我管理、自我服务的组织。一方面它要代表国家利益，行使政府赋予的一些行业管理职能；另一方面，它又代表企业利益，反映企业的呼声，为企业服务。因此，中国粮食行业协会是联系、沟通两者的纽带和桥梁。在国内贸易部和国家粮食储备局党组的统一领导下，发挥职能作用，充分调动全社会粮食行业的一切力量，同心同德，艰苦创业，为建立具有中国特色的粮食市场经济体制而奋斗。

粮食进入社会主义市场经济体制后，其组织结构主要有四个方面：第一是政府的粮食行政管理系统。这是核心系统，在维护国家利益和宏观调控中起着决定性的作用。第二是粮食企业、经济组织系统，即各种粮食公司、企业和经营者。第三是粮食中介组织系统。就是粮食行业协会、学会等组织。第四是粮食科研、教育等事业单位系统。以上这种的粮食组织系统的运转，在很大程度上决定着社会主义市场经济运行的方向，决定着粮食系统发展的步伐。在培育和发展市场经济的过程中，中介组织所起的作用将在实践中逐步显现，逐步为人们所认识。虽然目前粮食系统还处在从计划经济体制向社会主义市场经济体制的过渡时期，政企还没有完全分开，企业还没有摆脱困难，与中介组织的关系还需要理顺。但可以肯定，随着市场经济体制的发展与完善，中介组织的作用越来越大，地位越来越重要，可以说它是大有可为，大有希望的事业。

关于粮食行业协会的职能，也就是它将发挥什么样的作用，党的十四届三中全会、五中全会都已明确指出，中介组织的作用就是八个字：服务、沟通、公正、监督。党的十四届五中全会通过的《建议》中，又进一步指明中介组织职能，即“制定和完善市场规划，加强市场管理和物价监督、规范流通秩序，打破地区封锁和部门分割，制止不正当竞争，保护生产者和消费者的利益。”遵照中央的指示精神和行业协会在经济仲裁中的重要作用，我们在章程中把“服务、沟通、公正、仲裁、监督”明确为我们协会的基本宗旨。我认为，中国粮食行业协会的职能可以概括为以下几条：

一是服务职能。作为行业协会既要反映会员呼声和要求，为政府宏观管理提供决策依据，又要为会员提供所需的政策、信息、咨询、法律、人才培训等服务。

二是协调职能。依据国家的法律、法规、规章和政策，协调会员之间的经营活动，保护会员公平竞争的权利，建立和维护正常的经营秩序、市场秩序，协调同其他行业之间的经济利益关系，保护本协会会员的合法利益不受损害。

三是纽带职能。沟通政府与企业之间双向联系的纽带，既代表会员、企业与政府对话，反映企业的合理要求和建议；又是政府的助手，接受政府委托，执行部分管理职能，在会员、企业中贯彻政府宏观意图和经济政策，敦促会员、企业遵守国家法律和职业道德。

四是监督职能。协会依据国家有关的政策法规，制定行规行约，规范企业的经济行为和市场交易规则，加强行业自律，对违法经营，损害国家和消费者利益的企业和行为加以监督、纠正和制止。

五是调解仲裁职能。协会作为中介组织，既非官方，又非经济实体，以公正的立场和调解服务的方法，按照国家法律、法规调解企业间的经济纠纷。前一个时期，我到了德国，了解汉堡港的粮商协会，他们做了很多实事，但人员不多。其中比较突出的一条是它的调解、仲裁功能较为健全，一些经济纠纷由粮商协会调解、仲裁，不上法院。会长以自己的权威性，聘请几位专家，组织一个调解委员会，调解的结果95%以上都执行了。这值得我们借鉴。

六是组织职能。要团结联系国有企业同行，也要团结联系非国有企业同行。目前先吸收国有企业同行入会，以后将有步骤地吸收一批非国有粮食企业入会。使他们能在行业自律中受到教育、培养好的职业道德，使我们的协会能发展成为具有广泛代表性和群众性的社团组织。这有利于加强宏观调控，有利于不同所有制、不同隶属关系、不同层次的粮食企业相互沟通和交流，也有利于协助政府主管部门对全社会粮食流通的统一行业管理。总之，要在行业管理和社会服务相结合的方面创出一条新路子来。

七是国际交往职能。协会将有步骤地开展国际上、地区间的交流与合作，协助企业引进国外资金和先进的科学技术、管理方法，促进国内粮食企业的现代化，逐步与国际市场接轨，参与国际市场竞争。

在这几种职能中最关键的是服务。必须明确，粮食行业协会的生命线就是搞好服务；搞不好服务，协会就会一事无成。协会不是官方，协会的领导人员不是当官，一定要以为国家宏观调控服务、为企业服务作为第一宗旨。要密切联系群众、联系企业，真正起到纽带和桥梁作用。从加强所属会员的联系入手，着重提高服务功能。为政府、为企业双向服务，应该贯穿我们的一切工作中。中国粮食行业协会一定要在服务职能上多开展工作，从不同的角度反映行业和会员的意见，传达党和政府的方针、政策，这样才能更好地起到桥梁、中介作用。

中国粮食行业协会近期工作的要点

国内贸易部、国家粮食储备局和广大企业会员对协会抱有很大的期望。我们只有扎扎实实办成几件实事，几件有益于全行业的事，才能逐步建立起行业协会的信誉。要靠协会自身的努力，求生存、求地位、求发展。在安排协会1996年的工作时，我们将遵照十四届五中全会和八届全国人大四次会议的精神，以国内贸易部和国家粮食储备局1996年的工作安排作为协会工作的依据。从协会的实际情况出发，提出如下要点：

（一）积极稳步地发展壮大粮食行业协会组织，建立和逐步完善协会的工作网络。中国粮食行业协会作为全国性的综合性的社团组织，必须有广泛的会员作基础。第一，各省、自治区、直辖市和计划单列市，可根据实际情况，请示当地党政领导，建立省、市级的粮食（油）行业协会。目前已经建立起来的省市行业协会，要不断健全和完善协会的各种职能，在发挥中介组织的作用方面，总结和积累经验，以便推动整个协会的工作。第二，建立和理顺粮食行业内部的各个专业委员会。粮食行业，包括若干个专业系统，目前除登记注册的粮贸和植物油两个协会外，其他有关的专业，如粮油工业、批发市场、调解仲裁、储运、饲料等如果有组建行业协会的需要和意向，可考虑成立协会的专业委员会，因为民政部已明确表示，不再办理粮食方面的全国性协会了。并同意在我们的“章程”中增加一条：“可根据业务工作需要设立若干专业委员会。”这方面北京市的做法可借鉴。他们在成立粮食行业协会时，就同时成立了油脂、供应、储运、工业、饲料、粮贸的专业委员会。这样行业内部的关系，也比较顺。第三，各省市下一步再推荐一批大中型粮食企业加入中国粮食行业协会。这样，协会才能够更直接地、广泛地与企业联系，听取他们的意见和要求，以便向政府部门反映企业的呼声。第四，有领导、有计划地发展一批非国有经济的粮食企业作为会员。要认识到，吸取一批非国有、跨行业的企业入会具有特殊的意义，这是适应大粮食、大流通、大市场的新形势，建立统一的全行业协调机制所必须迈开的第一步。但工作要做细致，要坚持入会条件、稳妥进行。

（二）要积极而有步骤地抓紧进行几件对全行业有普遍意义的实事，讲求实效，努力做好。第一，通过行业调查，了解收集行业发展中存在的情况和问题，以及会员企业的期望和要求，研究制定行规行约，协助政府主管部门，加强对粮食行业的行业管理。第二，监督主要粮油品种的价格执行情况，以保持市场粮价的稳定，维护农民、粮油企业和消费者的正当权益。第三，协助政府监督、检查粮油以及粮油食品等商品质量情况，以杜绝假冒伪劣商品、有害有毒商品、违禁商品等进入市场。第四，承办有实效的交易会、展销会，为会员企业推销、促销提供服务。

以上工作是中国粮食行业协会要办的，有些是请各省市协会办的。由于各协会的基础和条件不一样，因此工作的侧重点可有所选择。要先易后难，逐步发展。但一定要扎扎实实地开展工作，要讲求质量和效果，不搞形式主义，不搞花架子。

对做好协会工作的几点建议

（一）必须努力争取各方面对协会工作的支持，特别是各级粮食行政主管部门的支持。各级协会刚刚成立，工作新、人员少、难度大，特别需要政府主管部门强有力的支持和扶持。协会的各项工作要主动向各级政府主管部门汇报和反映，以取得他们的支持。同时，也希望政府部门积极支持协会搞好协调服务工作，加强充实协会的协调、服务手段，为协会提供必要的工作条件，使协会真正成为政府与广大会员企业之间的纽带。

（二）必须牢固树立以服务为宗旨的观念。服务与协调是行业协会的基本职能，也是协会的生命力和凝聚力所在。协会要紧紧围绕这一宗旨，自觉转变观念，积极开展工作，拓宽服务领域，提高服务质量，以主动、优质的服务维护国家、行业、企业和群众的利益。如果协会背离了服务宗旨，不管政府赋予什么样的权利、职能，也会失去对会员的凝聚力和自身的生命力。

（三）必须加强行业协会的自身建设。当前要做好三方面的工作：第一，抓紧建立一套适合行业协会工作的运行机制。协会不是企业的上级和“婆婆”，而是企业的“娘家”，是企业之家，要从一开始就让企业感到一种家庭式的温暖。在工作方法上，要做到公开、公正、公平，要体现自律的精神。一切重大问题由同行业会员民主协商，共议决定；一切重大决策以国家利益为重，同时兼顾各方面的利益；一切措施办法、工作程序高度透明；实现会员群体的自我管理，自我约束，自我保护，自我发展。第二，加强协会办事机构、干部队伍的建设。人才是事业的根本，要尽快充实少而精的工作班子，使协会能够承担起正常工作的任务。在确保协会能够承担起正常工作的前提下，利用行业优势，从事符合协会宗旨的有偿服务，有条件的地方，要办好经济实体，采用多种途径增加协会工作经费，增强为会员单位服务的实力。第三，加强学习。协会的领导和工作人员，要学习建设有中国特色的社会主义理论，学习社会主义市场经济知识，学习国内外先进的行业管理经验，深入实际，调查研究，善于总结，开拓创新，不断提高思想政治素质和现代化管理水平，把协会办成“政府需要，企业欢迎”的自律性社会团体。

最后，我还要强调一下，我们的协会还是个新的工作，没有经验，希望大家多关心理解、支持它。我们相信，有中央明确的指导方针，有国内贸易部和国家粮食储备局领导的关心及有关方面的支持，在大家共同努力下，中国粮食行业协会在推动中国粮食工作深化改革和促进中国粮食市场经济体制的发展与完善方面，必将发挥积极的作用。

总结粮食工作历史经验　探索粮食改革的战略与方针*

（1996 年 6 月 9 日）

这次粮食工作经验研讨会，是学会举办的第一次，为全面系统地研究粮食工作经验拉开了序幕，今后的工作任务还非常艰巨。我希望各级粮食经济学会在行政的领导和帮助下，把这个工作作为学会今、明两年的一件大事抓紧抓好，争取拿出积极的成果来。

回顾 40 多年来，在党中央、国务院和地方各级党政的领导下，粮食工作取得了显著成绩。中国用占世界 7% 的耕地，养活了占世界 22% 的人口，取得了举世公认的成就。这里有生产部门、流通部门、分配部门和其他综合经济部门所做的大量工作，也包括我们粮食部门几百万职工的辛勤劳动和艰苦工作，包含新中国几代粮食职工的努力。大家把农民生产出来的粮食，分配和供应给全国 12 亿人口，功不可没。特别是在抢险救灾、扶贫帮困、应对突发事件、支援自卫战争等方面，粮食部门总是走在前面，发挥了积极、显著的作用。在文化大革命这样大的动乱中，粮食部门仍然照常运转，这是很不容易的。1991 年大水灾，李鹏总理曾评价粮食系统在救灾工作中是功德无量的。

粮食工作的发展，走过了曲折的胜利前进的道路。中国的粮食工作，反反复复 40 多年来，既有丰富的经验，也有沉痛的教训，是多少人以流血流汗为代价换来的，是经过多少次实践，才总结出带理性的认识和经验，包括 1959 年到 1960 年、1961 年所遭受的最大的挫折，可以说付出了沉重的代价，到 1962 年以后才逐步恢复。到“文化大革命”中，什么“宁要社会主义的草，不要资本主义的苗”，要“停产闹革命”等，弄得国民经济面临崩溃的边缘，几乎吃不上饭。即使在那时，许多同志对粮食工作的重要性还是有较深刻认识的，大家团结一致，渡过了灾难性的困难。直到党的十一届三中全会以后，粮食工作情况迅速好转。这十几年，是我国粮食工作发展最快、经验最丰富的时

* 这是白美清同志在中国粮食经济学会粮食工作经验研讨会上的发言要点。

期，粮食生产上了新的台阶，粮食流通进行了重大改革，成绩甚为显著。当然，新中国成立初期对粮食实行统购统销是必要的，有历史的作用。我自己当时也曾参加搞过这项工作，虽然也干过一些错事，但党和政府及时总结经验，纠正了错误的东西，又胜利地前进了。所以，总起来看，从长时期看，我国40多年来的粮食改革、粮食政策是成功的，当然也有曲折，也付出了代价。总结好这些经验教训，不仅有利于当前的工作，也有利于教育后代；不仅有利于中国，在某种意义上也可供国际上尤其是发展中国家借鉴。当然，我们现在的粮食工作还面临许多困难，特别是国有粮食企业在新的发展阶段面临许多困难，这是不可避免的，是新旧体制转换时期各种矛盾交错的反映，其中有些"老大难"问题，一直没有解决。有的已认识到了，有的还没有认识到。但是，只要我们在党中央、国务院的领导下，在地方各级党政领导下，动员全体职工，总结经验，统一认识，进一步深化改革，这些问题是可以解决的。出路还在于改革。

回顾40多年的粮食工作，大家在会上提出了许多好的看法和意见。现在我就指导思想、改革目标、工作方针、管理体制等方面讲些意见，抛砖引玉，供同志们参考。

充分认识新时期中国粮情的特殊重要性，建立健全国家粮食安全保障体系

根据多年来的实践经验，我认为，首先要解决对中国粮情的认识问题，要充分认识新时期中国粮食的特殊重要性，从而建立起中国粮食的安全保障体系，以适应新形势的需要，适应可持续发展战略的需要。40多年来粮食工作的经验证明，我们正确地认识了中国粮食的特殊重要性，就能够在粮食工作中建立起一整套适应形势需要的制度、方针、政策、办法，确保供应，稳定粮价，稳定市场。如果我们忽视中国粮食的特殊重要性，就会受挫折，工作中就会出现失误。

认识中国粮食的特殊重要性，一方面要从中国是一个人均资源较少、人口很多的大国来考虑。中国人均粮食占有量是很低的，低于世界平均水平。特别是在经济高速发展时期，粮食发展滞后的问题将会越来越突出。随着工业的高

速增长，粮食需求也将高速增长，其中包括人口的增长，特别是城市人口的高速增长，加上耕地占用也会高速增长，还有人民生活水平提高等因素，粮食需求必然大幅度上升。现在有很多材料都证明了这一点：口粮消费增长到一定程度可能会稳定在一定水平上，而肉禽蛋奶等副食品的消费量肯定会大幅度上升。我国 1993 年的人均消费量与 1978 年比较：粮食增长 20.6%，食油增长 293%，猪牛羊肉增长 140%，家禽增长 425%，鲜蛋增长 293%。我国农业生产和粮食生产的特点是，当工业生产高速上升，粮食需求高速增长时期，粮食生产则是低速增长，甚至出现徘徊。所以我们要注意工业高速增长而粮食生产是低速甚至徘徊这样一个问题。新中国成立以后我们的人均占有粮食数量是上升的，但也要看到，近几年我国粮食增长速度还低于人口增长的速度，出现了人均粮食占有量下降的局面，其中下降最多的是稻谷。所以，我们看中国粮食的特殊重要性，要看到中国粮食生产的不稳定性和中国粮食生产丰歉变化的周期性。中国粮食丰歉变化周期频率也在加快，过去是五年一次，从 1985 年到现在，已转变为大体上三年一次。由于粮食生产的增长速度低于工业生产的增长速度，尤其是粮食生产还有个不稳定性、周期性等问题，因此，中国的粮食只能是在偏紧中求平衡。丰年好一些，歉年紧一些。这就是事实。但中国完全能够解决自己的粮食问题，西方有的学者散布中国不能养活自己的论调，是完全错误的。中国绝不能走“四小龙”大量进口粮食的路子，也不能走某些资本主义国家牺牲农业来高速发展工业的路子，中国必须主要依靠自己解决粮食问题。特别是在新时期，工业发展很快，对粮食的需求增长很快，粮食问题更加显得突出。任何时候都不能谈中国粮食问题已经“过关”。中国粮食“过关论”和中国可以成为粮食出口大国论，以及中国粮食“过剩”论等，都是不符合实际情况的。我们一定要谨慎从事，宁肯留有余地，也不要唱高调，不要在粮食问题上“意气风发”。即使某些时候出现局部地方某个品种的暂时买卖难现象，采取措施就可以解决，也不能因此得出粮食“过关”、“过剩”等错误结论。

从国际情况来看，90 年代以来世界粮食生产也处于踏步不前的时期，总产量在 19 亿吨左右徘徊不前，而且 1994 ~ 1995 年周转库存下降到占消费量的 15% 左右，低于 17% ~ 18% 的安全线。国际上有些专家评论：“世界粮食已由周期性的过剩转为供应不足”。还有些评论说，“世界粮食的过剩状况已一去不复返。”从世界粮食情况看，我们可以利用国际市场，进行一些粮食进出口业务，特别是进行品种调换和补充储备，但回旋余地也不是很大。应该看到目前粮食问题已成为世界性的问题。1996 年 11 月，联合国粮农组织要召开世界粮食安全政府首脑会议，由过去专家级、部长级上升到政府首脑级，这不是无的放矢。

从中国粮食特殊重要性的命题出发，我认为应该吸取历史经验教训，形成理性认识，**把建立起国家粮食安全保障体系提到自觉的程度**，采取更加有力的措施。我认为关心国家未来的安全，粮食是其中一个重要问题，也是具有战略性的问题。过去有的领导同志说过，中国的米袋子不能拴在别人的腰带上，这是很深刻的。对粮食问题，任何时候都不能粗心大意，盲目乐观。建立国家粮食安全保障体系，包括。（1）生产保障体系；（2）流通保障体系；（3）储备保障体系；（4）财政、金融保障体系；（5）粮食服务的组织保障体系，等等。要作为一个系统工程认真加以研究。我认为，影响下个世纪我国安全的突出问题之一，就是粮食问题。所以，我们要自觉建立粮食安全保障体系。粮经学会和粮食经济学术界要研究一下建立粮食安全保障体系的制度和办法，探索一些规律。要研究我国的经验和各国的经验，不仅要得出一些理性概念，而且还要得出一些量的概念。就是要得出一些影响国家粮食安全的系数或者常数。比如在生产方面，粮食播种面积低于 16.5 亿亩就不行；到 2000 年，粮食总产量不得低于 4.9 亿 ~5 亿吨；粮食进出口量大体多少合适，等等。再比如我们粮食系统的总库存安全系数是多少？其中国家储备、地方储备是多少，政策性周转库存、商业性周转库存是多少，都要研究。中国的人口在增加，粮食总库存安全线过去提出 7500 万吨，以后又提过 9000 万吨，包括各种库存。现在到底应有多少？要得出一个科学的数据。还有粮食安全的保障系数，如粮食仓库容量需要多少。国际上发达国家的仓容是按总产量 1∶1，我们只有 1∶0.3。涉及这些安全系数，大家都要认真探讨，搞点数量经济学，摸索出粮食工作的系数、常数，把认识中国粮情落实到实际工作上，提到更加自觉的程度。

充分认识我国粮食这一具有战略意义的商品的特殊重要性，建立宏观调控下的社会主义市场经济新体制

中央领导同志多次指出，粮食是具有战略意义的特殊商品。我国 40 多年的经验证明，忽视粮食的商品性是不行的，是要吃亏的。忽视粮食也具有一般商品

的属性，就会采取错误的政策；同样根据历史经验，也决不能忽视粮食商品的特殊性，忽视中国粮食商品的特殊重要性，把粮食等同一般商品，也会在政策上造成失误，会出问题。我认为，确定粮食在中国是特殊重要商品，是建立社会主义粮食经济学的理论基石之一，很多认识问题都是在这个问题上派生的。粮食是商品，但不能忽视它的特殊重要性。在认识它是特殊重要商品的基础上，社会主义市场经济的目标模式就是：在国家宏观调控下，发挥市场机制的作用。也正是由于粮食商品具有特殊重要性，决定了国家对粮食商品的宏观调控力度比任何商品都要大。认识到粮食是特殊重要商品，也是经过了多次的反复曲折，是一个非常大的进步。

当然，宏观调控不等于计划调控，不等于行政调控，不能够画等号。宏观调控是以经济手段为主的调控，配合运用立法手段和行政手段等，但必须以经济手段为主。粮食上宏观调控的内容，最主要的一个，是粮食储备调节体系，并以金融、财政、税收作保证。下一步我们要讨论宏观调控的内容、办法，例如储备粮抛售是否可以通过市场？1993 年我们在南京开过粮食订货会议，之所以没有成功，主要是空对空，不是以经济手段作保证，而是以行政领导作保证，结果作用不大。如果当时专储粮在批发市场上抛售，可能效果会不一样。

粮食市场体系需要深入研究。我国现在有四种形式的市场：第一种是以现货零售为主的集市贸易。这种市场各地城乡都有，特点是产需直接见面，进行少量的零星的交易，调剂余缺。有的已形成小的粮食集市，有的是在大集市当中摆粮食摊位。对这种市场最主要的调控办法，是国家粮食企业要参与进去，起主导作用。第二种是以现货批发为主的粮食批发市场。南方经济发达的地方比较多，如浙江萧山的大米批发市场，江苏无锡米市，等等。这些市场是自然形成的粮食集散地，国家要加强管理，引导它向区域性市场发展。第三种是以现货与中远期合同相结合的省以上批发市场。这种市场现在处于冷清阶段，处于低潮，我建议对这种市场要加以研究，不要再盲目发展。这种批发市场，要增强服务功能，发展多种多样的服务形式，可以搞拍卖，也可以委托成交等，总之要守住阵地，不断探索。第四种是以期货为主的交易市场。目前期货市场的问题是：发展了过度投机的一面，而没有注意套期保值、发现价格的作用。当然，也有搞得比较好的。期货交易现在要强化管理，逐步规范化，着重搞套期保值，增加交割比重、控制过度投机，为搞好粮食流通服务。以上四种市场都还要通过实践不断探索，也可能还有新的形式出现，既然是市场经济，就要充分发挥市场的作用。主产区县以上批发市场怎么办？我认为也不要县县都办，不要再搞“有场无市”的事。各类市场必须以服务为宗旨，不以赚钱为目的，要坚持这一条，提高它的服务功能，增强辐射能力，逐步向规范化、法制化方向发展。

从粮食商品的特殊重要性出发，我们从事粮食工作的企业，也必须认识到我们既要注重经济效益，又要注重社会效益。经营粮食的企业，不论国营、集体、个体和其他经济成分，一律实行公平待遇，就是既要承担创造经济效益的任务，又都要承担社会效益的任务。比如说库存，为了社会的需要，大家都应保存一定数量的粮食，香港就规定所有粮食公司存两个月粮食（约占销量的20%）。既然是一律公平待遇，公私应一律平等，纳税也一律平等，贡献也一样，救灾都应参加。当然，宏观调控如何具体落实到企业，还要继续研究。

实行符合中国粮情的工作方针

由于我国是一个产粮大国，又是一个粮食不宽松的消费大国，地区间不平衡现象特别突出。沿海有不少地方已进入小康水平，但内地还有一些地方没有解决温饱问题。因此，总的来讲，在粮食上必须统筹兼顾，从全国一盘棋来考虑。推行各项改革、各项建设，必须坚持稳步推进的指导思想，着眼于全局，着眼于稳定。具体到粮食工作方针，我认为有以下几条：

（一）坚持以自力更生为主，利用国际市场为辅。解决中国粮食问题必须坚持自力更生为主，同时要利用国际市场。我们的基点要放在自力更生上，把粮食生产搞上去。要贯彻改革开放方针，把国内、国际两个市场联系起来。脱离国际粮食市场是不现实的，也不必要。正确地利用国际市场，可以起到辅助的作用。按照联合国粮农组织的规定，进口粮占产量5%左右就算自给。如果中国产量5亿吨，5%就是2500万吨，现在我国进口还没有达到这个数字，最多一年也只进口1800万～1900万吨，进口控制在一定数量，不致影响大局。所以，自力更生为主必须坚持，同时要利用国际市场，这里大有文章可做。中国要长期坚持进出结合、进大于出的方针，绝对的不出，绝对的不进，不一定有好处。同时，还可以利用国际市场价格落差，进行品种串换。如玉米可考虑北出南进。大豆，可考虑出口食用大豆，进口油料大豆。油脂可以出口花生油，进口棕榈油。储备粮也可以通过国际市场进行品种串换，达到增值的目的，这是经过实践证明的成功经验。

（二）粮食供应以国有粮食企业为主渠道，同时发挥多渠道的辅助作用。吃饭在中国是头等大事，国有经济必须起主渠道作用，如果供应上主要靠私营经济成分，就达不到宏观调控的目标，就谈不上社会主义市场经济。

（三）实行增产与节约并重的方针。在粮食问题上，要增产、节约并重。在粮食生产上，现在有“稳产增收”等提法，我认为还是不够的，应该提“增产增收”，要采取各种措施增产，同时要大力节约。现在对节约抓得不够，缺乏过硬的措施。节约粮食的潜力很大。据测算，粮食收获后的各种损失浪费占产量的18.1%。加拿大的专家推算，中国的粮食有1/4都损失浪费了，这有点极而言之，但确有很大的损失浪费。例如饮食上就有浪费。中国饮食消费只能是以植物蛋白为主，走节粮型的道路，而且要粗细搭配。但我们对这些方面宣传得很不够。现在不论南方北方，不分城市乡村，都要吃精米精面。吃大米要吃粳米，吃面粉要吃富强粉，洋人还吃点黑面粉、全麦粉，我们就不吃。据浙江省调查，大米年人均消费113.2公斤，占粮食总消费量的88%，其中粳米占47.1%，杂交米占43%，早籼米占8.4%，糯米占0.5%，进口米占0.7%，说明粳米、杂交米占到90%以上。过去孔老夫子说：“食不厌精”，有片面性。现在有些专家建议，将来吃配合米，解决早籼米的问题，实行粗细搭配，值得研究。中国的餐饮方式必须改革，现在浪费太多，宴请就摆上十几个菜，一大桌，外国专家说我们是穷摆阔，确实需要改革。对这些方面，粮经学会要研究一些办法，提一些建议，作一些宣传。还有个酿酒用粮问题，酒的消费惊人，白酒、米酒、啤酒，不堪重负。全国人均酒的消费量，1978年为2.57公斤，1992年增为12.94公斤，增长4倍多。有的喝啤酒还要搞比赛。过去一年酿酒用粮1000多万吨，现在已增达2000万吨。我认为，这些问题都要好好研究，要采取硬措施。饲料，也要搞节省粮食、转化率高的饲料。总之，中国必须大讲节约，粮食要节约，土地要节约，水要节约，要从小学生抓起。

（四）坚持扶持主产区、产销结合的方针。目前，这方面的问题还没有解决好，调出省越来越少，调入省越来越多。调出县也越来越少，特别是南方。从品种上看，能够调出的就是玉米，小麦调出就困难。大米丰年能调出一点，灾年调出也难。这方面还要探讨一些改革的办法。

建立健全适应市场经济的管理体制

要建立粮财结合、内外贸结合、中央统一管理与地方分级负责相结合的粮食管理体制。这就是我们的目标。

经过多年的实践证明，中国的粮食必须采取中央统一管理与地方分级负责相结合的管理体制。我认为，这一条原则要定下来，并充实“米袋子”省长负责制的内容。粮食问题事关宏观全局，必须坚持中央统一领导，中央必须掌握粮食的宏观调控权。我认为，中央要掌握的粮权主要有三个方面：一是国家储备粮的粮权；二是国家定购粮的粮权；三是粮食的进出口权。这几个方面从宏观上管住了，才能确保总量平衡，稳定粮食市场。在粮食问题上，下放容易上收难，分散容易集中难，很多事过去都搞过（如粮权下放到公社、民代国储等)，有过经验教训，所以以上三权必须集中在中央，以免放得过多，出现失控。当然，全部高度集中也行不通，如何适度要很好研究。在中央掌握住这三个权的同时，又必须发挥地方的积极性，地方也要分级负责。现在区域间的调剂未解决，交换未解决，完全按计划调拨也行不通，省内地县之间调定购粮也很困难，所以要采取中央掌握粮权与地方分级负责相结合。就中央来说，国家专储粮要实行集中统一管理，不然，调度不灵，指挥不动，容易出现失控现象。

另外，根据权责利相结合的原则，要考虑把内外贸结合起来，粮财结合起来，把担负市场供应的和计划分配结合起来，可以设想几个方案，进行研究，建立一个适合中国国情的粮食管理体制。从现在看，我们已经跟不上财政管理体制、外贸管理体制、计划管理体制、金融管理体制改革的变化了，出现了粮食管理体制改革滞后的问题。今后要善于抓住机遇，继续前进。

研究粮食供求规律，解决总供给与总需求的矛盾，掌握总量平衡，是稳定粮价、稳定市场的基础

根据40多年的经验，要做好粮食工作，必须研究粮食总供给与总需求的关系问题，掌握住总量平衡。而要做到粮食总量的综合平衡，必须坚持城乡统

筹兼顾的方针，做到农村不购过头粮，城市不脱销，灾区不断炊。党的十一届三中全会以前，我们曾犯过粮食高征购的错误，在人均产量不到300公斤的情况下，征购数量最多时曾占到产量的35%。以后经过实践，才逐步总结出征购量占产量25%比较合适这一经验。现在，粮食生产比那时已大大发展了，但粮食定购数量只占产量的百分之十几，加上市场收购部分，商品率也只在30%左右，做到了不购过头粮。加上城市不脱销，灾区不断炊，这三条现在都做到了，这是很好的经验。

当前，我国国民经济高速发展，工业调整发展，城市人口大量增加，肉禽蛋奶和白酒、啤酒等消费量大量增加，拉动了粮食需求高速增长。但粮食生产受各种因素的制约，增长是低速的，有时甚至徘徊，可能出现粮食生产相对滞后的问题。今后随着经济的高速发展，粮食生产滞后的问题可能还会越来越突出。在计划经济时期，许多消费品是采取定量供应的办法来控制的，现在不可能都采取这种办法了，所以要及时采取综合平衡方式，来掌握总量平衡。

粮食产量不仅要看单产，还要看总产，更要看人均占有数量。根据我国的实际情况，我认为，全国平均每人占有粮食数量如果保持在375~385公斤，大体上可以做到偏紧的平衡，低于375公斤就有市场波动的危险。粮食收购：每年国有企业要收购到9000万吨以上。粮食总库存也不能低于×××万吨。当出现低于这些经验数据的情况时，就要及时报警。当然，今后随着人口的增长，粮食消费水平的提高，这些数据也可能发生变化，应作调整。

解决粮食供需矛盾，我认为，要采取增加粮食有效供给、适当调节粮食消费、搞活粮食流通三大措施。

增加粮食有效供给。最根本的是发展国内粮食生产。要千方百计增产粮食，产区提高商品率，销区提高自给率。在调整粮食品种结构时，要注意增加人民群众需要的品种。要看到我国发展粮食生产的潜力，如东北地区、黄淮海平原、新疆地区等，发展粮食生产的潜力就很大。只要我们认真贯彻自力更生力主的方针，努力增产粮食，完全可以解决我国的粮食问题。当然，也要利用国际市场，把外贸粮食储备体系与国家专储粮结合起来，搞好进出口粮统一管理，充分利用进口粮调剂国内粮食品种，在总量平衡中起补充作用。

适当调节消费，或者说适当控制消费。我国人民群众的饮食习惯是以植物食品为主，动物蛋白虽然可以适当增加，但要坚持走节粮型的道路，要控制酒类（特别是白酒）消费的增长。我们粮食部门有责任带头节约粮食，要多想些节约粮食的措施、办法，经济的、行政的都应采用。

搞活粮食流通。这对于搞好总量平衡十分重要。在粮源较紧的情况下，只要调度得当，妥善安排，也能做到保证供应，不出问题。过去在这方面的经验很多，值得认真总结。巧妇难为无米之炊，但巧妇可为少米之炊。要反对粮食地区封锁，使粮食资源得到合理利用。

此外，我过去曾提出过：调整粮食结构不能过猛，粮食消费水平不能提得过高，粮食进出口不能出超（即出口大于进口），这三条对于保持粮食总量平衡，仍然具有重要作用。

运用价值规律，通过市场形成合理的价格，是粮食流通体制改革的关键

价值规律是客观经济规律，在粮食生产、流通、消费中起着十分重要的作用。40 多年来，我们在粮食工作中有遵循价值规律取得成功的经验；也有违背价值规律，对生产、消费、经营造成不良影响的教训。例如粮食收购价格，新中国成立初期还是比较合理的，问题出在以后，长期低价不动，挫伤了农民的积极性，粮食生产发展缓慢。直到党的十一届三中全会以后，这种状况才有根本性的转变。粮食销售价格，起码要顺加，购销价格之间要有合理差价。如果出现购销价格倒挂，就既不利于开展经营，也不利于节约粮食，还大量增加国家财政负担。从现在看，只有按价值规律办事，才能起到刺激生产、搞活经营、引导消费的作用。要研究粮食与其他产品的合理的比价关系，形成以粮食价格为中心的农产品价格体系。粮食价格不能过低，要保证粮农有合理的收入；但也不能过高，既要考虑消费者的负担，同时还要考虑与国际市场粮价相衔接。我的看法，粮食定购价要大体相当或略低于市价，让农民除了成本有利可图较为稳妥。定价方式以小步微调为好，不要一下子调得过猛，对各方面震动较大。要建立粮食价格管理、调节机制，当市场粮价过低时，国家实行保护价收购，防止谷贱伤农；当市场粮价过高时，政府要通过储备粮抛售以稳定粮价。同时，要建立一系列制度和办法，制定粮食价格中合理的季节差价，地区差价，购销差价，品种、品质差价等。从根本上来说，制定合理的价格政策，是完成国家粮食定购任务、确保供应的关键，也是真正解决财务挂账问题的重要举措。

研究粮食价格要注意粮食的生产成本和经营成本，要对税收、利率、金融等进行综合研究，同改善经营管理（如勤进快销，加快资金周转，降低经营费用等）而采取的诸多措施相配套。当前特别要大力抓好扭亏增盈、增收节支的工作。

以利农便民为宗旨，以市场为导向，以建立现代企业为目标，深化粮食企业改革，增加国有粮食企业的经济实力和竞争能力，这是保持主渠道作用的重要措施

目前，我国国有粮食企业单位约有 17 万个，固定资产已增达 700 多亿元，但多数是从计划经济模式中走过来的，与建立社会主义市场经济的要求很不适应，必须根据“两个根本转变”的精神，进行企业改革。从传统粮食业向现代粮食业转变，必然有一个调整、改组的过程。企业是市场的主体，只有把企业搞活了，市场也才能活跃起来。国有粮食企业改革，必须明确以利农便民为宗旨，粮食购、销、调、存、加工各项业务、经营活动，都要明确这一宗旨，摸索一些新的办法。例如：

粮食收购。国家粮食定购任务目前不能取消，但粮食收购工作要同粮食生产相结合，同农民相结合，粮站、粮管所要下伸到农户，一方面收购粮食；一方面为农民生产、生活服务。目前不少地方已经开展的“两代一换”，是同农民加强联系的一种好形式，但要充实内容，也可以“三代一换”，即代存代购代销，进行品种兑换，还可以代农民销售农产品，向农民供应生产、生活资料。看来，不和农民加强联系，不扎根于农村，粮食企业要发展是很困难的，供销社已经走在我们的前面了，我们要有危机感。在市场经济条件下，搞利益独占、想垄断一切是行不通的。我们在农村还可以创造多种形式的为农民服务的组织，如建立粮食合作社、粮食服务社等，特别是要搞好为种粮大户的服务工作，与他们形成利益共同体。总之，只有把为农民的服务工作搞好了，才能在服务工作中发展、壮大国有粮食部门自己。

粮食销售。要把救济性供应和保障性供应区别开来，把全民低价供应改为定向补贴。目前上海市已经开展定向补贴，这种办法很好，解决了城市困难户和大专院校学生的粮食供应问题。当前有些地方实行每人每月定量限价供应的

办法，作为临时过渡措施也是可以的。但要发展，逐步过渡。过去，城市粮店只卖生不卖熟，“两白一黄”，品种单调，这种经营方式现在是不行了。粮店要向便民连锁店发展。要既卖生又卖熟，尽量方便群众，光有粮食还不行，还要有各种各样的食品和居民日常生活需要的各种小百货。这是现代粮食业在供应方面的一种较好的经营方式。需要筹集一定资金，争取一些优惠政策，把分散的小粮店组织联网，建立配送中心，逐步做到几个统一，从而更好地为居民生活服务。

粮食调拨。目前调粮的问题仍很突出。因涉及产销区的经济利益，如果协调不好，无论粮食偏松、偏紧，计划调拨都有困难。看来，还要创造一些条件，研究一些办法，逐步解决这方面的问题。我认为，定购粮的计划调拨还不能丢，也可以通过市场，或者采取市场和交易会相结合的方法。专储粮除计划调拨外，也可以试验通过市场，可能效果还好一些。再有一点，对粮食流通、粮食调拨，不能搞封锁，谁封锁谁吃亏。前几年有些地方不准粮食出境，结果都遭受不同程度损失。我在河南商丘考察时，发现《地方志》上记载：春秋战国诸侯在商丘会盟，就有不要阻止粮食调出的规定。说明古人也懂得这个道理，不能搞行政性封锁。

粮食储存。仓库要面向社会，搞栈租制。粮食加工，要解决加工企业的机制问题，如建立激励机制、自我约束机制等。要适应市场需要，调整产品结构。此外，还有个“两条线运行”问题。政策性业务要管严、管紧，商业性经营要搞好、搞活。要大力发展多种经营，分流人员，但要注意防止盲目上马一些项目，形成重复建设。有条件的地方，可以搞一点科技含量高的项目。

在粮食企业改革工作中，还要注意发挥整体优势，切实加强横向经济联系，向大公司、大集团方向发展，从而改变粮食企业小而散的现状，增强经济实力和在市场上的竞争能力。方向是贸工农、科技、金融、外贸相结合。只要我们解放思想，措施得当，努力加强粮食行业的组织化程度，几年后即可见成效。这是国有粮食企业的希望所在。

以现代技术装备粮食行业，建立和完善全国性的粮油服务体系

在粮食流通和经营设施方面，经过40多年的努力，已经初步建立起较为

完整的粮油服务体系，对保证军需民食，安排好粮食市场，发挥了重要作用。但总的来看，多数设施简陋，数量不足，现代化程度很差，与当前粮食生产的发展和人民生活水平的提高不相适应，特别是与建立市场经济的需要不相适应。拿仓库来说，从清代、民国时期祠堂庙宇改建的仓库，到新中国成立后20世纪50年代新建仿苏式仓，文化大革命时代兴建的土圆仓，以及近几年新建的现代化仓库都有，许多仓房严重老化，技术装备很差。国外粮食产量与粮食仓容之比为1∶1，而我们是1∶0.3～0.4。我国东北是粮食主产区，但有的地方连一栋正式的粮食仓库都没有。我认为，粮食基础设施建设，包括仓库、加工设施、供应网点等，必须与粮食生产的发展相适应，与人民生活水平的提高相适应。为此，要努力建设好四个体系：一是仓储运输体系。要以港口库、骨干库为中心，实行江海联运、水陆联运、铁路公路联运，形成全国粮食的几大流通走廊（如东北、长江、京广、京九、陇海等），构成具有战略布局的中转、运输网络，从而增强国家宏观调控能力，为完成宏观调控任务起保证作用；二是建设好以骨干厂为中心、大中小型食品厂相结合的食品加工体系；三是城市以便民连锁店为中心，农村以粮站粮所为中心，建设好遍布城乡的粮食和食品销售服务网络；四是建设好粮油信息体系。

在利用现代技术装备粮食企业工作中，当前要特别注意以下三点：一是以散装、散运、散卸、散储为内容的储运方式的改革；二是以深加工、综合利用、高科技含量为内容的加工方式的改革；三是以微机管理为内容的粮食监测体系的改革。从这几方面进行改革，标志着现代粮食业的起步和向深层次的发展。

把发扬粮食系统优良传统和现代化建设结合起来，建设一支政治觉悟高、业务能力强的粮食职工队伍和稳定高效的粮食机构

粮食行业是与群众生活息息相关的行业，工作的好坏，对粮食生产也有很大的影响。所以，党和政府历来十分重视粮食工作和粮食职工队伍的建设。对这些方面，群众也很关注。40多年来，在党和政府培养下，粮食系统形成了自己的优良传统，这主要是：“求真务实，艰苦奋斗，改革创新，天下一家。”我这样概括是否合适，大家还可以研究。在改革开放过程中，我认为，这些优

良传统绝不能丢；要与建立市场经济体制结合起来，与现代化建设结合起来。这些传统核心是为人民服务。要通过我们的粮食工作，在农村，为农民发展生产、改善生活服务；在城市，为方便居民生活、改善居民生活服务。国有粮食企业目前在群众中还享有信誉，就是几十年来坚持为人民服务的结果。市场经济的大潮可以锻炼人，但有时也会淹没人。我们队伍中有些人不讲为人民服务了，只为一己私利盘算，经不起市场经济的考验，结果在市场经济的大潮中被淹没。这方面的案例，在全国粮食系统也是不少的。所以，我们一定要引以为戒，要强调为人民服务。

如何才能更好地为人民服务呢？在我们行业，我认为，要讲职业道德，讲企业精神，讲个人修养。公民要讲公民的修养，共产党员还要讲共产党员的修养。此外，还要加强业务学习，学习现代化知识和理论，在粮食系统中培养出一大批经营管理人才和企业家。有了这样一支好的过得硬的职工队伍，再加上从中央到地方有稳定的高效、精干的粮食机构，我们粮食系统将和过去 40 多年一样，在完成党中央、国务院交给我们的光荣任务，在保证军需民食、促进生产、引导消费、确保供应、稳定市场，以及救灾抢险、扶贫帮困等方面，继续做出应有的贡献。

依靠科学技术搞好“两个转变”*

（1996 年 7 月 18 日）

中国粮油学会成立以来，这是第一次召开的有地方粮油学会秘书长或学会负责同志参加的工作会议。学会工作是群众性的工作，为了“科技兴粮”，全国性的学会和地方学会应加强联系，密切合作，所以中国粮油学会召开这次联系工作会议。

这次会议主要内容是：传达中国科协“五大”精神，交流全国学会和地方学会工作情况和经验，研究加强合作，把粮油学会工作提高到一个新水平。

下面我讲讲贯彻依靠科学技术，搞好“两个转变”，做好粮油学会工作问题。

当前，粮食系统面临着光荣而艰巨的任务。八届全国人大四次会议通过了“九五”计划的 2010 年远景目标纲要，把实现经济体制和经济增长方式两个根本性转变和实施科教兴国战略、可持续发展战略作为实现我国跨世纪建设蓝图的关键措施。1996 年是“九五”计划实施的第一年，粮食工作面临着稳定市场，加速“两个转变”，做好各项工作的艰巨而光荣的任务。

粮食工作走向市场经济，有自身的特点，它是属于在宏观调控下的市场经济。推进粮食体制改革，涉及购、销、调、存、加工一系列环节的改革，粮食部门将按照中央的部署，面临快速发展的转变，即由粗放型经营向集约型经营的转变。现在的情况是：我国粮食经营管理手段相当落后，基本以人工为主。如国外比较发达的国家粮食运输以散装、散运为主，实现机械化作业（即散装、散运、散卸、散存），而我们还是以袋装为主。我们的传统主食品加工，还没有实现工业化，馒头生产线还没有成熟装备。收购、储藏、运输、加工尚处于落后的状态。经营粗放，管理人员多，国外一个上亿斤仓库几个人就管了，我们则有几百人，东北管亿斤以上大粮库有上千人，所以成本高，经济效益差。粮食系统要搞好“两个转变”，任务繁重而艰巨。

要实现“两个转变”，科技起到关键作用。特别重要的是要在粮食工作中

---

* 这是白美清同志任中国粮油学会理事长时在中国粮油学会第一次工作会议上的讲话。

增加科技含量。只有充分发挥科技第一生产力的作用，才能实现“两个转变”。它不仅是经营方式变化，手段也要变化，科技的作用特别重要。为此，我们应该认识到：①粮食商品是微利的特殊商品，粮食行业是微利的行业，这是社会主义粮食行业的本质特征。为了提高粮食部门的经济效益，这一点又决定了依靠科技是最根本的举措。粮食在产中、产后损失达 18.2%，这是粮经学会的典型调查得出的结果，国际上是14%左右，降低一个百分点就是500 万吨粮食。粮食加工方面，小机组和大的制粉设备比，出粉率低 1%~2%，如达到大的设备水平，每年节省粮食就是 100 万吨。多种经营潜力很大，但科技含量不高，目前各地搞的综合利用项目，科技含量高的不多。有的企业的科技意识很差，甚至搞出名牌连商标注册、商标是无形资产都不知道，无偿合资给了外商。②粮油是食品工业的基础原料，它关系到人民身体健康和民族的素质，必须懂得食品营养科学知识。例如，如何搞好粗细粮搭配，走“节粮型”食物构成和以“植物蛋白为主”的路。而现在的做法恰恰相反，面粉很精，有的还加增白剂；大豆、花生提了油就不去提蛋白；吃的油也是单一油种，调配成营养丰富、价值高的油不多，所以必须加强研究开发，增加科技含量。

粮食系统这支队伍政治素质好，抢险、救灾、扶贫表现都很突出，但文化与科技水平不高，有的地区还有不少“文盲加科盲”，要贯彻“科技兴粮”任务还十分艰巨。各级粮油学会要大力加强宣传，做好科学技术普及工作，提高广大粮食职工的文化科学水平。所以要发挥学会的桥梁和纽带作用，把粮食系统的科技工作者组织起来，为“科技兴粮”贡献力量。

这次中国粮油学会召开所属专业分会和各省市区粮油学会秘书长工作联系会议，贯彻全国科协“五大”会议精神，共商“科技兴粮”大计，希望大家畅所欲言，集中精力，把会开好。为了做好学会工作，我提几点要求：一是要建立健全组织。粮经学会的组织比较健全，希望各地也要把粮油学会的组织完善起来，以便更好地组织领导系统广大科技人员开展“科技兴粮”的各项活动。二是学会要抓好交流。各省市区每年都要选好一二个重点课题，组织研讨，向领导部门提出“科技兴粮”的具体建议。例如，减少粮食损失问题；“糙米进城”，改革稻谷流通与加工方式问题；推广“四散”问题；磷脂、脂肪酸开发利用问题等。三是要把《中国粮油学报》和各种专业性刊物办好，为不同层次的技术人员和企业管理人员、生产操作工人提供业务学习的材料，普及科技知识，提高行业的科学文化水平。

中国粮油学会已经成立十年了，要很好总结一下学会十年来的工作，肯定成绩，找出不足，通过深化改革，把学会工作推进一步。各地学会在艰苦条件下做了不少工作，请转达我的问候。并请各地厅局长们对学会的工作多多给予重视、支持和帮助。

在阿夫玛中国研讨会和第七届全体大会开幕式上的致辞

（1996 年 9 月 12 日）

尊敬的各位来宾、女士们、先生们：

今天阿夫玛①中国研讨会和第七届全体大会开幕，新老朋友欢聚一堂，我感到十分高兴。请允许我以本届阿夫玛主席的身份，并以中国粮食行业协会、中谷粮油集团的名义欢迎各位光临，感谢各位朋友给予阿夫玛和中国粮食行业的一贯支持。

阿夫玛自 1983 年 2 月成立以来，一直得到联合国粮农组织的大力支持。联合国粮农组织在 1983 ~ 1985 年任命其负责亚太地区食品安全和食品流通的经济学家负责阿夫玛的事务，并在随后继续给予技术和人员上的帮助，直到现在，阿夫玛仍然享受联合国粮农组织提供的办公和通信设施。

13 年来，阿夫玛一直致力于在食品流通和粮食安全方面进行培训和技术合作。在最初的 3 年中，阿夫玛的所有经费由联合国粮农组织负担，1986 ~ 1990 年的培训经费由联合国粮农组织和联合国开发计划署联合给予支持。1990 年后，所有阿夫玛的活动，除少数继续由联合国粮农组织资助外，主要由各成员国负担。这使得阿夫玛的活动遇到一定困难。但我们仍然成功地组织了 70 个地区级的培训班、研讨会、人员交流互访和考察。有 1500 多名高级经理人员和政策制定人员参加了上述活动。每年阿夫玛都要组织 4 ~ 6 个区域级的高级技术和管理人员的交流和互访培训。同时，每个季度，阿夫玛成员会收到有关食品流通及发展最新信息的通讯。

正如各位所了解的，阿夫玛的全体成员大会每两年召开一次，会上，我们一起回顾以往的工作成绩，审核费用支出状况并对以后两年的工作做出计划。第七届大会原计划于 1995 年在巴基斯坦举行，但由于某些客观原因推迟到今

① 阿夫玛（AFMA），是“亚太地区粮食流通机构联合会”英文缩写的中文音译，其英文全称为：Association of Food Marketing Agencies。

年在中国北京举行。在座的各位朋友中有参加过第六届阿夫玛全体大会的，想必对我们共同庆祝阿夫玛成立 10 周年的情景还记忆犹新。也就是在上一届大会上，我很荣幸地当选为阿夫玛的主席。在我 1993～1996 年任主席期间，得到了各个成员机构和各位朋友的大力支持，对此我深表感谢。

1993～1996 年的 3 年间，阿夫玛成功地组织了 12 个区域研讨会，完成了 3 个互访以及 2 个考察项目。约有 400 位高级食品流通人员参加了这些活动。同时，阿夫玛活动的质量也有较大的提高。在 1994～1995 年度，阿夫玛接受联合国粮农组织的委托，完成了名为“促进亚洲原中央计划经济国家食品流通改革”的技术合作项目。这个项目为期 18 个月，有柬埔寨、中国、老挝、蒙古国、缅甸和越南等 6 个国家的 140 位高级粮食流通管理人员参加了项目组织的各种培训活动。该项目得到了联合国粮农组织和参与国的一致称赞。我们希望项目中涉及的对粮食流通领域改革的建议，能对项目参加国起到积极的作用。阿夫玛对能协助联合国粮农组织完成这样重要的项目感到高兴，并且今后将继续在这方面进行努力。

尊敬的各位来宾：阿夫玛自成立以来，走过了漫长的道路。我们的成员从最初的 15 个增加到了 29 个，成员国也从 9 个增加到了 13 个。在上届全体大会到这届大会的 3 年间，我们又增加了 2 个新朋友。在这里，我以阿夫玛主席的身份，真诚欢迎我们的两位新朋友：印度国家园艺局和越南中央食品公司。同时，我希望能早日看到来自其他国家的新成员。

总结过去是为了能更好地展望将来。在过去的两年中，来自联合国粮农组织的资助大为减少，并且将会继续减少。这意味着，我们必须从自身努力，解决阿夫玛活动所需的经费。成立阿夫玛的初衷，是要使它成为一个经济上独立的组织。虽然到目前为止我们尚未能做到这一点，但大多数的阿夫玛成员都克服了不少困难，尽到了在本国主办会议的职责。中国作为阿夫玛组织的发起者之一，对于阿夫玛的所有活动一贯积极参加并尽可能地给予力所能及的支持。今后，我们将一如既往。但是中国作为发展中国家，自身的能力也有限，阿夫玛需要来自各方面的理解、支持和帮助。

尊敬的各位来宾，长期以来，阿夫玛的活动主要集中在食品流通和技术的信息交流上。现在是考虑如何拓展活动范围问题的时候了。希望在今后的几天里，各位能就此问题提出积极的建议。也许我们可以通过已经建立的关系，协助各成员国进行国际上的贸易。阿夫玛的机构对于我们发展彼此间的合作、互换技术信息和服务经验是非常有利的。我希望在这次全体大会上，我们能就此问题形成新的共识。

尊敬的各位来宾，目前中国正在深化粮食流通体制的改革，以便逐步建立起适应社会主义市场经济发展要求的宏观调控体系和企业运行机制。因此，我们需要吸取其他国家的先进经验。我真诚地欢迎各位到中国来参加阿夫玛全体会议和研讨会。我坚信，通过我们共同的努力，会使阿夫玛具有更光辉的前程。

谢谢大家。

一九九七年

促进贸工农一体化经营　提高粮食企业效益*

（1997 年 3 月 5 日）

深刻认识粮食贸工农一体化的重大意义

党中央、国务院十分重视贸工农一体化的问题，多次指示要“大力发展贸工农一体化经营”。江泽民同志在党的十五大报告中指出：“积极发展农业产业化经营，形成生产、加工、销售有机结合和相互相促进的机制，推进农业向商品化、专业化、现代化转变”。这些重要论述为我们指明了方向。从粮食工作来说，当前正处于世纪之交的关键时刻，粮食系统面临很好的发展机遇和严峻的挑战，担负着重要的历史任务。中央提出的实行贸工农一体化，是从全局、从战略和从长期考虑的一个带根本性的问题，对于搞好农业产业化，特别是对于粮食企业的改革，对整个国民经济的发展都具有重要意义。

——它是发展农业生产，活跃农村经济，增加农民收入的重要措施，是建立新型农、工、商关系的重要举措。农民问题、农业问题始终是我国的基本问题和国民经济的基础问题，新中国成立以后计划经济时期如此，进入市场经济的新时期也是如此。党中央总结了四十多年来特别是改革开放以来的经验，提出建议农工商一体化的构想，这样巩固和发展我们同农民的关系，巩固和发展农村和农业这个基础，这是关系国家长治久安的大事。

——它有利于推动贸、工、农协调发展，建立起新型的利益机制和运行机

* 这是白美清同志在中国粮食经济学会浙江杭州粮食贸工农一体化座谈会上的讲话。

制，从而保证国民经济的可持续发展。贸工农一体化，特别对以农产品为原料的工业和以农业为对象的支农工业的发展将有极大推动作用。轻工业和食品工业，多以农产品为原料，粮食是食品工业的主要原料。在发达国家，食品工业在国民生产总值中占第一或第二位。在中国，食品工业在1996年已经达到4700亿元，今年预计达到5000亿元，居国民经济各行业之首，而且这种趋势还在发展，可以说它是“朝阳工业”，对整个国民经济的发展都很有利。

——**从国有粮食部门来说，具有特别重要的意义**。它是粮食流通体制改革和粮食行业结构战略调整的重要组成部分，是关系新世纪粮食部门发展和命运的大事。通过贸工农一体化，改变过去生产与流通脱节的状况，建立新型的粮食购销关系，使粮食部门扎根于农村，适应大流通、大市场、大粮食新格局的需要，从而振兴粮食业。这是实现“两个根本转变”的关键一着。以实行粮食贸工农一体化为切入点或突破口，将带动整个粮食购销体制的深化改革，使粮食企业与农民结成利益共同体，对掌握粮源，更好地发挥主渠道作用，稳定粮食市场，提高企业经营管理水平都大有好处。正如有些代表所说，这是粮食系统的第二次创业。所以，它是农业产业化的发展趋势，是深化粮食流通体制改革，从传统粮食业向现代粮食业过渡的要求。从处于激烈竞争中的粮食系统来看，更具有重要性和紧迫性，因为这是关系粮食业的基础工作、扎根工作，这些工作抓好了、抓实了，粮食系统就在广阔的农村中生了根，就会在竞争中立于不败之地。对此绝不能有丝毫的忽视而贻误时机。要克服与我无关、消极等待的思想，克服当然当龙头的思想。贸工农一体化要求谁有实力谁当龙头，龙头绝不是自封的。粮食部门要积极行动起来，参加到粮食贸工农一体化的改革实践中去。

采取灵活多样的形式积极稳步地向规范化高层次推进

这次会上代表们的发言，反映出贸工农一体化在改革试点的实践中出现了丰富多彩、富有生机的各种形式，初步显示了它的生命力。贸、工、农一体化在全国粮食系统，像一切新事物一样，正在由简单向复杂、由松散向紧密、由低级向高级发展。

贸工农一体化组织正在中国大地上萌发出茁壮的新芽，需要我们扶持、完善、改进、提高，使之向规范化、高层次方向发展。从会议反应看，有多种形式。从龙头单位同农户的关系看，有四种形式：（1）公司加农户；（2）粮站（粮管所）加农户；（3）粮食专业合作社加农户；（4）粮食专业户协会加农户。这些形式因地制宜，各具特色。

龙头企业及其带动面也有多种形式。牵头的有国有粮食企业，也有其他行业的企业，并出现了跨行业、跨地区、跨所有制的新形式。贸工农一体化的内容也正在深化，从生产到流通，从产前到产后，从播种到收获、加工、销售，全过程的合作或部分合作也已出现，其深度广度都正在发展。

在一体化的组织程度上，也从购销业务上的合作，发展到资产的联合。实践中已产生几种形式：一是通过经济合同，在购销业务上联结，也就是代理制。如“两代一换”、“多代多换”，不涉及资产联结的形式，现在代农储存、代农加工已发展到代农销售，品种兑换已发展到用农业生产资料、生活资料等工业品兑换粮油。这种形式要坚持下去。二是采取资产经营联结方式的紧密型组织，在这次会上介绍的有三种形式：（1）股份制贸工农一体化企业；（2）股份合作制贸工农一体化企业；（3）集体性质的合作社贸工农一体化组织，以入股合作的形式把农户和粮食企业联结起来，经营范围是本社社员及其他农民的粮油产品和所需的生产、生活资料。投入的股金，既有粮食又有现金，实行按股分红。

以上贸工农一体化组织形式各具特色，各有千秋。究竟哪种最适合我国的情况，还有待实践检验。搞得好的一部分农村粮站（粮管所）和粮食公司，将来有可能成为农业社会化服务体系的核心，成为社会服务体系的重要组成部分。将来的农业社会化服务体系是向综合性经营发展，牵头的核心企业，可能是供销社、支农企业或粮食企业，也可能三家或多家联合。关键在于粮食企业要把自身搞好，有了实力，就有可能在服务体系中起龙头作用。搞不好，也可能被挤掉，失去主渠道地位。

目前，贸工农一体化组织，仍处于试点探索的阶段，各种形式还没有定型化、规范化。我们应当从中国处于社会主义初级阶段的实际出发，从各地的具体情况出发，采取灵活多样的形式，继续进行试验，可以同各种不同所有制进行联合，可以实行跨地区、跨部门的联合，按照“三个有利于”的原则，农民可以增产增收，粮食企业也有利可图，有经济效益和社会效益，就可以试验。但是，不要刮风，不要搞一窝蜂，不要揠苗助长。具备条件才能上，不具备条件就不要上。一是要有资源条件和有市场；二是农民自愿，有要求；三是企业的条件，要有经营设施、经营网络和经营人才。总之，要稳步前进，不断探索，逐步改进，日趋完善。

粮食系统在推行贸工农一体化中应注意的问题

当前，粮食部门面临着很好的机遇，要积极参加到贸工农一体化的行列中去，着重搞好试点，积累经验，打好基础，逐步发展。根据各地的经验，粮食部门在推动贸工农一体化工作中，要注意以下几个问题：

（一）着眼点要放在提高经济效益，发展生产力上。搞粮食贸工农一体化，是为了更好地促进生产，搞活流通，满足消费服务，不是搞形式，不是为了好看，赶时髦。所以一切要从实际出发，讲求经济效益，注意实际效果。要始终坚持为农民、为农业生产服务，不要挖农民一块，与农民争利。一切为了发展社会生产力，产生新的经济增量，创造新的经济效益。

（二）建立贸工农一体化组织，要与改制相结合，建立良好的利益联结机制和运行机制。

建立贸工农一体化组织，要按照利益共享，风险共担的原则，形成贸工农之间的利益共同体。

要重点抓好建立新的运行机制。不是把贸、工、农几家简单地捏在一起，而是要看新的运行机制和利益机制，只有这样，才能形成新的组织结构和经营机制，具有生机和活力，调动积极因素，把一体化组织抓好。

贸工农一体化组织，龙头企业是公司的，要向现代企业制度方向发展；龙头企业是合作性质的，要向真正群众性集体经济组织方向发展，特别是与农村集体组织相联合的要避免成为“官办”；与专业户、个体、私营经济联合的，要坚持国有经济的主体地位，同时要发挥各种经济成分的积极作用。

建立制度时，要注意把激励机制和约束机制结合起来，使经理（或主任）负责制和民主管理相结合，执行机构与监督机构相结合，为防止公有资产流失。同时还要建立风险机制。起点要高一些，这样才有利于贸工农一体化组织的长远发展。

（三）以市场为导向，不断增加一体化的广度与深度。粮食部门要突破与农民单纯的买卖粮食的局限，参加到贸工农一体化工作中去，可以与农民搞产后联合，也可以搞产前、产中、产后联合。与农民可以是贸农联系，进而向全过程联合，从生产资料（含种子）供应开始到产成品精深加工都联合，形成“一条龙”。要特别注意发展粮油及其转化产品的深度加工和综合利用，开创新名牌产品，保护老名牌产品，开发国内外市场，这是增值的重要环节，是提高经济效益的关键所在。为此，实行贸工农一体化，要与科技相结合，进行技术改造，实施科技兴粮战略，增加产品的科技含量，发挥科技的作用。

（四）建立农产品新的收购、储存、加工、销售服务网络，提高市场占有率，更好地为国家的宏观调控服务。就粮食行业来说，除了传统的购销关系外，要建立符合现代商业发展的新形式。如零售业的连锁，联购联销，分购联销，联购分销，代理制等。粮食部门在城乡的基层单位遍布全国，但很大的问题是有点无网。过去，站点是按行政区划设置的，是为当地购进供应服务的，缺乏横向联系，更没有上下贯通、纵横交错的网络。纵向上下之间、横向区域之间，都是靠行政指挥、计划调拨联系的。进入市场经济后，这种方式就不适应了。在实行贸工农一体化的过程中，要建立新型的购销网络，否则，有粮销不出去，更不能得到良好的效益。建立起新型的购销网络，既能更好地为生产者、消费者服务，搞活流通，提高经济效益，又能更好地为国家宏观调控服务。

（五）以龙头企业为基础，向规范化、连锁化、集团化方向前进，逐步形成一些大型企业集团，在市场中发挥骨干作用。

发展大型企业集团，不仅关系到粮食、农业和贸工农一体化发展，还关系到整个国民经济的发展。应当按照贸工农一体化的方向，深化粮食和其他农产品的购销体制改革，逐步形成以规模大、效益好的企业为龙头，连接生产、流通的产供销一条龙、贸工农一体化的企业集团，实行集团化的经营管理体制。国民经济各部门，包括粮食部门，拥有大型的企业集团的很少，不但在国内没有地位，在国际上也没有地位。国务院最近召开了全国大型企业集团试点工作会议，认为没有几十个大型企业集团，在国际市场竞争中就没有地位。目前，中国大型企业集团，在全世界500家大型企业中我国只有3家，一家是中国化工进出口总公司，一家是中国粮油进出口总公司，一家是中国银行，排位都在100位以后。原粮食系统的企业集团更排不上号。中谷集团是粮食系统最大的企业集团，已列入全国120家企业集团试点范围，但按净资产排序，仅为104

位，规模很小。粮食系统的企业大都是小型的，很分散，没有竞争力。在推行贸工农一体化过程中，各地粮食部门应注意培养一批大型企业集团，使它在一定的经济区域范围内或在某个方面起骨干作用。目前贸工农一体化正在发展，我们要及时总结经验、进行交流，使它能健康发展，逐步壮大。

把握历史机遇　完成历史任务

从现在到本世纪末的几年，是国民经济发展关键的几年，也是粮食部门发展很关键的几年，可以说是决定粮食系统前途和命运的重要时期。我们的重要历史任务，就是要把具有中国特色的粮食事业推向新世纪。我们既要确保全国的军需民食和宏观调控任务的完成，又要使国有粮食企业按自主经营、自负盈亏、自谋生路的方向发展；既要注重经济效益，又要注重社会效益；既要保护农民的利益，又要考虑社会的承受能力；既要满足进入小康水平人们的生活需求，又要满足中西部地区处于温饱线上人们的生活需要；既要执行国家宏观调控政策，又要减少财政补贴。所以，粮食和其他行业不同，任务很重，难点很多，在本世纪末，中国的粮食安全体系，包括生产、流通、消费，有很多问题需要解决，需要完善。我所说的安全体系，是指在自力更生原则下确保全国人民吃饭问题的安全，不是单纯安全保管粮食的概念。对这一重要问题，要始终予以重视，不要因为近一两年的丰收而放松，要冷静地看到：农业的周期性和脆弱性。

国外一些专家对中国未来粮食问题的研究，不断有所报道。如美国世界观察研究所所长莱斯特·布朗在1994年第四季度发表的《谁来养活中国?》一文预测：到2030年，中国粮食缺口为2.16亿吨到3.78亿吨，当然这是悲观论调。世界银行最近预测，2020年中国粮食缺口为6000万吨，虽然数字偏大，但也不是毫无根据，他们是按中国的消费水平和供应能力计算的。以上预测，我认为有两方面的问题：第一，对中国粮食的需求量估计过高，没有注意到中国粮食消费的不平衡性。他们是按照中国沿海、按台湾的消费水平和发展趋势计算的。中国沿海地区和城市的粮食消费水平高，农村和中西部地区消费水平并不高，用沿海发达地区的消费水平推算全国未来的粮食需求量，显然是估计偏高。第二，对中国粮食的生产水平估计偏低。在实行了农村联产承包责任制改革以后，加上科技兴农的威力逐步发挥，中国农业生产特别是粮食生产连上新台阶，粮食综合生产能力连上新水平，潜力非常大。我们完全有条件自力更生解决中国的吃饭问题，比如这几年粮食生产实现4.9亿吨甚至5亿吨，就是我们没有预见到的。某些外国学者看不见我们的农村改革调动起来的农民生产积极性和增产潜力，因而对未来粮食供给预测偏低。一方面对需求估计过高；另一方面，对供给又估计过低，所以预测的缺口就偏大。当然，中国粮食安全体系确实还有不少问题有待解决，不能掉以轻心。

党中央、国务院一再强调搞好粮食工作，是很正确的。下个世纪初进口多少粮食，现在还很难说。最近，国家计委、科委正在研究“2116”工程，就是到21世纪30年代我国人口增加到16亿时，粮食等农产品供给怎么办？要解决这些问题，除了粮食生产上新台阶外，供应体系也需解决，这个任务就落到国有粮食系统肩上了。为了迎接新世纪，粮食系统要根据党的十五大精神，从现在开始打好几个大战役：第一，要在粮食流通体制深化改革方面打好攻坚战，现已提上日程，不改革不行。第二，要在产业结构上进行战略性调整。可以说现在进入粮食行业结构调整的关键时期。第三，粮食部门要在技术进步、技术改造上打硬仗。现在经济、科技全球化的趋势在加强，新的技术革命突飞猛进，而粮食系统是从统购统销、短缺经济中走过来的，设备、技术相当落后，起点很低，与世界上粮食科技的发展不相适应，也与我国四化建设的进程不相适应，必须加快科技改造和技术进步的步伐。以上三大任务摆在粮食部门面前。要完成这些历史任务，就需要建立一个机制灵活、结构优化、技术先进的新型粮食服务体系，使粮食企业的整体素质得到提高。当前，粮食部门正处在一个转折时期，面临的困难，是新旧矛盾交错的表现，是转制前的阵痛，如亏损大、挂账多、人员多、包袱重，困难非常大。如何克服这些困难？路在改革，路在脚下。还是应当从深化改革、优化结构、科技进步入手，从本身建设着手。发展多种经营也是结构调整的内容之一。看了浙江省粮食部门多种经营展示会，证明这样一个观点：多种经营不是临时应急措施，而是长远的发展方向。将来，粮食系统必须向综合经营方向发展。国外单纯卖粮食的粮店很少。当前，我们粮食行业虽然十分困难，但是，这是前进中的困难，是可以克服的。特别是当前机遇很好，是历史性的、前所未有的机遇。主要表现在三个方面：

——在党的十五大精神的鼓舞下，随着国民经济的发展和经济体制改革的

深入，国家宏观经济环境将进一步改善。对治理国有企业包括国有粮食业的一系列改革措施将会出台，改革力度将会加大，这是最根本的有利时机。

——**粮食综合生产能力上了一个新台阶，粮食生产进入新的周期，粮食供求形势将发生新的变化**。由于1995年、1996年两年连续增产，现在是总量平衡有余，品种结构矛盾突出。我国人民的生活水平将不断提高，正在向小康生活水平迈进，粮食的供求形势，也会有新的变化，粮食需求不旺、市场疲软的状况将有所改变。粮食需求的增加将对粮食部门增加压力，同时也是推动力，推动粮食行业和食品工业向前发展。

——**随着我国进入世贸组织，国内国际两个粮食市场将更好地连接**。两种粮食资源的利用将更加发展，我国将形成全方位、多层次、宽领域的对外开放新格局，外贸独家垄断的情况将会结束。这对粮食系统实现内外结合是很好的机遇。

从以上三方面来看，可以说是前所未有的好机遇，只要我们在党的十五大精神指引下，在以江泽民同志为核心的党中央领导下，抓住机遇，深化改革，努力开拓，艰苦奋斗，就能够克服当前的困难，中国粮食行业就大有希望。

走向新世纪的中国粮食市场体系*

（1997 年 3 月 24 日）

尊敬的主席先生、女士们、先生们：

我非常荣幸地应邀出席在我们美丽、友好的邻邦尼泊尔举办的这次国际研讨会。作为上届阿夫玛的主席，我十分乐意参加阿夫玛的有关活动，极为欣慰地看到阿夫玛所取得的成就。我和我的同事衷心感谢东道主的热情接待和阿夫玛秘书处的周到安排。

阿夫玛自 1983 年 2 月成立以来，在联合国粮农组织的大力支持下，一直致力于亚洲国家在食品流通和粮食安全方面的技术合作，经验交流和业务培训，造福于亚洲亿万人民，为此进行了卓有成就的工作。我认为阿夫玛有个好传统，就是：参加阿夫玛的各有关国家的部门和组织，不论国家大小，不分成员贫富，都为了一个共同的目标——确保亚洲人民的粮食安全和食品供应、本着互相尊重、平等协商的精神，因而能达成共识，形成共同的行动。我期望这种好的精神和传统，能继续坚持并发扬光大。

下面请允许我就中国粮食市场体系的形成和发展作一发言，供各位参考。

从 1978 年以来，在邓小平建设有中国特色社会主义理论的指导下，中国结束了粮食的统购统销，推行了粮食流通体制的改革，从计划经济体制向社会主义市场经济体制迈进。半个世纪以来，中国成功地解决了 12 亿人口的吃饭问题。近两年，中国粮食生产连续获得丰收，1996 年粮食总产达到 4. 8 亿吨，超过了历史最高水平。事实再次证明，中国完全能够坚持自力更生的方针解决粮食供应问题。那种认为中国不能养活自己、要靠大量进口等悲观论调，是与事实不符的，是错误的。中国将继续对全球粮食安全、对国际粮食流通作出自己力所能及的贡献。

改革开放 18 年来，中国的粮食生产、流通、消费发生了重大的变化。随着中国粮食流通体制改革的深化，社会主义粮食市场体系正在逐步形成，并将以崭新的面貌，走向 21 世纪。现在，中国的粮食流通已经形成了多元化、多

* 这是白美清同志在阿夫玛举办的尼泊尔食品流通国际研讨会上的发言。

渠道、大流通、大市场的新格局。中国的国有粮食企业继续发挥着主渠道的作用，担负全社会粮食收购和销售的主要任务，掌握着70%左右的商品粮源，供应网点遍布城乡。除此以外，农民、商贩、私营企业、合资企业等多种经济成分已参加到粮食流通和加工行业，发挥着辅助和补充作用。经过前一段的实践，逐步形成为一个大中小市场结合、城乡市场结合、批发零售结合、现货期货结合的新型粮食体系。粮食关系国计民生，在中国这样一个人口众多、发展不平衡的国家，粮食具有特殊的重要性。因此，中国的粮食市场，是国家宏观调控下的市场体系，它以中心批发市场为龙头，以区域性批发市场为骨干，以众多的集贸零售市场为基础，以期货市场为纽带，构成了遍布城乡、方式多样的市场体系。

一、现货零售初级市场。主要是城乡的集贸市场，在全国有数万个之多，是城镇国有粮店以外的最多的零售交易场地，多种成分参与，产需直接见面，进行交换，调剂余缺。

二、区域性的现货批发市场。以物流为主，看货成交，价格面议，特点是小量批发，分布在物流的集散地，目前全国有上百个，有日益发展的趋势。

三、中心批发市场。这是以现货批发和中远期合同相结合的市场，以商流为主。这在全国已发展到20多个。它担负着大宗批发的任务，在产销区之间调齐余缺。有的还把市场交易和定期、不定期的粮食交易会结合进行，收到了较好的效果。

四、粮食商品期货交易所。以期货交易为主，初步起到了发现价格、套期保值和规避风险的作用，其中主要从事粮食期货交易的有郑州商品交易所、上海粮食商品交易所、大连商品交易所等3家。

以上各类市场都以服务为宗旨，以公开、公正、公平为原则，在活跃粮食流通，满足社会需求，促进粮食生产，引导粮食消费等方面发挥着积极的作用。目前存在的问题主要是规范化、法制化管理不够，我们正在通过深化改革，完善法制逐步加以解决。可以预料，一个较为完善、规范化的市场服务体系，将跨入新的世纪。

从我国的实践看，培育市场机制，建设市场体系的一个核心问题是价格问题。中国的经验证明，必须尊重价值规律，通过市场形成合理的价格体系，这样才有利于生产，有利于流通，有利于消费，这是粮食流通体制改革的关键。我国政府最近决定，要进一步完善价格机制，实行国家定购粮食的价格和市场价格的并轨，并探索建立粮食价格管理，调节机制的途径和办法。国家将加强对粮食的宏观调控，建立中央和地方的粮食储备体系和风险基金，以调控价格。同时，将建立粮价的“安全带”，当粮价过低时，国家实行保护价收购，防止谷贱伤农；当粮价暴涨时，确定最高限价，通过储备粮的抛售，平抑粮价，使粮价处在生产者有利可图、消费者能够承受，国家能够调控的安全状态，以利于社会的稳定和经济的发展。

在这次会上，各国代表作了有益的发言，相互交流了经验。中国与广大亚洲国家同属发展中国家，在粮食工作上我们面临着许多共同的问题，有着共同的语言，我们将从中国的实际出发，广泛吸取亚洲国家和其他国家在粮食工作中的先进经验，为解决中国的粮食问题，继续进行探索和改革。同时，我们也愿意为解决亚洲发展中国家的粮食问题尽我们的一点绵薄之力。

衷心祝愿这次国际研讨会取得圆满成功！

衷心祝愿阿夫玛发展壮大，取得更大成就！

谢谢大家。

粮食经济研究十年的回顾与体会*

（1997 年 6 月 17 日）

中国粮食经济学会成立于 1987 年，这次会议初步回顾了学会十年来走过的前进路程，交流学会工作的体会，提高了对学会今后开展工作的认识。这次会议既有行政领导的报告，又有省市学会会长的讲话；既有学者的专题发言，又有先进单位的经验介绍，内容比较丰富，讨论十分热烈，显示了粮食系统团结一致、战胜困难的坚定信心。现在，根据会议讨论的情况，我就下面三个问题讲些意见，供同志们参考。

粮食工作的新时期和新机遇

当前，粮食工作进入了一个新的阶段，就是从传统计划经济向社会主义市场经济转变，从粗放经营向集约经营发展的关键阶段。粮食工作的形势很好，集中表现在“三增加，一平稳”（即粮食生产、收购、库存增加，市场粮食价格平稳）。这说明多年来粮食紧缺的状况有了明显的改变，粮食工作已由注意抓总量平衡，发展到既要抓总量平衡，又要抓结构平衡，工作的难度加大。在新的形势下，还存在着极大的困难，集中表现为粮食系统亏损额大幅度上升，不少企业都出现了前所未有的亏损局面，有一些地方粮食职工下岗的情况也是过去少有的，比 1993 年全国各地基本放开了粮价和经营时更为困难。我同意这两天不少同志讲的意见，越是困难的时候，越要注意保持清醒的头脑，掌握当前改革和建设的发展主流、发展趋势。我对今后粮食系统的发展还是乐观的。因为我国的粮油食品行业还是一个新兴的产业，从它在国民经济当中所占的地位和比重看，将来会更加显示出它的重要性。我们一定要看到前景，看到发展方向。就当前来说，我认为更重要的是，我们要把握住机遇，把握住有利时机，通过深化改革，调动全体职工的积极性，去战胜困难，走出低谷。20

* 这是白美清同志在西安召开的全国粮食经济学会工作会议结束时的讲话。

世纪80年代到90年代初，粮食工作有过几次大的机遇。在党委和政府的领导下，粮食系统的职工抓住了这些机遇，战胜了种种困难，把粮食工作推向前进。例如，1984年粮食大丰收，1985年又大减产，我们及时吸取了经验教训，在1990年出现“卖粮难”时，在党中央、国务院的重视和领导下，采取了新的措施，建立了专项储备制度，以后又建立了粮食风险基金制度。同时，还抓紧了粮食流通设施的建设。这说明把握住了机遇，积极努力，知难而进，就能促进粮食工作向前发展。如果当时不抓住机遇，放松了上述三步建设，以后再来抓，就可能来不及了。当前，我们应看到粮食工作上出现了前所未有的具有历史性的机遇。这是本世纪末最后一次机遇，抓住了这次机遇，就会极大地增强粮食系统的经济实力，并对下个世纪的粮食工作产生重大影响。为什么说当前出现了历史性的罕见的机遇呢？我认为可以从以下四个方面说明：

（一）以党的十五大为新的起点，国民经济发展将有一个新的高潮。国有企业改革将进入一个新的阶段，国家对国有企业改革会陆续出台一系列宏观与微观相结合的政策措施，力度将超过以前。这将为国有企业包括国有粮食企业的发展创造较好的条件。

（二）以进入世贸组织为标志，我国开放程度将进入一个新的阶段。进入世贸组织之后，国际国内市场相结合相联系的程度更加紧密，国家经济的开放程度将比过去更加广泛。从粮食部门来看，多年渴望的粮食内外贸相结合实现的可能性加大。这将对全国粮食系统克服困难、缓解矛盾、改变面貌，起到极大的作用。

（三）以1995年、1996年的粮食产量为高峰，粮食综合生产能力上升到了一个新的水平。粮食生产进入新一轮的周期，粮食供求形势将发生新的变化。

（四）以1996年、1997年扭亏为转折，粮食流通体制改革和粮食企业的结构调整，将进入一个深入发展阶段。

从上述四个方面看，我认为这两三年粮食行业的工作至关重要，如果抓住机遇，深化改革，增强企业活力，我们的工作就主动；如果把前所未有的振兴粮食行业的良机错过，我们就会被动。前几年就有这样的经验教训。就当前来说，虽然困难很大，好几十万人下岗，粮食行业全面亏损，但要看到这一关非过不可，这是新体制产生前和企业结构调整时的阵痛，是难于避免的。各级粮经学会要协助行政，积极地出谋划策，变被动为主动，变压力为动力，把当前出现的良好机遇，变为前进的财富。谁认识得早，采取措施早，就会柳暗花明，走上坦途。许多实践经验都证明了这一点。

要掌握当前机遇，继续深化改革，路在何方？我认为路在改革，路在脚下，从自身改起。要少埋怨，多争取；少扯皮，多协商，积极采取深化改革措施。粮食行业要“外部争取政策，内部理顺关系”，工作重点要放在理顺内部关系上。就内部理顺关系来说，方向是按照现代企业制度进行改革，把具有活力的运行机制和监督机制相结合的改革搞好，以调动职工积极性。要积极分流人员，从事有市场有实效的多种经营。这样就能增强企业的经济实力和在市场上的竞争能力。只要沿着党中央、国务院指出的方向坚定不移地前进，转机就会较快到来，最困难的时期即将过去。

回顾学会十年的历程　加强粮食经济研究工作

中国粮食经济学会成立十年来，走过了曲折发展的道路。这十年，正是我国改革开放很关键的十年。粮食行业经历了从市场调节转向市场经济发展的阶段。到 1987 年学会成立时，粮食已宣布取消统购改成定购，以后又改为国家定购，到 1993 年放开。粮价也调整了好几次，有调购价的经验，也有调销价的经验。有计划指导的经验教训，也有粮食放开的经验教训。总之，这十年是走向市场经济的十年，也是加强宏观调控的十年，逐步形成宏观调控下的市场经济。回顾这十年，改革是一步一步地摸着石头过河、不断探索前进的，粮食部门做了大量的工作，工作内容十分丰富。其中，也包含了粮经学会做了很多细致的工作。例如当时（1992 年以前）在群众手里存有 250 多亿公斤粮票，如何处理就是一个很大的难题。当时粮票虽然名义上是无价证券，但城市居民常常私下把剩余的粮票拿到农贸市场上去换鸡蛋等日用杂品。有人建议每公斤国家用 0. 1 元或 0. 2 元钱买回来，这也是一笔很大的开支。粮经学会经过调查研究，建议采取逐步淡化、自然消亡的办法，结果国家没有花 1 分钱，到 1993 年 5 月以后全国各地基本放开了粮价和经营时，像布票一样，粮票也自然消亡了。市场建设也经历了一个发展过程，集市贸易、小批发市场、中心批发市场、期货市场等，在十年中都逐步发展起来了，有丰富的经验，也有深刻的教训。经过这一段的实践，粮食商品的特殊性，越来越为人们所认识。粮食工作的艰巨性，也越来越为社会所理解。我是从 1991 年起担任中国粮食经济学会会长的，到现在已六年了，作为学会的一员，回顾这十年，在粮食经济研究方面，我觉得超前性、理论性还不够，许多问题还没有上升到理性认识，规律性认识。所以，总结十年的经验，今后还要加强粮食经济研究工作，特别是要加强它的超前性、理论性的研究。至于如何加强粮食经济研究工作？我想讲以下几点意见：

（一）要高举邓小平建设中国特色的社会主义理论旗帜，这是学会研究工作的根本指针。邓小平同志建设有中国特色的社会主义理论，博大精深，内容非常丰富，是马列主义、毛泽东思想在新形势下的新发展。学会的研究工作，任何时候都不能偏离邓小平同志的理论，坚持一个中心两个基本点。我们还要进一步学习邓小平同志关于粮食工作的一系列指示，学会要专门研究一下，特别是要学会运用邓小平同志理论的精髓，即实事求是，去观察处理粮食工作的实际问题。我国的粮食工作大体经历了三个阶段：一是解放初期的自由市场经济，到 1953 年统购统销前，搞了二三年；二是 1953 ~ 1985 年，属于计划经济时期；三是以 1985 年取消统购为标志，逐步向市场经济过渡时期。对于这些不同的发展阶段，我们都要以邓小平建设有中国特色的社会主义理论作指导，来进行分析研究。方向是向市场经济发展，同时要注意宏观调控。要沿着邓小平同志指示的方向前进。对于当前存在的各种问题，想再统起来走回头路是不可能的，只有因势利导，进一步深化改革才能解决。总之，我们要按照邓小平同志的实事求是原则去考虑粮食经济方面的课题，不断地实践，认识，再实践，再认识，才能得出符合实际的、符合改革方向的结论。

（二）从中国的粮情出发，是粮食经济研究的根本出发点。我国是一个人多地少的国家，粮情的特点是人均占有粮食水平比较低，和小国不一样，和其他大国也不一样。大国当中，发达国家粮食有余，如美国、法国、加拿大。从人口特点看，只有印度和我们差不多，但印度的自然条件比我们好，人均耕地比我们多。我认为，从我国的粮情特点出发，必须建立我国粮食的安全体系。因为我国粮食生产有波动，减产二三百亿斤还可以维持，减四五百亿斤就会造成供求紧张。所以，在我国粮情问题上，要实事求是，要谨慎，决不能说大话，搞浮夸；要留有余地，不能留有缺口。同时，要研究粮食安全体系中的一系列系数、常数，比如要有多少储备粮，要建多少仓库，等等。

（三）为粮食的改革和发展服务，确保市场供应和价格平稳，是粮食经济

研究的根本目的。粮食行业是一个为人民群众服务的行业，粮食经济研究也是为这个事业服务的。我们要把确保军需民食，确保粮价波动幅度不要太大，作为头等重要的政治任务。既要重视微观经济效益，又要重视宏观经济效益。既要注意企业发展，又要注意安排好市场。总之，要把为农民服务和为城镇居民服务作为粮食企业的宗旨，任何时候都不要忘掉。

（四）探索价值规律等经济规律在粮食企业的作用和应用，是粮食经济研究的重点。经济规律是不以人们意志为转移的。粮食的生产、流通、消费是经济现象，必然受经济规律的支配和制约。从近几年的实践经验看，最重要的是价值规律，所以粮价改革也就成为粮食流通体制改革的关键。而价值规律又是非常复杂的问题，过去由于对它重视和研究不够，应用不当，粮食工作出现了许多问题，或是影响生产，或是影响消费和经营。今后我们在研究粮食方面经济规律的作用和表现形式时，要着重研究价值规律的作用，研究以粮价为中心的合理比价关系，建立合理的价格体系，以实现促进生产、指导消费、保证经营者有合理收入的目的。

（五）处理好粮食工作各方面的关系，促进粮食业的良性循环，是粮食经济研究的重大课题。我们从事粮食工作多年，总感到没有走上良性循环的路子。一会儿是买粮难，一会儿又卖粮难；一会儿又多得不得了，一会儿又变得非常紧缺；一会儿大量出口粮食，一会儿又大量进口。我从个人的经历中体会到处理好粮食工作的各方面关系，十分重要。比如宏观调控与微观搞活的关系；生产者、消费者、经营者三者之间的关系；产区与销区之间的关系；主渠道与多渠道之间的关系；国内市场与国际市场的关系等。这些问题，都有待于我们去探索，找到一些规律性的认识，从而促成粮食工作的良性循环。

（六）坚持老中青三结合，行政、企业、研究单位三结合，是粮食研究工作开创新局面的关键。开展粮经研究工作最重要的是要有人才，而三结合是出人才的最好形式。当然，研究课题要切合实际，拟出的方案比较经济合理，才能使研究工作出成果。在研究工作中，一定要集思广益，坚持“双百”方针和“三不”原则，这是行之有效的。当务之急是要着重培养粮食研究工作的后备力量。现在粮食行业的研究工作面临后继无人的处境，一些专家、学者年岁都偏大，粮食行业的声音反映不上去，或者不为社会所理解。所以，各地学会要把培养中青年干部作为一个关键工作来抓，培养出一批中青年专家、硕士、博士。我们粮食系统（包括企业）高智能人才太缺乏，知识面不宽。我们有几所高等院校，要培养出一大批学士、硕士、博士，甚至出几个院士。要支持院校把基础工作抓好。另外，还应逐步形成和建立粮食经济研究中心。

以上我讲了六点体会，目的是想推动粮食经济研究工作进一步开展，在新的十年里能够创造出更多的研究成果，培养出更多的研究人才。

在新形势下　进一步做好各级粮经学会的工作

十年来的工作实践证明，粮经学会是开展粮食经济研究工作的一支重要力量，是团结粮食行政、企事业、教学科研人员的民间学术团体，是联系广大粮食职工、学者的渠道和桥梁，起到了行政领导助手的作用。所以，我认为成立粮食经济学会是必要的，是要长期存在下去的。在当前新形势下，各粮经学会要振奋精神，继承和发扬粮食系统的优良传统，把学会的研究工作搞得更好，为粮食事业再立新功。在这次会议上，大家对学会工作提出了很多好的建议和意见，会后我们将加以研究和改进。

当前，粮食工作正处在承先启后的转折关头，粮食企业又处在困难时期。我们粮经学会的所有成员都要与广大粮食职工同甘苦，共患难，为克服当前存在的种种问题和困难献计献策，分忧解愁。关于学会今后的工作，我同意宋文仲①同志所作的工作报告，各地学会结合自己的实际加以补充。我再强调以下几点：

一是充实机构。即充实和健全各粮经学会。要利用最近民政部门进行清理整顿社团、重新登记的机会，对各粮经学会的工作进行一次研究，予以充实、达标。同志们回去后，可以向行政领导带个口信，说中国粮经学会、粮食系统的老干部都有这个意见：学会要争取达标。一般来说，政治上都可以过关，主要是物质条件上还有点问题，这要请行政领导上帮助解决。另外，人员要充实，还可以发展一批团体会员。市、县学会有条件的也可以成立起来。

二是认真搞好学习，进行知识更新。整个粮食系统都有个学习问题，粮经学会也要认真学习，并希望学会带头，在粮食系统带出一个爱好学习的好风气。除了政治学习、业务学习外，年轻干部要学习计算机，涉外的同志要学好外语。要扩大知识面，学习现代化的科学管理知识，学习金融、税收、经济

① 宋文仲，时任中国粮食经济学会副会长兼秘书长。

法、外汇、股票期货等方面的知识。学会还要协助行政办好各种培训班，以及上岗前的各种培训等。

三是把学术研究活动开展起来。这次会上有同志说，对学会来说，“有作为才有地位，有活动才有活力，有思路才有出路”。这几句话讲得很好，说明开展学术研究活动，对学会的存在至关重要。当然，研究课题要从实际出发，研究的成果要适应工作的需要。题目不要多，每年有一二个、二三个即可，研究得深一些。根据这次会议精神，各地结合自己的情况，修订工作要点，尽量结合实际，搞些学术研究活动。

四是培养人才。学会一定要注意发现人才，培养人才。平时要与研究单位、高等院校建立联系，为培养人才搞好协作。特别是要注意培养中青年干部，去高等院校进修、培训，甚至出国考察、培训。要为中青年人才培养开辟出一条道路。

粮经学会的工作是一个很清苦的工作，学会全体同仁继承先辈的优良传统，不计地位，不计报酬，一心一意为粮食事业的发展服务。当前粮食行业虽处在困难时期，但也锻炼了队伍。我们要力所能及地把学会工作做好，为粮食工作今后的发展作贡献。同时，还希望各级粮食行政部门加强对粮经学会的领导，帮助解决一些实际困难，使学会的工作能进一步取得成效。

中国粮食业世纪之交的根本出路与改革*

（1997 年 8 月 3 日）

进入“九五”以后，整个国民经济的情况发展很好，粮食工作的形势也很好，在连续两年大丰收的情况下，粮食工作出现了供求矛盾趋于缓和的新局面。这种供求矛盾趋于缓和的局面，历史上曾经出现过两次，我认为这是第三次。第一次是 1984 年大丰收以后，第二次是 1990 年大丰收以后。当然在新形势下也出现了不少新情况、新问题。党中央、国务院针对这些情况及时采取和将要采取一些措施，以巩固和发展当前粮食工作的大好形势，保护农民的生产积极性，缓解粮食企业的困难。特别是党的十五大不久将要召开，我国国民经济的发展和经济体制的改革都将进入一个新的阶段。从粮食工作来讲，也进入了一个改革、发展的新时期。不论改革的深度、广度、力度都将超过以前，做好这个时期的工作，关系到粮食工作的发展，关系到国有粮食部门的命运，关系到下个世纪粮食行业的前程。我们要充分认识新时期粮食工作担负任务的重要性和艰巨性，积极配合行政，支持企业搞好这一事关全局的重大改革。当前粮食工作有以下三个情况值得我们重视和注意。

粮食行业的改革进入了攻坚的阶段

粮食行业不仅要进行国有粮食企业本身改革，而且要进行一系列配套改革，这是当前改革的一个特点。最近，朱镕基副总理在辽宁视察时作了重要讲话，提出要用三年左右的时间，使大多数国有大中型亏损企业走出困境。这是国务院的重大部署。作为国有企业组成部分的粮食企业，当然不能例外。这一改革的任务是非常繁重和艰巨的。现在社会上越来越认识到由于粮食行业关系国计民生，社会性强，联系面广，单靠粮食企业本身改革显然是不够的，这一点现在比前几年的认识大大前进了一步，社会也认识到这一点，也同情和理解

* 这是白美清同志在甘肃兰州市召开的中国粮食行业协会一届二次理事会上的讲话。

粮食部门。由于有这样的特点，因此，它必然要进行配套改革，它是一个重大的社会系统工程。例如粮食流通体制改革，最关键的是价格改革。这在1994年国务院32号文件中已提出来了，这就不仅是粮食部门本身的事，而是涉及许多方面。国家要求近期内在这个问题上取得突破，不闯过这一关什么事情都不好办，于是粮价的改革提到了当前的议事日程。当然配套改革还远远不止如此，涉及财政、税收、金融等一系列重大改革的课题，“九五”期间必须有通盘的考虑。我认为配套改革中有很多难点，其中一个价格改革，一个粮食财务体制改革，这两个问题必须解决，不解决的话，仅就粮食问题解决问题是不行的。从全局来看，从宏观来看，必须通盘加以考虑。

粮食的产业结构调整进入了实质性阶段

在“九五”期间粮食行业不仅要进行流通体制改革，而且要进行产业结构的调整，也就是说必须把改革和调整结合起来进行，这就是一个新的特点。经过40多年，我国粮食行业进行了一系列的建设，粮食行业的产业结构、组织结构、产品结构等也到了非调整不可的时候，这一点必须引起全体粮食职工的重视，现在必须进行产业调整、组织的调整了。国有粮食企业发展到现在已经拥有十多万个企业，有几百亿元的固定资产，在保证军需民食、市场供应方面发挥了历史性的重要作用。我们一方面看到，过去粮食行业的建设，包括基本建设也好，技术改造也好，虽然取得很大成绩；另一方面也要看到粮食的基础设施和企业的装备基本上是按照行政区划保本地供应而建立的，其特点是小而全、小而散，低水平的重复建设多，科技含量很低，深度加工差，形不成规模经营，发挥不了整体优势，再加上粮食行业人多，机制不活，历史包袱重，这就造成了当前国有粮食企业困难的内在原因。党中央、国务院提出了调整企业组织结构、调整产业结构的问题，是非常适时的，再拖下去会更加被动。但是这次产业结构的调整和组织结构的调整是在改革当中进行的，不是单独有一个调整的阶段。因此，难度就更大。

过去我们国家曾经进行过几次大的调整，20世纪60年代进行过一次调整，还有就是1980年、1981年的一次。但是那两次我认为对粮食行业的触动并不大。这次产业结构的调整涉及面广、力度很大，可能是粮食系统迄今为止最大的一次调整，要动真格的，这一点还没有为粮食行业的大多数同志所认识，或者认识的深度还不够。同改革一样，国有粮食部门对调整这一关也必须过，谁能抓住时机，搞好调整，谁就能赢得主动，轻装前进。

稳定粮食市场进入了一个转折的阶段

这几年粮食生产上了一个新台阶，粮食的供求发生了新的变化。我们不仅要注意粮食供求的总量平衡，而且还要注意结构上的合理和平衡。随着人们生活水平的提高，产品结构上的供求平衡矛盾更加突出，粮食部门在稳定市场的工作中，不仅要注意保护粮食生产者的利益，而且要保护粮食消费者的利益；不仅要缓解卖粮难的问题，也要解决买粮难的问题；不仅要使粮价不要上涨过高，也要注意粮价过低、“谷贱伤农”的问题；不仅要完成国家的宏观调控，而且也要求粮食行业减少亏损，任务十分繁重。也就是说，如何稳定粮食市场，摆脱困境，走向良性循环，还需要我们努力去探索，去攻关，去求得解决。可以这样讲，粮食部门的良性循环现在还没有形成，一会儿卖难，一会儿买难，多了少了都忙，市场紧了松了也忙。特别是在大丰收的形势下，这几年供求矛盾虽然有所缓和，但在中国粮食问题并没有解决。粮食生产不是工业生产，而是有周期性的，它不会直线上升，它是会有波动的。我的看法粮食生产也进入了一个新的生产周期，粮食生产大概是六年左右一个大丰收，三年左右一个小波动，切不可掉以轻心。国家对这个问题是非常重视的，最近国家科委正在考虑粮食问题、考虑“2116 工程”，就是 21 世纪 16 亿人的吃饭问题，这绝不是无的放矢，而是一个有远见卓识的行动，说明粮食供求矛盾虽然有所缓和，仍然要看到它会有变化。稳定粮食市场、稳定粮价的任务仍然十分艰巨。国有粮食部门作为宏观调控的主要承担者，必须执行国家的政策、顺应国家宏观调控的方向运行，这是这几年得出的结论。20 世纪末是一个关键时期，必须为下个世纪的工作打好基础。我们不能老是在多了多了、少了少了那样“扭秧歌”，而是要总结经验，走上良性循环的路子，这是我们面临的重大课题，在新形势下必须要解决好。还必须看到，随着国家开放的进一步扩大，我们不仅要考虑国内市场，还要联系考虑与国际市场衔接的问题，以充分利用国际市场资源为国内市场服务。这个问题比任何时候更加突出，因为我国的经济开放程度已经跟国际经济相衔接、相挂钩。就粮食来说也同样要跟国际市场相联系、相挂钩，相互联系、挂钩的程度日益在加深，国内市场也受国际市场极大的影响。如果加入世贸组织之后，这个情况会更加突出，这也是我们在本世纪稳定国内市场、确保国内粮食市场供应需要考虑的一个重大问题。

从以上几个问题可以看出，处于世纪之交的粮食行业，任重而道远，任务确实是十分繁重，工作要求更高、更细、更严，如果不抓住有利时机，将会贻误大局。作为协会来说是和全国的粮食工作者同呼吸共命运的，协会也必须为此而承担应承担的责任，发挥协会应有的作用。

在当前大好的形势下，国有粮食部门纷纷反映，亏损在大幅度上升，经营十分困难，现在可以说亏损增长幅度之大，挂账幅度增加之快也是前所未有的。但这些困难，我认为是新旧体制交替、多种因素造成的，是前进中的困难，是新体制产生前的阵痛。对这种困难形势如何估计？前景如何？我认为前景是好的，是乐观的。6 月我在安徽省粮行业协会成立大会上说过："当前粮食行业的困难已到谷底，粮食价格已到低点。"上半年全国粮食系统已亏损 200 多亿元，下半年再亏损就没边了，还能这样亏损下去吗？还能像这样挂账下去吗？不可能的，国家会采取一系列措施，企业也会采取一系列措施，因此我估计粮食企业的困难已到谷底。所以只要我们粮食行业齐心协力，沿着党中央、国务院指示的方向前进，做好转化工作，困难就会变为顺利，我们面前的机遇就会变为现实。

我当时曾经讲过，粮食行业就像唐僧取经一样，要经过许多磨炼，路在何方？我说，路在脚下，路在改革。我们要充分利用当前极为有利的时机，对外争取政策，对内理顺关系，在自身改革和调整上下工夫，就可能比较快地走出低谷，迈上坦途，顺利实现从计划经济体制向市场经济体制的过渡，从粗放型向集约型的过渡。顺利实现两个过渡，关键在于抓住机遇，抓住机遇要在上面说的两方面做工作，着眼点要摆到内部理顺关系上。

粮食行业协会是在改革中应运而生的，这种新型的市场中介组织，在我国还没有成熟的经验。我们国家虽然在历史上出现过行会、同业公会这样的组织，我查阅了历史资料，在唐代出现过行会这样的组织，以后演变成会馆，晚清和民国初期出现过同业公会这样的组织，说起来都是初步的。由于中国长期处于封建社会或半封建半殖民地社会，市场经济发展很不成熟，所以在办好行会、协会方面缺乏系统的、成熟的经验。粮食行业协会是市场经济的产物，是随市场经济发展而发展的。从国内外的实践经验来看，协会工作的开展取决于四个条件：一是取决于市场经济发育的成熟度；二是取决于政府机构实行政企分开，转变职能的步伐；三是取决于企业在市场经济中发展需要的迫切性；四是取决于协会本身建设的程度和影响力的大小，因为企业要看协会是否具有群众性、服务性和公正性。我认为前三条是客观条件，后一条是协会本身的主观条件。还必须看到协会工作离不开大局，离不开大的环境，离不开国家经济改革这样一个大的环境和客观发展的需要性。

我们国家目前正处在社会主义的初级阶段，这是江总书记最近在中央党校讲话的一个主要内容。我们想问题、办事情都必须从这个实际出发，包括协会的工作也是如此。目前，我们协会正处在一个起步的时候，我们只能根据社会主义初级阶段这个情况，不能超越这个阶段，但也不能停滞不前。协会工作只能稳中求进，量力而行。我们不能够对协会期望过高、要求过急，当然也不能消极等待，畏缩不前。因此，协会的工作在指导思想上，这几年重点是建立组织机构，搞好双向服务。具体说是这样一句话：建立组织机构，搞好双向服务，培育行业精神，打好发展基础。

第一，要搞好组织机构建设。争取在今年下半年、明年上半年尽快把省市区级的协会建立起来，要使之具有群众性、服务性、公正性。群众性就是不仅是国有粮食部门的，还要覆盖非国有的粮食企业。对吸收会员问题大家提了很多好的意见，总的要求是要稳中求进，要着重吸收规模比较大、资信比较好、领导班子比较强的这样一些企业，包括一些民营企业参加，使我们的协会具有广泛的群众性。协会在配备领导班子当中一定要吸收当地粮食界的一些知名人士和有威望的人参加，这样协会才能树立起自己的形象，才能在将来有一定的权威。目前，我们组织上吸收各个方面的人参加，这是必要的。另外，绝大部分的省市由粮食局长担任会长，这也是必要的，也是目前必需的，也是有效的，将来逐步过渡。请各地抓紧时间把组织机构建立健全起来，逐步抓几项实事，逐步树立形象、树立威信，使之成为有信誉的、有一定群众性、有权威的一个社团组织，从而能够实施自律性社团组织的一些职能。

第二，搞好双向服务。协会的工作必须立足于为国家的宏观调控服务，为企业的发展服务。搞好服务，以服务取胜是协会工作的生命线，协会一定要加强与行政机构的联系，及时向行政反映企业的呼声，成为政府联系企业的桥梁。同时要维护企业的利益，成为企业一条反映情况的渠道，协会是和整个粮食行业联系在一起的，企业的困难就是协会的困难，企业的兴衰也关系到协会的兴衰。所以，我们一定要同企业一道克服当前的困难，要竭尽所能搞好服务。首先，要为宏观调控服务，为稳定市场服务，保护生产者利益和消费者利益；其次，要为企业的改革和强化管理服务，尽量采取措施，扭亏增盈。协会为此要出谋划策，搞好咨询服务，维护企业的合法权益；再次，协会要为企业的调整服务。这点我要强调一下，当前来说，职工困难比较多、下岗职工比较多，我们要为职工的减员增效过后的再就业工程服务，特别是要介绍一些好的经验，帮助企业找一些门路，为妥善地安排好职工的再就业多做工作。最近我到陕西省华阴县，这是个只有20多万人的小县，粮食部门有400多人，下岗了100多人。后来通过发展旅游，发展第三产业，还有沿黄河边去开荒，把下岗的100多人又招回来安置好。我们要提倡这样一种精神。我们要看到这次调整的力度是相当大的，各省当然程度不同。像东北粮食系统人多，一定要把人员安置好，协会要竭尽全力做好参谋。

在“双向服务”当中，要为企业发展横向经济联系、发展大公司和大集团服务。这个事情必须提到各省的议事日程，这是针对咱们粮食行业小而散的情况来说的。要发展粮食工作，就要大大加强横向联系。最近，国家对大企业大集团的地位提到了前所未有的高度，国家召开了大型企业集团试点工作会议，吴邦国同志代表国务院讲话，讲了大企业、大集团的四条重要作用：第一条讲大集团、大企业是国民经济的中坚。国有企业在国民经济中发挥主导作用，这种主导作用就实实在在地体现在大企业、大集团上。第二条讲大企业大集团是参与国际市场竞争的主力。一个国家国际上的竞争力主要不在于它的经济总量的大小，而在于它的大企业、大集团在世界市场上的竞争力，而且吴邦国副总理还讲，在不久的将来，如果我们能有十家、二十家有国际竞争力的大企业、大集团出现，我们就不仅是经济大国而且是经济强国，就会在世界经济格局中占有应有的地位。第三条讲大企业、大集团代表着我国经济发展的后劲。发展资金技术密集型的产业，仅靠小企业就不行了，新一代的支柱产业的发展只能主要由一批大企业、大集团来承担。因此，大企业、大集团是整个国民经济的龙头。第四条讲大企业、大集团是经济结构调整的主导力量。在社会主义市场经济条件下进行经济结构调整，要着力治散，这就需要一批有实力的大企业、大集团作为主体，通过市场机制让它们去兼并、收购、联合大量中小企业，尤其是一批困难企业，要实行优胜劣汰，使存量资产得到优化重组，以提高国民经济的整体素质。会上还提出了一个低成本扩张的战略。世界经济发展的历程表明，一个国家的经济发展到一定水平，必然会出现一批大企业、大集团。而大企业、大集团的成长，必将推动技术革命的加快、产业化协作的扩展、公司法人制度的形成、企业管理制度的创新、整个经济活动集约化的加速、市场体系发育程度的提高。所以，我们粮食行业协会要为粮食系统的横向经济联系、搞多种形式的联合，发展大企业、大集团服务，促进这方面的工作，使粮食行业的整体优势能够发展起来。联合当中注意把全国的粮食购销网络组织起来，进一步发挥作用，要形成全国灵活、高效的购销网络。现在的购销网络受条块的分割，很难发挥整体优势。1993 年全国各地在放开粮价和经营后，不少地方粮食部门都各奔前程，单兵作战，粮站、粮库、加工厂各自为政，出现了一段时间的矛盾，后来我们强调体系不能散，发挥了一定的作用，才把大家重新组织起来。所以，这点我们一定要有充分的认识，要为粮食行业的大企业、大集团的成长出谋划策，促进它发展，这是粮食系统的全局之所在，使粮食系统的整体优势和规模效益能够形成。

第三，我们粮食行业要始终不渝地抓行业精神和职业道德的教育，形成新的行风。我们国有粮食行业几十年来做了大量的工作，实践表明，粮食行业的职工队伍是可以信赖、有战斗力的队伍。但是我们也要看到在市场经济的冲击下，一部分的粮食企业和部分粮食职工素质下降，少数人员被金钱至上、唯利是图所腐蚀，出现了许多为粮食行业不能容忍的现象，坑害农民、坑害消费者、坑害同行的事件屡有发生。关于坑害同行的事我要讲一下。全国粮食是一家，但有的人到了具体利益时就丢掉了，调运的储备粮，各位去看一看，别说人家批评我们，我们看了都难受，都不好说，居然公开掺沙子、掺石头，什么麻袋片、砖头、瓦块统统往里面装，还有那个烂粮、陈粮、坏粮。调运储备粮，坏的调走，好粮给自己留下，这些现象过去是从来没有的。我们搞粮食工作这么多年了，很少发生这些事，现在是屡禁不绝，这就败坏了粮食部门的信誉，败坏了粮食行业的良好形象。因此，我们粮食行业协会应该强化行业精神和职业道德的教育，弘扬正气、塑造新人，这要作为我们一个刻不容缓的任务，也是我们持久坚持下去的任务，成为我们粮食系统的一个百年大计。

粮食行业在进行精神文明和职业道德教育当中，要倡导新的风尚，形成新的行风，我们协会一成立就是强调这点。在形成新的粮食行业风尚当中我认为起码要强调三点：

1. 要强调行业的服务精神。由于粮食行业是关系国计民生的，是经营特殊商品行业，关系到千家万户，关系到社会的稳定，关系到人民的健康。因此它一开始就是为人民的，国有粮食部门更应有一个货真价实、为人民服务的金字招牌。由于大家的共同努力，这个金字招牌一直到现在还保留着。这是我们最有效的无形资产，是我们的传家宝。我认为粮食的体制、组织机构、供应方式可以改变，有一个新陈代谢、长江后浪推前浪的问题，但是服务的精神不能变。粮食行业就是服务，一定要给从业人员上第一课，上岗培训之前就要讲。看看汉字的造型，“粮食”——经营米的人要有良心，质量要好，米良为粮；人良为食，好人才能去经营粮食。这应该成为粮食行业的座右铭。

2. 要强调诚信的精神。粮油产品是人民每天都离不开的，关系 12 亿人民身体健康的，绝不允许搞假冒伪劣，一定要货真价实，价格公平、秤准量足。捞一把的思想是错误的，不可能发展起来。

3. 要强调艰苦奋斗的精神。粮食行业是靠艰苦创业起家的，河北玉田粮库就有“宁流千滴汗，不坏一粒粮”的光荣传统。我到江西瑞金中央苏区旧址看，粮食部的办公院很简陋，很朴实。协会要在当地党委和行政的领导支持下，采取多种生动有效的方式，有针对性地进行教育，以树立行业的新风尚。最重要的是在改革过程当中，把现代化的教育和传统教育结合起来，要学习西方先进的东西，但不能学那些腐朽的东西，要把中华民族和中国共产党的光荣传统，粮食行业好的作风和传统，继承和发扬下去，与现代化的进程结合进行。事实上中国几千年来的经商传统、经营粮食的传统有很多是值得继承和发扬的。中国历史就讲究商儒结合，取之有道，用之以德，以诚待人，以信接物，以义为利，当然其中有局限性；所以我们要充实内容，继承和发扬。中国粮食行业协会成立后的第一件大事就是到井冈山、瑞金参观，制定了中国粮食行业协会的“经营服务公约”，目的就是强调好的风气。我们协会就是要表扬先进，鞭策落后，涵育正气，塑造新人。要结合各地的实际情况，不停顿地进行教育，如上海搞的规范企业服务试点，北京搞的信得过、达标企业等，这都是教育的好形式。粮食行业协会应该为新的行风的形成大叫大喊！持之以恒地把工作进行下去，目标是把粮食行业的新风尚普及到全行业中去，包括非国有成分的粮食企业，要着眼于塑造新一代的粮食工作者，树立新形象，希望各地做一些摸索。

一九九八年

以深化改革和战略调整的新步伐迎接粮食工作的新世纪*

（1998 年 4 月 21 日）

这次粮食企业改革研讨班是在粮食工作处于关键时刻举办的。目前全国上下正在认真贯彻党的十五大和九届全国人大一次会议精神，解放思想，扎实工作，克服困难，奋勇前进，以新的步伐和新的面貌跨入新的世纪。粮食战线和全国各条战线一样，正面临着一个空前的大好形势，也遇到了前所未有的新问题和新困难。处在这样一个关键时刻，需要我们坐下来冷静地回顾过去，总结经验，展望未来，研究对策。这是有益的和必要的。有的学者认为，当前是全国第三次思想解放，而每次思想解放又必然会带来经济上的腾飞。粮食战线的又一次思想解放，也必然会促进粮食行业的进一步发展。下面我就粮食工作迎接新世纪的任务、对策和思想作一些探索，供大家参考。

处于世纪之交的粮食业面临新的任务

处于世纪之交的今后两三年，是我们国家发展的关键时期，也是粮食行业发展的至关重要的时期。粮食行业是国民经济的支柱产业，它的发展是与整个国民经济的发展密不可分的，观察粮食行业的形势和走向，离不开国民经济的

---

* 这是白美清同志在山东泰安市中国粮食经济学会举办的粮食企业改革研讨班上的发言。

全局，离不开改革、开放的总格局，也离不开与国际市场的联系。观察这一问题，我认为有几个特点值得注意：

——**世界经济全球化的趋势在加强**。我国经济与世界经济、国内市场与国际市场的联系日趋紧密，相互依存度不断增加。展望今后几年，这一段虽然有东南亚金融危机的不可低估的影响，但据联合国有关机构的分析，1996～1997年，世界经济平均增长速度在3%以上，美国经济增长幅度高达3.8%，成为9年来最高的增幅。欧盟将在1999年1月正式启动欧元，它将推动欧洲经济的复苏。在东亚，中国的经济一枝独秀，今年仍将保持8%的增长率。特别是不久的将来，随着中国加入世贸组织，将进一步加强与世界经济和贸易的联系。对粮食行业来说，完全可以在自力更生的基础上，充分利用两个市场、两种资源，扩展进出口贸易，有进有出，调节品种，提高效益，为我所用。

——**我国国民经济将保持持续、快速、健康发展的好势头**。在控制通胀的基础上，保持8%左右的增长速度。国家正采取扩大内需的方针，刺激经济的发展。随着人民生活向小康过渡，城乡居民生活的恩格尔系数不断降低，已由1983年的59.3%，降到1996年的50.8%，在城市已下降到46.4%（恩格尔系数低于50%是小康标准）。特别是食品工业快速发展，1996年产值高达5700亿元，居各行业之首。专家预计到2000年，将上升到7000亿元，年增长率在11%以上，将超过国民经济的增长速度。

——**粮食生产上了一个新台阶**。连续两年粮食总产突破4.9亿吨。粮价平稳，出现了多年未有的买方市场，尽管是结构性的、阶段性的，但的确表明粮食综合生产能力大大提高了，加上粮食储备制度和风险基金的建立，粮食库存打破历史最高纪录，这些都为今后解决粮食总量平衡，保持粮价稳定，奠定了坚实基础。

——**粮食商品化、经营市场化的程度进一步提高**。粮食宏观调控进一步加强，多种经济成分、多条流通渠道的竞争空前激烈，推动着国有粮食企业的改革和发展。国有粮食企业必须依靠自身的努力，面向市场，占领市场，否则就会有丧失阵地、丢掉主导作用的危险。

以上几方面，表明今后发展的趋势从总体上看是有利的，粮食行业前景很好。但是也要看到不足和困难：一是要看到农业基础的脆弱性和粮食生产的周期性；二是要看到宏观调控的加强，特别是金融改革的深化，也可能对粮食部门带来一些影响（主要是资金不到位、贷款不落实等）；三是要看到国有粮食部门自身的弱点、缺点和不足，特别是要看到粮食部门是从长时期的计划经济中走出来的，面对市场经济有先天不足的弱点。所以，一定要把着眼点放在增强企业自身的综合实力上。

目前，粮食部门遇到的困难，是新旧体制、新旧矛盾交错的综合反映。解决这些矛盾和问题，出路在改革。要按照十五大有关精神，坚定不移地推进粮食流通体制改革，舍此别无出路。这两三年是决定今后粮食行业命运和发展的重要时期，今年是政府换届后的第一年，面临着“两改一调整”的新任务，即改革粮食流通体制，改革粮食行政机构和进行粮食产业结构的战略调整。

（一）深化粮食流通体制改革，这是当前五大改革的第一位。国务院已经确定，要实行“四分开一完善”的改革措施：理清粮食流通领域的政府行为与企业行为，实现政企分开；完善中央和地方两级储备制度，实现储备与经营分开；合理划分粮食事权，实现中央与地方责任分开；妥善解决粮食亏损的消化问题，实现新老挂账分开；完善价格机制，实现价格主要由市场供求决定，粮食企业按市场规则经营粮食的改革目标，并为保护生产者和消费者的利益，制定收购保护价和销售限价。

这次粮食流通体制改革，是近几年粮改的继续、深化和完善。我体会这一改革的主要精神是：强化宏观调控，加重地方责任，推动企业转变，实现扭亏增盈。正如朱镕基总理指出的：“改革的方向只能是把粮食企业完全交给地方统筹管理。今后要分清中央和地方的职责，不能再吃大锅饭”。这项改革是个系统工程，国务院将作出部署，我们要以积极的态度，扎实的步伐，认真贯彻执行。

（二）实施粮食行政机构改革。根据党的十五大和九届全国人大一次会议的精神，这次政府机构改革的目标是要建立办事高效、运转协调、行为规范的政府行政管理体系，完善国家公务员制度，建立高素质的专业化行政管理队伍，逐步建立适应社会主义市场经济体制的有中国特色的行政管理体制。根据全国人大的决定，国内贸易部已经撤销，国家粮食储备局改为国家发展计划委员会管理的国家局。今后要把政府职能切实转到宏观调控、社会管理和公共服务方面来，把生产、经营的权力真正交给企业。中央国家机构改革以后，地方的粮食行政部门也将陆续进行改革。

（三）实施粮食业的产业结构调整。这是粮食业的战略调整。这个问题我们还认识不足，下面准备专题讲一下。

面对以上新形势，我们必须把粮食工作的重点尽快转到深化改革、优化结构上来。不能消极埋怨，而要积极进取，面对现实，做好工作，打好基础，迎接新世纪的到来。

认真搞好粮食行业的战略调整

进入社会主义市场经济以后，特别是近几年粮食行业遇到了新的困难，这绝不是偶然的。既有机制不活、体制不顺的因素，也有粮食业的结构不合理等方面的问题。粮食行业从新中国成立以来将近半个世纪，现在也到了非调整不可的时候了。否则，粮食业特别是国有粮食部门，就难以生存，更谈不上发展。党中央、国务院及时提出要对产业结构进行战略性调整，使我国的产业结构、产品结构、企业组织结构更加优化，这对我们粮食行业来说，更为迫切，更为重要。我们必须充分认识这一战略调整的必要性和紧迫性。

回顾历史，新中国成立初，为了保证军需民食，建立起的一整套粮食服务体系，是在计划经济、短缺经济的基础上组建的。统购统销，是以保证本地区供应为主的，购、销、调、存、加工都是围绕着为本地的定量供应服务。从中央到地方就是保粮食定量，生产什么，就收购什么；收购什么，就供应什么，逢年过节增加一些品种，就勉强对付过去了，这些做法当时是非常必要的，起到了历史性的作用。但那时的粮食是低水平、低产量，经常处于紧张状态，消费也是低标准。在短缺经济条件下，只能靠定量，靠发票证。

现在发生了根本性的变化，从计划经济转到市场经济，从卖方市场转向买方市场，供求缓和了，而粮食部门和企业却感到办法不多了。粮食系统销量下降、成本上升、人员偏多、亏损大幅增加，这不仅仅是粮食供求情况发生了变化，而且还有粮食系统的机制不活，结构不合理，急待调整等深层次的原因。应当看到现在粮食行业结构上的矛盾很突出，粮食行业的结构调整又滞后于其他行业。历史上我国国民经济曾进行过几次大的调整。第一次，1960～1962年，措施是关、停、并、转，从城市、从工业压缩1000多万人回农村。第二次，党的十一届三中全会后的1980～1982年，国民经济进行大调整。这两次调整，粮食系统都没有触动。如今是第三次调整，这一“关”我们非过不可。这次调整的深度、广度、力度都超过以往，其性质不是短缺时期的填平补齐，而是较高层次上的调整，是结构升级型的调整，是适应市场经济买方市场形势下的调整，其内涵更丰富，工作难度更大。粮食行业如不主动调整，在竞争中就会被淘汰。粮食行业从统购统销中走过来，起点低，只保地区供应，产业、产品雷同，初级产品居多，科技含量低，长期供应“两白一黄”、馒头、大饼，高科技产品很少，因此，结构性矛盾十分突出。没有规模经营，没有高科技及附加值高的产业产品，就不会有规模效益。全国粮食系统十几万个基层单位，几百亿元固定资产，小而散，矛盾突出，进入买方市场很不适应。要解决以上问题，必须进行战略性调整，把优化粮食产业结构提到议事日程上来。

结构调整大体上有四方面内容：

1. 粮食行业内部结构的调整。购、销、调、存、加工各个环节不适应、脱节的地方都需要进行调整。购的矛盾是和农民的关系，收购单位要向贸工农一体化方向发展。粮食加工能力过剩，而仓储能力不足。国外粮食产量和仓储能力的比例是1：1，我们是1：0.35，现代化粮仓更少。运输以袋装为主，抛撒浪费严重，现代化散运很少。加工厂重复建设多，骨干项目很少，深加工、综合利用的更少。此外，还有布局上的调整问题。做好行业的战略布局调整，要从经济区划着眼，在全国一盘棋的指导下，使区域内的粮食生产、流通配置合理。

2. 粮食企业组织结构的调整。现在企业是小而散，各自为战，形不成规模。全国粮食系统都是按地区组建的，没有特大型集团。国际知名的大粮商美国嘉吉公司在阿根廷的植物油厂日处理7500吨大豆，每年加工大豆二三百万吨。印度也有日处理1500吨稻谷的米厂。我们这方面差距很大，要向大公司、大集团方向发展，按现代企业制度以资产为纽带，市场为导向，进行调整、改组、兼并、改造。要发展一批大企业，巩固提高大批中小企业，“抓大放小”，“以大带小”，“以小促大”，形成“大而强”，“小而专”。大型企业可能是粮食部门的希望所在。谁成为起龙头作用的大型企业，不能靠指定组合，也不能自封，而要通过市场竞争和通过经济联系逐步形成。

3. 粮食产品结构的调整。我们现在的产品仍以粗加工为主，科技含量很低，缺乏名牌，更缺乏覆盖面广的名牌。老字号也丢掉了，新的又各自为政。我们要考虑到进入知识经济时代的新形势，一定要重视产品开发，特别是要重视产品开发与科技相结合，在生化药品、油脂化学、谷物化学等方面，都值得下功夫去抓，潜力很大。要从技术进步、结构优化的要求去考虑调整，才会有适应市场的能力，对群众的需求，才能从量的满足转变到多层次、多形式、多方面的满足，得到质的提高。这样，企业在市场竞争中才能立于不败之地。

4. 人员结构的调整。目前，全国粮食系统有300多万正式职工，加上临时工、合同工、离退休人员等，将近500万人。这样一支庞大的队伍，靠经营初级产品、粗加工是难以维持的。由于历史的种种原因，在我们的队伍中，政治素质是不错的，但文化素质、业务水平并不高。现在，不仅有个下岗分流、减员增效的任务，而且要适应市场经济的需要，培养吸收高素质的经营、管理、财务、金融、外贸、法律等方面的专门人才，需要进行人员结构的调整。关键是要提高人员的整体素质，思想境界要高，业务技术也要精。这是关系企业今后发展的根本大计，因为一切都取决于是否有人才。

以上四个方面的调整，任务都非常艰巨，我们在实施时既要积极，又要稳妥；既要看到困难，又要看到有利条件，早调整，早主动。如果迟疑不动，必将造成严重后果。总之，这一“关”是非过不可的。

立足于搞好粮食企业自身的改革

党中央、国务院提出，要用三年时间，使全国大多数国有企业摆脱困境。这当然也包括国有粮食企业在内。粮食企业如何摆脱困境？我认为既要从宏观上着手，又要从微观上下工夫。从企业来说，更重要的是要搞好自身的改革。粮食系统有十几万个基层单位，搞好搞活这些基层单位，是粮食行业的根本，是粮食工作的基本建设，是今后粮食行业发展的基础。只要企业——粮食系统的基层细胞搞好了，有了生机和活力，就能应对任何复杂的情况，在竞争中立于不败之地。这几年随着宏观调控的加强和宏观环境的改善，我们更要把立足点放在搞好搞活企业上。怨天尤人没有用，观望等待无作为。这几年要下定决心，把智慧和干劲用在搞好企业自身改革上，把基础夯实。

根据党的十五大精神，我认为搞好搞活企业，要做好以下几方面的工作：

（一）以建立现代企业制度为方向，切实转换企业经营机制。要按照“产权清晰、权责明确、政企分开、管理科学”的要求，对国有粮食企业特别是大中型企业实行规范化的公司制改革，使企业成为适应市场的法人实体和竞争主体。根据改革、开放以来的经验，一是要解决产权制度改革问题，二是要解决企业的科学管理体制问题。

关于产权制度改革，要按照党的十五大精神，抓大放小，采取灵活多样的形式，加快改革步伐。要认真搞清楚股份制、股份合作制的内涵，不要乱贴标签。不要刮风，搞一刀切，要从实际出发，经过试点，逐步推广。在抓大放小过程中，要保骨干，保重点，使粮食服务体系不散。因为粮食是特殊重要商品，既要准备应对粮食充足时候，也要准备应对粮食紧张的时候。

关于企业的领导体制和组织管理制度，根据多年来改革的经验，最重要的是“要建立决策、执行和监督体系，形成有效的激励和制约机制。”企业的领导管理体制，既不能一个人说了算，也不能无人负责。科学的管理体制应该是董事会、监事会和总经理为首的经营班子，相互促进，相互制约，才能使企业健康发展，避免重大的失误。世界各国公司的发展史，都走过由家长式管理、家族管理到集体管理的路子。回顾一下这几年，我们的企业产生的重大失误，都在于没有坚持这样的制度。因此，凡是有条件的大中型公司、企业，都要向建立科学的管理制度前进。

在企业和公司中，激励机制和监督机制相结合是十分重要的。人事、工资、奖金、福利等制度，都要着眼于调动经营者和生产者的积极性，多劳多得，决不能走行政性公司吃“大锅饭”的老路。监督方面，要探索一些新经验，特别是职工的监督，要走上正轨。这样才能防微杜渐，成就事业。

（二）制定适应市场经济需要的符合实际的企业经营战略和方针，增强企业的经济实力和竞争能力。这种经营发展战略，要有长远的奋斗目标，也要有短期实施的具体步骤。在具体制定时，我认为要注意以下几点：

——要突出粮食企业的特色，突出各地的特色，并要以提高粮食企业的市场占有率为目标。

——要坚持为农业产业化服务，实现贸工农相结合。农村粮管所（站）一定要把为农民生产、生活服务放在首位，采取多种改革形式，如“两代一换”、“粮站+农户”、“合作社+农户”、“协会+农户”等形式，扎根于农村之中。

——实施名牌、名店战略，与科技相结合，创造覆盖面广的名牌产品和系列产品。

——坚持本业为主、多种经营方针，总结以往的经验教训，选准市场容量大、经济效益好的项目，力求避免盲目性和短期行为。

——在注意商品经营的同时，要学习、运用资产经营，不断壮大实力；在注意有形资产的同时，要注意无形资产，特别是要树立企业的商业信誉，这对今后的发展至关重要。要看到资产重组既是中国企业的困难所在，也是中国企业的希望所在。要探索建立产业结构合理调整和转移，以及资产配置优化和重组的机制，探索企业资本扩张能力的有效途径和办法，使企业能滚雪球式地向前发展。

（三）加快企业经营方式的改革，运用现代的营销方式。粮食企业是流通企业，就要根据流通的特点，运用现代营销方式，搞好物流、商流、信息流。特别是在粮食事权放到地方以后，如何运用现代的营销方式，搞好省与省之间、地区与地区之间、产区与销区之间的粮食余缺调剂，更显得十分重要。在这一方面，我们还缺乏经验。过去靠行政组织交易会的办法是不成功的，现在要探索产销地区之间余缺调剂办法，粮食多的时候怎么办，粮食紧张时又怎么办，看来关键是要建立全国的粮食购销网络。今后粮食调剂，主要不是靠计划调拨，而要靠经济办法，靠企业之间通过经济合同、通过市场交易来解决。要采取内外贸相结合、工农结合、现货与期货相结合等形式，以取得更好的成效。

（四）要加强经济上的纵向、横向联系，促进粮食企业的大联合。在市场经济的激烈竞争中，要逐步形成一批经济实力雄厚、竞争能力强的大型企业集团。这是国家宏观调控的主要载体，是综合国力增强的一个方面，也是粮食行业的希望所在。

在联合中，一是要解决思想认识问题，二是要注意解决利益关系问题。粮食企业决不能“宁当鸡头，不作凤尾”，要树立大粮食、大市场、大流通的观念。大小企业之间可以联合，强强之间也可以联合。处理利益关系的根本原则是从发展中增加效益，从互利中增强凝聚力。要勇于探索，创造经济联合的新形式、新办法。

建立大企业、大集团要逐步推进。企业之间要加强联系，从业务上的联营，发展到产权上的联合；从单项联合，发展到全面合作，逐步向建立跨地区、跨行业的以粮为主综合经营的大型集团发展。

同志们，粮食行业目前虽然包袱很重，困难不少，但基础较好，前程远大。我们这次是在泰安开会，希望同志们要有“会当凌绝顶，一览众山小”的气概，高举邓小平理论的旗帜，在十五大精神指引下，在江泽民同志为核心的党中央领导下，发扬粮食系统的优良传统，努力工作，搞好搞活粮食企业，我们就一定能够渡过难关，走向振兴，以新的面貌跨入21世纪！

中国粮食市场展望与国际合作前景*

（1998 年 11 月 18 日）

女士们、先生们、各位来宾、各位同志：

“中国粮食市场和流通展望国际研讨会”今天在北京开幕了。首先，我代表中国国际贸促会粮食行业分会和中国粮食行业协会、中谷粮油集团对各位来宾的光临表示热烈的欢迎！

当前我们正处于世纪之交的关键时刻，这次会议的召开，又正值中国改革、开放 20 周年之际。在这样一个时机来研讨中国的粮食市场与流通，展望下个世纪的发展趋势和对策，商讨如何加强在粮食、油料、饲料等方面的国际交流与合作，这是一件很有意义的事，必将产生积极的效果和良好的影响。

中国是一个粮食生产与消费的大国，也是一个粮食进出口贸易的大国。中国的粮食状况如何，不仅关系到 12 亿中国人民的生活水平，而且必然影响到世界的粮食市场和贸易交流。从 1978 年的中共十一届三中全会算起，中国的改革、开放事业走过了 20 年的光辉历程。在中国，农业、农村的改革，是最为成功的改革。在邓小平理论的指导下，在党和政府的领导下，中国的农业生产、农村面貌发生了翻天覆地的巨大变化，实质上是农村的第二次革命。中国的农业和农村真正走上了健康发展的康庄大道，为发展中国家解决农业问题和粮食问题找到了一个新的模式，开拓了一条新的道路。

粮食生产是流通的基础，研究粮食的市场与流通，必须首先分析粮食的生产状况。20 年来，中国粮食问题的最大变化是：粮食生产上了新台阶，粮食的供应由短缺状况变为相对的有余；由卖方市场变为买方市场. 这是一个带根本性的、极为深刻的变化。在这 20 年中，粮食生产跨出历史性的两大步，上了两个新水平：粮食总产量从 1978 年的 30477 万吨，经过 6 年的时间，上升到 1984 年的 40731 万吨；再经过 12 年的时间上升到 1996 年的 50455 万吨。这样的粮食增长速度，在世界上也是罕见的。还应当指出，在这一时期，中国扭

---

* 这是中国国际贸促会粮食行业分会会长、中谷粮油集团董事长白美清同志在中国粮食市场和流通展望国际研讨会上的发言。

转了农村单一的种植业经营格局，形成了农林牧副渔和二、三产业全面发展的农村经济结构，林牧副渔占农业的比重，已由1978年的20%提高到目前的44%；非农产业占农村经济的比重，也由31%上升到74%。

综观20年的粮食发展，经过几个生产周期，尽管遇到过1988年、1994年的大旱，经历过1991年、1998年的洪水，但目前粮食综合生产能力已保持在49000万~50000万吨的水平上，人均占有粮食390~400公斤。从中国人民的食物结构来看，完全可以满足对粮食的需求。历史再次证明：中国完全能够依靠自己的力量解决粮食问题，中国人民有能力、有条件坚持自力更生的方针。20世纪后半叶的实践已经给“谁来养活中国?”提供了最有权威性的答案——中国人完全可以自己养活自己，不仅不会对世界粮食市场带来什么“威胁”，而且会为促进世界粮食生产和贸易的发展，作出自己应有的贡献。任何低估中国人民发展粮食生产能力的悲观论点，都是与实际不符的，是错误的。

中国在粮食问题上坚持自力更生，维护国家安全和社会稳定的方针，是坚定不移的。但绝不是闭关自守。对外开放，是我们的一项长期的基本国策。面对经济全球化的趋势，我们将以更加坚定的步伐和积极的姿态，走向世界，不断完善全方位、多层次、宽领域的对外开放新格局，发展开放型经济。改革开放以来，中国在国内增加粮食生产的同时，粮食的进出口贸易也在逐步扩大，达到了新的水平。

1990~1997年的八个粮食年度中，我国累计进出口粮食达到17000万吨，年平均2000多万吨。其中：

累计进口粮食10000万吨，年平均进口1200万吨，最多的一年进口2000万吨。

累计出口粮食7400万吨，年平均出口900万吨，最多一年出口1500万吨。

综合分析，中国净进口的数量只占粮食总产的1%~2%，最多的年度不到4%，自给率远超过联合国粮农组织确定的95%的水平。

回顾本世纪，展望下个世纪，随着中国经济的发展和改革的深入、开放的扩大，中国的粮食市场与世界市场的联系会更加紧密，具有贸易量上升、交易领域扩大、质量要求提高、市场前景看好的特点，为世界提供广阔的市场和极好的商机。

一、在粮食贸易总量上呈增加趋势。中国在坚持自力更生的同时，积极利用国际国内两个市场，进行有进有出的品种串换，特别是在中国进入小康社会和加入世贸组织以后，可以预料进口的总量将会逐步增加，与世界各粮食主产国的贸易将更加繁荣。到底中国在下世纪初中国的粮食进口量会增加多少？我认为：进口总量将有所增加，但不会超过粮食总产的5%这个水平，自给约占95%以上。这种估计是基于以下理由：（1）农业科学技术的发展将推动粮食生产进一步发展，这方面潜力很大；（2）农村改革继续深化，家庭承包经营责任制的作用进一步发挥，农民的生产积极性高涨；（3）中国计划生育政策的成功和中国人民食物结构的改善；（4）中国建立了以国家专项储备粮制度为中心的粮食宏观调控体系，可以有效地调剂余缺。因此，在21世纪，中国会因年景的不同，而灵活运用国际市场调节进出，确保供需平衡。有人散布中国下世纪初进口26000万吨那样的天方夜谭式的神话，那是绝不可能成为现实的。

除了贸易量的增加外，中国对进口小麦、大麦等的品质要求也提高了，劣质麦的市场越来越小，而优质麦的需求日益增加。中国的面粉加工企业，将生产若干种市场需要的专用粉，因而喜欢采用加、澳、美的优质硬红麦、硬白麦，对供货商的要求也更高。

二、在粮食贸易品种上是扩大趋势。中国历来是从事品种串换，主要是出口玉米（丰年也出口一部分大米），进口小麦。杂粮、杂豆也是我国出口的传统品种。其规律是：丰年少进多出，歉年多进少出，随着粮食生产周期的变化而变化。90年代以来，中国人民特别是沿海地区有2亿多人生活进入小康水平，对酒类、肉类的消费增加，因此进口的品种扩大到啤酒大麦、饲料等，进口量大幅度上升。中国的啤酒年产量已达1700万吨，居世界第二位；肉类人均占有48公斤，接近中等发达国家的水平。估计这种趋势会发展，进口量会上升。由于中国人民的传统食物结构是以植物食品为主，消费肉、奶的水平也不可能像西方那样高。

三、植物油交易呈发展趋势。中国的植物油从1992年至1997年5年间产量由481万吨增加到746万吠，而消费量则由500多万吨，上升到近1000万吨，缺口在200万~300万吨。每年都需要进口，其中豆油的上升占第一位，棕榈油占第二位。作为重要油料的大豆的进口也呈增长势态，我国已由20世纪80年代的净出口变为90年代的净进口。80年代，年净出口大豆103万吨，而1997年净进口大豆260万吨。这方面的市场潜力很大。中国的芝麻、花生等油料，在国际市场上历来占据一定的位置。今后我们将着重提高质量，适当增加出口。

四、粮油加工及仓储设备的贸易呈上升趋势。近年来在引进国外粮油仓储运输及加工技术和设备方面有了新的发展，成为一个新开拓的领域，不可忽视。中国正在从传统粮食业向现代粮食业过渡，在产业结构、产品结构方面进行升级型的战略调整。例如从 1993 年开始，中国政府利用世界银行粮食流通项目贷款 4.9 亿美元，加上国内配套资金共 82 亿元，重点新建了东北、长江、华南三大粮食流通走廊，其中作为龙头项目的大连北良公司西咀码头建设 100 万吨立筒库和矮圆仓、接纳 10 万吨粮船的大型粮食码头，年吞吐粮食能力达到 1000 万吨以上。今年国务院又决定拨款 150 亿元，兴建中央直属的粮食储备库 2500 万吨。这些建设将大规模地引进国外先进技术，改造我国粮食业。以上项目既为当前中外技术交流和商业创造了机会，更为下个世纪粮食及其加工储运设备的贸易打下基础。

中国的粮食市场是广阔的，我们将进一步贯彻深化改革、扩大开放的方针，面向世界，发展经济和贸易交流。我们在粮食贸易方面，坚持平等互利、互通有无的原则，遵循国际惯例，信守合同，讲求实效。中国粮食业从来是国际粮油贸易的良好伙伴。中谷粮油集团是国务院批准的 120 家大型企业集团试点单位之一，是目前我国内贸粮食行业最大的国有粮油流通企业集团。集团享有国家有关部门赋予的内外贸经营权，以经营粮油为主，积极发展贸易、仓储、运输、食品、饲料加工业，逐步形成集内外贸、科工贸为一体的现代化、国际化、综合性企业集团。中谷集团愿意与各国粮食业的朋友携手合作，共创未来。我们欢迎各国粮食业的朋友与我们开展经济技术交流，到我国投资兴办各种实业。美、日、加、澳和西欧、东南亚等国的粮食界与中国粮食业有着多年的合作历史和深厚的友谊。在新的世纪，希望双方的贸易有新的发展，合作有新的进步，友谊有新的篇章，共同为人类的粮食安全保障作出应有的更大的贡献。

祝这次研讨会取得圆满成功！

祝各位来宾在中国生活愉快，万事如意！

谢谢大家。

在“21世纪中国谷物与油脂科学技术发展中青年论坛”开幕式上的讲话*

（1998年12月21日）

各位来宾、各位同志：

我非常高兴地出席这次会议，同粮油科技界的中青年朋友一起，共同探讨下个世纪中国谷物和油脂科学技术的发展问题。我认为在世纪之交来开会探讨这一问题是有深远意义的一件事。这次会议是学会理事长办公会议倡议召开的，除了请几位老专家作学术报告外，主要是听取中青年科技工作者的发言，互相交流，深入研讨新世纪粮油科技发展的趋势和对策。通过这一系列活动，目的是培养中青年科技人才，更好地为中国的谷物和油脂事业的发展服务，为解决我国人民的吃饭工程、提高人民的身体素质服务。

谷物与油脂，即我们常说的粮油，是关系国计民生的重要战略性商品。粮食、油料及其加工制成的粮油食品，是覆盖面最广、消费量最大的商品，关系到人民的健康和社会的稳定，特别是在我们这样一个有12.5亿人口，发展又很不平衡的大国，粮油食品更具有特殊的重要性。改革开放20年，随着国民经济的发展和人民生活水平的提高，我国食品工业以高速健康发展，在全国工业部门中所占的比重1996年已上升到第一位。1978年食品工业的总产值为471亿元，到1997年已上升到5317亿元，20年增长11倍，平均年递增速度12.8%，超过了国内生产总值的年平均增长速度。粮油食品及其他食品工业随着人民生活向小康水平过渡，正以强劲的势头发展，形势很好，前景很广阔。

处于世纪之交的中国粮油食品业，正面临着罕见的机遇和挑战，面临着空前有利的条件和极大的困难。我国人民生活正在由温饱型向小康型迈进，对食品提出多方面、多层次的需求，提供了广阔的市场和发展的巨大动力。这是国外工商界和企业家所羡慕的。但我们也遇到许多新问题、新困难。当前不论国内市场与国际市场，不论主渠道与多渠道，不论国有企业与多种经济成分企业

* 这是中国粮油学会理事长白美清同志在这次论坛开幕式上的讲话。

都面临着激烈的竞争。而国有粮食及其加工企业正处在由计划经济向市场经济，由旧体制向新体制转轨的过程中，机制在转换，机构在变化，企业在调整，产品在换代，人员在更新，历史遗留的问题和现实存在的矛盾交织在一起，因而就更加显得困难。在这种新形势下，正如邓小平同志所深刻指出的，发展是硬道理。我们不进则退，不发展就无法克服困难。结论只有一个：我们只有走改革创新之路，科技兴业之路，粮油食品业才能发展壮大，才能担当宏观调控载体的重要任务，适应新世纪到来的新形势。

走科技兴业之路，在国有粮油食品加工业来说，更为迫切、更为重要。半个世纪以来，我国的粮油食品业是在计划经济（统购统销）和短缺经济的基础上建立起来的，当时是按行政区划保本地居民的定量供应为目的，因而粮油加工服务体系的建立具有起点不高、小而全、低水平重复建设和科技含量不高等弱点，可以说是“先天不足”。长期以来国有粮油及其加工工业经营品种比较单一，加工方式较为落后，尤为缺乏科技含量高、附加值高的新技术产品和深度加工产品，名牌产品和系列产品不多，形不成规模经营，发挥不了整体优势，不能满足人民多方面的需求，因而经济效益差，市场占有率下降，竞争力不强。更为重要的是我们还必须看到，当前科技、经济全球化的趋势在加强，下个世纪我们将进入知识经济的时代，科学和技术的研究开发日益成为知识经济的重要基础，商品的科技含量将显著增加，科技转化为生产力的速度将大为加快。在这种新形势下，中国的粮油食品加工业必须奋起直追，迎头赶上，加速前进，全力拼搏，下工夫把自身建设好，增强自身的经济实力和竞争能力。为此，必须通过深化改革，建立有生机活力的机制；通过优化结构，搞好产业结构和产品结构的调整，运用科技的力量，使产品不断升级换代，市场不断开拓扩大，这就是当务之急的大事。如果其他行业用十分力量抓科技，那么，粮油食品加工业则要用加倍的努力，用二十分、三十分力量来抓科技，来提高全行业的科技水平，这是时代的召唤，形势的要求，人民的托付，行业的希望。如果不及早主动认识这个问题，不及时采取有力措施，就会更加被动。

在21世纪，人才的素质成为知识经济实现的先决条件。青年是我们的未来。在发展粮油食品业的征途中，既要发挥老专家、老职工的作用，同时又要十分重视培养发挥中青年科技工作者的作用。许多重要的发明创造，都出自青年科学家之手。从我国粮油食品科技界来看，改革开放20年来，科技人才成长很快，但仍有青黄不接的现象。我在国外访问过一些著名的大学和研究院所，有两点给我以难忘的印象：一是他们注重培养中青年。大学里、研究院里，以老带青，人才济济；二是他们与生产结合很紧密，与企业联系很深入，服务很到家。历史上中国就有重文科轻理工科的现象，第一次产业革命以后，西方理工科大学、研究所应运而生，而我们慢了差不多大半个世纪。新中国成立后，由于党和政府的十分重视，科技事业有了根本的变化，某些方面居于世界的先进行列，但从食品加工科技界来说，与世界先进水平相比仍有较大的差距。我们急需培养大批这方面的人才。特别是注意创造一种环境，形成一种气氛，让中青年科技工作者脱颖而出，发挥其才能和智慧，为中国的食品加工业的振兴贡献力量。我们这些粮油食品界的老同志，十分渴望能有大批中青年科技工作者健康成长，担当重任，我们愿为他们铺路搭桥，呐喊助阵，让他们大有用武之地，大展宏图。我们希望我国粮油食品科技界有世界一流的专家，在中国科学院、工程院中有粮油食品科技界的院士。作为粮油科技界的全国性的学术团体，中国粮油学会理当发挥自己的所能，为培养中青科技人员出力。学会今后要加强这方面的工作，我们今天开这个会，也是一种表示，也是一次促进。今后我们要与更多的粮油食品界的中青年朋友联系，为他们服务。我们还将向国际学术团体推荐青年专家，推荐论文和研究成果，加强学术交流，为我国青年科技工作者早出成果做点实事。

总之，我认为中国粮油食品业的振兴要靠科技，而科技界的希望在中青年。

一九九九年

主食厨房工程是粮食行业新的经济增长点*

（1999 年 8 月 31 日）

当前粮食行业正处于深化改革和调整结构的关键时期，研究主食厨房工程的有关问题，交流经验，落实措施，更好地满足城乡人民对粮食和食品的多样化需求，是一件很有意义的事情。从粮食行业来讲，这也是在新形势下的一个新的经济增长点，有利于粮食系统的扭亏增盈，提高效率，安排就业，满足社会需要，促进国有粮食企业特别是粮食加工零售业的发展。也可以说这是在粮食行业处于困难之际的雪中送炭。

我们应当认识到，搞好主食厨房工程是形势发展的要求和粮食行业调整结构的需要，它的作用和意义将越来越明显。

从当前粮食市场的供求形势来看，由于党的农村改革政策的成功和农业科学技术的推广，中国的粮食综合生产能力已经上了一个新台阶，粮食已告别多年来的“短缺经济”而变为相对的有余或过剩，结束粮食的卖方市场变为买方市场。当前粮食库存已达到历史最高水平，市场仍然疲软，销售不畅。而人民的生活水平则由温饱型向小康型过渡，多年来的粮食定量供应已转变为居民的市场选择。人民对粮油食品的需求已由过去填饱肚子向安全、营养、保健、快捷、风味方向发展。而且，随着生产的发展，城乡居民生活质量也在不断提高，家务劳动的社会化已成为趋势，对主食、副食的需求，正由量的保障转向

* 这是白美清同志在大连召开的主食厨房工程经验交流会上的发言。

质的提高。城乡居民已有相当一部分从买米面油等原料而转向买成品、半成品，食品加工工业近十年来以年递增12%的速度前进。

在这种新形势下，市场竞争更加激烈，多种经济成分进入粮食流通领域，占领了相当一部分市场。由于种种原因，国有粮食部门有不少地方正在萎缩，有的地方只剩下半壁河山了。粮食行业正面临前所未有的战略性改组，重新组织队伍，重新占领市场，在竞争中求生存、谋发展，以求在这个关键领域继续保持主导的地位。为了适应新的形势，从粮食加工零售业来看，必须有一个带根本性的转变，以市场为导向，以改革为动力，转变观念，改变产业结构和产品结构，运用现代化的经营方式，去开拓新的业务，占领市场。前一时期，许多城市的粮食业都根据“本业为主、多种经营”的方针，使粮食零售业从卖原粮向卖加工制成品转变，从供应生食向供应熟食转变，从粗放经营向工厂化、连锁化转变，从多方面满足多层次对主食的需求。凡是这样做的企业，都出现了新的转机。第一，因为主食品的市场非常广大，是老百姓每天不可少的。我国的食品加工业，还远远落后于世界的先进水平。这方面的潜力非常之大，大有文章可做。可以预料，下个世纪，食品工业将仍然是朝阳工业。第二，从粮食行业来看，我们多年来就有前店后厂，进行粮油食品加工的经验，而且国有零售点店多年货真价实，很少有假冒伪劣，在人民群众中信誉高。第三，主食厨房工程也是各级政府关心群众的一件实事，国有粮站、粮店参与搞好这件事，能得到政府的支持和社会的理解。所以，这是我们的优势所在，是轻车熟路。我到过一些著名的老店，他们对此都有丰富的经验。例如：西安十九粮店是个老典型，他们选准以中小学生的早中餐供应为突破口搞主食厨房工程，在有关部门的支持下为中小学生供应“放心早餐”、“放心午餐”，树立了声誉，占领了市场，形成日产3.5万份早餐和1万份中餐的规模，获得了较好的经济效益，使这些大众化的早中餐成为一个新兴的产业。最近我到青岛市湖北路粮店调查，这个店14个员工，营业面积100多平方米，生产供应多种多样的主食，粗细粮结合，方便群众，年创利50多万元。事实说明，这方面的潜力是很大的，我们有优势、有能力把它搞好，重新占领市场。问题在于要有好的产品、好的机制、好的结构。

根据一些地方的经验，搞好主食厨房工程，需要注意以下问题：

第一，要从实际出发。关键要瞄准市场，为产品定位，满足不同层次需求。要在充分进行市场调查的基础上，选定产品，建立营销网络，搞好服务，把产品销到千家万户，这件事也切记贪大求洋，应当逐步跟进。可以由小到大，由单家经营到连锁经营，由单一产品向多种产品，由手工操作向工厂化生产发展。

第二，要城乡并举。在努力开拓城市主食厨房市场的同时，要特别重视开拓农村市场。这方面的潜力同样是极大的。我们粮食部门曾经把农村妇女从舂米磨面中解放出来，这次我们要把她们从蒸饭做馍、加工主食中解放出来。在农村，我们要形成粮油食品的加工服务体系，这是农村粮食部门——粮所、粮站、粮店改革的一项重要内容，是一条生存之路、发展之路，如不及早着手改革和调整，我们将陷入被动，会更加困难。

第三，要抓住重点。要抓重点产品，从重点粮店、重点工厂抓起，以它们作为基点，波浪式地前进，扩大服务面，提高市场占有率。在具备条件时，抓紧进行技术改造，增加科技含量，逐步达到规模经营和规模效益。

第四，要强调质量安全。必须采取名牌战略，抓品牌，创品牌。大众化食品，也要有名店、名牌。食品关系到人民的生命健康，具有极大的敏感性，粮油产品，一定要强调质量，把住卫生关，稍有不慎，就可能出现事故，损伤信誉，很难恢复元气。在生产过程和运输、销售过程中，要严守操作规程，要生产更多的“放心食品”、“绿色食品”、“无公害食品”。为此，要十分重视进行技术创新，增加产品技术含量。即使是传统的产品，也要逐步采取现代化的技术，加以改造、提高。

第五，要解决机制问题。要通过深化企业改革，理顺关系，强化管理。对于小型粮店、零售店，要采取灵活多样的形式，调动全体员工的积极性，不要拘泥于一种方法、一种模式。这方面各地区可以进行一些探索和创造。

我认为，经过建国50年特别是改革开放20年的实践，道路已经明确，经验已趋成熟，问题就在于我们要去实践、去开拓、去探索、去创新。

在粮油行业战略重组中发挥行业协会的积极作用*

（1999年9月1日）

在世纪之交举行这次中粮协常务理事会，我们深感承先启后、继往开来的责任重大，深感奋战在粮食第一线的同仁们寄予我们的殷切期望。当前，我国的粮食形势很好，粮食生产、粮食库存、粮食销售、粮食市场都堪称历史上的最好时期。在新世纪到来的时候，在体制变革、机制转换的转折时期，粮食和油脂行业面临着新的任务、新的困难，也孕育着新的机遇、新的转机。粮食、油脂行业同整个国民经济一样，正处在结构调整、转型升级的关键时刻，粮食行业继续战略性改组。这是形势发展的需要，也是国有粮油部门进入市场经济的必然。

处在竞争前列的粮食行业，在新中国成立之初，是在计划经济和短缺经济的基础上建立和发展起来的，可以说是“先天不足”。粮食的购、销、调、存、加工，整个粮食的服务体系，都是为统购统销、满足定量供应服务的。因此，小而散、低水平重复建设严重，产品基本上是初级产品和粗加工产品，科技含量低，形不成规模经营和规模效益，企业人员多、包袱重、机制不活，设施陈旧，在当前新旧体制转换之际，发展将十分困难，经不起冲击，一些地方已经呈现出市场萎缩、主渠道削弱的局面。国有粮食企业同所有国有企业一样，也有一个在新形势下如何脱困，如何发展的问题。出路在哪里？就在于按照党的十五大精神，继续深化改革和结构调整。正如中央指出：要“坚持建立现代企业制度的方向，积极推进国有企业的战略性改组。”国有粮油企业，必须进行脱胎换骨的改造和调整，重新组织队伍，重新占领市场，舍此没有别的出路。对这个问题，认识早，主动采取措施，比认识迟，被迫调整要好得多。

粮油行业进行战略性的调整，包括了丰富的内涵。它是一场有进有退，有生有死，有取有舍，有所为有所不为的深入调整和改组。它是转型升级式的调

---

* 这是白美清同志在中国粮食行业协会一届四次常务理事会上的发言。

整，而不是简单的填平补齐，因此是一个复杂的系统工程。通过调整解决成分单一、布局分散、规模狭小、产品陈旧、效益不高的状况，以达到结构优化、产品优化、机制灵活、效益提高的目的。

——**在网点布局上要整合**。要改变粮食行业过去按行政区域划片设点、布局过散、战线过长的状况，按经济区划和经济流向进行调整，在主产区与主销区、发达地区和贫困地区，建立合理的跨省区的储藏、加工服务体系和营销网络，以确保不同地区、不同类型居民的粮油食品供应。

——**在所有制结构上要调整**。对粮油行业进行调整和改组，要考虑到粮食行业的特点。江泽民同志指出："国有经济在关系国民经济命脉的重要行业和关键领域必须占支配地位。"我认为，粮食是关系国计民生的重要行业。从我国国情出发，为了国家的安全，社会的安定和人民生活的安宁，我们必须坚持粮食自力更生为主的方针。在流通领域，必须坚持国有粮食企业的支配地位。这些领域，国有经济的职能是很难为非国有经济所能替代的。在这个问题上，不能有丝毫的动摇。同时要发展多种经济成分参与粮食的流通，形成以国有独资、国有控股、参股等以国有为主导的多元化的经营模式，提高国有经济的控制力、影响力和带动力。

——**在企业组织结构上实行规模经营**。要实行大集团战略，搞好规模经营，提高规模效益。现在可以说是粮食企业的"春秋时代"，将逐步形成"战国七雄"，形成一批大型企业和企业集团，这是粮食宏观调控的主要载体，是粮食油脂行业的希望所在。如果有几个大型的现代化、国际化集团的出现，这将给粮食行业开拓出新的局面。正如江泽民同志指出："国家在关系国民经济命脉的重要行业与关键领域，要重点培育和抓好一些国有及国有控股的大型企业和企业集团，发挥这些大企业在资本运营、技术开发、开拓国际市场等方面的优势，成为经济体制改革和企业重组的重要力量，成为参与国际市场竞争的骨干。"

——**在设备和产品上推进技术创新**。要根据技术创新的精神，用现代化技术改造储运、加工等方面设施。必须明确这次调整是升级型的，必须立足于面向 21 世纪，尽可能采取符合我国国情的现代科学技术，用现代化技术改造传统的粮食业，使之向现代粮食业发展。要下硬功夫抓产品的升级换代，开发名牌产品、系列产品，提高科技含量，增加附加值，以满足人民多方面的需求，市场竞争是靠产品的竞争。没有优质、高效的产品，不可能在竞争中取胜。

——**在人才结构上要重点吸收高智能人才**。我认为，这是粮食行业战略中不可忽视的根本的重大问题。国有粮食部门现有300多万职工，但水平参差不齐，初中以下文化程度占多数。据典型调查，大专以上人员只有不到10%。我们必须切实抓紧这方面的工作，有了人才，才能够发展。今后要着重吸收高智能的管理人才充实到队伍中来，为此，要采取一系列鼓励的措施。

这次战略性改组和调整，是一个较为长期的任务，是个渐进的过程，不可能一蹴而就。我们要根据各地实际情况，积极稳步地推进。当前虽然有困难，但要主动进取，把握机遇，不可消极等待。必须把商贸流通业从计划经济上的一个末端行业，转换为社会主义市场经济下的一个先导行业。因此，在改革、改组、调整上要先行一步，起到导向作用和引领作用。

在重组和调整中，要注意几项原则：

第一，以市场为导向。发挥市场机制的作用，就要根据市场需求来生产、采购、销售，及时进行调整。在开拓中高档市场时，不可忽视大众粮油食品市场，以满足广大中低收入者的需求。特别是要抓住时机，开拓农村市场。县级以下粮食企业，要把农村食品服务体系的建设抓好，为解决农民的食品需求服务，这是农村基层企业今后的出路所在，是粮食系统的一个新的经济增长点。

在抓好国内市场的同时，凡有条件的地方和企业，要努力开拓国际市场。特别是一些大型企业和企业集团，更要在国际市场上提高自己的竞争能力。应当立足本地市场，面向区域或全国市场，打入国际市场，既要适应市场的现实要求，又要研究预测潜在的、未来的市场需求和价格趋势，掌握市场动态，以取得好的效益。

第二，以改革为动力。这次战略性重组，是和深化改革紧密结合进行的。要通过市场竞争，遵循经济规律，利用联合、兼并、破产等形式，进行资产重组，调整企业的组织结构和产品结构，合理配置资源，提高国营资本运营效率，充分发挥规模效益，全面增强企业的竞争能力。要下功夫抓好企业改革，坚持现代企业制度方向建设企业，重要的是要建立企业治理机构和激励与约束相结合的机制，按生产要素进行分配，调动经营者和所有员工的积极性，使企业焕发生机。

第三，以科技为依托。技术创新是企业进步的灵魂，是兴旺发达不竭的动力，是新世纪经济发展的制高点。在新形势下，企业要切实把提高效益转到依靠技术进步和产业升级的轨道上来。这次调整，要加大科技投入和技术改造的力度，发展名、优、特产品和系列产品，提高产品的科技含量和附加值。结构调整，一定要以效益为中心，讲求实效，支持重点产品和重点名牌、支柱产品，培植新的经济增长点，开拓不同层次的新的市场。在进行技术改造、设备更新时，要把引进和消化结合起来，提高粮油行业的装备水平，大力发展精加工、深加工和综合利用，推进粮油行业增长方式的转变，加快粮食行业现代化建设的步伐。

第四，与农业相结合。这次调整，要和农业产业化、农业结构调整相结合。由于粮油行业是以粮油等初级产品为原料的，与农业生产关系非常密切。因此，一定要和农产品的结构调整和产业化进程结合起来。粮油收储企业要逐步改变传统的坐地收粮等办法，积极主动地参加到粮食产业化进程中去，与农民发展多种形式的合作，建立联合经营、风险共担、利益共享、平等互利的共同体，实行产加销的一体化经营。推广“合同农业”、“订单农业”，实行“公司＋农户”、“粮站＋农户”。“协会＋农户”、“合作社＋农户”等多种形式，使粮油食品的服务体系深入到农户。

总之，在调整结构中，要坚持按经济规律办事，尽量避免主观性和盲目性，要统筹兼顾，积极稳妥地实施，务求减少失误，达到预期的目的。

在战略性调整中，作为中介组织的粮食行业协会，肩负着重要的任务。而且，随着粮食行政机构的精减和职能的转换，不少职能将陆续交给中介组织去完成，粮食行业协会是联系政府和企业的纽带，是沟通它们之间关系的桥梁。因此，随着改革的深入和市场化的扩大，协会将会承担越来越多的社会职能。进入新世纪以后，应当是协会发展的新的时期，它的作用将日益为社会所公认，它的组织将日益得到发展，它的职能将日益扩大，它的任务将日益加重，这是可以预期的。为此，协会工作必须高举邓小平理论伟大旗帜，贯彻党的十五大精神，搞好“双向服务”。

适应新的形势，要强调扩大服务面，提高服务水平。

第一，扩大协会的覆盖面和代表性，使之成为服务全行业的中介组织。协会要扩大成员，增加非国有经济成分会员的比重。在继续加强国有粮油企业联系，为他们服务的同时，也必须加强同非国有经济成分企业的联系，为他们服务。在协会的“双向服务”中，应包括全行业，包括所有经济成分的企业。已建立的协会，可补充这方面的代表；未建立的协会，从成立开始时，就要注意代表性和权威性。

第二，加强调查研究，反映企业在深化改革和战略改组中遇到的新情况、新问题，及时向有关部门反映。协会要利用自己的优势，运用协会联系的老、中、青干部的优势，有重点组织一些带关键性的调查，反映企业的呼声，协助政府和企业，搞好改革和调整。要求各级协会每年都有一二份质量较高的调查报告，在实际工作中起到积极作用。在日常工作中，还要接受企业的咨询，提供信息和对策，帮助企业解困、解难。

第三，力所能及地参与行业管理工作。在有条件的地方，可以接受政府的委托，承担或参与一些行业管理的基本工作，如制定法规、行业标准等。

第四，帮助企业提高素质，特别是提高管理人员的素质。根据各地的实际情况，举办一些学习班、在职培训，出国培训，尤其要注意发现和培养中青年优秀专业人才、经理人才，使他们脱颖而出。

第五，搞好行业的自律、自治，提倡文明经商，发扬企业精神，帮助企业抓好精神文明建设。要提倡职业道德、敬业精神，开展企业文化。我们的企业不仅要物质上出成果，更要培养社会主义的新型人才，塑造新人。

实行优质优价　促进结构调整*

(1999 年 9 月)

《国务院关于进一步完善粮食流通体制改革政策措施的通知》（国发〔1999〕11 号）文件规定：对优质品种粮食的购销价格在当地物价部门的指导下，由国有粮食购销企业按照购得进、销得出的原则自行确定。这是对粮食价格体系的一个完善，将有利于调动农民积极性，促进粮食种植结构的调整。

本文结合新形势下粮食市场的特点，对实行优质优价，促进粮食种植结构调整谈几点意见。

一、深刻认识当前粮食市场的新特点，进一步研究完善粮食价格体系和价格形成机制

当前粮食形势很好，粮食连年丰收，供应充足，粮价平稳，对稳定当前局势起了极大作用，对促进国民经济的发展起了重要作用。但是，粮食行业也面临着新形势、新特点、新任务，需要我们去研究分析，特别是要研究粮食市场的新特点。什么是粮食市场的新特点呢？我认为要从两方面来分析：一是从国内市场来看，粮食已由过去短缺发展到今天的总量平衡、丰年有余，已经由过去的供不应求，向今天出现的结构性有余转变。这是一个重大的变化，或者说是一个显著的特点。我们粮食部门有多年来在粮食短缺条件下克服困难的经验，但缺乏在粮食结构性剩余的情况下做好粮食工作的经验。由于总量平衡发生了变化，粮食市场出现了由卖方市场向买方市场转变，消费者选择性增强了，市场竞争性也增强了。再加上粮食供给由过去量的保证转向现在质的提高，以及整个市场大环境的变化，由通货膨胀转变到通货紧缩，由紧张转变到疲软，在诸多因素的作用下，造成了国有粮食企业在经营上的困难，如果不正确认识和分析这些新特点，是很难制定出正确的符合实际的工作方针和方法的。二是从国际上看，中国粮油市场和世界粮油市场的联系进一步加强。随着我国全方位开放的实施和经济全球化、贸易全球化趋势的加强，两个市场的联

* 这是白美清同志在中国粮食经济学会召开的粮食实行优质优价研讨会上的讲话，原载《中国粮食经济》1999 年第 9 期。

系更加密切，影响更加直接，依存程度更加提高。改革开放21年来，我国粮食有进有出，有的年份出口还大于进口，但进出口相抵后总的计算，21年共净进口粮食1220多亿公斤，平均每年净进口58亿公斤。食油也要靠进口弥补国内的不足。这说明中国已成为粮食进出口贸易大国了。因此，我们不能关起门来只研究国内市场，必须敞开大门，放眼世界，使国内市场与国际市场相结合、相对接。这就是当前粮食市场的另一个新特点。我们可以利用两种市场、两种资源为国内粮食总量平衡服务，为确保供应、稳定国内市场服务。特别是在加入世贸组织以后，对我国粮油行业的影响，都是需要认真研究和采取对策的。

我们在研究国际、国内粮食市场的新特点时，要看到市场发生的变化，特别是看到市场经济的核心——价格的变化。这方面如果掌握运用得好，可以充分利用国际、国内两种资源；运用得不好，可能要多花钱，甚至在国家粮食安全上受到影响。所以，我们在研究粮食价格体系和价格形成机制时，要注意研究两种市场、两种价格问题。并要结合起来研究，逐步建立起比较完善的，能调动生产者、经营者的积极性，能满足消费者需求，用最小的消耗取得最大经济效益的价格体系和价格形成机制。这个目标在1997年12月29日人大常委会通过的《中华人民共和国价格法》第三章中已经作了明确规定："国家实行并逐步完善宏观经济调控下主要由市场形成价格的机制。价格的制定应当符合价值规律，大多数商品和服务价格实行市场调节价，极少数商品和服务价格实行政府指导价或者政府定价。"在第八条中还规定："经营者定价的基本依据是生产经营成本和市场供求状况。"这些规定在我们粮、油、饲料系统如何贯彻，如何体现，我觉得要从研究优质优价入手，逐步探索建立起《价格法》规定的那样一种机制，并把它搞得更完善一些。而且要放眼世界，同国际市场联系起来进行研究，可以少走弯路。

二、重视研究粮食优质优价和品质差价问题，促进粮食结构调整

优质优价问题，是粮食价格体系中的重要组成部分。如果这个问题解决好了，作为突破口，可以逐步形成一个合理的有生机的价格形成机制。这次国务院11号文件给我们指出了方向，也是极为有利的条件，我们要抓住这一有利时机认真进行研究。当然，优质优价政策光靠粮食部门一家是难以实行的，它是一个系统工程，综合工程，涉及粮食、物价、农发行、财政、工商管理等有关部门，需要在各级政府统一领导下进行。在这次会议上，大家讨论优质优价问题比较深入，各地介绍了一些初步经验，我认为是好的。进一步探索、总结这些经验，在优质优价方面可以走出一些路子来，提高自觉性，避免盲目性，以免给国家财政增加新的负担，企业经营增加新的亏损，生产者受到影响，消费者也得不到好处。根据大家介绍的经验，我认为在实行优质优价政策时必须注意几个问题：

（一）**必须强调面向市场，循序渐进**。我们所说的优质品，是市场需求的优质品，市场不需要，再好也等于零。我们不是为优质而优质，而是为了供应市场、满足市场需要而生产优质品。重点要摆在这里。所谓面向市场，就是要搞“市场农业”，搞“订单农业”，搞“合同农业”。优质品不是计划，是市场需要的，没有市场你就别干。不然，你生产出来的所谓优质品没有市场，销不出去，那还不是新的积压，闭门造车！这个观点在思想上一定要明确。在工作上要循序渐进，不要刮风，不要忽略大路货，不要忽略主要供应品种。“大款”的高消费，量是有限的，大家也不是都吃洋面包，我是提倡搞馒头工程的，因为中国人吃馒头的比较多，要把馒头解决好。目前馒头还没有名牌，没有定型的产品，没有标准化、系列化的设备，有许多工作要做。我们一定要从实际出发，以市场为导向，讲求经济效益，不刮风，优质品种一下搞得太多也不行，要循序渐进。

（二）**要贸工农相结合，基地化、产业化、规模化相结合**。贸工农相结合，就像大家介绍经验时所说的，以骨干企业为龙头，带动农户搞优质品种，我觉得这种方式比较可靠。和农业产业化相结合，就是要促进农业产业化的形成，增加农民的收入。种植优质品种太分散也不行，所以要基地化、规模化。所有这些都要求我们有真正为农民服务的思想，而且是全程服务，产前、产中、产后服务系列化，就从种子抓起。此外，还要创名牌，同名牌战略结合起来。至于优质的标准，各地可以因地制宜，将来国家粮食储备局会研究如何界定优质品种的，逐步标准化。在发展优质品种时，还要强调绿色农业、无污染农业，强调是新米，并在小包装上注明，这很起作用，可以拓宽销路。当然要货真价实，不能搞假。搞假冒伪劣，最终还是自讨苦吃，自己砸自己的牌子。目前，南方的米厂垮掉的很多，但真正搞优质米、搞名牌米的还能存在下去，奥妙也就在这里。

（三）**在组织形式上要从实际出发，灵活多样**。要创造农民和经营者能够接受的、适合当地特点的多种形式。不同形式的组织都可以从低级向高级发展，从松散向紧密发展。可以是公司 + 农户，也可以是粮站（粮管所）+ 农户，合作社 + 农户，专业协会 + 农户等。可以采取合作制、股份制等形式，也可以搞二次结算，核心是处理好企业与农户的利益关系，坚持互利、风险共担、利益分享。各级粮食收储企业、营销企业，包括粮站、粮管所等，一定要明确改革方向，同农民结成利益共同体，改变单纯买断这种形式。粮站、粮管所不进行大的改变，今后发展将遇到极大的困难。

（四）要研究优质品种由市场形成价格的机制，按规定实行企业对优质品种价格的自主权。国务院 11 号文件已经明确规定：对优质品种粮食的购销价格，由国有粮食购销企业按照购得进、销得出的原则自行确定。既然是自行确定，就是要由企业自主定价。我们应该认真贯彻执行，其他任何干预都会产生副作用，也是违反国务院 11 号文件精神的。为了研究整个粮食由市场形成价格的机制，我们不妨把优质粮食的自主定价作为一个突破口，或者说进行一次试验，看看究竟如何由市场来形成价格。优质粮目前在整个粮食中所占的比重还不大，就是不成功，对大局也不会有影响。企业有了自主定价权，仍要强调全程服务，从种子、技术、加工、销售、产前、产中、产后各个环节，强调为农民、为消费者服务，在服务当中求效益，在扩大市场占有率中求效益，这样粮食购销企业就会逐步发展壮大起来。

三、研究退出粮食保护价收购品种的经营问题，包括价格问题

学习了国务院 11 号文件后，我认为少数品种退出保护价是一件大事，牵涉相当一部分种植这些品种的农民的切身利益，要认真处理好，搞不好就会影响社会的稳定。由于各地情况不同，农民的承受能力也不一样，如南方的小麦退出保护价范围，在苏南、浙江等地可能问题不大，像湖南等省也不会有大问题，但有些地方就不一样了，有一些集中产区就有问题，还有四川有些贫困县就有问题，贵州可能也有问题。各省粮食行业协会、学会一定要做点调查研究，征求种植这些品种地区的农民、经营者、消费者的意见，提出妥善处理好有关问题的建议，向政府反映。我估计有些早籼稻产区，如湖南、江西的一些主产地，早籼稻还有定购任务，退出后怎么办？搞不好会影响到农民的利益和社会的安定。又如内蒙古的呼盟，黑龙江省黑河地区，春小麦比重很大，退出保护价范围后不种春麦种什么，也是个难题。这些问题都要早作准备，而且要把问题和困难设想得周到些，及早采取措施，否则明年会引起一些新的矛盾。

以深化改革和战略重组的新步伐迈向粮食工作的新世纪*

（1999年12月10日）

在世纪之交的岁末年终举办这次研讨班，回首往事，展望未来，研讨对策，以振兴粮食行业，迎接新世纪，这是很有意义、也很必要的。

我们的粮食工作经过了半个世纪的艰难征程。50年来，特别是改革开放20年来，在党中央的领导下，全体粮食职工高举毛泽东思想、邓小平理论的伟大旗帜，在解决中国人民的吃饭问题上取得了举世瞩目的成就，在确保军需民食、救灾抢险、扶贫解困、稳定市场等方面作出了默默无闻的无私奉献。不论环境多么险恶，不论困难多么严重，富有光荣传统的粮食职工，总是奋不顾身地奔向第一线，以高度为人民服务的热忱，承担重任，分担困难，完成了党和政府的重托，交了一份合格的答卷。新的世纪到来之际，粮食职工面临着新任务、新课题，我们能否继续发挥国有粮食企业的主导作用，增强它的影响力、带动力和控制力，这是我们必须加以思考，必须用实践去回答的。在这转折的关键时刻，我们需要坐下来认真学习，冷静思考，深入研讨，从而能够继往开来，再创新业。我想，这是全国粮食系统的愿望，也是新世纪对粮食系统广大职工的召唤。正是在这样的背景下。我们这次研讨班提出这样一些问题，大家互相切磋，共同商讨，希望能够有所裨益。作为粮经学会的一个成员，我首先作一发言，供大家讨论和参考。

粮食工作的新时期、新特点、新任务

当前我国的经济形势很好，我们战胜了东南亚金融危机带来的冲击，国民经济保持了持续、快速、健康发展的趋势，正在以更加稳健、更加开放、更加

* 这是白美清同志在福建厦门市中国粮经学会举办的研讨班上的讲话。

强劲的步伐迈向新世纪。同国民经济各部门一样，粮食工作的形势也是很好的，可以说是建国以来的最好的时期。粮食生产、粮食库存、粮食供应、粮食建设都是历史上少有的。粮食流通体制改革和企业改革也取得明显成效。而且这种好的势头，还将继续保持下去。处在新时期的粮食系统也面临着许多新情况、新特点、新问题和新任务。这种情况和特点不仅影响到当前，而且影响到进入新的世纪。粮食形势发生的根本变化，概括起来讲，有几个特点：

（一）从粮食总量平衡上看，已由过去短缺经济向相对过剩转变，即从供不应求向相对过剩转变。由于农村改革的成功和农业科技推广，我国的粮食生产连续上了几个新台阶，粮食综合生产能力已达到4.8亿~4.9亿吨，而且波动的幅度减少，粮食生产周期的影响缩小。加上畜牧、水产、果蔬等副食品的全面增产，大大缓和了粮食供应，致使多年来困扰我们的粮食短缺变为相对过剩，这是我们想不到的一个根本性的变化。

（二）从粮食消费来看，人民生活已由温饱型向小康型转变，粮食供应从量的保障到质的提高转变。人们不限于要吃饱肚子，而且要求提供优质、营养、健康、有风味的食品。粮食的结构性矛盾已日益显露出来。

（三）从粮食流通上看，已由过去的卖方市场（买粮难）向买方市场（卖粮难）转变。城乡居民的食物需求，告别了保量供应向市场选择转变，从分割的小市场向城乡一体、内外结合的社会主义大市场方向转变，形成了多元化、多渠道的流通新格局。

（四）从与国际粮食市场的联系来看，由于全方位、多元化、宽领域的对外开放和世界经济全球化趋势的加强，中国已经成为世界上有影响的粮食进出口贸易大国。中国粮食市场与国际市场的联系更密切，影响更直接，相互的依存度也增大。国际粮食的增减，粮价的起落，都会直接波及我国的粮食业。尤其是不久中国将加入世贸组织，这对我国粮食业带来的冲击，提供的机遇，其利弊得失，都需要我们有清醒的认识，相应采取有效的对策。

我国的粮食业在发生了根本变化的新时期，仍肩负着繁重而光荣的任务。粮食行业作为一个关系国计民生的重要产业，在进入市场经济的情况下，它必须保持国家的宏观调控能力，以确保粮油市场的稳定。粮食流通行业作为市场经济条件下的先导行业，必须面向市场，引导和促进农业生产结构的调整，并按国家的政策保障农民的合法利益和增加农民的实际收入。粮食行业还要尽力减轻国家的财政负担，兼顾城乡居民的承受能力，创造较好的经济效益和社会效益，提供就业机会，安排好职工生活。从全局、从战略上看，在新时期粮食行业还要参加国际市场的竞争，利用两个市场、两种资源，保障我国粮农的合法权益，维护国家的粮食安全。而这些任务的完成，既要发挥多种经济成分、多条流通渠道的积极作用，又必须依靠国有粮食部门提高控制能力，发挥主导作用。所以，在新时期，对粮食工作的重要性绝不可有丝毫的忽视，国有粮食业的作用绝不是可有可无而是任重道远。

我国的粮食业历史上有能力、有办法对付较长时期供不应求的状况，而缺乏对应某一时段供过于求的经验；有对应短缺经济的办法，而缺乏对应相对过剩的经验；有参与国内市场的经历，而缺乏参与国际大市场竞争的经验。这是当前粮食行业面临的新情况、新特点，我们的确有些思想准备不足，原有措施办法滞后的现象。再加上国有粮食行业本身又处在“两个根本转变”的过程之中，新旧体制交替、新老矛盾交错，历史包袱和现实矛盾交织在一起，就显得困难非常大。解决这些问题，更好地完成新时期粮食工作的新任务，必须走改革、改组之路，科技兴粮之路，联合发展之路，舍此没有别的选择。从历史的经验看，在粮食工作中必须把握好粮食的总量平衡、宏观调控、深化改革和战略改组四个重要环节。这些都是关系粮食工作大局的重大原则问题，这些大事抓落实了，就可能使中国的粮食业特别是国有粮食业走上良性循环，发挥更大的作用。

我们在正视困难的同时，也必须看到新世纪到来的有利条件和难得的机遇。首先要看到新世纪来临之际，中国经济和世界经济都是继续发展的趋势。据世界银行和世贸组织的预测，全球经济近期还没有萧条的迹象，还保持着不同程度的增长势头。例如美国经济增长率今年达3.8%，明年、后年将有2.8%~2.5%的增长；欧盟今年经济增长率为2.1%，明后年预计将达到3%；日本的经济增长也将由今年的1.3%上升为明年、后年的1.6%、2.1%，整个东亚的经济复苏比预想的快。多数发展中国家的经济也是增长的。而中国的经济仍保持旺盛发展的势头，进入21世纪以后，在相当长的时期可能有保七争八的速度。我国大规模的现代化建设和社会购买力的提高，都为我们提供了广阔的市场和不可估量的商机。尤其值得注意的是我国粮油食品工业将始终属于新兴产业，保持了较快的发展势头和极大的潜力。食品工业的总产值在1981~1990年间，年平均增长8.8%；1991~1995年间年平均增长13.3%，1996年以后也以12%左右的速度增长，我们有12亿多人口的广大市场和日益提高的购买力，是我们粮食业及粮油食品加工业发展的牢固基础和取之不竭的源泉。只要我们把工作做好，是大有希望和大有可为的。面向新世纪，我们要把重点放在搞好自己的工作上，丢掉包袱，轻装上阵，参加国内外市场的全面竞争，在改革中谋生存，在竞争中求发展。

搞好粮食行业的战略性改组

党的十五届四中全会决议指出：必须“从战略上调整国有经济布局和改组国有企业”。“要区别不同情况，继续对国有企业实行战略性改组”。江泽民总书记在四中全会上深刻指出：“随着我国经济的发展，经济结构问题越来越成为影响经济和社会发展全局的突出问题。要保持国民经济的持续增长和经济社会的协调发展，就必须调整和优化经济结构。要敏锐地把握世界科技进步日益加快和国际经济结构加速重组的新形势，着眼于提高国民经济整体素质，增强综合国力和国际竞争力，对经济结构进行战略性调整”。在世纪之交的我国粮食、油脂行业，同整个国民经济一样，正处在结构调整、转型升级的关键时期。这是粮食行业五十年来最深刻、最重要的一次战略性重组，是粮食行业再次起飞的火车头，如果搞得不好，将会使粮食经济处于低迷的状态拉长，影响力大为减弱。因此，这是关系粮食行业兴衰存亡的重大问题。面对国内的多渠道竞争，面对国际市场最强大的对手，中国粮食企业必须通过改革调整，强壮自身，优化结构，优化产品，优化机制，从而达到质量的最佳化、效益最大化，在竞争中立于不败之地，否则，就难免被淘汰。问题的重要性、紧迫性、尖锐性就在这里。

处在竞争前列的粮食行业，在新中国成立之初，是在计划经济和短缺经济的基础上建立和发展起来的，可以说是“先天不足”。粮食的购、销、调、存、加工整个粮食的服务体系，都是为统购统销、满足定量供应服务的。因此，小而散、低水平重复建设严重，产品基本上是初级产品和粗加工产品，科技含量低，形不成规模经营和规模效益，企业人员多，包袱重，机制不活，设施陈旧。在当前新旧体制转换之际，发展将十分困难，经不起冲击，一些地方已经呈现出市场萎缩、主渠道削弱的局面。国有粮食企业同所有国有企业一样，也有一个在新形势下如何脱困、如何发展的问题。出路在哪里？就在于按照党的十五大精神，继续深化改革和结构调整。正如中央指出的：要“坚持建立现代企业制度的方向，积极推进国有企业的战略性改组”。国有粮食企业，必须进行脱胎换骨的改造和调整，重新组织队伍，重新占领市场，没有别的途径可走。

粮油行业进行战略性的调整，包括了丰富的内涵。它是有进有退，有生有死，有取有舍，有所为有所不为的调整和改组。是转型升级式的调整，不是简单的填平补齐，是一个复杂的系统工程。通过调整解决成分单一、布局分散、规模狭小、产品陈旧、效益不高的状况，以达到结构优化、产品更新、机制灵活、效益提高的目的。

——**在服务体系布局上进行调整**。要改变粮食行业按行政区域划片设点，布局过散，战线过长的状况，按经济区划和经济流向进行调整。在主产区和主销区、在发达地区和贫困地区，建立合理的跨省区的储藏、加工服务体系和营销网络，以确保不同地区、不同层次人民的粮油食品供应。

——**在所有制结构上要调整**。对粮油行业进行调整和改组，要考虑到粮食行业的特点。江泽民同志指出：“国有经济在关系国民经济命脉的重要行业和关键领域必须占支配地位。”我认为，粮食是关系国计民生的重要行业。从我国国情出发，为了国家的安全、社会的安定和人民生活的安宁，我们必须坚持粮食自力更生为主的方针。在流通领域必须坚持国有粮食企业的主导地位。这些领域，国有经济的职能是很难为非国有经济所替代的。在这个问题上，不能有任何动摇。同时要发展多种经济成分参与粮食的流通，形成以国有独资、国有控股、参股等以国有为主导的多元化的经营模式，提高国有经济的控制力、影响力和带动力。

——**在企业组织结构上实行大集团战略**。搞好规模经营，提高规模效益，以大集团带动中小企业的发展。在这次重组和调整中，要从分散低效的中小企业向大型企业、企业集团集中，从低质劣势企业向高质优势企业集中。现在可以说是粮食企业的“春秋时代”，将逐步形成“战国七雄”，形成一批大型企业和企业集团，这是粮食宏观调控的主要载体，是粮食油脂行业的希望所在。如果有几个大型的现代化、国际化集团的出现，这将给粮食行业开拓出新的局面。正如江泽民同志指出的，“国家在关系国民经济命脉的重要行业与关键领域，要重点培育和抓好一些国有及国有控股的大型企业和企业集团，发挥这些大企业在资本运营、技术开发、开拓国际市场等方面的优势，成为经济体制改革和企业重组的重要力量，成为参与国际市场竞争的骨干。”

——**在设备和产品上进行现代化改造**。要根据技术创新的精神，用现代化技术改造储运、加工等方面设施。必须明确这次调整是升级型的，因此要立足于面向21世纪，尽可能采取符合我国国情的现代科学技术，用现代化技术改造传统的粮食业，使之向现代粮食业发展。要下硬功夫抓产品的升级换代，开发名牌产品、系列产品，提高科技含量，增加附加值，以满足人民多方面的需求。市场竞争是靠产品的竞争，没有优质、高效的产品，就不可能在竞争中取胜。

——**人才结构的调整**。我认为这是粮食行业战略性改组中不可忽视的根本的重大问题，粮食部门300多万名职工，但水平参差不齐，初中以下文化程度的占多数，据典型调查，大专以上人员只占不到10%。我们必须切实抓紧这方面的工作，有了人才，才能够发展。今后要着重吸收高智能的管理人才、科技人才充实到队伍中来，为此，要采取一系列鼓励的措施。

这次战略性改组和调整，是一个较为长期的任务，是个渐进的过程，不是一蹴而就的，我们要根据各地实际情况，积极稳步地推进。当前虽然有困难，但要主动进取，把握机遇，不可消极等待。

在重组和调整中，要注意几项原则：

第一，要以市场为导向，发挥市场机制的作用。要根据市场需求来生产、采购、销售，进行调整。在注意中高档市场需求时，不可忽视大众食品市场，以满足广大中低档收入者的需求。特别是要抓住时机，开拓农村市场。县级以下粮食企业，要把农村食品服务体系的建设抓好，为解决农民的食品需求服务，这是农村基层粮食企业今后的出路所在，是粮食系统的一个新的经济增长点。

在抓好国内市场的同时，凡有条件的地方和企业，要努力开拓国际市场。特别是一些大型企业和企业集团，更要在国际市场上提高自己的竞争能力。应当立足本地市场，面向区域或全国市场，打入国际市场，既要适应市场的现实要求，又要研究预测潜在的、未来的市场需求和价格趋势，掌握市场动态，捕捉商机，以取得好的效益。

第二，以改革为动力。这次战略性重组，是和深化改革、资产重组紧密结合进行的。从总体上要求做到集中优质资产，重组低效资产，盘活呆滞资产，淘汰无效资产。要通过市场竞争，遵循经济规律，利用联合、兼并、破产等形式，进行资产重组，调整企业的组织结构和产品结构，合理配置资源，提高国有资本运营效率，充分发挥规模效益，全面增强企业的竞争能力。要下工夫抓好企业内部改革，坚持现代企业制度方向建设企业，调动经营者和所有员工的积极性，使企业焕发生机。

第三，要以科技为依托。技术创新是企业进步的灵魂，是企业兴旺发达不竭的动力，是新世纪经济发展的制高点，在新形势下，企业要切实把提高效益转到依靠技术进步和产业升级的轨道上来。这次调整，要加大科技投入和技术改造的力度，发展名、优、特产品和系列产品，提高产品的科技含量和附加值。结构调整，一定要以效益为中心，讲求实效，支持重点产品和重点名牌、支柱产品，开拓不同层次的新的市场。在进行技术改造、设备更新时，要把引进和消化结合起来，提高粮油行业的装备水平，大力发展精加工、深加工和综合利用，推进粮油行业增长方式的转变，加快粮食行业现代化建设的步伐。

第四，要和农业产业化、农业结构调整相结合。由于粮油行业是以粮油等初级产品为原料的，与农业生产联系非常密切。因此，一定要和农产品的结构调整和产业化进程结合起来。粮油收储企业要逐步改变传统的坐地收粮等办法，参加到粮食产业化进程中去，与农民发展多种形式的合作，逐步建立联合经营、风险共担、利益共享、平等互利的共同体，实行产加销的一体化经营。要推广“合同农业”、“订单农业”，实行“公司＋农户”、“粮站＋农户”、“协会＋农户”、“合作社＋农户”等多种形式，使粮油食品的服务体系深入到农户。

总之，在调整结构中，要坚持按经济规律办事，避免主观性和盲目性，要统筹兼顾，积极稳妥地组织实施，务求减少失误，达到预期的目的。

搞好粮油企业改革，把基础打好

关于深化粮食流通体制改革，党中央、国务院出台了一系列重大措施，提出了“三项政策、一项改革”，并采取一系列配套的措施。最近，国务院又发出了20号文件加以明确。我们一定要统一认识，落实措施，结合本地的实际情况认真加以贯彻，以取得更大的效果。

企业改革，是“三项政策、一项改革”的重要内容，这是完全必要和正确的。企业是粮食战线上的基层细胞，是粮食行业发展的根本。尤其是国有粮食企业，是国家对粮食宏观调控的主要载体，是粮食行业的支柱。跨入新世纪，我们必须把企业搞好，把基础夯实，这是粮食行业的希望所在。展望未来，随着行政机构的精简和职能的转换，人员也会减少，管理的范围也会有所调整。而企业却有无限生机和广阔前景。我们一定要把着眼点和工作重点，放在搞好企业上。把企业搞好，就有了坚实的基础，粮食行业就不会衰落，而且会逐步发展。新的世纪中，一定会有一大批企业脱颖而出，崛起于群雄竞争之中，成为中国的甚至跨国的知名度高、实力雄厚、竞争能力强的企业集团。对此，我们要积极作为，等待的思想、消极的思想、无所作为的思想都是不对的，有害的。我们应该把注意力转到企业改革上，下大功夫把它搞好，不要丢失良机。

国有粮食企业的改革，同其他的国有企业本质上是一样的。但由于粮食企业进入市场经济晚，历史包袱也重，改革的难度可能更大。邓小平同志说："发展才是硬道理"。守是守不住的，我们不仅要完成国有粮食大中型企业三年脱困的目标，而且要继续前进，在发展中消化潜在的矛盾和积累的困难，使之步入良性循环。当前，我认为最重要的是要贯彻党的十五届四中全会的精神，在企业改革中重点抓好发展战略、运行机制、科学管理、班子建设等四个重要环节。

第一，办好企业，首先要有一个面向市场、切实可行的发展战略和规划，即要解决好企业的定位和产品的定位问题，也就是企业的发展方向问题。制定战略，一要根据市场的需要；二要发挥本地区、本企业的优势，扬长避短，切合实际。企业定在什么主攻方向上，产品定在什么档次、什么范围上，是决定企业命运的首要课题，定位定不好，方向不明确，再好的机制也用不上，再好的人才也无法施展才干。上海浦东有三家商场相邻相伴，但他们经过慎重考虑，一家定位经营世界名牌产品，服务对象确定为高档产品的消费者；一家定位经营青年喜爱的时兴商品，服务对象为中上等收入的男女青年；一家定位为大众化商品，服务对象为中老年居民。三家商场各展所长，各得其所。这就给我们以启示：粮食流通行业和加工行业一定要根据商流、物流、信息流，根据顾客的购买力状况，进行有特色的经营和周到的服务，这样就可能成功。这里要注意的是经营的商品，不论高、中、低档，都可以闯出一条路。根据一些先进企业的经验，要注意树立信誉，创造名牌。高档货有名牌，大路货也有名牌。要采取名牌战略，有自己的名牌、名店，有良好经商信誉的名商行、名公司，经营品种适销对路，覆盖面很大，服务周到，这样就可经久不衰，经得起市场的竞争。

第二，办好企业，必须有生机活力的运行机制和管理体制，以调动经营者和广大员工的积极性。对粮食系统的大中型企业来说，就是要建立起现代企业制度，进行规范化的公司制改革，形成科学的领导体制、决策程序和责任制。公司法人治理结构是公司制的核心，要根据《公司法》的规定：明确董事会、监事会和经理层的职责范围，形成企业的决策、执行和监督机构之间各自负责、协调运转、有效制衡、相互促进的机制，使国有资产保值增值。重大问题一定要董事会集体讨论确定，集体决策，个人负责。集团公司要注意增强集团的功能，建立以资产为纽带的母、子公司体制，投资、人事、资产管理、科技创新等重大控制权应集中到母公司。在建立企业运营机制中，特别要注意人事制度、劳动制度、工资制度的改革，逐步形成经营者能上能下，人员能进能出，收入能增能减。最近原部属公司就对一些新建库、新建子公司作了改革，人员实行聘任制，档案存入人才中心，不搞铁交椅、铁饭碗，5 万吨仓容的仓库定员 15 人。需要进出粮时，聘用临时工，这样企业没有什么大的负担，管理现代化，效益也就上去了。老企业有减员增效、分流下岗的问题，也要不失时机地妥善处理好。中国的粮食企业改革是崭新的课题，我们要有创新精神，进行有益的探索。

第三，办好企业，必须强化管理，规避风险。党的十五届四中全会决议指出。“强化企业管理，提高科学管理水平，是建立现代企业制度的内在要求，也是国有企业扭亏增盈、提高竞争能力的重要途径”一个好的企业，必须有一套从严的、科学的管理制度和办法。根据前几年的实践经验，我认为企业管理要抓好现场管理、财务管理、质量管理和人事管理。这里强调一个财务管理，企业管理要以财务管理为中心。现在一些董事长或总经理，没有亲自抓财务，这是很危险的。根据国家经贸委推荐的中国华能集团公司的经验，他们提出了现代企业财务管理的新理念，将财务部门定位为“融资中心、管理中心、投资控制中心、利润和结算中心”、财务管理不应只限于记账、算账和资金的收付，而应扩展到资金筹措及应用，资本结构的平衡，长期、短期投资的管理和监控。资本长期保值增值的预测和规划，风险分析和控制等领域，财务管理从事后控制转向事前、事中控制为主，并参与经营决策等。一些企业或企业集团还实行财务总监制或总会计师连签制，对下属公司的财务经理实行委派制，都是较为成功的经验，各地可以结合实际情况采用、推广，不断完善。

在市场经济大潮中，企业在运营时一定要有风险意识，要认真规避风险，减少损失。前一段时期，不少公司都为此而付出了沉重的代价。从原部属公司的实践看，风险主要有几个方面：（1）经营风险。价格的大起大落、诈骗等；（2）投资风险。决策不当，或搞泡沫经济，或搞过度风险投资等；（3）金融风险。如拆借资金收不回，贷款长期呆滞在外，担保失当，汇率变动造成的损失等。造成这些问题又是三个方面：一是决策失误；二是管理失控，特别是子公司过多过滥，殃及母公司；三是用人不当。这方面教训是很多的。我们面临国内、国际市场的竞争，要逐步积累一些防范和减少风险的办法，如建立风险基金、套期保值、事前防范、法律保护等，应多想办法，多辟途径，万一出了问题，也可以减轻损失。

第四，办好企业，要有一个好班子，带出一支素质高的队伍。这是搞好企业的关键。提高企业的素质，首先要提高领导班子的素质，队伍的素质。选好经营班子是关系企业成败的头等大事。党的十五届四中全会决定中对经营者提出的要求概括起来有三条：第一，“思想政治素质好，具有强烈的事业心和责任感”；第二，“经营管理能力强，熟悉本行业务，系统掌握现代管理知识，具有金融、科技和法律等方面的基本知识，善于根据市场变化作出科学决策”；第三，“遵纪守法，廉洁自律，求真务实，联系群众。”这为我们选配领导班子指出了方向，提出了更高更严的要求。

在选配和建设领导班子中，汲取以往的经验，我们一定要遵循德才兼备的干部政策，避免任人唯亲、避免小圈子。要注意以工作实绩选拔干部，在实践中形成领导核心；要注意选拔培养中青年干部；创造条件使他们脱颖而出。要认真贯彻集体领导和个人负责相结合的原则，防止个人说了算，甚至独断专行的不良倾向，既要加强对经营人员的培养、使用，又要加强监督和教育。挑选经营班子，要走群众路线，倾听群众的意见。要促进人才的合理流动，避免终身制，并应逐步探讨在企业经营人才库或公开招聘等办法，按照公开、平等、竞争、择优的原则，打破人才的部门封锁、条块分割，促进人才的合理配置。这些方面，我们是有深刻的经验教训的，应认真总结，不断完善。

在建设好领导班子的同时，要注意全面提高职工的政治素质和业务素质。要加强职工的技术培训，学好技术，不断创新。要加强企业精神文明建设，培养职工的敬业爱岗意识，发扬企业精神。一个好的企业，应该是培养人才的大学校，既出物质成果，也出精神成果；既出产品，又出人才。每个企业都要有自己的特色，自己的风貌，自己的企业精神。这是企业的无形资产。

在进行企业现代化建设的时候，我们应十分重视发扬粮食系统的优良传统，要把进行现代化教育同发扬优良传统结合起来，重塑粮食系统的新形象，重振粮食系统的雄风。我国粮食系统是有光荣的革命传统的，中华民族历来有贵粟惜粮、救困扶贫、为民解困的良好风尚。从苏维埃时期到新中国成立以后，我国的粮食系统在党的领导下，经过几十年的艰苦奋斗，继承了历史上粮食工作的优秀品德，并在新时期形成自己的风格和面貌，在人民群众中树立了国有粮食业货真价实为人民的“金字招牌”，粮食工作的优良传统进一步发扬光大。在进入新世纪以后，我们进行现代化建设，但粮食工作的优良传统不能丢掉。这些优良传统，概括起来就是：“求真务实，改革创新，艰苦奋斗，天下一家”。我认为，这是我们的传家宝，应当世世代代流传下去。国有粮食业这块“金字招牌”，应当世世代代保留下去，在新世纪让它更加光彩夺目，更加风采照人。

同志们，在新世纪的曙光展现在我们前面的时候，无不心潮澎湃，满怀激情，粮食行业的新曙光、新形象、新创业，也一定会出现在中国的大地上。让我们高举邓小平理论的伟大旗帜，在以江泽民同志为核心的党中央领导下，团结拼搏，艰苦奋斗，去争取新的胜利。

白美清粮食论集

下　卷

（2000～2013年）

白美清　著

经济科学出版社

目　录

下　卷
(2000～2013年)

二〇〇〇年

我国粮食仓储建设和粮食保管要适应新形势和新任务 ……(2000年3月25日) 539
中国稻谷加工业将实现生产现代化、经营规模化、产品标准化和管理科学化 ……(2000年3月29日) 548
中国食用油脂及油料的供求平衡与发展趋势 ……(2000年5月19日) 551
坚持走改革调整和科技兴粮之路 ……(2000年6月28日) 555
新世纪我国粮油科技面临的新形势和新任务 ……(2000年7月17日) 557

二〇〇一年

解放思想　加快新世纪粮食行业改革和发展的步伐 ……(2001年7月22日) 564
加强协会和学会工作　为新形势下粮食行业发展服务 ……(2001年12月12日) 575

二〇〇二年

我国粮油工业加入世贸和粮食市场化后的发展战略问题 ……(2002年4月24日) 586
粮油行业要在科技兴粮上迈出新步伐 ……(2002年6月25日) 594

二〇〇三年

新型工业化道路——中国粮油工业振兴之路 ………（2003年3月27日）601
对新时期粮食工作再创新业的几点思考 ……………（2003年4月11日）606
开拓创新　努力建设我国现代化粮食市场体系 ………（2003年9月3日）616
我国碾米业在新时期整合提升的振兴之路 …………（2003年9月24日）619
新时期做好粮食工作的几个问题 ……………………（2003年10月20日）624
认真总结粮食价格改革经验　更好地为新时期国家粮食安全服务
……………………………………………………（2003年10月24日）631
携手托起明天的希望 …………………………………（2003年11月15日）635

二〇〇四年

充分发挥民营粮油企业在国家粮食安全中的积极作用
……………………………………………………（2004年4月24日）637
我国粮食市场化、国际化的新形势与粮油企业纵横发展战略的
探讨 ……………………………………………（2004年5月14日）643
加快我国粮油行业实施名牌战略的步伐 ……………（2004年12月15日）650

二〇〇五年

站在新的历史起点上把粮油企业做优做大 ……………（2005年2月1日）656
新时期粮食批发市场建设的新任务
……………………………………………………（2005年3月3日）661
改革创新　埋头苦干　创造北良新业绩 ……………（2005年3月30日）667
优势互补　合作共赢　开拓中国与东盟粮农业共同发展的
新局面 ……………………………………………（2005年6月10日）670
整合提升　加快杂粮产业化步伐 ……………………（2005年8月5日）673
抓好粮食流通网络建设　促进放心粮油进农村
……………………………………………………（2005年8月23日）677
建立粮油企业规避风险的长效机制 …………………（2005年9月15日）681

二〇〇六年

新时期小麦供求总态势与小麦分会的新任务 ………（2006年3月23日）685

让放心粮油进入农村千家万户 ……………………（2006年4月10日）689
培养造就新一代粮食人才是振兴粮食业的百年大计
……………………………………………（2006年4月18日）696
理性经营　以优取胜　整合提升　和谐发展
——对新形势下大米行业发展几个问题的思考
……………………………………………（2006年7月13日）699
加强粮食经济理论研究与创新　为国家粮食安全和粮食行业
发展服务 ………………………………（2006年8月28日）704
总结经验　改革创新　进一步建设好东北粮食物流通道
……………………………………………（2006年9月23日）708
粮油加工业新一轮重复建设与产能过剩值得关注
……………………………………………（2006年9月25日）712
站在新起点上努力开创协会工作的新局面 …………（2006年10月15日）716
立足创新　全面提升粮油企业的核心竞争力 ………（2006年10月15日）718
我国粮食储备制度与国家粮食安全战略探讨 ………（2006年11月28日）722
新时期粮油企业经营发展战略探讨 ……………（2006年12月6日）729

二〇〇七年

国家粮食安全战略几个新问题的探讨 ……………（2007年4月21日）735
稳步“走出去”　开拓新天地……………………（2007年5月17日）740
新形势下加快粮油企业发展的几个问题 …………（2007年8月2日）743
保持玉米产业可持续发展的几点意见 ……………（2007年9月23日）749
构建新型粮食营销网络　更好地为国家粮食安全服务
……………………………………………（2007年11月18日）753
总结协会工作经验　加强协会体系建设 …………（2007年12月18日）756

二〇〇八年

提高油脂自给率　保障食用油安全
——食用植物油安全专题研究专家意见反映 ……………（2008年6月）762
新时期掌握大米安全主动权与企业发展的探讨
……………………………………………（2008年7月3日）768

重视发展“两薯” 加快杂粮产业化进程……………（2008 年 7 月 21 日）773
努力探索新时期粮食产销结合的新模式和新机制
……………………………………………………………（2008 年 8 月 18 日）778
创新乃强 联合乃大
——落实科学发展观促进粮油企业现代化和集团化发展
……………………………………………………………（2008 年 9 月 24 日）781
中国食用油脂油料的供求形势与宏观取向…………（2008 年 10 月 16 日）788
建设具有中国特色的粮食市场体系 为新时期国家粮食安全服务
……………………………………………………………（2008 年 10 月 28 日）791

二〇〇九年

构建具有中国特色的粮食储备体系 …………………（2009 年 3 月 10 日）796
增强信心 迎难而上 化危为机 创新发展…………（2009 年 4 月 1 日）800
《粮食大辞典》序言 ……………………………………………（2009 年 4 月）803
新中国 60 年来粮食工作的历史成就和启示 ………（2009 年 10 月 17 日）805
在 2009 年全国大型粮油企业年会暨中粮协专家委员会第一次
会议上的讲话…………………………………………（2009 年 11 月 19 日）810
加强协会建设 更好地为国家粮食安全服务 ………（2009 年 12 月 3 日）815

二〇一〇年

加快稻米加工业产业化步伐 为确保国家粮食安全服务
……………………………………………………………（2010 年 1 月 15 日）819
促进小麦粉加工业加快转变发展方式 ………………（2010 年 3 月 27 日）822
关于在新形势下保障国家粮食安全面临的新问题与几点建议
……………………………………………………………（2010 年 4 月 14 日）826
粮食“六连丰”后粮食安全和粮企发展面临的新问题
……………………………………………………………（2010 年 5 月 7 日）832
中国储备粮体系是确保国家粮食安全的物质基础和对世界粮食的重要贡献
……………………………………………………………（2010 年 5 月 18 日）836
放心粮油工程新阶段的新任务 ………………………（2010 年 6 月 11 日）839
中国粮食市场二十年改革历程的回顾与展望 ………（2010 年 7 月 22 日）843

确保大米食品安全　坚决实行行业自律 ……………（2010 年 8 月 17 日）847
积极应对新时期国家粮食安全的新形势、新挑战和新考验
……………………………………………………………（2010 年 9 月 1 日）850
中国粮食储备新体系建立二十年的回顾与展望 ……（2010 年 9 月 16 日）853
郑州粮食批发市场的历史地位与光荣使命 …………（2010 年 10 月 12 日）857
国有粮食企业在新时期的任务与对策 ………………（2010 年 10 月 28 日）862
围绕永恒主题　开展创新研究 ………………………（2010 年 11 月 20 日）867

二〇一一年

关于提高我国食用油自给率的战略思考 ………………（2011 年 4 月 1 日）869
在粮食供需紧平衡中保安全、谋发展 ………………（2011 年 4 月 20 日）875
以放心粮油工程为切入点　构筑粮食安全钢铁长城
……………………………………………………………（2011 年 6 月 15 日）882
建设东北三江优质粳稻产业带与国家粮食安全 ……（2011 年 8 月 10 日）886
粮食工作新形势与大中城市粮食安全对策探讨
……………………………………………………………（2011 年 9 月 5 日）890
中国粮食储备体系建立发展的历史进程与新的使命
……………………………………………………………（2011 年 10 月 21 日）897
振兴县域粮食经济　夯实粮食安全基础 ……………（2011 年 11 月 7 日）905
在粮食供需紧平衡中实现包容性发展
……………………………………………………………（2011 年 11 月 29 日）908

二〇一二年

发挥优势　把握先机　推进主食产业化 ……………（2012 年 3 月 23 日）913
稳中求进　突出重点　加快粮食行业转型升级 ……（2012 年 4 月 19 日）917
正确认识粮情特点　搞好新时期粮食工作 …………（2012 年 5 月 31 日）924
让放心粮油进入老少边穷地区千村万户 ……………（2012 年 7 月 18 日）930
新时期粮食市场体系发展的新任务 …………………（2012 年 7 月 24 日）935
中国杂粮产业在新时期的新使命 ……………………（2012 年 8 月 18 日）938
在转型升级中把粮油企业做强做精做大 ……………（2012 年 10 月 28 日）942
县域粮食经济要在转型升级中谋发展 ………………（2012 年 11 月 6 日）946

二〇一三年

实施放心粮油工程的新阶段和新任务
…………………………………………………………（2013 年 7 月 11 日）949
心中永远装着十几亿人的吃饭问题 ………………（2013 年 8 月 28 日）954
新时期建设大中城市粮食安全保障体系的对策探讨
…………………………………………………………（2013 年 9 月 5 日）956
粮食安全的新形势与发展生态粮食业的新思考
…………………………………………………………（2013 年 9 月 5 日）960

编　后 ………………………………………………………………………… 966

二〇〇〇年

我国粮食仓储建设和粮食保管要适应新形势和新任务*

（2000 年 3 月 25 日）

我非常高兴出席这次会议，同粮食系统的专家学者以及领导同志共同研讨中国粮食储备和粮食保管方面的有关问题。作为学会的一名成员，我愿意就研究探讨中国粮食仓储建设和粮食保管面临的新形势、新任务作一个发言，供同志们参考。我讲三个问题。

粮食行业向市场经济转变面临的新形势和新任务

探讨中国粮食业的仓库建设和粮食保管，离不开粮食工作总的形势。当前粮食工作形势很好，粮食行业正处在一个关键时刻，就是说粮食行业正在由计划经济向市场经济转变，由传统粮食业向现代粮食业转变。粮食行业经过多年的努力，在党中央和国务院的正确领导下，取得了重大的成绩，当前是粮食工作最好的时期，粮食的库存，粮食的生产都是最好的时候。从市场看，粮食产品丰富多彩，琳琅满目，确实是前所未有的。当前粮食工作也遇到了一些困难，这些困难应该怎么看？我认为应该从分析粮食的总形势来看。粮食行业在改革开放以来，粮食市场化的程度在不断地提高，不断地深化。随着国民经济

* 这是白美清同志在云南大理市召开的中国粮食储备与仓库建设学术研讨会上的讲话。

向社会主义市场经济发展，粮食的市场化进程也在加快，传统的计划经济逐步缩小，正在发生根本性的巨大变化。近几年内，国家采取一系列的措施，我认为也是向市场经济发展，或者说向市场经济前进。特别是近两年来，随着粮食流通体制改革的深化，粮食战线出现了新的特点。概括地说，就是粮食市场化程度在加深，范围在扩大，不仅涉及国内市场，还涉及国际市场。国内外市场的变化对粮食行业提出了崭新的课题，提出了重大的任务。

从国内市场来看，粮食的供求关系和总量平衡发生了根本性变化，粮食出现了相对过剩（结构性的、阶段性的、地区性的），出现了一个时期的供大于求的现象，出现了买方市场。根据这样一种情况，国家采取了一系列的措施，加速向市场经济发展的进程。首先，比较突出的一点，就是国家定购数量在不同地区不同程度地减少，全国减少了大约1/3。最高时定购9000万吨，现已减到5000万吨以下。其次，退出保护价的品种在增加，开始开放小品种，如小米。近来又增加南方的早籼稻、玉米、北方的春麦等退出保护价收购，这就意味着由市场来发挥作用。最后，在价格上，国家采取了一系列措施向市场价格靠拢，也就是说要逐步形成市场决定价格的机制，定购价、保护价都向市场价靠拢，逐渐完善。事实上，保护价降低了。这几年，受国际市场的影响，粮价、食油价与国际市场的差价在缩小，过去搞闭关自守，现在不行了。从以上可以看出粮食行业正按照党的十五大精神向社会主义市场经济前进。

再从国际市场分析，国际市场对我国粮食市场的影响更大、更直接，而且中国将加入世贸组织。加入世贸组织后，中国要全面参与经济全球化和贸易全球化的进程。加入世贸组织，就意味着参加世界市场竞争，贸易逐步走向自由化，关税壁垒逐步取消，独家垄断要逐步取消。当然还有过渡期。党中央、国务院采取果断的英明决策，就是把中国企业放在世界市场中去竞争、去发展，这一关非过不可。这是重大的战略决策，是改革开放的必然结果。总的来看，利大于弊，有的行业冲击大些，有的冲击小些。对粮食行业，也是利大于弊，但要看到带来不利的影响和冲击。利，是可以利用两个市场、两种资源来解决我们全国的总量平衡问题。我们在1991~1992年总结了几句话："总量平衡，适量储备，掌握批发，管好市场，搞活企业，多种经营"。总量平衡就必然涉及利用国内的资源和利用国外资源。进出口方面，利就是可以打破垄断，我们粮食行业最关心的就是取消垄断，进出口权应相应给粮食系统。所谓弊，加入世贸组织后，会对不同地区、不同品种、不同环节有不同的影响，不要笼统讲有影响，今后我们还要研讨。对不同地区，如产区与销区、沿海与内地，有不同的影响。在品种上，如西欧、北美、南美的优势品种是小麦，我们缺乏优质小麦品种，小麦将来可能冲击比较大。大米的竞争对手主要是东南亚，他们有时年景好，有时年景坏，泰国、越南、缅甸产量比较大，但不是很稳定，所以大米的冲击不是很大。油料中大豆冲击比较大，我国大豆产量占世界第四位（美国、阿根廷、巴西、中国）。我国大豆的缺点是混装，品质不一；但我国大豆的优势在是非转基因的，含蛋白质高，适合作食用，如做豆腐等。可以出口食用大豆，进口榨油的大豆。油菜籽也受一定的冲击，我们的油菜籽品质差，国外的油菜籽含油率40%多，我们的仅30%多。不同环节即购、销、调、存、加工都有不同程度的冲击。零售已放开了，冲击差不多了，再冲也不怕了。我认为收购要受到冲击，特别是退出保护价的品种增多以后，北方粮站、南方粮管所，可能要受冲击。我估计粮管所如果不与农民结成联合体，随着早稻退出保护价范围，收购减少，再加上国外一冲，工作就更难了。过去讲的“两代一兑换”，就是要向农业延伸，与农民结合，参加农业产业化进程。这一点，有些国外的公司比我们做得好，如嘉吉公司在美国，从种子开始就建立了服务体系，与60%的农户建立了合同关系。加工、运输也都会受到极大冲击。我们必须采取对策，参加到市场竞争中去，发挥我们的优势，降低流通成本。

进入世贸组织后，有两个值得注意的现象：一个是国外农产品要大量进入中国市场；一个是国外的大公司要进入中国市场。农产品已经进口不少了，最担心的是国外的大公司进入，如中外合资企业、外商独资企业的油厂、饲料厂，占领了相当多的市场。如果跨国大公司大举进入会带来什么问题？我们需要及时研究对策。最近中谷集团就在研讨，你有你的打法，我有我的战略。我们也可和它合作，利用我们的仓储设施，利用我们的销售网络，利用我们国内的传统关系。进口我也不一定要买你的，也可以直接到产区去买，绕开中间商。中谷集团在香港有分公司，将来从香港直接到美国、加拿大、澳大利亚，到西欧，到阿根廷直接采购。你这样搞，我也可以这样搞。中国将来也会出现几个跨国公司。我们国内还要重新组合，像现在粮食系统的企业，单兵作战，各搞各的，这是不行的。粮食系统已经在向市场化发展，这是不以人们意志为转移的。鉴于粮食是个特殊商品，在中国有特殊的重要性，因此，在向市场经济转变时必须坚持两条：第一条，要坚持宏观调控论，搞好以储备粮为中心的宏观调控体系。第二条，坚持企业本体论，必须以一部分国企为骨干，作为本体，作为依托。不要只看粮食部门有很多缺点而忽视主流，当发生突然事件、发生灾害时，还是国家队起作用，国有粮食企业最听话，救灾、抢险，安排群众生活，紧急调动粮食，还是国有粮食企业跑在最前面。这是其他经济成分的企业所不能替代的。将来粮食行业的希望在企业，当然包括一些民营企业，包括混合所有制的企业，还有国营控股、参股的企业。在向市场经济迈进的情况下，市场化的加快，就意味着竞争的更加激烈。不仅有国内竞争，还有国际市场的竞争。

粮食行业市场化程度的提高和步伐的加快，意味着生产社会化、专业化、现代化步伐要加快，这就要求粮食企业的调整和改组要加快。现在的粮食系统是在统购统销及短缺经济基础上发展起来的，所以“先天不足”。长期以来粮食系统按照行政区域划片设点，为定量供应服务，因此它规模小，缺乏规模化的大型加工企业。最大的油脂加工企业就是大连油脂加工总厂，日处理700吨，而国外上千吨的油厂、米厂却不少。嘉吉公司在阿根廷建立日加工7500吨大豆的油厂，成本很低。粮食系统现在正进入战略性的改组时期，加速分化，加速重组，所以必须研究建立新型的适合市场经济的粮油服务体系。在思想上、体制上、制度上、组织上做好准备，进入大市场去竞争，粮食系统现在要下这样的决心。立足点要改变，靠吃政策饭是不行的，立足点要摆在去大市场竞争，与各种所有制成分竞争，与跨国公司竞争。这些的确是前所未有的新情况、新局面，粮食系统要在思想上进一步解放，进一步动员起来，在机制上、制度上，采取新的办法，组织上采取新的措施。进入新世纪以后，粮食行业面临的，一个是市场化程度加深，再一个就是科技进步加快，将来贸易都是通过电子商务进行。现在粮食系统习惯于场外交易，单线联系，这是很不适应的。粮食系统现在太松散，比八百“诸侯”还多，我算了一下，恐怕有几千个“诸侯”：公、侯、伯、子、男，很难联系。都想当那个小“侯爷”，想当那个“酋长”，要联合组织几个大集团，难得很。宁为鸡头，不为凤尾，这就是毛病所在。小粮管所都想独立去采购、去销售，一个小厂也是购、销、加全能。国外大公司生产就生产，销售是专门的销售，经营大米就是大米，经营小麦就是小麦，不插手其他。我们这儿，业务上是交叉的，只要粮油沾上一点边，什么都可以作。粮油学会要研究进入社会主义市场经济后我们怎样搞，特别是研究如何面向两个市场，面向大流通参与竞争。要集中研究企业，涉及企业如何组合，建立起新的运行机制，如何采用现代化的先进技术，提高经济效益。包括两个方面，一方面从机制上、制度上去推动它；另一方面采用高新技术，去提高生产能力和产品科技含量。粮油学会面临新的情况，要研究进入社会主义市场经济后的这些新问题，给行政当好参谋，给企业搞好咨询，当好助手，帮助企业在思想上、制度上、组织上适应社会主义市场经济的需要。特别是国家队中能够保留一些骨干队伍，即大型的骨干企业，以更好地推动粮食行业现代化，为生产者、消费者服务。

总结粮食仓储建设新经验　加快仓储设施建设步伐

仓储设施是粮食行业重要的物质基础，新中国成立以来，党和政府就十分重视和关心粮食仓库的建设。新中国成立 50 年来，特别是改革开放以来，仓储建设发展非常快，仓储建设当前已进入新的阶段。我最近查了一下历史资料，新中国仓储建设大概分为五个阶段。

第一阶段：从新中国成立初期到 1965 年。经过了三个五年计划。这段时期仓储建设是在国民党扔下的烂摊子上进行的。新中国成立前全国仓容只有 750 万吨，植物油库 5000 吨，粮油加工能力为 2300 万吨，固定资产总值 6 亿元，我们接收的摊子就这么大。从 1953 年开始建设，学苏联的办法建砖木结构平房苏式仓（原来我们接受的都是祠堂仓、庙宇仓、木板仓）。从第一个五年计划开始，第一批建的是平房仓，就是矮胖子苏式仓，那时装粮线是 2 米，中间还有柱子。我看过中国最古老的仓，如陕西大荔丰图义仓，比较大，像小城一样，在清朝光绪时修建，现在还在使用，是窑洞仓型。义仓跟官仓有区别，可以用于救灾扶贫，官民结合。我在甘肃看到清末慈禧太后时期建立的一批房式仓，也还在用。第二个五年计划后，除苏式仓外，推广了双曲拱仓、砖圆仓、薄壳仓几种仓型，一直到 1965 年累计建仓容达 5200 多万吨。

第二阶段：1966～1978 年，党的十一届三中全会以前。包括“文革”动乱时期，其中一段时间贯彻靠山、隐蔽、分散的方针，准备打仗的方针，“深挖洞、广积粮、不称霸”，建了一批地下仓、窑洞仓、“三化仓”（民房化、村落化、院落化），还一度大量推广了泥草混合的土圆仓，当时穷得没办法，情有可原。这段时间，各地建了不少仓库，加起来有 3000 多万吨，但质量很差。

其中1975年为适应进口粮的需要，在沿海的大连、青岛、天津、秦皇岛、上海、广州、湛江等建了一批接受进口粮的立筒仓库，开始有点现代化的仓库了。

第三阶段：1979～1990年，以“三库”建设为标志。从砖木结构平房仓发展成钢木结构的，有21米跨度的平房仓出现，同时开始楼房仓的建设，在上海、广州等南方城市比较多一点，钢板立筒库也开始有了。1985年已引进瑞士利浦的螺旋卷边筒仓技术。这一阶段还开始进行江海联运和水陆联运码头的建设，建设了张家港、南通港等25000吨级码头，水陆码头建立了20座，开始引进立筒库、钢板仓，使仓库建设进入一个新的阶段。

第四阶段：1991～1998年，以储备库、收纳周转库、机械化库的建设为代表，把建仓引入全面现代化的道路。标志是1991年常州会议后，国家计委正式列入计划开展大规模建仓。1991年以后，国务院从总理基金中拨款5亿元，后来追加2亿元，建设18座机械化骨干库，包括四川的彭山库等等。储备库、简易库、周转库等每年建设500万吨仓容，每年投资10亿元，一部分由国家拨款，一部分是贴息贷款。5年共使用50多亿元投资。从1992年开始又利用世行粮食流通项目贷款4.9亿美元，折合人民币42亿元，加以配套资金共82亿元，计划建72个中转库，8个港口库，360个收纳库，仓容达700万吨。世行项目是中国大规模建仓并吸收了世界先进技术的重要项目，规划建设东北走廊、京津走廊、长江走廊、华南走廊，按散装散运和物流进行设计；北京还建立了中心实验库，武装了国家粮油信息中心和原南京粮经学院管理培训中心以及原郑州粮食学院物流培训中心。世行贷款其中30%是软贷款，相当优惠。在大连北良港建成世界上处于前列的粮食码头，立筒库仓容38.4万吨，加上矮圆仓仓容（储备库）60万吨，房式仓仓容4万吨，总共102万吨的仓容。北良港实际建成4个泊位，可以停泊8万～10万吨粮船，是全国粮食部门第一个大码头，全部由国家投资和企业投资。这一时期的三项内容：储备库建设、机械化库建设、世行贷款粮食流通项目建设总投资一百几十亿元。

第五阶段：从1998年6月开始的中央储备粮库建设。在国务院高度重视关怀下，仓储建设又进入一个新阶段，以建新型材料、新仓型的高大房式仓为主，加上部分立筒仓、矮圆仓，当年达2500万吨仓容，加上今年的共3500万吨。这一阶段建设了一批用新材料建设的新仓型、新的大型骨干库，最大的是大连南关岭和北良港粮库，仓容都上百万吨。其次是5万～8万吨的，如三河、武清、徐州、广州新沙港等。现在中国的仓储行业各种仓型都有了，我们从房式仓、砖圆仓、圆筒仓、土堤仓，还有窑洞仓，一直到现代化的仓库应有尽有。可以说世界上中国仓型最多，办仓型博物馆应在中国。经过五个阶段的建设，中国的仓储水平达到了一个新阶段，当然省际间仓容还不平衡。

50年来，我们走的是一条曲折发展的道路，我们应该很好地总结经验。我们的设计水平提高了，特别是近10年来既考虑符合国情，又能与国际接轨。我们在仓储设施上有了很大的进步，从仓储来说，从布局、选点、仓型、设计施工等方面都有丰富的经验。首先是战略布局、选点，如我们考虑的几个走廊，选点选在产区、销区问题，中间都有争论，我们要很好总结。总的来看，布局要合理，选点要正确，仓型要得当，设计要科学，施工要精心。这些环节，大家可以去研究。我们既要考虑技术先进，符合国情；又要面向未来，考虑经济安全，离开这些原则，就可能出问题。对有的仓型，现在有意见、有争论，我主张不要去争论，各个库组织科研人员去攻关、去研究，说不定能打开一个新局面，让实践作出回答。比如浅圆仓，有不同看法，中谷华天八达岭库作了试验，现在进仓运行相当良好，现在不要轻易否定，组织科技人员攻关，我相信中国科技人员是聪明的，从实践中是会想出办法解决存在的问题的。要坚持符合国情、面向未来、经济安全的原则。这次中央储备库建设的经验也很丰富，在建设中贯彻终身责任制，采用业主、招标单位、设计单位、监理单位“四位一体”的经验，是基建中的成功经验。

大规模的仓库建设，有利于提高粮食仓储现代化的水平，增强国家对粮食的调控能力；有利于增强国有粮食企业的物质基础和经济实力，参与国际国内的竞争。经过几个阶段实践和锻炼以及到国外考察，我们的几个设计研究所水平有了相当大的提高，接近或达到了国际先进水平。所以在仓储建设基础上，要很好总结经验，当然也要看到我们的不足，如与运输方面的联系还解决得不够好，有极少数粮库布点不尽合理等，还有政策上的一些问题，如现有仓房的改造，还没有好办法等，这方面希望认真总结经验，将来国家像去年那样的大规模的投资建仓，可能性不大了，可能转入经常性建设，如何搞好它，也是一个大课题。

研究推广现代化仓储保管技术　促进仓储服务体系建设

中国现在仓储建设任务非常繁重，中国是一个大国，有地缘的优势，各种粮食都有，不仅数量多，而且品种杂，东西南北气候差异非常大，保管任务特别繁重。如北方遇到高水分玉米，还没有一个好办法，现在靠烘干。南方梅雨季节，容易坏粮，也没完全解决。还有我们的保鲜技术比较落后，没有很好解决。我在开幕式上讲到中国是粮食产量最多、仓库最多、储备粮数量最多，而且品种最多的国家，如何保管好粮食，是我们仓储工作者和科技工作者面临的重要任务。建仓后就要保管好粮食，保管好了才能出经济效益，所以仓储管理应提到重要日程。在仓储管理上，中国这么大，实践这么丰富，因此必然有新的技术，新的人才产生，我们要为此而努力。粮食的保管比其他物资保管难度大，因为粮食是活的，粮食有生理生化反应，要针对它的特点保质、保鲜。还有经济指标的问题。在粮食的保管上要注意几点：

第一，注意安全性。有两个方面：一方面是不污染粮食；另一方面是不污染环境。这一问题日益突出，保管中应做到：不能对粮食有污染、对工人健康有影响、对环境有污染。粮食保管历来都是用药剂，现在人民的要求也高了，而且要进入国际市场，对质量要求更高，比如出口，农药残留过多，包括使用化肥过多，就出不去，或卖不到好价钱。过去搞磷化氢（PH_3）熏蒸，不重视佩戴防护用具，习惯于传统的办法熏蒸，对工人健康、对粮食质量都有影响。没有开发一些新的药物，局限于少数几种药，没有综合应用生化方面的药剂。实践已经提出，要科学用药、减少残留，要开发新药剂，包括生化药剂，这都需要我们研究。这么多仓容，需要研究办法，各地可因地制宜。我看有些仓库过去使用了一些草药也有效，但不规范，要改进。

第二，注意经济性。一定要注意经济成本，包括流通成本、保管成本。在市场竞争中必须注意成本，要讲经济核算。最关键是仓库用人不要多，用人多了，现代企业制度就很难推行。中谷集团的仓库，现在每保管 5 万吨粮食定编是 15 人，这样成本就大大降低了。河北玉田粮库的“宁流千滴汗，不坏一粒粮”的优良传统，我们要继承和发扬。

第三，注意保质、保鲜。这是保管上提出的新课题，陈化就是损失，要大量减少陈化。要开发一些保鲜技术，在低成本、高效益方面下功夫。

第四，注意把科学性与可操作性结合起来。怎样操作，怎样落实到库里去办，这一套办法，把它研究出来，逐步规范化、制度化。在经济上、技术上、体制上让它形成良性循环，包括仓库保管的良性循环，生物方面的良性循环和经济方面的良性循环，只有这样，仓库才有生机和活力。

在仓库建设中还要应用新型的现代化技术，电子化管理的问题，包括粮情检测，包括上下联网，包括将来仓储应该进入国家网络等，这一套怎样定型化，怎样系统地建立这套服务体系，我们现在的管理还跟不上。

我们要继续总结推广行之有效的先进经验，同时要创造些新的经验。我们多年搞的“一符三专四落实”和“四无粮库”，是很有成效的，要尽量制度化，从责任制上落实。另一个是现在推广的“四合一”的先进技术，即电子检测、机械通风、环流熏蒸和冷却低温等储粮技术，是在学习借鉴国内外最新储粮科技成果的基础上，结合我国国情而提出来的，它将带来储粮技术的革命，我们要认真学习推广。

要想把仓库管好，除了技术方面，还必须向建立现代企业制度方向迈进，使我们仓库建设和管理逐步实现现代化。

希望我们的仓库建设和保管技术，在新千年取得更大进步。中国粮食仓储业是有希望的，粮油学会将尽力配合，当行政的助手，当企业的知音。

中国稻谷加工业将实现生产现代化、经营规模化、产品标准化和管理科学化*

（2000 年 3 月 29 日）

各位来宾、各位同志：

在春回大地、世纪交替之际，中外稻谷加工技术研讨会在北京开幕了。中外专家、稻谷加工企业的代表聚集在一起，共同研讨，交流经验，它将推动中国稻谷加工业（碾米业）走向现代化，为人民提供更多富于营养、美味可口的大米服务，这是一件很有意义的事。我谨代表中国粮油学会、中国粮食行业协会和中谷粮油集团对中外来宾、各地同行的光临表示热烈的欢迎和衷心的感谢。

中国是世界上生产稻谷最多、消费最多的国家。早在 7000 多年前，在河姆渡文化中，就发现了最早的稻谷。中国也是世界上最早使用石磨、石臼等原始工具加工稻米的国家，有着悠久的加工传统技术。随着社会的进步和生产的发展，特别是进行农村改革以来，稻谷产量上了 2 亿吨的新台阶，在粮食生产的诸品种中占第一位，占粮食总产量的 40% 左右。近年来，尤其是北方地区稻谷生产呈现扩大的趋势。东北的圆粒米以质优味美而受到国内外消费者的喜爱。在中国，除了南方广大群众以米为主食外，在东北、华北的不少地区，大米、白面已取代粗粮而成为当地人民的主粮。近年来，我国人民生活正在向小康型过渡，人民对大米的消费也向优质化、功能化、绿色化方向发展。适应市场需求和人民消费的变化，我国的粮食生产结构正由量的扩展向质的提高方向调整，优质、高产、高效已成为粮食生产的方向，传统的优质品种正在恢复，并引进、改良了新的品种，这种态势正在日益发展。

稻谷加工业是我国粮油食品工业的重要组成部分。据 1996 年粮办工业的普查资料，国有粮食系统兴办的碾米企业共有 6978 家，总资产 128 亿元，年加工能力 5400 万吨，就业人口 17.5 万人。以 1990 年不变价格计算，产值为

* 这是白美清同志在中外稻谷加工技术研讨会开幕时的讲话。

160.2 亿元，近年来国有碾米业出现了萎缩的现象。我国的碾米业和其他粮办工业一样，新中国成立初期是在计划经济（统购统销）和短缺经济的基础上建立起来的，是为按行政辖区划片设点定量供应服务的。当时以生产二级米为主，企业规模小，设备简陋，现代化程度不高，经济效益差，可以说是“先天不足”。改革开放以来，伴随着“四化”进程的加快，中国的碾米业开展了规模空前的技术改造，引进了国外的先进技术和设备，并引进外资，兴办了一批中外合资米厂或外商独资企业。当前中国的稻谷生产出现优良品种恢复和发展的新形势，品种繁多，加工精度要求高，这就对碾米业提出了新的要求，开辟了广阔的市场。为了适应市场经济的需要，目前我国粮食行业包括碾米行业正在进行具有战略意义的调整和改组，碾米企业进行重新组合，对提高科技水平提出更高更新的要求。这次战略性的改组，是转型升级型的调整，是内容深刻的变革，它将使我国碾米业以新的面貌跨入新世纪。

处在碾米业调整改组的关键时刻，提高稻谷的加工技术，增加产品的科技含量，生产优质高效、营养可口的产品具有重要的作用。我们必须以市场为导向，以经济效益为中心，以科技为依托，博采各国之所长，结合我国实际，融合传统技术和现代科技，逐步形成有自己特色的新技术、新规程，大大提高我国的稻谷加工技术水平。比如，我国有地理的优势，普通米、长粒米、圆粒米的产量很大，但如何加工成精品、珍品，尽量减少碎米率，已成为一个新的课题，需要我们去研究解决。还有大米的保质、保鲜技术，在生产、收储、加工环节就应开始关注，采取新技术、新措施，形成系统工程，加以解决。现实生活提出了丰富多彩的新课题，我们要去破题，从基础研究、应用研究到投入生产中去，转化为新的生产力。这方面任重道远，是大有可为的。

在稻谷加工中，还有一个创造名牌产品的问题，需要引起我们的重视。过去我国稻米生产和加工重量不重质，传统的优质产品、名品、精品趋于泯灭。新形成的优质品种又由于规模小，覆盖面不大，全国性的名牌精品寥寥无几。我们要在采取新技术的基础上，发掘历史悠久的珍品、精品，引进吸收国外的优质产品，创造新的名牌产品，并使之形成系列化、产业化经营。

稻谷加工业是与农业、机械工业、包装业、零售业、餐饮业、食品化工业等关联度大的综合产业。因此，向农、工、贸一体化，产、供、销一条龙方向发展是它的内在要求。只有这样才能发挥整体优势，形成联动效应，取得最佳效益，为生产者、消费者服务。近年来，各地已经创造了一些经验，需要继续探索，不断试验，走改革、联合之路。

总之，为了使我国碾米业在新世纪能够发挥优势，形成支柱产业，达到生产现代化，经营规模化，产品标准化，管理科学化的要求，满足人民多层次、多方面对大米的需要，我们必须实行“两个根本转变”，坚持走科技兴粮之路，这方面我们面临着光荣而艰巨的任务。中国有几亿人口以吃大米为主，各地都有许多优良品种，有世界上最广阔的大米市场，发展空间是很大的，这是碾米业的发展动力，孕育着新的机遇。让我们高举邓小平理论的旗帜，在以江泽民同志为核心的党中央领导下，在科技兴粮上下功夫，把更多富于营养、味美可口的大米奉献给人民，在新世纪做出新的贡献！

中国食用油脂及油料的供求平衡与发展趋势*

（2000 年 5 月 19 日）

尊敬的主席先生，女士们、先生们：

我非常高兴应邀出席国际榨油商协会第 71 届大会。1991 年 5 月，我曾在北京作为东道主与国际榨油商协会第 65 届大会的各位朋友见过面，留下了难忘的印象。时过 9 年，世界油脂市场发生了很大变化，中国的油脂生产和流通也发生了根本性的变化。我愿借此机会就中国的食用油脂及油料的供求平衡状况和今后发展趋势作一简介，希望能对与会朋友了解中国油脂业的情况有所帮助。

中国是食用油脂、油料生产的大国，同时也是一个消费的大国。新中国成立以后特别是改革开放 20 年来，随着农村改革的深入和农业科学技术的推广，油脂、油料的产量成倍增长。食用油脂的产量，从 1980 年的 276. 3 万吨上升到 1990 年的 562. 1 万吨，到 1999 年增加到 845 万吨。油料产量从 1980 年的 769 万吨增加到 1990 年的 1613 万吨，到 1999 年上升到 2600 万吨。中国的食油，以菜油、豆油、花生油和棉籽油四大品种为主，其中油菜籽占油料产量的 35% 以上。中国油菜籽和花生产量居世界第一，大豆居世界第四，棉籽也居世界前列。由于地缘的优势，中国还盛产油葵、胡麻、芝麻等多种油料，并以营养成分高、污染少而闻名于国际油脂市场。

满足中国 12. 5 亿人口的食油供应，是中国食油业的首要任务。80 年代以前，中国的食用油脂实行计划收购和计划供应，1993 年从计划经济迈向市场经济，取消了多年的凭票供应，购销都通过市场进行，价格也由市场形成。随着生产的发展，中国人民的生活水平逐年提高，目前正从温饱型向小康型过渡。当今中国食油的消费，也呈现了新的特点：一是从食用动物油（猪油为主）向食用植物油为主转变；二是从食用初炼油（二级油）为主向精炼油、

* 这是白美清同志兼任中国粮油学会理事长时在国际榨油商协会第 71 届大会上的发言。

调和油转变。也就是说，从过去的保量供应向优质、营养、健康方向转变。但中国仍然是一个发展中国家，中国人民对食用油脂的消费仍低于发达国家的消费水平。从国内生产来看，人均占有油脂量从1978年的2.2公斤，提高到目前的6.7公斤，加上进口，人均消费量8公斤左右，低于世界的平均水平。城市人民的食油水平高于农村，东部地区人民的食油水平高于西部地区。

油脂加工工业，是中国粮油食品工业的重要组成部分。中国食用油脂加工工业起步较晚，规模小，设备水平不高，从20世纪80年代开始进行了较大规模的技术改造，引进国外的技术、设备和资金。据1996年的普查，全国有油脂加工企业3300余家，全社会加工能力已达5000万吨左右，精炼能力为1100万吨。90年代以来，由于改革的深入和开放的扩大，外商投资或合资建设油厂300多家，多为引进的精炼设备，目前在国内精炼油市场已占据优势。中国的国内油脂市场已形成多元化、多渠道的新格局，竞争进一步加剧。当前国内油厂正在分化、重组，进行战略性的调整以适应竞争的新形势。

中国历来重视保持食油供求的总量平衡，一直以国内供应为主，在低水平条件下达到产销平衡。改革开放以来，人民消费水平不断提高，食油的水平逐年上升，在油脂的平衡上，出现了供不应求的新态势。中国食用油脂的需求总量从700万吨上升到1000万吨以上，而国内的生产量仍保持在700万~900万吨，缺口为200万~300万吨，需要靠进口来弥补。因此，中国的油脂从过去的净出口，转变为有进有出，进口大于出口的局面。油脂从1991年净进口57.6万吨，上升到1999年的198.3万吨。近几年来，油料的进口（油菜籽、大豆）也急剧增加，从单纯进口毛油转变为进口油脂、油料并举，且进口油料有扩大之势。中国进口油脂集中在豆油、菜油、棕榈油三大品种上，一般是油料的丰年少进，歉年多进。而出口主要是传统的芝麻、花生等优质品种。中国的大豆含蛋白质高，营养成分丰富，是食用大豆的精品，近年来由于品种退化，混种混收，加上国内需求量增加，已经由出口转为进口。预计今后也将是有进有出的局面。即出口优质食用大豆，进口含油高的大豆以互通有无，活跃市场。

根据中国粮油学会的专家预测，进入新世纪后，中国食用油的需求仍呈增长的趋势。主要因素有三：一是人口增长。现在中国人口为12.5亿人，预计到2010年将增为14亿人，2030年为16亿人。按每人消费8公斤计，一年增加1000万人，即需要增加油脂供应8万吨。二是农村现有人口的消费水平正在提高。长期以来，我国农村食油主要是自给自足，水平相当低，近年来已开始从市场采购一部分，消费量将进一步增长。三是城市化水平提高后，食用油的消费量将会增加。据典型调查，城市每人的消费量比农村人口高 1.42 公斤。预计我国城市化率到 2000 年为 32%，到 2010 年将达到 38%，2030 年达到 50%，进城的人口越多，食油的消费量也会相应增多。因此，中国食用油脂市场的前景是极为广阔的。

中国人民对食用油脂的增加，会不会对国际油脂市场造成巨大冲击呢？我认为不会。因为中国国内油料生产的潜力是很大的，增加供给量的因素是很多的。一是中国目前正在积极调整农业产业结构，其内容之一，就是适当压缩低品质粮食作物的面积，增加经济作物的种植面积。据农村调查，今年粮食播种面积为 16.7 亿亩，比上年减少 1.2%，粮食产量将减少 1000 万吨，而油料种植面积比上年增加 6.8%，油菜籽、花生的种植面积都将超过历史最高水平。农业结构的调整今后还会继续下去，对增加油脂的有效供给是有利的。二是我国油料的单产水平还不高，低于世界的先进水平。以 1997 年为例，我国油菜籽单产每公顷为 739.5 公斤，花生果为每公顷 1297.5 公斤，与世界先进水平还有不小的差距。我国政府和农民正在采取措施，推广优良品种和先进技术，增加科技含量，预计单产水平将会有较大提高。三是我国正在对农业的产前、产中、产后服务体系进行改革，对收储、运输、加工粮食销售等多个环节进行技术改造，以节约资源，减少浪费，提高利用率。如大豆，将倡导按优质品种成片种植，分级分装，散装散运，提高加工技术，从而增加有效供给。采取以上种种措施将为中国食用油料供求的总量平衡奠定良好的基础。从总体上看，中国进入新世纪后，食油将是有进有出，进大于出。进口数量一般在 200 万～300 万吨，在国际贸易中也只占一小部分；从品种上看，主要是进口豆油、棕榈油，出口花生、大豆、芝麻。由此，我们可以得出结论，中国参与国际油脂市场，将会对产油国家带来良好的商机；同时中国从中央到地方，还建立了食油的储备制度，进行宏观调控，即使歉收，也有能力进行调控平衡，不会对国际油脂市场带来大的冲击，影响缺油的发展中国家的利益。

众所周知，中国即将加入世贸组织，从处理东南亚金融风波等一系列事实表明，中国是一个负责任的大国。在国际贸易中，我们历来重信誉，守合同，履行商约，信守诺言。我国加入世贸组织以后，将恪守权利与义务相平衡的原则，创造更多的商机，提供更多的便利条件，积极与国外的工商界朋友合作，在平等互利的原则下，发展经济贸易和技术合作关系，在经济全球化和贸易全球化中，作出自己应有的贡献。中国是有十几亿人口的大国，在邓小平理论的指引下，在以江泽民同志为核心的第三代领导集体的领导下，国民经济继续保持了快速、健康发展的态势，深化改革、扩大开放迈出了重大的步伐，中国的市场潜力是巨大的，容纳的空间是广阔的，我们欢迎各国油脂界的朋友来华合作，洽谈贸易，兴办实业，中国将永远是各国人民的忠实朋友和良好的贸易伙伴！

坚持走改革调整和科技兴粮之路*

（2000 年 6 月 28 日）

面粉及其制成品的加工、供应，在中国人民的食品中占有重要地位。黄河以北的广大地区居民主食均以面粉为主，而南方地区随着生产的发展和人民生活的改善，面食的比重也在不断增加。这种趋势正在日益发展。当前人民生活水平正由温饱型向小康型过渡，人民对面粉及其制成品的要求越来越高，食品正向优质、保健、风味、快捷的方向发展，这已成为消费的主流。应该看到，人民需求的增长，口味的提高，对发展面粉及其制成品工业是极大的推动，可以说这是无穷无尽的动力和源泉。尽管当前面粉工业遇到许多困难，在转型升级中存在不少矛盾，近年来面粉工业又出现效益下滑、“以小挤大”等不正常情况，但展望新世纪，面对新趋势，我们对面粉工业的发展仍充满信心，困难将会过去，曙光就在前面。作为中国主食的两大支柱——面制品和米制品系列，是人民生活的最重要的必需品，它不会衰落，而会在竞争中前进。面粉加工业经过当前这段转型升级中的阵痛以后，必将走出低谷，进入良性循环。中国面粉加工业的发展是指日可待的，它将再度成为中国粮油工业的一个新的亮点，特别是在中国的西部。

面粉工业企业要适应新形势，满足人民的新需求，决不能满足现状，必须在两方面下功夫：一方面要走改革调整之路，深化改革，调整结构，搞活机制，增强活力；另一方面要走科技兴粮之路，提高科技含量，开发名牌系列产品，提高综合经济效益。只由这样才能在竞争中立于不败之地。

根据前一时期的调查了解，我认为当前在面粉加工中要注意几个问题，供大家参考：

第一，要注意安全性。当前，面粉业中一个突出问题，就是滥用增白剂、添加剂，以致影响到食品的安全，对人民的健康形成危害。学会要加强对添加剂的研究，建议相关行政部门制定有关标准和规范，全行业共同遵守。我们加

---

* 这是白美清同志在宁夏回族自治区银川市召开的全国面粉及主食品新技术、新设备交流会上的讲话摘要。

入世贸组织后，还有一个面向世界市场的问题，在食品安全性上一定要严格。

第二，要把引进、吸收、消化和创新结合起来。改革开放20年来，已引进了不少面粉加工的新技术、新设备。我认为可汲取家电行业的经验，走消化、吸收、创新之路，形成我们自己的一整套面粉加工的新设备、新技术、新工艺。例如馒头，我多次讲过这是“中国式面包”，但我们却没有创造出一整套合格的设备和适用的生产线，而这是非常有发展前途的。

第三，要注意实施名牌战略，创造名牌产品、系列产品。中国面粉加工业需要创造一批知名度高、覆盖面广的名牌，每个加工企业都要下功夫采取名牌战略，自己创造名牌，或与知名企业合作，扩展名牌产品的生产，并逐步规范化、系列化。中国面粉加工业缺少辐射面广的名牌产品，这是一大弱点，进入新世纪后，必须解决这个问题。在加工产品过程中，还要注意综合利用、深度加工，以取得综合经济效益。大型企业和集团，要下决心建立自己的新产品、新技术的科研创新体系，投入必要的资金和人力，运用新的机制，超前开发新产品，增强产品的创新能力。

第四，要注意规模经营和规模效益。中国面粉加工工业小而散，缺乏规模经营，这是一个带普遍性的问题。但多大规模才适中？定量定在什么位置上？这需要根据不同的地方、不同的市场辐射范围、不同的成本规模、不同的原料供应方式、不同的服务对象等方面的情况来确定。这个问题，已提到议事日程，应当加以解决。

第五，注意参加农业产业化进程。要提高面粉质量，必须从源头抓起，从生产抓起。近来许多地方的面粉厂，已经积极与农民结合，推广优良小麦品种，进行产前、产中技术服务，取得了积极的效果。既有利于农民增加收入，又有利于加工厂改善经营，提高质量，是很有意义的事，应不断总结经验，大力推广，实现贸工农产加销的一体化。

在新世纪即将到来之际，对面粉工业提出了新的要求。我们要加快步伐，尽快走出一条符合中国国情的面粉加工、粮食加工之路，更好地为满足人民的需求服务。

新世纪我国粮油科技面临的新形势和新任务*

（2000 年 7 月 17 日）

中国粮油学会首届学术年会，是中国粮油学会为迎接新世纪而召开的一次重要盛会。在世纪交替之际，在深化改革之时，全国粮油科技界的代表聚集一堂，交流经验，研讨对策，必将对踏上科技兴粮之路的中国粮食油脂行业产生重要的影响。

在 21 世纪即将来临的重要时刻，如何推进我国粮油工业的科技进步和技术创新，发挥科技第一生产力的重大作用，为我国粮油事业的发展不断提供强大的推动力量，使我国粮油事业在转型升级中增强综合实力，在未来国际国内市场的激烈竞争中求得生存与发展，这是我们面临的重大课题。在这次年会上，我就 21 世纪中国粮油科技界面临的新形势和新任务作一探讨，冀能起到抛砖引玉的作用。

新世纪科技兴粮的重要性和紧迫性

20 世纪的后半叶，我国的粮油事业在党和政府的领导下，成功地解决了 12 亿中国人民的吃饭问题，粮油形势发生了根本性的变化。从粮油的短缺到相对有余，从定量供应到市场选择，从量的保证到质的提高，可以毫不夸张地说，当前是我国粮油事业的最好时期。与此同时，我国粮油科技事业也得到空前发展。在继承、吸收、消化方针指导下，我国正在由传统粮食业向现代粮食业迈进。靠肩挑背扛、舂米推磨的时代已经结束，我国粮油行业的机械化、现代化水平有了极大提高。特别是改革开放 20 年来，国家粮库建设的大规模开展，世行贷款粮食流通项目建设的顺利进行，粮办工业的广泛而深入的技术改

* 这是白美清同志在中国粮油学会首届学术年会上的讲话。

造，粮食储藏运输方式的根本性变革，使我国粮食油脂行业加快了现代化的步伐，出现了崭新的面貌。我国粮食油脂业科技水平与世界先进国家相比，差距已经大大缩小，有些领域已达到或超过世界先进水平。我国粮油科技工作者发挥了极大的作用，功不可没。我国粮油科技进步，推动了粮油事业的发展；而粮油事业的发展，又为科技业的发展提供了有利的条件。

进入21世纪后，我国粮食油脂行业面临的新形势，概括说来，就是大市场、大流通、大粮食的新格局，这是前所未有的。这不仅是我们理解的原来意义的国内市场，而是与国际市场贯通的内外一体的真正意义的大市场、真正意义的大流通。在20世纪末，党中央、国务院高瞻远瞩，采取了两个极为重大的战略决策：第一，决定中国要实行社会主义市场经济；第二，确定中国要加入世贸组织（前身为关贸总协定）。这两大战略步骤把中国企业推向市场经济，推向世界市场，去参与国际国内大市场的竞争，去经受国际国内市场暴风雨的考验，在竞争中求发展，在改革中求振兴。这是我们必须考虑的根本问题。在20世纪50年代，我们从计划经济、统购统销着手，在当时的条件下，较好地解决了中国人民的吃饭问题和国家的粮食安全问题；在21世纪，我们必须考虑在市场经济的条件下，而且是在国际国内市场一体化的情况下，来顺利地解决我国人民的吃饭问题和国家的粮食安全问题。这是历史赋予我们的重大使命。

当今世界，现代科学技术突飞猛进，高新技术不断涌现，特别是以信息技术、生物工程、太空技术为特征的知识经济、网络经济时代的到来，将在很大程度上改变传统的产业结构和交换方式，极大地推动国民经济的快速发展，这实质是一场新的技术革命。针对这种新的形势，我们急需大力发展高新技术及其产业，用现代技术改造、提升一、二、三产业，在经济结构上进行战略调整，把信息化和工业化结合起来，把产业结构和产品结构提升到一个新的水平。

在新世纪、新时期中，面对着国际、国内市场的激烈竞争，科技兴粮的任务特别突出、特别繁重。在当前我国的粮油行业，存在多种经济成分、多条流通渠道，但主要有三支力量进行着竞争和较量，即：作为粮油行业骨干的国有和国有控股企业；正在崛起的民营企业；加快扩张想占领中国市场的外商独资企业和合资企业，特别是其中的跨国大公司最具有实力。他们都各具特点和优势。这场竞争的实质是综合经济实力的竞争，是科技水平的竞争，归根到底是人才的竞争。对国有和国有控股企业来说，要想在竞争中取胜，在较量中发展，就必须走科技兴粮之路，抢占21世纪粮油科技的制高点，才能出奇制胜，否则没有出路。在这方面国有企业、国有控股企业更为迫切，更为重要。这是因为：第一，国有粮油企业是统购统销、短缺经济基础上发展起来的。包袱比较沉重，经营的商品大多是粗加工产品和初级产品，科技含量不高，附加值低。因而提高科技含量，提高综合经济效益，更是当务之急。第二，当前国有粮食油脂部门正处在战略性调整的过程中，正在进行重新组合、转型升级，调整产业结构和产品结构的任务十分繁重，必须把运用新技术、新设备、新成果摆在优先的地位来考虑。第三，国有粮油部门的科研与生产脱节的现象较为突出。企业习惯于埋头生产，科研单位习惯于埋头搞实验，科研与生产结合的问题未很好解决，开发新产品，形成产业化的能力不强。综上所述，我们必须以更大决心，下更大的力量，加强科技与生产的结合，抓住重点，突破薄弱环节，才能迎头赶上，在竞争中保持和发展自己的阵地，提高影响力和控制力。江泽民同志最近指出："面对世界经济和科技发展的新形势，我们必须在全国兴起一个科技进步和创新的高潮"。这一指示，对于转型中的粮油行业更为重要。我们要抓紧实施科技兴粮战略，抓紧科技创新体系的建设，特别要加快高新技术的发展和产业化，加速科技成果向现实生产力的转化，以提高我国粮油行业的科技现代化水平，适应新时期的需要。

新时期粮油科技的主要任务和对策研究

在世纪之交，世界性的新的科技革命正在形成，高新技术产业迅速崛起，这一新的科技革命，正推动着我国的粮油行业进入一个新阶段。我们面临的主要任务，就是要高举邓小平理论的旗帜，按照十五大的精神，从我国的实际情况出发，运用现代科技成果来改造传统的粮食油脂业，用现代的流通方式来改造传统的粮油流通业；同时，在粮油食品领域大力采用高新技术，开发高新产品，形成高新产业，使我国粮油行业持续发展，以满足新世纪人们对粮油食品的需求和确保国家的粮食安全。

根据这一指导思想，我认为粮油行业从购、销、调、存、加、交（交易）等各个环节都面临着改造的任务，面临着技术革命的任务，这是全方位、深层次的改造和变革，其深度和广度都是空前的，可以说这是粮油行业脱胎换骨式的改造。实践提出了诸多的课题，需要我们从实际出发，以效益为中心，以市场为导向，突出重点，组织攻关和会战，尽快取得成效。根据学会的讨论和专家的意见，有以下课题亟待研究解决：

（一）在收购环节上：我们要加快计量和检测机械定型化、标准化的研究，尽量减少在收粮过程中与农民的纠纷，维护农民利益，公平合理交易。在收购中还有一个重大问题就是改混收混装为分收分装。这是粮油产品面向市场、实行优质优价后必须解决的课题。如果搞好了，会取得多方满意的良好经济效益。

（二）在储存环节上：中国储粮数量之多、品种之多、仓型之多，堪称世界第一。如何保管好这些粮食，尽量减少陈化劣变，是我们面临的又一重大课题。最近仓储界推广“四合一”的先进技术，即电子检测、机械通风、环流熏蒸和低温冷却的配套技术，是学习国内外最新储粮科技成果的基础上，结合我国的国情提出来的，它将带来储粮技术的革命。我们要认真总结经验，使之不断完善。储粮中，还有一个采用保鲜技术的问题。我国储粮几千亿公斤，如果有新的保鲜技术，减少陈化变质，将具有极大的经济效益和社会效益。

（三）在运输环节上：最突出的问题就是要改袋装、袋存、袋运、袋卸为“四散”作业（散装、散运、散存、散卸），这是一次重大的技术革命，我们大致比发达国家落后三四十年。我们要加快进度，争取用二三十年的时间走完这一进程，缩小与世界先进国家的差距。这一改革任重而道远，需要我们坚韧不拔地抓下去，以取得成效。

（四）在加工环节上：我们要尽快使我国的加工设备标准化、系列化、定型化，达到技术先进、经济适用。我多次讲过，馒头是中国的面包，是人们的重要主食，但我们至今对馒头机及其配套设备没有定型的产品。在粮油加工业中，还有一个研制名牌产品、系列产品和深度加工、综合利用的问题，这方面可以说还有许多空白，需要许多高新技术，是大有可为的。

（五）在交易环节上：我们要尽快改变“单线联系”、“场外交易”等习惯做法，必须规范交易合同，倡导诚信履约。为适应网络经济的发展，我们要探索电子网上交易等新的贸易方式。

（六）进行必要的综合性的研究。除了各个环节的研究以外，我们还要进行一些带综合性的、全局性的研究。比如对农产品产、加、销一条龙的研究，产前、产中、产后服务的研究，粮油仓储、加工业的电子化管理的研究，以及新产品、新设备、新技术的研究等等。我这里要强调一下对各种粮油食品饲料添加剂的研究。这些添加剂，包含着高新技术的内容，可能是粮油行业的新增长点。我们要重视这些产品的研制与产业化，以得到良好的效益，这方面大有文章可做。

在研究推广中，应当注意以下几个问题：

一是市场化。要坚持面向市场，讲求经济效益，绝不能搞没有市场，没有效益的东西。要尽快使科技转化为生产力，形成产业链条。

二是安全化。现在我们的粮油及其制成品，忽视安全标准，不讲究卫生的情况比比皆是。粮油及其制成品的安全应提到特别重要位置来加以考虑。现在人民生活已从温饱型向小康型过渡，讲求营养、保健、风味、快捷已经成为消费的主流。我们不仅要让人民吃饱，而且要让人民吃好。我们的产品还要进入国际市场，安全性一定不能忽视。比如滥用激素、滥用增白剂的现象一定要坚决制止，并以高质、安全的东西取而代之。

三是标准化。我们的设备、我们的产品，要符合国家标准和国际标准。学会要协助行政做好标准化、定型化的工作，制定出一整套标准和规章，把我国的粮食、油脂业及其成品的水平大大提高一步，并与国际上的惯例对接。这方面亟须加强。

四是名牌化、系列化。缺乏知名度高、覆盖面广的名牌系列产品，是我国粮油加工行业的一个致命弱点。所有粮油企业一定要下决心采取名牌战略，开发名牌系列产品，形成产业链，扩大市场占有率，并且要向世界市场进军，在国际市场中占有一席之地。

各级学会要配合各地行政领导制定“十五”规划，扬长避短，发挥自己的特长和优势，选择好主攻方向，组织力量进行攻关会战，只要方向明确、办法得当，坚持下去，积以时日，就一定会取得成效。

加强科研单位与生产单位的结合　探索建立科技创新体系

在日新月异的世界性科技革命中，我们要迎头赶上，就必须创新。最近江泽民同志深刻地指出：“科学的本质就是创新，要不断有所发现，有所发明。

历史反复证明，推进科技进步，关键要敢于和善于创新。”“二十一世纪，科技创新将进一步成为经济和社会发展的主导力量。形势逼人啊！我们不加紧努力，与世界先进水平的差距就会进一步拉开。掌握前人积累的科技成果，扬弃旧义，创立新知，并传播到社会，延续至后代，不断转化成生产力和社会财富，这是知识传承和发展的通途。关键是要能够在已有的基础上不断进行创新。”江泽民同志的指示，完全符合粮油系统的情况。粮油系统要摆脱困难，走向振兴，就必须坚持不断创新。否则，我们就会掉队，就会被淘汰。

粮油行业建立科技创新体系，需要在科技部、国家粮食局领导支持下，依靠科研单位、大专院校、企业、中介组织等多方面的力量，团结一心，不懈努力才能实现。在粮油领域有几万个企业和几十个科研机构，有几千名中高级科技工作者，他们都具有较高的素质和较丰富的实践经验，完全有条件、有能力在熟悉的领域取得突破，在技术进步上有所创新，实现粮油科技的跨越式发展。

科研单位是创新的基本力量。要完成上述任务，首先科研单位必须改革。最近国务院办公厅转发了科技部等部门关于深化科研机构管理体制改革实施意见的通知，提出要加快国务院各部门所属科研机构改革的步伐，使其适应市场需求，根据社会主义市场经济规律和科技自身发展规律，全面优化科技力量布局和科技资源配置，建立“开放、流动、竞争、协作”的管理和运行机制，更好地为经济建设和社会发展服务。文件规定，对技术开发类科研机构实行企业化转制；对社会公益类科研机构，分别不同情况实行改革。粮油系统的科研单位和有关大专院校的科研机构，绝大多数是技术开发型的，应抓住机遇进行改革，走向企业化、市场化。事实证明，谁早认识、早改革，就早取得主动权，科技人员的积极性就能很好调动，科技与生产、与经济脱节的现象就能很好解决，科技创新的能力就会加强；幻想依靠吃行政饭、政策饭，路子会越来越窄。

企业是科技进步和技术创新的主体，目前粮油企业的现状是小而散，大多数没有产品开发研究机构，产品多年一贯制，资金投入少，科技含量低。要下决心改变这种状况，凡是有条件的企业，特别是大型企业和企业集团，一定要增强科技开发功能。根据一些企业的经验，一是要按政策留足科技开发费，并多方筹资建立科技开发基金；二是有条件的要建立科研开发中心，超前开发新产品；三是加强同科研单位、大专院校的联系，进行不同形式、灵活多样的产、学、研结合。此外，还要注意在科研发明市场中，掌握信息，寻觅项目，发现人才，为我所用。

各级粮油学会等中介组织，要在建立粮油科技创新体系中积极工作，发挥应有的作用。学会联系面广，方式灵活，要发挥自己的优势，组织广大科技工作者，特别是中青年科技工作者投身到科技进步和技术创新事业中去。学会要热情为他们服务，为他们开路，为他们搭桥，争取早出成果。在这方面，要充当行政的助手，企业的知音，学者的挚友。

二〇〇一年

解放思想　加快新世纪粮食行业改革和发展的步伐*

（2001 年 7 月 22 日）

在全国欢庆党的八十周年诞辰之际，在北京申奥取得历史性成功之时，江西省粮食局举办专题讲座，以推动全省粮食行业改革和发展工作。我认为是很必要的、及时的。熊根泉局长要我作个学术性报告，我感到自己研究得不够，但我作为一个粮食战线的老兵，多年来和江西粮食系统结下了深厚的友谊，也愿意再次和江西粮食界的老同事、老朋友见见面，交换一些看法。最近学习了江泽民总书记的“七一”重要讲话，我想就解放思想，加快新世纪粮食行业改革和发展步伐问题，谈谈学习心得，作为引玉之砖，同大家一起探讨，不妥之处，请大家指正。

认清形势　增强紧迫感和责任感

当前我国的粮食形势很好，粮食的改革和建设逐步深入、快速发展，是新中国成立以来的最好时期。进入新世纪以后，我国粮食行业面临崭新的形势和课题，概括地讲，我国的粮食业正沿着“三化”方向前进，即市场化、现代化、国际化。

---

* 这是白美清同志在江西省粮食局举办的专题讲座上的讲话。

关于市场化：我国改革开放20多年来，粮食业正从统购统销、计划经济向社会主义市场经济转变，实行以市场为导向的改革，目前进入了一个新的时期。从取消统购统销到现在取消曾与户口捆绑在一起的粮食关系，从某些品种退出保护价范围到主销区实行购销市场化改革，从流通产业向生产延伸（订单粮食）、向后加工延伸，市场化的程度随着国民经济的发展正在提高和扩大。当然，在中国，粮食是特殊重要的战略性商品，因此中国粮食的市场经济，不是自由市场经济，而是宏观调控指导下的市场经济。

关于现代化：中国粮食行业这些年来也正在从传统粮食业向现代粮食业的方向前进。解放初期粮食行业的落后面貌，比如粮食产品是"二白一黄"，即只应供应白米、白面和玉米粉，粮食检验靠目测口尝，储运作业用肩挑背扛的落后状况，已经有了根本改变。这些年来，我们的仓储建设、储粮技术、米面油加工技术，通过引进吸收消化，已经接近世界先进水平。但是，我们在加工增值、综合利用、传统方式、产业经营等方面还有相当大的差距。中国必须运用高新技术改造粮食系统，以实现现代化，提高我们的综合竞争能力，这是我们艰巨的任务。

关于国际化：中国加入世贸组织，中国粮食市场将和世界粮食市场接轨，融入世界市场。中国粮食企业要参加国际市场，和国际上强手竞争。国际粮食市场对中国市场的影响更直接、更深广。因此考虑粮食业的问题，不仅要着眼于国内，而且要立足于国际和国内两个市场，运用两种资源，为我国粮食安全服务。这个问题比以往任何时间更重要。

在粮食行业向市场化、现代化、国际化方向发展的时候，当前还面临"两大冲击波"：一是粮食市场化后，经营放开，市场放开的冲击。这比1993年国内粮食市场放开、经营放开的冲击更大、更深刻；二是加入世贸组织，与国际市场接轨后的冲击。这个冲击的特点是：将与世界上的强手竞争，国际上的跨国公司要进入中国粮食市场，直接经营过去不让经营的粮食业，其竞争力更强，冲击波更大。而且这两个冲击波大体上是在同一时期来到的，这就更增加了我们工作的难度。

在新形势下粮食系统怎么办？根据江泽民同志"七一"重要讲话精神，我认为，粮食行业参与国际、国内竞争，提高综合竞争能力，必须从两个方面着手：一方面要用高新技术改造传统粮食业，发展新兴的粮油产业，提高行业整体的科技水平。也就是要根据"科学技术是第一生产力，是先进生产力的集中体现和重要标志"的原理，利用我们的优势，充分发挥科技的作用，极大地发展生产力。另一方面就是要通过深化改革和战略调整，来调整社会主义生产关系和上层建筑中不适应的部分，搞活机制，调动粮食系统各个方面的积极性。这就是在新时期的战略对策。

我们的粮食生产、流通、服务系统，是在统购统销、短缺经济的基础上发展起来的，在进入市场经济的新形势下，就严重地不适应了，需要从机制上、组织上、结构上、运行上进行一系列带根本性的改革、改组、改造。

——**粮食生产、经营结构和运行方式要进行根本改变**。粮食生产结构要向优质、高产、高效方向发展；粮食经营上，要从统购包销向市场选择方向发展，购、销、调、储、加各个环节都有个进一步改革的问题。要采取一系列适合市场经济的机制、体制、运营方式和运行方法，而且，在加入世贸组织以后，我们还必须与国际市场规则接轨。

——**粮食流通服务体系要从根本上改变**。过去由国有粮食行业一家垄断的局面现在已经打破，主渠道在相当大的程度上有了改变，多元化、多渠道经营的竞争格局已经形成。在新的形势下，如何重新构筑既符合国情又符合市场经济方向的流通服务体系，是我们面临的重大课题。

——**粮食宏观调控体系要从战略上、全局上考虑和部署**。要在市场经济的条件下，在市场、经营放开的新形势下，加强宏观调控，确保国家粮食安全。

综上所述，这次改革和调整，其深度、广度、力度都超过以往任何时期，可以说是我们粮食系统的一场关系前途和命运的生死抉择。我们一定要在这场伟大的变革中解放思想，把握机遇，拓展市场，增强实力，完成新世纪粮食业的光荣使命。

建立适合市场经济需要、符合中国国情的粮食流通体系

当前我国粮食生产上了新的台阶，粮食总量平衡呈现供大于求的新形势，出现了阶段性、结构性、低水平下的相对过剩，在流通上出现买方市场，粮价在低谷中徘徊。但是，我们对粮食问题千万不能掉以轻心，对粮食工作不能有丝毫的松懈，我认为，目前在粮食问题上我们还没有经受“两个考验”：

一是没有经过国内粮食连续减产，出现供不应求的考验。这种可能性不是没有的。特别是当前粮食生产正处于新的周期，粮食结构调整步伐很大。粮食

产量从1997年、1998年的高峰期向低峰下滑，今年夏收已减产450多万吨，秋收是否会继续减产，明年情况如何，大家都很关注。供不应求、市场偏紧是否会再现，这是我们应未雨绸缪加以考虑的。

二是没有经过国际粮价大幅度上涨的考验。当前国际粮价也是处于十多年以来的低谷。近年来，西欧、北美等发达国家正在实施减少补贴、转嫁负担的政策，可能在某一个时期对国际粮价的暴涨起推波助澜的作用。我国即将加入世贸组织，我们对此不得不防，以避免措手不及，陷于被动。

中国国情是人多地少，经济发展又非常不平衡，粮食问题仍是关系国计民生的战略问题。因此，从确保我国粮食安全出发，从坚持自力更生为主，充分利用国内国际两个市场、两种资源的新形势出发，需在建立我国粮食生产、流通、消费体系中，既考虑市场经济，特别是和国际市场接轨的新态势，又要符合我国的国情，在任何时候、任何情况下都要立于不败之地，绝不能在粮食问题上出现大的问题，这是关系人民生活、社会安定和国家粮食安全的战略问题。

根据这一指导思想，我认为，除了在生产上要建立基本农田制度、保持较高粮食综合生产力能力外，在粮食的供应和流通上需要抓三个体系：

第一，抓建设粮食储备体系。现在已经建立了以国家专储粮为主的粮食储备体系和相应的仓储体系，这是国家宏观调控最重要的物质基础，也是我们新中国成立以来的最重要的成就之一，在世界上也是居于第一位的。新世纪我们面临的问题，是要不断完善这一制度，进一步解决储备规模、战略布局、职能分工、轮换更新、品种结构等许多问题，使之更趋成熟和完善。

第二，要抓建设粮食交易市场体系。市场经济必须培育市场，发展市场，使之成为沟通余缺、搞活流通的枢纽，这是确保粮食安全的重要措施。经过十多年的建设，中国粮食交易市场已出现了四种形式：初级的以零售为主的集贸市场、现货批发交易市场、区域性中心批发市场和期货交易市场。在购销市场化以后，根据商流、物流、信息流的需要，形成、涌现一批具有生命力的批发交易市场，使市场建设出现了新的形势。最近我调查了广东东莞常平市场，浙江杭州、金华、衢州粮食批发交易市场，都出现了可喜的苗头，浙江各类批发市场成交量已相当于全省粮食缺口的50%。我们应当加快这一趋势的发展步伐。

第三，要抓设新型粮食服务体系。过去的粮食服务体系，包括购、销、调、储、加各个环节，都有一个根本改革问题。就是要通过深化改革和战略性调整，来重组粮食业，塑造新型的服务系统。当前所说的“改制”，实质上就是改革和调整的结合，是一个起步，以此重组队伍、重组资产、重新划分和占领市场。新型的具有我国特色的粮食服务体系，它要调整好多方面的关系。它既要联系生产者，又要联系消费者；既是多种经济成分参与，又要有国有经济成分的参股、控股，保持一定的控制力和影响力。因此，在改制中，一定不要刮风，不能说放一块，国有经济就死一块，不能搞成清一色，要有战略思想和全局观点，从实际出发，区别对待，有所为有所不为，死一块、活一块。绝不能统统来个“国退民进”，统统卖掉。当然也不能一切照旧、一概不动，大包大揽。在改制时一定要瞻前顾后，处丰思歉，从实际出发，不同的地区、不同的企业，有不同的模式。在这次改革中，最重要的一个环节是收购，这是粮食业的基础，一定不要把它搞掉了。当然收购环节不能原封不动，也要改革，如定购粮食，改为订单粮食，这就是一个很大的进步。另一个是要注意培育一批经济实力强的大型企业或企业集团。概括地说是三句话：批发收购保基础，零售网点保重点，培育大型企业保骨干。

当前改制正在发展和深入。这是良好的时机，切不可错过。这一关非过不可，早过早主动。这三五年是关键时期，要有自觉性、紧迫性。在思想上，一是要克服观望、等待、畏难情绪，越等就越被动。二是要破“温饱即安”的思想，能够发几百元工资，就安于现状。这一定要改。三是要克服“小农经济”、“小商小贩经济”的思想影响。破除以上思想障碍，才能加快步伐。要有新世纪重新创业的精神，重振粮食业的雄风，重塑粮食业的新形象。最近我在广东说过，在大好形势、良好时机的情况下，要“沐南巡之风，借地区之利，合众人之心，树凌云之志，创世纪之业”，我想借这几句话与江西省粮食行业的同行们共勉。

坚持把发展作为主题　做好各项工作

在看到我国粮食行业取得重大成绩的同时，必须看到，当前粮食企业特别是国有粮食企业遇到了极大的困难。概括起来讲，主要是人员过多，包袱沉重，机制不活，不少企业已经到了资不抵债的程度，经营十分困难。解决粮食系统的困难，消化潜在的问题，从根本上讲，主要是靠加快发展。邓小平同志深刻指出：“发展是硬道理”。江泽民同志在“七一”重要讲话中指出：“我们为实现现代化而奋斗，最根本的就是要通过改革和发展，使我国形成发达的生产力。全党同志无论在什么岗位上，都要对自己所从事的工作经常加以检查和总结，看看是不是符合先进生产力发展的要求，符合的就毫不动摇地坚持，不符合的就实事求是地纠正。”我们要通过改革、调整求发展，在发展中进一步完善改革和调整。我们现在进行“改制”，不是为了赶时髦，而是为了加快发展，使粮食企业在新形势下有新的跨越。为了做好当前的改制和重组，从各地的经验看，要切实做到“断后顾之忧，辟发展之路。”

断后顾之忧：就是要以对职工、对社会负责的态度，把以下两部分人的生活安排好、处理好。一部分是离退休职工，要让他们的养老金有着落，医疗费用能有地方报销，生活困难有人照顾。另一部分是下岗、待业的职工。浙江等地的经验，买断工龄要搞好三保险，即“劳动保险”、“失业保险”、“医疗保险”。各地虽有不同的做法，但总的原则是不能把这两部分人推出去，一推了事。他们都是多年从事粮食工作的同志。推向社会不管，于情于理都说不过去。粮食行业特别是国有粮食企业虽然很困难，但也要看到我们的基础还是好的，固定资产还是不少的，尤其是这些年来，我们通过多次建仓建厂，通过划转零售店的产权，通过发展多种经营，有不少地产是我们的，只要积极加以利用，通过门店出租或抽出一部分资产变现把以上两部分人的生活安排好，职工就稳定了，就为改革、发展创造了良好的条件。

辟发展之路：解决后顾之忧，是为了创造一个稳定的环境，去加快发展。因此要集中力量研究发展的问题，结合当地特点，开辟生存之路、发展之路。不求发展，只吃老本，就会坐吃山空。所以谋生存、求发展的问题，应贯彻在改制工作的始终。谋生存、求发展，没有固定的模式。重要的是要结合各地的实际情况，面向市场，发挥优势，选准目标，奋力开拓，就可以取得成效。例如收购环节，改定购为粮食订单，就大有可为。又如加工环节，湖南的金健米业、河南的金象面业、山东的莱阳鲁花，都闯出了一条路子。江西这样的例子也是不少的。我看过一些粮店，如南昌市青山湖北路粮店等，既安排了职工，又活跃了当地市场。江西是大米主产区，要在米业上做文章，要开发优质米，开发绿色食品。要注入高新技术、高新工艺，增加科技含量。特别是电子信息技术和生物工程，是当代高新技术的核心，要积极研究、应用、推广。这也不是很神秘的事。这次我参观了景德镇的德宇食品集团，它开发的“绿茶生物保鲜技术”，就是运用微生物中的蜡样芽孢杆菌能形成生物膜，具有良好的阻导性能，用于茶叶的保鲜，可以使茶叶四季如新，清香持久，数年不变。据专家评估，这项发明专利无形资产为11078万元。这项技术，还可运用到优质大米的保鲜等方面。总之，在发展粮油业方面，还大有可为，并不是无路可走，无处施展。我坚信，粮食业在新世纪是会有“柳暗花明”的时候。

要从抓主业着手，考虑发展，仍然要本业为主、多种经营。这是因为：

第一，粮油食品是朝阳产业，它是有巨大发展空间和广阔市场的。在20世纪90年代，中国食品工业年平均增长率在11%以上，超过了其他行业的增长。特别是13亿中国人民全面进入小康以后，将提供巨大的商机。江泽民同志今年2月6日批示：“中国食品工业的潜力应该是很大的。”吴邦国同志在2月12日批示中指出：“请认真研究我国食品工业发展问题，近有瑞士雀巢公司，其一年销售额达520亿美元，并断定中国将成为最大市场。正如总书记批示指出：‘中国食品工业的潜力应该是很大的。’关键在于产品的开发和体制改革，这关系到人民生活、经济发展和增加就业。小商品，大市场，切不可忽视。”

第二，中国粮食、油脂、食品工业的基础还比较差，深度加工技术距现代化水准还有差距。从另一个角度讲，潜力也很大。中国粮油食品加工的程度，还不及发达国家的一半，如果采取高新技术加以改造，就会焕发出极大的生产力，产生极大的效益，成为新的增长点。

第三，我国粮食系统，具有点多面广，网络遍布城乡的优势。如果能很好地运用和发挥这一优势，就会占领相当大的市场，特别是农村市场。

第四，中国的粮油行业品种繁多，历史悠久，有不少珍品、精品、名品，开发利用后不仅可以占领国内市场，而且可以进入国际市场，如江西的香米、贡米、珍米、黏米等。仅这几年江西每年都出口大米70万~80万吨，多的年份还超百万吨，显示了极大的潜力。

综合上述，粮油食品的大环境还是好的，市场疲软也是暂时的。在有利的大环境下，关键在于我们要发挥主观能动性，去创造，去开拓，就会有所发明，有所前进。新世纪的曙光就在前面，我们必须为此而努力。

搞好搞活企业　提高企业组织化程度

根据粗略的估计，全国粮食行业共有各种成分的企业10万多个，从业人员在二三百万人。企业是粮食行业的基础，它运转状况如何，关系全国粮食市场的稳定和国家的粮食安全，同时也关系到粮食行业的命运。搞好搞活企业是粮食行业的希望所在，也是国家宏观调控的依托。

根据中国粮食行业协会、粮经学会最近的调查，搞好搞活粮油企业，要注意“准确定位、搞活机制、强化管理、科技创新、规避风险、扩大联合”。

第一，要准确定位：就是要根据市场形势，面向市场，来确定企业和产品的发展战略，定好企业、产品在市场中的位置。定位定不准，发展方向就不明，再用劲也搞不好。所以，在重组中，在发展的路子上，第一位的问题就是要明确定位。比如在市场中，这个企业，这个产品占据什么地位，产品能辐射到什么范围，顾客对象是什么，是定在高档上，还是中、低档商品上；规模定多大，是大型还是中、小型；同类的产品有几家，有多大的销售范围。也就是对市场环境、动向、趋势要分析，要掌握，才能定得准、发展快。为此，就需要民主决策、科学决策，减少失误，避免盲目性。

第二，要搞活机制：粮油企业要向现代企业制度方向改革。国有企业，要认真克服吃大锅饭、平均主义的弊端，建立法人治理结构，向规范化的股份制企业发展。有的可以争取上市，筹集资金。民营企业也有一个进一步改革的问题，要从家族式的管理中解脱出来，广纳人才，任人唯贤，向现代企业发展。所有企业都要注意建立激励与约束、监督相结合的机制，充分调动全体职工的积极性和创造性。

第三，要强化管理：管理粗放、效益不高，缺乏竞争力，仍是多数企业的致命弱点。要参加国际国内市场竞争，必须着眼于练好内功，抓好内部的管理，提高劳动生产率和资金利用率，降低成本，提高效益。管理会出效益、出人才。在企业内部，要着重抓三大管理：

——**抓好质量管理**。要根据“质量第一，安全第一”的要求，千方百计抓好产品质量。粮油食品是关系人民健康的重要产品，在质量、安全上应一丝不苟，贯彻到各个环节。我们面临的竞争，主要是产品的竞争，要不断创造出优质高效、高附加值的新产品，并保持质量过硬，这样形成名牌产品、系列产品，才能经久不衰。粮油企业还要学会取得 ISO 9000 质量体系认证、绿色食品标志认证，具备条件的还可申请“中国名牌”的认证。

——**抓好财务管理**。这是企业管理的核心，财务管理要把经济核算、经济分析和资金运营作为重点。当前在企业财务上普遍存在不真实、不规范的缺点。大型企业还存在财权不集中过于分散的毛病。企业领导人员要亲自抓财务，要按照新的会计制度执行，并注意与国际上接轨。用电子信息技术武装和改造企业的财务系统，是面临的新课题。有条件的企业要以积极的态度采用。

——**抓好人事管理**。劳动、工资制度要改革，要打破大锅饭、铁饭碗，建立新型的用人制度和劳动制度。分配制度要改革，要调动领导者、高级科技人员的积极性，可以按照上级的规定，试行年薪制、期权制等制度，但要考虑广大职工的利益，调动他们的积极性，不能过分悬殊，形成新形式的分配不公。

第四，要科技创新：创新是企业发展的灵魂。当前世界性的新的科技革命正在兴起，科学技术突飞猛进，谁掌握了科学技术的制高点，谁就掌握市场的主动权。粮油企业特别要注意把高新技术引入产品开发中，增加科技含量，开发新型产品。要和科研单位相结合，推广运用产、学、研结合的模式，使科技进步和创新始终成为企业发展的强大动力。要出现一批拥有知识产权和名牌产品、核心竞争能力强的骨干企业。

第五，要规避风险：如果说科技创新是为企业发展“开源”，那么规避风险就是为企业发展“堵漏”。我们对市场法规尤其是国际市场的规则还不熟悉，要注意学会规避风险、化解风险。现在风险很多，如贸易、资金、外汇、担保、招标及投标等都有许多风险，要学习国外的经验，逐步探索建立风险基金、风险机制。如套期保值、投入保险等，都提到我们的议事日程，需要我们去学习、去探索、去发展。积以时日，就会取得成效。

第六，要扩大联合：粮食企业“小而散”，因而缺乏竞争能力，不能适应加入世贸组织的新形势。当务之急是提高企业的组织化程度，形成规模经营。在进行战略调整、资产重组中，组建经济实力雄厚、核心竞争能力强的大型企业或企业集团，大企业要做强，中小企业要做精，构筑以大带小、以小促大的企业群体的新格局。企业扩大联合，首先要破除思想障碍，坚决克服“宁为鸡头，不当凤尾”的思想。同时要处理好利益关系，建立好的机制，因势利导，逐步形成。这是一件难度很大的工作，不要急于求成，拔苗助长。要以积极的态度促成联合，行政和协会要发挥自己的优势，为联合牵线搭桥，除障铺路，作出自己的努力。如果粮食行业能造就一批“航母”，将会在国际国内的市场经济的大风浪中乘风破浪，快速前进，立于不败之地。

作为行政管理部门的粮食局和作为中介组织的协会、学会，都要积极为企业服务，为它们的发展创造条件，铺路搭桥。政府要为企业创造良好的宏观环境，吸引各方面的投资；中介组织要为企业的发展服务，反映企业的呼声，维护企业的正当权益。各方面齐心协力，把粮食这个基础产业搞好。

在新形势下继承和发扬粮食系统的优良传统

在新形势下，我们在加强粮食系统物质文明建设的同时，必须按照党中央的要求，加强精神文明建设，用“三个代表”重要思想武装我们粮食企业的全体员工。市场化的程度越深，越要加强精神文明建设。从中央苏区到新中国成立以后历经70多年，我国粮食职工在党的领导下，不怕流血牺牲，不畏艰难困苦，始终坚持为人民服务的宗旨，形成了一整套优良传统和作风。在这里我们缅怀粮食系统的先驱，倍感事业来之不易，传统十分可贵。在中央苏区时期，第一位粮食部长是当时的中华苏维埃粮食人民委员陈潭秋同志，他把中国共产党人的高尚节操融入了中国粮食系统；在新中国成立以后，第一位粮食部长章乃器先生，又把中国知识分子的高风亮节带进了中国粮食系统，二者结合起来，融入了中国粮食队伍的血液之中。在粮食界无数前辈们在创造物质财富的同时，也给我们留下了一份宝贵的精神财富，就这是我们粮食系统的优良传统，它是我们的传家之宝，应代代相传，永放光芒。这些传统，概括起来就是：“艰苦创业、改革创新、诚信为本、天下一家”。

——**艰苦创业：**我们的先辈们是白手起家的，粮食业从无到有，发展壮大。我们提倡的“宁流千滴汗，不坏一粒粮”，就是这种精神的写照。

——**改革创新：**我国的粮食业，从传统粮食业向现代粮食业发展，是几代职工不断改革，不断创新形成的。我国粮食业，可以说是发展中国家的一个较为成功的范例，没有几代人从宏观到微观、从全局到细节的革新、改进，是不可能形成的。不论什么情况下，都要坚持这种精神。这是粮食业发展的动力。

——**诚信为本：**长期以来，我国粮食企业都是以利农、便民、强国为宗旨的，重信义、守承诺、为人民，成为全体职工的座右铭，因而国有粮食部门在老百姓中成为“金字招牌”。在进入市场经济后，特别要注意树立信誉，建立信用制度，更是事关我们行业发展成败的重大问题。

——**天下一家：**在战争年代，在新中国成立以后，粮食系统团结协作，互助互利，亲如一家，形成了无形的力量，胜过其他行业。这是我们引以为自豪的。在进入市场经济的今天，我们绝不能丢掉这一传统特色，而代之以赤裸裸的金钱关系。团结协作，始终应成为我们友好的纽带，当然我们要讲互利，也要讲互助，讲互相支援。国有经济成分，非国有成分，都应有这种精神。

总之，我们要顺应时代激流，充实和发展行业的优良传统，使之成为适应社会主义市场经济的新的道德规范的重要内容，成为我们行业职业道德的核心。

同志们：江西，是老革命根据地，是新中国粮食业的摇篮。江西的粮食工作一直居于全国的前列，作过重大的历史性的贡献。人们永远不能忘记，在战争年代，在中央粮食人民委员部努力筹集下，从老区一批又一批的军粮，调集前线，支持了中华苏维埃及以后红军的长征；人们永远不能忘记，在三年困难时期，在周总理亲自操劳下，江西人民节衣缩食，发出一车又车的大米，支持和缓解了全国的缺粮危机；人们永远不能忘记，在改革开放年代两次发生缺粮风潮，在中央的调控指导下，江西人民以大局为重，玉洁的大米源源不断地调往东南沿海缺粮区，有力支撑了沿海的开放和经济的繁荣。抚今思昔，感创业之维艰；展望前程，思世纪之重任。我们坚信，江西粮食系统的全体员工，一定能够解放思想，把握机遇，艰苦奋斗，再铸辉煌，完成历史重任。希望江西粮食行业创造更多的新鲜经验，在全国粮食系统继续居于前列，作出更大贡献。井冈红旗将漫卷神州良田沃土，瑞金星火将启迪华夏粮苑儿女心田。

最后，我要讲粮食行业协会、学会的工作。过去在计划经济时期是行政直接指挥企业。而进入市场经济后，形成了粮食工作的新格局，即：管理总量平衡、宏观调控的行政系统；独立核算，自负盈亏的企业系统；起桥梁、纽带作用的中介组织。行政系统机构在缩小，职能要转换、人员要减少；企业是粮食系统的基层，今后是大发展的趋势；而中介组织正在起步、成长时期。中介组织要发挥服务、沟通、公正、监督的作用，它要向民间性、服务性、国际性方向前进。协会是新生事物，是有生命力的。它是行政的有力助手，是企业的知音，是企业之家、企业家之家。希望各级粮食局重视学会、协会的工作，把它搞好，将会起到行政所起不到的作用，现在是起步发育成长的时期，请大家多支持。

祝江西粮食业在新世纪创新业！

加强协会和学会工作
为新形势下粮食行业发展服务*

（2001 年 12 月 12 日）

这次中国粮食行业协会和中国粮油学会的年度常务理事会，是在新世纪的第一年召开的重要会议。这次会议的主要内容就是以江泽民同志的“三个代表”的重要思想为指针，认真贯彻党的十五届六中全会和中央经济工作会议精神，研究在进入新世纪、面临新形势的情况下，加快步伐实现协会、学会工作的转变，强化服务功能和自律机制，更好地为粮食行业和粮食企业服务，为确保新世纪国家的粮食安全献策出力，在新世纪作出新的贡献。

在新形势下为建设新型粮食流通服务体系服务

进入 21 世纪后，我国粮食形势继续保持大好的局面和持续发展的趋势。粮食供求基本保持平衡，粮食市场平稳，库存仍处于高位，粮价在低谷中徘徊；粮食流通体制改革深入开展，主销区购销市场化的步伐加快，粮食行业的战略性调整正在全国推进；以建仓为重点的粮食基础设施建设大规模展开，陆续进入收尾验收阶段，粮食、油脂企业的技术改造有重点地进行。这就使新世纪的起步和“十五”计划的执行有一个良好的开端。当前粮食行业正处于历史性转折的紧要关头，概括地讲，就是面临加入世贸组织的新时期，改革的攻坚期，需求的旺盛期，生产的新周期。

——**本月末，中国将完成加入世贸组织的程序，正式成为世贸组织的成员**。这是一个新的时期的开始，它标志着我国将全方位、宽领域、多方面地实行对外开放，把中国市场与世界市场联系起来，参加到经济全球化、贸易自由化的浪潮中去。从粮食行业来说，以此为契机，使中国粮食市场与国际粮食市

* 这是白美清在中国粮食行业协会常务理事会和中国粮油学会常务理事会上的讲话。

场对接，如何立足于国内，考虑两个市场、两种资源，参与国际竞争，确保我国的粮食安全，就成为我们面前的头等重要课题。

——**以粮食购销市场化为新的起点，粮食流通体制市场导向的改革正进入攻坚的阶段**。粮食企业的改革将全面推进，不论东、中、西部地区，也不论各种类型、各种规模的企业，都面临着如何生存、如何发展的新问题，改革步伐之大、程度之深，都是粮食业前所未有的。

——**跨入21世纪后，人民生活全面向小康水平迈进，粮食需求进入旺盛期**。据农业部专家的预计，到2005年，我国人口将增至135024万人，粮食需求为53098万吨；到2015年人口增至145210万人，粮食需求为58355万吨；到2030年，人口增至160269万人，粮食需求为65974万吨。随着经济的发展和人民生活水平的提高，膳食结构的改变，人民对粮食的需求向优质、营养、保健方向发展，不仅要求量上保证，而且要求质上提高；不仅有国内供应的问题，而且还有进军国际市场的问题，这就更增加了粮食工作的难度，供应水平要求之高，范围之大，也是前所未有的。

——**中国的粮食生产上了新的台阶和进入新的周期**。党的十一届三中全会以来，我国粮食生产连上新台阶，从1979年的33212万吨，到1984年增到40731万吨，再到1996年突破5亿吨（50454万吨），用了17年时间。粮食生产是有周期的，当前粮食又进入新的生产周期。从1979年到1984年是20世纪80年代以来的第一个周期，大体6年时间，上升到顶峰突破4亿吨；1985年降到37911万吨，几年徘徊不前，直到1990年又达到44624万吨，是第二个周期，大体上又是6年时间；从1991年到1996年的50454万吨，到1998年最高的51229万吨，又用了6～7年时间，是第三个周期；从1999年以后产量连续下滑，去年产量降为46250万吨，减少496万吨。今年又将减产50万吨左右。这个生产周期延续多长？在46000万吨上下徘徊多久？什么时候再突破50000万吨？就成为大家密切关注的问题。当然各种增产的因素还很多，特别是农业科技的发展，潜力还很大。但要看到，从2000年开始，粮食播种面积已经低于16.5亿亩的传统安全线。1998年之所以产量高，粮食播种面积达到17.06亿亩，也是历史最高的一年，而现在已连续两年减至16.5亿亩以下了。这两年总量平衡是靠挖库存。粮食生产新的周期对供求的影响，我们需要做一些前瞻性的实事求是的研究和估量，以免陷于被动。

鉴于粮食的极端重要性，在新世纪，要确保我国的粮食安全，必须保持粮食总供给、总需求的综合平衡，亟须建立和加强粮食的生产保障、流通保障和政策（财政、税收等）保障。这里着重研讨建立流通保障的问题。

进入21世纪以后，以国家粮食局宣布取消城市粮食供应关系为标志，宣告了粮食统购统销体制的结束和粮食商品化、经营市场化的进一步开展。同时也标志着建立在短缺经济和计划经济基础上的粮食流通体制的结束，建设新型的适应市场经济需求的粮食流通服务体系的任务提到日程。我国的粮食流通体制改革是渐进型的，由计划经济向市场经济发展是逐步过渡的。事实上改革开放以来，已经进行了大量的工作，积量变以至质变。现在需要根据中央工作会议精神，以江总书记提出的“稳定、安全、灵活、多元”的思路，加快步伐，以构筑新型的粮食流通体系。这是粮食系统当务之急的首要任务，也是粮食行业协会必须集中力量为之服务的重大课题。我们一定要配合行政，联系企业，把这一工作做好。

第一，粮食是重要战略物资，要从维护国家粮食安全出发，既要适应市场经济要求，并和国际规则对接；又要符合我国国情，确保我国粮食安全。既要立足于国内，保持国际通用的自给率；又要运用两个市场、两种资源，灵活掌握，内外结合，防范国内国际的粮食风险和粮价风波。

第二，在我国粮食业是宏观调控下的市场经济体制，宏观调控是必不可少的。以国家专项储备粮为主的我国粮食储备制度是我国改革开放以来粮食工作的重要成果，是宏观调控的物质基础，必须改进和加强。

第三，在粮食的流通网络上，由于我国幅员广大，发展不平衡，需要建立遍布城乡的流通服务网点，特别是要保证低收入者、穷困地区、边远山区的粮食供应，不能出现问题。因此，需要形成从城市到乡村，从产区到销区的服务网，从生产、流通到消费的供应链。不仅要经得起平时的考验，而且要经得起灾年、突发事件、紧急情况的考验。

第四，在粮食的流通体制上，已形成多元化经营的格局。鉴于粮食这个商品的特殊重要性，在新的体系中我认为仍应保持国有、国有参股、控股的一定的比重；特别是要有一些大型国有企业作为粮食宏观调控的依托。粮食流通领域如果国有经济统统退出，是危险的，在改制中需要保持国有经济成分一定的影响力和控制力，保留骨干，逐步过渡，可能较为稳妥。

第五，粮食市场要以企业为主体。在小型企业搞好搞活的同时，要加大力度扶植核心竞争能力强的大型企业和企业集团，形成粮食行业的“航母”和龙头。根据各地的经验，应采取产加销一条龙、贸工农一体化、产学研相结合的新模式，以大型企业为龙头，以各具特色的中小企业群体为依托，构成一个方便灵活，高效运转的新型服务体系，以达到利农、便民、兴企、强国的目的。为此，需要在实践中进行不断的探索。

总之，各级粮食行业协会、学会，要在调查研究、总结经验的基础上，为建设新型的粮食流通服务体系献言献策，向各级领导部门反映情况，提出建议，使领导能集思广益，群策群力，共同把这件事关粮食全局和今后发展的大事抓好。

在新的科技革命中为粮食行业推广先进适用技术服务

当今世界，科学技术日新月异、突飞猛进地发展，一场新的科学技术革命正在席卷全球。应该看到，正是新的科技革命，推动着经济全球化；而经济的全球化又为高新技术的发展开辟了更广阔的天地。江泽民总书记指出：“科学技术是第一生产力，而且是先进生产力的集中体现和主要标志。科学技术的突飞猛进，给世界生产力和人类社会的发展带来了极大的推动。未来的科技发展还将产生新的重大飞跃。我们必须敏锐地把握这个客观趋势，始终注意把发挥我国社会主义制度的优越性，同掌握、运用和发展先进的科学技术紧密地结合起来，大力推动科技进步和创新，不断用先进科技改造和提高国民经济，努力实现我国生产力发展的跨越。”从粮食系统来看，由于我们科技水平不高，底子很薄，产品的科技含量低，附加值差，效益不好，在这场新的技术革命中，推广、运用先进技术以实现跨越式的发展，更为紧迫，更加重要。坚持科技兴粮，这是粮食企业的生存之路，发展之路。

根据江泽民总书记“七一”重要讲话精神，我们反复研究，认为粮油系统要在新世纪打翻身仗，实现跨越式的发展，必须要大力发展生产力，推广高新适用技术。只有在发展中，才可能消化潜在的问题，才能更好地在竞争中取胜。根据学会、协会和各分会领导的多次讨论，我们提出了在“十五”期间粮油系统推广高新适用技术的意见，经常务理事会讨论修改后，在全行业推广。

我们认为，推广高新适用技术，必须紧紧围绕一个目标，抓住两个重点，实施名牌战略。

一个目标：就是要围绕优质、安全、效益这个目标。粮油食品是关系人民健康和生命安全的敏感性很强的重要商品，一定要坚持质量第一，安全第一。粮油及其制成品要讲究营养、健康，绝不允许有损于健康的成分。要改变传统的饮食习惯，如“越精越好，越白越好”等观念，提倡粗细配搭、粗粮细作，形成具有民族风味、地方特色、合理的膳食结构。运用高新技术和适用技术，不仅要着眼于色、香、味，更要着眼于营养、健康、安全，一切有害于人身健康的抗生素、激素、色素，都要严格按照国家标准和世界通用的标准加以制止，坚决反对乱用添加剂，严格禁止违法使用漂白粉、吊白块增白；反对使用工业用油给大米抛光；反对黄曲霉素超标、过氧化值超标的粮食油料上市。学会、协会和所有的会员在这个问题上都要旗帜鲜明，始终如一，形成共识，采取共同行动。要运用高新技术研究开发有益的新型添加剂、天然添加剂。要把高新技术用于深度加工、综合利用，在油化工、粮化工中取得突破。运用高新适用技术，要从实际出发，创字当头，抢占科技的制高点，从而取得持久的、高效的成果。

两个重点：就是生物技术和信息技术。这是当今新的科技革命最重要的内容，起着先锋和主导的作用。粮食是与农业密切相关的产业，特别要注重生物工程技术的运用和创新。邓小平同志早就指出：“将来农业的出路，最终要由生物工程来解决，要靠尖端技术。”生物工程技术涵盖了农业和粮食的方方面面，涵盖了购、销、调、储、加和贸、工、农、种、养、加等各个环节。我们要在粮食的每个环节、各个领域加强这方面的研究，应用和推广。例如在收储方面，我们针对高大房式仓、矮圆仓、立筒仓等新仓型提出的新的保粮技术，就是生物工程在保管上的应用，达到了世界的先进水平，有利于保鲜期的延长，成本的降低和效益的提高，从而使我国的粮食仓储业产生了生机。在其他环节，特别是在深度加工、综合利用上是大有文章可做的，这里是运用生物技术广阔的天地和活跃的领域。

另一个重点是信息技术。这是当今世界科技革命中最重大的发现和突破，其作用和效益将日益显示出来。粮油企业正处在经济结构的战略性调整、加快产业升级、提升产品质量的关键时刻，实施中央“以信息化带动工业化和整个国民经济现代化”的方针，更加重要。粮油企业运用信息技术，根据专家的研究，要着重抓住三个方面：一是建立工艺设计与生产控制的信息系统，这在粮食加工、饲料加工、油脂加工等产业中已广泛运用并取得成效。二是建立企业内部的管理信息系统。特别是不少大型企业和企业集团，把财务电算化作为关键，逐步延伸到全公司、全集团的资金、物资、技术、人才的信息流管理，并加以整合，形成系统化、制度化。这方面有的企业和企业集团已先行一步，取得良好效益。我们的大型粮库，也应该选定和推行这样的信息管理系统。三是以互联网为基础的商务贸易与信息系统，这是在企业内部信息化基础上，融物流、商流、信息流、资金流于一体的新型网络，目前已有中华粮网等几十家，还有一个整合、提高、完善的过程。国家经贸委、信息产业部、科技部提出“企业信息化工程”，倡导“政府推进，市场引导，企业主体，行业突破，区域展开”的工作方针。我们粮油行业要积极响应，克服“信息化搞不搞关系不大”、“信息化难度大，等上边搞”等错误思想，从实际出发，重点抓骨干企业的信息化，争取有所突破，以增强企业的核心竞争力。

名牌战略：在运用高新技术提升产品档次中，要采取名牌战略。把资源优势和技术优势结合起来，开发优质、高效的名牌产品，并形成覆盖面广的系列产品，这样才能在国际国内市场的激烈竞争中站稳脚跟，不断开拓新的市场。应该看到，在大市场、大流通的格局下，相应地必须要有大企业、大名牌。没有名牌，就不可能成为大企业。在国际市场中品牌竞争已经成为国际经济竞争的焦点，一个企业，一个国家是否拥有著名名牌已成为企业是否发达、国家经济是否繁荣的一个标志。在这项工作中，根据一些企业的经验。要在“特色”上用功，在“创新”上突破。例如我国东北的大豆、玉米，是非转基因的，这种资源上的优势，如果在加工上，在晾晒烘干、包装保鲜上下大功夫，就可能成为具有特色的绿色食品、天然食品、有机食品，在国内外市场打开销路，并可比同类产品多卖一些价钱，取得成效。又如我国的杂粮杂豆、珍贵稀有油料，富有营养、有利健康，如能通过新的加工技术加以提高，也大有可能创出名牌，打开市场。

这次会后，我们将根据会议讨论的意见，对《粮食行业“十五”高新适用技术推广意见》加以修改补充，动员全行业的力量，扎扎实实抓下去，争取在新的技术革命中取得新突破。

在新格局中为企业的发展和联合服务

国内粮食购销市场化和国际上我国正式加入世贸组织，标志着大粮食、大流通、大市场的正在形成。在这样一个国内外市场紧密联系、互相融通、范围极其广阔的大市场中，企业是它的主体，是市场经济的基本单元。搞好搞活企业，特别是培植和发展一批具有经济实力和核心竞争能力的大型企业和企业集团，就是我们的当务之急，可以说是粮食行业的希望所在、命运所系。各级协会、学会等中介组织，在这一新格局中都要竭尽全力为企业的发展和壮大服务，这是我们的战略任务。

当前正是一个关键时期，尤其是加入世贸组织后过渡时期的这几年，是我们抓紧时间，打好基础，迎接挑战的重要时刻，一定要下决心采取各种措施，奋发有为，把有利因素和条件，用足用好；把不利因素和条件，减少到最低限度。进入世贸组织以后，一方面我们应当认识竞争的激烈性；另一方面要认识合作的紧迫性，从这两方面来考虑企业的应对之策。

从竞争的激烈性来看，加入世贸组织以后，从国内的竞争，转变为与国际强手的竞争；从单项的竞争，转变为产业链的竞争；从企业单体的竞争，转变为企业群体的竞争；从争夺产品的竞争，转到争夺科技制高点的竞争；从争夺市场的竞争，演变为争夺人才的竞争。可以说是整体经济实力和科技发展水平的较量。归根结底是人才整体素质的较量。因此，全国的粮油企业如果要在竞争中取胜，就必须着重抓产品的开发、科技的创新，抓人才的使用，从而增强企业的经济实力。

从合作的紧迫性来看，加入世贸组织以后，合作的领域更加拓宽，交流的空间更加扩大，联合的对象也更为增加。在国际大市场中，既有竞争的对手，也不难寻觅到合作的伙伴。而且由于形势的压力所迫，联合的利害所趋，企业之间有了客观上联合的需要，也更有利于打破各自为政、单兵作战的局面，形成利益共享、风险共担的经济联合体。国际上目前兴起的大企业之间的兼并、合作之风，就是这一趋势的表现，它是有深刻的原因而形成的。中国的粮食、油脂、饲料企业，小而散的情况更严重，应当把握这个时期有所作为，在扩大联合上迈出新的步伐。

我国各类粮油企业几万个，遍布于全国城乡，是一个很有基础的购销网络，这是我们的优势，是国外企业难以比拟的。但我们的缺点也很明显，与国外企业的差距，就在我们的企业现代化水平不高，组织化程度很低。因此，我们应该利用现在这样的机遇，以固本强身，扩大合作为对策，内抓管理，外促联合，提高企业的现代化水平和组织化程度。

内抓管理：所有粮油企业都要进一步解决企业的体制、机制问题，以建立现代企业制度为方向，建立公司治理机构、搞活机制，调动经营者、技术人员和全体职工的积极性。目前各地正在改制，这方面比以前有很大的进展。在改制的同时，一定要注意加强企业的内部管理，切实改变企业管理不严，经营粗放的现状。在管理中，特别要注意劳动、工资、奖励制度为重点的人事管理；以经济核算、资金运营为重点的财务管理；以班组作业为基础的现场管理；以营销为重点的经营管理。特别是财务管理，是许多企业的薄弱环节，不真实、不规范、不进行核算的现象相当严重，应当根据朱镕基总理的指示，教育财会人员，以诚信为本，操守为重，遵循规则，不做假账。我们还要根据入世的新形势，注意与国际会计规则对接，把企业的财会水平大大提高一步。

外促联合：大粮食、大流通、大市场是与社会化大生产、现代化大企业相联系的，它不可能建立在小生产、小企业的基础之上。扩大粮油企业的纵向、横向联合，培养龙头企业是形势发展的迫切需要，也是企业的迫切愿望。纵观国际、国内企业的发展史，大型企业、企业集团是靠自身滚动发展和扩大对外联合两个方面而发展起来的。根据中央经济工作会议精神，联合需要采取自愿互利共赢的原则和灵活多样的形式，因势利导，不要“拉郎配”，不搞形式上凑合。要逐步推进，从业务上的合作，发展到资产的联合；从贸易上的合作，发展到举办经济实体的联合；从单项的合作发展到整个产业链的联合；从对内的合作，发展到对外的联合。我们希望经过重新整合，滚动发展，今后几年将会涌现粮油系统的10强企业、20强企业，并跻身于世界500强之列，这是完全有条件、有希望的。

各级粮食行业协会、学会应当把为企业服务，帮助企业成长作为自己的根本任务。要为企业改善宏观环境，维护企业利益出力，为企业搞活机制、强化管理献策，为企业科技进步咨询服务，为企业扩大联合牵线搭桥，这样就会在工作中积累新经验，开拓新局面。

加强协会和学会自身建设

行业协会、联合会、同业公会等经济中介组织，是改革、开放的产物，是市场经济的重要组成部分。我们的各级协会、学会成立以来，在人员少、条件差的情况下，积极开拓，做了大量工作，协会工作本身也有很大改进。但是，我们应该看到，各级协会，是从行政分流出来的，人员也来自行政机关，因此，在思维形式、运作方式以至管理体制等方面都难免带上行政的烙印、受过去计划经济、闭关锁国的影响较大。在面临入世以后大粮食、大流通、大市场的新形势下，随着政府机关的转变职能，将把越来越多的权力交给协会等中介组织，各类企业也对协会寄予了很大期望，因此，为了适应这一新的形势，协会本身必须加强自身建设，切实改进工作作风和工作方法，以便更好地担当新时期的新任务，更好地为粮食行业和粮油企业服务，当好政府与企业之间的桥梁和纽带。

加强协会建设，最根本的是要实现协会向民间性、服务性、国际性方面转变。

——**协会是民间团体，是粮油企业自愿组织起来的、社会公益性质的、自律型的社团**。它不是“二衙门”，不是企业的“婆婆”，而是企业自己的组织，这个位置一定要摆正，不能摆官架子，沾染官僚主义，打官腔，凌驾于群众之上。协会的一切活动都要符合“民间性”的要求和方向。

——**协会以服务为宗旨，不以赚钱为目的**。增强服务功能，更好地为企业服务，为行业服务，这是协会的生命线。协会要加强与企业的血肉联系，与他们同呼吸，共命运，代表行业和企业的利益，为他们办事。服务得越好，协会的作用就越大。

——**协会运作将与国际接轨**。我国入世后，与国际同行的交往增多，涉外业务将大量增加，比如与国际接轨的质量认证工作，粮食油料按照国际食品卫生安全标准运作，国际贸易间的纠纷（如反倾销）的调查和协调等，很多业务将陆续开展。要尽量帮助我们的企业在国际纠纷中不吃亏，居于有理、有利的地位，这是一个面临的新课题，我们现在必须从头做起，工作向这方面转换，尽快地熟悉这些业务。

关于协会今后的工作，赵凌云同志①将代表协会作出布置，常务理事会还将讨论通过，这里我着重强调要抓两点：搞好服务，强化自律。

协会工作要立足于搞好服务。协会是企业之家、企业家之家，必须努力增强服务功能，扩大服务领域，利用协会的地位和优势，办企业想办而又难以办好的事，为企业排难解纷。这方面，各地协会已经创造了许多有益的经验，如为企业传递信息、组织专家会诊、为企业牵线搭桥、培训企业所需各类人才、解决经营中的实际困难等，应当总结推广。总之，协会要在全方位服务上做文章，创造更多更好的经验。

协会要强化行业的自律。在全面向社会主义市场经济转变的新阶段，当前出现了市场经济秩序混乱，假冒伪劣、欺诈拐骗等诸多不良现象，党中央、国务院正在采取坚决措施，整顿和规范市场经济秩序。最近，朱镕基总理指出要强化行业的自律。这是非常必要和正确的。讲信用、重承诺，是市场经济的灵魂，是企业发展的根本。信用是企业的无形资产，信用程度差是参与国际市场竞争的严重障碍，是企业最需加强和补课的首要环节。企业要发展，一不靠吹，二不靠骗，而是要靠干。特别是粮油企业，所经营的商品关系千家万户人民的生命安全，更必须诚实守信，来不得半点虚假。近来有毒大米、有毒面粉、有毒食油一再发生，应给我们敲起警钟。除了国家将采取标本兼治的措施外，作为行业协会应当加强对行业的自律，根据《全国公民道德建设纲要》的精神，对企业、对广大职工进行诚信为本的教育，发挥粮食系统的优良传统，绝不制造和贩卖有损于人民健康的各种假冒伪劣粮油商品。要进一步开展“放心米”、“放心面”、“放心油”的活动，经实践检验的优秀单位要大力表彰；对有问题的单位要公开曝光，涉嫌犯罪的，要交有关部门依法予以制裁。协会还要逐步建立企业和个人的信用档案，并与各地联网，树立正气，打击歪风，使制造和销售假冒伪劣者望而却步，受到法律上、道义上的谴责和制裁，使全行业树立良好的职业道德和企业精神，重塑粮食行业的新形象。

关于粮油学会的工作，王瑞元同志②将代表学会作工作报告。我强调几点：

第一，在新形势下，学会一定要在“学”字上做文章，更好地推进粮食系统的科技进步，为粮食行业在新世纪的发展服务。粮油学会，是粮食业界的

① 赵凌云，时任中国粮食行业协会、中国粮食经济学会副会长。

② 王瑞元，时任中国粮食行业协会、中国粮油学会副会长。

最大、最具有影响力的学术团体，应海纳百川，成为行业内科技人才的荟萃之地，尤其是要培养中青年人才，使他们成为科技领域的尖兵，科技攻关的主力，使科技界后继有人。为此，要不断加强学会组织建设，吸收并壮大会员队伍。学会要进一步提高学术水平，在全行业中形成为新成果开路，并为提高粮食队伍的整体素质努力工作。学会要培养学术空气，根据六中全会精神，要在科技队伍中发扬理论联系实际的学风，与时俱进、开拓创新的学风，独立思考、求真务实的学风，在学会的带动下形成行业良好的学习风气，坚决克服图虚名、讲形式、说空话等不良学风。

第二，贯彻科协六大的精神，要使学会真正成为学术交流的主渠道，普及科学知识的主力军，国际民间科技交流的主要代表。这个要求非常高，也非常重要。从我们的学会来说，底子差，成立时间不长，我们与中国科协的要求还有很大的差距。但我们要尽力而为，以这三方面作为我们的努力方向，在新世纪迈出新步伐。21 世纪，是知识经济时代，在国际上全方位的竞争中，谁掌握了先进技术和管理方法，谁拥有灵活的信息技术和销售渠道，谁取得了这一领域的制高点，谁就有竞争的主动权。所以，学会在这方面工作很多，任务很重，我们要在全行业推广高新适用技术，明年召开学术年会，大面积、高质量地加以推广，以此为契机，打通与国际同行的交流渠道，积累经验，阔步前进，务求有新创造，有新进步。

第三，根据科协六大精神，学会应当成为粮油领域“科学技术工作者之家”。我们要进一步为粮油科技工作者创造条件，让他们能茁壮成长，施展才干。我们现在准备建立资助科技工作者的基金，争取把有成就的科技工作者推向科学的最高殿堂，推向国际科学界活动的舞台，并争取解决民营企业中科技人员的职称评定等问题，使我国粮油科技工作者能立足国内，走向世界。为此，要做一些艰苦细致的工作。

同志们，这次会议之所以选择在湖南召开，是因为湖南是革命前辈荟萃之乡，风云人物发祥之地，“惟楚有材，于斯为盛”。我们殷切希望我国粮食行业的同行们通过会议和参观访问，亲身感受到老一辈创业的艰辛，精神之磅礴，以此为动力，丢掉困境中的彷徨，抛弃小富中的苟安，与时俱进，拼搏创新，在江泽民同志为核心的党中央领导下，为新世纪国家粮食安全和人民的营养健康作出新的贡献。“数风流人物，还看今朝”！

二〇〇二年

我国粮油工业加入世贸和粮食市场化后的发展战略问题*

（2002年4月24日）

这次中国粮油发展论坛是中国粮油工业处在转折关头的重要时刻召开的，来自全国各地粮油企业的同行聚集一堂，研究在加入世贸和粮食市场化的新形势下，把握有利时机，如何调整发展战略，开拓国内外市场，加快我国粮油工业的改革和发展步伐，这是适时的、有益的。

从去冬今春以来，我和协会秘书处的同志先后对大型粮油饲料企业作了一些调查，既有国有企业，也有民营、合资企业，较为广泛地听取了他们的经验介绍和规划设想，研究了面对新形势、新机遇如何把企业做大、做强，特别是要形成一批具有国际竞争力的大企业、大公司、大集团的有关问题。现就这个方面讲一些看法供大家参考。

粮油行业的新形势和粮油企业的战略重组

今年是粮食油脂行业极为重要的一年。在粮食供求基本平衡、阶段性的相对过剩的情况下，出现了“两个加快”。一个是粮食经营市场化的步伐加快，继浙江省粮食购销市场化改革之后，沿海的另外7个省市和中西部购销大体平

---

* 这是白美清同志在2002中国粮油发展论坛上的讲话。

衡的4个省市，参照浙江的经验也放开了市场，放开了经营；而一些主产区内的销区，也陆续放开（如山东的青岛、烟台、威海，湖南的郴州等地市）。这就是说，在粮食系统，市场导向的改革已出现深入发展、全面推进的新形势，中国粮食经营市场化的步伐大为加快，超过我们的预料。另一个就是中国粮食市场国际化的步伐加快。其标志就是我国正式加入世贸组织，今年已进入第一个年头，中国的经济已融入经济全球化的潮流中；中国的市场已与国际市场对接，中国经济的国际化、中国市场的国际化已不可逆转。作为粮食行业来说，在彻底告别了统购统销，跨入全方位市场化改革之际，也面临着粮食市场国际化的新课题。而且，中国粮食经营市场化和中国粮食市场国际化是相伴而来，因此带来的机遇是前所未有的，而带来的冲击也必然是从未有过的。如果说，粮食市场化是粮食一个行业的放开，那么，入世就是更大范围内，更深刻内涵上的放开，即我国国民经济全方位、多领域、深层次的放开，许多学者都认为，其影响和意义，可以说是第二次改革开放。它将影响到经济和社会生活的各个方面，意义深远。

粮食油脂行业是进入市场经济较晚的一个行业，而且由于它与农业紧密相连，因此，在加入世贸组织和放开后，冲击是巨大的，困难也相对地大于其他行业。当前粮油企业处于转轨变型的过程之中，正按照市场经济的要求进行体制创新、组织创新、产品创新，重新组织队伍，重新组合资产，重新划分市场，重新产品定位，以构筑一个适应新时期需要和人民要求的粮油生产、流通、消费服务体系。在这个改造改组中，市场是导向，企业是主体。目前这一重组正在从沿海向内地、从放开地区向将要放开地区、从国有向多种经济成分逐步推进，所有企业都经历着生存与淘汰的抉择和考验。适者生存发展；不适者萎缩、淘汰，这是全面实现改革前所经历的阵痛，是脱胎换骨的改造，这一关非过不可。粮油系统群小林立、单兵作战的“春秋时代”即将结束，“战国时代”向我们走来，应运而生的将是“战国七雄”或“十雄”，一批机制活、定位准、效率高、人气旺的新型大企业、大公司将应运而生，形成以大型企业和集团为骨干的、中小企业为依托的新的专业化、社会化、现代化的企业群体，新型的粮食油脂服务体系即将出现在中国大地上。这是新世纪粮食油脂业的希望所在，是未来国家粮食安全体系的坚实支柱。

在这样新的形势下，粮食油脂企业要学会两套本领，运用两个市场，配置两种资源。既要学会在国内市场运营操作，又要学会在国际市场开拓进取；既要学会合理配置国内资源，又要学会运用和配置国际资源；既要学会发挥我国的优势，扬长避短，又要学会博采各国之所长，消化、吸收、创新，为我所用；既要学会依托主业，固本强基；又要学会资产经营，滚动发展。入世后过渡时期有五年时间，这是十分关键的时期。我们要利用这一时机，分秒必争，奋起直追，使我国的粮油企业经过市场经济的洗礼而发展壮大。这个关键时期切不可错过，这个难得的机遇切不可丧失。粮油企业，特别是国有粮油企业，一定不要消极等待，幻想还有“政策饭”会从天而降；一定不要怨天尤人，恋恋不舍于统购统销时期的安乐。要按照“三个代表”的要求，与时俱进，进一步解放思想，加快改革、改组、改造的步伐，壮大实力，拓展市场，这才是唯一的出路。

调整发展战略　把粮油企业做强做大

在加入世贸和粮食放开的新形势下，国外的跨国公司将参加到粮油的进出口、加工、购销业务中来，我国粮油企业的竞争对手，不仅在国内的同行之间，而且是国际上的强手。应该看到，我国企业扎根于本乡本土，有市场网络的优势、某些资源的优势、人员工资成本低的优势等，但与国外大企业相比，毕竟我们在资金、技术、品牌、规模、人员素质等方面还是处于相对的劣势，有很大的差距。这样，如何增强我们企业的综合竞争力，特别是国际竞争力的问题，就提上了我们的日程。根据中国企业联合会课题组对近 1000 家企业经营者的调查，他们认为提高企业的国际竞争力，答案主要集中在机制转变、战略调整、技术创新、加强管理四个方面。认为机制应转变的占 75%，战略应调整的占 57%，技术应创新的占 61%，管理应加强的占 52%。最近，他们又对 1000 多个企业经营者问卷调查，认为企业迎接入世挑战最需要做的工作，一是战略调整占 80.5%；二是人才开发占 82%；三是技术创新占 78%。根据这些项调查和我们了解的情况，围绕提高企业的国际竞争力，把企业做强、做大，在经营发展战略上需要根据新的形势作必要的调整、充实，应着重抓好以下“四个转变”。

第一，在体制上向股份化转变。企业要发展，要调动各方的积极性，体制、机制问题要首先解决。粮食放开市场、放开经营以后，业已形成多元化、多渠道经营的新局面。国有企业的“主渠道”作用大为削弱。现在，只有以管理储备粮为任务的中央、省级储备粮管理公司，仍然担负着粮食市场“蓄水池”的主要作用，这是国有粮食经济的主要支柱。至于加工、销售、粮油机械等方面大多数国有企业已经改制或正在改制过程中。现在粮食系统事实已成国有和国有参股控股企业、民营和个体企业、外商独资和合资企业三者并峙的新格局。不论国有企业、国有参股控股企业，民营企业，还是外资企业，要想发展壮大，都有一个向现代企业制度方向进一步改革的问题。而规范化的股份制是国内外企业实践证明的一种好形式。改革开放以来，放权让利，扩大企业自主权，实行承包制，推行目标责任制等形式，我们都曾经试验过，作过有益的探索。联系国际上企业发展的经验，比较去比较来，还是实行规范化的股份制比较有效，这已经为实践所证明。国有粮油大中型企业要向这一体制前进，以促进生产力的发展。非国有企业，包括大中型民营企业，也要向这个体制迈进；家族式企业要继续前进，也需要改制。目前我国的一些民营企业特别是大企业，也正在向这个方向改制。新希望集团领导人今年初讲了办好企业的“加减乘除法”，其中讲“减法”就是“减去家族式管理的痕迹，减去一切与市场经济相悖的做法”。我认为，这是符合时代潮流的兴企之策。

今年3月，朱镕基总理在政府工作报告中正式提出了混合所有制的问题，我们应很好领会，在实践中探索。他指出：“积极探索公有制多种有效实现形式。继续发展混合所有制经济和集体经济，鼓励、支持和引导私营、个体经济健康发展。”在现阶段，在现代经济中，往往是你中有我，我中有你，互相联系，互相渗透。发展多种经济成分参与的混合经济，有利于处理好各方面的利益关系，发挥各自所长，调动多方面的积极性，促进生产力的发展。特别是粮油行业，关系国计民生和社会安定，在粮油企业中，发展一部分混合所有制经济，其中保留一部分国有股，将更有利于国家的宏观调控。尤其是在非常的情况下，可能会发挥有效的作用。为此，我们要多作一些研究和实践。

第二，在经营上向产业化转变。粮油企业要在贸、工、农一体化，产、供、销一条龙的基础上，形成产业链、流通链。当今国内国际市场上的竞争，不仅是单个商品的竞争，而是产业链的竞争。作为农业产业化参与者的粮油骨干企业，要担负起龙头企业的作用，就一定要学习国内外的经验，向产前、产后经营延伸，继续改进与完善“公司＋基地＋农户”的形式，并以此为基础发展成“公司＋配送中心＋连锁店”的形式，这样才能全过程、多环节、实施系统工程管理，降低经营费用，提高经营效率，增加经济上的竞争力。要实现产业化经营，根据一些地方的经验，要实行四个结合："内外贸相结合，贸、工、农相结合，产、学、研相结合，期货、现货相结合"。要冲破条块分割，内外贸分割的束缚，学习国际大公司的经验，通过这几个结合，发挥各方的优势，实现优势互补、产品升级、规避风险、提高效益。这几年来，不少龙头骨干企业通过"订单农业"，与农民结合，推广优良品种，提高产品质量，形成优质产品、绿色食品、有机食品的产业化经营，已积累了一些经验，要继续改进和提高。这方面是大有潜力，很有可为的。

第三，在管理上向信息化转变。管理是我国企业中的一薄弱环节。美中经济促进会的专家在我国企业中调查后认为："中国商机无限，这其中隐藏着令人担忧的问题，除了技术和人才方面，最危险的是在企业的管理方面，我想用一个词来形容管理的欠缺：贫瘠"；"管理是企业长期立身的资本，从某种意义讲，具有高效管理机制的企业，才是本钱足的企业"。掌握现代企业的科学管理，是我国粮油企业亟待解决的一个课题。从前瞻性、战略性来考虑，尤其是大型骨干企业要积极实施信息化管理，从现在起列入日程。吴邦国副总理最近指出："企业信息化是一场革命，是带动企业多项工作创新和升级的重要突破。"据经贸委对638家重点企业的调查，我国企业信息化总体应用水平很低。调查中，全部实现基础性信息管理系统的企业，仅占总数7.5%，部分实现的企业占59.9%，而尚未实施的企业占32.6%；全部实现综合性信息管理系统的，仅占4.7%，部分实现的企业占30.7%，尚未着手的占64.6%，至于实现电子商务的企业仅占1.2%。主要原因是企业对信息化的意识不强，认为搞不搞信息系统关系不大，因而投入力度小，未能与体制创新、管理创新协调推进，支撑配套环境也未形成。特别是没有作为"一把手工程"来抓。当然，推进企业的信息化要有重点，当前要重点抓好两个方面：一是用于企业的生产、流通过程，建立技术层面的信息管理系统；二是用于企业的综合管理，建立管理层面的内部信息管理系统。特别是以实现财务管理的信息化为核心，进而向整个企业的全面管理，向供应链延伸，实现企业的资金、物资、人才、技术信息流的整合，从各方面、从总体上提升企业的现代化管理水平。除此之外，有条件的企业也要建立与参与商务层面的以互联网为基础的商务贸易信息系统，逐步推进网上交易。只要领导重视，措施得力，狠抓几年可见成效。通过信息技术来增强企业的核心竞争力，一定要下功夫抓好。

第四，在产品上向标准化、名牌化转变。要使产品升级换代，提高竞争力，必须对准国际标准，采取名牌战略。我们不能满足于国家标准、部颁标准，入世后必须全面履行国际标准。标准就是门槛，没有跨越国际标准的真功夫，就休想进入国际市场。有的企业家告诉我："有了标准化，才能名牌化，才能国际化。一个标准，胜似十万雄兵。"这是很有见地的。按照国际通用标准检验，从粮油系统来看，不少产品是过不了关的。现在国外的技术壁垒日趋严重，我国产品出口退货的事件不断增多。一些企业超标使用增白剂、违规使用抗生素、促生长素，以及农药化肥的残留等都是很大的问题，特别是乱用有毒物质如瘦肉精、吊白块等更是触目惊心，造成严重后果。老百姓对餐桌上的东西不放心，出口产品屡遭退货，这已经给粮油食品行业敲了警钟。从食品发展的趋势看，安全、营养、风味、快捷，已成为人们追求的时尚。我们必须面对现实，在抓产品质量上下苦功夫，遵守国际标准，运用名牌战略，培育和发展一批中国名牌、世界名牌。粮油行业出现的大市场、大流通的新格局，是与大企业、大品牌相联系的。没有大的名牌就不能占领大市场，取得最佳的经济效益。我们不能满足于成为低档产品的"世界工厂"，而要力争成为高新技术产品、高档商品的"世界工厂"。一切有作为的企业家都要立下雄心壮志为创造更多的中国名牌、世界名牌而坚持长期奋斗，政府和社会各界都予以鼎力支持。在创造名牌的基础上，要形成名牌系列产品，形成名牌店、名牌企业。实施名牌战略要和科技创新相结合，和建立企业信用制度相结合。实施名牌战略，要以科技创新为基础，不断提升产品品质和水平，才能保持名牌的优势，经久不衰。创建名牌的过程，实质上是在产品上、在经营上树立信誉的过程，要始终注意以诚信为本、操守自重，逐步建立起企业和企业家的信用机制、信用网络、信用制度。这是企业和企业家最可靠的无形资产，是难以用金钱来计量的。这不是短期行为、权宜之计，而是振兴企业、树立产品和企业形象的基本建设，需要持之以恒甚至经过几十年的努力。

入世和放开以后，企业在战略调整上要注意以上几个方面。当然各个企业的实际情况有所不同，可以根据各自的情况灵活运用，目的是要把企业做强做大。我们要立足于每一项改革措施都要围绕经济效益这个中心，把企业做强，真正增加企业的竞争力和经济实力。只有做强，才能做大。只想做大，盲目扩张，把发展建立沙滩之上是不会长久的。最近一位德国专家考察了我国的企业，他说我们企业有三个毛病：注重做大，量上扩张，而不注重做强；注重策略，而不注重战略；注重借款集资，而不注重积累资金，滚动发展。这方面的教训很多，误区很多，我们要引以为戒。现在正当企业发展、壮大的百年不遇的时机，事在人为，就看我们如何努力。

实施人才资源战略　广纳和用好人才

入世以后我们面临的竞争，不仅是产品的竞争，成本的竞争，科技的竞争，归根结底是人才的竞争。“人才资源是第一资源”，随着入世的进程，一场空前激烈的人才争夺战已经展开。同我们争夺人才的对手，是国外的综合商社、跨国公司，是世界级的强手，而他们又是久经商战的老手，他们实施的是跨国公司本土化的策略，用本土人才推行跨国公司的战略，拓展和占领当地市场。其惯用的方式是以优厚的待遇、高级的职位挖走我们的精英，为他所用。目前全球500强企业中已有400多家在中国落户，有100多家在中国开设了科技研发中心，加大在我国吸引人才的力度。他们不仅看中中国广大的、潜在的市场，而且更为看中中国的“物美价廉”的人才。人才是生产要素中最活跃、最重要的因素，谁在人才资源的开发上掌握了主动，谁就能在竞争中攻占制高点，取得胜利。

进入市场经济以后，一方面要看到人才的流动加剧；另一方面也要采取措施留住人才。这是对立的统一。从粮油饲料工业的情况来看，本来就缺乏人才，尤其是缺乏各方面的高级人才。近几年来，随着改革的深入和开放的扩大，人才流动的现象加剧，很多人才从国有企业流出，到了各种类型的企业，尤其是外资企业。今后人才的流动频率势必增加，范围也会扩大。所以在这场人才争夺战中，我们一定要广纳人才，留住人才，把这个问题提到战略的高度、关键的位置，采取得力的措施，加以落实，这是当务之急。

我近来走访了一些粮油饲料的各种类型的企业，特别是一些机制活、发展快的企业，看到一种十分可喜的现象，就是企业以人为本，重视企业文化，倡导企业精神，调动全体员工的积极性，把东方文明与现代化管理结合起来，作了许多有启示作用的探索。如何留住人才，发挥所长？面对这个问题，许多企业家给我讲了三句话：“事业留人、待遇留人、感情留人”。这是经验之谈，很值得借鉴。

事业留人：人才是有事业心、有理想抱负的。为了国家的富强昌盛、人民的安居乐业、社会的稳定和谐而干一番事业，是许多优秀人才的志向和自尊的表现。所以，一定要创造条件让人才能发挥所长。在工作中要坚持以实绩考核成绩，以效益评比优劣，在企业树立兴企创业，勇攀高峰的良好风尚，使人才普遍具有一种崇高的事业心和紧迫的责任感。坚持这样做，人才就能成长，企业就会兴旺。

待遇留人：企业一定要克服平均主义、大锅饭等弊病，坚决实行按劳分配和按生产要素分配的原则。要把劳动报酬和效益联系起来，努力摸索多种有效的方式，如年薪制、期权制等。有特殊贡献的，一定要重奖。

感情留人：中国的知识分子历来就有“士为知己者用”的传统，企业之内，人与人的关系，不仅是金钱利益关系，而应该是亲如一家、休戚与共的关系。感情深、情谊浓，即使待遇差一点，也会留住人才。企业领导人要关心人才，重用人才，以诚相待，以情感人，这要从多方面做起。工作是上下级，业余是知心朋友，积之以时日，就会形成极强的凝聚力。

我的体会，要做到以上要求，关键在于企业的董事长、总经理、首席执行官要有领导者的品德、风度、气质、魅力和领导艺术，具有向心力和凝聚力，使人家乐意在你手下工作，不仅没有后顾之忧，而且有后盾之感。这就要求企业领导者有大将风度，既要继承中国儒商的优良传统，又要博采各国之所长，把东方文明与现代化管理结合起来，形成自己的特色管理，包括人才管理。企业家要率先垂范，讲修养，讲锻炼。尤其要有出于公心，待人以诚，气量宽宏，业务熟练，有驾驭千军万马的本领，运筹亿万资产的绝招，能承受商海风浪的冲击，能经受成功或挫折的考验，不要昙花一现，有负众望。“板荡识英雄，疾风知劲草”。当前正值国际风云变幻之际，企业转型改制之时，大转折中面临诸多的困难，在大市场中孕育极大的机遇，人才脱颖而出、企业勃兴此其时也。作为老的粮食工作者，我们衷心期待中国新一代的粮油企业家超过老一代，树立新的业绩，新的风范，屹立东方，走向世界，在世界500强中，有更多的中国粮油饲料企业位列前茅；在全球100首富中，有更多中国粮油饲料企业家荣登榜上。让我们在江泽民同志为核心的党中央领导下，高举邓小平理论旗帜，去书写中国粮油历史的新篇章！

粮油行业要在科技兴粮上迈出新步伐*

（2002年6月25日）

在国家粮食局、中国科协和科技部等领导部门的关心支持下，中国粮油学会第二届学术年会今天在成都正式开幕了。这是两年一度的粮油科技界的一次盛会，来自全国各地粮油企业、科研单位、行政机关、中介组织的代表聚集一堂，共商新世纪科技兴粮的大事，研讨入世后粮油科技发展的对策，必将有利于粮油行业各种成分、各种类型的企业和研究单位在科技兴粮的道路上迈出新步伐，取得新成效。

江泽民总书记指出："科学技术是第一生产力，而且是先进生产力的集中体现和主要标志。科学技术的突飞猛进，给世界生产力和人类社会的发展带来了极大的推动。未来的科技发展还将产生新的重大飞跃。我们必须敏锐地把握这个客观趋势，始终注意把发挥我国社会主义制度的优越性，同掌握、运用和发展先进的科学技术紧密地结合起来，大力推动科技进步和创新，不断用先进科技改造和提高国民经济，努力实现我国生产力发展的跨越。"这次年会的主要任务，就是要全面贯彻"三个代表"的要求，在"十五"期间，认真推广高新技术和实用技术，以先进技术武装、改造、提升粮油产业，促进产品的升级换代和生产力的跨越式发展，推动粮食行业在新世纪走向振兴。

粮食工作的新形势和科技兴粮的新任务

在党中央、国务院的正确领导下，当前我国粮食形势很好。在连续几年粮食供应略大于求、相对过剩的情况下，出现了"两个加快"：随粮食市场导向改革的深入，中国粮食经营市场化的步伐加快；随着加入世贸，中国粮食市场国际化的步伐加快。由于这"两个加快"的带动，出现了真正意义的大粮食、大市场、大流通的新格局。它将跨越省界国界，融通国内国外，突破条块分

---

* 这是白美清同志在中国粮油学会第二届学术年会上的讲话。

割、传统分工，在更大范围内、更深层次上合理配置资源，满足人民日益增长的需求。适应这种新形势，我国粮食行业正在向“市场化、现代化、国际化”的“三化”方向前进。这是粮食行业的历史性的战略大转变。实现这一伟大转变，对脱胎于计划经济的粮食行业来说，必须进行深度、广度前所未有的改革、改组和改造。在国内市场、国际市场形成强大冲击波面前，粮食系统正在经历前所未有的巨大困难。由于粮食部门是进入市场经济晚、放开晚的一个行业，而且是许多矛盾的焦点，因而难度也大于其他行业。但这是大转变中的阵痛，是前进中的困难，这一关非过不可。

在向“市场化、现代化、国际化”迈进的征程中，关键在于要以“三个代表”为指导，贯彻江泽民总书记指示的“必须把发展作为党执政兴国的第一要务”，坚持不懈地把发展先进生产力，搞好经济建设作为中心，抓住机遇，奋力拼搏，使粮食行业取得跨越式的发展，在发展中消化潜在的矛盾，在前进中解决存在的困难，缩短过渡期，尽快进入良性循环。在这一前进的过程中，极大地提高粮食行业的生产水平和科技水平，增强行业的经济实力和企业的竞争能力，从而在新世纪新情况下，确保国家的粮食安全。

“科学技术是第一生产力”。当今世界，新的科技革命蓬勃开展，高新技术突飞猛进，知识经济迅速兴起。粮食行业要跟上时代潮流，必须走科技兴粮之路，用高新技术改造和提升传统粮食业，并形成高新技术的新兴产业。为此，要坚定不移地搞好科技创新，把传统的、粗放的粮食行业转到依靠科技进步和创新的轨道上来。这是关系粮食行业生存发展的重大战略任务。没有高新技术的武装，没有经济实用技术的推广，粮食行业就不可能实现跨越式发展，更不可能实现现代化，在激烈的竞争中就会被动，甚至萎缩，被淘汰。

粮食行业在改革开放以来，通过引进、吸收、消化，不断进行技术改造和设备更新，取得了显著效果，许多方面接近和达到世界先进水平，并涌现一批大型企业和知名品牌。在仓储技术方面，仓容之宏大，仓型之复杂，储粮量之多，堪称世界之冠。四项储粮新技术，水平达到世界一流，大连北良、南关岭，广东新沙，南北呼应，成为现代化的粮食储备中转基地，实现宏观调控的有力载体。在粮机方面，苏州佐竹、无锡布勒两雄并峙，牧羊、正昌双星争辉，浙江诸暨、湖南郴州、湖北粮机、庄河轧辊、开封粮机、天津核工理化，各具优势，各显其能。在油脂加工方面，“南海”与“东海”争雄，“金龙鱼”与“福临门”竞秀，山东“鲁花”异军突起，上海海狮、北京绿宝、重庆红蜻蜓、天津月季花在地区各放异彩。在饲料加工方面，“正大”、“希望”各领风骚，“通威”、“六和”办出特色，“正虹”、“杨翔”走向产业化，“大北农”、“唐人神”开拓新路子。在米面加工方面，“金健”在米业中一马当先，“南顺”、“古船”在制粉业中稳步推进，郑州金源制粉勇于开拓新领域，上海乐惠米业建立联盟提高品牌竞争力。以上这些形成祖国粮苑群星璀璨的新格局。这些知名企业和名牌，具有相当高的科技含量和技术水平，其中有些可以同国际大型加工企业、仓储企业相媲美，达到了世界先进水平，是来之不易的。他们是行业前进的尖兵，发展的支柱。但是我们必须看到，我国粮油科技还滞后于形势的发展，主要问题有三：一是产品的科技含量不高，深度加工、综合利用不够，核心技术少。二是科技创新能力差，企业和政府投资于粮食科技的经费严重不足，许多企业没有科技开发机构和投入，开发缺乏后劲。三是基础研究薄弱，应用研究能力不强，科技成果转化为生产力进度缓慢，科研国家队的作用未充分发挥。当务之急是要引起有关方面的重视，认真落实措施，解决存在的问题，以推动科技兴粮事业的前进。

推广高新实用技术的任务和要求

进入新世纪新时期以后，粮油食品行业市场更加广阔，需求更加旺盛，要求更加严格。在国内市场，全面进入小康以后，需求将由东到西、由沿海到内地、由城市向农村呈波浪式增长趋势；在国际市场，除了传统的北美、西欧地区以外，东北亚、东南亚、中亚、中东以及非洲、拉美等都有很多商机，拓展市场有很大余地。但是也要看到，入世以后竞争更加激烈，标准也更高，要求也更严。最近一个时期，国际上我国出口产品的退货事件不断增加，国内食品不安全的事件时有发生，就是一个预兆，它预示未来市场的竞争会更加激烈。在今后，市场的竞争是产品质量、价格的竞争，实际上是科技含量的竞争，科技人才的竞争。谁想掌握商机，在竞争中取胜，谁就要下苦功夫在科技创新上，掌握核心技术、技术诀窍、尖端产品，这样才能赢得主动。

适应新的技术革命的要求，粮油行业在“十五”期间究竟推广哪些高新技术和实用技术？中国粮油学会及所属分会经过一年的调查和酝酿，并分别召开了威海会议等工作会议作了讨论，形成一个《粮食行业“十五”高新实用技术推广意见》，作为这次年会的中心议题，经过大家认真讨论，然后在全行业全面推广，使整个行业在科技水平、人才素质上有一个较大的提高，上一个新的水平。这是科技兴粮的一个实际步骤，是振兴企业，做强做大的关键环节。在工作中要注意以下问题：

第一，要坚持重质量、保安全、增效益的原则。在粮油加工行业推广高新技术和实用技术，一定要从实际出发，根据市场的需求决定取舍，根据效益的好坏决定去留，要克服盲目性，避免乱铺摊子，乱上项目。由于粮油食品直接关系人们的身体健康，一定要实行质量第一，安全第一的方针，切不可乱用增白剂、添加剂，要杜绝生产任何不安全的食品，以免危害人民的健康。这个关口一定要把好。

第二，要形成高新技术的产业化。我们采用高新技术，不是为了做样品，而是要商品化、产业化；不是要停留在实验室，而是要转化为现实的生产力，实现规模经营，取得规模效益。特别是作为农业产业化参与者的粮油加工企业，要担负起龙头企业的作用，更应在贸工农一体化、产供销一条龙的基础上，运用高新技术和实用技术形成一个新的产业，以取得更大的效益。各地有一批民营或混合所有制经济的高新技术企业，有强大的生命力和良好的发展前景，政府和社会要支持他们，当好“孵化器”，创造条件使之尽快发展壮大，形成产业。

第三，要实行标准化、名牌化。要使产品升级换代，提高国际竞争力，必须对准国际标准，采取名牌战略。我们不能满足于国家标准、部颁标准，入世后必须全面履行国际标准。标准就是门槛，没有跨越国际标准的真本领，就休想进入国际市场，即使在国内市场也很难立足。有了标准化，才能名牌化、国际化。按照国际标准要求，我们粮油系统，有不少产品是过不了关的。从粮油食品发展的趋势看，“安全、营养、风味、快捷”，已逐渐成为人们消费的主流，追求的时尚。我们必须面对现实，在抓产品质量上下苦功夫，瞄准国际标准，实施名牌战略，培育一批中国名牌、世界名牌。名牌是科技含量的荟萃，是科学管理的结晶。实施名牌战略，要和科技创新相结合，和建立企业信用制度相结合。这是树立产品信誉、企业形象的根本大计，需要持之以恒，常抓不懈，甚至经过几十年的努力，才能达到。

第四，要坚持科技的自主创新。知识高新化已成为新世纪的潮流，技术进步日新月异，科技创新层出不穷。作为粮油食品行业，应当建立创新机制，形成创新体系。在进入知识经济时代和入世后的新形势下，在科技领域，过去那种跟踪模仿为主的“拿来主义”的做法和对策，必须改变为自主创新为主的战略，突出原始性创新，以实现技术跨越。引进、吸收是不可避免的、必要的，但这不是目的，引进、吸收、消化，是为了创新，创造出适合我国国情的新技术、新工艺、新设备。在20世纪80年代我们引进家电设备然后创新，逐步开拓国际市场，证明了这一方针的正确性。我国是粮食生产、消费大国，粮油资源有很多区位、品种的优势，甚至在世界上也是独一无二的。如何把资源优势转化为产品优势，就是粮油科技界面临的重大课题。在大米、面粉、油脂、食品加工方面还有许多尖端课题没有攻破。我们一定要在“三个代表”重要思想的指导下，敢于探索，勇于创新，在精深加工、强化营养、保质保鲜、综合利用等方面取得重大突破，闯出一条新路。

第五，要坚持、发展、完善产、学、研相结合的新机制。当前在粮食科技工作中一个突出问题是科技与生产脱节，科技成果转化为生产力的周期过长，规模过小，效益不高。大专院校、科研院所是科研的基地，企业是科技进步的主体，产、学、研相结合，发挥各自的优势，形成合力，就能取得事半功倍效果，实践证明，这是科技转化为生产力的有效的组织形式和运行机制。根据各地经验，产、学、研相结合要搞好，必须“明确主攻目标，协调利益关系。”几方合作后，要按市场导向和经济合理的要求，把主攻的目标选准，把产品和市场的定位定好，把力量组织好。为了调动各方的积极性，需要处理好利益关系，生产企业要重视知识产权的作用，给学校、科研单位以应有的利益；科研单位也要从长远出发，从战略考虑，支持生产单位的发展。凡是涉及农民的利益，一定要注意支持、带动农业的发展，增加农民的收入，达到“增值增效，利农利企”的效果。合作的方式可以多种多样，随着事业的发展而逐步完善。总之要立足于发展，把面包做大，合理分配，多方得益，切忌急功近利，短期行为。

第六，需要强调“人才资源是第一资源”，必须高度重视人才资源战略。粮食系统过去经营的是初级产品，加工也是粗加工，大专以上学历的人才很少，高素质的技术人才和经营人才严重不足。在粮食系统，可以说人力资源丰富，人才资源缺乏。培育人才，用好人才，留住人才更是当务之急。要发挥学会的优势，在培育人才上多做工作。要加大对青年科技工作者的培养和支持，为他们的建功立业创造良好的学术气氛和条件，为他们提供施展才干的阵地和舞台。要大胆放手使用人才，使他们能脱颖而出，早出成果，早创新业。加入世贸以后，人才的争夺战十分激烈。现在世界500强中已有100多家在中国开设研究、开发机构，大量吸收行业中的精英和技术领域的尖子。我们必须采取相应对策，留住人才，用好人才。根据一些企业的经验，采取“事业留人、待遇留人、感情留人”的办法，是行之有效的。总之，要千方百计发挥人才在科技兴粮中的决定性作用，这是成功之本。

在新形势下做好学会工作　为科技兴粮服务

中国粮油学会和所属分会，是科技兴粮中的一支重要力量，是科技交流的主渠道。在入世和放开的新形势下，学会的工作不是可有可无，而是要加强；学会的机构不是可设可不设，而是要充实。中国粮油学会是中国科协所属的全国性学会，即一级学会。中国科协提出，“要充分认识到中国科协所属全国性学会、协会、研究会，是由广大科技工作者自愿组成的学术性、科普性、社会公益性的非营利社会团体，这是全国性学会的基本性质。”中国科协还制定规划，要求学会通过深化改革，实现以下总体战略目标：“在党的领导下，确立以会员为主体、实现民主办会、具有现代科技团体特点的组织体制和管理模式；加强学会能力建设，提高学会竞争能力，建立和完善自主、自强和自律的运行机制；改进和丰富活动的方式方法，提高活动质量和水平，进一步树立学会的权威性和鲜明的社会形象，增强对广大会员的凝聚力和吸引力；推动全国性学会成为满足党和国家以及科技工作者需要、适应社会主义市场经济体制、符合科技团体活动规律、具有中国特色、充满生机活力的现代科技团体。”应该说这个改革目标是很高的，任务是很重的，我们在今后学会工作中要积极而又稳步地向这一目标迈进。

根据中国科协六大的精神，结合中国粮油学会及所属分会的实际情况，今后的工作要着重抓“充实健全组织，开展学会活动”。

在充实健全学会组织方面：学会今年要建立直接吸收个人会员的制度，重点发展有一定学术水平和发展潜力的中青年研究人员入会，如院所里面的中高级研究人员、院校中的研究生、各种所有制企业中的高、中级科技人员等，以增加学会的新鲜血液和后备力量；要吸收一部分高科技为主的民营企业入会，扩大学会的覆盖面。要试行吸收外籍会员，加强与国际同行的合作。要充实加强领导机构，各专业分会结合换届，调整班子，充实力量。中国粮油学会也要充实一部分人才进入理事会、常务理事会等领导机构。要加强学会办事机构的建设，达到精干、高效、高素质的要求，更好地为会员服务。根据中国科协的部署，要研究建立粮油学会工作志愿者队伍，为普及粮油科技知识服务。

在积极开展学会活动方面：必须认识，学会的生命在服务，学会的地位在活动。只有积极开展各项服务活动，学会才有影响力和凝聚力，在同行、在社会中才有应有的地位。中国科协提出学会活动社会化、“精品”化、国际化和信息化，这些要求学会要创造条件，努力实现。学会要在“学”字上做文章，开展多种多样的学术活动，为提高粮油行业的素质、为科技兴粮服务。学会在新的技术革命中要重点抓好生物技术、信息技术在粮油行业中的应用，普及有关科学知识，提高全行业的素质。学会本身除精心准备两年一度的学术年会外，每年都应开展几次重点活动，交流经验，传播信息，培养人才，服务社会。要办好《中国粮油学报》，提高质量，扩大影响，办成“精品”。中国科协要求学会要办成“科技工作者之家”。为此，我们必须转变作风，改进方法，加强与个人会员、团体会员的联系，倾听他们的意见，反映他们的呼声，千方百计为大家排难解纷，创造发挥才干的条件，做好各项服务工作。

各位代表：当前形势很好，是多少年来少有的机遇。我们一定要高举邓小平理论的旗帜，以“三个代表”重要思想为指导，在科技兴粮的大道上奋勇前进，在新世纪为确保国家的粮食安全作出新的贡献！

二〇〇三年

新型工业化道路——中国粮油工业振兴之路*

（2003 年 3 月 27 日）

进入 21 世纪以后，在党的十六大精神鼓舞下，我国粮油行业正面临着空前广阔的市场和极为良好的商机。

——**从国内市场来看，对粮油的需求很旺，是从未有过的巨大的市场**。这主要由于党的十六大提出了全面建设小康社会的宏伟纲领，坚持实行扩大内需的方针。随着经济的发展和人民生活水平、生活素质的提高，对粮油加工制成品的需求不仅在量上持续增长，而且在质上要求更高，食品结构将向安全、营养、风味、方便的方向发展。据《中国食品安全发展战略》专家组的测算，到 2020 年我国人口将达到 15 亿人，城镇人口将占 50%，粮食人均占有量将由 2000 年的 405.5 公斤，上升到 437 公斤；粮食人均直接消费量将由 206 公斤下降到 147 公斤；植物油由人均消费 8.2 公斤上升到 10 公斤；肉类由 25 公斤上升到 28 公斤；水产品由 11.7 公斤上升到 19 公斤；奶类由 5.5 公斤上升到 28 公斤。所有食物质量要达到国家强制标准，食物生产环境条件基本得到改善，外部环境条件基本不对食物构成污染。我国农产品加工包括粮油加工程度还不高，比例还不大，与发达国家的差距还很大。如我国农产品精深加工产值与农业产值之比仅为 0.79：1，而发达国家达到 3.4：1。我国农产品精深加工率在 30% 以下，而发达国家平均为 70%~90%。差距大说明潜力大，我们有着巨大

* 这是白美清同志在河南省郑州市“2003 佐竹粮食精深加工技术研讨会”上的发言。

的发展空间和广阔的活动余地。广大的、持久的国内需求是我国粮油工业发展的强大动力，是取之不竭的源泉。这与不少国家内需不振、市场萎缩、发展停滞形成鲜明的对照。这是我们发展的良好条件。

——从国际市场来看，经济全球化、科技高新化的趋势在世界范围内加强，国际性的产业结构调整正在加快进行。在总体上，发达国家正在将一些不适合本土生产的产业，特别是制造业向外转移和输出。这是21世纪最大的一次产业结构的调整和国际分工。由于中国具有的地区优势、资源优势、市场优势、人力优势，许多加工业、制造业直至新产品的开发研究与试制生产均向中国转移。全球500强企业已有400多家投资于中国，在中国落户，去年外商投资突破500亿美元，中国已成为国际投资的热点地区。同时，随着中国加入世贸组织，这也为我们“走出去”进入国际市场提供了便利条件。可以说，在进入国际市场上，我国也是前所未有的良好时期。

——从区域性市场来看，中国同周边的国家与地区的区域性经济合作趋势正日益加强。中国与东盟的“10+1”自由贸易区已达成协议，10年内将有大的动作，形成框架。上海合作组织六国也逐渐由政治转向经济合作。韩国也提出东北亚自由贸易区的构想与建议。在日趋激烈的竞争重组声中，区域性合作构建自由贸易区的呼声越来越成为潮流。因此，区域性市场的空间在扩大，这方面也为我国粮办工业“走出去”提供了前所未有的机遇。

综上所述，不论国内市场、区域市场、国际市场，我们都面临着前所未有的广阔天地和百年难遇的良好机遇。这是一个创业的机遇，振兴的机遇，跨越发展的机遇，赶超先进的机遇。正如党中央所指出的，21世纪头20年，是重要的战略机遇期。机不可失，时不再来。如果我们错过这个良机，将使我们的企业衰落，国家落后，人民受害。这个良机，对所有企业，包括不同所有制的企业都是一视同仁的，谁捷足先登，乘势而上，谁就会在市场中赢得主动，稳操胜券。这是摆在每个企业、每个企业家面前的考验和作出重大抉择的关键时刻。

在大好机遇的境况下，中国粮油工业怎样前进？党的十六大明确指出：走新型工业化道路。这是我国工业包括粮油工业的振兴之路，是新世纪粮油工业第二次创业的唯一正确道路。把企业改革、调整后焕发出的巨大活力，引导到走新型工业化道路上，这就是我们的结论。

党的十六大报告中精辟地指出：“坚持以信息化带动工业化，以工业化促进信息化，走出一条科技含量高、经济效益好，资源消耗低、环境污染少、人力资源优势得到充分发挥的新型工业化路子。”这条道路，是科教兴国战略和可持续发展战略的具体体现，是对近百年来世界工业化历史进程的科学总结。传统的、旧式的工业化，一般是对环境“先污染、后治理”，对生态“先破坏、后恢复”，对农业“先索取、后反哺”，走了不少弯路，付出了极大代价。而新型工业化道路的提出，总结了各国的经验教训，符合我国的实际情况，具有丰富的内涵，体现了与时俱进的精神，闪耀着知识经济时代高新技术的曙光。粮油工业坚定不移地走这条新路，将有利于增加农民收入，带动农村经济的发展；有利于适应全面建设小康社会对食物的要求，提高我国人民的生活水平和身体素质；有利于提高粮油工业的整体素质，促进粮油企业的振兴；有利于我国粮油工业与国际经济对接，参加国际经济的大循环、大竞争，提高我国的综合竞争能力。

半个世纪以来，特别是改革开放20多年来，我国的粮油工业经过引进、消化、吸收和创新，已经初步形成门类齐全、较为经济实用的工业体系。据中国粮食行业协会的调查，2001年，全国进入统计的粮油工业企业共有7548家。其中碾米2763家，制粉3940家，油脂845家。但规模较小，开工严重不足，大部分产能闲置。如制粉企业中日产200吨以下的3686家，占93%；食油企业日处理油料200吨以下的576家，占68%，碾米业的产能只使用1/4，制粉业产能只使用1/3，榨油业产能只使用6%。相当一部分小厂技术水平低，粗放式经营，规模化程度差，甚至一些骨干大企业的产品科技含量也不高，原始创新更显得不足，主要靠扩张式的经营以获取效益，离新型工业化道路的要求，差距很大。粮油食品工业，是国民经济的一个重要部门，工业化、现代化的任务十分繁重。我们应当以贯彻党的十六大精神和十届全国人大一次会议的精神为契机，按新型工业化的要求来对照检查，找出差距，瞄准目标，突出重点，制定措施，狠抓落实，使我们粮办工业再上一个新水平，跟上整个国民经济前进的步伐。根据粮油学会的调查了解，在向新型工业化道路前进的过程中，要注意以下几个问题：

第一，粮食行业要把新型工业化作为系统工程，集中全力抓好。党中央提出的新型工业化道路，内涵十分丰富，五个要点互为联系，是一个完整的科学体系。我们的体会简要地说就是：“系统工程，科技先行，着眼效益，节约资源，注重环保，依靠人才，信息化促进，集约化经营。”这是一条消耗少、产出多、效益好、持续发展、良性循环的道路，是企业奋斗的目标。各个企业要根据自己的实际情况加以对照，找出不足，明确主攻方向，调整产业结构和产品结构，解决突出问题。比如有的企业污染严重，安全生产条件差，就要着手先解决这个问题，以此为突破口进而解决其他问题。总之，这是一个系统工程，要面向市场，以效益为中心，分别轻重缓急，系统抓、长期抓，积之以时日，就一定会达到预期的目的。

第二，要着重抓提高科技含量，采用高新技术和适用先进技术。新型工业化道路的首要一条就是“科技含量高”。新型工业化不同于传统工业化的最根本之处就表现在采用高新技术上。一定要用高新技术、适用先进技术来改进传统粮油工业。只有发挥“科技作为第一生产力”的作用，才能解决资源合理持续利用、环保安全良性循环、效益不断提高等问题，并达到几者的有机结合。从粮油工业来看，采用生物工程、精细化工是一个重点，要密切关注，加大力度应用于生产中，以实现产业的优化升级和产品上档升级。这里强调要自主创新、原始创新。特别是骨干龙头企业，一定要有自己的知识专利、技术诀窍、看家本领、“拿手好戏”，掌握技术上的制高点，才能掌握市场上的制胜权。

我国粮油的加工技术与世界先进国家相比，主要差距是在精深加工和综合利用上。特别是米、面、玉米、油料等几种大宗粮油加工产品，这方面至今还没有大的突破，因而产品的附加值不高，许多有价值的副产物提取不出来，仍没有形成规模经营和成型的工业化生产。我们必须采取产、学、研相结合等多种方式，组织联合攻关，尽快取得突破。

在加强科技进步上，据了解不少粮油企业领导至今仍然存在思想不到位，措施不到位的现象。例如有些企业的广告费用，大大高于科技开发费用，这从一个侧面说明对科技进步的不重视，说明解决这个问题的紧迫性。许多事实都证明，科技进步问题需要企业领导者思想上真正明确，措施上真正有力，制度上真正有保证，才有可能抓出成效。有些企业家说得好：“将企业的未来寄托在广告上是可怕的，只有时刻保持创新，才有竞争力，企业才能成为‘恒星’，而不是‘流星’。”这很值得我们深思。

第三，要加快推进信息化的步伐。以信息化促进工业化，是新型工业化道路的重要内容。新型工业化，就是现代技术武装的工业化，信息技术是知识经济时代高新技术的核心，在粮食油料加工业中一定要作为重要内容来抓，要用信息化来全面提升企业的经营管理水平。现在单机的信息化、单个流程的自动化等方面已经有了很大进步，问题是整个生产流程的信息化，整个管理系统的信息化和电子商务平台方面的信息化还有较大差距，这样就难以达到全过程的电子化管理和总体经济效益的提高。所以，粮油工业企业要下决心用新兴的信息技术装备起来，使企业的管理水平和经济效益从总体上，从全局上跨入新阶段，跃上新台阶，增强竞争能力和经济实力。在这件大事上不应犹豫徘徊，而要作为一把手工程来抓，以达到预期的效果。

第四，要下功夫把粮机制造业抓好。要制造出先进的产品，必须有先进的设备和现代化的技术。粮机是生产粮油食品的母机，有先进的母机，才能制造出先进的产品。我国粮机工业一定要上一个新台阶，要逐步实现本土化。单靠引进，是实现不了新型工业化的，要强调创新。现在我国的粮机工业已经有了良好的基础，佐竹、布勒双星璀璨，正昌、牧羊各领风骚，还有一批中小粮机厂，各具特色，百舸争流，使整个粮机行业呈现出互相竞争、互相促进的新局面。粮机工业的根本问题，仍在于要下功夫在原始创新上，努力克服设计不尽合理、工艺不精、材质较差、耐力不强、效率不高、服务不周等缺点。要坚定不移地以信息化促进粮机的机械化、自动化，使机械化、信息化获得复合式地发展，在此基础上，创造名牌，完善配套，抓好服务，以增强企业的竞争力。

第五，必须与抓好企业改革和企业管理相结合。新型工业化道路不可能建筑在机制不活、管理粗放的基础上。在搞活企业机制上，一定要进一步深化企业改革，建立与完善现代企业制度，调动全体员工的积极性和创造性，才能有生机与活力。在新型工业化道路前进的过程，也是改善企业内部管理的过程。要由粗放式管理向集约化经营的方向转变，进而带动企业整体素质的全面提高。实施新型工业化的过程，同时也是深化改革、强化管理的过程。只有把企业的改革和管理搞好，走新型工业化的道路才有巨大的动力，才有可靠的保证。这方面问题很多，还需要作专题研究，下大力抓好。

祝这次研讨会圆满成功！

祝中外粮油业同行在羊年新春事业兴旺、身体健康！

对新时期粮食工作再创新业的几点思考*

（2003 年 4 月 11 日）

粮食工作的新形势、新变化、新机遇

从 20 世纪 90 年代后期以来，我国粮食工作在各级党委和政府的正确领导下，经历了改革中的阵痛、调整中的磨炼，沿着市场导向迈步前进，基本实现了从计划经济向市场经济这一历史性的过渡。当前粮食部门特别是国有粮食部门已开始走出低谷，进入开拓市场，稳步发展的新时期。这主要表现在以下方面：

（一）市场化改革的大方向已经不可逆转。从地区上看，全国的主销区和购销基本平衡的 12 个省（市、区）已经开放，走向市场经济，一些主产省的非主产县也试行放开，全国已有一半以上地区放开；从粮食品种上看，除东北主产区的玉米、南方主产区的中晚稻、北方主产区的小麦外，其他品种都已进入市场，按市场化运作；从价格上看，保护价的范围在缩小，与市场价的差价在减少，与国际市场价格对接在加深。市场化改革正在波浪式、渐进式地从销区到产区、从沿海向内地推进，成为不可逆转的趋势。

（二）粮食多元化经营的新格局已形成，国营垄断经营业已结束。经过改革和调整，粮食的购、销、运、储、加各个环节均发生了根本性的变化。

收购环节：以国有购销公司为主的流通渠道仍起着重要作用，但个体、私营已渗入农户，农村粮所、粮站的改革正在前进。这个环节随着市场化的进程和改革的深入，还将发生根本变化。

零售环节：国有粮店垄断经营的局面已经打破，正在形成以超市、个体经营、零售集贸市场三者联系的零售经营模式，占领了广大市场。

运输环节：国有粮食运输公司，完成了改制工作，形成以民营为主，公路、铁路、水路三路并举的运输方式。

---

* 这是白美清同志在天津市新时期粮食工作学术研讨会上的发言。

加工环节：国有粮油加工业基本上完成了改革改组工作，股份制、民营、个体、中外合资、独资，多种经营形式并存，展开了新一轮竞争与合作。

储存环节：建立了中央储备粮、省市储备粮三级储备体系，相应组建的中储粮管理总公司系统和地方储备粮管理公司系统，将成为新时期的国家粮食蓄水池和调控市场的坚强支柱。这是对国家粮食安全具有重要意义的改革成果。

概括地说，在购、销、运、储、加各个环节，新的粮食流通服务体系正在构筑，并日趋完善，确保了这段时期粮食的稳定供应和市场的基本稳定。

（三）以大型骨干企业为龙头的新的粮食企业群体正在成型。这些年来，经过不断地深化改革、结构调整，把企业作为经营实体，使粮食油脂企业获得了自主经营、自负盈亏的实权。现已形成国有企业（包括国有参股、控股企业）、民营及个体企业、中外合资及外商独资企业三者并峙、互相竞争、互相促进的新态势。据国家粮食局的统计，到2002年10月止，全国国有粮食企业43732家，与1998年相比，减少18%（其中购销企业24493家，同比减少17%）；全国国有粮食企业职工241.8万人，与1998年相比减少29%（其中购销企业职工140.7万人，同比减少28%）。而民营、个体企业风起云涌，估计从业人员在100万人以上；合资企业、外商独资正在发展。特别值得重视的是一批大型粮油骨干企业正在壮大，成为行业的排头兵。在中央管理一级企业，有中储、中粮、中谷等骨干企业；在各省、市地方企业中，上粮、京粮、津粮和浙粮、山东坤华、江苏江海等有实力的集团不断壮大，吉粮更是异军突起；在油脂行业，出现了四海争辉（南海、东海、北海、黄海）、鲁花、华农竞艳的局面；在面粉制造业，河南金苑、河北五得利、天津利金、山东华瑞等应运而生，跨越式发展；在碾米业，湖南金健、黑龙江的北大荒米业集团、绿都集团是其佼佼者；在粮机行业，佐竹、布勒双雄并峙，牧羊、正昌双星争耀。可以说，我们预言的粮食系统从“春秋”时代走向“战国七雄”时代正在实现。这些改制后的企业，正焕发出极大的活力，特别是一批企业家，具有高度的创业雄心和极强的竞争欲望，具有强大的生命力，将对今后我国的粮食业产生深远的影响。

（四）整个粮食行业已经开始实现减员增效、扭亏为盈。去年以来，中储粮公司已经轮换了2500万吨储备粮。到2002年10月底，全国高价位粮食库存比上年减少500多万吨，消化了一部分高价位库存，减轻了财政的负担。2002年1～11月，全国国有粮食购销企业和附营企业与同期相比，减亏幅度分别为8%和21%，不少省（区）市已经全面实现了扭亏为盈。

从以上几个方面可以看出，粮食行业特别是国有粮食业正在走出低谷，朝着开拓市场、正常发展的方向前进。

当前，我国粮食形势很好，特别是加入世贸组织的头一年，开局良好，我们不仅继续保持了粮食的供求平衡，稳定了粮食市场与价格，而且利用入世之机，在粮食的进出口上打开了新局面。2002年玉米出口1170万吨；我国首次成为小麦净出口国（这是不可持续的），进口小麦60万吨，出口69万吨；大米出口250万吨。这是非常不容易的，在稳定国家经济，保持社会安定中起了不可替代的作用。但是我们观察粮食形势时，也不能不看到新时期粮食情况的隐忧和粮食工作任务的繁重。这主要是：在我国粮食经过前一阶段低水平、阶段性、结构性的供大于求之后，当前已出现若干值得重视的迹象：粮食供求平衡将从宽松走向偏紧。未来几年供不应求的状况是否会再现，我们能不能应对这种状况？这需要我们冷静分析，认真对待。

从生产上看，2000年以来，由于调整农业产业结构，退耕还林等政策性因素的影响，我国粮食产量已经出现三年徘徊，粮食播种面积连年下降的状况。2000年粮食播种面积16.12亿亩，比上年减少5%，产量46250万吨，减产9%；2001年粮食播种面积16.08亿亩，比上年减少0.8%，产量45260万吨，减产2.1%；2002年粮食播种面积15.6亿亩，减少2%，比1998年最高点17.07亿亩减少8.6%，产量45710万吨，增产1%，比1998年最高点51290万吨减少10.7%，也就是说2002年的粮食产量只相当于1993年的水平。而且，由于调整结构、小城镇建设等方面还在继续占用耕地，粮食产量何时结束徘徊，再恢复到5亿吨的水平，暂时还看不到眉目。

从需求来看，由于人口增加，消费水平上升等因素，特别是由于农村进城务工人员在大量增加，据统计在1.2亿人以上。到2020年，我国人口将达15亿人，城镇人口将达50%以上，这就是要新增城镇人口2亿~3亿人，这是一个很大的数字，相当于欧洲许多国家人口的总和。对粮食的需求，据“新时期中国食物安全生产战略研究”专家组的测算，到2010年基本小康社会的食物安全目标，粮食为54785万吨；到2020年实现全面小康的食物安全目标，粮食为65600万吨。这几年的粮食综合平衡主要是靠库存来补充的。但目前已出现库存连年下降，粮价止跌回升的现象。前一段，广东等少数地方已出现了短暂的抢购粮食的现象，也是一种征兆，历来抢购风波，都是从南方销区、从大米开始的。这次说明群众心里不太踏实，说明居民没有什么存粮，这值得我们察微知著，予以重视。

从国际粮情来看，据联合国粮农组织和美国农业部的信息，2002 年度，世界粮食（谷物）产量为 18.3 亿吨（小麦、大米、粗粮合计，若大米折稻谷则为 20.26 亿吨），连续 6 年减少；世界粮食总需求为 18.95 亿吨，连续 4 年高于总供给量；世界粮食贸易量为 2.28 亿吨，连续 4 年减少；世界粮食库存为 4.22 亿吨，也是连续 4 年递减。这样，世界粮食市场价格在连续 5 年低迷之后，2002 年下半年起较大幅度地回升。据世界银行经济展望报告的预计，2002/2003 年度世界主要粮食出口国（美、加、澳、欧盟、阿根廷）的库存，将下降到 1997/1998 年度以来的最低点，预计新的一年，小麦、大米、玉米价格将分别为上升 19%、22%、25%。所以，国际粮情也是不可乐观的。我国是一个大国，必须坚持以自力更生为主，国际上可以进行一些调节，但回旋余地不是很大的。

综上所述，在进入新时期后，是不是会重新遇到供不应求、粮食供求偏紧的情况，我们必须未雨绸缪，及早研究对策，这绝不是危言耸听，而是必须面对的现实。十多亿人口，粮食安全是时刻不能忘记的大事。第一，要解决总量平衡的问题，确保粮源。第二，要解决如何调控，把粮食送到群众手中的问题。这两方面我们都有许多新情况、新困难，不同于 20 世纪 90 年代初期，为此需要进行前瞻性、战略性的研究，采取相应政策。

抓住机遇　立足创新　把粮油企业做强做大

在粮食工作的新时期，我们面临着良好的机遇和广阔的市场，工作的着眼点和落脚点必须放在搞活搞好粮油企业上，特别是培养造就一批有自主知识产权、经济实力强、具有核心竞争力的大型企业和企业集团，这是全行业的希望所在，也是国家粮食安全的支柱所在。

党的十六大报告中指出：要“通过市场和政策引导，发展具有国际竞争力的大公司、大企业集团”。这对我国的粮油行业、粮油企业提出了新任务、新要求。我国粮食行业必须认真学习贯彻这一精神，跟上形势，抓住机遇，发展壮大大型企业集团。应当认识到，发展大型企业集团是形势发展的需要，是进入新时代的要求，是全国人民和粮食行业的愿望。把粮油企业特别是骨干企业做强做大，意义是十分深远的。我们应该看到能否造就世界级的大企业，能否造就世界知名的粮油企业和品牌，特别是能否造就一批有中国特色的大型企业、跨国公司，这是国家的综合国力强弱的一种表现，是我们进入世贸组织能否成功的一个标志。我们加入世贸组织后，我们必须维护我国的民族工业，保持我国经济上的自主地位，对这样的问题要保持高度的警觉。骨干企业是主力军，它将构成具有中国特色的、以大型骨干企业为龙头、以中小型企业为依托的企业群体，更好地促进我国粮油行业的发展。企业做强才能做大，做精才能做大，做强做精是应该放在第一位的。企业要做强做精，在这个基础上才能做大。根据党的十六大精神，我们必须加快步伐把这件事做好。

最近以来我和协会的同志做了些调查，关于把粮油企业做强做大问题，我们认为，要解决机制创新、技术创新、人才创新的问题。

第一，要搞好企业机制创新，构建现代企业制度。党的十六大报告指出："放手让一切劳动、知识、技术、管理和资本的活力竞相迸发，让一切创造社会财富的源泉充分涌流。"这是我们搞好企业和机制创新的指导思想，就是要想办法，让一切创造社会财富的源泉涌流出来，汇集成一股巨大的活力，去开拓、去创业。特别是要调动全体员工的积极性，包括企业的高层，还要包括企业的基层，不仅包括企业内工作的，还要包括参与企业协作、联合、经营、科研等企业外部的人员在内，这样才能从根本上、从长远上、从总体上把企业搞活。在机制创新中，我们认为要抓一个制度（建立健全现代企业制度）和两个重点（企业人事制度改革和分配制度改革）。

要逐步建立现代化的、规范化的股份制。这是国内外企业实践证明较好的管理模式。所有企业包括国有、集体、民营、中外合资企业都有这个问题。当然，中小型可以灵活地采取多种形式。但大中型骨干企业还是以股份制形式为好。在形成股份制中，有一种新的提法叫混合所有制经济，即多种经济成分可以联合在一起，向规范化的股份制方向发展，建立起现代企业制度，这样就可以做到决策科学、用人得当、管理规范，有高的效率、高的效益。

人事制度改革是搞活机制的重点。市场经济以企业为主体，企业又以员工为主体，而人事制度改革是重点，是企业人才开发战略的具体体现。人事制度的核心是用人，为人才提供舞台，让他们充分展示才干。特别是要让人才脱颖而出，有用武之地。企业要打破论资排辈、任人唯亲等传统观念的束缚，大胆起用人才，放手使用人才。人事制度改革的另一方面是安排好离退休人员和下岗分流人员，参与建立社会保障制度。不仅国有企业应当这样办，民营、外资、合资企业也应如此，一切要对员工负责。

分配制度的改革，是搞活机制的另一个重点。党的十六大报告指出：要“确定劳动、资本、技术和管理等生产要素按贡献参与分配的原则，完善按劳分配为主体、多种分配方式并存的分配制度，坚持效率优先，兼顾公平，既要提倡奉献精神，又要落实分配政策，既要反对平均主义，又要防止收入悬殊”。各个企业可以根据政府规定的政策，结合自己的实际情况，改革、调整和完善自己的工资分配制度，要执行多种形式的效益工资制，试行年薪制、期权制等，使为企业工作的人员，包括有重大贡献的人员都能得到相应的报酬。具体办法，大家可以创造，但一定要遵守政策法规，避免分配中的弊端发生。

总之，要通过机制创新，焕发出生机活力，推动产品创新、市场营销、资本扩张，使企业成为具有核心竞争力和强大经济实力的大企业、大集团。

第二，要搞好技术创新，走新型工业化道路。在党的十六大和十届全国人大一次会议上提出的新型工业化的新任务、新要求。党的十六大报告中精辟地指出：“坚持以信息化带动工业化，以工业化促进信息化，走出一条科技含量高、经济效益好、资源消耗低、环境污染少、人力资源优势得到充分发挥的新型工业化路子。”这条道路，是科教兴国战略和可持续发展战略的具体体现，是对近百年来世界工业化历史进程的科学总结。这条道路内涵十分丰富，“一化五要点”互相联系，是一个系统工程。我们的体会简要地说就是“系统工程，科技创新，着眼效益，节约资源，注重环境，依靠人才，信息化促进，集约化经营”。它符合我国的实际情况，具有丰富的内涵，体现了与时俱进的精神，闪耀知识经济时代高新技术的曙光。粮油企业坚定不移地走这条道路，将有利于增加农民收入，带动农村经济的发展；有利于适应全面建设小康社会对食物的要求，提高我国人民的生活水平和身体素质；有利于提高粮油企业的整体素质，促进粮油企业的振兴；有利于我国粮油工业与国际经济的对接，参加国际经济的大循环、大竞争，提高我国的综合国力。

新型工业化道路的首要一条就是“科技含量高”。新型工业化不同于传统工业化的最根本之处，就表现在采用高新技术上。一定要用高新技术、实用技术来改造传统粮油工业。只有发挥“科技作为第一生产力”的作用，才能解决资源合理持续利用、环保安全良性循环、效益不断提高等问题，并达到几者的有机结合。从粮油行业来看，采用生物工程、精细化工是一个重点，要密切关注，加大力度应用于生产中，以实现产业的优化升级和产品上档升级。这里强调要自主创新、原始创新。特别是骨干龙头企业，一定要有自己的知识专利、技术诀窍、看家本领、“拿手好戏”，掌握技术上的制高点，才能掌握市场上的制胜权。

以信息化促进工业化，是新型工业化道路的重要内容。新型工业化，就是现代化技术武装的工业化。信息技术是知识经济时代高新技术的核心，在粮食油料行业中一定要作为重要内容来抓，要用信息化来全面提升企业的经营管理水平。现在单机的信息化、单个流程的自动化等方面已经有了很大进步，问题是整个生产流程的信息化，整个管理系统的信息化和电子商务平台方面的信息化还有较大差距，这样就难以达到全过程的电子化管理和总体经济效益的提高。所以，粮油企业要下决心用新兴的信息技术装备起来，使企业的管理水平和经济效益从总体上、从全局上跨入新阶段，跃上新台阶，增强竞争能力和经济实力。在这件大事上不应犹豫徘徊，而要作为一把手工程来抓，以达到预期的效果。

在加强科技进步上，据了解不少粮油企业至今仍然存在思想不到位，措施不到位的现象。比如有些企业的广告费用，大大高于科技开发费用。这从一个侧面说明对科技进步的不重视，说明解决这个问题的紧迫性。许多事实都说明，科技进步问题需要企业领导者思想上真正明确，措施上真正有力，制度上真正有保证，才有可能抓出成效。有的企业家说得好：“将企业的未来寄托在广告上是可怕的，只有时刻保持创新，才有竞争力，企业才能成为‘恒星’而不是‘流星’。”这很值得我们深思。

第三，抓好人才资源开发，为人才提供用武之地。最有效、最充分地开发人才资源，是企业发展壮大的关键所在。人才是企业最大的财富，企业领导者应当花最大精力，管理好最大的财富。香港李嘉诚先生用人的宗旨是：“有容乃大”。涓涓之水才能汇合成一泻千里的长江。企业领导要有识才的慧眼，育才的本领，用才的气魄，聚才的方法，广纳群才，知人善任。在市场经济的大海中，人才的流动是必然的，企业领导在人才流动中要相对地稳定人才，使他们为企业的兴盛服务。现在人才的流动很大，你不用别人就用。我们一些大型企业都有一套办法，叫做“事业留人、待遇留人、感情留人”。事业留人首先就是事业有希望；待遇留人就是待遇还不菲薄；关于感情留人，中国有句古话："士为知己者用"。中国知识分子有这个传统，即使待遇低一点，只要这儿环境好，大家相处得融洽，他就愿意在这儿干。要形成这样一个气氛，关键就在于我们的总经理，在于我们的老板要具有良好的领导素质。作为企业的董事长、总经理、首席执行官要有领导的品德、风度、气质、魅力、知识和领导艺术，具有向心力和凝聚力，使大家乐意在你手下工作。这是很高的要求。在一起工作，工作时间是上下级，业余时间是知心朋友，积之以时日就会形成极强的凝聚力。这既要求企业领导者有大将风度，要继承和发扬中国儒商的优良传统；又要博采各国所长，把东方文明与现代化管理相结合，形成自己的特色管理，包括人才管理。这里强调，董事长、总经理、首席执行官要率先垂范，讲修养，讲锻炼，尤其要有事业心，任何事要出于公心，待人以诚，气量宽宏，业务纯熟，不要满足于一个小摊摊、当个小掌柜，要有驾驭千军万马的本领，运筹亿万资产的绝招，能承受商海风浪的冲击，经受成功与挫折的考验。不要昙花一现，有负众望。商海风浪的冲击是非常大的，我体会在某些方面比当行政官员的风险大得多。成功了不要飘飘然，失败了也不要灰溜溜。商业上没有常胜将军，没有每宗生意都百分之百的成功，没有任何时候都是得心应手。在兴商办企业中，没有平坦的大道可走，唯有在崎岖的小路上攀登才有可能达到顶峰。概括起来说我们粮食行业要讲求职业的道德、企业的精神、个人的修养、家庭的美德，形成行业和企业特有的文化素质和精神风貌。要带领大家把精力多集中在事业上。当前正是国际风云变幻之际，企业转型发展之时，在大转折中我们会遇到很多问题，但是也意味着有很大的机遇，人才脱颖而出，企业勃兴正当其时，搞好了就上去了。我们衷心地希望我国粮油界的企业家能够树立新的业绩，新的风范，屹立东方，走向世界。

做好粮食行业协会的工作

粮食行业协会、商会等中介组织，是市场经济的产物，是改革开放中诞生的新生事物。中国粮食行业协会和各地粮食协会是粮食系统自愿组织起来的群众性的社团组织，根据党的十六大和十届全国人大一次会议精神，它必须向群众性、服务性、自律性、国际性方面转变。这几年，各地粮食协会做了力所能及的大量工作，初步在粮食企业扎下根，在政府和企业之间搭起了桥。但应该看到，扎下的根还不牢固，架起的桥还不够坚实，问题还很多。我们要在新时期，进一步加强协会的改革和建设，贯彻量力而力、尽力而为、拾遗补阙、逐步完善的方针，不断开展有实效的活动，搞好有创新的服务。在工作上要抓重点，抓基础，特别是在拓展服务功能，更好地为企业服务上下功夫。搞好服务是协会的生命线，是协会改革的核心，要多创造一些新经验。

根据协会的调查，在为企业服务上，要做好五个方面的工作：

第一，帮助企业改善宏观环境。要通过调查研究，了解企业的困难和呼声，及时向政府反映沟通，以解决企业实际存在的困难。我们要想企业之所想，急企业之所急，全心全意为企业办实事，使协会真正成为企业之家、企业家之家。

第二，帮助企业改进微观管理。企业内部管理问题也很多，要通过介绍经验、专家会诊、组织考察等多种形式，帮助企业改进经营管理，创造更多的效益。

第三，帮助企业加强行业自律。特别是要通过行规行约，帮助企业树立诚信为本、信誉第一的思想，继承我国经商的优良传统，取之有道，使之以德，树立新的企业精神和企业形象。培育一大批名牌产品、名牌企业、名牌企业家。

第四，帮助企业提高队伍素质。协会、学会要利用自己的人才多、联系面广的优势，采取多种形式为企业培养人才，全面提高人才素质。

第五，帮助企业协调纠纷。不论国际和国内的业务纠纷，行业协会要摸索经验，逐步介入，以维护企业的利益。同时协调行业内部企业与企业之间的关系，规范企业行为，努力克服削价竞销、互相拆台等不良风气，调整好各方面的利益关系。这方面协会还不熟悉，应该赶上时代的要求，满足企业的急需，加快步伐，尽快摸索出经验。

同志们：天津市是个港口城市，是华北的一个经济中心，是中国北方现代化工业的摇篮，富有经商的传统，办实业的智能。在粮食工作上，天津市粮食职工曾创造过许多先进经验，做出过许多有益的贡献。天津，是粮食体制改革的发祥地之一。1991 年，商业部、体改委、财政部曾在这里召开了粮食流通体制改革的经验交流会，推广了两线运行、扭亏增盈的经验；天津，是为北方接卸进出口的粮食重要港口，为缓解首都北京和晋西北、内蒙古中西部的缺粮做出过贡献；天津，是国家粮食储备库的创立者之一，20 世纪 90 年代初国家粮食储备局最早的两大直属库之一，就选点在武清，得到过天津市委、市政府和市粮食局的鼎力相助；天津，也是2500万吨国家粮食储备库定点早、竣工验收早的试点地区，为建立国家储备库创造过重要经验。我们希望天津粮食行业，在新时期突出特色，发挥优势，在粮食行业产业化的经营中迈出新步伐，创出新辉煌！

开拓创新　努力建设我国现代化粮食市场体系*

（2003 年 9 月 3 日）

今天全国粮食批发市场的代表们齐聚一堂，成立中国粮食行业协会粮食批发市场分会，这是全国粮食行业的一件大事，是我国粮食批发市场历经十多年的努力，由试点探索走向健康发展的重要标志。在此，我谨代表中国粮食行业协会、中国粮油学会、中国粮食经济学会、中国贸促会粮食行业分会表示热烈的祝贺！向全国关心支持、帮助促进和参与粮食交易市场建设的领导和同志们表示衷心的感谢！

在 20 世纪 90 年代我国诞生的粮食批发交易市场，是粮食走向社会主义市场经济的必需，是改革开放的产物。它走过了曲折发展的道路。在 1990 年 10 月，全国仍处在治理整顿的环境中时，国务院就率先批准国家计委、国家体改委、商业部等八部委的联合报告，在中国大地上宣告了第一个规范化的国家级郑州粮食批发市场的诞生，从而在迈向市场经济的大道上，领先起步，探索前进。在我国，粮食是关系国计民生、关系经济全局的重要商品，粮食行业虽然是放开最晚的行业之一，但在粮食市场体系的建设上，却创造出与其他行业毫不逊色的可喜业绩，用较短时间走过发达国家市场建设几十年走过的路。在党和政府的正确方针指导下，在我国多种形式的粮食交易市场应运而生，多种灵活的交易办法相伴而行，形成了中心批发市场与区域性市场相结合，产供销相结合，期货现货相结合的较为完整的多层次粮食市场体系。我国作为一个粮食的生产、消费大国和进口出口大国，不失时机地进行市场建设，至今我们的期货乃至现货交易，已逐渐形成与北美、西欧市场鼎立并峙的局面。我们的粮食批发市场尽管还不完善，还有许多缺点，但坚冰已被打破，航道已经开通，方向已经明确。它既主要服务于国家的宏观调控，确保了粮食市场的稳定，维护了国家粮食安全；同时又为入世以后，参与国际粮食市场竞争，运用两个市

---

* 这是白美清同志在中国粮食行业协会粮食批发市场分会成立大会上的讲话。

场、两种资源为我服务，并实施走出去的战略打下了基础，创造了必要的条件。应该说，在粮食由统购统销、计划经济向社会主义市场经济过渡的艰辛岁月中，从事粮食市场业务的同志们没有停步不前，没有虚度年华，没有辜负党和人民的嘱托。

当前我国粮食行业正处于重要的转折阶段和发展的关键时期，粮食行业面临市场化、国际化的新形势。粮食流通将全面放开，走向市场化；加入世贸组织以后，过渡阶段不久即将结束，中国市场要向世界更大程度上、更广领域中、更深层次上全面开放，国际上知名的大企业和跨国公司将陆续进入中国市场，参加竞争与合作。新一轮的企业重新组合、市场重新划分将不可避免。在这种新形势下，国家的粮食安全绝不可有丝毫的削弱，粮食批发市场的作用也绝不会削弱，而是必须加强。粮食批发市场在新形势下面临的新课题、新任务，就是要努力建设现代化市场体系，发挥它在搞活流通、调节余缺、稳定市场、确保国家粮食安全中的积极作用。这是比前一阶段更艰巨、更复杂、更困难的任务，需要我们以十六大精神和“三个代表”的重要思想为指针，与时俱进，开拓创新，创造出适合中国国情并与国际接轨的现代化市场体系。

为此，我们要在认真总结经验的基础上，顺应时代的潮流和形势的要求，不断探索，从市场建设的各方面进行创新。

第一，我们要重新研究市场的定位，明确发展的战略方向，选准目标，突出特点，办出特色。办市场切忌凭主观出发，盲目发展，图虚名而受实害，贪小利而损信誉，从而造成有场无市、有名无实的后果，对此要引以为戒。

第二，我们要重新审视市场的体制和机制，进一步改革和完善。现在各地市场大都是“行政主办型”、“企业主导型”，这种模式发挥了积极的作用，但随着机构改革、企业改革的深化，也需要与国际对接，发展成为“市场服务型”，真正成为现代化的大市场、大流通。要吸取国际的经验并结合我国的实际加以改进，使之日趋完善。

第三，我们要继续改进市场交易方式。努力探索传统交易方式与现代交易方式相结合，充实完善协商成交、竞价拍卖、委托代办等多种方式，并积极试办电子商务、网上交易，逐步取得经验后推广。要进一步研究发挥经纪公司、经纪人的积极作用。

第四，我们要进一步扩大市场服务功能。要研究如何与现代物流相结合，与结算、融资相结合的新途径、新办法，大力建立市场经济的信用体系，改善市场服务环境，积极扩大市场的辐射力和吸引力。

第五，最重要的是我们要加强市场本身的改革和建设，提高市场工作人员的整体素质和综合能力。要加强市场和监督管理，认真贯彻“公开、公平、公正”的原则，整顿市场交易秩序，规范市场交易行为，消除市场中的无序竞争和违规行为，向党的十六大提出的建设“统一开放、竞争有序的现代市场体系”的目标前进。

中国粮食行业协会粮食批发市场分会是粮食中介组织的一支生力军，是国家对粮食宏观调控的依托之一，在新时期工作繁重，任重而道远。市场化改革越深化，市场的作用越显现，市场的建设越重要。分会建立以后，要按照协会组织向民间性、服务性、自律性、国际性方向发展的思路，代表行业和市场的利益，充当政府与市场之间的桥梁和纽带，努力创造新办法、新经验，为市场和行业的发展服务，为政府的宏观调控服务，使我国粮食批发市场蒸蒸日上，为国家的粮食安全和“走出去”融入世界粮食市场作出新的贡献！

同志们：改革开放使南昌旧貌换新颜，各方面发生了极其深刻的变化，真可谓：“南昌故郡，洪都新府”。这次会议在这座名城召开，启迪良多，寓意深远。正从低谷走向发展的粮食行业的同仁，必能师承陶朱，勇于创造粮食之伟业；文继王勃，豪情抒写市场之新章。人们放眼看到，在赣江秋水共长天一色之处，落霞与孤鹜齐飞之际，一艘艘粮食之舟，正沿着党的十六大指引的航向，扬帆远航，驶向长江大河，驶向五湖四海。

祝中国粮食行业协会粮食批发市场分会越办越好！

祝全国粮食行业再铸辉煌！

我国碾米业在新时期整合提升的振兴之路*

（2003 年 9 月 24 日）

在我国粮食行业走出低谷、进入开拓市场、稳步发展的时候，全国碾米行业的主要企业的高层领导和专家聚集一堂，共同商讨新时期碾米行业的振兴之计，谋求在新时期加快发展步伐，壮大企业实力，满足迈向全面小康社会的人们对粮食和食物的需求，更好地为确保政府的宏观调控，为新世纪国家的粮食安全服务，这是很有意义的一件事。作为粮食系统的老兵，我十分高兴参加这次碾米业的盛会，并就最近调查几省碾米业的情况作一发言，供大家参考。

从我国米业的实际情况和当前国内外市场的形势出发，我认为当前我国米业亟待解决的问题，概括起来说就是“整合提升，走向振兴”。这就是说，要深化改革，加快进行战略性调整，对企业重新整合；加快实践新型工业化道路，对产品采用高新技术，全面提升企业与产品的档次和水平，这两者是互相联系的。我们的企业把这两个关键抓好，就如虎添翼，实现跨越式发展。

碾米业的现状和任务

我国是世界上生产稻谷最多的国家，稻谷产量占粮食总产量的 40% 左右，有一半以上人口以稻米为主食，而且随着北方稻谷的发展，食用大米的人数和数量均有增加的趋势。改革开放以来，碾米业和副产品的深加工有很大发展。据中国粮食行业协会的统计，全国 2002 年度共有碾米企业 8991 家，年生产能力 7323 万吨，当年大米产量 1878 万吨，按可比口径计算，比上年增加 403. 5 万吨，增长 27. 4% 。从品种上看，特等米产量 560. 2 万吨，占总产量的 30% ，比上年提高 2% ；标一米 1088. 6 万吨，占总产量的 58% ，比上年下降 1% ；标二米 175. 3 万吨，占总产量的 9% ，比上年下降 0. 4% ；其他米 53. 7 万吨。

从规模经营来看，国有企业和年销售收入 500 万元以上的非国有企业 995

* 这是白美清同志在安徽省安庆市召开的“全国碾米业研讨会”上的发言。

家，2002年度工业总产值221.6亿元，总产量2217.3万吨，利润3.26亿元，职工82321人，固定资产原值60.2亿元，亏损企业210家，占总数的21.1%。

上述情况表明，我国的碾米业在遭受前几年主副业彻底分开、银行断贷的重大打击后，已逐步复苏过来，特别是进入新世纪后，在国家宏观政策的引导下，“米业”作为一个产业又重新受到社会关注，以新的姿态向前发展，在适应市场需求的基础上，大力引进国内外碾米先进设备，提高加工技术和产品质量，改进包装与销售，取得了明显的进步。尤其近几年来，从南到北，米业发展加快步伐，有的地方一个县就有几十条新的大米生产线，从粮机的旺销就反映出这一趋势。碾米业调整后正展现出新的生机，改制后正迸发出新的活力。我在黑龙江调查时说过，碾米业正出现新的曙光。

但是我们必须看到，我国米业仍存在着一些亟待解决的问题。概括起来是：“小、散、低”，缺乏龙头企业、领军人物、名牌产品。“小”指规模狭小，达不到经济规模，也就谈不到创造更多的经济效益；“散”指企业分散，各自为战，组织化程度差，形不成群体优势；“低”指科技含量低，在精深加工、综合利用上没有重大突破，在科技的原始创新上更显不足。我们拿不出像样的知识产权，更缺乏世界级的专利产品。我与四川同行座谈时讲过，现在米业就像攀登峨眉山一样，我们的企业，我们的产品，仍停留在“报国寺”，徘徊在“洗象池”，而没有能登“金顶”。我们米业缺乏登行业“金顶”的大品牌、大企业、大企业家。因而我们的竞争力不强，经济效益不高。这就是症结所在。

如何解决碾米业的问题？我认为最重要的是：整合与提升。这就是在深化改革中，要进一步实施战略性调整，对产业结构、企业结构、产品结构重新整合，重新组织好企业队伍，占领市场；要进一步落实新型工业化道路的要求，以高新技术装备米业，提升企业的整体素质和产品的综合水平。这就是出路所在，舍此没有别的捷径。对这个重大问题认识得越早，采取的措施越有力，今后的主动权就越多，开拓市场的能力就越强，就能立于不败之地。

中国的稻米市场极其广大，商机非常多。进入全面建设小康社会以后，人们对大米的需求更多，要求更高；而且国际市场也有广大的空间。关键在于我们的企业、我们的产品要适应新的要求，有新的水平，在安全、营养、风味、方便等诸多方面有优势，有特色。这只靠引进新设备是不行的，像抛光机、色选机现在比比皆是；但只有先进的设备，没有先进的组织形式、先进的管理方法、先进的营销方式相配套，还是不行的。先进的设备没有先进的组织管理形式，就发挥不了应有的作用。所以当前急需整合，急需提高，急需升级换代，急需现代的企业组织形式和管理方法，并把二者结合起来，形成现代碾米业的先进生产力，以满足新时期人民群众和社会的需要，这就是我们落实党的十六大精神和“三个代表”重要思想必须采取的实际行动。

进一步实施战略性调整　对企业重新整合

当前米业面临蓬勃发展的新时期、新任务，必须下功夫继续深化改革，进行产业结构的调整，着重解决“小而散”的问题。前几年的改革调整，侧重在所有制结构的调整上，由国有粮食的一家经营，改变为多元化经营，过去的国有米厂绝大部分已改制为民营、个体、合营、股份制等多种成分经营。当前的调整，应把重点放在企业组织结构和产品结构的调整上，通过合理的整合，使企业走向联合与合作，形成以骨干企业为龙头、中小企业为依托、合理布局、分工合作、协调运作的企业群体。在这一进程中，一批竞争力强的大型企业或企业集团将应运而生，一批市场占有率高、覆盖面广的著名品牌和优秀产品将脱颖而出，米业将出现崭新的面貌。如果错过当前良机，不抓整合，仍沿用老办法，一个粮库、粮管所、粮站建一条生产线，那就会造成新形势下的重复建设，蹈过去的覆辙，走上衰亡的道路，这些曾经付出极大代价的沉痛教训，我们一定要汲取。

重新整合，是当前米业面临的新课题，我们要与时俱进，不断实践、不断探索、不断完善提高。根据前一段的经验，在整合中应注意以下问题：

第一，要按经济规律办事。企业的整合，要面向市场，遵循经济规律，切忌凭主观办事，搞“拉郎配”，强行凑合。应当根据实际的需要，采取灵活多样的形式，逐步发展。有些可以采取合并、分立、破产退出、拍卖转让、参股控股等产权变动的形式，有些也可以采取从业务联合到资产联合、从租赁承包到入股合作、从统一品牌到统一管理等办法。不要追逐“形象工程”而遗后患，不要贪图眼前小利而损信誉。整合中要做好规划，因势利导，乘势而进，收到实效。要在发展中整合，在整合中进一步发展。

第二，骨干企业或企业的母体在整合中担负着重要任务。要有长远观点和战略眼光，在新阶段不仅要学会竞争，而且要学会联合，积极与有关方合作，形成新的生产能力。要树立互利共赢的思想，处理好利益关系。要积极争取国家扶植产业化龙头企业的优惠政策，以龙头企业为核心形成“联合舰队”。协会等中介组织应积极反映企业的呼声，帮助他们解决一些实际困难，使之尽快成长。这是国家宏观调控的依托，是国家粮食安全的重要载体之一。

第三，整合中逐步形成产业链。碾米骨干企业要向“两头延伸”，一头是向生产延伸，采取订单农业、合作经营、“公司＋基地＋农户”等多种形式掌握粮源，扶植优良品种，与农民结成各种形式的利益共同体，以推动农业产业化进程。尤其是稻谷市场在市场全面放开以后，更应注意这一问题。另一头是向后处理延伸，如稻壳的科学处理、米糠的深度开发、副产品的综合利用、有效物质的充分提取等方面要不断创新，开辟新路。经过一段时间的艰苦奋斗，使碾米骨干企业采取产业链发展战略而得以不断发展壮大。

第四，要相应进行配套改革，使整合后新的经济体，有新的体制、新的机制，能调动各方的积极性。要像党的十六大指出的那样，“放手让一切劳动、知识、技术、管理和资本的活力竞相迸发，让一切创造社会财富的源泉充分涌流”。为此，需要进一步改革企业的用人制度和工资、报酬和奖励制度，充分调动大家的积极性、创造性。

坚持走新型工业化道路　用高科技提升产品和产业

粮油企业必须把整合形成的新的活力，引导到走新型工业化道路上来，用高新技术来装备提升碾米行业。这是米业唯一正确的振兴之路。

党的十六大报告指出：“走出一条科技含量高、经济效益好、资源消耗低、人力资源优势得到充分发挥的新型工业化路子”。这条新路子内涵十分丰富，五个要点是互为联系的系统工程，是完整的科学体系。我们的体会，简要地说就是：“系统工程，科技先行，着眼效益，节约资源，注重环保，依靠人才，信息化管理，集约化经营”。这是一条投资省、消耗少、产出多、效益好，持续发展、良性循环的新路子。是科教兴国战略和可持续发展战略相结合的体现。

新型工业化道路的核心是采用高新技术和实用技术，提高科技含量。只有广泛采用高新技术武装碾米业，发挥科学技术作为第一生产力的作用，提升米业的产品水平和质量，才能解决资源合理利用，环保良性循环，效益不断提高，就业充分得当等问题，达到几者的有机结合。这是多年来国际国内工业化历史的科学总结，体现了与时俱进的精神，闪耀着新科技革命的光辉。高新技术用于碾米行业，要从实际出发，面向市场，选准目标，突出重点，制定措施，狠抓落实，以求实效。碾米业的薄弱环节，一是原始创新不足；二是精深加工、综合利用差。许多有价值的副产物提取不出来，至今没有形成规模经营和成型的工业化生产。这两方面要加大力度，取得实效，以实现产业的优化升级、产品的上档升级。骨干企业一定要强调原始创新，要拥有自己的知识产权、技术专利、“看家本领”，在本行业有独到之处，掌握本行业某些方面的制高点，才能掌握市场的主动权。现在不少企业，甚至是大型企业，科技投入不足，科技力量薄弱，更谈不上建立科技创新体系，这种情况应予迅速改变。

在提升产业和产品中，要强调“几个结合”：一是要产、学、研相结合，通过多种灵活多样的方式，吸收大专院校、科研部门的力量参加到科技开发中来，使科技成果迅速转化为现实生产力。要尊重知识、尊重人才、尊重创造，使科技人才充分发挥出智慧和创造。有些课题要组织联合攻关，尽快解决关键难题，取得突破。二是与强化企业改革、企业管理结合。实施新型工业化，加大科技开发的过程，同时也是深化企业改革、强化企业管理的过程，二者应互相促进。特别是要注意运用电子化于碾米生产的全过程，使整个管理上一个新水平，用电子化促进工业化，促进整个产业的提升。三是要与创名牌工程相结合，要坚持标准化生产，改变品牌林立，互不来往的状况，采取多种形式，做大品牌，做强品牌，创立全国性名牌，进而在国际市场上树立信誉，向世界名牌进军。

同志们：近几年，我国碾米行业开始涌现出一些大企业，如湖南金健、黑龙江北大荒等，还有一批地方新秀异军突起，如安徽怀宁的稼仙、重庆的仁和、黑龙江的冰灯、河南的方欣等，它们以惊人的速度超常发展，还有一些综合性的粮油大型企业也在米业上下功夫，如中粮集团与江西省粮食集团在鄱阳湖粮产区兴建年产 18 万吨蒸谷米，4 万吨白米的新型米厂，设备大多是世界先进水平的，产品以出口为主。碾米业现在面临蕴藏的商机多、机遇好、市场潜力大的大好局面，发展空间很广阔。虽然许多旧式碾米企业遭到淘汰，但当前我们放眼看到的是沉舟侧畔，千帆竞发，百舸争流，一批新生的米业巨子将拔地而起，脱颖而出，带动全国米业向两个市场进军，重铸新世纪的伟业，重塑碾米业的形象。

祝全国碾米行业以崭新的姿态再创新业！

新时期做好粮食工作的几个问题*

（2003 年 10 月 20 日）

关于当前粮食形势的新特点和粮食工作的思考

改革开放 20 多年来，我们在党中央、国务院的正确领导下，经过全体粮食行业员工的努力奋斗，粮食工作取得了重大的成就。概括起来就是“基本实现了一个历史性的过渡，有了一个良好的开端”。“基本实现了一个历史性的过渡”即我们实现了从统购统销、计划经济向社会主义市场经济的顺利过渡；“一个良好的开端”就是我们入世以后的头两年有一个良好的开端。这是两件具有重大的战略意义和历史意义的大事。我们经过 20 多年的努力，采取了逐步推进的方针，顺利实现了向社会主义市场经济的过渡。在过渡中，我们保证了国家的粮食安全，保证了市场的稳定，保证了军需民食，而且粮食事业也得到了发展。广大粮食职工在这个重大的转折关头，能够以大局为重，经受住了改革中的阵痛和调整中的磨炼，基本实现了党中央和国务院确定的改革目标。这是非常不容易的，而且过渡得比较顺利、比较平稳，没有发生大的问题。从国内来看，国内的市场化我们迈出了坚实的步伐，形成了粮食市场经济的基本框架。从国际来讲，加入世贸组织两年来，我们经受住了方方面面的冲击和考验。原来国务院领导担心入世以后对农业冲击最大，现在来看，基本上是承受住了各种冲击和压力，取得了一个良好的开端，在国际上了树立信誉。所以，这 20 多年来，我们取得了历史性的成就。

党的十六届三中全会指出，“当前，我国的发展正处在一个关键时期”。就粮食工作来看，呈现三个特点：

第一，全国的粮食工作正在向全面市场化方向转变。继前两年浙江的粮食购销市场放开了后，全国各地逐步推开，到目前约有 60% 的省份、地区放开粮食购销市场。从粮食品种来看，三大主粮已经部分放开，其他品种全部放

* 这是白美清同志在中国粮食行业协会二届四次常务理事会和全国“放心粮油”工作座谈会上的讲话。

开。现在全国只剩下几个主产省和东北地区下一步如何放开粮食市场的问题。最近，党的十六届三中全会通过的《中共中央关于完善社会主义市场经济体制若干问题的决定》指出，“完善农产品市场体系，放开粮食收购市场，把通过流通环节的间接补贴改为对农产品的直接补贴”。所以粮食全面的市场化是不可避免的。这次全面放开粮食市场比前几次更为深刻，改革的力度更大，受冲击的主要在两个环节上。一个是收购环节，即我们的基层粮库、粮所和粮站，因为前几年放开过程中，零售环节、加工环节受的冲击已经过去，改组改制大部分完成。这次放开，粮库、粮站、粮所不论是受冲击的程度还是范围，都比其他环节更为深刻、更为广泛。也就是说收购环节作为计划经济的最后的一块阵地，在全面市场化的形势下，将受到巨大的冲击和压力。保护价取消、直补农民后，收购上会出现资金的困难、人力的困难，还将面临激烈的竞争。另一个环节就是政策性经营的部分会越来越少。现在的政策性经营，仅剩下储备粮，再加上军供粮和退耕还林粮等。放开以后，改间接补贴为直接向农民补贴，许多以前补在粮食部门的补贴将越来越少，甚至会取消。就是现在仅剩的政策性经营，如在储备粮的规模问题上，大家也有争论，有人提出用不了这么多，还要减少。关于中央储备，我主张是要保持现有规模；关于地方储备，我主张还要适当增加。由此可见，今后政策性经营部分会越来越少，而且入世过渡期结束后，还面临国外的大型粮食企业进入国内粮油市场的冲击。现在看饲料、油脂加工方面，外资企业已经全面介入，面粉加工领域也部分介入，大米加工还基本上没有动，将来随着过渡期的结束，国外企业的全面进入是不可避免的。因此，在全面放开和入世过渡期将结束的情况下，我们一定要对今后3~5年的粮食形势有一个清醒的认识和全面的分析。作为粮食部门，一句话就是吃政策饭的时期已经结束。我们绝不要再幻想增加什么“政策饭”，幻想是不是供求形势再紧张点，又回到过去计划经济的老路，那是行不通的。我们要学会在市场经济条件下用市场的办法探索解决出现的新问题，粮食行业应该进一步解放思想，开拓前进。

第二，当前的粮食供求形势将由供求的基本平衡、略有节余向供求偏紧转变。在粮食工作上，我们过了六年比较宽松的日子，现在开始向偏紧方向转变。这次转变，问题不是出现在流通环节上，而是出现在生产环节上，是出在耕地面积、粮田面积减少过多上。这与以往粮食供求形势发生转变反映在流通环节上是截然不同的。最近《人民日报》发表了一篇经济时评，提出“粮食安全不是在库里，而是在地里”。这个观点是对的。当然，库里还是要有存粮的，不能说粮食安全问题库里一点作用没有，但当前主要问题在地里。库里要有，地里更要有，粮食安全才能确保。当前的粮食生产形势的确不容盲目乐观。从1999年到2002年我国粮食生产已经三年减产，再加上今年就是四年，今年减幅可能更大。我查阅了一些资料，1990年我国粮食总产44625万吨，1998年产量最高，突破5亿吨，达到51230万吨，此后连年减产。2002年为45705万吨，今年预计减少到45000万吨左右，比1998年减少6000万吨左右，总产减少12%左右。减产的主要原因是耕地和粮食播种面积减少。近几年由于搞开发区、扩大城镇建设，加上农业结构调整、退耕还林等多种因素，大量占用耕地，粮田面积急剧减少。根据过去多年的经验，我们的粮食安全线即年粮食播种面积为16.5亿亩。资料显示，1990年全国播种面积为17.01亿亩，1998年上升为17.06亿亩，1998年为什么产量高，主要是播种面积大，1999年开始连年下降，到2002年减少到15.6亿亩，大大低于16.5亿亩的安全线。《人民日报》在评论中指出，我国1991~1996年建设每年平均占用耕地440万亩，1997~2002年，占用耕地达1646万亩，评论最后得出，播种面积的逐年减少是粮食连年减产的主要原因。而粮食播种面积又是粮食综合生产能力的基础，因此，评论提出要大力保护耕地，保证粮食播种面积，确保国家粮食安全。前几天在烟台召开的华东六省一市粮食经济理论研讨会上，到会同志提出一种观点，认为近几年全国上下搞了一个新的“圈地运动”，即圈地搞开发区，搞城镇建设，县县都搞，乡乡镇镇都搞，这受得了吗？大量占用土地，造成粮食产量大幅度下降。而粮食总需求是多少呢？我国每年的粮食总需求约在48000万~48500万吨，按此计算，年缺口在2500万~3500万吨。2000~2003年，连续四年我们都是在依靠库存粮食来弥补需求缺口的。缓解了供求矛盾的另外一个很重要原因就是，近几年来，我国通过增加大豆进口量缓解了国内的粮食供求矛盾。我国从2000年开始大量进口大豆，当年是1040万吨，以后连续三年年进口量都在1000万吨以上，2003年预计可达到1800万吨以上，比2000年增加了近一倍，超过了国内大豆的产量。多进口大豆不仅解决食油不足问题，也补充了饲料原料，而且我国的大豆是作为粮食范畴进行统计的，这和世界上其他国家不同。因此，通过以上分析，可以看出，全国粮食供求形势将由偏松向偏紧转变。同时，我们还必须看到粮食生产的一个新的周期已经到来。从1998年全国粮食产量最高点开始逐年下降，到2003年可能降到最低点，如果我们抓紧恢复粮食的综合生产能力，明后年可能会回升，但增长有个过程，要恢复到1998年的5亿吨左右不是一年两年能够做到的，难度较大。因此，从新的粮食生产周期上来看，粮食也有可能出现偏紧的现象。这种形势的出现，就给我们粮食工作带来了新的问题。前几年我们工作重点主要是注重于缓解粮食相对过剩的问题，现在不得不考虑相对偏紧的问题，考虑如何在市场经济条件下顺利解决这个问题。

第三，粮食企业将向重新整合方向转变。据以往统计，全国约10万多户粮食企业，大多是按统购统销计划经济模式设置的，条块分割，小、散、低，因此必须重新进行整合。通过近几年来的改革调整，这种现象有一定改观，粮食企业所有制改革也有突破，但是企业整合力度仍然不够，条块分割严重。要适应市场化、国际化和大粮食、大流通的需要，就必须重新整合、提升我们现有的粮食企业。这个任务是相当艰巨的，也是一个痛苦的过程，绝不是简单地将国有企业转让给个人的"一卖了之"。要通过整合形成以"大型企业为龙头，中小型企业为依托，布局合理，分工协作，协调发展的粮食企业群体"。而且在所有制上不只是"一卖了之"，而要向多种所有制转变，特别是要在粮食行业摸索如何实现以公有制为主体、发展混合所有制经济等课题。

以上三个特点，说明新时期的粮食工作任务艰巨，难度很大。我们要继续做好粮食行业工作和粮食协会工作，为新时期粮食事业的发展做出贡献。要围绕十六届三中全会提出的保证国家粮食安全这一目标，加快国家的粮食安全体系建设，采取综合措施，保证万无一失，在市场经济的新形势下，尽快形成粮食生产、流通和消费的良性循环。具体来讲要建立四个体系：

一是要建立生产保障体系。粮食生产是国家粮食安全的基础。因此我们必须认真贯彻党的十六届三中全会精神，抓好粮食的生产保障体系建设，这当中最重要的是要建立起最严格的耕地保护制度，保护粮食的综合生产能力。

二是要建立以储备粮制度为基础的国家粮食宏观调控体系。这一点对销区尤为重要，要适当增加储备数量，这方面要采取相应措施。

三是要建立新时期的粮食流通服务体系。要按照市场经济和全面建设小康社会、提高人民生活质量的要求，来考虑粮食流通各个环节的调整改革问题，建立城乡结合、布局合理、方便灵活的粮油食品服务网络。

四是要建立统一、公正、有序的粮食市场体系，进一步搞活粮食流通。

在建立四大体系当中，我们还要着重抓好基层粮油企业的改革、调整、整合、提升，着眼点要放在把企业搞活上，要使企业通过改革、重组，进一步提升竞争力，尤其是要形成一批经济实力强，有核心竞争力的大型粮食企业集团，这样才能参与到国际经济大循环，参与到国际大市场当中去，这是至关重要的一点。粮食企业目前可以用“小、散、低，三个缺乏”来概括，即规模小、布局散、技术含量低，缺乏龙头企业，缺乏名牌产品，缺乏领军人物，归根结底是缺乏人才。因此，我们面临的企业改革、整合任务相当繁重，如果不改变这种现状，仍然沿用过去旧的思维模式是行不通的。比如一说上碾米，每个粮管所都搞一套设备，一哄而上，有的还上了先进的设备，这种搞法要重蹈过去覆辙，终究要失败。我们不能只注意引进、运用先进的设备，而应把先进技术与先进的组织形式、先进的管理模式结合起来，只有这几者有机结合，才能形成新的生产力。而实际工作中我们往往是只注重了前者，忽视了后者。我多次强调，要整合企业，如果停留在小而散上，缺乏具有实力和核心竞争力的大企业集团，就成不了气候，将来国外大型跨国粮食企业介入，会带来巨大的冲击，要么就被人家兼并、收编，要么就被冲垮。因此，我们要抓紧整合企业，扩大规模，提高竞争力，尽快培育形成中国人主导的跨国粮食企业集团。要在整合的基础上，搞活搞好企业，向现代企业制度、向创业机制发展，这一点党的十六大和十六届三中全会已经提出了明确的要求。我们要结合实际，认真研究如何落实。

要解决国家的粮食安全问题，必须加快上述四个体系的建设，同时抓好粮食企业这个基础的发展，培育大型粮食企业集团。我认为，今后粮食部门的希望是在粮食企业上，各级粮食行政管理部门，要把精力集中到为企业服务上，要转变职能，为企业创造良好的发展环境。对于各级粮食行政管理部门的去向问题，我认为在当前这个转变的时期还是应当保留，我们也会向国家有关部门提出建议，因为在改革调整期更需要加强宏观调控。

概括起来，今后的粮食工作要围绕“保面积、强宏观、多收购、增储备、活流通、抓企业”六个方面来开展。

当前我国宏观经济形势很好，我认为解决国家粮食安全问题具有许多有利条件：一是国家综合经济实力和粮食物质基础大大增强。不会再出现1988年和1994年那样抢购现象，更不会出现1960年那种情形，因为我们国家的综合经济实力强大了，粮食物质基础比过去也强多了，这几年虽然专储粮数量有所下降，但仍然比过去多，保持了相当高的水平，再加上仓储设施的改进，粮食风险基金的建立，粮食宏观调控力度的加大等，有了一定物质基础作保证。二是入世后我们有两个市场、两种资源可以利用。三是我们有了处理粮食形势偏宽、偏紧的经验。经过处理前两次粮食风潮经验的积累，我们初步建立起了粮食应急预案体系。四是粮食改革调整正在逐步深入，粮食服务体系虽然受到冲击而零落不全，但框架犹存，骨干仍在。有各级粮食局，有中央储备粮管理系统，有一大批粮油骨干企业，作为国家对粮食宏观调控的载体和支柱。五是城乡居民承受力大大增强，消费更趋理性。只要处理得当，不致发生大的波动。因此，对当前粮食形势既要看到成绩的一面，也要看到问题的一面；既要看到影响粮食增产的因素，也要看到促进生产的有利条件。要对这种形势认真分析，正确对待，特别是不要“刮风”。要采取综合措施，做好预案，确保粮食安全，而且要在这一过程中，发展壮大粮食事业。学会和协会等中介组织要更好地为国家粮食安全服务，更好地为企业服务，加强工作，沟通信息，正确引导，搞好服务，为确保国家粮食安全做出贡献。

继续深入开展“放心粮油”活动

在国家粮食局、国家食品药品监督管理局、国家工商行政管理总局等部门的领导支持配合下，中国粮食行业协会从2000年开始实施全国“放心粮油”工程，三年来已经取得了一定成绩，积累了一定经验。在新形势下，对搞好“放心粮油工程”活动要有新的认识。第一，“放心粮油”工程是全面提高粮油企业素质的根本措施，对于我们参与国内、国际市场竞争具有重要意义；第二，“放心粮油”工程是粮食的安全工程，是与创名牌工程相结合的重大举措；第三，实施“放心粮油”工程是扩大两个市场最基础的工作；第四，实施“放心粮油”工程是带动农业产业化的重要措施；第五，“放心粮油”工程是双文明建设的结合，是粮食部门形象的展示，是粮食事业发展的新起点。鉴于以上五点，我们绝不能忽视“放心粮油”工程的作用，要坚持不懈地深入开展下去。要以“放心粮油”为起点，形成地区名牌和中国名牌，进而打入国际市场，形成国际名牌。在今后对“放心粮油”工程要按照“坚持标准、提高技术、诚信为本、常抓不懈”的要求深入开展下去。

做好新时期粮食行业协会的工作

党的十六届三中全会通过的《中共中央关于完善社会主义市场经济体制若干问题的决定》指出："按市场化原则规范和发展各类行业协会、商会等自律性组织"。中央有关部门和各地都强调了做好新时期中介组织工作的重要性。因为进入市场经济后，政府、中介组织和企业的三元化格局已经初步形成，作为中介组织的粮食行业协会，发展方向定位是民间性、服务性、自律性和国际性。现在看，随着社会主义市场经济的深入，粮食行政管理部门职能的转变，许多职能将依托中介组织来完成，今后粮食行业协会的任务更加繁重。要坚持为国家粮食宏观调控服务，坚持为企业发展壮大服务，围绕这"两个服务"，量力而行、尽力而为、拾遗补阙、逐步完善。各级协会要量力而行、尽力而为，有多大能力办多大事，但不能不办事；拾遗补阙就是要发挥桥梁作用，做政府和企业双方都想办的事，要走这样一条路子。重要的是要有规划，每年都要组织有实效的活动。具体工作中要着重抓好三点：一是要为国家的粮食安全出谋划策，当好助手、当好耳目。二是要为粮油企业的整合提升、搞活机制当好参谋，发挥作用。这是粮油行业发展的重点，也是协会为企业服务的重点。三是要为粮食行业和粮食企业树立良好风尚服务。特别是要加强行业自律，树立诚信为本的风尚。总之，协会工作要以党的十六大和十六届三中全会精神以及"三个代表"重要思想为指针，在市场经济中探新路，在搞好服务中求发展。

认真总结粮食价格改革经验 更好地为新时期国家粮食安全服务*

（2003 年 10 月 24 日）

这次粮食现货与期货价格理论研讨会，是中国粮食经济学会学习贯彻党的十六届三中全会精神的一次会议。会议的内容，就是以党的十六大、十六届三中全会精神和“三个代表”的重要思想为指导，探讨价值规律在粮食工作中的作用，总结经验教训，从感性认识上升到理性认识，以便做好新时期的粮食价格改革和价格工作，促进粮食事业的发展，满足人民对粮食的需求，确保国家的粮食安全。正如党中央指出的：“价格改革是市场发育和经济体制改革的关键。应当根据多方面的承受能力，加快步伐，积极理顺价格关系，建立起以市场形成价格为主的价格机制”。在经济全球化、市场化发展迅猛的今天，在国际国内市场瞬息万变的情况下，在我国粮食工作进入新时期、亟须加强对价格理论、价格规律的研究，以正确的理论指导行动，避免盲目性，掌握主动权，这是当前粮食经济理论研究的一项重要任务。

中国是一个有广大市场、众多商品、经济发展极不平衡的发展中国家，而且也是世界上价格形式最为复杂的国家之一。在粮食价格形式上，有国家定价、国家指导价、浮动价、定购价、议购价、保护价、超购加价、价外加价、比例价、统购价、统销价、期货价、现货价、质量差价、地区差价、季节差价等等。经济上的许多矛盾，多个利益群体的利益关系很多都是通过价格来体现、来调整的。改革开放以来，我国价格改革经历了曲折的发展过程。随着粮食工作由统购统销、计划经济向市场经济的转变，价格改革也由计划价格为主向市场价格为主转变，由政府制定价格为主的机制向市场形成价格为主的机制转变；由调价为主，向调放结合，以放为主转变。具体说来，（1）1978 年 12 月 ~1985 年 1 月，即党的十一届三中全会至 1985 年中央一号文件宣布取消粮食统购，是以计划价格（调价）为主的阶段。（2）1985 ~1993 年，即从宣布取消统购到 1993 年宣布

* 这是白美清同志在粮食现货与期货价格理论研讨会上的发言。

取消统销，是调放结合，以放为主的阶段。（3）1993～2000 年是向市场化和市场形成价格迈进的试验阶段。（4）2000 年以后以推广浙江粮食购销放开为标志，进入全面市场化的新阶段。调价的范围逐步缩小，保护价的范围和差价逐步缩小，市场形成价格的范围逐步扩大。

在这 20 多年中，我们不断探索，不断前进，既有成功的经验，也有失误的教训；既取得过非凡的成就，也付出过沉重的代价，对价格价值的认识也逐步深入，更加理论化、系统化。反思过去，着眼未来，我认为有几点值得重视：

一、遵循客观经济规律，按价值规律办事，是价格工作必须遵循的准则。事实证明，凡是按价值规律办事，我们就顺利发展；违背了价值规律，我们就会受到惩罚。回顾改革开放以来，在粮食上经历了多次提价，其中幅度大的有 4 次：1978 年党的十一届三中全会决定提价 20%；1989 年提价 16%（加上“三挂钩”①，则达 20%）；1994 年在通货膨胀 21.7% 的情况下，提价 40%（绝对数提 1.2 角/斤）；1996 年提价 41%（绝对数提 2.2 角/斤）。这 4 次提价都起了促进粮食生产，保护生产者的积极作用。但还要看到，其中也有不符合价值规律、操作不当之处。例如第 4 次提价（1996 年）就有缺陷，主要是提价幅度过高，甚至超过了当时国际市场价格，超过了国家和地方财政的承受能力，而且与历次行之有效的丰收少提、歉收多提的正确做法相反，这次提价高峰期正好与粮食生产高峰期重合，从而造成以后粮食工作的一系列被动。在此以后不得不一再降低粮食保护价格的幅度，缩小保护价格的范围。这再一次说明，主观地提价，是很难准确无误的。我们绝不能逆价值规律之向而操作。要防止两种倾向：价格过低则挫伤种粮农民积极性；价格过高，则超过国家、地方财政和居民的承受能力，都有很大的副作用。因此，要努力探索通过市场形成价格的合理机制。

二、保持粮食总供给与总需求的综合平衡，是稳定价格的基础。从我国的国情和多年来粮情看，由于我们是一个发展中的大国，粮食总需求是不断上升的、旺盛的。矛盾的主要方面往往容易出在总供给的发展跟不上。价格主要是由生产成本和市场需求决定的，把握了供求的基本平衡，粮价才能稳定。多年的经验证明，保护粮食总供给的关键在于调动种粮农民和粮食主产区的积极

① “三挂钩”是 20 世纪 80 年代中期国家为鼓励农民积极向国家交售粮食而制定的奖励政策，即实行国家粮食合同定购同给农民供应平价化肥、柴油和发放粮食预购定金“三挂钩”。

性，要围绕这个根本点采取综合性的措施。否则，就会出现供应短缺、粮价波动的情况。粮食供应比较偏紧时，我们要注意保护种粮农民和主产区的积极性；粮食供应偏松时，更要注意保护主产区和种粮农民的积极性。经验证明，我们往往对后者注意不够。要保持粮食总供给的稳定增长，特别要注意保护粮食综合生产能力，尤其要保护好基本农田，稳定粮食播种面积。否则，在总量平衡上就会出现问题。总量失衡，则粮价不稳。根据多年的实践，我国粮田种植面积，以维持16.5亿亩/年为宜，随着科技水平的发展，可以略有增减，但绝不宜减少过多。党的十六届三中全会决定指出的“实行最严格的基本农田保护制度”，是历史经验的总结。要保护粮食总量的综合平衡，必须要有适当的储备。既要有战略储备，又要有周转储备；既要有国家储备，又要地方有储备，企业有储备，社会有储备。在我们这样人口众多、土地有限、发展不平衡、灾害发生频率高的大国，储备是必不可少的。“总量平衡，适量储备”是我们稳定粮价，确保供给的成功经验。总量平衡，包括地区平衡、品种平衡、结构布局的平衡等内涵。要搞好粮食储备这个大“蓄水池”的吞吐，掌握动态，适时调节，确保粮价的稳定。在加入世贸组织以后，我们要更好地运用两个市场、两种资源，有进有出，余缺调剂，掌握好调控的力度和时机，确保我国粮食的总量平衡。

三、市场形成价格，企业自主定价，是粮食价格形成的正确途径。这是中华人民共和国价格法规定的内容。经验证明，主观调价，容易出现偏差。要转变调价的主体，让企业和经营者自己定价，通过市场去形成、去检验，这样比较容易符合实际。江苏省苏州市等地创造的通过市场供求形成价格、通过批发市场发现价格、通过行业协会引导价格、通过宏观调控调节价格，这样的价格形成机制，是符合市场经济规律的。企业、经营者定价，基本原则是根据生产经营成本和市场供求情况。但要防止商品充裕时削价竞销；商品不足时，囤积居奇，抬价销售。为此，要完善市场法规，强化宏观调控，加强市场管理，实行行业自律，采取一系列配套措施。期货有发现价格、规避风险的作用，10多年的实践证明，粮食的现货批发市场、期货交易所等对于发现价格、形成价格，套期保值等方面有积极作用，要加强规范化管理，使之成为指导生产、引导消费的有力杠杆，在稳定粮食市场、确保粮食安全方面发挥应有的作用。

四、宏观调控是稳定价格的保证。粮食是一个战略性的特殊商品，有它不同于其他商品的特殊性，它是覆盖面最广、影响力最大、敏感性最强的商品，可以说是经济上许多矛盾的焦点。粮食的市场化、粮食由市场形成价格，绝不意味着可以撒手不管，放任自流，而是必须由国家进行宏观调控。宏观调控的主要内容是掌握总量的基本平衡，关注生产、流通、消费的良性循环，稳定市场，稳定供给。要通过储备粮的收购与抛售，进口与出口的余缺调剂，对价格的监督等方面，来影响市场、调控市场。宏观调控的重点要由直接干预微观转向调控市场供求总量，即国家调控市场，市场引导企业。宏观调控在价格上要特别关注两种情况的出现：通货膨胀与通货紧缩；大幅上涨与大幅跌价；防范市场抢购风潮与市场低迷不振。20 多年来，我们有两次大的粮食风潮，通过加强宏观调控，得以顺利度过。一次是 1988 年，一次是 1994 年。采取了市场抛售、挂牌销售等办法，平抑粮价，避免了大的波动。重点放在保证低收入者、保证弱势群体的需求的粮食得到有效的保证和合理的价格。粮食充裕时，要把调控重点放在保护产区和农民利益上；粮食偏紧时，要把调控放在稳定销区和保证城镇居民的供给上，统筹兼顾，内外结合，产销结合，宏观与微观结合，这样就能成功地发挥调控作用。

当前粮食市场进入了市场化、现代化、国际化的新时期。党的十六届三中全会指出："建立完善的社会主义市场体制，是我们党在新世纪做出的具有重大现实意义和深远历史意义的决策，是对全党新的重大考验"。完善的社会主义市场体制，离不开价格形成机制。特别是当前我们又恰逢粮食生产的新周期，生产和市场供求形势变化很快，确保粮食价格的稳定和市场的稳定，维护国家粮食安全的任务十分繁重，我们一定要以党的十六大精神和"三个代表"的重要思想为指导方针，开拓创新，加强调查研究，实践，认识，再实践，再认识，在价格上作一些前瞻性、战略性、全局性的研究，使我们的粮食理论研究，更好地为国家的宏观调控服务，为粮食企业的整合提升服务，经受得住新的重大的考验。

携手托起明天的希望*

（2003 年 11 月 15 日）

今天中国期货界的朋友们聚集在一起，隆重庆祝大连商品交易所成立十周年。大交所是我国期货界的缩影，所以，庆祝她的十周年盛典，实质上是庆祝中国期货界的光辉十年。作为期货行业参与策划的一名老战士，我感到特别高兴，特别欣慰。我谨代表中国粮食行业协会、中国粮油学会向大交所、向全国期货界的朋友们表示热烈的祝贺！

十年前，中国的期货市场沐邓小平同志南方谈话之薰风，吸改革开放之雨露，如雨后春笋般迸发在华夏沃土之上，大交所此时也应运而生。经过十年的风风雨雨，涉历岁月的坎坎坷坷，迎市场大海之激荡，越崎岖小路之磨炼，终于茁壮成长，渐成规模。以大交所、上交所、郑交所和中期公司等为代表的中国期货界，崛起于东方，形成与北美、西欧期货鼎足而立的新格局，展现出中华儿女在经济全球化、市场化中的英姿，初步探索出符合中国国情的期货之路。可以毫不夸张地说，我们用了十年的时间，走过了发达国家期货市场几十年走过的路。抚今思昔，我们没有辜负党和人民的重托，我们没有虚度青春年华，我们正沿着党的十六大指出的方向，以坚实的步伐去创造未来！

十年来，中国期货市场经历了多次熊市与牛市，遭遇过几度市场的低迷与过热，度过一波又一波的冲击，战胜一次又一次的困难，在复杂的环境中，发挥了应有的作用，得到社会的理解和企业的认同，也得到国际同行的赞许。十年来的实践再次证明，期货市场是社会主义市场体系的一个重要组成部分，在宏观上是国家对市场调控的一个有力载体，在微观上是生产者和企业防范风险的一个有效场所。随着市场化的深入，改革的发展，期货所发挥的作用，将更加明显，更加有力。

我们的期货交易是从农产品起步的。大交所也主要从事农产品的期货业务。农产品的期货交易是在市场经济条件下涉及“三农”问题的一个重要方面，在中国具有特殊的意义。做好这项工作，有助于上解中央对“三农”问

* 这是白美清同志在大连商品交易所十周年庆典上的致辞。

题之忧，下解农民对脱贫致富之困，是对农民的雪中送炭，是实践“三个代表”思想的具体行动。为此，大交所对这项工作倾注全力，创造了一些有益的经验。我很欣赏大交所把“献给耕耘者”这座雕塑作品作为交易所的精神象征和崇高目标，其寓意是深远的。它启示我们，在期货苑地从事耕耘的人们，绝不能忘记在中国大地上含辛茹苦、起早贪黑的真正耕耘者——面向黄土背朝天的农民，正是他们以巨大的毅力和极度的奉献，支撑着国家的工业化，支撑着整个国民经济和社会的协调发展。我们从事农产品期货交易的人们，任何时候、任何情况下都不可忘记肩负支持农民、支持农业产业化的崇高目标和神圣职责。即使将来交易所业务大大发展了，期货的结构变化了，也永远不能忘记我们的发迹之基、兴盛之本。

最近，党的十六届三中全会通过的《中共中央关于完善社会主义市场经济体制若干问题的决定》中，明确指出：“稳步发展期货市场”。这是对中国期货市场和期货工作的高度评价和充分肯定，给我们指明了前进的方向，赋予了光荣的使命。我们一定要增强使命感、责任感和紧迫感，以党的十六大精神为指导，认真总结经验，正视缺点与不足，采取有力的措施，强化规范化、制度化的管理，推行公正、透明、高效的全功能服务，与国际期货的规则对接，开拓前进，不断创新，进一步发挥“发现价格、规避风险”的积极作用，更好地为农业产业化和企业的发展服务，为国家的宏观调控服务。当前正面临前所未有的战略机遇期，让我们以纪念期货十年作为新的起点，以一流的服务，一流的效率，创造一流的业绩，培养一流的人才，在我国期货界携手托起明天的希望，开拓未来的新路！

祝大连商品交易所兴旺发达！

祝我国期货界后来居上，勇超世界先进水平！

二〇〇四年

充分发挥民营粮油企业在国家粮食安全中的积极作用*

（2004 年 4 月 24 日）

这次全国民营粮油企业发展研讨会的指导思想是：认真贯彻党的十六大和十六届三中全会精神，探讨民营粮油企业发展的有关问题，交流经验，提出建议，以推动民营粮油企业的健康发展，为满足人民进入全面小康社会对粮油的需求，为确保国家的粮食安全作出新的贡献。下面讲几点意见。

民营粮油企业面临的发展新阶段

以年初中央发布的 2004 年一号文件为标志，我国粮食工作进入全面市场化的新时期。一号文件指出要放开粮食收购和销售市场，并相应放开经营，放开粮价。这是在粮食上具有深远历史意义的重大改革，标志着粮食计划经济的结束。从而进入了全面市场化的新阶段。同时，我国已经加入世贸组织，过渡时期即将结束，中国粮食市场已经同国际市场、国际规则对接，中国粮食工作已走上国际化的轨道。所以，一个粮食全面放开，一个全方位的对外开放，使中国粮食行业迈上了真正意义的市场化、国际化的轨道。这就为民营经济的发展，开辟了历史上空前广阔的天地，搭建了前所未有的全新的舞台，提供了百年难逢的历史

* 这是白美清同志在全国民营粮油企业研讨会上的讲话。

机遇。

在粮食上，计划经济、统购统销的结束，就意味着国有垄断经营的局面结束，多渠道经营取而代之。市场化改革越深入，多渠道经营越发展，民营经济的发展就越快。我国饲料业、油脂业放开的事实已证明这点。20 世纪 80 年代初，我国饲料工业起步时就按市场化运作，发展非常快，现在世界饲料业的 10 强企业，有中国的两家，1 家合资企业，1 家民营企业。油脂行业在 1992 年放开以后，没有走回头路，这几年超常发展。我国已成为东亚的油脂加工中心，日加工能力 12000 吨的东海油脂公司跃居世界油脂加工的第一大厂。世界油脂产量前 10 位的油厂中，中国占 4 家。其中有民营企业厂家在内。所以，可以说民营企业是与市场经济相伴而生的。这次中央又决定把粮食全面放开，正是民营企业发展的新契机，今后一二十年，特别是近五年左右，将是一个非常重要的战略机遇期，可以预期将是民营粮油经济的一个超常发展的新阶段。关键在于我们要搞活机制，把握时机，奋力拼搏，开拓创新，实现腾飞的目标。

正确认识民营企业在粮油行业的地位与作用

党的十六大明确指出："必须毫不动摇地鼓励、支持和引导非公有制经济发展。个体、私营等各种形式的非公有制经济是社会主义市场经济的重要组成部分，对充分调动社会各方面的积极性，加快生产力发展具有重要作用"。

从粮食行业来看，发展民营经济具有重要的意义和特殊的作用。粮食是关系国计民生的战略性的特殊商品，它的覆盖面广、交易量大、敏感性强，影响经济的全局和社会的稳定。在粮食结束统购统销而走上市场化以后，在粮食国有企业垄断经营的局面打破以后，我们必须考虑在新形势下确保国家粮食安全的大局。由于民营经济具有点多面广，经营灵活，方便群众的特点，它业已成为现阶段粮食流通的一个重要渠道，市场交易中的一支重要力量。特别是在粮食的零散收购、短途运输、零售网点上，已经成为主要力量。在加工中也占了重要地位。只要引导得当，管理规范，民营经济将会活力迸发，在满足粮食需求、繁荣市场上起到积极的作用。而且，它在农民参与流通、加工，组织农民向二、三产业转移，增加农民收入等方面也会起到很大的作用。在新形势下，将会形成国有（包括国有控股参股企业）企业、民营企业、外资企业三者并峙、互为促进的新格局。从战略上考虑，我国入世和全方位开放以后，还有一个保护民族工商业发展的重大问题。由于粮食是战略商品，关系国家经济安全的大局，特别是我国是一个人口众多的大国，在新世纪，在两个市场、两种资源的情况下，仍然必须坚持自力更生为主的方针，绝不能让粮食业为外人所控制、为外国公司所左右，必须保护，发展、壮大多种形式的民族粮食工商业。这点我们必须有清醒的认识。民营粮食工商企业和国有、国有参股控股粮食工商企业，是我们坚持粮食自力更生为主方针的两支重要骨干力量。我认为日本、韩国在粮食问题上坚持自主原则的一些经验值得我们深思。我们要培育中国人为主导的粮油企业、为主导的跨国粮油公司，这是关系到粮食事业的百年大计。因此，要大力支持民营企业，帮助民营企业使他们明确使命、向大型企业直至跨国公司发展。许多民营企业家也有这方面的使命感、责任感。我认为，未来的粮食“航母”、粮食“特混舰队”可能是民营的，也可能是国有控股的，也可能是混合所有制、股份制形式的。只有这样，国家的粮食安全才有可靠的依托。

创新机制　调整战略　把民营粮食企业做强做大

最近，我到过一些大型民营粮食企业调查，亲眼看到许多民营企业发展的确很快，几年、十几年时间就发生了翻天覆地的大变化。他们告诉我，他们之所以取得成功，主要掌握了“四权”，选择了“四种有效的机制”，避免落入“四个陷阱”。“四权”就是：企业发展战略决策权、随行就市的自由贸易权、工效挂钩的分配权、按需择优录用的人事权。“四种机制”就是：与时俱进的创新机制、充分整合资源的管理机制、自我约束自我完善的发展机制、人与自然和谐发展的企业文化机制。要避免的“四个陷阱”就是：盲目扩张的陷阱、管理失控的陷阱、任人唯亲的陷阱、突发风险的陷阱。这些概括是很有指导作用的。大家可以参考借鉴。

我和一些企业家交换意见，大家认为，民营企业要做强做大，必须坚持实践科学发展观，一抓战略，二抓机制，三抓人才。

要把民营企业做强做大，首先必须坚持、落实科学的发展战略。胡锦涛总书记最近指出：“要坚持以人为本，全面发展、协调发展、可持续发展的科学发展观。”这是对国际、国内现代化建设经验教训的科学总结，不仅对宏观有非常重要的指导意义，而且对搞好微观，发展企业也指明了前进的方向，既具有极强的针对性、现实性，又具有深远的意义。我们必须认真贯彻落实。新的发展观的重点，是要重视发展的质量，是要最终实现人和自然的和谐、协调发展，避免经济结构失衡，比例失调，大起大落。在新的科学发展观的指导下，要抓住三个问题：

一是要根据新情况，正确调整和确定企业的发展战略。产品定位在哪里，市场定位在哪里，发展产业链定位在哪里，多元化定位在哪里，要从实际出发，从市场需求出发，量力而行，尽力而为，正确制定战略。如果定位不准，势必发展要受挫折，企业要被淘汰。

二是要注意搞活机制。产权明晰了，体制确定了，企业公司制改革实施了，紧接着要解决机制问题，实行机制创新，以调动所有生产要素的积极性，特别是调动全体员工的积极性，调动参与企业协作的各方面的积极性。工作中一个关键是要解决好分配制度。根据党的十六届三中全会精神，要实行“按贡献分配”的原则。民营企业在这方面有更大的灵活性，要从实际出发，符合国家的政策法规。要让所有生产要素活力迸发，财源涌流。

三是要坚持以人为本，实施人才发展战略。我认为企业主与职工，是新型的劳资关系，不单是老板与打工者的关系。企业董事长和总经理，要把职工当成“大写的人”来对待。亲如兄弟、密如挚友。要避免资本主义原始积累时期野蛮对待工人那一套的重演，包括工资待遇、工作环境，劳动保险等在内都要以新的办法去解决。企业中不仅对几个高级人员应待遇从优，对全体员工也要待之以礼、动之以情。使企业具有良好的企业精神和企业文化，这样才能使企业有凝聚力、向心力。“物资技术能创造常规的效益，而企业精神却可以创造超常规的效益”。这也是优秀企业成功的要诀。

概括地说，战略是企业发展方向，机制是企业发展的动力，而人才则是企业发展的根本，这三者结合起来，就会产生新的生产力，企业会发生质的飞跃。

明确认识民营粮油企业的社会责任

新一代的民营粮油企业，是在改革开放指引下，在党、政府、人民的抚育下成长起来的，是新型的民营企业，新型的民营企业家。它不仅担任着发展企业的任务，而且担负着社会责任，要富而思进、富而思源，回报社会，造福乡梓。民营企业，民营企业家的社会责任，就是要义利兼顾，而不是“见利忘义”。这也是中国儒商、晋商、徽商等的优良传统。对这些传统，在新时期我们要发扬光大，千万不要把留下的宝贵财富在我们这一代手里丢掉了。

在商品经济的大潮中，不可避免存在腐朽思想的冲击，现在粮油食品行业中较为普遍存在三个大问题：一是在食品安全性上，掺杂使假，甚至为了赚钱，丧心病狂地乱加添加剂和有害药物，这种现象屡禁不止，触目惊心。二是经营活动中，不讲信用，不守合同，制造假账，拖欠货款。三是在生产活动中，不讲环保，不顾工人安危，劳动条件很差，污染严重，不予治理。以上这些问题，各类企业都有，尤其在一些小型企业中发生较为严重。制止这些问题的发生，要标本兼治，综合治理。特别是从根本上、从行业自律、企业自主的角度，要加强企业的精神文明建设，使所有的企业主、企业家明确自己的社会责任，把住自己的关口，这才能把问题消灭在源头上，消灭在萌芽之中。

作为一个负责任的企业主、企业家，应该把企业利益与社会利益结合起来。我们生活在现实社会中，每时每刻都与周围的事物发生多种形式的联系，应该对子孙负责，对社会负责，对国家负责。企业的兴衰成败，离不开社会，离不开党、政府的领导和社会各界的支持帮助，企业家既要追求利润的最大化，更要追求社会价值的最大化。要使企业得利，造福一方。我访问过河北大名的五得利面粉公司，他们的宗旨就是：“农户得利愿卖，用户得利愿买，工人得利愿干，国家得利支持，公司得利发展”。我认为这是很好的概括。这些思想能得到落实，就能树立起民营企业和企业家的新形象。有的民营企业家说：“做事先做人”。这是很有见地的。总的讲，我们要服从国家的宏观调控，遵纪守法，合法经营，诚实劳动，在国家急需时，能保证国家的粮食安全，稳定粮食市场。在致富以后，不要挥霍浪费，要担当社会责任，多做好事，参加光彩事业，扶贫帮困，造福人民。

粮食协会等中介组织要全方位为民营企业的发展服务

中国粮食行业行业协会、学会等中介组织，是全国粮食企业自己组织起来的自律性、公益性的社团，是政府联系企业的桥梁和纽带。协会的宗旨就是服务，为政府决策服务，重点是为企业发展服务。协会是所有企业包括民营企业在内的群众性的自律、自治、自主的组织。可以说是粮食企业之家、粮食企业家之家。中国粮食行业协会成立以来，一直把为各类企业服务作为首要的任务。对民营企业，同样是全方位的服务。

一是帮助企业改善宏观环境。广泛联系粮食企业，向政府反映他们的意见和呼声，为企业争取较为宽松的宏观环境和较为优惠的政策支持。

二是帮助企业改善微观管理。增强企业和产品竞争力、增强企业的经济实力，向做强做大方面拓展，有条件的还要在开发两个市场、合理配置两种资源上下功夫，取得突破。

三是帮助企业培训人才。提高人才的素质，特别是培养高级管理人才和高级技工，以适应新形势的需要。

四是在信息上帮助企业。如及时准确传播市场信息、宏观决策动态、国际国内市场最新动向、粮油科技的最新发展等，从软件上帮助企业，使企业家能立足本地，了解市场，向四面八方寻觅商机，开辟财源。

民营粮油企业，具有极大的活力。我曾经说过，民营经济具有强烈的企业意识和浓厚的扩张欲望，这是超常规发展的动力。在党的十六大和十六届三中全会精神指引下，我国民营粮油经济的春天已经来到。让我们努力拼搏，使中国的民营粮油企业在新时期取得新的发展。

我国粮食市场化、国际化的新形势与粮油企业纵横发展战略的探讨*

（2004 年 5 月 14 日）

当前我国粮油企业正处在一个发展的关键时期。正确认识面临的新形势，相应制订和调整企业的发展战略，在国内外的激烈竞争中使我国粮油企业做强做大，构筑以大企业为龙头、以中小企业为依托、布局合理、结构优化的企业群体，是我们粮油行业和企业面临的重大任务。下面就我国粮油业面临的新形势与粮油企业应采取的纵横发展战略问题作一发言，与各位专家、各位企业家共同探讨。

粮食市场化、国际化的新形势与粮油企业的整合提升

进入新世纪后，我国粮食事业不断前进，改革不断发展，目前已进入了一个新的发展时期，这主要表现在以下三个方面：

第一，我国粮食工作走上全面市场化的新阶段。从 1985 年中央一号文件宣布取消农产品和粮食的统购派购，到 1993 年国务院九号文件宣布放开粮食经营，取消粮食的统销，再到今年中央一号文件，宣布“放开粮食收购和销售市场”，前后经历了 19 年时间。我们采取了稳步推进、逐步过渡的方式，终于较为顺利地结束了粮食的统购统销，跨入了全面市场化的历程。今后粮食的购销，要通过市场化运作；粮食的价格，要通过市场形成；粮食系统的资源，要通过市场合理配置；粮食业务的运作，要依靠市场的主体——企业进行。这一切，是非常重大而深刻的改革。如何在全面市场化的情况下，在多渠道的竞争中，整合提升我国的粮油企业，以确保市场稳定和粮食安全，就成为面临的重大课题。

---

* 这是白美清同志在江苏省南京市召开的首届中国国际粮油企业发展论坛上的发言。

第二，我国粮食工作已走上国际化轨道。随着我国实行全方位开放和加入世贸组织，中国已经是市场经济国家，粮食市场已与国际市场对接，粮食价格也与国际市场价格对接。现在，两个市场、两种资源已经沟通，国际的大粮商和跨国公司将陆续进入中国粮食大市场。随着我国粮食购销形势的变化，今后粮食的总量平衡也将运用两种资源，粮食价格波动的频率和幅度也将随市场化、国际化而加快、加大。这既提供了商机，也加大了难度。粮食工作将面临国际国内两个市场瞬息万变的局面，企业将面临更为复杂的竞争，企业优胜劣汰、兼并重组的速度也将加快。

第三，我国粮食供求形势将由偏松向偏紧转变。在粮田面积大幅度减少、粮食产量连续下降以后，今年党中央、国务院采取一系列果断的措施，使粮食产量下降、粮田的面积减少的趋势得到遏制，产量开始回升。但粮食生产进入新的周期，从去年的总产43070万吨要恢复到最高1998年的5亿吨，绝非易事，没有几年的时间是难以实现的。这几年我国人民对粮食的消费又呈刚性增长，这就由前几年的粮食供求偏松转为偏紧，粮价低迷转为稳步上升，与国际粮价接轨已属必然。今后国民经济的发展又面临通货膨胀的压力。这就要求在粮食工作上必须有创新的思维和务实的精神，从生产、流通、消费上采取一系列的新举措、新策略，粮食的业务活动、运作方式也要采取新形式、新做法。

在粮食进入市场化、国际化的新阶段后，我国粮食面临着深化改革、调整结构、整合提升的重大任务。企业将根据市场经济的需要重新组合，产品将根据粮油高新技术的发展，予以吸收消化，升级换代，从而为市场所吸纳。特别是我国的粮油企业长期以来，由于体制的原因，形成“小、散、低”的局面，缺乏具有核心竞争力的大型骨干企业来带动，因而不能发挥整体优势。要适应新的形势，就必须加快产业结构、产品结构、企业组织结构调整的步伐。在粮食市场化、国际化的情况下，虽然工作的难度加大，竞争的力度加剧，但是，这也为作为市场经济主体的各类粮油企业提供前所未有的商机，空前广阔的活动舞台，历史罕见的战略机遇。从企业来看，只要抓住这个机遇，开拓创新，拼搏前进，就能取得跨越式的发展。历史表明，“鸟笼经济”只能育出善于鸣叫的金雀，市场化、国际化的万里长空才能育出展翅高翔的鲲鹏。市场经济越深入越发展，企业的发展空间和领域就越加大，具有实力的大型企业、集团公司就会应运而生，纵横捭阖、长袖善舞的企业家就会涌出潮头。

经过改革开放20多年的磨炼以后，我国粮油企业已经出现了一批骨干企业，出现了一批企业家，虽然与国际大公司、大商社、大企业家相比还有一定差距，但是道路已经开通，方向已经明确，经验已经积累。进一步把这些企业做强做大，使之在未来一二十年内能屹立东方，走向世界，条件已经基本具备。关键在于我们的骨干企业，要立足自身，深化改革，优化结构。一是要建立有生机活力的体制、机制；二是要采取正确的发展战略；三是要培养使用卓越的人才。这几年是很关键的时期，可以说是企业发展的黄金时期，把握好了就搞上去了，否则就会掉队，甚至被淘汰。事在人为，有志者事竟成。

围绕主业　采取纵横发展战略

从我国粮油企业的现状和发展趋势看，要把企业做强做大，向大型企业、集团化公司发展，提高组织化程度，首要的选择是采取立足主业、纵横发展的战略。粮油行业过去长期处于计划经济的环境中，按行政区划建店设厂，按环节分工独自经营，已经习以为常。这样条块分割、环节割裂的结果，使资源不能合理配置，优势不能互相补充，综合生产能力难以提升，形不成大气候，造就不了大企业，培育不出大企业家。所以传统的粮食业，企业模式是小而全，经营方式很单调，竞争能力很差。粮食行业在这个问题上积习很深，比其他行业更突出，整合起来难度更大。要适应粮食市场化、国际化的新形势，必须更新思维，脱胎换骨，选择新战略，创造新模式，这是当务之急。

（一）实施纵向发展战略。要以重点企业为龙头，向产前、产中、产后延伸，形成产业链、流通链和供应链，构筑龙头企业—产业链（流通供应链）—产业园区（相关产业的园区）—产业集群带的新模式。

重点企业要有经济实力，有核心竞争力，才能起到龙头企业的作用，以带动产业链的发展。各地推行的农、工、贸、科相结合，实行一体化、产业化经营，已经在这方面创造与积累了一些经验。在新形势下，要加以延伸、深化、充实、发展。粮油食品企业在向生产延伸，与农业结合方面，已出现了“订单农业”、“公司＋基地＋农户”、“公司＋优良品种产业带”、“合作社＋农户”、“协会＋农户”等多种形式。在此基础上，应再进一步，形成与生产者（农民）的利益共同体，利益共享，风险分担，变单纯的买卖关系为利益攸关的关系。要从生产、收购、储存、运输、加工、销售互相联系、良性循环的全过程考虑，作为一个系统工程来运作，以达到优势互补，成本降低，效益增加，竞争力增强的目的。在发展产业链的过程中，特别要注意名牌效应与规模效益。有没有覆盖面广、技术含量高的名牌产品，是关系企业成败的重大问题。一定要实施名牌工程，形成系列化产品，扩大市场的占有率，使龙头企业拥有名牌产品、特色经营、核心技术，这样才能立于不败之地。在建厂设店时，要考虑规模经营，取得规模效益。为此要掌握适度，不是越大越好，要分析与核算辐射范围，运输半径，以较小的投资、合理的组合，以取得最佳的经济效益。

在构筑产业链过程中，要注意抓“采购网”、“销售网”，“一链”要与“两网”相结合。特别是要针对粮油食品购销形势的变化，加大“两网”建设的力度。“采购网”，要注意运用粮站、粮所以及经纪人、个体粮商等的力量，运用粮食合作社、稻麦协会的力量，以便在市场化的情况下，能掌握产区的相当部分的收购网络和粮源。这是我们的优势，是刚来华的外资企业所不能比拟的。同时要密切注视国际市场的动向，充分运用两种资源，搞好对外采购与对外供货。要培养内外贸结合方面的人才。在销售网上，要与物流的销售网络相联系，使产业链与物流链相连接，逐步形成粮食现代物流的网络与中心。

这里强调，作为粮油企业的领导者，一定要重视现代粮食物流，重视粮油产品的流通。现在，世界上许多学者都把现代物流视为继降低劳动消耗与物质消耗的“第三利润源”，作为粮食业新的利润增长点，这应当引起我们的高度关注。据一些粮食部门的调查，粮食商品的流通费用占粮食成本的30%～50%，这是相当大的数字，这方面潜力非常大。例如，改粮食的传统袋装作业为“四散作业”（散装、散运、散卸、散存），就可大大减少损耗，节约成本。我们在新形势下要学会在“第三利润源”上挖掘潜力，在降低成本上争取主动，培育新的利润增长点。

在实施产业链发展的基础上，以港口、交通枢纽、粮食集散地为依托，将会发展一批相关联的工业园区。如东海粮油工业公司在江苏张家港就建成了日处理12000吨的榨油厂和饲料厂、碾米厂、面粉厂等与长江码头相结合的综合性粮油加工基地；大连北良公司也在北良港的基础上引资建设了三大植物油厂，玉米、大豆精选厂和140万吨的现代化仓库群，初步形成北良工业园区；广东东莞新沙港也建设了包括国家粮食储备库、三个植物油厂的临港工业区。在不久的将来，这些地区很有希望发展成为粮油产业集群带。这是新格局下企业做强、产业做大的发展之路。

（二）实施横向发展战略。就是要跨越地区、所有制、行业等方面的限制，向横向发展，走联合之路。纵观国际、国内一些知名大企业的发展过程，一般都是把自身的滚动发展与同类企业的横向联合相结合而形成的。当前，正是国内粮油企业重新整合、国际产业结构调整之机。横向的发展与联合，正是行业人心之所向，企业发展之所需。我们不但要学会在“竞争”中求生存，而且要学会在“竞合”中求发展。

在横向发展与横向联合中，最要紧的是要处理好各方面的利益关系。为此，要树立“互利共赢”的思想，立足于发展，把“蛋糕”做大，让各方受益，这样合作关系才能持久。特别是横向联合中的牵头单位和发起单位，更需要“俯首甘为孺子牛”的观念，让所有成员感到公平，增强凝聚力和向心力。

横向发展要解决体制问题。符合实际的正确选择，就是要向规范化的现代企业制度发展，实行公司制治理结构。权、责、利要划分清楚，建立决策、执行、监督、制衡相结合的机制，使公司走向规范化的股份制的轨道。

横向发展的对象，可以是不同所有制企业。粮油行业是关系国计民生的产业，党的十六届三中全会决议指出，要积极发展混合所有制经济。我认为在粮油行业中更为适合，更为必要，它可以把各方面的积极性调动起来。从实践来看，适当保留一部分国有股份，吸收民营、社会股份参与，形成混合所有制，有利于兼顾各方面利益，拧成一股绳，在需要时能用得上。

在结构上，可以采取多样形式。一种像“希望集团”那样，以母公司为核心，在各地发展分支企业，实行集中统一领导，即统一管理、统一配方、统一财务、统一人事制度等，做到集中领导、分散办厂、形成“航母型”企业群。另一种像“北大荒米业”、“九三油脂”那样，由黑龙江农垦统一领导，组成“特混舰队型”。此外，还有就某一方面、某一环节的横向合作，如原料采购的同盟、加工上的合作，向专业化社会化发展等。

在步骤上，可以逐步推进，由业务上的联合，向资产上的合作发展；由简单的合作，向深层次的合作发展。通过跨地区，跨所有制的合作，增加合作内涵，向现代化、国际化的大型企业或集团公司发展。

横向联合，除了“引进来”，还有“走出去”的问题。具备条件的粮油企业也可以跨出国门，开拓市场。在粮油企业“走出去”中，除了关注欧美市场以外，我认为要特别注意开发作为周边地区的亚洲市场。正如胡锦涛同志指出的“中国将把亚洲作为鼓励企业‘走出去’的主要方向，努力把西部大开发、振兴东北老工业基地等发展战略同加强周边经济合作结合起来”。随着我国与东南亚、与亚洲区域经济一体化进程的加速，我们应有前瞻性、战略性的考虑，扩大与亚洲的经济合作，特别是要“南下西进”，到东南亚、到中亚寻觅商机，开展务实的合作。

此外，还有与国际大公司合作的问题，也提上了日程，这是发展的趋势，要早作对策。如东海粮油工业公司就是由中粮集团、美国 ADM、新加坡丰益公司等入股组建而成。最近，河北华龙面业集团与日本日清食品株式会社合资组建了华龙日清食品有限公司，成为世界级的大型制面企业。这些公司都是中方公司占大股或控股。

（三）从总体上讲，实行纵横发展战略，是新格局下的新抉择。是把外延式扩大再生产与内涵式扩大再生产相结合，是整合资源、发挥优势、突出特点、务实前进的新思路。总的精神，我认为应当是“纵向发展要精，横向发展要稳，多元化经营要慎之又慎，跨国合作要以我为主”。在纵横发展与扩大合作的过程中，形成有带动力的大型企业或企业集团，成为我国粮油工业参与国际竞争的骨干力量。

实施纵横发展战略需注意的几个问题

企业实施纵横发展的战略，牵涉方方面面，是个复杂的系统工程，因此，要精心设计，周密部署，稳步推进，讲求实效。根据对一些企业的调查，要注意以下问题：

（一）始终坚持以科学发展观作为指导思想。胡锦涛同志提出的坚持以人为本，全面、协调、可持续发展的科学发展观，是总结国内和国际现代化建设经验教训而得出的科学结论，不论对指导宏观、搞好微观都具有重要的指导意义。我们要把企业做强做大，要跨越式发展，绝不能以牺牲环境为代价，牺牲职工利益为代价，牺牲行业和社会的长远利益为代价，去搞短期行为、竭泽而渔的事。一定要坚持科学的发展观，统筹兼顾各个方面，切实避免比例失调，结构失衡，大起大落。要以实现人和自然的和谐发展，各项产业与环境良性循环为目标。总之，要注意发展的质量，从长期性、全局性、稳定性、实效性来决定企业的发展方式与步骤。这是所有成功企业的应有之义。

（二）以重点企业为基点，以本业为主导，以市场为导向，以效益为中心。实施纵横发展战略，把企业做强做大，不是为了好看，不是为了摆花架子，而是为了创造更多的价值，实现更大的效益。因此，一切行动要围绕市场的需求，以经济效益和社会效益的优化为目标，下功夫把企业母体搞好，使之成为带动力强、牵引力大的龙头企业。作为母体的重点企业的带动力有多大（包括人才、资金、技术、管理经验等），品牌的辐射力有多大，决定了纵横发展的力度有多大。绝不可盲目发展，做力不从心的事，做宏观所不许可的事。

（三）必须与企业制度创新和机制创新相结合。实施纵横发展的过程，也就是企业深化改革、创新体制、创新机制、创新技术的过程。要学会现代企业的经营模式与管理办法，调动生产要素各方面的积极性，让活力迸发，财源涌流。企业要下功夫在改制的基础上，把内部管理搞好，把产品的升级换代搞好，以增强产品的竞争力。

（四）坚持求真务实精神，从实际出发，稳步推进，逐步展开。切不可陷入盲目扩张的陷阱。从一些大企业的教训看，开始的时候，企业领导者头脑一般比较清醒，但发展到一定阶段，尤其是取得一定成就以后，容易滋生胜利冲昏头脑的毛病，盲目上项目，盲目搞所谓的“低成本扩张”，结果事与愿违，陷入泥潭，不能自拔。这方面的教训我们应当汲取，不要重蹈覆辙。

（五）关键在人才。企业要实施纵横发展战略，做强做大，必须极端重视培养、使用、留住人才。没有强大的“团队”，就形不成强大的企业；没有高素质的人才，就造就不了高水平的企业。企业要拥有各方面的专门人才，既具有强烈的事业心和责任感，又精通本行业务，有创业精神。企业的领导人，要成为使用各类专家的专家，要有大将风度，广纳人才，用其所长，让事业留人、待遇留人、感情留人，形成以企业领导人为核心的朝气蓬勃的“团队”。我主张，企业领导者既要学会“生财之道”，更要学会“用人之道”。这样，企业的腾飞有日，发达在望。

加快我国粮油行业实施名牌战略的步伐*

（2004 年 12 月 15 日）

充分认识在粮油行业推行名牌工程的战略意义

今年 9 月，经过中国名牌战略促进委员会专家委员会的评审，粮食行业有 20 个产品荣获“中国名牌”称号。这在中国粮食行业来说尚属首次。这是从全国上千家大企业、上万种产品中遴选出来的，是来之不易的。中国名牌产品，是指产品质量达到国际同类产品先进标准，在国内同类产品中居于领先地位，市场占有率和知名度居于行业前列，用户满意度高，具有较强的市场竞争力的产品。这次获得“中国名牌”，虽然是一小部分产品，但这件事的意义绝不可小看，这对于们在全行业推行名牌战略，全面提升粮油企业的素质与水平，参与国内与国际市场的竞争具有重大的意义。

中央多次指出：我们要从实现国家繁荣昌盛和中华民族伟大复兴的战略高度，认识名牌战略的重大意义。改革开放 20 多年，我们已成为市场经济的国家，加入世贸组织以后，中国经济已融入经济全球化的潮流之中，全面竞争的时代已经到来，这是大势所趋，不可逆转的。从粮油工业来说，已经迈入了市场化、国际化、产业化的新阶段。我们的粮油企业，不仅要参加国内主战场的竞争，而且要参加国际大市场的竞争；不仅有国内多种经济成分的竞争伙伴，而且有国际上实力雄厚、富有经验的竞争对手；不仅要应对国内市场的波动起伏，而且要应对国际市场的风云变幻，竞争的深度、广度、烈度超过了历史上任何时候。现在我们面临的新使命、新课题是：在全面市场化后如何掌握国内市场的主导权；在全方位开放后，如何掌握对外开放的主动权。面对这场富于挑战性和机遇性的商战，需要全行业和全社会的总体配合与联合作战，特别是要依靠作为市场经济主体的各类民族工商企业去拼搏，靠我们的优质产品、“拳头商品”去竞争。市场经济的竞争是无情的，在市场中必须靠产品说话，

---

* 这是白美清同志在第二次全国重点粮油企业名牌工作会议上的讲话。

靠品牌争先，靠商品创优。在这方面，我们必须有过硬的功夫，有独特的比较优势。

从一定意义上讲，当前国内国际市场已从产品竞争时代进入品牌竞争的时代。据联合国发展计划署的统计，名牌在全球品牌中所占的比例不超过3%，但市场占有率达40%，销售额超过50%。以著名品牌为纽带，构建全球化的生产与销售服务体系，以此控制、配置生产要素，控制市场，已成为跨国公司的重要经营战略。现在全世界85000多种名牌产品中，90%以上的品牌所有权属美、德、日等发达国家的企业。如果我们没有自己的品牌，特别是没有世界级名牌，我们号称为“世界工厂”的国度，只能生产中低档产品，生产别人的“贴牌商品”，这样不仅不能在国际市场上取得应有的地位，而且在国内市场上也会逐步丧失主导地位，重蹈“拉美化”的覆辙也不是不可能的。

从粮油企业本身来看，当前基本上仍然处于粗放式经营的阶段。高消耗、低产出、重污染、拼体力的现象仍随处可见，产品的技术含量不高，附加值不大，市场占有率很低，成不了大品牌。这种状况不改变，我们就很难持续健康发展。针对这种状况，从推进名牌战略着手，全面提升企业的整体素质和竞争能力，就成为企业做强做大的切入点。抓住了这个环节，就抓住了牛鼻子，可以带动整个企业水平的提升。因为名牌产品的形成与发展，是企业的科技、管理、营销等多种因素的综合成果，是企业物质文明和精神文明的结晶，是通过市场检验而积累起来的无形资产。实施名牌战略，把企业内外各个方面拧成一股绳，把各个环节作为系统工程来抓，可以带动整个企业科技水平、管理水平、营销水平以及全员素质的提高，带动企业的现代化建设和企业文化建设。

总之，推进名牌战略，创造中国名牌，进而走向世界，形成世界级名牌，是振兴我国民族工商业企业，保障国家经济安全的需要；是进入国际大市场，增强综合国力的需要；是粮油企业做强做大，跻身于先进行列的需要；是更好地为“三农”服务，带动农业向优质、高产、高效、环保、安全方面发展的需要。总之，是时代的需要，国家的期盼，行业的希望，企业的急需，是与时俱进、开拓创新的大事。对这点，早认识、早主动。一切有远见、有作为的企业家要下定决心，苦干实干，在创名牌上捷足先登，做出成效。

粮油行业实施名牌战略的主要任务

中国名牌战略促进委员会最近提出："我们实施名牌战略，有两个任务：一是创造中国名牌，设想在十年内培育推出1000个中国名牌；二是更重要的是要创造世界名牌，设想在十年内培育推出10个或者更多的世界名牌。这就是'千十之梦'。当中国名牌响遍全球之时，就是中华民族伟大复兴之日"。这是一个非常光荣而艰巨的任务。

四年来，全国共培育选出547个中国名牌产品；培育推出27家向世界名牌进军、具有国际竞争力的中国企业。经过两年多来的努力，经评定，我们粮食行业有7个大米品牌、13个面粉品牌，光荣进入"中国名牌"的行列，占全部中国名牌数的3.6%。按此比例计算，再过十年。为了圆"千十之梦"，粮油行业规划应有35~38个品牌，进入"中国名牌"。经我们初步设想，大米再争取7~8个，达到14个左右；面粉再增加4~5个，达到17个左右；食用油争取1~2年内列入目录，有5~6个品牌争取进入。至于世界名牌，争取十年内有1~2个列入。我们必须抓住当前的极好时机，求真务实，落实措施，立即行动。

从粮油系统的情况看，比起其他行业来说，我们的差距很大。从已评上的品牌分析：第一，分布极不平衡，大米集中在黑龙江（3家）、江西（2家）、福建（1家）、湖南（1家）；面粉集中在河北（3家）、河南（2家）、山东（2家）、江苏（2家）、北京（1家）、天津（1家）、广东（1家）、新疆（1家）。许多粮油工业发达的省区还没有入选的。第二，食用油影响面宽，知名品牌也有几家，现在还未列入评价目录。第三，不论在科技创新、管理水平、市场占有率等方面都有不少不足之处，与先进行业相比，差距是很大的，我们要有自知之明。

但是，我们也要看到我们的有利条件：第一，全国规模以上粮油加工企业已发展到12777家，工业总产值1688亿元。其中大米加工企业7815家，面粉加工企业3469家，食用油脂加工企业1493家。经过前一段的改革和调整，一大批改制以后的骨干企业焕发出极大的创业动力和强烈的扩张欲望，展现出巨大的生机与活力。第二，已初步形成了一批大型龙头企业和区域性的知名品牌。以油脂企业来说，世界油脂加工企业10强中，中国油脂企业占有3~4个席位。这为创更大的名牌打下基础。第三，改革开放以来，通过引进、消化、吸收，我国的大米、面粉、油脂加工技术已接近或达到世界先进水平。第四，粮油行业具有我国特有的资源优势，如非转基因产品多，各类特种粮油品种齐全，绿色食品资源丰富，市场空间极为广大等等，都是我们创名牌的基础。第五，我们有政治优势和优良传统。总之，我们下定决心，全行业动员，形成一个“大型企业义不容辞，带个好头，中小企业当仁不让，积极参与”，“行行出状元，业业有精品”，大至重大技术装备，小至单机小工具，大、中、小、精、特，同时并举，形成一个互相激励、共同发展的生动活泼的新局面，我们就会大有希望。

指导思想和主要措施

实施名牌战略，必须坚持科学发展观作为指导思想，胡锦涛同志多次强调，必须贯彻落实以人为本，全面、协调、可持续发展的科学发展观，走新型工业化道路。这是总结了国内和国际工业化经验教训而得出的科学结论和理论升华，是指引我国现代化建设事业胜利前进的指导方针，是从战略上、全局上、长远上着眼振兴我国经济，促进经济社会和人的和谐发展的思想武器。粮油行业在培育、实施名牌战略工程中，一定要遵循科学发展观的要求，在统筹协调发展上做文章，在提高科技水平上下功夫，摒弃先污染后治理的思路，丢掉不顾宏观全局、不顾社会协调发展的短期行为，把主要精力集中在科技创新、体制创新、管理创新、产品创新上，这样才能真正创出名牌，育出精品，经久不衰，常胜长青，永续佳绩。

为了实现名牌工程的战略目标，需要在全行业进行普遍发动，打几场大的战役。特别是已经获得“中国名牌”的企业和有条件的企业，要知难而上，勇攀高峰。根据最近到一些名牌产品企业调查，我们认为，在科学发展观的指导下，要注意以下几个问题：

第一，坚持“在发展中创名牌，在创名牌中促发展”的原则。企业创名牌的过程，也就是企业实现跨越式发展的过程。要立足于“创”不要立足于“等”，更不要立足于“保”，不要存在任何侥幸心理。要在“创新”、“开拓”

上下真功夫，要真正“攻关”，攻克产品的“制高点”，攻克尖端技术，要靠真本事，而不是靠“公关”，靠“广告效应”。要在创名牌的全过程中，动员全体员工、全行业的整体力量，使生产上一个新水平，竞争力上一个新台阶。

第二，搞好“三坚持”——坚持高标准，坚持自主创新，坚持市场检验。没有高标准，就没有大名牌。实践证明，“高标准出大名牌，大名牌出高效益”。要瞄准国内外的先进标准“对标”。企业的质量标准，不要满足于达到国标，要更上一层楼，向国际先进标准看齐。要想进入名牌行列，这一关非过不可。要针对国内国际的先进标准，制定自己产品的质量标准，严字当头，一丝不苟。围绕高标准，企业要扎扎实实练好内功，要全过程抓管理，全方位抓核算，全流程抓工艺，做到精益求精，出精品，出上品，出名品。

必须坚持自主创新。名牌产品，应有自己独特之处，应有自己的知识产权，应有自己的技术诀窍，应有自己的看家本领。这一点恰恰是粮油工业的薄弱环节。改革开放以来，我们引进消化不少国外先进技术，但都缺乏自主创新、原始创新。靠模仿是走不出新路、创造不出新产品的。粮油加工企业要下功夫自主创新，自主开发，要更好地实施产、学、研相结合，科、工、贸、农相结合，形成合力，尽快取得自己的创新技术和知识产权。

必须坚持市场检验。名牌产品是经市场检验而产生的。我们的产品不能满足于实验室的成功，不能止步于中试阶段的成效，而是要经得起市场的检验。要生产为市场所承认、为消费者所认同的、大批量高质量的产品，扩大市场占有率。要从市场检验中发现不足之处，从消费者中吸取有益的批评，提高产品质量，降低成本，改善服务功能，扩大市场占有，在市场竞争中崭露头角，取得优势地位。

第三，要制定规划，重点突破。已经获得中国名牌的企业，要瞄准世界和国际先进水平，找出差距，发现薄弱环节，制定措施，奋起直追，尽快赶上并超过当代的先进水平。据了解，部分名牌企业还存在技术含量不高、自主创新不强、制造分散、标准不严、管理粗放等问题，亟待采取有力措施予以解决。凡是有条件的企业，特别是大中型企业，应制定出自己的创造名牌的规划，确定奋斗目标，明确前进的途径和方法。要针对达到“中国名牌”的要求，找出不足之处，采取有力措施，尽快解决。据有关专家介绍，在评中国名牌过程中，发现企业普遍存在两大问题：一是缺乏自主知识产权，产品科技含量不高，没有核心技术；二是市场覆盖面小，国内市场占有率低，出口进军国际市场更差。针对这两个普遍存在的问题，要采取切实措施，力争尽快达标。

第四，要与深化改革和调整结构相结合。创造名牌、实施名牌工程，必须解决体制、机制的问题，这样才有生机与活力。实施名牌战略的过程，也就是企业进一步深化改革，调整结构，转变增长方式的过程，创造企业文化、建设精神文明的过程。要和粮油信用工程建设相结合，诚信为本，取信于民。归根结底，要和实施人才发展战略相结合，发现人才，重用人才，培育人才。“领导核心要基本稳定，人才要适度交流，机制要不断搞活。”只有这样，才能形成有凝聚力、战斗力的团队，调动一切积极因素，在企业里形成生气勃勃、开拓向上的新局面，使活力迸发、财源涌流。

第五，发挥整体优势，形成合力。要按照“政府部门宏观指导，政策支持；行业协会组织、协调、服务；企业为主体”的原则，形成全社会的支持，使创中国名牌、世界名牌工作得以落实。行业内部要在行业协会的组织协调下，坚决制止“打内战”，互不服气，你攻我，我攻你的不良习气，形成一致对外，一致争取上中国名牌、世界名牌的新台阶。中国工经联将联合全国行业协会，加强领导，由会长、秘书长挂帅，负责中国世界名牌的培育实施工作。中粮协也按这一精神，制定规划，帮助粮油企业搞好这一工作。各省市协会要积极参与，在本区域做些力所能及的工作。天津粮食行业协会做了大量工作，他们积极工作，为企业服务的经验应予推广。

祝中国粮油企业新的一年里在创名牌工程中取得新的成就，为早日实现“千十之梦”作出应有的贡献！

二〇〇五年

站在新的历史起点上把粮油企业做优做大*

（2005 年 2 月 1 日）

这次大型粮油企业年会的主题，就是贯彻党的十六届五中全会精神，研究加快整合提升，扩大联合的步伐，把粮食系统的骨干企业做优做强做大。全国粮食系统召开这样的会议还是第一次，我们希望与会的企业，交流经验，增进了解，扩大合作，立足现实，展望未来，抓住机遇，努力开拓，在形成优势企业上出现新的局面。

党的十六届五中全会提出：要“形成一批拥有自主知识产权和知名品牌、国际竞争力较强的优势企业”。“十一五”规划把它作为经济社会发展的主要目标之一。可见这个问题的重要性。这与十六届四中全会提出的“要培育和发展一批竞争力强、拥有自主知识产权和知名品牌的大公司、大企业集团，提高企业的国际竞争力”的精神是一致的。五中全会强调要拥有自主知识产权和知名品牌，强调具有较强国际竞争力，强调要成为“优势企业”。这是中央着眼于全球经济发展大局，着眼于中国产业发展的未来地位而提出的具有战略性、长远性、前瞻性的奋斗目标，具有极其深远的意义。对于我国粮油企业来说，更为重要。加快整合提升、纵横发展的步伐，尽快培育并形成粮油行业的优势企业，把企业做强做大，已成为摆在全国粮食行业面前刻不容缓的紧迫任务和重大课题。

第一，从国际上看，当前正处在国际产业重组加速的新时期。随着经济全球化趋势的深入发展，科技进步日新月异，国际产业重组和生产要素转移加

---

* 白美清同志在 2005 年大型粮油企业年会的讲话。

快，区域经济一体化日益发展。在未来的世界经济格局中，在产业调整和国际经济分工中，我们要占得有利的地位就必须迎头赶上，在重要产业中形成一批国际竞争力强的大型骨干企业，就是中央决议指出的“优势企业”，具有自己独特的技术、管理、营销、人才等方面的优势。这样我们才能保障我国的粮食安全和经济安全，才能避免陷入“拉美化”的泥潭，实现和平崛起的目标，其根本意图和深远意义就在于此。特别是关系到国计民生、具有战略意义的粮食业，更应当仁不让，争取实现这一目标。

第二，从国内看，当前粮食业正处在加快整合提升的新时期。进入新世纪以后，随着粮食市场化、国际化、产业化新阶段的来临，国有粮食企业的改革经历了前所未有的阵痛和震荡以后，下岗分流、产权改制在大部分省区已基本完成，经历改制后的企业正蓄势待发，谋求新一轮的发展。民营企业经过起步阶段的原始积累后，已进入成长期，正以强烈的创业观念和浓厚的扩张欲望，加速扩张，开拓市场。外资企业特别是跨国大公司也利用自己的优势，制订宏大蓝图，积极参与中国粮油大市场的扩张，可以说势不可当。所以预计“十一五”期间，竞争将更加激烈，优胜劣汰的力度加大。整个粮油行业的企业重新整合、市场重新划分，队伍重新组合，将在新一轮的竞争中，逐步形成新格局。我们既要看到竞争的激烈，又要看到机遇之罕见，形势的发展要求全行业要整合好现有各种资源，配置好各种生产要素，使之形成最佳组合，获得最大效益，从而培育出优势企业。“试看今日之粮食市场，竟是谁家之天下？”这是我们面临的考验，值得深思的课题。谁能把握机遇做强做优做大，谁就会笑到最后。

第三，从粮油企业的现状看，培育优势企业、龙头企业刻不容缓，特别是培育自己的民族粮油产业的大型企业、优势企业任务更加繁重。我国的粮油企业由于进入市场经济比较晚，基本处于“小、散、低”的状态。企业“小而全”，达不到规模经营，形不成规模效益。据中国粮食行业协会的统计，2004年年产10万吨以上的粮食加工企业中，大米17家，面粉39家，植物油18家。在全国2004年500强企业中，粮油企业只有10家，许多企业都是小而散，企业各自为政、条块分割很严重。基本是粗放型管理，产品科技含量低，企业管理水平低，杂牌林立，缺乏独创性的专利产品和自主知识产权。同国外的先进水平相比，差距是很大的。根据近期协会、学会对粮油企业的调查，认为我们的粮油企业同国际上的差距，主要表现在以下四个方面：一是在企业组织化程度上，我们除了中粮、中储粮公司外，基本没有形成带动力强的龙头企业，缺乏“航空母舰”、“特混舰队”；二是在企业产品水平上，科技含量较低，缺乏创新技术和名牌产品，自主创新、科技开发严重不足；三是在产业化经营上，没有像样的收购网、销售网和产业链，产前、产中、产后服务大为滞后；四是在思想上，“宁为鸡头不为凤尾”、“小富即安”的小商小贩思想影响较深，安于小摊子，守住小山头，缺乏大粮食、大流通、大品牌、大市场、大企业的思维。

以上这些问题各个企业有所不同，重要的是我们要看到不足，找准差距，以便在“十一五”期间奋起直追，有所突破。

我们召开这次大型企业年会的目的，就是要使粮食企业特别是骨干企业能够明确目标，交流经验，增进理解，为下一步把企业做优做强、扩大联合做一点铺垫的工作，夯实基础，起到促进的作用。据专家的分析，做强做大成功的企业，有五大因素：一靠核心技术；二靠规模经营；三靠供应链管理能力；四靠品牌价值；五靠资源优势。这几点可以供我们参考。

从我国粮油系统的情况看，究竟如何把企业做强做大，达到中央要求的“优势企业”，成为市场经济的支柱，宏观调控的载体呢？这些年我们有不少的经验教训，近来我也到一些骨干企业做了一些了解，现提出以下几点意见供参考。

总的想法是：从企业的实际出发，从应对出现的新情况、新变化、新机遇着手，以科学发展观为指导，调整战略，搞活机制，内部做精，外延做大，整合提升，纵横发展。

第一，调整战略，根据新形势、明确企业的主业定位与产品的市场定位。首先，要突出主业。现在看来，凡是布局未调整，盲目多元化经营的，都吃了亏。明确以经营为主业，就能少走弯路，继续前进。如山东“鲁花”，就是集中精力主攻花生油，做出了自己的品牌，扩大了市场，得到了发展。相反，有些粮油企业上市后，盲目投资，搞多元化、资金运用不当，市场定位不准，反而吃了大亏。其次，要十分重视产品的定位。如河北“五得利”面业集团，把产品定位在供应大众化的面粉上，不盲目上专用粉，不盲目搞其他投资，因此从1998年起步，经过七八年时间就发展成为年产百万吨的全国第一大面粉集团。

第二，向产业链方向发展，实现产业化经营。很多米厂、油厂、面粉厂，从订单农业做起，从良种供应开始，形成产、加、销一条龙，贸工农相结合，“公司+基地+农户”、“订单+期货”等模式。如河南延津的硬质优良小麦就采取了这一成功的做法。这里强调要注意“两网”，即收购网与销售网。现在许多地方把过去粮食系统的零售网丢掉了，非常可惜。上海良友集团保留了下来，组成了连锁经营。山东章丘广饶半球集团、河北辛集黑马面粉厂、河南孟州市等，粮食系统采取运用连锁经营，建立配送中心，市里统一管理、职工个人经营的办法，并在农村连锁上有了新的突破。收购网的问题，现在急需解决。骨干企业要抓紧现在有利时机，采取多种形式把收购网建立和发展起来。收购和销售这两个网，就可立于不败之地。

第三，全力增强企业的科技自主创新能力，培育发展中国和世界的知名品牌。党的十六届五中全会提出：“把增强自己创新能力作为科学技术发展的战略基点和转变增长方式的中心环节”。当今世界市场的竞争是高科技的竞争，是品牌的竞争，是知识产权和核心技术的竞争。应当看到，我们的尖端技术、精密仪器的自给率不高，在高新技术产业，跨国公司拥有的知识产权仍占有绝对优势，如果不改变“中国制造”为“中国创造”的局面，我们就会受制于人，就会丧失国际竞争的主动权，对国家经济安全产生不利影响。实践告诉我们：核心技术是买不到的，靠“市场换技术”是换不来的。必须靠自己创新，靠发挥自己的聪明才智去开发。

企业一定要切实改变忽视科技创新的倾向，加大企业对科技创新的资金投入和人才投入。据2005年对500强企业的统计，科技开发投入是平均销售收入的1.05%。有的企业家说：“企业必须咬紧牙关，将一定的销售收入投入到前瞻性和产业前沿技术的研究方面。”只有自己拥有知识产权、独特技术、创新产品，才能立于不败之地。要采取产、学、研相结合，与大专院校、科研单位合作，针对本企业的实际情况，组织攻关，或进行专利生产。要用科技创新带动品牌，在下轮粮油产品争取能评上更多的中国名牌和世界名牌。特别是2007年新一轮评选将要进行，需要从现在起就要做好各方面的准备工作。

第四，实现从粗放型向集约型转变。粮油企业基本上仍处于粗放型经营阶段，民营企业不少是脱胎于乡镇企业，受过去影响较深；而国有改制后的各种类型企业，还沿袭或残留着过去的经营方式，一时也难以改掉。高消耗、重污染、低效益的情况相当普遍。因此，强化企业管理，提升企业的管理水平，就是一个十分迫切的任务，向管理要效益，是当务之急。根据我们的调查，在改善管理上，要着重运用现代经营方式和现代高新技术来武装企业。现在强调走新型工业化道路，强调科学发展，各方面要求空前高涨。要摸索一套适合中国国情的企业管理办法，把华夏文化和现代化管理结合起来，这是企业固本强基的关键。此外，还要强调资金的运用与管理。据统计，2004 年粮油加工企业负债率一般在 70% 以上，这是非常危险的，盲目借债扩大基建，是致命的危险，一定要防止跌入陷阱，要强调运用自有资金滚动发展。

第五，在整合重组、夯实基础后扩大联合。纵观世界企业发展史，领军企业、优势企业、企业集团的形成，都是走在企业自我滚动发展基础上扩大联合的道路。粮油企业发展到今天，扩大联合，壮大经济势力和竞争力是大势所趋，人心所向。特别是在国际商战中，如果不联合，单兵作战是很难取胜的。最近，国际钢铁联盟主席、全球第二大钢铁集团法国阿赛洛集团总裁杜磊先生访问中国后，对国际铁矿石垄断企业联手抬高铁矿石价格一事发表看法，他说：“我认为更重要的是，钢铁制造企业应整合重组，改变目前过于分散的局面，这样就能够在与矿业公司谈判时形成合力”。他认为：“中国钢铁制造业目前也面临生产能力过于分散的局面。最大企业宝钢的产量，也仅占全国产量的 7% 。中国如果想拥有一个高质量的钢铁业，必须整合重组。”杜磊先生的看法，虽然谈的是钢铁业，但对我们同样有借鉴作用。

我们榨油工业这几年也遇到了这个问题，面粉业、碾米业就更是如此。所以在思想观念上必须摒弃各自为战、小打小闹的观点，进一步解放思想。但步骤要积极稳妥，总结前几年的经验教训，采取适合本地、本行业情况的新模式：第一种是低成本扩张，资金上的联合与合作。第二种是以骨干厂为依托，以共用知名品牌为纽带，纵横发展的联合。这种形式在一些地方已取得成效。第三种是从业务上的联合，发展为资产上的合作，从单项合作发展为全面联合。总之，要始终注意根据市场要求，按照经济规律办事和互利共赢的原则，经过实践、认识、再实践、再认识的过程，就会逐步完善。

同志们：今后五年，正是粮油企业整合提升，发展壮大的关键时期，我们殷切希望全行业动员起来，以贯彻党的十六届五中全会精神为新的起点，以完成“十一五”规划为新的契机，奋起直追，形成一大批优势企业，为国家的粮油安全服务，为支援“三农”、反哺农业服务。

新时期粮食批发市场建设的新任务*

（2005年3月3日）

去年下半年到今年年初，我先后到一些批发市场调研，如福建的官桥批发市场，浦口批发市场，广东的常平批发市场和广东的大市场，还有张家口市场，北京、天津、黑龙江、大连的北方批发市场和北方的物流公司等。现就市场建设问题讲一些看法。

进一步认识粮食市场体系建设的战略意义

当前我国的国民经济正在持续高速地发展，呈现出一种跨越式发展的势头，这是经济建设历史上的最好时期。我认为在全面市场化、全方位对外开放的新形势下，我们面临着新任务和新课题。从国际方面来说，我们既要在经济全球化中保持我国国民经济的持续高速发展，又要维护国家的独立与主权；从国内来看，既要保持国民经济的持续、高速的发展，又要维护社会的和谐与安宁。这是我们面临的一个重大任务和新的课题，我们提高执政党的领导能力就是要解决这个重大问题。我们观察粮食问题，离不开经济的全局；观察粮食市场体系的问题，也离不开粮食的全局。以上说的经济的全局，我们要充分考虑。这个问题提出来大家共同研究。这是我们面临的重大课题，也是对我们的重大考验。我们回顾一下，在党的七届二中全会上，毛主席告诫全党要保持“两个务必”，号召我们要“进京赶考”。我认为在入世后，在全面市场化、全方位的开放的新情况下，进入经济全球化的潮流中，形象地说是我们是“入世赶考”。进城以后50多年来，全国粮食系统是考试合格的，但后一个“入世赶考”是更为艰巨的考验。我相信我们也会经得起考验，是会合格的，但需要我们做更为艰苦的努力，更必须保持“两个务必”，这就是胡锦涛总书记最近一系列讲话的深远意义之所在。

---

* 这是白美清同志在浙江省杭州市举行的粮食批发市场体系建设与现代粮食物流研讨会上的发言。

从粮食行业来看，我们当前的粮食工作进入了一个新的时期，概括地说是“三化、两周期”。“三化”是指粮食工作进入市场化、国际化、产业化的新时期；“两周期”，一个是面临粮食生产的新周期，另一个是面临粮食消费的新的增长期。粮食生产的新周期，从2003年粮食总产43160万吨降到低谷，现在是往上回升，2004年增产3500多万吨，到46950万吨，是恢复性的增长。粮食消费的新增长期，因为我们城市化的步伐加快了，经济的发展速度加快，带动了消费水平的提高，粮食生产需要达到47500万吨到48000万吨以上才能平衡。当前，粮食的供求形势也从偏松向偏紧转变，进入紧平衡的阶段，这是大的态势，几年之内不会改变。

在这样的形势下，我们既要保持国家的粮食安全，同时要考虑继续维护国家粮食经济上的主权，这是和大的形势配合的。粮食是一个重要的商品，我们参加国际竞争，能否维护我们的主权，能否在两个市场中掌握主导权、主动权？入世以后，去年我国的进出口总额突破了1万亿美元，这是我们多年梦寐以求的，成为世界第三位，这是非常大的成绩，但是也有教训。例如去年进口大豆我们就受到重大的挫折，原因之一是我们的市场不发育，受制于人。我们从中汲取的教训是，必须要重视市场、重视价格。在新的形势下，如何做到两个市场、两种资源为我所用，而不要受制于人，这是重大的课题，是我们必须深层次思考的问题。因为粮油是关系国计民生的产品。入世以来，我们进一步认识到了建设市场体系的重要性。从入世的经验来看，从全面放开的经验来看，我们必须要加强市场体系的建设，把我们的市场提到一个新的水平、新的高度。据了解，最近国际上的一些大粮食商，纷纷在制订进军中国米、面市场和饲料市场的计划，这是大规模的进军。所以这就提出来一个问题，开放以后我们如何掌握经济上的主动权，掌握两个市场的主动权。如何扶植我们粮油民族工商业？这是我们面临的新的形势和新的课题。我们是大豆进口第一大国，年进口量在2000万吨左右，但是我们却不能左右国际市场价格。粮食行业的领导和企业的同志们，大家要心中有数，要认真对待，在维护国家的粮食安全和维护国家的经济主权上，我们必须首先重视与考虑。对于两个市场、两种资源，要考虑为我所用，而不能受制于人，避免走拉美化的道路，这是深层次的问题所在。为此，我们在粮食工作中，必须要把粮食市场建设提到一个新的高度来认识。

要使我们的粮食安全有保证，而且能够掌握主动权。中国粮食经济学会经过认真调研，提出了粮食自给率必须达到95%，粮食种植面积必须保证15.5亿亩，粮食库存（包括周转库存、储备库存）不能低于消费量的25%。低于这些系数就要出事，这是从改革开放20多年的经验得出的结论。所以，从生产上来讲，以自力更生为主，加强粮食综合生产能力建设。从流通上来讲，要建设“三个体系”，一是粮食储备与宏观调控体系；二是粮食的收购、加工、销售服务体系；三是粮食的市场交易体系。这三大体系缺一不可，是维护粮食安全，维护国家粮食主权的承担者和载体。而市场交易体系，既为国家宏观调控服务，又为农民、为粮食企业、为消费者服务。

我国的粮食市场体系从20世纪90年代起步已经15年了，但是仍不完备。概括起来说，我们的市场管理还不够规范，布局不够合理，辐射力还不强。这是粮食批发市场比较普遍存在的问题。我们的目标是要在全国建成一个结构合理、高效灵活、统一有序的多层次的市场体系，为国家的粮食安全服务，为维护国家粮食经济上的主权服务。只有建立起这样的一个市场体系，而且为我们所掌握，这样才能和国际上的投机资本相抗衡，才能保障我国的粮食安全。目前我国多层次的粮食市场体系已有了一个框架，粮食期货市场已经有郑州、大连两家了，全国性的粮食中心批发市场，郑州有一家了，以小麦经营为特色，将来会出现以稻谷、玉米经营为主的两三家中心批发市场，但是不会很多；区域性的批发市场，现在的发展势头很好。各地已出现一批有影响的区域性的批发交易市场。我们面临的任务，就是要在新形势下，根据科学发展观的要求，进一步加强市场体系的建设，通过整合提升，达到一个新的水平、新的高度，在粮食战线发挥更大的作用。

在发展现代物流中加快粮食批发市场体系建设

发展现代粮食物流，是降低成本，提高效益，增强我国粮食综合竞争能力的重要方面，是粮食产业的第三利润源，是粮食市场化、国际化后的大趋势。在现代粮食物流中，粮食批发市场要明确定位，加强建设，发挥作用。粮食市场建设不是孤立的，市场的建设不是为市场而市场，不是树立形象工程，它离不开粮食的总体布局，离不开粮食生产消费的经济流向，离不开现代物流。市场是商流、物流、信息流、资金流的结合点。粮食商品要通过市场交易，实现产销经营上的“无缝对接”；粮食商品还要通过物流，实现技术上的“无缝对接”，二者是相辅相成的，可以收到高效率低成本的效果。

我们需要进行市场上、经营上的“无缝对接”。这是最节省的办法、最有效的办法，形象地讲在市场实现经营上的“无缝对接”，留下的不良空隙就小，入市交易，公开、公正、公平，增加透明度，减少腐败。粮食系统过去习惯于场外交易，单线联系，多少年都是这样，这是大弊病，需要较长期努力，标本兼治来解决。看来产销经营上通过市场“无缝对接”，运转技术上通过现代物流“无缝对接”是最节省、最有效的，两者结合起来就会产生巨大的效益。可以说，粮食批发市场，在粮食物流中起到一个很好的衔接和带动作用。另一方面，建设市场离不开物流，两者是互相促进，互相联系。我们要努力探索粮食批发市场在物流中的定位、作用。探索市场的类型、市场的机制、市场的运作方式、市场的交易品种、市场的服务功能。我们必须在新形势下研究粮食物流，研究它的发展趋势，研究它的发展规律。在这一方面，我们要有创新的思维，要在整合提升上下功夫，要采取新型的办法，来完善我们的粮食市场体系和物流体系。

最近我看了一些市场，不论是哪种形式的市场，都有一个整合提高、巩固发展的任务。要从大市场、大流通、大物流的角度，从提高我们粮食的综合竞争能力这个角度来加强建设。对于全国性的中心批发市场来说，要在高水平上拓展功能，扩大它的影响。像电子商务这些业务，中心批发市场就要抓住不放，将来成为粮食电子商务的主要平台。中央一级的储备粮轮进轮出，应通过中心批发市场去运作。要扩大郑州中心批发市场形成的“郑州价格”的影响，使之逐步成为影响世界粮食市场的销区市场价格。交易方式要向高级发展，传统和现代相结合，而以现代交易方式为主。关于区域性的市场，现在沿海销区，涌现了一批区域性的商流和物流结合的批发市场，在当地起到很大的作用，如浙江的衢州市场、杭州市场和金华市场都很起作用。福建有三大市场，即福州市场、官桥市场、浦口市场。广东常平批发市场成交量是 100 多万吨。这类市场，我认为很有发展前途。要在规范化、制度化的管理上下功夫，在提高服务功能和辐射能力上下功夫。要使市场、仓库、加工、运输相结合，有条件的可发展成粮食物流园区、工业园区，有的是临港工业园区。要发展“一链两网”，“一链”即产业链、流通链，“两网”即“采购网”和“销售网”，向工业园区和产业集群带这个方向发展。但是各地要因地制宜，不要一下子把摊子铺得很大。这些过去都是有经验教训的，必须注意积极而又稳妥地去实施。

在考虑市场建设中，要考虑物流，要考虑市场流向，要注重办出特色，要与加工业结合，与当地的储备调控结合。经过一段时期的努力，在全国逐步形成一个较为完善的粮食市场交易体系，除了期货市场以外，要有三四个全国性的中心批发型市场和一大批按经济区域形成的商流、物流结合的区域性批发市场。切实加强规范化的管理和制度化的管理，做到“三公”即公平、公开、公正，做到竞争有序，畅通无阻，充分发挥在粮食流通中的重要作用。

建设粮食市场体系需要全社会的关注

建设粮食市场体系，不是粮食市场和粮食部门一家的事，而是全社会需要关注的一件大事。需要政府领导、中介服务、社会关心和企业参与，只有这样，事情才能做好。要抓好三个环节：

第一，按市场规律办事，一切从实际出发，要办出自己市场的特色。每个市场都是不一样的，都各有特点。不要刮风，不要硬套，要有自己的特点，任何的市场都要有自己的特色。我曾去加拿大参观一些市场，有的比较小，但是都很有特色。像油菜籽的期货现货市场，规模不大，但是影响很大。就是因为有自己的特色。建设市场体系要考虑一些新办法，要按市场经济的规律办事，要积极稳妥，注意有发展的后劲。

第二，要政策引导、法律支撑。政策引导就是要争取制定一些优惠政策，来扶植市场。法律支撑，是要制定一些法律法规，规范市场和企业的行为，增强市场的吸引力。大连的北方批发市场搞得不错，其中原因之一就是有政策的引导。把场外交易引入市场里来，要靠法律规范，要靠政策引导，要靠市场的服务。中国饲料协会争取了一条优惠政策，就是减免增值税，使中国饲料工业很快发展起来，去年我国饲料的产量是9300万吨，居世界第二位，在世界20强企业中，我们占了两家。所以，要通过政策引导和法律支撑，规范企业行为，促进入场交易。

第三，人才是关键。加强市场人才的培训力度。建设市场体系需要高素质的人才。将来还有一个经营市场人员的资质鉴定工作。资质的鉴定，不是谁都可以办的。这方面要加强培训，我们的人员素质还不适应市场化、国际化的要求，差距相当大，急需提高，要加快培训人才的力度和步伐。

这方面要发挥行业协会市场专业分会的作用，协会、学会既联系政府的官员，又联系专家学者，这是一个优势，我们要建设结构优化、布局合理、方便灵活的、统一有序的粮食市场体系，最关键是要靠人才支撑。所以，在人才资源的培养、开发、使用上，要采取更为有力的措施。这是百年大计。

粮食批发市场分会成立以来，这是召开的第三次全国性的研讨会议。当前是市场发展的极好的时机，特别是区域性的市场，现在正是方兴未艾，大家要在大好的形势下抓住机遇更好地发展。15 年来我国的粮食市场体系建设是突飞猛进的，在亚洲来说，我们的市场发展超过了日本、印度等国。这是在党的领导下，批发市场战线全体同志辛勤工作的结果。进入全面市场化后，粮食市场的新的春天又一次到了。希望大家共同努力，贯彻落实科学发展观，把具有中国特色的、崭新的粮食交易市场体系建设好，在新时期完成新任务，再交上一份合格的答卷。

改革创新　埋头苦干　创造北良新业绩*

（2005 年 3 月 30 日）

这次来北良给我一个新的印象，北良公司的发展又进入了一个新的阶段。北良公司是因国家需要、服从国家利益而成立和经营的，建设北良港目的就是为了保证国家粮食安全，就是为了解决国家的北粮南运和粮食进出口问题。所以我们在任何时候都要把国家的利益放在首位，要胸怀祖国、放眼全球来观察问题。

经过 12 年的建设，北良公司从投产到试运行，直到现在进入新的发展时期，北良公司形成了与现代化装备相配套的规范化、制度化经营管理模式，摸索出了一条使企业正常运转的正确道路。特别可喜的是我们培养了一大批年轻干部，来自五湖四海的干部成长起来了，而且知识层次高、知识面宽、政治素质好，这是最可喜的。今后一方面要建立一个正常的运转秩序，实行规范化、标准化管理；另一方面要从单一港口经营转入临港工业区建设，从单纯的粮食港口经营转到北良园区综合物流经营。惠良油厂和日清油厂的启动就标志着北良临港工业区、北良物流园区正式启动。

北良公司在新世纪有可能真正成为亚洲第一、世界前列的企业。我不是从传统规模上讲的，而是从效率、效益上讲的，是从管理水平上讲的，要成为亚洲的第一、世界的前列。国外的港口不是很大，但是效率非常高，物流组织水平非常高，衔接非常好。我们要真正成为世界上一流的粮食转运码头，或是亚洲第一的粮食转运码头，不是仅从规模上，而是从内涵上，不是仅简单地从数量上，而且是要从效率、效益上等等这些方面来努力。

现在正是北良公司发展的关键时期，北良公司正在爬坡，要下定决心再埋头苦干 5 ~ 10 年，创造北良的新业绩。如果从 1993 年算起，那么可以说我们前 12 年没有虚度。下一步我们全公司上上下下要向新的目标迈进，就是进入新的发展阶段，就是让北良上个新台阶，做出新的业绩，就是要争取当亚洲第一或世界前列。为此在指导思想上必须做到“三个坚持”。

---

* 这是白美清同志在大连北良公司中层干部会上的讲话摘要。

第一个“坚持”，要坚定不移地坚持以科学发展观为指导。对北良来说，要特别注意用科学发展观来避免三大风险：一是安全风险，北良公司一出事就是大事，它不仅涉及国家财产的安全，而且还关系到生命安全；二是经营风险，特别是要考虑国内和国际两个市场的风险；三是法律风险。北良它是一套国家重点项目，我们在工作方法是大有可为的。总之一句话，我们要坚定不移地落实科学发展观，来改进我们北良的发展战略，这是原则。

第二个“坚持”，要坚定不移地坚持推进体制改革和机制创新。北良公司成立时就恰逢改革开放的快速发展时期，北良也是完全按照改革开放的精神来定义的。当时，在组织运行上也是按照市场规律来执行的。但是企业发展到现在，我们也面临着体制改革问题，也面临着机制创新问题。应该说前 12 年，体制是新颖的，机制创新也完成了重要的步骤。这个体制将来怎么改善，是相对而言的，大型国有企业逐渐加大股份制是交叉交错进行的。北良的体制下一步如何进行改革，不但事关北良公司的前途，而且事关国家宏观调控大计。这是一个动态的发展过程，不是静态的。我们必须把握时代脉搏与时俱进，踏着改革的步伐继续前进。我们到底怎么走是可以研究的，现在的主要方向是怎么把东北的一体化经营、无缝连接组织起来。体制改革和机制创新就是要调动积极性，在调动全体员工积极性的同时，还要考虑如何调动相关企业、相关地区的积极性，如何调动产区和销区的积极性。

我最近到广州、中山看了一下，感到粮食行业市场竞争的机制形成了，但联合这个机制还没有形成。世界上的大型企业纷纷出现联合趋势，强强联合，我们北良也要有这个思想，就是要走竞争联合之路，最终是联合。联合要有气魄，要有胸襟，要敢于出大手笔，强强联合，调动相关企业积极性，调动联合各方的积极性，贯彻互利共赢的思想，这样就有望进入世界 500 强，这就是深化改革的问题。我们要做到与世界上先进大型粮油企业相媲美，就必须继续坚定不移地坚持推进体制改革和机制创新。

第三个“坚持”，就是要坚定不移地坚持和发扬北良优良传统。北良公司在成立以来的 12 年里，形成了一个很好的传统，很好的作风，就是团结一心、艰苦奋斗、开拓进取、追求卓越。每年的大年初一、初二的时候，所有的部室干部都在第一线；有紧急的公事，所有干部都带头，这就是好的传统和作风。北良公司人员政治素质比较好，今年又发展了二十几个新党员，先进性教育也是经常进行的。还有一年一度的文艺会演，展现出了一个企业健康向上的精神面貌。我认为北良的传统和作风问题，核心是创新的思想，就是“追求卓越”，这个观念一定要树立下去，这个思想一定要代代相传。北良这个团队能取得12年后的巨大成绩，关键是有“追求卓越”的思想，就是创业精神。“追求卓越”就是追求企业卓越，就是企业要创业、要发展，员工上下一定要树立创业思想。

北良发展到现在已经有几个方面军了，但还不是合成集团军，只能说你有几个方面军，距合成集团军还有很大的差距。我们下一步就是要建立合成集团军，进而发展强强联合，将来做成“航空母舰”，做成“航母联合舰队”，要朝这个方面发展。为此就要像毛泽东同志说的那样，保持两个务必：第一个就是务必谦虚谨慎，不骄不躁；第二个就是务必艰苦奋斗。保持住了这两个作风，才能迎接新的任务。现在的北良正处在非常关键的历史时期，正在爬坡，困难很大，但是创造出新的辉煌就在这个时期，这是一个黄金时期，我们一定要珍惜自己这段黄金年华。北良这样一个团结奋斗、锐意进取的新型团队，要在公司领导班子的坚强领导下，要继续拼搏向上，在下一个五年到十年中创造新的辉煌，真正把北良港建成一个亚洲第一、世界前列的粮食港口。

优势互补　合作共赢　开拓中国与东盟粮农业共同发展的新局面*

（2005 年 6 月 10 日）

在 2005 中国（南宁）东南亚粮农产品绿色食品展览会召开之际，今天“中国国际（东南亚）粮农发展论坛”开幕了。这是中国与东南亚粮农企业界、学术界交流与合作的良好平台，它将增进双方的相互了解，促进双方的贸易往来，推动双方的投资互动，搭建起友谊、交流、合作的桥梁。

当前，随着经济全球化、贸易自由化的逐步开展与深化，地区之间的经济合作组织和共同市场也应运而生，这是市场化、国际化的趋势，是共同发展经济的要求。中国与东盟在 2001 年签订的“10 + 1”协议，就是亚洲出现的第一个规模大、影响深远的区域性自由贸易区，其人口将到达 17 亿～18 亿人，占世界总人口的 28%，占发展中国家人口的 35% 左右；这是当今世界发展最迅速的地区之一，是有着巨大潜力的新兴市场。由于这一协议的推动，中国与东盟的贸易总额高速增长，从 2002 年的 456 亿美元，增加到 2003 年的 782 亿美元，预计今年可能达到 1000 亿美元的新水平，将实现预定的目标。据专家预测，到 2010 年这一自由贸易协定全面生效之时，参加自由贸易区的各方，综合国内生产总值达到 2.5 万亿～3 万亿美元的水平，将与西欧、北美、拉美等共同市场相媲美，在世界经济发展中具有重要的地位和重大影响。我们应当为实现这个共同发展目标，开拓前进，以造福于这一地区的广大人民。

粮农产业是中国与东盟贸易与合作的一个极为重要的方面。在这方面中国与东南亚不仅具有相似性，而且具有互补性。可以说合作领域广阔，合作亮点很多，合作的市场空间很大，双方可以创造优势互补，合作共赢的新格局。根据多年的经验，我们认为有以下五个方面可以加强交流，扩大合作，拓展新领域，形成新亮点：

---

* 这是白美清同志在广西壮族自治区南宁市中国国际（东南亚）粮农发展论坛上的致辞。

一、在粮食初级产品方面：中国是粮食生产与消费大国，同时也是粮食贸易与进出口大国。中国的粮食综合生产能力在4.7亿~4.8亿吨，能够基本实现自给。但在品种上进行调节，特别是大米是中国人民的主食之一，受自然灾害的影响，歉收之年需要增加进口，平常年份则需在优质品种上购入一部分调剂，泰国香米，越南、缅甸白米是中国客户熟悉的品种。总的趋势今后是丰年少进，歉年多进，保持95%以上的自给率。而在粗粮、杂粮、豆类方面，中国的许多品种如食用大豆、绿豆、芸豆、红豆、荞麦等都是具有优势的出口优良品种，这方面增加贸易的潜力也不小。

二、在食用油料、油脂方面：由于人民生活水平的提高，中国已经成为进口油料、油脂的大国。中国油脂的自给率在60%~70%，有1/3要从国外进口。2004年中国的油脂消费量达到1700万吨，人均13公斤左右，仍低于世界平均水平。不足的部分近几年靠进口来弥补。去年仅进口大豆就达2023万吨，同时进口大豆油252万吨，进口棕榈油370万吨（主要从马来西亚、印度尼西亚进口）。估计今后中国仍将是油脂、油料的主要进口国之一，而东南亚由于产品和地域的优势，成为主要的供应商。此外，中国的花生、芝麻及茶籽油、葵花油、米糠油等具有营养保健作用的特种油料，仍是出口的优质商品，远销东南亚及世界各地。所以，油料是今后贸易增长的重要商品及投资的新增长点。

三、在热带、亚热带水果方面：东南亚有独特的优势，许多优良果品，是中国人民所喜爱的。打通水果的流通渠道，并实行优惠的税收政策以后，水果及其制成品，将成为双方贸易的新亮点。

四、在粮油食品加工、农产品精深加工、饲料加工业方面：东南亚和中国在主要食品及习惯爱好方面有许多相似之处。中国改革开放以后，通过引进、消化、吸收与创新，在农产品加工技术、加工设备等方面均有许多项目赶上世界先进水平，并且物美价廉，适应性强，适合东南亚及发展中国家的经济水平。这将是双方互通贸易、投资办厂、工程承包的一个重要方面，前景非常可观。

五、在粮油仓储设施建设方面：中国通过使用世界银行粮食流通项目贷款，运用世行专家带来的先进技术，建设了具有世界水平的粮食仓储运输及物流体系。特别是1998年以后由国内自行设计、自己施工、分三批新建的1100多个新型骨干粮库，新增仓容5000万吨，并相应建设了铁路专用线、专用运输车辆等一系列流通设施。中国已成为世界上仓库最多、储粮数量最大、技术先进的国家，具有从设计到施工建设现代粮库、油库及保管各种粮食的先进技术和管理经验。中国与东盟各国同属发展中国家，在粮食、油料基础设施建设方面，东盟可以利用中国的经验、技术和资金，加强本国先进实用的粮油物流系统的建设。这也是今后中国与东盟合作的另一个新的领域。

概括地讲，中国与东盟的“10 +1”自由贸易区在粮农产业方面的合作，互补性强，新增长点多，发展潜力巨大，技术交流与投资合作前景良好。只要我们本着互利双赢的原则，采取灵活多样的方式，运用国际通用的办法，就有可能在2010年实现既定的目标。我们希望今后不定期继续举办这样的论坛，由双方的企业家、学术专家与有关的官员参加，交流、沟通、牵线、搭桥，使中国与东盟各国粮农界的合作如日中天，红红火火，创造合作的新领域、新业绩!

整合提升　加快杂粮产业化步伐*

（2005 年 8 月 5 日）

这次在全国第二届杂粮豆类、粮油食品展示交易会举办期间，召开了杂粮分会一届二次理事会。这是杂粮行业发展处于关键时候的一次会议。

杂粮作为产业化来讲，还是处于初创阶段，不像主粮那样引起全社会的重视，困难很多，难度很大，大家在这方面付出的心血也很多。大家作为杂粮产业化的开拓者，总希望这项新的事业能引起领导的关心，社会的支持。“像重视主粮那样重视杂粮”，“像推进主粮产业化那样推进杂粮产业化”，这么一天终究会到来的，我们大家都有一个心愿，为早日实现这一期盼而努力！

下面我就当前杂粮事业的发展讲三点意见。

把杂粮的资源优势转变为产业优势

我国是世界上知名的“杂粮王国”，品种齐全，产量很大，具有极大的资源优势、地域优势和栽培优势。近年来，我国杂粮事业正处于恢复发展之中，杂粮加上豆类，总产量达 5500 万～5900 万吨，占全国粮食总产 11%。由于杂粮既是传统的食粮，又是保健的珍品，历来是传统的出口商品，每年出口杂粮 100 万吨左右，最多达到 180 万吨，创汇达 5 亿美元。据有关部门的测算，出口一吨粮食为 111.48 美元，而出口杂粮为 295.65 美元，相当于 2.6 倍，具有可观的经济效益和社会效益。而且，我国的杂粮产区，绝大部分分布在老少边穷地区，发展杂粮产业对于促进老少边穷地区经济的发展，人民生活的改善，收入的提高，都具有极重要的促进作用，有利于“三农”① 问题的解决，有利于城乡差别、贫富差别的缩小，有利于和谐社会的建立。所以我们必须在科学

* 这是白美清同志在云南省昆明市举行的中国粮食行业协会杂粮分会一届二次理事（扩大）会议上的讲话。

① 注：“三农”即农村、农业、农民。

发展观的指导下，克服种种困难，坚定不移地抓下去，把杂粮产业发展起来，以取得更大的实效。

2005 年是“十五”计划的最后一年，明年将跨入“十一五”的新时期。要恢复和发展杂粮业，最重要的是努力把杂粮的资源优势，转变为产业优势、商品优势。这样才能在市场经济中占据应有的地位和份额，才能更好地为解决“三农”问题服务。实现资源优势向产业优势的转变，最根本的就是按照市场化的原则，用现代化的生产、加工、经营方式来改造、提升杂粮产业；用高新适用技术来武装杂粮产业，使杂粮产品上水平、上档次、上规模，以满足各个层次群众对杂粮产品的需求，获得更大的经济效益和社会效益。也就是说要使杂粮产业从传统的生产方式、流通方式、消费方式向现代化的方向转变。这需要从思想上、组合上、体制机制上进行创新，做大量艰苦细致的工作。只有实现这一转变，杂粮行业才能从自然经济状态走向商品经济，从小生产、小流通、小市场走向社会化的大生产、大流通、大市场。“十一五”期间，我认为是杂粮发展的关键时期，任务很重，机遇很好。只要我们在科学发展观的指导下，扎扎实实，逐步推进，就一定能够取得成效。正因为这样，这次理事会会议专门研讨这一问题，是适时的、必要的。

整合提升　促进杂粮产业化

现在我国的杂粮生产和加工，基本上是处于“小、散、低”的状况，生产是分散的小农，加工基本上是小作坊，加工技术落后，科技含量很低，而且十分分散，企业的规模小、组织化程度很低，缺乏大型骨干企业。现在，我们面临的任务，就是要整合提升，走产业化道路，使杂粮的各种资源，以市场为导向，合理配置，形成合力，以发挥其整体的优势。这需要政府加强领导，协会加强联系，企业加强合作，在政策上、组织上、科技上为杂粮的发展开辟道路。如果只停留在小商品生产、加工，各自为政的现状上，那就形不成大市场、大产业，成不了大气候。为此，必须要下功夫，抓整合，努力实现各种有效资源的合理配置和最佳组合；抓提升，运用高新适用技术，使杂粮杂豆上档次、上水平、上规模。通过以上两方面的工作，使杂粮行业走上产业化之路，形成现代化的流通链、产业链。只有这样，才能在市场经济中立于不败之地，在国际国内市场占据一定的阵地，得到发展。舍此没有别的出路。

根据协会在一些地区调查的情况看，杂粮杂豆的产业化，要注意以下几个问题。

（一）要从生产入手，重点抓好推广优良品种，形成杂粮豆类优质品种的生产基地和出口基地。要把推广良种作为切入点，努力实现“一乡一业”，“一村一品”，在农户的基础上，大面积栽培优良品种，成片生产，成片经营，统一收购，集中加工，形成著名品牌。要学习陕北横山的经验，并参照黑龙江五常县整合大米产业链的做法，以主产县为单位，整合全县的资源，实施名牌工程，提高加工的深度，增加优质产品的商品量和附加值。

（二）要大力度培育杂粮杂豆的龙头企业。积极推广“公司＋协会＋基地＋农户”的模式，实现规模经营和科学种植、精深加工。杂粮行业目前企业规模小，加工技术滞后，要改变这种状况，必须加速培育一批具有经济实力和科技水平的龙头企业。办法有二：一是从现有杂粮企业中挑选一批骨干，作为重点，从各方面进行帮助。二是现在的粮油大集团、大公司，分出一部分力量，关注杂粮业的发展，使之成为自己的新的增长极。在此基础上，再争取国家发展改革委、国家粮食局等单位予以支持，协会要在其中发挥桥梁作用。要争取在“十一五”期间，杂粮主产区能有一批产业化的龙头企业出现，为此现在就要着手规划。

（三）要实施名牌战略，培养杂粮杂豆知名品牌。主产区和重点企业要把创名牌、上档次作为战略工程来抓。“名牌”就是无形资产，有了大名牌才有高效益，所以一定要下功夫创名牌。在传统名牌和现有地方名牌的基础上，争取在“十一五”期间能形成杂粮豆类的几大名牌产品，并争取进入“中国名牌”，进而进入世界市场。这是完全可能的，关键在于我们的工作。

（四）要在精深加工上下功夫。杂粮杂豆富于营养，不少品种具有保健、辅助医疗功能。要在精深加工上做文章，增加科技含量，提高附加值。比如绿豆饮料等，我们就要下功夫开发，但现在还缺乏名牌，如果能创造几个名牌，市场就可能打开，效益会成倍增长。这里要提倡产、学、研相结合。此外，杂粮的加工机械现在尚未引起重视，开发不够。希望一些大型机械工厂和公司关注这件事，制作一些精良加工机械，这方面也有相当大的市场空间。

总之，今后几年是杂粮发展的关键时期，要抓基地、抓龙头、抓名牌、抓加工，使产粮产业在“十一五”期间能够较快较好地发展。

加大宣传力度 努力开拓国内国际市场

（一）加强对杂粮杂豆知识和营养价值的宣传。杂粮产业目前正处在初创阶段，杂粮的优点和作用，群众还不很理解，要让广大群众和社会各界了解杂粮的营养保健功能和烹调制作方法，还需要做大量的宣传导向工作。各级杂粮分会和杂粮生产企业，一定要重视宣传和营销工作，通过各种新闻媒体，运用多种方式，广泛宣传，通俗解释，努力做到家喻户晓。对国外市场的宣传，也应提到议事日程，发挥舆论在开拓市场上的先导作用。

（二）要通过杂粮展销会等平台，开发市场，促进交易。实践证明，会展经济是现代流通的一种有效形式，有利于产销结合，扩大交流。今后全国性的杂粮豆类展销会，计划两年一次，或单独举办，或与全国粮油精品展销会一起合办，以便为广大杂粮生产者与厂商、贸易公司提供一个服务的平台，并逐步扩大服务范围，邀请国外厂商和贸易商社参加，扩大影响。

（三）要加强杂粮界与国际的交流。杂粮分会可组织杂粮企业到有关国家考察访问，或参加它们的展销活动，寻觅商机，交流技术，开拓市场。也可以请进来，约请国外杂粮界的厂商与专家在重点杂粮区访问考察，增加双方的了解。

（四）加快步伐，发展杂粮的市场体系。要巩固提高地方现有的杂粮集贸市场，有重点创办杂粮的中心批发市场与区域性的批发市场。这次大连北方粮食交易市场就自愿开辟这方面的新业务，这是一件好事，要努力探索新形式、新方法，把杂粮批发市场办好。与此同时，中国粮食行业协会和杂粮分会也准备建议国家批准在大连商品交易所、郑州商品交易所恢复和新开一些较为大宗的杂粮品种上市。如改进和恢复绿豆期货，新增加高粱、大麦、芸豆等品种的期货上市，力争在“十一五”期间有所突破。

抓好粮食流通网络建设
促进放心粮油进农村*

（2005年8月23日）

当前我国粮食工作，已经进入市场化、国际化、产业化的新时期，粮食供求状况已从偏松平衡向偏紧平衡转变。粮食生产，尽管党和政府采取了一系列坚决有力的措施，扭转了耕地减少、粮食产量下滑的局面，但近年来，粮食仍属恢复性增长，要恢复到5亿吨的水平，难度非常大。实际上，这几年仍在4.7亿~4.75亿吨左右徘徊。而粮食需求，则年年增长。这几年，我们是靠挖库存、增进口来维持平衡。特别应看到连续几年，我们已经每年进口大豆2000万吨以上，这对缓解粮食生产不足起了相当大的作用。面对这种新形势、新情况，粮食行业面临的崇高而又艰巨的任务是：确保国家粮食安全，维护粮食经济主权；确保粮食的供需平衡，维护社会的和谐与稳定。当前我国粮食生产基础还相当脆弱，新的粮食流通服务体系也正在构建之中，从田间到餐桌，从农民生产的粮食，经过流通链送到老百姓嘴里，仍有许多薄弱环节，存在诸多隐患，稍有不慎，就可能出问题。特别是进入新世纪以后，我国粮食工作还没有经过大灾之年粮食大幅度减产的考验，没有经过国际市场粮价暴涨的考验，前一段在“非典”、“禽流感”期间，一些大中城市出现的抢购粮食现象，就是信号！我们一定要居安思危、处丰虑歉，从战略上、全局上、根本上思考我国的粮食安全问题，从生产到流通，从产区到销区，从东部沿海到中西部贫困地区，构建粮食安全的“万里长城”，着重抓好粮食综合生产能力的建设，抓好新型粮食流通体系和市场体系的建设，这样才能应对任何复杂情况，无后顾之忧。

当前，我国粮食流通和市场运作中，多元化经营的新格局已经形成。国有粮食企业大部分基本完成下岗分流和改制后，正蓄势待发；民营企业在国家新政策指导下，正掀起新一轮投资热情和并购浪潮；国际上的跨国粮油公司正着

---

* 白美清同志在山西省太原市举行的放心粮油进农村工作经验交流会上的讲话。

手拓展中国大市场。面对这样的态势，我国的国有企业、国有控股、参股企业、民营企业和多种形式的股份制、股份合作制企业，必须保持清醒的头脑，把主要精力转到大发展上来。下岗分流，减员增效，并不是目的，谋求粮食事业的大发展才是生存之路、前进之路。所有粮食企业都应以科学发展观为指导，以整合提升为主线，推进粮油企业的新发展，发挥优势，办出特色，上新档次，攀新高峰，从而形成一批拥有自主知识产权、综合竞争能力的大企业、大公司和大集团，以他们作为龙头，带动众多中小企业的发展，形成布局合理、分工协作、灵活高效的产业群体。这样，粮食宏观调控就有了载体，粮食服务体系就有了支柱，国家粮食安全就有了依托。

在新形势下，粮食系统在粮食流通上要保持住主渠道地位或者主导作用，必须抓好“两网一大”。“两网”即收购网和销售网，“一大”即培育大企业。这是粮食行业今后发展的物质基础和希望所在。

一是收购网。这是我们五十多年积累起来的宝贵财富之一。收购是粮食工作的基础，如果主产区、主产县的收购网垮了，国有粮食企业将一败涂地。国有购销企业现在收购量中占了 50% ~60%，但很多是政策性支撑的，搞不好就会掉下去。我们不要满足于现状，要有危机感，要通过改制，把现有的收购点、收购网改造成多种形式的经济合作组织，如与农民联合，搞二次结算，订单农业，“两代一换”等，绝不能统统卖掉了事。要把收购阵地牢牢占住，否则主渠道就是空话。

二是销售网。现在城镇的粮食销售网大部分地方已经卖了，非常可惜。上海、南京、济南等城市保留下来，成为连锁店。济南市的工作还有发展，他们在粮店的基础上，创办了“金得利”便民连锁店、粮油食品分销店，快餐、糕点做得很好，占领了城市食品市场，扩大了业务，经济效益也提高了。太原市也保留了几十个粮店，还有十多个成为“放心店”。我们必须看到，今后一有风吹草动，粮食稍微一紧张，就会出现比过去更为严重的地区封锁、条块分割，供应就会发生困难。我们建议，农村的销售网络，要参加到商务部开展的“万村千乡”市场工程中去。

过去，我讲过“有网则为王”，掌握了流通网，就会控制生产，控制市场，这个道理很简单。世界500强中，流通企业就占10%。沃尔玛每年销售额2000多亿美元，全部是依赖销售网卖出去的，并且以销售控制收购，控制大批发，控制厂家，获得厂商的优惠。这不仅是零售连锁，而是批发、零售的整体连锁，世界性的联网。家乐福、麦得隆等都是这样，显示出流通网的威力。

“一大”就是要集中精力抓培育大型粮油企业。有了龙头企业、骨干企业、大型企业，粮食系统才有希望。培育龙头企业，是各级粮食局、各级协会今后工作的重点。办法是以骨干企业为依托，以名牌为纽带，“一链两网”，整合提升，纵横发展。这是比较切实可行的发展战略，是大企业成功之路。

农村粮油市场，是粮食行业十分重要的阵地，“放心粮油”进农村，是粮油事业发展的不可缺少的重要方面，是粮油行业大发展的主攻方面之一，是县级粮食部门的工作重点，是粮油企业的新增长点。目前，我国农村粮油供应基本上是“三小”局面，即小商贩经营，小作坊生产，小集市成交，运作极不规范，质量很差，卫生条件不具备，存在的问题成堆，在粮油食品安全上屡次发生恶性事件。一些假冒伪劣食品转而上山下乡，使有的农村市场成了粮油不安全的重灾区。解决这个问题，义不容辞，刻不容缓，意义深远，功德无量。第一，有利于缩小城乡之间、贫富之间在生活上的差距，促进社会的和谐与稳定；第二，有利于服务“三农”，保障农民的食品安全和身体健康，抵制不安全、不卫生食品的侵袭；第三，有利于粮油行业进入农村，扩大实力，发挥国有粮食企业的主导作用和民营企业的积极作用。因此，它是具有重大政治意义和经济意义的大事，我们要从战略上、全局上来认识这个问题的重要性，从而提高自觉性。搞好这项工作，关键在于领导关心，企业重视，作为一项利民、利企的战略工程来抓。要树立长期作战的思想，争取在“十一五”期间，农村放心粮油能占领农村市场阵地的大部分。为此，需要制定切实可行、积极开拓的规划和实施办法。

根据山西和其他一些地区的经验，开展放心粮油进农村的工作，要注意以下问题：

一、要以粮油骨干企业为依托，逐步形成产业链、流通链。每个县，都要有自己的骨干企业，以它为核心，向乡村辐射，形成放心粮油的经营网络。龙头企业可以担当配送中心的任务。

二、要与商务部开展的“万村千乡”市场工程相结合。国家商务部规划，力争用三年左右的时间，建25万个标准化的“农家店”，覆盖50%以上的行政村和70%以上的乡镇，还制定了相应的优惠政策。我们各地的粮食企业，要积极参加到商务部的规划实施中去，农村基层粮食企业也要力争挤进去，把一些基层粮库、分销店、代销店改造利用起来，可以“以我为主”，也可以以别家为主，我们加入进去。

三、要和基层粮食企实行“两代一换”、网点下伸相结合。“两代一换”，就是过去搞的“代农储存、代农加工，品种兑换”。有的地方叫“粮食银行”，代收代存，可以兑换各种商品，农民感到很方便。粮油企业从服务中，也得到了好处，保证了粮源，也解决了收购资金的问题，是互利双赢的事，要大力推广。

四、加强监督检查，奖优罚劣。通过媒体曝光，扩大影响。省、市、县所在地每年由有关部门组织联合检查，对好的要大力表彰，对坏的粮油产品要进行曝光，做到家喻户晓，使放心粮油的合格产品进农村，伪劣产品受到制裁。坚持搞几年，就会见成效。

五、领导关心、协会联络、企业重视、社会支持，发挥政治优势，形成合力，这是做好这项工作的关键所在。县一级是开展这项工作的决定性因素，特别是县级的粮食行政部门和粮食协会要作大量的组织工作和思想工作。

同志们：党中央、国务院高度重视流通工作，流通行业具有先导的作用。我们要解放思想，苦干实干，不要等，而是要干；不要观望，而是要闯关。我们必须坚持从各方面积极努力，走出困境，丢掉包袱，轻装前进，开拓新天地，打开新局面，为粮食事业的振兴而贡献我们的力量。

建立粮油企业规避风险的长效机制*

（2005年9月15日）

在市场竞争中需要注意规避风险

当前我国粮油行业正进入市场化、国际化、产业化的新时期，多元化经营的格局已经形成。各种经济成分、不同类型的粮油企业都在思考如何适应新的形势，避免落入陷阱，加快前进的步伐，从而把企业做强做大。现在，大部分国有粮油企业已基本完成分流、改制的工作，正蓄势待发，谋求新发展；各类民营企业正整合力量，加速扩张；外资企业正规划蓝图，加速渗透，占领中国市场。在中国的“十五”计划即将胜利结束之时，在“十一五”计划明年即将启动，粮油行业新一程发展机遇来临之时，新一轮竞争到来之际，已经酝酿着一场比实力、比智慧、比人才的更为激烈、更为深刻的竞争。事实证明，企业要想在竞争中取得胜利，必须具备两种本领：既要有调动各种因素，创造利润的本领；又要有利用各种可能，规避风险的功夫。

应当看到，粮油行业进入市场化、国际化以后，特别是中国市场与国际市场接轨以后，机遇与风险并存，商机与陷阱同在，市场化越深入，经济全球化越发展，交易的范围和数量越大，风险也越大，而且各种风险的概率与频率也加大、加快。从入世以来这几年的实践看，一部分依赖从国外进口原料的商品，依赖国外市场的商品，风险更大，吃亏上当的可能性，陷入泥潭的危险性大为增加。客观地讲，我们对于运用两个市场、运筹两种资源还缺乏足够的经验，特别是如何应对国际投机资本和垄断操纵，我们的对策不多，经验不足。在这场国际竞争和较量中，搞得好，就为我所用；搞得不好，就会受制于人。这绝不是危言耸听，而是严峻的现实。去年上半年我国进口大豆遭受严重挫折，榨油行业大批企业严重亏损，相应的豆粕也在高位波动，影响甚大。前几年我们进口大麦、鱼粉也都吃过亏。最近原油、铁矿石的大幅涨价，也都说明了这一点。

---

* 这是白美清同志在广西壮族自治区桂林市中国粮食经济学会召开的企业规避风险研讨会上的发言。

从国内市场化遇到的风险来看，改革开放以来，有许多粮油企业甚至知名的企业遭风险打击后有的倾家荡产，有的一蹶不振，在市场经济的大潮中被吞没。这些事例不胜枚举。市场波动瞬息万变，竞争方式层出不穷，稍有不慎就会堕入陷阱。这方面我们付出的“学费”已够多的了，我们得到的沉痛教训足够深刻的了。因此，我们的企业在努力创利的同时，必须努力避免风险，化解风险。我们既要追求利润的最大化，也要追求风险的最低化。风险的防范与化解，已成为现代企业经营管理的一个不可分割的部分。这是企业生存与发展的关键问题，切不可等闲视之。一个成熟的企业家，必须具备强烈的风险意识，必须从制度上、机制上、措施上把防备风险的工作做好，使之能够化解风险，减少风险带来的损失。古人讲：“狡兔三窟”，对有些事不得不防，凡事预则立，事先有预案，事发有对策，事后有总结，这样才能在竞争中立于不败之地。

综上所述，新时期我们的企业、企业家，既要学会最大限度、最佳组合去创造利润，同时又要学会把风险化解、把损失减少到最低程度。

粮油行业风险的主要表现

根据粮食协会、学会最近的调查，我们认为，粮油行业的风险大体上有以下四个方面。

第一，在粮油及食品安全上的风险。由于粮油食品是关系人民身体健康甚至关系人民生命的商品，因此，必须把食品的安全放在第一位。安全性是食品的本质属性。食品，如果安全性不能保证，就不能叫“食品”，应该叫“废品”，甚至“毒品”。所以安全性是食品的特征，绝不可马马虎虎，予以忽视。哪一个企业，哪一种商品如果在安全上发生问题，这不只是这个产品、这个企业的问题，甚至会影响全行业，不仅它本身信誉扫地，以至于破产，而且还贻害行业。这里的关键是要树立“安全第一”的思想，要坚决按照国家、国际的标准生产，并严格检测与监督。要加强质量认证认可工作，堵住源头，克服安全中的薄弱环节。要和推进放心粮油工程、名牌战略工程、信用工程相结合，标本兼治，综合治理。各企业一定要一把手把关，抓重点，抓落实，常抓不懈。

第二，粮油市场经营中的风险。主要有两个：一是盲目扩张、盲目多元化、盲目投资的风险。国内外许多大企业都在这个问题上栽过跟头，我们一定要引以为戒。特别是企业领导，头脑一定要清醒。重大项目，一定要做好可行性研究，倾听多方面的意见，民主决策，科学决策，切忌头脑发热，切忌盲目“跟风”、“赶浪潮”，力求避免大的投资失误。二是市场价格特别是主要原材料价格大幅波动带来的风险。前几年，进口大豆、大麦、鱼粉、泰国香米都出现过大幅涨价的现象，今后也难避免。因此，粮油企业一定要注意研究市场，研究价格，十分关注价格变化发展的趋势，十分警觉地注视国际投机资本的操纵，研究价格波动的规律与周期，避免上当。市场经济必须研究市场价格，这是必然的，否则就要吃亏。

第三，涉及粮油金融方面的风险，主要是汇率、利率、参加股市、期货等方面的风险。市场放开以后，企业一定关心利率、汇率的变化，注意股市、汇市的波动，及时采取对策。20 世纪 90 年代，我们借用日元贷款来建面粉厂、建米厂，就因为日元的升值吃了大亏。凡参加股市的企业，对于股市的变化，要特别小心，采取相应的措施，以免被动。当前另一个问题是企业资产负债率太高。据中国粮食行业协会的调查，2004 年规模以上大米加工企业的资产负债率为 71.9%，面粉企业为 70.7%，油脂加工企业为 74.8%，均超过安全线。我们认为企业一定要控制贷款，一定要重视资金占用率、资产负债率。要千方百计积累自有资金，使之滚动发展。

第四，法律方面的风险。市场经济就是法制经济，企业必须依法经营。企业的多种经营活动，如改制、重组、对外投资、契约合同、产销行为、注册商标等，都涉及法律，都存在法律风险。前一些时候面粉行业的企业因使用“雪花粉”品牌商标问题就涉及二十多个企业，打了一场官司，险些把国家粮食局都扯进去了。特别是企业的合同、契约是企业经营行为最基本的法律文本，加强合同管理，建立符合法律的标准合同是防范企业法律风险的基础工作。市场化、国际化后，企业经营活动日益扩大，对外交往日见增多，国际贸易中的纠纷也日趋频繁，因此粮油企业和企业家一定要学会用法律武器来保障企业的权利，我们既要学会运用国内法，也要学会国际法。有些法律上的风险可能造成企业灭顶之灾。要积极探索建立事前防范、事中控制和事后补救的制度，以防范、控制为主，以防不测。

当然，粮油企业遇到的风险还有其他一些。我们提出这四个主要方面是“常见的多发病”，希望引起大家的重视，思想上不放松，行动上抓落实，防患于未然。

建立规避风险的机制、制度、办法

我们面临的课题，是要尽快探索规避风险、减少损失的机制、制度与办法，能够使来之不易的利润不致赔掉。根据一些企业的经验，有以下办法：

一是建立对付风险的应急预案。特别是针对威胁本企业最大的风险，采取有力措施予以预防与化解，不要风险到来时措手不及。

二是有条件的逐步建立风险基金，还可以参加多种形式的保险。要舍得花小钱，保平安。

三是大宗的商品可以到商品期货交易所参加期货的套期保值，如小麦、大豆等。还有一些农产品争取陆续在期货交易所上市，前景很好。协会要和企业一道，与有关方面商讨。但参加期货交易应只限于套期保值，绝不可搞投机，陷入泥潭，在规避风险中堕入风险。

四是建立联合对付风险的机制与模式。单家独户，难以抗拒风险。要采取联合对外的办法，试办多种形式的联合体，一致对外，对抬价抢购、削价竞销也要通过行业自律等形式，予以制裁。

五是建立法律顾问制度。最近几千家国家重点企业已经发出了“加强法律风险防范倡议书”，提出建立法律总顾问。粮油行业的大、中企业可以参考。

六是建立责任制。对于规避风险有功的职能部门和有关人员要予以奖励，要如同奖励创利者那样，奖励规避风险者。对失职人员要追究责任。不要一阵风，要经常化。

建立防范风险的机制和办法，不是简单的临时措施。风险是常有的，我们建立的机制应当是长效的。这不单是企业领导人的事，而且要发动全体员工想办法、出主意，群策群力，注意分析新形势，研究新对策，坚持抓下去，积累经验，抓住要点，走出新路。

总之，在经济全球化的今天，在市场化、国际化、产业化的新形势下，作为粮油企业、企业家来说，我们既要有创造利润的本领，又要有规避风险的功夫。为此，我们需要在国内外竞争中学习，在市场风浪中探索，在实践中学习，从学习中提高。只有在这两方面有扎实的功底，才会立于不败之地，才能涌现出一批实力雄厚、竞争力强的大型企业和卓越的企业家。

二〇〇六年

新时期小麦供求总态势与小麦分会的新任务*

（2006年3月23日）

“十一五”时期，粮食行业面临着新的任务、新的课题、新的考验。全国人大十届四次会议通过的“十一五”规划纲要明确指出：“坚持粮食基本自给，稳定发展粮食生产，确保国家粮食安全，粮食综合生产能力达到5亿吨左右。”小麦是我国三大主粮之一，是北方地区人民的主要口粮，小麦的生产、加工、销售服务体系，是确保国家粮食安全的重要组成部分，是增加农民收入和建设新农村的重要支柱产业之一。在新时期，在粮食市场全面放开的新情况下，小麦生产、加工、流通服务体系和广大企业员工在稳定粮食市场、保证国家粮食安全、增加农民收入方面负担着重大的任务和神圣的职责。对此，我们任何时候都必须牢记，绝不能有任何的松懈。

小麦分会成立之际，正当我国小麦及制粉行业发展到一个关键的时期，任务十分艰巨和繁重。从小麦的供求形势看，我们已进入供求矛盾处于偏紧平衡的阶段；从企业的状况看，我们的企业在较为脆弱的态势下进入发展的初创阶段。这就是小麦及制粉行业、企业面临形势的特点。我国小麦的总供给与总需求的偏紧平衡，是“十一五”乃至今后一个时期的总趋势。事实上，从新世纪开始，我国已进入粮食供求偏紧平衡的阶段。我国的小麦总产，1997年最高达到12329万吨，进入21世纪后降到1亿吨以下，2001～2005年分别为9387万吨、9029万吨、8649万吨、9195万吨、9745万吨，在9000万吨左右已经徘徊了五六年。而年度的总需求在1.04亿吨至1.09亿吨之间。供需缺口

---

* 这是白美清同志在中国粮食行业协会小麦分会成立大会上的讲话。

在2000万吨左右。弥补缺口的措施，一是挖库存；二是增进口。整个“十一五”时期，这种趋势还很难改变。因为我国小麦目前产量距最高年产量还差2000万~3000万吨，由于耕地的锐减，粮食生产新的周期已经来临，要恢复到1.2亿吨的水平其难度超过以前。而小麦的总需求由于人口的增加、城镇化的发展、人民生活水平的提高，将呈刚性增长，供需的缺口可能加大。尽管个别年份由于丰收、进口增加等因素而缓解，但供求平衡偏紧的总趋势是不会很快扭转的。这种形势下，企业必须审时度势，根据我国粮食安全的要求，明确我们的发展方向和发展战略。应该看到，确保粮食安全与企业发展的一致性，只有作为市场主体的企业实力强大了，才有助于维护国家粮食安全；而企业必须为国家粮食安全作出贡献，这是我们企业的分内之事和社会责任。

从小麦的加工、流通企业的现状看，当前是在较为脆弱的基础上、在全面竞争中进入艰难的初创阶段或发展的初级阶段，小麦同稻米一样，是放开最晚的品种，全面放开后我们的企业才经历了几年时间。我们认为粮食企业的现状可以概括为“基础脆弱、不成熟、不定型”。规模很小，缺资金、缺技术、缺人才，大多数企业是靠银行贷款支撑。据中国粮食行业协会统计，2004年入统的规模以上小麦加工企业1990家，其中日处理千吨以上企业15家。年生产能力6508万吨，当年总产2938万吨，达不到产能的一半，至于未入统的小企业更不下几千家。全行业资产负债率为70.7%，可以说是“先天不足”。许多企业习惯于盲目扩张，重复建设，致使全行业产能过剩，开工率低，形成“后天亏损”。我们的粮食企业“百年老店”很少，靠自我滚动发展起来的也很少，所以底子较薄，基础脆弱。表现出来的特点就是“不成熟”、“不定型”。比如管理不成熟、技术不成熟、经营不成熟，特别是领导不成熟；产品未定型、市场未定型、产业结构和企业结构也不定型，可变性很大，稍有成就就容易头脑发热，缺乏抗拒风险的意识与经验，易患盲目扩张病，成为昙花一现。虽然也有些企业逐步成熟，稳步发展，但也属凤毛麟角。即使是我们的大企业，与其他行业比，与国际大企业比，差距不是一个档次，而是几个档次，有点像中国男足与世界强队巴西队、德国队、法国队的差距，要跻身世界级粮食大企业之列，还要作艰苦的努力。经过“十五”期间的改革，国营企业经过分流改制，民营企业经过原始积累，股份制企业经过试点探索，刚刚跨入艰难发展的初创阶段，并出现了一批有希望的骨干企业，积累了一定经验。而此时此刻，已面临国内外市场的全面竞争。国际上跨国公司在攻占植物油和精炼油市场得手后，正大举向三大主粮进军，可以预见，“十一五”时期，跨国公司将转入小麦、大米、玉米三大主粮领域与本土企业激烈较量。最近跨国公司大量收购、新建一批大型面粉厂，加拿大的高筋面粉进入我国市场已见端倪。总之，未来的市场竞争将更加激烈，其深度与广度将大大超过从前。我国的小麦粉企业、贸易企业将面临新的挑战，新的考验。我们要发挥自己的优势，例如熟悉本国市场的情况，与当地用户联系紧密，购销网络遍布城乡等，扬长避短，发挥所长，开拓市场。要着重在自主创新力、资金运筹力、高效执行力上下功夫，从而形成一批拥有国际竞争力的大型企业或企业集团。

以上就是我们粮食和小麦行业在“十一五”期间面临的现实。从这里可以看出：粮食生产、流通、加工、供应任务相当繁重，粮食企业的改制、重组、转型、升级的任务十分艰巨，大量的工作需要去做，大量的资源需要去整合。温家宝总理在3月14日在中外记者招待会上说，要“知难不难，迎难而上，知难而进，永不退缩，不言失败”。我们就是要有这样一种精神，去创新，去开拓，确保国家的粮食安全，确保农民收入的增加。确保行业和企业的新发展，为此，需要靠行政、中介组织、企业三个方面的共同努力，形成合力，调动一切积极因素才能办到。这三者缺一不可。行政部门，要搞好宏观管理和调控；中介组织要搞好服务，发挥桥梁纽带作用；企业要作为市场经济的基本细胞，发挥主体作用，特别要重视坚持自主创新，掌握核心技术，培育名牌产品，增强核心竞争力。

今天中国粮食行业协会小麦分会诞生了，它是应运而生，顺时而行，是改革开放深入发展的产物，是市场经济深化的需要。小麦分会的成立，一是有利于更好地为国家粮食安全服务；二是有利于更好地为建设社会主义新农村服务；三是有利于更好地为小麦生产、加工、流通企业的整合提升、做强做大做优服务。要联系、团结广大的小麦及面粉业的全体同行，在党中央、国务院的领导下，开创粮食工作的新局面，闯出一条发展的新路子。

小麦分会是中国粮食行业协会领导的一个分支机构，是小麦及面粉加工企业以及相关联单位、个人组成的公益性社团。小麦分会成立后，要坚持“四性、三桥梁”，即民间性、服务性、自律性、国际性，充当政府与企业、企业与企业、中国企业与外国企业的桥梁。要使协会成为企业之家、企业家之家。做好小麦分会的工作，关键要抓好服务。服务是协会的宗旨和灵魂，要千方百计为国家的宏观调控服务，为企业和行业的发展服务。增强服务功能，开拓服务领域，提高服务质量，是协会的重中之重。离开了这点，就会走偏方向，就会走上官僚化、行政化的死胡同。所以各级协会都必须把心思用在服务上，把精力用在服务上。

第一，要为企业改善宏观环境服务。密切联系企业，反映企业的困难与呼声，特别是要结合建设社会主义新农村，推进小麦产业化经营争取一定优惠政策，形成企业发展的良好的氛围。

第二，要为改进企业的微观管理服务。帮助企业改善经营管理，提高科技含量，为提高企业管理水平和技术水平出谋划策，传播信息，提供软件。特别是要帮助重点企业建立自主创新的长效机制。

第三，要维护企业的正当权益。保护企业的合法权益不受侵犯。协会要敢于仗义执言。在涉外方面，要学习国际法规，在企业的国际交往方面，维护合法权益，对付反倾销等贸易争端。

第四，要为企业的整合提升、纵横发展、扩大联合牵线搭桥，排难解纷。促进企业向做强做大做优方向发展，在本行业形成真正对“三农”有带动力的一批大型龙头企业。

第五，要为增强企业的“软实力”服务。特别是为培育企业文化，塑造企业新人服务。要使企业重视以人为本，形成新的人际关系，构建和谐企业。使企业不仅出产品，更要出人才。

我们希望小麦分会成立以后，在拓展服务领域、增强服务功能、提高服务质量上创造新的经验，取得新的成功！

让放心粮油进入农村千家万户*

（2006 年 4 月 10 日）

“十一五”时期粮食行业和企业面临的新任务、新考验

“十一五”时期是我国国民经济发展的关键时期，也是粮食行业和粮油企业发展的关键时期。在这新的历史时期粮食行业和粮油企业面临的新任务，我认为主要有二：一是在粮油供求偏紧平衡的态势下，确保国家的粮食安全；二是在市场化、国际化的全面竞争中，谋求粮油企业的发展。这两个方面，是互相关联的，是影响经济全局和社会稳定的主要因素之一，是在新形势下粮食行业和企业面临的新考验。

《“十一五”规划纲要》指出：“坚持粮食基本自给，稳定粮食生产，确保国家粮食安全，粮食综合生产能力达到 5 亿吨左右。”在“十一五”时期，确保国家粮食安全仍然是粮食从生产、流通到消费各个方面必须考虑的头等大事，必须做到万无一失。这是一件要求高、任务重、难度大的大事。因为：第一，要坚持粮食基本自给。也就是说自给率要保持在 95% 左右；第二，要在粮食市场全面放开后的情况下来实现这一要求，我们还缺乏足够的经验；第三，在加入世贸组织后过渡期即将结束，粮食市场、粮食价格与国际市场接轨的新形势下来保证我国的粮食安全的；第四，在计划体制下的粮食供应、加工、销售体系瓦解后，而新的体制、机制尚未完全建立的情况下来实现的。因此，从这几方面看，新的五年规划中，要保证国家粮食安全任重而道远，非常复杂，非常艰巨，整个“十一五”时期，我们都不可掉以轻心。

从粮食供求形势来看，更值得我们关注。事实上进入 21 世纪以来，我国粮食形势就发生了明显的变化：粮食的供需矛盾已由“九五”时期的偏松平衡转变为偏紧平衡。“非典”时期的部分大中城市出现的短暂抢购，2003 年粮食价格的上涨就是预兆。我国粮食生产在 1998 年达到 5.12 亿吨以后，一直下

---

* 这是白美清同志在全国放心粮油进农村工作会议上的讲话。

滑，到2003年降到最低点为4.307亿吨。这两年在党中央、国务院采取坚决果断的政策措施，抑制了粮食产量的下降，到2005年突破4.84亿吨，但距最高年产量还差2000多万吨。恢复到5亿吨的综合生产能力，“十一五”后期才可能达到。由于耕地减少1.5亿亩以上，加上水资源的匮乏，科技上尚无重大突破，要实现这一目标，绝对不是轻而易举的。而且从粮食总需求看，由于人口的增加，城镇化的发展，人民消费水平的提高，将由现在总需求的4.85亿吨至4.9亿吨，提高到5亿吨以上，这是呈刚性系数增长的。前几年，基本上都是求大于供，缺口在几百万吨乃至上千万吨。所以，“十一五”时期，预测总的态势就是偏紧的平衡。这是基本粮情。

为什么当前市场平稳，粮价上不去呢？中国粮经学会分析有几个因素：一是挖库存，特别是中央储备粮的吞吐轮换，成为国家粮食宏观调控的重要手段和物质基础。二是靠增加进口。三是销区、消费者、经营者、生产者等待观望、“买涨不买落”等心理因素的影响。四是国际市场价格近期较为平稳。几个因素的影响结合在一起就显得当前粮食市场比较平稳，粮食价格波幅不大。其实加上大量进口大豆以及部分进口小麦、大米等统算以后，我国近几年的粮食自给率已低于95%了。

总之，我们必须清醒地认识“十一五”期间的粮情及其走向，慎之又慎地对待，做到有备无患，不能有丝毫的松懈和失误。要学会在偏紧平衡中，在两个市场、两种资源的利用中保持国家的粮食安全和经济安全。我们认为：适应新形势，需要建立三大体系。第一，能保证基本自给的粮食综合生产能力体系。第二，产销对接，疏通全国的粮食收购、加工、销售的新型服务体系。第三，以储备粮为基础、以进出口为调剂的国家粮食的宏观调控体系。

这三大体系缺一不可。在目前粮食全面放开的形势下，以上三个体系还是不完善，相当脆弱，特别是构筑新型的粮食流通服务体系尚未定型化、规范化。这方面还有大量工作要做。在粮食安全上，我们要经得起三个考验：全国性受灾减产的考验；国际粮价暴涨的考验；重大突发事件的考验。对此，我们粮食系统责无旁贷，地无分产区、销区，企无分国有、民营，都必须义不容辞地担当这一社会责任，接受历史性的考验。

“十一五”时期的粮食行业另一个重大任务就是要在市场化、国际化的全面竞争中去谋求企业的发展。只有作为市场经济的主体——广大粮油企业特别是本土企业发展强大了，才能担当保障国家粮食安全和维护粮食经济安全的重任；才能成为农业产业化龙头企业，从而带动新农村建设。这是粮食行业发展的基础，是保持国民经济进一步高效快速发展的一个重要环节。

“十一五”期间，粮食供求偏紧的态势，特别是城乡居民对粮食及其制成品的需求持久不衰增高，应该是企业发展的极好机会，提供了旺盛的市场动力。这正是国际粮商看中的地方。应该看到，“十一五”正是我国粮油企业调整结构、整合提升的关键时期，搞好了，这几年企业就会跨越式的发展，形成一批有国际竞争力的大型企业或企业集团；搞不好，也可能陷入绝境，在“大洗牌”中被淘汰。

从粮油企业的现状看，粮食是最后放开的商品，进入市场经济比较晚。由于企业脱胎于计划经济，受计划经济的多年影响和小农经济思想的束缚，它的基础极为脆弱，其特点是“不成熟、不定型”。即经营不成熟、管理不成熟、技术不成熟，特别是企业领导不成熟；产品不定型、市场不定型、营销不定型，“资金靠贷款，技术靠模仿”。据中国粮食行业协会的统计，2004 年度，碾米业的资产负债率为 71.9%；面粉业为 70.7%；榨油业为 74.8%。大多数企业靠银行贷款支撑，真正靠自有资金滚动发展的企业，可以说是凤毛麟角。相当多企业的领导者习惯于量的扩张，易患“发热冲动症”、“盲目扩张症”。可以说这些企业“先天不足”，而又“后天亏损”。虽然这些年来有一批颇具规模的骨干企业兴起，但与其他行业比，特别是与国外大企业相比，差距不是一个档次，形象地讲有点像中国足球队与世界强队巴西队、德国队、法国队之间差距。我们的企业家必须冷静地分析现状，绝不能满足于小有提高、稍有进步，绝不能头脑发高烧。要奋起直追，争取后来居上。为此必须注意扬长避短，发挥优势，利用本土企业熟悉民情，联系群众，网络较多，关系紧密等特点，去开拓新的局面。

经过“十五”期间的改革以后，我国国有粮油企业基本上完成了分流改制，正蓄势待发；股份制企业经过试点探索，正乘势而进；民营企业经过前几年原始积累后，正迸发活力，力求扩张。而跨国粮油大公司几经试探并在植物油精炼市场得手后，正大举向三大主粮领域进军。所以未来的五年将是全面竞争的五年，优胜劣汰加快的五年。我们粮油企业一定要认清形势，采取新的战略、新的措施，着重在夯实基础，固本强基上下功夫。我的看法，要重点抓好增强“三力”：即“科技创新力、资金运筹力、决策执行力”。只有样才能形成企业的核心竞争力，真正做强做大做优，立于不败之地。

展望“十一五”，前景良好，市场极为广阔，发展空间很大，是企业和企业家大有作为的时期。这五年，粮食行业结构的重新调整，企业的重新整合，资源的重新配置，市场的重新划分，队伍的重新组合，将逐步形成新的格局，新的框架。如果错过这几年的良机，就很难有大的作为。因此，所有的粮食油脂企业必须站在新的历史起点上，审时度势，调整战略，聚集力量，发挥优势，办出特色，努力把企业做强做大做优，形成一批拥有自主知识产权、国际竞争力强的大型企业和企业集团，为国家粮食安全作出新的贡献。

在新时期，做好农村的粮食工作与做好城市粮食工作同样十分重要。农村是极其广大的市场，是具有极大潜力的市场。所以，要十分关注农村的粮油食品市场，下功夫把它搞好，这方面要“城乡兼顾”。特别是农村弱势群体、农村贫困地区，更是我们应当特别关注的重点。我们在发展城市粮油市场的同时，一定要开拓农村粮油食品市场。谁先占领，谁获得主动权，谁就会发展壮大，获得成功。把眼光、把精力关注农村、关心农民、关怀农村弱势群体的，永远是有崇高理想、有远大前途的。希望我们的粮油企业投入这一伟大事业中去创造，去兴业。“广阔天地，大有作为”，这一事业一定会兴旺发达。这也是对粮食系统全体员工的新考验。

放心粮油进农村的紧迫性、重要性及其现状

温家宝总理在政府工作报告中指出：“集中力量开展食品安全专项整治，严把市场准入关，加强生产和流通的全过程的监管，让人民群众吃上安全、放心的食品。”广大农村粮油市场，是关系农村8亿多农民的重要阵地，是粮油食品安全的薄弱环节，是全行业改善服务、提高质量的重点。目前我们农村粮油供应，基本上是“三小”局面，即小商贩经营，小作坊生产，小集市成交，运作极不规范，存在的问题成堆。特别是在粮油食品的安全上，屡次出现恶性事件。当前，在城市粮油食品市场加强监管之后，假、冒、伪、劣、过期食品纷纷上山下乡，使农村成为粮油不安全的重灾区。很多情况是触目惊心的。解决这个问题，落实国务院关于食品放心工程的部署确实是刻不容缓，任务艰巨。

学习了党的十六届五中全会和十届全国人大四次会议精神后，我们对放心

粮油进农村的重大意义应当有新的认识、提高到新的高度。

第一，它是建设社会主义新农村的内在要求。建设社会主义新农村的二十字要求中提出："生活宽裕"，首先就要丰衣足食。在粮油食品的消费要求上，不仅数量上满足供应，而且在质量上要安全、要营养，进而讲究风味、快捷。食品的安全性，是最起码的要求，放心粮油就是要满足这一基本需求。如果这点都做不到，就谈不上什么建设新农村。

第二，它是缩小城乡差别、贫富差别的重要方面。城乡之间的差别、贫富之间的差别首先表现在生活上。吃、穿、住、用、行、教、医，"吃"是第一位的。让农民吃上放心粮油，有利于缩小城乡居民生活上的差距，促进社会的和谐与稳定。

第三，它有利于保障粮油食品安全。通过占领农村市场，扩大放心粮油的业务，抵制不安全、不卫生食品的侵袭，保障农村人民的身体健康，发挥国有粮食部门的主导作用和民营企业的积极作用。

第四，它将促进新型粮油购销网络建设。从战略上看，通过放心粮油进农村，将构建起我们自己的销售网，并通过"两代一换"、"订单农业"等建立起收购网，这样将构建起新型的粮食购销网络和收购、加工、销售服务体系，有利于维护国家的粮食安全与经济主权。

所以，放心粮油进农村，是一件大事，是民心工程，是所有粮食职工义不容辞的职责，是一切粮油企业应当担当的社会责任，是落实党的十六届五中全会精神和十届全国人大四次会议的具体行动，具有深远的政治意义和经济意义。

从 2001 年开始，在国家粮食局、国家食品药品监督局的领导与支持下，中国粮食行业协会实施放心粮油工程，前一段已取得一定的进展。几年来，全国共评选出放心粮油共 5 批，有 1157 个企业生产的 2155 个产品命名为"放心粮油"，加上省市评定的，共涉及企业 1800 多家，产品 3276 个，还评出 720 个"放心店"。据初步统计，目前放心米面的年总产在 3200 万吨，约占全国消费大米、面粉的 20%；放心油总产 850 万吨，约占全国消费量的 50%。目前放心粮油进农村的工作发展还不平衡，一些地方还是空白点，贫困地区与边远地区进展不快。而且知名品牌的覆盖面不广。主要在于认识不足，重视不够，措施不力。亟须加强领导，落实措施，尽快解决。

前一阶段涌现了一批先进典型。例如山东章丘、广饶、莱州，河南孟州、偃师、邓州，河北辛集，山西太谷、榆次，江苏镇江等，它们是全国粮食行业中的排头兵。它们的共同经验是：以生产放心粮油的骨干企业为龙头，以农村服务网点和连锁经营为依托，以“两代一换”等灵活多样方式为纽带，以供应安全可靠、适销对路的放心粮油和其他商品为内涵，竭诚服务农民，从而赢得农民的信任，开拓了农村市场。这次我们表彰的56个先进企业，就是它们中的杰出代表。它们注重创新机制，科学管理，发展产业化经营，提高市场占有率。发挥了粮食行业和企业的主导作用，农民得到实惠，企业从中得以发展壮大。这些经验，值得各地借鉴。

“十一五”期间实施放心粮油进农村的设想、目标和措施

“十一五”时期，根据建设小康社会和社会主义新农村的总体目标，我们初步提出以下要求：城市要普及放心粮油，使放心粮油占领城市90%以上的市场；在农村要争取大多数地区和农民都能吃上放心粮油，使放心粮油在农村的市场占有率达到55%～60%，使广大农民吃得放心，消费安心。

在今后五年中我们要进一步推广、发展“粮油放心店”。前一段实践证明，“粮油放心店”工程不仅可以推动基层店面向群众，搞活机制，提高服务质量，改善服务功能，成为城乡人民“信得过”的知名店铺，而且在粮食紧张时、在突发事件中可以起到“示范店”、“标杆店”、“窗口店”的作用，有利于安定人心，稳定市场。大中城市可以靠“超市”发挥作用，但在小城市、在县城直至部分中等城市，放心粮店供应中发挥的作用越来越重要。所以“十一五”期间，县城、大集镇及部分中小城市要继续推进“粮油放心店”工程。按条件发展，并逐步向连锁经营迈进。

要完成以上工作，需要总结经验，不断创新，制定规划，狠抓落实。

第一，提高认识，加强领导。搞好这一工作关键在于领导。放心粮油进农村，是建设社会主义新农村的迫切要求，是发展粮油工业不可或缺的重要方面，是粮食行业的主攻方向之一，是粮油企业的新增长点之一，同时也是县市级粮食部门、粮食协会的主要职责。要提高责任感与使命感，制定具体规划，脚踏实地做好工作，千方百计把放心粮油送到千家万户。只要坚持抓几年，就会出成效。

第二，扶植培养产业化龙头企业。增强龙头企业的带动力和辐射力，运用“公司 + 农户”、“公司 + 基地（或协会） + 农户”、“公司 + 农户、订单 + 期货”等多种模式，形成产业链、流通链经营，以取得综合经济效益。

第三，以科技创新支撑名牌工程。从放心粮油发展为地区名牌，再由地区名牌创造中国名牌，从而使粮油行业有更多的名牌产品面市，形成名牌效应。

第四，与实施“食品安全信用工程”等相结合。尤其要与“万村千乡”市场工程相结合，采取工商联手、工农联手方式，发展商务部规划提出的“农家店”，进而形成新的农村连锁网络。

第五，加强宣传、扩大影响，形成全社会的推广与监督机制。要推广河南漯河市的经验，实行“标准化生产、规范化监检、品牌化经营、经常化整治、立体化宣传”，建立起“政府监管、行业自律、社会监督”的新机制，使放心粮油的宣传深入人心，使不安全的食品受到多方的监督和抵制。这里强调，要利用节假日，以市、县为单位开展下乡展销活动，同时组织和配合有关职能部门，进行食品的专项整治与检查，让不安全、不合格的食品曝光，并推广优质名牌产品下乡，把活动搞得有声有色，收到实际效果。

培养造就新一代粮食人才是振兴粮食业的百年大计*

（2006 年 4 月 18 日）

在“十一五”新时期，党中央、国务院提出要加强干部教育工作，提高干部队伍的整体素质，是具有历史意义的战略部署。我们要深刻认识其重要性、紧迫性和战略性。这对于粮食行业特别重要，特别及时。

从粮食形势看，“十一五”时期我们面临着新任务、新考验。概括起来，有以下三个方面：

第一，我们要在粮食供求矛盾偏紧平衡中确保国家的粮食安全。要求在立足于国内基本自给，在两个市场、两种资源中去把握商机，确保平衡和粮食安全，这比以前任何时候都复杂得多，艰巨得多。特别是在粮食全面放开后我们还没有经过三个考验：一是全国性受灾减产的考验；二是国际粮价暴涨的考验；三是重大突发事件的考验。因此，更增加了难度。任重而道远，要担负如此重任，急需培养造就新一代粮食人。

第二，我们要在城乡差别扩大的态势下，加强社会主义新农村建设。粮食行业是涉农产业，是农业的延伸，在建设新农村中担当反哺农业、支援农村的重要角色，理应为带动农业发展，增加农民收入服务，同时又要为改善农民生活服务。要完成这一平凡而又伟大的任务，粮食系统责无旁贷，急需培养造就新一代粮食人。

第三，我们要在市场化、国际化的全面竞争中，谋求粮食企业的发展。粮食行业进入市场经济最晚，受计划体制的影响和小农经济的束缚，基础较为脆弱，竞争能力不强，处于“不成熟”、“不定型”的状态，与其他行业比，与国际粮食跨国公司比，差距太大，在国际市场中面临强大的对手面前，我们在不少方面都不占优势。我们缺技术，缺资金，更缺人才。因此，我们要在竞争中占据应有的地位，而不受制于人，急需培养造就新一代粮食人。

---

* 这是白美清同志在中国粮食行业协会教育培训分会第一届会员代表大会上的讲话。

从粮食队伍的现状分析，加强干部教育培训，提高整体素质，更具有紧迫性。经过市场化改革以后，虽然国有粮食部门减员分流了200多万人，但是个体、民营、合作制等非公有的企业兴起，从业人员也不下一二百万人，从全社会来讲，从事粮食行业的人数，仍然有数百万之多，而且有增加之势。这样庞大而多成分的队伍，虽然基本上是健康向上的，但新老并存，良莠不齐，政治素质、业务水平参差不一，不论从职业道德、加工技能、营销策略、经营措施等方面，都亟待提高和规范。如果我们在全面进入市场化、国际化后，不立即加以重视和解决，就将错过良机，贻误后代。所以，从粮食系统自身情况看，更加显示出培养一代新粮食人的必要性和紧迫性。

总之，当今世界，科技革命日新月异，市场风向变幻莫测，知识更新加快。而我们面临的对手，是国际市场上资本实力雄厚、市场经验丰富，科技实力强大，操纵市场有术的老手。我们与他们的差距，不仅是资金、技术、经营、信贷等方面的差距，更重要的是人才素质上的差距。这是粮食行业的最大弱点。所以，在新时期，我们的企业要壮大，行业要振兴，国家的粮食安全和经济安全要有保证，就必须在培养造就人才上下硬功夫，造就新一代粮食人。这是根本，是重中之重。

我们还应当认识，这件大事还有深层次的意义。当前世界各国之间的竞争，是经济实力的竞争，是综合国力的竞争。这既是“硬实力”的竞争，更是“软实力”的较量。我们要列于世界强国之林，不仅要加强硬实力，更要加强软实力。党中央提出的“以人为本”，建设和谐社会，践行科学发展观，走新型工业化道路，社会主义荣辱观等一系列新观念、新战略思想，标志着一种既继承历史优良传统，又体现时代精神的新文化的崛起，她将形成具有中国特色的新的价值观、人生观、经营观，以抵制各种腐朽文化的侵蚀，保持自己的民族风格和文化传统，从而增加我们国家的“软实力”。正如国外评论所指出的：“中国当局正在修正以钱为本的社会形态，造就与时俱进的文化”。这一点也引起西方评论家的密切关注，他们认为：“体现中国文化和形象凝聚力的软实力更值得警惕”，“中国当局了解软实力的重要性并打算积极利用它。”对此，我们一定要有敏感性，高度重视这一工作，以增强我们粮食系统的竞争力，增强我国的综合国力。充分认识党中央这一系列高瞻远瞩战略措施的重要性并认真加以落实，以造就新一代粮食人，这是时代的召唤、形势的要求，行业的急需，也是全行业干部职工的愿望。

干部培训工作是提高干部职工队伍的系统工程的重要组成部分。当前干部培训已进入一个大发展的时期，中央指出：要“大规模培训干部，大幅度提高干部素质”。这完全符合粮食系统的实际情况。我们要抓住机遇，把这项工作提高到新水平，推进到新阶段，要达到中央要求的那样“努力使干部培训工作在体现时代精神上有新飞跃，在把握规律性上有新进展，在勇于创造上有新突破。”

从粮食专项培训工作任务来看，近期要是配合行政抓好职工的技能培训和鉴定。这是干部培训的重要内容之一，是培养造就新一代粮食人的组成部分。我们要认真落实党中央关于教育培训工作条例（试行）和国务院关于加强职业教育的决定，以教育培训分会成立为契机，高起点，严要求，从一开始就把这一工作奠基在高水平之上。为此，需要注意以下几点：

第一，粮食培训要以胡锦涛同志提出的“联系实际创新路，加强培训求发展”作为今后工作的指导方针。要重实效，要重质量，着眼于、服务于培养一代德才兼备的新粮食人，既有崇高的理想和创业思想，又熟练精通业务和技能，能胜任参与国内外市场的竞争和多种复杂环境的需要。

第二，要结合行业的实际。创建一套好的学制，延揽一批好的师资，编辑一批好的教材，形成一个好的学风、校风。使受训学员受教一时，得益终身。

第三，面向全行业、全社会，配合行政做好规划，分批实施。尤其要使重点企业带头，培训对象积极参加，形成全行业良好的学习风尚，向学习型企业方向迈进。

第四，行政领导重视，中介组织配合，企业积极支持，三者互动形成合力。在全行业形成持久不衰的学习热潮。

第五，分会要千方百计搞好培训服务，这是分会的宗旨和灵魂。分会协助搞好培训，是为了服务行业，服务企业，服务会员，绝不能搞“产业化”，追求盈利。分会一起步，就公开宣示：致力于认真教学，考评公正，不乱收费，不乱发证书，为培养新一代粮食人这一崇高目标而竭诚服务。否则就会走偏方向。希望教育培训分会站在新的历史起点上，创造新的经验，为中国粮食的振兴作出新的贡献。

理性经营　以优取胜
整合提升　和谐发展*

——对新形势下大米行业发展几个问题的思考

（2006 年 7 月 13 日）

新形势下大米业发展必须坚持“以优取胜”的方针

2005 年是“十五”计划最后的一年，也是粮食市场全面放开的第二个年头。这一年是全国大米行业近年来发展最好的一年，标志着我国大米行业已走出困境，正在走向复苏，走向新的发展。根据中国粮食行业协会的统计，入统企业全年大米加工总产量达到 2914.6 万吨，比上年增加 657.4 万吨，增长 29.1%；工业总产值 736.8 亿元，比上年增长 3.5%；产品销售收入 751.6 亿元，增长 5.9%；年末从业人数 13.7 万人，增长 18.8%。尤其值得可喜的是，利润总额达到 13.1 亿元，比上年增长 42.3%；资产负债率由上年的 71.9% 下降为 63.6%，一年下降了 8.3 个百分点，好于面粉行业和油脂行业。这些经济指标都表明：中央关于大米行业改革调整的措施开始见效，大米加工业的经营状况正在改善，整个大米行业出现了走出低谷、进入景气的好势头。

在大米行业出现好转的时候，我们一定要保持清醒的头脑，冷静分析存在的问题，采取积极有效的措施，保持前进的好势头，不要出现大的波折。根据前一段时间的调查，我们认为，当前大米行业主要问题是：在旧的经营理念的影响下，各地遍地开花，建小厂小作坊与建大厂同时并进，出现新一轮的重复建设，形成行业内产能大量过剩，开工严重不足。据中国粮食行业协会的统计，2005 年大米入统企业由上年的 5666 家，上升到 7260 家，一年增加 1594 家，增长 28.1%，而许多产量小的小厂小作坊还未统计在内。大米年加工能力已到达 12447.6 吨比上年增加 2984.6 万吨，增长 31.5%，而当年实际生产

---

* 这是白美清同志在江西省九江市“全国 2006 夏季稻米市场形势分析会”上的发言。

量才只有2900多万吨，产能利用率不到1/4，许多米厂都是开开停停，半开半停。这种一拥而上的势头，到现在还未有所收敛，这就是问题的所在。

这种情况下一步必然会带来竞争的加剧，淘汰的加快，资产的损失，资源的浪费，导致景气的消失。现在，大米行业多渠道、多元化经营的格局已经形成，加上外资企业正由油脂业向面粉业、进而向大米业的大规模挺进，我们的企业正面临全方位的竞争。有的专家预测，大米加工业有可能步油脂加工业前两年的后尘，甚至出现“大洗牌”的现象，也不是不可能的。

如何引导大米加工业健康、协调、快速的发展，就是全行业面临的重大课题。在新形势下，我认为最重要的是要转变观念，坚决摒弃“以量取胜”的做法，树立“以优取胜”的思想。这是一个重大的变化，涉及一系列问题。我国粮食行业经过改革开放20多年的磨炼，已初步形成一批骨干企业，积累了一定的经验，现在必须在“优”字上做文章，下苦功夫，以优良的技术，优异的管理，掌握具有优势的自主知识产权，创造优质的名牌产品，才能实现大米行业的跨越式发展和企业的腾飞，舍此没有别的出路。我到过不少企业调查，企业领导人一般都讲在产量上是这个第一，那个第一，经营思想仍然局限在量的扩张上，而在质的提升上，在构建优势企业、优势产品上却花精力不多，因此迫切需要来一个根本性的转变。只有这样，我们才能在竞争中立于不败之地。

树立理性经营的观念

我们的大米加工企业和企业家，经历了改革开放以来的亲身实践，在市场经济的大海里遇到过许多风浪，有过挫折，也积累了不少宝贵的经验与教训，在经营上也有自己的一套办法。问题在于对这些感性的认识，对这些经验我们往往缺乏提升，缺乏科学总结。在粮食行业市场化、国际化、产业化的今天，企业进入了全方位的竞争，国内外市场瞬息万变，稍有不慎，就有可能跌入陷阱，轻则出现重大亏损，重则关门破产。近年来协会的同志到一些企业做了调查，认为需要在企业领导思想上有新提高，有所创新，才能应对新时期的复杂局面，担当起重任。我们认为，大米行业当前迫切需要在科学发展观的指导下，总结经验教训，树立理性经营的观念。这里强调的“理性经营”就是要从感性认识上升到理性认识，研究、探讨、掌握大米行业发展中带规律性的东西。要有理性思维，理性决策，理性行动，这样才能避免盲目性，掌握主动权。

根据协会前一段的调查，不少企业领导层、企业家往往凭感觉办事，不是靠理性，靠科学办事。具体表现在以下三个方面：

（一）凭热情冲动办事。比如头脑发热，盲目贪多图大，超过自己的实力搞“多元化”，热衷于量的扩张，不注重质的提高，搞低水平的重复建设，低质量的收编扩张。不注意开发产品和开发市场，不少产品都形成产能过剩，以致经济效益很差。

（二）凭经验办事，靠感觉指挥。上次靠什么赚钱，下次也如法炮制。别人走什么路，我也盲目跟风。不注意研究市场、研究外部环境；不研究竞争对手，也不研究自己的顾客；盲目决策，轻率拍板，往往容易受骗上当。

（三）凭短期效益办事。突出地表现在粮油食品安全上，违规使用添加剂，以次充好，以陈充新，短期行为，不讲诚信，这样下去必然发展受阻，市场萎缩。

怎样做到树立理性经营的观念呢？我认为最主要是要研究大米产业发展的规律性的东西，例如大米市场变化的规律，米制品加工发展的规律、大米价格波动的规律，稻米的生产周期和市场的变化周期，市场的消费主体的变化与发展，大米国际市场与宏观环境的变化，大米加工的科技发展趋势与特点，等等。总之，要掌握规律性，避免盲目性，主动权来源于对事物的规律性认识。要在这些方面下功夫刻苦钻研，认真学习，使企业领导思想提升到一个新的高度。我们既要注意大胆进取，又要注意步骤稳妥；既要注意当前利益，又必须着眼长远效益；既要注意量的增长，更要注意质的提升；既要注意硬件的更新，更要注意软件的创新与提高；既要注意增创利润，又要注意规避风险。我们提出这些问题是为了更好地践行科学发展观，把大米行业和企业领导思想、领导水平提高一步，把企业的发展搞得更扎实、更快、更好、更健康、更协调。这就是我们的努力方向。

加大大米业整合提升的力度

我国大米行业面临着“小、散、低”的现状，必须加大整个行业整合提升的力度，才能把有效的资源合理配置成最佳组合，从而形成最佳效益，发挥出自己的整体优势。前一段的实践证明，大型企业、骨干企业的抗风险能力强，发展后劲较足，对农业的带动能力大。胡锦涛同志指出："要通过完善市场竞争环境，推动生产要素向优势企业、优势行业集中，形成一批有国际竞争力的企业。"因此，要通过整合提升，把企业做优做强做大，形成一批优势企业。

在市场经济的条件下，我们要发挥优势，扬长避短，形成优势产业、优势企业。因此，我们要整合资源，不能放任自流，要发挥优势，发挥主观能动作用。整合提升过程，是不断深化改革、调整结构的过程，是不断创新、开拓前进的过程。根据前一段的经验，需要注意以下问题：

第一，要运用市场经济的方法，通过完善市场竞争环境等方式，去达到有效配置资源的要求。不能简单地采取行政的方式，搞"拉郎配"，那是不能成功的。要因势利导，做到水到渠成。

第二，要以自主创新，带动名牌产品。要在整合提升过程中，大力抓自主创新，形成自己特有的知识产权，创造自己独有的名牌。以名牌产品为纽带去发展壮大。要争取大米行业有更多的地方名牌和中国名牌问世。明年大米行业将要复评"中国名牌"，这是一个机遇。现在就要动员，做好工作，把创名牌作为全面提升企业产品质量和经营管理水平的强大推动力，使企业整体素质得到提高。

第三，要以骨干企业为核心，采取灵活多样的方式，扩大联合。企业领导层，不仅要善于竞争，而且要善于联合。在自我发展的基础上扩大联合，是世界级大企业走过的行之有效的道路。我国大米行业这么分散，更需要联合。联合，最主要是要贯彻互利共赢的原则，扫清思想障碍，发挥各自人才、资源、经营等优势，才能起到促进发展生产力的作用。这方面我们经验不足，实践不够，需要勇于开拓，大胆创新。

第四，要使行政、中介、企业三方面形成合力。行政部门要发挥政策导向作用和调控作用，中介组织要发挥桥梁纽带作用，企业要发挥市场主体作用，积极探索有利的形式和灵活的方法，多方配合，有所作为，绝不能消极等待，放任自流。这项工作比起单个企业的改革复杂得多，困难得多，但也重要得多，要下功夫攻坚，把这项工作做好。

总之，我们要在科学发展观的统领下，落实四句话："理性经营、以优取胜、整合提升、和谐发展”。“十一五”时期，是大米加工行业发展的关键时期，我们的任务很重，既要维护国家的粮食安全，又要推动企业和行业的跨越发展，我们一定要奋发有为，使“十五”期间开辟的局面向更快更好更协调的方向发展。

加强粮食经济理论研究与创新为国家粮食安全和粮食行业发展服务*

（2006 年 8 月 28 日）

新形势下迫切需要加强粮食经济理论的研究与创新

“十一五”期间，是我国国民经济发展的重要时期，也是粮食行业发展的关键时期。粮食工作面临着复杂而艰巨的任务。概括起来，就是要在市场化、国际化、产业化的新形势下，来确保国家的粮食安全和经济主权，为建设社会主义新农村、为构建和谐社会创造良好的条件。这一时期，是经济快速发展期，也是矛盾凸显期。各种矛盾显现出来，很多问题是我们前所未遇到的，很多情况是我们难以预料的。有以下新情况和新特点值得重视。

（一）粮食供求的总态势转入“紧平衡”。粮食总供给日益不能满足总需求的增长。粮食生产徘徊在 4.8 亿吨左右，而总需求在 2010 年将超过 5 亿吨，供需出现缺口。

（二）主要农产品、粮食的对外依存度加大，农产品的进口逆差将成为常态。我国的粮食基础仍较为脆弱，越是经济发达的地区，粮食耕地减少得越快，粮食自给率越低，而对外的依存度也越大，在沿海省区表现得很明显。

（三）全方位竞争的新形势显现。由于市场化改革的深入和对外开放的扩大，多元化、多渠道经营形成竞争的新格局，加上米、面、油、玉米的加工能力过剩，多种经济成分企业的竞争与跨国公司的大举渗入，使竞争将趋于白热化，行业将面临重新整合。

粮食工作是经济领域的矛盾焦点之一，很多矛盾反映在粮食上。粮食这个特殊商品涉及面广，覆盖面宽，敏感性强。例如生产者、经营者、消费者的矛盾，产区与销区的矛盾，中央财政与地方财政的矛盾，城乡之间的矛盾，国内

---

* 这是白美清同志在吉林省长春市召开的中国粮食经济学会工作会议上的讲话。

与国外的矛盾等，都通过粮食反映出来。从以上几个方面，就反映出新时期的粮食工作矛盾错综复杂。当前市场情况瞬息万变，科技日新月异，是充满矛盾、充满机遇的时代。没有理论指导的行动是盲目的行动，经营中靠感觉指挥、靠老经验拍板，事实证明是一定会吃亏的。所以，面临新的时期、新的任务，迫切需要我们在科学发展观的引路下，与时俱进，总结提升，实现从感性认识到理论认识的飞跃，从理论到实践的飞跃，靠理性经营，靠理论指导，掌握规律性，提高自觉性，才能达到预期的战略目标，在竞争中取胜。

多年来学会工作取得了许多成果，对推动粮食改革和粮食事业的发展起了促进作用。但从目前粮食经济理论研究的现状来看，仍是全行业的薄弱环节。我们的粮食经济理论工作缺乏战略性、全局性、前瞻性的研究，“注释”性的多，创造性的少；政策措施研究多，理论性、规律性研究少；从概念出发多，联系实际少；埋头实干的多，概括提高的少。总的来讲，是理论研究落后于实际，理论创新更是凤毛麟角。而最根本的问题，是我们理论研究队伍人才不足，新老不济，素质不高。至于粮食经济研究的机构，除南京财大和吉林省粮食局有粮食经济研究所以外，其余的都没有设立。许多地方都未把粮经研究列入工作日程。这是十分堪忧的事，对粮食行业长远发展是极为不利的。因此，面对当前复杂多变的形势，粮食经济理论研究必须加强。

研究新情况　总结新经验　开拓粮食研究的新局面

在粮食工作进入市场化、国际化、产业化的新形势下，出现了许多新情况、新问题、新矛盾，及时地研究和回答这些问题，把粮食经济研究工作推向新的阶段是我们当前面临的重大课题。我们必须以邓小平理论、“三个代表”的重要思想和科学发展观为指导，从中国的基本粮情出发，以确保新时期国家的粮食安全为目标，逐步形成具有中国特色、符合中国国情的粮食经济理论体系。以指导我国粮食工作的实践。

我们要十分关注出现的新问题，例如：（一）在新时期粮食总供给与总需求的平衡方面，总量平衡的量的界限和总量平衡中立足国内的内涵如何把握，结构性矛盾如何解决，如何解决和认识新形势下某些品种的卖粮难，如何解决产区的困难和粮农的收益不致下降的问题。（二）在新形势下如何认识和运用价值规律方面，市场形成粮食价格的机制怎样实现，按保护价敞开收购、托市价限期收购经验如何总结等。（三）在多元化经营与国有主渠道作用发挥方面，计划主渠道如何向市场主渠道转变，"国退民进"的经验如何总结，对农村粮食经纪人的地位、作用如何正确认识，如何加以科学界定等。（四）在利益驱动和某些地方政府、银行的支撑下，新一轮的粮油加工业大的重复建设如何控制？现在大米、面粉、油脂、玉米加工都存在盲目上大的加工项目的问题，形成产能大量过剩，如何解决，从宏观上如何调控。（五）粮食生产周期的规律及减少周期波幅振动的措施等。

以上只是一部分问题。解决好这些问题，即使说明一两个问题也是了不起的成绩，各地可以结合自己的实际情况，选准题目，继续研究。要做好研究工作，我们认为应当"明确指导思想，坚持改革方向，在实践中提高，从总结中创新"。要注意处理好继承、借鉴、创新的关系。继承好中华民族的优秀粮食文化成果，借鉴国外的先进经验和理论成果，立足创新、为我所用，为逐步形成具有鲜明中国特色、体现时代精神的中国粮食经济理论，做一些添砖增瓦、打基础的工作。

发挥学会在粮食经济研究中的作用

粮食经济学会是各地粮食部门、企业和粮食理论工作者组织起来的学术团体，成立近二十年来在各级粮食行政部门的关心支持帮助下，在较为艰苦的条件下，开展了研究，为推动粮食改革和粮食事业的发展做出了可贵的贡献。关于今后的工作，根据"量力而行、尽力而为、选准课题、有所突破"的精神，今后要抓好以下五个方面：

第一，要抓课题。每年选择一两个课题，明确任务，组织力量进行研究。中国粮食经济学会连续几年对中国粮食安全问题、贫困地区的粮食安全问题、国家粮食库存安全问题、大米安全问题进行系列研究，取得了初步成效，得到了国务院主要领导同志的高度重视，多次作出重要批示让主管部门研究参考。各地可以从实际出发，予以安排，进行研究，以期取得研究成果。

第二，要抓学风。粮食工作是实实在在的工作，粮食经济是科学，绝对来不得半点虚夸、浮躁与迎合，一定要发扬理论联系的学风，坚持实事求是，从实践中来、到实践中去，一切从实际出发。学风搞好了，就不仅在一时发生作用，而且今后会影响几代人。只要有了好的学风，就会带好学术队伍，出现学术上的创新，为粮食事业做出更大的贡献。

第三，要抓队伍。鉴于粮食研究队伍青黄不接的状况，要下决心发现中青年人才，培养中青年人才，提高整个粮食理论研究队伍的素质。

第四，要抓调查研究。既要分析全面的统计数据，又要提倡作典型调查、抽样调查，解剖麻雀，争取每年能出一两篇具有理论色彩、有实践性、针对性的调查报告。

第五，要抓学会本身的建设。要千方百计争取行政领导的支持，社会的理解和企业的帮助。要解决学会正常运转所必要的条件，在新形势下使学会成为粮食经济研究者之家。要向大型企业、大专院校和科研机构发展会员，增加新生力量。要密切与各地粮食协会的合作，各方面形成合力。经过大家的共同努力，使学会工作出现新的面貌。

总结经验 改革创新
进一步建设好东北粮食物流通道*

（2006 年 9 月 23 日）

在秋高气爽、丰收在望的黄金季节，我们在“北方明珠”大连市，召开这次研讨会，国家有关部委的领导、粮食界的物流专家、中外企业的负责人齐聚一堂，共同探讨新时期东北粮食物流的发展大计，为“十一五”乃至今后这一地区粮食物流发展的战略建言献策，更好地为新时期的国家粮食安全服务，为振兴东北老工业基地服务，这是很有意义的一次盛会。

13 年前，在党中央、国务院的亲切关怀下，在国家发展改革委、财政部、国家粮食局和交通部、铁道部、国家开发银行等的领导与支持下，开始了世界银行贷款粮食流通项目的建设，启动了新中国成立以来粮食部门利用外资的第一大工程，标志着中国现代粮食物流建设的起步。它第一次提出产销对接、建立粮食流通走廊的思路，把世界上现代物流建设的新理念、新技术、新经验引进来，与我国粮食业的实际情况相结合，从而把我国的仓储、运输、流通等粮食物流的建设作为系统工程推进到新的水平，当时作为四大粮食流通走廊之首的东北走廊，经过有关各方共同努力现在，世行项目库点已经胜利建成，东北现代粮食物流的框架已经形成。以大连北良港为龙头、以东北 4 省（区）的 193 个中转库、收纳库为支撑点的系统工程，已在实践中逐步完善，并开始发挥积极的作用，特别是三批国债资金用于东北粮库建设，更为东北粮食物流奠定了坚实的基础。

进入“十一五”以后，随着国民经济的发展、人民生活水平的提高和农业生产结构的调整，特别是粮食行业面临市场化、国际化、产业化的新形势下，东北粮食物流发生了若干根本性的变化。这主要是：

第一，东北粮食物流发生新变化。作为外运的主要物资——玉米的调出量、出口量大幅下降，这是始料不及的。玉米最多年出口 1000 多万吨，近几

---

* 这是白美清同志在辽宁省大连市举行的“东北地区粮食物流面临的机遇与挑战研讨会”上的开幕词。

年逐步减少，有的年份不到100万吨，波动很大。随着玉米加工业的大发展，今后调出更是减少的趋势，有的专家预计，几年之后，可能玉米不能调出，货源的组织会越来越困难。

第二，东北粮食物流面临三大重复建设冲击，即粮食港口（专用码头）、铁路粮食专用车辆、玉米加工厂等三方面的重复建设。这是国民经济某些方面过热在粮食行业的反映。沿辽东半岛和渤海湾北部，港口、码头建设遍地开花，大连北良、大窑湾，营口鲅鱼圈，锦州及丹东大东港五个港口散装泊位已建36个，港口粮仓能力已达500多万吨，按世行要求年周转10次，需粮源4000万~5000万吨，将造成港口接运与仓储能力的严重过剩。用于运粮的L18型专用货车，原规划2100辆，过去分配给各单位都不要，一有利润后又蜂拥而上，竞相添置，据统计东北8家公司所置专用车已达4720辆，超过原设计1.2倍多，也形成过剩局面。这两年上玉米加工厂的热潮席卷东北主产区，其特点是来势猛、规模大。作为玉米大省的吉林，近来新建扩建大加工厂11个，其加工能力将达1200万~1500万吨（全省玉米总产1800万吨），省粮食部门估计，过两三年将无玉米可调出。其结果必然会形成无序的竞争。

第三，东北粮食物流面临市场主体的新变化。20世纪90年代世行项目启动之时，仍是国有粮食企业为主的局面。而现在，随着粮食市场、粮食经营放开以后，国有粮食企业一统天下的情况已不复存在。在经营多元化、利益多元化的情况下，粮食物流中形成了国有、股份制、民营、合资等多元化竞争，市场经营主体、投资主体都发生了重大变化。也就是说过去东北走廊靠统一指挥，发挥整体优势的基础已发生变化，需要适应新的形势，在市场化、多元化的格局下，运用市场经济规律，调动各方积极性，形成合力，才能形成良性循环，避免恶性竞争，以期达到良好的效果。

虽然情况发生了以上重要变化，但东北粮食物流建设的重要性并没有变化。从总体上看，东北地区这几年由于政府的重视、科技的发展和农民积极性的提高，农产品产量比20世纪90年代初期大幅上升，已成为中国不可替代的最重要的商品粮生产基地。突出的是东北的粳稻（米）已经南下调出与出口，春小麦也进入世界市场，加上大豆的进口，小麦、面粉的调入量增加，以及与北亚的交流，东北粮食物流通道的重要性不但没有改变，而且更加显现。我们应本着与时俱进的精神，研讨新战略、新对策。为此，需要认真总结经验教训，不断改革创新，对东北粮食现代化物流体系加以整合提升，充实完善，以发挥其不可替代的作用，这是我们面临的刻不容缓的任务与亟须解决的课题。

国务院有关部门十分关注东北地区粮食物流体系的建设，国家发展改革委、国家粮食局已把东北粮食（玉米、大豆、稻谷）外运通道列入“十一五”粮食物流的重点项目，并提出以科学发展观为指导，以市场为导向，以企业为主体，以科技为支撑的方针，强调要深化改革，创新体制，整合资源，统筹规划，突出重点，合理布局，建立现代粮食物流体系，以实现粮食流通的现代化。现在的问题，是要认真落实这些指导方针。我们这次研讨会，就是要集中大家的智慧，形成有益共识，供国务院有关部门和这一地区的相关企业参考。近来，我先后在大连、吉林和内蒙古通辽地区作了一些调查，现提出以下建议供参考。

第一，要调整规划。根据东北物流的新形势，对原来的设计规划进行补充和完善。形成东北粮食物流通道的科学方案。要发挥这一通道的整体优势，从全局、战略的高度出发，统筹规划，分别实施。切忌各地各自为政，把这个跨区域的大物流加以分割，甚至把国家在这里投资建设的粮库等物流设施也卖掉或分掉，把这一通道搞得支离破碎，不成体系。因此，急需完善配套建设，发挥整体优势与综合效益。

第二，要科技创新。这次要十分注意提高整个东北通道的科学技术水平，增加科技含量，提升经济效益和社会效益。在上次进行世行项目建设时，我们经验不足，注重引进、吸收；这次要注重消化、创新。通过引进、消化、创新和集成创新，使我们整个东北粮食物流成为全国的先行地区、成为创新的试验区，达到或超过世界先进水平。要大力提倡产、学、研的结合，提倡自主创新。储运方面改袋装为散装等“四散”改革，物流方面的“无缝对接”等，要进一步推行。散装散运跨地区的运行机制、物流中心园区的建设、江海联运、水陆联运、第三方物流的形成与发展，都需要汲取世界的先进经验，结合东北的实际，办出自己的特色。这方面力争有新的突破，上新的水平，起到示范作用。

第三，要联合、协作。现在粮食经营已经市场化、国际化、多元化，市场主体、经营主体已经形成多元化的格局。适应这一形势，需要根据互利共赢的原则，解决各投资方利益关系问题，以调动大家的积极性。要提倡灵活多样的联合与协作，在企业之间、港口之间、地区之间，开展多种形式的联合与合作，运用合伙、股份等各种新的合作模式，互相合作，互相渗透，避免无序竞争。要组织大家共同为这一系统工程出力，促进其发展，分享其成果，在这方面走出新路。

第四，要遏制粮食物流设施的重复建设。这需要采取综合措施，各方配合，形成合力。在我们国家经济建设中，这是多发性的顽症，很容易复发。治理的关键在于企业要理性经营，地方政府要理性招商，银行要理性放贷。建议中央政府部门加强宏观调控，严把“土地关”、“资金关”。经济工作上要警惕头脑“发热”，染上“热症”。重复建设的后果必然是资金的损失、资源的浪费、环境的污染、生态的破坏，导致景气的消失。

第五，要扶持重点。以大连北良港为龙头的东北粮食物流通道，建设了港口库、中转库、收纳库近200个，总仓容达到365万吨。总投资达到60亿元，占当时世行项目投资的2/3。前几年又用国债资金建设了一批储备库，并进行填平补齐，使东北通道日臻完善。我们必须重视这一良好的基础，以北良港等重点龙头项目为依托，进一步建设和发展物流中心、物流园区，以粮为主，多种经营，充分发挥效益，使之在全国、在东北亚粮食物流中进一步发挥应有的作用。

第六，加强领导。东北物流通道的建设，事关国家粮食安全大局，是振兴东北老工业基地的重要内容，需要加强领导，协同作战。过去，由国家发展改革委牵头的部际协调小组在世行项目实施中曾经起过重大的关键性的作用，协调各方行动，使大家拧成一股绳。今后，建议在国家发展改革委、财政部、国家粮食局和国务院振兴东北办公室的领导下，不定期地就重大问题召开协调会议，解决建设东北粮食物流通道中存在的问题，协调各方的利益，统一行动，这是十分重要的。

粮油加工业新一轮重复建设与产能过剩值得关注*

（2006 年 9 月 25 日）

在党中央、国务院连续发布了三个一号文件的指引和鼓舞下，我国的粮食形势很好。粮食生产扭转了下滑的局面，去年前年连续丰收，今年夏粮也创历史新高。秋粮受大面积旱灾的影响，不容乐观。但全年产量估计仍可保持在 4.8 亿 ~4.85 亿吨的水平。库存仍然充裕，在安全线以内，市场平稳，供应良好。2005 年，粮食加工业也是近年来发展得最好一年。标志着我国粮食加工业已开始走出困境，正在走向复苏，走向新的发展。据中国粮食行业协会的统计，2005 年全国入统的粮油加工业 11118 个，实现工业总产值 3011.2 亿元，比上年增长 22.5%；利润总额 42 亿元，增长 140.8%；从业人数 37.8 万人，增长 8.7%。特别可喜的是入统企业资产负债率，由上年的 71.9%，下降为 63.60%，一年降低 8.3 个百分点。这是很值得重视的事。其中，大米加工业资产负债率为 63.6%，下降 8.3 个百分点；面粉加工业为 62.6%，下降 8.1 个百分点；植物油加工业为 73.7%，下降 1.1 个百分点。按所有制划分：国有企业资产负债率 82.8%，下降 7.7 个百分点；民营企业为 62.5%，下降 4 个百分点；外资及港、澳、台商投资企业为 71.1%，比上年降低 1.1 个百分点。这些都表明粮油加工业的经营状况正在改善，整个粮油加工业出现走出低谷，迈入景气的好势头。

在粮油加工业出现好转的情况下，当前发生了一些新问题值得大家关注。这主要是：在企业的旧的经营理念的支配下，在地方招商引资的推动下，在银行的默许支持下，在粮油加工业上，各地遍地开花，建大厂与建小厂同时并进，出现新一轮的重复建设，形成行业内产能大量过剩，开工严重不足，这是粮食全面放开以后的第一个重复建设的高潮，后果堪忧。

据中国粮食行业协会的统计，2005 年度，大米加工入统企业 7260 个，比

* 这是白美清同志在第十届中国粮食市场论坛上的发言。

上年增加1594个，增长28.1%，年生产能力12447万吨，实际产量2914.6万吨，平均开工率不到30%。当前，大米加工厂的建设仍在“全面开花”，而且，即使小厂也配备了先进的抛光机、色选机，投资大量增加。

面粉加工业入统企业2819家，比上年增加825家，增长41%，年生产能力8090万吨，实际生产3480万吨，平均开工率43%左右。现在建大面粉厂的势头仍然有增无减，有的主产区一个县也上几个大面粉厂。

油脂加工业入统企业1043家，比上年增加153家，年处理油料能力5713万吨（不包括小厂），实际产量1384万吨，平均开工率只有40%~50%。前一段各地建油厂的劲头很猛。据统计，加上小油厂全国油料加工能力已经超过1亿吨，其中大豆加工能力超过7000万吨，前几年陆续新建扩建约100个大型油脂加工厂，全国80%以上大厂集中在沿海，有的是“一港多厂”、“一镇多厂”。如广东东莞新沙港有6个大厂、日处理大豆能力达到9300吨。在2004年遭受进口大豆风波的冲击后，恶果已经显现，全行业出现严重亏损，有的厂被关闭，有的厂被兼并，目前新建扩建势头虽有所减缓，但盲目上马仍未停止。

现在突出的是玉米加工业。我国玉米产量在1.3亿吨左右，其中70%用于饲料，大约为8000万~9000万吨；用于工业消费的为1500万~1800万吨。近两年在“向玉米要能源”、“向玉米加工要效益”等口号的推动下，以玉米为原料的生化制品，燃料乙醇、麦芽糖、柠檬酸、赖氨酸等生产不断扩大，可以说后来居上，重复建设的情况更为严重。其特点是规模大、投资大，一般是年处理几十万吨上百万吨的大厂，而且有自备电厂、水厂等，密集投资在玉米主产区，不少大厂建在河流沿岸。有的主产县、乡一下铺开几个大厂，有的大厂是隔墙相望。作为玉米大省的吉林，据粮食部门初步统计，最近扩建和新建的大加工厂（年处理玉米能力50万吨以上的）已有11个，其年加工能力将达1200万~1500万吨（全省玉米总产量1800万吨），他们估计过两三年将少有玉米调出或出口。又如处于玉米黄金带的内蒙古通辽市，其粮食产量占了全区1/3，玉米年总产350万吨左右，近来新建、扩建大的玉米加工企业8个，年加工玉米需要450万吨，超过当地的年总产。一些专家预测，前两年油脂行业加工厂的大洗牌，可能不久会在玉米加工行业再现。这绝不是危言耸听。

当前粮油加工业出现的这种新一轮重复建设，是我国国民经济某些方面发展过热、投资过多在粮食加工领域的反映。虽其中有些企业的建设有正常的因素，但不少都是缺乏充分论证、前景不好的项目。新一轮的重复建设的特点，一是投资很大，一个大厂投资都在4亿~5亿元，有的还达到几十亿元，形成的风险也很大。二是技术开发跟不上，初加工的多，精深加工的少；引进仿制的多，自主创新的少。三是工业用水大量增加，且大部分分布于河流两岸，使“三废”的污染大为增加。如治理措施跟不上，将对当地的绿水青山蓝天造成严重污染，付出代价是巨大的。四是市场开发没有明确定位，争市场、争客户将不可避免，甚至形成是无序的竞争。总之，这种状况如不及时加以调控，必然会造成下一步粮油工业恶性竞争加剧，淘汰过快，资金流失，资源浪费，环境污染，生态破坏，导致景气消失，有的将贻害子孙后代。因此，在粮油加工业好转的形势下，如何引导企业向健康、协调、快速、和谐的方向发展，就成为全行业面临的迫切任务和重大课题。

重复建设是我国经济工作中的一种多发性的顽症。抑制新一轮粮油加工业的重复建设，最根本的是要在科学发展观的指导下，各方共同努力，形成合力，综合治理。下面提出四点建议：

第一，关键在于企业要树立理性经营的观念。企业是市场经济的主体，重复建设的主要承担者是企业。所有的粮油加工企业和企业领导者，都需要树立理性经营的观念，认真总结经验教训，从感性认识上升到理性认识，再从理性认识向科学发展飞跃。要理性思维，理性决策，理性行动，掌握规律性，避免盲目性，赢得主动权，切忌头脑发热，单凭经验办事，只靠感觉指引，要避免浮躁、跟风。主动权来源于对事物规律性的认识。我们要研究粮油加工行业发展的规律性的东西，例如粮油市场变化的规律、加工产品发展的规律、价格被动的规律、粮油的生产周期与市场的变化周期、粮油国际市场与客观环境的变化、粮油加工科技发展的趋势与特点、行业的布局与竞争对手的情况与趋势，等等。要在这方面下苦功夫，刻苦钻研。在企业的发展中，一定要致力于践行科学发展观，不可为表面现象所诱惑，不为短期利益所诱惑，真正以经济效益为中心，多谋而后行。这样才能立于不败之地。

第二，切实转变增长方式。根据党中央、国务院的指示，要把增强自主创新能力作为调整产业结构、转变增长方式的中心环节，建设资源节约型、环境友好型社会，推动国民经济又快又好发展。所有粮油加工企业，要把从量的扩张转到质的提高上，从外延扩张转向内涵发展上，从“以量取胜”转到“以优取胜”上，切切实实在产品的科技创新上下苦功夫。要在粮油加工领域掌握一批核心技术，拥有一批自主知识产权，形成一批具有国际竞争力的产品。要把实现科技兴粮和品牌战略结合，开发具有识产权的知名品牌，争取上更多的“中国名牌”，进而上“世界级名牌”。要改变重广告轻科技、重硬件轻软件的做法，企业领导人要带头抓科技，抓创新，探索多种产、学、研结合的新模式，发挥三结合的创造力。这是企业的百年大计，是关系企业今后发展的基本建设。

第三，加大政府的宏观调控力度。建议国家加大对重要产业重复建设调控的力度，把握时机，运用经济手段和法律手段防止粮油加工建设一哄而起的现象发生。特别要把好“土地关”和“资金关”，堵住缺口。建议地方政府在招商引资时保持理性，抛弃不符合全局利益和长远利益的不当做法，使招商引资不是为树“政绩”，不是为“形象工程”服务，而要为对子孙后代负责，对国家的长远发展负责，善始善终，造福当代，福及子孙，留给子孙后代的是无尽的财富，而不是包袱，甚至是灾难。

第四，银行要严格把关。据调查，粮油加工重复建设的资金，80%以上是各级商业银行的贷款。搞得不好，将来又是一批坏账。所以建议各级商业银行要严格把关、科学决策，正确放款，千万不能为搞“形象工程”助威，为建“破产工程”输血。

站在新起点上努力开创协会工作的新局面*

（2006 年 10 月 15 日）

在党的十六届六中全会胜利召开之际，今天中国粮食行业协会第三届理事会第三次会议在郑州召开了。今年正值中国粮食行业协会成立 10 周年。10 年来，中国粮食行业协会在党和政府的领导下，同全国粮食界的同行并肩前进，经历了令人难忘的历程，书写了粮食史上新的篇章。这 10 年，正是我国“九五”、“十五”两个五年计划胜利完成的 10 年，是我国社会主义建设发展最快的 10 年，也是粮食行业跨越发展的 10 年。在这一历史时期，全国粮食行业最重大的成就，就是顺利地实现了从计划经济向社会主义市场经济的根本转变，迈入了市场化、国际化、产业化的新阶段，开始了中国粮食史上最为宏伟的征程。在这前所未有的重大转折关头，粮食行业几百万职工下岗分流，几万个企业改制重组，经受了改革中的种种阵痛，承担了转变中难以想象的困难，表现了中国粮食人胸怀祖国、顾全大局的高尚情操，发扬了困难留己、方便与人的崇高风格。在这历史上从未有过的巨大变革和人员变化中，如此平静地实现历史性过渡，如此安稳地保障了国家的粮食安全，这是极不平凡、极为可贵的。实践再次证明：在党的哺育下成长起来的粮食队伍，是忠于党、忠于人民、经得起考验、可以信赖的队伍！

10 年来，中国粮食行业协会在改革大潮中诞生，在市场风浪中成长。在历经风雨的 10 个春秋中，中国粮食行业协会广泛团结全行业的企业和职工，围绕党和政府的中心工作，坚持“服务、自律、协调、监督”的方针，贯彻民间性、服务性、自律性、国际性的原则，充分发挥桥梁纽带作用，从零起步，逐步发展，已成为会员遍布全国的有影响力的行业协会之一。在这里，我谨向呕心沥血、废寝忘食为粮食行业而贡献出青春的粮食行业老、中、青工作者致以崇高的敬礼！向一贯支持、帮助粮食协会发展的各级领导和各界朋友、新闻媒体表示衷心的感谢！

10 年的实践告诉我们：协会工作必须坚持民间性的定位，这是协会的本

---

* 这是白美清同志在中国粮食行业协会成立十周年庆祝会上的讲话。

质属性。中国粮食行业协会是粮油企业和粮油工作者组织起来的民间社团，是“民办”，不是“官办”；是行业自己的组织，不是“二政府”。因此，要自始至终保持民间组织的特色，力求避免沾上“行政色彩”，染上官僚主义。协会一定要把自己的位置摆正，把自己的定位搞准，绝不可错位，更不能越位。要量力而行，尽力而为，拾遗补阙，逐步完善。这是协会的正确发展之路。

10年的实践告诉我们：协会工作必须坚持以服务为宗旨。这是协会的灵魂，工作的根本。协会要矢志不渝地为政府的宏观调控服务，为行业的规范发展服务，为企业做强做优做大服务，不断拓展服务领域，增强服务功能，提升服务水平。要像受到表彰的“老粮食”那样，胸怀为民之伟志，心系粮食之深情，热爱粮食事业达到“痴迷”的境界，倾心粮食发展达到执着的程度，以服务取胜，以精神感人。有了这样的协会团队，有了这样一种精神境界，协会就有无尽的生命力，就会产生极大的辐射力和凝聚力。

10年的实践告诉我们：协会工作必须坚持以“兴企育人”为着眼点，这是协会工作的目标。要千方百计、尽心竭力为企业的发展和人才的成长服务，既注意抓硬件，又注意抓软实力；既生产优良产品，又注意培育卓越人才，使我们的企业不仅是产品的基地，而且是学习的园地、人才的摇篮，不断造就一大批在风浪中闯出来的知名企业和著名企业家，使粮食苑地呈现群星璀璨、百花争艳的新局面，成为今后粮食行业发展的基础，向国内外市场进军的主体。

10年的实践告诉我们：协会工作必须搞好组织网络的建设，这是协会工作的基础。要以增强协会的服务功能为中心，形成涵盖全行业多专业的工作网络，把全国粮油行业的知名企业、各方知名人士都网罗在协会之中，使协会成为党和政府领导的具有群众性、代表性和实效性的中介机构，在为确保国家粮食安全、建设社会主义新农村中发挥积极作用。

粮食行业是朝阳产业，中介机构是新生事业。我们珍惜往昔的业绩，更满怀信心面向未来。随着粮食市场化、国际化的发展，随着政府机构的改革与职能的转换，中介组织担负的任务更加繁重，责任更为重大。让我们以科学发展观为指导，满怀激情，理性经营，以优取胜，和谐发展，去创造中国粮食业更加辉煌的明天！

祝中国粮食行业在新的起点上，实现跨越式发展！

祝各级粮食协会越办越好，更加兴旺！

立足创新　全面提升粮油企业的核心竞争力*

（2006 年 10 月 15 日）

“十一五”期间，是我国国民经济发展的重要时期，也是粮食行业发展的关键时期，粮食工作面临着复杂而艰巨的任务。概括起来，就是要在市场化、国际化、产业化的新形势下，确保国家的粮食安全和经济主权，为建设社会主义新农村服务，为构建和谐社会创造良好的条件。企业是市场经济的主体，是宏观调控的支柱，是维护国家粮食安全的载体。面对千家万户，面对两个市场，多元化的企业结构其状况如何，直接影响到粮食安全和社会稳定的大局，是我们必须考虑的重大课题。

当前，我国粮食行业出现了全方位、深层次的竞争格局，这是历史上从未遇到过的。由于市场化改革的深入和对外开放的不断扩大，以及我国加入世贸的后过渡期即将结束，多元化、多渠道经营形成新的态势。粮食行业面临的是：既有国内国有企业、股份制企业和民营企业之间的竞争，又要同国际上大举进入的跨国公司之间竞争。而且不仅是简单的商品竞争，而是包括企业各个方面的综合实力的较量。其深度、广度超过了以往任何时候，竞争将趋于白热化，行业将面临重新整合。这是主导中国粮食行业命运和企业前程的一场长期的、马拉松式的比赛。我国所有的企业，特别是本土企业面临空前严峻的考验。当然，竞争中也带来重大的商机。只要我们抓住机遇，不仅能在国内市场竞争中扩大自己，而且可以在“走出去”中发展自己，使我们的企业立足于世界先进之林。我国许多行业已经为我们树立了榜样。粮油行业虽然起步较晚，但我们有经商的传统，有一支可以信赖的队伍，有国家对作为战略性商品行业的政策支持，我们完全有条件赶上。关键在于我们企业要调整战略，打好基础，在创新中谋发展，在竞争中辟新路。

胡锦涛同志指出：“要通过完善市场竞争环境，推动生产要素向优势企业、优势行业集中，形成一批有国际竞争力的企业”。在复杂的环境下，我们要在竞争中立于不败之地，既能在国际市场占据主导地位，又能在国际市场占据应

---

* 这是白美清同志在“中国粮食产业多元化发展高峰论坛”上的发言。

有的地位，就必须培育具有核心竞争力的优势企业，“以优取胜”。改革开放20多年来，我国粮食、油脂行业经过了市场经济的磨炼，已初步形成了一批骨干企业，积累了一定的经验。现在的问题是要调整经营战略，转变增长方式，从“以量取胜”转变为“以优取胜”，在“优”字上做文章，以优良的技术、优异的管理，掌握具有优势的知识产权，创造优秀的品牌产品，具有核心竞争力，才能实现粮食行业和企业的腾飞。我们的粮油企业要立足创新，以优取胜，把工作重点放在质的提高上，放在充实内涵上，放在自主创新上，以提升企业的核心竞争力，以期在国际市场和国内市场的竞争中稳操胜算，发展壮大。

全面提升企业的国际竞争力和核心竞争力是多方面的、综合性的、长期性的。我们要在科学发展观的统领下，从粮油企业的实际情况出发，抓好增强核心竞争力的四个方面，即企业的自主创新力、资金运筹力、决策执行力和企业文化亲和力。

企业自主创新力

创新是企业发展的灵魂。应该看到，改革开放以来我国粮油加工企业的设备大多是靠引进、吸收、消化起家的，自主创新能力很弱，拥有的自主知识产权极少。如果不迅速改变这种状况，我们在国际竞争中就会受制于人。事实已经说明，谁掌握了科技上的制高点，就能掌握市场的制胜权。党中央、国务院确定了在2020年实现自主创新型国家的战略任务。我们粮油行业怎么办？关键在我们的企业要真正成为“三个主体”：研究、开发、投入的主体，技术创新活动的主体，创新成果应用的主体。我认为实现这一目标的主导权在企业的领导者。企业领导者一定要有远见卓识，加深对自主创新重要性的理解，积极实施名牌战略，要舍得花力量、花投资，舍得延揽和使用人才，积极发展对企业经济增长有重大带动作用、具有自主知识产权的关键技术，形成市场占有率高的产品，进入中国名牌和世界名牌的行列，这是当务之急。为此，需要采取“产、学、研”相结合的模式，建设以企业为主体、以市场为导向的企业科技创新体系。谁先行一步，先取得成效，谁就先取得主动。

企业资金运筹力

资金是企业发展的血脉。资金运筹得如何，直接关系到企业的成败。据调查，不少粮油企业领导人对资金的运筹力研究不够，企业负债率一般在 70% 以上，缺乏自有资金，靠银行贷款周转、投资，这在行业中不在少数。资金是企业运转的血脉。资金运筹得当，就会使企业形成良性循环；如果运筹不当，就有梗塞的危险。所以，企业要有竞争力，必须要有运筹亿万资产的能力。这是必须学习、掌握的硬功夫。重视自有资金的滚动发展，再加上合理使用社会各方面的资金，就会使企业走上健康发展之路。

企业决策执行力

决策是企业前进的方向。我们的企业，不论是国有的，还是其他成分的，都必须民主决策、科学决策，切忌凭老经验办事，拍脑袋指挥，造成重大失策。我调查了许多企业，一般都有一些豪言壮语、响亮的口号。但往往执行起来是另外一回事。特别是一个集团、一个大企业，其子公司、基层单位往往对总部的决策贯彻不力，执行起来会走样，例如管理较为粗放，不重视安全，不采取坚决措施防治污染等。如果一个企业决策不当，执行不力，则很难形成一个战斗集体，就难以发挥整体优势，这是加强企业竞争力需要解决的另一个重要问题。

企业文化亲和力

企业文化是企业发展的精神支柱，是“以人为本”在企业的体现，是企业兴旺发达的动力。我们不仅要重视企业的硬件、硬实力，而且要特别重视企业的软件、软实力。企业内部如果没有自己特色的企业文化，企业内部没有亲和力、凝聚力、向心力，就很难把全体员工的积极性调动起来，就难于把企业搞好。除了运用工资、奖励等一系列具有活力的经济措施外，更要注重培育企业文化的亲和力。所有的国有参股控股企业、股份制企业、民营企业，都要十分注意这个问题。要以人为本，尊重和发挥职工的创造力和积极性，企业要有一种既能保持中华优秀文化传统，又要体现时代精神的新文化，把东方文明与现代化管理结合起来。这方面许多企业都有了可喜的进步与尝试。例如不少企业把企业领导与职工、老板与企业职工当成伙伴关系，而不视为雇佣关系，这一举措就具有深远的影响。每个企业都要推动企业文化向更高层次发展，形成具有自己特色和个性的文化，使企业发展成为既是产品的基地，又是育人的摇篮，这样才能百年不变，长盛不衰。

总之，要把企业的自主创新力、资金运筹力、决策执行力和文化亲和力结合起来，企业才能具有较大优势的核心竞争力，经得起风浪，经得起考验。

“十一五”期间，是粮食行业发展的新时期，我们要在科学发展观的统领下，群策群力，奋斗拼搏，形成一批具有核心竞争力的骨干企业，为振兴粮食行业，确保粮食安全，为建设新农村，作出新的贡献。

我国粮食储备制度与国家粮食安全战略探讨*

（2006 年 11 月 28 日）

我国粮食储备制度的形成与发展

我国自古以来，就有储粮备荒的优良传统。历史上就有常平仓、太仓、义仓、社仓等设置，用以吞吐调节，平抑粮价，度过灾荒。春秋时的管仲就曾经说过："五谷食米，民之司命也"。强调"仓廪实而知礼节"，"衣食足而知荣辱"。认为"粟者，王者之本事，人主之大务，有人之途，治国之道"。随着生产力的发展，储粮的规模也日渐扩大。例如 1976 年 1 月在江西新干县四座大型战国粮仓就出土了大量粳米。每个粮仓面积达 600 平方米，地下还有纵横相交的通风槽。可见当时仓储规模之大、保管措施也是相当先进的。

新中国成立以后，党和政府历来十分重视粮食工作，倾全党全民之力，抓粮食，保供应，安民生。在统购统销、计划经济时期，粮食经常处在短缺的情况下，国家仍然采取了种种措施，确保粮食供需的平衡，并力所能及地建立少量储备。据统计，从 1953 年实行统购统销到 1977 年这 25 年间，国家粮食库存最低为"三年困难时期"的 1961 年，仅为 1672 万吨，其中周转库存 1651. 56 万吨，国家储备仅 20. 5 吨。最高库存为 1974 年，也只有 4446 万吨。当时全国都是吃"节节粮"，长期处于短缺状态。粮食库存安全系数也很低。

改革开放以来，党和政府在农村进行了一系列重大改革，实施了许多重大的惠农措施，使粮食生产大幅提高。1984 年粮食总产突破 4 亿吨大关，达到 4. 0731 亿吨，1990 年达到 4. 4625 亿吨。在丰收的情况下，国务院于 1990 年 9 月 16 日通过"关于建立国家专项粮食储备制度的决定"，并相应批准成立了国家粮食储备局。这是一个粮食工作中历史性的重大决定，开辟了中国粮食史上

---

* 这是白美清同志在中储粮江西分公司举办的干部学习班上的讲话。

的新篇章。从1990年以来，国家粮食库存大体分为三个时期。

（一）粮食储备的起步期（1990～1995年）：在1990年粮食丰收的基础上，国家建立专项粮食储备制度，当年创纪录收购××××万吨，到1995年粮食粮食总库存达到××××万吨，其中专项储备上升到××××万吨。粮食库存安全系数上升到28.2%。

（二）粮食储备的高峰期（1996～2000年）：由于1996年、1998年、1993年连续3年粮食产量突破5亿吨，粮食总库存由1996年的×××××万吨（其中专项储备××××万吨）上升为2000年××××万吨（其中专项储备6013万吨），库存安全系数由42.1%，上升到56.5%。出现粮食供求宽松的局面。

（三）粮食储备的稳定期（2001～2005年）：这一时期由于粮食减产，供小于求，从2000年开始连续6年挖库存补缺口，粮食库存由2001年的×××××万吨（其中中央储备××××万吨），下降为2005年的×××××万吨（其中中央储备××××万吨）。粮食库存安全系数也由54.7%下降为33.2%。

在建立国家粮食专项储备制度的同时，相应配套建设了粮食储备库与周转库。1990年底经过反复协商，解决了多年建粮库规模、资金未列入国家计划的问题。1991年3月在江苏常州召开全国粮食仓库建设工作会议，启动了全国性的建库工作。从粮库的建设看，20世纪90年代以后也经历了三个阶段。

（一）1991年从建立储备库、周转库开始，是建粮库的新起步阶段。当时决定“八五”期间建设仓容2500万吨（包括储备库仓容500万吨、周转库仓容500万吨、简易库仓容1500万吨），油罐100万吨，相应安排了资金、材料。当时露天储粮达到4350多万吨，因此，强调五年计划，四年完成，以应急需。1991年7月国务院又决定拨款5亿元，在主产省、主销区建立18个机械化骨干库，使之成为仓储系统的骨干。

（二）1993年起以建设世界银行贷款粮食流通项目为重点，使仓储建设上了新水平，进入现代化建设的新阶段。当时利用世行贷款4.9亿美元，加上国内配套资金共投资82亿元，重点建设了东北、长江、华南三个粮食流通走廊，建设了以大连北良港为龙头的8个港口库、64个中转库、161个收纳库，总共仓容437万吨。在建设世行贷款粮食流通项目中，我们把世界先进的建仓技术、现代粮食物流的新理念引进到国内，同我国实际情况相结合，使我国的粮食物流和仓储水平上了一个新台阶，与世界先进技术、先进管理接轨。

（三）1998年以后，国务院决定连续三次用国债资金建设中央储备粮库，是大规模建库的阶段，开辟了粮库建设的新局面。针对当时粮食增产出现的卖粮难、储粮难的情况，三次共利用国债资金343亿元，建设1100多个国家粮食储备库，新增仓容5000多万吨。

经过以上几个阶段的建设后，我国粮库建设已形成国家粮食储备库为骨干、现代化多功能的储备体系这样的基本格局。根据2003年度的统计，全国共有粮库3127个，有效仓容2.4706亿吨，其中5万~10万吨的679个，10万吨以上的312个。按建成的时间算，1979年改革开放前建成的占20.2%；1979~1997年建成的占44.2%；1998年以后建成的占35.6%。这是国家粮食系统最重要的物质基础和良性资产。

中央专储粮体系形成以后，多年来历经改革的风风雨雨，屡遇粮食的多多少少，经受了几次考验：（1）1991年淮河等流域发大水，淹没江、浙、皖、豫、湘等几省沿河地区，国家动用了专储粮500万吨救灾，稳定了局势。（2）1993~1994年通货膨胀，粮价上涨，动用专储粮2000多万吨，挂牌销售，平抑粮价，稳定了市场。（3）1998年长江大水，动用了部分中央与地方粮食储备，度过了困难。此外“非典”、“禽流感”期间，南方少数城市也出现过抢购大米事件，是属小范围的波动，均因有粮在手而平息。与此同时，还经过了两次出现卖粮难、粮价下跌的考验。一次是1996~1999年连续丰收，国家大量收购余粮，使粮食库存创纪录地达到1亿多吨的高水平。另一次，就是去年到今年开始出现的早稻、小麦丰收后的卖粮难，国家采取托市收购的办法，中储公司发挥主渠道作用，仅今年就收购小麦4125万吨、早稻375万吨，保护了粮农的利益，刺激了粮食生产，稳定了粮食市场。

从十多年实践中可以得出以下结论：

（一）以中央专储粮为核心的国家粮食储备体系，是粮食工作最重要的“蓄水池”。是改革开放以来粮食工作最重大的成就，是国家对粮食宏观调控的最重要的物质基础，是国家粮食安全的重要保证。在今后的粮食工作中将发挥更加重要的作用。

（二）在市场经济中发挥国有企业的主导作用。在改革开放、走向市场经济中，作为主渠道或起主导作用的国有参股、控股企业，在改制重组以后，力量保存得最完整、实力最强大的就是中储粮垂直管理体系及其管理者——中储粮管理总公司。它在市场经济中的粮食主力军的地位和作用日益显露出来。尽管目前还有这样或那样的缺点，体制、机制上也有待完善，但其地位和作用是不能削弱的，我们的责任是帮助他们改进提高，发展壮大。这是粮食工作的大局所在，关系全局。

（三）中国的仓储设施、保管技术、专用港口码头建设已达到和接近世界先进水平。特别是我国这套技术和办法，是先进实用技术，符合发展中国家的实际情况。为发展中国家解决粮食问题，树立了榜样。这些先进实用技术，也适合在发展中国家推广。

（四）中央储备粮体系的建设来之不易。这是先辈们在党和政府领导下艰苦创业、改革创新所取得的成果，是粮食战线几百万职工心血的结晶。我们从事这项工作是光荣的，我们一定要有使命感、责任感，把这一体系不断完善，不断发展，为国为民做出应有的贡献。

粮食安全库存量化指标的研讨

建立国家粮食储备制度的重要性，已成为大家共识。问题在于，在我们这样一个人口多、发展不平衡的大国，粮食库存保持在什么样的水平比较恰当。如果存量过大，则既不经济，也浪费资源；如存量过小，则难以应对自然灾害和突发事件，对国家粮食安全的大局不利。中国粮食经济学会和中国粮食行业协会为此组织了课题组，根据我国的实际情况，参照国际上的经验，作了研究比较，提出以下意见。

（一）粮食总库存安全系数应为34%左右，即4个月的消费量。从1980年至2005年我国26年间粮食库存统计分析，国家粮食安全库存系数平均为34.1%，保持这样的水平，总体上处于粮食生产和消费平衡，丰年略有结余，歉年略有缺口，市场比较平稳，粮食供求比较正常，人心比较安定。因此，我们认为：我国粮食库存安全系数应控制在34%左右，即4个月的消费量，以此为警戒线，即进入“黄灯区”的警示线。按目前全国的一年消费量为49500万吨计算，34%即为16830万吨，即3366亿斤为宜。这包括中央储备、地方储备和周转储备在内。从历史上看，低于这个数字，就会出现粮食紧张、粮价上涨的局面。

（二）国家储备应保持在25%左右，即3个月的消费量。在国家粮食总库存中，中央、地方、企业周转各占多少为宜？课题组也进行了测算。鉴于市场化改革以后，利益关系多元化和储粮主体多元化，现在周转储备大幅减少，地方储备略有增加。我们不能把责任统统加在中央财政上，在粮食库存上，要实行“稳定中央储备，增加地方储备，鼓励企业储备，提倡农民存粮”的方针。

从长期的实践看，国家储备粮（即中央、地方各级政府储备）最少不能低于25%，这是可用于国家宏观调控的库存。即不少于3个月的粮食消费量，这是红线，低于这个数字，就进入“红灯区”，突破了警戒线，就会产生风险。接近几年粮食消费量4.9500亿吨计算，即不少于1.2375亿吨。其中：中央储备粮近期稳定在××××万吨左右；地方储备（重点是沿海地区和大中城市），保持在××××万吨左右，现在地方储备粮才××××万吨，要增加。

至于企业周转储备，由于企业改制后，利益主体发生变化，企业都不愿意多存粮。因此，要考虑采取一些鼓励政策。争取周转储备能达到4500万吨左右，粮食安全就更有保证。

农民储粮，近年来呈下降趋势，特别是东部沿海经济发达地区的农民，基本上不存粮。因此，要采取支持、鼓励措施提倡和帮助农民储粮备荒。

（三）调整储备粮的结构和布局。需要总结经验，研究出具体的办法，及时予以调整，以充分发挥储备粮的作用。

立足创新　进一步完善中央储备粮管理体系

在中央储备粮的带动下，目前我国已形成中央储备粮为核心、地方储备粮为支撑的国家粮食储备体系。中央储备粮体系有着示范、带动作用。特别是“十一五”时期及今后，我国粮食供需处于紧平衡的新局面，国家粮食安全仍然是粮食战线必须关注的头等大事。胡锦涛同志在党的十六届六中全会上指出：“始终绷紧粮食这根弦，一刻也不能放松”。在粮食安全问题上我们一定要做到万无一失，绝不可有丝毫的松懈与延误。

在维护国家粮食安全中，中央储备粮体系担负着重要的任务。国务院今年发出的〔2006〕16号文件再次强调“要充分发挥中央储备粮在调节供求平衡、稳定粮食价格、保护农民利益、确保国家粮食安全等方面的重要作用。要加快建立符合市场化改革要求的中央储备粮调控机制”。

我们的任务就是立足创新，进一步完善中央储备粮管理体系和调控机制。要根据党的十六届四中、五中、六中全会精神，在科学发展观的统领下，搞好科学保粮、合理轮换、强化管理、搞活机制等项工作，完成“两个确保”，使中央储备粮体系发挥其主导作用。

第一，要科技创新，在科学保粮上取得新突破。以中央直属库为代表的我国储粮技术与保管水平，已基本达到世界的先进水平，在世界上是一流的。但随着新技术革命的开展，特别是生物技术、信息技术日新月异的发展，我们应向更高的水平、更高的标准前进。“十一五”期间要向以生态理论为指导的绿色、高效、实用的仓储技术发展。要促进储粮方式由传统型向绿色生态型转变。比如熏蒸杀虫药，我们要在中草药研究等方面取得新进展，逐步用天然植物性药物代替化学农药。要在以改善储存环境、提升保管质量、降低储藏成本、提高监管手段为主要取向方面下大力量，搞好自主创新，走出一条效益好、质量高、无污染的新路子。

第二，在构建现代粮食物流上要率先取得突破。现代物流是“第三利润源”。中央储备粮体系把全国现代化的大粮库和现代化流通新设备都集中在自己系统中，有得天独厚的条件。因此，我们推广以新型散粮装运方式带动的高效快速的粮食物流技术。要发展散粮物流技术、集装化装备、现代物流信息技术，使之标准化，构建高效、便捷、安全的现代粮食物流体系。在这方面，中储粮系统要在国家的统一规划下，起带头和骨干作用，以增强应对突发事件的快速反应能力。

第三，要创新机制，加快建立符合市场化改革要求的中央储备粮调控机制。这主要有两方面：平时正常性的吞吐轮换和突发事件紧急时的快速反应。这两个方面，我们要总结经验，研究改进完善新机制、新模式、新办法。

关于合理轮换：这是储备粮包括轮进和轮出的问题。如能掌握好力度，把握好商机，我们就可能做到保值增收，取得良好的经济效益与社会效益，并为支持“三农”做出更好的贡献。鉴于改制以后，国有粮食系统已发生根本性的变化，因此，适应新的形势，要推广一些储备库的好经验，以储备库为支点构建新型的粮食收购与销售网，使储备粮能够及时地、正常地运转，减少成本，提高效益，发挥作用。要创造一些新的机制，新的模式。在市场经济时代，谁掌握了购销网，谁就能立于不败之地。此外，在储备粮、陈化粮的竞价销售方式上，也要总结经验，力求避免腐败现象的发生。要学会运用市场，加强透明度和公正性，促进规范、有序的粮食市场的巩固与发展。

关于动用储备粮的应急机制：各地已经作了一些安排，主要是在突发事件和紧急情况发生时，能调得动、用得上，在稳定市场、确保供应上不出问题。这方面我们还没有经过三个考验：一是重大的、时间长的突发事件，如“非典”等考验；二是全国性减产造成大面积缺粮的考验；三是国际粮价暴涨，引起国内粮食市场波动的考验。在防范重大突发事件风险中，我们要重视弱势群体（如城市下岗工人、农村失地农民）、敏感群体（如大中学生）等的工作，确保不受大的影响。对贫困缺粮地区也要更多地关注，避免出现问题。

总之，中央储备粮体系建立10多年来，在新形势下，要善于总结经验，不断创新，与时俱进，担负起我们的责任。

第四，要善于协调，处理好与各方的关系和矛盾。粮食工作牵涉许多方面，既要处理好生产者的关系，又要处理好经营者、消费者的关系；既要考虑产区，又要考虑销区；既要注意中央财政，又要注意地方财政；既要安排好国内市场，又要关注国际市场；既要和粮食行政部门打交道，又要和十多个有关部门打交道。所以，粮食工作是经济上许多矛盾的焦点，涉及方方面面，联系千家万户，需要在党和政府的统一领导下，协调处理好各方面的利益。特别是在粮食流通体制改革深入以后，不少职能都由国家委托给中储粮系统去办。这就加重中储粮系统的责任。要善于处理好各方面的关系和矛盾。过去我们的做法是从全局出发，少扯皮，多协商；少埋怨，多争取；少告状，多商量，主动上门，积极工作，就会取得成效。特别是粮食部门内部几家一定要以“天下粮食是一家”的精神，处理内部矛盾，切忌打内战。

第五，中储粮系统要加强软实力的建设。我认为除加强系统内硬实力的建设外，还要根据党的十六届六中全会关于构建和谐社会与和谐文化的精神，进一步加强中储粮系统的软实力的建设，特别是企业文化的建设。在这方面最重要的是抓两个根本点：一是“以人为本”，形成企业文化的亲和力，使企业全体员工亲如家人，和谐相处，发挥出无穷无尽的创造力。二是“诚信为本”，树立企业的公信力。在这两方面下功夫，企业文化就会上一个新的层次与水平，就会兴企育人，培养更多人才，保持良好的风尚，形成独特的企业文化，长盛不衰。

以上意见，是一个“老粮食”的经验之谈，仅供参考。

新时期粮油企业经营发展战略探讨*

（2006 年 12 月 6 日）

在党中央、国务院一系列支农惠农政策和改革措施的支撑下，我国粮食生产从 2004 年起，连续三年丰收。粮食总产从 2003 年的 43069 万吨，上升到 2004 年的 46947 万吨，2005 年的 48402 万吨，再到今年的 49804 万吨，三年共增产 6735 万吨，这是历史上没有的。虽然还是恢复性的增长，还没有达到历史最高水平的 5 亿吨，但这是在耕地面积减少 1 亿多亩的情况下取得的，是来之不易的。这样就使这几年的粮食供求保持了基本平衡，虽有缺口，由于库存充裕，挖一些库存也就过去了。现在，国家粮食库存在安全系数以内，粮食市场基本稳定，是很好的形势。

从粮油企业的情况看，总的形势是进入了成长期，这是当前的特点。粮油企业已从低谷走出，从起步阶段，进入了成长的新时期。其标志有以下四点：一是国有粮食企业经过深化流通体制改革的阵痛以后，开始复苏。这几年下岗分流了近 220 万人，卸下了沉重的挂账包袱，改制后的企业满怀希望地投入运营，正蓄势待发。二是民营企业异军突起，经过起步阶段初步的原始积累后，目前正以强烈的扩张愿望和兴家立业思想，加快扩大发展的步伐。三是粮油企业的设备更新、技术改造的周期已经到来。前几年设备更新、技术进步的重点在粮食仓储企业，现转到加工、流通和整个粮食物流环节。目前这段时间，正是粮机行业的黄金时期，粮机十分畅销。四是从经营状况看，2005 年粮油加工业包括碾米、面粉、油脂行业已经全面盈利。据中国粮食行业协会的统计，2005 年全国入统的粮油工业企业 11118 个，实现工业产值 3011. 2 亿元，比上年增长 22. 5%；利润总额 42 亿元，增长 140. 8%，从业人数 37. 8 万人，增长 8. 7%，特别可喜的是入统企业的资产负债率由上年的 71. 9%，下降为 63. 9%，一年降低 8. 3 个百分点，这表明企业经营状况已经开始好转。至于粮油购销企业，也扭转了亏损局面，转向盈利。再加上目前国内市场和国际市场的需求也比较旺，市场空间大。所有这些表明我国粮油企业开始进入极为宝贵

* 这是白美清同志在全国大型粮油企业第二届年会上的讲话。

的成长期。这是与全国经济增长的大环境一致的。这也是粮食放开市场，走向市场化、国际化的首次良机。

在盼望已久的企业成长期到来之际，所有的粮油企业及其领导人都要考虑不要错过良机。企业的成长阶段比起步阶段情况更复杂，矛盾更多，特别是容易患“热症”，头脑发热，盲目行动。因此，一定要在科学发展观的统领下，总结经验教训，树立理性经营的观念，转变增长方式，调整发展战略，充分利用商机，乘势而上，在竞争中取胜。这一时期，挑战与机遇并存，风险与希望同在，关键在企业自身的决策和行动。这是一场马拉松赛，不久就会在企业之间拉开距离。企业的整合提升、兼并重组也势在必行。

根据党的十六届四中、五中、六中全会精神，我们要把“十一五”期规划落实到企业上，特别是要着重培育一批拥有自主知识产权、具有核心竞争力的大型企业，形成以骨干企业为龙头、中企业为依托、布局合理、分工合作的企业群体，成为国家宏观调控的主要载体，国家粮食安全的可靠支柱。这样，我们才能在国内市场占主导地位，在国际市场占相应的地位。根据对一些企业的调查，我们认为，当前在企业成长期中要注意以下问题。

加快经济增长方式的转变与创新　防止盲目投资和产能过剩

在企业发展时，要特别注意转变增长方式，创新发展模式。所有的粮油企业，特别是骨干企业一定要把习惯于量的扩张，转到质的提高上来；把外延扩张，转到内涵发展上来；把“以量取胜”，转到“以优取胜”上来。要切切实实在产品的创新、管理的提高、技术的更新上下功夫。要吸取过去的经验教训，树立理性经营的观念，理性思维、理性决策、理性投资、理性行动，掌握规律性，避免盲目性。切忌头脑发热、浮躁跟风、凭经验办事、靠感觉指挥。作为企业的领导人，要从长远上、全局上、战略上考虑问题，把握时机，不要为表面现象所迷惑，为短期利益所驱使，一切以经济效益和社会效益为中心，多思而后行，多谋而后断，才能稳打稳扎，稳操胜算。

企业在扩张时，应当头脑清醒，避免陷入“两个陷阱”：一是盲目投资，过度扩张，产能过剩，在“热点地区”、“热点产品”上跟风上项目，搞重复建设，结果事与愿违，栽跟头，甚至破产。二是盲目多元化经营，插手不熟悉的行业搞跨行业经营。隔行如隔山，对不熟悉的产业，投资一定要慎之又慎，有时陷入了就不能自拔，不可收拾。投资扩张要注意资金、技术、管理、市场、人才等几大因素的配套，事先做好科学评估。不论民营企业和其他类型的企业，都必须注意决策的科学化、民主化，事先做好可行性研究，绝不可草率从事，要有防风险的预案。此外，还要注意扩张建厂，不是简单地复制“老厂”、复制“落后”，而是要有所创新。

实施科技创新与名牌战略　以自主创新塑造自主品牌

当今世界已从产品时代进入品牌时代。谁拥有科技含量高、质地优良、知名度高的名牌，谁就拥有市场的控制权与主动权。我们对名牌战略，要有新的更高的认识。品牌是企业的科技、管理、经营等各个方面的综合体现，是企业极为宝贵的无形资产，是企业是否成熟的标志。只有有了大品牌，才有大市场，才会形成真正意义上的大企业。我们的骨干企业一定要下决心建造名牌工程，要通过科技创新拥有自主知识产权的自主名牌。要有自己的知识产权，自己的发明创造，自己的“秘方”，自己的看家本领，争取上更多的中国名牌和世界名牌。国外舆论非常关注中国企业的名牌工程，他们指出：“品牌可以说是集软实力之大成”，“国际社会对‘中国品牌’的评价，将成为经济不断崛起的中国能否在世界经济舞台上站稳脚跟的晴雨表”。“这个国家的不断自我创新是中国‘品牌’的核心所在”。所以，实施名牌战略具有深远的意义，是关系到建设创新型国家的重大问题。

企业要把创名牌的过程，作为提高企业整体水平和队伍素质的过程。企业领导者要亲自抓，各方面配合，制定规划，突出重点，攻克难关。创名牌的核心，在于科技创新，提升科技水平，加大科技含量，在关键技术上拥有自己的知识产权。为此，需要在产、学、研相结合上，取得新的突破。

当务之急，是要通过整合小品牌，形成大品牌。在整合中增加科技含量，提升产品档次。要克服思想上、体制上的障碍，加快整合步伐，向名牌化、系列化方向发展。明年，在评选“中国名牌”中，将重新评定大米、米粉的名牌，各有关企业要事前做好准备，打好争取上“中国名牌”的第三战役，让更多的产品获得这一殊荣。

推进产业化经营 延伸完善产业链

从世界企业发展史看，国际上的大企业集团和跨国集团公司的发迹之路，基本上有两个共同点：一是向产业链的上游、下游延伸，形成产业化、系列化的完整的产业链。二是在自我滚动发展基础上，扩大联合。如世界最大的粮商美国的嘉吉公司等，都是这样发展起来的。从我国粮油行业发展的历程看，我们大多偏重于横向发展，按老厂的面目复制新厂，扩大规模。这在一定时期、上一定项目也是必要的，但还要注意另一个方面，即从上、下游延伸产业链。粮油工业是涉农工业，是食品工业，一方面连着农民，一方面连着消费者。要考虑从田间到餐桌的系统的、综合性的、完整的产业链，以资源的优质组合，实现效益的最佳化。因此，要考虑向上下游延伸的问题，这也是企业快速发展的又一重大战略问题。

向上游延伸，就是要向农民种植户延伸，为农民提供综合性的服务，并结成多种形式的利益共同体。如“公司＋基地＋农户”、“公司＋合作社、协会＋农户”、“公司＋农村服务社＋农户”等模式，逐步发展为向农民提供种子、肥料以及售后服务等一系列服务，形成一体化经营。各地企业都有许多创造，要总结推广，由简单向复杂、由低级向高级发展。要把为“三农”服务、增加农民收入作为义不容辞的社会职责。这也是企业发展的正确途径。骨干企业对农业产业化的带动力较强，防风险的机制较健全，应在这方面发挥更大作用，不仅农民得实惠，企业也得到发展。

向下游延伸方面，要在资源的深度加工、综合利用上下功夫，这方面的潜力很大。企业要注意向资源节约型、循环经济型、环境友好型发展，实现转型，以取得更大的经济效益和更好的社会效益。

加大联合、合作的步伐 走大市场、大企业发展之路

随着经济全球化的深入，随着市场国际化的发展，当前企业之间的联合、兼并、重组已经成为新的趋势。单个企业的力量毕竟是有限的，只有联合，才能

实现优势互补，挖掘潜力，取得“1+1>2”的效果。从我国粮油企业来看，资源不少，数量不小，但组织化程度不高，企业领导特别是领军企业的实力和气魄还不大，这是根本的弱点。这方面与国际大企业相比，差距是不小的。只有走联合、合作之路，提高组织化程度，才能迎头赶上，跨入世界级大型企业行列。因此，我们的企业不仅要学会竞争，而且要学会“竞合”，要出大手笔，做大文章。这是粮油企业发展中的又一个战略问题，现已提到议事日程。前几年，一些骨干企业在合作上作了一些探索，积累了一些经验，今后要迈出更大的步伐。

要扩大联合，首先要更新观念，树立大联合、大协作的思想。从全国看，企业的规模小，实力弱，在全方位、深层次的竞争中，优胜劣汰，重新组合不可避免。由于种种原因，我国的不少企业家往往“宁为鸡头，不为凤尾”，你不服我，我不服你，要联合，首先要扫除思想障碍。特别是领军企业，领军人物一定要有大将风度和气魄来对待联合，这是至关重要的。我们要敞开大门，欢迎企业之间携手合作，发展各种形式的联合，这是大势所趋，人心所向。

联合要采取灵活多样的形式。从初级到高级的，从业务合作到资产联合，摸索新的合作模式。如：(1) 联合投资办厂；(2) 联合采购原料；(3) 产区销区之间稳定的、新型的合作；(4) 联合出口防止削价竞销；(5) 联合科技攻关；(6) 条件具备时实现强强联合，这是高级形式，需要一定的磨合期，力求搞好。联合中要坚持平等、自愿、互利、双赢的原则，联合的主导方要有气度，处理好各种关系；联合要有好的机制，好的规划，好的起步，使各方从联合中得到实惠。这样联合才能巩固。

这里说一下“走出去”的问题。从目前国内、国际的情况看，是“走出去”的好时机。有条件的粮油企业可以尝试，只要积极稳妥去进行，就会取得成效。我们打算从以下四个方面推动：(1) 粮油机械的出口；(2) 到周边国家投资办厂；(3) 承包粮油设施和仓库建设工程；(4) 做好传统的粮油进出口业务，尤其是推动杂粮的出口。这方面将召开会议，交流经验，作出安排部署。

提升企业文化建设水平　增强企业的亲和力和公信力

企业文化是企业发展的精神支柱，是企业兴旺发达的动力。当前要贯彻落实党的十六届六中全会关于构建和谐社会和建设和谐文化的指示精神，把企业文化建设提到新的层次、新的水平。

根据党的十六届六中全会精神和树立“八荣八耻”观念的指示，我认为企业文化的提升，要抓住两个根本点，即：“以人为本”，树立企业内部的亲和力；“诚信为本”，在外部树立企业的公信力。

在企业中，要培育企业文化的亲和力，即亲如一家，和睦相处，共享创造的财富，分担企业的风险。不论国有、民营、股份和其他成分的企业，都应十分重视这一问题。要坚持“以人为本”，尊重全体员工的积极性、创造性。使职工具有爱国爱民、敬业创业的思想。企业要有一种既能体现中华优秀文化传统，又能体现改革创新的时代精神的新文化、新风尚，使社会主义核心价值体系落实到实处，贯穿在企业员工的行动中。要注意最大限度地激发职工的活力，发挥职工的创造精神，向“三个创业”的方向前进：自主创业、艰苦创业、和谐创业。不少企业把企业领导与职工、老板与职工当成伙伴关系，而不视为雇佣关系，把职工当成大写的“人”对待，在企业的人与人的关系上注入了新的内涵，对职工体贴入微，在机制上、制度上采取一系列保障措施，使职工感受到企业的温暖，看到了发展的远景，与企业形成休戚与共的关系。这些举措就具有深远的影响。每个企业都要落实中央指示的精神，推动企业文化向更高层次发展，形成本企业具有个性、具有特色的新文化，使企业成为既是产品的基地，又是育人的摇篮，这样才能百年不变，长盛不衰。

企业文化的另一个根本点就是要树立“诚信为本”的思想。市场经济，就是信用经济。以“诚信为本”是中国人民经商的优良传统。历史上的儒商以及近代的徽商、晋商、浙商都是很讲信誉、守承诺的。至于粮食系统，多年来也都是货真价实、讲求信誉的，这是我们的“金字招牌”，在老百姓心中有很高的信誉。在市场经济初期，现在沉渣泛起，这方面还未上轨道，假冒伪劣，不讲诚信的问题非常突出。我们必须全社会重视，综合治理。从企业和企业家来讲，要从我做起，从本企业做起，树立起“以诚待人”、“货真价实”、“童叟无欺”的好形象，使企业的公信力得到提高，这样才能取信于民、取信于市，兴旺发达。

“十一五”时期，是粮油企业成长的关键期，也是转型的关键期。我们应在党和政府的领导下，改革创新，奋力拼搏，构筑起新的粮食流通服务体系，为保证国家的粮食安全，为支援“三农”，建设社会主义新农村和构建社会主义和谐社会做出新的贡献。

二〇〇七年

国家粮食安全战略几个新问题的探讨*

（2007年4月21日）

去冬今春，小麦、玉米价格曾一度出现上涨，在政府的调控措施出台以后，很快恢复了正常。从2003年以来，类似的小幅波动已出现过几次。粮价波动，原因是多方面的。但我认为，我们应当察微知著，这些波动从另一个侧面说明，我国的粮食安全基础还不巩固，某些方面还是比较脆弱的。我们任何时候都不可掉以轻心。今年“两会”期间，胡锦涛同志对各级干部提出，要进一步增强忧患意识、公仆意识和节俭意识。粮食安全、能源安全、金融安全是左右我国经济全局的大事。从我国的基本国情、基本粮情出发，对待国家的粮食安全，一定要居安思危，处丰虑歉，保持清醒头脑，怀有忧患意识。这绝不是把粮食安全问题“人为地扩大”，而是我们必须面对的现实，必须长期正视的困难与挑战。近几年来中国粮食行业协会与学会对粮食安全问题作了初步的研究，这里提出以下几点看法与大家共同探讨。

充分认识新形势下国家粮食安全具有的特殊意义

进入“十一五”时期以后，我国粮食形势继续保持良好局面，粮食产量增加，供应充足，市场稳定，为支撑国民经济的高速增长起到了良好的作用。但我们也要看到存在的问题与不足。粮食工作当前出现了以下新特点：

* 这是白美清同志在第十一届中国粮食论坛上的发言。

（一）粮食放开后市场供求进入紧平衡的新时期。自1993年全国粮食市场初次放开到2004年重新全面放开，政策几经调整，终于走上市场化改革的新阶段。市场放开后，这几年我国粮食供求总量大体在4.9亿吨至5亿吨之间，实现基本平衡。这几年总供给赶不上总需求的增长，供需出现一些缺口，主要靠挖库存和适当增加进口解决。20世纪末21本世纪初供求矛盾出现偏松的时期已经过去，事实上已进入紧平衡的阶段。

（二）粮食生产进入新的周期。在1998年粮食生产达到5亿吨高峰以后，21世纪初逐步下降，2003年最低降到4.3亿多吨。从2004年开始，中央采取一系列强有力的惠农政策，粮食产量逐步回升，2006年达到49804万吨，三年共增产6735万吨，平均每年增产2244万吨，这是罕见的奇迹。从过去的经验看，往往在增产高峰以后出现波动，产量下滑。以此推算，今年明年有可能出现粮食产量曲线开始下降的现象，进入一个新的生产周期。

（三）粮食行业正处在整合的关键时期。粮食流通体制改革过程中，全国粮食职工下岗分流230万人。国有粮食企业正处在改制重组的紧要关头，多种经济成分的企业也还在积累力量。为计划经济服务的旧的运行体制结束了，但新的粮食流通服务体系还未建立和健全起来，这是当前迫在眉睫必须解决的任务。企业改制的关键是要重新整合各种资源，构建起新型的粮食流通服务网络，以确保在新形势下粮食流通的良性循环，正常运转，送到千家万户手中，而不是变卖资产，各奔前程。正是在当前企业处于整合的关键时刻，又需要确保粮食安全，因而难度相当大。

（四）全球粮食生产处于徘徊期。纵观世界粮食形势，据联合国粮农组织的统计，粮食产量在19亿吨至20亿吨之间已经徘徊了几年，全球粮食的贸易在2.5亿至2.6亿吨之间徘徊已有10年，而大米贸易量仅占其中1/10。国际市场上回旋余地并不大，想主要依靠进口粮食或到国外去垦荒来保障国家粮食安全是不现实的。

随着人民生活水平的不断提高，“种什么吃什么”的传统观念逐步被打破，现在讲究的是吃精、吃细，粮农把粗粮、杂粮出售，买进精粮、细粮，粮食的品种结构矛盾逐渐突出，工作难度也越大。我认为今后几年国家粮食安全处在一个新的考验期。粮食是一个十分敏感的商品，特别是今年要召开党的十七大，明年要召开十一届全国人大一次会议，还要举办奥运会，全世界都在关注我们。所以这两年非常重要，在粮食安全上绝不能出任何问题，这是全国粮食行业重大的政治任务。

当然，并不是说，当前粮食安全就会出现什么问题，因为国家的储备粮是充足的，粮食的综合生产能力达到了新高，有较为雄厚的物质基础，完全可以应对各种紧急状况。但是，必须看到，由于我们耕地的递减，水资源的不足，主产区积极性不高等等，如果再遇到较重的自然灾害或其他突发事件，就会产生极大的冲击波，对国家粮食安全形成威胁。对此我们不得不防，时刻保持清醒的头脑。

总结经验教训，坚持改革创新，走出新路

改革开放20多年，我们在推进粮食流通体制改革，保证国家粮食安全上作了许多探索，有许多宝贵的经验，也有过极为深刻的教训，付出了相当沉重的代价。我们应当在邓小平理论、“三个代表”重要思想和科学发展观的统领下，实事求是地总结经验，坚持改革创新，在解决中国13亿人口的吃饭问题上走出一条新路，把国家粮食安全这篇大文章做好，为建设社会主义新农村、为构建和谐社会、为实现全面小康的奋斗目标做出应有的贡献。在搞好国家粮食安全上，我和一些“老粮食”多次酝酿，我们认为吸取过去的经验教训，要坚持以下原则和指导思想，即：“立足国内、偏紧平衡、稳定生产、适量储备、市场运作、宏观调控、引导消费、搞活企业”。这是我们的一点心得，抛砖引玉，和大家商榷。

立足国内：中国是一个人口众多、资源不足的发展中国家，中国的粮食安全主要依靠自力更生来解决。我们认为，要争取粮食的自给率保持在95%左右。丰年少进口一些，歉年多进口一些，力争国内的粮食产量保持5亿吨至5.5亿吨左右。

偏紧平衡：总供给量与总需求量之间基本实现平衡，近几年大体维持在5亿吨水平上求平衡。适当利用国际市场、国际资源做一些调剂。

稳定生产：粮食生产必须稳定增长以满足国内不断增长的需求，尤其是要保护耕地和水资源，推广良种，确保产能，坚持做到国内粮食基本自给不动摇。

适量储备：在中国这样一个人口大国，建立粮食战略储备是必要的。但储备要适量。根据改革开放26年的推算，储备粮食的数量保持在供应量4个月

为宜，主要由中央储备、地方储备组成。企业储备现在大量减少，要采取措施逐步恢复。储备量在年消费量的 4 个月以下就进入“黄灯区”，低于 3 个月以下，将进入“红灯区”，就会出现市场波动。在储备结构上也要加以调整。

市场运作：坚定不移地坚持市场化改革的方向，运用市场机制形成市场价格，刺激粮食生产，引导粮食消费，实现产销平衡，供需接轨。

宏观调控：粮食是关系国计民生的重要商品，国家的宏观调控绝不可少。要改进、完善、加强宏观调控，包括储备粮的吞吐调节，保护价的实施，进出口的调剂等。

引导消费：中国人均粮食只有 380 公斤左右，我们在消费方式上绝不能盲目模仿西方，要创造适合我国国情、有利于人民健康的膳食模式。目前盲目追求吃精米精面、“越白越好”的观念要加以改变。要在全社会倡导节约粮食之风。

搞活企业：要发挥粮油企业作为市场主体的作用，发展壮大多成分、多类型的企业。要着力培养具有核心竞争力和自主知识产权的大型骨干企业和企业集团，以带动粮食产业化、流通现代化的发展。要形成以大型企业为核心、中小企业为依托、分工合作、布局合理的企业群体，形成产业链，构筑新型收购网和销售网，为粮食的有序流通服务。要继续发挥国有粮食企业的主导作用，发挥民营等各类企业的积极作用。

国家粮食安全体系是个科学的系统工程。把握以上原则，结合各地的实际情况，不断改革创新，就有可能走出一条适合我国粮食实际情况的新路。

关注改进、克服我国粮食安全中的薄弱环节

根据多年的观察，目前我国粮食安全体系存在两大薄弱环节：

一是主产区和种粮农民的积极性不高，这将影响我国粮食综合生产力的提高和供应能力的改善。目前国家采取许多惠农政策，是卓有成效、非常必要的，但这远远不够。我们注意到国务院提出了耕地要保住 18 亿亩这条红线，采取了一系列惠农政策，这是必要的。我们从多次到产区调查中发现，目前种粮农民的积极性仍然不高，特别是从事农业的劳动力越来越少，素质越来越差，农村青壮年农民纷纷外出打工，留在家里干农活的基本是妇女和老人。这样无序流动下去，就会削弱粮食种植业。人是生产力中最活跃的因素，我们建

议，不仅要保18亿亩耕地这条红线，而且要保住一支有素养的农业劳动力从事粮食生产，这样保住粮食才能有希望，这也是一条红线。否则，像现在这样自发地调整、自流地出去打工，二三十年后的农业第一线，有技术的素质较好的农村劳动力可能所剩无几。为此，现在就要及早规划采取必要的措施。

与此相联系的就是主产区的积极性。多年来主产区为粮食作了重大贡献，但落得个“高产穷县”的下场，我们接触到主产区的市、县领导，他们都对抓粮食感到吃亏，啧有怨言。目前粮食的调出省，已由20世纪90年代的16个减少为10个左右，将来会难以为继。因此，不仅要给种粮农民以应得的利益，而且要考虑从财政上给这些主产地、县以更大的实惠，这样才能使粮食生产得到可靠的保证。

二是在计划经济时期国有为主的粮食流通服务体系解体后，现在是真正意义上的多成分、多渠道、多方式经营。但我们这样一个经济发展极不平衡、人口众多的国家，需要构筑起适合市场经济的新型粮食流通服务体系，也绝非易事。现在可以说是具备了雏形，要真正适应紧急状况，调得动、供得上，满足这么多人口的需求，还需要费很大的功夫。我们目前还没有经受过发生重灾的考验，没有经过时间较长的突发事件的考验。这方面还有很多不足之处，工作中还有不少缺点、弱点。零售服务，在大中城市除少量超市外，其余基本上靠集市贸易，靠小作坊、小企业、小商贩、个体户营销，基础是不巩固的。真正发生事情以后会怎样，谁也说不准。因此，我们要以科学发展观为指导，总结经验，加强新型的粮食流通服务体系的建设，这也是当务之急。

我们认为，在生产、流通两个主要环节上要下功夫，而且是长期的任务，才能立于不败之地。这样做，就能安全无虞地应对各种不测事件，而所付出的代价也较少。

最后，需要强调：确保国家粮食安全是全国粮食企业的社会责任和神圣职责。粮食是覆盖面广、牵涉面宽、最为敏感的战略性商品，关系千家万户，利益涉及方方面面，在我们这样一个有13亿人口的发展中国家，确保国家粮食安全是件头等大事，任务艰巨，责任重大。所有的粮食企业，所有从事粮食行业的人员，不分东西南北，不论国有民营，不管产区销区，都要以大局为重，以惠农为本，把维护国家粮食安全作为义不容辞的社会责任和神圣职责。在自己的业务实践中，用实际行动证明是社会的负责任的成员，为确保国家粮食安全，为支持“三农”，建设新农村和构建和谐社会做出新的贡献！

稳步“走出去” 开拓新天地*

（2007年5月17日）

这次在参加中国企业跨国投资研讨会期间，利用这一良好的机会和有效的平台，我们举办了中国粮油企业、粮机企业的“走出去”战略研讨会。全国知名的米、面、油加工企业和粮油机械的著名厂商共聚一堂，商讨落实党中央、国务院关于走出去的战略部署，交流经验，研讨对策，是一次意义深远的会议。这对于全国粮油系统、粮机企业开拓进取，在国际市场中经风雨，受磨炼，全面提升企业的竞争能力和综合实力，具有重要的作用。

改革开放28年来，我国粮油工业和机械制造业在党中央、国务院的正确领导下，有了飞跃的发展。全国目前共有米、面、油规模以上的加工企业1.1万家，产值达到3700亿元左右，成为国民经济的一支重要力量。特别是在维护国家粮食安全、保障军需民食、支持新农村建设、搞好和谐社会基础等方面发挥着不可替代的作用和重大的影响。经过前一阶段的工作，目前我国粮油企业和粮机企业“走出去”的条件已经成熟。

从粮油行业本身的情况看，有以下几个特点：一是粮油行业20多年来，经过引进、消化、吸收、创新，许多技术和产品已经接近和达到世界先进水平。特别值得指出的是，我们的产品以其先进性、经济性、实用性深受发展中国家的好评，适合广大发展中国家粮油工业的需求。二是一批具有经济实力和竞争力的大型企业茁壮成长，已成为“走出去”的中坚力量。据初步统计，面粉年产20万吨以上的企业已近30家（其中年产50万吨以上的已达5家）；大米年产20万吨以上企业已达20家（其中年产40万吨以上的已达4家）；植物油加工企业更是跨越式发展，目前日处理1000吨以上的油厂已达40多家。这在世界粮油界来说，也是位列前茅的。至于粮机制造厂，全国已有10多个骨干企业，其产品已远销国外。三是值得重视的是：在中粮公司等一批重点企业的带动下，在内外结合、工贸结合中，已培养了一批熟悉外贸的人才，大批中青年经营管理和技术人才在市场竞争中积累了经验，增长了才干。所有这

---

* 这是白美清同志在中国粮油企业“走出去”战略研讨会上的讲话。

些，都为企业“走出去”打下了良好的基础。

从我国的宏观经济上看，经过20多年的努力，我国已经跃居世界第四贸易大国。去年，进出口贸易总额已达1.76万亿美元，比上年增长23.80%，尤为值得重视的是：我国外汇储备今年一季度已达到1.2万亿美元，跃居世界第一位。人民币处于增值态势，国家对外汇的管理进一步向偏宽的导向上细化，这就为向外投资，加快“走出去”的步伐创造良好条件和氛围。

从国际经济来看，经济全球化的步伐加快，国际产业结构的调整与转移继续深化。区域经济合作的不断发展，亚洲经济发展强劲，中国与东盟的“10+1”自由贸易区正在启动之中，上海合作组织增加了经济合作的新内容、新动力。“中国因素”对亚洲的影响，对世界经济的影响日益加大，已经成为公认的事实。可以说，中国企业正面临着“走出去”的极好战略机遇期。

当前，我国粮油企业正处在新的成长期。我们既要坚持在国内市场起主导作用，同时也要学会利用两个市场、两种资源、锻炼两种本领，在国际市场上争得应有的地位。事实证明，没有经过国际市场风雨洗礼的企业，不可能成为立于世界先进之林的大企业；没有经历过国际市场风浪锻炼的企业家，不可能成为全面的、成熟的企业家。一切有条件的企业都需要在“走出去”的过程中去接受考验，增强自身的国际竞争力和综合经济力。

对于中国粮油企业“走出去”的问题，我们应在科学发展观的统领下，在立足创新的精神指引下，既要积极进取，又要稳步前进；既要大胆探索，消除神秘感；又要从实践出发，克服盲目性。根据一些企业的经验，要注意以下几点：

第一，要优化结构，扬长避短。从实际出发，一是在周边国家投资兴办粮油加工厂；二是积极组织粮油加工机械的出口，包括主机和成套设备；三是对外承包粮食加工设施建设和粮油仓储工程；四是做好传统粮油产品的进出口业务。要着重培养、发展科技含量高、附加值高的出口产品和技术。

第二，在“走出去”的地区战略布局上要做好“西进南下”。除了传统的地区以外，目前应配合中国与东盟“10+1”自由贸易区的发展和上海合作组织向经济合作方面发展，“西进南下”，拓展市场，进而为将来东亚贸易区的形成及早布点设厂，打好基础。同时需要向中东、非洲拓展。至于西欧、北美、拉美等粮油市场，那里跨国公司已苦心经营多年，但也有机会可觅，有空间可寻，有生意可做，但我们应谨慎从事，逐步开拓，发挥我们的优势和长处，取得进展。

第三，要制定规划，抓住重点。要明确主攻目标，采取切实的步骤和灵活的方式，由小到大，由低级到高级，逐步拓展。企业要根据自己的产品、技术、资金、营销管理、人才培训等各个因素，把工作做细，逐一落实，以期收到应有的效果。

第四，要逐步熟悉当地的风土人情实现本土化。要了解其风俗习惯，贸易法律法规，投资环境，逐步融入当地社会，并且要逐步使企业人才本土化。这一点至关重要。要在当地使领馆和华商协会的帮助下，尽快熟悉情况，打通关系，促进与当地粮油界的合作，以收互利共赢之效。

第五，要注意解决“走出去”的一系列配套服务措施。国务院已经确定，要“引导和规范企业对外投资合作，完善财政、信贷、外汇、保险等政策措施，支持有实力、有信誉、有竞争力的各种所有制企业走出去”。国家有关部门的领导，也在这次会上介绍了有关的政策和措施。协会等中介组织将把企业“走出去”中的意见、要求、困难和建议，向国家有关部门反映，帮助企业解决难题。

我认为，这次会议是粮油行业贯彻“走出去”方针的一次学习会、交流会与动员会。我们希望以这次会议为新的起点，坚持改革开放，立足务实创新，开拓新局面。

新形势下加快粮油企业发展的几个问题*

（2007 年 8 月 2 日）

一年一度的全国大型粮油企业年会，今天由北京粮食集团承办正式开幕。这次会议又增加了一些新成员，表明我国粮油企业特别是大型骨干企业正逐步发展壮大，为行业增添了活力，增强了实力，这是非常可喜的事。我们希望经过若干年的努力，逐步形成以大型骨干企业为龙头、中小型企业为支柱的高效运转、分工协作、布局合理的粮油企业群体，为国家的粮食安全，为支持“三农”、建设新农村作出更大的贡献。

这次大型粮油企业年会是在我国粮油行业处在一个新的发展时期召开的。当前全国粮食形势很好，粮油加工行业持续增长，出现了速度加快、效益提高、从业人员增加的新局面。据中国粮食行业协会的统计，全国 2006 年入统的粮油工业 11719 个，实现工业总产值 3734 亿元，比上年增长 24%；产品销售收入 3730 亿元，增长 24. 50%；出口交货值 39. 4 亿元，增长 21. 2%；实现利润 76 亿元，增长 82%；年末从业人员 41 万人，增长 8. 5%。粮油工业总产值超过 100 亿元的省、市、区有 13 个，比上一年增加 4 个，其中山东、江苏两省突破 500 亿元大关，成为国民经济发展的一支重要力量。

特别值得重视的是：粮油行业的企业组织结构和产品结构继续调整优化，企业的活力增强，生产集约化程度提高，一大批骨干企业经过整合重组，进一步向集团化、规模化、产业化的经营方向发展。其中，植物油加工企业已有两家跻身于世界级油脂十强之列。大米加工和面粉加工企业正在赶上世界级企业的先进水平。这批大型骨干企业在行业中的地位越来越突出，所起的作用也越来越显著。到 2006 年底，年产 10 万吨以上的粮油加工企业已达 123 家，比上年增加 20 家。前 10 家企业的总产量占本行业入统企业的比重分别是：大米占 10. 4%；小麦粉占 17%；植物油占 44. 7%。大型骨干企业在同等条件下，具有更大的创新能力和增产潜力，具有极强的竞争力和开拓力。

把握和用好当前面临的难得的战略机遇期，对粮油行业和企业十分重要。

* 这是白美清同志在全国大型粮油企业年会上的讲话。

我们一定要审势而进，顺势而为，乘势而上，像中央领导所指示的那样，把世界眼光、科学决策和创新精神结合起来，以只争朝夕的精神抢占先机，以自主创新的精神勇攀高峰，从而赢得发展优势，扩大发展成果。否则就会丧失机遇，落伍掉队。

为了抓住和用好机遇，实现行业又好又快地发展，根据这一时期协会作的一些调查，我们认为应注意以下三个问题：

第一，树立“紧平衡，稳价格，保安全，谋发展”的新理念。

了解粮食的供求的总体趋势、市场走向和宏观调控方向，这是每个粮油企业和经营者必须首先考虑的重大问题。

近几年，我国粮食供求形势从偏松向偏紧方向发展，已进入粮食总供给与总需求“紧平衡”的阶段。全国粮食总需求约在4.9亿吨至5亿吨之间。而每年的总供给还未恢复到5亿吨的最高水平。供需缺口靠挖一部分库存和少量进口解决。这种态势将延续相当长一个时期。因为全国耕地减少1.3亿亩，其中水田减少4000多万亩；水资源的制约越来越显著；用化肥农药已达到相当高的水平。而农村种粮农民积极性不高，产区地方政府的积极性也不高。如无重大的科技突破，是很难大幅度增产的。但人口的增长和消费水平的提高，则是呈刚性系数增长。所以“紧平衡”将成为较长时期的特征。应该看到，这几年供需矛盾缓和一点，大量进口大豆起了相当大的缓解作用。

从消费价格水平看，2005年居民消费价格水平上升1.8%，其中粮食价格上升1.4%；到2006年居民消费价格上升1.5%，其中粮食价格上升2.7%。进入今年，消费价格上升的压力加大，今年7月，消费价格上升5.6%，粮食、油脂、肉蛋等都上涨，尤其是猪肉上涨很多。因此，从宏观全局考虑，今后必然会采取坚定的措施稳定物价，特别是要稳定粮价，这仍然是百价之基。尤其今后几年又是政治敏感度极强的时期，稳定物价，保持全社会的和谐与稳定，更是党和政府优先考虑的问题，是宏观调控的重要目标之一。

保证粮食安全，具有深刻的内涵。从宏观、从战略上看，必须保证国家的粮食安全与经济主权。从微观、从产品讲，必须确保产品的质量安全、可靠。食品的安全性，是食品的本质属性。作为粮油企业，作为行业来讲，绝不能让不安全的、有害的食品流入市场，危及人民的健康。我们既要保证国家的粮食安全，又要保障粮油产品的安全性，这是我们义不容辞的社会责任。

我们面临的任务是：既要在紧平衡的态势下保持供需总量的平衡，又要稳定粮价，还要保障粮油产品的安全性，因此任务艰巨、复杂，工作难度加大。这种情况是我们从未遇到过的。当前，有许多难关，还摆在我们面前；有许多考验，还等待我们去经受。在这样的条件下，我们要学会并善于去“谋发展”，创新思路，创新模式，开辟企业发展之途、致富之道。这是有条件做到的。尤其骨干企业比起一般企业来，具有更大的优势。我们的骨干企业应该扬长避短，发挥优势，走出新路。

我们认为，大型粮油骨干企业应当做到：

（一）坚决服从国家的宏观调控。在粮油产品安全上，要以更高的标准、更严的管理，保障产品质量，建立全程追溯体系，从源头抓起，严把质量关，绝不让不安全的食品出厂流入市场，并要相应实行产品召回制。这方面要加强检测，落实责任制，强化行业自律和社会监督。当前，物价是个敏感的话题，粮油企业绝不能违反国家价格政策，哄抬粮价。根据我们多年的经验，在宏观方面，防止“逆向操作”，绝不可去“闯红灯”。

（二）要树立“以优取胜”的理念。要发挥产业链的优势，讲求综合效益；实行精细管理，科学管理，“向管理要效益”；提升粮食现代物流，开辟“第三利润源”。这方面潜力很大。

（三）坚持自主创新，实施名牌工程。提高产品科技含量，用好名牌效应。

（四）要探索新的发展模式和规避风险的新机制。这两方面都应有新思路、新动作，这样才能在竞争中取得主动。

第二，加快转变增长方式，走整合提升、扩大联合之路。

这几年粮油加工企业的数量还在增加，虽然在企业的布局上，特别是在中西部地区新布一些点还是必要的，但各地建新厂的劲头很大。从全局看加工能力已呈严重过剩的状态。到2006年底，全国规模以上入统粮油加工企业11170多个，比上年增加601个，增幅5.1%。加工生产能力严重过剩的状况有增无减，据中粮协的调查统计，大米加工企业生产能力利用率仅为37%，面粉企业生产能力利用率为64%，而油脂加工企业更是大型加工厂的“大重复建设”。沿海从北到南兴建的大油厂星罗棋布，基本上靠进口大豆为生。因此，米、面、油加工业要发展，不是要建多少新厂，搞多少新的重复建设，而是要彻底转变增长方式，从量的扩大，转为质的提高；从新建转为整合资源，优化结构；从单家独干转为扩大联合，互利共赢。这是又好又快地发展粮油工业，形成规模化、产业化、集团化的捷径。

整合提升，扩大联合，具有丰富的内涵，科学的要求。整合不能仅着眼于量的扩张，而是质的提高；不是资源的简单拼凑，而是要以最佳组合，实现最佳效益；整合不是谁吃掉谁，而是要互利共赢；不是单纯着眼于规模化，而是要使资源利用最佳化。总之，要把整合提升有机结合起来，在整合中着力提升，在提升中推进整合。国外学者指出："在经济全球化的大背景下，最好的公司是最善于合作的公司。"面对新形势、新挑战，我们的企业、企业家，既要学会竞争，又要学会整合。既要防止在竞争中被淘汰，也要防止在"整合"中被甩掉。我们希望今后少一点"大会战"、"大洗牌"，多一点"大联合"、"大整合"，切实改变"单兵作战"、"各自为战"、搞低水平的重复建设，打"价格战"、"消耗战"的不良做法，切实转变增长方式，改变投资理念，在整合提升、扩大联合上迈出新的步伐。

联合要采取各种灵活多样的方式。这几年，以资产为纽带，在资产重组、扩大联合上，已迈出了新步伐，通过资产转移，或租赁承包等形式，逐步向股份制、股份合作制发展。逐渐形成了一些大的集团，并由此向产业链的上下游延伸，创造了"公司 + 专业合作社 + 农户"和产加销相结合，贸工农一体化的新模式。这些方面我们要继续探索，不断充实完善。

从国际经验和我国的实践来看，我们还应注意以名牌为纽带进行整合与联合，走大品牌、大企业、大市场的发展之路。名牌是企业管理、科技、人才等多方面素质的结晶，是企业宝贵的无形资产。中国制造的产品在世界市场经常被反倾销、被抵制，很重要的一点就是缺乏自主名牌，特别是缺乏世界级的名牌。我们应该利用当前的历史契机与广阔平台，积极实施"品牌建立、品牌维护与品牌提升战略"。与此同时，拥有中国自主品牌的企业要考虑，以此为纽带和国内企业合作，统一品牌、统一标准、统一管理等，从品牌的合作，发展到资产的联合。要在创品牌的过程坚持自主创新，以科技创新带动名牌工程，形成自主知识产权，拥有自己的技术诀窍，争取创造更多的中国名牌与世界级名牌。事实证明，靠传统的多品牌、小市场，绝对成不了大气候。一定要走大品牌、大市场、大企业的发展之路，才能有所作为。企业有了知名品牌，就会如虎添翼，飞跃发展。争取"中国名牌"只是第一步，我们还要迈出更大、更坚实的步伐，以自主创新促进名牌的发展。

在整合、联合中，要坚持互利共赢的原则，处理好各方面的利益关系，这是能否搞好整合、联合的关键。从我国与国外的实践经验来看，规范化的股份制，是协调各方利益，调动各方积极性的公认的较好形式。我们要积极探索向规范化的股份制发展的途径，完善公司治理结构，发挥它的积极作用，这是我们面临的新课题。

第三，苦练内功，增强企业的公信力、亲和力。

我们的粮油企业与国内其他行业的骨干企业相比，与国外的先进水平相比，差距不仅表现在硬件上，更重要的是在软件上不如别人。我们要赶上世界的先进水平，在国内市场扎下根，同时在国际上站稳脚跟，就必须下苦功练好内功，特别是着眼于培育企业的特有的文化、特有的风格、特有的气质、特有的精神面貌。这是企业发展的基本建设，是形成百年老店经久不衰的基石。这几年国有企业刚完成改制，正蓄势待发；民营企业在初步完成原始积累后，倾注全力扩张。在这转折时期，我们一定珍惜来之不易的机会，充分利用入世后广阔的活动平台，把内功练好，把基本功搞扎实，为企业的大发展奠定坚实可靠的基础。在企业起步之时，创业之初就要紧紧抓住这个关键不放，就会收到起点高、见效快的作用，如错过了难逢的历史机遇，将来补课也更困难。现在着手抓，是事半功倍；而将来再回头抓，是事倍功半，历史的经验就是这样。

苦练内功概括说来，就是要内聚亲和力，外树公信力，出发点和落脚点是要调动人的积极性，包括企业内全员职工的积极性，以及参与企业有关活动的多方面人士的积极性，要学会做好这篇大文章。

企业要以人为本，内聚亲和力。必须明确一个观点，我们是处于社会主义初级阶段下的现代企业。不论国有参股控股企业、民营企业等等，在处理领导与员工的关系上应有新的理念。他们之间不能简单地看成老板与雇工的关系、动脑的领导与动手的员工的关系，而应该是一种新型的伙伴关系，合作共事的关系。要充分地尊重员工，信任他们，放手发挥他们的积极性、创造性，在企业内部形成亲如家人、和谐创业的新型关系。只有亲如家人，合作共事，才能和谐创业，发挥出无尽的创造力。海尔公司的事例已经说明了这一点。为此，要在公司的人事制度上进一步深化改革，搞活机制，对员工要尊重之，重用之，厚待之，使之无后顾之忧，而怀创业之志。领导者要有大将风度，领军气魄，具备善于驾驭千军万马的本领，运筹亿万资产的能力，以智兴企，以德服人，这样才能成其大事。总之，要稳定班子，带好队伍，广纳人才，立志创业，在企业内形成生机蓬勃、一心向上的浓厚氛围，使之蔚然成风。

在外部企业要以诚信为本，树立公信力。市场经济就是信用经济。守信义，重承诺，是中国儒商的优良传统，是企业的生命力所在。每一件产品、每一桩买卖、每一项服务，都要信守承诺，依约行事，绝不可搞短期行为、背信弃义、弄虚作假。为此，需要从细微处抓起，从每个工序、每道环节做起，在人们心目中树立企业的“金字招牌”。这样才能在国内、在国际市场树起良好的信誉，成为企业独具的无形资产。

总之，“问渠哪得清如许，为有源头活水来”①。企业坚持以人为本、以诚信为本，就会产生取之不尽的创造力和竞争力。我们的产品才能经久不衰，我们的品牌才能成为金字招牌，我们的企业才能成为百年老店，我们的行业才能更好地为国为民服务。温家宝总理指示要培养一批领军人物、领军企业。我们所处的时代，是人才辈出、大有作为的时代，我们应当经过崎岖不平的小路去攀登新高峰，开拓新领域，培育新人才。

① 见朱熹七言绝句：“观书有感（其一）”，《新编千家诗》，中华书局1999年版。

保持玉米产业可持续发展的几点意见*

（2007年9月23日）

在2007中国国际玉米博览会和玉米产业发展论坛在我国玉米之乡——长春举办之际，今天下午又召开了中国粮食行业协会玉米分会的成立大会。这是全国粮食界的一件大事，对推动我国玉米产业的发展将会起到了良好的促进作用。

保持玉米产业的可持续发展的重要性

这次玉米论坛以玉米产业与可持续发展为主题，非常重要。

中国是世界玉米的第二大主产国，玉米历来是我国三大主粮之一，近年来产量稳定在1.4亿吨左右，占粮食总产的28%，在国家粮食安全体系中占有重要地位。它既是重要的饲料原料和工业原料，又是人们的主食之一。而且玉米比其他主粮更具有加工增值的潜力和广阔的用途。改革开放以来，经过20世纪90年代玉米产业化起步阶段以后，当前正进入玉米产业的新成长期。现在面临的课题，不是玉米加工业要不要发展的问题，而是如何发展，如何持续发展，如何全面发展，如何科学发展的问题。特别是在我国粮食发展的制约日益加大、粮食需求日益增长、整个粮食工作处于“紧平衡”阶段的态势下，如何发展玉米产业，就成为我们面临的新课题。中国在不久的将来是否会成为玉米的进口国？玉米深加工的方向是什么？玉米加工的综合效益到底如何？玉米产业如何保持持续稳定增长？这些都是实践要求我们回答的问题。

我们认为，要保持玉米产业持续、协调、健康发展，必须认真落实科学发展观，以市场为导向，以效益为中心，处理好以下重大关系问题：

一是处理好玉米加工业的发展与国家粮食安全的关系。从我国的国情和粮情出发，我们必须主要立足于国内解决玉米的供给问题，首先要确保饲料原料

* 这是白美清同志在中国粮食行业协会玉米分会成立大会上的讲话。

粮的供应。玉米加工产业要有利于国家的粮食安全，而不是相反。玉米的用途很多，但加工的重点应放在食品上，放在解决“吃”的问题上。不能重点放在转化为能源上，也不能重点放在其他方面。这是大局，是总体发展战略的要求。

二是处理玉米产业的发展与国际玉米市场的关系。中国既是玉米生产大国，又是消费大国。目前，世界上玉米的贸易量每年为5000万~6000万吨，而且主要出口国是美国，其出口在国际市场占主导地位。现在我们加工玉米的能力已经大大超过了国内总产量，我们能否靠大量进口来发展玉米加工业？大豆油脂加工业的教训，我们要深刻记取。适当利用国外玉米资源是有利的，但如果过多地依赖进口，大进大出，后果如何值得大家深思，慎重对待。

三是处理好玉米产业的发展与农民的关系。农民从玉米每公斤涨价几分钱中到底能得多少？可否考虑采取新的思路来解决农民增收问题。比如，可以考虑改变对农民卖玉米采取一次性买断的传统办法，而采取“公司+专业合作社（协会）+农户”的新模式，让农民参加玉米的加工与流通，分享一部分加工、流通的利益。现在一些地方试点，已取得显著成效。应不断探索，总结推广。

四是处理好玉米产业与环保、社会协调发展的关系。经验证明，发展玉米产业如果急功近利、处理不当，走高消耗、重污染、低效益的路子，就会贻害子孙，后患无穷。要看到治理污染，保持生态平衡要求很高，一定要计入成本，计算效益，不能置之不理。据绿色GDP核算小组专家的计算，有些省市以高消耗、高污染为发展模式，其环境治理成本可达10%，如扣除后，其GDP将是零增长或负增长。现在东北的辽河、松花江污染已相当严重，如果再大上玉米加工项目，取水来自松花江，排污流至松花江，那么要不了多久，东北的青山绿水蓝天将不能再保持。所以，玉米产业同社会、同自然和谐发展，向环境友好型发展，是必须处理好的重大问题。

五是处理好玉米产业发展与行业内部资源的关系。现在玉米产业已经有很大一个摊子，不是起步阶段仅有几个大厂。因此，我们一是要处理好行业内部资源的关系，处理好行业内部企业与企业的关系，要研究玉米加工产品的市场究竟有多大，国内国际市场状况如何，是否会形成一拥而上的局面，造成市场的无序竞争。要着眼于科技创新，向精深加工发展，才有更大的利润空间。为此，要研究如何转变增长方式，整合资源，提升档次，少搞新建，少搞量的扩大，而着重于质的提升。从企业讲，要内抓管理、外促联合，走整合提升，扩大联合之路，才有望成为行业的领军企业、龙头企业。要重视企业的战略布局，少搞在“热点”地区建厂“大会战”，打消耗战，抬价抢购或削价竞销，多搞一些大协作，大联合，切实转变经济增长方式。

总之，要明国情，知粮情，察民情，处理好玉米产业的发展与全局、与长远的关系，总结历史经验，吸取国际教训，理性经营，以优取胜，这才是制胜之策，切忌急功近利，抓形象工程，做表面文章。在经济工作上，要勇于开拓，不断创新，要戒浮躁、戒攀比、戒跟风，不要拍脑袋决策，凭感情用事。要经得起时间的检验，经得起风浪的冲击，这样才能成大事，经久不衰，长远获益。总之，要“练好内功，促进联合，提升水平，科学发展”。前不久，我为一位企业家写了两句话：“宁静以致远、创新以攀高。”现在赠与大家，共同勉励，以不负党和人民的期望。

认真做好中国粮食行业协会玉米分会的工作

党中央、国务院历来重视行业协会、商会等中介组织的工作。最近，国务院办公厅发出〔2007〕36号文件指出：“加快推进行业协会的改革和发展，逐步建立体制完善、结构合理、行为规范、法制健全的行业协会体系，充分发挥行业协会在经济建设和社会发展的重要作用。”玉米分会是中国粮食行业协会的重要组成部分，是行业协会体系中的一支生力军。分会刚刚诞生，像其他新生事物一样，开始都比较弱小，不为人所重视。但“星星之火，可以燎原”，经过努力，一定会逐步成长，玉米产业也一定会发展壮大。分会的工作起点要高、步子要稳，逐步走上健全发展、规范管理的轨道，在行业中发挥更大的作用。

国办文件指出要“积极拓展行业协会的职能”，提出了四个方面的作用：一是充分发挥桥梁纽带作用；二是加强行业自律；三是切实履行好服务企业的宗旨；四是积极协助企业开拓国际市场。我们要认真贯彻，分会一成立，就展现出新风格、新面貌。

我们认为协会要坚持服务为宗旨，这是协会的生命线。

第一，要为国家的宏观调控服务，并代表行业利益，反映情况，改善行业

宏观环境。

第二，重点是做好为企业服务，千方百计帮助企业发展。

第三，要加强自律，重点抓好树立优良行风和搞好企业文化。

第四，加强分会的内部建设，使之具有民间社团的特色。

只要我们沿着国办36号文件指出的方向去做，就一定能把玉米分会的工作做好，后来居上，充分发挥桥梁纽带作用，为确保国家粮食安全、为支援“三农”，为建设社会主义新农村和构建和谐社会做出新的贡献！

构建新型粮食营销网络
更好地为国家粮食安全服务*

（2007 年 11 月 18 日）

这次中国粮食营销论坛在浙江衢州举行，是一件很有意义的事，这对全国粮食部门来说，举办这样的论坛是首次。这表现在新形势下，粮食营销的地位与作用越来越为党政领导和各界所重视，越来越为全社会所关注。中国粮食经济学会和中国粮食行业协会举办这次论坛，就是为了认真贯彻党的十七大精神，构建新型的粮食营销网络，以便更好地为稳定粮食市场，确保国家粮食安全服务。这次论坛的深远意义，就在于此。

当前我国粮食形势很好。据农业部门的消息，今年又取得连续四年的丰收，粮食总产量超过 5 亿吨。这是非常难得的。但是我们应当看到，在 1996 年、1998 年全国粮食总产量突破了 5 亿吨以后，就几经周折，到今年才恢复 5 亿吨的水平，用去了 10 年的时间，这仍然是恢复性的增产。时隔 10 年，粮食的需求量逐年上升，今年粮食的总需求达到 4.9 亿 ~5 亿吨。所以，我们在喜庆大丰收的时候，一定要看到，粮食供需相对宽松的情况已经改变；这几年实际上已进入“紧平衡”的时期。加上国际粮食产量徘徊、库存下降、粮价上涨，国际粮食市场的回旋余地不大。因此，我们必须相信党中央、国务院的决策，立足于国内来解决粮食问题，进而解决肉蛋奶等副食品的供应问题，以自力更生为主的方针。当前，我们所有的粮食行业的企业、员工，都要牢固树立为国家粮食安全服务的思想，把它作为行业的头等大事。我们要确立“紧平衡、稳粮价、保安全、促发展”的思想，把粮食行业的各项改革和发展工作做得更好。国有粮油企业和员工要服从国家粮食的宏观要求的大局，不可逆向操作，不可“闯红灯”，尽到自己的社会责任，完成自己的神圣使命。

要确保国家的粮食安全，就必须建立适应社会主义市场经济需要的新的粮食营销网络和服务体系，这是重要的一环。因为，粮食的营销，是整个粮食流

---

* 这是白美清同志在中国粮食营销论坛上的发言。

通体系中不可缺少的环节，是联系生产与消费的桥梁，是沟通产区与销区的渠道，是联系加工商与客户的纽带。在社会主义初级阶段，在多元化、多渠道的流通格局中，从事粮食营销的多种类型的经销商、经纪人、专业营销户等，都是粮食流通领域中的积极力量，在调节余缺，活跃市场，满足多方需求中起着积极作用，是国有经济的合作伙伴。从我国的基本国情、基本粮情出发，我们可在市场经济的构架下，构建新型的购销网络，采取新型的营销方式，培养新型的营销人才，在保障新时期粮食安全中发挥积极的作用。这是关系企业发展、市场稳定、人民生活安定、社会和谐的大事。所有从事粮食营销的人员，都应有责任感、使命感和荣誉感，更加勤奋地工作，争取早日实现这一战略目标。

根据中国粮食行业协会的调查，在搞好粮食营销、构建现代化服务网络中，要注意以下几点：

第一，要坚持诚实守信。社会主义市场经济，就是信用经济。诚实守信是做人经商的最起码的准则。特别是粮食行业，涉及千家万户，关系人民生活，是有公益性的行为，更应诚实守信，童叟无欺，不掺杂作假，不缺斤缺两，不搞商业欺诈。这也是我们粮食行业应一直遵循的职业道德，是中国粮商的优良传统。我们在新型势下要发扬光大。要把它同信用工程建设结合起来，同实施名牌工程结合起来。经销商、经纪人、营销专业户也要塑造自己的金字招牌，取信于市场、取信于顾客，取信于企业。经纪人、经销商也要有资质鉴定，也要有自己的品牌效应。我们现在就是要从严做起，从头做起。

第二，要确立利民便民的思想，搞好服务。经销商、经纪人一头连着农民，一头连着消费者，一头连着企业，因此，一定要以民生为本，利民便民，使农业、顾客受益，使企业获利。所以要探索生产者利益、消费者利益、企业利益和社会利益兼顾的新形式，从扩大市场销售中，从改善服务中，从降低流通成本中，使各方满意，社会和谐。

第三，要创新营销谋略。要研究市场，分析市场，掌握市场动向，认真分析优势与劣势、机会与风险，把握商机，理性经营。特别是粮油食品是微利行业，要从多方面开辟新的利润源，探索新的经济增长点。为此，需要从传统的营销模式向现代的营销模式转变。特别是在农村，要和农村市场工程，同农村的连锁经营等相结合，创建适合我国情况的新营销策略，不断增加新顾客，扩大顾客源。要采取分购联销与联购分销的不同形式，扩大市场，提升效益。要注意尊重客户要求，吸收客户意见。如美国的“阿瑟王”就联系了几十万个家庭主妇，形成一个庞大的集销售、烹调交流于一体的电子平台，使产品销售迅速居于全美第三，这些成功的经验，要注意吸收、消化、创新。

第四，要合作构建网络。计划经济时期的粮食营销网络已经改革，我们应当有新的网络取而代之。要从我国国情出发，形成快捷、方便、通畅的营销网络，在平时能保证城乡粮油的正常供应；即使在突发事件、紧急时刻来临之时，也能调得动，供得上，运转自如，畅通无阻，绝不能脱销断档。现在，我们就要加快改革步伐，不断探索、不断总结，在实践中探索前进，逐步落实、逐步完善。

构建新的营销网络，必须以骨干企业为依托，走整合提升、扩大联合之路。在加工企业与经销商、经纪人、企业营销户之间，要建立合作共赢的关系，有些业务要联手去做，从初级的合作形式向高级的合作形式发展。形成联合的过程，也就是贯彻互利共赢原则的过程。在联合与合作中，逐渐构建覆盖面广、辐射力强、市场占有率高的购销网络，形成粮油流通的良性循环，积之以时日，就有可能形成具有我国特色的、符合市场经济需要和顾客要求的新型粮食流通网络和体系。当前形势很好，在党的十七大精神的指引下，各个方面都在以新的步伐向前迈进。我们要抓住这个难得的机遇，改革创新，奋力拼搏，去开创粮食营销工作的新局面。

这次论坛在浙江召开具有深刻的含义。改革开放近30年来，浙江商界异军突起，取得了震撼世界的成就。我们要学习浙商的创新精神、开拓精神、苦干精神，学习他们把握商机，掌握市场脉搏、拼搏制胜的决策的能力。我们深信，新型的粮食营销界的领军企业、领军人物一定会展现在人们面前，为国家粮食安全作出巨大的贡献！

总结协会工作经验　加强协会体系建设*

（2007 年 12 月 18 日）

这次会议的主旨及其意义

这次协会建设工作会议的主题，就是认真贯彻落实党的十七大精神，总结、交流协会的工作经验，研究下一步协会的工作，促进粮食行业和企业的发展，以便更好地为国家的粮食安全服务，为支援“三农”和构建和谐社会服务。

我们认为，召开这次专门研究协会自身建设的会议是很必要、很重要的。这是因为：

第一，这是全面贯彻落实党的十七大精神的会议。党的十七大提出了全面建设小康社会的新的奋斗目标，为粮食事业的发展开辟广阔的市场空间和极大的发展余地。因为我国粮食行业是以内需拉动为主发展起来，这与某些行业的靠投资拉动、出口拉动是不一样的。我们生产的产品，主要是为了满足国内需求。随着全面建设小康社会的启动，人民对粮油的需求更加旺盛，以内需为主支撑的粮油行业，始终是朝阳产业。人民生活水平的提高和小康水平的实现，是我们粮油行业取之不尽的源泉。所以，我们在新的形势下，如何满足人民生活水平提高对粮食的需求，就是我们面临的新任务、新课题。我们全行业包括所有企业和所有的协会等中介组织，都应当来研究如何实现党的十七大提出的战略目标问题，这是我们当前的中心任务。通过学习、交流，议形势，谈体会，通信息，商对策，将会大大提高协会工作水平，以适应新形势的需要。

第二，这是部署总结改革开放近 30 年粮食工作经验教训的会议。明年就是具有历史意义的党的十一届三中全会的 30 周年。在这一历史时期，粮食行业在党的正确领导下，在一个 13 亿人口的大国中顺利地实现了从计划经济（统购统销）向社会主义市场经济的过渡。总的来讲，是很顺利、很平稳的，

---

* 这是白美清同志在全国粮食协会建设工作会议上的讲话。

但中间也走过曲折的路。这些经验和教训，都是我们粮食行业付出了心血、付出了代价后得来的，需要我们认真总结，以便为今后的粮食工作借鉴，少走弯路，少付学费，取得更为实际的成果。协会和学会有必要进行部署，使大家通过学习、总结，提高全行业的素质和水平，为新时期的粮食工作服务。

第三，这是确保新时期国家粮食安全的一次的动员和促进会。当前，粮食工作、国家的粮食安全都面临一个新阶段、新任务。从“十一五”开始，我国粮食的总供给与总需求已进入“紧平衡”的时期。这几年虽然连续增产，今年农业部统计粮食总产量超过5亿吨。这是很大的成绩。但要看到这仍然是恢复性的增长。因为1998年、1999年就达到了粮食总产5亿吨的水平。也就是说，我们用了10年的时间，才恢复到5亿吨的水平，但这10年中，人口每年增长1200万人，10年就是1.2亿人。这几年总需求超过5亿吨，出现的供需缺口主要是靠挖库存、增加进口来弥补的。特别这两年进口大豆由2800万吨到突破3000万吨，大大缓解了粮食和饲料的压力。在今后的紧平衡阶段，又面临我国进入世贸，与国际市场对接。在这样的条件下，要确保国家粮食安全，任务十分繁重，这在粮食战线将是矛盾极为复杂、工作极为艰巨的时期。这也是建设现代粮食流通体系的关键时期。所以在这样新时期、新任务面前，需要在党的十七大精神指引下，坚持好字领先，科学发展，统一认识，明确任务，开拓前进。

因此，协会决定召开这次研究自身建设的会议，做好工作，不断前进，以期在新形势下发挥协会应有的作用。

做好协会工作的几点体会

中国粮食行业协会是在改革开放中应运而生的，成立13年来，从小到大，逐步发展，逐步成长，现在已经成为粮食行业中一个有影响的中介组织，受到了党政领导的重视和粮油企业的支持。我们从协会一成立就在这块待开垦的土地上工作。开始也是没有成竹在胸的，在实践中一边干、一边摸索，也可以说是“摸着石头过河”，经过了制定行业公约、举办粮油精品展、开展放心粮油工作、进一步实施名牌工程、信用工程等一系列活动，在实践中积累了经验，提高了认识。这十几年来，我对做好协会工作有三点体会：

一要明确定位。党中央、国务院都多次明确指示，协会是“中介组织”、是民间社团。我认为明确这点，是做好协会工作的根本。这指明了协会的性质、任务，由此而决定了协会工作的一系列原则。我认为“中介”两个字，我们要深刻领会。协会是“中介”，而不是“中心”，是在政府与企业之中，中联两头（政府与企业），中联四方（联系社会各个方面），而且要起到“中间”的作用，居中调解，居中协调，居中搭桥，居中牵线，因此要求要“大中至正”，居中和，顾大局，协调矛盾，紧靠四方。要争取当好桥梁、纽带，但绝不当头，绝不争功，也绝不当甩手掌柜。多干实事，多牵线搭桥，多为大家服务办事。

协会要学会处理好各方面的关系：

对政府——要拾遗补阙，当好助手。

对企业——要尽心竭力，当好娘家。

对消费者——要发挥行业作用，当好参谋。

对经营者——要全心服务，做好咨询。

我认为只要这样，才能把协会的位置摆正，把工作搞好，逐步发展，逐步完善。

二要坚持宗旨。服务是协会的宗旨，是协会工作的灵魂。协会绝不以营利为目的，而应以服务为天职，离开了这点，就会走上邪路。协会要代表行业和企业的利益，增强服务功能，创新服务方式，提高服务水平，从服务中求生存、求发展。

协会的服务对象，过去提“双向服务”，既为政府服务，又为企业服务，重点是为企业服务。具体说要为政府宏观调控服务；要代表行业和企业利益，为企业的生存发展服务。这是协会的活力之源，是协会工作之基。因为企业是市场经济的主体。协会还要为生产者、消费者服务，为支援“三农”服务。这是社会主义初级阶段下的协会的本质特征。

协会服务的方式、内容、模式要从实际出发，不断充实内涵，提高服务水平。以兴企育人、壮大行业作为自己的目标。

三要构建“智库”。协会是一个民间团体，既不是“二政府”，也不是什么权力机构、资金机构。协会的优势是什么？协会靠什么？我认为，行业协会靠的是“软件”，靠的是智力，靠的是人才资源。通过这些年的不断探索，我认为协会最大的优势是聚集人才，把本行业的精英集中在行业协会的组织体系之中，构成行业的“智库”。这样才有权威性、代表性，成为行业方方面面都离不开的“智库”。要使企业、使行政、使社会各个方面感到“协会”确实是可以依托办事的。是行业中的“行家里手”的荟萃之地，周围团结了一批人才，堪当行业的“智囊”。例如，中粮协就和粮经学会一起聚集了一批专家，每年就国家粮食安全的重要问题，做出课题，向政府报告，得到了国务院领导的肯定和好评。国务院有关部委有些事，也找协会咨询。又如我们这几年都由会长、副会长带队，到企来做调查，找差距，提建议，帮助骨干企业创名牌，树信誉，做强做大。但这些事要做好，就需要把行业内的新老专家组织起来。这是做好协会工作的智力保证和组织基础。

以上几点粗浅的体会，希望能起以抛砖引玉的作用。我们经历了近30年粮食系统巨大的变化，经历了协会从诞生到发展的全过程，有许多体会，许多感受，有必要从感性认识上升到理性认识，从理性认识再回到实践中去检验、充实、完善、发展，使之能获得规律性的认识，掌握工作主动权，少走弯路，少犯错误，把工作做得更好。

加强协会组织建设的几个问题

国务院办公厅发出的〔2007〕36号文件提出了加强协会等中介组织改革和建设若干问题的意见，这是行业协会发展的指导性文件，目前各地正在学习和贯彻。根据各地反映的情况，中粮协认为有以下几个问题需要明确：

第一，关于协会领导的几种形式：目前全国大体上有三种：

（一）由企业领导担任会长的。如上海、天津、广东等，均由该省市的粮油集团总经理担任协会会长，行政领导全部退出协会主要领导岗位。目前这种形式在全国还居于少数。

（二）由退下来的老同志或非在职领导的同志担任会长的。如北京、江苏、湖南、陕西、云南、吉林、河北、山西等省市。这在目前还居于多数。

（三）由现职粮食局领导担任会长的。如福建、安徽、四川等省市。

从实践来看，三种模式各有特点。要从有利协会工作开展这个前提出发，从各地的实际出发，采取逐步过渡、逐步完善的方法，不要“一刀切”。要加强领导，使协会工作不停顿、不脱节。有些粮食行政领导担任了会长等领导职务问题，国办36号文件也留有余地，文件指出："确需兼任的要严格按照有关规定审批"。总之，这个问题关系协会的发展，要慎重对待，妥善处理，不要使协会的工作受到影响。实践证明，要有一个较强的领导核心，有一个较精干的办事机构，有必要的经费，协会工作才能很好地开展起来。

第二，要认真学习、全面贯彻国办36号文件精神。除了领导体制外，文件还涉及了改革、完善协会工作的许多关键问题，文件共5章18条，涉及了方方面面。我们要从自己的实际情况出发，先易后难、逐步落实，有条件解决的先下手，没有条件解决的，要创造条件。比如协会加强民主管理、深化劳动人事制度改革、加强业务管理等，要争取尽快解决，在与行政脱钩前，有个较好的安排。有些事，要多请示，多争取，使之有个较好的结果。

第三，建设协会工作体系问题。国办36号文件提出"加快推进行业协会的改革和发展，逐步建立体制完善、结构合理、行为规范、法律健全的行业协会体系。"我们认为，首先要着重把省、市、区一级粮食行业协会建设好，这是重点，这是协会工作能否开展的重要环节。在此基础上，再向地市和重点县扩展。至于协会下属的专业分会，目前仍在试点阶段，一下不宜建得太多，摊子铺得过大，通过试验以后再逐步推广，但组织粮食经纪人分会等工作要抓紧搞好。

关于明年协会的工作

今年9月在辽宁盘锦召开的三届四次理事会，已对明年的工作作了部署。关于明年的协会工作，总的讲是要认真贯彻党的十七大精神，好字领先，科学发展，做好协会的各项工作，更好地为国家粮食安全服务，为支援"三农"服务，为稳定粮食市场、发展粮食企业服务。这里再强调几点：

第一，要重点抓好"三项工程"：放心粮油工程、名牌工程、信用工程。实施放心粮油工程，推进放心粮油进农村、进社区，是国务院关于食品安全工程的重要组成部分，方向是正确的，成绩是显著的。今年我们按照国家整规办的要求，不搞评比。这是为了减轻企业的负担。这项工作明年还要继续进行。中粮协准备明年再召开一次放心粮油进社区、进农村的经验交流会，把这一工作进一步引向深入。至于一些具体做法，已在上次理事会上作了部署，这里不再重复。总的精神是要继续把这项民心工程抓好、抓落实。

关于名牌工程：今年取得了重大突破，获得“中国名牌”称号的共有65个。其中大米28个，面粉29个，挂面8个。这是粮食系统从来未有的，是全国粮食战线工作的同行特别是骨干企业的同行努力的结果。明年将要复评菜籽油、花生油、大豆油等的中国名牌，芝麻油、调和油也在争取之中，希望各地粮协和重点企业扎实做好准备工作，争取有更好的成绩。我们要通过名牌工作促进粮食行业又好又快地发展，促进粮油企业素质的全面提升和核心竞争力的增强。

关于信用工程，目前正在做准备工作。这也是关系行业和企业发展的一件大事，中粮协正在与有关部门商谈，待上级有部署后再开始行动。

第二，加快行业整合提升、扩大联合的步伐，帮助企业做强做大做优。同时，要帮助骨干企业“走出去”，打开国际市场的新天地。协会还要重点帮助企业搞好企业文化，外树公信力，内聚亲和力。我们是社会主义初级阶段中的各类企业，因此，一定要坚持以人为本，在企业内建立亲如家人的关系，去和谐创业，开创企业的新局面。企业领导人要以身作则，以智兴企业，以德服人，带领全体员工去拼搏，去开拓新天地。

第三，要加强调查研究，认真总结经验。首先是做好对重点企业的调查。明年要求各地由会长带队到获得中国名牌的企业做调查，帮助他们改进工作。

明年是党的十一届三中全会召开30周年，粮经学会要求粮食行业的同行们要回顾粮食行业的战斗历程，总结经验教训，以便更好地前进。学会将组织一些座谈会，同时明年将研究“粮食生产周期与国家粮食安全”这一课题，与各地学会、协会一起搞一些专题调研，希望能出研究成果，供领导和同行参考。

此外，明年还将举办第十二届中国粮食论坛，举办一年一度的粮油精品展，这些都是粮食行业的大事。希望大家组织会员积极参加，争取把论坛办成具有影响力和权威性的论坛之一。

二〇〇八年

提高油脂自给率　保障食用油安全*

——食用植物油安全专题研究专家意见反映

（2008 年 6 月）

近年来，特别是面对去冬今春国内外食用植物油（以下简称食油）市场价格暴涨、国内自给率连续下降和进口量猛增的严峻形势，中国粮食行业协会、中国粮食经济学会、中国粮油学会油脂分会和中国植物油行业协会，组织有关专家和企业，就如何提高油脂自给率、保障食油安全问题进行了连续跟踪专题研究。

在国内日益旺盛的消费需求拉动下，油料油脂进口连年猛增。通过引进外资进入油脂加工行业，对满足国内市场对小包装精炼食油的巨大需求，起了十分重要的作用。同时，也出现了一些新的情况和问题：一是国内外市场联动效应加大，尤其是近年美国、巴西和欧盟力推使用大豆油脂等生产生物柴油，导致食油供求失衡和价格暴涨，对国内的食油市场形成了巨大冲击；二是食油自给率连续下降，对外依存度大幅上升，不利于我国掌握油脂的主动权；三是国内精炼油市场外资比例偏高且产能过剩。上述问题，对国家宏观调控和食油安全有潜在不利影响。

为提高油脂自给率和保障食油安全，有关专家经认真研究，有如下建议。

---

* 2008 年 5 月，中国粮食行业协会和中国粮食经济学会组织有关专家就如何提高我国食用植物油自给率、保障食用植物油安全进行了专题研究。白美清同志主持起草了这份专题报告，报送国务院领导和有关部委。温家宝总理于 6 月 26 日在报告上批示："请克强、良玉、岐山同志阅示。可转农业部、商务部、发改委研究。"李克强、回良玉、王岐山副总理和马凯国务委员也分别圈阅或作了批示。

下定决心，争取用五年左右时间把我国食油自给率恢复到50%左右

在过去低标准凭票证供应的计划经济年代，我国食油尚能做到自给。改革开放以后，随着人民生活水平不断改善和食油市场逐步放开，我国从20世纪90年代开始批量进口油料油脂以满足内需。“入世”前的2000年，我国食油自给率为68%，对外依存度约32%，自2001年“入世”后，逐年下降。2007年，国产油料折油总计1050万吨，进口油料油脂共折油1510万吨，油脂总供给量约2560万吨，食油自给率仅为41%，对外依存度高达59%。

专家建议，今后用五年左右时间把食油自给率恢复到50%左右，即比目前提高近8~9个百分点，净增约250万吨油脂。目前，我国大豆、油菜籽和花生三大油料的产量均未达到历史最好水平，食油的综合生产潜力还未充分发挥出来。大家认为，只要政策对头，下定决心，紧抓不放，这一目标是可以实现的。

要像抓三大主粮那样抓大豆、油菜、花生三大油料作物，提高国内食油的综合生产能力

专家认为，为保障食油安全，必须像抓三大主粮那样抓提高大豆、油菜和花生三大油料作物的综合生产能力。2007年，三大油料产量是：大豆1350万吨，油菜籽1038万吨，花生1302万吨，而大豆进口量为3082万吨，对外依存度高达70%。东北大豆主产区在一定程度上存在与粮食作物争地的问题；在花生主产的黄淮海地区，则主要利用河滩沙地和边角空闲地种植；在油菜籽主产的长江流域，是利用冬闲地种植油菜，来年收获油菜籽后再接种水稻等粮食作物，基本上不与粮食争地。

本着“不与主粮争地、抓好三大油料、因地制宜发展、广辟食用油源”的原则，“冬抓休闲地，春抓撂荒地”，发展油料作物。专家建议：

（一）在东北，稳定大豆种植面积，主攻单产，推广高油良种，提高大豆

总产。

（二）在北方，充分利用撂荒地、河滩和边角空闲地种植花生，着力提高花生综合生产能力和总产。

（三）在南方，特别是长江流域，充分利用冬闲地种植油菜，大力培育推广高油低芥酸油菜籽高产良种。

（四）因地制宜发展其他草本和木本油料，如棉籽、葵花籽、油茶籽、芝麻、胡麻等；同时，充分利用谷物加工副产品，如米糠、玉米胚芽和小麦胚芽等提取食油。

（五）让大豆、油菜籽和花生三大油料作物享受与三大主粮一样的国家优惠扶持政策，即在油料种植直补、良种补贴、农资综合直补、农机具购置补贴、农业保险和最低收购价保护等方面，与三大主粮享受同等优惠待遇。

建议像扶植大豆那样扶植花生和油菜籽等油料作物，建立国家级生产及科研基地，充分调动农民种植油料的积极性

（一）在黄淮海平原的冀、鲁、豫等省建立国家花生生产科研基地，可选择若干重点花生主产县作为国家花生基地县，与商品粮基地县享受同样的优惠政策，由中央和省（区、市）给予重点扶持。

（二）在长江中下游的川、渝、黔、鄂、湘、赣、皖、苏选择一批油菜籽主产县作为国家油菜籽基地县，与商品粮基地县一样由中央和省（区、市）给予重点扶持。

（三）由国家重点扶持几个花生和油菜籽科研机构，集中搞好良种培育攻关和推广，切实解决品种老化和退化问题，提高花生和油菜籽的单产、质量和总产。

（四）建立国家花生和油菜籽等油料生产和科研基地县的相关事宜，建议由国家发改委牵头，会同农业、粮食、财政、金融等部门商主产省（区、市）具体落实。

重点扶持大型油脂企业，使之成为承担国家宏观调控的载体和保障居民食油安全的骨干

（一）产业政策扶持。一是除废油利用和非食用油脂外，国家应从产业政策上禁止发展以食用油脂为原料的生物柴油项目；二是对大型油脂企业，国家宜在企业整合升级、重组并购、技术改造、投资融资和税费减免等方面，给予优惠扶持，鼓励企业开展大豆、油菜籽和花生油脂的精深加工、综合利用，打造具有国际核心竞争力的中国油脂企业“航母”，进一步提高国内外市场占有率和“话语权”；三是对外商今后投资新建、改扩建食油加工项目和并购内资食油企业，国家应在世贸组织规则框架内，从市场准入等产业政策上有所节制。

（二）实施品牌战略。通过深入实施“放心粮油工程”和品牌战略，扶持内资油脂企业争创中国名牌和国际著名品牌，提高内资油脂企业的国际国内信誉度和知名度。

（三）代存储备食油。为扶持大型油脂企业，保障食油安全，建议国家拿出一部分新增食油储备，通过竞争招标方式，委托有资质的大型油脂骨干企业代储，掌握一部分成品油储备，以利于各级政府应急调度，灵活调控食油市场。

正确引导食油消费，鼓励居民改变传统膳食结构，在全社会提倡合理用油、科学用油和节约用油

我国近年食油消费持续猛增与居民膳食结构不合理和烹饪中的浪费直接相关。如某些油炸、烹煎、“过油”、“水煮”菜肴，食油浪费惊人。人体油脂过量摄入不仅对健康有诸多不利，而且供给也难以为继。

据营养学家测算，我国目前人均食油日消费已超标，尤其是城市居民超标更多。因此，必须大力节制过量消费，杜绝食油浪费，在全社会形成构建节约型和谐社会的强大舆论氛围，以保障食油安全。

增加政府食油储备和强化油料油脂进出口调控，为保障食油安全夯实基础

（一）增加食油储备。鉴于去冬今春国内外食油市场异常波动、我国南方冰雪灾害和四川汶川特大地震造成的影响，为保障食油安全，建议今后在及时补足食油储备库存的基础上，将中央和地方政府的食油储备逐步增加到一个月左右的消费量，即储备油料和油脂折油×××万吨左右。在南方和中西部缺油省（区、市），除需增加中央食油储备和合理布局外，重点应增加地方政府食油储备，以便在紧急情况下确保居民食油供应。

（二）调整油料油脂进出口政策。一是在保护国产大豆的同时，减缓大豆进口增长速度，使大豆进口保持稳中略增的态势，以满足国内食油和饲料的需求；二是花生和菜籽油力争做到国内自给有余，并适当保持少量进出口调剂；三是调整油料油脂进口结构，继续实行“多进油料、少进油脂”的方针，以保护内资油脂加工企业，满足饲料业对豆粕、菜籽粕的需求，促进国内就业。据统计，2007年进口油脂高达866万吨，大大超过了进口油籽的折油量，在经济上对我国不利。

强化食油储运基础设施建设，构建高效畅通的现代食油物流体系

从过去计划经济年代留传下来的一些储油罐和专用运输工具，均已严重老化，亟须更新改造。随着近年来食油销售和物流量猛增，物流基础设施的缺口很大。专家建议：

（一）增加新型储油罐。可在交通便捷的油料主产区和油脂主销区，规划增建一批现代化的储油罐和基础设施，实行计算机管理和控制，以备急需。

（二）更新食油运输工具。一是更新和增加一批铁路食油专用的油罐车皮，以提高油脂运输效率；二是发展大吨位公路食油专用油罐卡车，实行中短途油脂直达运输；三是普及精炼小包装成品油的集装箱和厢式货车直达配送，实行减免公路收费等优惠政策以降低运输成本，稳定市场食油价格。

（三）实行政策优惠。国家对食油物流基础设施建设实行投资补助、贷款贴息和税费减免等优惠扶持，并纳入国家粮食现代化物流建设规划，抓紧分期分批组织实施。

建议国务院在今秋冬播前召开全国油料生产会议，专门做出部署

为提高我国油料综合生产能力和食油自给率，专家建议，国务院在今年秋冬播前召开一次全国油料生产会议，重点对三大油料，即在长江流域充分利用冬闲地播种油菜、在黄淮海平原充分利用撂荒边角空闲地播种花生和使东北大豆种植基地实现稳产高产等问题，及早专门部署，尽快把我国油料生产恢复到历史最好水平，争取来年春天让遍地金黄的油菜花香飘江南原野。

新时期掌握大米安全主动权与企业发展的探讨*

（2008 年 7 月 3 日）

当前我国粮食形势很好，2007 年是连续四年的丰收年。粮食总产达到 50160 万吨，突破了 5 亿吨的大关。从稻谷看，当年达到 18603 万吨，比上年增加 432 万吨。这是跨入 21 世纪后的最好收成。从大米加工业来看，不论产量、质量和效益都是全面发展的好年景。据中国粮食行业协会的统计，2007 年度入统的大米加工企业 7698 家，比上年增加 150 家，年生产能力达到 14666 万吨。当年加工大米 4381 万吨，工业总产值达到 1257 亿元，产品销售收入 1264 亿元，利润 24. 5 亿元，分别比上年增加 15% 以上，其中利润增加 58. 9%，是近几年来最好的一年。全行业出现了又好又快发展的好势头，成为当地农业产业化发展的新亮点。大米加工量居全国前 5 位的省为江西（654. 3 万吨）、湖北（565. 3 万吨）、江苏（555. 3 万吨），安徽（454. 9 万吨）、黑龙江（360. 93 万吨）。大米加工利润居于全国前 5 位的是：湖北（3. 5 亿元）、安徽（2. 9 亿元）、江西（2. 7 亿元）、湖南（2. 4 亿元）、广东（2. 3 亿元）。现在大米行业出现了讲效益、上水平、谋发展的新气象，标志着大米加工业正迎头赶上，进入了发展的“黄金时期”。

大米是三大主粮之首，以大米为主食的人口约占全国总人口的 60%。大米，可以说是粮食安全的重中之重。今年以来，当世界粮食危机袭来之际，中国之所以能岿然不动，稳坐“钓鱼台”，大米的生产、加工应当是功不可没，起了极其重要的作用。事实证明，大米稳则整个粮食市场稳，大米动则整个粮食市场动。粮食安全的晴雨表，很大程度表现在大米的供需上。这次波及全球几十个国家的粮食危机并没有完结。我国的粮食安全尤其是大米的安全，虽然当前是有保障的，不会发生危机，但远忧甚多，隐患不少。我们不要陶醉于连年的丰收喜讯，满足于那些增长的数据，必须居安思危，处丰虑歉，摒弃那些

* 这是白美清同志在江西省九江市举行的 2008 年夏季稻米市场形势分析会上的发言。

不合时宜的幻想，克服“有钱就有粮”等错误观点，时刻不忘加强粮食工作，把全国、把各省（区、市）的粮食安全置于重要的地位，优先予以考虑，才能立于不败之地。这是各级政府的职责，也是全国粮食企业义不容辞的社会责任。

从粮食安全的全局看，我们认为大米有两个突出的问题，即：生产上稻米没有恢复到历史的最高水平；在加工上没有赶上和达到世界的先进水平。

——从生产上看，水稻产量是三大主粮当中唯一没有恢复到历史最高水平的一大品种。1997 年全国水稻产量最高，达到 20073 万吨。而 10 年之后的 2007 年，水稻产量为 18603 万吨，与最高年相比尚差 1470 万吨，即 294 亿斤。要恢复到 2 亿吨以上，难度相当大，更不用说有新的提高了。主要制约因素是：

1. 水田面积减少 5000 万亩左右；

2. 水资源严重不足，地下水过量开采；

3. 国内价格低于国际市场价格，出现倒挂，影响了种粮农民的积极性；

4. 在水稻科技开发上尚无重大突破。

这就是我们的难点，也是我们面临的现实与隐忧。

——从加工上，从企业层面上看，我们没有赶上和达到世界的先进水平。我们要看到大米加工行业至今“小、散、低”的状况还相当突出，缺乏核心竞争能力和经济实力。在企业的组织规模、技术装备、深度加工、综合利用、人力开发、自主创新等诸多方面，比起面粉加工、玉米加工、油脂加工业还差不小；与国际先进水平相比，差距更大，许多米厂事实上刚从小作坊脱胎而出。整合提升、扩大联合刚刚起步，骨干企业带动能力不强，核心竞争力弱，更不用说与跨国公司展开竞争了。

以上两个问题的解决，需要广大农民和农业部门的共同努力，需要广大粮食企业的共同努力，需要全社会的支持和各部门的配合，形成强大的合力。从粮食部门、粮食企业来讲，更应该利用当前这个难得的机遇来发展壮大经济实力，以确保为大米的安全服务，为“三农”服务。这是我们大米加工业光荣而艰巨的任务。

当前，这场席卷全球的粮食危机并未结束。上个月，联合国粮农组织召开了世界粮食安全的高级会议，研讨对策。发展中国家的 77 国集团也专门开会讨论如何应对粮食危机。在这种形势下，党中央、国务院专门召开省区市和中央部门主要负责同志会议。在会上，把解决粮食问题作为一个重点，党中央领导同志专门阐述了我国把握粮食问题主动权的重大决策，着重指出："要始终坚持立足国内，实现粮食基本自给的方针，牢牢把握解决粮食问题的主动权。"这是在新时期我国粮食安全的重要指导方针，是应对国际国内出现的粮食风波而作出的重大决策，是指导我们粮食工作、保证粮食安全的行动指南，具有战略性、全局性、长期性的重大意义。

要牢牢掌握粮食问题的主动权，确保国家的粮食安全，不能受制于人。我们认为，要着重抓两个方面：一是要全面提高粮食的综合生产能力，其主要载体是广大种粮农民和各种类型的农业企业；二是要全面提高粮食的供给保障能力，其主要载体是从事购、销、调、存、加的各类粮食企业。这两个方面的工作抓好，才能在复杂多变的国际市场中，在应对多种突发事件中，保证粮食安全和粮食市场稳定，才不会受制于人，丧失主动权。这是关系国家安危的大事，切不可有丝毫的松懈。

大米是三大主粮之首，在确保国家粮食安全中具有特殊的地位和重要的作用。作为从事大米加工、流通的广大企业，理所应当地担负起为国家粮食安全和掌握大米主动权的重任，围绕这个重点把各项工作抓好，壮大发展企业的经济实力和竞争能力。当前要根据"紧平衡、稳物价、保安全、促发展"的精神，在科学发展观的统领下，做好以下几项工作：

第一，要练好基本功。现在不少大米加工企业把主要精力放在扩张上，放在更新设备等硬件上，而对企业的内部管理等基础工作却放松了。这是一个很值得注意的倾向。把企业内部管理包括班组管理、财务管理、劳动管理等方面的工作搞好，是企业发展的基石，应当重视。目前大米加工企业正处在粗放管理的阶段，企业的领导要下功夫把基础工作抓好，向精细化管理、智能化管理发展，才能在竞争中处于有利的地位。

第二，要延伸产业链。经验证明，产业链是企业发展壮大的必经之路。大米企业要向上下游延伸，构筑自己的"两网一链"（收购网、销售网与大米产业链）。鉴于粮食形势的变化，掌握收购网、销售网十分重要。现在不少骨干企业都采取与农民结成灵活多样的联合体形式，从良种推广、大田管理、收割交售等方面与粮农合作。通过深度加工、综合利用增加附加值，并采取办农村便民连锁店、"粮食银行"、农家店等形式，产、供、销相结合，集农、工、贸于一体，这是很有生命力的。

第三，要创新铸品牌。现在世界已进入知识经济、品牌经济的新时代。要掌握大米行业的主动权，就要掌握创新驱动的能力，就要有自主的知识产权的品牌产品，否则就是空话。我们一定要有自己的“名牌产品”，在世界市场有话语权、主动权。这需要长期的、坚持不懈的努力才能达到。从目前来说，要大力增加科研经费，增加各种投入，组织重点攻关，以取得成效。要加大企业与科研单位、大专院校联合攻关的力度，尽快使科研成果转化为生产力。要在产品的深度加工、综合利用、品牌开发等方面争取有所突破。

第四，要整合好资源。要扩大联合的步伐。大米加工发展到现在，已经有不小的摊子，加工能力目前已经有余。今后的发展，要着重在整合提升上做文章，要通过整合提升，优化产业结构，调整战略布局，转变发展方式，探索新的增长模式和发展新路。避免各自为政、重复建设，真正按科学发展观的要求办事。

整合提升的过程，也必然是扩大联合的过程。要通过企业之间的互利合作，达到共赢。联合的形式多种多样，要努力创造适合双方利益的新形式。大米加工企业在联合上稍慢一步，应奋起直追，形成好的联合势头。关键在于企业领导者的远见卓识与气魄风范，有了“带头羊”，有了好规矩，就会形成大联合的气候，我们要为此创造条件。

第五，要增强软实力。要搞好企业文化建设，协会经过对企业的调查，认为应抓三个方面：

——外部以“诚信为本”，树立企业的公信力。从今年开始要进行企业信用标准的评价。企业一定要树立诚信的新气象，千万不要做以次充好、以陈充新、缺斤短两、哄抬价格等有损企业形象的行为。这是企业自律的重点。企业的公信力，是企业的无形资产，应当万分珍惜。

——内部“以人为本”，集聚企业的亲和力。要使所有员工，亲如一家人，达到“和谐创业”的新境界。为此，对职工一定要尊重之、信任之、重用之、厚待之，使企业上上下下心往一处想，劲往一处使，大家具有责任感、创业感。只要企业有了这种文化素养，形成自身特有的软实力，就会形成强大的战斗力、竞争力，是任何力量都摧不垮的。这就是经久不衰的“百年老店”发展的秘诀，我们一定要发扬光大。

——个人以“修身为本”，增强抗腐力。要从我做起，从企业领导者做起，讲究修养，树立榜样，抗腐蚀，永不沾。

第六，要建设好班子。保持领导班子的稳定性、进取性、创造性。只有优秀的德才兼备、团结拼搏的班子，才能带领职工取得新进步，使企业做强、做优、做大，长盛不衰。

以上概括起来就是六句话："练好基本功，延伸产业链，创新铸品牌，整合好资源，增强软实力，建设好班子。"希望大米加工企业抓住机遇，奋起直追，创造大米行业的新局面。

重视发展“两薯” 加快杂粮产业化进程*

（2008年7月21日）

新时期粮食工作的新课题、新任务

今年以来，爆发了世界性的粮食危机。其特点是粮食供应紧张，粮价飙升。这次危机涉及面广，涨价的幅度大，而且与石油的暴涨、世界性通胀的出现结合在一起，冲击力相当大，影响也十分巨大。因此，联合国专门召开了粮食安全的高级会议研讨对策，在日本举行的八国首脑会议也破天荒地讨论克服粮食危机，发展中国家的77国集团也专门研究粮食安全，世界银行也开会讨论设置粮食储备基金问题。在这次粮食风浪中，中国稳坐“钓鱼台”，正如温家宝总理指出的：“手里有粮，心里不慌。”我们的粮食生产上了5亿吨的台阶，而且20世纪90年代初开始，就建立了专项粮食储备制度，全国粮食库存达到较高的水平，因而能调控市场，确保供应，稳定粮价。

这次世界性粮食危机给我们最大的启示和教训是什么？如何保证新时期我国的粮食安全？已成了全国上下必须认真思考的问题。最近，党中央、国务院召开了各省（区、市）和中央单位负责同志会议，中央领导同志作了重要讲话，在促进经济和社会发展部分，强调指出：“要始终坚持立足国内，实现粮食基本自给的方针，牢牢把握解决粮食问题的主动权。”我们认为，坚持粮食基本自给，特别是提出要牢牢把握粮食问题的主动权，这是针对世界粮食危机而作出的科学总结，是解决新时期粮食问题的指导方针，是从我国基本国情、基本粮情出发而采取的重大决策，具有全局性、战略性的重大意义。只有我们在世界市场的风浪中、在经济全球化的浪潮中掌握粮食工作的主动权，我们才能保障我国13亿人口的粮食安全而不致受制于人，才能使我们能在稳定和谐的环境中，保证现代化建设的顺利进行。“米袋子”一定要掌握在自己手中，而不能大权旁落，这是最根本的一条。

---

* 这是白美清同志在全国杂粮产业化研讨会上的发言。“两薯”指马铃薯和甘薯。

把握粮食问题的主动权，确保国家粮食安全，是互为联系，不可分割的，它包含着丰富的内涵、重要的内容。这是全行业面临的新课题、新任务。

第一，要把握粮食生产的主动权，必须全面提升粮食综合生产能力。这是基础。最近，国务院通过的《国家粮食安全中长期规划纲要》中提出：粮食自给要稳定在95%以上，2010年粮食综合生产能力稳定在1万亿斤以上，2020年粮食产量达到10800亿斤以上。这是非常艰巨的任务，必须举全国之力，保证实现，否则就会被动。

第二，要把握粮食流通的主动权，必须全面提升粮食供给保障能力。要适应市场经济的新形势和粮食放开后多元化经营的新局面，构建新型的粮食流通服务体系，使从“田间到餐桌”，有安全、高效、灵活、快捷的服务体系对城乡进行全面、全方位的覆盖，以确保全国人民的粮油供应。

第三，要掌握粮食市场的主动权，必须全面建设全国统一、有序的市场体系并与国际市场对接，掌握大宗粮油产品的话语权。

第四，要掌握粮食宏观调控的主动权，必须全面提升调控体系的时效性和科学性。其中主要有两点：一是改进完善粮食储备体系，优化储备布局和品种结构，健全宏观调控机制；二是改进完善粮食进出口调节机制，以适应国际市场和国内粮情的变化，吞吐调节，取得主动，切实避免市场风险，灵活调节国内余缺，充分利用国际国内两个市场、两种资源。

以上四个方面是主要的，也还有其他工作要做，我们要认真加以研究，采取措施，落实中央的部署。

充分认识“两薯”的重要性，加快发展“两薯”和杂粮产业化的步伐

马铃薯、甘薯是重要的粮食作物①。当前，我们要重新认识它的重要性。在十一届全国人大一次会议上，温家宝同志就曾说过：“土豆问题，我很关心。小土豆，大产业，管大用。”联合国又宣布今年为“国际马铃薯年”，引起了国际上的关注。当前，在发展杂粮杂豆产业化进程中，我认为突出地抓“两

① 在我国，马铃薯和甘薯按5公斤鲜薯折合1公斤原粮计算粮食产量。人们在习惯上把杂谷、杂豆和薯类作物统称为杂粮。

薯”很有必要。它有利于缓解粮食供需矛盾，有利于提高人们的营养水平，也有利于增加产区农民特别是生产“两薯”的老少边穷地区农民的收入，促进新农村建设。

第一，“两薯”是富于营养、适应性强、增产潜力大的优势粮食作物，是稻米、小麦、玉米三大主粮之后的第四大主粮。在统购统销时期曾经列入进统购统销范围，占了供应量的10%左右。1985年取得了统购派购以后，由于种种原因，陷入了自流发展的状态。目前薯类的生产还未恢复到历史最高水平。现在应当引起重视。薯类的适应性很强，特别是山区、丘陵区和新开垦的土地，种两薯有很大的潜力，增产幅度很大，是很有价值、很有前途的作物，我们一定要充分重视，强化措施，坚持不懈地抓下去，就一定会取得好的成效。

第二，立足改革创新，探索发展薯类和杂粮的正确道路。根据我们的调查和各地的成功经验，要在以下两个方面下功夫：

——在生产上：着重在品种优质化、种植科学化、储藏保鲜化上做文章，并且要在经营模式上创新，推广“公司+农户”、“公司+专业合作社+农户”等模式，发挥产业化龙头企业的带动作用，提高“两薯”的综合生产能力和质量水平。

——在加工上：着重抓加工的产业化、标准化、生态化。由生产初级产品，向精深加工、综合利用转变，注意增加科技含量，创造“名牌工程”，开发有特色的名优产品，向资源节约型、环境友好型、生态建设型发展，逐步发展壮大，以满足消费者的需要。

第三，要加强科技支持的力度，以科技创新带动“两薯”和杂粮产业化事业的发展。

——特别要加强对良种的研究和开发，解决品种退化严重的问题。

——加强对新产品的研究与开发，并使之尽快投入生产，转化为新的生产力。

——重视研究开发杂粮的机械，使之专业化、标准化，切实改变薯类和杂粮机械成空白的现状。有远见的粮机企业，应注意开发这方面的产品，政府要予以支持。

——农业大专院校和科研单位要加强对两薯和杂粮的研究，培养人才，并实行产、学、研相结合，对重点薯类和杂粮科研项目联合攻关，以取得成效。

第四，建议加大国家的扶持力度。参照国家对三大主粮的扶持政策，对两薯和杂粮予以补贴。

——加大对主产区、基地县的扶持力度，享受粮食基地县的同等待遇。

——增加对种薯和种杂粮农户的补贴，如良种补贴、农机补贴、储藏补贴等。

——加大对两薯和杂粮产业化龙头企业的扶持，重点在老少边穷地区培育一批骨干企业。

——在运输、市场建设等方面，享受绿色通道、农产品批发市场的待遇。

——在价格上，引导走上“市场形成价格”的机制。

第五，改进膳食结构，正确引导消费。要把“两薯”、杂粮豆列入国民的“食谱”，发挥杂粮的功能。有关协会、学会要多做宣传工作。

做好粮食行业协会杂粮分会的工作

目前我国的“两薯”和杂粮事业正处在起步的阶段，种植很分散，加工很粗放，许多地方仍处于小农生产、小作坊加工的阶段，规模小，效益差，科技含量低，组织化程度差，与大米、面粉、玉米加工业有很大的差距。它的发展，有一个过程，需一定时间。对此，我们要有新的认识和足够的思想准备。但是起点要高，要求要严，打好基础，稳步前进。我们要积极引导，促进发展。杂粮分会从成立以来，因陋就简、因地制宜，在困难的条件下，坚持工作，埋头苦干，搞好服务，取得显著成效。作为杂粮豆行业的服务载体，在发展“两薯”及杂粮豆产业化过程中，要做好以下工作：

第一，要扩大宣传。运用多种方式，与各有关方面配合，宣传发展“两薯”和杂粮的重大意义，为两薯和杂粮事业的发展鸣锣开道，开辟广阔的市场。

第二，要提供平台。杂粮分会要做好工作，提供产品交易、技术交流、投资兴业等方面的平台，为产销之间、企业之间的互利合作牵线搭桥。

第三，要推广经验。目前各地都涌现了一批“两薯”和杂粮事业发展的先进单位，它们以改革为动力，创造了生产、加工、保鲜、销售和一体化经营等多方面的经验，应予以推广。分会一方面要宣传国内的经验；另一方面也要宣传推广国际上的先进经验。

第四，要培养人才。分会要利用联系专家多的优势，帮助企业采用多种形式，培育多方面的人才，这是薯类和杂粮事业发展的根本。

第五，要代表行业利益，反映企业和农户呼声，争取优惠政策，从生产、流通上为薯类和杂粮的发展创造一个较有利的宏观环境。

我们相信，在各地党政的领导下，在大家的努力下，“两薯”在新时期一定会发挥更大作用，杂粮产业化一定能取得新的进展。

努力探索新时期粮食产销结合的新模式和新机制*

（2008 年 8 月 18 日）

在 2008 年优质粳稻米（建三江）交易会期间，举办了中国稻米市场形势分析会有着特殊的意义。在新时期，中国的粮食流通发生了重大变化，从过去多年来的“南粮北调”转变为“北粮南运”，不仅流向改变，而且流量大增，全国每年调运的粮食从过去的 1. 5 亿多吨，增加到 2 亿多吨，开始形成“大粮食、大流通、大市场”的新格局。改革开放以来，加快了以“北大荒”为代表的东北地区粮食的区域性战略开发，使东北成为我国北方粳稻、玉米、大豆的新兴基地和重要调出地区。东北三省，2000 年粮食产量为 5323. 5 万吨，到 2007 年上升到 7752 万吨，7 年增加 2428. 5 万吨，年平均增长 346. 9 万吨。其中，水稻（粳稻）从 1794 万吨，增长到 2422 万吨，而且商品率很高。东北成为北方粳稻的新兴基地和调出地区。特别是黑龙江省，稻米总产突破 1400 万吨，每年调出量接近 1000 万吨。而农垦系统的建三江分局，耕地面积 1000 万亩，其中水稻种植 700 万亩，水稻总产 350 万吨以上，每年商品量达到 300 万吨，商品率高达 90%，成为全国名副其实的“绿色粳稻之都”，而且发展潜力很大。近年来我到过南方、西南、西北一些省区，发现在市场上东北大米占的比重越来越大，连云南、新疆等边远地区也吃上东北大米。因此，在全国大粮食、大市场、大流通中，解决“北粮南运”的问题，特别是在新形势下要解决产区、销区对接，调剂全国粮食尤其是水稻余缺的问题，就是我们面临的紧迫任务。还必须看到，当前全国粮食已进入“紧平衡”的新时期。我们充分利用国内资源，立足国内解决粮食的问题就更加重要。我们要学会在粮食放开以后，运用市场机制，解决产销对接、余缺调剂的问题，这是确保国家和地区粮食安全的重要任务，也是确保产区粮农利益的重要方面。

---

* 这是白美清同志在黑龙江省建三江农垦局举行的 2008 年中国粳稻米市场分析与产业发展研讨会上的讲话。

粮食产区与销区之间，经过前一段时间的探索性的合作与交流，出现了以下几种形式，目前正在从贸易合作向生产、加工、储存、投资等方面发展。

一是联合举办交易会：沿海地区与东北、华中等主产省区，由政府出面搭台，企业之间进行合作。如福建省与黑龙江、吉林、山东、河南、安徽、江西等七省每年7月都举办一次七省粮食产销协作福建洽谈会，今年已举办四届。洽谈会通过名优粮食产品展示、粮食项目推介、投资洽谈，为福建与六个主产省建立了较为稳定的产销协作关系，给福建省每年提供500万吨~600万吨粮源，初步实现了产销区之间的优势互补，合作共赢。他们决心把七省洽谈会办成一个在全国有重要影响的粮食产销协作品牌，使之发挥更大的作用。

二是销区到产区投资建立基地，签订合同，在粮食生产上合作，利益共享，风险共担。目前江、浙、粤、闽等一些地方在东北建立了不少这样的基地，起到了稳定供应的作用。

三是销区在主产省区投资办加工厂、兴建粮库或对当地厂、库实行并购。这种形式逐步推广开来。如大米、玉米加工等。

四是在地方储备粮上进行合作，销区把自己的储备粮放在产区，根据需要适时调运到销区。

五是产区企业把粮食运到销区储存，待价格合适时销售，产区给予优惠。浙江与东北合作上采用这种方式，效果也是好的。

以上几种形式，作为在批发市场、交易中心交易渠道之外的多渠道，方式较为灵活，效果也较为明显。目前存在的问题主要是：缺乏信用保障，没有保险机制，操作不够规范，往往粮价上涨时，产区履约率较差；粮价下跌时，销区履约率较差。这些都需要在实践中不断修改完善。

如何搞好产销区对接？根据我们的调查，我们认为应在科学发展观指导下，总结经验教训，坚持改革创新，努力探索产销结合的新形式，新机制，以便在“十一五”以及今后发挥积极的作用。

第一，要坚决按照市场经济规律办事。粮油企业、种粮农民是市场经济的主体，应充分发挥他们的作用。根据前一段实践，采取“政府搭台，协会牵线，企业唱戏”的办法，是较为可行的办法，效果也比较好。

第二，要坚持优势互补、互利共赢的原则，调动多个方面的积极性。应着眼于发展生产，搞活经济，处理好几个方面的关系。如与农民的关系，要本着支农、惠农、反哺农业的精神，尽力支持产区农民增加粮食生产；要处理好与农村经纪人、经销商的关系，把他们视为合作的伙伴、国有经济的助手，产销对接的一支积极力量，提高他们的政治素质与业务素质，合法经营，讲求信誉，加强行业自律，服从政府宏观调控。销区政府要采取一些优惠政策，支持产区发展生产，搞活流通。

第三，要和粮食现代物流建设相结合。要注意解决流通中的瓶颈问题，解决运力梗塞等问题。要推广“四散作业”、提倡“糙米”运输，试验集装箱、集装袋运输，实行物流上的无缝对待，减少环节，降低成本，提高效率，增加效益。

第四，要摸索经验，建立产销对接的信用工程。如试行建立担保公司等，解决农户和企业的贷款担保问题。这方面，饲料系统已经有了很好的经验，应吸收到粮食系统来，逐步推广。

第五，要加大政府扶持力度。应将粮食纳入绿色通道范畴，予以优惠。前一时期临时实行的粮食运费补贴，起了很好的作用。应总结经验，长期实行。对粮食企业的科技开发方面，也应采取优惠措施，予以支持。

今后，是进入粮食紧平衡的关键时期。我们一定要把产、销结合的改革搞好，为确保国家粮食安全和掌握粮食问题的主动权作出新的贡献！

创新乃强　联合乃大

——落实科学发展观 促进粮油企业现代化和集团化发展*

（2008 年 9 月 24 日）

这次全国大型粮油企业年会在全国十大油脂生产基地之一的山东日照市召开，具有深远的意义。会议的主题是：创新、联合、品牌、信用。目的是要全面落实科学发展观，加快粮油企业转型升级的步伐，进一步促进企业的联合，把粮油企业做强、做大、做久，以确保国家粮食安全的主动权，更好地为国民经济的发展和推进和谐社会创造良好的条件。会前，协会的领导作了一些调查，我着重讲以下三点意见供同志们参考。

当前经济工作的新形势与对策思考

2008 年可以说是多灾并发、风波迭起、险象丛生的一年，是我国在风浪中前进的极不平凡的一年，我们经济工作所取得的成就是来之不易的。从国际上看，是三大危机或三大风波（即能源危机、粮食危机、金融危机）一起袭来之年，这是多年来没有见到过的。一是年初的世界能源危机，石油价格节节攀升，突破 140 美元/桶，创几十年来的新高，现在才降到 100 美元/桶以下。二是全球粮食危机，波及世界 40 多个国家，震动之大，超过了以往几次。联合国粮农组织专门召开了粮食安全的高级会议，继之而来，是八国首脑会议破天荒地讨论能源及粮食危机，世界银行研究建立粮食储备基金，七十七国集团、南亚首脑会议等发展中国家的首脑均研讨对策。南亚决定建立粮食储备以应对风险。与此同时在粮油食品安全上，又出现了中国的“三鹿”奶粉事件，以及日本等出现的有害大米事件。其影响之大，也是罕见的。三是震惊全球的

* 这是白美清同志在全国大型粮油企业年会上的讲话。

美国发生的金融风暴。继年初发生次贷危机，美联邦银行注资“两房”（房利美、房地美）以后，9月中，又接连发生雷曼投资公司的破产，美林公司的被并购；美国国际集团（AIG）也行将破产，由美政府出面干预，注入850亿美元，收购了公司79.9%股份，才得以苟活，这是历史上美国政府对私营公司最大一次干预行动。近来，布什政府又提出7000亿美元的救市计划，正在国会审议之中。正如美前联邦储备委员会主席格林斯潘所说，这是陷入“百年一遇的金融危机之中”，“这是他职业生涯中所见最严重的一次金融危机，可能将持续相当长时间”，并说：“我不相信，一场百年一遇的金融危机不对实体经济造成重创。我认为这正在发生。”这场金融危机是从华尔街开始的，特点是爆发力强，涉及大银行、大投资公司，而且政府干预的力度也极大。从美国到欧洲银行，日本银行等都纷纷注入资金救市，打强心针。这场危机正在演变之中，其影响与结局如何，还有待观察，我们必须做好充分的准备，筹划应对之策，以免陷入被动。

今年的各项经济工作是在极为复杂、极为艰巨、矛盾纷繁交错的情况下进行的。国内又接连发生严重冰雪灾害及汶川大地震，恢复重建刚刚展开；而国际上又面临三大风波的袭击，情况正在变化发展之中，我国经济工作必然受到极大的冲击与不小的损失。我们必须清醒地看到，当前全球经济正面临新一轮的周期性调整；而我国经济经过连年高速发展后也面临一个新的整合提升期。我们必须面对现实，总结经验，全面落实科学发展观，加快转变经济发展方式的步伐，积极进行结构调整与战略调整，及时应对经济全球化进程中发生的种种风波与不测，保持一定的发展速度，使经济持续增长，不致落入陷阱，保持经济充满活力。

从今年的经历中，我认为最重要一点是要牢牢记住：在经济全球化的今天，世界能源、粮食、金融等“三大危机”或“三大风险”，始终是威胁世界经济和中国经济的重大隐患。对我们行业来说，粮食危机影响最直接，能源危机的影响在扩大，而金融危机影响最严重。我们任何时候都要为防范三大危机而构建起防范风险的长效机制与体制，制订应急方案。从粮食工作来说，要从根本上构筑起粮食安全的钢铁长城，以防范下一波的粮食危机和应对下一轮粮食生产周期的低谷期。这样才能牢牢把握国家粮食安全的主动权。

（一）要始终把粮油食品安全放在第一位。安全是食品的本质属性，是第一要素。安全，是粮油食品行业与企业的生命线。食品不安全，就会危害人民的身体健康及其生命安全。就会危及企业的生命。不管你是大企业、小企业、老企业、新企业，都不能在食品安全上有半点差错。粮油食品的不安全问题，主要出在食品添加剂上。我曾经讲过，“成也在添加剂，败也在添加剂”。如非法使用吊白块、苏丹红、瘦肉精，三聚氰胺等都发生过问题。所以一定要坚持高标准、严把关，绝不让有问题的食品出手、出厂、入市。

（二）要狠抓基础工作，这是我们的立足点。要坚持以优取胜，以好领先。千里之堤溃于蝼蚁之穴。有的大公司垮台的教训，百年老店垮台的根本问题，就出在企业本身经营不善、管理不良、作风不正上。这几年奶业飞速发展，就是因为基础工作跟不上，才酿成大祸，这是最重要的教训之一。要认真汲取放松基础工作而把工作重点放在扩张上的教训。

（三）要加强食品生产流通的监督监管。要充分发挥政府职能部门、社会监督、媒体监督的作用。

（四）要学会规避风险，化险为夷，转危为安。在新时期，在经济全球化的今天，企业必须树立风险意识，时刻关注质量安全风险、资本市场的风险，商品市场的风险，金融上、法律上的风险，价格上的风险等，这样才能把企业搞好。这里强调，在新形势下，一定要特别注意防范金融风险。

（五）要倡导企业的社会责任和行业的职业道德。法律、法规、质量标准是硬约束，这要与建立行业的职业道德、企业的社会责任感相结合。从根本上讲，我们从事生产和销售的是放心食品，实际上是“良心食品”，绝不能见利忘义，做出任何有害于人民健康的事。在全行业要形成一个良好的风尚，讲安全、守信义，企业绝不可做害群之马，职工也不可做一粒耗子屎坏了一锅汤的事。在全行业要倡导诚信为本、以民为本的优良传统。

（六）及时调整发展战略和对策。从这段实践中善于学习、善于总结，趋利避害，稳中求进，以优取胜。要打好基础、积累经验、积累人才，稳步发展，才能使企业和行业立于不败之地。

新时期粮油企业要推进创新驱动与扩大联合

当前粮食形势很好。在粮食连续四年增产之后，今年又将获得好收成。夏粮总产12040万吨，比去年增产305万吨，增加2.6%。秋粮长势也较好，有望获得丰收。从粮油企业来看，据 2007 年度的统计，全国入统的粮食加工企业 11977 家，工业总产值 4880.7 亿元，比上年增加 30.7%；利润总额 149.4 亿元，增长 41.9%，是近年来的最好水平。粮油加工业总产值前五位的省是：山东（786 亿元）、江苏（690 亿元）、河南（336 亿元）、安徽（312 亿元）、广东（305 亿元）。而且出现了大型企业增加、带动力增强的新动向。在 2007 年度入统企业中，日生产能力 400 吨以上的骨干企业 491 家，比上年增加 51 家。大米加工企业前 10 家总产量为 472 万吨，占入统企业总产量的 10.8%，比上年提高 0.4%；小麦粉加工企业前 10 家总产量 851.73 万吨，占入统企业总产量的 17.2%，比上年提高 0.2%；食用植物油加工企业前 10 家总产量 849 万吨，占入统企业总产量的 44.7%，与上年持平。总的情况是大型骨干企业的发展加快，而相当多的中小企业由于技术落后，资金链断裂等问题，正面临前所未有的困难，有的已关门歇业，被淘汰出局。

我国的粮油企业，是国内消费拉动为主发展起来的，与有些行业相比，具有国内市场广大，活动空间广阔，受外界影响相对较少等的优势，在外向型企业经营遇到极大困难的情况下，我们行业可以说是得天独厚的。随着人民生活水平的提高，特别是城市人口的增长和中产阶层的崛起，粮油行业始终保持着朝阳产业发展的势头。这是我们行业的优势所在。但是必须看到：一是粮油和相关联的产品进入了高成本期。在全球高油价、高通胀的拉动下，原料、资金、劳动力、辅料成本大幅上升，本来就是微利经营的粮油行业其利润空间更小，尤其中小企业困难度就更大；二是粮油安全进入了高标准期。国内外对粮油安全标准的要求越来越高，对环保、对生态建设的要求越来越严，更加重了处于粗放型管理的粮油企业的困难；三是粮油经营进入高风险期。世界经济发展中的不测因素大为增加，经济减速的隐患日益显著，这就使得企业经营的风险加大，稍有不慎就会陷入旋涡之中不能自拔。而今年以来，我国经济增长速度已经放缓，企业发展中的难度增加。我们的骨干企业必须从全局上、从宏观上看到这里的问题，在对策上有新考虑，事先作出谋划。特别是近来国际跨国公司已开始大规模进军中国粮食、油料、饲料市场，制订了一个深谋远虑的规划，而我国企业又正好处在整合、提升、转型升级的新时期，因而多种经济成分企业之间的竞争，必然会白热化。在 2001 年我国参加世贸组织时我曾说过，“我们加入世贸，就是参加到经济上的奥林匹克中了，我们与之竞争的对手，不是国内的甲级队、乙级队，而是世界的强手。我们要在竞争中取胜，其难度比在奥运会上夺金牌有过之而无不及”。我们要在这场世界性的竞争中稳操胜券，就需要我国粮油企业树雄心、善筹谋，埋头苦干，奋力拼搏经过几十年的努力才能办到。我们必须从现在做起，从本企业做起，以高标准、严要求苦练过硬功夫，才能跻身于世界经济的先进行列。

当前正值粮油企业调整结构、整合重组的机遇期，机不可失，时不再来。我们最根本是认真贯彻党的十七大精神，把企业的各项基础工作做好，把企业延伸产业链的工作搞好，把企业的文化建设搞好，把企业的内部改革搞好，形成具有创业精神的坚持领导班子和素质高的职工队伍。贯穿这些工作中的关键，就是要全面贯彻落实科学发展观，特别是在当前，要抓“创新驱动”与“扩大联合”。这是把粮油企业做强做大的必由之路。

我国的粮油企业要跻身于世界先进行列，是前所未有的伟大事业。我们必须坚持“创新驱动”。创新，就是要好字领先，科学发展；创新，贯穿在各个方面，如制度创新、理论创新、科技创新、管理创新等。而这一切，目的是为了产品的创新。这些工作，要落实到创新名牌产品上，只有科技含量高、附加值高、市场覆盖面大的名牌商品，才能在国内外的市场竞争中立于不败之地。创新要围绕创品牌、创名牌。也就是说，要有自己知识产权、自己的独特配方、自己的技术诀窍。要走创新、创优、创牌、创业的发展之路，扎扎实实把各方面工作搞好。我们要从引进、消化、吸收，进而到创新；从引进创新到自主创新，在各个方面争取有新突破。有的人认为粮油产品是简单再生产，不是高科技产品，没有什么发明创造，没有什么创新可言。这是不正确的。现在的粮油产品及其加工，涉及生物技术、信息技术、航天技术等诸多方面，其深度加工与综合利用，更需要多学科的集成配合。所以不仅需要引进创新，更需要自主创新，集成创新。现在一些粮油企业用于广告宣传、形象工程上的人力、财力、物力，大大超过科技创新、产品创新的投入，这是近视的做法。有远见的企业家一定要在“创新”上，进一步解放思想，强化措施，这样才能真正增强企业的核心竞争力。

当前，国内国外许多行业的企业都在兼并重组。这是一种趋势。在经济全球化的今天，单兵作战是很难取胜的，最近据新华社报道：浙江一批行业“单打冠军”陷入困境。“一大批生产小商品的骨干企业，领军企业在新形势下非常困难，纷纷落马。主要是资金链断裂，经营失误，经不起风险。”我认为我们需要“单打冠军”，更需要“团体冠军”。只有“团体冠军”，才是有强大的抗风险能力。所以需要加快联合步伐，形成“联合舰队”，全球许多大型企业和企业集团，都是“产业链 + 联合”而做强做大的。世界上的第一大粮商——嘉吉公司，就是在两大家族公司的基础上合作发展起来的。它在粮油产业有涉及农场生产、物流、加工、贸易、期货交易、零售等许多方面的系统的、现代化的粮油产业链条，去年销售额达到800多亿美元。当前行业的各方面正在整合，这是扩大联合的好时机。联合首先要解决思想问题，克服“守小摊子”、“小富即安”等小农经济、小商贩思想障碍。其次要坚持互惠互利、合作共赢的原则，处理好利益关系，通过品牌联合、业务联合等灵活多样的形式进而向资本合作发展。从实践经验看，采取股份制的办法，向规范化方向发展，有利于协调各方利益，是企业管理的一种好的形式，大家可以在实践中完善。再次，在扩大联合过程中，一定要保留和发挥原有企业的优点，使在联合中集中优势，壮大实力。总之，关键在于企业领导者，要有气魄、有智慧、有决心处理好联合中的各种矛盾，发挥优势，走整合—联合—融合之路，真正形成一个战略明确、行动统一的整体。在此基础上，形成核心团队，特色经营，长盛不衰。

以上概括起来就是“创新乃强，联合乃大”。这是奉献给全国粮油大型企业领导的两句话。我们殷切希望粮油企业在新时期出产品、出人才、做强做大，做精做久，扎根华夏沃土，屹立亚洲东方！

努力实现从传统粮食业向现代粮食业的根本转变

我国粮油企业是在小农、小作坊、小生产基础上发展起来的，可以说是“先天不足”。在经济全球化、产业化、市场化的新形势下，我们的企业面临的根本任务，就是要在科学发展观的统领下，加快从传统粮食业向现代粮食业转变的步伐，使企业向现代化、规模化、集团化的方向转变，这样才能使企业做强、做大、做久，而不致昙花一现。为此，在经营思想、经营战略、发展方式、产业调整、队伍建设等方面都要取得新的突破。最近，我们到一些大型粮油企业调查，发现已经积累了一些好的经验，应当予以总结推广，引起全行业的关注。

第一，要从生产一般商品转到名牌商品上，从追求量的扩大转到质的提升

上。我们深受没有名牌之苦，现在应是大彻大悟的时候了。要坚定不移地走大品牌、大市场、大企业、大粮食发展之路，在发展中创名牌，在创名牌中促发展，提高整个企业的管理水平和人才素质。

第二，要从凭感觉经营、靠经验决策转向理性经营、科学决策。我与一些大企业的创业者交谈，发现他们都有很多很好的思路和经验，他们善于从细微处抓起，从关键处着力，从实践中获得灵感，感性经验很丰富。但要管理好一个大企业、大集团，需要决策科学化，管理智能化。我们希望大家注意学习与总结，特别是在当前学习科学发展观活动中，把感性认识提升到理性认识，把实践经验提升到规律性认识，从而使企业的经营能力上一个新的更高的境界。

第三，要从生产单一产品转到适当延伸产业链上，从粗加工转到精深加工上。前面讲过，世界500强中，许多都是产业链经营而发迹的。所以粮油企业要从“田间到餐桌”，逐步向产业化、现代化经营发展，这是方向。

第四，从个人创业转到团队创业上。我们看过许多企业都是个人奋斗，艰苦创业而起家的。这是民营经济发展的一个特点。世界经济发展到今天，只靠单枪独战是不行的。现在经济工作更加复杂，企业摊子更加扩大，任务更重、风险更多、要求更高、责任更大，因此，要从个人创业转到团队创业上。要形成一个核心团队、集体决策，分线作战，形成有机的战斗整体。对核心团队的成员，要求“以智兴企，以德服人”。领军之才要有能力驾驭千军万马的能力，运筹亿万资产的本领。在德风范上为人楷模。行业要以“诚信为本”，增强公信力；企业要“以人为本”，增强亲和力；领导要以“修身为本”，增强抗腐力。这样才能团结全体员工把企业做强做大做久，成为经得起风雨的“百年老店”。

第五，在走向世界市场上，要从输出产品逐步转到输出产品与输出技术、管理、资本等并举上，调整出口战略，更好地“走出去”。

实现以上转变的关键，在于进一步解放思想，转变观念，在实践中学习、总结、提高，以新的思想境界，新的发展方式，拓展新的天地。

中国食用油脂油料的供求形势与宏观取向*

（2008 年 10 月 16 日）

在 1991 年春暖花开的时候，我们作为东道主，曾在北京承办了第 65 届国际榨油商大会，与各国榨油行业的朋友们进行了广泛的交流与密切的合作，至今仍留下美好的印象。时过 17 年，今天在秋高气爽的时候，我们又在富有江南风光之美的南京市承办第 76 届榨油商大会，大家再次相聚，倍感亲切。我们非常高兴地欢迎世界油脂界的同行们莅临南京，相信能取得更为丰硕的成果！

17 年来，中国的经济发生了重大的变化，发展的规模、速度，大大超出了人们的预期；同样，中国油脂业的发展，也远远超过了人们的预期。作为油脂生产大国与消费大国，中国的油脂市场正在展示出广阔的空间与释放出巨大的能量，促进全球油脂行业的发展，为人民造福。

一、中国油脂生产稳步增长，而消费量增长更快、更猛。在改革开放路线的指引下，我国油料产量从 1990 年的 3533 万吨，增长到 2000 年的 5172 万吨、2005 年的 5943 万吨。由于调整农业结构、耕地减少等因素，2007 年产量为 5352 万吨。预计今年将进一步恢复性增长。国产食用植物油的产量也从 1990 年的 700 万吨左右，上升到 2000 年的 1065 万吨，2007 年为 1050 万吨。

由于经济的发展、人民生活水平的提高、城市化步伐的加快，特别是中国的城市人口目前已占总人口 43% 左右。因此，我国食用植物油的需求总量迅速上升，从 1990 年需求量 700 多万吨，上升到 2000 年的 1245 万吨，至 2007 年总需求量已达到 2200 万 ~2300 万吨，国内供给不足之数，靠进口补充。年人均消费水平也从 2000 年的 12.5 公斤，上升到 2005 年的 15.3 公斤，到 2007 年已达 16.7 公斤，比世界人均消费 16 公斤的水平略高，仍低于发达国家人均水平。总的来看，今后消费水平、消费总量仍呈增长之势，但增加的速度可能趋缓。

二、油脂油料进口逐年上升，特别是大豆进口大幅度增加。从 1986 年开

* 这是白美清同志在第 76 届世界榨油商大会暨中国国际油脂油料大会上的发言。

始，我国已成为油脂油料净进口国。2000年净进口折油461万吨，到2007年达到1475万吨。油脂进口主要是棕榈油，从2000年的139万吨，增加到2007年的510万吨。其次是大豆油达到282万吨，此外还进口了橄榄油等高档油脂。油料进口主要是大豆大幅度增加，进口大豆从2000年的1042万吨、2003年突破2000万吨（2074万吨），到2007年突破3000万吨（3082万吨），中国已成为世界大豆第一大进口国。根据我国油脂专家的分析，今后我国的油料油脂生产将有所增长，提高食油自给率，但进口油料油脂将是长期的趋势，这将为世界各产油国提供更多的商机。

三、多元化经营的油脂加工业蓬勃发展，目前产能已趋过剩。我国食用油脂加工业迅速发展，据中国粮食行业协会的统计，2007年度，全国入统的植物油加工厂为1095家，比上年增加73家；年处理油料能力7000万吨，精炼能力2350万吨，其中日处理能力400吨以上的大中型企业190家，占17.4%，形成了“金龙鱼”、“福临门”、“鲁花”、“九三”等中国名牌。2007年入统企业总产量1898.5万吨，排名全国前10位的企业总产量占入统企业总产量的44.7%，年产量达到150万吨的大型企业有益海嘉里、中粮等，大型企业主要分布在沿海。一级油加工比重逐年提高，从2001年的28.7%上升到61.4%，比上年提高8个百分点。目前油脂加工业已成多元化经营的新局面，全国植物油加工企业中，国有及国有控股企业占9.4%；民营企业占84.4%；外商及港、澳、台投资企业占6.2%，但其加工总产值占全行业的44%左右。目前，全行业已呈现产能过剩、开工率不高的现象，面临着重新整合重组的新态势。今后我国油脂行业在科学发展观的指引下，将进一步调整产业结构和地区布局，转变发展方式，提升产品质量与水平，以满足人民生活日益提高的需求。

四、加强、改进油料油脂的宏观调控，确保食用油的安全与市场的稳定。食油是关系人民生活的重要商品，从1992年我国放开食油市场，取消按油票供应之后，政府逐步加强、改进对食油的宏观调控，一是采取支农惠农的优惠政策，促进油料作物稳定增长，提高食油的自给水平。如制订东北大豆振兴计划，鼓励冬闲地种油菜籽，山区发展油茶等木本油料，平原地区增种花生，因地制宜发展葵花、芝麻、胡麻等特种油料等。今年以来国务院更加强了这一工作的力度。夏季油菜籽已获增产。可以预期，今后油料将稳步增长。二是增加食油储备，稳定油脂市场。中国在放开食用油市场以后，中央和地方不同程度地增强食用油的应急储备与战略储备，以稳定市场供应与价格。这是政府宏观调控的物质基础之一，目前正研究改善储备油的布局、结构、轮换运转等问题，使之更趋灵活，日益完善。三是改进和完善油脂油料的进出口调剂，坚持对外开放的政策，充分利用国内外两个市场、两种资源。中国是世贸组织中负责任的成员，我们遵循世贸规则，打开大门，有进有出，进大于出，做好余缺调剂与品种兑换，搞好国内食用油的综合平衡。四是建立健全公开公正、开放有序的油脂市场体系，并与国际市场对接，规避风险，以逐步取得作为进出口大国应有的油脂及大豆等重要商品的话语权。这方面，中国的大连和郑州商品期货交易所将摸索经验，发挥应有的作用。我们没有必要、也不可能操纵世界油脂市场，但也不能听任别人操纵市场，兴风作浪而深受其害。我们将规避风险，搞活流通，为世界油脂市场做出应有贡献。

五、中国油脂市场广大、发展前景良好。中国每年新增人口1000多万人，特别是随着工业化、现代化、市场化、城镇化的发展，城镇人口将由现在的43%，逐步上升到45%。据典型调查，城镇人口比农村人口人均消费食油多2.5~4公斤。因此，食用油的消费将继续增长。我国食用油工业是以国内需求拉动为主发展起来的，可以预期，今后的市场空间会更大，发展会更良好。同时，由于中国人均土地才1.1亩，水资源只及世界平均水平的1/4，加上粮棉争地，在确保粮食立足国内、基本自给的情况下，今后油料的发展也会受到制约。中国油脂油料的进出口也将会扩大。根据油脂行业专家预测，如大豆，中远期可能进口3500万~4000万吨，至于棕榈油、大豆油等也将保持在一定水平。我个人的看法，今后中国食用油的宏观取向是三句话：稳步发展国内油料、油脂生产，继续搞好进出口调节，确保国内食用油市场稳定。

众所周知，中国加入世贸组织以后，作为一个负责任的成员，恪守权利与义务相一致的原则，在国际贸易中，历来重信誉，守合同，履行商约，信守诺言，即使出现贸易纠纷，也本着平等协商，依照国际贸易规则办事的原则，予以妥善解决。在经济全球化的今天，中国坚定不移地实行改革开放的方针，打开大门，面向世界，与各国进行经济贸易交流与合作。发展中的中国，市场空间是广大的，交流领域是宽广的，我们诚心欢迎各国油脂界的朋友来华交流经验，洽谈贸易，发展实业；同时也愿意走出去，与各国朋友一道投资办厂，造福当地，中国人民将永远是各国人民的忠实朋友和良好伙伴！

祝大会圆满成功！

祝各位朋友在南京期间赏江南秋色，议兴业大计，过愉快生活！

建设具有中国特色的粮食市场体系为新时期国家粮食安全服务*

（2008 年 10 月 28 日）

今年是具有伟大历史意义的党的十一届三中全会召开 30 周年，在改革开放方针的指引下，我国发生了翻天覆地的变化，取得了举世震惊的成就。作为国民经济重要部门的粮食工作也发生根本性的变化，为发展中国家解决粮食问题，创造了新的模式。改革开放 30 年来，我国粮食工作的最大成就就是：顺利实现了从粮食统购统销计划经济向社会主义市场经济的过渡，保障了 13 亿人口的吃饭需求，维护了国家的粮食安全。经过多次实践的检验，特别是这次世界性粮食危机的检验，证明中国的粮食改革和发展所走的道路，是符合中国这个人口大国的实际情况的，是成功的、有效的。这是对世界粮食所做的又一杰出贡献。

我国的粮食市场体系建设，是粮食流通体系改革和建设的重要内容，是改革开放的产物，是贯彻党的十一届三中全会的成果。它是随着整个农产品流通体制的改革而逐步推进、纵深发展的。贯彻落实党的十一届三中全会精神后，逐步开放了市场，允许农产品集市贸易与自由市场的存在。特别是 1985 年中央“一号文件”决定取消农产品的统购派购任务以后，允许粮食和农产品进入市场流通，在全国范围内形成价格的双轨制，扩大了市场所占的比重，使粮食市场体系建设问题提到改革的日程。

在 1990 年改革处于转折的重要时刻，在粮食工作上，进行了两项具有历史意义的改革：一是 1990 年 9 月 16 日，党中央、国务院决定建立国家专项粮食储备制度，并逐步发展为以中央储备为核心、地方储备为支柱、企业周转储备和农民储备为基础的粮食储备体系，成为国家粮食宏观调控的物质基础。二是 1990 年 7 月 27 日国务院批准商业等八部委关于试办郑州粮食批发市场的重要文件，10 月 12 日我国第一个规范的国家级中央粮食批发市场——中国郑州

* 这是白美清同志在纪念改革开放 30 周年、粮食市场体系建设 18 周年座谈会上的发言。

粮食批发市场正式成立。按照国务院规定的“由现货起步、向期货过渡”的发展目标，接着1993年5月28日在全国首次推出小麦等5个品种农产品期货交易，同时建立郑州商品期货交易所。在此基础上逐步形成以期货交易所为先导、以全国中央批发市场和粮食交易中心为龙头、初级批发市场和零售市场为基础的粮食市场体系，成为全国粮食流通的交易中心、价格中心、信息中心，在活跃市场、沟通产销中发挥出不可替代的巨大作用。这次世界性的粮食危机中，中国能够岿然不动，稳坐“钓鱼台”，这两个体系发挥了巨大的支撑作用和保证作用。经过多年的实践和完善，被舆论界称为粮食市场的“郑州模式”以及“中国储备模式”，在国际粮食界中异军突起，闯开一条具有特色的新路。这里应该看到，以郑州粮食批发市场为代表的“郑州模式”，从中国的国情粮情出发，采取了期货与现货相结合、物流与商流相结合、传统贸易与现代贸易方式相结合、市场交易与储备轮换相结合，体现了中国粮食交易的特点，在渐进式改革的基础上跨越式发展，终于用18年的时间，走过发展中国家的几十年的路，使我国的郑州、大连商品期货交易所，成为亚洲最大、在世界期货市场上有重要影响的交易所，使中国的批发市场体系在发展中国家中产生了重大影响。

中国粮食市场体系的建立与发展，具有重大的意义，在新中国粮食史上写下新的篇章：

从国内看，30年来粮食流通由计划调拨转变为市场运作，在流通总量大幅度增加、流通领域迅速扩大，特别是在“南粮北运”转变为“北粮南运”，由封闭、半封闭转变为利用两个市场、两种资源的新形势下，充分发挥了市场经济体系的吞吐调节作用，基本上保证了各方对粮食消费的需求，为保障国家粮食安全与地区粮食安全做出了突出贡献。

从国际上看，在中国这个人口众多、地区发展极不平衡、粮食资源并不丰富的大国，能够在粮食的流通中满足国内的需求，并在国际粮食市场中调剂余缺、互通有无，在粮食市场体系的建设中开拓出一条与欧美不同的新路，使发展中国家看到了除西方的模式之外，还有另一种模式——中国模式，它更贴近发展中国家，可供发展中国家借鉴，其影响是深远的，时间愈久，将愈显示出它的历史作用。

从总体上讲，我国粮食市场机制发育还不充分，粮食市场体系建设还有待进一步完善，还存在不少缺点与难点，面临许多新的课题。诸如各类市场的运作不够规范化、标准化，市场覆盖面不广、辐射力不强，场外交易的现象在国内还相当普遍等。在国际交易上，我们对大宗农产品的话语权还没有掌握，与我国所处的地位还很不相称。从各类市场的情况看，期货交易有待于与国际市场接轨；商流为主的交易中心与批发市场，有待于整合提升；物流为主的批发市场管理不规范、交易秩序不健全；基层收购市场和集市零售市场还存在无序竞争的状况，有待进一步提高。这都是我们面临的新任务、新课题，需要我们开拓进取，奋力拼搏，赶上世界先进水平。

我国粮食市场体系的改革和发展，30 年来历经改革的风云变幻，屡逢市场风波起伏的冲刷，在由传统的计划调控、凭票供应的模式中走出来，代之以市场运作，合理配置资源，保障国计民生的新模式，各类矛盾交错，风险波折极多，因而有着丰富的经验与教训。总结、吸取这些经验教训，将成为我国粮食市场体系建设的极为宝贵的财富。在纪念改革开放30 周年之际，我们从事粮食市场工作和研究工作的同志大都身经其事，应当从感性认识上升到理性认识，以期能做到掌握规律性，克服盲目性，把市场建设工作进一步做好。

第一，要坚持科学发展，好字领先。市场建设，要顺应国情，深明粮情，体察民情，从实践出发，突出特点，合理布局，讲求实效，发挥其在粮食流通中的积极作用，覆盖全方位，流通到每个角落，从而沟通产销，调剂余缺，活跃市场，稳定粮价。我们应从 20 世纪 90 年代期货市场盲目发展，批发市场四处开花，一哄而起，有行无市、无序竞争中吸取教训。要按照经济区域、粮油流向、产品集散的规律办事，在“搞活”上做文章，切忌头脑发热、盲目攀比，搞形象工程，建设失控，造成重复浪费。

第二，要坚持服务宗旨，增强服务功能。中国的粮食市场，是宏观调控指导下的市场，是社会主义初级阶段下的产物，因此担负着崇高的社会责任与义务，为耕者谋利，为食者造福，为国家分忧。市场是经济组织，要讲效益，但应社会效益与经济效益并重，必须坚持双向“服务”，一是为农民、为消费者、为经营者服务，促进农业生产，保证和引导消费，并帮助企业规避风险，取得正当的效益。二是为国家对粮油的宏观调控服务，确保国家的粮食安全，掌握粮食问题的主动权。各类粮食市场要扩大服务功能，提高服务质量，以增强服务力赢得市场的吸引力，扩大市场的覆盖面。要解决目前粮食交易“场外交易，单线联系”的弊端，既要靠国家的立法，同时必须靠市场的吸引力，二者应当并举。循着这个路子坚持下去，就会在实践中逐步形成一批区域性、全国性的有影响、有特色、有指导性的知名度高的市场。而且，随着开放的深入与扩大，客观上需要、实际工作中也可能，将孕育出世界知名的国际性的粮油批发中心市场与期货交易所，从而在国际大宗农产品的交易中，取得话语权。这是时代对我们的企盼。

第三，要坚持“三公”，规范运作。各类市场都要按照“公开、公正、公平”的原则办事，形成规范化、标准化的管理，以赢得社会、农户、企业的信任，发挥商流、物流、价格、信息中心的作用。“三公”的核心在于“公正”，市场机构本身、市场的运行规则，一定要公正，绝不能以私利而介入，因偏袒而失中。市场经济，就是信用经济，各类市场就是模范的守信、公正交易的场所，这是市场发展壮大的根本。对于有危及市场公正性、公开性、公平性的行为，应予以抵制。

第四，要坚持按价值规律办事，努力探索价格形成机制。价格体系是粮食流通体制改革的核心，也是市场建设的核心。市场形成价格，是我们的改革方向。党的十七届三中全会关于农村改革的决定提出：“完善粮食等主要农产品的价格机制，理顺比价关系，充分发挥市场价格对增产增收的促进作用。”粮食流通改革以来，我们在粮食价格上进行了 10 次调价，其中 4 次大的调价，均发挥过重大作用。但目前粮食价格扭曲情况仍相当严重，比价关系也不合理，极大地影响了农民种粮的积极性。市场机制最重要的是要建立价格形成机制，特别是在加入世贸组织以后，我们要与国际粮食市场对接，国际粮价的变化势必直接影响到国内市场。因而我们不在于要架设价格的防火墙，而在于要积极应对，争取我们对大宗商品的话语权，取得与我国粮油商品地位相称的、应有的权利，为我所用，而不受制于人。这是应当研究的新课题。

第五，要坚持“以智兴市、以德育人”。中国的市场从一起步，就十分重视培育市场文化和造就人才，期货界有一批“黄埔生”，批发市场也有一批“高财生”，即善于创造财富的高级人才，才有今天的新局面。因此，强调继承和发扬中国粮食业的优良传统，注意办好市场，培育人才。经过实践锻炼出的优秀人才，是粮食系统、粮食市场积累的宝贵财富。市场不但要出效益，出成果，更重要的是出人才。中国粮食市场之所以发展，中国农产品期货交易之所以赶上欧美同行，关键就在于在改革大潮中锻炼了一批德才兼备、具有掌握市场规律的智慧、痴迷于市场发展的隽才。他们“虽百折而不回，其九死犹未悔”，以忘我的精神，献身于祖国伟大的粮食事业。继续抓紧培育高素质的人才队伍，这是我们前进之基。

当前我国粮食已经进入紧平衡的新阶段，粮食工作面临新形势、新任务、新挑战。党的十七届三中全会决议指出："要始终把解决好十几亿人口的吃饭问题作为治国安邦的头等大事，坚持立足国内粮食基本自给的方针。""加快构建供给稳定、储备充足、调控有力、运转高效的粮食安全保障体系。"在"确保国家粮食安全"一节中，还专门指出："坚持放开市场，积极搞活流通，完善产销衔接。"这些都为我们指明了前进的方向。我国粮食流通体制改革和市场体系建设，已从起步期进入发展的关键期，机遇和挑战并存、竞争与合作同在。我们一定要以这次纪念改革开放30周年为新起点，以贯彻十七届三中全会决议为新动力，把粮食的各项工作做得更好，以改革为动力，以创新为灵魂，投入经济全球化的商海大潮，中流击水、浪遏飞舟，创造新的业绩，夺取新的胜利！

二〇〇九年

构建具有中国特色的粮食储备体系*

（2009 年 3 月 10 日）

这次中国粮食行业协会粮食储备分会第一届会员代表大会的主要任务，就是要正式建立粮食储备分会，选举产生分会的领导机构，部署分会今后的工作。这是在重要时刻，重要行业成立的一个重要的中介组织。它的服务面涉及全国粮食储备系统的几千亿公斤粮食、近 16000 个粮食储备库、几十万人的队伍，是粮食系统的精华所在。它肩负着神圣的使命和义不容辞的社会责任，在支援农业、稳定粮食市场、确保国家粮食安全等方面，将起着极端重要、不可替代的作用。

党的十七届三中全会通过的“关于推进农村改革发展若干重大问题的决定”指出：“加快构建供给稳定、储备充足、调控有力、运转高效的粮食安全保障体系。”“各地区都要明确和落实粮食发展目标，强化扶持政策，落实储备任务，分担国家粮食安全责任。”这里中央讲的是要“储备充足”，而且要落实到各地区。这是粮食储备工作的指导方针。现在，我就粮食储备体系的地位与作用，粮食储备分会的任务讲几点意见：

一、中国粮食储备体系的建立和发展，是改革开放 30 年来粮食流通建设最重大的成果。从 1990 年 9 月 16 日党中央、国务院决定建立国家专项粮食储备制度以来，经过不断改革创新，逐步发展成为覆盖全国全社会的粮食储备体系，开国家大规模储备战略物资之先河，居全球粮食储备之首位，为解决中国粮食安全、并为世界粮食事业作出了杰出的贡献。中国特色的粮食储备体系，

* 这是白美清同志在中国粮食行业协会粮食储备分会第一届会员代表大会上的讲话。

成为国际粮食界的新模式，具有历史的、国际的意义。

二、中国的粮食储备体系，是在实践中不断检验、历经多次考验成长壮大的。粮食储备制度建立不久，1991 年就遭遇淮河流域发大水，苏、皖、浙、豫、鄂、湘 6 省受重灾，动用了 500 万吨中央储备粮，平安度过困难；接着 1994～1995 年通货膨胀，国家先后动用中央储备粮 2250 万吨平抑粮价，稳定了市场；1998 年发长江大水，沿江受灾；进入新世纪后又遇“非典”、2003 年粮食减产以及 2008 年的冰雪灾害、汶川大地震等考验。特别是在去年全球粮食危机中，有 40 多个国家粮食发生风波，而中国却岿然不动，正如温家宝总理所指出的就是“手里有粮，心中不慌”，能稳坐“钓鱼台”。历经多少次大小灾害和粮食危机，实践证明粮食储备体系是有承受力和生命力的，它将继续在今后发挥积极、可靠的作用。

三、中国的粮食储备制度和体系，是坚持继承、创新的伟大成果。中国古来就有储粮备荒的悠久传统，历朝都设有官仓、义仓。新中国成立以来，由于粮食处于短缺经济的情况下，虽以吃“节节粮”著称，但即使在统购统销时期，也建立过“506”①、“甲字粮”② 等国家粮食储备。在改革开放的新形势下，特别在农村改革的推动下，粮食综合生产能力大幅度提升。因此，汲取历史的经验，并结合实际引进吸收了国内外的经验与技术，在 1990 年粮食丰收，粮食产量上新台阶的有利时机，因势利导，正式建立了起中央专项粮食储备制度。通过 18 年的建设，形成了以中央储备粮为核心、地方储备粮为支柱、社会储备粮（企业储备和农民储备）为基础的三级粮食储备体系，创立了中国现代粮食储备制度的新模式，实现了我们的先辈多年的梦想，为解决中国的吃饭问题探索了新路。

四、中国的粮食储备体系，是新形势下，名副其实的粮食流通的“蓄水池”和“主渠道”。经过不断改革，统购统销结束以后，过渡到了社会主义市场经济的新时期。粮食储备体系的建立，是国家粮食宏观调控的重要物质基础，成为国家宏观调控的有力手段和依靠力量。现在国有粮食流通行业的大部

---

① “506 战备粮”，是 1962 年国务院、中央军委决定建立的供 50 万人 6 个月用量的战备粮油储备，代号“506”。1999 年中央决定将这部分粮油并入中央储备粮油管理，2002 年国家销售处理了全部原 506 战备粮油。

② “甲字粮”，是 1965 年建立的由中央统一管理的储备粮油，代号甲字粮，主要用于应对重大自然灾害和突发事件的需要。1999 年中央决定将其并入中央储备粮油管理，2002 年国家销售处理了全部原甲字粮油。

分精华集中于储备体系，如果没有这个体系，改制后的国有粮食流通企业可能会荡然无存，不会有今天的新局面。现在，它正与异军突起的民营粮食企业一起，担负着全社会的供应任务，形成多渠道、多元化的粮食流通新格局，确保国家的粮食供应与调控，保持粮食市场的稳定。

五、粮食是具有战略意义的特殊商品。它的覆盖面广，牵涉面宽，敏感度高，是关系国计民生的战略性、公益性（公共性）重要商品。而作为宏观调控重要手段的储备粮更具有战略性、公益性的特征。从这个根本观点出发，经营储备粮必须从国家的经济全局出发，维护国家粮食安全，稳定粮食市场，既讲求经济效益，更要讲求社会效益；既要注意搞活企业，更要服从国家的宏观调控；既要市场运作，更要担负社会责任，为“三农”服务，为城镇粮食供应服务。离开这个根本点，就会走偏方向。

六、以科学发展观为指导，进一步完善、巩固、发展具有中国特色的粮食储备体系。新时期，粮食储备体系担负着更为繁重、更为艰巨的任务。我认为国家的粮食安全，“近期无虞，远忧甚多”。在国际上，粮食危机的影响并未结束；国内粮食综合生产能力并没有新的重大突破，新的粮食生产周期已经来临，而且农产品进出口进入新的逆差期，粮食需求不断增长，粮食供求进入紧平衡时期。要切实维护粮食安全，在任何复杂的情况下都要立足国内解决吃饭问题，生产上必须有新的重大措施，使粮食综合生产能力上新台阶；而在流通上，必须有充足的粮食储备和相应的管理体系。现在，在我国要不要建立粮食储备体系的问题已经得到共识，而如何改进发展、完善储备体系使之更好地发挥作用，就成为当务之急。重点已从要不要粮食储备转到如何搞好就这一工作上。粮食储备体系正如其他新生事物一样，目前在体制、机制、结构、布局诸多方面仍然存在不少问题，必须以科学发展观为指导，不断改革创新，使储备体系体制完善、机制灵活、布局恰当、结构合理、技术先进、分工协作、运转高效、协调发展，真正做到管得好、调得动、用得上，把好钢用在刀刃上。这是更为繁重、更为艰巨的任务。比如我们年复一年地清仓查库，为什么不把粮库信息化建设深入一步，从入库到出库，全过程追溯，这样就可以确保数量可靠、质量安全。这方面要把信息化与储备体系建设结合起来，找出新办法。

七、中国粮食行业协会粮食储备分会应运而生，责任重大。粮食储备分会是粮食油脂储备企业的群众性的中介组织，它不仅是中储、省储企业的组织，而且是覆盖全社会、面向多种成分储备企业的行业组织。它的根本宗旨就是服务。为政府宏观调控服务，为储备企业和行业服务。它的定位是“中介”组织，就是联系各方，成为桥梁和纽带，起到中介的作用。它是政府与企业之间、企业与企业之间、中外企业之间的桥梁和纽带。分会刚刚成立，起点要高，步子要稳，突出重点，逐步完善，将成为粮食行业协会体系中的一支强大的主力军，为国家的粮食安全作出更大贡献。

八、中国粮食行业协会粮食储备分会要促进企业增强提高软实力。储备分会最重要的任务，不仅要帮助企业和行业加强硬实力、硬件建设，而且要贯彻“以人为本”的思想，切实加强企业和行业的软实力、软件建设。要继承粮食系统求真务实、改革创新、艰苦奋斗、天下一家的优良传统，并与时代精神相结合，培育行业与企业文化，使行业讲求职业道德，企业讲求企业精神，会员讲求思想修养，培育一大批痴迷于国家粮食安全事业、执着于解决民生问题的新型人才，为13亿人民的吃饭问题贡献毕生精力。这样我们的粮食储备事业和整个粮食行业就一定会承先启后，兴旺发达。

增强信心　迎难而上
化危为机　创新发展*

（2009 年 4 月 1 日）

这次粮食论坛是在我国进入一个重要时期召开的。正如中央领导同志指出的，今年是进入新世纪以后最困难的一年。这主要是我们遭遇了全球性的金融危机和由此引发的世界性的经济衰退。面临这种新形势，粮食行业的专家、学者、企业家聚集在一起商讨对策，是很必要的。我们全行业应当根据党的十七届三中全会和全国人大十一届二次会议精神，统一认识、增强信心、迎难而上、化危为机，从而实现我们的发展目标，增强国家的综合国力和企业的竞争能力。这是有信心、有办法、有实力做到的。在当前形势下，粮食行业在认识上应明确几个观点。

一、对世界金融危机的严重性绝不可低估。这是多年来最为严重的一次危机，其涉及面之广，冲击波之大，破坏性之烈，都是空前的。我国在党中央、国务院的正确领导下，相对地讲受影响要轻一些，情况要好一些，在世界经济衰退中我国仍独树一帜，一枝独秀。粮食部门是以内需拉动为主发展起来，受影响也小一些，但以出口为主的企业（如玉米加工业）以及竞争力差的中小企业，处境仍然十分困难。现在危机不但未结束，是否还有第二波，也正在欧美热议中。对这次危机造成的后果的严重性，我们绝不可忽视。诚然经过 30 年改革开放，我国综合国力有了极大的提高，在国际经济中有举足轻重的作用，但中国并不是什么“世界经济的推进器”，“拯救世界经济衰退的发动机”，对国内外某些媒体的不实赞美之词，我们不要飘飘然不知所向，也不要因为“保八”初见回暖的苗头而盲目乐观。要看到我们仍面临难以决策的许多难题，难以避免吞下不少的苦果，难以规避资产缩水的极大风险。我们要实现“保八”有难度，但保几亿农民工和几百万大学生的就业更难，而要今后持续、稳定、协调、和谐地发展则难上加难。我们所有粮油企业领导人都要看

* 这是白美清同志在第十二届中国粮食论坛上的发言。

到关乎全局的趋势，下最大的决心把我们自己的事业搞好，起码不能拖国民经济的后腿，这样才能在这场危机中把握主动权，既要克服信心不足，束手束脚，又要避免疏忽大意，盲目乐观，陷入危机的旋涡之中。

二、对维护我国粮食安全的艰巨性绝不可低估。由于党中央、国务院坚决采取支农惠农的有效措施，粮食连续五年丰收，去年粮食产量达到5.275亿吨，创历史最高水平，粮食库存充裕，供应充足，市场稳，人心定。作为13亿人口的大国，去年虽然度过了世界粮食危机，但是要看到粮食安全“近期无虞，远忧不少”。我们的粮食增产仍然基础脆弱，隐患不少。特别是在思想认识上，在当前连年丰收的条件下，盲目乐观的情绪有所增长。例如，国务院决定推进千亿斤粮食生产能力建设的伟大工程，各省规划上报的产量达到近2000亿斤，而且几年内即可达到。以前我们计划增产100亿斤，调出几十亿斤，都感到十分困难，现在好像水一样那么容易就流出来了。我计算了一下，粮食总产量从1978年的3亿吨（3.0476亿吨）上升到1984年的4亿吨（4.0730亿吨），用去6年时间；从1984年的4亿吨上升到1996年的5亿吨（5.0453亿吨），用去12年时间；而从1996年的5亿吨到2008年的5.275亿吨，用12年时间只增加2300万吨。可见基数越大，今后增产的难度也更大，用的时间也会更长。特别我们是一个人均耕地少、水资源少的国家，在粮食问题上，绝不可唱高调，讲大话。这五年已连续出现农产品进出口的逆差，我们不能忽视。所以，一定下更大的决心，用更多的人力、财力、物力支持农业和粮食的发展，方能确保我国粮食安全的主动权，立足国内，依靠自己的努力解决我国的吃饭问题。

三、对粮油企业转型升级、整合提高的难度绝不可低估。粮油企业的现状是组织化程度差、产品档次低，可以说比其他行业差。全国入统的粮油加工企业有11000多家；国有购销企业13500多家，其余还有至少10多万户小企业、小作坊。小而散、大而不强的情况比其他行业更为严重，缺乏全国性的、世界性的龙头企业和知名品牌；作为基础的小企业、小作坊仍然处于小生产的状态。缺乏资金、技术、管理，经不起金融风波的冲击，目前不少企业陷入停产半停产的困境。而且，在粮食质量安全问题上屡次出现问题。这种状况很不适应新时期人民生活水平提高的需要。但不少企业仍未认识到这一问题的严重性，守住自己的小山头，“小富即安”的思想、“宁为鸡头不为凤尾”的思想相当普遍。所以整合提升的难度很大，转型升级的障碍很多。这样下去，不仅不能有效参与国内竞争，更不能与跨国公司竞争。植物油企业走过的路很值得我们借鉴。我们一定要决心在科学发展观的指引下，加快传统粮油企业向现代粮油企业转变的步伐，加快全过程产业链的建设，扩大企业联合广度和深度，否则就会被淘汰。这是十分迫切的任务。

四、对我国作为一个人口众多的新兴国家的经济活力、市场潜力、人才智力绝不可低估。我国是拥有 13 亿人口的大国，目前正处于工业化、城镇化、现代化的中期，因而市场空间广阔，发展余地很大，特别是人才资源丰富，素质提高，具有智力优势。经过改革开放 30 年的建设，已经初步完成资本的积累和基础设施的改善，已经有“两个积累”为国外所垂青：一是有 2 万亿美元的外汇储备；二是有 1.5 亿～2 亿吨粮食库存和储备。这就是我们能使经济尽快复苏的“弹药”，而且我们国家正在向工业化后期、现代化后期发展，这个根本趋势将会保持若干年。所以，我们一定能够保持相当长一段时间的快速增长。国际上有不少有识之士看出了这一主流，他们主张把“中国威胁论”改为“中国客户论”，这是有见解的、有道理的。中国完成社会主义的现代化建设，实现全面小康社会是大趋势，人心所向，历史必然。我们一定要十分珍惜，充分利用这一战略机遇期，乘势而上，努力把我国建设搞好。我国粮食系统更要在国家粮食安全系统工程中搞好各项工作，为国民经济的发展创造一个好的环境，在建设和谐社会中做出更多的贡献。

同志们：历史的经验告诉我们，“危机孕育强大企业，时势造就领军人物，时代催生高新科技”。只要我们坚定沿着建设中国特色社会主义道路奋勇前进，坚持改革开放，开拓创新，我们就一定能战胜困难，迎接危机后大发展的前景，迎接粮食行业的崭新的光辉的明天。

《粮食大辞典》序言

（2009 年 4 月）

展现在读者面前的这部《粮食大辞典》，是在国家粮食局的领导下，组织动员全国粮食系统几百位专家学者与实际工作者，历时三年多，编写成的巨著。这是迄今为止，在粮食经济、技术方面最为全面系统，具有较强的科学性、实用性、权威性的一部工具书。其条目之多，篇幅之大，论述之翔实，诠释之新颖，均超过了以往的同类著作。

粮食经济与科技是国民经济的一门重要学科。进入新世纪以来，随着经济全球化的发展与科技革命的深化，粮食领域更呈现出多学科的渗透与交叉，人类对这方面的研究与认识也在不断深化，亟待总结、提炼、升华，通过实践，认识，再实践，再认识，掌握规律性，避免盲目性，以推动我国传统粮食业向现代粮食业发展。我认为，这部《粮食大辞典》的一个突出特点是：试图从我国的基本国情、基本粮情的实际出发，以科学发展观为指导，把总结我国粮食行业多年的丰富的实践经验，同吸收世界粮食的新经验、新技术、新概念、新成果结合起来，既注意继承、扬弃与发展，又着眼于吸收、消化与创新，在大辞典的体系编列、条目选择、释文内容上注入新的内涵，增加新的知识，体现了我国粮食工作的特色与时代的特征，从而引导广大读者立足本国，面向世界，开拓未来。从字里行间、行文编写上可以看出本辞典的编者与作者，颇具苦心，在许多方面作了可喜的探索，下了极大的功夫。这也是今后我国粮食出版领域出时代之精品、留传世之佳作的关键所在。

进入 21 世纪以后，粮食行业面临着极其艰巨而又十分光荣的任务。我国是世界上粮食生产与消费大国，任何时候、任何情况下，我们都要牢记党中央的指示，立足国内解决中国人民的吃饭问题，确保国家粮食安全，牢牢把握国家粮食安全的主动权而不致受制于人。我们既要防止全球金融危机、经济衰退的冲击，又要防范世界粮食危机的余波与再起。我们不仅要稳定国内粮食市场，更要参与国际粮食市场的竞争。这就要求我们粮食行业必须加快调整结构、转型升级的步伐，尽快实现从传统粮食业向现代粮食业的转变，使中国的粮食业跻身于世界的先进行列。要完成这一历史任务，最重要的是靠科学、靠人才。全面提升粮食行业的人才素质，用核心价值和高新科技武装粮食队伍，培育德才兼备的高素质人才，这是百年大计。而人才的培养教育，锻炼成长，需要优质的教育，优良的学校，优秀的教师与教材。所以，我认为编好本行业的基础教材、基础工具书，是粮食系统的基本建设。这本大辞典编撰出版，是一个良好的开端。我殷切希望有更多粮食方面的好作品问世!

这部大辞典，在条目选编、内容诠释、博采众长等方面，尽管还有一些不完善之处和疏漏的地方，但总体来讲，是一部普及与提高相结合的工具书，是值得向广大读者推荐的。希望今后锲而不舍，精雕细刻，修改完善，使之成为粮食行业学习和培训的必备工具书之一。

新中国60年来粮食工作的历史成就和启示*

（2009年10月17日）

今天，全国粮油行业的各方面代表、劳动模范、先进工作者、创业企业家、老中青三代齐聚一堂，共同欢庆中华人民共和国60华诞。缅怀过去的战斗历程，我们充满着光荣感与自豪感；展望未来的美好前景，我们满怀着责任感与使命感；追思先辈的丰功伟绩，我们满怀着崇敬感与创业感。这60年是中国历史上的最好时期，我们要以此作为新起点，去创造更加辉煌的未来！

60年来，在中国共产党的正确领导下，全国各族人民团结奋斗，在旧中国“一穷二白”的基础上，把我国建设成为一个初步繁荣昌盛的社会主义国家，取得了震撼世界的伟大成就。中国的经济总量、外贸总额已跃居世界第三，外汇储备达到2万亿美元，居世界首位，综合国力大幅提升，人民生活向全面小康迈进。中国，从来没有像现在这样强大；中国，从来没有像现在这样在世界格局中被重视；中国人，从来没有像现在这样昂首挺胸，登上国际舞台。这一切，使我们深切地体会到：“中国人民从此站起来了！”

60年来，新中国的粮食工作与国民经济其他部门一样取得了历史性的成就。中国是世界上人口最多、粮食生产与消费量最大的国家，在世界粮食的总格局中占有举足轻重的地位。就在新中国成立前夕，西方一些政客曾断言“没有一个中国政府能使中国人的吃饭问题得到解决”。现在，可以毫不夸张地说，在中国共产党和人民政府的正确领导下，中国用“革命加建设的办法”、“改革加建设的方式”，成功地解决了中国人民的吃饭问题，以占世界8%的土地，养活了占世界22%的人口。这是社会主义中国创造的奇迹，是对世界粮食事业的重大贡献。

60年来，中国的粮食产量从1.1亿吨上升到5.2亿吨，上了四个台阶。特别是改革开放以来，是粮食生产发展最快、粮食工作最好的时期。我国的粮食等主要农产品实现了由长期短缺向总量平衡、丰年有余的历史性跨越。在粮食流通体制改革上，实现了从统购统销的计划经济向社会主义市场经济的顺利过

---

* 这是白美清同志在中华人民共和国成立60周年粮食工作成就与经验座谈会上的发言。

渡。在粮油食品的供应上，从多年的短缺经济，凭票证定量供应，满足基本生活需要，转变为改革开放后在市场上自由选择，充分满足人民小康生活水平多样化的需求，粮油食品供应良好，粮食安全有切实的保证，致使中国人民的预期平均寿命由1949年的35岁，上升到现在的75岁，几乎与发达国家的水平相当。这是中国粮油食品供应的充足性、质量的安全性的有力佐证，是中国粮食工作做出的不可磨灭的巨大功绩。

60年来，中国在解决粮食问题上，形成了符合中国国情和粮情、具有中国特色的社会主义粮食工作发展之路，在世界粮食界中创造了一个崭新模式。这就是在国家的宏观指导下，走社会主义市场经济之路。我们坚持以市场经济作为改革的导向，充分发挥种粮农民和粮油企业的市场主体作用，调动各个方面的积极性，调整生产关系，推进科技进步，为生产力的迅速发展开辟广阔的空间。中国的粮食行业走市场化改革之路，是经过多年痛苦的经历、不懈的探索，反复的实践而形成的。在前进的过程中，我们设想过多种方案，试行了许多办法，历经曲折发展的进程，付出过沉重代价和学费，通过实践反复地比较与鉴别，从解决粮食上的种种矛盾、克服多次的挫折中走了出来，终于选择了正确的、可行的改革模式。我们遵循与运用经济规律，通过市场合理配置资源，通过市场合理形成价格，通过市场合理引导消费，形成产、加、销、农、工、商的良性循环。鉴于粮食是关系国计民生的特殊商品，在发挥市场配置资源的基础性作用的同时，需要强化国家对粮油商品的宏观调控与监督管理，以监督、矫正、引导市场机制的有效运行，避免自发性与盲目性，保证市场的基本稳定和供需的基本平衡。这样就使粮食这一特殊行业更好地为广大群众服务，对国家粮食安全和改善民生、支持“三农”做出不可替代的贡献。几经粮食危机、粮食风波的考验，屡遇救灾抢险、突发事件的冲击，证明这种新模式的有效性、正确性与可行性，为发展中国家解决粮食问题开辟一条新路，在世界粮食史上增加了一种新的范例。

中国在解决粮食问题的实践中，为各国粮食界所关注、影响世界粮食业的发展有三个“亮点”。

一是高度重视科技在粮食业中的支撑作用。我国在粮食生产上有效地推行了袁隆平院士发明的以杂交水稻为代表的杂交品种的科技革命，大幅度提高了粮食产量。目前在我国杂交水稻已累计推广56亿亩，增产稻谷5.2亿吨，现已在世界40多个国家推广，这是世界农业上的又一大发明，将对全球解决缺粮饥馑问题作出不可估量的贡献。

二是中国在改革年代建立了举世无双的国家粮食储备制度及其仓储体系。在继承发扬历代“储粮备荒”传统的基础上，我们经过数十年的努力形成了中央储备粮为核心、地方储备粮为支柱、社会储备（包括企业周转储备和农民家庭储备）为基础的三级粮食储备体系，相应地建立了全国的仓储物流体系，初步形成了集战略储备与周转储备于一体、布局合理、管理科学、运转高效的系统工程，其规模之大，管理水平之高，均居世界前列，在世界粮食史上实属首创。这是改革、开放、创新的成果，是中国在粮食上能从容应对危机冲击、稳坐钓鱼台的关键，其作用日益为公众所认识，引起国际组织和有关国家的高度重视与不断推广。

三是中国建立的粮油食品的应急保障机制。中国是个人口多、发展极不平衡的大国，在历次的抗灾害、御风险中，逐步建立了一整套粮食工作上的应急机制。这一机制的特点是：发挥我们特有的政治优势，逐步建立上下一体、高速运作的应急物资储备与组织动员准备，以应对各种自然灾害、突发事件的袭击，确保紧急时粮油产品调得动，用得上，及时地、有效地、全方位地进行供应，把损失降到最低限度，把救灾粮油及时运送到千家万户，安民心，解民困，保民生，促和谐。这在世界上可谓独树一帜，引起了国际上的强烈反响。当世界某些地方突发不测事件来临之际，不少国家和地区的人士均赞叹：“有中国的做法就好了。”

60 年的反复实践，使我们更加深刻地认识到中国的基本国情、基本粮情、基本民情的深刻内涵。应当说我们是一个农业资源较为薄弱的国家。与世界的人均占有水平相比，中国人均占有的耕地只及世界平均水平的 40%；人均占有的淡水资源，只及世界平均水平的 28%。因此，在中国，粮食行业是一个关系安邦定国的特殊产业；粮食这个商品，是具有战略性、资源性、公共性的特殊商品，是关系国计民生的、覆盖面最广、牵涉面最宽、敏感性最强的商品。我们这个人口大国在粮食问题上，各种矛盾交错，往往成为矛盾冲突的焦点，引发事变的导火线。“国以民为本，民以食为天”，如粮食不稳，则天下难安，百业难兴。所以，任何时候我们都要确保国家的粮食安全，确保粮食市场的稳定，绝不能出任何的纰漏和失误，务必做到万无一失。60 年的实践告诉我们：

一定要坚持立足国内解决吃饭问题的国策。必须始终注意自己掌握国人的饭碗，不能向发达国家讨饭碗，也不能与发展中国家争饭碗。在任何时候，任何情况下都要确保国家的粮食安全和经济主权，绝不能大权旁落、受制于人。落实科学发展观，坚持一靠改革，二靠科学，三靠投入的方针，我们完全有条件、有能力做到粮油产品的基本自给。

一定要坚持粮食供求“紧平衡”的方针。一方面抓粮食综合生产能力的建设，确保粮食生产上新台阶，增加粮食特别是主粮的有效供给；另一方面必须抓好适应市场经济发展、服务全面小康水平的粮食供给保障能力，确保对城乡居民粮食的有效供应。绝不能使粮食成为可有可无的农村“副业”；也绝不能使粮食流通行业成为没有实力的“弱势产业”。要随时注意掌握粮食总供给与总需求的运行趋势，保持二者的基本平衡，这是稳市场、安民生的关键。

一定要坚持市场改革的导向，发挥种粮农民和粮油企业在市场中的主体作用。走上社会主义市场经济的轨道，这是历史的选择，时代的趋势，经验的总结，人民的愿望。在当前粮食多元化、多渠道流通的新格局下，我们要坚持市场化改革不动摇，走大粮食、大市场、大流通的发展之路。鉴于粮食商品的特殊性，一定要加强国有粮食企业和国有控股企业的主渠道作用，充分发挥民营经济的积极作用。在扩大开放进程中，要切实加强本土企业在本国粮食经济中的主导作用。大米、面粉两大主粮关系千家万户吃饭问题，其生产经营权一定要以我为主。在市场化改革中要注意逐步理顺粮食价格体系，减少不必要的行政干预，逐步建立健全市场形成价格的新机制。要逐步建成以全国性的大公司、大集团为核心，区域性、专业性大企业为支柱，中小企业为基础的布局合理、分工合作、高效运行、和谐发展的企业群体、产业集群。特别是要培育自己的有核心竞争力的跨国公司，建立粮食业的“航母”，组成“特混舰队”，走向五湖四海，乘风破浪，开拓前进。

一定要坚持国家对粮食的宏观调控，绝不能放任自流。一是要继续推行强有力的支农惠农的政策支撑体系，加大对粮食生产和粮食流通的扶持力度。二是要进一步完善布局平衡、结构合理、高效运作的粮油储备体系，使之继续成为宏观调控的有力物质基础。三是把好粮油进出口关，充分利用“两个市场、两种资源”，调剂余缺，改善供需。四是加强法制建设，依法治粮，使对粮食行业的监督管理走上法制化、规范化的轨道，奠定长治久安的基础。

一定要坚持不懈地进行全民的基本粮情和爱粮节粮的教育，使之蔚然成风。要从孩子抓起，把知农悯农、爱粮节粮列入中小学教科书。在各级党校、各级行政学院中加强基本国情、基本粮情的教育。在中国这样一个历来以农立国、现在仍有几亿农村人口的国家，不知农，就不能成创业兴业的领军人物；不知农，就不能成安邦定国的栋梁之材。

一定要始终不忘三年困难时期高估产、高征购、浮夸风、共产风、瞎指挥、胡折腾的沉痛教训。回忆往事，我们深感有切肤之痛、难言之苦。我们一定要牢记当时这个重大失误的沉痛教训，把它作为必修的“反面教材”列入“为政要道”，使一代一代的各级执政者，永志不忘；使子孙后代知先辈经历的苦难，创业的艰辛，从而永远发奋图强。

历史的经验还告诉我们：**在我国粮食工作中，问题往往容易出在胜利冲昏头脑上**。1958年粮食产量达到2亿吨后，搞了个“大跃进”，结果三年大减产。改革开放后，1984年粮食产量突破4亿吨，来了个“调整策，促销售，搞转化”，结果1985年就减产2500万吨，弄得很紧张。进入新世纪前后，粮食连续增产，扬言可以吃三年，结果2003年出现大减产，造成很大的被动。鉴于粮食生产的脆弱性和周期性，我们一定要居安思危，处丰虑歉，绝不可轻言“粮食过关”，绝不可轻信上报的“政绩产量”。一定要有忧患感、有全局观，扎实做好工作。

同志们、同行们：解决中国13亿人口的吃饭问题，是全体中国人的永恒主题；为中国各族人民的吃饭问题服务，是中国粮食人永不改变的本色。中国的粮食队伍，是在中国共产党的培育下，在各种磨炼中茁壮成长的。中国粮食人，始终坚持以民为本，把老百姓的温饱放在心上。在救灾抢险的前沿阵地，在重大突发事件的紧要关头，在动乱折腾的难忘岁月，在全面建设小康社会的日日夜夜，哪里有困难，粮食人的身影就出现在那里；哪里有人群，粮食人就把粮油供应到那里。为了把党和政府的温暖送到各族人民心坎上，中国粮食人“宁流千滴汗，不坏一粒粮”，“宁翻千山万水，不让一处脱销断档”，不怕牺牲，不计报酬，艰苦奋斗，无私奉献，书写出粮食史上动人篇章。我们应当继承发扬粮食系统“求真务实，改革创新，艰苦奋斗，天下一家”的精神，并同时代精神结合起来，形成粮食行业的良好的职业道德，优秀的企业文化，过硬的个人修养，在新时期、新任务、新起点上唱响主旋律，打好攻坚战，为建设我国的现代化粮食业做出新的贡献！

在2009年全国大型粮油企业年会暨中粮协专家委员会第一次会议上的讲话

（2009年11月19日）

粮食工作的新形势、新特点与粮食安全

这次会议是在粮食行业发展的一个转折时刻召开的。会议的主题是“联合、发展、安全”，中心议题就是要认真贯彻党的十七届四中全会精神、落实科学发展观，把粮食企业做强做大，促进粮食行业的发展，更好地为新时期的国家粮食安全服务，为“三农”服务。

当前粮食工作面临的新形势、新特点。我们是处在应对国际金融危机中开始出现企稳回升的时候，是面临新的世界粮食危机、粮食生产徘徊，国家粮食安全在新阶段面临新的考验的时候，是粮食行业和企业的发展处于关键转折的时候。因此，这一时期的工作如何，对今后粮食行业和企业的发展至关重要。

我国粮食连续6年丰收，库存充裕，市场稳定，供应充足，为保障近期的粮食安全创造了良好的条件。但是，一要看到粮食生产基础的脆弱性，要结束10多年来粮食在5亿吨左右的徘徊，实现到2020年增产1000亿斤（0.5亿吨）粮食综合生产能力的战略目标，难度比以前更大，制约的因素更多。二要看到粮食生产周期的波动性。由于种种原因，粮食生产周期的波动有所变化，但周期性依然存在，往往是增产最多的年份就是下滑的开始，粮食不可能像工业一样直线上升。要汲取以往的教训，不要在丰收之时冲昏头脑。三要看到粮食价格的波动性，对今后通胀的危险，绝不可低估。四要看到粮食市场竞争性的日益加剧。在国内，是在粮食加工业较为普遍地存在产能过剩条件下的竞争；在国际上，跨国公司在我国油脂市场得手以后，正向大米、面粉加工领域进军。因此，竞争的激烈程度将大大超过目前，可能趋于白热化，进入高层次深领域中的较量。五要看到我国粮食流通体系有弱势化的倾向，除储备体系外，粮食管理机制残缺不全、粮食产业链不全不壮、粮食企业“大而不强、小

而不精”，一旦粮食出现较大风波，可能会陷入被动局面，应对乏力。这不是不可能的。

所以，当前粮食生产保障体系和粮食流通服务体系都存在不少隐患。从近期看，国家粮食安全是有保障的，但是远忧甚多，隐患不少，我们不要看到表面上市场的平稳，而忽视潜在的问题。当前粮食已进入紧平衡的新阶段。粮食的总需求呈刚性较快增加，而粮食的总供给却增长缓慢，甚至徘徊。为此，我们一定要居安思危，处丰虑歉，未雨绸缪，把各项应急工作做好，为确保粮食安全竭尽全力，绝不能出现任何问题。我曾经说过，立足国内解决13亿人的吃饭问题，是我们全国人民的永恒主题。把粮食送到13亿人手中，是我们全体粮食人永不改变的本色。所有粮食人，不分属于何种经济成分，不分地域区划，都要为保障粮食安全竭尽全力。这是大家的共同义务和社会责任。这也是粮食行业和所有粮油企业发展的动力与源泉，只有这样才能发展壮大。

加快粮油企业整合提升、扩大联合的步伐
从整合、联合、融合中走向强大

在党中央、国务院的正确领导下，在国家一系列政策的支持下，这几年粮食油脂行业的企业有很大发展。据2009年中国企业500强（销售收入100亿元以上）的统计，列入名单的粮油企业有7家：中粮（19位）、益海嘉里（67位）、北大荒（92位）、上海粮友（338位）、三河汇福（421位）、吉粮集团（479位）、维维集团（482位）。此外，鲁花集团列入中国制造业500强（405位）、重庆粮食集团列入中国服务业的500强（330位）。中储公司、北京市粮食集团、天津粮食集团和五得利公司等均未申报，未统计进去。这表明，中国粮油企业这些年有较大的进步。从企业的情况分析，可以看出有“三个发展快”：名牌产品生产企业比一般企业发展快，民营企业比其他企业发展快，大型企业比小型企业发展快，小型企业的数量在减少。但与其他行业相比，我们仍差距较大，“大而不强，小而不精”的状况仍未根本改变。

我们的目标是要建设以全国级、世界级的大型集团为龙头，以区域性、专业性骨干企业为支柱，以中小企业为基础的布局合理、结构优化、分工合作、高效运转的企业群体与企业集群带，以便更好地为确保国家粮食安全服务。只

有这样才能在国际市场竞争中、在经济全球化的浪潮中处于有利的地位，不致受制于人，陷于被动。这里，关键是要有全国性的、世界性的龙头企业、领军企业。就像海军一样，我们要有自己的“航空母舰”，组成“特混舰队”，才能乘风破浪，克敌制胜，才能确保国家的粮食安全与经济主权。这是国家的需要、人民的愿望、时代的要求。现在正处在整合提升的关键阶段，我们一定要从整合、联合、走向融合，把企业做强、做大、做久。

近来，协会的领导到大型企业作了一些调查，我们认为在联合中，有很多有益的经验值得借鉴。

第一，要坚持互利共赢的原则。要使联合的有关方面利益共享、风险共担。在实践中采取股份制、股份合作制等就是较好的形式。处理联合中的问题，大家要从整体、从全局出发，解决好各种矛盾，真正从联合走向更高层次的融合，实现一体化的要求。为此，联合中的大股东、董事长、总经理是矛盾的主导方面，担负重要责任，要善于处理好出现的新矛盾、新问题。

第二，要充分利用现有资源进行有效整合。我们要学会在产能过剩的条件下走联合之路，把优质资产更加合理地配置在一起，求得新的发展，取得1+1>2的效果。如果进一步融合，就可能实现跨越式地发展，效益呈几何级数增长。

第三，要着力构建产业链和供应链。要以名牌工程为切入点，以资本运作作为纽带，向上下游延伸，组成“从田间到餐桌”的全过程产业链、供应链和物流链，并同建立可追溯的质量安全体系相结合，这也是大企业、大集团发展的必由之路。

第四，要从个人创业到团队创业转变。要真正做成粮油行业的大集团、大企业，涉及的面广，牵涉的战线多，需要有优秀的团队形成核心领导。这是大型企业能否搞好的关键。即使是家族企业，也可以实行“两权分离”，充分发挥领导班子作为核心团队的骨干作用。这里决定性的人才，是领导者、领军人物。纵观当今世界的企业发展潮流，个人创业正在向团队创业的方向转变。企业的出色领导者的重大作用，就在于使新联合的领导班子、领导核心迅速形成，以适应多方面工作开拓的需要。企业的领导者尤其是主要领导一定要有领军人物的风范与领导企业的智慧，一定要学会用人之道。作为卓越的领导人，要有慧眼识人才，有胆略用人才，有气度容人才，有感情留人才，人才兴，企业旺。这里再强调，企业的领导人一定要有符合时代精神和中华优良传统的价值观、创业观，这是粮油企业和事业能否成功的关键。

这里，我想对企业的领导者说两句话。一句是："创新乃强，联合乃大。"另一句是："以创新促创利，以创利谋创业"。希望我们大家共勉。

迎接新的科技革命与中粮协专家委员会的任务

观察当前的经济形势，我们必须十分关注新的科技革命的到来。目前我们正处在新的科技革命的前夜。如何认识，如何对待，这是关系我国整个国民经济、关系粮食事业发展前途的战略性、全局性、前瞻性的重大问题。

这场新的科技革命产生的背景，主要来自两个方面：一是全球气候的变暖和整个环境的变化，将催生新的科技革命，以推动世界经济、社会各个方面的可持续性、和谐发展。二是当前国际金融危机和经济衰退的冲击，将孕育新的科技革命。人们在反思过去那种高消耗、高污染的旧工业化道路已经走不下去了，必须另觅出路，这就要从科技创新、科技革命上想办法。这两个方面都催生新的科技革命来解决全球面临的可持续发展的问题。这场革命将带来人类生产方式、生活方式的一系列深刻而又巨大的变化，是全人类面临的新机遇、新挑战。正如温家宝总理不久前在经济形势座谈会上指出的："世界正处在科技革命前夜，这是实现跨越式发展，占领未来经济制高点的有利时机。我们必须把握机遇，推动我国经济尽快走上创新驱动的发展轨道。"

关于新的科技革命的内容，据中科院的专家介绍，今后10～20年很有可能发生一场以绿色、智能和可持续为特征的新的科技革命和产业革命。将会改变全球产业结构和人类文明的进程。围绕新的科技革命，一场占领未来发展制高点的新的世界性的竞争正在全面展开。我们要走出一条绿色、智能、可持续发展的发展道路。在农业方面，要构建我国生态高效农业和生物产业体系，促进我国农业结构的升级，发展高产、优质、高效、生态农业和相关的生物工程，保证粮食与农产品安全。粮油行业作为与农业相关联的产业，我们要思考如何适应这一发展，促进粮食业的可持续、和谐发展的问题。为此，我们全行业必须提高认识，明确重点，发挥优势，重点突破。

总的方向是要向绿色、生态、现代化的粮食业发展。今后，对粮食安全、粮油产品的质量会提出更高的要求，制定更严的质量标准。所以，一定要在新起点上前进，在研发、生产、安全、优质、高效、低耗、环保、生态的粮油产品上下功夫。只有在各方面坚持下去，才能适应新形势的需要。围绕这个根本方向做好一系列工作，把工作重点转到科技创新上，以求立于不败之地。

在新形势下，我们要更加自觉、更加紧密地实现产、学、研的有机结合，把各方面力量拧成一股绳，去攻克科技上的难关，占领制高点，让创新火花竞相迸发，创新思想不断涌现，创新成果有效转化。这对每个企业都是新的考验，早行动，早主动，早出成效。

为适应新的科技革命的需要，更好地实现科技兴粮的战略任务，对行业、对企业进行扎实的帮助和与有效的服务，中国粮食行业协会决定成立专家委员会，作为行业的“小智库”，它的任务就是为行业和企业提供力所能及的科技支撑和软件服务，当好行业和企业在科技上的参谋和咨询，同时也为政府提供决策参考。总的宗旨就是搞好科技服务，实现科技兴粮。这个“小智库”会逐步发展，增加新的成员，充实专家队伍。从这次组建专家委员会作为开端，促进全行业的科技水平提高到一个新水平。

中国粮食行业60年来所取得的伟大成就，和行业内外的专家、学者的努力是分不开的。在科技兴粮的道路上，每前进一步都留下了科技工作者的足迹；每取得一项成就都凝聚了科技工作者的心血。从事于粮油研究的老、中、青科技工作者埋头苦干，攻坚克难，默默无闻，无私奉献，不计报酬，不讲条件，全心全意投入国家的粮食安全大业，忠实于人民的粮食事业。他们是我们队伍中的先行者和开拓者。我们殷切希望专家委员会的成员，继续发扬优良传统，坚持改革创新，开拓前进，为解决13亿中国人民的吃饭问题，再创新业，再立新功！

加强协会建设　更好地为国家粮食安全服务*

（2009 年 12 月 3 日）

这次会议的主要任务，就是根据党的十七届四中全会精神，认真落实科学发展观，研究加强粮食行业协会的思想建设和组织建设，更好地为新时期的国家粮食安全服务，为“三农”服务。这次会议采取虚实结合的方式，总结交流经验，畅谈心得体会，集思广益，群策群力，以便把全国粮食行业协会的工作向前推进一步。我先讲几点看法和意见。

从实践中加深对协会地位、作用、运行机制的再认识

协会等中介组织，是改革开放中诞生的，是伴随着社会主义市场经济成长的。中国粮食行业协会成立已经 13 年了，地方协会如北京粮协成立已 20 年。这一段，总的看是粮协的起步阶段，在各级党政的领导和社会各界的支持下，各级协会可以说初步站稳了脚跟。这十多年从诞生到发展，有很多经验教训值得总结、提升，以便为今后工作借鉴。

关于行业协会在市场经济的三元化结构中所处的地位与作用，我们需要再认识。在计划经济中，政府直接指挥企业；而在市场经济条件下发生了根本变化，成为政府、协会、企业三元化结构。中央多次指出，协会是“中介组织”，是作为宏观管理与调控的政府部门同作为市场经济主体的企业之间的桥梁，是不可缺少的中介。随着市场经济的发展与深入，协会等中介组织的作用，越来越为社会所认识，发挥的作用越来越明显。

由于协会具有民间性、自律性、国际性的特点，在经济全球化、市场国际化、行业产业化的新形势下，行业协会作为新生的中介组织，具有广阔的发展空间与光明的前景。协会的路子会越走越宽，方式会越来越灵活，功能会越来越强。但是我们也必须看到，协会的作用，取决于四个方面：（1）取决于政

* 这是白美清同志在全国粮食行业协会建设工作会议上的讲话。

府机构改革、转变职能、简政放权的进度；（2）取决于市场经济发展的程度；（3）取决于本行业企业组织化的程度；（4）取决于协会等中介组织本身建设的程度，特别是人才聚集的程度。从总体上看，协会等中介组织，正处于过渡的阶段，工作具有逐步过渡的特点。因此，（1）组织上在向“企业家协会”的目标逐步过渡。（2）在工作方针上具有逐步推进的特点。从实际出发，协会提出的“量力而行，尽力而为，拾遗补缺，稳步前进”是正确的。协会工作既不能“急”，也不能“等”，关键在于要有人才，要发挥主观能动性。实践证明，有为才能有位，有活动才有生命力。各地协会之间工作有差距，差距就在发挥人才的主观能动性上。

对做好协会工作的几点体会

经过前一段的实践，我们体会到要做好协会工作，更好地为发展粮油行业与企业服务，应把握以下要点：

第一，必须明确工作中心。这就是以为国家粮食安全服务为中心，高举确保国家粮食安全、确保十几亿人口吃饭的旗帜，发挥自己的中介桥梁作用，凝聚合力，献计献策。这样才会有企业的发展、行业的兴旺、协会的发展。任何时候、任何情况下都不可偏离这一中心，这也是新时期全行业、全体粮食人的核心价值观的具体体现。

第二，必须明确定位。协会是中介组织，不是“中心”；是“民办”，不是“二衙门”。它是政府与企业联系的纽带，企业与企业之间联系的纽带，也是中外企业同行联系的纽带。要发挥中介的职能，不争权，不争位，不争功、不争利，靠“居中”的地位，做好协调、监督、自律等工作，多协商、多争取，多疏通，成为政府的得力参谋，企业的知心朋友。

第三，必须坚持服务。协会不以赚钱为目的，而是以服务为宗旨，这是协会的生命线，偏离这个宗旨就会走上邪路。协会工作不是靠指令，而是以服务取胜，以服务赢得人心。通过提升服务功能，提高服务水平，拓展服务领域，增强辐射力、向心力与凝聚力。对政府、对企业要搞好“双向服务”，要全行业、全天候、全方位式的服务，有求必应，有托必办，成为一个新型的服务性民间组织。

第四，必须聚集人才。协会是靠软件服务的，协会工作的深度、广度、力度取决于人才。协会要发挥联系面广、方式灵活的优势，广泛聚集人才，把行业有关的各类人才团结在自己的周围。特别是要聚集热爱粮油事业、敬业乐群的老、中、青人才，逐步成为行业中的智囊团。

第五，必须改进工作。协会要不断改善运行方式，提高工作质量。集中大家的意见，我认为要重点抓好“联系企业、抓好典型、搞好协调、聚集人才”。概括成四句话：“从企业中吸取营养，从典型中总结升华，以协商形成合力，以聚才形成智库。”这样不断创新，不断发展，就能对行业、对企业、对政府提供前瞻性、战略性、可行性的建议与咨询，与时代的要求相适应。总之，要以创新驱动，带动整个工作，使协会工作再上新台阶。

加强协会服务体系建设的几个问题

中粮协和地方粮协成立以来，始终围绕确保国家粮食安全这个中心任务，因地制宜，做了切实有效的工作。在为政府服务方面，有了良好开端。中粮协和各级组织参加了有关粮食行业和企业发展的调查研究，建言献策，在决策咨询中初步显示出它的作用。与国家发展改革委、国粮局、商务部、工信部、卫生部、国家技术监督局、国家食品药品监督局等保持着较为密切的联系。在为企业和行业服务方面，也开始进入角色。通过抓放心粮油工程这一切入点，带动了整个粮油食品行业的质量和水平的提高。通过整合提升，扩大联合，为粮油企业的联合牵线搭桥，为主产区与销区搭建平台，建立新型购销关系，并且开展了创名牌工程，使全系统获得了 69 个中国名牌，命名了“绿色米都”、“全国面粉加工强县”、“全国大米加工强县”等称号、提高了原产地的知名度，开拓了市场，增加了效益。与此同时，始终注意发挥协会优势，培训干部，编写教材，致力于提高全体员工的政治素质与业务水平。存在的缺点是：有 1/3 的协会较好，但有 1/3 的协会较差。协会组织不健全、人员紧缺、工作不活、方式不多、缺乏创新，打不开局面。这些都有待今后抓紧改善。

为了适应新时期粮食行业和企业发展的需要，以确保国家粮食安全为中心，以搞好服务为主线，逐步形成全国粮食行业协会的服务体系和工作网络。今后重点抓好以下工作：

第一，充实健全总会，巩固提高分会和地方协会。中粮协要增加权威性、代表性，增强辐射力和凝聚力。(1) 中粮协要扩大组织基础，充实领导力量，要广泛吸取粮油行业的各方面代表人物和著名企业家参加领导。(2) 要吸收先进的市、县协会参加总会工作。(3) 要加强对分会的领导与帮助，重点要做好几个产业分会及储备分会的工作。中粮协要做好分会正、副理事长的人事任免，帮助它们建立正常工作秩序。(4) 要指导帮助地方协会搞好，推动个别未建立协会的省区，创造条件把组织建立起来。要为地方协会创造开展工作的条件，争取粮食局和发展改革委、商贸委等领导部门的支持。(5) 要抓紧协会中、青年干部的培养，逐步轮训协会干部，充实班子，选拔德才兼备、热心于粮食事业的中青优秀人才。同时，对离开工作岗位、德才兼备、身体健康、威信高、经验多、思想好的老干部，协会要把他们吸收到协会工作中来，充分发挥他们的积极作用。

第二，建立协会工作的智库。中粮协已建立专家委员会，吸纳各方面的专家学者和有实践经验的人才，担任行业各方面的咨询，逐步形成行业的“智库”。要使协会成为“人才荟萃”之所，更有力地服务企业，服务政府，为国家粮食安全和企业的发展建言献策，当好参谋。

第三，切实加强协会的思想建设。各级行业协会是在党领导下的粮食企业和行业的民间社团，协会是自律、自治的群众组织，它具有群众性、公共性的特点。协会以服务为宗旨，协会成立以来，不少同志实际上是“义工”、“半义工”，是以“志愿者”的身份献身于行业工作的。协会的崇高使命，就是为国分忧，为民服务，为国家粮食安全、为立足国内解决13亿中国人的吃饭问题服务。对于协会，我看有两句话：“升官发财，请走别路；怕苦怕累，莫入此门。”在行业中一定要大力倡导职业道德、企业文化、家庭美德、个人修养。全行业中要形成“以创新求创利，以创利谋创业”的新品格、新风貌。对于行业中存在的不正之风、腐败的“潜规则”，要旗帜鲜明地加以反对。要“拒腐蚀、永不沾”。要继承和发扬粮食行业“求真务实、改革创新、艰苦奋斗、天下一家”的优良传统，并与时代精神结合起来，更好地为新时期、新任务贡献力量，做好工作。

第四，加强协会的经常工作。每个协会和分会，都要本着从实际出发，量力而行，尽力而为的精神，每年制订计划，抓几件实事，深入调查研究，密切联系企业，为他们解决几个实际问题。这样积之以时日，就会出效果、出人才，以工作实绩争取应有的地位，以良好的信誉得到应有的支持。协会就会迈出新步伐，开拓新局面，作出新贡献。

二〇一〇年

加快稻米加工业产业化步伐 为确保国家粮食安全服务*

（2010 年 1 月 15 日）

新年伊始，中储粮（三河）米业公司就主办这次研讨会，作为一个“老粮食”，我感到很及时，很有必要。现在就“加快稻米加工产业化步伐，为确保国家粮食安全服务”讲几点看法，供大家参考。

第一，稻米问题是我国粮食安全的重中之重。稻米居我国三大主食之首，在全国 5 亿吨粮食总产量中，稻谷占 2 亿吨左右，约占 2/5；全国有 60% 以上的人口以稻米为主食。我们要贯彻立足国内解决粮食问题的方针，首先要解决稻米的有效供给的问题。我国出现的几次大的粮价波动，都是从大米开始、从南方开始的。进入新世纪以后，我国粮食的总供给与总需求已呈现紧平衡的态势。粮食尤其是稻谷增产难度加大，而需求量刚性增长。在中央强有力的惠农政策支撑下，近 6 年虽然粮食连年丰收，但稻谷的产量仍未达到历史最高水平，人均占有水平也在下降。在国际市场上稻谷的贸易量只占粮食贸易量 15% 左右，与粗粮相比，回旋余地小。因此，我们必须居安思危，处丰虑歉，在稻谷的生产、流通、消费等一系列工作上要继续扎实做好工作，掌握粮食的主动权，绝不可有丝毫的松懈。

第二，稻米加工是粮食产业链的重要组成部分，是国家粮食安全保障体系中不可缺少的环节。从生产到流通、消费是一个系统工程，购、销、运、存、

* 这是白美清同志在中储粮（三河）米业有限公司主办的稻米加工研讨会上的发言。

加工是完整的产业链。我们不能加以割裂，不能出现断层。从抢险救灾、平息抢购风波、保证粮食供应的多次实践来看，都需要有稻谷等粮食加工业的支撑与配合。储粮备荒，不仅要存原粮，也需要保存一定数量成品粮。在20世纪末的一段时间内，把粮食加工业视为“副营”、“副业”，一律机械地加以分开，甚至将一个粮库分为两部分，政策不予支持，贷款不予发放，造成了严重后果，其教训应当汲取。我们要深刻认识粮食加工包括稻米加工业的地位与作用，从政策、资金、科技、人才等多方面给予大力支持，使之在确保国家粮食安全中发挥积极的作用。

第三，目前稻米加工业是亟待加强的一个弱势产业。由于种种原因，我国稻米加工业几经波折，发展滞后，比起植物油、面粉、玉米加工业的发展都有较大差距。据统计，2008年稻米加工入统企业7311家，大多数为中小企业。其中日处理100吨以下的5296家，占72.4%；日处理1000吨以上的大企业只有24家，仅占0.4%。从总量看，2008年全系统稻谷加工产能为16065万吨，实际生产大米7421万吨。其中，民营企业产能、产量分别为13632万吨和4079万吨，所占比例为85%、85.3%；国有及国有控股企业产能、产量分别为2247万吨和629.9万吨，占14%和13.2%。目前外商投资企业进入稻米加工业不多，所占比重在1%左右。但跨国公司的大举进入稻米业，是新的动向。总体来讲，我国稻米加工多元化的新格局已经形成，但企业仍处在“小、散、低”的状况，我们缺乏有自主知识产权、具有核心竞争力的大型龙头企业。鉴于稻米在我国主食中的首要地位，它关系国计民生，关系社会的安定。因此，要按照中央的部署，以更大的力度支持国内稻米加工业的发展，要让国有粮食企业发挥在这一领域的主导作用，让民营企业发挥积极作用，上档次，上水平，占领国内市场。要汲取日本、韩国等的经验，在稻米生产、加工、流通等方面坚持以我为主，切实避免受制于人。

第四，在新时期稻米加工业要转变发展方式，走现代化、产业化、规模化之路，向绿色、生态稻米加工业方向发展。当前我国正处于世界金融危机的后危机时期，处于新的科技革命的前夜，又面临粮食紧平衡的新阶段。我们应当努力探索绿色、生态、可持续、得实惠的新路子、新模式，不论国内市场，还是国际市场，对稻米产品的要求越来越高，安全标准也越来越严。所以，我们一定要立足当前，着眼长远，认真贯彻中央经济工作会议精神，重点转到转变发展方式上，切实改变只注重量的扩展而不注重质的提升，只注重速度而不注重效益等思想与做法。特别是要搞好自主创新，集成创新，掌握高新技术、现代管理，谁先认识并掌握先机，先抢占科技的制高点，谁就会赢得主动。

第五，稻米加工业要在整合提升、扩大联合上下功夫。要以创新驱动带动企业各个方面的工作，扎扎实实把各项基础打好。这不是喊几个空口号，登几则广告所能奏效的，要切实做好制度、机制、管理、技术各方面的创新工作。要汲取国际上大型企业发展的好经验，延伸产业链，形成从田间到餐桌的全程产业链、流通链，从而建立起全过程、可追溯的质量安全监管体系，确保稻米质量安全可靠、营养卫生，这也是形成大型骨干企业的必由之路。

第六，中储粮（三河）米业公司产品的投产，是中储粮系统改革的有益探索，是继中粮投入粮油全产业链后，中央企业的又一重大举措。这一项目的投产，对于确保首都及天津、河北的稻米供应，维护国家和地区粮食安全将起到积极作用。总体来看，我国稻米的市场容量很大，需求很旺，现在稻米加工业的大型骨干企业还是凤毛麟角，仅处于发展初期；各种经济成分的企业都有发展的空间与良好的前景，关键在于要学会在竞争与合作中，逐步发展壮大。中储粮（三河）米业公司是获得全国放心粮油进农村、进社区工程的第一批示范企业，希望以此为新起点，以发展绿色、生态稻米加工业为目标，以改革创新为动力，搞好深度加工、综合利用，成为全国稻米加工行业的一支生力军，担当国家对粮食宏观调控的主要载体之一，为支援“三农”、为保证京、津、冀的稻米市场供应，为完成国家对粮食的宏观调控做出新的贡献！

今年是农历的虎年，中储粮（三河）米业龙系产品以新面貌问市，定能龙腾虎跃、畅销万家、誉满京津、实现跨越式发展！

促进小麦粉加工业加快转变发展方式*

（2010 年 3 月 27 日）

中国粮食行业协会小麦分会召开的“2010 中国小麦和面粉产业年会”，今天在中国近代工业发祥地之一的江苏省南通市开幕了。在我们度过了 21 世纪发展中最为困难的一年，取得了举世瞩目的辉煌成就之后，迎来了发展中最为复杂的一年。中国经济正面临一个新的转折点。正是在这样一个关键时刻，这次小麦与面粉界的年会就远远超过了一般年会的范畴，可以说具有前瞻性、战略性的一次全行业的思想发动与行动部署的会议，它对全行业的改革发展，将产生深远的影响。在当前我们面临新的时期、新的挑战、新的机会、新的考验的时候，需要全行业认真思考，预作安排，落实行动。下面就贯彻中央经济工作会议和全国人大十一届三次会议精神，着力推进小麦粉（面粉）加工业加快转变发展方式，增强行业和企业的经济实力与竞争能力，更好地为国家的粮食安全服务，讲几点意见。

一、小麦粉的生产与供应，是国家粮食安全保障体系的重要环节，在粮食处于紧平衡的新阶段尤为重要。小麦是我国的三大主粮之一，年产量在 1.1 亿吨左右，占粮食总产的 20% 多。小麦粉是我国人民习惯消费的仅次于大米而居第二位的口粮，全国有 40% 以上的人口以它为主食。随着我国人口的增长和生活水平的提高、消费方式的转变，全国面食范围日益扩大，需求呈刚性增长。虽然 21 世纪的前 10 年我们保障了小麦粉的生产与供应，展望今后 10 年，困难会更大，任务会更艰巨，质量要求会更高。不仅增产的难度大，加工、供应难度也很大。不仅平时要保障供给，而且在粮食紧张时、在突发事件时也要保证供应，做到万无一失，对此，我们一定要有充分的准备。

二、党中央制定的立足国内解决粮食问题的方针，首先必须做到基本口粮（大米、面粉为主）立足国内，以我为主。我们不仅要在生产领域要贯彻、落实、体现这一方针，而且在粮食加工、流通领域也要全面贯彻，落到实处。小麦粉加工作为粮油加工业的重要方面，作为整个粮食产业链的不可分割的部

* 这是白美清同志在 2010 中国小麦和面粉产业年会上的讲话。

分，理所当然地要立足国内、以我为主。中国人的米袋子、面袋子不能掌握在别人手里，这是关系国家的经济主权，关系国计民生的重大问题。因此所有的本土企业都担负着不可推卸的重要责任。不论国有、民营、股份制等各种经济类型的小麦贸易、加工企业，都要为小麦粉的安全问题竭尽全力，否则就会导致放弃社会责任，影响国家经济大局和人民生活安定。

三、小麦粉加工业目前是粮油食品加工体系中的薄弱环节。由于稻谷、小麦等主粮放开的比较晚，发展相对滞后，企业仍处于“小、散、低”的状态。据统计，到2008年底，全国入统的规模以上小麦粉加工企业2819家，比上年减少365家。年处理小麦能力11600万吨，新增能力1382万吨，增长13.5%；小麦粉产量5500万吨，比上年增长26%，年实际处理原料7846万吨。产能与产量按企业类型划分，民营企业产能8692万吨、产量4578万吨，分别占总量的83.6%、83.2%；国有及国有控股企业分别为1424万吨、611万吨，占总量的12.3%、11.1%；外商及港澳台投资企业占482万吨、315万吨，占总量的4.2%、5.2%。从企业的规模看，年产10万吨以上企业96家，比上年增加36家，总产2056万吨，占入统企业的37%。前三位企业是河北五得利面粉集团居第一（产量172.9万吨），中粮集团占111.7万吨，江苏银河面粉公司58.3万吨。总体上讲，发展是正常的、健康的。面粉系统调整所有制结构、国营企业改制已取得阶段性成果。多元化、多渠道的新格局业已形成，不存在“民退国进”的问题，实际上是“强进弱退”、“大进小退”，全行业的兼并、重组、联合正在加快步伐。但从总体看，“小、散、低”的状况并未从根本上改变。就以企业规模来说，除了入统的企业以外，目前正式注册的小麦加工厂4万家（日处理50吨以下的），企业“大而不强，小而不精”的状况仍普遍存在，产品品种单调，科技含量低，附加值不高，深度加工不够，综合利用少，环境保护差，因而缺乏经济实力和竞争能力。这种状况亟待改善。

四、小麦粉加工面临竞争与合作的新形势。中国正处于工业化、城镇化、现代化的中期阶段，人口多、需求旺，是全球新兴的大市场之一。我们不仅面临国内市场、国内企业之间的竞争，更面临国际市场的大粮商、跨国公司大举进入中国市场的竞争。可以预见，未来小麦粉市场的竞争将趋于白热化。兼并重组加剧，优胜劣汰加快。国际上的超级粮商、跨国公司在实力、经验、手段等方面都胜我国一筹。他们在食用油脂市场占上风后，下一个目标就是小麦粉和大米行业。这已是不争的事实。所以，所有的本土企业必须在这场较量中扬长避短，发挥优势，迎接这场挑战。在小麦和小麦粉市场上，要充分发挥国有企业在这一领域的主导作用，民营企业充分发挥积极作用，互相配合，上档次、上规模、上水平，控制国内市场，切实避免受制于人。同时，也要看到，在竞争中促进联合，在联合中参与竞争，这是新的趋势，新的要求。我们不仅要学会竞争，而且要学会“竞合”。企业的领导者要学会扩大联合的本领，特别注意坚持互利共赢的原则，处理好联合与合作的种种矛盾，把各种生产要素合理配置起来，优化组合，发挥效益，在联合、重组中走向融合，从而在竞争与合作中把企业做强做大，增强对市场占有的控制能力。

五、当务之急是小麦粉加工业要着力转变发展方式。企业及其领导人对此要有紧迫感、使命感。当前，我国正处于后危机时期，处于新的科技革命的前夜，又面临粮食紧平衡的新阶段，不论国内市场、国际市场，对面粉制品的需求越来越旺，要求越来越高，安全标准越来越严。过去那种高消耗、高污染、追求高国内生产总值（GDP）的路子已不可能持续发展。我们企业要发展，要兴旺，就一定要探索绿色、生态、可持续、得实惠的新路子。小麦粉加工业及相关联的面食业，一定要根据中央的精神，把重点放在转变发展方式上。改变原有的、落后的发展方式，向安全、优质、高效、低耗、绿色、生态的面粉工业体系的方向前进。谁先认识并掌握先机，先抢占科技的制高点，谁就会赢得主动权，在竞争中发展壮大，立于不败之地。

六、转变发展方式涉及一系列根本问题，是个系统工程，是长期的战斗任务。我们要从行业和企业的实际出发，搞好规划，抓住重点，逐一突破，稳步推进。从小麦粉加工行业的情况看，我认为应当抓住以下几个问题：

——要和优化产品结构、实施名牌工程结合起来。特别是要根据“安全、营养、风味、快捷”的原则，注意开发安全性能好、营养成分高、具有独特风味的产品，使面粉食品向多元化、大众化的方向发展，创造名牌、开拓市场，以更佳的产品、更佳的服务，取得更佳的市场效益和经济效益。

——抓好传统的“面食三宝”（馒头、面条、水饺）的开发，引导走上现代化、产业化的轨道，使之发扬光大、占领市场。现在方便面、挂面已经形成规模，但其他产品还未打开局面，有待我们去开拓，比如馒头，就大有潜力，要推广天津利达、济南、西安等地的经验。

——要十分关注面粉和面食添加剂的使用。粮油食品工业，“成也在添加剂，败也在添加剂”。要下决心整顿添加剂的使用，对人体有害的要坚决禁止使用。比如面粉增白剂，许多骨干企业都倡议要停用，我认为这个提议很好，一定要下决心，否则后患无穷。有害东西要用天然的安全的添加剂来代替。为此要加强对添加剂的科研与开发。

——要抓深度加工、综合利用。要使小麦的每个部分都得到充分利用，减少浪费。要结合实际发展循环经济、低碳技术、节能减排，降低能耗，减少污染。这方面许多地方都有一些搞得好的经验，应下决心推广。

——有条件的骨干企业要向产业链、流通链延伸。要建立从生产、加工、物流到消费，从田间到餐桌的全过程产业链、流通链，并相应建立从源头到消费终端的整个全程食品安全监督体系。实践证明，这也是大型企业形成、发展的必由之路。

七、转变发展方式，关键在于“创新驱动、内生增长”。转变发展方式一定要以创新为灵魂，要适应新的科技革命的大好形势，把科技创新成果引导到生产中来，使之转化为现实生产力。骨干企业一定要下决心有自己的技术诀窍、产品专利、核心技术，这样才能形成核心竞争力，长久不衰。没有核心技术的企业，很可能是“流星”一闪而过；掌握科技尖端、核心技术，才有可能成为“恒星”，长久不衰。要下决心促进产、学、研的高度结合，创新产品，创新技术。为此，企业领导者一定要下决心在科技开发上投资，在技术创新上延揽人才，投入精兵强将，早出成果，早出效益。

八、把握机遇，抢占先机。今后几年是一个很关键的时期，小麦粉行业面临大洗牌、大调整。作为内需为主的行业，发展的机遇特别好。领导的魄力、水平，就在于不让商机从身边溜走。中国小麦粉行业已经有了一定基础，经过多年市场经济的磨炼，参与国际国内竞争，一定会形成一批行业的领军企业、领军人物，带领全行业迈上新路，发展到新水平。决定性的是企业要有好的战略、好的机制、好的班子带领好的队伍。作为企业领导者要逐步走向成熟，掌握运用经济规律，在经济全球化、现代化、市场化的潮流中，理性经营，科学发展，取得主动权，开拓新局面。

关于在新形势下保障国家粮食安全面临的新问题与几点建议*

（2010 年 4 月 14 日）

日前，在讨论制定“粮油工业‘十二五’发展规划”中，中国粮食行业协会、中国粮食经济学会组织粮食系统的老干部和资深专家传达学习了胡锦涛、温家宝、李克强等领导同志在省部级主要领导干部深入贯彻落实科学发展观、加快经济发展方式转变专题研讨班上的重要讲话精神，大家一致认为中央领导同志在粮食“六连丰”以后，审时度势，及时从保障国家长治久安的战略高度，提出农业是安天下、稳民心的战略产业，强调构建粮食安全保障体系的极端重要性，明确指出粮食安全始终是经济生活中的最大隐患，并对实现农业可持续发展和保障粮食安全做了全面部署，是具有远见卓识的安邦治国战略举措，是确保新时期国家粮食安全的根本大计。国家粮食系统的老同志和各方面专家深受教育与鼓舞。在座谈讨论中，大家深感在新形势下保障国家粮食安全面临许多新问题，需要进一步引起高度重视和切实研究解决。现报告如下。

一、对国情、农情和粮情要有清醒正确的认识

我国是世界上农业和粮食资源相对不足而又人口最多的大国，尽管连续六年粮食丰收，但应清醒地看到，我国的人均耕地面积、淡水资源和粮食产量等，均远远低于世界人均水平。用我们有限的农业和粮食资源，在过去“短缺经济”条件下，满足温饱型的生活水平尚能达到，但很难适应今后实现全面小康进而达到中等发达国家生活水平的需求。这就需要我们始终保持冷静头脑，正确认识国情、农情和粮情，未雨绸缪，早思良策，科学谋划，千方百计保证国家的粮食安全，稳定民生，以实现党中央、国务院制定的宏伟蓝图。当前值

---

* 这是白美清同志 2010 年 4 月 14 日对在新形势下保障国家粮食安全给国务院领导同志的建议。温家宝总理 4 月 17 日批示：“这份报告值得重视，请发改委、农业部、‘十二五规划建议’起草组参阅、研究。”李克强副总理 4 月 19 日批示：“请张平、振邦同志认真阅研。”回良玉副总理 4 月 19 日批示：“请锡文、仁健同志阅。”

得注意的是，在取得粮食“六连丰”的大好形势下，对粮食安全问题，中央一贯重视而不少地方却不太重视，上面很着急而下面无所谓，口头上强调而行动上忽视，特别是许多中青年干部觉得现在衣食无忧、天下太平，既不重视种粮，也不重视存粮和节粮，一遇粮食安全问题便指望中央政府救助。这是一种十分危险的倾向。全国上下应及时纠正和克服这种盲目乐观情绪和依赖思想，使广大干部和群众正确认识国情、农情和粮情，把中央的决策变为各地的实际行动，提高保障粮食安全的自觉性。

二、国内粮食生产的持续发展是保障国家粮食安全的基础

改革开放30年来，我国粮食产量连上了两个增产1亿吨的大台阶：一是由3亿吨增加到4亿吨（1978～1984年）；二是由4亿吨增加到5亿吨（1985～1996年）。但达到5亿吨以后，至今14年里，粮食产量一直在5.01亿～5.3亿吨（1997～2009年）之间徘徊。同期，世界粮食产量也是一个徘徊局面：20亿～22亿吨（1995～2009年）。粮食产量的基数越大，增产的难度也更大。目前，我国人均粮食产量仅798.2斤（2008年），既低于国内历史最高水平828斤（1996年），也低于世界平均水平。尤其是稻谷，目前产量为1.9亿吨（2008年），尚未恢复到国内历史最高水平2亿吨（1997年）。国内粮食生产是保障国家粮食安全的基础。去年，国家制定和公布了到2020年增产1000亿斤粮食综合生产能力的规划和加强800个粮食主产县核心产区高产粮田建设，是非常及时和十分正确的，但其难度之大，超过了历史上任何时期。宜尽快逐一落实，促其实现。

三、充分利用国际农业和粮食市场与资源调节余缺

党的十一届三中全会突破了“吃进口粮是修正主义”的极“左”思想束缚，决定每年进口约1500万吨粮食，1982年进口达1600多万吨，1995年进口最高达2000多万吨，主要是小麦。这是利用国际粮食资源弥补国内缺口的成功经验，值得认真总结。进入新世纪以后，我们从进口谷物转为大量进口大豆等油料。目前，我国虽然小麦、大米两大口粮没有大量进口，但大豆、食用植物油料油脂和棉花等大宗农产品进口量猛增，我国农产品进出口贸易自2003年至今连续六年出现逆差，年均达100多亿美元，而且呈增加之势，有可能成为常态。特别是大豆，20世纪90年代中期前，我国一直是净出口国，后

期开始进口，2001 年进口突破 1000 万吨，此后逐年猛增，到 2009 年进口已达 4255 万吨，约占世界大豆贸易量的一半左右。按国内大豆平均单产测算，2009 年仅进口这些大豆就需要 3 亿亩以上耕地种植，若加上油脂、棉花等进口农产品，所需耕地达 4 亿亩以上。进口这些农产品，实际上就是进口了 4 亿多亩耕地和淡水资源为我所用，使我们能腾出耕地来集中解决口粮安全并适度发展经济作物，同时满足城镇化、工业化占地需求。从国家总体发展战略上考虑，加入世贸组织以后，我们农业上是有所进，有所退，有所得，有所失，总体上看，对我是得大于失，利大于弊，在政治上、经济上、外交上均有好处，并有利于缩小国际贸易顺差，减少贸易摩擦。因此，在经济全球化进一步推进的新时期，我们对农产品和粮食油料进口不能单纯囿于过去的老观念，必须有新的思维、新的战略和新的对策，更加自觉地充分利用国际国内两个粮油市场和两种粮油资源，为我国实现全面建设小康社会和达到中等发达国家水平的战略目标服务。

四、必须坚持城乡居民口粮基本自给的战略方针

党中央、国务院制定的立足国内解决吃饭问题的方针，是非常正确的，必须长期坚持。这是维护国家经济主权和粮食安全的重要保证。我们认为，立足国内解决粮食问题，首先要解决稻谷、小麦、玉米三大主粮，尤其是作为城乡居民主食口粮的稻谷和小麦的国内基本自给，实现以我为主。国家粮食安全重点是要保障城乡居民口粮安全，我们中国人的“饭碗”，绝不能拿在外人手里。今后在解决居民口粮安全问题上，我们既不能依赖产粮的发达国家，也不能只寄托于有粮食生产潜力的发展中国家，而只能紧紧依靠自己。同时，如果今后我国大量进口居民口粮，必然会与那些缺粮的发展中国家争“饭碗”，在政治和外交上处于不利地位。因此，国内主粮市场必须做到以我为主，主粮的生产、购销、储运、加工、贸易等，必须以本土粮食企业为主，充分发挥国有粮食企业的主导作用，发挥民营粮食企业的积极作用。要更加注重培养本国的粮油大型领军企业，使之成为世界级的具有经济实力与核心竞争力的粮油跨国公司。对已进入的外商投资企业要肯定它们的作用，引导其遵守国家法律法规，服从宏观调控。但对主粮的开放要有所控制。要汲取日本、韩国等的经验，避免重蹈“拉美化”的覆辙。对此，特别要使地方各级政府清醒地认识到这一点，以免覆水难收，造成被动。

五、注意防止粮食周期性波动与通货膨胀交汇造成经济震荡

改革开放30年来，大约每隔10年出现一次较大的粮食周期性波动。例如，20世纪80年代的1985～1986年，90年代的1993～1994年，21世纪初的2003～2004年，其年减产幅度达到500亿斤左右。其中，1988年、1993年均出现了粮食周期性波动与通货膨胀交汇的态势，诱发群众抢购的恐慌心理，导致经济剧烈震荡，给我们留下了深刻教训。目前虽然是连续六年丰收的大好形势，但我们预测，在今后十年内将会有周期性波动，往往是粮食产量最高的年份，就是周期性波动下降的开始。粮食生产、供求和价格出现周期性波动的风险依然存在。鉴于目前通货膨胀的苗头开始显现，因此需要提前采取预防措施，特别要防止陷入因粮食周期性波动导致粮食供求紧张，由通货膨胀带动粮价上涨，进而又因粮价上涨加剧通货膨胀的不良循环，从而稳定经济，稳定全局。

六、按照科学发展观的要求转变农业和粮食发展方式

目前，粮食播种面积在农作物播种面积中的比例呈逐年下降趋势，已由过去的占80%降到了70%以下。多年经验证明，粮食的播种面积一定不能低于15.5亿亩。调整农业生产结构绝不能片面提倡什么赚钱种什么，必须采取更加强有力的措施在确保粮食种植面积的前提下，去发展多种经济。调整农业结构应有新的提法，要把必保粮食播种面积作为重点，进而发展其他。

从现在起要下决心彻底改变粮食生产方式，抛弃粗放式、掠夺式的经营，提倡科学种田、恢复精耕细作。当前，要着重改变那种大水漫灌、大施化肥、大施农药和除草剂，消耗大、污染重的不可持续的落后粮食耕作方式，下大力气提倡推广以绿色、生态为特征的“四节农业”，即节地（养地）、节水、节肥、节药（农药、除草剂等），把种地与养地结合起来，把农业发展与环保结合起来，逐步实现粮食发展的良性循环和可持续发展。据有关专家披露，在广大农村中，由于农业和粮食生产长期搞粗放经营，加上工业污染，土壤中化肥、农药、农膜等化学及重金属残留物大量增加，粗放农业成了我国的第二大污染源，严重危及居民食物安全。老百姓抨击这种做法是“吃祖宗饭、断子孙路”。如不痛下决心采取断然措施加以解决，将祸及子孙后代，遗患无穷。

当前，“80后”新一代青年农民几乎全都涌入城市打工，不愿留在农村种

地，种粮大多由剩下的老人、妇女和儿童承担，对保障粮食安全极为不利。从长远看，我国应有意识地在农村保留一支有文化、懂科技、会经营的农村新型青壮年劳力队伍，国家有关部门应对他们提供农业和粮食生产专业培训和技术指导，并在扶持农业的政策上对这部分人以倾斜，使这些新型农民在农村留得住，有前途，能致富，在农业和粮食生产中发挥骨干作用。许多老同志和专家认为，这对解决新时期的“三农”问题具有战略意义，希望能引起有关部门高度重视，在“十二五”规划中开始体现出来。

七、保障粮食安全必须进一步加强粮食流通服务体系建设

粮食流通服务体系是国家粮食安全保障体系的重要环节。2004 年粮食购销市场放开以后，多元化、多渠道的流通格局已经形成。但目前粮食流通服务体系仍是薄弱环节，购、销、运、存、加的产业链体系还严重脱节，粮食物流建设滞后，小商贩、小作坊、小集市在粮食流通中仍占相当大的比重，缺乏安全保障和竞争能力。而且，这个脆弱的服务体系还未经过重大灾害、大幅度减产的考验，经不起国际粮食危机的冲击。

目前，地方粮食管理机构纷纷被“撤、并、降”，粮食管理部门被决策“边缘化”和“空心化”，士气不振，队伍不稳，粮食省长负责制面临着在组织上落空的危险，情况堪忧。20 世纪末的一段时间，粮油加工业由于被当成“附营”对待，银行断贷，政策“断奶”，纷纷倒闭歇业，人为割断了粮食购、销、储、运、加的完整产业供应链。进入新世纪以后，在国家政策支持下大米、小麦加工企业虽然有所发展，但仍处于小、散、低、乱的无序状态，“大而不强，小而不精”，缺乏有核心竞争力的大型骨干企业。一些贫困缺粮县，既无县中心粮库，又无国有粮食储备，更缺粮食加工销售网点，单靠私人粮商外购成品粮油供应市场。一旦再次爆发世界性粮食危机或国内遇到重大灾害和突发事件，粮食部门将无法摆脱措手不及和应对无力的被动局面。因此，粮食流通服务体系和粮食工作绝不能说起来重要，而做起来不要。当前必须强调各级党政领导进一步加强而不削弱粮食流通工作，真正把中央的战略决策和部署落到实处。为此，建议比照组建国家能源委和能源局的做法，建立强有力的国家粮食安全领导机构和工作班子，进一步加强国家粮食局和各地粮食局的工作，稳定机构和队伍，充分发挥他们的职能作用，使之成为各级政府管好粮食工作的得力助手和参谋。

八、改进宏观调控增强应对粮食危机和突发事件的能力

一是充实和完善国家粮食储备制度，构建以中央储备为主的三级储备体系。做到储备充足、结构合理、布局得当、调动有力、高效灵活。各级政府除应储备足够的原粮外，还应储备一部分成品粮以应急需。

二是调控粮价，控制通货膨胀，国家对粮油价格适度调控是必要的，但长期控制在较低水平，使种粮食的比较效益下降，“剪刀差”有扩大之势，农民没有种粮积极性，从长远看对粮食生产十分不利，应当让市场在粮食价格形成中发挥基础性作用。建议国家对消费品物价指数（CPI）计算项目适当进行调整，至少使农产品价格与工业品价格今后不再出现新的“剪刀差”。为此，需要财政进一步加大支农的力度，增加反哺农业的资金投入，及时改进补贴方式，重点激励商品粮和油料增产。

三是加强粮食进出口管理和规划。实现粮食进口多元化，不宜局限于从一两个国家进口。如大豆进口除美国外，需更多考虑南美，小麦、油料和油脂进口亦应如此。

四是鼓励本土企业“走出去”，拓展国际粮油贸易。除重点扶持国有企业外，对民营骨干粮油企业“走出去”也应给予鼓励和支持。

随信附上中国粮食经济学会和中国粮食行业协会组织的课题组关于“着力消减粮食周期性波动对粮食安全的影响”专题研究报告。该课题研究是我们学会和协会自2003年以来进行的粮食安全系列研究的第五个课题，也是国家粮食局和科技部的国家软科学研究计划项目（编号2008GXS5B098），供参酌。

以上仅是我们的一孔之见，如有不当之处，请指示。

粮食“六连丰”后粮食安全和粮企发展面临的新问题*

（2010 年 5 月 7 日）

2009 年，是新世纪遇到的最困难的一年。我们在党中央、国务院的正确领导下，战胜了全球金融危机的影响，取得了震惊世界的成就。粮食工作同样也取得辉煌的战绩。今年，中央讲是复杂的一年。我看，粮食工作就是很复杂的工作之一。各方面的矛盾交错，各种问题凸显，可在能长时期内都是一个复杂而难办的工作。明年是“‘十二五’规划”起步之际，又是党的诞生 90 周年，我们需要立足当前，着眼长远，研讨粮食工作今后发展的战略方针、战略部署问题。下面，讲几点意见：

第一，正确认识当前粮食新形势、新问题。

在党的一系列强有力的支农惠农政策的支撑下，加上全国各地的努力，2009 年我国粮食产量达到了 5. 3 亿吨，创造了新中国成立以来粮食生产的两个最高水平：一是粮食总产创造了最高水平；二是持续 6 年增产，也是历史上的第一次。这些重大成就，确保了粮食的市场稳定，供应充足，在保增长、保稳定、保民生中发挥着极为重要的作用。从目前情况看，粮食库存充裕，据去年全国清仓查库总结发布的数字为 22515 万吨，是很高的水平。与此同时，粮食工作也有很大发展，全国国有粮食系统扭亏增盈，进入全面盈利的可喜阶段。值得重视的是粮油企业进一步发展，特别是一大批大型骨干企业（包括国有、股份制与民营企业）开始发力，迈入快速健康发展的轨道，适应市场变化的新形势，整合提升，扩大联合，提高了竞争能力与经济实力。中粮、中储双雄并起，向全过程产业链的方向发展；北大荒、五得利奋力开拓，向米、面的领军企业进军；鲁花、汇福，重整旗鼓，在油脂战线巩固阵地，开拓前进；京、津、沪、渝、吉五大粮油集团公司焕发活力，在区域中发挥领先优势和骨干作用；各地许多后起之秀的民营企业，以后来居上的气魄创造新的成绩，整个粮

* 这是白美清同志在第十三届中国粮食论坛上的讲话。

食行业呈现出百花争艳、群英争雄的可喜局面。在遭受全球经济危机、粮食危机的冲击下，去年粮食工作所取得的成就是难得的、有深远意义的。这就为今后推进粮食行业的发展、确保国家粮食安全奠定了可靠的基础。可以说当前粮食供应是充足的，粮食市场的稳定是有保障的。

从全面看，我国粮食工作已进入紧平衡的新时期。我国已发展到工业化、城镇化、现代化的中期，粮食需求呈刚性快速增长，特别是生活水平已从温饱型向小康型、进而向舒适型发展，消费粮食的水平会越来越高，质量安全标准越来越严，要满足13亿人口大国对粮食的多种需求，工作难度非常大，限制口非常多。我们不要因当前粮食市场的表面平稳，而忽视潜在的隐患；不要因连年丰收，而忽视粮食生产的波动；不要因这几年较宽裕的粮食环境而忽视粮食今后的困难。我们应看到：即使“六连丰”，我们的人均占有粮食仍低于历史最好水平；水稻的总产，也未达到历史最好水平。而且从20世纪80、90年代开始，我们从进口谷物为主，转向21世纪初以进口大豆为主。去年大豆进口达4255万吨，相当于一个大省的粮食产量，对粮食供求起了很大的缓解作用。所以，我们一定保持清醒的头脑，理性地充分认识我国的粮情、国情，把粮食工作抓住不放。胡锦涛总书记、温家宝总理不久前在省部级主要领导干部深入贯彻落实科学发展观、加快转变发展方式专题研讨班上做了重要讲话，提出了农业是安天下、稳民心的战略产业，强调构建粮食安全保障体系的极端重要性，明确指出粮食安全始终是经济生活中最大的隐患。这是具有远见卓识的安邦治国的战略举措，是确保新时期国家粮食安全的根本指导方针。要切实改变口头上重视，而行动上忽视；上面看着急，而下面无所谓的状况，把中央的决策，变为自己的行动，克服盲目乐观情绪和依赖思想，把中央方针政策落到实处，提高保障粮食安全的自觉性。

第二，注意防止粮食周期性波动与通货膨胀交汇造成经济震荡。

改革开放30年来，大约每隔10年出现一次较大的粮食周期性波动。例如：21世纪80年代的1985~1986年，90年代的1993~1994年，21世纪初的2003~2004年。其中在1988年、1993年均出现了粮食周期性波动与通货膨胀交汇的态势，诱发群众抢购的恐慌心理，导致经济出现较大震荡，给我们留下了深刻教训。目前虽然是连续六年丰收的大好形势，但据专家预测，在今后十年内将会有周期性波动，往往是粮食产量的最高年，就是周期性波动下降的开始。粮食生产的波动，相伴而来的会出现粮食供求和粮食价格的周期性波动。

同时粮食价格的波动，既受国内通货膨胀的推动，又受输入性通货膨胀的拉动。如果国内结构性的通货膨胀与国际输入型通货膨胀碰在一起，就更增加了对经济稳定的巨大冲击。鉴于目前国内通货膨胀的苗头开始显现，而国际金融危机的风波未平，通货膨胀因素增大，因此需要提前采取预防措施，特别要防止陷入因粮食周期性波动导致供给紧张，由通货膨胀带动粮价上涨，又因粮价上涨加剧通货膨胀的不良循环。为此应从各方面做好工作，制订预案，稳定经济，稳定全局。

关于今后一段时间粮价的走势，我们认为会有小幅波动。因为我国的粮食生产基本上稳定在5亿吨水平，而粮食库存仍然充裕。如遇大的波动，国家的宏观经济实力增强，经验增多，一定会加大调控力度，稳定在一定水平上。中国政府应对突发事件的应急保障能力是有效率、有办法的。对此，我们有充分的信心。

第三，抓住机遇，转变发展方式，进一步把企业做强做大。

面对粮食周期性波动和紧平衡的复杂形势，这既是挑战，又是机遇；既是冲击，也是商机；既是面对困难的压力，也是激励意志的动力。对粮油全行业来说，要充分利用这个机会，把握难得的商机，把企业做强做大，把行业做好做精。特别的是明年是“十二五”规划的开局之年，是我国国民经济持续发展的新阶段，我国经济将跃居世界第二位，虽然大环境仍有困难，但有利因素大于不利因素。为此，全行业的所有企业，一定要贯彻落实科学发展观，紧紧围绕确保国家粮食安全这个中心，着力转变发展方式，优化产业结构、产品结构，把基础打好，在复杂的环境中打开新局面，在困难的条件下开拓新天地。根据我们的调查，应注意几点：

（一）要适应新的形势需要，把粮油食品安全摆在第一位，视安全性为企业的生命线，把粮食安全列为第一大事，企业领导人作为第一责任人。“安全无小事”，要从细微处抓起，从源头抓起，从苗头抓起，把隐患消除在初发之时，把关口设在每个环节。要建立从源头到终端的粮油食品安全全程监管机制和责任体制。

（二）要向绿色生态、现代化粮油业的方向前进。随着新的科技革命的来临，绿色生态、可持续发展将成为举世关注的热点，将产生一批新的产品与新兴的支柱产业。粮油企业要从传统粮油加工、销售、储藏模式中进一步创新。比如大米加工要重视营养米，面粉行业中注意全麦粉（不用增白剂）等。各个环节、各个方面都要从新的角度加以考虑。有专家的指出，现农业已成第二大污染源，需要各方面引起警惕。要进一步防治污染，探索新的路子，如低碳技术、循环经济等。要创新产品，创造名牌，提高市场占有能力和应急保障能力。

（三）要向全程产业链发展，大力培育新的粮油产业链、流通链，构建“一链、两网（收购网、销售网）、产业园区（物流园区）”；同时整合资源、扩大联合，把纵向横向发展结合起来，逐步形成全国性的大型企业集团和地方性、专业性的大集团、大公司，带动整个中小企业的发展，形成合理的产业集群，增强企业组织化、社会化程度。

（四）要以“创新驱动、内生增长”推动整个企业向新的机制、新的产品、新的管理、新的服务的高水平发展，形成具有特色产品、独特技术、优良管理的创新型企业。

（五）要提升企业文化，聚集人才，搞好软件建设，增强企业内部的凝聚力和创造力。特别是骨干企业要大力做好人力资源开发工作，使企业人才荟萃，财源滚滚，真正成为行业内的各方面的领军企业、领军人才。

（六）要服从国家宏观调控，做好粮油供应，稳定市场工作。特别是在价格问题上，要服从国家政策法规，绝不能哄抬粮价、串通涨价。要形成“以创新求创利，以创利谋创业”的新的创业观、价值观。

概括起来，当前粮食形势和粮食工作就是五句话：“粮食六连丰，供求紧平衡，防周期波动，谋企业发展，保粮食安全。”

中国储备粮体系是确保国家粮食安全的物质基础和对世界粮食的重要贡献*

（2010 年 5 月 18 日）

10 年前的今天，正当我们跨入新世纪的关键时刻，在党中央、国务院的正确领导与亲切关怀下，在全行业的全力支持下，中储粮总公司正式成立了。这是全国粮食系统的一件大事。10 年来，历经改革开放的风云激荡，屡遇各类突发事件的反复冲击，中国的粮食储备制度经受住了重大考验，作为中国粮食储备制度的主要支柱——中储粮总公司也经受了实践的检验。“手中有粮，心里不慌”，正是因为有了殷实有效的粮食储备体系，有了中流砥柱的中储粮总公司这些骨干企业，我们国家才能在危机中应对自如，稳坐“钓鱼台”，在中国粮食史上谱写了光辉的一页，在世界粮食界创造了独一无二的先例。经过 10 的辛勤耕耘，凝聚党政各界倾注的心血，集中公司全体员工的智慧精力，随着整个国家经济实力的增强，粮食生产的连续丰收，使得中储粮总公司已成为全球拥有储备粮最多、调控力最突出的公司。我们这些粮食战线上的老战士，感到非常振奋，非常自豪。在此，我代表中国粮食行业协会、中国粮食经济学会向中储粮系统全体员工表示热烈的祝贺和诚挚的问候！

中储粮总公司的诞生，有着深厚的历史根源，肩负着重大的历史使命。粮食是关系国计民生的战略性、资源性、公益性的特殊商品，我们作为一个拥有 13 亿多人口的新兴发展中大国，粮食安全始终是治国安邦的头等大事，是举国上下永恒的主题。党中央、国务院总揽全局、高瞻远瞩，针对我国的国情、粮情，提出立足国内解决吃饭问题的根本方针和构建国家粮食安全保障体系的战略部署。我们既要在粮食生产的持续发展上，自力更生，保持必需的粮食综合生产能力；又要在粮食的充分供应上，保持必要的粮食流通服务体系，在多元化、多渠道的流通格局中，在与国际粮食市场的交往中，坚持以我为主，避免受制于人。2008 年爆发的世界粮食危机和 2010 年出现的世界粮价波动反复

---

* 这是白美清同志在中国储备粮管理总公司成立十周年庆典上的讲话。

证明，发展中国家尤其是大国没有自己的粮食储备是十分危险的。

党的十一届三中全会以来，几经改革的探索，在20世纪90年代，中央专项粮食储备制度正式建立，成了国家粮食储备局；在新世纪初，作为中央储备粮的实际运作者——中储粮总公司应运而生。这样就在粮食过渡到社会主义市场经济以后，保留了粮食系统的有效资源和骨干力量，防止在过渡过程中出现产业链的断裂和留下空白，由中储粮总公司系统继续承担起蓄水池、主渠道的重大作用，强化了国家对粮食供需和粮食市场的宏观调控能力。这是稳定经济全局的关键一着，是继往开来的重大举措，为国民经济的持续健康发展和社会的安定和谐打下良好基础，创造有利条件，实现了我们的先辈和全国各族人民多年来的愿望。我国在世界粮食危机和国内抢险救灾中能从容应对，稳如泰山，国家储备粮体系发挥了重要作用，同时也稳定世界粮食市场和粮价作出了一份特殊贡献。作为一个老粮食，我深知中央作出的这些重大决策，是多么正确、多么艰难，如果错过当时罕见的机遇，很难设想中国粮食工作现在是个什么局面。

中储粮总公司从成立的第一天起，就把服从国家宏观调控，为实现粮食可持续发展和提供充分有效的供给服务，把维护国家粮食安全作为自己神圣的历史使命和庄严的社会责任。

10年来，中储粮总公司坚持把“两个确保”作为首要任务，深化改革，不断完善储备体系的建设，搞好储粮设施建设、科技保障、库点布局和优化结构、轮换更新等工作，实现规范化、精细化、科技化、信息化管理，使整个中央储备粮管理面貌发生了巨大变化，切实保证了中央储备粮的可靠性、安全性，让中央放心、让人民放心。

10年来，中储粮总公司坚持把服从国家调控作为基本职责，精心组织，不怕困难，与各地粮食部门密切配合，全力以赴地落实粮食最低收购价收购、临时收储、跨省移库、定期轮换、销售出库等调控任务，有效实现了中央政府宏观调控的预期目标，切实维护了粮食市场和粮食价格的基本稳定，维护了广大种粮农民和消费者的切身利益。

10年来，中储粮总公司坚持把支持“三农”发展、促进粮食流通作为应尽责任，结合储备粮轮换经营，为农民提供服务，发展流通链和收购网、销售网的建设，推动粮食产销衔接，主动维护粮食市场稳定，在增强国有粮食经济活力、控制力、影响力方面做出了积极贡献。

当前我国粮食形势正在发生新的变化，全国粮食供需进入紧平衡的新阶段，粮食宏观调控面临的形势更加复杂、任务更加艰巨。推动现代粮食物流产业发展，保障国家粮食安全，任重而道远。特别是明年将进入“十二五”时期，对粮食工作提出新挑战、新要求，面临新考验、新机遇。中储粮系统在总公司的领导下，要进一步增强使命感和责任感，团结战斗，迎难而上，以科学发展观为指导，以改革开放为动力，以创新驱动为灵魂，在维护国家粮食安全，确保宏观调控的顺利实施中，在新的起点上，思想上一个新水平，工作上一个新台阶。在新形势下，一要防止骄傲浮躁情绪滋长；二要抵制腐败之风的侵袭；三要善于合作，团结带动各方，互利共赢，形成合力。在新时期把中储粮系统办出特色，拥有自己的特色品牌、特色经营、特色服务，形成一支具有特殊风格、特别能战斗的高素质队伍，向全国粮油界的领军企业进军，成为一支在党领导下的粮食战线上崭新的生力军。

放心粮油工程新阶段的新任务*

（2010年6月11日）

全国放心粮油工程进入新阶段

全国放心粮油工程开展已近十年了。放心粮油工程之所以有今天这样的发展，我体会最根本一条就是紧紧围绕为国家粮食安全服务这一中心，坚持服务宗旨，让亿万百姓吃到放心粮、放心油，专心致志地和谐创业，从而使人民满意，社会赞同，政府支持。放心粮油工程的生命力就在于它是泽及百姓的惠民工程，是确保粮食安全的长效措施，是振兴粮业的关键环节。这是搞好放心粮油工程的指导思想和行动指南。任何时候我们都要坚持。近十年来，在各级党政的正确领导下，在全国粮油企业特别是骨干企业的大力参与支持下，在各级协会工作人员的努力下，全国放心粮油工程取得了显著的成绩，特别是粮油产品的合格率大幅上升，行业和企业的经营水平大幅提高，受到各方好评。当前全国放心粮油工程已进入新的阶段，具有以下四个特点：

（一）由民间发起，行业倡导发展到政府推动。现在许多地方政府都把这项工作列入为人民办实事的民生工程，广泛深入地进一步推开。

（二）由企业试点发展到面上推广，由城市向农村扩展，由经济发达地区向老、少、边、穷地区发展。

（三）由评放心粮油产品，发展到评放心粮油示范企业，工作内容逐步深化，范围逐步扩大。

（四）由生产、销售放心粮油，发展到进行全程产业链、全程质量安全调控体系的建设，从而提高粮油行业的现代化建设水平。

我们要因势利导，乘势而进，把这项工作继续推向前进。当前还存在不平衡、不深入、不普及的情况，尤其在一部分农村，在小作坊、小商贩、小集市“三小”中，粮油食品不安全的问题仍然十分令人担忧，是隐患的爆发点。我

* 这是白美清同志在全国放心粮油进农村、进社区暨粮食经纪人培育发展工作经验交流会上的发言。

们必须十分关注，加大工作的力度。为此，根据协会的调查，当前要注意全面深入地贯彻食品安全法，抓好以下几项工作：

第一，要着眼于企业，服务于企业，提高企业的整体水平。要使粮油企业认识到粮食的安全性，是食品的根本属性，是企业遵纪守法的首要内容，是企业领导人的第一责任，是企业发展的生命线。要把责任落实到每个职工、每个环节，层层把关，人人监督，绝不能让不安全的粮油食品出厂。为此，要健全厂内的每道工序的生产、监管系统和原始记录，出了问题查有实据，责有当事人。

第二，要把放心粮油示范工程与创名牌工程、企业信用工程等相结合，从而提高企业整体经营管理水平和技术创新能力。

第三，要帮助骨干企业同推进流通链、产业链建设结合起来，向上下游延伸，向产业园区发展。与此同时，建立从生产到流通、到消费的全过程安全监管体系，从起点到终端，环环扣紧，不留隐患。

第四，要和发展万村千乡市场工程、农村便民连锁店等结合，和城市社区连锁店结合，扩大放心粮油占领的阵地。

第五，要抓好薄弱环节、空白地区，不断扩大放心粮油的阵地，提高市场占有率，特别是注意在老、少、边、穷地区布局，依靠重点企业，逐步打开局面。

第六，最关键的是要在各地争取政府的重视和支持，列入各级政府兴办的惠民工程的内容，成为当地为人民办实事的项目。如主食厨房、馒头工程等。这需要各地粮食局、协会努力工作，积极争取。现在，情况越来越好，大家只要尽力而为，一定会大见成效。

着眼于建立新型粮食收购网络

这次会议的又一个内容，是交流培育发展农村粮食经纪人的经验。我认为，这项工作要从构建新时期新型粮食收购网络的高度来认识和考虑。收购是粮食流通工作的基础，收购网络是粮食流通服务体系的重要组成部分。没有收购网络，不掌握粮源，为国家粮食安全服务就会落空，粮食的充分、持续、有效供应就失去了基础。粮食工作经过改革过渡到市场经济以后，过去为计划经济服务的旧的收购网络，大部分已经解体，收购已发生了根本的变化。随着收购任务的改变、体制的改革、人员的分流，过去农民“送粮上门”的情况已不复存在，而是演变成为“上门收购”。实践证明，以骨干粮库为中心，以农村经纪人、经销户为依托，按照国家标准、国家政策进行经营活动的新的收购网络，是适合我国农村的现实情况的，是粮食多渠道、多元化经营后掌握粮源的有效方式，是为国家粮食安全服务的新的流通体系的一个不可分割的组成部分。这种方式，与订单农业、粮食合作社等形式相结合，能有效掌握粮源，便利农民销售粮食，便于国有粮食仓库、购销公司拥有主要粮源而成为市场的主渠道和蓄水池，同时也便于各类加工企业通过经纪人采购所需的部分原料，供应市场。只有这样，才便于为产销衔接服务，为城乡居民供应服务。现在全国粮食经纪人、经销户（员）队伍已经几十万人，是一支很大的力量，我们应把他们组织起来，把他们看作是合作的伙伴，充分发挥他们的积极作用。任何歧视的观点，放任自流的做法都是片面的、近视的、有害的。

现在农村经纪人的培育工作发展很不平衡，希望在“十二五”期间认真加强，特别是粮食进入紧平衡的新阶段，在粮源总体偏紧的情况下，更要加强这一工作。我认为现在不抓，将来可能后悔莫及。

针对农村经纪人、经销户人多分散面广的特点，我们认为，必须做好工作，纳入网络。一要加强组织，在各地政府的领导下，由各级粮协出面，纳入协会工作之中，进行有序活动。二要规范管理，提高其经营水平，防止坑农伤农。三要教育提高，诚实守信，依法经营。四要政策支持。各地协会要加强联系，重视他们的要求、呼声，争取政策的承认、支持，帮助他们克服困难。这是一支很庞大的队伍，我们一定要重视，着眼今后，着眼发展，把这一工作抓扎实，抓出成效。

把新时期的粮食安全工作搞好　做到万无一失

这里我还想强调一下新时期确保国家粮食安全的重要性、复杂性和紧迫性。

进入21世纪的头十年，在党中央、国务院的正确领导下，是我国经济发展最快、成绩最显著的十年。同样，粮食工作也成绩斐然。粮食生产连年丰收，创历史最高水平，粮食流通在放开以后稳步发展，供应充足，市场稳定，经受住了全球粮食危机的冲击，稳坐“钓鱼台”。可以说是中国粮食史上最光辉的十年。当前粮食库存充足，市场平稳，完全能够保证粮食的充分供应，对此，我们一定要有信心。但是，我们必须看到，粮食供需当前已进入紧平衡的新阶段。这十年，我们粮食生产稳定在5亿吨的水平上。2000年与2009年相比，人口由12.67亿人，增加到13.34亿人，净增6700万人；城市人口由4.59亿人，增加到6.21亿人，净增1.62亿人（由占人口的36.2%上升为46.5%），上升10.3个百分点。总之，粮食增长趋缓，而需求呈刚性快速增长之势，紧平衡的状况已经显现。这是我国工业化、城镇化过程中的必然现象。今后这一趋势还将发展。这样，就对新时期的粮食的可持续发展和充分供应提出了新的要求。中央领导同志讲，今年是复杂的一年。我看从粮食工作来讲更为贴切，更切合实际。我们预计，今后五年、十年，如果没有政策、科技、投入等方面的重大突破的话，粮食偏紧的状况可能会突出起来，粮食安全的问题会遇到新的考验，可以说是在复杂的环境下从事复杂的工作。

今后虽然是我们仍处于经济高速发展时期，但同时也是矛盾凸显期，现在各方面矛盾交错，各种隐患浮出表面，发生了不少难以想象的恶性事件。有时，一不小心，一颗火星，也会引发一场大火。对此，我们要有深刻的认识和高度的警觉。粮食的安全性，事关国计民生，涉及人民的生命安危，我们一定要更加小心。“安全无小事”，稍不注意，就可以成为闹事的火种，闯祸的源头。越是在粮食偏紧时，也越是容易发生事故之时，对此我们一定要及早防范，务必做到万无一失。在宏观方面，我们一定要保持粮食供需总量的平衡衔接，确保供求总量、品种结构、地区分布、季节衔接等方面的基本平衡，并十分注意弱势群体、敏感群体的有效供应，不留空白。同时在微观方面，一定要确保粮油食品的安全性，切实加强粮食流通体系的建设，不要因粮食安全性上的差错而酿成事件。为此，一定要坚持质量安全可靠，价格合理平稳，供应充分方便，服务到户到人，力求做到万无一失。各个粮油企业一定要依法经营，诚实守信，遵守法律规定，服从宏观调控，绝不可逆向操作，否则会自食其果。总之，我们全行业、所有企业都要经得起新时期国家粮食安全的新考验，为此做出新贡献！

中国粮食市场二十年改革历程的回顾与展望*

(2010 年 7 月 22 日)

这次中国粮食行业协会粮食批发市场分会在银川召开二届四次理事会，正值中国粮食批发市场、粮食期货市场诞生 20 周年，当前又正是粮食供需处于紧平衡的关键时期。在这样一个重要时刻，全国粮食批发市场、期货市场的同行们聚集一堂，回顾历史，展望未来，大家心潮澎湃，激情满怀，深感来之不易，更觉任重道远。从历史中学习，从总结中提高，将有助于我们今后的再认识、再实践，再创粮食史上的辉煌。

20 年前，在国务院的领导下，经过反复酝酿协商，决定在中国搞农产品期货交易，品种就是小麦，地点就是郑州。1990 年 7 月 27 日，国务院发出了《国务院批转商业部等八部委试办郑州粮食批发市场报告的通知》。同年 10 月 12 日，中国第一家由现货起步、引入期货机制的新型试点市场——郑州粮食批发市场正式成立。这是经国家批准的第一个中央粮食批发市场，同时也是最早引入期货机制的交易市场。从此中国粮食市场和期货市场体系建设在中国、在亚洲大地上拉开了新的一幕。这是新中国粮食从统购统销、计划经济迈向社会主义市场经济的新的里程碑，标志着我国改革开放以来粮食期货试点的正式启动。

中国的粮食批发市场和期货交易所诞生于改革低潮之时，成长于改革深化之际。20 年来，历经市场风波的冲击，屡遇买粮难、卖粮难的反复，走过曲折发展的道路，既有盲目冒进的沉痛教训，又有科学发展、规范管理的经验阅历，在党和政府的亲切关怀和具体指导下，终于沿着社会主义市场经济的导向，由小到大，由起步到成长，逐步发展壮大。现在，在粮食流通领域，多元化、多渠道、多层次的粮食市场体系正初步形成。以粮食为主的农产品期货交

---

* 这是白美清同志在宁夏回族自治区银川市举行的中国粮食行协会批发市场分会二届四次理事会上的讲话。

易市场，品种增多，交易上升，规范管理，稳步发展，郑交所、大交所已跻身于世界有影响的大交易所的行列；全国粮食批发市场与国家粮食交易中心以商流为主，主要承担大宗粮食交易业务，特别是国家与地方的政策性粮食交易业务，形成一整套竞价交易的系统工程。在吞吐调节，稳定粮食市场方面发挥着重要的调控作用；遍布大中城市的成品粮油批发市场和农贸市场以物流为主，已逐步成为城市粮油供应的重要渠道，功能逐步明晰，作用日益显著。进入新世纪以后，粮食电子商务迅速发展，在粮食行业这一新型交易模式已日益为用户所接受，电子商务的支撑与服务体系将在探索中趋于完善，成为粮油市场的一支新军。所有这些，都标志着在新中国的粮食领域一个统一开放、竞争有序的粮食市场体系正在发展壮大和渐趋完善。可以说，在粮食市场建设上，我们用了 20 年的时间，走过了西方发达国家近百年所走过的道路。

20 年的实践证明，在国际化、现代化、市场化的新形势下，粮食批发市场体系在促进生产、搞活流通、引导消费、扶持企业中发挥着日益显著的作用。它是实现产销结合、活跃流通的有效平台，是合理配置粮食资源的有效手段，是发现和形成价格、规避风险的可靠场所，是国家对粮食宏观调控的重要载体。总之，它是国家粮食安全保障体系中不可缺少的重要环节，同时，也是我国参加国际粮油市场竞争，运用国际国内两种资源，争取大宗粮油商品话语权、维护粮食主权的重要阵地。随着经济全球化的推进，经济改革的深化，国民经济的发展，人民生活水平的提高，中国的粮食批发市场体系在中国特色社会主义理论的指导下，将更加走向规范、走向成熟、发挥更为显著的作用。

从今年开始，进入新世纪的第二个十年，粮食工作面临供需紧平衡的新阶段。粮食生产将转为缓慢增长，而粮食需求呈现刚性、快速增长，并且由于粮食生产新的周期的到来，粮食供求矛盾将更加突出。“十二五”期间我国人口将达到 14 亿人，城市人口占一半。确保国家粮食安全更具有重要性、复杂性与艰巨性，它是三大安全之首，是国民经济最大的隐忧。我们要坚持立足国内解决 14 亿人口的吃饭问题，其难度超过历史上任何一个时期，其复杂性超过任何一个国家，这是对全国粮食工作、对整个粮食队伍的新考验。经验证明，粮食批发市场体系在紧平衡情况下，越能展示自己的积极作用，同时也是容易出问题的时候。一切从事粮食批发市场体系的同志，要把握时机，迎难而上，接受新挑战，迎接新考验。要围绕确保国家粮食安全这个中心，着力转变发展方式，提升服务功能，坚持公开、公平、公正的原则，不断深化改革，创新机制、升级功能，推进统一开放、竞争有序的粮食市场体系的发展与完善，为稳定粮食市场，为支援“三农”做出新的贡献。根据最近的调查，协会认为要注意以下几点，概括地讲，就是围绕一个中心（确保粮食安全）、抓好四个要点（即：整合提升，调整结构；与国际对接；价格改革；防腐倡廉）：

第一，要始终把维护国家粮食安全，确保粮食质量安全放在工作的首位。既要在宏观上为供需的基本平衡发挥市场的调节、配置作用；又要在粮食产品的质量安全上把好质量安全关，发挥质量监督保障的把关作用，绝不能让不安全、不合格的粮油产品从市场流出去，从而危害人民健康。根据历史的经验教训，在紧平衡阶段，在粮食供求偏紧时，最容易在三个问题上出问题：一是少数地方脱销断档（尤其在老少边穷地区）；二是在价格上容易出现乘机涨价、变相涨价、串通涨价等现象；三是在质量安全上出问题。我们要采取综合治理措施加以防范，以保障把安全放心的粮油食品送到千家万户。

第二，要深化改革，创新机制，整合市场资源，调整组织结构，提升服务功能。现在，除郑州、大连两个交易所较为规范运作以外，还有20几家国家粮食交易中心，有500多家批发市场（还有一大批零售集贸市场），较为普遍地存在着经营主题复杂、管理松弛、各自为政、重复设置、运行不规范等缺点，特别是按行政区划设置、权责利不明确，如不加强规范化、现代化、科学化管理（要从体制、机制、制度上着手），将来会出现更多更大的问题。当务之急，就是要认真地贯彻落实科学发展观、调整市场组织结构、转变发展方式，整合现有资源，提升服务档次与水平，把各项基础工作打好。避免在紧平衡的新形势下，出现争货源、抢客户、搞封锁、依赖吃政策饭等不良现象，在整合提升、转变方式的过程中使我国批发市场的建设向可持续、生态、节能、得实惠的方向发展。

第三，要适应与国际市场对接的新形势。研究外国企业、外国资本进入我国批发市场、交易所的问题，同时要研究我国粮油企业如何走出去，大宗粮油进出口产品如何取得国际定价话语权问题，使两个市场、两种资源为我所用，而不致受制于人；要防止国际投机资本操纵市场，兴风作浪，危害我国粮油经济与粮油企业。同时要研究如何进一步规避国际市场的风险，积累经验，改进办法。

第四，价格改革问题，是粮食流通体制改革的关键，也是难度最大、复杂度最高的问题。各类粮油市场要研究如何形成价格，如何正确利用价格调节生产者、经营者、消费者的利益，产销区的利益，中央与地方的利益等问题，为改革粮食价格提供真知灼见的方案，供政府参考。在价格波动之时，各级各类市场特别要注意服从国家宏观调控，绝不可逆向操作。

第五，要高度重视与防止贪腐之风侵入粮食批发市场体系。尽管我国粮食批发市场体系仍处于初创时期，体制、机制、运营等方面还存在不少问题需要不断完善，但我们最担心、最警惕、最重视的，就是贪腐之风已经开始侵入我们的体系，腐蚀我们的队伍。现在，在拍卖中，在协商成交中、在交货付款中以及在物流运输中，在许多环节都出现了贪腐现象，如内幕交易、欺诈勒索、串通涨价、欺行霸市、行贿受贿等相继发生。虽然处于萌芽状态，但蝼蚁之穴溃千里之堤，如果听之任之，视而不见，就可能酿成大患。对此，我们一定要防微杜渐，在萌芽状态就要坚决、彻底、干净地刹住这股歪风。中国的批发市场、期货交易所，不一定倒在竞争对手之下，更有可能是倒在自己手上，是自己给自己挖坑。对此，一定要高度警惕，从制度上、从监督上、从教育上采取综合治理的措施。粮食行业，关系国计民生，关系人民健康，是良心行业；粮食产品，是良心产品；粮食人是具有良心之人。这是我们队伍的优良传统。企业、市场、交易所，应该讲经济效益，但同时更要注重社会效益；要讲创利，但同时要注重于利益共享。更进一步讲，应当“以创新求创利，以创利谋创业”，以更高的起点，更严的标准，做好工作，立志让我们的批发市场、期货交易所，让我们的公司、企业，成为经久不衰的“百年老店”。希望在这方面有领军的人物、领军的企业、领军的市场出现在中国粮食界。这样才能长久不衰，百年常青。我们必须为此而努力奉献。

确保大米食品安全　坚决实行行业自律*

（2010年8月17日）

今天，由中国粮食行业协会和中粮集团等12家国内有影响的骨干大米企业共同发出“呼吁企业自律，为市场提供放心大米”的重要倡议，这是全国粮食行业很有意义的一件大事。这次发布会开得很及时，很有必要。表明了全国大米行业履行企业社会责任，生产放心大米的坚强决心。中国粮食行业协会和大米行业的同行一道，积极履行倡议的承诺，并在整个粮油行业推广、落实，把我们的放心大米、放心粮油工程提高到一个新水平，展现出新面貌，让千家万户真正吃得放心，吃后再当回头客，越搞越红火，越搞越兴旺。这里，我代表中粮协讲几点意见。

粮食是关系国计民生的资源性、战略性、公益性的特殊商品，粮食安全牵动着亿万人民，影响国家和社会的和谐安宁。大米是我国三大主粮之首，是国家粮食安全的重中之重，其产量占全国粮食总产的2/5左右，全国约有2/3的人口以大米为主食，而且呈发展的趋势。在党中央、国务院的正确领导和各方的共同努力下，我国大米及大米食品总体上讲是安全的，是不断改进的。出现的问题虽然只是个别的，但我们也不能掉以轻心，“安全无小事”，往往一件小事，也会酿成大患。因此，对于粮食安全我们必须作为永恒的主题，作为安邦治国的头等大事，常抓不懈，丝毫不松。当前，我国粮食已进入紧平衡的新阶段，确保国家的粮食安全，让十几亿人民吃上放心粮油、放心食品，任务更加繁重，工作更加艰巨，复杂性更高、困难度更大。我们一定要再接再厉，改革创新，把工作做得更扎实。为此，我们必须本着综合治理、标本兼治的原则，增强责任感，树立事业心，当前尤应注意以下几点：

一、提高认识，明确责任，是搞好大米食品安全的基础。全行业应当认识，大米的安全性是食品的第一属性，企业负责人是安全的第一责任人，维护大米的安全性，是企业义不容辞的社会责任，是整个企业的生命线。企业的一

---

* 这是白美清同志在中国粮食行业协会和中粮集团等12家骨干大米企业共同倡议“呼吁企业自律，为市场提供放心大米”新闻发布会上的发言。

把手要亲自抓安全，抓质量，把责任分解到每个岗位，每个职工；所有企业的工作人员都要明确职责，层层把关，绝不能让不合格、不安全的大米及其制成品从手上滑过，从工厂流出。从源头上把好关，堵住缺口。只有生产大米及其制品的广大企业和每个职工都自律、自重，大米的安全性才有切实的保证。

二、实施全程产业链工程和相应的从源头到终端的质量监控体系，是确保大米食品安全的关键。全程产业链是全程监管体系的基础。中粮集团等大型企业根据国外的经验与国内的实际，打造从田间到餐桌全过程可追溯的放心粮油产业链，实施订单农业，进行精深加工，向产前、产后延伸，形成大米的一条龙产业化经营，并实现大米产业链的全程质量监管，既能充分利用和有效配置资源，提高经济效益和社会效益，又确保了大米食品的安全，这是我国大米行业整合提升、产业升级、实现大米行业现代化、产业化的有效途径，这也是企业转变发展方式做强、做大、做优的必由之路。这些经验要继续推广、不断完善、闯出新路。

三、实施大米产品品牌化、标准化，是确保大米食品安全的根本措施。随着国民经济的发展，我国人民从温饱型向全面小康型的生活水准发展，对大米和粮油产品的安全、质量要求越来越高。过去那种吃“九二米”、“八一面”、“二级油”的日子已经结束，人们对粮油精品、名牌的需求越来越强烈。例如人们买散米消费的习惯正在改变，“小包装时代”已经来临。小包装，绝不仅是包装上的改进，而是标志着消费名牌、精品时期的到来，大米品牌化、标准化已渐成当务之急。我们在推广放心大米过程中，一定要和创名牌相结合。要充分认识名牌工程的意义与作用，它是企业整个经营管理的结晶，是企业软实力的集中表现，是企业十分宝贵的无形资产。在推广放心粮油工作中，要通过科技创新、产品升级，掌握核心技术和知识产权。努力创造名牌产品，使之成为区域性、全国性乃至世界级的知名品牌。现在我国大米行业已拥有福临门、北大荒、五常大米、盘锦大米等著名品牌，应进一步巩固、改进和提高，使它向生产标准化、营销市场化、包装小型化方面发展，占领国内外市场。要进一步适应新的科技革命发展的需求，努力开拓田园生态米等新产品（如盘锦的稻田养蟹米等），向绿色生态、可持续的大米加工业发展，生产优质、安全、营养、健康的生态米、生态粮食，满足人们多方面的需求。

四、严格控管使用食品添加剂，是确保大米食品安全的要害。在大米和整个粮油加工产业化的过程中，必然会涉及各种食品添加剂和食品营养强化剂的使用，这是很难避免的。实践证明："成也在添加剂，败也在添加剂。"使用得当，对质量、保鲜、增色等有一定好处；而使用不当，就会酿成大祸，三鹿奶粉的"三聚氰胺事件"已有沉痛教训。所以，对各类食品添加剂的使用，一定要慎之又慎，严格按国际标准和我国的标准办事，绝不能滥施乱用。要加强研发工作，逐步用天然食物添加剂代替化学添加剂，减少其副作用。总之，要以对人民健康高度负责的态度，以"安全第一，质量第一"的精神处理好添加剂的使用问题，杜绝发生事端。

在实施放心粮油工程中，行业的大型领军企业肩负着重要的使命和责任，起着表率和骨干作用。中粮集团在这方面抓得紧，行动快，工作扎实，做出了显著成绩，在粮食行业内起了很好的推动作用。中粮集团旗下的11家粮油加工企业已经列为全国首批放心粮油示范企业。我们希望在中粮集团的带动下，全国有更多的大米企业参与这一活动，共同以实际行动履行承诺，积极承担社会责任，为消费者提供安全、营养、风味、方便的大米食品，让祖国的优质放心大米香飘万家，惠及百姓，享誉东方！

积极应对新时期国家粮食安全的新形势、新挑战和新考验*

（2010年9月1日）

这次会议是在一个重要转折时期召开的具有重要意义的会议。今年是“十一五”规划的最后一年，明年即将进入“十二五”规划的新时期。大家都在议论“十二五”期间如何发展，如何前进，为实现全面建设小康社会的目标贡献自己的力量。我认为，在“十二五”期间，粮食行业上上下下面临的重要课题就是：坚持立足国内，确保国家粮食安全。这不仅指在粮食生产上，我们要立足国内，解决粮食问题；而且，在流通上，也要立足国内，不能粮权旁落。确保国家粮食安全和确保粮食的经济主权是一致的，密不可分的。这是全国人民的头等大事，是安邦治国、维护稳定、促进发展的基础，是全粮食企业的中心任务，是粮油企业全体粮食人神圣的社会责任和光荣任务。我们要认真总结60年来维护国家粮食安全的经验教训，继承保证把粮食送到千家万户的光荣传统，切切实实把这一惠及广大群众的民生工程做好。在这个问题上，粮食部门不能卸责任、推客观，应当义不容辞、责无旁贷担当起这个使命。

当前，粮食工作已进入供需紧平衡的新阶段。从粮食安全、粮食保障来讲，近期是有保证的，但隐患不少，远忧不少。这是因为我们连续六年粮食丰收，粮食综合生产能力大体稳定在年产5亿吨的水平上，库存比较充裕，有能力在全国范围进行调动应对出现的不测局面。但是从趋势看，粮食增长困难加大，预计2020年粮食需求总量将达到5.725亿吨以上，要满足这一需要，今后10年每年至少要增产40亿公斤。到“十二五”期末，全国人口将达到14亿人，而城市人口将达到7亿人，将占一半。我们做粮食工作的都知道，城市人口是我们供应的主要对象，7亿人口就相当于整个欧洲的人口（7.2亿人）。而且，国际粮食生产也处于徘徊局面，回旋余地不大，跨国公司竞争更加激烈，国际粮价的传导作用加大，要满足这么多人口的粮食需求，继续维护国家

* 这是白美清同志在第五届全国部分大中城市粮食经济协作交流会上的发言。

粮食安全，其重要性、复杂性、艰巨性超过了以往任何时期；工作量之大、难度之大、要求之高，也超过了任何一个国家。对此，我们一定要有充分的思想准备和切实的组织措施，这是对我们粮食行业的新挑战、新机遇、新考验。

总结历史经验，我们认为要确保国家粮食安全：产区是基础，城市是热点，流通是弱势，调控是关键。

一是产区是基础。全国调出的产区据前几年统计是13个省、区，现在真正能调出粮食的也只有十一二家。这个趋势还在发展。当前亟须解决主产区农民和当地政府生产粮食的积极性问题。目前在增产上有两个难点：（1）土地流转问题没有解决，要实现规模经营、现代化生产，困难重重；（2）粮价太低，农民没有种粮热情，地方政府没有积极性。十一届三中全会以后，曾经出现过“八方归农”的现象，现在是“农游八方”，外出找钱成为主流。要扭转过来举步维艰。因此，目前只有加大政府惠农政策支持的力度。我们认为，要在政策上继续向主产区倾斜。包括销区内也有一些主产市县，政策上也要着重扶持。现在在粮食科技上还没有重大突破的时候，政策的支撑就特别重要，力度要尽可能加大，价格上要避免新的“剪刀差”，要采取更大力度的反哺农业的举措。

二是城市是热点。从供应来讲，城市居民主要供应对象；从历史上看，历次粮食抢购风潮，都是从城市开始，特别是从沿海、从发达地区的大城市开始，然后波及中小城市、波及农村。所以在今后，在“十二五”期间，无论如何要把城市的粮食工作做好。中国一举一动都是举世瞩目的事，尤其在粮食问题上，绝不能出现任何差错，哪怕是小事也会酿成事态，在世界上成为话题。

根据1988年、1993～1994年平息粮食抢购风潮的经验教训看，在城市供应上：一要特别注意敏感群体（大中专学生）、弱势群体（失业的工人、失地的农民、低收入者）。二要在粮食品种上抓主粮，特别是要注意大米的供应（尤其是粳米）。三要运用批发市扬拍卖，采取与放心粮油挂牌销售互相配合的办法，稳定粮价。四要注意稳定人心，在抢购风初发之时，就要立即行动，出安民告示，不要发生恐慌。在涨价抢购风波中，稳定居民情绪，舆论引导的作用非常重要。风起于青萍之末，工作要做在前面加强引导，切忌“马后炮”。五要由粮油骨干企业起带头示范作用，同时严惩囤积居奇者、扰乱市场秩序者。这些经验仍有参考作用。

三是流通是弱势。在20世纪八九十年代，国有企业还占主导地位，是真正的蓄水池、主渠道。现在已演变为多元化、多渠道的新格局，有些地方，国有粮食流通系统已荡然无存，粮食产业链、流通链已残缺不全，不少市、县粮食局已成了“空军司令”。在粮食风波来临之际，到底有多大组织应变能力，实在堪忧。我最近到了一些城市调查，看到了不一少城市粮食局在当地政府的领导支持下，建设三结合的物流园区。即粮食储备仓库（包括周转库）、批发市场（包括部分零售市场）、加工流通企业相结合；还有一些城市开展放心粮油企业示范工程，建立放心粮店，搞主食厨房、馒头工程等，这些做法是好的。只要科学规划、合理建设，就一定能增强当地粮食部门的经济实力和应变能力，形成国家粮食安全所需要的物资保障和组织保障，力求做到万无一失。

四是调控是关键。粮食是关系国计民生的特殊商品，我国粮食流通体制改革总的来讲，是宏观指导下的市场经济，这点与其他商品有很大不同。因此，宏观调控不可放松，特别是在紧平衡的情况下，更加重要。我们要保证在任何情况下都能做到充分供应，稳定粮价。这两条要时刻不忘。宏观调控最重要的是：一要建立地方储备，不要完全依赖中央储备，城市（包括部分郊县）一定要有自己的粮食储备，储备三个月到六个月的口粮是必不可少的。没有达到国家规定标准的要补足，并要在品种上考虑满足当地群众的需要。二要做好应急预案，组织好应急的力量，特别要有一批骨干企业作为有力支柱。三要在有条件的城市，按照国家统一规划，搞好粮油进出口，注意运用两个市场、两种资源，调剂余缺，早作准备，以免临渴凿井，陷于被动。

在粮食连年丰收、市场供应良好的情况下，大家过了一段太平日子，粮食工作往往容易被忽视，粮食安全也往往容易被放松。21世纪头十年我们过了六七年丰收日子了，当前麻痹松懈情绪、依赖思想有所蔓延，粮食部门、粮食工作在不少地方处于被边缘化、空心化的状态。在这种情况下，我们要认真学习推广广州、杭州、南京、沈阳、成都等省会粮食局和苏州等市粮食局的经验，守住粮食阵地，以实力迎接新的考验。我认为最重要一条就是：有一个具有创业精神的领导核心，以创新的思维开展创造性的工作，开拓前进，积累实力，为城市人民的粮食安全打好基础，做默默无闻的工作，干关系民生的事业，从而使领导、使人民、使社会刮目相看，给予理解与支持。我希望城市粮食系统，在新时期接受新考验，创造新业绩，做出新贡献！

中国粮食储备新体系建立二十年的回顾与展望*

（2010 年 9 月 16 日）

20 年前，在秋高气爽、喜获丰收的 9 月，全国首次专项粮食储备工作会议在武汉市洪山宾馆召开，从而启动了全国粮食储备体系的建设，在中国粮食发展史上揭开了新的篇章。这里，是新时期中国粮食储备制度的发祥地，塑造了粮食流通体制改革的里程碑。今天，全国粮食行业的后起之秀和当年参加创建这一伟大工程的“老粮食”齐聚一堂，在同一个日子，同一城市，同一宾馆，围绕同一主题，举办纪念盛会，共议今后发展大计，大家特别感到亲切，特别感到振奋。抚今思昔，深感创业来之不易；展望未来，更觉任重道远。

20 年前，1990 年 9 月 16 日国务院作出了《关于建立国家专项粮食储备制度的决定》，明确提出：“建立国家专项粮食储备，增强宏观调控能力，搞好丰歉调剂，保证粮食市场供应和粮价的基本稳定。”并要求：“各省、自治区、直辖市人民政府也要根据实际情况，建立本地区的粮食储备。”为落实这一重大任务，组成以国务委员陈俊生同志为组长的国家专项粮食储备领导小组，并新成立作为国务院直属机构的国家粮食储备局。这样就为建立我国的粮食储备制度和储备体系指明了工作方向，制定了政策支撑，落实了组织保证，奠定了前进基础。应该看到，这一重大决定与同年 7 月 27 日作出的《国务院批转商业部等八部委试办郑州粮食批发市场报告的通知》，是党中央、国务院在粮食工作发展的转折关头作出的两个相辅相成，密切联系的重大决策，是粮食流通体制改革的“姊妹篇”，标志着中国的粮食工作将结束统购统销、计划经济向社会主义市场经济迈进，既坚定不移地走粮食商品化、经营市场化之路，又强化国家对粮食的宏观调控，确保粮食的有效供应与市场价格的平稳。从而构建了具有中国特色的社会主义粮食流通体系的新框架。

20 年来，中国粮食储备体系的建立和发展，是坚持继承、改革和创新的

---

* 这是白美清同志在纪念国家专项粮食储备制度建立 20 周年座谈会上的讲话。

伟大成果，是合乎国情、顺乎民心的战略举措。自古以来，我国就有储粮备荒的悠久传统。历史上曾有过太仓、常平仓、义仓、社仓等设置，用来以丰补歉，调剂余缺。新中国成立以来，由于在相当长一个时期内处于短缺经济的状态，以吃“节节粮”著称，虽然也建立过“506”、“甲字粮”等储备，但规模较小，调控力弱。党的十一届三中全会以来，在农村改革的推动下和科技革命的支撑下，粮食生产很快上了4亿吨的新台阶，于是在1990年粮食丰收的大好形势下，党中央、国务院因势利导，当机立断，以最大的决心和卓越的远见，建立了中央直接掌握的专项粮食储备，逐年积累，逐步发展，进而形成了数量充足、调度有序、覆盖全国的多层次互为依托的粮食储备体系。多年来我们先辈们梦寐以求的“储粮千万石，黎民得果腹”的理想得以成为现实，为立足国内解决中国粮食问题探索出一条新路。

20年来，随着经济的发展，改革的深化，中国的粮食储备体系由小到大，由弱变强，由中央储备延伸到地方储备和社会储备，储备体系日益壮大，储备结构日益优化，储备功能日益健全。目前中央储备粮系统和地方粮食系统已拥有16000多个骨干粮库，几万人的职工队伍和几千亿斤的粮食家底，可以说是集中了全国原有国有粮食系统的精华所在，是新形势下的“蓄水池”、“主渠道”，成为左右粮食市场的主导力量。现在，中国成为世界上拥有储备粮食最多、调控能力突出、粮食保管水平居世界前列的国家。具有中国特色的粮食储备体系，为发展中国家解决粮食问题，加强宏观调控，保证粮食安全创造了新模式，成为世界粮食界瞩目的一个新亮点。时间越久它越会发出耀眼的光辉。

20年来，经历多次市场风波的冲击，屡遇买粮难、卖粮难的反复，承受历次突发事件的挑战，受到世界粮食危机的波及，中国粮食储备制度经受了这一系列重大的考验，在维护国家粮食安全上发挥了中流砥柱的作用；作为中央储备粮支柱的中储粮总公司和作为地方储备粮支柱的地储公司也经受了实践的检验，成为国家调控粮食的主要载体。不论在1991年的淮河流域大水泛滥之中，在1994年全国性的平抑粮价上涨和抑制通胀之时，在1998年长江大水成灾之际，还是在21世纪初“非典”、“禽流感”和冰雪、地震等重大灾害相继袭来的危急之秋：特别是粮食危机席卷全球、危及我国的紧要关头，中国能够应对自如，稳坐“钓鱼台”，就是因为“手中有粮、心里不慌”，“国家有粮、百姓不慌”。事实证明，粮食储备体系是国家粮食宏观调控的物质基础，是粮食安全保障体系的重要支撑力量，是综合国力增强的体现。中国粮食储备制度的创立，中国特色的粮食安全保障体系的形成，为发展中国家解决粮食问题提供了新的模式，为世界粮食事业做出了杰出的贡献，产生了深远的影响。尽管中国的粮食储备体系同其他新生事物一样，仍处于发展的初期，尚有许多不足之处，需要不断改革，不断创新，不断完善。但是方向已经指明，坚冰已被打破，航道已经开通。中国的粮食储备体系和整个粮食流通体系的改革和建设将沿着中国特色的社会主义道路，乘风破浪，加速前进，不走回头路，避免瞎折腾。这是时代的潮流，国家的需要，人民的企盼。

20 年来，我国粮食储备体系的建设走过曲折发展的道路，有过深刻的经验教训。从历史中学习，从总结中提高，将有助于我们今后在实践中再认识、再提高，从而掌握规律性，避免盲目性，加强主动性，增强自觉性，把工作做得更好。20 年的实践告诉我们：

——**必须坚持“三个维护”（维护国家粮食安全、维护农民利益、维护粮食市场稳定）和两个确保（确保库存粮食数量真实、质量良好，确保在国家需要的时候调得动、用得上）**。紧紧围绕国家粮食安全这个中心，做好各项工作。任何时候、任何情况下都不能偏离这个大方向。这是我们的立业之本，是全行业应履行的神圣使命，是企业应承担的社会责任，也是全体粮食人的光荣义务。

——**必须调动各方积极性共同储粮**。要实行中央储备与地方储备相结合，政府储备与社会储备（企业储备与农民储备）相结合，中央储备粮垂直管理与地方储备粮分级管理相结合，形成以中央储备为核心，以地方储备为支柱，以社会储备为基础的多层次粮食储备体系，在中央的统一领导下，分工合作、各司其职。在功能定位、地区布局、品种结构、保管调度等方面互相衔接，互为补充，急需时调得动，用得上，指挥得当，运转高效。

——**必须与粮食现代物流建设相结合**。以骨干粮库为节点，建设物流通道，实施系统工程，形成必要的流通链、产业链，切实保障原粮和成品粮的应急供应和特殊需要，通过有效调控，在任何情况下都保持粮食的充分供应和粮食市场的基本稳定，更好地为“三农”服务、为广大消费者服务。

——**必须坚持科技兴粮之路**。加强科学保粮与合理轮换，走绿色、生态保粮的新路子，延长保鲜期，做到营养安全，费省效宏。

——**必须坚持兴企育人，全面提升队伍素质**。粮食行业关系国计民生，是“良心产业”；相应的粮油产品是“良心产品”，粮食人应是“有良心之人”。

粮食事业发展的百年大计在于育人，要牢固树立正确的世界观与创业观。多年的经验证明，粮食事业要兴旺，必须“以法治粮、以德育人、以智兴企”。法、德、智相结合，传统教育和时代精神相结合，就能产生巨大的力量，形成良好的职业道德、企业文化、个人修养，兴企业、育新人、创新业。

当前，我国粮食工作面临供需紧平衡的新阶段，粮食生产增长已趋缓，增产难度加大；而粮食需求呈刚性快速增长。明年即将进入“十二五”的新时期，预计“十二五”期末，全国人口将达到14亿人，城市人口将达到7亿人，将占总人口的一半。我们做粮食工作的都知道，城市人口是我们供应的主要对象，7亿人口就相当于整个欧洲的人口（7.2亿人）。预计今后十年每年至少要增加400万吨粮食，才能基本满足人口特别是城市人口增长的需要。而我国粮食产量已12年徘徊在5亿吨水平，国际粮食生产从1995年起也是一个徘徊不前的局面，回旋余地不大，且跨国公司竞争更加激烈，国际投机资本在粮食市场上活动频繁，国际粮价波动的传导作用加大。要满足我国这么多人口的日益增长的粮食需求，继续保持国家的粮食安全和主动权，其重要性、复杂性、艰巨性超过了以往任何时期；工作量之大、难度之大、要求之高，也相应超过了任何一个国家。对于储备粮食体系的要求与期待，也大大超过了以前。对此，我们一定要有充分的思想准备和切实的保障措施。这是对我们的新挑战、新机遇、新考验。全国粮食储备系统要进一步增强使命感与责任感，不论中储、地储，不分国有、民营都必须在各级党政领导下，团结合作，迎难而上，以科学发展观为指导，以改革开放为动力，以创新驱动为灵魂，转变发展方式，优化产业结构，不断巩固完善粮食储备体系，实现国家宏观调控，切实保障国家粮食安全。面临新的形势尤应注意：一要戒骄戒躁，坚持理性经营；二要拒腐防变，筑起防腐长城；三要倡导合作，形成聚合效应；四要立足创新，永葆活力青春。这样就能在新的起点上，迈出新步伐，经受新考验，做出新贡献！

郑州粮食批发市场的历史地位与光荣使命*

（2010年10月12日）

20年前，1990年7月27日，国务院发出了《国务院批转商业部等八部委试办郑州粮食批发市场报告的通知》，同年10月12日，中国第一家由现货起步，引入期货机制，期现结合的新型试点市场——郑州粮食批发市场正式成立开业。这是经国家批准的第一家中央粮食批发市场，同时也是全国最早引入期货机制的交易市场。郑州批发市场的诞生标志着中国的粮食领域统一开放，竞争有序的市场体系建设的正式启动，是我国粮食工作结束统购统销、计划经济迈向社会主义市场经济的重大战略决策。20年来，郑州市场宛如初生的幼孩成长壮大进入朝气勃勃、大有希望的青年时代，扎根于华夏，崛起在东方。这是全国粮食行业的一件大事，时间愈久，愈将显示出它的生命力和影响力。作为参与郑州市场策划的“老粮食”，我们充满着光荣感与使命感，深感创业维艰，成果来之不易；更觉发展更难，路漫漫而修远。

下面就郑州市场诞生的历史背景、历史地位与历史使命讲几点感想。

一、郑州市场的诞生，是时代的要求，人民的愿望，发展的需要，改革的产物。它诞生的意义，远远超出粮食领域

在党的十一届三中全会精神的指引下，农村改革取得了重大进展，联产承包责任制在全国推行，对生产关系进行了一次重大革命，废除了人民公社制度，解放了农业生产力，加上推行以杂交稻为代表的农业科技革命，粮食产量由1978年的3亿吨上升到1984年的4亿吨，仅用6年时间跨越增产1亿吨的大台阶。这是新中国成立以来粮食生产发展最快的时期。在此基础上，1985年党中央、国务院发出了1号文件，即《进一步活跃农村经济的十项政策》，明确指出：“国家不再向农民下达农产品统购派购任务，按照不同情况分别实行合同订购和市场收购。”“粮食取消统购，改为合同订购。”“订购以外的粮食可以自由上市。”这样就对粮食流通、对粮食市场建设提出了新的要求，指

* 这是白美清同志在中国粮食市场二十年高峰报告会上的讲话。

明了前进的方向。在历经统购统销以及长期批判“四大自由”的冲击下，我国市场发育非常落后，仅有一点集市贸易，也时关时开，时断时续，机制极不健全、设施十分落后。取消统购派购以后，实行自由购销，这样就把建设新型粮食市场体系的任务，摆在全国人民的面前，需要列入议事日程。1988 年以后的一段时间，国务院先后指定有关部门组织专家进行研究，经过多次调查酝酿，下决心引进国外期货机制，开办批发市场，搞活粮食流通，以适应新形势的需要。当时，正处于改革低潮之时，社会上把市场化等同于自由化、等同于搞资本主义的思潮甚嚣尘上。中国粮食流通体制改革究竟走什么路，成为全国关注的重大课题。国务院批转八部委的联合报告及有关领导同志的指示，旗帜鲜明地回答了这个问题：确定了要兴办粮食批发市场与期货市场，走市场化改革之路。当时构想的粮食流通体制改革的总体目标和主要内容是：在粮食流通中，放开市场，放开经营，实行以市场改革为导向、以粮价改革为突破口、以转换企业经营机制为重点、以强化国家宏观调控为保证，逐步实行粮食商品化、经营市场化，促进粮食的现代化，做到放得开、守得住。应当说，在 1992 年邓小平同志南方谈话之前，采取这样一系列改革方针和步骤是非常不容易的。所以，郑州粮食市场的试办，是中国粮食流通体制改革由统购统销、计划经济，迈向社会主义市场经济的新的里程碑。

同时更为深刻的意义在于：在当时的情况下，郑州市场的兴办，也传递一个信息，表明中国将坚定地走社会主义市场经济的发展道路。那时很多国外人士不承认我国市场经济的地位，与我们打交道还存在不少顾虑。粮食是最重要的商品，是计划经济的“最后堡垒”。在粮食领域实施市场化改革，就表明中国经济体制改革，将沿着市场化、现代化、国际化的目标坚定地前进，绝不会走回头路。这对我们争取与世界经济的联系与合作，融入世界经济一体化的潮流中，消除外国投资者的疑虑是十分有益的。因此，当时郑州市场的试办，远超过在粮食领域的意义，成为进一步改革、开放的一个积极的信号。

二、郑州市场的诞生是引进、消化、创新的结果，是领导、专家、实际工作者通力合作、精心设计的成果

在研究试办的过程中，总结了我国粮食市场的经验教训，注意打开思路，引进国外市场特别是期货市场的经验。我们采取了请进来、派出去的方式，先后派出多批学者和专业干部赴外考察。历访世界著名的中央批发市场与期货市

场，重点访问了美国芝加哥期货交易所，邀请了格罗斯曼等专家来华授业解惑，确定了期货交易从农产品开始，从小麦开始，在中原大地的中心郑州扎根，一心一意想把郑州市场办成“东方芝加哥交易所”。

在国务院的领导关怀下，先后由国家体改委、经济研究中心等几次组成课题组，提出课题报告；主管其事的商业部还专门为市场组成专家顾问组充任市场的咨询服务。在整个过程中，领导高度重视，多部门通力合作，专家和工作人员日夜操劳，呕心沥血。所以，郑州市场的创办，是集体智慧的结晶，是集体创作的又一范例，因而符合国情，少走弯路，持续发展，越办越好。现在，中国的期货交易总量已跃居世界前列，中国粮食现货的交易量稳居世界之冠。用20年的时间，赶超了西方国家百年走过的历程。

三、郑州市场是国家对粮食实施宏观调控的有效平台，是国家粮食安全保障体系中的有力支柱之一

20年来，历经市场风波的冲击，屡遇买粮难、卖粮难的反复，既有过盲目冒进、遭受挫折的教训，又有过科学发展、规范管理的经历，在党和政府的亲切关怀、精心指导下，郑州市场由小到大逐步发展，一直在全行业已形成的多元化、多渠道、多层次的粮食市场中居于领先的地位。郑州市场在国际化、现代化、市场化的新形势下，在促进生产、搞活流通、引导消费、扶持企业中发挥着日益显著的作用；它是产销结合、活跃流通的有效平台，是合理配置资源的有力手段，是发现价格、规避风险的可靠场所，是国家对粮食宏观调控的重要载体。郑州市场形成的“郑州价格”已成为影响全国粮食市场的标杆，并在国际市场中有着广泛的影响。在历次粮食风波中，郑州市场创造的以竞价拍卖方式更成为全国稳定粮食市场、稳定粮食价格的主要方式之一，至今广泛采用。人们至今不能忘记，第一张远期合约的仓单在这里发出；在首次全国性万人参加的粮食拍卖中，郑州市场拍卖师敲响第一锤；在构建统一开放、竞争有序的市场体系中始终走在前列，居于引领的地位，功不可没。

四、郑州市场在反哺农业、支持“三农”方面起了良好的促进作用

郑州市场从成立第一天起，就以扶持“三农”为己任，运用多种方式为农民服务，帮助农民增收，成为农民的知音，市场运用传递信息、指导生产、牵线搭桥、开拓市场等多种形式，帮助农民特别是种粮大户、涉农企业了解市场情况和价格走势，规避风险、增加收入、减少损失。特别是注意引导农民种植优良品种，推行优质优价，打开销路，实现优质高产多收，促进社会主义新农村的发展。

五、郑州市场在新时期担负着新的历史使命——继续为稳定粮食市场，维护国家粮食安全服务

从今年开始，进入21世纪的第二个10年，粮食工作面临供需紧平衡的新阶段。粮食生产将转为缓慢增长，而粮食需求呈现刚性、快速增长，并且由于粮食生产新的周期的到来，粮食供求矛盾将更加突出。“十二五”期间我国人口将达14亿人，城市人口占一半。确保国家粮食安全更具有重要性、复杂性与艰巨性，它是三大安全之首，是国民经济最大的隐忧。我们要坚持立足国内解决14亿人口的吃饭问题，其难度超过历史上任何一个时期，其复杂性超过任何一个国家，这是对全国粮食工作、对整个粮食队伍的新考验。经验证明，粮食批发市场体系在紧平衡情况下，越能展示自己的积极作用，同时也是容易出问题的时候。郑州市场的全体同志要把握时机，迎难而上，接受新挑战，迎接新考验。要围绕确保国家粮食安全这个中心，着力转变发展方式，提升服务功能，坚持公开、公平、公正的原则，不断深化改革，创新机制、改善服务，推进统一开放、竞争有序的粮食市场体系的发展与完善，为稳定粮食市场，为支援“三农”，做出新的贡献。

要实现上述任务，必须突破两个难点：一要适应与国际市场对接的新形势，研究外国企业，外国资本进入我国批发市场、交易所的问题，同时要研究大宗粮油进出口产品如何取得国际定价话语权问题，使两个市场、两种资源为我国所用，而不受制于人；要防止国际投机资本操纵市场，兴风作浪，危害我国粮油经济与粮油企业。同时要研究如何进一步规避国际市场风险，积累经验，改进办法。二要研究深化粮食价格改革问题，这是粮食流通体制改革的关键，也是难度最大、复杂度最高的问题。郑州市场要总结“郑州价格”的经验，如何正确利用价格杠杆调节生产者、经营者、消费者利益、产销区利益、中央与地方利益，为改革粮食价格提供真知灼见、切实可行的方案，供政府参考。如何合理实现优质优价、季节差价、地区差价，在价格波动之时，市场特别要注意服从宏观调控，绝不可逆向操作。

六、搞好郑州市场最根本的是培育人才，建设队伍。要下大力抓人才建设，培养政治素质高、精通业务、有战略眼光、有高度事业心的各类人才

要充分运用市场这个良好的阵地，通过业务实践、培训学习，不断提高工作人员的水平。要高度重视与防止贪腐之风侵入市场。尽管我国粮食批发市场体系仍处于幼年时期，体制、机制、运营等方面还存在不少问题需要不断完善，但我们最担心、最警惕、最重视的，就是贪腐之风已经开始进入市场体系，进入我们的队伍。现在，在拍卖中，在协商成交中，在交货付款中以及在物流运输中，在许多环节都出现了贪腐现象，内幕交易、欺诈勒索、串通涨价、欺行霸市、行贿受贿等相继发生，虽然处于萌芽状态，但蝼蚁之穴溃千里之堤，如果听之任之，视而不见，就可能酿成大患，对此我们一定要防微杜渐，在萌芽状态就要坚决、彻底、干净地刹住这股歪风。中国的批发市场，期货交易所，不一定会倒在竞争对手之下，更有可能是倒在自己手上，是自己给自己挖坑。对此，一定要高度警惕，从制度上、从监督上、从教育上采取综合治理的措施。要法治与德治相结合，标本兼治。粮食行业，关系国计民生，关系人民健康，是良心行业；粮食产品，是良心产品；粮食人是具有良心之人。这是我们队伍的优良传统。要教育全体人员树立正确的世界观和创业观。市场、交易所应该讲效益，但同时要注重社会效益；要讲创利，但同时要注重于利益共享。更进一步讲，应当“以创新求创利，以创利谋创业”。以更高的起点，更严的标准，做好工作，立志让我们的批发市场、期货交易所，成为经久不衰的“百年老店”。希望在这方面有领军的人物、领军的企业、领军的市场出现在中国粮食界。这样才能长久不衰，百年常青。我们必须为此而努力奉献。

国有粮食企业在新时期的任务与对策*

（2010 年 10 月 28 日）

首次召开的京津沪渝四市三省粮油集团峰会，是粮食行业的一件大事。会议的主题是：认真学习贯彻党的十七届五中全会精神，以转变发展方式为主线，交流经验，研究对策，抓住机遇，开拓前进，进一步把四市三省粮油集团做强、做大，以带动全国粮油企业的发展，为“十二五”规划的实施取得好的开局。这次会议虽然规模不大，时间很短，我预感可能是具有相当影响的一次会议。会议的成员将逐步扩大，会议的内涵将逐渐深化，它产生的作用和影响将日益增大。特别是在粮食行业关键转折的时候，在面临大有作为的历史机遇的情况下，将更显得重要。

当前我国粮食工作已进入紧平衡的新阶段。在“十二五”乃至“十三五”，这 10 年中维护国家粮食安全至关重要。我们能否立足国内解决中国十几亿人口的吃饭问题，坚持以我为主，保持粮食的主动权与话语权，这是对全行业的新任务、新考验、新机遇、新挑战。其重要性、复杂性、艰巨性超过了以往任何时候。粮食安全问题，基础在主产区，重点在大中城市。特别是四个中央直辖市担负着特别重大而艰巨的任务。对此，要有足够的认识、充分的准备。这是全国粮油企业特别是骨干企业义不容辞的神圣使命和不可推卸的社会责任，也是粮油企业和企业集团大有作为、大显身手的最佳时机。把握了机遇，工作得力，就会赢得领导满意、社会好评、群众放心、企业发展的好结果；反之，就会被淘汰、被抛弃。

经过 20 世纪末、21 世纪初粮食流通体制改革的痛苦历程以后，目前粮食行业特别是国有粮油企业已走出低谷，进入发展的转折时期。目前已形成多元化、多渠道经营粮食的新格局。据统计，2009 年国有粮食企业只剩下 18163 家，比上年减少 65%，现有职工 64 万人，减少 8.5%。其中购销企业 12567 家，比上年减少 59%。目前已改制的 11197 家，占 61.6%，其中购销企业 8395 家，占 66.8%。2009 年，已全面盈利 54.04 亿元。从这些数字可以看出，

* 这是白美清同志在京津沪渝四市和吉苏赣三省粮油集团峰会上的讲话。

在新世纪，国有粮食企业经改革改制后已摆脱困境，走上发展的新阶段。目前中央级国有粮食企业中剩下的骨干只有中粮、中储、华粮及冒出的“黑马”——中纺，地方的国有骨干粮油企业剩下京粮、上海良友、津粮、重粮、吉粮、江苏粮油、江西粮油以及其他省区的少数几家。现在以这些骨干企业为核心，以抓主业为中心，业务正全面回升，并向纵深发展，实现了扭亏增盈，产业化进度加快，“走出去”出现历史性突破。在应对国际金融危机和粮食危机的冲击中，在地震、水灾、冰灾及“非典”等突发事件袭来之际，国有粮食企业发挥了中流砥柱的作用，带动了整个行业以积极的姿态应对突发事件，发扬了优良传统和政治优势，受到各方的好评。

目前国有粮油企业的数量虽然减少，但其骨干仍然保留，关键作用仍在发挥。据2009年统计，全国规模以上粮油工业企业14472家，其中国有及国有控股企业1278家，占企业总数的8.8%（民营企业12750家，占88.1%，港澳台商及外商投资企业444家，占3.1%）。工业总产值11184亿元，其中国有及国有控股企业3015亿元，占26.9%。在粮食收购方面，国有及国有控股企业占全国粮食收购总量的50%~60%，在粮食储备方面占绝对优势。据最近公布的中国企业500强中，有10家粮油集团进入，即中粮（第24位）、北大荒（第83位）、中纺集团（第306位）、九三油脂（第393位）、四平红嘴（第422位）、三河汇福（第422位）、吉粮（第437位）、上海良友（第489位），此外还有光明食品（第79位）、西王集团（第380位）共10家，其中国有为主的占6家。而且，国有粮食的整合步伐加快，集团化的趋势正在发展，前景越来越好。

多年反复的实践证明：粮食行业坚持市场化改革方向，形成粮食流通多元化、多渠道经营的新格局，国有经济发挥着主导作用，民营经济起重要作用，外资企业起积极作用，互相配合，合作共赢，为稳定粮食市场，确保粮食安全服务，这是社会主义初级阶段的特征，是改革开放的产物，是历史的必然。粮食作为关系国计民生的资源性、战略性、公共性的特殊商品，在这一领域，同民营经济等经济成分一起，国有粮食经济的存在和发展，是时代的要求，人民的愿望，粮食安全的保障。整个粮食经济中，国有成分的存在很有必要，多元化的格局应当继续；国有粮食企业也完全可以搞好，国外有先例，国内有典型。

当然，应当看到，国有粮食骨干企业与其他行业的大企业比仍有很大的差距，与世界的跨国公司则有更大的差距，粮食行业和企业的发展仍然滞后，“大而不强、小而不精”，“小、散、低”的状况仍相当普遍地存在。如不强化措施，迎头赶上，有可能成为下一步国民经济发展中的短腿和瓶颈。对此，我们切不可掉以轻心。

当前，我们的任务就是要认真贯彻党的十七届五中全会精神，落实科学发展观，以转变发展方式为主线，坚持改革创新奋起直追，努力建设以全国性的大型企业和企业集团为核心、以区域性、专业性大公司为支柱，以中小企业为基础的粮油企业组织体系，合理布局，分工协作，以确保国家粮食安全，支援“三农”稳定市场，惠及百姓。

第一，要下决心加快步伐，向绿色、生态粮食业转变。这是当今世界粮食业发展的潮流，是新科技革命的核心，只有走绿色、生态发展的路子，才能形成可持续、得实惠、促和谐的新的增长方式。为此，要从“资源节约型”、“环境友好型”、循环经济、低碳经济等方面，探索和粮油产业发展结合的新方式、新产品。在一系列问题上要有新的思路。要扬弃旧工业化道路，真正走上科学发展的新型工业之路。如加工中推广循环经济模式、减少不必要的加工精度，保持产品营养性、安全性，开发田园生态米、生产不添加增白剂的面粉，等等。

第二，要切实改变产业链建设中“抓中间、丢两头”的做法，建设全程产业链。要着重抓收购网、销售网。下功夫与生产结合，与农民结合，与各方搞好合作。

第三，加大整合提升步伐，扩大联合，走整合、联合、融合之路，形成聚合效应。通过整合、重组，使有效资产合理配置起来，形成最佳效益。从全局看，从战略看，重庆大胆整合县区粮食资源，探索新的发展路子，应给予支持。在扩大联合中，要注意资本运作，滚动发展。

第四，坚持“创新驱动”。要在科技创新上下大功夫，争取掌握核心技术，创造覆盖面大的知名品牌。“三流企业卖产品，二流企业卖品牌，一流企业卖标准。”要建立高品牌的信任度和认可度，扩大市场的占有度。为此，大企业、大集团的领导者一定要亲自抓科技开发，攻占制高点。有百年不衰的知名产品、核心技术，才能有“百年老店”，“百年品牌”。国有企业、民营企业都是如此。

第五，创造“走出去”的新格局、新方式。现在已有一批企业开始走出国门，从单纯投资办厂，发展到多方合作，从产品合作发展到开发当地资源合作，呈现出起步良好，渐成气候的好迹象。在这种情况下，切忌过去那种盲目发展，削价竞争，互挖墙脚的现象，要注意战略布局，从长期发展着想。这些年来，“走出去”的成功经验就是要使我们的投资“本土化”，使那里的国家受惠，人民受益。要把现代粮食业的一整套与当地的实际情况结合起来，互利互惠，合作共赢。合作的方式要灵活多样，为当地人民所接受，并吸收当地文化，启用当地人才，使之成为本土化的企业。这方面一定要注意初战必胜，把头开好，树立信誉，稳步前进。

第六，深化国企改革，向现代企业管理制度进军，这是根本的措施。国际经验表明，公司制是实现所有权与经营权分开的最有效的制度，跨国公司之所以“富可敌国”，不仅因为拥有庞大的资产、高端的核心技术，更因为其公司治理机制能够运用自如，应对千变万化的国际市场。企业的竞争力也突出地表现在公司治理水平的竞争上。现在我们粮食行业的大公司基本上是两类：一类是按照企业法注册的公司，这占多数；另一类是真正进行了公司制度改造的公司，这是很少数。国有粮食企业最大的问题，还是要逐步建立起现代制度，完善公司制治理结构。有条件的，特别是上市的，必须向规范化的公司制方向进行改组，关键是建立健全国企公司董事会，优化董事会的结构，规范董事会的作用，搞好公司制内部建设，努力形成具有特色的治理结构。即使是第一类的公司，现在虽然没有建立董事会，也必须加强集体领导制度，重大问题集体决策，掌握规律性，增强主动权，避免盲目性。

最后，根据多年经验，国有粮食企业要做大做强，搞好搞久，最根本的是要“**明确战略定位，搞活经营机制，稳定领导班子，留住优秀人才**”。

——企业的战略定位，决定企业的发展方向，是凝聚人心的创业目标。战略方向正确，企业才能越办越起劲，越办越有前途。

——国有企业最大的问题是体制、机制不活问题，一定要下功夫大胆探索新的机制，着眼于调动全体员工和多方面的积极性，使大家劲往一处使，一心一意投入振兴企业的大业中去。

——国有企业领导班子的稳定性、持续性是个老大难问题，“民营企业怕乱（内乱），国有企业怕换”，即负责人经常调换，像任免官员那样两三年一交流是搞不好的。因此，领导班子必须保持稳定，使之有长远的奋斗目标，这是克服“短期行为”，避免搞“形象工程”的根本一招。

——国有企业的人力资源很丰富，但一定要留住优秀人才。企业领导者要有慧眼识人才，有胆略用人才，有气度容人才，有感情留人才。人才聚、人心齐，企业才能振兴，这是关键的一招。一个国有企业，如果留不住优秀人才，是搞不好的。

应该看到，在党的直接领导和长期哺育下，在全行业全体人员长期埋头苦干实干下，中国粮食行业具有两个突出的优点：

一是它深深扎根于本土农民之中。从种到收，从田间到餐桌，形成一整套综合服务体系。中国的粮食人，与农民打成一片，同农民、同消费群体打成一片，把现代粮食业与中国这个小农业、小生产为主体的实际情况相结合，从而具有极大的生机与活力。这是国外企业、跨国公司在我国很难办到的。

另一个突出之点是：中国粮食队伍具有东方文化、文明经商的优良传统。中国粮食业的人才，扎实肯干，勤于学习，吸收消化能力强，对新鲜事物、高新技术很敏感，尤其是中国治理、经营企业，是以沿袭东方文明为准则的。中国的经商治企，合儒、墨，兼名、法，主体上沿用了儒商的理念和传统，同时吸收了近代晋商、徽商、浙商、粤商的精华，形成了独具风格和特色的现代“华商”，在世界商界异军突起，与其他各国商界流派相比毫不逊色，能够后来居上。传承这些优良传统和风范，并与时代精神相结合，就会产生无穷无尽的力量，这是今后长期起作用的，这也是中国商界，包括粮食商界的“软实力”的精髓所在，它将在振兴我国粮食业中发挥难以预计的作用。对此，我们抱有充分的信心。中国粮食界将扎根于华夏，屹立于东方，崛起于世界！

围绕永恒主题　开展创新研究*

（2010年11月20日）

我国是一个拥有十几亿人口而人均占有资源又较少的发展中大国，粮食问题关系国计民生，粮食安全始终是治国安邦的头等大事，是我们需要解决的永恒主题，过去如此，现在如此，将来也是如此。新中国成立60年来，特别是改革开放以来，粮食工作取得举世瞩目的伟大成就，用实际行动回答了谁养活中国人的问题，为发展中国家解决粮食问题树立了榜样，为世界粮食界走出了一条新路。但是，我们应清醒地认识中国的基本国情、农情、粮情，随着人口的增长、人民生活水平的提高，粮食问题并没有“过关”。我们历史的经验教训、世界频发的粮食危机都警示我们，依靠自己的力量解决粮食问题，维护国家粮食安全和经济主权，始终是各级党政、举国上下必须十分关注的全局性、战略性大事，任何时候、任何情况下都绝不可掉以轻心。

当前，粮食供需已进入紧平衡的新阶段。这是我们处理粮食问题必须把握的新特点、新趋势。今后，人们对粮食的需求呈刚性直线增长，而粮食的总供给由于土地、水资源等诸多方面的制约，增长幅度放缓，甚至出现周期性生产波动。要使粮食生产突破5亿吨生产水平后，再上一个新台阶，不确定因素甚多，工作难度非常大。粮食问题、“三农”问题，有可能成为新的瓶颈，影响全局和社会稳定。对此，我们要有充分认识，思想上要警钟长鸣，工作上要常抓不懈。

党中央、国务院高度重视粮食工作，及时提出要进一步建设和完善“**供给稳定、储备充足、调控有力、运转高效**”的粮食安全保障体系，制定了一系列支农惠农、发展粮食生产的政策措施。但是，由于前几年过了较为宽松的日子，在部分干部和群众中对粮食工作滋长了盲目乐观、松懈情绪。例如，有的认为“粮食已经过关”、“有钱就能买到粮”、“现在是要解决营养过剩、减肥的问题，而不是解决缺粮、营养不良的问题”等。依赖思想也有所抬头，在粮食供应上，“地方依赖中央、销区依赖产区、居民依赖市场”。虽然党中央三

---

* 这是白美清同志为《粮食安全：国计民生的永恒主题》一书所写的序言。

令五申要从生产、流通、消费等一系列问题上加强粮食工作，但落实到下面，往往是“口号农业”，许多县市都是“以招商引资”为压倒一切的硬任务。现在一部分“90后”，不知道饿肚子是什么滋味；一部分年轻的县市领导不知道粮食危机、抢粮风波是什么情景，更不用说如何应对。所以，我们认为有必要针对这些问题，进行有关我国国情、农情、粮情的教育，使大家进一步认识国家粮食安全的重要性与紧迫性，在统一认识的基础上，统一行动，把粮食安全保障体系的建设抓好，以应对复杂多变的粮油市场形势，千万不能使粮食行业成为“弱势产业”。粮食安全是最重要的民生工程。如果在这个基础产业上出了问题，谁也救不了我们，谁也不可能救我们。

为了引起大家对国家粮食安全问题的关注，并为政府有关部门提供一些参考意见，从2002年开始，中国粮食行业协会、中国粮食经济学会组织了行业内的专家学者和从事实际工作的同志，围绕国家粮食安全这个主题，每年都重点研究一个课题，共形成“国家粮食安全新战略研究和政策建议”、“保障贫困缺粮县粮食安全是构建和谐社会的关键”、“关于我国粮食安全库存水平的量化调控指标研究和政策建议”、“稻米是国家粮食安全的重中之重”、“着力消减粮食周期性波动对粮食安全的影响”五个系列研究报告以及相关的论文，这次汇集成书出版，供粮食界同仁参考。这些报告的共同特点是：试图以科学发展观为指导，从我国的粮情出发，以事实为依据，从历史经验中总结升华，从实践调查中提炼概括，历史与现实分析相结合，定性分析与定量分析相结合，得出较为符合实际的结论，希望有助于我们今后在工作中掌握规律性、克服盲目性、增强预见性、避免急躁性，把粮食安全保障体系的建设搞好。在这方面，我们只是进行了初步的探索，提出了一些粗浅的见解，有不少方面我们囿于经验之谈，希望引起业界同仁和有关方面的重视和指正，起到抛砖引玉的作用。

当前我们正面临一个可以大有作为的重要战略机遇期。我们应当继承和发扬粮食行业的优良传统，把粮食工作做得更好，让党和政府满意，让老百姓放心！

二〇一一年

关于提高我国食用油自给率的战略思考*

（2011 年 4 月 1 日）

提高食用油的自给率是当务之急

改革开放以来，我国食用植物油的生产增长很快，但随着经济的发展与人民生活水平的提高，对食用植物油的需求增长更快、更猛，生产的增长赶不上需求的上升，致使我国植物油自给率偏低，这种状况急需改变。这是我们在“十二五”期间面临的一个重大任务。

在党的支农惠农的一系列有力措施的政策支撑下，我国食用植物油的生产有很大发展。2000 年度植物油的年产量为 1206 万吨，到 2009 年增加到 1950 万吨，油菜籽的产量由 1990 年的 695 万吨，到 2000 年增加到 1138 万吨，到 2010 年增加到 1315 万吨，但仍赶不上需求的快速增长。据统计，1990 年人均消费植物油 10. 1 公斤，到 2009 ~ 2010 年度人均消费 17. 4 公斤，年均增长 6. 2%。在统购统销时期每人每月供应 5 市两油的局面早已成为历史，现在油的消费已达到中等发达国家的水平。国内生产不足，就靠进口来弥补差额，我们已从 20 世纪的食油出口国转变为世界第一大进口国。仅 2010 年就进口大豆 5480 万吨，还进口了 800 多万吨植物油。目前食用油脂的自给率已由 2000 年的 59. 9%，下降到 2010 年的 37. 2%。由于自给率低，给宏观调控带来了极大的困难，影响到民生，影响到经济的稳定与社会的和谐。特别是难以应对国际

* 这是白美清同志在湖北省荆门市举办的中国油菜产业高层论坛上的发言。

投机资本在油脂市场的兴风作浪，给食用油的安全和市场的稳定增加了许多不确定因素和极大的困难。我们是有十几亿人口的大国，从食用油来看，抑制自给率的下滑，适度提高自给率已成当务之急。

加快建设长江流域优质油菜产业带是提高食油自给率的战略举措

我们认为，提高食油自给率当前重点在油菜，发展油菜的重点在长江流域，长江优质油菜产业带重点在鄂、川、苏、皖。国务院批准的《全国主体功能区规划》提出的建设长江流域“双低”① 优质油菜产业带，把它列入重点建设的农产品主产区“七区二十三带”之中，是非常重要、符合实际的战略举措，对缓解油脂生产的不足，维护食用植物油安全有很大的现实意义与深远影响。

从食用植物油情况看，历来靠三大品种：菜油过去占一半以上，其次是大豆与花生，然后是小油料。进入新世纪之后，进口大豆大幅度增加，豆油占的比重上升为第一位，占50.5%；菜油已下降为占20%，花生油占5.2%，其余为小油料。今后要提高食用油的自给率和产量，三大油料中潜力最大、最有前途的是油菜籽（菜油），其次是木本油料和各种小油料。特别是长江流域油菜产业带有悠久的种植历史和丰富的经验，具有极大的区域优势、资源优势与技术优势。据农业部门调查，长江流域有冬闲田约9000万亩，有滩涂荒地3000万亩，只要政策对头，措施得当，就可能再利用3000万~4000万亩的面积种油菜；其次还可以改造低产田，提高单产。目前我国油菜播种面积不到1.1亿亩，单产约115公斤/亩，总产1300万吨，占世界油菜籽总产5838万吨的23%左右，提高单产的潜力很大。农业部门编制的《油菜优势区布局规划》测算，预计到2015年利用冬闲地资源，再扩大3000万~4000万亩，使优势区油菜播种面积达到1.4亿亩左右。再加上提高单产到138公斤/亩，这样总产可达1900万吨以上，可增500万~600万吨油菜籽产量，这对提高国内食用油自给率是很有好处的。我们认为条件具备，关键在于我们的工作。一是加大政策支持力度，增加油菜补贴，解决价格政策问题，使种油菜的比较效益与种粮

① “双低”油菜是指菜油中芥酸含量低于3%，菜粕中硫代葡萄糖甙含量低于30微摩尔/克的油菜品种，有益于人体健康和菜粕作饲料原料。

大体相当，提高农民种油菜的积极性；二是加大科技投入，特别是在改良品种上下功夫，大力推广“双低”油菜新品种；三是要加强对主产县、市的扶持，增加转移支付，改进主产油菜区的考核办法，享受与粮食主产县的同等待遇；四是长江流域油菜产业带要加强区域合作，每年召开一两次协作会，进行经验交流、技术推广、组织协调等工作。只要认真贯彻中央提出的科学发展的主题，把握转变发展方式的主线，调动各方面的积极性，我们认为新型的长江流域优势油菜产业带一定会在“十二五”期间取得重大进展，创造出辉煌的成绩。

向绿色、生态油脂加工业方向转变

与建设长江流域优质油菜产业带相配合，必须建设以绿色、生态为特征的油脂加工体系。这是适应时代前进的步伐、转变发展方式的要求，是人民群众的愿望。在国际金融危机和经济衰退中，人们都在反思旧工业化道路带来的环境污染、资源的浪费和大气的变暖等造成的种种弊端，致使环境渐趋恶化，人与社会不能协调、和谐相处。要根本解决这个问题，必须下决心转变发展方式，走一条以安全、营养、优质、高效、绿色、生态为特征的可持续、得实惠的新路子。

实现食用油脂加工业的根本转变是系统工程，需要长时间的努力。我们要以“十二五”为新起点，坚持高标准、严要求，以改革为动力，以创新为灵魂，以创造名牌、精品为重点，向上下游延伸，建设新型的“一链两网”（产业链，收购网、销售网），形成安全可靠的生产体系和可追溯的全过程监管体系。要提倡循环经济、低碳经济、绿色经济，深度加工、综合利用。油脂加工企业特别是骨干企业在这方面要注意掌握先机、取得主动。人类经历了农业文明、工业文明，现已进入生态文明的新阶段。绿色、生态建设，决定人类的发展，决定行业的未来。所以油脂行业和企业的领导人一定要认清这个新趋势，在这方面取得新突破，谋求企业的新发展。

在明确这个战略性转变方向之后，我们要认真总结经验，分析现状，采取有力措施，解决前进中的问题。从2004年油脂行业遭受进口大豆风波的冲击以后，各类油脂企业都正在谋求新的发展，各种成分的企业都在策划如何做大做强。由于中国的经济快速成长和市场的容量扩大，现在中国油脂市场已为世界油脂界所瞩目。世界各大公司、大集团都向中国市场投资办厂，世界食用油的各类产品，在中国市场应有尽有，可以说是“群雄毕至，大小咸集，名品荟萃”。中国已成为世界油脂界的最大热点。现在油脂行业呈现热气腾腾的景象，但是我们也要看到过热的现象已经露头。三月是乍暖还寒时候，有热有冷，最难将息。我们认为，当前油脂行业对量的扩张热，对质的提升冷；对加工办厂热，对生产原料冷；对扩大产能热，对创新升级冷。当前主要是防止过热。由于发展过热，造成恶性竞争趋于白热化，这样无序竞争的结果，可能再次出现一次大洗牌、大调整，这是令人十分担心的。因此，在“十二五”起步之时，我们全行业应该按照中央的指示精神办事，一定要吸取过去的经验教训，科学发展、理性经营、调整战略、打好基础、稳步推进，注意克服盲目性，提高自觉性，规避风险，循着党中央指示的方向前进，避免重蹈覆辙。现在正是好时机，如不抓紧，下一步就可能被动。

根据我们的调查了解，油脂行业应当注意以下三个问题：

第一，要避免新形势下的产能严重过剩。现在的热点有“两带一区”。一个是沿海从南到北一窝蜂地建大豆压榨厂，形成大厂密集的沿海大豆油产业带，而且不是办小厂，是“大而全”，是“高水平的重复建设”；一个是沿长江流域也大规模地建油菜籽压榨厂；另一个区域就是在东北建国产大豆压榨厂。沿海大豆油带与沿江菜籽油带呈“丁”字形，加上东北国产大豆油厂产业区，成为“一点”，就拼成一个“上”字，是大上快上的形势。据统计，全国油脂的压榨能力已达到1.6亿吨，而国产油料只有5000多万吨，要靠大量进口，因而开工不足，油脂行业的开工率只有40%～50%。我们担心会出现新一轮的一场混战，在2004年油脂行业受到大冲击以后，再来一次新的大洗牌。对此，国家有关部门也十分担心。因此当前一定要强调科学发展，不要盲目铺新摊子、上大项目。要提倡整合资源，扩大联合，把优质资产整合起来，力求避免产生重大损失。

第二，要避免打价格战。重复建设、产能过剩带来的问题就是打价格战。其特点是国外打大豆价格战，国内打油菜籽价格战，也可能两战并发，互相推动。今年又是在国际性高通胀期来临之际，国内市场面临复合式通胀压力，各方对通胀的预期较高。再加上成本上升的推动，供需矛盾偏紧的拉动，价格波动的风险增大。从全局看，国家今年的经济工作把防治通胀作为宏观调控的主要目标，任务十分艰巨。各地油脂加工企业一定要重视国家对油脂油料价格的宏观调控方向，严格执行国家的价格政策，绝不可逆向操作，绝不可起邪念走歪道，否则会自食其果。所有企业要从科技创新上找窍门，从强化管理、增产节约找出路，开辟新的利润源。特别是要在创精品、创品牌，延伸产业链、流通链上下功夫，才能立于不败之地。

第三，要避免打原料战。由于重复建厂、开工不足的影响，今后可能会引发打原料收购战。大家去抢原料，争货源。长江流域油菜产业带，可能打收购油菜籽之战。还有其他产区，都可能出现类似问题。这里，请各地产区行政部门做好协调工作，请各企业做好建设新型收购网的工作，采取与产区农民合作共赢的灵活方式，掌握货源，避免发生混乱，造成损失。

最后，我要强调一个问题，就是我们全行业的企业，要特别注意处理好发展中的矛盾，实现“包容性增长”。当前正是我国经济快速发展的时期，同时也是矛盾的多发期、凸显期，情况比过去要复杂得多。全国油脂行业的企业家要有思想准备，要充分估计到，各种矛盾可能发生，突发事件可能爆发。要学会处理好矛盾，冷静对待，科学分析，充分协商合理处理。比如劳资矛盾、企业上下游之间的矛盾、外部的矛盾、风险的到来等。处理这些矛盾的指导思想是要坚持互利共赢，实现“包容性增长”。其内涵重点在于科学发展，增产增效；核心在于公平合理地分享经济增长的成果。胡锦涛同志提出：“中国强调推动科学发展，促进社会和谐，本身就是有包容性增长的含义。”因此，在处理各方面矛盾时，一定要坚持这个精神，这里矛盾的主导方面是企业的领导者。无论劳资关系、上下游的关系、与客户的关系、与合作者的关系等，都要兼顾各方利益，公平分享改革成果，这样才能可持续、更和谐地发展，企业才能经久不衰，社会才能长治久安。不要一遇见矛盾就惊慌失措，或粗暴对待。这是一门大学问，我们应当更勤奋地学习，不断实践，不断总结提高处理矛盾的能力，积累经验。

这次我们在湖北荆门市开会，看到了这里油菜生产的大好形势，看到这里党政领导重视农业、切实抓农业的新气象，感到十分高兴。“世界油菜看中国，中国油菜看湖北，湖北油菜看荆门”，这是真实的写照。湖北是长江流域优质油菜产业的重要基地。湖北的油菜籽产量已跃居长江流域的第一位。2010 年全国油菜籽产量为 1315 万吨，湖北为 232.6 万吨，已超过四川、江苏。湖北的油脂加工业也有重大发展，2009 年油料处理能力为 746 万吨，次于江苏、黑龙江、山东，居全国第四位。油脂精炼能力 244 万吨，次于江苏、广东、山东，也居第四位。总之，湖北油料油脂均居全国前列，为国家食用油安全做出了重大贡献。从湖北油料油脂的发展，我们看到了希望，增强了信心。我们殷切希望湖北继续发挥优势，改革创新，开拓新路，在建设长江流域优质油菜产业带中发挥核心作用，做出新的更大的贡献！

在粮食供需紧平衡中保安全、谋发展*

（2011 年 4 月 20 日）

“十二五”粮食供需形势的特点是“紧平衡”

进入 21 世纪以后，我国粮食工作进入了一个新阶段。在党中央、国务院一系列支农惠农政策的有力支撑下，粮食连续七年丰收。特别是“十一五”期间有四年粮食总产达到 5 亿吨以上，2010 年更创历史新高，达到 54647 万吨。总体上看，粮食综合生产能力保持在 5 亿吨左右，这是来之不易、极为难得的。在国际金融危机及粮食危机的冲击下，确保了我国粮食安全，维护了粮食市场的基本稳定，保证了城乡居民口粮的充分供应。使我国在国际粮食风波迭起、粮价大幅波动的冲击中能稳坐“钓鱼台”，在粮食行业的发展中，走出一条新路，做出了应有的贡献，受到国际粮界的好评。

我们应当清醒地认识到，今后粮食生产的增长难度非常大，要达到“十二五”规划的目标 5.4 亿吨决非轻而易举能办到的。而对粮食的需求呈刚性增长。“十二五”末，人口将发展到 13.9 亿，城镇人口将占一半以上。粮食的需求增加很快、很猛。出现的缺口过去主要靠挖库存和进口来调节。过去是三大主粮中的个别品种偏紧，现在粳稻、优质小麦、玉米等都出现了偏紧的苗头。前些年份粮食较为宽松的状况、“卖粮难”的情况已经结束，今后将面临产量增长缓慢、徘徊、供需偏紧平衡的状况。这可能是整个“十二五”期间的特点。如无科技上、政策上的重大突破，这个偏紧的特点，将延续相当一个时候。这就是中国国情、粮情的现实。

从世界的粮情看，粮食产量在 21 亿～22 亿吨之间已经徘徊了近 10 年。而世界人口由 20 世纪的 65 亿人，很快上升到目前的近 70 亿人，世界人口平均占有粮食只有 300 公斤左右。国际上回旋的余地不大。所以，我们必须坚定不移地贯彻中央的指示，立足国内解决吃饭问题，除此没有别的出路。中国粮食

---

* 这是白美清同志在第十四届中国粮食论坛上的讲话。

如果出了大问题，不能指望谁来救我们，谁也救不了我们。

应该看到，现在中国粮食市场是世界粮食界的热点地区。由于中国经济的快速增长、人民生活的迅速提高，中国粮食市场的空间广阔，吸引了全世界粮油巨商大贾的关注。现在，世界上的跨国大公司可以说都是在中国有投资、有贸易；世界上粮油的名品，在中国也都应有尽有，走入中国的超市就会发现，已经和发达国家的水平差别不大。经历“十五”特别是“十一五”的发展黄金时期以后，现在中国粮食行业可谓“群星璀璨，百花争艳”；中国粮食市场可谓“群雄毕至，名品咸集”。各类企业各施所长、各得其所。但是竞争也趋于尖锐化、白热化。在面临新任务、新机遇、新挑战的现实，全行业所有企业，都要围绕“十二五”粮食工作紧平衡的现实，把握全局、看清趋势、调整战略、谋求发展，只有这样才能与时俱进，在竞争中立于不败之地，在发展中捷足先登。在紧平衡中把握良机，求得新的发展。

确保国家粮食安全　服从政府宏观调控

“十二五”规划纲要指出：“坚持走中国特色社会主义道路，把保障国家粮食安全作为首要目标，加快转变农业发展方式，提高农业综合生产能力、抗风险能力和市场竞争能力。”在“十二五”期间，粮油行业的所有企业都要紧紧围绕保障国家粮食安全这个首要目标和基本任务，发挥自己的积极作用，根据国家的部署和宏观调控的要求，把各项工作做好，为国分忧，为民解困，服务社会，壮大企业。

展望“十二五”时期的粮食安全形势，我们认为，由于“十一五”时期的快速增长，我们综合国力有很大提高，粮食稳定在5亿吨以上，各项商品生产充裕，特别是外汇储备、粮食储备居世界首位，国家对粮食等重要商品的宏观调控能力大为增强。因此，“十二五”时期虽然面临粮食供需紧平衡的现实，但是粮食安全是有保障的，粮油价格是可以控制的。对此，我们有物质基础，有财力保障，有调控经验，社会上用不着担心。我们现在关注的是粮食安全上的隐患和远虑，粮食安全近期有保证，远忧需警惕。工作上绝不可有丝毫的松懈。例如，当前不论是粮食主产区，还是销区农民种粮积极性都不高，调出粮食的省区逐渐减少。地方政府事实上以“招商引资”为重中之重，忽视农业和粮食的思想很普遍，“地方依赖中央，销区依赖产区，居民依赖市场”的情绪在滋长。不少地方是“口号农业”，无序占用耕地的现象并未停止，这些问题不解决，农业和粮食将会成为国民经济发展的瓶颈。历史经验证明，粮食产量如果掉下去，几年都翻不过身来。所以，我们要立足当前，着眼长远，从开局之年起，就要下真功夫把粮食生产和流通抓好，做到万无一失。

从当前粮食安全的形势看，我们要防止三个问题的发生：一是防止新一轮全球粮食危机的冲击。对此，联合国粮农组织等国际机构已发出警告，呼吁“各国宜警惕新一轮粮食危机并早做准备”。我国粮食市场已与国外联系十分紧密，国际粮食危机对我国的冲击会越大，对此，我们宜未雨绸缪。二是防止气候变化、灾害增多以及粮食生产周期波动的影响，导致出现较大的减产冲击，特别是要防止减产的出现与通胀的上升期交汇在一起而产生大的冲击波。三是防止突发事件发生的冲击。从我们曾发生过的地震、泥石流、冰雪灾害事件中，从中东危机、日本地震及海啸中汲取教训。这次全国性抢购食盐风波就是预警。对此要高度重视，多年的经验证明，粮食安全是十分敏感的事，要关注人们心理预期，要事先做好防冲击的预案，早预防、早处理，做到万无一失。我认为，这三个方面对全国粮食工作是新考验，对粮油企业也是一场新考验。我们殷切地希望各企业同心协力，形成合力，发挥政治优势和经济优势，把问题解决在萌芽状态，不致蔓延和扩大。

大家关心国家对粮食宏观调控的方向问题，据我们的理解，当前国家对粮油的宏观调控的目标主要有三句话：“**在紧平衡中求平衡，在高通胀中求稳定，在国际化中求自主。**”这三个方面是互相联系的，要全面落实。大家对粮油价格问题十分关心，粮价是基础性价格，控制粮价的总体水平，对消费物价指数（CPI）的影响甚大。当前，我国的粮价问题面临着通胀的压力。专家认为，目前我国的通胀，是复合式的通胀，是多种因素造成的，我们既处在国际性通胀的压力下，又面临国内多种通胀因素。通胀的根本原因在于票子发得太多，流动性太大，国际上美国带头发票子，转嫁负担，刺激经济，最近又搞第二次量化宽松政策。我国在对付国际金融危机中，票子也发得不少。除输入性通胀外，还有结构性通胀，要素成本上升推动性通胀以及供需矛盾的影响等。我国的通胀，现在看来，虽是复合式的，但也是可控性的，是在发展中出现的。从粮油看，总体来讲，价格是向上行的趋势，但上升幅度不会很大，因为生产有一定基础，储备有较为充裕的水平，国家有较强调控能力和较丰富的经验。所以，全行业的企业和员工一定要树立全局意识，服从国家宏观调控，履行自己的社会责任，严格执行国家价格政策和有关规定，绝不搞任何逆向操作的事，绝不能搞哄抬价格、串通涨价、变相涨价、囤积居奇等违背国法良心的事。否则，就会自食其果，我们要经得起这个考验。

粮油企业要在“紧平衡”中把握机遇　谋求发展

经过“十五”尤其是“十一五”时期的历练以后，我国粮油企业获得了突破性的进展，涌现了一批重量级的骨干企业，为粮油企业的迅速发展积累了经验，锻炼了人才，除了中粮构建全程产业链、中储不断完善粮食储备体系以外，值得重视的是有两匹“黑马”：一是中纺集团，从21世纪初起步经营油脂业，历时10年已发展成为位居全国前列的粮油集团；另一个就是五得利集团，在河北大名这个偏僻的小县白手起家，现在发展成为全国面粉加工行业的领军企业，跃居世界面粉加工业的前列。在整个“十一五”期间，可以说是各种经济成分的企业正发挥各自的优势，各得其所，整个粮油产业出现了你追我赶、争先创优、开拓进取的新形势。“十二五”期间，我们面临很好的形势和罕见的机遇，由于国内需求旺盛、市场广大，特别是与国际粮油市场联系更加密切，商机增多，活动范围空前大，国内粮油企业又基本上完成了资金、技术、人才的积累和积聚，因而具备了大步前进的条件。关键在于我们要根据“十二五”规划的要求，紧紧围绕科学发展的主题，把握转变方式的主线，把各项工作做好，争取把粮油企业做强、做精、做大、做优，锻炼出一批具有核心竞争能力的、全国性世界性的大型骨干企业，带动中小企业的发展，使之成为产品优良、功能完备、服务到位的粮油流通服务体系，成为国家粮食安全的重要载体和有力支柱，为我国从粮油大国向粮油强国的转变奠定坚实基础。这是粮油行业的百年大计，是国家粮油安全的可靠长城。所有的粮油企业都应有这样的光荣感、责任感、危机感，在“十二五”开局之年，起好步，奠好基。

根据协会的调查，我们认为，全国粮油行业要向四个方面转变：

第一，向建设安全、营养、优质、低耗、绿色、生态粮油供应体系转变。从长期的实践中，尤其近年来的反思中，人们痛切地感到旧工业化道路造成的种种弊端，必须汲取经验教训，根据时代的发展，结合我国国情，走出一条可持续、得实惠、协调发展、和谐相处的发展新路。这就是绿色、生态发展之路。这决定着企业的发展、人类的希望。人类社会经历了农业文明、工业文明之后，现已经进入生态文明的新阶段，它对粮油食品业提出了更高、更新、更严的标准，要求我们进行一系列的根本转变。这就是要向资源节约型、环境友好型，以及绿色经济、循环经济、低碳技术等方面发展。再不能靠拼资源、重污染、打消耗战，过度浪费国力，造成种种后遗症。这是一个全新的系统工程，很多事都需要从这个高度重新思考、重新定位。谁在这方面掌握先机，攀登高峰，谁就会掌握发展的主动权。

第二，向建设新型的“一链两网”转变。要以创造精品、名牌为核心，加快建设粮食的“产业链和收购网、销售网”，要向产品的上下游延伸。切实改变产业链短的缺陷，从田间到餐桌，作为一个完整的系统工程来搞。这也是大企业形成的必由之路，也是粮食安全性的可靠保证。鉴于当前处于粮食紧平衡的状况，粮源偏紧，因此，骨干企业一定要加紧两网建设，特别是收购网络的建立。要适应新情况，采取与农民合作，争取互利共赢、灵活多样的新形式，掌握好粮源，否则会面临无米之炊的危险。

第三，要向调整结构、整合提升、扩大联合方向转变。在当前的情况下，要少铺新摊子，多利用现有的资产和资源。为此，应充分利用市场配置资源的基础性作用，扩大企业的联合，走整合、联合、融合之路，真正形成“1+1+1>3”的效果，产生“聚合”效应，整合优质资产、取得最佳效益。形成一批拥有自主知识产权、名牌产品的大企业、大集团。

从改革开放30年的实践看，粮食企业的扩张，大体上有三种形式。一是靠扩建新厂，“母鸡下蛋”，如五得利面粉集团；二是资本运作，兼并重组，如中粮、中纺；三是强强联合，如新希望与六和集团联合等。或者是三种方式兼而有之。鉴于全行业产能过剩，应少建新厂，少铺新摊子，尽可能整合现有资源。在整合中，要充分发挥品牌、管理、技术、市场、营销、人才等方面的优势，合理组合，形成合力。这里强调全行业的企业家，要学会运用资本市场筹集资金，规避风险。如参与期货套期保值，参与股票上市，建立规避风险的机制等，积累经验，稳步推进。这样就会使企业出现跨越式的发展。

第四，要向实现“包容性增长（发展）”方面转变。这是个新的课题。当前正是我国经济快速发展的时期，同时也是矛盾的多发期、凸显期，比过去要复杂得多。全国粮油行业的企业家要有思想准备，要充分估计到，各种矛盾可能发生，突发事件可能爆发。要学会处理好矛盾，冷静对待，科学分析，充分协商，合理处理。比如劳资矛盾、企业上下游之间的矛盾、外部的矛盾、风险的到来等。处理这些矛盾要点是实现“包容性增长”。所谓包容性增长或包容性发展，其主要内涵就是：科学发展，公平分配，互利共赢，和谐相处。胡锦涛同志指出“中国强调推动科学发展，促进社会和谐，本身就是有包容性增长的含义。”因此，在处理各方面矛盾时，一定要坚持这个精神，这里矛盾的主导方面是企业的领导者。无论劳资关系、上下游的关系、与客户的关系、与合作者的关系等，都要兼顾各方利益，公平分享改革成果，这样才能可持续、更和谐地发展，企业也才能经久不衰，社会也才能长治久安。不要一遇见矛盾就惊慌失措，或粗暴对待。这是一门大学问，我们应当勤于学习，善于总结，不断在实践中提高处理矛盾的能力，实现这一目标。

此外，有条件的企业还应当抓住当前有利时机，向扩大开放、“走出去”方面转变，在海外开拓粮油的新天地。

除了实现以上几个方面的转变以外，从当前粮油的实际情况看，我们认为要特别注意防止以下问题的发生。

第一，要切实防止粮油食品不安全的事件发生。虽然从总体来看，我国的粮油食品是安全的，是逐步改善的，发生问题是极少数，而且在发生后是会迅速得到处理与解决的。对此，我们要有正确的估量，不能草木皆兵。但是对发生的粮油食品不安全的事件必须正视，从中汲取教训。例如最近的染色馒头事件，还有“地沟油”事件等。全行业必须认识，粮油食品事关人民的身体健康。食品的安全性是粮油商品的本质属性，食品的安全是粮油行业和企业的生命线。搞好食品安全的关键，一是抓责任制的落实。企业领导人是第一责任人，要把责任分解落实到每个工序每个工人，绝不能让不安全的食品出厂；二是要抓要害，就是按国家标准使用食品添加剂，不能乱用、滥用、超标使用添加剂：三是抓监管落实。食品安全无小事，只要真抓实干，人人动手，这个顽症是可以消除的。

第二，要切实防止盲目扩张，产能过剩。现在粮油行业已出现过热的现象，主要表现是盲目扩张、重复建设，不是当年“小土群”的重复建设，而是高水平的“大、洋、全”，而且有愈演愈烈之势。这主要表现在粮油加工业的发展上，粮油园区的盲目建设也开始露头。以粮油加工来说，现在产能过剩的现象已相当严重，从大米、小麦粉、玉米、油脂等行业看，产能利用率只有

40% ~50%。但现在仍在大搞新厂新区的建设。最热的是油脂加工形成“两条线”：（1）沿海港口从北向南新建进口大豆加工厂，加工能力已超过1亿吨；（2）沿长江流域油菜产区大建油菜籽加工厂，加工能力已超过油菜籽产量1~2倍。油脂行业在2004年大豆风波的冲击后，现又面临新一轮的大洗牌的局面。其次是玉米加工业。从国情、粮情出发，玉米应首先满足国内饲料业的需要，再搞其他的。但这几年已出现盲目发展之势。这样盲目发展的结果，必然形成无序竞争，导致打原料战、价格战，造成经济上的重大损失。国家在宏观上不得不采取措施，控制出口导向型的酒精、味精、柠檬酸等产品、产能过快过量增长。

第三，要切实防止过度加工、过度包装。这种现象在粮油行业已露出不好的苗头。一些粮油企业不在产品的安全、营养、质量、风味上下功夫，而是做表面文章，图表面的色泽好看，追求“食不厌精”，过度加工，乱用色素、添加剂等。如大米追求精而又精，搞二次去皮几次抛光，或加油脂抛光；面粉中加增白剂、乱用增筋剂；油脂的过度追求“脱色”。此外，在馒头上乱涂色素，现在必须引起全行业重视。现在要提倡全谷物食品等健康、安全、营养的食品。粮油企业切不可起邪心，走歪道。粮油产品，是放心食品，良心食品，绝不可做违法缺德的事。此外，在包装上，也要注意经济适用，朴实大方，不要为了赚钱而搞一些华而不实的包装。总之我们要引导企业把心用在开发绿色生态产品上，用在“安全、营养、风味、快捷”的时代要求上。在这方面下过硬功夫，创造具有我国特色、人民喜爱的名牌粮油食品。

今年是我们党成立90周年华诞。我国的粮食工作是在党的直接领导下发展壮大的；我们的粮食队伍是在党的哺育下锻炼成长的，我们粮食行业的优良传统和作风是党的谆谆教诲逐步形成的。在“十二五”开局之年，我们一定要遵循党的十七届五中全会精神，围绕主题，把握主线，开拓创新，埋头苦干，越过千山万水，把粮食送到千家万户，把党和政府的关怀与温暖带到各族人民的心坎上，为确保国家粮食安全做出新的贡献，向党献礼！

以放心粮油工程为切入点
构筑粮食安全钢铁长城*

（2011 年 6 月 15 日）

这次全国放心粮油经验交流会是在“十二五”起步之时、在粮食安全的呼声空前高涨的新形势下召开的。会议的中心议题，就是要认真贯彻党的十七届五中全会和全国人大十一届四次会议精神，转变发展方式，以放心粮油工程为切入点，经过全国上下的不懈努力，构筑起粮食安全的钢铁长城，让老百姓吃得放心，专心致志地投入全面建设小康社会的洪流中去。这是时代的潮流，国家的要求，人民的愿望，企业的使命。

放心粮油工程实施已经 10 周年。在 21 世纪之初，在党中央、国务院的倡导和关怀下，在国家粮食局和国家有关部门、各级党政的领导支持下，中国粮食行业协会和全国 106 家粮油骨干企业向全行业和社会发出了《生产放心粮油对人民的健康负责》的倡议书，形成了企业发起、协会组织、政府推动、社会支持的新局面。10 年来这项工程逐步铺开，由点到面，由城市到乡村，由生产放心粮油产品发展到创建示范企业，工作步步深入，产品质量日益提高，特别是狠抓三大主粮和主食品的安全性、营养性和稳定性，大米、面粉等主食品的合格率大幅上升，粮油食品的安全状况有很大改善。尽管还存在不少隐患与薄弱环节，需加以解决，但总体上趋于好转。放心粮、放心油这个通俗生动、为百姓所熟知的名词，包含着以安全性为核心的丰富的内容，现已不断深入人心，“民以食为天，食以安为先”成为全社会和整个行业的共识。这就为今后开展放心粮油示范工程，提高粮油食品的安全可靠度和科学营养水平，奠定了良好的思想基础与工作基础。

10 年来放心粮油工程克服种种困难，经受种种考验，经久不衰，逐步发展，最根本一条就是紧紧围绕为国家粮食安全服务，造福于人民这一中心任务，坚持国家标准，坚持服务宗旨，让各族人民吃得放心，吃得营养，从而使

* 这是白美清同志在全国放心粮油进农村进社区经验交流会上的讲话。

人民满意、政府支持、社会赞同、企业归心。放心粮油工程的生命力，就在于它是泽及百姓的惠民工程，是服务“三农”的有效途径，是确保粮食安全的战略举措，也是振兴粮食行业的关键所在。这是我们极为宝贵的经验，是今后开展这一工程的指导思想与行动指南。任何时候、任何情况下我们都应当坚持。

10 年来，在历史性机遇与多种风险俱来之时，在我国经济高速发展的大环境促进之下，因势利导，通过普及提升放心粮油工程开展一系列工作，组织、培养、锻炼了一支实施放心粮油工程的骨干队伍，成为维护粮食安全的生力军。进入新世纪以后，在国内，粮食市场逐步放开；在国际，我们加入了世贸，实施全方位开放。中国粮食业面临国际金融危机、粮食危机的冲击，面对跨国公司和国际投机资本的激烈竞争，面对多种灾害与风险的袭击。在这转折时期，国内粮食行业正处于旧的粮食流通体系解体、新的体系尚未形成的状态之中，而国有粮食企业正值下岗分流、改制重组的艰难岁月，民营企业正处于起步不久，羽翼未丰，资本、技术、管理、人才的积累均未完成。在此关键时刻，国家通过放心粮油工程，把分布于全国城乡的粮油骨干企业纳入放心粮油的标准化、规范化的运行之中，使在困惑中的广大企业明确方向，创新机制，增强活力，发展实力，从而促进全国粮油企业 10 年来的迅速发展。经过 10 年的改革与创新实践，现在多元化、多渠道为市场经济服务的粮食流通体系的框架业已形成；一支放心粮油的收储、加工、销售的骨干队伍业已建立。目前中国粮食行业协会和各省市粮食行业协会认定的放心粮油示范加工企业已达 1286 家，虽然不到企业总数的 10%，但大米、面粉、油脂加工的全国 50 强都囊括其中，其总产量占全国产量的 1/3 左右。放心粮店还有 4495 个，放心粮油产品已达 2230 多个，全国和省一级的名牌与知名商标大都包括其中。可以说，集全国粮油企业与粮油产品之精华。在各级党政领导与政策支持下，这支多元化的队伍，各尽所能，各得其所。国有企业继续发挥着主导作用，民营企业发挥着积极作用，外资企业发挥着有益作用，在国家的宏观调控下，共同为粮食安全尽力。虽然目前我们的企业还不够强大，有待加强，但队伍已经形成，道路已经指明，前景展现良好。它将是今后维护粮食安全的可靠组织保证，填补了旧体系瓦解的空白，探索出一条发展新路。这是 10 年来意义十分深远的成就之一。

在“十二五”期间，粮食供需进入紧平衡的新阶段，粮食安全面临着更加繁重、更加复杂的任务。我们要建设一个可持续、抗风险、能自主的国家粮食安全保证体系。从宏观上讲，必须在任何时候、任何情况下，保持粮食总供给与总需求的基本平衡；从微观上讲，要切实保证每一个粮食产品的安全性与营养性，坚持按国家标准生产与供给合格的产品，安全第一，质量可靠，营养健康，让老百姓吃得安心，吃得放心。这是粮食行业和所有企业的神圣义务与社会责任。我们的任务就是要通过放心粮油工程，以此推动整个行业和所有企业，高标准、严要求，向绿色、生态、优质、低耗、安全可靠的粮油食品生产和供应体系发展，从源头到终端，从生产、流通到消费，层层把关，责任到人，绝不能让有害食品流入市场，危害人民的身体健康。“十二五”期间及以后，既要扩大放心粮油产品在市场的占有率，让城乡粮油阵地基本上为放心粮油产品所占领；同时又必须着力提高放心粮油产品的质量与水平，使之达到国际通用标准，达到世界上的先进水平，使老百姓在吃的问题上无后顾之忧，使党和政府的惠民工程落到实处。

根据一些先进单位的经验和协会的调查，下一步放心粮油进农村进社区的工作要注意以下几个问题：

一、要和政府的惠民工程、便民实事相结合，这是搞好放心粮油工程的关键。实践证明，天津、山西、宁夏、西安、苏州、镇江、济南、章丘等许多地方人民政府把主食厨房工程、馒头工程、早餐便民工程列入为百姓办实事的主要内容，起到了积极的作用，要大力推广它们的经验。

二、要和建设新型的“一链两网”（产业链和收购网、销售网）相结合。促进食品安全能从源头抓起，从田间到餐桌全过程安全生产，全过程监管检测，层层把关，人人负责。

三、要和创办名牌工程、示范企业相结合。依托龙头骨干企业发展产业链、流通网。这里关键是要在产品上下功夫。根据“安全、营养、风味、方便”的原则，开发群众欢迎的、覆盖面大的食品，特别是发展具有中国特色的食品，如面食的传统“三宝”、米饭的系列产品、杂粮的现代化产品等。

四、要和企业信用工程相结合。现在出现的一些有毒食品的恶性事件，从一个侧面反映出行业内少数人道德何等沦丧，诚信何等缺乏！因此，要标本兼治，综合治理，必须法治与德治并举，“法治行，德治心”。在新形势下强调职业道德、企业文化、家庭美德、个人修养。要进行继承粮食系统优良传统与弘扬时代精神相结合的教育，使广大企业和所有职工，明确放心粮油是良心产业，粮食人是有良心之人，绝不干任何缺德的事，在思想上使生产放心粮油扎根。这是治本之策。

五、要和发挥我们的政治优势相结合。要多方形成合力，在各级党政的领导下，企业、协会、社会、媒体、职能部门五位一体，形成齐抓共管、协调合作的新局面，打好攻坚战、持久战，下大力气，用真功夫，以收到实际效果。实际上，抓放心粮油工程，也是为我们今后在粮食安全问题上的应急机制进行预演，摸经验，练队伍。

六、工作上要整体推进与重点突破相结合。食品安全，要害是在食品添加剂，难点是在“三小”（小作坊、小商贩、小集市）上。各地协会要和政府有关部门反映，工作上要抓重点。要敢于动真格去治理，去依法办事，不少地方都有制假、贩假的黑窝点，关键是要敢于去端老窝子，去捅马蜂窝，这样才能由乱到治。

各位粮友，各位同志：再过半个月，就是中国共产党诞生 90 周年华诞。新中国的粮食工作是在党的亲自领导下发展起来的，我们的粮食队伍是在党的亲自培育下成长的。中国粮食事业之所以有今天，中国粮食人之所以有今天，离不开党的亲切教诲，离不开祖国沃土的滋养，离不开人民的栽培。对此，我们要世代相传，永世不忘。让我们以更加优异的成绩，向党汇报，向祖国汇报，向人民汇报，以实际行动庆祝党成立 90 周年！

建设东北三江优质粳稻产业带与国家粮食安全*

（2011 年 8 月 10 日）

国务院去年发出的《关于印发全国主体功能区规划的通知》中明确指出："从确保国家粮食安全和食品安全的大局出发，充分发挥各地区比较优势，重点建设以'七区二十三带'为主体的农产品主产区"，并决定在东北平原主产区建设以优质粳稻为主的水稻产业带。这是确保国家粮食安全的战略性措施。为了尽快落实国务院的决定，中国粮食行业协会和粮食经济学会先后进行了几次调查，现提出以下意见，供领导机关和粮食界参考。

一、水稻在国家粮食安全中居首要的位置。进入"十二五"以后，我国粮食供需进入紧平衡的新阶段。水稻是三大主粮之首，全国有 60% 以上的人口以稻米为主食，可以说水稻是国家粮食安全的重点，而粳稻更是重中之重。尽管连续丰收，2010 年水稻总产为 1.963 亿吨。但水稻产量还没有达到历史最高水平（1997 年水稻突破 2 亿吨），粳稻产量占稻谷总产的 20% 多，至今仍没有新的突破。近年来，随着经济的发展和城市人口的增加，水稻尤其是粳稻的消费量上升，品种矛盾相当突出。同时水稻产业的发展滞后，水稻加工业"小、散、低"的状况相当突出，发展缓慢，全国至今未形成全国领军的大企业、大集团，产业链、流通链残缺不全，产能过剩、低水平重复建设严重。其发展落后于植物油加工业、面粉加工业、玉米加工业，是粮食加工中的薄弱环节。如遇粮食抢购风波，只要居民每户多买一两袋米，就可能出现全国性脱销，造成不良后果。这是新时期粮食安全的最大隐患。在"十二五"、"十三五"期间亟待增强水稻尤其是粳稻的生产能力与供应能力，以应对形势发展的需要与粮食危机的再度侵袭，缓解通胀的压力，保持经济的稳定和社会的和谐。

二、东北三江平原是我国得天独厚、不可多得的宝地，是扩大水稻特别是

---

* 这是白美清同志在"2011 中国绿色生态稻米产业发展研讨会"上的发言。

粳稻面积、增加粳稻产量的最有利、最有效的地区。东北三江平原主要包括黑龙江农垦单位及佳木斯、鹤岗、双鸭山、鸡西、七台河等所属县市主产区，资源优势突出，有可耕地、有水源、有样板（建三江农垦局的现代化水稻生产模式）、有潜力，由于开发比内地晚，人均占有耕地多于内地（如建三江局人均达到50亩），工业污染少，生态环境好，而且粮食商品率极高。粮食行业的专家认为，这是全国剩下的一块面积最大、潜力最大、商品率与调出量最高的地区，投资省、见效快，有条件成为增产1000亿斤粮食综合生产能力的一个重点，成为全国粳稻的重要生产基地、开发中心、种子研究中心、商贸中心与物流枢纽，走出一条粮食产业化、现代化、生态化的新路，形成新型的经济开发区。同时还可以生产和调出一部分玉米、大豆支援内地。

三、以科学发展观为指导，坚持改革创新。要总结经验，扬长避短，明确发展方向和战略目标，在建设三江平原优质粳稻产业带中走出一条绿色生态、可持续、得实惠的发展粮食和农业经济的新路。可以考虑从以下三个方面转变：

——转变旧的拼地力，耗资源，大量施用化肥、农药的粗放式、掠夺式的耕作方式，认真推行种地与养地相结合、机械化现代化作业与精耕细作传统相结合、粮食生产与生态建设相结合的新的耕作方式，实施“四节”耕作方式，即节地、节水、节肥、节药（包括除草剂）。大力推广秸秆还田、测土施肥、增种绿肥、储水节水等先进技术。现在我国土壤退化、污染严重，东北平原的黑土层厚度已由开垦初期的80～100厘米下降到现在的20～30厘米，而且由于滥施化肥、农药、除草剂，污染日趋严重，难以为继。如不下决心改变，后患无穷。

——转变生产与流通脱节的旧的粮食流通方式，实施从育种、收获到收储、加工、销售，从田间到餐桌的全过程产业链、流通链运作，相应建立从源头到终端的全过程安全生产、安全监控体系，构筑新的稻米安全生产链、流通链。把安全生产、安全保障提高到一个新水平、新阶段。

——转变经济开发区经济结构不合理的旧模式，在东北三江平原优质粳稻产业带的基础上，创造性地兴办以现代化农业、粮食为主的综合经济开发区，相应发展技术、劳力密集型、新兴产业型、轻型结构型的各类企业，使这一农业经济区内一、二、三产业协调发展、持续增长。不靠圈地卖地敛财，不靠重化工创利，不靠重污染、拼资源赚钱，而主要靠大农业、大粮食、大市场兴业、致富。使产业发展与生态建设相结合，当前和长远相结合，让大三江这块青山、绿水、白云、蓝天、黑土、金稻的宝地，持续发展，永葆青春，成为名副其实的“塞外江南”。

四、推广建三江水稻种植模式，是建设三江平原优质粳稻产业带的关键。要巩固、提高、完善、推广建三江模式，由建三江推广到大三江。这一模式，是建三江和农垦系统科学种田、艰苦奋斗的结晶，是产、学、研通力合作的丰硕成果，是农业粮食系统的创造。现代化农业看黑龙江，黑龙江现代化农业看建三江，这是全国农业、粮食界的共识。要认真总结经验，扬长避短，充实提高，尽快在大三江地区普及化、规范化，扩大范围，提高单产，优质高效，持续发展。

建三江耕作方式要总结提高，进一步完善。例如，一是要在“水”上做文章，水稻水稻，有水才有稻，好水出好稻，要在统一治水、联合治水、综合治水、规范治水、科学用水、节约用水的原则指导下，“蓄住天上水，利用过境水，回收废弃水，节约地下水”。二是要在优质品种上下功夫，加大新品种的培育力度，提纯复壮，推广行之有效的统一育种、分户供应工程。三是要在收获的机械化、集约化上下功夫，抓收获环节与烘干环节，大幅度降低产后的损失浪费，实现粮不沾地、颗粒归仓。四是要因地制宜推广行之有效的“几统一”，如统一育种、统一耕作、统一防治、统一收获等经验，分区分片，进一步实现标准化、规模化，从而大面积提升整个地区的科学种田水平。五是要积极稳妥地发展水稻全过程产业链、流通链，并形成加工、物流、商贸、科研等中心。在这方面先走一步，摸索经验。

五、突破原有条块的限制，进一步解放和发展东北三江地区的生产力。要一切围绕解放和发展生产力这一原则，推广建三江的经验，形成新型的具有特色的区域经济，重点是突破地区封锁和条块分割，向以优质水稻产业带为核心的新型经济协作区、经济开发区发展，使大三江地区一条心、一股劲、致力于发展稻米生产为主的生态农业和多种经营。

——要坚持“包容性增长”的思路，坚持共同增长，互利共赢，共享成果。区域内的农垦系统、农业合作组织、农民、农业科研、科技部门等一定要树立新的思想，打破条块分割，各自为政的现象，努力探索搞活、合作、共赢的新措施，开拓新局面。

——要切实尊重农民对土地的承包权，尊重农垦、农业各部门、农业合作组织的自主权，尊重当地党委政府的领导和协调。

——要推广灵活多样的合作方式，如共建、联合、参股等，合作生产，分担风险，分享成果。

——产业带、开发区要由党政领导牵头，加强协调工作，协调各方利益，统一行动。

六、统一规划，分区分步实施。要建设好东北三江地区，首先要根据科学发展观，结合实际，搞好发展规划。把这个地区建设成新农村建设与新城镇建设相结合、新型工农结合、城乡结合的新区。要切实搞好土地、水利灌溉、种子工程、加工、物流等方面规划，分区分片、逐步推进。

在规划中，特别要注意：实行“三个严格”的政策：

一是实行严格的控制人口的政策，保持这里的人少地多环境好的优势，要像香港一样吸收高智能人才。

二是实行严格的耕地保护政策，珍惜区内每一寸土地和每一块湿地资源。

三是实行严格的环境保护和生态建设政策，不要让“金三角”受污染。根据这一精神确定整个地区的产业政策。

开发三江地区必须水利先行。这不是当地财力所能解决的，建议中央予以大力支持，尽快建设三江地区水资源合理配置和高效利用体系，用5～10年时间改变该地区水利建设滞后的局面，以适应区内的发展。

七、加强领导，实施支持政策，是搞好三江地区开发的根本保证。为此提出以下政策建议：

1. 请中央和黑龙江省委、省政府尽快考虑批准建立东北三江平原农业经济开发区，作为全国第一个以粮食和农业为主的经济开发实验区。建立强有力的领导班子，抓机制、抓协调、抓实施。

2. 对东北三江优质粳稻生产带和经济区纳入国家“十二五”、“十三五”规划，重点支持，尽快出台财政支持政策和科技支撑政策，下大力保住东北这块“黑土粮仓”，永续利用。

3. 建议中央有关部委予以关注、重点支持。部委的一些支持政策，可在东业三江农业经济开发区内试点。

粮食工作新形势与大中城市粮食安全对策探讨*

（2011 年 9 月 5 日）

我非常高兴与各大中城市粮食局的同志们见面。从 2006 年全国部分大中城市粮食经济协作交流会召开以来，今年是第六届。去年以来，我到过天津、西安、石家庄、哈尔滨等大中城市，感到各个城市的粮食工作这几年有很大的起色，很有生气。我们这些老同志看到粮食行业能够发展，能够在粮食安全中继续发挥作用，感到很兴奋。我们对大中城市粮食经济协作交流是乐观其成、喜闻其功。我们希望各大中城市的粮食工作能带动全国城乡粮食工作的发展，从而稳定全局，为和谐社会打下良好的基础。中国粮食行业协会这几年都把大中城市粮食经济协作交流会作为一个重要的平台，希望帮助它、支持它，使它越办越好。这次，云南省粮食局苏全忠局长、昆明市粮食局张丽琼局长邀请我来谈一下粮食的形势，我也想把最近想到的一些问题跟大家交流一下。我准备就“粮食工作的新形势与大中城市粮食安全对策的探讨”讲一些看法，供同志们参考。

理性对待粮食“八连丰”　清醒认识当前粮情现状及隐患

中国的粮情是国情的重要组成部分，在我们这个有十几亿人口的发展中国家，是首先必须关注的头等大事。据有关部门公布的材料，今年粮食产量又创造了新的纪录。今年的夏产粮量 12627 万吨，比上年增产了 312 万吨。我最近到东北三江平原作了一些调查，从佳木斯出发，跑了一圈，历时几天。从东北看，确实情况比较好，三江平原水稻、玉米长势都很好，大豆也是好的，大豆种植面积虽然是减少了，也是一个秋收增产的形势。虽然发生了一些灾害，但

* 这是白美清同志在云南省昆明市举办的全国部分大中城市粮食经济协作交流会上的讲话。

只是局部性的。从全国来看，继去年粮食总产达到5.46亿吨以后，今年可能又会是一个好的收成。今年的丰收我认为特别重要，对保证今年和今后一段时期粮食供给和稳定粮食市场确实是一个很有力的支持。从今年的情况可以判断，今年以至明年的全国粮食安全是有保障的，粮食价格保持基本稳定是有物质基础的。这是党中央、国务院大力采取支农、强农、惠农政策的结果，是农业和粮食部门及广大农民共同努力的结果。首先要肯定这一条，这是来之不易的。但是对“八连丰”我们要理性对待，科学分析。现在已经有些迹象显示出农业、粮食存在不少问题，粮食安全存在隐患，整个农业、粮食生产出现增长乏力、徘徊不前的征兆。农业和粮食正成为国民经济的薄弱环节和发展的瓶颈，这是我的一家之言、个人的看法。农业这样搞下去、粮食这样搞下去，将成为薄弱环节，这是我们粮食工作最大的隐患。我从以下几点分析为什么得出这样的结论：

第一，粮食生产仍没有新的重大突破。从1996年粮食总产达到5亿吨以后，到现在15年。去年，三大主粮除玉米外，水稻、小麦均没有达到历史最高水平。1997年水稻产量2.0073亿吨，是历史最高产量，水稻去年的产量是1.93亿吨，没有达到最高；小麦最高产量是1997年的1.23亿吨，去年的产量是1.14亿吨，也没有达到最高。三大主粮，唯有玉米达到历史最高水平。至于人均粮食占有量、国家粮食库存总量均没有达到历史最高水平。这说明粮食生产没有重大的突破，每年增长不多。“八连丰”实质上是恢复性的增产。其中2001年、2002年、2003年减产，减产最多的是2003年，减产达到2702万吨。而同期人口不断增长，2000~2010年10年，全国人口增长7390万人，年均增5.7‰，城镇人口已经达到6.65亿人，占总人口的49.6%，年均增长1.3个百分点。因而消费水平大幅度提高。

第二，粮食和农产品的进口大幅度上升。2010年进口大豆达到5480万吨，进口小麦、大米、玉米等谷类约571万吨，粮食进口总量达到6695万吨。此外，去年还进口棉花313万吨，同比增长1倍多。进口食糖177万吨，同比增长65.9%。国外是把大豆按油料算的，我们的5亿吨粮食总产量是把豆类、薯类都包括进去。再说一个数字：从2004年开始，农产品进出口出现逆差，当年逆差46.4亿美元，去年逆差上升到231.4亿美元，我国已成为世界农产品进口的第一大国。这就说我们的进口将成为常态。我们进口的这些农产品，据专家测算，需要6亿亩土地才能产出。从进口趋势看，我们要保持粮食自给率

95%以上存在很大的困难。

第三，今后粮食增产难度大为增加。从历史上看，新中国成立以来粮食产量上了4个新台阶。从1949年粮食总产的1.1亿吨到1958年的2亿吨，用了9年时间；从1958年的2亿吨到1978年的3亿吨，用了20年时间：从1978年到1984年仅用了6年时间，就上升到了4亿吨；然后从1985年到1996年12年时间达到5亿吨。现在已过15年了就一直是5亿吨多一点的水平。

1996~2010年，14年共增产4157万吨，平均年增长296.9万吨，可见基数越大增产难度越大，限制的因素越多。我们要清醒地认识到我国的国情，我们是水资源、土地资源相对紧缺的国家。现在水资源、土地资源的限制增大。在18亿亩耕地中，高标准的耕地只占26.5%，耕地退化的面积已占总面积的40%。我算了一下，其中水田将近减少5000万亩。我们现在增产主要靠大量施化肥、施农药。目前，我国化肥平均施用量已达到每公顷444公斤，分别为德国、法国、美国的3.7倍、3.5倍、7.6倍。农药使用量已达130万吨，为世界平均水平的2.5倍。化肥、农药的施用已经到了极限。

农业是基础、粮食是基础的基础。由于“八连丰”，过了一段太平日子，大家对农业的基础地位，对粮食的重要性比较淡漠。现在各地的奋斗目标就是追求增加GDP，中心工作就是招商引资。不少人思想上认为，粮食安全是中央的事，地方依赖中央，销区依赖产区，老百姓依赖市场，以至于影响我们的年轻人，“80后”、“90后”不知饿肚子的滋味，一部分地方首长，就是县市长，不知道抢粮风波的滋味以及如何应对。因此，现在造成忽视粮食、忽视农业的倾向，主管粮食的部门没有地位，干粮食工作的干部没有地位，农民种粮没有积极性，出去打工成为常态。照这样下去，农业和粮食怎样能够发展、怎样才能增产？所以我认为，在大好形势下要居安思危、处丰虑歉，要有责任感、忧患意识，要从工作中反思。如果现在不为，将来就要出大问题。现在就要抓起来，要从“十二五”开好头。我们要从丰收中看到问题，应该进一步思考今后粮食安全如何保障，如何建设中国14亿人口的可持续、抗风险、能自主的粮食安全保障体系。现在虽说形势很好，也不能安于现状，因为解决隐患的措施还是很不够的，特别是政策支撑、财力支撑、科技支撑不够。要采取有力措施让农村一部分农民安心种粮，稳定下来。从多方面强化对农业、对粮食生产、粮食流通的支持，促使粮食上新水平，满足日益增长的需求。在今年发表的《中国粮食市场发展报告》中，我写了一篇书评提出“建设可持续、抗风险、能自主的粮食安全体系”。这是一个重要而又紧迫的任务。从过去的历史经验看，只要全国上下重视，强化措施，是完全可以解决的。抓住这个历史节点，发挥我们的优势：政策上的支撑、科技上的支撑、物质上的支撑、人力上的支撑等，只要形成合力，是完全可以建成我国粮食安全保障体系的。

城市粮食工作面临的新情况和新对策

城市是经济发展的火车头，城市带动农村历来如此，城市粮食安全历来是国家粮食安全的重中之重。粮食危机、粮食风波出问题的根源在生产、在农村、在产区，而表现在流通、在城市。这是历史的经验。粮食安全容易出问题的地方：一是出在城市；二是出在老少边穷缺粮地区。今天我着重讲一下城市的粮食问题。

进入新时期后，我国城市化进度大大加快，城市人口占到 49.6%，平均每年上升 1.34 个百分点。城市人口增加，城市粮食供应难度相应加大。全国第六次人口普查统计，全国 27 个省会城市，共计人口 1.73 亿人，平均每个城市 642 万人，超过 1000 万人口的城市有成都、广州、哈尔滨、石家庄。5 个计划单列市大连、青岛、厦门、宁波、深圳为 3690 万人，加上 4 个直辖市，一共 36 个大城市，总人口 2.947 亿人，占城镇总人口的 44.2%，将近一半。我们城镇的人口远远超过了世界其他国家，我们整个的城市人口相当于一个欧洲的人口，这就是现状。所以城市的粮食安全状况如何关系重大，它是会波及全国、影响全局的。改革开放以来，我们国家几次粮食风波、平抑粮价的经验都说明：大中城市稳住了，全国也就稳住了。改革开放后，我国经历了两次大的粮食风波。一次是 1988 年，当年通货膨胀率 18.7%，粮价上升，供应紧张，出现抢购，当时调粮 1000 多万吨，稳定了市场，保证了供应。另一次是 1993 年、1994 年，当时通货膨胀率达到 23%，我们采取了粮店挂牌销售和批发市场销售两个办法，使粮价从每斤 8 角多到 1 元降到了 6.5 角。1993 年和 1994 年共动用中央储备粮 2250 万吨。此外 1991 年淮河水灾，动用 500 万吨中央储备粮，稳定了灾区。从 1990 年开始，我们建立起粮食储备制度，建立粮食批发市场，再加上粮食购、销、调、存、加这个体系，基本上使物价得到控制，粮食供应得到保障。但是那个时候没有预见到城市化会发展这么快，粮食需求量增加这么猛，而且对品质的要求也提高了，出现品种上的矛盾问题等。

“十二五”期间，粮食供需总的特点是紧平衡。这一时期，国家粮食宏观调控的总目标可以概括为三句话：“在供求偏紧中求平衡，在高通胀中求稳定，在国际化中求自主。”这个任务在“十二五”期间甚至是“十三五”期间都是非常艰巨的。困难就在于，一是粮源发生了困难。国内粮食生产什么时候能够有大的突破，这是个大难题；另外还有粮食发生周期性波动的问题，遇到灾年产量是否会掉下去？我们能否承受？现在买粮难的苗头已经出现。历史的经验往往是粮食产量到最高点后，下降就开始。二是控制通货膨胀难度大。这次的通货膨胀是国际性的，复合式的，既有国际上的拉动，又有国内生产成本的上升，我们要想控制物价上涨在百分之三四的低水平，非常困难。通胀的根本原因就是货币太多，世界性的通胀就是货币发的太多。许多国家都搞赤字财政，印发钞票，刺激生产。从国内的情况看，稳定市场、稳定粮价的工作绝不能放松，要作为一件大事全力以赴抓好，这既是经济问题，又是政治问题。三是粮食队伍要形成合力较难。现在各级粮食机构“空心化”，粮食流通“边缘化”、多种经济成分的企业各自为战，如果一旦发生抢购粮食的风波，是很难对付的。所以要早做预案，搞好各项准备工作，组织多方力量，形成合力。现在有利条件是很多的，我们整个国民经济迅速发展，经济总量跃居世界的第二，经验也多了，实力雄厚了，人才也成长了，只要发挥政治优势，在党的领导下，加强配合，是完全可以做好的。

根据当前粮食形势，要注意以下六个方面：

第一，要抓粮源、增储备、搞好产销对接。要按照国家粮食局具体规定的产区3个月、销区6个月要求，把粮食储备搞好，增加地方粮食储备数量，改进储备办法。要创新产销合作形式，稳定粮食供应。有条件的地方要走出去，到周边国家投资兴业，利用国外资源。

第二，要抓放心粮油工程。要认真推广西安、天津、济南、哈尔滨等城市抓主食厨房、放心粮店建设的经验。以此作为切入点，加强整个粮食流通体系建设和粮食产业链的建设。从生产开始，做好购、销、调、存、加。提倡主食厨房工程，把它列入为民办实事的内容。例如，天津的“馒头工程”，天津粮油集团做到了把市内60%的馒头市场占领，这样就把整个粮食工作带动起来了。哈尔滨成立放心粮油公司，开始搞些分销店，凡是进放心粮油店的粮油要有检测单，老百姓一看，信誉大大提高。凡是放心粮油抓得好的地方，整个工作都有了起色。所以，要推广西安、哈尔滨等的经验，通过加强粮食流通体系和产业链的建设，来加强粮食应急体系的建设。

第三，要特别注意弱势群体和困难户的粮食保障与供应，建立长效机制。最近看到一个材料，对城市里的弱势群体、困难户做了一个调查，大概占城市总人口8%左右。据社科院调查，根据2010年四季度公布的数据，中国进入城市低保的人数为2311万人，目前中国的城镇贫困人口大概5000万人，比低保人口基本上多一倍。其中一部分是失业的工人、部分农民工等。现在社会矛盾的集中点主要就是这部分人。粮食部门要探索建立城市低收入者、困难户粮食供应保障办法。通过工会和民政救济，关注早退休的、老弱病残、农民工的粮食供应。要给市政府提建议做好这部分人的粮食保障，考虑粮价补贴是不是与通货膨胀挂钩。此外，要特别关注农村失地农民、乡镇困难户和大中专学生这些弱势群体、敏感群体和低收入群体，多作一些调查，采取切实有效的措施，使他们的粮食供应有保障，不致发生任何问题。

第四，要有重点地加强粮食物流园区建设。形成粮食储备、粮食加工、批发市场、粮食物流相结合的园区，延伸产业链，形成产业带。苏州市采取储备粮库、批发市场、加工区相结合的方式，还有杭州、南京建设产业园区的办法都是值得推广的。物流园区建设要从实际出发，注意辐射的范围，不要贪大图洋，先把骨干项目搞起来，逐步推进，逐步增强实力。

第五，要走大粮食、大流通、大品牌、大企业的发展之路。大力培育全国性和区域性的大型骨干企业，帮助它做强做大。支持有条件的骨干企业整合提升，扩大联合。有条件的企业，要帮助它走出去，充分利用两个市场、两种资源。要采取西进南下战略。要西进，到中亚这片。要南下，到东南亚，越南、老挝、柬埔寨、缅甸等国这片。要支持大企业、创建大品牌，学会运用品牌的力量。

第六，要认真落实胡锦涛同志的“七一”讲话。加强粮食队伍和领导班子的建设，形成坚强的领导核心，这是根本。“七一”讲话中提到的“四个考验”和“四个危险”，语重心长、意义深远，值得我们深思，这是给我们全党又一次敲了警钟。我们不能满足于已得成就，要警惕经济工作的浮躁之风，浮夸、急躁。“四个考验”和“四个危险”中提到“能力不足的危险”，这是新中国成立以来第一次提到这点，这是很有现实性、针对性、指导性的，对我们粮食队伍非常重要。粮食工作现在正走出低谷、开拓前进，而粮食工作在新时期又是一个博大精深、多学科交叉的科学体系，看上去简单，其实很复杂。现在各级粮食部门领导班子，科班出身的少、外部调入的多，但是最近我看到一个好现象，许多地方粮食部门的领导班子，特别是“一把手”，这批同志奋发有为，热衷于创业、肯钻研、能拼搏，把粮食当作自己追求的事业来干，把所在的单位搞得热气腾腾，很有生气和活力，这样就把粮食部门建设成为了一个学习型的单位。这个经验值得我们学习。现在是科学技术突飞猛进的知识经济时代，不努力学习就很难登堂入室，摸清粮食工作的规律性，掌握工作的主动权。我们要加倍学习，增强领导能力，适应新形势的需要。

这几年我们提出了这样一个命题，**粮食安全是永恒的主题，**任何时候都是需要研究解决的重大问题。实践检验真理，时间解决问题。我们粮食部门要务实创新、艰苦奋斗，“天下粮食是一家”、“天下粮食一盘棋”的精神要代代相传。粮食队伍是在党的直接哺育下成长起来的，是有凝聚力和战斗力的，是一支好队伍、优秀的队伍，要发扬光荣传统，战胜各种困难。在新时期开创新业绩。我们寄希望于在座的同志，寄希望于粮食系统现在的全体员工。我们一些老同志对粮食工作是有感情的，对二十几个大中城市粮食经济协作交流会这个形式是支持的，希望它越办越好，希望各个城市的粮食工作越做越好。

中国粮食储备体系建立发展的历史进程与新的使命*

（2011 年 10 月 21 日）

这次中国粮食行业协会储备分会、中国粮油学会储藏分会联合召开的理事会会议，实际上是中国粮油储藏行业的首次年会。粮食储藏行业群英毕至、少长咸集，人气很旺，热情很高，是改革开放以来粮油储备界前所未有的一次历史性的盛会。这是在“十二五”开局之年，在粮食行业处于转折的关键时刻，全国粮油储备界贯彻胡锦涛总书记“七一”重要讲话精神，为建设具有中国特色的粮食储备体系、确保国家粮食安全而举行的一次团结奋进的大会，具有深远的影响。下面，我就中国粮食储备体系的形成与发展及今后历史任务讲一些意见，以期起到抛砖引玉的作用。

我国粮食储备制度和储备体系的形成与发展

我国具有储粮备荒的优良传统。改革开放以来，我们继承和发扬了这一优良传统，逐步建设形成具有我国特色的粮食储备制度与粮食储备体系，这是粮食工作取得的最为重大的历史性成就，是确保新时期国家粮食安全的重要物质基础，是对世界粮食界的宝贵贡献，成为应对全球粮食危机的新亮点。

1990 年 9 月 16 日，国务院颁布《关于建立国家专项粮食储备制度的决定》，开始在全国建立历史上数量最大、管理严格、调得动、用得上的粮食储备体系。首先从建立中央专项粮食储备入手，同时明确规定“各省、自治区、直辖市也要根据实际情况，建立本地区的粮食储备”。经 20 多年的努力，已经逐步发展成为以中央储备为核心、地方储备为支柱、社会储备（企业储备、农

* 这是白美清同志在陕西省西安市由中国粮食行业协会粮食储备分会和中国粮油学会储藏分会联合召开的理事会上的讲话。

民储备）为基础、多层次、全社会的储备体系。几经波折与考验，建设粮食储备体系已成为全国上下的共识，粮食储备制度已经在中国大地扎根，谁也动摇不了。同时，中国储粮经验已引起国际粮食界的关注，给予高度评价，并在克服世界粮食危机中予以推广。

回顾改革开放以来我国粮食储备体系的发展，大体上经历了三个阶段。

（一）1990～2000年，是粮食储备体系的初创阶段。汲取历史上的经验，在20世纪80年代后期，国务院就批准设置市场调节粮，委托中国粮食贸易公司经营，国家予以贴息。在总结市场调节粮的经验和汲取各国的做法后，于1990年9月国务院决定设立规模大、质量高的中央专项粮食储备，由新设立的国家粮食储备局统一领导，实行分级管理。除国储局直属库管理一部分专储粮外，其余委托各省（市、区）粮食局代管，粮权归中央。地方储备则由地方粮食部门管理。这样，由小到大，发展到初具规模；库点由分散到集中，打开了储备粮的新局面。

（二）2000～2010年，是粮食储备体系的形成阶段。2000年，国务院决定将国家粮食储备局一分为二，分别设立国家粮食局和中国储备粮管理总公司，建立对中央储备粮的垂直管理体系，中央储备粮体系逐步强化。地方储备粮体系也进入发展时期，多层次的粮食储备框架初步形成。国家对粮食的宏观调控随着粮食形势的发展逐步加强。

（三）从2011年"十二五"开始，进入粮食储备体系的巩固、提高、不断完善的新阶段。以科学发展观为指导，以基本粮情为依托，以调整结构转变方式为主线，以改革创新为动力，向建设有中国特色的粮食储备体系前进。

与储备粮的增加、粮食生产的增产相适应，大规模的粮食储备库的建设也逐步展开。大体上可分为四个阶段：起步于"八五"建仓计划（此前20世纪80年代中期还在"三库"建设中建设了一批粮油库，可以说发端于"三库"建设）；提高于世行粮食流通项目建设；上规模于国债资金建设粮库；完善于"十二五"以后。

（一）从1991年起，粮库建设开始正式列入国家"八五"计划。这是改革开放以后，建仓的新起步阶段。国务院决定，从1991年开始：在"八五"期间新建粮库库容2500万吨，其中储备库和周转库库容各1000万吨，简易粮库库容500万吨，油罐罐容100万吨。即每年新建储备库、周转库各200万吨，建简易仓库100万吨，合计500万吨，油罐每年20万吨。储备库与周转库由中央与地方投资各半，简易库由银行专项贷款解决，利息中央、地方财政贴息各半。每年所需资金9.84亿元，5年共49.2亿元。为了落实国务院的决定，1991年3月，国家计委、商业部、国家粮食储备局又联合在江苏常州召开全国第一次建库会议，部署落实“八五”粮库计划（争取4年完成），从而拉开了改革以来大规模修仓储粮的序幕。

在这一时期，为了提高建仓水平，1991年6月，国务院又从总理基金中拨出5亿元专款新建18个机械化骨干库，和中国粮贸公司、中国植物油公司、中宏饲料公司的3个粮库，作为现代化粮库的示范工程。为此，于当年7月专门召开了国家机械化骨干库建设方案论证会议，明确提出在“八五”、“九五”的奋斗目标是要建设布局合理、调动灵活、保管安全、效益高的储运体系，逐步使储运设施系列化、标准化、规范化。并要求把机械化设施和微机管理结合起来，强调今后发展方向以散装、散卸、散运、散存的“四散”作业为主。经几次追加共投资10亿元，建设粮库仓容100万吨。

（二）从1993年开始，以建设世行贷款粮食流通项目为重点，使仓储建设进入现代化建设的新阶段。中国世行贷款粮食流通项目，经国务院批准于1993年8月与世行签约，1994年初陆续开工建设，2000年基本建成。该项目计划总投资82亿元，其中世行贷款4.9亿美元，是当时世行对华单项贷款最大的项目，也是国内粮食行业首个投资最大的国家重点建设项目。该项目在全行业率先采取中外合作、总体规划、系统设计、全程招标、统一实施的新模式，建设了东北、长江、西南、京津4个粮食流通走廊，共建成铁路中转库64个，农村收纳库161个，内河港口库6个，海港库2个，市场、信息、培训、船队和维修等服务机构7个，购置新型散装火车皮L18共2083辆，建成总仓容437万吨，完成总投资76.28亿元，其中世行贷款4.73亿美元，比计划总投资节省6.57亿元。该项目投资最大的大连北良港，总投资26亿元，共建成5个2万~8万吨级散粮泊位，40万吨现代化立筒仓群，港口年吞吐能力可达1500万吨，是迄今为止亚洲规模最大、现代化水平居世界前列的粮食专用港口。随后经过几期工程建设，该港总仓容已达150万吨以上。该项目建设中还采用了当时属国内首创和在世界上领先的粮食物流先进技术。例如，40万吨斜交式立筒仓群、大直径矮圆仓、全封闭连续自动化散粮进出仓和装卸车船系统，创造了符合我国现实情况的新式高大平房仓。通过这一项目，使我国粮食仓储物流与世界接轨，极大地提高了我国粮食物流现代化水平，培养了大批专业人才。

（三）1998年以后，利用国债资金大规模建设国家粮食储备库。当时，分三批共建设1100多个粮库项目，新增仓容5755万吨（计划1998年2500万吨，2000年1000万吨，2002年1000万吨），总投资343亿元。这是新中国成立以来投资规模最大、建设仓容最多、配套设施最全、采用先进技术最广泛的一次，是建库集大成的阶段。

（四）2006年以后，进入巩固、完善、加强我国粮库建设的阶段。主要解决薄弱环节，完善粮库布局，填平补齐。这一时期，地方粮库的建设也逐步展开。连续5年每年新增建设新仓库容500万吨。

到2010年底，全国共有仓储企业18326户，仓容3.9亿吨，其中1998年以后建设的新仓房1.46亿吨，占总仓房的37.1%，油罐罐容1408万吨。

中国的储粮技术，经过几代职工的努力，形成了“四合一”（电子测温、机械通风、环流熏蒸、谷物冷却）新技术，于2011年获得中国科技进步一等奖，标志着中国储粮技术达到世界先进水平。中国既是储粮最多，也是储粮技术先进的国家之一。

历经20多年，中国粮食储备制度和储备体系经受住了历次重大的粮食危机和自然灾害的冲击，在实践中逐步完善。这一体系在风浪中展现出它不可替代的重大作用。一是在确保粮食安全、稳定粮食供应中发挥了蓄水池和主渠道的作用。二是在保证粮食市场稳定、支撑国民经济的发展、抑制通货膨胀方面发挥着举足轻重的调节作用。三是在服务“三农”、支持农民增产增收上发挥了积极作用。四是在形成多渠道、多元化粮食流通新格局中，既有国有企业为主导，又有多元化多成分企业的积极参与；既能充分利用国内粮食资源，又能适当利用国际市场的资源作为补充；既保持我国粮食的自主权、主动权，又同国际接轨，为国际农产品贸易提供一部分市场空间，达到共同参与、互利共赢。总之，这一体系的巩固完善是利国利民，促进综合国力增长，惠及十几亿人民的系统工程。

当然，在储备体系的建设与发展中，我们还存在许多问题亟待解决。主要是：一是体制还不顺，机制还不活，发展不平衡，一些政策支持还不到位。二是存在薄弱环节。地方储备实力不足，尤其在中西部地区和贫困缺粮区；企业储备日趋下降，农民储粮日益减少。三是还存在着政策支持不到位、科技支撑跟不上等，需要引起各级党政领导的重视和社会的关切，认真加以解决。

在新形势下充实、加强、完善以中央储备粮为核心的多层次、全社会储备体系的目标与任务

进入“十二五”新时期以后，由于党中央、国务院加强了惠农、支农政策措施，促进粮食生产连年丰收。但是我们应该理性对待“八连丰”，科学地、清醒地认识我国的基本粮情和农情。种种迹象表明：粮食和农业已经成为国民经济的薄弱环节和发展的“瓶颈”，如不加大力度发展粮食生产，改善粮食流通，粮食总供给就不会有大的改善，粮食流通就会成为弱势产业。这就是我国粮食安全的最大隐忧。

在当前粮食供求进入紧平衡的新形势下，充实、加强、完善粮食流通体系已成为当务之急。不仅要能应对小灾、小减产、小波动，而且要能应对大灾、大减产、大波动；不仅要能应对国内的波动，而且要能应对国际粮食危机的冲击。这是建设可持续、抗风险、能自主的粮食安全保障体系的重要环节，是关系粮食安全大局和经济发展全局的一项战略措施。我们的目标是：要建成储备充足、保管安全、技术先进、调度灵活、高效运转的绿色生态粮食储备体系。能应对任何不测事件的发生，做到万无一失。在进一步巩固完善粮食储备体系中，要重点抓好以下几点。

第一，要充分发挥中央储备的龙头、表率作用。从战略、从长远、从全局看，中央储备粮要充实加强，任何削弱中央储备粮的想法和做法都是不符合国家粮食安全的根本利益的。中央储备粮不仅在量上要保持中央提出的“储备充足”的要求，而且要在质的提高上要领先全国，成为全国生态化、智能化、数字化、科学化管理的模范，成为反腐倡廉、保持优良传统的标兵。在科学保管、合理轮换、智能化管理、发展生态产业链、攻克先进仓储技术上成为全国的示范企业。中储粮系统这几年已迈出了新的步伐。他们提出，未来2～3年内，全公司系统仓储管理智能化的建设目标是实现“三、五、八、一”：即以中储粮各分公司为单位，直属库总仓容30%的仓房采用智能通风技术；50%的烘干机实现智能化控制；80%的气调粮库应用智能管理系统；每个分公司建成一个智能化示范粮库，简称“三、五、八、一”。这是有重要意义的，要坚持不懈地抓下去，向仓储管理的世界先进水平全面进军。

第二，要重点加强各级地方储备。要充实库存，完善制度，以作为中央储备的有力补充和地方政府调控粮食的物质基础。实践已经证明，以强化地方储备为切入点，就能带动整个地方粮食流通体系的建设。今年各地是丰收年，是充实加强地方粮油储备的极好时机。各地一定要抓紧工作，争取在“十二五”期间达到国务院要求的销区 6 个月、产区 3 个月的储粮水平。不仅在量上，而且在管理上，要提升到新的水平。建立健全保管、轮换等一系列制度，总结经验，逐步推进。

第三，要改变企业周转储备下降的趋势。要采取有力措施调动和刺激企业增加周转储备的积极性。现在不少企业都不存粮，而且把存粮寄托在中央储备和地方储备上，这是不切实际的。粮油企业要按国家粮食管理条例的规定，留一定的周转粮。大型骨干企业要带头执行，政府要在政策上给予优惠和支持。各地可以总结、创造、推广一些新的经验。

第四，要大力倡导储粮于民，调动农民储粮的积极性。要推广“粮食银行”等先进经验，使有条件的农民都存一部分粮食解决口粮问题。国家粮食局推行的科学保粮新办法，应加大力度普及和推广，以此带动农民储粮。尤其在东部、中部地区要加强这一工作，遏制农民存粮下降的趋势。

总之，我们要在“十二五”期间，使我国多层次、全方位的储粮体系覆盖全社会，按国家的规定储足、储好，调动有力、流通有序，确保粮食安全。**中央储备要充足，地方储备要达标，社会储备要恢复，整个国家储备要殷实**。从中央到地方各级政府，各级财政，要作为公共财政留下和支出这部分费用。这是维护和谐社会所必需的。应当看到，作为世界大国、经济强国，在粮食和农业上，我们基础还是脆弱的。如不加强措施，对未来国家经济的发展、人民福祉的提高是非常不利的。

坚持改革创新　走出一条具有中国特色的粮食储备体系的发展之路

现在，中国的改革和建设进入一个崭新的时期，粮食改革和建设也进入了一个关键时期。我们必须根据胡锦涛同志在庆祝建党 90 周年大会上的讲话精神，以高度的责任感和使命感，积极落实到粮食储备工作中去，坚持改革创新，把工作做扎实，做细致，争取在“十二五”期间有一个新的突破、新的创造。

第一，要始终坚持社会主义市场经济的改革方向。胡锦涛同志指出，“当前，世情、国情、党情继续发生深刻变化，我国发展中不平衡、不协调、不可持续问题突出，制约科学发展的体制机制问题躲不开、绕不过，必须通过深化改革加以解决”。他还强调，“要坚持社会主义市场经济的改革方向，提高改革决策的科学性，增强改革措施的协调性，找准深化改革开放的突破口，明确深化改革开放的重点，不失时机地推进重要领域和关键环节的改革”。当前粮食工作和储备工作的各种矛盾，比如行政与企业、中央与地方、企业与企业之间、企业内部、企业与利益相关方都出现各种新矛盾。这些问题的产生，都与体制有关，这个关键不解决，问题就难以解决。为此，我们必须以下决心认真总结经验教训，坚持市场经济的改革方向，改进宏观调控，不走回头路，不搞胡折腾，搞好“顶层设计”，分步实施，通过深化体制改革，搞活机制，认真处理好各种矛盾和关系，调动各方积极性。要根据中央提出的包容性发展的指导思想，处理好各方的矛盾，沿着社会主义市场经济的轨道坚持不懈地前进。这是我们面临的新课题，大家要努力学习，在实践中不断提高。

第二，要坚持不懈地走绿色、生态保粮之路。这关系到储备粮行业的未来。要继续提高科技在粮食中的贡献率，狠抓科技创新，继续完善“四合一”的新技术，推广有关储粮保粮的新技术、新方法，进一步提高粮食的保鲜率。要向资源节约型、环境友好型、绿色经济、循环经济、低碳经济的方向发展，提升科技水平和经济效益、社会效益。

第三，要时刻注意解决“两个隐患”，即安全的隐患和贪腐的隐患。安全的隐患主要包括：防止粮油产品不安全的现象发生和粮食仓储保管不安全的事故发生两个方面。要教育全体职工，绝不允许不安全约粮油产品出库、出厂，认真把好安全关、质量关。粮油行业是良心产业，粮油食品是良心产品，谁让不安全的食品出厂，就是粮食系统的败家子，必然会受到经济的制裁和良心的谴责。同时，还要防止仓库保管不安全的事故发生。这些年保管上没有出现大的坏粮事故，但都出现了大的安全事故，2011 年上半年连续发生几起安全事故，造成人员伤亡，暴露了我们工作中的问题：思想的松懈，制度的漏洞。要敲起警钟，以防为主，把工作落实。

另一个隐患，就是队伍中贪腐的隐患。粮食队伍总体看是好的，是廉洁奉公的，但几年来连续出现贪腐现象，可谓前赴后继，这是使人触目惊心的。粮食这个最讲良心、讲道德的行业，现在出现了道德的危机，突出表现在：唯利是图、不讲诚信。这要采取法治与德治相结合、治标与治本相结合的方式，予以综合治理。要提倡诚信交易、公平交易，使贸易成交、出库入库公开、公平、公正，杜绝暗箱操作等，坚决刹住歪风。要深刻认识到，粮食储备体系别人是打不倒的，最可怕的是自己腐败，自己把自己打倒。

第四，最根本的是贯彻党的十七届六中全会精神，倡导职业道德、企业文化，培育粮食新人。要把核心价值观落实到粮食系统，就是要时时处处为国家粮食安全服务，为十几亿人民的吃饭问题效力，坚持不懈，终生不渝。要使粮食储备系统这支生力军，成为全行业中有道德、有智慧、最干净、最有效率的战斗队，使粮食系统的优良传统代代相传、后继有人！

振兴县域粮食经济　夯实粮食安全基础*

（2011 年 11 月 7 日）

这次我们在富有革命传统的历史名城和富有粮食经营传统的“四大米市”之一的长沙市，召开全国首次县域粮食经济暨农村粮食经纪人经验交流会，是全国粮食系统的一件大事，是全国粮食系统贯彻胡锦涛总书记“七一”重要讲话和党的十七届六中全会精神的一次会议，具有深刻的意义。县域粮食经济是国家粮食安全的基石；农村粮食经纪人工作关系粮食收购、掌握粮源的重要责任，两者都是在新形势下粮食安全的关键问题，关系粮食工作的全局。

县一级是我国的基层政权，县域经济是国民经济的重要基石。从古至今，“郡县治则天下安”，县域经济的发展程度直接影响到国民经济的兴衰；县域粮食经济的发展程度，也直接影响到国家粮食全局的安危，关系到十几亿人口的吃饭问题。我国现有 2858 个县级行政单位，其中有 855 个市辖区、367 个县级市、1633 个县（旗），还有 2 个特区、1 个林区。改革开放以来，总体来讲，县域粮食经济发生了翻天覆地的变化，全国 100 强县和一批先进县就是其中的杰出的代表。他们在保证我国粮食安全，抗御世界粮食危机的冲击和自然灾害的袭击中，发挥着极其重要的作用，保证了军需民食，维护了和谐稳定、丰衣足食的良好局面，为世界粮食界所称道。但是，也要看到，进入社会主义市场经济体制以后，传统的计划经济下的平均发展已经打破，由于下岗分流，企业转型、改制等种种因素的影响，县域粮食经济也发生了重大的分化。据典型调查，全国县级粮食系统大约 30% 成为粮食经济的先进县，有 40% 左右属中等水平，而有 30% 沦为粮食经济的落后县甚至“空壳县”。这些落后县的特点是“三空”：粮食资产“空心化”，国有粮食公司“空壳化”，粮食局撤、并、降后成“空军司令”，整个县域粮食经济萎缩，原有的粮食公司、粮食员工度日维艰。如不加以重视，这种情况任其发展，就可能有更多的县陷入极其困难的境地。尤其我国还有 140 多个贫困县、缺粮县，其粮食工作基础更加薄弱，粮食经济更为脆弱，一旦有事，就有可能耽误大事，担当不起紧急时维护当地粮

* 这是白美清同志在全国县域粮食经济及粮食经纪人培育发展工作经验交流会上的讲话。

食安全的重任，会造成极为不良的后果。粮食安全是事关国计民生的大事，政治性强，敏感度高，万一出现问题，就是震惊全国甚至世界的新闻。这绝不是危言耸听。总之，维护国家粮食安全，构建国家粮食安全保障体系，必须从源头抓起，从县级抓起，否则工作就会落空。

近来，各级粮食协会做了一些调查，“抓了两头”：总结推广先进县的经验，分析落后县存在的问题及原因。我们认为，振兴县域粮食经济是当务之急，当前要抓好以下工作，概括地说，就是“围绕一个中心，抓好四个环节，形成自己特色，实行互利共赢”。

第一，要紧紧围绕国家粮食安全和食品安全这个中心。粮食系统的一切工作都是为此服务的。在这方面要发挥县级粮食部门的职能作用，不管叫什么名称，归哪个部门管辖，粮食部门维护国家和当地粮食安全的中心任务，这个头等大事是不会改变也不可能改变的。粮食机构要忠于自己的职守，要直言不讳地把当地和国家粮食安全的问题向党政领导讲清楚，争取党政加强领导，争取多部门理解协助，争取社会和舆论了解支持，切实做到在进入紧平衡的新时期，在粮食上保一方平安，让百姓放心。同时，要力所能及地支援各地、支援全国。要有所作为，才能有其地位，得到多方理解和支持。

第二，要抓好“四个环节”。即地方粮油储备体系的形成与巩固；粮油应急保障机制的建立与发展；放心粮油的推广与深入；现有资产的清理与整合。以上这些都是事关惠民、利民的大事，是为老百姓办实事的德政，从这些工程入手就会打开局面。在办好这四件事中，要把建立储备、准备应急与建立绿色生态产业链与收购网、销售网结合起来（即“一链两网”），要把清理资产与整合资源，扩大联合，扶持大型企业结合起来。这样就会做到以四项工作为切入点，带动全县粮食工作，形成滚动式扩展的新局面。

第三，要形成特色经济。要发挥本地粮油品种的优势，充分利用当地的粮油资源，特别注意开发名、优、特产品，发掘传统品牌，创造当今的名牌，抓延伸生态型产业链。使本地的特色粮油产品得以形成规模化、品牌化、现代化的生产。这方面各地都创造了有益的经验。如五常的大米，新乡的硬麦，公主岭的玉米，忻州的杂粮等。

第四，实施合作共赢。要突破行政管辖、所有制的界限，实施包容性增长的新战略，与其他企业合作，逐步扩大联合，大家共同生产，共担风险，共享改革成果。一些县市与中储粮、中粮、中纺等大企业合作，双方互谅互让，精诚合作，带动了县级粮油经济的发展，这些经验应予推广。

第五，县域粮食经济发展的关键在于领导，特别是县级粮食局的领导一班人。现在，县级粮食局的班子调整过于频繁，对粮食业务很多都不熟悉。关键在于领导核心特别是一把手，要树立兴粮创业的思想。到粮食部门工作不是为了别的目的，而是全心全意为国家粮食安全服务，尽心竭力为老百姓的吃饭问题效力，这是核心价值观在粮食系统的体现。这次介绍的粮食经济的先进县，他们有个共同的特点就是县局领导班子具有创业的精神，特别能战斗的风格。他们虽然多数都是从乡镇和外系统调来的，但他们不是借房子躲雨避风，而是迎难而上，怀着反哺农业、服务百姓的信念，把粮食行业作为一个新的事业高峰，去攻克，去占领，去创业，去开拓新局面。他们不是等任务，而是抢任务：不是放弃旧阵地，而是开拓新领域，具有强烈的事业心和责任感，具有学习新知识、新科技的韧劲和恒心，因而在新的岗位上把陷入困难的粮食工作搞得有声有色，谱写了壮士雄心未已的新篇章，为人民立功，为粮食增色。这是我们应当学习、推广的根本之点。

粮食系统有着优良的传统，概括起来有两句话："天下粮食是一家"、"天下粮食一盘棋"。我们要在新时期发挥这种精神，全国粮食系统要互相学习，互相支持，互相合作，为建设可持续、抗风险、能自主的国家粮食安全保障体系做出新的贡献！

在粮食供需紧平衡中实现包容性发展*

（2011 年 11 月 29 日）

正确认识“四市四省”国有粮食企业集团在国家粮食安全中的地位和作用

京、津、沪、渝 4 个直辖市和吉林、江苏、湖南、江西 4 个省国有粮食集团（简称“4 +4”粮食集团）峰会，是粮食系统交流的一个平台。它们在全国粮食行业和国家粮食安全中处于重要的地位。城市经济是带动国民经济发展的火车头；城市粮食安全是国家粮食安全的重点，而四大市的粮食安全是重中之重。京、津、沪、渝 4 个直辖市，是全国政治、经济、文化的中心，是国际化的大都市。据第六次全国人口普查的资料，4 大市常住人口 8441 万人，其中上海 2303 万，北京 1961 万，重庆 2884 万，天津 1293 万。上海、北京均系属于 2000 万人左右的国际化大都市。吉、苏、湘、赣 4 省的粮食集团公司所在省是全国的主产粮区，其人口：吉林为 2746 万，江苏 7865 万，湖南 6568 万，江西 4456 万，4 省总计 2. 1635 亿人，“4 市 4 省”人口共计 3. 0076 亿。“4 + 4”粮食集团经济实力日益增大，据今年的预测，总资产可达 597. 24 亿元，销售收入 495. 97 亿元，利润总额 8. 96 亿元，纳税总额 11. 09 亿元。按资产排名依次为：上海良友（144 亿元）、吉粮集团（118 亿元）、北京粮食集团（108 亿元）、重庆粮食集团（87. 2 亿元）、江苏粮食集团（43 亿元）、湖南粮食集团（40 亿元）、天津粮油集团（32 亿元）、江西粮油集团（25 亿元）。销售额在 100 亿元以上的有上海良友、京粮集团、吉粮 3 家。从以上概况可以得出这样的论断：加上中央一级的 4 家公司（中储粮、中粮、中纺、华粮），即“4 + 4 +4”，这是全国国有粮食系统的核心和主力，其经济实力雄厚，辐射面大，是国家对粮食的宏观调控的重要依托和有力支柱。它们的工作如何，将影响粮

* 这是白美清同志在江苏省南京市举行的第二次京津沪渝和吉苏湘赣“四市四省”国有粮食企业集团峰会上的讲话。

食的全局，左右全国的粮食市场。因此责任重大，任务艰巨，任重而道远。

经过前一段的市场化改革以后，国有粮食经济在粮油储备中保持了“蓄水池”的地位；在粮食收购中，仍占55%～60%；在加工中只占15%左右；而在零售中只占百分之几，不再占主要地位。全国粮食行业已形成多元化、多渠道的新格局。但是作为三大安全之首的粮食安全，作为关系国计民生的资源性、战略性、公共性的特殊商品，需要国有粮食经济发挥主导作用，成为国家宏观调控的主要载体，从而带动民营粮食企业发挥积极作用，带动外资粮食企业发挥有益的作用。过去几次抢购粮食风波和突发事件的平息都证明了这一点。这是关系粮食全局和经济主权的大事，这在我们这样一个人口众多、粮食资源相对不足的发展中大国尤为重要。粮食经济脆弱、宏观调控力量薄弱，是不可能真正跻身于世界强国之列的。现在四大市都进入了世界大都市的行列，但我们的粮食安全保障体系是否具备国际大都市的现代化水平？我国的粮食安全保障体系是否和我们作为世界第二大经济体相适应？这是值得我们深思的。美、德、日等发达国家市场经济高度发达，但对粮食的宏观调控都比我们强得多。我们要看清差距，要充分认识我国的基本国情、基本粮情。

所以，四大市和四省粮食集团在维护粮食安全、促进社会和谐安定中担负着极为重要的作用。这是历史使命，需要我们去承担，去开拓新局面。

“四市四省”粮食集团一年来工作的新发展

一年多来，在科学发展观的指导下，在各级党政和社会各界的支持下，“4+4”粮食集团的领导班子带领全体员工奋力开拓，创造了良好的成绩，概括地说有四个新突破：

（一）在整合资源、调整结构、联合重组上有新突破。继重庆把全市县（区）国有粮食资源整合进重粮集团之后，今年10月，北京市已决定，将所属县、区的国有粮食资产整合重组，划归北京粮食集团统一管理。同时，湖南省粮食局和长沙市粮食局，又将在长沙金霞产业园区的国有粮食企业联合重组为湖南粮食集团，占地1450亩，包括湘江最大的粮食码头、最大的储备库、最大的物流园区和批发市场融为一体，从而打破行政区划的限制，按经济区划、经济流向整合成一个大集团，目前运行情况良好。这是全国粮食系统多年想干而没有干成的事，现在终成现实。可以说这是中国粮食史上具有历史性意义的重大事件，是改革的新进展、新成果，具有良好的发展前景。

（二）在资本运作、盘活资产上取得新突破。京粮集团通过资金运筹，扩建“古船”面粉新厂，开发商业用地，组建天津新港油脂加工等项目，增强了经济实力，扩大了“古船”名牌系列的影响力，正在向突破100亿元的产值目标进军。津粮集团、吉粮集团、江苏粮食集团也在这方面迈出新步伐。

（三）在精深加工、循环经济上有新突破。津粮集团所属的利达面粉公司在生产放心馒头上做出了显著成绩，今年上半年已列入市政府的放心馒头工程，日产100万个馒头的全国先进的馒头生产线已经投产，成为全国第一家百万馒头生产企业，创新了面食发展史。而且，在“十二五”期间将达到日产300万个的高水平，在世界面粉业发展上也是首创。江西粮油集团新干产业园区新上的以稻米加工为主的循环经济试点也取得了良好成绩，正稳步全面推进。上海良友集团外高桥产业园区建设取得重大进展，精深加工产品源源问世，取得良好效果。

（四）在“走出去”开发国外粮食资源方面取得新突破。重粮集团在巴西与当地合作投资，开发了几万公顷的耕地播种大豆，经过几年努力，已初见成效，今年第一船大豆已运回国内，年内可运回40万吨。这是我国粮食企业走出去取得的重大突破。吉粮集团富恩德投资有限公司，在哈萨克斯坦投资农业项目，种植水稻等作物，也打开了局面。这些都有深远的影响。总之，一年来“4+4”这个平台，加强联系，交流经验，互相激励，已取得初步成效。

把握时机　改革创新　把粮油集团做强做大

2011年是“十二五”的开局之年，我们的“4+4”粮食集团有个良好的开端，起点高，起步早，取得了可喜成绩。当前，国有粮食企业的改制已初步完成；民营粮食企业的原始积累也初步实现，现在的问题是我们企业的经济实力不强，创新能力不足，核心竞争能力较差。同国内500强比有差距，同世界500强比差距更大。中企联发布的2011年中国企业500强名单中，中国企业500强平均寿命仅为23年，人均营业收入只相当于世界企业500强和美国企业500强的同类指标的45.6%、45.7%。中国企业500强的年均营业收入从去年的110.8亿元提高到141.98亿元。10年来，中国企业进入世界500强的从10家上升到58家。全国粮食企业进入世界500强的仅中粮、中纺等少数几家，进入2011年中国企业500强的也只有8家：即中粮（排第41位）、光明食品（第77位）、北大荒集团（第79位）、中纺（第253位）、西王集团（第384位）、维维集团（第471位）、汇福粮油（第478位）等。总体来看，粮油企业有四个方面不如别人：一是产业链延伸不如别人；二是创新与名牌不如别人；三是企业管理不如别人；四是机制体制灵活性不如别人。归根结底是人才还不如别人，需要我们急起直追。

“十二五”乃至“十三五”期间，粮食供需的基本趋势是紧平衡。工作繁重而又复杂，我们要经得起三个大的考验：粮食大幅度减产的考验；国际粮食危机冲击的考验；通货膨胀的考验。因此，要审时度势，把握机遇，以实现包容性发展的观念作为指导，把科学发展观全面落实到我们的各项工作中去，争取在这几年取得突破性的发展，增强粮油集团的经济实力和核心竞争力。

第一，要适应新形势，从实际出发，调整战略，转变方式，搞好顶层设计，稳步推进。要切忌经济工作的浮躁情绪和急功近利的思想，在延伸全程生态产业链上下大功夫，抓住重点项目、重点园区，重点突破，逐步推进。要在建设具有中国特色的绿色生态粮油产业化上开拓创新，形成产品的特色、服务的特色、公司的特色，独树一帜，拥有自己的品牌、自己的专利、自己的创新产品。

第二，强化基层单位的科学发展与建设总部的服务平台相结合，把这方面的基本功真正抓扎实。我们公司的基本功许多都不够过硬。要认真改进，落实到人，层层抓，形成样样过硬的好作风。这是发展的基础，是百年大计。这方面要敢于找差距、查漏洞、挖潜力、创新路。

第三，资本运作与实体经济相结合，主营粮油与多种经营相结合。千万不要把粮油主业丢掉，把实体经济丢掉，去搞虚拟经济那一套，那样风险极大。

第四，互利共赢，共担风险，共享改革成果，尤其应注意处理好分配关系。要坚持公平与效率相结合的原则。要学习重庆的经验，领导与员工的收入差距不能太大，工资福利的增长要与劳动生产率的提高、利润的增加和物价指数上升相适应，一次分配、二次分配都要注意这一问题。

第五，要十分注意防范风险。现在国际经济仍不景气，世界经济衰退可能长期化，国内又处于高通胀期和矛盾凸显期，问题很多，风险很大，应特别注意金融风险、经济衰退的风险、自然灾害和突发事件冲击的风险，在粮食安全上做到万无一失，在经营上做到有备无患。在资金运用上要搞好套期保值，规避风险；在制度上要建立完善应急机制、风险基金制度等，以避免落入陷阱，一蹶不振。总之，要防患于未然。

第六，要抓企业文化和精神文明建设。核心价值观落实到粮食行业，就是要全心全意为国家粮食安全服务，尽心竭力为 14 亿人口的吃饭问题效力。这就是我们的理想和目标，不是一切为了钱、一切向钱看。粮食行业是个良心行业，粮食产品是良心产品，要讲诚信，讲良心，绝不能把不安全的粮油食品送到消费者手里，粮食部门的金字招牌和优良传统，绝不能在我们手里丢掉。要让我们的企业、我们的员工有精神支柱，成为干净的、能干的、有智慧、有理想的队伍。

第七，要强调企业领导要勤于学习，善于学习。当今世界瞬息万变。科技革命日新月异，市场风险变幻莫测，我们要在实践中学习，在学习中实践，开拓思路，打开眼界，创新思想，从而创新产业，创新企业，培育新人。

这里向大家推荐一本书——《财富第五波》。这是美国经济学家保罗·波尔泽所作，他是布什、克林顿的高级经济顾问，花旗银行的副总裁，几家高成长公司的创办人。书中把“保健产业”称为一项全新的产业，认为“财富第五波”、“创造庞大财富的机会在于好好把握下一波财富狂潮——保健产业革命和流通领域革命”。我认为对我们粮油食品业是有启发的。我们就是要向建设具有中国特色的绿色、生态粮油食品加工业而努力。生产出“安全、营养(养生、保健)、风味、快捷”的粮油食品，让老百姓吃得安全、吃得营养，健康养生。为此，需要把继承、发展、创新和引进、消化、创新结合起来，使我们生产的有特色、有风味、有营养的粮油食品享誉全国，走向世界。

二〇一二年

发挥优势　把握先机　推进主食产业化*

（2012 年 3 月 23 日）

下面就这个主题我讲几点意见，供参考。

第一，充分认识主食产业化、现代化的重要性和紧迫性。加快主食产业化、现代化的步伐，是形势发展的需要和人民改善生活的迫切愿望，是利国利民利企的“民生工程”，是振兴粮业、确保粮食安全的战略举措，也是当前粮食行业根据“稳中求进”的总基调推进转型升级的一个重大工程行动，全国粮食系统及时讨论部署这项工作，是十分必要的。

2011 年，粮食工作出现了前所未有的新的形势、新的特点。概括地说就是粮食总产超过 5 亿吨、城市化率超过 50%。这两大特点在我国国民经济和粮食事业的发展中具有历史性的意义，它将影响整个国民经济和整个粮食工作的格局和发展。这两大特点意味着粮食生产上了新台阶、粮食的消费上了新的水平。在充分估计这两个方面的巨大成就的同时，我们必须看到：由于中国是一个人口达 13.7 亿人的人口大国，但农业资源在全球来说又是相对不足的国家，今后粮食综合生产能力的再增长、再发展由于基数甚大而相当困难；粮食需求由于城镇化的发展、城市人口呈刚性增长之势，特别是对主食、副食需求数量更大、品种更多、质量更高。这样形成粮食供需两个方面的紧平衡状态将更趋明显、更为突出、也更长期化，尤其经不起粮食产量与价格波动的较大冲击。这就给全国人民的粮食供应、国家的粮食安全带来新的课题、新的难点。纵观“十二五”乃至今后，随着城市人口的不断增长，主食品的需求将向多样化、

* 这是白美清同志在中国（郑州）主食产业化高层论坛上的发言。

高端化发展，成为扩大内需的首选项目。对粮食行业将带来极大的发展空间和广阔前景。这虽说是发展中面临的重大困难，又是粮食行业前进中的极好商机，我们要胸怀全局，把握机遇，迎难而上，改革创新，开拓新局面。粮食行业的所有企业谁先动手，谁就会占领市场的制高点，赢得发展的主动权。

第二，粮食主食转型升级总的方向是要向绿色、生态的现代化主食加工产业发展。转型，要从传统的主食品加工业向绿色、生态为特征的现代化主食加工产业化体系转型；升级，要在产品上创新升级，在产业化上创新升级，使整个行业在企业管理、科技发展、产业链延伸上开拓新局面，提高档次、提升水平，走资源节约型、环境友好型、循环经济型、综合效益型的企业发展之路。主食品是群众生活的第一需要，特别要在“安全、营养、风味、方便”这些关键上下功夫。要坚持安全第一，把好安全关、质量关。这样才能使我们的粮油加工食品特别是主食品在2010～2020年规划中达到和赶上世界先进水平。

第三，要坚持科技创新。把引进、消化、创新和继承、发展、创新结合起来，创造具有中国特色、适合中国人饮食习惯和口味、为广大群众所喜爱的主食品。三大主食大米、小麦、玉米以及独具中国特色的杂粮，都是主食品的好原料，要加工创造精品、名品，使市场扩大，经久不衰。

在主食品各种当中，米饭是全国60%以上人口的主食。但现在没有打开局面。米饭、稀粥都没有全国性的名牌，没有标准的配方，没有大的突破。还有米线、米粉、米糕、米饼等，都没有开拓出新品种、大市场，这方面我们要下决心组织攻关。

我看主食品中最有前景是传统的“面食三宝”，即“馒头、面条、水饺”，应在这方面挖掘潜力，搞放心食品、方便食品、冷冻食品。要结合开展放心粮油活动，重点抓馒头、抓挂面、抓方便食品和冷冻食品。馒头就是中国的面包，挂面就是中国的方便面，要因地制宜，积极推广馒头工程、挂面工程、主食厨房工程。要吸取中国烹调的特点，注意研究佐料、汤料、配料，融入中国菜的口味，做成可口的佳肴，为大众所喜爱，这有广大的市场和日益增加的需要。

玉米和杂粮，现在成为人们的营养食品、养生食品、保健食品，需求越来越大，市场越来越热，关键在于加工要跟上，产业化要跟上，要让粗粮、杂粮进厨房，上餐桌。这方面也可能发展为大的市场、大的产业。

第四，要发挥优势，突出特点。我认为要注意两个方面：一方面发挥三大主粮和杂粮主产区的优势，突出特色，抓住重点。突出特色，就是把自己地方的原料优势，转化为主食品产业化、生态化的优势，转化成大众喜爱的主食产品，转化为名品、精品，并发展为当地的代表菜、代表食品。这样就会逐步形成以重点地区、重点产品、重点企业带头的产业集群、产业园区、产业带，带动当地经济的发展。

另一方面要发挥大中城市、骨干企业的优势。他们有资金、技术、管理、市场等优势。要善于把以上两个方面的优势结合起来，形成合力。这样就可加快主食品产业化的步伐，产销结合、城乡互利。

第五，要扩大联合与合作。要在整合资源、调整结构中，推进联合。要认真贯彻互利共赢、包容发展的精神。现在米、面、玉米三大主粮的初加工已呈现严重产能过剩的现象，要特别注意从量的扩大转为质的提升，少铺新摊子，多搞整合与联合，整合资源，重组资产，提高效益。要特别注意“产、学、研、用”的紧密合作，形成战略联盟，使科技成果迅速转化为生产力。从调整结构中优化资源配置，从升级换代中提升产品经济效益与社会效益，真正走上“大粮食、大名牌、大市场、大企业”的发展之路。

第六，要加强组织领导。搞主食品产业化工程，起点要高，标准要严，步子要稳。要发挥我们的政治优势和集中力量办大事的成功经验，加强组织领导。河南省政府制定了“大力推进主食产业化和粮油绿色加工的意见”，并制定了“2012～2020年河南省主食产业化的发展规划”，提出以满足主食供应、保障食品安全、提高营养水平和扩大有效需求为目的，加快省内以蒸煮面米制品为代表的主食产业化和现代化进程，促进粮食产业结构调整和品种结构调整，实现由“中国粮仓”到“国人厨房”的根本性转变，实现粮食经济跨越式发展。为此，省政府还成立“河南省主食产业化协调领导小组”作为办事机构。这些经验都是成功的。我认为应当推广河南省、天津市、陕西省西安市等地的经验，搞好主食厨房等惠民工程，让放心粮油、放心食品进社区、进农村，普及到千家万户，穷乡僻壤。

这次中国主食产业化高层论坛在郑州召开，具有特殊的意义。改革开放以来，河南人民在省委、省政府的正确领导下，艰苦奋斗，奋起直追，成为全国粮食生产的第一大省，具有发展粮油食品生产的各种优势。这里盛产的优质小麦不仅哺育中州人民，而且成为全国小麦、面粉调出的最大基地，支援了全国。国人餐桌面食飘香，三成来自豫麦。在2012年“十二五”承先启后之际，转方式、促发展之时，省委、省政府又审时度势，采取切实而有效的措施，率先启动主食产业化工程。我们殷切希望河南粮食行业以实际行动落实省委、省政府推进主食产业化的一系列部署，紧紧围绕为国家粮食安全服务这一中心，始终坚持以改革开放大方向，始终坚持以创新驱动原动力，始终防范粮食队伍陷入浮夸之风，始终警惕粮食队伍坠入腐败之门，就一定能够继承发扬中国粮食人的优良传统，践行全心全意为13亿人民吃饭服务的核心价值观，开创粮食行业的新局面。在龙年新春之际，“潮涌中州”，这将是粮食系统人才辈出、创业兴企的黄金时代，未来中国的主食产业化的领军企业、领军人物将会在改革发展的大潮中乘风破浪，成长壮大。作为粮食行业的老战士，我们的见其成，喜闻其功！

祝这次论坛圆满成功！

祝中原粮食行业实现跨越式发展！

祝全国粮食行业和企业在创新中迈向振兴！

稳中求进　突出重点　加快粮食行业转型升级*

（2012年4月19日）

这次粮食论坛的主题是："稳中求进：新形势下粮油市场走势和政策取向"。目的是要认真贯彻中央经济工作会议和全国人大十一届五次会议精神，全面落实科学发展观，稳中求进，突出重点，加快粮食行业转型升级步伐，更好地为新时期的国家粮食安全服务，为稳经济、促发展、保稳定、惠民生服务。下面就当前粮食工作的新形势、新特点及应对之策讲些看法，供大家参考。

正确认识当前粮食工作的新形势、新特点

2011年，在党中央、国务院的正确领导下，沉着应对国际金融危机的冲击，保持了国民经济的平稳增长，是在困难的情况下取得重大成就的一年。全国粮食工作也取得了突破性的进展。概括起来有以下三个新特点：

一是粮食总产创历史新高。2011年粮食获得全面丰收。粮食总产达到5.7121亿吨，比上年增加2473万吨，增长4.5%，这是新世纪头十年以来的第一个大丰收年，特别是水稻、小麦、玉米三大主粮上了突破5亿吨的新台阶（51118万吨），这是多年来没有的。其中，水稻达到20100万吨，超过历史最高水平（1997年20073万吨）；小麦11740万吨，接近历史最高水平（1997年12328万吨）；玉米19278万吨，创历史最高水平。这是在灾害频发、耕地减少、基数增高的情况下取得的，是来之不易、难能可贵的。这就为近期稳定粮食市场价格、保障国家粮食安全奠定了较为良好的物质基础，也为全世界的粮食综合平衡做出了应有的贡献，具有十分重要的意义和良好的影响。

二是城镇化水平创历史新高。2011年末全国人口13.47亿人，其中城镇人

* 这是白美清同志在第十五届中国粮食论坛上的发言。

口6.9079亿人，占总人口的51.3%，首次超过了人口的一半。改变了我们这个文明古国多年来80%~90%的人口在农村的旧面貌，标志着中国的城镇化、工业化、现代化上了新的台阶。发达国家用百多年才达到的水平，我们仅用几十年就达到了，这是我们这个文明古国历史进程中具有里程碑意义的大事。这将对社会生活的方方面面，对粮食工作的多个环节产生重大而深远的影响。这次同2000年第五次人口普查相比，城镇人口增加207137093人，城镇人口比重上升13.46%，平均每年增加2000多万人。城市人口的增长速度比整个人口的增长速度快得多。还应看到，中国的大城市多，城市群多。全国有2000万人口左右的城市3个（上海、北京、广州），1000万以上人口的城市5个。居世界之冠。据联合国有关人士称，到2015年全球将有27~30个人口超过1000万人的大都市，其中亚洲占18个。中国又占多数。他们说："大家应当清楚地意识到，城市化问题重点在亚洲。"亚洲的重点在中国、印度。城镇人口是扩大内需的第一大源泉，而扩大内需的首选是吃的商品，是主粮及副食品。新的城镇化发展，对粮食的需求呈现多样化、高质化的刚性增长。这对粮食行业的发展提供无限的商机，也带来极大的压力。确保粮食供需的平衡其任务之繁重、工作之艰巨、超过以往任何时候。

三是粮油的进口创新高。从21世纪初加入世贸组织以后，农产品贸易额在10年间年平均增长19%，中国已成为继欧盟、美国之后的世界第三大农产品贸易国。商务部陈德铭部长日前表示，中国不久将成为世界第一进口大国。而粮油的进口总额已提前达到世界第一。从2004年开始农产品贸易逆差逐年上升，当年我国农产品进出口总额514.2亿美元，出口为233.9亿美元，进口为280.3亿美元，逆差46.4亿美元。到2011年，我国农产品进出口总额为1556.2亿美元，同比增长27.6%，其中出口607.5亿美元，增长23%；进口948.7亿美元，增长30.8%；贸易逆差341.2亿美元，增长47.4%。从2004年开始，出现逆差逐年扩大之势。从粮食油料油脂进口来看，2011年进口谷物544.7万吨，比上年略有下降，减少4.6%；但金额为20.4亿美元，上升33.8%。分品种看：全年进口稻米59.8万吨，小麦125.8万吨，玉米175.4万吨，大麦177.6万吨。油脂和油料进口方面：大豆5264万吨，油菜籽126.2万吨，植物油779.8万吨。此外棉花还进口356.6万吨，增长14%；食糖291.9万吨，增长65.3%。应该看到，我国在农产品贸易上出现的逆差恐怕将成为常态，这是我国的基本国情、农情决定的。在粮油国际贸易中，是互惠共赢、互通有无的。这里说明一下，有人认为，中国玉米将大量进口，成为“大豆第二”。我认为不会这样。一是中国东北是世界三大玉米带之一，增产还有潜力；二是国家宏观调控上采取保饲料对玉米的需求，控制玉米加工其他产品。所以，我认为从全局、长远看，中国不会像进口大豆那样大量进口玉米。

以上三个特点带有全局性、趋向性与关键性，是我们观察粮食形势、分析发展趋势、研究战略决策问题需首先考虑的。从这里可以看出，中国的基本粮情及走向。今年总的讲粮食形势是好的，国家粮食安全是有保证的，稳定粮价和物价是有物质基础的。但从中远期看，隐忧增多，潜在危险加大。当前，一要警惕粮食生产周期性波动的来临，粮食生产出现下滑拐点；二要警惕国内外通胀的拉动，并与粮食生产下降相汇合，形成较大的冲击波；三要警惕突发事件的发生，使粮食市场出现大的波动。在我们过了十多年粮食较宽松日子以后，必须坚决克服思想上忽视粮食、生产上放松粮食、流通上削弱粮食、消费上浪费粮食的现象，要强调固本强基，在新时期建立起可持续、抗风险、能自主的粮食安全保障体系，这是全国上下的永恒主题，是安邦治国的头等大事。对建立这一体系的重要性、复杂性、艰巨性要有充分认识。无论如何要立足于依靠自己解决十几亿人的吃饭问题，任何地方、任何时候都不可松懈，做到万无一失。任何人、任何单位、任何企业都要肩负责任，维护这个大局，警钟长鸣，常抓不懈。全国粮油企业更要努力做好工作，为此作出更大贡献。

全力以赴　抓好粮食行业转型升级　惠民生　谋发展

今年是国民经济工作的一个转变、转型之年，也是粮食行业转变、转型之年，中央提出了“稳中求进”的总基调，这是经济工作中具有战略意义的指导方针。正如《人民日报》评论员文章指出的：“‘稳’既为当前攻坚克难提供基础，更为长远乘势而上创造条件。”这对粮食工作来说，更具有重要的指导意义。粮食是关系国计民生的资源性、战略性、公共性的特殊商品，是扩大内需、惠及民生的首选商品，粮食稳，才能市场稳、社会稳；粮食增，才能为整个国民经济的前进创造条件。

我们国家真正结束短缺经济、解决吃饭问题是在改革开放以后。但发展到现在，不论粮食生产、流通、消费等都存在不可持续、不协调、不稳定的问题。从粮食流通看，“小散低”的状况仍没有根本改变，许多地方仍然是“三小”（小作坊、小商贩、小集市）在起主要作用，质量低、消耗大、污染重、技术低、创新少、效益差，食品安全的状况仍令人很担心。粮油加工业中低水平的重复建设多，产能严重过剩，无序竞争激烈，旧工业化道路的种种弊端日益显现。粮油行业的出路在哪里？出路就在于把握科学发展观这个主题，以转变发展方式为主线，稳中求进，突出重点，在粮食行业的转型升级中求得新的发展，开辟出一条新路子。

第一，要向绿色、生态为特征的现代粮油业转变。转型，是要从旧工业化道路的高消耗、重污染、低效益、不可持续的模式上向绿色、生态、现代化的粮油业转型，向资源节约型、环境友好型、绿色经济型、循环经济型转变，从量的扩张向质的提升转变。升级，要在产品上升级，在管理上升级，在科技上升级，提高档次，提升水平，创特色产品，名牌产品，提高经济效益和社会效益。从经营思想、经营方式、流通方式等方面做根本的转变，这也就是要着眼于更高的水平、更好的质量、更长的时间、更有实效的发展。

第二，转型中要抓好一链两网（一链即粮食产业链；两网即收购网、销售网）建设。在新形势下，粮食流通、粮食供应是一个系统工程，针对粮食流通产业链残缺不全的状况，一定要注意延伸产业链，使之既有从生产到供应的系统工程，又有粮油食品安全从源头到终端的全程监控体系。这里特别强调要从加工原粮向加工主食品延伸，搞好主食品工程。主食是一日三餐不可或缺的首要食品，在食品结构中居主体位置，具有食用面广、频率高、与当地主粮相匹配等特点，“一方水土养一方人”，首先表现在主食品上。当前我们要从传统家庭式、小作坊式的生产转变为现代化、标准化、特色化的生产，这是城市化、社会化的需要，是人民的迫切要求，也是杜绝不安全食品的治本之策，是具有广阔前途、广大市场的产业，是扩大内需的首选项目之一。

中国的南北两大主食体系，60%以上的人口以稻米为主食，40%的人口以面粉为主食。还有玉米、杂粮等原粮也都是具有营养的原料，很有条件出名品、出精品。主食品工业化，起点要高，要求要严。要根据“安全、营养、风味、方便（快捷）”的八字原则，创造出老百姓喜爱的食品。当前米饭、稀粥、米粉、米线、米糕至今没有标准配方，没有全国性、地方性的名牌，要下决心组织攻关，抢占先机，争取早日突破早受益。主食中最有前景的是“面食三宝”（馒头、面条、水饺），这方面潜力很大，要下功夫创新技术，出精品名牌。要结合开展放心粮油活动，重点抓馒头，抓挂面，抓方便食品、冷冻食品。馒头就是中国的面包，挂面就是中国的方便面，要因地制宜，积极推广馒头工程、挂面工程、主食厨房工程。要汲取中国烹调的特点，注意研究佐料、汤料，融入中国菜的口味，做成可口的佳肴，为大众所喜爱，这有广大的市场和日益增加的需要。玉米和杂粮，现在成为人们的营养食品、养生食品、保健食品，需求越来越大，市场越来越热，关键在于加工要跟上，产业化要跟上，要让粗粮、杂粮进厨房，上餐桌。这方面也可能发展成大市场。

此外，在粮食加工中，传统的做法是求白、求精，过度加工，浪费资源，降低营养成分，应积极改进，多出成果。还有粮食现代物流，“四散”作业，无缝对接，可以减少环节，节约成本，提高效率，但现在还未大面积推广。粮食上获奖的科技成果，许多没有得到有效应用。许多方面，都大有文章可做。我们要引起重视，要积极推广。

要注意抓好收购网与销售网的建设与发展。进入粮食紧平衡的新阶段后，粮源可能出现偏紧的状况，因此，要特别注意建设新型的购销和物流网络。这方面已有一些成功的经验，如“粮站＋农村经纪人”、“粮食银行”、“两代一换”、万村千乡市场工程等，应逐步网络化、规范化、数字化，还有物流通道、物流园区建设等也应积极稳妥地结合各地实际推广。

第三，在转型中把好质量安全关、理顺资金链、走上创新路。最近我在河南、河北粮食基层进行调查，在看到粮油企业蓬勃发展的同时，也发现了一些带普遍性的问题。主要表现在三个方面：一是企业管理基本功不过硬，安全、质量隐患不少。二是产业链短、资金链断裂。不论国有、民营中小企业普遍存在贷款难，其困难程度与沿海地区的中小企业有过之而无不及。而且利率高，有的甚至集资或借民间高利贷。特别是一部分国有粮食企业下岗分流遗留问题未解决好，连“三金”① 都缴不起，至今处于十分困难的境地。三是科技创新无能力、无设想，缺乏开拓新技术、新财源的兴趣与动力，满足现状，得过且过。这三个问题是粮油企业转型中必须过的“三关”，即“安全质量关”、“资

① 企业“三金”：指企业按照国家法规和政策规定为本企业员工缴纳的社保金（养老保险金、失业保险金）、医保金（医疗保险金、工伤保险金、生育保险金）和住房公积金部分。员工个人也须相应缴纳一部分。

金关”、“创新关”。我们一定要集中全力闯过这些关口，在发展中解决存在的困难和矛盾，才能有希望，有前途，否则就会衰败下去，甚至出现大批中小企业垮台。当前特别需要引导所有企业夯实基本功，念好企业管理这本经；要在政府领导调控下，适当减税收、活资金、降利率，使企业不断奶、不断血，资金流畅，正常循环；而狠抓创新驱动，将会使企业获得新动力、新财源。调查中大家认为这三项是当务之急，希望得到各地党委、政府、银行和各界的支持。基层的同志说，希望党政领导在转型中给企业注入新的活力，多打几针强心针，闯过难关，迈向振兴。

第四，在转型中扩大联合与合作。要在整合资源、调整结构中，推进联合。要认真贯彻互利共赢，包容发展的精神。现在米、面、玉米三大主粮以及油脂的加工已呈现严重产能过剩的现象。要特别注意从量的扩大转为质的提升，少铺新摊子，多搞整合与联合，整合资源，重组资产，提高效益。要特别注意“产、学、研、用”的紧密合作，形成战略联盟，使科技成果迅速转化为生产力。从调整结构中优化资源配置，从升级换代中提升产品经济效益与社会效益，真正走上“大粮食、大流通、大名牌、大市场、大企业”的发展之路。

此外，有条件的企业还要积极走出去，或西进南下，或向其他主产国家和地区发展，可以输出资金与技术，投资兴办加工企业，也可以投资办农场、建物流设施，开创新天地。走出去的成功经验说明，只要把现代技术、现代管理和当地的实际结合起来，实施本土化，融入当地社会，互利共赢，包容发展就会站稳脚跟，稳步前进。现在已有一批粮油企业走出去，打开了局面，要总结推广他们的经验。

第五，在转型中要加快人才建设的步伐，加强企业领导班子的建设。转型升级要靠人才。中国粮油企业能否实现赶上世界先进水平，关键在人才。我们在关注“用工难”的同时更要关注“用才难”。粮油企业先天不足，科技含量低，企业管理人才和专业人才本来就少。据统计，2010 年全国粮食行业从业人员 990164 人，其中有研究生 5180 人，仅占 0.52%；大学本科生 74203 人，占 7.49%，大专 171296 人，占 17.3%。比起其他行业，有很大的差距。所以，培养企业经营管理和各类技术高端人才十分迫切，而培养企业领导人才尤为重要。所有的粮油企业都要下决心延纳人才，培养人才，使用人才，为人才的脱颖而出创造条件。我们要全面提高粮食队伍的政治素质与业务能力，培养更多干净的人、智慧的人。这是振兴粮食行业、做强做大粮食企业的根本大计。否则转型升级就会成为空话。

各位同志、各位代表，2012年是龙腾之年，是“十二五”承上启下之年。在今后5~10年的战略机遇期内，将是粮食系统人才辈出、创业兴企的黄金时代。未来中国粮食现代化、产业化的领军企业、领军人物将在改革大潮中成长，在商战烽火中壮大。我们一定要始终不懈地坚持改革开放大方向，始终不懈地坚持创新驱动原动力，千万防止粮食系统沾染浮夸之风，千万防范粮食队伍堕入腐败之门，努力践行全心全意为解决13亿中国人民吃饭服务的核心价值观，开创未来粮食的新局面。让我们以优异成绩迎接党的十八大的胜利召开！

正确认识粮情特点　搞好新时期粮食工作*

（2012 年 5 月 31 日）

这次四川全省粮食局长培训班办得很及时、很必要。我认为，这是省粮食局新班子执行的新政之一，体现了粮食系统的新作风、新气象。从学习入手，从提高粮食系统领导干部的政治与业务素质入手，统一思想，统一行动，抓住了关键，抓到了点子上。这些年大多数地方粮食局长、副局长都是从地方其他部门调入的，这些同志是老兵新战士，把其他部门的好经验、好作风带到了粮食局，为粮食部门充实了新鲜血液，大家寄予厚望。我作为“老粮食”、“老四川”，心系粮食，情联桑梓，将竭尽全力支持四川粮食干部的成长和粮食事业的发展。省粮食局张书冬局长要我和大家见面，讲讲体会，我责无旁贷，欣然受命。我想讲以下三点意见，供同志们参考。

正确认识我国基本粮情是做好粮食工作的立足点和出发点

大家都是从五湖四海，从其他岗位调来做粮食工作的。一部粮食发展史就是粮食经济学探索发展、实践、认识、再实践、再认识的历史过程，是从感性认识到理性认识的飞跃过程。弄清粮食的特性，对于明确行业肩负的历史责任特别重要。我们首先要认识粮食是一个特殊商品，粮食行业是一个负有特殊使命的行业。中国粮食行业协会和粮食经济学会多次讨论，一致认为粮食这个商品既有普遍性，又有特殊性。特殊在什么地方？大家作了这样一个概括：粮食是关系国计民生的覆盖面最广、牵涉面最宽、敏感度最强的资源性、战略性、公共性的特殊商品。“民以食为天，食以粮为本”，粮食是人民生活的首要必需品，是扩大内需的首选商品。由此，我们可以得出这样的结论：粮食安全是治国安邦的头等大事，是全国人民面临的永恒主题，是社会安全和经济发展的重要支撑。我国经济上面临的三大安全，即能源安全、金融安全、粮食安全，

* 这是白美清同志在四川全省粮食局长培训班上的发言。

实践证明粮食安全是三大安全之首。但现在已成为薄弱的环节。特别是应当看到，在世界大国中，我国是人均占有农业资源相对薄弱的国家。这是我们从经济大国发展成经济强国很为不利的因素。中国要成为世界的经济强国，在粮食问题上，一定要保持自主权，立足国内，依靠自己的力量解决吃饭问题，绝不能把米袋子挂在别人身上。中国粮食出了问题，谁也救不了我们，谁也不会救我们。

新中国成立以来，我国粮食生产的提高经历了五个阶段：1949～1958 年，粮食产量从 1.1 亿吨增加到 2 亿吨，用 9 年时间；1959～1978 年，由 2 亿吨增加到 3 亿吨，用 19 年时间；1978～1984 年，由 3 亿吨上升到 4 亿吨，用 6 年时间，是中国粮食发展的黄金时期；1985～1996 年，由 4 亿吨发展到 5 亿吨，用 12 年时间；1997～2011 年，用了 15 年时间发展到 5.712 亿吨。总产量仍在 5 亿多吨徘徊，人均占有粮食在 370～400 公斤之间徘徊。

当前粮食工作出现了三个特点：一是粮食总产创历史新高。2011 年粮食获得全面丰收，总产达到 5.7 亿吨以上，比上年增长 4.5%，这是 21 世纪头十年以来第一个大丰收年，特别是水稻、小麦、玉米三大主粮上了 5 亿吨的新台阶。二是城镇化水平创历史新高。2011 年末，全国总人口 13.47 亿人，其中城镇人口已达 6.9079 亿人，占总人口的 51.3%，首次超过了人口的一半。这是我们这个以农立国的文明古国历史进程中具有里程碑意义的重大变化。而且，中国的大城市多，城市群多，对粮食需求呈现多样化、高质化的刚性增长，这对粮食行业的发展既提供了极大的商机，也带来供应的极大压力。确保粮食供需的综合平衡，其任务之繁重、工作之艰巨，超过以往任何时候。三是粮油的进口创历史新高。从 21 世纪初加入世贸以后，农产品对外贸易额年年有所增长，当前粮油的进口总额已居世界第一。2011 年进口大豆 5264 万吨、稻米 59.8 万吨、小麦 125.8 万吨、玉米 175.4 万吨、大麦 177.6 万吨。另外还进口油菜籽 126.2 万吨、植物油 779.8 万吨，预计今后进出口逆差将成为常态。以上三个特点带有全局性、关键性与趋向性，是我们观察粮食形势、分析发展趋向、研究战略对策需要首先考虑的。

总的来讲，今年粮食形势是好的，粮食安全是有保证的，稳定粮价和粮食市场是有物质基础的。但是，从中长期看，隐忧增加，潜在风险加大。可以说当前粮食工作也存在三大问题：“生产上放松粮食，流通上弱化粮食，消费上挥霍粮食”，而且这些现象日趋严重。最根本的是我们在粮食上过了十来年平安日子，对粮食安全的观念淡漠了，对粮食的重要性认识普遍淡化了。四川的情况也不例外，四川是天府之国，西部的大粮仓，但现在已成了粮食购入大省，去年购入省的粮食达1100多万吨。虽然售出的猪多、酒多，但过去也曾售出过，只不过数量不如现在。如果粮食紧张，购入困难，将不仅牵动粮食业，也会波及白酒、生猪饲养业，影响不可低估。因此，我们一定要保持清醒头脑，冷静分析粮情，要特别警惕在城镇化过程中，把农业和粮食现代化丢掉了；在经济全球化过程中把粮食自主权丢掉了。这点一定要保持高度警惕。

建设好可持续、抗风险、能自主的国家粮食安全保障体系是粮食工作的根本任务和神圣职责

粮食工作是实体经济的重要组成部分，是传统产业中的常青产业，人民离不开粮食工作，国家需要粮食工作，时代赋予粮食工作以重任。国家设立粮食行政部门就是为了确保13亿人口的粮食安全，让各族人民都能得到充足的粮食营养，这是全党全国和全社会的头等大事。所以，在粮食战线工作的同志，包括行政管理部门、社会中介组织和广大企业群体，都应围绕维护国家粮食安全这一中心任务，做好各项工作，这是大家义不容辞的神圣职责和社会责任。

我们讲粮食安全，涵盖两个层次的内容：在宏观上，要保持粮食总供给与总需求的综合平衡，确保13亿人口的粮食安全；在微观上，要保证每个粮油产品的安全性，绝不能让不安全、不合标准的粮油食品流入市场，确保老百姓吃得放心，用得安心。

纵观世界潮流，总结历史经验，立足于我国的国情粮情，我们认为，在粮食安全这个全局大事上的长治久安，就是要求我们建设好可持续、抗风险、能自主的国家粮食安全保障体系，构筑起我们粮食工作的钢铁长城。这个工程内涵丰富、要求甚高、任务繁重、难度很大，是我们粮食工作的根本任务，为此，需要进行以下系统工程：

一是要建立稳定增长的粮食综合生产能力体系。粮食产量要在现有粮食生产基数高的基础上有新的突破。首先要实现“十二五”期间5.8亿吨粮食综合生产能力的规划目标。为此，需要突破政策上的难点（土地转让、价格体系等）、资源的制约、科技创新跟不上以及调动农民积极性，培养职业农民等一

系列新问题。

二是建立起高效运转、调得动、用得上的粮食流通服务体系，加紧建设“一链（产业链）两网（收购网、销售网）”系统工程。在多渠道、多成分流通中发挥国有经济的蓄水池、主渠道、主导作用，同时发挥民营企业的积极作用，外资企业的有益作用。把抓紧建设粮食现代化产业链与从源头到终端的粮食安全监管体系结合起来。把放心粮油工作普及到城市社区与农村村寨。

三是加紧建设好国家粮食储备体系。要把以中央储备为核心，以地方储备为支柱，以社会储备（农民储备与企业储备）为基础的多层次、全方位的粮食储备体系建设好，同时把粮食应急机制建设好。

四是建设和完善国家对粮食的宏观调控体系。要认真总结经验，改进工作，遵循经济规律，加强宏观指导，特别要注意充分利用国内国际两个市场、两种资源为我服务。

立足当前，展望今后，我们认为在维护国家粮食安全上，粮食系统要考虑经受以下三个考验：一是粮食生产周期性波动，粮食出现大幅度减产的考验；二是发生突发事件的考验。如突发疫病、重大自然灾害等；三是国际粮食危机和粮价大幅度波动的考验。总体看，有些苗头已经显现，我们一定要见微知著，防患于未然，做到万无一失。这是粮食工作和整个经济工作面临的难点，是对粮食工作的严峻考验。当前，世界经济正处于不稳定的复苏期，国内经济面临的“经济下行，通胀上行”压力加大，在这个转型时期，我们尤需保持冷静的头脑，加强应急的各项工作，勇敢地接受检验，扎实地做好工作，以期在新的一轮波动中从容应对，立新功、创新业。

搞好地方粮食行政部门的工作是保障国家粮食安全、落实粮食省长负责制的组织保证

全国的县（区）级行政单位有2000多个，县（区）粮食局是全国最基层的粮食行政部门，是粮食省长负责制的得力助手。一个粮食行政管理系统，一个粮食中介系统，一个粮食企业组织系统，这三者是社会主义粮食市场经济的基本组织结构和依托。当前粮食工作虽然处于困难阶段，但其重要地位和作用是不可取代的，发展前景是良好的。我们一定要坚持社会主义市场经济的政策

取向，全面落实科学发展观，改革创新，开拓前进，稳中求进，发挥优势，突出重点，抓好转型升级工作，把粮食工作推进到一个新阶段。根据一些地方粮食部门的经验，要重点做好以下几件工作：

第一，要弄清家底，盘活现有资产。各县（区）粮食系统都有一些国有资产。我们要整合资源，使优质资产实现优化组合，以取得良好的效益。现在不少粮食部门都在实施“退城进郊”工作，要注意掌握“增量升级”的原则，搞好搬迁建设，增强经济实力。

第二，要抓好收购，落实地方储备。要掌握粮源，制订应急方案，确保万无一失。要认真做好粮食供应工作。城镇是供应的重点，但要兼顾农村。要建立与城镇化规模相适应的粮食供应保障体系，不能任其自流。根据历史经验，粮食供应要关注弱势群体即农村失地农民和城市失业工人、困难职工家庭。要时刻关心敏感群体，即学生食堂等的粮食安全供应。此外，还要特别关心老少边穷地区，尤其对“不给不要，不吵不闹，饿了睡觉”的那部分困难户要倍加注意，千万不要发生缺粮断炊问题。

第三，要加快粮食系统的“一链两网”建设。即抓好粮食产业链、收购网、销售网，形成服务网络。要和实施城乡放心粮油工程相结合，和推进传统主食产业化工程相结合，以此为突破口，带动地方整个粮食系统的发展。在这一过程中，注意扶持培养骨干企业，创名牌、出专利，搞好精深加工，提高附加值，把骨干企业、龙头企业做强做大。

第四，要抓人才，抓队伍。要发挥粮食系统“求真务实、改革创新、艰苦奋斗、天下一家”的优良传统，并和时代精神相结合，培养一支高素质、能战斗的好队伍。粮食行业自古以来就是“良心行业”，粮食产品是“良心产品”，粮食人是“有良心之人”，全心全意为13亿人的吃饭问题服务，这就是社会主义核心价值观在粮食行业的体现。各级粮食系统要抓“为民”和“厚德”的教育，培育新人新风。“为民”是我们的根本目标。“为民”与“为我”、“为己”是两种世界观的根本对立；而“厚德”与“缺德”，也是两种道德观的根本对立。中国粮食人，要以“为民”、“厚德”武装自己，讲究“四德”，即社会公德、职业道德、家庭美德、个人品德。中国粮食队伍是在党的培育下，在人民的哺育下成长起来的，一定要永葆优良传统与品德，千万要防止粮食部门沾染浮夸之风，千万防范粮食干部堕入腐败之门。要教育我们的干部、职工、企业家做一个干干净净、有智慧、能创业的人，为人民的粮食事业做出贡献。

概括起来，对地方粮食局长同志们说两句话：“**盘活资产增利，稳住人才创新**”，这样四川的地方粮食系统就一定会走出困境，创造新的辉煌。我们“老粮食”、“老四川”殷切希望，四川粮食系统重振天府粮食雄风，在巴蜀大地上涌现更多的领军企业、领军人物作出新的贡献。我们乐见其成，喜闻其功！

让放心粮油进入老少边穷地区千村万户*

（2012 年 7 月 18 日）

在党中央、国务院和各级党政的亲切关怀和正确领导下，全国放心粮油工程稳步推进，粮油食品的安全、质量不断提升，“安全第一、质量优先”，逐步成为全行业、全社会的共识。据有关部门检测，大米、面粉、食用油等主要产品质量的年检合格率连续几年均在 90% 甚至 95% 以上，去年比 2005 年提高 5 个百分点。名牌效应显著增强，福临门、古船、五得利、北大荒、利达、红蜻蜓等知名品牌市场占有率迅速提升。有害大米、超增白面粉、“地沟油”等突出问题得到初步治理，粮食不安全的隐患正在逐步消除。在推进放心粮油工程的进程中，带动了粮油行业和企业的转型升级，到 2011 年年底为止，全国放心粮油示范企业已经发展到 10624 家，其中示范加工厂 1640 家，示范放心粮店 6200 多个，销售网点已发展到 1018619 个，放心粮油种植基地已发展到 36566 万亩。放心粮油工程带动了企业信用体系的建设，经资质合格的信用评审机构的评定，达到 AAA 级的粮油企业有 143 家，AA 级的 49 家，A 级的 13 家。当前放心粮油工程正由城市向农村扩展，由中心地区向边远地区扩展，覆盖面稳步扩大。根据典型调查，在一些先进的市、县、区，放心粮油产品在城市粮油市场中的份额已达 90% 以上，在农村达到 70% ~80%。实践证明，放心粮油工程是维护国家粮食安全和百姓主食安全的战略措施，是支持“三农”的有力支柱，是振兴粮食行业、促进粮油企业发展的抓手，将对搞好粮油日常供应、应对突发事件、构建新型粮油流通体系和购销网络起到不可替代的重要作用。这是一项顺民心、合民意、惠民生的工程，植根于群众、成长于基层，因而广泛得到了各地党政领导的称赞、百姓的欢迎、社会的支持、媒体的好评。正如贵州省总结的三句话：“百姓得实惠、企业得市场、政府得民心。”这就是放心粮油工程的生命力之所在。2012 年6 月，国家十八个部委局联合发文，在 6 月举办“全国安全食品周”，专门把“放心粮油宣传日”列为重要活动之一。6 月 16 日，中央电视台新闻联播中，在“神九上天”等许多重要消

---

* 这是白美清同志在贵州省贵阳市召开的全国放心粮油进社区、进农村经验交流会上的讲话。

息挤在一起的情况下，专门挤出时间播出了由国家粮食局主办、中国粮食行业协会、北京市粮食局、市粮食协会承办的全国“放心粮油宣传日”在北京市门头沟区开展活动的消息，给予充分肯定。以上这一系列活动体现了党中央、国务院对事关粮食安全大局的放心粮油工程的高度关注与支持，反映了人民群众和社会各界对放心粮油工程寄予的厚望与激励之情，这更加坚定了我们全行业进一步搞好放心粮油工程的责任感和信心。

当前放心粮油工程发展到一个新的阶段，面临新的任务。“民以食为天，食以粮为本。”粮食是人民生活的第一需要，是扩大内需的首选商品。在我们这样一个人口众多、农业资源不足而工业化、城镇化、现代化快速发展的大国，确保粮食安全的任务十分繁重。我们既要在宏观上保证粮食总供给与总需求的基本平衡，稳定市场，稳定供求；又要在微观上保证每个粮油产品的安全性、可靠性，以安全、营养、符合中国人民口味的食品供应群众，防止不合格、不安全的食品流入市场，危害人民健康。从粮油食品安全状况看，城市好于农村，沿海好于内地，经济发达地区好于不发达地区，发展很不平衡。当前，在农村、在边远地区，粮食的加工、销售，基本上靠小商贩、小作坊、小集市、夫妻店，技术水平低、经营落后、卫生条件差，在保证食品的安全性、可靠性上隐患多、易反复。据调查，不少农村，尤其在老少边穷地区日益成为不安全、不合格食品的倾销地，成为过期食品、无证食品的推销点，甚至是一些制造假冒伪劣食品黑窝点的隐匿之地。要根除这些问题，绝非一朝一夕之功，要看到它的艰巨性、复杂性和反复性，需要进行持久战、攻坚战，做长期艰苦细致的工作。针对这种状况，全国放心粮油工程在战略布局上，应当巩固发展城市社区的营销网络与阵地，扩大农村村寨的营销网络与阵地。与此同时，要大力抓好放心粮油进老少边穷地区的工作，开拓新的市场，新的天地，让放心粮油占领老少边穷地区的市场阵地，坚决制止不安全、不合格食品在这些地区流通与泛滥，确保这些地区的老百姓能吃上放心粮油，提高幸福指数，造福千家万户各民族兄弟姊妹，这既是重要的经济任务，又是光荣的政治任务。

这次我们选择在贵阳市召开全国放心粮油工作经验交流会，就是要学习推广贵州省的经验，进一步推动全国放心粮油工程巩固发展现有的阵地，积极向老少边穷地区进军，打开新的局面。使放心粮油工程在面上进一步扩展，在质上进一步提升，以放心粮油工程为抓手，带动这些地区的粮食安全保障体系的建设，推动这些地区粮食行业和粮食企业的发展，造福这些地区的各族人民，巩固祖国大家庭的民族团结。贵州是全国知名的贫困缺粮省，全省粮食系统在省委、省政府的正确领导与支持下，把放心粮油工程作为加快粮食行业发展的突破口及服务民生的重要平台来实施和打造。他们在建设放心粮油过程中，转变“收原粮卖原粮”的传统经营方式，向两头延伸产业链，构建从田头到灶头全过程可追溯的粮食供应链，打造行业惠民品牌，为粮食经营扩展更大空间，在短短几年时间里，已先后建成1130个“放心粮油配送中心”及连锁店，覆盖了1000多个乡镇和社区，受惠群众1500多万人。他们还开拓了放心粮油进学校的渠道，并针对城乡588万低保人口的粮食供应，在2011年全省实行低保缺粮户基本口粮供应制度，均已初步取得良好效果。贵州的经验证明，只要发挥我们的政治优势，使担负行政管理的粮食部门、担当桥梁和中介的粮食协会、作为市场主体的粮油企业这三个方面紧密结合，形成合力，充分发挥市场经济组织结构的潜能，并有一支具有强烈创业责任感、事业心的领导团队和人才队伍，组织科学运作与精心实施，沿着改革创新之路不断前进，就一定能开拓新局面，创造新业绩，实现跨越，后来居上。

根据贵州和山西、山东、天津、西安、济南、苏州、镇江等先进地区的经验和中粮协的调查，我们认为下一步放心粮油进老少边穷地区的工作要注意以下问题：

第一，要争取列入当地政府的惠民工程，制定发展规划。各地协会要主动配合粮食局开展工作，积极向政府反映情况，争取在政策上、资金上、组织协调等方面取得支持。配合当地有关部门制定一个切实可行的规划，从实际出发，分步实施，早日取得突破，打开局面。

第二，要把放心粮油工程同各地的主食现代化工程相结合，要同粮食应急保障工程，创品牌、树信用工程，商务系统万村千乡市场工程等相结合。工作的着重点在于：要通过建立放心粮油工程，逐步建成功能齐备、运转高效、保障有力的粮油流通体系和购销网络，平时稳定供应，紧急时能应急供应，有厂生产、有点销售、有店挂牌、有中心配送，调得动、用得上，成为国家粮食安全保障体系的重要组成部分。工作要朝这个方向去做，实力要围绕这个基点去积累，这个要点要始终把握好。

第三，要以骨干龙头企业（放心粮油示范企业）为依托，建立全程可追溯监管体系。要向产前产后延伸，形成功能齐全、运转高效的“一链两网”

（产业链，收购网、销售网），逐步做到放心粮油的生产、供应现代化、网络化、数字化、规范化。要在发展“一链两网”建设过程中，建立食品安全从生产到供应的全程可追溯监管体系，使每个粮食产品安全可靠，防止不合格、不安全的产品出厂。这样就为国家粮食安全打好基础，使粮食的主导权切实掌握在自己手中，避免失控。培育的龙头企业可以是国有企业、国有控股企业、股份制企业，也可以是民营企业。既注重发挥国有粮食企业的主导作用，又要注重发挥民营企业的积极作用。陕西西安、吉林长春、四川眉山等地都有这方面的经验。与此同时，要注意处理好与小企业、小作坊、小商贩、小店铺的关系。要通过整合资源、提升水平，扶植帮助小企业、小作坊、小商贩向“小而专、小而精”的方向发展，与骨干企业进行不同形式的联合与合作。淘汰少数条件差、不合格的企业，扶植众多的小企业上水平、上档次，使骨干企业与中小企业分工协作，各得其所，逐步走向较高层次的联合与合作。

第四，放心粮油工程要坚持不断创新。现在全行业面临转型升级的课题。放心粮油包括的内涵很丰富，要随着时代的前进和科技的进步不断发展、不断充实，提高质量、提升水平。放心粮油工程发展的过程，也就是不断创新的过程，不断升级换代的过程。总的来看，粮油行业发展的方向应当是：建设绿色生态、现代化的粮食业。要提倡资源节约型、环境友好型、循环经济、绿色经济、低碳经济等。例如原粮储存过去用磷化氢环流熏蒸，米面产品贪白求精过度加工，还有滥用化学添加剂等问题，都亟须改进。在主食产业化中，还要特别关注把传统“面食三宝”（馒头、面条、水饺）继承、发展起来，与现代化的生产、销售相结合，创新技术，提高水平，确保质量安全与营养健康。粮油行业要注意组织科技攻关，建立产、学、研、用的紧密联合，真正出成果、增效益。总之，要把放心粮油工程作为技术创新、管理创新、机制创新的进程，永不停滞，精益求精。

第五，搞好放心粮油工程的根本要靠培育粮食行业的良好行风。对食品的安全质量，中央提出要“标本兼治、综合治理”、“法治与德治相结合”，这是我们必须遵循的。从粮食系统的情况看，要强调继承发展我国粮食系统的优良作风。我们要把社会主义核心价值观落实到粮食系统，这就是全心全意为13亿人的吃饭问题服务，让人民吃得放心，吃得舒心，吃出营养，吃出健康。这是全行业所有员工、所有企业家的神圣职责和庄严的社会责任。据此，我们认为全行业要强调两点：即“为民”与“厚德”。“为民”，这和“为己”、“为私”是根本对立的两种价值观。“为民”就是把放心粮油送进千家万户，把党和政府的关怀带到亿万百姓心中。“厚德”，这和“缺德”、“丧德”是两种对立的道德观。在市场化、现代化取得重大成就的今天，在物质生产大大丰富的今天，更应强调精神生活也要高尚纯真，有新的境界。针对目前的思想状况，全行业要强调讲道德，发挥道德的力量。“厚德”主要表现在四个方面，即社会公德、职业道德、家庭美德、个人品德。职业道德中要强调“诚信为本”，这是粮食系统多年来形成的传统。粮食行业从古至今，就讲货真价实、质优量足、秤平斗满、童叟无欺。全社会历来都把粮食行业视为良心产业，把粮食人视为有良心之人。如果弄虚作假，不但会受到法律的制裁，更会受到良心的谴责。所以，我们应当说，放心粮油就是“良心”粮油；放心粮油工程，就是粮油良心工程。这样才能经久不衰，千锤百炼，成为百年老店，锻炼出领军人物。希望我们粮油行业风清气正，人才辈出，切忌沾染虚夸之风，严防堕入腐败之门，保持高尚的情操，做出纯真、平凡而伟大的事业。

新时期粮食市场体系发展的新任务*

（2012年7月24日）

这次中国粮食行业协会粮食批发市场分会代表大会是在我国国民经济和粮食经济处在一个关键时刻召开的。这次代表大会的主要议题是：总结前两届分会的工作，选举产生分会的新的领导机构，布置今后的工作。这是一次承上启下、开拓未来的重要会议，面临着新的任务、新的课题，责任重大，工作艰巨。我谨代表中国粮食行业协会、中国粮食经济学会向代表大会表示热烈的祝贺！向各位代表和粮食批发战线的同志表示诚挚的问候！

第一，过去的十年是全国粮食批发市场加快发展的十年。从1990年10月郑州粮食批发市场建立开始，是全国粮食批发市场的起步探索时期。进入新时期的头十年，即2001～2010年，是全国粮食批发市场加快发展的时期，也是粮食批发市场发展的黄金时期。这个时期有两个方面的开放大格局：在国内于2004年粮食市场放开经营；在国际，2001年我国加入世贸组织，全面开放的新格局形成。在这一时期，我国粮食市场逐步发展，形成了社会主义市场经济体系的新框架。现在面临第三个时期，即中国粮食批发市场体系进一步完善和发展，建立与我国经济实力相适应、可持续发展、保安全、抗风险的现代化粮食市场体系，达到世界粮油市场的先进水平。

过去的10年，恰恰是粮食批发市场分会初创与前进的10年。10年来粮食批发市场分会在李经谋理事长为首的理事会领导下，坚持改革创新的大方向，积极开展各项工作，为服务国家粮食安全和宏观调控，为保障粮农利益和消费者的利益，团结和带领会员取得了良好的成绩，为今后分会的发展，促进粮食市场体系的发展奠定了较为坚实的基础。粮食批发市场分会的组成部分有两个部分：一是以物流为主的粮食交易中心，粮食批发市场在此期间诞生与成长；二是以现货批发市场为主的成品粮批发市场在10年中快速发展，在粮食市场中的作用日益增大。这两个组成部分会合一起，与粮食期货市场、集市贸易相互配合，初步形成了以粮食期货市场为龙头，交易中心、批发市场为支柱，成

---

* 这是白美清在中国粮食行业协会粮食批发市场分会第三届会员代表大会上的讲话。

品粮批发市场为骨干，集市粮油贸易为基础的全国粮食交易市场体系的框架，起到了粮食市场的风向标和稳定器的作用，对国家的粮食安全做出了应有的贡献。不论在抗震救灾，应对“非典”和突发事件，战胜国际粮食危机的冲击等方面，都显示出它的功能；在联结产销、稳定市场、平抑粮价、保证安全上起了极其重要的作用，受到各方的好评。在风浪中，各个粮食交易中心、批发市场本身也积累了经验，各方面得到发展和加强，经受了考验。特别可贵的是：批发市场系统至今还未发生过特大案件，保持了队伍的政治素质、道德水准、业务水平的提升，这是很不容易的。实践证明这支队伍、这个体系是合格的，可信的。这种好作风、好传统，我们一定要保持并发扬光大。

第二，粮食批发市场体系在新时期面临转型升级、持续发展、科学发展、赶上世界粮食市场发展先进水平的新任务。同国民经济其他部门一样，粮食批发系统能否转型升级，走向持续、协调发展，是我们面临的一关，非过不可。现在我们处于粮食“紧平衡”的态势下，总体上看，市场受到资源的可持续能力和环境、社会的可承载能力的制约，尤其是今后粮食上的风险增多，压力加大，困难增加，未知数很多，我们能否适应还是个未知数。应当冷静地看到，我们的交易中心基本上是按行政区划设立的，与不少商流为主的批发市场重叠，正面临整合调整的问题。而且随着环境的变化，吃“政策饭”的情况也可能发生变化，我们如何应对，需要创新思路，开拓新途。成品粮市场近几年发展较快，有关管理跟不上，人才跟不上的问题也很突出。这些都面临着整合资源、转变交易方式、提高服务质量的问题，这是回避不了的。所以，整个市场都面临着转型升级、强化市场的服务力、辐射力、吸引力，走上持续、协调、科学发展之路的问题。我们一定要在这方面努力，做新的探索、走出新路。这是事关批发市场体系生命线的重大抉择，绝不可掉以轻心，一定要下功夫做出新业绩，使中国粮食批发市场规范化、现代化、数字化，赶上世界先进水平。

第三，坚持改革创新，转变交易方式。我们一定要根据党中央、国务院的指示，坚持市场改革的大方向，遵循客观经济规律，搞活机制，创新管理与技术，从而转变交易方式，提升服务功能，赶上世界市场的先进水平。

从何着手呢？我们应当总结经验，不断探索，不断创新。

——从粮食交易中心、批发市场来说，有两句话：“政策性经营要抓紧做好，巩固提高；市场性经营要稳步发展，取得实效。”这方面的发展余地很大，市场空间很大，关键在于我们的工作。最近郑州粮食批发市场和批发市场分会提出了从扩大场际合作交易入手，进一步优化组合，合作共赢，这是一种较好的方式，应予推广，使市场性业务不断开展，为产销对接、粮食安全开辟一条新路。还要看到，通过合作，加深理解，互利共赢，也就为今后市场之间加深了解提供了一个好的平台，为今后的扩大整合、联合与合作，奠定一个好的思想基础与组织基础，将出现一些新的联合体，有利于粮食市场的整体发展。

——从成品粮批发市场来说，要继续在服务上下功夫，提升服务水平和服务质量，学习推广广东东莞常平市场、江苏常州市场、北京锦绣大地市场以及广西、福建、杭州等地的经验。最近我到贵州贵阳市穗金粮油集团调研，他们经改革重组后，把粮油储备、精细精深加工、贸易批发、物流配送融为一体，使放心粮油的产业链与食品安全的监管体系结合起来，高效运转，综合服务，效果很好，年销量120万吨以上，对当地的粮食安全起到了关键作用。现在全国像这样的年销100万吨以上成品粮市场已达十来家，很有希望，应总结推广。

总之，要在“创新驱动”、搞活机制上做文章，扩大服务范围，提高粮食安全保障能力，加快市场与企业的互助合作，包容增长，共同发展。

第四，培育行业新风，抓紧人才建设。这是市场能否持续健康发展的根本。要始终围绕“一个中心”，即为国家粮食安全服务，把全心全意为13亿人民的吃饭问题服务落实在自己的行动上。这就是核心价值观在粮食系统的体现。要坚持“三公”即公开、公平、公正，这是市场的生命所在，是长盛不衰之本。要坚决抵制各种腐败之风。现在粮食交易中暗箱操作、拍卖中背地里互相串通、到交货库提货时勒索客户、粮食发运中送红包、单线联系、背后交易、私相授受等已到了严重的程度。对这些内幕交易和操纵市场等不法行为，我们绝不能习以为常、见惯不惊，绝不能姑息迁就，听之任之，一定要依法查处。同时要继承发扬粮食系统为民服务的好传统，防微杜渐，坚决刹住这些歪风。这是批发市场的“癌症”，如果放任不管，拖下去就必然会毁掉一批市场，葬送一批人才。

我们要把人才建设提到第一重要的日程，一方面要用高尚的情操、高尚的道德塑造队伍；另一方面要用世界最先进的管理、最新的科技成果武装队伍，这样才能培育一流的人才，一流的市场，才能跻身于世界粮食强国的行列。未来十年，将是中国粮食行业、粮食市场人才辈出的时代，要出现新型的李经谋式的领军人物，出现新型的郑州批发市场那样的领军市场、领军企业。我们这些“老粮食”寄希望于大家！

让我们以优异的成绩迎接党的十八大胜利召开！

中国杂粮产业在新时期的新使命*

（2012 年 8 月 18 日）

这次在西安召开的“2012 中国杂粮营养与健康报告会”是全国杂粮行业参加企业最多、规模最大、人气最旺的一次盛会，它标志着中国杂粮行业的发展进入了一个新的阶段。当前我国国民经济正处在转折的关头，粮食行业的发展、国家粮食的安全也处在一个关键的时期。虽然粮食几年丰收，尤其是去年创纪录达到 5. 7 亿多吨，但由于工业化、现代化、城镇化的发展步伐加快，粮食的需求呈现刚性增长，而粮食和农业由于资源的制约发展相对滞后，粮食供求“紧平衡”状态将趋于常态，并向偏紧方向演变。对此，我们一定要有清醒的认识和足够的准备。一切要从稳定粮食价格，确保粮食供应的大局出发，为确保国家粮食安全竭尽全力，搞好服务。全国粮食行业，不论主粮与杂粮，不论产区与销区，全国上下一体，在各级党政领导下，扎实做好工作，确保万无一失。这就是新时期粮食行业也包括杂粮行业的新使命、新任务。为此，中粮协围绕这个主题进行调研，提出以下几点意见，供大家参考。

第一，正确认识杂粮在国家粮食安全中的地位与作用。我国是世界上著名的盛产杂粮的国家，它是我国的优势产业之一。杂粮在我国绝不是无关紧要的小品种，发展杂粮也绝不是可有可无的小事。从粮食史看，中国传统的五谷中，杂粮是不可或缺的品种，长期养育了中国各族人民，支撑了中国历代社会经济的发展。让我们记忆犹新的是，在中国现代革命史中，“小米加步枪”曾帮助中国人民战胜了日本侵略者和国民党反动派，历史不会忘记其功绩。中国粮食史上粮食产业结构的多次大调整、大发展也与杂粮的变化有关。特别是近现代引进了马铃薯、玉米等高产品种，传统的杂粮面积有较大减少，产量也随之下降。据中粮协杂粮分会的统计，2011 年全国杂粮的播种面积为 21822. 5 万亩，总产量共计 4550 万吨。在全国粮食产量中占近 8%，是不可小视的粮源。尤其是杂粮及其食品，具有药食同源、相互融合的优势，日益成为营养健康食品，其消费量近年已出现上升的趋势，进入绿色食品行列。而且由于杂粮营养

* 这是白美清同志在“2012 中国杂粮营养与健康报告会”上的讲话。

价值高、抗逆性强，已成为适合高原缺水干旱半干旱地区粮食的当家品种，加上现在不少地方杂粮种植方式落后，产量很低，例如，常见的小米一般亩产150～200公斤，仅为杂交小米的40%～50%；马铃薯单产我国约14.4吨/公顷，仅为发达国家的1/3左右，其增产潜力非常大。可以预期，随着农业科技革命的推动，未来杂粮生产将有较大的增长，可能成为粮食系列中发展最快的种类之一，从而为解决国家粮食安全问题起到重要的补充作用。尤其是在干旱缺水的地区，可能找出一条解决当地人民吃饭问题的新出路。国际粮农组织的专家也有这种看法。认为对非洲的不少缺粮国家，杂粮是贫苦农民的福音。

概括地说，杂粮是老少边穷地区人民的主要口粮，是城市居民营养保健食品，是粮食中发展潜力大的种类之一，在国家粮食安全中是不可忽视的资源，起到主粮的辅助作用，对缓解粮食的供需矛盾提供一种优质资源。特别是在粮食供需紧平衡日益加剧的情况下，更彰显出发展潜力和重要地位。“小杂粮”可以开辟出大市场，形成大产业，发挥出大效应，开创出新天地。

第二，中国杂粮行业的前进方向是向绿色生态现代杂粮产业化发展。这是新的科技革命推动的结果，是时代的要求，人民的愿望，企业兴旺的战略选择，也是对杂粮安全性、营养性的更高要求，是转变发展方式在杂粮行业的具体体现。我们一定把握这一战略思想，高起点，严要求，转型升级，使杂粮在生产、流通、消费上步入标准化、规范化、现代化发展的轨道。

——首先从杂粮的生产上抓起。重点抓好“两大工程”：良种的培育、推广和粗放式耕作方式的转变。好种出好苗，好苗结好籽。要根据国家的规划部署，抓好杂粮的种子工程，培育出高产、优质、高效的品种。如河北张家口市粮科院谷子研究所所长赵治海研究员为首的科研小组培育的杂交谷子新品种“张杂谷”，现已在一部分地区推广，同等条件下，比常规谷子增产40%以上，最高亩产达到700～800公斤。如继续改进与推广，将会有新的突破。要下大决心转变传统的粗放式甚至是掠夺式的耕作方式，改变单纯靠大量使用化肥、农药、除草剂等增产的做法，向种地与养地相结合、用水与保水相结合、机械化与精耕细作相结合为特征的“四节”新耕作方式转变，即“节地、节水、节肥、节药”的耕作方式。使农业能真正持续、健康、和谐发展，坚决抛弃“吃祖宗饭，断子孙路”的只顾眼前不思今后的落后耕作方法。现在我国这块占世界耕地1/9，养活了世界20%的人口的国土，却使用了世界1/3左右的化肥、农药，这是难以为继的！我们应当深刻总结经验教训，充分认识到转变耕作方式是当务之急!

从在贵州黔西南州、河北张家口地区等地调查的情况来看，要解决土地适度规模经营问题，可采取互利共赢、灵活多样的形式，如“公司+基地+农户”、“公司+杂粮合作社+农户”等，还有在小农户的基础上实行“几统一”：统一种子、统一育种、统一栽培、统一病虫防治、统一收获、统一销售等。从一村、从一条平川做起，这样可以收到较好的效果。

——在流通上，抓紧建设“一链两网”（产业链，收购网、销售网），形成杂粮生产、加工、储运、销售的现代流通体系。要把着力点放在让杂粮干干净净、顺顺畅畅上到百姓餐桌上。为了保持杂粮的营养性、安全性，加工、流通环节一定要注意：一是不要在添加剂上做文章，而要在原汁原味上创新路；二是要在杂粮机械化上用功夫，创制一些先进适用的杂粮加工机械；三是要注意同其他粮食配合使用，组合成老百姓喜爱的各类食品。如“二米饭”、“杂粮挂面”、“杂粮馒头”、杂粮系列产品等。要广泛深入宣传杂粮独特的功能与烹调食用方法，使之进入普通百姓之家。要同放心粮油工程、主食厨房工程相结合。这里强调要十分重视“两薯（马铃薯、甘薯）”的食用与推广，如薯条、薯片、烤红薯以及薯粉、薯丝等都大有可为，这些都可能开辟出大市场。

第三，要突出重点，办出特色。杂粮品种繁多、分布很广，工作上，要抓重点品种、重点产区、重点企业、重点市场。我国杂粮影响较大者，可概括为“两米”（小米、高粱米）、“两薯”（马铃薯、甘薯）、“三麦”（大麦、荞麦、燕麦）、“四豆”（蚕豆、绿豆、红小豆、芸豆）。要梳理产品、梳理地区，分别采取扶持政策，使主产区增产增效，使原产地重放光芒，使优质品种实现增值。要开拓国内国外两个市场，进一步打开销路。要把工作重点放在培育重点龙头企业上，使它们能加快发展，带动一方。同时要吸引大型企业到产区参与开发，搞好合作。

第四，要把科技创新落实到创名牌、出优质产品上。要采取继承、发展、创新和引进、消化、创新相结合，产、学、研、用相结合等方式，在全行业坚持不懈地推行名牌工程、信用工程，争取在一段时间内树立杂粮系列化大名牌，形成一批全国性、区域化的名牌产品，提高知名度，充分发挥名牌效应。如小米，可在传统的“四大贡米（小米）”的基础上，整合提升，改造升级，成为远近闻名的全国大名牌。薯类有很大潜力和较高的营养价值，要在现有“定西土豆”、“内蒙古土豆”等基础上，培育优良品种，在储藏、加工上出特色、上水平，标准化生产、现代化销售。要创出一批全国人民欢迎的名牌精品，大力促进杂粮行业走上大名牌、大企业、大市场的轨道，形成一批根底深厚的百年名牌、百年老店，涌现出领军企业、领军人物，使杂粮行业上新水平，步入新的发展阶段。

第五，加强政策支撑。要积极争取各级党政的重视，列入重要议事日程，强化支持措施。在政策扶持上，要像对待主粮那样对待杂粮，使杂粮与主粮一样享有同样的优惠政策，扶持老少边穷地区的杂粮产业。要在各个方面争取支持，形成合力，从而调动各地各方面的积极性，支持杂粮行业的发展，使杂粮在新时期作出新的贡献！

在转型升级中把粮油企业做强做精做大*

（2012 年 10 月 28 日）

当前粮食的新形势与粮食安全的新课题

2012 年以来，粮食工作的形势是好的，特点是个“稳”字，主要表现在两个方面：一是粮食生产稳步增长；二是粮食市场发展稳中有升。从粮食生产看，夏粮已获丰收。据农业部和国家统计局的消息，2012 年夏粮总产达到 12995 万吨，比上年增加 356 万吨，增长 2.8%。其中冬小麦产量 11430 万吨，比上年增加 334 万吨，增长 3%。夏粮总产量超过 1997 年 12768 万吨的历史最高水平。值得注意的是 11 个主产省增产夏粮 364 万吨，超过了全国增产量的总和，其中安徽增产 80 万吨，山东增产 75 万吨，河南增产 55 万吨。最近农业部、发展改革委预测，在夏粮和早稻增产 410 万吨的基础上，今年我国粮食有望“九连增”，总产比上年增近 2500 万吨。看来又是一个丰收年，这是难能可贵的。

从粮食加工、粮食市场来看，也是一个稳定发展的趋势。今年上半年全国粮油加工重点企业产值与销售收入平稳增长。上半年实现工业总产值 6582.1 亿元，同比增长 19.7%，但增速比去年同期下降 7%；实现产品销售收入 6583.3 亿元，同比增长 21.7%，比上年同期下降 1%。从利润看，由于多种因素的影响，成本上升、利润下降。上半年利润 113.1 亿元，比去年同期下降 9.9%。粮油工业总产值居全国前五位的是：山东省（1229.8 亿元）、江苏省（588.3 亿元）、广东省（506.6 亿元）、湖北省（489 亿元）、河南省（470.7 亿元）。全国粮食市场购销兴旺、供应充足，价格稳中略有上升，为全国消费价格指数（CPI）控制在 3% 以内奠定了基础，为全国社会的和谐及经济的发展提供了良好的基础，使我国在全球粮食供需平衡中做出了应有的贡献，获得了联合国粮农组织和国际粮食界的高度评价。以上成绩是来之不易的，是党中

* 这是白美清同志在重点粮油企业集团峰会上的讲话。

央、国务院的英明决策和全国上下通力合作、共同努力的结果，近期粮食安全是有保证的。

但是我们也要看到我国粮食安全的隐患所在，薄弱环节所在，从宏观看，从长远看，粮食发展滞后的问题已经显现。突出的问题是：我国的粮油自给率逐步下降。主要表现在两个方面。

一是国内粮食调出地区减少、调出数量减少；调入地区增多，调入数量不断增加。原来13个调出地区，实际上已减少到5~6个；原来7个购销平衡地区基本上都转化为销区；原来的销区，特别是东部沿海地区自给量大幅减少，购入量大幅上升，这种趋势还在发展。

二是粮油进口近来逐年上升，中国已成为粮油第一进口大国。粮油进出口，过去主要是品种调剂，现在可以说成为必要的补充了。从21世纪初开始，进口节节上升，去年是粮食大丰收之年，总产5.717亿吨，但进口粮食超过6000万吨（含大豆），粮食的自给率不到90%。去年国产大豆为1400多万吨，仅为进口5264万吨数的1/4多一点儿。另外还进口油菜籽126万吨，大豆油114.3万吨，棕榈油591.2万吨，合计进口植物油779.8万吨，食油自给率仅有30%左右。今年上半年，海关数据显示，进口大豆2905万吨，同比增长22.5%；进口玉米240.5万吨，同比增长6535.2%；进口小麦219.3万吨，同比增长294.9%；进口大麦150.94万吨，同比增长62.3%；进口大米118.67万吨，同比增长226.9%。全国农产品进出口总额从2001年的279亿美元，上升到2011年的1556.2亿美元；逆差从2004年的46.4亿美元，上升到2011年的341.2亿美元。而且，进出口的逆差将成为常态，并有扩大之势。我们对此要有清醒的认识和正确的估量。

改革开放以来，我国粮食生产实现了快速增长，从1978年的3亿吨上升到1984年的4亿吨，再到1996年上升到5亿吨，上了两个大台阶。现在突破5亿吨，今后要再大幅上升，由于资源的制约、气候的变化、科技创新没有大的突破，困难是非常大的。而且随着人民生活水平的提高，特别是城镇化的快速发展对粮食的需求又呈现多方面、高质化的刚性增长，这样就使粮食紧平衡的状态会越来越向偏紧方向发展。因此，在这样的新形势下，我们这样一个人口大国，必须坚持立足国内解决粮食问题的方针，保持粮食尤其口粮的完全自给和其他粮食的基本自给绝不动摇；同时要充分利用两个市场、两种资源，恰当地利用国际粮源，这也是绝不能忽视的。这是我们面临的新课题。现在已进入21世纪的第二个10年，我们一定要经得起粮食周期性波动、全国粮食受灾较大幅度减产的考验，经得起重大突发事件的考验，经得起国际粮食危机、粮价大幅度波动的冲击和考验。全国粮食行业要坚决服从国家的宏观调控，维护粮食安全这个大局，做好一切应急准备。这是我们的神圣义务和社会责任。凡事预则立，只要我们搞好各项准备工作，是可以确保做到万无一失的。

找出差距　扬长避短　在转型升级上取得新突破

粮食行业发展到今天，形势要求我们必须从根本上转变旧的粗放式的发展方式，即从旧的高消耗、重污染、低效益、拼产值的旧的发展模式上解放出来，走上集约型发展道路。这是根本性转变。老百姓批评过去那种旧发展模式是“吃祖宗饭、断子孙粮”，这是一针见血的，值得我们深思。事实上，不仅粮食行业，整个国民经济、整个工农业生产都面临这样一个严峻的形势，这是难以为继、难以持续发展的。我们要总结经验教训，从拼消耗、追产值、不顾环境、不计后果中清醒过来，真正走上科学发展之路，这样我们才能自立于世界强国之林，才能使粮食行业成为常青的传统产业。我个人体会，我们今后粮食系统全行业要下决心从根本上转变，**把整个工作的着眼点放在四句话上：实现“市场化运作、创新型驱动、可持续发展、包容性增长”**。这就是转型升级的实质和目标，在新形势下，对这个问题的认识要有新高度，行动要有新步伐，工作要有新成效，争取取得突破性的进展。这是关系到行业生存发展的大事，也是关系整个国民经济发展命运的大事。最近，俄罗斯专家发表了一篇评论指出：“如果中国人不能从粗放型发展模式转为集约化发展模式，那么欧洲人和美国人就会用自己的危机断送中国人的前程，因为这个危机像个泥潭，全世界都陷入其中。西方不希望中国成为火车头，西方希望中国一直是节普通的车厢。”我认为，这些深层次的问题值得我们深思。我们骨干企业的企业家们更应当早认识、早行动、早见效，走在行业的前列，这样才能保国家粮食安全、促企业升级发展。

根据协会的调查，粮油企业集团要做强做精做好做大，在转型升级中取得突破性进展，要注意以下几个问题：

第一，要对照国内外500强，找出差距，扬长避短，加快发展步伐。我们认为存在“三大差距”：一是产业链不如人；二是创新能力不如人；三是抗风险机制不如人。归根结底是人才不如人。要下功夫抓基本功，抓创新，抓人才。

第二，要向绿色生态粮油产业现代化方向发展。坚持走资源节约型、环境友好型、绿色经济型、循环发展型之路，形成从田间到餐桌的全产业链、产业园区、产业集群，合理配置资源，多方面提高效益。要防止三个“过度”、一个“滥用”，即一是防止过度的扩张、扩大产能；二是防止过度加工；三是防止过度包装。另一个是防止食品添加剂的“滥用”，要坚持“安全、营养、风味、快捷”的原则，搞好系列化产品。

第三，要把科技创新落实到名牌上。要下大力抓创名牌、树信誉，把资源优势转化为产品优势。从而形成百年名牌、百年老店。

第四，实施“走出去”的战略。搞好国外资源的投资与开发，稳中求进，利用好两个市场、两种资源。最重要的是要把现代化的管理和当地的实际结合，实施本地化战略，探寻长效机制和长远发展。

第五，搞好领导班子的建设。搞活机制、培养人才。加快步伐培养高端人才。要坚持“以法办企、以德服人、以智兴业”，培养“法、德、智”三者兼备的人才，培养良好的企业文化，探索企业长治久安之策。

最后，要强调骨干粮油企业集团一定在任何时候、任何情况下，牢牢把国家粮食安全放在第一位，经受得起历史的检验，服从于国家的宏观调控，把放心粮油送到千家万户，为确保国家的粮食安全、为支援“三农”做出新的贡献。

让我们以实际行动迎接党的十八大胜利召开！

县域粮食经济要在转型升级中谋发展*

（2012 年 11 月 6 日）

这次会议的主题是：以转型升级为主线，研究如何在新形势下进一步推进县域粮食经济及放心粮油、主食品工程的发展，加强农村粮食经纪人队伍建设，更好地为新时期粮食安全服务。

这里着重讲一下县域粮食经济要在转型升级上取得新突破的问题。粮食行业发展到今天，形势要求我们必须从根本上转变旧的粗放式的发展方式，即从高消耗、重污染、低效益、拼产值的旧的发展模式上解放出来，走上集约型发展道路。这是根本性转变。老百姓批评过去那种旧发展模式是“吃祖宗饭、断子孙粮”，这是一针见血的，值得我们深思。事实上，不仅粮食行业，整个国民经济、整个工农业生产都面临这样一个严峻的形势，这是难以为继、难以持续发展的。我们要总结经验教训，从拼消耗、追产值、不顾环境、不计后果中清醒过来，真正走上科学发展之路，这样我们才能自立于世界强国之林，才能使粮食行业成为常青的传统产业。我个人体会，我们今后粮食全行业要下决心从根本上转变，把整个工作的着眼点放在四句话上：实现“市场化运作、创新型驱动、可持续发展、包容性增长”。这就是转型升级的实质和目标，在新形势下，对这个问题的认识要有新高度，行动要有新步伐，工作要有新成效，争取取得突破性的进展。这是关系到行业生存发展的大事，也是关系整个国民经济发展命运的大事。

全国现有 2800 多个县区，县域粮食经济是全国粮食行业的基石，是国家粮食安全的基础。粮食改革、放开以后，在从计划经济走向市场经济的过渡中，历经下岗分流、改制重组，县域粮食经济发生很大的变化。全国大约有 30% 的县区粮食经济搞得较好，有很大发展，其实力、其规模、其辐射力远远超过计划经济时期；大约有 30% 处于涣散状态，资产基本流失，骨干基本走光，机构名存实亡，粮食流通、粮食管理处于自流的状态；其余有 40% 的地区处于中间状态，勉强维持现状。当前正是粮食系统的转折时期，我们必须以

---

* 这是白美清同志在全国县域粮食经济和粮食经纪人培育发展工作经验交流会上的讲话。

转型升级为切入点，推动整个县域粮食经济的发展，特别是要把重点放在工作落后的县区上。坚持改革创新，走出一条县域粮食经济发展的新路。

根据一些先进县区的经验和中粮协的调查了解，各地区粮食行业发展的做法和经验，可以归纳为以下六点：

第一，从清理资产入手，盘活现有资产。要搞好资产重组和调整结构，提高经济效益，焕发生机活力。新中国成立以来，由于几代粮食人的努力，都留下了许多资产，包括房地产和物流设施。这是他们多年积蓄的家底。不少先进地方粮食局并没有简单地卖掉资产，而且整合资源，盘活资产，把优质资产优化组合，从而获得了良好经济效益，粮食经济不仅没有萎缩，而且得到良性发展。当前各地正在进行城镇化建设，不少粮食设施正在退城进郊，应当掌握这个机遇，坚持“增量升级”的原则，使原有的粮食仓库、经营场地迁到新址后得到改造，水平提升，效益也就增加了。盘活资产，前程光辉；资产分光，陷入绝境。这条经验教训，大家一定要记取。

第二，以抓地方粮食储备着手，改造和兴建以县中心粮库为核心的仓储收购系统。要充实应有的地方储备粮并相应制定粮食应急保障制度，增强地方粮食系统的调控能力，增强应对自然灾害和突发事件发生时粮食的调动和保障能力。在紧急时期做到“有库可调粮、有厂可加工、有中心可发货、有店可销售”，保证供应，使领导满意、群众放心，社会安定。这样做，粮食行业自身也将得到发展壮大。

第三，以放心粮油工程、主食品工程为突破口，搞好“一链两网（产业链，采购网、销售网）”建设。要逐步形成从田间到餐桌的全产业链和四通八达的购销网络，从而走上产业链——产业园区——产业集群带的良性发展之路。同时使粮食的产业链建设和粮食安全可追溯监管体系结合起来。许多县区粮食局采取这一办法后，都重振雄风，得到更好发展。

第四，以骨干企业、名牌产品为依托，搞好“内联外引”，扩大联合。如黑龙江虎林县与上海良友集团紧密合作，使虎林大米成为上海市畅销的名牌，发挥虎林粮食业的资源优势和上海良友集团资金、技术、销售网的优势，形成合力，从而打开了新局面，实现了互利共赢。

第五，以名牌工程为重点，组织科技协作与攻关。要把科技创新成果落实到创名牌、出名品上，把当地的资源优势转化为商品的优势，从而大幅度地提升效益，开拓新的市场。如五常大米、国宝桥米、射阳大米、鲁花花生油、西王与三星玉米油等都是典型。

第六，关键在于要有一个创业的班子和高素质的队伍。特别是县粮食局领导核心如果抱着得过且过混日子的想法，没有转型的决心和创业的责任感就肯定搞不起来。对领导班子的要求是“遵法、厚德、尚智、为民”。领导核心一定要发扬粮食系统的优良传统，和时代精神结合起来，成为有理想、有智慧的干干净净的领军人物。只要有了一个转型的创业班子，才能带出创新型人才，办好创新型企业，开辟出广阔的新天地。事在有人为、人在有人带头实干。这些先进县粮食系统都证明了这一条。

最后，让我们以优异的成绩迎接党的十八大的胜利召开！

二〇一三年

实施放心粮油工程的新阶段和新任务*

（2013 年 7 月 11 日）

这次放心粮油工作经验交流会既是一次年度例会，也是在全国粮食工作处在一个新的转折时期，放心粮油工程面临新任务的形势下召开的。目的就是要在新形势下全面落实党中央、国务院关于粮食安全、食品安全一系列指示精神，把放心粮油工程推进到一个新阶段，把粮油食品安全工作落实到基层，把全国粮油行业工作提高到一个新水平。

放心粮油工程开展十多年来有了很大的发展。在各级党委、政府的正确领导下，在各方的配合支持下，各级粮协和粮油企业积极开展工作，取得了显著的成绩，放心粮油工程的作用日益显著。最重要的是使全行业认识到以国家标准为准绳，以确保人民吃得放心、吃得健康为目标，把住安全门、质量关，从而使国家粮食安全、食品安全的重大任务得以落到实处，受到了各级党政领导的表彰、社会的广泛赞许和群众的充分信任。放心粮油工程是国家粮安工程的一个重要组成部分，它与主食品产业化工程、名牌工程、信用工程、万村千乡市场工程紧密结合，以此作为切入点，使市场化后受冲击而断裂的粮油流通产业链得以逐步恢复，粮食行业的诚实守信的传统得以继承发扬，粮油流通企业从下岗分流、改制重组的阵痛中走了出来，得以渡过难关迈向一个新的发展阶段，为迎接新时期新任务保存了实力，为确保国家粮食安全、食品安全奠定了基础。根据中粮协的统计，到 2012 年年底为止，全国放心粮示范企业已达 9386 家（其中经中粮协认定的 1008 家），放心粮油企业发展销售网点总数为

---

* 这是白美清同志在吉林省长春市召开的全国放心粮油进农村进社区经验交流会上的讲话。

243340 个，其中城市网点 141680 个，农村网点 101660 个。放心粮油企业发展的种植基地 37066 万亩。一大批放心粮油企业发展为各地的骨干粮油企业和名牌生产企业。经具备资质的信用评审机构评定，到 2012 年年底，达到 A 级以上的粮油企业 205 家，其中 AAA 级 143 家，AA 级 49 家，A 级 13 家。部分骨干企业已成为具有较强经济实力和竞争力的大型企业集团。放心粮油工程的产品质量逐年提高，特别是大米、面粉、玉米粉和食用植物油，近年来年检合格率均在 95% 左右的水平，保持了稳步上升的势头，为粮食安全做出了应有的贡献。目前存在的问题是：放心粮油的普及率和覆盖面还不高；城乡结合部、老少边穷地区还很薄弱，这些地区粮食供应依托小作坊、小商贩、小集市的“小、散、低”状况还未根本改观；部分企业对粮油安全的意识、诚信的意识淡薄等。目前薄弱环节还很多，今后的工作量还很大，普及提高的任务十分艰巨，需要我们去开拓，去创新，以达到党中央、国务院对我们的要求。

当前粮食工作进入了一个新的转折时期，粮食供需紧平衡局面将会持续下去并向偏紧方向发展。虽然粮食连年丰收，但由于进入小康社会后人民生活水平不断提高，城市化已越过 52% 的新台阶，粮食需求呈刚性直线上升，出现了粮食生产的增长赶不上需求增长的现象。我国粮油的自给率正在下降，进口量从 2003 年以后逐年上升，国际粮食贸易逆差连年递增。这种趋势仍将继续下去。在新的形势下，国家粮食安全、食品的安全，不仅要重量，更要重质。我们在宏观上要保持品种、结构供需总量的基本平衡，以稳住大局；在微观上，要保证每个粮油产品质量的安全性与营养性，以稳定人心。尤其是近年来，在粮食安全总体上保持稳定中发展的态势下，也频发了一些违反食品安全法的重大事故和恶性案件、暴露出许多不安全的隐患，有些确实令人触目惊心。党中央、国务院高度重视和关怀粮油食品的安全问题。习近平总书记、李克强总理多次作出重要指示。强调“粮食安全是天大的事”，“进一步做好粮油安全工作是惠民生、促和谐的重要抓手，不断提升食品安全水平是调结构、转方式的重要任务，确保我国食品安全牢牢把握扩大内需这一战略基点的重要保证。各地区、各有关部门一定要继续全力以赴，攻坚克难，扎实做好食品安全工作，让群众吃得安心、吃得放心。”这是新形势下食品安全新政的最强音。全国粮油行业要动员起来，认真落实党中央、国务院的指示，把全国放心粮油工程推进到一个新的阶段，在粮油行业的转型升级中，把粮油的安全性、营养性提升到新水平。总的要求是从质上提升，从面上拓展，争取在“十二五”

期间，让放心粮油覆盖城市90%以上社区，覆盖农村80%以上的村寨，特别是要进入老少边穷地区的千家万户，把放心粮油送到他们的家中，把党和政府的温暖送到各族人民心中。这是粮食行业全体人员和所有企业的社会责任和应尽义务。为此，要做好以下工作：

第一，粮食行业转型升级向生态化、现代化粮食业方向发展，是搞好放心粮油、确保粮油安全的根本出路和治本之策。我们必须深刻认识新时期粮油安全的重要性、艰巨性和复杂性。过去，在短缺经济时代是在低标准、瓜菜代的条件下解决人们填饱肚子的问题，只要把定量供应凑够就行了。而现在随着建设小康社会的进展和人民生活的提高，随着科技的发展和升级，是要在实现全面小康社会、进行生态文明建设中解决人民吃得好、吃得安全健康的问题。也就是说过去是在低标准下解决食品安全问题，现在是在高科技下解决食品安全问题。要求非常高，难度非常大。过去遗留下来的问题也相当多。特别现在是“吃在中国”，我们既是发展中的大国，又是饮食文化传统悠久很讲究“吃”的国家，稍有不慎，就可能引发不满，演变成政治问题。现在科技发展日新月异，检测手段日趋精确完善，过去许多潜在的不安全问题开始显露出来，如土地、水源、大气环境的污染，化肥、农药、除草剂和加工中的各种化学添加剂残留等，都是造成食品不安全、不过关的隐患，遗留下来的问题很多，要整治好并非轻而易举、一朝一夕就能办到的。但是，我们必须下定决心整改，攻坚克难，按照党中央、国务院的要求，坚定不移地转型升级，走上粮食生态化、现代化的新路，这样才能把粮食生产和粮食安全建筑在可靠的基础上，得以持续、全面、协调地向前发展，满足人民生活日益提高的需要。

第二，要严字当头，坚持国标，层层把关，环环扣紧，绝不让不合格、不安全的产品出车间、出工厂。各级协会、各个企业要严把质量关、安全关。审批放心粮油品牌和放心粮油示范企业，以及放心粮店命名要从严掌握。2013年下半年要再普遍进行一次复查，发现问题，及时解决。对生产经营不合格产品的生产和流通企业要发出警告，及时处置；对不安全的食品和企业实行零容忍，绝不姑息。只有在高标准、严要求下，才能锻炼出一批骨干企业，创造出一批知名品牌，产生出一批百年老店，培育出一批领军人才。

第三，要坚持改革，搞活机制，从源头抓起，从每个环节抓起，从每道工序抓起。实践证明，实现“两链结合”，是确保安全生产、安全供应的有效举措，即：建立从生产到消费全过程的安全营养、绿色生态供应链；同时建立从田间到餐桌的全过程、全社会的监管链，力促二者落到实处，紧密结合。前一个链条和体系在生产流通供应上环环扣紧，层层负责；后一个链条和体系从源头到终端，政府、社会、媒体、公众多方形成合力，层层监督，不留死角。这样就有可能把隐患消灭在萌芽状态，使守法者得益，使违法者无容身之地，受到应有的惩处。这两个方面都要通过改革，调整利益关系，协调各方行动，心往一处想，劲往一处使，在行业内外形成良好风尚，造成生产销售放心粮油的气氛，促进粮油食品行业高质量、高标准、高水平地健康发展，从而使粮油企业做强做大，为走向粮油食品强国开辟出一条新路。

第四，粮油食品安全的要害在于抓添加剂。在现代化的食品加工业中，离不开使用化学添加剂。我曾经在饲料工业协会上说过，成也在添加剂，败也在添加剂。这不仅是指饲料，在涉及食品不安全的重大事件中，事实证明大都出在与乱用、滥用化学添加剂上。例如近来，塑化剂问题炒得沸沸扬扬，中国粮食行业协会召开了部分专家、企业领导人座谈会，已经制定印发了《关于加强质量管理防范塑化剂污染粮油制品的实施意见》，目的是引起全行业的重视，举一反三，做好工作。食品添加剂的名目繁多，每个企业务必严格按照国家标准执行，加强约束和防范，切忌乱用和超标使用。如不慎重行事，出了问题就可能使企业声名扫地，甚至关门垮台。要尽量研究如何开发使用天然添加剂代替化学添加剂。要在这方面不断创新，开拓新材料、新技术，达到新水平，要走正道，不要走坑蒙拐骗的邪路。

第五，要注意抓薄弱地区、薄弱环节。目前，一部分城乡结合部和少数农村，仍然是靠小商贩、小作坊、小集市生产、销售粮油食品，不安全的问题很多，有的还有制假造假的黑窝点。对此，各地协会要在当地党政的领导下，把工作重点放在这些落后地区上，要千方百计让这些地方的人民能真正吃上放心粮油，健康生活。制造不合格、不安全食品的黑窝点，使之不要危害于人，各地要敢于碰硬，敢于动手，清除毒瘤。

第六，粮食产品需要净化，更重要的是粮食人的灵魂需要净化，社会风尚需要净化。放心粮油、食品安全工作的核心是要树诚信，讲良心。粮食事关国计民生，涉及千家万户，粮食行业因此是良心行业，粮食产品是良心产品，粮食人是具有良心之人，历来如此。生产经营者有良心，才能把放心产品送到老百姓手中，让老百姓吃得放心。“吃、穿、住、用、行”，以“吃”为首，扩大内需，食品是首选商品。可以说粮食是关系国计民生的第一商品，粮食行业是国家经济的第一产业。如果说首都是第一要地，是“首善之区”，那么，作为第一产业的粮食也理所当然地应是“首善行业”。我们过去的“老粮食”，都以到粮食部门工作为荣，粮食企业历来都以诚实守信、童叟无欺的“金字招牌”而闻名。在新的形势下我们要继承发扬这一优良传统，并与时代精神相结合，力促实现中国梦的伟大理想在粮食行业落脚生根，开花结果。要在全行业形成“遵法、厚德、尚智、为民”的良好风尚，引导每个粮食人成为社会公德、职业道德、家庭美德、个人品德的践行者，全行业的领导人、企业家，更应率先垂范，带头履行，为人楷模，干干净净做人，踏踏实实办事，反哺人民，报效祖国，为让十几亿中国人民吃上放心粮油，过上小康生活作出应有贡献。最后，我殷切希望全国粮食行业的全体同行，把“**维护国家粮食安全，确保人民吃粮安全**”融化在血液中，真正落实到行动上！

心中永远装着十几亿人的吃饭问题*

（2013 年 8 月 28 日）

在我国国民经济发展的关键时期和粮食工作转型升级的重要时期，在国家粮食局、民政部的领导和关心下，中国粮食行业协会第五届会员代表大会和中国粮食经济学会第七届会员代表大会正式开幕了。这次会议的主题就是认真贯彻党的十八大精神，围绕为新时期国家粮食安全服务这一中心任务，以转型升级为主线，坚持改革创新，充分发挥各级协会和学会的积极作用，组织动员全行业广大会员和全体员工，向生态化、现代化粮食业的方向前进，在确保新时期粮食安全中做出新的贡献。这次大会，是粮食行业团结战斗，实现“中国梦”的大会，是粮食系统承前启后、开拓未来的大会。

中国粮食行业协会和中国粮食经济学会成立以来，在各级粮食局的领导关怀下，发挥“双向服务”的功能，为政府、为行业、为企业、为会员搞好各项服务工作，取得了显著的成绩，初步站稳了脚跟，赢得了各方的信任与积极的评价。这和上级的正确领导分不开，和各级协会、学会的齐心协力工作分不开，和两会新老干部的艰苦奋斗分不开。我谨向一贯关心支持协会、学会的各级粮食局和有关部门领导、新闻媒体表示衷心的感谢！向各级协会、学会的领导和员工表示诚挚的敬意！向广大会员和广大粮食企业表示亲切的问候！我个人作为两会会长，特别要感谢你们十多年来风雨同舟、休戚与共，没有大家的支持、帮助和充分理解，我们是寸步难行的。有这么多精明的领导和干练的专家鼎力相助，有这么多粮食迷、面粉痴执着相帮，是我们的行业之幸，也是我个人之福。这将永远铭记在我的心里。

我作为一个有 60 余年经历的“老粮食”，工作的起点在粮食，终点也在粮食。我亲身经历了解放初期征粮剿匪之风险、统购统销之艰辛、三年饥荒年代之苦难以及改革开放后市场经济之繁荣。我热爱这个实实在在的民生行业，热爱这些朴朴实实、孜孜不倦的粮食人。多年来我体会最深的一点就是：作为中

* 这是白美清同志在中国粮食行业协会第五届暨中国粮食经济学会第七届会员代表大会上致的开幕词。

国粮食人，**心中要永远装着十几亿人民的吃饭问题，脑中要时刻惦记着国家粮食安全的大事**。要经常关注“粮种能否自制？粮食能否自给？粮权能否自主？粮企能否自强?”要时刻想到“粮价是否稳定？食品是否安全？供应是否到位？隐患是否消除?”要牢固树立起“安得谷满万石仓，大庇天下黎民尽果腹”的心愿与梦想，把国人的饭碗端在自己手里，装上自己生产的粮食，真正构建起可持续、抗风险、能自主的国家粮食安全保障体系，走出一条具有中国特色粮食改革、发展之路，经受得起任何风浪的冲击和各种突发事件的考验。我认为，这就是中国粮食人优良的价值观的集中体现，是中国粮食人优良传统精神的精髓所在，是中国粮食人的立业之本。

当前粮食工作虽然纷繁复杂、千头万绪，但最重要的就是要发扬粮食系统的优良传统，并与时代精神相结合，抓队伍，聚人心。净化食品，首先要净化人的灵魂，净化企业和行业之风。粮食行业和企业的领导，既要善于作粮安工程的建设工程师，更要当好粮食队伍建设的灵魂工程师。粮食行业上上下下风清气正、树雄心、立壮志、苦干实干，就必然出现人才辈出、事业巨变的新局面。我们希望行业和企业的领导人励精图治，身体力行，恪守“遵法、厚德、尚智、为民”的行业精神，拒腐防变，培育一支德才兼备、有理想、有能力、高素质、高水平的优秀队伍，努力赶超世界粮食行业的先进水平。中国粮食行业虽然是传统产业，但又是常青产业、朝阳产业，是实体经济中的基础产业，是扩大内需的首选商品，是大有可为、大有潜力、大有意义、大有用武之地的产业。在中国这样一个粮食生产、消费的世界第一大国的广阔天地里，在实现中华民族伟大复兴中国梦的万里征程中，在党的亲切哺育下，一定能涌现出一批世界级的粮食领军企业，涌现出一批具有国际水平的粮油领军人才，屹立于东方，走向全世界！

最后，祝这次粮食“两会”会员代表大会取得圆满成功，在两会新的领导班子领导下，一定能开拓新局面，创造新业绩！

祝中国粮食行业传统永续，世代常青！

祝中国粮食企业自强不息，跨越发展！

祝中国粮食人梦圆神州，德业双馨！

新时期建设大中城市粮食安全保障体系的对策探讨*

（2013 年 9 月 5 日）

这次由哈尔滨市粮食局主办的全国部分大中城市粮食工作经验交流暨经济协作会议是全国粮食系统的一次盛会。全国 20 多个大中城市粮食局的领导和行业内的专家到会，产区销区的代表聚集一堂，交流经验，洽谈贸易，研讨新时期城市粮食安全保障体系的建设问题，这对贯彻党的十八大精神，搞好粮食工作将起到良好的促进作用。现在我就新时期建设与大中城市地位相适应的粮食安全保障体系问题讲一些意见，供大家参考。

首先，我们要充分认识搞好城市粮食安全保障工作的重要性和艰巨性。我曾经说过，粮食工作的基点在农村，焦点在城市。粮食风波，粮食危机，出问题的根源在生产、在农村、在主产区，而表现在销区，在城市，抢购粮食风波在城市，粮食上的闹事，也多在城市。进入 21 世纪以后，在党中央、国务院一系列支农、惠农、富农政策的支撑下，粮食产量恢复到 5 亿吨的水平，到 2012 年创造历史最高纪录达到 5.89 亿吨，大家在粮食上过了十多年的太平日子，因而对粮食重要性的观念淡化了，对粮食安全的警觉性放松了。应该看到，城市是经济工作的中心，如果没有可靠的粮食安全保障体系作为依托，稍有风吹草动就会产生波动，直至发展成为政治问题。无论从当前来看，从今后发展看，都必须把大中城市粮食安全保障体系的建设提到重要议事日程。

——从粮食的形势看，虽然全国粮食达到 5.89 亿吨的水平，但由于人口的增长，尤其是城镇化超过了人口的一半，2012 年达到 7.11 亿人，占总人口的 52.6%，人们对粮食的需求量大幅上升，呈刚性增长之势。粮食已运行在紧平衡的新阶段，粮食的总供给赶不上总需求的增长，因而出现自给率降低，

---

* 这是白美清同志在黑龙江省哈尔滨市召开的全国部分大中城市粮食工作经验交流暨经济协作会议上的讲话。

粮油进口不断增长的现象。种种迹象表明，粮食、农业，已成为国民经济发展中的薄弱环节。如果不从现在起采取强有力的措施，农业、粮食的发展将成国民经济发展的“瓶颈”，影响城市、影响整个国民经济的发展。

——从城市的状况看，中国的特点是大城市多，城市群多，而且城市人口每年增长幅度达到1.2%以上，人口还在不断增加，粮食消费每年增加40亿公斤以上。全国27个省会城市已达14976万人，占全国人口的11.1%，占城市人口的20.9%，如果加上四个直辖市共31个城市（未包括港、澳、台）共25417万人，占全国人口的18.9%，占城市人口的35.7%。省会城市中1000万人以上的城市8个，800万人以上人口的6个，500万人以上人口的8个。而且长三角、珠三角、环渤海地区以及内地还有相当多的城市群，集中连片，敏感度高，传导性强，稍有不慎，就会发生问题，并且迅速产生连锁反应，不仅出现抢购风波，甚至引起社会动荡。

——从粮食的生产、流通看，现在粮食生产缺乏后劲，在5.8亿吨的基础上再要不断提高产量，难度甚大。而且在城市中，粮食流通体系的建设列不上城市工作日程，进不了城市建设规划，因此，产业链残缺不全，粮食的供应网络除少数超市外，基本上靠小集市、小商贩、小作坊，经不起风浪。

以上情况应当引起城市领导的高度重视，在研究城市经济发展的同时，必须研究城市的粮食工作，研究加强构建粮食安全保障体系的问题，把它列入议程，列入规划，认真解决粮食生产、流通工作发展滞后的问题，这是关系城市今后经济发展和社会安定的重大问题。

各级地方粮食部门是粮食省长负责制的组织保证和得力助手。其**任务就是“保一方粮食平安，促当地粮油企业发展”**。其工作的重点和战略目标就是“构建与城市地位相适应的粮食安全保障体系”。这是一项复杂的系统工程，具有丰富的内涵，它包括了从粮食生产、到粮食流通、粮食消费的整个过程。粮食安全，从宏观上讲，就是要在当前粮食紧平衡的形势下，保证当地人口总体上的粮食供应，使粮食的总供给与总需求基本平衡，包括品种，结构等方面的供求平衡，维护粮食市场价格的平稳，从而稳定大局；从微观上讲，就是要保证每个粮油产品的安全性、营养性，让辖区所有人民都能吃上放心粮油，以稳定人心。为此，必须认真贯彻党的十八大精神，坚决落实习近平总书记和李克强总理关于粮食安全的一系列指示，坚持改革创新，在调结构、转方式、上档次的工作中，构建起“生产稳定、储备充足、结构合理、市场有序、网络完善、高效节能”的安全运行体制和机制，无论发生什么异常情况，不管国内外市场发生什么重大变化，任何时候，任何情况下，都能使粮食产销环节正常运转，确保“有库可调粮，有厂可加工，有店可挂牌，有物流中心可调度配送”，做到供应充足，价格平稳，对城乡居民全覆盖。这是新时期粮食工作面临的新“赶考”，新考验。

根据历史经验和目前粮食的现状，在城市粮食安保体系的建设上，需要注意以下几个问题：

第一，要有稳定的粮源。首先是城市郊区的粮食生产不要放松。像哈尔滨、长春等城市，是大的粮产区，具备这方面的优势，要以“爱粮如宝，惜土如金”的精神，以铁的手腕，强有力的支撑措施，千方百计抓好三件基础工作：一是保基本农田和基本水源；二是转耕作方式（改变化学化农业耕作方式），推广“四节”耕作法（节地、节水、节肥、节药），走生态化粮食之路；三是扶持新式农民（即职业农民、产粮大户、粮食合作社等）。这实际上是保护美丽城市、宜居城市、生态城市的大环境，绝不能以牺牲环境为代价，来招商引资搞传统工业化，要十分注意在城镇化过程中不要把农业、粮食挤掉了。

在京、津、沪以及其他一些农业资源缺乏的销区城市，要十分注意和产区建立长效的粮食产销结合的机制，采取合作共赢的办法搞活粮食流通，保证足够的粮食供应，力求渠道通畅，避免梗阻。这方面各城市与产区要创造新形式、新办法。

第二，要抓粮食储备。不要相信“有钱就有粮”的神话。各地政府要出台一些政策，“吸引中央储备，增加地方储备，鼓励社会储备”，形成多层次、全方位覆盖的三级粮食储备体系。地方储备数量，应按国家粮食局的规定，即产区三个月，销区六个月的水平执行。南方主要注意优质稻、粳稻的储备；北方产区也要注意小麦、面粉等的储备。

第三，要抓建设“两链”。即以绿色、生态为特征的从田间到餐桌的购、销、调、存、加的全程粮食流通链、供应链；同时建立从起点到终端、从生产到消费的全程粮食安全监管链，动员政府、社会、群众、舆论各方面的力量，加强系列化的监督检查，使这“两链”结合起来，形成合力，消除粮油食品安全的隐患。

第四，要建设科学管理、经济适用、流通顺畅的粮食物流园区。把粮食的储存、加工、批发零售、物流通道结合在一起，要防止盲目追求大而全，造成重复建设，产能过剩。要针对当地的薄弱环节，突出重点，加强建设。例如各中小城市都应有一个成品粮交易市场，或批零兼营的物流市场。要和“粮安工程”、“放心粮油工程”、“主食厨房工程”、“万村千乡市场工程”相结合，有一批骨干放心粮油示范企业、示范粮店，逐步形成配送网络，大中城市还要注意搭建网络平台，方便群众购粮。

第五，要抓培育骨干企业。各地粮食部门要引导企业走大粮食、大流通、大市场、大品牌的发展之路，在维护粮食安全过程中，做强做大。除了引进中央级、国外的大企业之外，要注意培育本地的骨干支柱企业，包括国有、民营、股份制等多种成分，使之发展壮大，成为当地政府宏观的有力支柱和主要载体，并带动当地粮油经济的发展。

第六，要抓建立健全粮食安全的应急保障机制。要根据当地实际情况，制定预案，防止各种突发事件和意外情况的冲击。要考虑粮油如何源源不断运来，供应如何户户有保证，粮价如何能平稳，受灾群众如何平安度过。尤其要注意对困难户、对弱势群体、对边远地区、民族地区的粮食供应，防患于未然，力求万无一失。

最后，各地粮食部门和粮食企业一定要强调坚持反腐倡廉，树立行业新风，培育粮食新人。要认真落实“遵法、厚德、尚智、为民”的行规行约，发扬粮食系统的优良传统，并与时代精神的教育相结合，培育一支新型的德才兼备，有创新精神和事业心的高素质的粮食队伍，千万不要沾染腐败之风，不要坠入腐败之门，清清白白做人，老老实实干事，做一个干干净净的“中国粮食人”，实现“安得谷满万石仓，大庇天下黎民尽果腹”的“粮食梦”！

粮食安全的新形势与发展生态粮食业的新思考*

（2013年9月5日）

这次在哈尔滨农博会期间举办世界粮食发展论坛，国内外的粮食农业界的专家学者、企业界人士和行政领导汇集在美丽的哈尔滨，以“生态农业和粮食安全”为主题共商新时期粮食农业发展大计，这是非常适时、非常重要的。这次论坛选择在中国的“北方粮仓”召开，正值黑龙江省和哈尔滨市战胜几十年未遇的特大洪水、粮食丰收在望之际，我们认为，主题突出、时机很好、区位优势明显、各方人气很高，是一次很难得的盛会，对于推动黑龙江省和全国粮农界贯彻党的十八大精神，搞好粮农工作，确保粮食安全，将起到促进的作用。我主要讲以下两个问题，抛砖引玉，希望和大家共同探讨。

当前粮食工作和粮食安全的新形势、新特点

在党中央、国务院的一系列强有力的支农、惠农、富农政策的指引下，粮食的生产形势、安全形势总体是稳中趋好，市场稳定、粮价稳定、人心稳定。2012年全国粮食产量创历史新高，达到58958万吨，其中稻谷20429万吨，小麦12058万吨，玉米创纪录地达到20812万吨，大豆1277万吨。三大主粮均打破历史最高水平，与2000年相比，玉米增加了1.02亿吨，是增产最高的品种，而稻谷、小麦增产不多。大豆、薯类、杂粮产量都有所减少。今年虽然天气异常，南旱北涝。但根据历史经验，中国粮食最怕南涝北旱，那样损失大。而南旱北涝虽然也造成较大损失，但有利于南方沿江河平原地区的粮食主产区增产，北方有利于干旱缺水的主产区增产，所以，今年估计收成会是不错的。据国家统计局公布的材料，夏粮总产量达到13189万吨，比上年增产1.5%。

---

* 这是白美清同志在“2013年哈尔滨农博会暨世界农业发展论坛”上的发言。

其中小麦产量11567万吨，比上年增产1.3%，早稻产量3407万吨，增长2.4%。虽然今年有四川芦山地震、甘肃岷县地震等大灾不断，小灾频发，但粮食供应及时，价格平稳，灾区人心安定。全国购销正常，市场稳定，库存充裕，以中央储备为核心，以地方储备为支柱，以社会储备（农民储备、企业储备）为基础的多层次，全方位的储备体系是有实力的，近期粮食安全是有保证的。

但是我们应该冷静地看到我国的基本国情、基本粮情。我国是世界大国中农业、粮食资源最为薄弱的国家，比美、欧、俄、都差得多，人均耕地才1.3亩，只及美国的1/8，印度的1/2。虽然粮食丰收了，生产增加了，但13亿人口对粮食的需求增加更快，种种迹象表明当前已呈现粮食总供给的增长赶不上总需求增长的新特点。其原因：（1）人口不断增加，特别是城镇化步伐加快。我国每年人口以0.4‰的速度净增加，每年约500万~700万人。而城镇人口增加更快，2002年我国城镇人口50212万人，到2012年达到71182万人，占总人口的52.6%，城镇人口粮食消费比农村人口增加30%~50%，每年全国新增粮食供应量约80亿斤。（2）进入小康社会后人民消费水平提高，主食降低，而副食品大量上升，中国已进入饮食水平消费较高的国家之列，是名副其实的“吃在中国”。而且吃的东西中有二大爱好：吃猪肉、喝白酒。全国肉类年产量8000多万吨，猪肉占80%，因此饲料量用得多，中国饲料已突破2亿吨，居世界第一。而猪肉的饲肉比为3.8∶1，比吃牛羊肉用粮多。喝白酒为世界之冠，据中国酒业流通协会的资料，2012年白酒产量为1153万千升，同比增长18%，比2004年增加3.7倍，粮酒比为5∶1。各种酒消耗的粮食达到3000万吨。（3）国内粮食的有效供应已呈现不足的现象。原来14个主产粮食省区，现在只剩下7个（东北三省、内蒙古、河南、安徽、江西），出现调出地区、调出数量“双减”。原来产销平衡地区9个只剩下3个（新疆、甘肃、宁夏）；沿海调入的省区如广东、福建、浙江省的自给率已下降到30%~40%，每年需调入3800万~4000万吨，京、津、沪、渝等特大城市更是调入年年增加。

由于上述种种因素，粮食总供给赶不上总需求的增长，因而出现粮食的自给率下降，粮食、油料的进口量逐步上升。2012年进口大米234万吨，小麦369万吨，大麦252万吨，玉米521万吨，谷物进口量已达1376万吨，大豆还进口3830万吨，这样谷物加大豆进口突破7200万吨，预计今后粮食进出口逆差将成为常态。

有人预测，中国的玉米甚至大米都会步大豆的后尘，今后将大量进口。我们认为在分析存在问题的同时，也必须看到中国农业、粮食的巨大潜力和有利因素。（1）国内的中低产田潜力还很大，可以增产的因素还很多。以玉米为例，我们的单产还低，美国玉米 2.9 吨/公顷，国内才 1.08 吨/公顷。除北方玉米带外，南方玉米也在发展。如重庆市所属区县，大多为山区、丘陵区，最近有消息称，在抗灾以后，2013 年重庆玉米每亩产量可达 366.1 公斤，比上年还增产 1.1 公斤。（2）中国的宏观调控会加强，要严格控制粮食加工产能过剩。（3）特别应该看到，中国农业、粮食发展的传统优势是一靠政策、二靠科学、三靠投入。在党政领导的重视下，形成合力，发挥优势，所形成的力量其力度之大，积极性之高，创造性之强，是其他国家所难以办到的，也是一些人难以理解的。因此，我国解决粮食安全是有牢固基础的，那种认为中国的玉米、水稻会成为“大豆第二”的猜测是不切实际的。

关于中国粮食安全的国家战略，党中央、国务院早就昭告世界，中国粮食要坚持自力更生为主的原则，立足国内解决粮食问题。最近习近平总书记视察湖北时又着重强调“粮食安全要靠自己”，“自力更生任何时候都不能少，自己的饭碗主要装自己生产的粮食”。李克强总理也强调，做好“广积粮、积好粮、好积粮”三篇文章。中国这样人口众多的大国，必须时刻关注“粮食安全”这个永恒的主题，端好 13 亿人民的饭碗；时刻关注“粮种能否自制，粮食能否自给，粮权能否自主，粮企能否自强”，使粮食安全的警钟长鸣。要加大力度，解决粮食、农业发展滞后的问题，根据国内外的历史经验，防止在城镇化进程中，把粮食和农业挤掉，防止在经济全球化进程中把粮食的自主权丢掉。

中国坚持自力更生解决粮食安全问题，同时也要充分利用国内国际两个市场、两种资源。中国将根据互利互惠、合作共赢的原则，加强粮油的进出口贸易。我们将根据国内粮食的丰歉情况，适时进口一部分粮农产品，作为必要的补充和调剂；同时也出口一部分自己具有优势的农产品，不会中止。我们还将鼓励我国粮食企业“走出去”，投资办企业，与所在国密切合作，促进当地粮农事业的发展。这有利于国际市场的发展，有利于粮食出口国粮农的利益。从国内来说，有利于某些粮食品种的供求平衡。更重要的是利用进口一部分产品，在国内保地力水源，休养生息，恢复地力，使土地和其他农业资源永葆活力，永续利用，良性循环，步入持续、健康、协调发展。实践证明，中国也是世界粮油贸易的良好伙伴，是有信用、讲原则、重友谊的合作者。

对发展生态化、现代化粮食业的新思考

中国粮农事业面临发展的新阶段、新课题就是调结构、转方式，向生态化、现代化粮食业和农业转变。党的十八大报告指出："面对资源约束趋紧，环境污染严重、生态系统退化的严峻形势，必须树立尊重自然、顺应自然、保护自然的生态文明理念，把生态文明建设放在突出地位。"党中央领导同志最近指出，在社会经济发展方面，以破坏生态为代价换来的经济增长，不仅会产生大量经济问题，而且会产生大量的社会问题，是不可取的。这是关系农业粮食持续健康发展，确保国家粮食安全的治本之策和长远大计，是今后农业和粮食行业发展的根本方向。我国农业生态学的首创者之一、中科院学部委员、中国生态学会名誉会长马世骏先生在20世纪80年代就曾经提出生态农业这个概念，他指出："农业冠以'生态'二字……就是应用生态系统的整体、协调、循环、再生原理，促进农业建筑在'后劲'持续不衰和保护生态环境良性循环的基础上。"（见《统筹城乡经济社会发展论坛》通讯第六期第2页）我们认为，生态粮食业、农业的重点就在于要持续、协调、全面发展，走上良性循环和科学发展的轨道。

我国农业、粮食业的发展经历了曲折发展的过程，反思过去，我们在旧工业化道路上走了多年，"三高一低"的现象（高投入、高消耗、高排放、低效率）十分明显，带来的后果也十分严重。与旧工业道路相伴而行的，就是旧的农业发展道路，可以概括为化学化农业、化学化粮食业，主要靠化肥、农药、除草剂等增加粮食产量。中国占世界1/8的土地，用了世界1/3的化肥，1/4的农药，照农民的说法是："化肥当家，农药护航、除草剂开路"，"用化肥、农药上了瘾"。这种粗放式、掠夺式的耕作方式虽然暂时把粮食产量搞上去了，但污染环境、生态退化的恶果日益显露。目前农业已成为我国面源污染的第一大污染源，难以为继，不仅粮食、农业生产难上新台阶，而且对环境、对生态的破坏难以再生。因此，必须进行根本性的转变，走上生态发展之路。

我们认为，在粮食和农业生产上，要发扬我国长期形成的种地与养地相结

合，用水与保水相结合，精耕细作与机械化相结合，粮食增产与环境友好相结合的传统，不能竭泽而渔，不顾后果。为此，要切实改变旧的耕作方式，推行“节地、节水、节肥、节药”的科学耕作法，在培育良种上，改变耕作方式上下大功夫，从育好良种、节地省水、配方施肥，控制用药上形成科学的系统的耕作法，走绿色、生态、安全、高产、优质、高效之路。这样才能从根本上改变粮食、农业生产的面貌，实现可持续、抗风险、讲实效、保安全的增长。农业部门最近采取测土施肥，推广有机肥等方式，有了好的开端。

在粮食流通上，要走生态化、现代化粮食业的发展之路。在粮食的购、销、调、存、加的全过程中以生态建设的新观念，建设新型的从生产到流通全过程的绿色生态产业链、供应链，同时构建从田间到餐桌的全过程的安全监管链，使“两链”结合，保粮食安全落到实处。在粮食加工过程中一定要慎用化学添加剂，坚决按国家标准使用，不能乱用、滥用。

在粮食消费上，要大力倡导绿色消费、节约消费、科学消费的新理念，推广“光盘行动”、“绿色家园”等群众性活动，使大家在爱粮节粮、保护生态上树立新观念、新作风，使我们中华民族的“爱粮如宝，惜土如金”的优良传统发扬光大，这不仅是口号，而是要行动。

发展生态农业、生态粮食是新时期一场新的科技革命，是改革开放的攻坚战，其意义超过过去农业上的“白色革命”、“绿色革命”。但任务艰巨，问题复杂，要根据习近平总书记提出的既要搞好顶层设计，又要摸着石头过河，搞好典型试验的精神，努力探索创新。例如近来江西粮油集团就摸索创造了稻米加工、循环经济、节能经济的新模式，从谷壳发电、米糠榨油、大米加工、碎米作淀粉糖，形成工业园区的循环生产，把稻谷全身充分加以综合利用，吃干榨尽，节约资源，增加财富，已取得初步成效，得到了欧盟的奖励。在这方面潜力很大，路子很多，大有可为。我们希望粮农战线工作的同行进一步解放思想，改革创新，攻坚克难，在生态农业、生态粮食业的发展上，开辟出一条新路，为国家粮食安全作出新的贡献。

最后，我们认为黑龙江省在省委、省政府的正确领导下，在粮农系统的努力下，粮食产量越过千亿斤大关，跃居全国第一，是名副其实的“北大仓”。我们粮食系统过去是南粮北调，“湖广熟、天下足”；现在是北粮南运，“东北丰、天下安”。在行业内流传了一句话，“全国农业现代化看黑龙江，黑龙江农业现代化看北大荒、看建三江”。黑龙江地域辽阔，农业资源丰富，区位优势明显，希望在农业生态化、粮食生态化中继续走在全国的前列，以改革创新永不停步的精神，创造更多新经验，摸索更多新模式，成为东北地区乃至东北亚的新型粮农物流枢纽和创新基地，在中国粮食史上书写新的篇章。我们还认为，哈尔滨市既有雄厚的工业基础，又有良好的粮食农业资源，而且拥有五常大米等全国驰名的优质粮油品牌，有希望成为城乡结合，工农业比翼齐飞的新型生态化省会城市，成为东北粮食物流的中心，辐射全国，影响东亚。

祝这次论坛成功举办，开拓新路！

祝中国的“北大仓”早日成为生态粮食之乡！

编　后

这部白美清同志纵论我国粮食问题的专著，汇集了1990～2013年的23年时间里，他在负责粮食工作的不同岗位上所作的讲话、谈话、报告，所发表的文章、论文，主持起草的文件、请示、通知，所作出的批语、指示等，共170多篇。这些文稿，倾注了作者致力于献身中国粮食事业的全部心血，凝聚了作者和粮食部门执著推进改革开放和科学发展的集体智慧，展现了一个老粮食工作者生命不息、奋斗不止的壮志豪情。本书由中国粮食行业协会和中国粮食经济学会编辑组具体负责收集、选编，经作者审定出版。该书不仅是白美清同志的个人论著，同时也是粮食行业改革开放和发展进程的历史见证，是深入研究当代中国粮食史，尤其是改革开放以来粮食改革发展进程的第一手重要文献资料。

23年时间，在人类历史的长河中只不过是极其短暂的一瞬，但对个人而言，却是人一生中一个极为重要的时段。新中国成立之初，白美清同志在川南参加工作后所承担的首要任务，就是加入征粮工作队下乡征粮，以保证军需民食。他在此后60多年的工作经历中，始终直接或间接地与粮食工作打交道。例如，在粮食统购统销时期，他带领省委试点工作组驻村落实粮食征购任务；在农业合作化、人民公社化，尤其是“三年困难”时期，他曾率农村工作队长期下乡蹲点驻队，与农民同甘共苦，熬过饥荒；在“十年动乱”的“文革”中，他既带过工作组帮助社队抢种抢收、催缴公粮，又下放到五七干校劳动。在“文革”结束后的改革开放新时期，即1976～1990年期间，他先后在四川省委副秘书长、中央财经领导小组副秘书长和国务院常务副秘书长等负责岗位上，直接协助当时四川省委和国务院主要领导同志大刀阔斧地推进农村改革，力推农村家庭联产承包责任制，改革农村粮食耕作制度，调整农业生产结构，率先取消政社合一的人民公社和恢复基层乡镇政权组织，极大地调动亿万农民种粮的积极性，促进了粮食连年增产丰收。1990～2013年，他由国务院常务副秘书长兼国务院调粮领导小组组长分管粮食工作，调任商业部副部长、国内贸易部副部长兼国家粮食储备局首任局长主管粮食工作，并先后担任中谷粮油集团董事长、大连北良有限公司董事长、中国粮食经济学会会长、中国粮食行业协会会长、中国粮油学会会长、中国国际贸促会粮食行业分会会长、中国饲料工业协会会长等职务，始终痴迷于他所孜孜挚爱的粮食事业。在此期间，他就国际国内粮食形势、粮食改革、粮食产业发展、国家粮食安全、建立国家粮食储备体系、推进现代粮食仓储物流体系建设、调整完善粮食政策、建立粮食市场体系、深化粮企改革、提倡科技创新、加强粮食人才培养、重视粮食行业职业道德建设、发挥粮食中介组织（协会、学会等）功能和作用，积极服务"三农"、促进粮食国际合作等方面，从国情、农情和粮情出发，根据实践经验，进行了探索、概括和总结，为走出一条发展有中国特色的粮食市场经济道路，做出了特殊贡献，赢得了国内外粮食界的赞誉。

"心中永远装着十几亿人的吃饭问题"，这是作者始终牵挂不忘的"粮食情结"。白美清同志作为我国粮食由统购统销的计划经济向国家宏观调控下的市场经济这一历史性巨变的参与者、实践者、见证者，他的这部专著，对于国内外广大读者特别是粮食界的同行，同时对那些为缺粮困扰的发展中国家如何更好地解决自身的粮食问题，有参考价值和借鉴意义。

本书由宋廷明牵头的编辑组负责编务工作。严涛对作者提供的原稿进行初编、初审，邹振东作复编、复审，宋廷明负责总纂、再审，最后由作者白美清本人终审定稿。参加编务工作的还有：宋丹丕、尚强民、秦红民、张瑞琪等同志；工作人员有：朱震、宋进军、巩秀芹、李可、关欣、韩丽丽等。经济科学出版社的编校人员做了大量深入细致的工作。在本书出版之际，谨向所有为之付出了辛勤劳动的人员深表谢意！

需要说明的是，本书所用的计量单位，大都沿用了当时的习惯用法，未按新的规定逐一折算和换算，以保持历史文献资料的原貌。

限于水平，本书疏漏、错误之处在所难免，敬希广大读者和同行批评、指正。

编辑组

2014 年 6 月